TUTELA DO INVESTIDOR PERANTE O EMITENTE NO MERCADO DE CAPITAIS: UM MODELO DINÂMICO DE PROTEÇÃO

TUTELA DO INVESTIDOR PERANTE O EMITENTE NO MERCADO DE CAPITAIS: UM MODELO DINÂMICO DE PROTEÇÃO

2021

Madalena Perestrelo de Oliveira

ALMEDINA

TUTELA DO INVESTIDOR PERANTE O EMITENTE NO MERCADO DE CAPITAIS: UM MODELO DINÂMICO DE PROTEÇÃO

AUTORA
Madalena Perestrelo de Oliveira

EDITOR
EDIÇÕES ALMEDINA, S.A.
Rua Fernandes Tomás, n.os 76, 78 e 79
3000-167 Coimbra
Tel.: 239 851 904 · Fax: 239 851 901
www.almedina.net · editora@almedina.net

DESIGN DE CAPA
EDIÇÕES ALMEDINA, S.A.

PRÉ-IMPRESSÃO
Vítor Miranda

IMPRESSÃO E ACABAMENTO
PAPELMUNDE

Maio, 2021
DEPÓSITO LEGAL
482611/21

ALMEDINA | GRUPOALMEDINA

BIBLIOTECA NACIONAL DE PORTUGAL – CATALOGAÇÃO NA PUBLICAÇÃO
TUTELA DO INVESTIDOR PERANTE O EMITENTE NO MERCADO DE CAPITAIS: UM MODELO DINÂMICO DE PROTEÇÃO – (Teses de Doutoramento)
OLIVEIRA, Madalena Perestrelo de
ISBN 978-972-40-9375-8
CDU 347

Para o meu Pai

NOTA PRÉVIA E AGRADECIMENTOS

A presente tese de doutoramento em ciências jurídicas foi apresentada na Faculdade de Direito da Universidade de Lisboa a 23 de agosto de 2019 e discutida a 30 de outubro de 2020, perante um júri presidido pelo Professor Doutor Dário Moura Vicente e constituído pelos Professores Doutores António Menezes Cordeiro (orientador), Manuel Januário da Costa Gomes (arguente), Pedro Maia (arguente), Luís Menezes Leitão, Manuel Carneiro da Frada e Luís Morais. Aproveito a oportunidade da publicação para agradecer aos Professores Doutores Januário da Costa Gomes e Pedro Maia as observações críticas formuladas nas provas públicas, ao Professor Doutor Carneiro da Frada pela intervenção nessas provas e pelo constante incentivo ao meu percurso académico, bem como a todos os elementos do júri por terem tornado as provas de discussão da tese num momento feliz, que permitiu esquecer o ambiente de pandemia que se vivia. Um agradecimento especial é devido ao Professor Doutor António Menezes Cordeiro, meu orientador e de quem fui aluna e assistente, pelos conhecimentos transmitidos, pelos conselhos durante a elaboração da tese e ainda pela forma como sempre acompanhou e incentivou o meu percurso académico. À Faculdade de Direito da Universidade de Lisboa agradeço a admissão à preparação da tese após a conclusão da parte escolar do curso de mestrado e os ensinamentos que, através dos seus Mestres, continuamente me proporciona. Ao Centro de Investigação de Direito Privado (CIDP) manifesto a minha gratidão não só pelo apoio que me conferiu para elaborar a tese, mas também pelas diversas iniciativas académicas que permitiram uma reflexão mais alargada sobre diversos aspetos da investigação.

Devo um enorme agradecimento público aos meus Pais e à minha Irmã, Ana. À minha Mãe estou eternamente grata pela presença e companhia constantes, pelas horas de discussão sobre várias questões, em especial sobre temas de responsabilidade civil e pelas extensas e tão pacientes revisões do texto. Ao meu Pai, a quem dedico esta tese, agradeço e recordo com enorme carinho e interminável saudade o entusiasmo com que sempre acompanhou a evolução do meu trabalho, celebrando cada página escrita. Embora não possa ver esta tese impressa, fica o conforto e a certeza firme do profundo amor que nos unia e do orgulho e felicidade que sentiria com esta publicação. Para a Ana nunca existirão palavras para agradecer a companhia em tantas horas de trabalho, os conselhos diários e tantos momentos de discussão sobre variados aspetos da tese — durante a sua elaboração e antes das provas públicas —, a revisão e, acima de tudo, o incentivo constante ao meu trabalho, a confiança que sempre depositou em mim e a enorme e generosa amizade e apoio que me acompanham desde que éramos pequenas.

Devo um agradecimento muito especial ao Álvaro, meu marido, que acompanhou este trabalho com entusiasmo e orgulho, e aos nossos filhos Maria Leonor, que tinha três meses quando entreguei a tese, e Álvaro, de quem estava grávida quando a discuti publicamente. A alegria contagiante do Álvaro e da Leonor e a vida do Alvarinho incentivaram este trabalho e aligeiraram a sua discussão pública: sem eles este percurso teria sido muito mais difícil.

Lisboa, 22 de março de 2021

Madalena Paz Ferreira Perestrelo de Oliveira Silveira de Meneses

RESUMO

A tese fornece um modelo de tutela do investidor perante o emitente de valores mobiliários, que acompanha, em termos dinâmicos, os diversos momentos e fases do relacionamento no mercado. Estuda-se tanto o risco de deturpação do mecanismo de formação do preço por deficiências na informação (na entrada e negociação no mercado) como a perda de negociabilidade dos instrumentos financeiros (decorrente da saída do mercado). O modelo construído alicerça-se em fundamentos financeiros e jurídicos: de um lado, e como ponto de partida, analisam-se as teorias económicas — como a teoria do mercado eficiente e a *behavioral economics* — que explicam a forma como a informação é incorporada nos preços de mercado; por outro lado, conclui-se que a integração no mercado (primário ou secundário), conjugada com a influência que a informação difundida (ou omitida) assume nos preços, gera um poder de ingerência danosa do emitente na posição do investidor. Assim se fundamenta a existência de uma relação especial entre ambos, não obstante o anonimato próprio dos mercados. Adota-se uma conceção funcional da ligação especial no mercado de capitais, que afasta a relevância exclusiva do fator fiduciário como sua fonte. A esta luz, analisa-se os deveres legais de informação a cargo do emitente (o dever de publicar prospeto, de divulgar informação privilegiada ou *ad hoc* e periódica), determinando o seu alcance e sugerindo critérios de solução para os casos duvidosos. Configura-se estas imposições legais como deveres de proteção do investidor (sem dever de prestar principal), o que permite concluir pela natureza obrigacional da responsabilidade do emitente, e sustenta-se que a tutela civil se mantém aplicável, de modo a complementar a proteção propiciada pela legislação mobiliária. Propõe-se a configuração dos pressupostos do dever de indemnizar e do ónus da sua demonstração à luz das premissas económicas e jurídicas do modelo.

Finalmente, defende-se que a visão material da relação do investidor com o emitente, além de robustecer a responsabilidade civil no mercado de capitais, permite estabelecer os limites do sacrifício razoável ou exigível do investidor em caso de perda de negociabilidade dos instrumentos financeiros. Revê-se o sistema de tutela dos investidores nas hipóteses de saída do mercado (*delisting* ou operações *public to private*) com base no pressuposto de que se quebra a própria ligação especial com o emitente, tornando inexigível a manutenção na sociedade mesmo que a relação social com o acionista não seja atingida. A montante, pondera-se mecanismos tendentes a fomentar a entrada e manutenção da cotação em bolsa (*v.g.* voto duplo e ações de lealdade). Obtém-se, assim, com base no sistema, um modelo de resposta com capacidade construtiva material e de adaptação a novos problemas e situações, cruzando o direito dos valores mobiliários com o direito civil e societário.

Palavras-chave: tutela do investidor; ligação especial; deveres de informação do emitente; responsabilidade civil do emitente; saída do mercado.

ABSTRACT

The thesis provides a dynamic model of investor protection, monitoring the established connection between the issuer of securities and the investor throughout various stages and moments of the relationship which is borne on the market. The thesis addresses both the risk of market pricing misrepresentation arising from misinformation/information deficiencies on listing and trading, and the loss of tradability due to the removal of listed securities from a stock exchange (delisting). The proposed model has its roots on both financial and legal cornerstones. It reviews economic theories such as the efficient market theory and behavioral economics, with discussions on the role of information as a part of the market pricing process. In addition, it recognizes a power of harmful interference from the issuer over the investor, which results from the combination of trading on primary or secondary markets with the influence of disclosed or omitted information on market pricing. The above evidences a special relationship between issuer and investor, notwithstanding the anonymity that characterizes market exchanges. Additionally, the thesis conceptualizes and adopts a functional view of the said special relationship, rather than finding its origins on fiduciary constructions. In this context, the thesis reviews the issuer's legal reporting obligations [e.g. to publish a prospectus, disclose inside information (*ad hoc*) or periodic information], looking to assess their scope and suggesting criteria to solve doubtful cases. Those legal obligations are configured as protection duties (without a primary duty to perform), thus supporting the obligational nature of the issuer's liability. Consequently, the protection arising from securities law may be complemented by civil law. The basis for recovery of damages and its burden of proof are outlined from this economic and legal perspective. Accordingly, the adopted view of the investor-issuer relationship delimits the investor's position in the event of loss of tradability and strengthens civil liability in capital markets. The thesis revises the system of investor protection on delisting/public to private transactions, based on the assumption that in such cases there is a breach of the investor-issuer special relationship and therefore it shall not be required that the investor remains as a shareholder, notwithstanding the fact that the *status socii* is unaffected by the operation. Consideration is given to mechanisms aimed at encouraging listing of securities (e.g. multiple voting and loyalty shares). As a result, the thesis outlines an investor protection model, with the ability to adjust to new problems and situations, crossing securities law with civil and corporate law.

Keywords: investor protection; special relationship; issuer's reporting obligations; civil liability of the issuer; delisting

ADVERTÊNCIAS

A tese encontra-se atualizada com referência à legislação em vigor em fevereiro de 2021 e à bibliografia e jurisprudência consultadas até julho de 2019, sem prejuízo da consideração pontual de referências bibliográficas posteriores.

As siglas e abreviaturas utilizadas estão descodificadas no índice constante do final da tese.

PLANO DA TESE

CAPÍTULO I
DOS FUNDAMENTOS JURÍDICO-FINANCEIROS DO MODELO DE TUTELA PROPOSTO

1. Apresentação geral do modelo. Por um modelo transversal, unificador, sistematicamente coerente e operativo

Os mercados de capitais, nas suas diversas configurações, surgem, pela natureza e pelas características do relacionamento que propiciam entre os participantes, como espaço de risco especialmente incrementado de lesão dos interesses dos investidores[1]. O direito dos valores mobiliários[2] visa a gestão

[1] O conceito de investidor que adotamos está funcionalizado ao escopo da investigação. Tratamos dos participantes que negoceiam no mercado e que estão sujeitos à influência potencialmente danosa exercida pelo emitente, sobretudo por via do controlo sobre o mecanismo de formação de preços, nos termos que melhor exporemos ao longo deste capítulo. Pode dizer-se, com Paula Costa e Silva, *Direito dos valores mobiliários. Relatório,* Lisboa, 2005, 155, que é investidor "todo aquele que realiza, por conta própria ou por conta de outrem, operações sobre valores mobiliários"; cf. também, por todos, A. Barreto Menezes Cordeiro, A *responsabilidade civil dos intermediários financeiros. O artigo 304.º-A do CVM,* em Mafalda Miranda Barbosa/Francisco Muniz (org.), *Responsabilidade civil. Cinquenta anos em Portugal, quinze anos no Brasil,* vol. II, Coimbra, 2018, 83-104 (85), disponível em https://www.uc.pt/fduc/ij/publicacoes/pdfs/colcquios/RC_Vol2.pdf, sublinhando a existência de dois preenchimentos possíveis do conceito de investidor, um que traduz um sentido amplo e abstrato (correspondente ao público em geral) e outro estrito (relativo ao investidor efetivo). Releva aqui esta última aceção e não a que corresponde aos investidores como coletividade, composta por um número indeterminado de pessoas, que corporiza a procura de valores mobiliários no mercado primário e a oferta e a procura desses valores no mercado secundário [cf., a respeito deste último sentido, Osório de Castro, *A informação no direito do mercado dos valores mobiliários,* em *Direito dos valores mobiliários,* Lisboa, 1997, 333-347 (335)]. Salientando a "importância motora" dos investidores no seio do sistema financeiro, cf. Rute Saraiva, *Direito dos mercados financeiros,* 2.ª ed., Lisboa, 2015, 250 ss.

[2] Enquanto "conjunto de princípios e normas que regula as actividades dos participantes no mercado de valores mobiliários e a aplicação de poupanças em valores mobiliários" (Paula Costa e Silva, *Direito* cit., 28) ou "conjunto sistematizado de princípios, normas e institutos, independentemente da sua origem normativa ou contratual, que regula as situações jurídicas mobiliárias"

do risco de investimento, incluindo do risco de negócio e de mercado[3]. Associado ao direito civil e ao direito comercial e societário, é possível construir um sistema coerente de defesa do investidor, que acompanha, em termos dinâmicos, os diversos modelos e fases da negociação, incluindo a perda de negociabilidade dos instrumentos financeiros. Também o próprio desenvolvimento dos mercados — e, por essa via, das economias — depende, em termos estruturais, da defesa do investidor[4]. A relação entre defesa do investidor e do mercado é, naturalmente, biunívoca[5].

Sem prejuízo da relevância da tutela perante outros intervenientes no mercado — como os intermediários financeiros, que excluímos do nosso objeto de estudo pela especificidade e extensão das questões que suscita[6] —, impõe-se

[A. Barreto Menezes Cordeiro, *Manual de direito dos valores mobiliários*, 2.ª ed., Coimbra, 2018, 39 e *Uma introdução ao direito dos valores mobiliários*, Revista da AAFDL, ano 30.º, 2016, 15-35 (22)]. Sobre a autonomização em relação ao direito bancário e as suas razões, cf., por todos, Menezes Cordeiro, *Direito comercial*, 4.ª ed., Coimbra, 2016, 171.

[3] Thomas M. Selman, *Sidestepping the rat holes: investment risk and securities law*, Harvard Business Law Review, abr.-2018, 36 ss. e 43, disponível em https://www.hblr.org/2018/04/ sidestepping-the-rat-holes-investment-risk-and-securities-law/. Mais amplamente, sobre as funções do direito dos valores mobiliários, cf., por todos, cf. A. Barreto Menezes Cordeiro, *Manual* cit., 86 ss.; Paulo Câmara, *Manual de valores mobiliários*, 4.ª ed., Coimbra, 2018, 33. Notando que "o risco no mercado de capitais é muito superior àquele em que se incorre numa operação financeira normal", já que "aí, o investidor vai afrontar todos os riscos ligados à situação financeira e solvabilidade das instituições cujos produtos adquire", cf. Oliveira Ascensão, *Publicidade enganosa e comparativa e produtos financeiros*, RPDC, dezembro de 1999, n.º 20, 9-29 (23).

[4] Está em causa uma "função fundacional formal" do direito dos valores mobiliários (A. Barreto Menezes Cordeiro, *Manual* cit., 108). Cf., sobre o tópico, La Porta/Lopez-De-Silanes/Schleifer/Vishny, *Investor protection and corporate governance* (June 1999), 30, disponível em https://ssrn.com/abstract=183908. A defesa do investidor surge como tarefa essencial do direito mobiliário: a análise do perfil do investidor português em valores mobiliários revela que este não se encontra suficientemente informado sobre o mercado e os seus produtos e, embora afirme manter-se atualizado sobre a evolução dos índices e cotações, a informação recolhida é superficial e as fontes utilizadas não são técnicas. Cf. as conclusões de Victor Mendes, *O investidor particular português em valores mobiliários*, em *Direito dos valores mobiliários*, vol. IV, Coimbra, 2003, 69-84 (81), com base num inquérito da CMVM realizado em outubro de 2000.

[5] Por isso, a proteção do investidor perpassa por toda a legislação do mercado. Cf., *v.g.*, José Nunes Pereira, *O novo Código dos Valores Mobiliários e a protecção dos investidores*, CadMVM, n.º 7, abr.-2000, 76-88.

[6] Sobre a atividade de intermediação financeira, cf., por todos, Menezes Leitão, *Atividades de intermediação e responsabilidade dos intermediários financeiros*, em *Direito dos valores mobiliários*, vol. II, cit., 129-156 (130-142); Paula Costa e Silva, *Direito* cit., 160 ss. e 178 ss; Engrácia Antunes, *Deveres e responsabilidade do intermediário financeiro — alguns aspetos*, CadMVM, n.º 56, abr. 2017, 31-52 ("intermediação financeira designa genericamente o conjunto de atividades destinadas a mediar o encontro entre oferta e procura no mercado de capitais"); A. Barreto Menezes Cordeiro,

uma análise sistemática dos mecanismos de proteção do investidor face ao próprio emitente dos valores transacionados[7], que atenda à natureza substantiva do relacionamento e às especificidades económicas e financeiras dos

Manual cit., 245 ss., desenvolvendo especialmente a natureza fiduciária da relação de intermediação (pp. 261 ss.); do mesmo Autor, *A responsabilidade civil* cit., 83, classificando os intermediários financeiros como "os principais pilares do modelo mobiliário contemporâneo"; CASTILHO DOS SANTOS, *A responsabilidade civil do intermediário financeiro perante o cliente*, Coimbra, 2008, 19 ss.; FAZENDA MARTINS, *Deveres dos intermediários financeiros, em especial, os deveres para com os clientes e o mercado*, CadMVM n.º 7 (2000), 330-350. Antes da atual legislação, cf., para uma visão de síntese sobre a intermediação no Cód.MVM, FERREIRA DE ALMEIDA, *As transacções de conta alheia no âmbito da intermediação no mercado de valores mobiliários*, em *Direito dos valores mobiliários* cit., 291-309 (291 ss.); CONCEIÇÃO NUNES, *Os intermediários financeiros*, em *Direito dos valores mobiliários*, vol. II cit., 91-128 (93 ss.). É conhecido o fenómeno de multiplicação de ações propostas contra intermediários financeiros, que inclusivamente tem levado a iniciar o debate sobre o interesse do recurso a meios alternativos de resolução de litígios [cf. A. BARRETO MENEZES CORDEIRO, *Arbitragem nos contratos de intermediação financeira e o modelo de arbitragem "supervisionada"*, 1 RDFMC (2019), n.º 3, 249-271]. Estamos, porém, aí, fora do objeto do nosso estudo, circunscrito à tutela do investidor perante o emitente. Não obstante a grande atenção pública que mereceram e o eco jurisprudencial que têm tido, diferentes dos problemas que estudamos são, assim, por exemplo, aqueles que respeitam à comercialização e subscrição de *swaps* por particulares não devidamente informados, conduzindo à responsabilização do intermediário. Cf., por todos, MENEZES CORDEIRO, *Direito bancário*, 6.ª ed., Coimbra, 2016, 942 ss. e *Direito bancário e alteração das circunstâncias*, RDS VI (2014), 2, 343-389, sublinhando que os produtos em causa não deviam ter sido oferecidos a particulares, sobretudo porque o banco tem um "extraordinário poder" (p. 388) para conduzir estes sujeitos à sua subscrição. Deste Autor, cf. ainda, na mesma linha, *A crise e a alteração das circunstâncias*, RDC I (2016), 1, 7-63 (35 ss.). Para um enquadramento da questão, cf. também, *v.g.*, SIMÃO MENDES DE SOUSA, *Contrato de swap de taxa de juro: dever de informação e efeitos da violação do dever*, Lisboa, 2017, 51 ss.; HELDER M. MOURATO, *O contrato de swap de taxa de juro*, Coimbra, 2014, 88, a respeito dos deveres dos intermediários financeiros. Naturalmente que também o problema da aplicabilidade do instituto da alteração das circunstâncias se encontra situado fora do âmbito desta investigação [cf. ainda, *v.g.*, PAULO MOTA PINTO, *Contrato de swap de taxas de juro, jogo e aposta e alteração das circunstâncias que fundaram a decisão de contratar*, RLJ 143 (2014), 391-413]. A matéria dos contratos de *swap* tem suscitado outros problemas, todos eles fora do nosso campo problemático, como o da capacidade e legitimidade da sociedade e dos seus administradores para a contratação [cf., por todos, do prisma do órgão social, JOSÉ FERREIRA GOMES, *A discricionariedade empresarial, a business judgment rule e a celebração de contratos de swap (e outros derivados)*, CadMVM, *Ensaios de Homenagem a Amadeu Ferreira*, vol. II, 2015, 57-98] ou mesmo o de saber qual o regime de direito de voto a que se encontram sujeitas as ações representativas do capital social de uma sociedade detida por outra entidade, mas objeto de contratos de *equity swap*. Sobre a questão, cf., *v.g.*, PEDRO DE ALBUQUERQUE, *O contrato de* swap, *a imputação de direitos de voto e o regime das acções próprias*, em *Estudos em Homenagem ao Prof. Doutor Martim de Albuquerque*, vol. II, Lisboa, 2010, 619-629.

[7] Cf. LA PORTA/LOPEZ-DE-SILANES/SCHLEIFER/VISHNY, *Investor protection and corporate valuation* (October 1999). NBER Working Paper No. w7403, 1147, disponível em https://ssrn.com/abstract=227583, 30, sublinhando que, para desenvolver os mercados, deixá-los entregues a si próprios não é uma solução; pelo contrário, os mercados precisam de proteger os investidores externos.

mercados e de outras plataformas de negociação equivalentes. A assimetria informativa entre emitente e investidor e, sobretudo, os efeitos económicos da prestação de informação ao mercado pelo emitente colocam este último numa posição especialmente idónea para causar danos ao investidor, através do condicionamento do mecanismo de formação do preço dos instrumentos financeiros. São diversos os problemas que afetam o mercado de capitais quando este é visto à luz da economia: assimetria ou excesso de informação, falsas ou más informações, falta de transparência, custos de transação, comportamentos irracionais ou oportunistas, entre outros[8]. Estes efeitos económicos devem ser juridicamente valorizados e enquadrados do ponto de vista da tutela da posição do investidor. É a análise financeira dos mercados que permite lançar os alicerces do modelo de tutela jurídica do investidor que sustentamos, centrado no papel e no poder do emitente.

Noutros ordenamentos jurídicos, procura-se, por vezes, operar um redirecionamento dos riscos e responsabilidades para outros sujeitos, como os administradores, apontando-se soluções diversas nesse sentido (*v.g.*, as *derivative shareholder actions,* a inadmissibilidade ou limitação dos seguros *D&O,* o desenvolvimento de práticas de bom governo, a criação de mecanismos de prevenção da fraude nas empresas)[9]. Invoca-se, com efeito, um exagerado enfoque na responsabilidade do emitente, que surge como *deep pocket* contra o qual as medidas de tutela são sistematicamente procuradas, com uma diminuta atenção aos administradores e outros envolvidos. Entre nós, a situação não é assimilável: por ora, impõe-se um desenvolvimento teórico e prático que permita um efetivo assumir do emitente como responsável primário no mercado de capitais, criando uma cultura de real responsabilidade. Contraditoriamente com a tendência apontada em contextos estrangeiros, emergem no ordenamento jurídico português vozes críticas — como Ferreira Gomes[10] — da própria delimitação subjetiva de regimes como o da responsabilidade pelo prospeto, que precisamente prevê (em termos originais) a responsabilidade direta de diferentes sujeitos como os titulares de órgãos de administração. Não é possível negar, naturalmente, a relevância da imputação

[8] Christian Bumke, *Regulierung am Beispiel der Kapitalmärkte,* em Klaus Hopt/Rüdiger Veil/Jörn Axel Kämmerer, *Kapitalmarktgesetzgebung im Europäischen Binnenmarkt,* Tübingen, 2008, 107 -141 (112).

[9] Elke Vandenriessche, *Investor losses. A comparative legal analysis of causation and assessment of damages in investor litigation,* Cambridge, Antwerp, Portland, 2015, 457 ss.

[10] *Responsabilidade civil pelo prospeto: a delimitação dos responsáveis perante o art. 149.º/1 CVM,* RDS VIII (2016), 4, 813-852 (825 ss.).

de danos a outros intervenientes, mas, em termos estruturais, é ao emitente que deve pertencer o lugar central no modelo de proteção delineado. Valorizamos, pois, a posição deste sujeito, enquanto visado primário pelas normas que estabelecem os deveres, afastando do campo da investigação a responsabilidade de outros intervenientes, nomeadamente dos administradores, que convocam problemas próprios: não só, no nosso Direito, falta ainda uma dogmática e prática sólidas de responsabilização do emitente, como os riscos de uma expansão incontida do objeto de estudo assim o recomendam.

O tema com que nos confrontamos é sobremaneira delicado: a proteção do investidor condiciona de forma clara o mercado e o seu funcionamento, revelando a necessidade de proceder a um cuidadoso balanço dos interesses em jogo. Se, por um lado, tutelar a posição do investidor passa por garantir o acesso a um mercado de capitais íntegro, que funcione como plataforma para realização do investimento, por outro lado, assegurar o seu regular funcionamento pode implicar a imposição de deveres que, não raras vezes, pecam por excessiva onerosidade para as sociedades emitentes, cujos interesses, enquanto produtoras dos bens negociados, merecem ser considerados. Dos emitentes depende, afinal, a oferta no mercado, e, portanto, a sua liquidez e dinamismo[11]. Descurar a posição dos participantes no mercado — investidores ou emitentes — desencoraja a abertura do capital ao público por via da admissão em bolsa[12], prejudicando-se a eficiência do mercado, em detrimento dos próprios investidores[13].

[11] Ferreira de Almeida, *Caducidade do direito a indemnização por informação deficiente no âmbito dos mercados de valores mobiliários*, CadMVM, n.º 54, ag. 2016, 1-14 (15).

[12] Embora o conceito de bolsa tenho sido eliminado do Código dos Valores Mobiliários pelo Decreto-lei n.º 52/2006, de 15 de março, na medida em que corresponde a uma "tradição jurídica portuguesa plurissecular" (Paulo Câmara, *Manual* cit., 275), é termo que, ocasionalmente, utilizamos na nossa tese como sinónimo de mercado regulamentado.

[13] Cf. Osório de Castro, *A informação* cit., 347. O equilíbrio de interesses a alcançar é particularmente importante num contexto em que grandes empresas nacionais estão a sair do mercado, o número de novas emissões tem diminuído e os ativos administrados pelos gestores portugueses estão em quebra. Cf. Pedro Siza Vieira, *Reformas legislativas no mercado de capitais nacional*, em *O novo direito dos valores mobiliários — vol. 2. II Congresso sobre valores mobiliários e mercados financeiros*, Coimbra, 2019, 223-228 (223 e 224). A capitalização bolsista nacional passou de 55% do PIB em 2007 para pouco mais de 30%. O número de empresas cotadas caiu de 148, em 1997, para 57, no final de 2017, e o PSI 20 é um PSI 18, onde 4 empresas (BCP, GALP, JM e EDP) representam metade do índice, representando, pois, uma "bolsa anémica". Cf. Faria de Oliveira, *A DMIF II e a dinamização do mercado de capitais*, em *O novo direito dos valores mobiliários — vol. 2* cit., 57-60 (59).

Ainda que o debate sobre as vantagens e inconvenientes de um sistema económico *market-based* ou *bank-based*[14] não tenha sido encerrado, o interesse na existência de um mercado de capitais forte é indiscutível. Como a literatura económica tem demonstrado, o nível de proteção do investidor é, seguramente, um considerável determinante do desenvolvimento dos respetivos mercados financeiros. Ali onde a lei seja protetora do investidor e objeto de adequada implementação, haverá incentivo a financiar as empresas e os mercados serão mais alargados e valiosos. Existindo maior proteção, os investidores aceitarão pagar mais pelos ativos financeiros, seja capital ou dívida[15]. As consequências do nível de proteção do investidor refletem-se também na estrutura acionista e, mais amplamente, na regulação societária como um todo. Nos países com regimes menos protetores, a propriedade acionista é mais concentrada: por um lado, pode ser necessário deter maior percentagem de capital para controlar os administradores e evitar a expropriação por estes; por outro lado, o pequeno investidor poderá não admitir comprar ações a preços que tornem atrativo emitir ações para o público[16]. Também a fraqueza das normas de proteção dos investidores tem andado associada ao desenvolvimento de mecanismos de substituição — típicos dos

[14] Cf. *v.g.* Mathias M. Siems, *The foundations of securities law* (set. 2008), 8 ss., disponível em https://ssrn.com/abstract=1089747, sobre as razões pelas quais uma economia não deve basear-se na *bank finance* e as vantagens da *market finance*, não deixando, contudo, de sublinhar que ambos os modelos têm benefícios e inconvenientes. A importância do financiamento baseado no mercado (*direct financing*) e não na banca (*indirect financing*) e, por conseguinte, dos mercados como fonte de financiamento, que canalizam os recursos para as empresas, não pode iludir o facto de que uma forte dependência dos mercados de capitais também apresenta riscos. Por seu lado, o financiamento bancário tem designadamente o benefício da estabilidade, não sendo contaminado pelo fenómeno de *short-termism* dos mercados financeiros. Cf. Mathias M. Siems, *The foundations* cit., 10. Entre nós, cf. *v.g.* Ana Perestrelo de Oliveira, *Manual de corporate finance*, 2.ª ed., Coimbra, 2015, 123 ss. O tipo de sistema reflete-se, por outro lado, na estrutura de propriedade (concentração acionista) e, consequentemente, nas características do relacionamento entre as sociedades e os investidores, que, num sistema de mercado, se desenvolvem *at arm's lenght*, ao contrário do que sucede num modelo centrado na banca, em que tipicamente existe um grupo de acionistas a controlar a empresa. Cf. Christoph van der Elst, *Equity markets, ownership structures and control: toward an international harmonization*, em Klaus Hopt/Eddy Wymeersch (org.), *Capital markets and company law*, Oxford, 2003, 3-46 (4 ss.).

[15] La Porta/Lopez-De-Silanes/Schleifer/Vishny, *Investor protection* cit. 30 ss.

[16] La Porta/Lopez-De-Silanes/Schleifer/Vishny, *Law and Finance*, Journal of Political Economy, Vol. 106, No. 6, December 1998, 33, disponível em https://ssrn.com/abstract=139134.

países de *civil law* — como sejam as previsões sobre dividendos obrigatórios ou sobre a reserva legal[17]-[18].

O equilíbrio ideal entre os diversos interesses apenas pode ser alcançado casuisticamente, abstraindo de pré-compreensões ou apriorismos que ignorem o contexto situacional concreto que enforma a relação entre as partes. O juízo do caso concreto não deixa, porém, de se alicerçar na identificação e análise de casos problemáticos típicos, que servem de modelo de resolução[19]. O nosso estudo é, pois, em termos metodológicos, de índole sistemática. É o recurso integrado ao sistema jurídico, com as suas características de ordenação e unidade[20], que permite a descoberta de um modelo coerente de proteção, assegurando a harmonia valorativa e a adequação na interpretação do direito[21], ao mesmo tempo que faculta o aperfeiçoamento do próprio sistema, tirando partido da sua abertura[22].

Somos colocados, pois, perante a necessidade de abandonar a tendência por vezes identificada de uma crescente especialização e fragmentação, devida em parte a uma expansão de vários subcampos tradicionais do Direito,

[17] La Porta/Lopez-De-Silanes/Schleifer/Vishny, *Law and Finance* cit., 40.

[18] Cf. também Yingcong Lan *et alii*, *Investor protection and investment*, disponível em https://www.researchgate.net/publication/228576990_Investor_protection_and_investment, sublinhando que uma menor proteção dos investidores implica que (i) os benefícios privados do controlo sejam mais elevados; (ii) os dividendos menores; (iii) o valor da empresa mais baixo; (iv) a propriedade da empresa mais concentrada e (v) os mercados mais pequenos e menos desenvolvidos.

[19] Como escreve Menezes Cordeiro, D*a boa fé no Direito civil*, Coimbra, 1984, 1259, "o caso concreto resolvido é-o em função de um processo no qual entidade decidente, tendo, sobre ele, formulado um pré-juízo facilitado pelo conhecimento que, do sistema, já tenha adquirido, actuou em função de um modelo de decisão, arquitectado em vista ao problema dogmatizado".

[20] Cf. Canaris, *Pensamento sistemático e conceito de sistema na ciência do direito*, Lisboa, 1989, 12 ss. Bem podemos dizer que importa pôr em prática, nas palavras de Menezes Cordeiro, *Introdução a* Canaris, *Pensamento sistemático e conceito de sistema na ciência do direito*, Lisboa, 1989, CXII, "as exigências renovadas de uma Ciência Jurídica clara e precisa, capaz de responder a uma realidade em evolução permanente e que tenha em conta os actuais conhecimentos hermenêuticos e as exigências de maleabilidade deles decorrentes [...]". Como escreve também Menezes Cordeiro, D*a boa fé* cit., 1260, o sistema surge como ordem teleológica e orientado para avaliar as consequências da sua aplicação.

[21] Cf. Canaris, *Pensamento* cit., 172 ss.

[22] Cf. Canaris, *Pensamento* cit., 189, que explica que as relações entre formação do sistema e obtenção do Direito não são de dependência unilateral mas antes de relação mútua: "tal como o sistema influencia a obtenção do Direito, assim se desenvolve, de modo inverso, a formação plena do sistema apenas no processo de obtenção do Direito. Para além de sob a prevenção do 'controlo teleológico', cada argumento sistemático coloca-se assim ainda sob a da possibilidade de um desenvolvimento ou modificação do sistema".

que leva inclusive a ignorar a necessidade de um esforço de descoberta de princípios comuns às diversas áreas jurídicas[23]. Essa tendência é especialmente clara quando se assume o mercado de capitais como domínio científico hermético e fechado aos valores gerais do sistema. Já se tem dito que "o direito dos instrumentos financeiros é altamente relevante, mas infelizmente também consideravelmente complexo"[24]. A sua complexidade é, porém, comum à generalidade das áreas do jurídico, ainda que obrigue, aqui, a um especial esforço de apreensão do funcionamento dos mercados e de superação das dificuldades colocadas pela sua heterogeneidade[25], mas sempre reclamando um exercício de dogmática jurídica, libertador do espírito[26] e facilitador da ligação entre elementos do sistema e a sua correspondência com a realidade[27].

Importa, na verdade, assentar a nossa investigação na compreensão económica do funcionamento do mercado[28], o que de forma alguma constitui expressão do fenómeno — identificado sobretudo nos Estados Unidos — de "colonização" dos estudos jurídicos[29]. Trata-se, apenas, de recorrer, onde relevante, aos ensinamentos fornecidos pelos estudos económicos do mercado. Por vezes documenta-se uma oposição entre estudos doutrinários — assentes no sistema jurídico — e estudos interdisciplinares, temendo-se que a disciplina jurídica se torne uma "disciplina auxiliar de outros campos, perdendo assim o seu caráter autónomo"[30]. Porém, a interdisciplinaridade é também

[23] Jan Smits, *Law and interdisciplinarity: on the inevitable normativity of legal studies* (March 17, 2014), Critical Analysis of Law 1:1 (2014), 75-86, disponível em https://ssrn.com/abstract=2410518.

[24] Mathias M. Siems, *The foundations* cit., 3.

[25] Cf. Paulo Câmara, *Manual* cit., 25 ss., aludindo à heterogeneidade quanto às influências, ao conteúdo e às fontes.

[26] Cf. Baptista Machado, *Introdução ao direito e ao discurso legitimador*, Coimbra, 1987, 368.

[27] Cf. Oliveira Ascensão, O *Direito. Introdução e teoria geral*, 13.ª ed., Coimbra, 2005, 481.

[28] Que antecede a sua consideração e proteção jurídica. A centralidade do conceito de mercado é devidamente apontada na doutrina. Cf., por todos, Amadeu Ferreira, *Um código dos instrumentos financeiros? Algumas notas soltas*, em *Estudos em Homenagem ao Professor Doutor Carlos Ferreira de Almeida*, vol. I, Coimbra, 2011, 701-710 (708), notando que o mercado é uma instituição que está consagrada na nossa Constituição como um dos pilares da organização da nossa sociedade, merecendo uma especial e apertada tutela: "o conceito de mercado, porém, não tem sido devidamente tido em conta em toda a sua dimensão, nomeadamente no que à sua tutela concerne e à dos agentes que actuam no seu seio, nele confiam e lhe entregam a guarda ou gestão dos seus bens".

[29] Jan Smits, *Law and interdisciplinarity* cit., 6, com mais referências.

[30] Johannes Rüx, *Zum Anliegen der Rechtswissenschaft*, Rechtswissenschaft 1 (2010), 3-10 (3).

expressão do dinamismo dos estudos jurídicos[31-32]. Está em causa sempre uma atividade normativa[33]. Impõe-se atender a elementos para lá das fronteiras primárias do Direito, fazendo uso de outras disciplinas em termos heurísticos, de forma a que estas possam contribuir como fonte de argumentação e inspiração, mas sujeitando-se à respetiva justificação no âmbito da disciplina jurídica propriamente dita[34]. Favorece-se a "integração de perspetivas"[35], facultando a via para trazer novos pontos de vista que hão de ser incorporados à luz dos valores e critérios internos da ciência jurídica. Sobretudo, combate-se a rigidez e o carácter de um tratamento monodisciplinar estrito[36]. Tem-se em vista, mais simplesmente, a necessidade de contextualização externa, havida como a verdadeira interdisciplinaridade num sentido bilateral, na medida em que corresponde à interação entre duas disciplinas mais do que à utilização de uma como oportunidade para a aplicação de outra[37-38].

A realização dos objetivos dos estudos jurídicos exige, na verdade, uma "aproximação holística"[39], tendo em conta os diversos ramos do direito e eventuais áreas não-jurídicas, assim como o contributo de diferentes ordenamentos jurídicos. A análise das respostas encontradas noutros espaços jurídicos é um excelente método para criar distanciamento relativamente às soluções consagradas entre nós e retirar inspiração para o nosso sistema jurídico[40],

[31] Jan Smits, *Law and interdisciplinarity* cit., 8

[32] A interdisciplinaridade seria aparentemente contrária à especialização que caracteriza o direito mobiliário. Cf. Sanne Taekema, R*elative autonomy: a characterisation of the discipline of law* (March 29, 2010), 6, disponível em https://ssrn.com/abstract=1579992. Porém, a compreensão das bases económicas é indispensável para qualquer estudo nesta área.

[33] Jan Smits, *Law and interdisciplinarity* cit., 8 ss.

[34] Bart van Klink/Sanne Taekema, *A dynamic model of interdisciplinarity. Limits and possibilities of interdisciplinary research into law*, (June 9, 2008). Tilburg University Legal Studies Working Paper No. 010/2008; Tilburg Working Paper Series on Jurisprudence and Legal History No. 08-02, 19 e 20, disponível em https://ssrn.com/abstract=1142847.

[35] Bart van Klink/Sanne Taekema, *A dynamic model* cit., 21.

[36] Bart van Klink/Sanne Taekema, *A dynamic model* cit., 27.

[37] Cf. Markus D. Dubber, *Critical analysis of Law: interdisciplinarity, contextuality and the future of legal studies* (January 26, 2014). Critical Analysis of Law: An International & Interdisciplinary Law Review, Vol 1, No 1 (2014), 1, disponível em https://ssrn.com/abstract=238565. Opõe-se à contextualização interna ou intradisciplinar.

[38] Para uma distinção entre multidisciplinaridade, interdisciplinaridade e transdisciplinaridade, cf. Irma Kroeze, *Legal research methodology and the dream of interdisciplinarity* (August 29, 2013). Potchefstroom Electronic Law Journal, Vol. 16, No. 3, 2013, 16 ss., disponível em https://ssrn.com/abstract=2334070.

[39] Jan Smits, *Law and interdisciplinarity* cit., 14.

[40] Cf. Jan Smits, *Law and interdisciplinarity* cit., 11

através de uma contextualização interna ou intradisciplinar[41], particularmente importante pela tendencial harmonização das regras mobiliárias a nível internacional e europeu[42]. São vários, como é sabido, os argumentos favoráveis à uniformização dos requisitos regulatórios, quer do prisma do emitente (formação de um *level playing field,* que ofereça iguais oportunidades para as sociedades e consequente redução dos custos de transação e de capital), quer do lado do investidor (que mais facilmente fica habilitado a comparar oportunidades de investimento nos vários países, com a inerente redução do risco do investimento no estrangeiro, o que também acarreta a concorrência, por via da *performance,* no sentido da atração dos investidores)[43]. Do ponto de vista da investigação, convoca-se com mais intensidade a análise

[41] Cf. Markus D. Dubber, *Critical analysis of Law* cit., 2.

[42] Cf. A. Barreto Menezes Cordeiro, *Manual* cit., 54 ss. e 81 ss.; do mesmo Autor, *Direito europeu dos valores mobiliários: evolução e linhas,* RDS VII (2015), 2, 273-296 (273), sublinhando que "o impacto da ingerência europeia assume uma espantosa transversalidade, atravessando todo o direito mobiliário" e que "o direito dos valores mobiliários é hoje um reflexo do movimento mobiliário de integração europeia. Não é possível compreender o alcance do Direito pátrio sem atender ao processo evolutivo comunitário" (p. 296). Cf., também, José Ferreira Gomes/Diogo Costa Gonçalves, *§ 2. O direito das sociedades cotadas como Direito europeu,* em José Ferreira Gomes/Diogo Costa Gonçalves, *Manual de sociedades abertas e de sociedades cotadas* cit., 37-54; Eberhard Schwark, *The harmonization of the securities law in Europe,* em *Direito dos valores mobiliários,* vol. VII, Coimbra, 2007, 443-464. Para uma visão sintética e sistemática da principal regulação europeia dos mercados de capitais, cf. Marcus Lutter/Walter Bayer/Jessica Schmidt, *§ 14. Kapitalmarktrecht in der EU,* em *Europäisches Unternehmens- und Kapitalmarktrecht. Stand und Entwicklung nebst Texten und Materialien,* 6.ª ed., Berlin-Boston, 2018, 228–304. Sem prejuízo dos méritos da harmonização, deve igualmente chamar-se a atenção para os seus perigos. Cf., *v.g.,* Uriel Procaccia/Uzi Segal, *Thou shalt not sow thy vineyard with divers seeds? The case against the harmonization of private law,* em Klaus Hopt/Eddy Wymeersch (org.), *Capital markets and company law,* Oxford, 2003, 639-659. O fenómeno de harmonização não tem paralelo, em termos de intensidade, no direito societário, sem prejuízo da relevância que não deixa de apresentar. Cf. Menezes Cordeiro, *Direito europeu das sociedades,* Coimbra, 2005, 22 ss.; do mesmo Autor, *Evolução do direito europeu das sociedades,* em *Nos 20 anos do Código das Sociedades Comerciais: Homenagem aos Profs. Doutores A. Ferrer Correia, Orlando de Carvalho e Vasco Lobo Xavier,* vol. I, Coimbra, 2007, 61-90 (65), salientando que o direito europeu das sociedades é incapaz de reger situações jurídicas completas, funcionando como direito fragmentário, justaposto aos vários direitos nacionais. A harmonização não diminui, naturalmente, a importância da determinação do direito aplicável em situações plurilocalizadas. Sobre a questão, cf., por todos, Luís de Lima Pinheiro, *Direito aplicável às operações sobre instrumentos financeiros,* em *Direito dos valores mobiliários,* vol. IX, Coimbra, 2009, 141-192.

[43] Mathias M. Siems, *The foundations* cit., 23, chamando também a atenção para as desvantagens habitualmente associadas à harmonização, que, todavia, se prestam a contra-argumentos: desde a não contemplação das diferenças culturais e dos contextos empresariais, até à dificultação de inovações regulatórias, passando pela aniquilação de potenciais vantagens associadas à concorrência regulatória, a qual poderia levar a uma *race to the top.*

de ordenamentos estrangeiros. Particularmente interessante para os fins construtivos que visamos revela-se, no âmbito continental, o estudo do ordenamento alemão, não só porque as soluções de tutela do investidor perante o emitente — nas suas diversas dimensões — têm ganho contornos de especial interesse, mas também porque se parte, aí, de um quadro regulatório e dogmático genericamente similar ao nosso. Elegemos, pois, este ordenamento como campo preferencial do referido esforço de contextualização externa, sem prejuízo da relevância que podem assumir, em diversos aspetos, para o estudo que realizamos, outros ordenamentos continentais. Importância apresenta também, por seu lado, o direito americano, considerando, sobretudo, o relevo da tutela privada no mercado de capitais — contrastante, por exemplo, com a situação em Inglaterra[44] —, a maturidade destes mercados e dos regimes protetores consagrados, sem prejuízo das fragilidades que são conhecidas e que tiveram, consabidamente, consequências práticas notáveis. As soluções americanas movem-se, porém, no quadro fáctico de mercados com características muito diferentes do nosso, e contam com um substrato teórico também radicalmente distinto, o que as torna, em muitas áreas — e, em especial, na da tutela indemnizatória — dificilmente transponíveis para o campo dogmático continental, ainda que sirvam sempre de referência indispensável para o trabalho de construção teórico-prática que temos em vista.

[44] Neste ordenamento jurídico, a *securities litigation* encontra-se num estado preliminar de desenvolvimento e não existe ainda *case law* que dê resposta aos problemas de tutela dos investidores perante o emitente, sem prejuízo de se denotar uma tendência de alteração da situação, inclusive com a proposição de *class actions*, que foram, porém, resolvidas por acordo antes de chegarem a decisão judicial. Lembre-se os casos paradigmáticos das ações contra o Royal Bank of Scotland (RBS) e a Tesco plc., que poderiam ter permitido o esclarecimento jurisprudencial de algumas questões mas acabaram por conduzir a esquemas de compensação por acordo. Notando a ausência de decisões jurisprudenciais ao abrigo das regras próprias do mercado de capitais, cf., *v.g.*, John Armour, *Enforcement strategies in UK corporate governance: a roadmap and empirical assessment* (April 2008), ECGI — Law Working Paper No. 106/2008, disponível em https://ssrn.com/abstract=1133542; Louise Gullifer/Jennifer Payne, *Corporate finance law: principles and policy*, Oxford-Portland, 2015, 518; Karren Anderson/Harry Edwards, *England & Wales*, em William Savitt (org.), *The securities litigation review*, London, 2017, 1-22 (2). A ausência de um sistema de *private enforcement* similar ao americano não é necessariamente vista com desfavor no Reino Unido, considerando os excessos a que é suscetível de conduzir. Afirmam, aliás, Eilís Ferran/Look Chan Ho, *Principles of corporate finance law*, 2.ª ed., Oxford, 2014, 413, a propósito da responsabilidade civil do emitente por informações *ad hoc*, que "é indiscutível que abrir as comportas a um amplo *private enforcement* poderia criar mais problemas do que resolveria". Teme-se, em particular, os riscos reputacionais para a sociedade, bem como a lesão da competitividade dos mercados (Ferran/Ho, *Principles of corporate finance* cit., 388).

A ciência jurídica assenta numa pesquisa doutrinária, na medida em que reconstrói as regras jurídicas, sistematizando-as num todo coerente, com uma vocação para a prática[45]: apresenta-se, por um lado, como descritiva e normativa, e, por outro, como pragmaticamente orientada. A "simbiose com a prática jurídica"[46] determina que o estudo doutrinário seja influenciado pela prática, mas também a influencie. Sendo um estudo *a posteriori*[47], a possibilidade de se tornar obsoleto em função de um novo corpo normativo reclama a procura de valores e princípios com vocação de permanência. Tem-se dito que o Direito é autónomo no sentido de ter uma "específica orientação num sistema de regras e princípios, específicos valores nucleares e a sua própria linguagem e instituições"[48].

O estudo jurídico na área que nos ocupa é também marcado, designadamente, pela modificação do paradigma regulatório, que acompanhou o processo de "desmutualização" das bolsas. A importância de ponderar a construção de um modelo de proteção do investidor perante o emitente é, na verdade, particularmente notória quando os mercados de capitais são geridos — como acontece em Portugal — por sociedades anónimas, com escopo lucrativo[49], cujos rendimentos resultam de taxas de *listing*, do pagamento

[45] Cf., *v.g.*, SANNE TAEKEMA, *Relative autonomy* cit., 2.

[46] SANNE TAEKEMA, *Relative autonomy* cit., 4.

[47] Cf., com outras referências, SANNE TAEKEMA, *Relative autonomy* cit., 4.

[48] SANNE TAEKEMA, *Relative autonomy* cit., 18.

[49] A utilização deste tipo societário é, aliás, imposta pelo artigo 2.º do regime jurídico das sociedades gestoras do mercado regulamentado, aprovado pelo Decreto-Lei n.º 357-C/2007, de 31 de outubro. A assunção desta forma jurídica inseriu-se num processo de "desmutualização" das bolsas, tradicionalmente de cariz público, em sociedades comerciais, que também podem ser abertas e apelar à subscrição de capital pelo público (sobre a possibilidade de os intermediários financeiros participarem no capital das sociedades gestoras da bolsa, cf. CALVÃO DA SILVA, *Banca, Bolsa e Seguros*, 5.ª ed., Coimbra, 2017, 28). Em Portugal, em 2000, poucos anos depois da passagem das bolsas de valores da propriedade do Estado para uma fórmula associativa, unificaram-se as bolsas de Lisboa e Porto, com posterior transformação em sociedade comercial gestora de mercados. O mesmo fenómeno pode ser identificado em Paris, Amesterdão e Bruxelas no final da década de 90. Cf. JOÃO SOARES DA SILVA, *EURONEXT — Alguns aspectos de enquadramento e estrutura jurídica*, em *Direito dos valores mobiliários*, vol. IV, cit., 347-384 (349-351). Para uma leitura crítica do papel que a Euronext Lisbon — em particular após a participação acionista da Euronext N.V., em 2002, e da NYSE, em 2007 — tem assumido na promoção do mercado de capitais português, *maxime*, da sua internacionalização, dinamização e incremento de competitividade cf. ABEL SEQUEIRA FERREIRA, *O futuro da bolsa: uma agenda para o mercado de capitais em Portugal*, em *O novo direito dos valores mobiliários*, I cit., 457-494 (480-486). Em particular, os custos de entrada e permanência no mercado nacional, livremente tabelados pela sua entidade gestora, são superiores aos praticados noutras bolsas europeias e excessivos para as empresas portuguesas (p. 485).

de serviços especiais pelos emitentes, como a distribuição de informação durante ofertas públicas, taxas aplicadas a algumas transações ou venda de informação de mercado[50]. Esta circunstância propicia o aparecimento de conflitos e aumenta a preocupação em torno da regulação dos mercados, que só será apta para solucionar os problemas que se suscitam quando inserida num sistema concatenado de princípios operantes. O fenómeno é geral. Tradicionalmente, as bolsas eram associações não lucrativas. A modificação da sua estrutura, com a passagem da gestão para comuns sociedades comerciais, tem como consequência a redução do seu papel regulatório, pondo fim às vantagens que têm sido apontadas à autorregulação: os lucros das bolsas aumentam se atraírem maior volume de instrumentos financeiros para a negociação, o que implicaria mais incentivos para a existência e *enforcement* de regras que protejam simultaneamente o emitente e o investidor. A concorrência entre bolsas produziria uma *race to the top*. Naturalmente que, pela perspetiva oposta, o envolvimento na regulação provoca potenciais conflitos de interesses, além de que às bolsas falta legitimidade e *accountability* democráticas bem como mecanismos de *public enforcement*. Associado ao interesse público no funcionamento dos mercados financeiros, tudo joga a favor da regulação por via legal e da supervisão pública, contra a autorregulação[51]. Colocam-se, por outro lado, novos desafios à própria regulação das bolsas, de forma a equilibrar os seus interesses comerciais e públicos[52].

Na construção de um sistema comum de princípios, partimos de uma dificuldade imposta pelo enquadramento mobiliário nacional, que constitui particularidade não conhecida de ordenamentos jurídicos estrangeiros: a regulação mobiliária tem operado até agora tendo como referência a figura da sociedade aberta[53] e não a de sociedade cotada. A primeira surge como

[50] Cf. Andreas M. Fleckner, *Stock exchanges at the crossroads*, Fordham Law Review, 2006, vol. 74, n.º 5, 2541-2620 (2570), disponível em http://ir.lawnet.fordham.edu/flr/vol74/iss5/2.

[51] Siems, *The foundations* cit., 21.

[52] Cf. IOSCO, *Regulatory issues arising from exchange evolution — Final Report, Report of the Technical Committee of IOSCO*, nov. 2006, disponível em https://www.iosco.org/library/pubdocs/pdf/IOSCOPD225.pdf. Cf., por todos, Paulo Câmara, *Manual* cit., 529 ss. e *Supervisão e regulação do mercado de valores mobiliários*, em *Direito dos valores mobiliários*, vol. VIII, Coimbra, 2008, 39-64.

[53] As sociedades abertas são definidas pelo artigo 13.º do CVM não com recurso aos seus traços típicos, mas a um conjunto de situações em que se considera *ipso iure* que a sociedade tem o seu capital aberto ao investimento público. Assumem essa característica: *a)* sociedades constituídas através de oferta pública de subscrição dirigida especificamente a pessoas com residência ou estabelecimento em Portugal; *b)* sociedades emitentes de ações ou outros valores mobiliários que confiram direito à subscrição ou à aquisição de ações que tenham sido objeto de oferta pública

espécie de sociedade anónima[54] à qual o sistema associa especificidades pelo facto de o seu capital se encontrar aberto ao investimento público[55], ao passo que a sociedade cotada, embora seja necessariamente aberta, tem as ações representativas do seu capital social admitidas à negociação em mercado regulamentado situado ou a funcionar em Portugal. Isto significa que o regime das sociedades abertas se aplica integralmente às sociedades cotadas, para as quais o Código dos Valores Mobiliários acrescenta disposições especiais, particularmente dirigidas para a sua integração em mercado. Nessa medida, o emitente encontra-se vinculado não apenas aos princípios societários gerais, pensados para as sociedades anónimas, mas também àqueles especialmente

de subscrição dirigida especificamente a pessoas com residência ou estabelecimento em Portugal ou que *c)* tenham estado admitidas à negociação em mercado regulamentado situado ou a funcionar em Portugal; *d)* sociedades emitentes de ações que tenham sido alienadas em oferta pública de venda ou de troca em quantidade superior a 10% do capital social dirigida especificamente a pessoas com residência ou estabelecimento em Portugal e *e)* sociedades resultantes de cisão de uma sociedade aberta ou que incorpore, por fusão, a totalidade ou parte do seu património. O Código dos Valores Mobiliários não esgota o leque de situações em que uma sociedade é considerada aberta. A partir de 2004, o Código da Insolvência e da Recuperação de Empresas passou a considerar sociedades abertas aquelas que viram os seus créditos convertidos em capital da sociedade insolvente ou de uma nova sociedade, em resultado de um plano de insolvência. Esta conversão tem a particularidade de não exigir o consentimento dos credores, desde que se encontrem verificados os requisitos do art. 203.º CIRE. Caso os credores — quer comuns, quer subordinados — não tenham consentido na conversão, considera-se que a sociedade tem o capital aberto ao investimento público. O tema levanta diversas dúvidas. Sobre elas, cf. Madalena Perestrelo de Oliveira, *Limites da autonomia dos credores na recuperação da empresa insolvente*, Coimbra, 2013, 51-55. Como nota A. Barreto Menezes Cordeiro, *Manual* cit., 329, "a figura da sociedade aberta tem tido uma existência jurídica particularmente acidentada", em parte em virtude da coexistência com o conceito de sociedade cotada, parcialmente sobreposto. Em geral, sobre a qualificação como sociedade aberta e cotada, cf. também Paula Costa e Silva, *Direito* cit., 228 ss.; José Ferreira Gomes/Diogo Costa Gonçalves, *§1. A origem das sociedades abertas e das sociedades cotadas*, em José Ferreira Gomes/Diogo Costa Gonçalves, *Manual de sociedades abertas e de sociedades cotadas*, vol. I, Lisboa, 2018, 23-37 (27 ss.); Diogo Costa Gonçalves, *§ 5. Aquisição de qualidade de sociedade aberta*, em José Ferreira Gomes/Diogo Costa Gonçalves, *Manual* cit., 83-104; Manuel Requicha Ferreira, *Perda de qualidade de "sociedade aberta"*, relatório de mestrado inédito, apresentado na FDL em 2009, 20. Para uma síntese do direito aplicável às sociedades fechadas, cf. Coutinho de Abreu/Rui Pereira Dias, *Sociedades fechadas*, DSR, ano 7 (2015), vol. 13, 15-41.

[54] Cf. António Pereira de Almeida, *Sociedades comerciais, valores mobiliários, instrumentos financeiros e mercados*, vol. 1, 7.ª ed., Coimbra, 2013, 539. A sociedade anónima, graças ao generoso espaço de conformação estatutária e parassocial, configura-se como tipo extremamente variável, o que permite a sua qualificação como tipo aberto. Cf. Paulo Câmara, *Manual* cit., 589.

[55] Cf. Paula Costa e Silva, *Sociedade aberta, domínio e influência dominante*, RFDUL XLVIII (2007), 39-66 (43). Como salienta a Autora, público deveria ser o conjunto heterogéneo de sujeitos não identificados, embora o conceito conheça desvios no regime das OPA, como veremos no capítulo II.

consagrados para sociedades abertas e, ainda, a deveres acrescidos — com especial e compreensível destaque para as obrigações de transparência —, especificamente desenhados para dar resposta às necessidades do mercado e dos potenciais investidores. Por se encontrarem abertas ao investimento público, estas sociedades congregam uma pluralidade de interesses, por vezes dissidentes, e que merecem tutela[56], e, por estarem admitidas à negociação, geram preocupações adicionais[57], dificultando a adaptação do regime societário geral aos particulares valores e interesses que se debatem no mercado. É por esse motivo que, não raras vezes, o regime disciplinador das sociedades cotadas se apresenta como um "autêntico quebra-cabeças"[58], nebuloso e fragmentário — exigindo uma articulação, nem sempre clara, entre o Código dos Valores Mobiliários, o Código das Sociedades Comerciais, os regulamentos da Comissão de Mercado de Valores Mobiliários e os Regulamentos europeus dotados de aplicabilidade direta[59] —, o que resulta, em casos-limite, em soluções incoerentes[60], que devem, a todo o custo, ser evitadas. O esforço

[56] Cf. Paula Costa e Silva, *Sociedade aberta* cit., 44; Giuseppe Auletta/Niccolö Salanitro, *Diritto commerciale*, 18.ª ed., Milano, 245.

[57] Essas preocupações adicionais resultam das diferenças estruturais entre sociedade emitente e comum sociedade anónima: a dispersão de ações pelo público possibilita a aquisição do controlo por uma minoria de sócios, gera pressão externa sobre o desempenho da sociedade, já que piores resultados conduzem tendencialmente ao decréscimo da cotação em mercado, e obriga a que o emitente tome em consideração não apenas os interesses dos sócios mas também dos investidores que não sejam acionistas. Cf. Paulo Câmara, *Manual* cit., 601 ss.

[58] A. Barreto Menezes Cordeiro, *Os deveres de adequação dos intermediários financeiros à luz da DMIF II*, em *O novo direito dos valores mobiliários — vol 2* cit., 61-79 (66).

[59] Por isso, por vezes o Código dos Valores Mobiliários surge — como nota Ferreira de Almeida, *Comportamento dos emitentes: uma rede de fontes*, em *O novo direito dos valores mobiliários — I Congresso sobre valores mobiliários e mercados financeiros*, Coimbra, 2017, 31-32 (32) — como um "índice pedagógico do direito vigente em matéria de instrumentos financeiros (...) com inúmeras referências a Regulamentos europeus".

[60] Pense-se, a título meramente exemplificativo, que normalmente as sociedades emitentes apresentam esquemas de remuneração dos administradores dirigidos a incentivar o seu desempenho, atribuindo-lhes ações da empresa ou *stock options*, as quais são tipicamente acompanhadas por cláusulas que preveem que a sociedade financie a sua aquisição, levantando, por isso, problemas de compatibilização com o regime societário sobre negócios celebrados com a sociedade (artigo 397.º do CSC). O n.º 1 deste artigo proíbe a sociedade de conceder empréstimos aos administradores, evitando-se, por esta via, que estes a prejudiquem em benefício próprio e preservando a transparência e (boa) imagem da pessoa coletiva. Cf. Menezes Cordeiro, *Anot. ao artigo 397.º* em Menezes Cordeiro (org.), *Código das Sociedades Comerciais anotado*, 2.ª ed., Coimbra, 2011. Julgamos admissível a redução teleológica da norma naqueles casos em que se demonstre que não se verificou, ou que não se verificará, prejuízo para a sociedade em benefício do administrador e que a imagem empresarial não é afetada, o que acontece, por hipótese, naqueles contratos em que todos os trabalhadores — e não

de articulação do sistema é particularmente dificultado pelo *tsunami* regulatório que marcou o direito mobiliário nos últimos anos e que tem inviabilizado a consolidação jurisprudencial e doutrinária nesta área.

Perante os riscos para o investidor que resultam da participação em mercado e a necessidade da sua proteção, iremos testar a hipótese de construir um modelo de tutela unitário, capaz de funcionar nos diversos mercados, nos vários momentos da negociação, em favor dos múltiplos investidores e contra a globalidade dos riscos surgidos. A tarefa é de reconhecida importância, já que "a amplitude do mercado, a diversidade dos agentes, o número de investidores e a intensidade e complexidade dos riscos tornam realisticamente impossível, em qualquer sistema ou modelo de supervisão, uma proteção global, transversal e individual de cada investidor"[61]. Naturalmente que a vastidão das questões obriga a uma definição do percurso metodológico a seguir. Partimos da descoberta das bases económico-financeiras e jurídicas das transações no mercado, assegurando a adaptação do modelo ao substrato jurídico-pragmático que visa servir[62]. Ensaiaremos a possibilidade de retirar das características do específico

apenas os administradores — beneficiem de financiamento na compra de participações sociais. Ainda assim, estes contratos devem ser previamente autorizados por deliberação do conselho de administração, na qual o interessado não pode votar, e têm de obter o parecer favorável do conselho fiscal ou da comissão de auditoria (artigo 397.º/2 do CSC), sucedendo que, se todos os administradores forem beneficiários das referidas cláusulas, estarão todos impedidos de votar. Nesse caso, a solução passará por convocar uma assembleia geral para deliberar sobre a questão (artigo 373.º/3 do CSC). Embora se possa considerar que a assembleia geral delibera em substituição do conselho de administração — pelo que, após deliberação favorável, ainda se deve exigir um parecer do conselho fiscal —, julgamos que, uma vez que o interesse social não tem autonomia em relação ao interesse dos sócios, quando os sócios deliberam a possibilidade de todos os empregados, incluindo os administradores, serem financiados para comprar ações da sociedade estarão a admitir a inexistência de uma situação de conflito de interesses. Deixará, por isso, de ser necessário o parecer do conselho fiscal, cuja única função é atestar a inexistência de conflito. Sobre a questão, ainda que não adotando esta visão, cf. Inocêncio Galvão Teles, *Contrato entre a sociedade anónima e o seu director,* O Direito 87.º (1955), I, 12-28; Coutinho de Abreu, *Negócios entre sociedades e partes relacionadas (administradores, sócios) — sumário às vezes desenvolvido,* DSR, ano 5 (2013), vol. 5, 13-25; José Ferreira Gomes, *Conflitos de interesses entre accionistas nos negócios celebrados entre a sociedade anónima e o seu acionista controlador,* em *Conflitos de interesses no direito societário e financeiro. Um balanço a partir da crise,* Coimbra, 2010, 78-213; João Sousa Gião, *Conflitos de interesses entre administradores e os accionistas na sociedade anónima: os negócios com a sociedade e a remuneração dos administradores,* em *Conflitos de interesses* cit., 215-291.

61 Gabriela Figueiredo Dias, *As principais tendências de mudança,* em *O novo direito dos valores mobiliários,* I cit., 15-27 (17).

62 Em geral, recorde-se, com Pais de Vasconcelos, *Teoria geral do direito civil,* 8.ª ed., Coimbra, 2015, 29, que "o Direito contém aberturas — as chamadas 'janelas do sistema' — através das quais se alimenta dos dados extralegais e até extrajurídicos que lhe são imprescindíveis".

relacionamento entre investidor e emitente no mercado de capitais o fio condutor comum para a construção de diretrizes de resposta para as diversas situações suscetíveis de perturbar essa relação, com prejuízo do investidor, quer tenham origem na violação de deveres informativos, quer na atuação de normais mecanismos societários e mobiliários. Está em causa, afinal, reconhecer que o sistema jurídico apresenta capacidade construtiva material de esquemas transversais de proteção do investidor perante o emitente, que, no âmbito da nossa investigação, emergem num conjunto de situações típicas: (i) nos casos de dano para o investidor resultante da deficiente formação do preço dos instrumentos mobiliários causada pela violação de deveres informativos do emitente no contexto dos mercados de capitais, *maxime* dos deveres de publicação do prospeto e de divulgação de informação contínua e periódica (Capítulo II); (ii) nos casos de perda da negociabilidade dos ativos, que, por decisão (lícita embora) do emitente, deixam de estar admitidos à negociação em mercado, com consequências danosas expectáveis para o investidor (Capítulo III).

A partir dos princípios e valores do sistema jurídico, formulamos uma proposta metodológica para enquadrar juridicamente o fenómeno descrito, proporcionando uma representação ideal ou simplificada do sistema real complexo, através de um modelo com um papel essencialmente normativo e não meramente descritivo. Situamo-nos num plano intermédio entre a realidade e a teoria jurídica[63], fornecendo um arquétipo que parte de premissas económicas e financeiras concretas e extrai consequências jurídicas da consideração material do relacionamento especial entre emitente e investidor, permitindo delinear um quadro completo de tutela, com capacidade para fornecer respostas contínuas aos novos complexos problemáticos que inevitavelmente vão surgindo. A forma como o sistema financeiro desempenha as suas funções não é estática. Pelo contrário, o sistema é dinâmico no modo como opera em reação às mudanças do mercado e da regulação, obrigando a que as respostas regulatórias sejam calibradas em conformidade[64]. O mesmo se diga da análise

[63] Sobre as teorias jurídicas, cf. KARL LARENZ, *Metodologia da ciência do direito,* 3.ª ed., Lisboa, 1997, 639 ss. Como escreve o Autor, "as teorias jurídicas não devem de modo algum 'explicar', mas tornar claras conexões jurídicas, especialmente proposições jurídicas ou conteúdos de regulação mais extensos num sistema — ou sistema parcelar — lógica e valorativamente isento de contradição".

[64] JOHN ARMOUR/DAN AWREY/PAUL DAVIES/LUCA ENRIQUES/JEFFREY N. GORDON/COLIN MAYER/JENNIFER PAYNE, *Principles of financial regulation.* Introductory chapter to *Principles of financial regulation*, Oxford University Press, 2016; European Corporate Governance Institute (ECGI) — Law Working Paper No. 277/2014; Columbia Public Law Research Paper No. 14-430; Saïd Business School WP 2014-12, 12, disponível em https://ssrn.com/abstract=2526740.

jurídica. Como já se escreveu, "o objetivo dos estudos jurídicos não é pôr fim à incerteza normativa mas tomar essa incerteza como ponto de partida"[65]. Visa-se, pois, levar a cabo um estudo doutrinário tendente à "elaboração de um 'sistema' num específico subsetor do direito"[66]. O modelo que propomos para a tutela do investidor perante o emitente no mercado de capitais tem natureza necessariamente performativa e construtiva, no sentido de que cria as suas próprias realidades: não descreve apenas o que existe mas produz o que procura compreender e regular[67]. Pode ser sinteticamente apresentado como um modelo (i) transversal e unificador, (ii) sistematicamente coerente e operativo, (iii) dinâmico e adaptado aos vários momentos da negociação, aos diferentes tipos de investidores e à evolução tecnológica dos mercados.

1.1. Modelo transversal e unificador

A construção do modelo de tutela que temos em vista pressupõe, pela natureza dos problemas tratados, a incorporação dos ensinamentos próprios não só do direito mobiliário, mas também do direito civil (enquanto direito privado comum[68]) e do direito comercial (e societário, em especial[69]), obrigando a um intensificado esforço de concatenação do sistema. Aqui, como em geral afirma ENGISCH, a lógica jurídica não deixa de ser uma lógica filosófica e não técnica[70]. O direito dos valores mobiliários, apesar da sua natureza acentuadamente técnica, convoca os mesmos princípios e valores do direito civil e do direito comercial, rege-se por idênticos critérios interpretativos e não apresenta especificidades dogmáticas, sem prejuízo de desvios pontuais. Nas palavras de MENEZES CORDEIRO[71], "a sua consideração em planos elevados de abstração

[65] JAN SMITS, *Law and interdisciplinarity* cit., 10

[66] JAN SMITS, *Law and interdisciplinarity* cit., 8.

[67] JEAN D'ASPREMONT, *Methodology* (January 1, 2016), em J. D'ASPREMONT, *Epistemic forces in international law — Foundational doctrines and techniques of international legal argumentation* (Edward Elgar, 2015), 177-199, disponível em https://ssrn.com/abstract=2709970.

[68] PINTO MONTEIRO, *Negócio jurídico e contrato de sociedade comercial*, em *Nos 20 anos do Código das Sociedades Comerciais* cit., 91-114 (94).

[69] Como nota MENEZES CORDEIRO, *Direito comercial* cit., 158, o direito das sociedades é hoje uma disciplina autónoma que não se reconduz a um direito comercial em sentido estrito, o que não inibe que se mantenha integrado numa noção ampla de direito comercial.

[70] *Introdução ao pensamento jurídico*, 3.ª ed., Lisboa, 1964, 2. Como prossegue o Autor, "não lhe incumbe ensinar artifícios conceptuais através dos quais possamos, com a maior das facilidades, dominar as tarefas do pensamento jurídico, mas, antes, atrair e conduzir a uma reflexão sobre o processo de conhecimento jurídico, de tão difícil penetração".

[71] Direito comercial cit., 170.

acaba por levar aos vetores clássicos do Direito privado: informação, tutela da materialidade subjacente, tutela da confiança e celeridade nas transações". Como pôde escrever MENEZES LEITÃO[72] "o estabelecimento de deveres de informação consiste numa característica específica do Direito dos Valores Mobiliários, em que se ultrapassou o secretismo que caracterizava a actividade comercial", mas enquadra-se na linha geral da ordem jurídica. Este ramo do saber é, de facto, acima de tudo, direito privado, ainda que se possa dizer, com PAULA COSTA E SILVA[73], que "uma das riquezas científicas do Direito dos Valores Mobiliários resulta da respectiva multidisciplinaridade"[74]. Importa, pois, esclarecer a relação entre o regime do Código dos Valores Mobiliários e o direito comum, reconhecendo, como nota CARNEIRO DA FRADA[75], que algumas normas inseridas neste diploma "correspondem, no fundo, a exigências do direito comum". Ao contrário do que o seu cariz acentuadamente regulatório poderia sugerir, este ramo do direito é permeável aos vetores materiais do sistema jurídico[76], enquanto conjunto devidamente articulado dos valores fundamentais constitutivos da ordem jurídica, fornecendo ferramentas de resposta e critérios de solução para um conjunto de problemas de tutela do investidor no mercado de capitais, que acompanham a própria dinâmica e potenciais contingências do investimento no mercado[77]. Apresenta, nessa medida, uma capacidade construtiva material, deixando clara a importância

[72] *A responsabilidade civil do auditor de uma sociedade cotada*, em *Direito dos valores mobiliários*, vol. VI, Coimbra, 2006, 229-239 (229).

[73] *Direito dos valores mobiliários* cit., 289.

[74] Cf. também PAULO OTERO, *Alguns problemas do direito administrativo do mercado dos valores mobiliários*, em *Direito dos valores mobiliários*, vol. I, Coimbra, 1999, 253-283.

[75] *A responsabilidade dos intermediários financeiros por informação deficitária ou falta de adequação dos instrumentos financeiros*, em *O novo direito dos valores mobiliários*, I cit., 401-409 (403).

[76] Cf. A. BARRETO MENEZES CORDEIRO, *Manual* cit., 30 ss., distinguindo um direito dos valores mobiliários material, institucional e regulatório, mas enfatizando a "unidade material, institucional e regulatória" (p. 35).

[77] O direito dos valores mobiliários não deve, por isso, ficar imune a um exercício de dogmatização. Este implica sempre, como aponta TEIXEIRA DE SOUSA, *Da crítica da dogmática à dogmática crítica*, O Direito 121.º (1989), IV, 729-739 (730), uma seleção de juízos intra-sistemáticos que são ordenados como axiomas e que fundamentam um sistema que os desenvolve e concretiza. Especificamente a respeito do direito dos valores mobiliários, CARNEIRO DA FRADA, *Relativismo, valores, direito*, RFDUL LI (2010), 141-192 (159), aponta que não se trata de um direito estritamente regulatório, "marcado pela *Zweckrationalität* e subordinado a um finalismo político-intervencionista do Estado ou à simples lógica de uma ordenação económico-social eficiente (...)". Sobre os tipos de racionalidades, cf., por todos, CASTANHEIRA NEVES, *Metodologia jurídica. Problemas fundamentais*, Studia Juridica 1, BFDUC, Coimbra, 1993, 37 ss. Mesmo no campo mobiliário continuamos a exigir um pensamento orientado a valores, comprometido com a justiça material do caso concreto [cf. DIOGO COSTA GONÇALVES, *Dogmáticas de transição e o seu lugar na evolução dos sistemas*, RDC I (2016), 1, 153-181].

do "acolhimento da dogmática civilística", como chama a atenção, entre nós, A. Barreto Menezes Cordeiro[78]. Só assim consegue desempenhar eficazmente os seus fins. A mais importante tarefa do direito mobiliário é garantir a proteção da confiança dos investidores nos mercados, fornecendo-lhes todos os meios para assegurar que estes não adquirem instrumentos financeiros sobreavaliados. Trata-se, fundamentalmente, de uma proteção institucional do investidor[79], através da vigência de um modelo informativo[80], que também dá lugar, como veremos, à sua proteção individual. Alude-se por vezes, a um "direito do investimento de capitais" (*Kapitalanlagerecht*) enquanto parte integrante do direito mobiliário e mesmo a um "direito da proteção do investidor" (*Anlegerschutzrecht*)[81].

A defesa do investidor convoca mecanismos multifacetados[82], que traduzem diferentes perspetivas e preocupações. A dificuldade de mobilizar,

[78] *Manual* cit., 42, sublinhando que, apesar da sua transversalidade jurídica, o direito dos valores mobiliários se insere "no grande quadro do direito civil" e que "o edifício civilístico aplica-se, na sua totalidade, ao direito dos valores mobiliários". O Autor (pp. 60 ss.) sustenta mesmo que o direito dos valores mobiliários integra um novo direito especial (o direito financeiro) em relação ao direito civil e não ao direito comercial, permitindo institutos clássicos como a autonomia privada, a boa-fé, a imputação de danos e a propriedade e a sua transmissão. Não significa isto que o direito financeiro não tenha autonomia dogmática (cf. A. Barreto Menezes Cordeiro, *Manual* cit., 65).

[79] Dörte Poelzig, *Kapitalmarktrecht*, München, 2018, Rn. 1, 28 ss.

[80] De acordo com este modelo o ordenamento jurídico deve fornecer a informação necessária para que os investidores tomem uma decisão de investimento esclarecida, sem interferir nas suas decisões. Em algumas áreas, porém, nomeadamente na construção dos deveres dos intermediários financeiros, assume, também, relevância um *modelo corretivo*, no qual se protege o investidor de escolhas inadequadas, ainda que esclarecidas. Sobre estes modelos, cf. Catarina Monteiro Pires, *Entre um* modelo corretivo *e um* modelo informacional *no direito bancário e financeiro*, CDP 44, out.-dez. 2013, 3-22 (18 ss.), secundada por Carneiro da Frada, *A responsabilidade dos intermediários* cit., 403 e 404, que salienta a "geometria variável" da linha de fronteira entre os dois modelos. A propósito dos contratos de *swap* "bola-de-neve" celebrados entre o Banco Santander e as Empresas de Transporte nacionais, que implicaram elevadas perdas para as segundas e fariam perigar a sua subsistência caso fossem obrigadas a desembolsar as quantias reclamadas, Carneiro da Frada, *Autonomia privada e justiça contratual. Duas questões, nos 50 anos do Código Civil*, em *Forjar o Direito*, 2.ª ed., Coimbra, 2019, 13-29 (14, 23-28), nota que o modelo informativo não protege de modo absoluto o investidor contra contratos injustos, havendo que conjugar a disponibilização de informação com a aplicação de outros institutos gerais.

[81] Lischke, *§ 1. Der Begriff des Anlegerschutzes und seine Rechtsquellen*, em Friedrich/Bultmann/Olaf Hoepner/Peter Lischke (org.), *Anlegerschutzrecht*, München, 2009, 1-16 (2).

[82] Cf. Oliveira Ascensão, *Valor mobiliário e título de crédito*, em *Direito dos valores mobiliários* cit., 27-54 (53 e 54), notando que seria errada a conclusão de que o direito dos valores mobiliários é apenas a soma de institutos anteriores, antes assenta, no que respeita aos seus efeitos substantivos, sobre dois pilares: "o *traditium*, representado pelos institutos preexistentes, e o *novum*, que é dado pelo próprio Sistema. E só este explica o regime de síntese a que haverá que chegar".

em simultâneo, variados institutos de múltiplos quadrantes dogmáticos — muitos dos quais situados no cerne do direito civil, com a sua riqueza multidimensional[83] e peso cultural[84] — não deve desencorajar o esforço de construção unitária que se reclama. Afinal, estão sempre em causa, *ultima ratio,* as "valorações culturais, teóricas, práticas e significativo-ideológicas" do direito civil de que fala Menezes Cordeiro[85].

Assentamos, pois, as fundações da análise a que procedemos nos avanços da doutrina nacional, sobretudo no que respeita à tutela civil por via da obrigação de indemnizar: o estudo de especialidade que visamos pressupõe, naturalmente, uma cuidada definição dos nossos pontos de partida dogmáticos. Não é certamente possível rever, em profundidade, todos os institutos para os quais a mesma apela. Significa isto que, além dos problemas específicos envolvidos, é necessário tomar como referência determinadas hipóteses dogmáticas gerais, que tomamos como substrato da nossa investigação. A impossibilidade de retomar toda a discussão dogmática que tem sido, com sucesso, levada a cabo nas diversas áreas que percorremos não constitui obstáculo à construção de um modelo de proteção coerente, antes conduz a firmar os seus alicerces na evolução dogmática que foi sendo alcançada e que, assim, assumimos como base de estudo. Tal vale quanto aos institutos de direito civil (*v.g.*, responsabilidade civil) mas também, ainda que numa medida menor, para os das áreas jus-comerciais, incluindo societárias. A via é de caminho duplo: o direito civil faculta avanços na área mobiliária mas esta, por seu lado, também impulsiona desenvolvimentos centrais[86]. Aliás, o recurso aos princípios e regras já consolidados noutros domínios do direito, *maxime* no direito civil, não é senão expressão da necessidade geral[87] de utilizar os progressos gerais da ciência do direito, sob pena de se comprometer "todo o processo de realização a seu cargo".

Enquanto o direito das sociedades ordena — como se tem apontado — as relações societárias da perspetiva tradicional do sócio e da participação social, o direito dos valores mobiliários visa a proteção do investidor no mercado

[83] *Tratado de direito civil,* vol. I, 4.ª ed., Coimbra, 2012, 115.

[84] Cf. Menezes Cordeiro, *Do direito privado como direito comum português,* O Direito 137.º (2005), I, 6-36 (35 e 36).

[85] *Direito comercial* cit., 42.

[86] A propósito do prospeto, Alessandro Paralupi, *Responsabilità civile da prospetto: informazione e danno ingiusto,* Rivista del diritto commerciale e del diritto generale delle Obbligazioni, 2001, 9-12, 565-611, nota que o regime da responsabilidade por informações é uma oportunidade preciosa para repensar o nosso sistema de responsabilidade civil como um todo e, simultaneamente, testar a estabilidade do sistema em relação a novos fenómenos normativos.

[87] Apontada por Menezes Cordeiro, *Direito bancário* cit., 197.

e do próprio mercado[88]-[89]. Está em causa a função do direito mobiliário de alocação de recursos financeiros escassos[90]. Os ramos do direito interpenetram-se naturalmente[91], impondo-se a interpretação do atual direito societário em função do mercado de capitais (*kapitalmarktorientierte Auslegung*)[92]. As regras mobiliárias, por seu lado, devem ser interpretadas em termos funcionais, no sentido de prosseguir a valoração legislativa[93].

O desenvolvimento do direito mobiliário determinou, de resto, o aparecimento de regimes especiais que alteraram a posição das sociedades anónimas, ainda que sem suplantar o direito das sociedades comerciais[94], o que exige um particular esforço de articulação entre os dois sistemas normativos. Em paralelo, identifica-se uma expansão do direito societário das sociedades cotadas, fundamentalmente apto para influenciar positivamente a realização do financiamento e o funcionamento do mercado de capitais[95]. Por enquanto, as normas societárias especificamente criadas para as sociedades cotadas e seus investidores representam apenas alterações pontuais ao direito societário, motivadas pela internacionalização dos mercados, mas que não refletem ainda uma visão de conjunto do sistema mobiliário, o que torna evidente a necessidade da construção do modelo que exploramos[96].

[88] Cf. A. Barreto Menezes Cordeiro, *Manual* cit., 74; Amadeu José Ferreira, *Direito dos valores mobiliários*, Lisboa, 1997, 47; Eberhard Schwark, *Gesellschaftsrecht und Kapitalmarktrecht*, em *Festschrift für Walter Stimpel zum 68. Geburtstag*, Berlin, New York, 1985, 1087-1111.

[89] Como recorda Amadeu Ferreira, *Direito dos valores mobiliários* cit., 48, há entidades emitentes que não são sociedades comerciais (*v.g.*, paradigmaticamente, o Estado), pelo que nem sempre a questão da articulação dos dois direitos se coloca.

[90] Cf. Assmann, Überlagerung und Komplementierung des Aktienrechts nach dem Aktiengesetz 1965 durch Kapitalmarktrecht, AG 17/2015, 597-613 (613).

[91] Apontando a relação "muito íntima" entre o direito dos valores mobiliários e o direito societário, bem como os problemas de especialidade e os riscos de duplicação e incoerência, cf. Ferreira de Almeida, *O Código dos Valores Mobiliários e o sistema jurídico*, CadMVM, n.º 7, abr.-2000, 20-47 (40).

[92] Cf. Ana Perestrelo de Oliveira, *OPA obrigatória e controlo indireto*, RDS IV (2012), 3, 593-661; Katja Langenbucher, *Aktien- und Kapitalmarktrecht*, 4.ª ed., München, 2018, 1 ss. Sobre o papel dos objetivos do direito dos valores mobiliários na interpretação jurídica, cf. A. Barreto Menezes Cordeiro, *Manual* cit., 96. Recorde-se, num plano diferente, a interpretação dual (*gespaltene Auslegung*) das regras do mercado de capitais (consoante esteja em causa a sua aplicação para fins civis ou criminais) sustentada por parte da doutrina germânica e austríaca. Cf., por todos, Rüdiger Veil, *§ 6 Dogmatics and interdisciplinarity*, em Rüdiger Veil (org.), *European capital markets law*, Portland, 2017, 87-99 (91).

[93] Cf. Menezes Cordeiro, *Direito bancário* cit., 200.

[94] Cf. Assmann, Überlagerung cit., 600.

[95] Cf. Assmann, Überlagerung cit., 608.

[96] Cf., ainda que a propósito do ordenamento alemão, mas com considerações transponíveis para o direito nacional, Assmann, Überlagerung cit., 609.

Deve, pois, sublinhar-se a interligação do direito societário e do direito mobiliário: apesar de se procurar racionalizar a divisão entre as duas áreas, reconhece-se que ambas não só se complementam como são "funcionalmente intermutáveis", utilizando conceitos similares[97] e partilhando alicerces comuns. A nova geração do direito mobiliário europeu está, aliás, muito mais fortemente interligada com o direito societário do que sucedia antes, de tal maneira que muitas das previsões só se compreendem tendo em conta a função do mercado de capitais ao nível da *corporate governance*, por exemplo[98]-[99]. Acresce que a regulação mobiliária conduz a alterações tácitas do modelo de regulação do direito societário[100].

Certamente não aderimos à visão manifestada nos tempos mais recentes que vaticina a "morte do direito societário", em virtude da modificação da composição acionista e da transferência do poder para investidores institucionais que abandonam o seu papel passivo e assumem um ativismo acionista[101]: quanto mais competentes os acionistas, menos importante seria o direito societário[102], transferindo-se o poder para os mercados. O peso atualmente

[97] Klaus J. Hopt, *Comparative company Law* (December 1, 2006). ECGI — Law Working Paper No. 77/2006, disponível em https://ssrn.com/abstract=980981.

[98] Assim, Alexander Hellgardt, *Europäisches Kapitalmarktrecht und corporate governance. Unternehmensüberwachung als Ziel der Europäischen Kapitalmarktregulierung*, em Harald Baum et alii (org.), *Perspektiven des Wirtschaftsrechts. Deutsches, europäisches und internationales Handels-, Gesellschafts- und Kapitalmarktrecht. Beiträge für Klaus Hopt aus Anlass seiner Emeritierung*, Berlin, 2008, 408-422 (398 e 399).

[99] A discussão sobre a relação entre o direito societário e o direito mobiliário ocupa os juristas há décadas mas não tem perdido atualidade. Cf. Alexander Schiel, *Aktionärsschutz zwischen Aktienrecht und Kapitalmarkt*, Berlin, 2009, 31 ss., que identifica dois modelos de relacionamento entre os dois direitos: o modelo de substituição (*Ersetzungsmodell*) e o modelo de suplementação (*Ergäzungsmodell*). O primeiro, de cunho americano, sustenta a substituição de regras injuntivas do direito societário pelo direito mobiliário. De acordo com o segundo, o direito mobiliário trata do acionista no seu papel de investidor ao passo que o direito societário se ocupa dele da ótica da socialidade; o direito mobiliário completa e em alguns casos sobrepõe-se ao direito societário. Menezes Cordeiro, *Direito das sociedades*, II, 2.ª ed., Coimbra, 2007, 610, salientando que "o fenómeno da interação do Direito mobiliário no Direito das sociedades" é mais acentuado em Portugal do que nos outros países.

[100] Cf. Assmann, *The impact of insider trading rules in company law*, em Klaus Hopt/Eddy Wymeersch (org.), *Capital markets and company law*, Oxford, 2003, 529-547 (529).

[101] Naturalmente o fenómeno não se reporta à generalidade dos investidores institucionais. Sobre o ativismo acionista, entre nós, cf. *v.g.* David oliveira Festas, *Das inibições de voto dos sócios por conflito de interesses com a sociedade nas sociedades anónimas e por quotas*, tese de doutoramento inédita, apresentada na Faculdade de Direito da Universidade de Lisboa, 2015, 370 ss.

[102] Cf. Zohar Goshen/Sharon Habbes, *The death of corporate law* (May 2018), ECGI — Law Working Paper N° 402/2018, disponível em https://law.yale.edu/system/files/area/workshop/leo/leo18_goshen.pdf.

alcançado pelos investidores institucionais é, sem dúvida, uma das mais marcantes tendências dos mercados de capitais internacionais[103] mas não retira a relevância do direito das sociedades.

Em suma, só a mobilização de institutos provindos de diferentes quadrantes do direito permite compor um quadro completo de tutela do investidor perante o emitente, que se assume em termos transversais e unificadores. Trata-se, mais uma vez, de consequência do cariz sistemático do estudo que desenvolvemos, que não é mais do que expressão da própria natureza sistemática do pensamento jurídico[104].

1.2. Modelo vocacionado para a preservação das vantagens e funções dos mercados de capitais

Para servir adequadamente o investidor, o modelo de tutela que propomos tem de assegurar a preservação das vantagens e funções dos mercados de capitais, garantindo que a proteção concedida não funciona contra o mercado e, em última análise, contra o investidor.

A utilidade do mercado de capitais varia consoante o tipo de investidor em causa. Para o pequeno investidor, a bolsa é, essencialmente, uma plataforma para concretizar o seu investimento mediante a venda dos ativos e um meio para aceder ao preço ajustado das ações, em virtude do normal funcionamento dos mecanismos de formação do preço[105]. Pelo contrário, o grande acionista e o investidor ativista prosseguem objetivos societários, procurando influenciar as políticas da sociedade[106]. Os incentivos que o investidor encontra no mercado são diversos, consoante a sua política de investimento, mas, independentemente da sua posição, as vantagens que dele pretende retirar dependem diretamente de um correto funcionamento dos mecanismos

[103] Cf., *v.g.*, Wolfgang Gerke/Matthias Bank/Max Steiger, *The changing role of institutional investors — A German perspective*, em Klaus Hopt/Eddy Wymeersch (org.), *Capital markets and company law*, Oxford, 2003, 357-385 (357).

[104] Cf. Menezes Cordeiro, *Da boa fé* cit., 1258.

[105] Repare-se que os investidores privados não podem negociar diretamente no mercado de capitais, devendo confiar em intermediários. Cf. Poelzig, *Kapitalmarktrecht* cit., Rn. 162.

[106] As decisões de investimento dos grandes acionistas têm consequências visíveis nos preços que se formam nos mercados. Se a gradual compra de ações — tipicamente efetuada com o objetivo de aquisição de controlo — transmite ao mercado a ideia de valorização da empresa, também em caso de desinvestimento se verifica um desalinhamento na formação do preço dos valores mobiliários. Cf. Gunther Thomas, *Delisting und Aktienrecht*, Berlin, 2009, 62-65.

de mercado, que lhe permite realizar o seu investimento[107]. Quando o mercado é prejudicado, também a posição do investidor fica irremediavelmente lesada, pelo que qualquer modelo de tutela do investidor perante o emitente reclama, necessariamente, um esforço para acautelar as funções do mercado de capitais.

Igualmente noutra ótica a proteção objetiva do mercado é essencial: a admissão de uma sociedade à cotação no mercado regulamentado e a oferta de ações à subscrição pública (*listing* ou *going public*) contêm vantagens inequívocas, que devem ser resguardadas[108]. O mercado funciona, para a sociedade emitente, como forma de angariar capitais próprios (*Kapitalbeschaffungsfunktion*)[109], expandindo as fontes de financiamento da empresa, que deixa de depender do seu próprio *cash-flow* e de capitais alheios, e consequentemente se desvincula do pagamento de juros ou dos prazos de reembolso associados ao financiamento por dívida, salvaguardando, por esta via, a independência na tomada de decisões societárias[110]. Apresenta-se também como plataforma que potencia a liquidez dos instrumentos mobiliários (*Liquiditätsfunktion*), fator essencial no funcionamento dos mercados. O sucesso de uma oferta pública de distribuição depende da existência de um mercado secundário em funcionamento que contenha uma adequada tutela do investidor, uma vez que os valores que não forem negociados no mercado secundário não encontram investidores no mercado primário[111]-[112] e só assim podem ser tomadas decisões

[107] Seja por via de uma adequada formação dos preços dos valores mobiliários ou pela obtenção do prémio de controlo, já que a cotação bolsista atrai atenção para a sociedade como potencial alvo de uma tomada de controlo, levando a que se obtenham preços mais elevados do que aqueles que se formariam no mercado privado (cf. Ana Perestrelo de Oliveira, *Manual de corporate finance* cit., 94). Trata-se da *Anreizfunktion*, que se relaciona com a publicidade que uma empresa consegue com a cotação em bolsa e o fortalecimento da sua posição de mercado (cf. Kerstin Grupp, *Going Private Transaktionen aus Sicht eines Finanzinvestors. Spannungsfeld zwischen gesamtwirtschaftlichen Nutzen und Minderheitenschutz*, Augsburg, 2006, 15 ss.). Por outro lado, as ofertas públicas obrigatórias asseguram a saída dos sócios minoritários se assim o desejarem.

[108] Sobre o tema, cf., *v.g.*, Diogo Costa Gonçalves, *§ 4. Going public*, em José Ferreira Gomes/ Diogo Costa Gonçalves, *Manual de sociedades abertas e de sociedades cotadas*, Lisboa, 2018, 75-82.

[109] Cf. Kerstin Grupp, *Going Private* cit., 15. Sobre o conceito de capitais próprios, cf. Ana Perestrelo de Oliveira, *Manual de corporate finance* cit., 39-120.

[110] Consequentemente, facilita-se a emissão de obrigações convertíveis e de *warrants*, o que significa que a sociedade acaba por conseguir obter melhores condições se necessitar de recorrer ao crédito bancário. Acentuando este aspeto, cf. Alexander Grupp, *Börseneintritt und Börsenaustritt. Individuelle und Institutionelle Interessen*, Berlin, 1995, 37; Gunther Thomas, *Delisting* cit., 39.

[111] Cf. Gunther Thomas, *Delisting* cit., 40.

[112] António Ferreira Soares, *Negociação, liquidação e compensação de operações sobre valores mobiliários*, em *Direito dos valores mobiliários* cit., 311-331 (328).

de investimento e de desinvestimento sem alterações significativas de preço[113]. De igual modo, a função de avaliação da sociedade pelo mercado (*Bewertungsfunktion*), conseguida através de uma adequada formação dos preços em função da informação disponibilizada ao público, apresenta-se como fator essencial para atrair investidores. Ao permitir-se a personalização do risco em função dos objetivos prosseguidos e a sua dispersão por portfolios diversificados[114], os investidores são os grandes beneficiários da admissão à negociação em mercado regulamentado[115], pois passam a contar com o mercado que desempenha funções de monitorização e controlo da sociedade investida (Überwachungs- und Kontrollfunktion)[116], o que se materializa na inata função do mercado como plataforma que disponibiliza informação acerca das transações realizadas, incluindo o seu volume, valor e, por vezes, partes envolvidas e, também, da cotação dos instrumentos mobiliários[117]. A queda dos preços no mercado secundário traduz as fracas expetativas dos investidores no sucesso do emitente, suscetíveis de conduzirem à alteração das políticas da empresa e da estratégia de negócio. O facto de os participantes — emitentes e investidores — se sujeitarem ao cumprimento das exigências dos mercados de capitais revela que estes surgem, simultaneamente, como reguladores e entidades reguladas[118], tendo, por isso, uma função central na proteção da confiança dos investidores.

Bem se vê que a proteção do investidor envolve necessariamente a defesa do próprio funcionamento do mercado — evitando, designadamente, soluções demasiado onerosas para o emitente —, o que de forma alguma significa subalternizar a defesa do investidor.

[113] Cf. ANDREAS M. FLECKNER, *Stock Exchanges* cit., 2546.

[114] Cf. MICHAEL C. JENSEN, *Eclipse of the public corporation*, Harvard Business Review (Sept.-Oct. 1989), revised 1997, 5, disponível em https://ssrn.com/abstract=146149.

[115] Cf. ASSMANN, Überlagerung cit., 605.

[116] Cf., por todos, GUNTHER THOMAS, *Delisting* cit., 42 ss.

[117] Cf. ANDREAS M. FLECKNER, *Stock Exchanges* cit., 2547.

[118] Cf. ANDREAS M. FLECKNER, *Stock Exchanges* cit., 2545. Por isso, nos Estados Unidos, o *Supreme Court* já se referiu a este sistema híbrido como uma política de "autorregulação conjugada com a supervisão da SEC" (cf. *Gordon v. N.Y. Stock Exchange, Inc., U.S. Supreme Court*, 26-jun.-1975, 422 U.S. 659, 667).

1.3. Modelo dinâmico: adaptação aos vários tipos de investidores, aos diversos mercados e momentos de negociação e à evolução tecnológica dos mercados

O modelo de tutela do investidor que arquitetamos é de caráter dinâmico, visa novas descobertas e conexões, facultando instrumentos e institutos que permitem continuados progressos quer nos domínios tradicionais quer em áreas não reguladas. Consente, assim, o desenvolvimento heurístico, através da interação permanente entre os princípios jurídicos e a realidade económica dos mercados[119], vertendo o seu modo dinâmico de atuação também na ponderação das consequências ou efeitos jurídicos[120]. Acompanha, pois, a exigência de o sistema de mercados ser eficiente e ajustável às necessidades mutáveis[121].

A capacidade de evolução adaptativa do modelo a partir da valorização do estatuto de investidor *a se* consente que o arquétipo de proteção delineado (i) releve para a generalidade dos tipos de investidores, todos merecedores de tutela, (ii) atue em qualquer momento da negociação e (iii) em todos os tipos de mercado, incluindo os novos mercados. Vejamos.

O papel nuclear definidor da exigência de proteção é, antes de mais, dado pelo estatuto de investidor, cuja relevância autónoma deve ser assumida, e não pelo estatuto que paralelamente apresente como acionista — quando seja titular de participações sociais —, como credor social — quando obtenha instrumentos de dívida — ou como detentor de outros instrumentos (porventura híbridos). Relevante é o *status* em si: o investidor merece proteção porque investe no mercado e confia na sua integridade e não em virtude do específico instrumento financeiro adquirido[122], cujo caráter multifacetado não introduz *prima facie* modificações na análise. O que importa é o facto da negociação em mercado *per se* e não o concreto instrumento negociado.

Na medida em que o mercado se apresenta como plataforma de encontro entre a oferta e a procura, a decisão de investimento — mesmo quando

[119] Na área dos valores mobiliários, a importância dos conceitos económicos é especialmente visível. Cf., por todos, AMADEU FERREIRA, *Direito dos valores mobiliários* cit., 30 e 31.

[120] A respeito de uma visão dinâmica do direito e o seu confronto com a visão estática, cf. MIGUEL TEIXEIRA DE SOUSA, *Introdução ao direito*, Coimbra, 2012, 15 ss.

[121] Em geral, cf. MARCO BECHT, *European disclosure for the new millennium*, em KLAUS HOPT/EDDY WYMEERSCH (org.), *Capital markets and company law*, Oxford, 2003, 87-91 (87).

[122] A diferença entre o risco de mercado e os riscos assumidos enquanto sócios tem sido identificada pela doutrina. Cf., *v.g.*, PEDRO MAIA, *Contrato de sociedade e risco no exercício de actividade económica*, em *O contrato na gestão do risco e na garantia da equidade*, Coimbra, 2015, 257-291 (258).

respeite a participações sociais e confira ao investidor o estatuto de acionista — é com frequência tomada exclusivamente com um escopo de rentabilidade, prosseguido pela procura do pagamento de dividendos e do lucro com o aumento do valor dos instrumentos que pode ser realizado mediante a alienação em mercado secundário. Por isso, o modelo encontra-se especificamente direcionado para fornecer soluções de tutela do *acionista-investidor* (*Anlageraktionäre*) perante o emitente e não apenas do *acionista-empreendedor* (*eigenunternehmerische Aktionäre*), tipicamente orientado para influenciar os negócios da empresa ou pelo menos para neles participar ativamente[123]. As sociedades cotadas procuram, para o exercício da sua atividade, o capital do pequeno investidor, o qual está mais interessado no incremento patrimonial do investimento do que na gestão da sociedade[124].

Ora, as soluções jurídicas no mercado de capitais devem naturalmente focar-se no estatuto de investidor (mais do que na posição de sócio), o qual pode ser prejudicado por comportamentos ilícitos do emitente ou pelo funcionamento de mecanismos societários legítimos, que, mesmo sem lesarem

[123] Cf. KATJA LANGENBUCHER, *Aktien- und Kapitalmarktrecht* cit., Rn. 5-7. Entre nós, a distinção é usada classicamente. Cf., de forma paradigmática, RAÚL VENTURA, artigo 243.º, em *Sociedade por quotas*, vol. II, *Comentário ao Código das Sociedades Comerciais*, 3.ª reimpr. da 1.ª ed. de 1989, Coimbra, 2005, 88, distinguindo entre a titularidade de ações como simples meio de colocação de capitais e a titularidade de ações com fins verdadeiramente societários. Os pequenos acionistas são exclusivamente animados pela ideia de investirem as suas poupanças e confiam na possibilidade de desinvestimento imediato. Cf. *v.g.* MARIA DE FÁTIMA RIBEIRO, *Sociedades abertas, valores mobiliários e intermediação financeira*, em *Jornadas sociedades abertas, valores mobiliários e intermediação financeira*, Coimbra, 2007, 11-29 (13); DAVID OLIVEIRA FESTAS, *Das inibições* cit., 364, nota 1354, aludindo à "plasticidade do perfil do sócio". Naturalmente que, no conjunto dos acionistas-investidores, existem perfis muito diversos. Cf., *v.g.*, PEDRO MAIA, *Função e funcionamento do conselho de administração da sociedade anónima*, Coimbra, 2002, 305, confrontando o "investidor civil" e o "investidor institucional". Dentro destes últimos, os perfis não são também certamente uniformes. Sobre a questão da possibilidade de conciliar o papel de acionistas (duradouramente) comprometidos com o futuro da sociedade com o papel de investidores vocacionados para maximizar a rendibilidade dos seus investimentos, cf. *v.g.* CARLOS FRANCISCO ALVES, *Os investidores institucionais e o governo das sociedades: disponibilidade, condicionantes e implicações*, Coimbra, 2005, 54 ss. Cf. também, a título meramente exemplificativo, JOSÉ M. GARRIDO/ANGEL ROJO, *Institutional investors and corporate governance: solution or problem?*, em KLAUS HOPT/EDDY WYMEERSCH (org.), *Capital markets and company law*, Oxford, 2003, 418-458 (427-447).

[124] Como nota OLIVEIRA ASCENSÃO, *As acções*, em *Direito dos valores mobiliários*, vol. II cit., 57-90 (61) "tudo isto está de acordo com o sentido da evolução. As empresas procuram financiamento; o accionista-controlador ou grande acionista procura poder; o pequeno acionista preocupa-se com o rendimento das suas acções ou com a especulação". Cf., também, GIUSEPPE AULETTA/NICCOLÒ SALATRINO, *Diritto commerciale*, 18.ª ed., Milano, 2010, 245 ss.

o *status socii*[125], afetam o *status* de investidor. Releva, pois, o investidor *a se*, quer ele seja profissional quer não profissional[126], independentemente dos seus objetivos e fisionomia específica.

É sabido que a negociação em mercado é efetuada tanto por investidores privados, como profissionais, entre os quais se contam bancos, seguradoras, fundos de investimento, fundos de pensões ou fundos de retorno absoluto[127]. Naturalmente que não é idêntica a forma de atuação no mercado dos diversos investidores, tal como não é a forma como a conduta do emitente se repercute nas decisões de investimento de cada um; porém, perante a posição de poder do emitente, tanto merece proteção o investidor profissional como o não profissional. Também por isso a legislação (de origem europeia) dedicada à tutela da integridade dos mercados e à defesa do investidor não distingue, em geral, em função do tipo de participante do mercado, sendo todos objeto de proteção tendencialmente uniforme. Propicia-se a tutela aos investidores por via da garantia de um adequado funcionamento dos mecanismos de mercado. Existem, é certo, algumas situações excecionais em que as diferentes características dos investidores são consideradas relevantes pelo legislador europeu, como é o caso da isenção da obrigação de publicar prospeto em ofertas públicas dirigidas exclusivamente a investidores profissionais, como veremos no capítulo II. Fora do específico escopo da investigação — respeitante à relação do emitente com o investidor —, a Diretiva dos Mercados e Instrumentos Financeiros (DMIF II)[128] separa, pontualmente, o cliente de retalho do cliente profissional, assumindo que este último, devido

[125] Menezes Cordeiro, *Direito das sociedades*, I, 3.ª ed., Coimbra, 2011,611 ss.

[126] Cf. o artigo 30.º/1 do CVM. Sobre a relevância da dicotomia, mas noutros domínios, cf. A. Barreto Menezes Cordeiro, *Manual* cit., 109. Recorde-se a distinção anteriormente firmada (até ao Decreto-Lei n.º 52/2006, de 15 de março) entre investidor institucional e não institucional [cf., por todos, José de Oliveira Ascensão, *A protecção do investidor*, em *Direito dos valores mobiliários*, vol. IV, cit., 13-40 (15-20); Paula Costa e Silva, *Direito* cit., 158 ss.; Isabel Alexandre, *Investidor institucional, não institucional equiparado e investidor comum*, em *Direito dos valores mobiliários*, vol. V, Coimbra, 2004, 9-27 (10-14)], e entre investidor qualificado e não-qualificado até à Lei n.º 53/2018, de 20 de julho. Fora do contexto legal português, cf. José M. Garrido/Angel Rojo, em Klaus Hopt/Eddy Wymeersch (org.), *Capital markets and company law*, Oxford, 2003, 418-458 (452), discutindo as diversas aceções da expressão investidor institucional, *maxime* sublinhando a diferença que esta apresenta nos Estados Unidos, Alemanha e Inglaterra.

[127] Tanto os investidores privados como os institucionais devem ser encarados como participantes indiretos no mercado de capitais, uma vez que não estão autorizados a concluir contratos nas plataformas de negociação. Cf. Veil, *§ 9. Market participants* cit., Rn. 8.

[128] Diretiva 2014/65/UE do Parlamento Europeu e do Conselho, de 15 de maio de 2014, relativa aos mercados de instrumentos financeiros e que altera a Diretiva 2002/92/CE e a Diretiva 2011/61/UE.

à sua maior experiência e conhecimentos, reclama menor proteção no processo de tomada de decisões de investimento. É por esse motivo que a Diretiva não protege o investidor profissional como recipiente de conselhos ou de outros serviços de investimento (cf. artigos 24.º/ 3 e 4 e 25.º da DMIF II). Quando está em causa a integridade do mercado, a proteção conferida é uniforme.

Também o modelo aqui em jogo apresenta aptidão para abarcar a generalidade dos investidores, visto o seu cunho específico ser dado pela ligação especial surgida no mercado, qualquer que seja o sujeito em causa. As diferenças entre investidores são irrelevantes para fins de tutela quando se trata da deturpação do mecanismo de formação de preços: é o próprio funcionamento do mercado que dita os termos do modelo de proteção construído. Bem distante estamos, pois, da conceção segundo a qual o investidor — incluindo o não-sofisticado — dispensaria proteção: a ideia de que o direito mobiliário é necessário para proteger os investidores não qualificados seria "tão pouco sofisticada como os investidores que é suposto proteger"[129]. A tutela perante o poder de influência do emitente é necessária independentemente do tipo de investidor. Todos eles são abrangidos pelo modelo de proteção que apresentamos.

As características nucleares da negociação em mercado não variam, adicionalmente, em função da modalidade de mercado. Ocupamo-nos, por isso, conjuntamente, do mercado primário, plataforma de emissão de novos valores mobiliários, e do mercado secundário, no qual os instrumentos mobiliários previamente emitidos são comprados e vendidos, por vários tipos de investidores[130]. As diferenças entre os dois mercados não justificam — como veremos — que se diversifique a análise jurídica, em especial quando se procura definir os termos da obrigação de indemnizar do emitente em caso de deturpação

[129] EASTERBROOK/FISCHEL, *Mandatory disclosure and the protection of investors,* 70 Va. L. Ver. 669 (1984), 669-715 (692), disponível em https://chicagounbound.uchicago.edu/journal_articles/1177/.

[130] A distinção entre mercado primário e secundário, embora ainda revista utilidade, já não encontra assento na lei, ao contrário do que acontecia no artigo 3.º/1, *c)* e *d)* do Cód.MVM. De acordo com o revogado regime, os mercados primários caracterizavam-se por a sua criação ser livre e se encontrar dependente da emissão de valores mobiliários, não funcionarem de forma regular e, ainda, pela necessária intervenção de intermediários financeiros. Já a criação de mercados secundários pressupunha a institucionalização de uma organização destinada a assegurar a transmissão de valores mobiliários já emitidos, dependendo de autorização administrativa. Eram mercados que funcionavam de forma regular e dependiam, também, da intervenção de intermediários financeiros. Assim, cf. ANTÓNIO SOARES, *Mercados regulamentados e mercados não regulamentados,* CadMVM, n.º 7, abr. 2000, 272-287 (277 ss.). Historicamente, o principal mercado secundário é o mercado de bolsa, dentro do qual se autonomiza o mercado de cotações oficiais, paralelamente ao qual se admitia o segundo mercado e o mercado sem cotações. Cf. PAULO CÂMARA, *Manual* cit., 274.

do preço dos instrumentos mobiliários. Não restringimos, portanto, o estudo às hipóteses de adulteração dos preços apenas no mercado primário, tipicamente causada por incorreções do prospeto de oferta pública de distribuição, nem somente no mercado secundário, que em geral resulta de falhas na divulgação de informação periódica ou contínua. Assim evitamos uma análise juridicamente fragmentária da tutela do investidor nos dois mercados. A unidade pretendida leva também a ponderar as consequências que a saída do mercado tem para o investidor à luz do modelo construído, indagando quais os limites do sacrifício razoável ou exigível ao participante no mercado quando a sua posição de investidor fica irremediavelmente prejudicada, por deixar de beneficiar da negociação em mercado.

O modelo que propomos tem, pois, uma pretensão englobante da análise jurídica dos vários tipos de investidores e de mercados, quando assim justificado, adaptando-se às suas necessidades próprias. Abrangidos estão também tanto os mercados regulamentados como os restantes mercados autonomizados na DMIF II, sejam sistemas de negociação multilaterais (MTF, *Multilateral Trading Facility*)[131] ou sistemas de negociação organizados (OTF, *Organised Trading Facility*)[132]. Visa-se um mercado absolutamente integrado, plenamente

[131] Em Portugal, na aceção do artigo 199.º/1 do CVM e de acordo com a Portaria n.º 556/2005, de 27 de junho, existem três mercados regulamentados: o Euronext Lisbon, o mercado de futuros e opções, ambos geridos pela Euronext Lisbon — Sociedade Gestora de Mercados Regulamentados, S.A., e ainda o mercado de derivados OMIP, gerido pelo OMIP — Operador do Mercado Ibérico de Energia. Geridos também pela Euronext Lisbon, existem atualmente a operar em Portugal dois sistemas de negociação multilateral: o Euronext Access e o Alternext. O direito europeu parece admitir a criação de outras formas organizadas de negociação de instrumentos financeiros e até potenciar a fragmentação dos mercados de capitais, em virtude da criação de um regime de concorrência entre mercados regulamentados e outras estruturas de negociação. Nesse sentido, cf. PAULO CÂMARA, *Manual* cit., 559 ss. Em sentido contrário, cf. SOFIA NASCIMENTO RODRIGUES, *Cabimento da figura dos "mercados não regulamentados" no âmbito da DMIF e na consequente revisão do Cód.VM*, em *Direitos dos valores mobiliários*, vol. VIII cit., 319-335, para quem a DMIF é "exaustiva e taxativa no tocante às plataformas de negociação que aos Estados membros é lícito reconhecer e permitir criar" (p. 335).

[132] Já as transações *over-the-counter* (OTC) traduzem-se numa forma de negociação que tem lugar diretamente entre dois investidores, i.e., fora do mercado. No caso da negociação de algumas categorias de derivados (instrumentos financeiros que conferem direito à compra ou venda de ações, obrigações ou valores equivalentes ou que deem origem a uma liquidação em dinheiro, determinada por referência a valores mobiliários, divisas, taxas de juro ou de rendimento, mercadorias ou outros índices ou indicadores, nos termos do artigo 4.º/1, ponto 44, *c)*, da DMIF II), o Regulamento (UE) 600/2014 do Parlamento Europeu e do Conselho de 15 de maio de 2014 relativo aos mercados de instrumentos financeiros e que altera o Regulamento (UE) 648/2012 (RMIF) introduziu a obrigação de serem transacionados em plataformas de negociação e de serem

concorrencial em todos os segmentos, altamente eficiente e confiável[133] e com exigências de transparência uniformes[134].

A atual fisionomia da negociação de valores mobiliários é complexa e variada, tendo há muito sido ultrapassada, em virtude dos desenvolvimentos tecnológicos, a assimilação dos mercados aos locais físicos onde os participantes se encontravam para negociar[135]. Por outro lado, se, na aceção clássica, o mercado de capitais era exclusivamente uma plataforma de encontro entre a oferta e a procura de capital, que se materializava na emissão de valores mobiliários e na negociação pública das ações representativas do capital social do emitente[136], os últimos anos conheceram desenvolvimentos marcantes ao nível dos serviços prestados, da complexidade dos instrumentos mobiliários negociados e, inevitavelmente, das plataformas em que são transacionados. O aparecimento de sistemas de negociação eletrónica, como o Xetra[137],

compensados através de uma contraparte central (artigos 28.º e 32.º do RMIF). Em março de 2011, no mercado de capitais europeu eram negociados 1885 biliões EUR, 52% dos quais resultavam de negociações conduzidas em mercados tradicionais, 14% em MTF e 34% em negociações bilaterais OTC. Cf. Veil, *§ 7. Capital* cit., Rn. 6 ss.

[133] Alessandro Nigro, *La nuova regolamentazione dei mercati finanziari: i principi di fondo delle direttive e del regolamento MIFID*, DBMF 1/2008, 1-13. Cf., também, v.g., Carmelo Massimo de Iuliis, *Principi di diritto del mercato finanziario. Breve introduzione ai servizi e alle attività di investimento*, Torino, 2008, 82 ss.

[134] A multiplicação de formas organizadas de negociação exigiu a harmonização dos requisitos de transparência na negociação, sob pena de a dispersão de ordens por vários locais de execução se traduzir em maior opacidade, *maxime* na formação dos preços. Assim, Carlos Tavares, *O Código dos Valores Mobiliários após a transposição da Diretiva dos Mercados de Instrumentos Financeiros (DMIF)*, em *Direitos dos valores mobiliários*, vol. IX, Coimbra, 2009, 209-219 (213).

[135] Para uma história breve dos mercados de capitais, cf. Paulo Câmara, *Manual* cit., 529 ss. e *O governo das bolsas*, em *Direitos dos valores mobiliários*, vol. VI, Coimbra, 2006, 187-228 (191-199); Mathias M. Siems, *The foundations* cit., 3 ss. Fora do escopo da nossa investigação situam-se os problemas de tutela dos participantes que realizam investimentos *online*. Sobre o tema, cf., por todos, Sofia Nascimento Rodrigues, *A protecção dos investidores na sociedade da informação*, em *Direitos dos valores mobiliários*, vol. V, Coimbra, 2004, 241-272.

[136] Cf. Rüdiger Veil, *§ 7. Capital markets*, em Rüdiger Veil, *European capital markets law*, Portland, 2017, 103-113 (Rn. 1). Estes mercados devem ser distinguidos do mercado monetário, cambial ou de derivados. No primeiro, os bancos procuram liquidez, emprestando e pedindo capital emprestado. O mercado cambial é, tipicamente, um mercado interbancário, onde ocorre a troca de cheques e contas em moedas estrangeiras com bancos estrangeiros e, por fim, o mercado de derivados, estreitamente ligado ao mercado de capitais, é aquele onde são negociados futuros e opções. Sobre a distinção, cf. Rüdiger Veil, *§ 7. Capital markets* cit., Rn. 3.

[137] O Xetra foi um dos primeiros sistemas de negociação eletrónica no mundo que, atualmente, processa 90% das negociações na Bolsa de Frankfurt. Num computador central, recolhe ordens de compra e de venda de negociadores, que são automaticamente emparelhadas.

criado pela Bolsa de Frankfurt, a difusão de mercados baseados na tecnologia *blockchain* e, em geral, a crescente sofisticação das plataformas de negociação, embora dificultem o seu tratamento regulatório[138], têm estado no centro da agenda europeia, o que é particularmente visível no regime da DMIF II[139], já qualificada — a par do RMIF — como a "Lei Fundamental" da negociação de instrumentos financeiros (*Grundgesetz für den Wertpapierhandel*)[140] ou como a "peça legislativa de maior importância na regulação dos mercados financeiros na Europa"[141].

Era evidente a necessidade de regulação, a ponto de se ter chegado a afirmar que a emergência de mercados secundários privados, nomeadamente assentes em meios eletrónicos, constituiu um desenvolvimento "crítico senão transformador" do direito mobiliário[142]. É certo que a negociação fora de mercados regulamentados tem a desvantagem de fornecer menos liquidez, mas esta pode ser contrabalançada com o menor custo, maior rapidez e menores desafios regulatórios colocados às transações. A dispersão da negociação leva, pois, a uma fragmentação dos mercados, com decréscimo da liquidez, tornando-se os mecanismos de formação de preços menos eficientes, com o aumento da sua volatilidade[143].

Os mercados regulamentados são, como é sabido, definidos como sistemas multilaterais, operados e/ou geridos por um operador de mercado, que permite ou facilita o encontro de múltiplos interesses de compra e de venda

[138] Cf. Paulo Câmara, *Manual* cit., 277.

[139] Diretiva 2014/65/UE do Parlamento Europeu e do Conselho, de 15 de maio de 2014, relativa aos mercados de instrumentos financeiros e que altera a Diretiva 2002/92/CE e a Diretiva 2011/61/UE. A Diretiva europeia dedica, também, especial atenção a outras formas organizadas de negociação como a internalização sistemática e foca-se, ainda, no objetivo de prevenir que a negociação *over-the-counter* prejudique a formação eficiente dos preços no mercado, ainda que sem impor requisitos de transparência em todas as transações OTC. Cf. Rüdiger Veil/Marcus P. Lerch, *Auf dem Weg zu einem Europäischen Finanzmarktrecht: die Vorschläge der Kommission zur Neuregelung der Märkte für Finanzinstrumente. Teil II*, WM 34/2012, 1605-1613 (1605).

[140] Marcus Lutter/Walter Bayer/Jessica Schmidt, *§ 32 Markets in Financial Instruments Directive II (MiFID II) und Markets in Financial Instruments Regulation (MiFIR)*, em *Europäisches Unternehmens- und Kapitalmarktrecht. Stand und Entwicklung nebst Texten und Materialien*, 6.ª ed., Berlin-Boston, 2018, 1308-1365 (1312).

[141] Paulo Câmara, *DMIF II: a nova pedra angular do direito dos mercados financeiros, em O novo direito dos valores mobiliários*, I cit., 199-215 (199).

[142] Usha Rodrigues, *Securities law's dirty little secret* (January 9, 2013). Fordham Law Review, Forthcoming; UGA Legal Studies Research Paper No. 2013-01, disponível em https://ssrn.com/abstract=2198356.

[143] Cf. Mathias M. Siems, *The foundations* cit., 21.

de instrumentos financeiros, manifestados por terceiros — dentro desse sistema e de acordo com as suas regras não discricionárias — por forma a que tal resulte num contrato relativo a instrumentos financeiros admitidos à negociação de acordo com as suas regras e/ou sistemas e que esteja autorizado e funcione de forma regular[144]. Em Portugal, embora de modo desajustado face à DMIF II, existem também, como subcategoria de mercados regulamentados, os mercados de cotações oficiais, que exigem aos emitentes requisitos adicionais de admissão à negociação (artigos 228.º ss. do CVM). Os MTF[145], por seu lado, são definidos como sistemas multilaterais, operados por uma empresa de investimento ou um operador de mercado, que permitem o confronto de múltiplos interesses de compra e de venda de instrumentos financeiros manifestados por terceiros — dentro desse sistema e em conformidade com regras não discricionárias — de maneira a que tal resulte num contrato[146]. Tradicionalmente, os sistemas multilaterais apresentavam-se como uma alternativa apelativa para as sociedades, devido às suas exigências e custos de admissão mais reduzidos, gerando, no entanto, problemas de enquadramento regulatório[147], que têm, entretanto, sido ultrapassados pelas recentes diretivas europeias. Já os mercados OTF constituem categoria residual introduzida pela DMIF II com o intuito de submeter a regulação e conferir uma maior

[144] Artigos 199.º do CVM e 4.º/1, 21, da DMIF II. O Título III da Diretiva estabelece os requisitos essenciais para a autorização de sistemas como mercados regulamentados, e bem assim disposições específicas quanto à gestão do mercado, às pessoas que exercem influência significativa sobre a gestão do mercado e ainda requisitos em matéria de organização. Os mercados regulamentados mais importantes encontram-se divididos em segmentos. É o caso da *Frankfurter Wertpapierbörse*, dentro da qual se distingue entre o *Prime Standard* e o *General Standard*, sendo que no primeiro segmento de mercado vigoram obrigações mais exigentes do que aquelas que são impostas pela regulação europeia (pense-se nas obrigações de divulgar uma calendarização das operações societárias, bem como de organizar anualmente conferências de analistas) e a admissão à negociação neste segmento de mercado surge como pré-requisito da inclusão em índices como o DAX (*large caps*), MDAX (*mid caps*), TecDAX (emitentes tecnológicos) e SDAX (*small caps*).

[145] Sobre estes e os seus desafios, cf. Paula Costa e Silva, *Direito* cit., 192 ss.

[146] Nos termos do título II da DMIF II (artigo 4.º/1, ponto 22). De acordo com o artigo 33.º da DMIF II, os Estados-Membros preveem que o operador de um MTF possa solicitar à autoridade competente do país de origem o registo do MTF como mercado de PME em crescimento, assim se fomentando e facilitando o acesso aos mercados de capitais por parte destas empresas, que tipicamente não reúnem condições de entrada nos mercados regulamentados. Assim se assegura que o mercado apresenta resposta para necessidades reais, o que é visto por Maria João Carioca, *O futuro da bolsa*, em *O novo direito dos valores mobiliários*, I cit., 453-455 (454), como um dos ingredientes essenciais para o futuro da bolsa. No direito nacional, o conceito pode ser encontrado no artigo 200.º do CVM.

[147] Cf. Paula Costa e Silva, *Direito* cit., 185; Paulo Câmara, *Manual* cit., 567.

transparência a plataformas de negociação que escapavam à versão originária da DMIF[148], como os *dark pools of liquidity* e *broker crossing networks*[149]. Estes consistem em sistemas multilaterais, que não são qualificados como mercados regulamentados nem como MTF, dentro dos quais múltiplos interesses de compra e venda — seja de obrigações, produtos financeiros estruturados, licenças de emissão ou derivados — manifestados por terceiros podem interagir de modo a que tal resulte num contrato[150], gozando os operadores de discricionariedade no emparelhamento de ordens. Por não serem plataformas de negociação de ações, a sua capacidade de resistência ao tempo e de sobrevivência perante a rápida evolução tecnológica que se tem verificado neste setor já foi encarada com reservas[151]. Não obstante as definições "laboriosas"[152], os mercados regulamentados e os sistemas de negociação multilaterais apenas diferem em alguns aspetos puramente formais[153], em particular no facto de os primeiros estarem sujeitos a autorização e supervisão pública, o que só parcialmente acontece nos MTF. No caso dos OTF, "uma das figuras menos claras quanto à respectiva integração sistemática"[154], as diferenças práticas são de maior monta mas o tratamento juridicamente unitário que tem sido adotado a nível europeu corrobora a avaliação conjunta que encetamos.

A equivalência do tratamento jurídico reclama-se, como já escrevia PAULA COSTA E SILVA[155], "em atenção à tutela dos investidores, *maxime,* dos investidores não institucionais e da concorrência"[156]. Alicerçados nas mesmas bases

[148] Cf. A. BARRETO MENEZES CORDEIRO, *Manual* cit., 120: a distinção entre os MTF e os OTF não é de índole dogmática mas regimental.

[149] Cf. A. BARRETO MENEZES CORDEIRO, *Manual* cit., 122; PAULO CÂMARA, *Manual* cit., 278. Estas plataformas são sistemas alternativos de negociação. Sobre estas, cf. MANUEL BOTELHO DA SILVA, *Os sistemas alternativos de negociação ou a bolsa como instrumento do princípio da igualdade*, em *Direitos dos valores mobiliários,* vol. V cit., 309-323.

[150] Nos termos do título II da Diretiva 2014/65/UE do Parlamento Europeu e do Conselho de 15 de maio de 2014 (artigo 4.º/1, ponto 23, da mesma Diretiva).

[151] Cf. PAULO CÂMARA, *Manual* cit., 562.

[152] Como afirma VEIL, *§ 7. Capital markets* cit., Rn. 24.

[153] Cf. DÖRTE POELZIG, *Kapitalmarktrecht* cit., Rn. 152. Pode por isso dizer-se que as diferenças nas definições legais são curtas. Cf. RÜDIGER VEIL/MARCUS P. LERCH, *Auf dem Weg zu einem Europäischen Finanzmarktrecht: die Vorschläge der Kommission zur Neuregelung der Märkte für Finanzinstrumente. Teil I*, WM 33/2012, 1557-1565 (1563).

[154] PAULA COSTA E SILVA, *Direito* cit., 197.

[155] *Direito* cit., 194.

[156] Diferente é a negociação fora do mercado. Cf., à luz ainda do Cód.MVM, PAULA COSTA E SILVA, *A transmissão de valores mobiliários fora de mercado secundário,* em *Direitos dos valores mobiliários,* vol. I, Coimbra, 1999, 217-252 (219 ss.).

financeiras e económicas, é possível identificar uma tendencial paridade dos valores e interesses em jogo nos vários mercados, estabelecendo-se, em todos eles, uma relação de especial proximidade entre emitente e investidor, manifestada, nomeadamente, na particular suscetibilidade de o primeiro causar danos aos participantes por via do condicionamento dos mecanismos de formação dos preços dos instrumentos mobiliários no mercado. Também o afastamento do princípio da concentração das transações no mercado em que o instrumento está admitido à negociação fomenta a concorrência, inovação e avanço tecnológico[157] e, simultaneamente, desaconselha uma análise fragmentária das diferentes plataformas de negociação. A unidade da análise é, por último, legitimada pela interconexão — prática e jurídica — dos vários mercados, o que é visível, ainda que pontualmente, em situações em que a negociação em sistema multilateral afeta o estatuto de emitente: pense-se, por exemplo, que as sociedades com ações transacionadas em sistema de negociação multilateral, se emitirem valores mobiliários negociados em mercado regulamentado, não podem ser dispensadas da divulgação de um relatório de governo das sociedades[158]. Por isso, é justificada a tendência da regulação europeia, que tem assumido um escopo de aplicação expansivo, particularmente evidente no regime do abuso de mercado, como veremos, e nas obrigações de transparência que resultam da DMIF II e do RMIF, extensíveis a todas as plataformas de negociação.

Acompanhando a atual linha europeia, adotamos uma visão de conjunto dos vários mercados, que não ignora, quando relevantes, os seus traços distintivos, aproveitando, pois, as lições da crise financeira, que revelou as fragilidades do sistema jurídico, a necessidade de aumentar a transparência dos

[157] Cf. SOVERAL MARTINS, *A transmissão de ações em mercado regulamentado, a DMIF II e o RMIF: primeiros apontamentos*, RLJ 147 (2017), 70-86 (83). As "concentration rules" são afastadas pelo artigo 330.º/2 do CVM segundo o qual "o intermediário financeiro, na falta de indicações específicas do ordenador, deve empregar, na execução de ordens, todos os esforços razoáveis para obter o melhor resultado possível para os seus clientes, tendo em atenção o preço, os custos, a rapidez, a probabilidade de execução e liquidação o volume, a natureza ou qualquer outro fator relevante". O artigo 330.º/7 do CVM, por seu turno, determina que a execução de ordens de clientes fora do mercado regulamentado ou MTF carece do consentimento expresso destes.

[158] Cf. artigo 20.º/3 da Diretiva 2013/34/UE do Parlamento Europeu e do Conselho, de 26 de junho de 2013, relativa às demonstrações financeiras anuais, às demonstrações financeiras consolidadas e aos relatórios conexos de certas formas de empresas, que altera a Diretiva 2006/43/CE do Parlamento Europeu e do Conselho e revoga as Diretivas 78/660/CEE e 83/349/CEE do Conselho. Em sentido crítico da opção legislativa, por poder não ser o emitente a requerer a admissão à negociação nesse mercado, cf. PAULO CÂMARA, *Manual* cit., 569.

mercados e de proteger a confiança dos investidores[159]. Tal implica equiparar aos mercados regulamentados plataformas que tradicionalmente escapavam ao escopo da legislação mobiliária[160]. Assumiu-se, de facto, o objetivo de reduzir o hiato na regulação dos mercados públicos e dos mercados privados, responsável por fenómenos migratórios de uns para outros. Além da necessidade de disciplina dos últimos, deveria existir, segundo alguns, uma desregulação dos mercados públicos, através do *empowerment* dos investidores institucionais, o que permitiria tornar opcionais várias regras existentes, na lógica do *comply or explain* [161]. Não se trilhou, porém, esse caminho.

As novas tecnologias têm reduzido as barreiras à entrada no mercado e oferecido aos investidores serviços anteriormente reservados aos mercados regulamentados, pelo que, hoje, ao contrário do que sucedeu durante muitos anos em que se verificou uma diminuição do número de mercados[162], têm surgido cada vez mais plataformas, cujo enquadramento jurídico se encontra ainda por esclarecer. Uma das valias do modelo que construímos é a possibilidade de, a partir dele, serem desenhadas soluções materiais para problemas que se suscitem em campos para os quais ainda não foi estabelecida regulamentação. É o caso dos mercados baseados na tecnologia descentralizada de registo (como os mercados *blockchain*). Está em causa a forma como a informação é armazenada no registo: em vez de ser guardada individualmente, é agrupada com outra informação em *blocos*, organizados por uma ordem específica, de modo a criar uma corrente (*chain*), em que cada bloco contém validação temporal e um *link* para o anterior. Considerando que todo o participante é responsável pela manutenção de uma parte da base de dados, a validade dos registos decorre da coerência entre as inscrições individuais de cada membro e impede a sua manipulação apenas por um participante[163].

[159] Esta é a fundamentação apresentada no considerando 4 da DMIF II para justificar o alargamento do âmbito de aplicação da Diretiva.

[160] Sobre a dificuldade de obtenção de informação quando os mercados são privados, cf. USHA RODRIGUES, *Securities law's* cit., 117.

[161] LUIGI ZINGALES, *The future of securities regulation*, disponível em https://ssrn.com/abstract=1378290.

[162] Assim, por exemplo, nos Estados Unidos, ao passo que em 1900 existiam mais de 100 mercados, este número diminuiu para 34 em 1934 e para 14 em 1962 e, posteriormente, para 7. Cf. ANDREAS M. FLECKNER, *Stock exchanges* cit., 2569.

[163] Assim, FRANCISCO MENDES CORREIA, *A tecnologia descentralizada de registo de dados (*blockchain*) no setor financeiro*, em ANTÓNIO MENEZES CORDEIRO/ANA PERESTRELO DE OLIVEIRA/DIOGO PEREIRA DUARTE (org.), *FinTech. Desafios da tecnologia financeira*, 2.ª ed., Coimbra, 2019, 83-88 (84 e 85). Por isso se diz que a *blockchain* deveria ser incorruptível: considerando a forma como se encontram

A capacidade de o modelo fazer face aos desafios lançados pelos novos mercados é particularmente relevante visto que algumas funcionalidades públicas e partilhadas da rede podem ser deturpadas para manipular o mercado ou para outras práticas ilícitas[164], como já foi notado pela ESMA[165]. Num cenário em que o quadro de tutela do investidor se encontra ainda por construir, torna-se especialmente importante determinar o enquadramento jurídico destas plataformas. O problema apresenta especial interesse face à difusão das *Initial Coin Offerings* (ICO) e, em geral, das *token sales*[166], operações em que

organizados os blocos, qualquer ataque implicaria manipular não só toda a informação do bloco corrompido, mas também dos blocos construídos antes e depois. Ainda assim, a sua natureza particularmente robusta não esconde uma diversidade de riscos associados à transparência do registo, riscos cibernéticos e riscos operacionais. Cf. Dirk A. Zetzsche/Ross P. Buckley/ Douglas W. Arner, *The distributed liability of distributed ledgers: legal risks of blockchain*, EBI Working Paper Series 2017, n.º 14, 1-43 (13), disponível em https://ssrn.com/abstract=3018214. Os riscos de roubo de identidade fazem-se sentir por não existir um registo centralizado que bloqueie o acesso mediante aviso de perda de bens.

164 Pense-se, *v.g.*, no *insider trading*, potenciado pelo armazenamento em rede de informação sensível, ou, em geral, nos riscos cibernéticos (como o perigo de informação errada ficar armazenada na rede) e riscos de ciberataques, como o *51% Attack*, segundo o qual o controlo de pelo menos 51% da força computacional que o sistema *bitcoin* utiliza para validar transações e criar a *blockchain* concederia a possibilidade de violar o sistema, impedindo a realização de novas transações e interrompendo os pagamentos na rede. Se este ataque no passado era visto como uma hipótese meramente teórica, uma vez que ninguém detinha tanto poder computacional, a crescente existência de *mining pools* acentuou os perigos deste cenário. Cf. Angela Walch, *The bitcoin blockchain as financial market infrastructure: a consideration of operational risk* (16-mar.-2015), 18 NYU Journal of Legislation and Public Policy 837-893 (2015), disponível em https://ssrn.com/abstract=2579482. Também deve ser reconhecido o risco do *double spending* (entrega da mesma moeda a dois utilizadores diferentes), a par da *distributed denial of service* (DDOS) resultante do ataque simultâneo a vários *miners* que deixam de poder verificar transações, comprometendo-se o funcionamento da rede. Também existem riscos operacionais, resultantes da concentração de responsabilidade em poucas pessoas com capacidade para corrigir eventuais vulnerabilidades da rede, e riscos de a codificação ser feita de forma defeituosa. Cf. Zetzsche/Buckley/Arner, *The distributed* cit., 16 e 17.

165 Relatório de 7-fev.-2017. *The distributed ledger technology applied to securities markets*, ESMA50-1121423017-285, disponível em https://www.esma.europa.eu/files/dltreport-esma50-1121423017-285pdf.

166 Uma ICO é uma oferta dirigida a um público indeterminado, de representações digitais de ativos (*tokens*), através da utilização de tecnologia *blockchain*, com base na internet. Assim, Francisco Mendes Correia, *Algumas notas sobre ofertas públicas de criptomoedas* (Initial Coin Offerings), em *O novo direito dos valores mobiliários — vol. 2* cit., 175-183 (176 e 177). As ICOs distinguem-se do *airdrop* nos quais se distribuem *tokens* gratuitamente, normalmente para efeitos de *marketing*. Cf. Remo Nyffenegger/Fabian Schär, *Token sales: Eine Analyse des Blockchain-basierten Unternehmensfinanzierungsinstruments*, Corporate Finance, n.º 5-6, 121-125. Sobre as diferentes estratégias regulatórias

o tendencial anonimato dos investidores impossibilita a aplicação de mecanismos de tutela pensados para outras formas de financiamento[167]. Embora a sua diversidade e dinamismo impossibilitem uma abordagem unitária do tema[168], podemos dizer que os *tokens* revestem características de um voucher digital e concedem aos seus titulares direitos de tipo diferente[169], que vão desde a permissão para aceder a um produto ou utilizar um programa (*utility tokens* ou *usage tokens*), para integrar uma comunidade (*community tokens*), à representação de um direito noutra (cripto)moeda (*tokens* monetários ou *currency tokens*)[170] e ainda *à* atribuição do direito a participar num *cash flow* gerado por um ativo subjacente e, em alguns casos, ao exercício de direitos sociais, como

que têm sido adotadas face a este novo fenómeno, cf. o nosso *Os desafios na regulação dos* tokens *e dos* tokenized securities, em *O novo direito dos valores mobiliários* — vol. 2 cit., 185-196; António Garcia Rolo, *As criptomoedas como meio de financiamento e a qualificação dos* tokens *de investimento emitidos em ofertas públicas de moeda (ICO) como valores mobiliários*, em António Menezes Cordeiro/Ana Perestrelo de Oliveira/Diogo Pereira Duarte (org.), *FinTech II. Novos estudos sobre tecnologia financeira*, Coimbra, 2019, 249-297 (268-279).

[167] Cf. Francisco Mendes Correia, *Algumas notas* cit., 183.

[168] Assim, Dirk Zetzsche/Ross P. Buckley/Douglas W. Arner/Linus Föhr, *The ICO gold rush: it's a scam, it's a bubble, it's a super challenge for regulators*, University of New South Wales Law Research Series 83, EBI Working Paper Series 2018 n.º 18, 1-42 (22), disponível em https://papers.ssrn.com/sol3/papers.cfm?abstract_id=3072298.

[169] Sobre as modalidades de *tokens*, cf. Zetzsche/Buckley/Arner/Föhr, *The ICO gold rush* cit., 8. Especificamente sobre a distinção entre *security* e *utility tokens* cf. Luís Roquette Geraldes/Mariana Solá de Albuquerque/João Lima da Silva, *ICOs: security tokens vs. utility tokens*, em António Menezes Cordeiro/Ana Perestrelo de Oliveira/Diogo Pereira Duarte (org.), *FinTech* cit., 327-361.

[170] Estes ativos criptográficos, embora não se enquadrem no âmbito de aplicação do Regulamento (UE) n.º 575/2013 do Parlamento Europeu e do Conselho de 26 de junho de 2013 relativo aos requisitos prudenciais para as instituições de crédito e para as empresas de investimento e que altera o Regulamento (UE) n.º 648/2012, podem ser qualificados como moeda eletrónica, dependendo de uma análise casuística, que valorize a substância sobre a forma. Nesse caso será aplicável a Diretiva 2009/110/CE do Parlamento Europeu e do Conselho, de 16 de setembro de 2009, relativa ao acesso à atividade das instituições de moeda eletrónica, ao seu exercício e à sua supervisão prudencial. Também a Diretiva dos serviços de pagamento [Diretiva (UE) 2015/2366 do Parlamento Europeu e do Conselho, de 25 de novembro de 2015] poderá ser convocada, caso os ativos sejam qualificados como moeda eletrónica e a atividade da empresa se enquadre num "serviço de pagamento", para efeitos no Anexo I da Diretiva. Também a Diretiva relativa à prevenção da utilização do sistema financeiro para efeitos de branqueamento de capitais ou de financiamento do terrorismo [Diretiva (UE) 2015/849, alterada pela Diretiva (UE) 2018/843] foi alterada de forma a incluir prestadores cuja atividade consista em serviços de câmbio entre moedas virtuais e moedas fiduciárias [artigo 2.º/3, 1, *g*)]. Sobre o enquadramento destes criptoativos, cf. European Banking Authority, *Report with advice for the European Commission on crypto-assets*, 9-jan.-2019, 1-30.

o direito de voto (*tokens* de investimento, *equity tokens* ou *investment tokens*)[171]. Alguns *tokens*, dependendo de uma análise casuística, podem enquadrar-se no conceito de valor mobiliário [recorde-se o caso americano dos *tokens* DAO, que foram qualificados pela *Securities Exchange Committee* (SEC) como valores mobiliários[172]] e a sua negociação em mercados *blockchain* é materialmente equivalente à que ocorre nas plataformas tradicionais. Embora a constante mutabilidade destas operações comande que se evitem generalizações sobre o tema, os *investment tokens* podem merecer a qualificação de valores mobiliários face ao direito português se adotarem forma documental (ainda que em modelo eletrónico), representarem posições jurídicas homogéneas, forem transmissíveis, negociáveis em mercado e funcionalmente comparáveis a valores mobiliários tipificados[173].

[171] Existem, ainda, *tokens* híbridos, que revestem características de outras modalidades de *token*. Sobre estes, cf. João Vieira dos Santos, *Desafios jurídicos das Initial Coin Offerings*, em *Estudos do IVM*, 2018, 1-22 (10 e 11), disponível em www.institutodosvaloresmobiliários.pt e *Desafios jurídicos e regulatórios das* Initial Coin Offerings, em António Menezes Cordeiro/Ana Perestrelo de Oliveira/ Diogo Pereira Duarte (org.), *FinTech II* cit., 299-325 (309 e 310). A bitcoin, por exemplo, para além de funcionar como meio de pagamento (*currency token*) assume, hoje, uma função de investimento bastante significativa (*investment token*).

[172] A SEC publicou, a 25 de julho de 2017, um relatório (disponível em https://www.sec.gov/litigation/investreport/34-81207.pdf) no qual analisou os *tokens* DAO, que concedem a possibilidade de decidir e votar sobre atividades da DAO (*decentralized autonomous organization*), baseada na *blockchain Ethereum*. O ICO da DAO foi um dos primeiros e mais consideráveis desta indústria e visava implementar um sistema de governo societário completamente descentralizado. A SEC optou pela sua qualificação como valores mobiliários, na medida em que passavam no Teste Howey, criado pelo Supremo Tribunal em 1946, segundo o qual devem ser considerados contratos de investimentos todos aqueles que impliquem um investimento numa atividade comum com a expetativa razoável de obtenção de lucros resultantes do esforço de outrem. Cf. *SEC v. W.J. Howey Co.*, 328 U.S. 293, 301 (1946). O teste, suficientemente flexível para se adaptar a novas realidades, concede a possibilidade de qualificar alguns *tokens* de investimento como instrumentos financeiros, reiterando a aplicação dos princípios fundamentais da regulação mobiliária americana mesmo a novos paradigmas. Como se pode ler nas conclusões do relatório da SEC: "a lei mobiliária aplica-se a quem oferece e vende valores mobiliários nos Estados Unidos, independentemente de o emitente ser uma sociedade tradicional ou uma organização autónoma descentralizada, de os valores mobiliários serem comprados utilizando dólares americanos ou moedas virtuais e independentemente de serem distribuídos através de uma forma certificada ou através de uma tecnologia de registo descentralizado" (https://www.sec.gov/litigation/investreport/34-81207.pdf, 18.). A postura da SEC tem sido, pois, ativa, tentando não bloquear a inovação financeira, mas garantindo a aplicação da legislação mobiliária tradicional — *Securities Act* de 1933 e *Securities Exchange Act* de 1934 — aos *tokens* que revistam as características de valores mobiliários.

[173] Sobre a qualificação dos *tokens* de investimento como valores mobiliários cf. Francisco Mendes Correia, *Algumas notas* cit., 179 e 180; António Garcia Rolo, *As criptomoedas* cit., 279-290; Luís Miguel Catarino, *Inovação financeira e ICOs: mercados privados alternativos?*, em

A diversidade de formatos assumidos e a multiplicidade de novas questões jurídicas [pense-se, *v.g.*, na incerteza quanto à qualificação das organizações autónomas descentralizadas (*decentralised autonomous organisations*, DAO)[174]] trazem para a ordem do dia um novo e desafiante paradigma, plenamente digitalizado, descentralizado e automatizado. Questiona-se se chegou o momento "Uber" do setor financeiro[175] e impõem-se especiais cautelas na determinação do enquadramento legal das novas plataformas tecnológicas. Torna-se, pois, particularmente relevante delinear um modelo com capacidade

Estudos do IVM, 2018, 1-58 (49 ss.), disponível em https://www.institutovaloresmobiliarios.pt/estudos/pdfs/1548431077icos_lgc_vf.pdf; João Vieira dos Santos, *Desafios jurídicos e regulatórios* cit., 312 ss.; Luís Roquette Geraldes/Mariana Solá de Albuquerque/João Lima da Silva, *ICOs* cit., 341-344; Tiago Azevedo Basílio, *Investment (security) tokens: a captação de fundos através de initial coin offerings e token sales*, 2 RDFMC (2019) 127-168 (159-164). Em geral sobre o conceito e características dos valores mobiliários cf., por todos, A. Barreto Menezes Cordeiro, *Manual* cit., 138 ss.; *Valor mobiliário: evolução e conceito*, RDS VIII (2016), 2, 309-342 e *A circulabilidade enquanto característica e função dos títulos de crédito*, O Direito 147.º (2015), I, 207-209; Paulo Câmara, *Manual* cit., 104-140; Oliveira Ascensão, O *novíssimo conceito de valor mobiliário*, em *Direito dos valores mobiliários* cit., vol. VI, 139-162 (escrevendo que "o 'valor mobiliário' é o conceito central de todo um ramo do direito. Paradoxalmente, é também um dos conceitos jurídicos mais vagos, nunca se tendo conseguido chegar a uma noção satisfatória") e, do mesmo autor, *O actual conceito de valor mobiliário*, ROA 61 (2001), vol. I, 5-32. Cf. ainda Engrácia Antunes, *Instrumentos financeiros*, 3.ª ed., Coimbra, 2017, 73 ss.; Amadeu Ferreira, *Direito dos valores mobiliários* cit., 125 ss.; Alexandre Soveral Martins, *Valores mobiliários [acções]*, Coimbra, 2003, 11-13.

174 Cf. António Garcia Rolo, *Challenges in the legal qualification of Decentralised Autonomous Organisations (DAOs): the rise of the crypto-partnership?*, 1 RDTec (2019), 33-87 (54 ss.). O Autor define as DAO como *smart contracts* conceptualizados como uma organização relativamente autónoma e autossuficiente, que é conjuntamente detida pelos titulares de *tokens*, que financiam a entidade com criptomoedas e partilham os lucros.

175 Cf. Madalena Perestrelo de Oliveira, *As recentes tendências da FinTech: disruptivas e colaborativas*, em António Menezes Cordeiro/Ana Perestrelo de Oliveira/Diogo Pereira Duarte, *FinTech* cit., 71-81 (73 ss.). As redes financiadas por *token sales* apresentam-se como uma oportunidade para afastar incumbentes, já estabelecidos mas menos eficientes, e aumentar a concorrência em mercados fortemente intermediados. O potencial disruptivo é particularmente notório face à redução de custos de transação potenciados pela *blockchain*, que permite oferecer *tokens* internacionalmente sem custos significativos, graças aos *smart contracts* que executam contratos de forma automática e não discricionária e, portanto, em termos economicamente eficientes e desintermediados. Assim se reduzem custos de transação e se diminui o risco de intermediários fortes abusarem da sua posição na rede. Os projetos financiados por *tokens*, tipicamente, são desenhados para que o aumento de atratividade da rede se traduza num superior valor dos *tokens*, que pode ser realizado por venda no mercado secundário. Assim, os detentores destes ativos podem conseguir lucros que tradicionalmente se encontravam reservados aos investidores iniciais no financiamento por *venture capital*. Cf. Lars Klöhn/Nicolas Parhofer/Daniel Resas, *Initial Coin Offerings (ICOs)*, ZBB/JBB 2/18, 15 April, 89-106 (94 e 95).

construtiva material apto a fazer face, também, aos problemas que emergem nestes mercados.

Assim se revela o dinamismo do modelo: da constante interação entre os princípios jurídicos em que se funda e a prática do mercado vão nascendo soluções multiformes de tutela do investidor, independentemente da proteção legal ou regulamentar conferida. Abrangidos ficam a generalidade dos investidores e dos mercados.

2. Bases económicas e financeiras do modelo

2.1. Informação e eficiência dos mercados: da tutela do mercado à tutela do investidor

O modelo de tutela que desenvolvemos assenta em dois pilares essenciais: por um lado, na compreensão das bases financeiras do funcionamento do mercado e da função nele desempenhada pelo emitente; por outro lado, na apreensão da relação jurídica entre emitente e investidor, em termos que valorizem o papel e o impacto da atuação do primeiro na posição do segundo. Apenas uma vez estabelecidos os alicerces financeiros do funcionamento do mercado, estaremos em condições de avançar para o esforço de (re)compreensão desta relação jurídica, avaliando a pertinência da sua tradicional qualificação à luz do arquétipo delitual de anonimato dos participantes no mercado. O modelo de tutela jurídica depende, pois, da análise primária do substrato económico-financeiro do relacionamento do investidor com o emitente, quer da ótica da determinação das medidas de tutela *ex ante* quer da perspetiva da reação *ex post* aos prejuízos causados pela eventual preterição dos deveres do emitente.

O contributo das teorias económicas e financeiras revela-se, pois, imprescindível[176]. Na origem de um sistema concatenado de valores e princípios está sempre o conhecimento da realidade subjacente que se visa ordenar: o contexto situacional específico que resulta da inserção no ambiente do mercado condiciona a tarefa de edificação de um modelo de proteção do investidor perante o emitente no mercado de capitais. Uma vez que o mercado consubstancia uma plataforma que permite aos participantes realizarem o seu investimento, a sua lesão — seja por se prejudicar a integridade do funcionamento,

[176] Veremos, aliás, que estas estão na base de relevantes construções jurisprudenciais na área do mercado de capitais, especialmente nos Estados Unidos, como a *fraud-on-the-market theory*.

seja por se privar o investidor de a ele aceder — é apta para, no limite, esvaziar irremediavelmente a posição do investidor. O ponto de partida económico-financeiro não deve espantar num contexto em que se tem reconhecido que muitas questões que se colocam no desenvolvimento de teorias jurídicas no campo dos mercados de capitais estão proximamente relacionadas com o objeto da investigação da teoria económica do contrato e com a teoria dos jogos[177]. A relação é bilateral: as teorias financeiras dos mercados importam para o desenvolvimento do Direito e o Direito releva para o desenvolvimento das teorias financeiras dos mercados.

Acresce que o modelo jurídico de proteção do investidor tem, necessariamente, de passar pela garantia do regular andamento do mercado[178], o que implica reconhecer, num primeiro momento, o papel fundacional desempenhado, em termos financeiros e jurídicos, pela informação e pelo controlo que dela tem o emitente. A informação, nas palavras de PAULA COSTA E SILVA, constitui o "ponto crucial de todo o sistema mobiliário"[179], ou não se identificasse o mercado de valores mobiliários "com um espaço através do qual se tornam públicas determinadas notícias, que têm relevância nas decisões de investimento/desinvestimento"[180]. Como se lia no preâmbulo do (hoje revogado) Código do Mercado dos Valores Mobiliários[181], o mercado "não pode funcionar como um 'tutor' do investidor, seja qual for o seu nível de cultura e conhecimento em matéria de valores mobiliários, a fim de evitar que ele tome erradas decisões de investimento; mas pode e deve assegurar-lhe a informação necessária para habilitar um investidor de conhecimentos e diligência médios a tomar por si próprio uma decisão correcta". Deve inclusivamente reconhecer-se, com AMADEU FERREIRA[182], a autonomia do princípio da informação no mercado de capitais, essencial à defesa do investidor, em termos que não ficam dependentes da defesa do mercado.

Do prisma económico, é sabido que a assimetria informativa constitui uma barreira crítica entre o emitente e o investidor: os *insiders* têm incentivo para exagerar a *performance* do emitente e as suas perspetivas, ao mesmo tempo que o investidor não dispõe de meios para verificar a informação fornecida

[177] Cf. KATJA LANGENBUCHER, *Aktien-und Kapitalmarktrecht* cit., Rn. 16.

[178] O inverso também é verdade: a defesa do mercado exige a tutela do investidor.

[179] PAULA COSTA E SILVA, *Direito* cit., 202.

[180] PAULA COSTA E SILVA, *Direito* cit., 202.

[181] Aprovado pelo Decreto-lei n.º 142-A/91, de 10 de abril.

[182] *Direito dos valores mobiliários* cit., 40.

pelo emitente[183]. O mercado de capitais é, por isso, apresentado como exemplo típico do *market for lemons*[184], que tenderá para a eliminação dos produtos de melhor qualidade e para a negociação dos piores ou mais baratos, o que justifica as políticas de transparência. Diz-se mesmo que este é um "exemplo bem mais vívido" do que o original exemplo do mercado de automóveis em segunda mão. A regulação vem reagir ao fenómeno, resolvendo as assimetrias informativas. A informação, em particular, reduz o custo de monitorização dos promotores e administradores, surgindo como resposta aos problemas de agência que emergem entre estes sujeitos, em especial ao específico "problema do promotor" — assim denominado por Mahoney[185] —, traduzido na possibilidade de o promotor negociar fora de condições *at arms' lenght*. O mesmo se diga do emitente em geral.

Um mercado de capitais forte assenta num conjunto de instituições que asseguram que o investidor recebe informação adequada sobre o valor da empresa e pode confiar que os *insiders* (administradores e acionistas controladores) não prejudicam o valor do respetivo investimento. Como escreve Black[186], "criar um mercado forte é difícil. O simples facto de estes mercados existirem é quase magia. Os investidores pagam montantes astronómicos por direitos completamente intangíveis, cujo valor resulta totalmente da informação que os investidores recebem e da honestidade de outros sujeitos sobre os quais os investidores não sabem praticamente nada".

[183] Bernard S. Black, *The core institutions that support strong securities markets* (jun. 2000), Business Lawyer, Vol. 55, 1565-1607 (2000), disponível em https://ssrn.com/abstract=231120.

[184] O *market for lemons* refere-se, como se sabe, à conhecida teoria utilizada para descrever aqueles mercados assolados por problemas de assimetria informativa. A teoria foi desenvolvida por George A. Akerlof, *The market for "lemons": quality uncertainty and the market mechanism*, The quarterly journal of economics, vol. 84, n.º 3 (1970), 488-500 e relaciona qualidade e incerteza. Utilizando o mercado de automóveis usados como paradigma, conclui que se os compradores se basearem em estatísticas passadas para avaliar a qualidade da sua potencial aquisição serão criados incentivos para que os vendedores ofereçam no mercado bens de reduzida qualidade, uma vez que beneficiarão das estatísticas do mercado como um todo. A conclusão final é a de que a assimetria informativa conduz à criação de um mercado de maus produtos. No mercado de automóveis usados o comprador adquire o veículo sem saber se se trata de um bom automóvel ou de um "limão": apenas saberá qual a probabilidade de ser um "limão" e qual a probabilidade de ser um bom automóvel (p. 489). É este mercado de maus produtos que se visa evitar ao combater a assimetria informativa no mercado de capitais.

[185] Paul G. Mahoney, *Mandatory disclosure as a solution to agency problems*, University of Chicago Law Review: Vol. 62 (1995): Iss. 3, Article 2, disponível em https://chicagounbound.uchicago.edu/uclrev/vol62/iss3/2.

[186] The core institutions cit., 1.

O funcionamento do mercado depende, por isso, da sua "eficiência informativa", indispensável para uma adequada alocação dos recursos[187]-[188]. Fundamental é, igualmente, a "eficiência na avaliação" (*Bewertungseffizienz*)[189], que se refere à correta apreensão da informação. A proteção dos investidores, a par da proteção funcional do mercado de capitais, traduz o objetivo primário do conjunto de princípios e regras que regulam esta área[190]. Ora, um dos riscos do investidor é precisamente o "risco de informação" (*Informationsrisiko*)[191].

O passo inicial é, assim, perceber o papel fundacional da transparência dos mercados, tendo em mente que a informação existe *prima facie* não por uma razão jurídica mas por uma razão económica de eficiência na alocação de recursos[192], resultante tanto do acréscimo de liquidez no mercado como da melhoria da *corporate governance*. As dúvidas sobre os termos em que a informação afeta o comportamento do investidor obrigam a interrogar, partindo de uma base económica, a forma como esta condiciona os mecanismos de formação dos preços e o modo como, por essa via, influencia a posição do investidor.

A transparência societária está assente, em suma, como elemento-chave do mercado financeiro e como peça decisiva no crescimento económico[193]. Já se

[187] Um mercado será eficiente sempre que os preços dos produtos aí transacionados reflitam a informação disponível a cada momento (cf. A. Barreto Menezes Cordeiro, *Manual* cit., 90; do mesmo Autor, *Direito* cit., 243). Sublinhando que a ideia de proteção através da publicidade (o chamado *Informationsmodell*) desempenhou desde cedo um papel central tanto no direito societário como no direito mobiliário, cf. Lutter, *§ 36. Transparenz-RL*, em Marcus Lutter/Walter Bayer/Jessica Schmidt, *Europäisches Unternehmens- und Kapitalmarktrecht. Grundlagen, Stand und Entwicklung nebst Texten und Materialien*, 6.ª ed., Berlin, 2017, 1448-1472 (1450).

[188] Sobre a função de proteção da eficiência alocativa, institucional e operacional, cf. A. Barreto Menezes Cordeiro, *Manual* cit., 91; José Ferreira Gomes, *§3. O papel da informação no direito dos valores mobiliários*, em José Ferreira Gomes/Diogo Costa Gonçalves, *Manual de sociedades abertas e de sociedades cotadas*, vol. I, Lisboa, 2018, 57 e 58; Alexander Hellgardt, *Europäisches Kapitalmarktrecht* cit., 406.

[189] Por todos, cf. Dörte Poelzig, *Kapitalmarktrecht* cit., Rn. 25.

[190] Cf. Poelzig, *Kapitalmarktrecht* cit., Rn. 4. Cf., por todos, Klaus Hopt, *Der Kapitalanlegerschutz im Recht der Banken*, München, 1975, 51 ss., 336 ss. A proteção dos investidores e a proteção funcional constituem objeto de proteção do direito mobiliário. A proteção do investidor visa o risco de conservação dos ativos, o risco de informação, o risco de liquidação, o risco de gestão, o risco de representação, o risco das condições.

[191] Cf. Poelzig, *Kapitalmarktrecht* cit., Rn. 28.

[192] Cf. Mafalda Gouveia Marques/Mário Freire, *A informação no mercado de capitais*, CadMVM n.º 3, 1998, 111-123 (122).

[193] Cf. Merritt B. Fox, *Civil liability and mandatory disclosure*, Columbia Law Review, vol. 109, 2009, disponível em http://papers.ssrn.com/sol3/papers.cfm?abstract_id=1115361, 1.

afirmou que ela é o bem mais relevante no direito dos valores mobiliários[194]. Diz-se que o mercado apenas será eficiente se existir uma multiplicidade de intervenientes, a informação for simétrica e os bens e serviços forem produzidos a um custo justo[195]. Um mercado transparente — i.e., um mercado informado — apresenta vantagens reconhecidas, que vão desde a redução do risco assumido pelo investidor (que está informado sobre a estrutura financeira e de controlo das sociedades), a um aumento da liquidez e à valorização dos títulos transacionados, passando pela captação do interesse e credibilização da atividade prosseguida pelo emitente[196].

De facto, informação acrescida promove a diminuição dos custos de capital e dos recursos utilizados pelos investidores, nomeadamente em mercado secundário, os quais, para ganharem vantagens, concorrem inclusivamente na procura de informação ainda não divulgada[197]. São, aliás, os benefícios associados à *disclosure* societária que justificam a opção por esquemas de informação permanente e periódica, independentes da oferta de valores mobiliários pelo emitente.

Da ótica governativa, mercados transparentes implicam uma acrescida vulnerabilidade do emitente ao lançamento de uma OPA hostil, prevenindo-se uma utilização indevida da sociedade pelos administradores e fomentando-se um incremento do *share value*[198]. A decisão do *raider* é motivada pela ideia de que a sociedade visada está a ser mal administrada e de que a sua *performance* pode ser melhorada depois do *takeover*, sendo que o sucesso da oferta depende de o valor oferecido pelas ações da *target* se situar acima do preço de mercado, de forma a que os acionistas tenham incentivos a aceitá-lo, mas que não exceda o montante em que expectavelmente a sociedade se valorizará após a oferta. Estas ponderações jogam com a incerteza acerca do real valor da sociedade visada e o seu potencial de valorização após a aquisição,

[194] Cf. Eduardo Paz Ferreira, *A informação no mercado de valores mobiliários*, em *Direito dos valores mobiliários*, vol. III, Coimbra, 2001, 137-159 (150); Paula Costa e Silva, *Direito* cit., 202; A. Barreto Menezes Cordeiro, *Direito dos valores mobiliários*, vol. I, Coimbra, 2015, 274 e *Manual* cit., 98. Quanto aos direitos sobre bens imateriais, cf. A. Barreto Menezes Cordeiro, D*o trust no direito civil*, Coimbra, 2016, 931. A importância da transparência é igualmente marcante no direito societário. Cf., *v.g.*, Werner F. Ebke, *The impact of transparency regulation on company law*, em Klaus Hopt/ Eddy Wymeersch (org.), *Capital markets and company law*, Oxford, 2003, 173-197 (173).

[195] Cf. Mafalda Gouveia Marques/Mário Freire, *A informação* cit., 113.

[196] Estas vantagens são apresentadas por A. Barreto Menezes Cordeiro, *Direito* cit., 276; cf. também, do mesmo Autor, *Manual* cit., 99.

[197] Neste sentido, cf. Merritt B. Fox, *Civil liability* cit., 16.

[198] Cf. Ana Perestrelo de Oliveira, *Manual de governo das sociedades*, Coimbra, 2017, 224.

pelo que, sendo a administração do *raider* avessa ao risco, o perigo de OPA hostil aumenta quanto maior for a transparência e a certeza sobre o valor da sociedade visada[199].

Também a redução dos custos de agência costuma ser apontada como um efeito necessário de um mercado mais transparente[200]. Um sócio mais informado pode exercer o seu voto de forma mais eficiente, nomeadamente por via da eleição dos administradores que melhor irão maximizar o *share value*[201]. Por outro lado, a transparência potencia o cumprimento dos deveres de lealdade dos administradores[202], que temem a revelação ao mercado de comportamentos ilícitos, e fomenta a aceitação de pacotes remuneratórios compostos por ações da empresa, com evidentes vantagens na eficiência da administração[203].

[199] Neste sentido, cf. Merritt B. Fox, *Civil liability* cit., 24.

[200] Cf. Lars Klöhn, *Kapitalmarktinformationshaftung für Corporate-Governance-Mängel?*, ZIP 2015, 1145-1156 (1146-1148). A influência da transparência na diminuição dos custos de agência é conseguida por via de uma melhor *corporate governance*, imposta pela extensão dos deveres de informação *ad hoc* também a matérias de governo societário, como veremos no Capítulo II.

[201] Os efeitos benéficos da informação, neste plano, sentem-se quando a informação se dirija ao acionista controlador. Este será o único com incentivos para a apreender, visto ter uma participação considerável no emitente, o que não se verifica em relação ao pequeno acionista. Ainda assim, apesar das vantagens retiradas da informação pelo acionista controlador, caso esta não lhe fosse fornecida, não a iria procurar, a não ser na medida em que fosse socialmente ótimo. Cf. Merritt B. Fox, *Civil liability* cit., 20 e 21.

[202] Cf. Menezes Cordeiro, *Direito das sociedades*, I, 3.ª ed., Coimbra, 2011., 874 ss.; do mesmo Autor, cf. *Os deveres fundamentais dos administradores das sociedades*, ROA 66 (2006), vol. II, 443-488 e *A lealdade no direito das sociedades*, ROA 66 (2006), vol. III, 1034-1065.

[203] Considerando que um mercado mais transparente diminui o risco de desfasamento entre o preço das ações e o seu valor intrínseco, um administrador a quem seja oferecido um pacote remuneratório baseado no preço das ações terá mais incentivo para o aceitar no cenário em que o emitente que administra seja mais transparente do que caso não o seja. Na ausência de regras de transparência, os administradores não terão incentivos para aceitar este tipo de pacote remuneratório, de forma a não suportarem o risco de o preço das ações se desviar em demasia do seu valor. Naturalmente, sempre se poderia questionar se os escândalos financeiros dos anos 2000 não foram motivados pela ânsia de os administradores apresentarem mais ganhos do que os reais e, por esse via, aumentarem o preço das ações no mercado. A este propósito note-se, porém, que os pacotes remuneratórios das sociedades em causa estavam desenhados para não atribuírem suficiente relevância à *performance* das ações no longo prazo e, por outro lado, estes escândalos apenas indicam a necessidade de um robusto sistema de *enforcement* das regras de transparência. Cf. Merritt B. Fox, *Civil liability* cit., 25 e 26.

Um dos grandes benefícios apontados à imposição de deveres de informação é a eliminação do risco não sistémico[204], sem que se consiga suprimir o risco de mercado ou sistémico. Não obstante, pensando na diversidade de investidores que negoceiam no mercado, há que reconhecer que muitos conseguirão proteger-se do risco não sistémico de formas mais eficientes e que comportam menos custos sociais em comparação com o aumento das obrigações de informação a cargo do emitente[205]. Por isso, já se entendeu que a *disclosure* não tem tanto impacto na tutela do investidor, que logra proteção por outras vias, como terá no plano da melhoria do governo societário[206].

Não quer isto dizer que a informação não sirva, também, de forma intensa, a proteção do investidor. Tem-se considerado que a função da informação no mercado é quádrupla: (i) proteger o investidor[207], (ii) fortalecer a governação, (iii) defender o mercado e (iv) prevenir ilícitos[208-209]. O objetivo de tutela do investidor é prosseguido por via da proteção dos mercados de capitais, fazendo-se face aos riscos a que o investidor está sujeito quando neles negoceia, o que não significa, bom é de ver, a subalternização da proteção

[204] O risco não sistémico (*unsystematic risk, nonsystematic risk, specific risk, diversifiable risk* ou *residual risk*) é o risco especificamente associado ao investimento numa sociedade ou indústria. São exemplos deste tipo de risco o aparecimento de um novo concorrente da sociedade participada ou a alteração na legislação que regula a sua atividade ou no conselho de administração. São riscos que, por não afetarem todo o sistema de mercado, não devem ser considerados sistémicos.

[205] Cf. Merritt B. Fox, *Civil liability* cit., 17.

[206] Cf. também Gaetano Presti/Matteo Rescgino, *Corso di diritto commerciale*, Torino, 2017, 612.

[207] A informação justifica a confiança dos investidores, essencial para a manutenção do mercado. Já em 1989, Menezes Cordeiro, *Da transmissão em bolsa de acções depositadas*, O Direito 121.º (1989), I, 75-90 (77), escrevia que a confiança "apresenta-se hoje como um aspecto essencial de todo o tráfego mercantil. Na sua base está a ideia de que a pessoa, levada por outrem a acreditar em certo estado de coisas, tem direito à protecção do Direito". O Autor identifica a confiança, a par da celeridade e do não-formalismo, como as três proposições básicas a que podem ser reconduzidos os vetores que animam o tráfego jurídico nas bolsas de valores. Cf. também A. Barreto Menezes Cordeiro, *Manual* cit., 99, apontando como objetivos da regulação da informação equilibrar a assimetria informativa, minimizar as situações de conflito entre titulares de posições mobiliárias e societárias próximas, *maxime*, a administração de sociedades cotadas e os respetivos acionistas ou obrigacionistas. Sobre o princípio da proteção dos investidores neste contexto, cf. João Andrade Nunes, *Os deveres de informação no mercado de valores mobiliários: o prospeto*, C&R, ano VI, n.º 23-24, jul.-dez. 2015, 179-235 (187 ss.).

[208] Cf. Paulo Câmara, *Manual* cit., 784. Anteriormente o Autor identificava uma dupla função da informação no mercado: (i) o esclarecimento das decisões de investimento e (ii) a regular formação dos preços (cf. Paulo Câmara, *Os deveres de informação* cit., 82).

[209] A publicidade desencoraja operações fraudulentas. Cf., *v.g.* Osório de Castro, *A informação* cit., 337, recordando a célebre frase *"people who are forced to undress in public will presumably pay some attention to their figures"*.

do investidor enquanto pilar do direito dos valores mobiliários[210]. Como ensina ASSMANN[211], o investidor está sujeito a um risco de informação, suscetível de ser decomposto em quatro vertentes. A primeira é o *risco de oportunidade*, ou seja, o perigo de não tomar a decisão de investimento mais adequada. A segunda pode ser designada como *risco da conservação da substância e do rendimento*, i.e., de que o emitente não faça a melhor utilização dos meios financeiros para conservar o seu valor, ao qual vem normalmente associado um *risco de administração* (de que esta não seja suficientemente competente). Por fim, o investidor encontra-se, ainda, exposto ao *risco de liquidez*, que se traduz na hipótese de (des)investimento a um preço desadequado, sem prejuízo de o investidor tomar as suas decisões próprias, ainda que inconvenientes[212].

A imposição ao emitente de deveres de informação habilita o investidor — atual ou potencial — a fazer um juízo correto sobre os seus investimentos. Ou seja, possibilita que todos os investidores decidam com base nas mesmas premissas, sem prejuízo de fatores pessoais[213], eliminando ou, pelo menos, reduzindo o risco de informação.

Podemos, então, falar numa multifuncionalidade dos deveres de informação, sendo certo que a tutela do investidor é alcançada com a proteção da regularidade e eficiência do mercado de capitais e concomitantemente com ela[214].

[210] Como escreve A. BARRETO MENEZES CORDEIRO, *Manual* cit., 95, a eficiência dos mercados e a tutela dos investidores são funções concomitantes, cuja prossecução apenas pode ser alcançada conjuntamente.

[211] Cf., entre nós, OSÓRIO DE CASTRO, *A informação* cit., 336. Também CARLOS COSTA PINA, *Dever de informação e responsabilidade pelo prospecto no mercado primário de valores mobiliários*, Coimbra, 1999, 23, alude ao risco de informação, ainda que não referindo as subdivisões.

[212] Naturalmente, mesmo com a informação necessária o investidor não deixa de incorrer em riscos. O que é visado pela regulamentação mobiliária é apenas que os riscos inerentes à interação socioeconómica não se devam à falta ou inexatidão da informação. Cf. CARLOS COSTA PINA, *Dever de informação* cit., 21.

[213] Cf. MAFALDA GOUVEIA MARQUES/ MÁRIO FREIRE, *A informação* cit., 113. Sendo a informação igual do lado de quem vende e de quem compra, o encontro de vontades no mercado conduz à formação de um preço que corresponde ao valor intrínseco dos instrumentos financeiros.

[214] Era esta a ideia que constava do preâmbulo do Código do Mercado de Valores Mobiliários e a razão pela qual se dizia que o objetivo da regulamentação mobiliária era "assegurar a transparência dos mercados de valores mobiliários" (artigo 4.º, *c)*, Cód.MVM), ao mesmo tempo que para a adequada defesa das entidades emitentes, intermediários financeiros e dos investidores se garantia a prestação de informação suficiente, verídica, objetiva, clara e atempada sobre os valores mobiliários, as entidades que os emitem e as transações de que são objeto nos mercados respetivos. Cf. CARLOS OSÓRIO DE CASTRO, *A informação* cit., 333. A visão da informação como sendo dirigida à correta formação dos preços dos valores que são negociados ou oferecidos à subscrição é enfatizada por AMADEU FERREIRA, *Direito* cit., 337.

Contudo, se o investidor médio não tiver capacidade para apreender a informação que é prestada ao mercado pergunta-se se esta será uma forma adequada de tutela[215]. Por outro lado, questiona-se se será razoável impor deveres tão exigentes, em especial considerando os custos associados ao seu cumprimento, ou se conseguiremos, ainda, encontrar benefícios na informação prestada ao mercado.

2.2. Incentivos económicos à divulgação de informação e regulação jurídica

Embora se discuta se a difusão de informação deve ser deixada ao critério dos intervenientes do mercado ou se, pelo contrário, deve ser imposta por lei, tem-se procurado um ponto de equilíbrio entre o interesse individual e os interesses coletivos, que passa por reconhecer que, sem a imposição de deveres de transparência, os emitentes terão diminuto incentivo para divulgar factos relevantes ao mercado[216]-[217]. As empresas são, na realidade, as fontes menos dispendiosas desta informação mas aos seus *insiders* faltam estímulos para tomar a iniciativa da divulgação[218]-[219].

[215] Em particular, há até quem defenda que o correlativo dos deveres de informação que impendem sobre os emitentes é a exigência de que o investidor atue no mercado com uma diligência normal superior à média. Cf. Luís Guilherme Catarino, *Informação: utopia, realidade e intervenção pública*, em *Direitos dos valores mobiliários*, vol. X, Coimbra, 2011, 65-112 (76 e 77). Escreve o Autor que "num mercado sofisticado a diligência deve ser superior à média e o *standard* de 'investidor razoável' é utilizado também para definir a responsabilidade dos emitentes". Ao mesmo tempo que existe um dever de informar por parte dos emitentes, intermediários financeiros e, por vezes, alguns investidores, existe também um correspondente dever de procurar a informação. Assim, o padrão para avaliar a qualidade da informação prestada ao mercado deverá ser o do investidor particularmente diligente e não o do investidor médio.

[216] Cf. Marco Pinardi, *La responsabilità per danni da informazione nel mercato finanziario*, em La Nuova Giurisprudenza Civile Commentata, 4, jul.-ag. 2002, 349-366 (349).

[217] Para uma visão geral da literatura (em especial americana) sobre as políticas de *disclosure*, cf. Geoffrey P. Miller, *Essential papers on the economics of securities law*, (2016) New York University Law and Economics Working Papers. 424, disponível em https://lsr.nellco.org/nyu_lewp/424; Paul M. Healy/Krishna G. Palepu, *A review of the empirical disclosure literature*. Prepared for the 2000 JAE Conference, (December 2000). JAE Rochester Conference April 2000, disponível em https://ssrn.com/abstract=258514.

[218] Larry Edward Ribstein, *Market vs. Regulatory responses to corporate fraud: A critique of the Sarbanes-Oxley Act of 2002*, Journal of Corporation Law, Vol. 28, No. 1, 19, disponível em https://ssrn.com/abstract=332681.

[219] Sobre os motivos que afetam o *disclosure* voluntário, cf. Paul M. Healy/Krishna G. Palepu, *A review* cit., 20 ss. Como apontam os Autores, a medida em que o *disclosure* voluntário reduz o problema da má afetação dos recursos no mercado de capitais depende do grau de credibilidade da informação sobre a empresa que não está disponível através de outras fontes (p. 28).

O atual enquadramento europeu revela que foi largamente ultrapassada a ideia — inicialmente defendida por EASTERBROOK/FISCHEL[220] — de que os emitentes não devem ser compelidos a divulgar informação privilegiada, uma vez que seriam suficientes os incentivos privados à transparência. Com base no conhecido estudo de JENSEN/MECKLING[221], identifica-se um conflito de interesses entre administradores e investidores, sendo que sobre os primeiros recai o ónus da sua resolução. Os administradores, de forma a garantir o investimento na empresa e a manter a sua cotação, deveriam assegurar que toda a informação relevante é divulgada ao mercado e continuará a sê-lo, caso contrário não existe motivação para a compra de ações da empresa, o que se traduz em naturais perdas que oneram os administradores[222].

Apesar da popularidade desta tese, as teorias económicas salientam que a informação reveste as características de um bem público[223], pelo que tenderá

[220] *Mandatory disclosure* cit., 669-715 (687-692), onde se analisam formas privadas e competitivas de assegurar um nível ótimo de divulgação de informação ao mercado. Também STEPHEN J. CHOI/ANDREW T. GUZMAN, *Portable reciprocity: rethinking the international reach of securities regulation,* Southern California Law Review, vol. 71, 1993, 903-952, disponível em https://scholarship.law.berkeley.edu/cgi/viewcontent.cgi?referer=https://www.google.com/&httpsredir=1&article=2417&context=facpubs, e ROBERTA ROMANO, *Empowering investors: a market approach to securities regulation,* 107 Yale Law Journal, 1998, 2359-2430 (2372 ss.), disponível em http://digitalcommons.law.yale.edu/fss_papers/1914, consideram que a dificuldade em encontrar benefícios associados à obrigação de divulgação de informação privilegiada é suficiente para justificar o abandono deste modelo, pelo menos a título exclusivo, e propõem que o emitente, ao invés de ficar vinculado ao sistema de transparência imposto pela legislação federal, deveria poder escolher o regime de qualquer dos cinquenta Estados americanos (*portable reciprocity*). Defendem, pois, um sistema de opção do emitente quanto ao regime de transparência ao qual pretende ficar vinculado. Esta tese é refutada por MERRITT B. FOX, *Retaining mandatory securities disclosure: why issuer choice is not investor empowerment,* Virginia Law Review, vol. 85, n.º 7, out. 1999, 1335-1419. Sobre a tese de ROBERTA ROMANO, cf. JOSÉ FERREIRA GOMES, *§ 3.º. O papel da informação* cit., 68 e 69.

[221] *Theory of the firm: managerial behavior, agency costs and ownership structure,* Journal of Financial Economics, out. 1976, vol. 3, n.º 4, 1-71, disponível em http://ssrn.com/abstract=94043.

[222] Cf. EASTERBROOK/FISCHEL, *Mandatory disclosure* cit., *passim,* que, embora entendam que o mercado de capitais é caracterizado pela assimetria informativa, recusam que desta resulte, inevitavelmente, a necessidade de regulação. Repare-se, porém, que não se apresentam plenamente convencidos quanto à bondade da desregulação do dever de informar. Simplesmente, a assimetria informativa não seria uma ineficiência do mercado, mas antes um custo associado ao investimento que não deve, por isso, ser corrigido. A máxima aplicada, reconhecida expressamente pelos Autores, é *if it ain't broke, don't fix it.*

[223] Os bens públicos tipicamente (i) não são suscetíveis de exclusão e (ii) não existe rivalidade ou exclusividade no seu uso, uma vez que o acesso de cada um ao bem não interfere relevantemente no acesso e uso por parte de qualquer outro. Cf., por todos, FERNANDO ARAÚJO, *Introdução à economia,* reimpr. da 3.ª ed. de 2005, Coimbra, 2017, 579-590. Estas características podem ser identificadas

a ser subfornecida. Aliás, as reações adversas sentidas no mercado após o anúncio de saída de um emitente do ambiente regulamentado para outro mercado sem as mesmas garantias informativas[224], aliadas à constatação de que as empresas que exercem esta opção não divulgam informação voluntariamente, revelam as falhas da tese segundo a qual o mercado se deveria bastar com a divulgação voluntária[225].

Assumindo o mercado de capitais como forma de alocação de capital e não apenas como um *zero-sum game*, no qual o ganho de um investidor corresponde à perda de outro, impõe-se promover a eficiência na afetação dos recursos, o que apenas será alcançado por via de obrigações informativas[226], sem prejuízo das vantagens que não deixam de ser apontadas a uma menor regulação[227] e dos riscos da sobrerregulação[228].

Os escândalos financeiros, entre os quais se contam o Worldcom, Enron e Tyco, levaram a interrogar como foi possível empresas admitidas à negociação

na informação: nenhum investidor pode ver bloqueado o acesso à informação e o consumo por um não diminui a sua disponibilidade para outros. A característica da informação enquanto bem público é ilustrada pelo célebre *slogan* publicitário da E. F. Hutton, conhecida empresa de corretores, "*when E.F. Hutton talks, people listen*" e que foi retratado, com humor, por um anúncio televisivo no qual dois senhores discutem os seus investimentos enquanto tomam chá. Quando um deles se encontra prestes a revelar o conselho de investimento do seu corretor todo o restaurante se queda em silêncio para tentar ouvir. Aqui se identifica o caráter de bem público da informação e se ilustra o efeito de boleia dos restantes investidores que não contrataram o serviço. Sobre a informação como bem público, cf. John C. Coffee, Jr., *Market failure and the economic case for a mandatory disclosure system*, Virginia Law Review, vol. 70, n.º 4, 1984, 717-753 (725), disponível em https://www.jstor.org/stable/1073083.

[224] A saída do mercado (*delisting*), na Europa, pode ocorrer nos termos que explanamos adiante, mas, nos Estados Unidos, é possível que um emitente mantenha as suas ações admitidas à negociação num mercado regulamentado sem que se encontre sujeito a um dever de divulgação de informação *ad hoc*, o que depende apenas da verificação de dois requisitos cumulativos: (i) a negociação dos valores mobiliários emitidos pela sociedade passar a processar-se no mercado OTC Pink Sheets e (ii) o emitente não ter qualquer classe de valores mobiliários com mais de trezentos *holders of record*. Se o segundo critério não estiver preenchido, sempre pode realizar uma *reverse stock split* ou uma *repurchase tender offer*.

[225] Assim, Jesse M. Fried, *Firms gone dark*, The University of Chicago Law Review, vol. 76, n.º 1, 2009, 135-160 (152 a 154), disponível em https://ssrn.com/abstract=1300751.

[226] Cf. John C. Coffee Jr., *Market failure* cit., 717-753.

[227] Mark J. Roe, *Legal origins, politics and modern stock markets*, Harvard Law Review, Vol. 120, No. 2 (dez. 2006), 460-527 (473), disponível em https://www.jstor.org/stable/40042609 473.

[228] Uma das tendências mais observadas das reformas jurídicas induzidas pela crise é precisamente a sobrerregulação. Cf. Holger Fleischer, *Von "bubble laws" und "quack regulation" — Zur Kritik kriseninduzierter Reformgesetze im Aktien- und Kapitalmarktrecht*, em *Festschrift für Hans-Joachim Priester zum 70. Geburtstag*, Köln, 2007, 75-93 (87).

virem a ser declaradas insolventes e, mais do que isso, os investidores não disporem da informação necessária para conhecerem a real situação económico-financeira destas[229]. Os investidores e *players* no mercado ficaram, assim, desconfortáveis com a regulamentação existente, surgindo os pedidos de mais transparência. Não é de estranhar: muitas das medidas regulatórias no sentido da *full disclosure* apareceram como reação a crises financeiras[230] ou outras perturbações no mercado, demonstrando que "os grandes abalos provocam as grandes reformas do direito dos valores mobiliários"[231]. Nos últimos anos, a estratégia europeia tem ido no sentido de a regulamentação ser feita com base na divulgação de informação considerada relevante pelo legislador, solução, aliás, assimilada do contributo americano[232]. Soluções substantivas para algumas práticas no mercado[233] têm sido preteridas a favor de crescentes

[229] Cf. Paula Costa e Silva, *Direito dos valores mobiliários* cit., 275 ss. Não é de estranhar, por isso, o impacto da crise em múltiplos planos. Cf., por todos, Menezes Cordeiro, *A crise planetária de 2007/2010 e o governo das sociedades*, RDS I (2009), 2, 293-326.

[230] Cf., *v.g.*, Menezes Cordeiro, *A tutela do consumidor de produtos financeiros e a crise mundial de 2007-2010*, em *Estudos em Homenagem ao Prof. Doutor Sérvulo Correia*, vol. III, Coimbra, 2010, 577-600 (597 e 598)

[231] Paulo Câmara, *Os deveres de informação e a formação de preços no mercado de valores mobiliários*, CadMVM, n.º 2, 1998, 79-93 (83). O Autor nota, entre outros exemplos, que o *Securities Act* e o *Securities Exchange Act* americanos surgem como reação direta à crise de 1929 e que a falência do Herstaat Bank espoletou a Concordata de Basileia. O impacto das crises revela-se em múltiplos planos. Cf. A. Barreto Menezes Cordeiro, *Organização e supervisão dos mercados financeiros*, RDS VI (2014), 3-4, 565-588 (565), sobre a adequação dos sistemas de supervisão nacionais e supranacionais na sequência da crise financeira iniciada em 2007, sublinhando que "está demonstrado que as crises financeiras assumem, classicamente, um papel decisivo na transformação dos sistemas de supervisão".

[232] Neste sentido, cf. Paulo Câmara, *Os deveres de informação* cit., 81-82. O Autor assinala o contributo americano para o direito mobiliário nacional. O direito dos valores mobiliários ter-se-á inspirado no *Securities Act* de 1933 e no *Securities Exchange Act* de 1934 em três planos: (i) no plano institucional, por via da existência de uma autoridade de supervisão especializada; (ii) na contraposição entre ofertas particulares e públicas, com regimes adaptados às diferentes necessidades de proteção dos investidores, e, por fim, (iii) na implementação de um sistema de "deveres informativos particularmente densos em mercado: o *full disclosure* — visando eliminar assimetrias de informação, como modo de tutelar a confiança do investidor". Ainda assim, Paulo Câmara, *Os deveres de informação* cit., nota e *Manual* cit., 783 e 784, lembra que o sistema de *full disclosure* encontra raízes mais remotas e de tradição britânica. Também Sorensen, *Disclosure in EU corporate governance — a remedy in need of adjustment?*, European Business Organization Law Review 2009, 10 (2), 255-283 (256), acentua que historicamente a transparência assumiu mais importância nos Estados Unidos do que na Europa, embora nesta desempenhe um papel de importância em crescimento.

[233] Um caso frequentemente discutido — e um bom exemplo da opção europeia pela regulamentação por via da transparência, em detrimento de soluções substantivas — é o *decoupling* entre direito de voto e interesse económico, alcançado através da contratação de instrumentos financeiros

deveres de informação. A regulação material por vezes identificada não significa um abandono da estratégia. É verdade que não deixa de se questionar se a regulação mobiliária deve continuar a basear-se exclusivamente na informação, apontando-se que as regras de *disclosure* podem ser insuficientes para corrigir a assimetria informativa entre emitente e investidor[234]. Mesmo assim, acentua-se a vertente regulatória de proteção do investidor pela disseminação de informação, acompanhada pelo aprofundamento de estratégias repressivas ou sancionatórias, ao mesmo tempo que as opções *problem solving* permanecem em geral arredadas[235-236].

A Europa tem avançado no sentido da construção de um mercado único de serviços financeiros, o que, de acordo com o Conselho Europeu de Lisboa, de março de 2000, seguido pelo de Barcelona, de março de 2002, implica a necessidade de melhorar os requisitos em matéria de transparência. É neste

derivados. Já Hu/Black, *Empty voting and hidden ownership: taxonomy, implications, and reforms*, 60, disponível em http://www.law.yale.edu/documents/pdf/cbl/PM-6-Bus-Law-Hu-Black.pdf, notavam que, no caso dos votos vazios (a que nos referimos no Capítulo III), as regras de transparência não serão mais do que um primeiro passo para a resolução do problema, já que a obrigação de notificar as posições vazias, por si mesma, não resolve as questões suscitadas pelo *empty voting*. Ainda assim, em alguns domínios do mercado de capitais, têm sido adotadas soluções substantivas, num quadro de "supervisão intensiva", visando a proteção dos investidores e do mercado [Tiago dos Santos Matias, Product intervention *na DMIF II: nótulas sobre o último poder (ou o poder último) conferido às autoridades de supervisão*, em *O novo direito dos valores mobiliários*, I cit., 257-278 (259)]. Recorde-se que o RMIF concede à ESMA e às autoridades de supervisão nacionais poderes que entram "no âmbito da supervisão de mérito económico", admitindo-se a intervenção no produto (*product intervention*), por via da possibilidade de proibir ou restringir a comercialização, distribuição e venda de instrumentos financeiros ou depósitos estruturados que suscitem preocupações quanto à proteção dos investidores ou ao funcionamento e integridade dos mercados ou mercadorias. Cf. Fazenda Martins, *Intervenção sobre produtos financeiros*, em *O novo direito dos valores mobiliários*, I cit., 251-255 (255). Porém, também as soluções substantivas apresentam fragilidades: a "linha entre a intervenção no produto e sobre-regulação e regulamentação excessiva é muito ténue, podendo, assim, ter resultados perniciosos face aos pretendidos" (Tiago dos Santos Matias, *Product intervention* cit., 276).

[234] Steven L. Schwarcz, *Rethinking the disclosure paradigm in a world of complexity*. University of Illinois Law Review, Vol. 2004, No. 1; Duke Law School, 6, disponível em https://www.ssrn.com/abstract=336685.

[235] Cf. Luís Guilherme Catarino, *Informação* cit., 74.

[236] Os crescentes deveres de informação que vigoram no mercado transportam-nos para a ideia do *big brother* orwelliano, desta feita não em 1984, mas, sim, no mercado de capitais do século XXI. Embora numa área do direito diferente, a analogia entre as recentes reformas legislativas e a sociedade vigilante de Orwell é ensaiada por Menezes Cordeiro, *Sigilo bancário: fica a saudade?*, Cadernos O Direito 8 (2014), 11-57 (56), a propósito dos inúmeros casos de derrogação do sigilo bancário e de troca automática de informações.

contexto que surge, por exemplo, a Diretiva 2004/109/CE do Parlamento Europeu e do Conselho, de 15 de dezembro de 2004[237] (Diretiva da Transparência). Esta traduz um reconhecimento a nível europeu da necessidade de proteção do investidor e da importância da *disclosure* para alcançar esse objetivo. A divulgação de informação exata, completa e oportuna é tida como elemento essencial no reforço da confiança do investidor o que, por seu turno, protege o investidor e a eficiência do mercado[238].

Os deveres de informação somam-se em diversas áreas dos serviços financeiros e, inclusivamente, alguns setores que tradicionalmente não eram regulados têm vindo a ser objeto de crescente atenção[239]. Cada vez mais se admite a existência de um conjunto de princípios que devem orientar a regulamentação mobiliária e que se pode dizer constituírem uma verdadeira *ordem pública bolsista*. Entre eles encontra-se, naturalmente, a transparência, a par da eficiência, da proteção do investidor e da estabilidade[240].

A análise económica do impacto no mercado de capitais das mudanças regulatórias na União Europeia aponta o aumento de liquidez como produto relevante da redução da assimetria informativa e da seleção adversa. Os efeitos positivos revelam-se, contudo, superiores nos países onde a qualidade da regulação é tradicionalmente melhor: a eficácia da regulação no passado

[237] Alterada por quatro diretivas, desde então: Diretiva 2008/22/CE do Parlamento Europeu e do Conselho, de 11 de março de 2008, Diretiva 2010/73/UE do Parlamento Europeu e do Conselho, de 24 de novembro de 2010, Diretiva 2010/78/EU do Parlamento Europeu e do Conselho, de 24 de novembro de 2010, Diretiva 2013/50/EU do Parlamento Europeu e do Conselho, de 22 de outubro de 2013.

[238] Cf. André Figueiredo, *A informação difundida no mercado de valores mobiliários e os poderes da CMVM: uma "nova dimensão do direito administrativo"?*, CadMVM, n.º 24, nov. 2006, 64-98 (68-72); cf. também Hugo Moredo Santos, *Transparência, OPA obrigatória e imputação de direitos de voto*, Coimbra, 2011, 71 ss.

[239] Pense-se, a título de exemplo, na Diretiva 2011/61/EU do Parlamento Europeu e do Conselho, de 8 de junho de 2011, que estabelece um quadro jurídico aplicável à autorização, à supervisão e ao controlo dos gestores de um conjunto de fundos de investimento alternativos (DGFIA), incluindo fundos de retorno absoluto e fundos de capitais de investimento. Passam a ser regulados alguns aspetos relativamente aos *hedge funds* (fundos de retorno absoluto), que são qualificados como Fundos de Investimento Alternativo (FIA) e, em geral, são, *v.g.*, introduzidos requisitos específicos relativos ao efeito de alavanca, i.e., à utilização da dívida para financiar o investimento. Em Portugal, esta diretiva foi parcialmente transposta pela Lei n.º 18/2015, de 4 de março (Regime Jurídico do Capital de Risco, Empreendedorismo Social e Investimento Especializado). Sobre a DGFIA, cf. Soveral Martins, *DGFIA,* hedge funds *e governação das sociedades anónimas*, DSR, ano 9 (2017), vol. 18, 121-154 (133 ss.), sublinhando as restrições que se impôs aos gestores de FIA, sem prejuízo das vantagens que dela também resultam para os mesmos.

[240] Cf. Luís Guilherme Catarino, *Informação* cit., 68.

continua a condicionar os resultados no presente. É assinalada, em qualquer caso, uma conexão entre regulação mais restrita e liquidez do mercado, sendo que o sucesso da nova regulação depende decisivamente da forma como esta é implementada e lhe é dado cumprimento[241].

Não obstante as vantagens, as falhas da regulação por via da imposição de deveres de transparência são óbvias. A constatação de que não se pode legislar a honestidade[242] e garantir o cumprimento desses deveres, a divulgação de informação complexa e difícil de digerir pelo investidor médio, a divulgação de informação em excesso que permite "enterrar" a informação verdadeiramente relevante, bem como os conhecidos riscos de *information overload* levam a que surjam cada vez mais críticos desta estratégia regulatória. Ainda assim, tem-se afirmado que a regulação através da transparência é aquela que melhor obedece ao princípio da proporcionalidade[243] e põe em prática o *better regulation action plan* da Comissão Europeia[244]. Também o *Winter Report of the high level group of company law experts on a modern regulatory framework for company law in Europe*[245] recomendou a adoção preferencial de estratégias de transparência face à regulação substantiva. A justificação pode ser encontrada no facto de a primeira favorecer a responsabilização e transparência no governo das sociedades, prevenindo comportamentos ilícitos dos administradores e combatendo estruturas societárias que não correspondam às melhores práticas. Diz-se que os requisitos de transparência e prestação de informações podem ser mais eficazes, flexíveis e fáceis de aplicar, protegendo aqueles que negoceiam com as sociedades e, também, os acionistas, através da criação de um mercado mais eficiente. Por isso, o Grupo de Especialistas recomendou[246] que a União Europeia, quando implementasse uma nova regulação no domínio societário (ou alterasse aquela já existente), ponderasse os benefícios de estabelecer critérios de transparência face à regulamentação

[241] Cf. Hans B. Christensen/Luzi Hail/Christian Leuz, *Capital-market effects of securities regulation: prior conditions, implementation and enforcement*, Review of Financial Studies, vol 29(11), 2885-2924, disponível em https://www.nber.org/papers/w16737.

[242] Não obstante o "significado decisivo" da confiança do público na seriedade do mercado. Cf. Andreas Cahn, *Grenzen des Markt- und Anlegerschutzes durch das WpHG*, ZHR 162 (1998), 1-50 (2).

[243] Cf. Sorensen, *Disclosure in EU* cit., 256.

[244] Comunicação da Comissão, de 5 de junho de 2002, Plano de ação "simplificar e melhorar o ambiente regulador" [COM(2002) 278 final] e Comunicação da Comissão, de 6 de junho de 2002, intitulada "Governança Europeia: Legislar Melhor" [COM(2002) 275 final].

[245] Bruxelas, 4 de novembro de 2002.

[246] Recomendação II.3, disponível em http://ec.europa.eu/internal_market/company/docs/modern/report_en.pdf.

substantiva, na medida em que promove um ambiente regulatório mais ligeiro, flexível e adaptável. Embora os seus efeitos sejam mais indiretos, a sua aplicação é, normalmente, mais fácil. Deve, ainda assim, evitar-se automatismos na prestação de informação e assegurar que sejam divulgados conteúdos relevantes e significativos. Em suma, a divulgação de informação pode ser uma "poderosa ferramenta regulatória"[247].

Os deveres de transparência exigem a garantia da sua correlativa aplicação. As fraquezas no *enforcement* da regulação — essencial para a proteção do investidor, para a existência de mercados justos e líquidos e para a estabilidade financeira — foram visadas pelo G20 como uma preocupação primária para efeitos de reforma mas os esforços para as debelar têm-se revelado difíceis e desiguais[248]. A existência de regimes desenvolvidos ao nível dos requisitos de *disclosure* e de procedimentos simples tendentes à indemnização de danos está associada a mercados de capitais mais fortes. O *private enforcement* das regras públicas constitui uma via importante para garantir a eficiência dos mercados. Na verdade, tem-se chegado à conclusão de que há pouca evidência da importância do *public enforcement* mas fortes indícios de que a facilitação do *private enforcement* através de regras de responsabilidade beneficia os mercados de capitais[249]. Tornar as perdas dos investidores facilmente recuperáveis é essencial para o direito mobiliário. Um sistema eficiente deve fornecer incentivos para o emitente recolher e fornecer a informação ao investidor e responsabilizá-lo se não o fizer. Nesta linha surge a estratégia regulatória de impor deveres de informação e estabelecer regras de responsabilidade que acarretem menos custos para o investidor no momento da recuperação dos danos[250]-[251].

[247] *Winter Report* cit., 33.

[248] IMF Working Paper, *The challenge of enforcement in securities markets: mission impossible?*, WP/09/161, 4 ss.

[249] Mathias M. Siems, *What does not work in comparing securities laws: a critique on La Porta et al's methodology* (set. 2008). International Company and Commercial Law Review, 300-305, 2005; CPC-RPS No. 0009, disponível em https://ssrn.com/abstract=608644.

[250] La Porta/Lopez de Silanes/Shleifer, *What works in securities laws?* (July 16, 2003). Tuck School of Business Working Paper No. 03-22; AFA 2005 Philadelphia Meeting, 8, disponível em https://ssrn.com/abstract=425880.

[251] Cf. John C. Coffee Jr., *Law and the market: the impact of enforcement* (March 7, 2007). Columbia Law and Economics Working Paper No. 304, 79, disponível em https://ssrn.com/abstract=967482. A intensidade do *enforcement* releva mas o nível ótimo de *enforcement* permanece discutível. Fora dos Estados Unidos, tem maior relevo a regulação *ex ante* do que o enforcement *ex post*. Cf. também, sobre o recorrente debate relativo aos méritos do *public* e do *private enforcement*, John Armour/Bernard Black/Brian R. Cheffins/Richard Nolan, *Private enforcement of corporate law:*

2.3. Racionalidade económica e padrão do investidor relevante para a regulação legal do mercado de capitais

Tem-se questionado qual o modelo económico de investidor juridicamente relevante para o desenho dos deveres de informar que são impostos ao emitente, sendo que a resposta influenciará inevitavelmente a nossa análise.

Surgem, tipicamente, dois modelos gerais em confronto: o modelo do investidor com expetativas racionais (*rational expectations investor*) ou investidor sofisticado e o modelo do investidor confiante (*trusting investor*) ou investidor não sofisticado. De acordo com o primeiro modelo, o investidor comporta-se como membro da espécie *homo oeconomicus*, de forma calculada e autocentrada; além disso, assume que os restantes atores também se comportam racionalmente, o que implica admitir que os *insiders* irão ter comportamentos oportunistas sempre que tenham possibilidade. Daqui resultaria que o investidor avalia corretamente os instrumentos financeiros e que só paga um preço superior se, de facto, houver razões para acreditar que se trata de um investimento de qualidade. O efeito será um mercado eficiente em que os preços dos instrumentos refletem o seu valor fundamental. Por seu turno, o investidor racional tem consciência do risco a que se expõe no mercado de capitais, pelo que pode recusar-se a investir, i.e., protege-se não investindo[252]. O mesmo não sucede com o modelo do *trusting investor*, que leva a reconhecer as limitações da assunção económica de que o investidor é hiper-racional e desconfiado[253].

A oscilação frequente entre a valorização de um modelo ou de outro tem repercussões inevitáveis na teoria jurídica. Na jurisprudência alemã, por exemplo, a propósito da responsabilidade do emitente por divulgação de informações *ad hoc* falsas, os tribunais já hesitaram entre o modelo de

an empirical comparison of the UK and US (February 13, 2009), Journal of Empirical Legal Studies Vol. 6, pp. 687-722 (691), 2009; U of Texas Law, Law and Econ Research Paper No. 89; McCombs Research Paper Series, Paper No. FIN-02-07; Oxford Legal Studies Research Paper No. 1105355; 3rd Annual Conference on Empirical Legal Studies Papers; ECGI - Law Working Paper No. 120; ECGI - Finance Working Paper No. 234., disponível em https://ssrn.com/abstract=1105355; Howell E. Jackson/Mark J. Roe, *Public and private enforcement of securities laws: resource-based evidence* (March 16, 2009). Journal of Financial Economics (JFE), Vol. 93, 2009; Harvard Public Law Working Paper No. 0-28, 34 ss.; Harvard Law and Economics Discussion Paper No. 638, disponível em https://ssrn.com/abstract=1000086, apontando que a dispersão estrutural dificulta o *private enforcement*, mas que o *public enforcement* não é menos valioso para os mercados do que o *private enforcement*.

252 Lynn A. Stout, *The investor confidence game*, UCLA School of Law, Research Paper No. 02-18, disponível em https://ssrn.com/abstract=322301.

253 Lynn A. Stout, *The investor confidence*, 13 ss.

investidor racional[254] e o de investidor irracional[255]. O que é certo, de qualquer modo, é que muitos investidores, confrontados com informação demasiado complexa ou sobrecarregados com esta, não a leem ou não têm capacidade para a assimilar[256]-[257]. Por outro lado, caso os elementos comunicados sejam controversos, o mais provável será estarem escondidos entre os vários outros pormenores que têm de ser divulgados ao mercado[258]. A racionalidade do investidor é posta em causa.

Porém, não é claro o que deve ser entendido como irracionalidade, já que na teoria da decisão esta costuma ser dividida em três patamares: (i) irracionalidade perfeita ou ilimitada, (ii) racionalidade limitada (*bounded rationality*), (iii) *rationality under constraints*[259]. Assim, numa aceção restritiva, serão considerados irracionais apenas aqueles comportamentos que violem deliberadamente as preferências de alguém, ao passo que, numa visão ampla, relevam também aqueles que sejam diferentes do perfeitamente racional.

Julgamos que o padrão que deve dar forma aos deveres de informar no mercado de capitais será o de investidor racional. A adoção de um modelo que tivesse em consideração comportamentos irracionais de outros investidores conduziria a uma significativa perda de certeza e previsibilidade para o informante. Naturalmente, os emitentes não estão vinculados — nem poderiam estar — a considerar reações irracionais do mercado, a não

[254] Cf. OLG Stuttgart, 22-abr.-2009 (*Daimler II*)), NZG 2009, 624 (628), a que regressamos no capítulo II. O Tribunal considerou que, no mercado de capitais, os investidores são racionais, por oposição aos investidores especulativos.

[255] Cf. BGH 13-dez.-2011 (*IKB*), XI ZR 51/10: o Tribunal entende que o investidor também tem em consideração "reações irracionais de outros participantes no mercado".

[256] Assim, por exemplo a *Capital Markets Development Taskforce* criada na Nova Zelândia chegou à conclusão que os investidores de retalho não estão satisfeitos com os documentos de *disclosure* que lhes são apresentados. Debatem-se com a sua extensão e complexidade, o que cria relutância a investir. Cf. JENNY CHEN/SUSAN WATSON, *Investor psychology matters: is a prescribed product disclosure statement a supplement for healthy investment decisions?*, 17 NZBLQ 142, dez. 2011 (413).

[257] Como escreve THOMAS M. J. MÖLLERS, *Investor protection in the system of capital markets Law: Legal foundations and outlook* (November 16, 2010). North Carolina Journal of International Law and Commercial Regulation, Vol. 36, 2010/11, 67, disponível em https://ssrn.com/abstract=1709852, os limites dos deveres de informar parecem ter sido atingidos: a *information overload* opera para desvantagem dos investidores. A *behavioral finance* aponta precisamente para os limites da compreensão e capacidade de processamento dos investidores.

[258] Cf. SORENSEN, *Disclosure* cit., 275.

[259] Cf. KLÖHN, *Die Haftung wegen fehlerhafter Ad-hoc-Publizität gem. §§37b, 37c WpHG nach dem IKB-Urteil des BGH*, AG 2012, 345-358 (349). Entre nós, sobre psicologia nos mercados financeiros, em especial sobre a teoria da racionalidade limitada, cf. RUTE SARAIVA, *Direito dos mercados financeiros* cit., 106 ss.

ser nos casos excecionais em que tais reações sejam sistemáticas, psicologicamente bem investigadas e, consequentemente, sejam previsíveis para o emitente[260].

Tem-se dito, em todo o caso, que a informação que deve ser prestada ao mercado ascendeu a um nível tal que já é demasiada e impede os investidores de a compreenderem e reagirem de forma adequada. Atingiu-se, portanto, um ponto de *information overload*[261] ou de desinformação por "indigestão"[262]. Os investidores "ficam cegos pela luz"[263]. Informação em excesso pode resultar em sentimentos de impotência e exaustão por parte dos seus destinatários, o que, em última análise, obsta à assimilação de informação essencial,

[260] Aderimos, pois, à tese de KLÖHN, *Die Haftung* cit., 349 e 350.

[261] A propósito da relação bancária, salientando, também, a importância de evitar o efeito de *overload* informativo e respeitar o ponto ótimo de informação numa relação originariamente assimétrica, cf. CATARINA MONTEIRO PIRES, *Entre um modelo corretivo* cit., 21. Note-se que, embora se reconheça a importância das regras de transparência, acompanhamos a visão crítica de USHA RODRIGUES, *Corporate governance in an age of separation of ownership from ownership*, 95 Minn. L. Rev. (2011), 1822-1866 (1850 ss.), a propósito das medidas de transparência. Se bem que sejam de fácil implementação, uma vez que não impõem uma alteração radical de comportamento às empresas, afigura-se questionável se a informação prestada ao mercado é suficiente para influenciar o comportamento dos acionistas; pior, se houver transparência sobre os incentivos de curto prazo dos administradores, o mais provável é gerar-se o efeito perverso de se atrair ainda mais investidores marcados pelo *short-termism*. Assim, o foco talvez devesse ser a visibilidade da informação. Tomemos o exemplo da empresa farmacêutica EntreMed que, quando fez uma descoberta relevante na cura para o cancro, a anunciou na revista *Nature*, provocando uma subida temporária de 28,4% no preço das ações. Cinco meses depois, apareceu a mesma notícia na primeira página do *New York Times* e, apesar de já não ser novidade, provocou um aumento permanente de cerca de 50% no valor das ações. Este caso demonstra que até os investidores profissionais podem ser distraídos pela forma como a informação é apresentada. O mesmo verificou-se com o *downgrading* das *Collateralized Debt Obligations* (CDO) que não foi acompanhado de uma descida do valor das ações dos emitentes, porque os investidores, muitas vezes, não têm disponibilidade para ler prospetos demasiadamente extensos.

[262] Cf. MARCO PINARDI, *La responsabilità* cit., 350. Embora ainda ao abrigo do Código do Mercado dos Valores Mobiliários, OSÓRIO DE CASTRO, *A informação* cit., 342 e 343, considerava que o instituto da publicidade *ad hoc* era um bom exemplo (ainda que não o único) dos exageros do legislador em matéria de informação. À data escrevia que um dos excessos se prendia com a responsabilidade civil do emitente pela informação prestada neste contexto, que seria tendencialmente ilimitada, por abarcar todos os prejuízos dos investidores que venderam ou alienaram ações a preços não representativos da realidade. É questão que abordaremos no capítulo II.

[263] Cf. TROY PAREDES, *Blinded by the light: information overload and its consequences for securities regulation* (June 1, 2003). Washington University Law Quarterly, disponível em https://ssrn.com/abstract=413180: a sobrecarga informativa põe em causa a proposição de que a informação é refletida nos preços e é corretamente interpretada e processada.

levando, economicamente, a piores decisões[264]. Existe excesso de informação quando esta deixa de ser útil para passar a ser um estorvo para o investidor[265]. O excesso de informação pode, aliás, constituir uma técnica de desinformação ou de "intoxicação" do investidor[266].

Estratégias regulatórias baseadas na ideia de *full disclosure* provocam uma sobrecarga informativa dos mercados, o que frustra o seu objetivo primário. Mais informação prestada ao mercado não equivale a uma mais ampla capacidade da sua assimilação por parte do investidor. Por isso, o problema do *overload* informativo deve ser cuidadamente considerado na regulação financeira[267] e repensados os requisitos de transparência obrigatórios ou a standardização da informação. Por exemplo, a propósito da *internet bubble*, diz-se que o problema residiu, em parte, na falta de compreensão pelos investidores, que não era motivada por falta de explicações, mas pela sua abundância[268].

Por outro lado, já foi também defendido que os elevados custos da prestação de informações favorecem as grandes empresas em detrimento das pequenas, que não têm estrutura para os suportar[269]. Podemos, eventualmente, pensar que, recaindo a maioria dos deveres de transparência sobre as sociedades com ações admitidas à negociação em mercado regulamentado, estas terão capacidade para arcar com os respetivos custos[270]. O argumento, da nossa perspetiva, conduz a um círculo vicioso: apenas se impõem deveres mais pesados de informação às sociedades cotadas na bolsa porque estas, à partida, têm

[264] Cf. Beverly Woolfson, *Information overload: when information becomes hazardous to your health*, Legal Information Management 2012, 12(1), 39-43 (39). A Autora cita uma definição de excesso informativo: "sobrecarga de sensação no mundo urbano que provoca o cansaço nos habitantes da cidade...uma incapacidade de reagir a novas situações com energia adequada".

[265] Beverly Woolfson, *Information* cit., 40, apresenta esta definição como sendo a mais consensual entre a doutrina especializada no tema.

[266] Cf. Luís Guilherme Catarino, *Informação* cit., 77 e 78.

[267] Cf. Hans von Reden, *Regulation of securities products post the financial crisis*, UCL Journal of Law and Jurisprudence 2013, 2(1), 11-140 (127 e 128).

[268] Cf. David Tuckett/Richard Taffler, *Phantastic objects and the financial market's sense of reality: a psychoanalytic contribution to the understanding of stock market instability*, Int. J. Psychoanalysis (2008) 89, 389-412 (392).

[269] O que conduziria àquilo que Costa Pina, *Dever de informação* cit., 23, denomina "efeitos perversos" da regulamentação, dado que esta, por gerar custos, induz o aumento dos riscos.

[270] Sonrensen, *Disclosure* cit., 276. Por outro lado, a constatação de que a harmonização de regimes ainda não é perfeita faz com que uma sociedade possa incorrer em custos extra pelo facto de as ações representativas do seu capital social serem negociadas em mais do que um mercado regulamentado, até porque nada nas diretivas europeias impede os Estados-Membros de introduzirem requisitos adicionais de transparência.

mais poder económico. Mas se os custos forem excessivos as sociedades com menos capacidade económica não entrarão no mercado[271]. Assim, em lugar de se promover o mercado de capitais, criam-se barreiras ao ingresso e à permanência das empresas na bolsa. O excesso regulatório pode, efetivamente, propiciar uma fuga para o financiamento através de meios próprios, incluindo capital de risco, ou para o financiamento bancário[272].

Os vários aspetos elencados não contabilizam, ainda, a natureza particularmente sensível de algumas informações que devem ser prestadas ao mercado. No caso de a divulgação de informação prejudicar seriamente a sociedade, já se considerou que o dever de informar podia ser comprimido, visto a proteção da informação sensível ser um princípio de direito europeu[273]. Em Portugal, uma vez que se impõe que a informação seja lícita[274], tem de se concluir que o dever de informar não é absoluto, e que, havendo colisão de direitos, deverá prevalecer aquele que for considerado hierarquicamente superior[275].

A regulamentação mobiliária não é um fim em si mesma, mas antes um instrumento ao serviço da proteção de certos interesses: a eficiência e equidade

[271] Os custos associados à *compliance* são apenas um exemplo dos múltiplos encargos da cotação no mercado regulamentado. Lembre-se, *v.g.*, as taxas de admissão e outros custos diretos do *listing*, que se apresentam como resultado imediato do facto de a entidade gestora do mercado regulamentado ser uma sociedade anónima, que prossegue, naturalmente, o seu escopo lucrativo. É o caso, de entre vários, da Euronext Lisbon. Para um estudo comparativo da entrada em bolsa de empresas em crescimento, quer nos Estados Unidos quer nos ordenamentos europeus, cf. Rüdiger Veil, *Kapitalmarktzugang für Wachstumsunternehmen. Reformen aus rechtsvergleichender und rechtsdogmatischer Perspektive*, Tübingen, 2016, 3 ss.

[272] Assinalando este dilema regulatório, cf. Luís Guilherme Catarino, *Informação* cit., 89. É certo que o dever de informação, tal como qualquer outro dever, está sempre sujeito às limitações de quem o cumpre, sendo que apenas terá de se obter a informação exigível no caso concreto. A informação que seja de tal forma onerosa que acabe por tornar desrazoável ou mesmo prejudicial a informação em causa não deve ser exigida. Cf. Amadeu Ferreira, *Direito* cit., 334.

[273] Neste sentido se pronunciou o TJUE em 23-set.-2004 no caso *Springer* (C-103/03). A mesma ideia de base encontra-se na Diretiva 2004/25/CE do Parlamento Europeu e do Conselho, de 21 de abril de 2004, relativa às ofertas públicas de aquisição (Diretiva das OPA). De acordo com o artigo 10.º/1, *j)*, vigora um dever de publicar informações pormenorizadas, nomeadamente, sobre os acordos significativos em que a sociedade seja parte e que entrem em vigor, salvo se, pela sua natureza, a divulgação dos mesmos for *seriamente prejudicial* para a sociedade. Porém, esta exceção não existe em relação a outros deveres de informar.

[274] Cf. artigo 7.º do CVM.

[275] Neste sentido, A. Barreto Menezes Cordeiro, *Direito* cit., 279. Assim, os intermediários financeiros e outros consultores devem abster-se de prestar informações quando exista conflito com interesses de outros clientes, quando se violem outros deveres, como o de sigilo ou, em geral, sejam violados direitos de terceiros.

no funcionamento do mercado e os interesses dos seus agentes[276]. Considerando as consequências nefastas do excesso informativo e da complexidade da informação prestada ao mercado, impõe-se indagar se será ainda justificada a crença no "poder mágico"[277] da divulgação de informação ao público. Apesar dos problemas associados à divulgação de informação complexa e em excesso e dos casos de euforia nos mercados, a informação continua a cumprir um papel de irrecusável relevo na formação dos preços no mercado. Os dados empíricos confirmam que o investidor atua racionalmente quando dispõe de informação suficiente[278].

Perante as falhas das políticas de transparência, sempre poderíamos questionar, nos termos expostos, se a regulação substantiva não deveria ser preferida face à imposição de deveres de informação demasiado complexos. À primeira vista, a informação apenas serve um propósito se a maioria dos acionistas e investidores a conseguir compreender e agir com base nela[279]. Não apreendendo os investidores parte da informação facultada ao mercado, pergunta-se se deveríamos enveredar por outras soluções. Note-se, porém, que, precisamente por muitas das matérias envolvidas serem complexas, delinear soluções substantivas afigura-se particularmente problemático[280]. E, não obstante as falhas apontadas às políticas de transparência, há que considerar

[276] Assim também, Costa Pina, *Dever de informação* cit., 24.

[277] Luís Guilherme Catarino, *Informação* cit., 67.

[278] Paulo Câmara, *Os deveres de informação* cit., 86. O Autor recorre à afirmação clássica, a que regressamos adiante, segundo a qual "a luz do sol é o melhor dos desinfetantes; a luz elétrica o polícia mais eficiente". Mas, como diria Osório de Castro, *A informação* cit., 344, demasiado sol pode provocar cancro da pele, o que nos conduz aos excessos informativos em que tem caído o mercado de capitais.

[279] Embora a informação complexa seja difícil de assimilar, o Tribunal de Justiça da União Europeia parece assumir que os consumidores conseguem compreender informação relativamente complexa. Pense-se nos casos *Rewe-Zentral (Cassis de Dijon)*, 1979 (C-120/78), *Inspire Art*, 2003 (C-167/01), *Centros*, 1999 (C-212/97). A linha condutora do TJUE em qualquer destes casos foi a ideia de que a prestação de informação era suficiente para que os consumidores, credores ou outros *stakeholders* se encontrem tutelados. Porém, julgamos, com Sorensen, *Disclosure* cit., 273, que em diversas situações o investidor não tem capacidade para compreender a informação prestada, até porque as suas implicações podem não ser claras.

[280] Ainda assim, não deve ser adotada a posição segundo a qual é preferível impor a transparência a não regular a questão. Isto por dois motivos. Em primeiro lugar, porque, como veremos, a divulgação de informação demasiado complexa pode resultar em *overload* informativo. Em segundo lugar, porque as regras de transparência comportam custos para as empresas. Em particular, quando a informação é complexa é necessário tempo e dinheiro para a assimilar. Por isso, devem ser ponderados os reduzidos benefícios associados à sua divulgação e os respetivos custos. Neste sentido, cf. Sorensen, *Disclosure* cit., 283.

que a informação ainda ocupa lugar decisivo na formação dos preços do mercado e, por essa via, na tutela do investidor, mesmo que desinformado. Se esta tutela é alcançada com a proteção do mercado, a forma como a informação o influencia é decisiva. Cabe analisá-la de seguida.

2.4. Influência da informação no mercado de capitais

2.4.1. Teoria do mercado eficiente e teoria do caminho aleatório (*random walk*)

A expressão "mercado eficiente" foi pela primeira vez difundida por Eugene Fama[281] e Samuelson[282] no final dos anos 60, embora a teoria que designa preceda o nome em vários anos[283]. A teoria do mercado eficiente postula que os preços no mercado incorporam a informação disponibilizada ao público, o que inviabiliza a especulação e torna impossível bater o mercado[284]-[285]. Assim, rendimentos acima da média só podem ser alcançados mediante a assunção de riscos também acima da média. A ideia pode ser representada por uma antiga história que circula no meio financeiro, segundo a qual um professor de finanças e um aluno, caminhando na rua, encontram uma nota de $100. Enquanto o aluno se baixa para a apanhar, o professor diz-lhe que não se incomode, porque, caso se tratasse realmente de uma nota de $100, não estaria caída no chão. A história ilustra aquilo que se deve entender por eficiência dos mercados. Os mercados podem ser eficientes mesmo que, por vezes, cometam erros na avaliação, que alguns participantes atuem de forma irracional e que os preços das ações apresentem mais volatilidade do que aquela que poderia ser justificada pelos seus ganhos e dividendos. Os defensores do mercado

[281] *Efficient capital markets: a review of theory and empirical work*, The Journal of Finance, vol. 25, n.º 2, 1970, 383-417.

[282] *Proof that properly anticipated prices fluctuate randomly*, Industrial Management Review, 6:2 (1965), 41-49.

[283] Cf. George Gibson, *The stock exchanges of London, Paris and New York: a comparison*, New York, 1889.

[284] Cf. Burton G. Malkiel, *Efficient market hypothesis*, em *The New Palgrave: Finance*, Londres, 1994 (reimpr.), 127-133. Sobre a teoria, cf. Fernando Araújo, *Introdução* cit., 286 ss.; A. Barreto Menezes Cordeiro, *Manual* cit., 92 e 93; Rute Saraiva, *Direito dos mercados financeiros* cit., 110-112; João Duque/Inês Pinto, *O impacto da divulgação de factos relevantes no mercado de capitais português*, CadMVM, n.º 22, dez. 2005, 48-54 (50 e 51).

[285] Sobre o tema, cf. o que escrevemos, anteriormente, em Madalena Perestrelo de Oliveira, *Transparência no mercado de capitais:* information overload, *eficiência ou tutela dos investidores?*, RDS VIII (2016), 4, 787-809. Extensas passagens do nosso texto são reproduzidas *ipsis verbis* por Filipa Ferro dos Santos, *Importância da informação no mercado de capitais*, RDS X (2018), 2, 363-393.

eficiente veem o mercado como um fantástico mecanismo que reflete nova informação de forma rápida e, na maioria dos casos, acertada. Acima de tudo, os mercados são eficientes porque não permitem que os investidores ganhem acima da média do mercado. Em suma, os defensores da teoria do mercado eficiente acreditam que notas de $100 não estão simplesmente no chão para serem apanhadas, seja por um investidor amador seja por um profissional[286].

De acordo com esta teoria, distinguem-se três níveis de eficiência no mercado:

(i) Eficiência fraca: os preços no mercado refletem a informação contida na sua sequência histórica, mas a *performance* passada não serve de padrão ou indicador do comportamento futuro.
(ii) Eficiência semiforte: os preços no mercado refletem não apenas o comportamento passado dos valores no mercado, mas também toda a informação relevante disponibilizada ao público.
(iii) Eficiência forte: os preços no mercado refletem toda a informação *conhecida* pelos participantes no mercado.

A ideia de eficiência fraca encontra-se associada à *teoria do caminho aleatório*. Em 1973, MALKIEL escrevia um livro intitulado "*A random walk down Wall Street*"[287], no qual considerava que um chimpanzé vendado a atirar dardos às páginas do mercado do *Wall Street Journal* conseguiria selecionar um portfolio com uma performance tão boa quanto a de um outro cuidadosamente escolhido por especialistas[288]. Desta forma expressiva, o Autor pretendia defender que o mercado reflete toda a informação sobre as ações negociadas e sobre o mercado como um todo, de forma rápida e eficaz, pelo que seria impossível explorar ineficiências do mercado e obter retornos acima da média. Tendo em conta que os preços refletem toda a informação tornada pública, até investidores desinformados que comprem um portfolio diversificado obterão uma taxa de retorno tão elevada quanto a obtida por especialistas.

Se o mercado for eficiente em sentido fraco, a análise do comportamento passado das ações será inútil porque todos os elementos que pudessem

[286] Cf. MALKIEL, *The efficient market hypothesis and its critics*, CEPS working paper n.º 91, abr. 2003, 5.
[287] A expressão já tinha sido, no entanto, utilizada por EUGENE FAMA, *Efficient capital* cit., 383-417. Esta teoria combinou bem com as tendências teóricas no momento, como as de ROBERT MERTON, *The intertemporal capital asset pricing model*, Econometrica, 1973, 867-887 e ROBERT LUCAS, *Asset prices in an exchange economy*, Econometrica, 1978, 1429-1445.
[288] Cf. BURTON G. MALKIEL, *The efficient* cit., 4.

eventualmente resultar dessa análise já estão incorporados no preço no mercado. A expressão *random walk* é habitualmente utilizada na literatura financeira para caracterizar uma série de preços no mercado na qual cada preço subsequente não apresenta qualquer relação com o preço que anteriormente se havia formado[289]. Terá aparecido pela primeira vez no campo da matemática pela mão de KARL PEARSON, numa troca de correspondência na revista *Nature* em 1905, na qual se questionava qual o melhor método para encontrar uma pessoa embriagada que foi deixada no meio de um campo. De acordo com esta teoria, a melhor opção seria começar exatamente onde o bêbedo tinha sido deixado: esse local seria o único indicador não enviesado da sua posição futura, uma vez que presumivelmente teria cambaleado de forma imprevisível e aleatória. Assim seria no mercado de capitais: também o preço dos valores mobiliários seguiria um percurso aleatório[290].

Embora a *random walk theory* tenha, inicialmente, merecido ampla aceitação, as críticas não tardaram a aparecer no início do século XXI. Muitos analistas e economistas começaram a defender que os preços são, pelo menos parcialmente, previsíveis. Os opositores da teoria do mercado eficiente e da *random walk*[291] identificam no mercado de capitais algumas anormalidades e padrões, que tornariam os preços estatisticamente previsíveis. Ainda assim, MALKIEL não recuou, utilizando, pelo contrário, os argumentos dos seus opositores para reforçar a sua posição. Na aceção da teoria do mercado eficiente, as irregularidades que por vezes se verificam na formação dos preços, apesar de persistirem durante alguns períodos, acabam por ser corrigidas pelo próprio mercado. A teoria do mercado eficiente não postula que o preço que se forma no mercado é sempre perfeito. Pelo contrário, reconhece que o mercado já cometeu erros consideráveis também influenciados por fatores psicológicos. Porém, considera que os supostos padrões que já foram documentados

[289] Cf. aula de ROBERT SHILLER em *Yale open courses* (http://oyc.yale.edu/economics/econ-252-11#sessions), lecture 7; MALKIEL, *Efficient Market* cit., 128.

[290] Cf. MALKIEL, *Efficient Market* cit., 129. No entanto, o Autor nota que a evolução dos preços no mercado pode, ainda, ser dominada por alguns padrões, o que em nada prejudica a forma fraca da teoria do mercado eficiente. Assim, por exemplo, existe um *efeito janeiro,* referido em texto, i.e., nos primeiros cinco dias de janeiro, em particular as sociedades pequenas, apresentam mais lucros e um *efeito de fim de semana,* em que entre o fecho do mercado à sexta-feira e à segunda-feira a média dos resultados é negativa. No entanto, os desvios que existem do caminho imprevisível não são suficientes para que existam oportunidades de negócios inexploradas.

[291] Cf. ROBERT SHILLER, *Irrational exuberance,* 3.ª ed., New Jersey, 2015; RICHARD THALER, *Misbehaving: the making of behavioral economics,* New York, 2015.

no mercado não são suficientemente robustos para criarem oportunidades de investimento acima da média[292].

Estes padrões — a existirem — irão certamente autodestruir-se no futuro, como já aconteceu a vários. Há, portanto, que ser cautelosos e não sobrevalorizar estas tendências. Pensemos, a título de exemplo, no chamado *efeito janeiro*. Se o mercado, em especial para as pequenas empresas, gera lucros extraordinários durante os cinco primeiros dias do mês de janeiro, importa questionar qual será, tipicamente, o comportamento dos investidores perante este padrão. Naturalmente, aqueles que queiram explorar a tendência irão adquirir ações no último dia de dezembro e vendê-las a 5 de janeiro. Porém, em face deste comportamento, os preços no mercado tenderão a subir no último dia de dezembro e a descer no dia 5 de janeiro, devido ao desequilíbrio entre a oferta e procura existentes nesses dias. Deste modo, os investidores começarão a comprar na véspera do último dia do ano e a vender no dia 4 de janeiro. E assim sucessivamente: os intervenientes no mercado irão comprar e vender as suas ações cada vez mais cedo, até que o padrão se autodestrua[293]. Com recurso a este exemplo podemos concluir que qualquer padrão verdadeiramente representativo e que possa ser explorado pelo investidor irá, em última análise, autodestruir-se.

Àqueles autores que enfatizam a ineficiência da formação dos preços no mercado, um conhecido gestor de portfolios, RICHARD ROLL, respondia:

[292] Cf. MALKIEL, *The efficient* cit., 6. O artigo apresenta um conjunto de supostos padrões do mercado apontados pelos adversários da *random walk* e, ainda, algumas relações que alegadamente existem entre os preços que se formam no mercado. Com este ponto de partida, MALKIEL refuta os argumentos dos seus opositores e, em 2003, volta a defender a teoria que introduzira em 1973 na literatura financeira.

[293] Cf. MALKIEL, *The efficient* cit., 22. O mesmo poderá ser afirmado em relação a outros padrões, como, por exemplo, a alegada tendência para subreagir a determinados eventos. Para além da natural autodestruição dos padrões no mercado, muitos deles são descobertos em resultado de dados trabalhados. Com tempo e adequado tratamento da informação, é possível identificar qualquer padrão na maioria das bases de dados. Adicionalmente, há quem diga que a literatura está enviesada a favor dos estudos que identificam padrões no mercado. Os jornais profissionais não têm interesse em publicar resultados negativos ou confirmações de descobertas prévias, pelo que estes estudos serão normalmente descartados a favor daqueles que apresentem resultados significativos (p. 23). A mesma ideia é transmitida por SHILLER, *Yale open courses*, e expressa num artigo da *The New Yorker*, *The truth wears off* (http://www.newyorker.com/magazine/2010/12/13/the-truth-wears-off), onde se discute o motivo pelo qual tantos cientistas geram resultados que posteriormente são descreditados, chegando à conclusão de que quando está em causa um novo produto, o entusiasmo que o circunda, aliado a algum enviesamento nos critérios de publicação de estudos científicos, justifica a falha do método científico.

"pessoalmente, tentei investir o meu dinheiro e o dos meus clientes em todas as anormalidades e padrões previsíveis identificados pelos académicos... tentei explorar as ineficiências de final de ano e uma variedade de estratégias documentadas por investigação científica. E ainda não consegui fazer um cêntimo em qualquer destas ineficiências". Ora, uma verdadeira ineficiência na formação de preços tem de ser algo que os investidores possam explorar de forma sistemática. Se não existe essa possibilidade então é muito difícil dizer-se que a informação não está a ser corretamente incorporada nos preços do mercado.

Um dos grandes argumentos a favor da teoria do mercado eficiente é a constatação de que os gestores de fundos de investimento profissionais não conseguem apresentar melhores resultados do que o mercado. Se realmente existissem padrões no mercado que pudessem ser explorados, então, estes gestores conseguiriam bater o mercado. Mas, de acordo com dados empíricos, os gestores profissionais não apresentam melhores *performances* do que os fundos que reproduzem índices (*index funds*), que se limitam a deter um portfolio amplo e variado[294]. Apenas WARREN BUFFET costumava ser documentado como conseguindo bater o mercado em vários anos consecutivos, o que valeu a referência aos seus "*superhuman investing powers*"[295]. As avultadas perdas por este sofridas recentemente, devido ao investimento efetuado

[294] Estes resultados são apoiados num estudo de MICHAEL JENSEN, *The performance of mutual funds in the period 1945-64*, Journal of Finance, vol. 23, n.º 2, 1968, 389-416, que foi posteriormente repetido e confirmado por MALKIEL, *Returns from investing in equity mutual funds 1971 to 1991*, Journal of Finance, 50, 1995, 549-572. Como refere JENSEN (p. 415), os dados empíricos demonstram que os 115 fundos mutualistas estudados, em média, não conseguiram prever a evolução dos preços dos valores mobiliários de forma a superarem uma estratégia de *buy-the-market and hold*. Nenhum fundo apresentou resultados melhores do que aqueles que resultariam de mera sorte. Note-se que nos dados não estão a ser considerados os custos destes fundos (exceto as comissões), caso em que os lucros por estes obtidos seriam ainda menos significativos, o que não quer dizer, por si, que os fundos não desempenhem uma função socialmente útil.

[295] Cf. *Business Insider*, 26-fev.-2016. Na notícia pode ler-se que WARREN BUFFET bateu o mercado de forma tão acentuada que comparar a sua *performance* à de outros investidores não pode ser feito com recurso a um gráfico normal. De acordo com este investidor, a disciplina de investimento é mais importante do que o QI. Um exemplo da disciplina é o *Oracle of Omaha*, que comanda três princípios essenciais: (i) investir apenas em sociedades que se compreende ao pormenor; (ii) investir apenas quando se esteja convencido que a sociedade é boa; não chegar a conclusões com base naquilo que os outros dizem; ler os factos e concluir por si próprio; caso não consiga chegar a qualquer conclusão, procurar até encontrar algo que compreenda e de que esteja convencido; (iii) investir em sociedades que se situam no seu círculo de competências. Cf. *Follow Warren Buffet, Beat the Market*, Investopedia (http://www.investopedia.com/articles/investing/092214/follow-buffets-discipline-beat-market.asp.

na *Kraft Heinz,* vão, porém, ao encontro da ideia da inabilidade de o investidor superar o mercado[296].

Em Portugal, um estudo realizado entre o início de janeiro de 2000 e o final de dezembro de 2002, com uma amostra de quarenta e quatro empresas cotadas no mercado de cotações oficias da Euronext Lisbon, revelou uma alteração de rendibilidade significativa no dia da divulgação da informação relevante. O estudo conclui que o mercado é eficiente na sua forma semi-forte, pelo menos na velocidade de ajustamento dos preços à informação[297].

2.4.2. *Behavioral economics*: refutação da teoria do mercado eficiente?

a) A "exuberância irracional" de Shiller

Se a teoria do mercado eficiente recolheu, nos seus primeiros anos, um vasto leque de apoiantes, tem sido contestada por aqueles que se identificam com a *behavioral finance* ou finanças comportamentais e com as teorias que se focam na psicologia dos investidores no mercado[298].

Em 1996, Alan Greenspan descreveu o comportamento dos investidores no mercado de capitais com recurso à expressão *irrational exuberance*. Perante a rápida descida da cotação dos mercados, esta servia como forma ligeira e divertida de relatar a irracionalidade identificada[299], que alicerça a *behavioral economics*. A exuberância irracional é o fenómeno de base das bolhas especulativas, i.e., daquelas situações em que o anúncio de subida de preços alimenta o entusiasmo dos investidores, que se espalha de forma contagiosa. No processo, amplificam-se narrativas que podem justificar a subida de preços e são atraídos para o mercado cada vez mais investidores, que, apesar de duvidarem do valor real do investimento, por invejarem o sucesso alheio e por sofrerem de *gambler's excitment,* não resistem a aderir-lhe.

A *behavioral finance*, ou, em termos mais latos, a *behavioral economics*[300], tem-se apresentado como uma alteração do paradigma das teorias financeiras.

[296] Cf., *v.g.,* https://www.forbes.com/sites/gurufocus/2019/06/18/2-warren-buffett-stocks-tumble-to-52-week-lows/#6cc924bc1f70.

[297] Estudo de João Duque/Inês Pinto, *O impacto* cit., 52 e 53.

[298] Entre nós, cf., por todos, A. Barreto Menezes Cordeiro, *Direito* cit., 247 ss.

[299] Cf. Robert Shiller, *Irrational exuberance* cit., 1.

[300] Já se disse que a expressão *behavioral economics* não é a mais adequada, por parecer remeter para uma conexão psicológica normalmente conhecida como *behaviorism* ou *behavioralism,* que dominou os meados do século XX, pelo que a expressão *cognitive finance* ou *cognitive economics* será mais adequada. Assim, Klöhn, *Die Haftung wegen fehlerhafter Ad-hoc-Publizität gem. §§37b, 37c WpHG nach dem IKB-Urteil des BGH,* AG 2012, 345-358 (348, nota 47).

As finanças comportamentais, i.e., finanças vistas de uma perspetiva mais ampla, incluindo psicologia e sociologia, questionam a ideia de que o mercado incorpora toda a informação e que as alterações dos preços apenas resultam da assimilação de nova informação. O seu desenvolvimento pode ser identificado nos anos 90 do século XX, altura em que os estudos se começam a focar nas relações da psicologia com os mercados de capitais[301]. Constata-se que o funcionamento do mercado depende de pessoas reais e que estas, por vezes, se comportam de forma irracional. Os defensores destas teorias apresentam padrões e tendências no mercado, que, embora tenham sido descartados pelos defensores da teoria do mercado eficiente, como descrito, se têm manifestado de forma suficientemente constante e sólida para criar insatisfação face à ideia de mercado eficiente[302].

Mais impressiva é a verificação da impossibilidade de todos os investidores estarem a par da informação relevante. Na medida em que tal conclusão não é plausível, a teoria do mercado eficiente teria de pressupor que o investimento *smart money* é suficiente para anular o efeito dos outros investidores não informados, o que não é confirmado por dados empíricos[303]. A ideia subjacente à teoria do mercado eficiente seria que, quando um investidor irracional compra uma ação, um investidor informado vende, eliminando-se o efeito dos investidores irracionais. Porém, estudos recentes demonstram que nem sempre os investidores informados conseguem contrabalançar os efeitos dos investidores motivados por outros fatores. Pode acontecer que estes não detenham ações e, por qualquer motivo, seja dispendioso fazer *short*[304].

Assim, embora não seja expectável que o mercado cometa erros tão consideráveis a ponto de existirem continuamente oportunidades de retornos acima da média, é expectável que o mercado interprete de forma absolutamente errada alguns eventos, uma vez que os investidores, na avaliação dos instrumentos financeiros, incorrem em erros sistemáticos (não aleatórios). Uma vez que os investidores bem informados nem sempre podem tirar partido destes erros, os investidores não informados encontram-se em posição de disromper os preços, o que resulta em anomalias de curto prazo, como

[301] Cf. Robert Shiller, *From efficient market theory to behavioral finance,* The Journal of Economic Perspective, vol. 17, n.º 1, 83-104 (90 e 91).

[302] Cf. John Campbell/Andrew Lo/A. Craig MacKinlay, *The econometrics of financial markets,* Princeton, 1996. Este estudo foi tido como uma revolução no mundo financeiro. Assim, Shiller, *From efficient* cit., 91.

[303] De acordo com Shiller, *From efficient* cit., 96.

[304] Foi o conhecido caso da venda da Palm pela 3Com. Cf. Shiller, *From efficient* cit., 98.

preços que não correspondem às previsões das teorias clássicas do mercado de capitais ou, no limite, ao aparecimento de bolhas especulativas ou *crashes* do mercado[305]. O facto de as anormalidades e padrões identificáveis no mercado desaparecerem com o tempo não confirma a teoria do mercado eficiente. A conclusão pareceria absurda: seria peculiar argumentar que os mercados ineficientes apresentam padrões regulares e duradouros[306].

Desta forma, há que reconhecer que nem sempre os mercados financeiros funcionam de forma eficiente e os preços refletem a informação disponibilizada[307], o que não pode deixar de se repercutir na nossa análise. Ainda assim, isso não significa abandonar a teoria do mercado eficiente como base. Aponta-se que os resultados a que chegam os defensores das finanças comportamentais se contradizem entre si e a teoria parece reduzir-se a uma coleção de anormalidades que podem ser explicadas, em última análise, pela eficiência do mercado[308].

b) O caso particular das bolhas: transparência vs. "phantastic objects"

Num cenário de mercados transparentes, em que a informação é disponibilizada aos investidores, existem, ainda, ciclos de mercado, cunhados pelo pessimismo ou otimismo, bem como bolhas especulativas. Como explicar, então, a irracionalidade que acomete os investidores[309] durante uma bolha,

[305] Cf. KLÖHN, *Die Haftung* cit., 627.

[306] SHILLER, *From efficient* cit., 102.

[307] Em Portugal, LUÍS GUILHERME CATARINO, *Informação* cit., 69, defende que o preço não reflete toda a informação publicamente disponível, dado que este depende também das expetativas e da informação detida por cada investidor. Como salienta o Autor, há informação que foi obtida através de canais restritos, como relatórios e estudos de mercado, e é exclusiva de um grupo restrito de profissionais ou investidores isolados (*v.g.*, prestadores de serviços como auditores, advogados de empresas, ou no *insider trading* por pessoas ligadas ao meio) ou é detida por um conjunto finito de investidores, como acontece nas associações de investidores ou de investidores profissionais ou qualificados.

[308] FAMA, *Market efficiency, long-term returns and behavioral finance*, Journal of Financial Economics, 1998, 49:3, 283-306.

[309] O comportamento irracional dos investidores foi satiricamente enfatizado pelo chief executive da Sun: "para dar um retorno de dez anos, tenho que pagar 100% de receita por dez anos consecutivos em dividendos. Tal pressupõe que eu consigo obter isso dos meus acionistas. Isso pressupõe que existam custos zero das mercadorias vendidas, o que é muito difícil para uma empresa de computadores. Isso pressupõe zero gastos, o que é realmente difícil com 39 000 funcionários. Isso pressupõe que eu não pague impostos sobre os dividendos, o que é ilegal. E isso pressupõe que com zero I&D para os próximos 10 anos eu consiga manter a atual taxa de receita. Agora, tendo feito isso, algum de vós gostaria de comprar as minhas ações por $64? Percebe quão ridículas são essas suposições básicas?".

como, por exemplo, a americana *dot.com bubble,* que se prolongou por cinco anos (de 1995 ao ano 2000)?

As teorias psicanalistas debruçaram-se sobre os comportamentos nos mercados de capitais e já foi defendido — na conhecida teoria de TUCKETT e TAFFLER — que, num contexto de incerteza e ambiguidade, são as emoções e estados de espírito que determinam a forma como a informação é apreendida[310]. As crises, tal como a bolha da internet, podem ser explicadas pela necessidade de os sujeitos no mercado investirem num *objeto fantástico*[311], como, à data, era encarada a internet e todas as empresas a ela associadas. Foi, por isso, a *ideia da internet,* mais do que quaisquer cálculos complexos baseados em factos divulgados ao público que justificou o entusiasmo e que resultou na bolha da internet. A euforia gerada seria o produto da tensão, reconhecida por Freud, entre os princípios da realidade e do prazer. O crescimento implica o abandono da brincadeira e o aparente abandono da ideia de prazer alcançada na infância. Porém, um prazer já experienciado não pode ser abandonado, mas apenas substituído por outro. A idade adulta impõe uma substituição da brincadeira por outras formas de prazer: em vez de brincarem, os adultos fantasiam, criando aquilo a que comummente se chama *sonhar acordado.* A internet funcionou como objeto fantástico que permitiu aos investidores serem protagonistas de um cenário em que alcançavam os seus desejos inconscientes[312].

Esta ideia atraiu novos investidores para o mercado, que passou a estar dominado por mais compradores do que vendedores, o que redundou num ainda mais significativo aumento do valor das ações no mercado. Tal circunstância, por seu turno, levou outros investidores a acreditarem que, de facto, esse investimento era o mais acertado. Os investidores institucionais, tipicamente mais informados e cuidadosos, acabaram por ser também atraídos por estes investimentos. Aqueles que ficaram de fora do investimento nas empresas *dot.com,* acreditando na sua interpretação da informação disponível, apresentaram *performances* desastrosas que os conduziram à conclusão de que, afinal, deviam investir no setor. E os que não o fizeram vieram a perder

[310] Cf. DAVID TUCKETT/ RICHARD TAFFLER, *Phantastic objects* cit., 392.

[311] Aqui o termo *objeto* é utilizado como uma representação mental, ao passo que *fantástico* é tido como a ideia de alguém que vê os seus desejos preenchidos. Assim, um objeto fantástico é uma representação mental de algo que, num cenário imaginário, cumpre os desejos mais profundos de alguém ter aquilo que deseja, quando o deseja. Cf. TUCKETT/TAFFLER, *Phantastic objects* cit., 395.

[312] A relação entre a teoria de FREUD e a bolha da internet é estabelecida por TUCKETT/TAFFLER, *Phantastic objects* cit., 393-395.

clientes, pelo que, a médio prazo, não tiveram capacidade para resistir à pressão dos seus investidores e beneficiários finais. Assim, estes findaram também por aderir ao investimento no setor, acreditando realmente na sua viabilidade ou pensando que conseguiriam sair do mercado antes de a bolha rebentar. Verificou-se o conhecido fenómeno de investimento "em cascata", ou seja, de alinhamento do investimento com o de outros intervenientes, em que a *moda da internet* criou um *hot market* que catapultou todo o setor[313]. Ao mesmo tempo, apareciam *cover stories* na comunicação social, que pretendiam capturar elementos essenciais do novo objeto fantástico e fornecer alguma informação sobre o fenómeno da bolha, que era apenas vagamente compreendido. Numa parangona da *Time*, a 20 de julho de 1998, lia-se *"Kiss your mall goodbye: online shopping is faster, cheaper and better"* e num artigo do *Business Week*, a 8 de fevereiro de 1999, escrevia-se *"Amazon's fourth quarter sales nearly quadrupled over 1997, and compared to that, Sears is dead"*[314]. A noção da realidade estava toldada por *wishful thinking* e alguns analistas financeiros e banqueiros confessaram-se pressionados por colegas mais novos para investir na internet. Existia, inclusivamente, uma expressão para aqueles investidores que não aderiam à ideia da internet: "ser *amazoned*"[315]. Deste modo, podemos considerar que as bolhas do mercado apresentam semelhanças com os esquemas Ponzi[316], porquanto uma história plausível associada ao esquema ganha crescente credibilidade à medida que vai gerando resultados e merece o entusiasmo dos investidores.

Por isso, nestas situações, apesar da existência de sistemas de *full disclosure*, a formação dos preços está de tal forma distorcida que a informação fornecida ao mercado já não apresenta qualquer relação com a sua avaliação, mas, sim, com outros fatores, nomeadamente psicológicos. Com o rebentar da bolha, seguiu-se um período em que se culpou a propaganda corporativa, a *Wall Street* e os existentes conflitos de interesses.

[313] Cf. ALEXANDER HELLGARDT, *Kapitalmarktdeliktsrecht*, Tübingen, 2008, 524 e 527, ainda que em termos gerais e não, especificamente, a propósito da bolha da internet.

[314] Cf. TUCKETT/TAFFLER, *Phantastic objects* cit., 398. Ao mesmo tempo, o cofundador da *Nerve.com* dizia: "é verdadeiramente poderoso sentir que és uma das dezassete pessoas que realmente compreendem o mundo".

[315] Cf. TUCKET/ TAFFLER, *Phantastic objects* cit., 402.

[316] Cf. SHILLER, *Irrational* cit., 70 ss. Um esquema Ponzi envolve uma história plausível, mas não confirmada, sobre a forma como os investidores podem ganhar dinheiro e a criação fraudulenta de resultados elevados para os investidores iniciais, atribuindo-lhes o dinheiro investido pelos participantes subsequentes. A adesão inicial dos investidores ao esquema é fraca, sendo seguida de entusiasmo à medida que vão surgindo elevados resultados, tornando a história de fachada cada vez mais plausível e incitando outros investidores a participarem.

3. Revisão dos resultados das teorias financeiras à luz do sistema jurídico. Implicações na compreensão material da relação entre emitente e investidor no mercado de capitais

A teoria do mercado eficiente constitui ponto de partida para o modelo de tutela que propomos. As dúvidas colocadas pelos estudos financeiros, em particular pelas finanças comportamentais, não põem em causa a sua relevância como base do estudo jurídico nesta área, ainda que a imperfeita racionalidade deva ser considerada nas soluções a adotar. É sempre necessário, porém, avaliar os resultados das teorias económico-financeiras com "lentes" jurídicas, a ponto de já se ter dito que o "mercado eficiente dos juristas" não é o mesmo que o dos economistas[317].

Para o campo jurídico importam as hipóteses típicas que determinam que a omissão da informação e a desinformação condicionam a formação dos preços no mercado. Mesmo que efetivamente existam limites ao modelo do investidor racional e que se imponham ajustamentos à hipótese atual do mercado eficiente — o que certamente acontece —, não só a *behavioral finance* não logrou ainda fornecer um modelo coerente alternativo como, mais do que tudo, a regulação jurídica do mercado de capitais, ao nível europeu e nacional, toma efetivamente como pressuposto a conceção da eficiência do mercado[318]. Conforme tem sido sublinhado, a Diretiva da Transparência e o Regulamento do Abuso do Mercado indicam claramente que as divulgações obrigatórias ao mercado não são exclusivamente, nem, na maior parte das vezes, predominantemente dirigidas à eliminação de assimetrias informativas para permitir que o investidor de retalho tome decisões de investimento informadas[319]; antes têm em vista a "eficiência do mercado", "a integridade do mercado" e "a formação dos preços" como o racional subjacente às obrigações de informação,

[317] Franck Jovanovic/Stelios Andreadakis/Christophe Schinckus, *Efficient market hypothesis and fraud on the market theory. A new perspective for class actions,* Research in International Business and Finance 38 (2016), 177-190, disponível em https://www.researchgate.net/publication/301757281_Efficient_market_hypothesis_and_fraud_on_the_market_theory_a_new_perspective_for_class_actions, 16.

[318] Como escreve Sabrina Bruno, *La (nuova?) responsabilità da prospetto verso il pubblico,* 1-14 (11), disponível em http://static.luiss.it/siti/media/1/20090603-2_%20S%20Bruno%20responsabilità%20da%20prospetto.pdf, "o ponto é (...) que o legislador (...) pressupõe e é inspirado pela crença de eficiência [do mercado]: a legislação visa atingir a eficiência do mercado através da transparência. Caso contrário, para que serve a transparência? Ninguém tem coragem de investir se não confiar na transparência do sistema; de facto, quando desaparece a confiança, o preço colapsa".

[319] Elke Vandenriessche, *Investor losses* cit., 21 ss.

na lógica de que o fornecimento de informação continuada ao mercado pode permitir o ajustamento dos preços dos instrumentos financeiros[320]. Por outras palavras, sem prejuízo das possíveis falhas numa ótica financeira, que levam a que porventura a teoria do mercado eficiente não possa ser havida como verdade económica última, é indiscutível que o quadro económico pressuposto pela regulação assume a interação entre a informação e a formação dos preços, ou seja, a lógica da eficiência informativa. Os investidores são protegidos mas num plano supraindividual, em virtude dos mecanismos eficientes de formação de preços[321]. Por outro lado, como escreve A. Barreto Menezes Cordeiro[322], "certamente que não se julga possível excluir a irracionalidade dos mercados. Contudo, esta falta de racionalidade pode sempre ser minorada através da imposição de deveres de informação mais estritos e de um controlo mais rigoroso".

A *behavioral finance* poderia efetivamente ter implicações mais extensas na forma como se regula o mercado de capitais[323], mas por ora isso não sucedeu, precisamente porque se reconhece que, apesar das suas falhas, a teoria do mercado eficiente continua a ser o modelo mais aperfeiçoado e também mais útil como base da regulação legal. O figurino do *homo oeconomicus* permanece subjacente a boa parte da regulação do mercado de capitais[324], pesem embora as fraquezas que se lhe aponta. Num contexto de complexidade como é o atual, não é tão claro, conforme vimos, que a hipótese da eficiência seja totalmente justificada, nomeadamente porque tal complexidade determina que apenas um número reduzido de investidores compreenda a informação divulgada. Não obstante as falhas da estratégia de divulgação, proscrever as transações poria em causa a eficiência e outros benefícios[325]. De qualquer maneira, sublinha-se que a regulação tem de se focar mais no utilizador da informação, na forma como este a processa e toma decisões. Em síntese, está em causa considerar que a psicologia do investidor releva: não se trata de substituir o sistema de informação vigente mas de retirar o máximo dele[326].

[320] Elke Vandenriessche, *Investor losses* cit., 21 e 22.

[321] Elke Vandenriessche, *Investor losses* cit., 22.

[322] *Direito* cit., 251.

[323] Cf. Troy Paredes, *Blinded by the light* cit., 55.

[324] Thomas M. J. Möllers, *Investor protection* cit., 84; cf. também, do mesmo Autor, *Anlegerschutz im System des Kapitalmarktrechts. Rechtsgrundlagen und Ausblicke*, em *Festschrift für Klaus J. Hopt zum 70. Geburtstag am 24. August 2010. Unternehmen, Markt und Verantwortung*, Berlin, 2010, 2247-2264 (2264).

[325] Steven L. Schwarcz, *Rethinking* cit., 16 ss.

[326] Cf. Troy Paredes, *Blinded by the light* cit., 55

Apesar disso, o trabalho de incorporação jurídica das teorias económicas implica concluir que, mesmo que existam hipóteses em que os mercados não são racionais, a omissão ou prestação de informação incorreta deturpa efetivamente a formação dos preços no mercado, embora haja outros fatores a ponderar. Distingue-se, por vezes, num aprofundamento da teoria do mercado eficiente, entre a "eficiência fundamental" (*fundamental efficiency*) e a "eficiência informativa" (*informational efficiency*)[327]. A primeira significa que os preços refletem adequadamente o valor intrínseco dos instrumentos financeiros; a segunda respeita ao tempo necessário para a informação ser incorporada no preço. Mesmo que o mercado não seja fundamentalmente eficiente, por os preços não refletirem o valor intrínseco dos instrumentos, a informação não deixa de influenciar o mecanismo de formação de preços no mercado, reagindo os preços rapidamente à informação, sendo estes efetivamente distorcidos pela omissão ou informação falsa. Em qualquer caso, o investidor alicerça as suas decisões de investimento não na confiança concreta em determinada informação mas sim na integridade dos mecanismos de formação dos preços em mercado. Por isso se fala na passagem de um "modelo da transação" — assente no efetivo conhecimento e confiança na específica informação — para um "modelo do mercado"[328] — baseado no efeito da informação deturpada nos preços formados em mercado.

O modelo continua a assumir o princípio central da autonomia do investidor, que assenta no fornecimento de todas as informações relevantes para que possa tomar a sua decisão numa base informada. O influxo da *behavioral finance* pode levar, no futuro, a reconhecer os limites da racionalidade do investidor com eventuais reflexos no modelo regulatório mas, para já, permanece o modelo tradicional. Significa isto que o pressuposto económico que permitirá desenvolver um modelo jurídico de proteção é necessariamente o da eficiência do mercado, com o reconhecimento de que a informação condiciona de forma direta o sistema de formação do preço nos mercados primário e secundário. Estarão em causa conceitos "viajantes" ou "nómadas", que percorrem diferentes campos de saber e cuja importação requer adaptação para ser utilizável num determinado contexto[329].

[327] Elke Vandenriessche, *Investor losses* cit., 394.

[328] Elke Vandenriessche, *Investor losses* cit., 311 ss. e 375 ss.

[329] Jovanovic/Andreadakis, *Efficient market hypothesis* cit., 20.

4. Do fundamento jurídico central: a (re)compreensão material da relação entre emitente e investidor no mercado de capitais

Definidas as bases económicas do modelo é possível avançar para a apreciação jurídica da relação estabelecida entre emitente e investidor, a qual moldará decisivamente as respostas aos problemas de tutela identificados.

Em termos prévios, deve notar-se que a necessidade de proteção do investidor e as respostas fornecidas pelo modelo que delineamos são autónomas e não dependem da qualificação daquele como consumidor[330]. É a posição de investidor *qua tale* que está em causa, motivo por que qualquer investidor — e não só o não profissional — é merecedor de proteção. As razões que ditam a tutela do consumidor são específicas, tradicionalmente associadas à sua caracterização, nas palavras de MENEZES LEITÃO[331], como "parte fraca, leiga, profana, a parte débil economicamente ou menos preparada tecnicamente de uma relação de consumo firmada com um contraente profissional". A discussão em torno da qualificação do investidor como consumidor tem, contudo, recentemente sido objeto de intensificada atenção em ordenamentos jurídicos como o alemão[332], na sequência de diversas ações judiciais em que um conjunto de investidores que empreenderam investimentos ruinosos em fundos de investimento fechados pretendiam lançar mão dos meios de tutela do consumidor, em particular do direito de resolução da subscrição e do controlo de potenciais cláusulas abusivas, uma vez que se encontravam impedidos, por força do regime legal, de alienar as suas unidades de participação[333].

[330] Sobre a noção de consumidor, cf. OLIVEIRA ASCENSÃO, *Sociedade do risco e direito do consumidor*, em *Sociedade de risco e direito privado. Desafios normativos, consumeristas e ambientais*, São Paulo, 2013, 357-374 (363-365); ENGRÁCIA ANTUNES, *O conceito jurídico de consumidor*, RDC III (2018), 4, 771-796 e *Direito do consumo*, Coimbra, 2019, 45-73; JORGE MORAIS CARVALHO, *O conceito de consumidor no direito português*, em *Estudos de Direito do Consumo*, n.º 14, Coimbra, 2018, 185-232 e *Manual de direito do consumo*, 6.ª ed., Coimbra, 2019, 25-43.

[331] *Direito do consumo: autonomização e configuração dogmática*, em MENEZES LEITÃO (org.), *Estudos do Instituto de Direito do Consumo*, vol. I, Coimbra, 2002, 11-30.

[332] Sem prejuízo do percurso de autonomização da matéria da proteção do investidor em relação ao direito da proteção dos consumidores, que vem sendo assinalado. Cf. SOFIA NASCIMENTO RODRIGUES, *A protecção dos investidores nos contratos sobre valores mobiliários*, em *Jornadas sociedades abertas, valores mobiliários e intermediação financeira*, Coimbra, 2007, 145-159 (159). Em contrapartida, já se tem dito que o direito dos valores mobiliários abrange os próprios consumidores. Cf. PAULO OLAVO CUNHA, *Direito comercial e do mercado*, 2.ª ed., Coimbra, 2018, 27, nota 10.

[333] Cf. CHRISTIAN ARMBRÜSTER, *Kapitalanleger als Verbraucher? Zur Reichweite des europäischen Verbraucherschutzrechts*, ZIP 9/2006, 406-415 (406-410); PETER O. MÜLBERT, *Außengesellschaften — manchmal ein Verbraucher?*, WM 19/2004, 905-915, salientando que na Alemanha o conceito

Ainda que o conceito de consumidor deva ser interpretado restritivamente, como esclarece o próprio TJUE[334], a assimilação da situação a um problema de direito do consumo autorizaria a aplicação de um conjunto de legislação específica de tutela do consumidor, como a Diretiva 93/13/CEE do Conselho, de 5 de abril de 1993, relativa às cláusulas abusivas nos contratos celebrados com consumidores, a Diretiva 2008/48/CE do Parlamento Europeu e do Conselho, de 23 de abril de 2008, relativa aos contratos de crédito aos consumidores, que revogou a Diretiva 87/102/CEE do Conselho, bem como a Diretiva 2011/83/EU do Parlamento Europeu e do Conselho, de 25 de outubro de 2011, relativa aos direitos dos consumidores. Poderá entender-se, porém, que a legislação europeia não está pensada para proteger o investidor em transações arriscadas da mesma forma como protege o consumidor, sendo por esse motivo que a Diretiva do Conselho 20 de dezembro de 1985, respeitante à proteção dos consumidores no caso de contratos negociados fora de estabelecimentos comerciais, que antecedeu a Diretiva dos Direitos dos Consumidores, excluía do seu âmbito de aplicação os contratos relativos a "valores móveis" (artigo 3.º/2, *e*)). Por outro lado, a regulamentação europeia sobre o crédito ao consumo apenas visaria financiar transações para cobrir as necessidades diárias dos consumidores e não operações efetuadas por investidores que pretendem aumentar o seu património mediante a aposta em ativos de risco, aos quais estão, naturalmente, associadas oportunidades e potencial de perdas.

O distinto escopo de atuação de um investidor e de um consumidor *comum* — o primeiro realiza um investimento e o segundo uma despesa[335] — e a sua diferente vulnerabilidade tornam duvidoso que lhes deva ser concedida igual tutela[336]-[337]. O contexto situacional diverso e esta dissemelhante necessidade

de consumidor constante do § 13 BGB foi estendido, ao arrepio do que acontece no direito europeu, de forma a abranger pessoas coletivas e não apenas singulares, apresentando, assim, também potencial para abranger fundos de investimento fechados.

334 Cf. acórdãos do TJUE de 3-jul.-1997, *Francesco Benincasa v. Dentalkit Srl.*, C-269/95 e de 14-mar.-1991, *Di Pinto*, C-361/89; cf. também Jochen Hoffmann, *Der Verbraucherbegriff des BGB nach Umsetzung der Finanz-Fernabsatzrichtlinie*, WM 12/2006, 560-567 (561).

335 Cf., por todos, Paulo Câmara, *Manual* cit., 256.

336 Assim, cf. Hervé Edelman, *§ 2. Der Schutz des Kapitalanlegers als "Verbraucher"*, em Heinz-Dieter Assmann/Rolf Schütze, *Handbuch des Kapitalanlagerechts*, 4.ª ed., München, 2015, 59-67 (Rn. 4 ss.)

337 Cf. Oliveira Ascensão, *A protecção* cit., 38-40. Para o Autor a norma do artigo 321.º/3 do CVM ("aos contratos de intermediação financeira é aplicável o regime das cláusulas contratuais gerais, sendo para esse efeito os investidores não profissionais equiparados a consumidores") permite concluir, *a contrario*, que os investidores não são, para a lei, considerados consumidores. Embora não exista incompatibilidade entre o regime de tutela do investidor e do consumidor, o estatuto do investidor é autónomo, prescindindo, pois, da aplicação de outros sistemas de proteção.

de proteção têm sido notados pela doutrina[338] e tidos em consideração pelos tribunais: na Alemanha, o BGH questionou, por exemplo, se um investidor que adquira bens de lazer pelo preço de 250 000 DM merece a proteção conferida a um consumidor[339]. Mesmo assim, tem-se salientado que o montante de capital investido não é suficiente para, por si, retirar o investidor do escopo de proteção da legislação de consumo, ainda que o mesmo não se apresente tão vulnerável quanto o consumidor, seja qualificado ou tenha experiência de mercado[340]. Em sentido próximo, entende-se que a mera intenção de lucrar com a transação não transforma o consumidor num profissional[341], nem a intenção especulativa ou o investimento com o propósito de obter vantagens fiscais são, por si, suficientes para se concluir que o investidor não carece de tutela[342].

Por estes motivos, é possível defender que o investidor que não prossiga uma atividade profissional pode ser qualificado como consumidor, o que traduz o reconhecimento de que o foco da legislação de proteção do consumidor se alterou radicalmente, deixando esta de ser encarada como fonte de um sistema de tutela da parte mais fraca, com menos capacidade económica ou intelectual, passando-se, cada vez mais, para uma proteção relacionada com o mercado e com a criação de condições para a tomada de decisões conscientes, havendo, nestes termos, quem prefira falar em proteção do *comportamento no mercado*, em vez de proteção do *consumidor*[343].

É inegável que, por um lado, a proteção do consumidor se tem intensificado significativamente, desde que, em 1979, foram aprovadas as primeiras diretivas com este escopo e que, por outro lado, estas já não se centram na proteção dos mais fracos, mas, sim, no esforço para alcançar uma participação confiante no mercado. O afastamento da ideia de proteção do consumidor estruturalmente vulnerável e a aproximação à ideia de autorresponsabilidade dos agentes de mercado[344] permitem associar o investidor a este estatuto, havendo,

Opondo-se, também, a uma recondução genérica dos investidores à categoria dos consumidores, cf. A. Barreto Menezes Cordeiro, *Manual* cit., 111 ss.

338 Cf. Klaus R. Wagner, *Sind Kapitalanleger Verbraucher? Zum Verhältnis von Kapitalanlagerecht zum Verbraucherschutzrecht*, BKR 16/2003, 649-656.

339 BGH 29-fev.-1996, NJW 1997, 2685 ss.

340 BGH 23-out.-2001, BGHZ 149, 80 ss.

341 BGH 29-jun.-1991, WM 1991, 360 ss., BGH 23-mai.-1993, WM 1993, 1215 ss.

342 BGH 25-abr.-1988, BGHZ 104, 205 ss.; BGH 17-set.-1996, BGHZ 133, 254 ss.

343 Sobre a orientação, sem a ela aderir, cf. Armbrüster, *Kapitalanleger* cit., 410.

344 A par desta tendência, o alargamento do direito do consumo pode ser identificado, também, porque vários institutos, nascidos e desenvolvidos à luz da proteção do consumidor, ultrapassaram essa fronteira, passando a beneficiar não apenas o consumidor mas também outros interessados. Assim, Oliveira Ascensão, *Direito civil e direito do consumidor*, RPDC, março de 2008, n.º 53, 9-27 (20 ss.).

apenas, que apurar — conforme tem sido apontado — se a concessão da correspondente proteção viola o princípio da boa-fé, já que nem todos os investidores carecem de proteção nos mesmos termos em que os consumidores a reclamam[345]. Revela-se, pois, o recorte "*funcional,* ou de geometria variável" do conceito de consumidor[346].

Ainda assim, a tutela do investidor por esta via apresenta utilidade limitada. Embora a proteção se aproxime, cada vez mais, da tutela por via informativa[347], é pouco provável que o investidor se aperceba, no período em que lhe é conferida a possibilidade de resolução do contrato, dos riscos que assumiu num investimento complexo ou da existência de falhas na informação prestada ao mercado. Por isso, sem questionar a utilidade dos regimes de proteção do consumidor no mercado de capitais, exige-se um espetro adicional de regras de tutela do investidor, particularmente adaptadas à sofisticação dos contratos celebrados no mercado e ao seu funcionamento[348]. Esse complexo normativo é constituído, nomeadamente, pelos regimes de transparência a que dedicaremos especial atenção no capítulo II e que apresentam um âmbito de proteção mais amplo do que aquela que é conferida aos consumidores. Para efeitos da Diretiva dos Direitos dos Consumidores, estes são "qualquer pessoa singular que [...] actue com fins que não se incluam no âmbito da sua actividade comercial, industrial, artesanal ou profissional" (artigo 2.º/1), ao passo que a legislação de proteção do investidor abrange os participantes no mercado independentemente de estes prosseguirem atividades profissionais. Nessa medida, já se disse que a utilidade das disposições de direito do consumo se confina às relações contratuais que se estabelecem entre clientes e instituições financeiras[349].

Mais do que assimilar a proteção do investidor à do consumidor, que surge como "conceito abstracto, que fragmenta a realidade humana, reduzindo-a

345 Assim, Edelman, *§ 2. Der Schutz* cit., 24 e 25.

346 Cf. Engrácia Antunes, *Direito do consumo* cit., 49.

347 Cf. Meinhard Dreher, *Der Verbraucher — Das Phantom in den Opera des europäischen und deutschen Rechts?*, JZ 4/1997, 167-178 (170 ss.).

348 Cf. Armbrüster, *Kapitalanleger* cit., 412-414.

349 Cf. Siegried Kümpel, *Verbraucherschutz im Bank- und Kapitalmarktrecht,* WM 1/2005, 1-8 (6). Também Paulo Câmara, *Manual* cit., 256 e 257, embora defenda — de forma assumidamente cautelosa — o alargamento da noção de consumidor para abranger, também, transações que envolvam instrumentos financeiros, esclarece que a equiparação deixa necessariamente de fora os investidores profissionais. Aliás, a terminologia mobiliária é muito precisa na delimitação do conceito de investidor profissional (veja-se, por exemplo, os artigos 317.º a 317.º-C do CVM), o qual não coincide com os critérios que circunscrevem os consumidores.

a uma característica que é hipervalorizada"[350], relevante será reconhecer que o ambiente do mercado e a agregação dos diversos participantes numa plataforma comum geram uma ligação material específica entre os sujeitos que se afasta do anonimato geral que caracteriza o campo extraobrigacional, apesar de inexistir um contrato[351] ou outro vínculo formal entre emitente e investidor. Se a informação prestada ao mercado (ou a sua omissão) é automaticamente incorporada e condiciona decisivamente o funcionamento do mecanismo de constituição dos preços, aquele que controla a informação domina também o mercado e influencia de forma especialmente intensa a posição do investidor, que fica diretamente exposto às suas ingerências lesivas. Ora, o poder de influência danosa na esfera jurídica do investidor encontra-se mais próximo daquele que caracteriza as relações de confiança do que daquele que se verifica entre estranhos[352]. Podemos afirmar que existe entre emitente e investidor uma "ligação especial", que exprime uma conexão *específica* entre estes

[350] Adelaide Menezes Leitão, *Comércio electrónico e direito do consumo*, em *Liber amicorum Mário Frota. A causa dos direitos dos consumidores*, Coimbra, 2012, 31-39 (38).

[351] Cf. Oliveira Ascensão, A *celebração de negócios em bolsa*, em *Direitos dos valores mobiliários*, vol. I, Coimbra, 1999, 177-199 (189), que escreve: "o contrato é o paradigma da relação jurídica. A relação jurídica medeia, até por definição, entre pessoas determinadas. As posições são correlativas, o que implica a individualização dos seus titulares. Mas sabemos que na negociação em bolsa não há conexão de pessoas determinadas, porque não há identificação; e ainda que fossem identificadas não haveria posições correlativas, porque não há um nexo entre elas. Não há pois o encontro correlativo de vontades ou declarações, que está na base do contrato. Isto acontece porque há a interposição do sistema". Paulo Câmara, *Emissão e subscrição de valores mobiliários*, em *Direitos dos valores mobiliários*, Lisboa, 1997, 201-241 (241), aponta a singularidade da emissão e subscrição dos valores mobiliários "na galeria das formas contratuais" mas que "não as demarca em definitivo do contrato", como demonstra a necessidade da manifestação da vontade do emitente e a multilateralidade na respetiva génese. A singularidade é ditada pelo mercado, elemento essencial na função, estrutura e disciplina do direito dos valores mobiliários.

[352] O facto de aqui a confiança não relevar não significa que não se possa reconhecer, com Carneiro da Frada, *A responsabilidade pela confiança nos 35 anos do Código Civil: balanço e perspectivas*, em *Comemorações dos 35 anos do código civil e dos 25 anos da reforma de 1977*, vol. III, Coimbra, 2017, 285-307 (288), que se intensifica na doutrina "a convicção de que a confiança tem um importante papel a desempenhar na resolução de modernos problemas de responsabilidade". A confiança é, na verdade, o "elemento modelador e estruturante do regime jurídico de mercado de valores mobiliários" [Ricardo Sá Fernandes, *O direito dos mercados e o mercado de valores mobiliários em especial*, em *Direitos dos valores mobiliários*, Lisboa, 1997, 189-199 (197)]. Como escreve Paulo Câmara, *Regulação dos mercados de valores mobiliários: fundamento e estrutura*,
Cadernos de ciência de legislação, n.º 48 (jan.-mar. 2009), 7-63 (7), os fundamentos da regulação dos valores mobiliários são a massificação, a aptidão funcional, a sofisticação, a permeabilidade a crises e a essencialidade da preservação da confiança.

sujeitos, fomentada pela integração no sistema[353], e que deve levar a reexaminar a natureza dos deveres que recaem sobre o emitente no seu exercício.

O conceito de ligação especial[354], de proveniência germânica (a *Sonderverbindung*), é tradicionalmente definido como um vínculo existente entre duas ou mais pessoas normalmente (mas não necessariamente) caracterizado pela relação de confiança recíproca em termos similares às relações contratuais e que reclama a observância de critérios de conduta mais exigentes[355]. O tema surge, consistentemente na doutrina alemã, a respeito do § 242 BGB e da imposição de um padrão de boa-fé mais elevado do que aquele que vigora entre estranhos. A sua relevância pode ser alargada. A origem do conceito situa-se nos anos 60 do século passado, quando CANARIS[356] o introduziu para descrever um conjunto de relações em que existem deveres de proteção, sejam obrigações em sentido estrito, ou deveres de proteção sem deveres primários de prestar[357], na lógica da relação unitária de proteção *(einheitliches Schutzpflichtverhältnis)*[358], construída a partir das regras da *culpa in contrahendo,*

[353] Cf. OLIVEIRA ASCENSÃO, *A celebração* cit., 190 ss.

[354] Cf. MADALENA PERESTRELO DE OLIVEIRA, *Algumas notas em torno da "relação especial" e o reposicionamento das fronteiras da responsabilidade civil obrigacional*, em *Código Civil. Livro do cinquentenário*, vol. II, Coimbra, 2019, 329-346.

[355] Em geral, os relacionamentos obrigacionais surgem como relações especiais. Por todos, cf. DIETER MEDICUS/STEPHAN LORENZ, *Schuldrecht I*, 21.ª ed., München, 2015, Rn. 2 ss.

[356] *Ansprüche wegen positiver Forderungsverletzung und Schutzwirkung für Dritte bei nichtigen Verträgen. Zugleich ein Beitrag zur Vereinheitlichung der Regeln über die Schutzpflichtverletzungen*, JZ 1965, 475-482.

[357] Sublinhando que pode haver deveres de proteção antes de o contrato se concluir, depois de se extinguir ou depois de ter sido declarado nulo ou anulado, cf. PINTO OLIVEIRA, *Os deveres acessórios 50 anos depois*, RDC II (2017), 2, 239-256 (242). Pode igualmente não haver contrato mas existir relação especial. Como nota o Autor (p. 252), o caso paradigmático de relação obrigacional em sentido amplo sem deveres primários de prestação é o do artigo 227.º do Código Civil. Cf. também MIGUEL BRITO BASTOS, *Deveres acessórios de informação*, RDS V (2013), 1-2, 181-281 (241), chamando a atenção para que é hoje pacífica a existência de deveres acessórios em situações em que inexiste qualquer dever primário de prestação mas em que a ordem jurídica estabelece padrões de comportamento que transcendem as exigências do direito delitual pensadas para relações de anonimato entre os agentes (*Jedermannbeziehungen*). Como escreve o Autor (p. 241, nota 147), "a delimitação das interacções humanas que justificam a cominação de deveres acessórios de conduta aos sujeitos nelas intervenientes não pode deixar de ser feita atendendo aos princípios que fundamentam a cominação desses deveres".

[358] Esta ideia parece constar, desde a reforma alemã de direito das obrigações, do § 311 II BGB, que considera constituída uma obrigação, com a inerente sujeição a deveres específicos de proteção, nos casos: (i) em que se iniciem negociações contratuais, (ii) numa potencial relação contratual se conceda à outra parte a possibilidade de afetar, ou lhe confie, os seus direitos, interesses legalmente protegidos ou outros interesses ou (iii) num contacto profissional similar. Sobre a natureza dos deveres de proteção cf., *v.g.* PAULO MOTA PINTO, *Interesse contratual negativo e interesse contratual positivo*, vol. II, Coimbra, 2009, 1193, nota 3345.

da violação positiva do contrato e dos deveres subsistentes nas nulidades contratuais[359]. A "projecção efectiva a nível da decisão" deste dever foi, entre nós, assinalada por MENEZES CORDEIRO[360]. Está em causa delimitar o âmbito dos deveres de proteção mas também dos deveres de lealdade[361]. As regras sobre *culpa in contrahendo,* por exemplo, podem ser vistas como o reconhecimento legal dos deveres em causa, de cariz específico[362].

Na base encontra-se a ideia de que, existindo uma relação de confiança, justificam-se deveres mais intensos entre as partes do que aqueles que se identificam por norma na sociedade[363]. CARNEIRO DA FRADA[364], por exemplo, concretiza o requisito da "ligação especial", "vínculo específico", "relação particular" — que afirma ter em si caráter formal[365] — com recurso à "relação de confiança". Contudo, a partir do vínculo criado pela confiança, é possível caminhar no sentido de uma conceção funcional que afasta a relevância exclusiva do fator fiduciário como fonte de uma relação especial, substituindo-o pela consideração material da possibilidade de influência sobre a esfera jurídica alheia (*Einflussmöglichkeit*), na linha inicialmente sustentada por KREBS[366]. Tal implica, é certo, um alargamento do conceito de relação

[359] MENEZES CORDEIRO, *Da boa fé* cit., 632 ss. e 1124; *Violação positiva do contrato (acórdão do Supremo Tribunal de Justiça de 31 de Janeiro de 1980),* em *Estudos de direito civil,* vol. I, Coimbra, 1994, 115-142 (131 ss.): além do incumprimento pura e simples e da impossibilitação da prestação, pode ocorrer uma terceira hipótese, correspondente ao cumprimento defeituoso. Os deveres acessórios mantêm-se após a cessação do contrato, dando azo a hipóteses de responsabilidade pós-contratual. Cf. MENEZES CORDEIRO, *Da pós-eficácia das obrigações,* em *Estudos de direito civil* cit., 142-197 (181).

[360] *Da boa fé* cit., 633, 1124.

[361] Cf. ANA PERESTRELO DE OLIVEIRA, *Grupos de sociedades e deveres de lealdade,* Coimbra, 2012, *passim.*

[362] Cf. PETER KREBS, *§ 241,* em DAUNER-LIEB/LANGEN (org.), *BGB-Schuldrecht,* vol. 2/1, 3.ª ed., Baden-Baden, 2016, Rn. 24. MENEZES CORDEIRO, *Tratado de direito civil,* vol. II, 4.ª ed., Coimbra, 2017, 247 e 248: "a obrigação *in contrahendo* é específica: une duas concretas pessoas e assume um conteúdo moldado pelo caso concreto, mas previsível e cognoscível".

[363] Como sucede na relação entre banco e cliente. Cf., *v.g.*, STJ 25-out.-2018 (Bernardo Domingos), Proc. 2581/16.8T8LRA.C2.S1: "gera-se (...) uma situação em que os envolvidos descuram a preocupação de obter informações pelos seus próprios meios. Esta realidade humana deve ser tutelada pelo Direito e, por isso, se cria uma situação que dá azo a obrigações específicas de informação a cargo do Banco, fruto de responsabilidade obrigacional, no caso de inobservância".

[364] CARNEIRO DA FRADA, *Uma terceira via no direito da responsabilidade civil? O problema da imputação dos danos causados a terceiros por auditores de sociedades,* Coimbra, 1997, 103. Já antes, cf. *Contrato e deveres de protecção,* Coimbra, 1994, 237 ss.

[365] CARNEIRO DA FRADA, *Teoria da confiança* cit., 752 ss., nota 836, entende que o conceito de "ligação especial" não é suficiente para delimitar as relações em causa (e recorre, por consequência, ao princípio da tutela da confiança).

[366] *Sonderverbindung und außerdeliktische Schutzpflichten,* München, 2000.

especial mas não envolve perda de segurança jurídica: está meramente em causa ter em consideração a relevância análoga da posição funcional para provocar danos a outrem e a necessidade de conter esse potencial lesivo, em termos que não se confundem com a proibição geral do *neminem laedere*. A delimitação não é menos precisa do que aquela que resulta da identificação de uma relação de confiança.

Ora, o mercado constitui um espaço especialmente propício para o surgimento de uma situação material de poder do emitente tendo em conta o papel da informação que controla: aquele assume-se como plataforma de encontro de interesses onde o emitente condiciona os mecanismos de formação do preço com repercussão direta na posição do investidor nos mercados primário e secundário; apesar de não haver uma relação contratual entre sujeitos nem sequer uma relação de confiança em sentido fáctico ou técnico[367], o poder de ingerência justifica a imposição de deveres específicos incrementados face aos que vigoram na relação entre estranhos. Se no mercado primário tal é especialmente claro, não é diferente no mercado secundário: a influência que o exercício do poder informativo do emitente tem na posição do investidor é materialmente equiparável embora assuma formalmente vestes diferentes. Assim, mesmo neste segmento de mercado, em virtude do poder de influência, emitente e investidor não são estranhos, antes existe, entre ambos, uma relação material que justifica que sobre o primeiro incidam deveres específicos, mais exigentes e intensos do que os que resultam dos contactos gerais em sociedade. É verdade que o investidor, no mercado secundário, representa simultaneamente a oferta e a procura mas reconhece-se que o emitente "permanece participante da relação de financiamento e tem uma influência substancial no processo de transação"[368].

No mercado primário, é a informação disponibilizada no prospeto que leva o investidor a decidir se investe ao preço oferecido, pelo que se este omitir informação ou envolver informação falsa o efeito será a inflação do preço[369]; no mercado secundário, os preços são diretamente condicionados pelas

[367] Bem pelo contrário, como sublinha PAULA COSTA E SILVA, *Compra e venda e troca de valores mobiliários*, em *Direitos dos valores mobiliários*, Lisboa, 1997, 243-265 (246 e 247), o mercado de valores mobiliários é "um mercado de anónimos", de massa, e, para ser eficiente, é necessário que assente sobre a "indiferença pessoal".

[368] PHILIPP STORM, *Alternative Freiverkehrssegmente im Kapitalmarktrecht. Zugleich ein Beitrag zur rechtsökonomischen Analyse emittentenbezogener Regulierung durch einen Marktveranstalter und zum System der Segmentierung*, Frankfurt am Main, 2010, 69.

[369] ELKE VANDENRIESSCHE, *Investor losses* cit., 458 ss.

expetativas e informação disponível, refletindo assim qualquer dos mercados um poder desproporcional do emitente, que inevitavelmente condiciona a posição do investidor. Não existem, pois, diferenças materiais entre qualquer dos mercados que joguem contra uma compreensão unitária da relação material entre emitente e investidor: num e noutro se identifica, como é típico, o "alto risco de abuso no mercado de capitais"[370].

Se tradicionalmente se encarava a relação entre emitente e investidor como integrando o comum arquétipo de relacionamento geral entre sujeitos sem qualquer vínculo específico — seja este de natureza contratual ou assente numa relação de confiança —, o abandono de uma perspetiva formal em benefício de considerações materiais permite valorizar o impacto substantivo da atuação do emitente na posição jurídica do investidor, conduzindo ao afastamento do paradigma isolacionista habitual, afinal contraditório com a realidade do mercado e o papel do emitente.

Tal torna-se especialmente evidente, em suma, se lembrarmos que a informação, seguindo a hipótese atual do mercado eficiente, é imediatamente incorporada no preço dos valores mobiliários, revelando que qualquer comportamento do emitente influencia diretamente o mercado e consequentemente o investidor. Estas considerações sobre o papel da informação, aliadas à constatação do poder de controlo do emitente sobre a sua emissão — e, portanto, do seu poder de influência sobre o mercado e, naturalmente, sobre o investidor —, são bastantes para permitir compreender que a relação entre emitente e investidor longe está de poder ser vista como integrando o padrão do comum relacionamento social de âmbito geral, em que vigora meramente uma proibição genérica de causar danos a terceiros. A negociação no mercado de capitais — ou em qualquer outra estrutura funcionalmente equivalente, ainda que não regulada — determina que o investidor se exponha a riscos acrescidos e que o seu património se torne mais vulnerável a intromissões do emitente, portador de um marcado poder de influência na situação patrimonial daquele. Reclama-se, por isso, a proteção destes interesses em termos diferenciados face à comum tutela que deriva do princípio geral do *neminem laedere*, através da imposição de deveres particulares, análogos aos que emergem quando surge uma relação de confiança entre as partes, como veremos no próximo capítulo.

[370] JÖRN AXEL KÄMMERER, *Selbstregulierung am Beispiel des Kapitalmarktrechts. Eine normativ-institutionelle Positionsbestimmung*, em KLAUS HOPT/RÜDIGER VEIL/JÖRN AXEL KÄMMERER, *Kapitalmarktgesetzgebung im Europäischen Binnenmarkt*, Tübingen, 2008, 145-163 (162).

Analisadas as características dos mercados em cujo âmbito problemático se situa o modelo defendido, não restam dúvidas, é certo, de que não é identificável uma relação de confiança entre emitente e investidor que leve a atuar o princípio da tutela da confiança. A tutela da confiança visa contrabalançar a entrega confiante do sujeito, proibindo a defraudação das suas expetativas legítimas[371], preenchidos que estejam determinados requisitos: situação de confiança, justificação da confiança, imputação da confiança e investimento de confiança[372]. No mercado, tais requisitos não se verificam, o que, aliás, explica a apontada passagem do "modelo da transação" para o "modelo do mercado"[373]. Porém, o investidor confia certamente, isso sim, na integridade do mecanismo de formação dos preços, negociando nessa base e expondo-se aos riscos da conduta lesiva do emitente. As razões de tutela intensificada verificam-se aqui.

O facto de haver no mercado um conjunto de intermediários informativos (*v.g.*, agências de *rating*, analistas financeiros, auditores) nada modifica, pois a atuação destes não retira o controlo ao emitente, sem prejuízo da relevância que os mesmos apresentam na tarefa de redução das assimetrias informativas entre a oferta e a procura[374], através da recolha, processamento e mediação de informação[375]. Relevam, aqui, os casos em que o próprio emitente não divulga informação ou engana o mercado através da informação prestada.

Se o anonimato próprio do mercado de capitais é inquestionável, também é manifesta a especificidade do contexto negocial em causa e a posição de domínio de que o emitente desfruta, a qual pode produzir um impacto na esfera jurídica do investidor materialmente equivalente àquele que se verifica no ambiente próprio do negócio jurídico ou dos relacionamentos específicos provenientes ou geradores de uma situação de confiança entre os sujeitos.

[371] Cf. Carneiro da Frada, *Teoria da confiança e responsabilidade civil,* Coimbra, 2004, 42. Cf. Menezes Cordeiro, *Direito bancário* cit., 439 e *Responsabilidade bancária, deveres acessórios e nexo de causalidade,* em *Estudos de Direito Bancário I,* Coimbra, 2018, 9-46 (41), escrevendo "numa situação que relacione particularmente duas pessoas (...) as partes são levadas a confiar uma na outra. Quando o façam, elas baixam as suas defesas naturais, tornando-se, mutuamente, vulneráveis".

[372] Cf. Menezes Cordeiro, *Da boa fé* cit., II, 1243 ss.

[373] O problema também não se confunde com a confiança (*maxime* dos administradores) na informação recebida (*reliance*). Cf. José Ferreira Gomes, Reliance: *Exclusão da responsabilidade civil dos membros dos órgãos sociais com base na confiança depositada na informação recebida,* RDS VIII (2016), 1, 49-81.

[374] Cf. Poelzig, *Kapitalmarktrecht* cit., Rn. 19; Patrick C. Leyens, *Unabhängigkeit der Informationsintermediäre zwischen Vertrag und Markt. Zur Dogmatik der Unabhängigkeit von Abschlussprüfern, Finanzanalysten und Rating-Agenturen,* em Harald Baum et alii (org.), *Perspektiven des Wirtschaftsrechts. Deutsches, europäisches und internationales Handels-, Gesellschafts- und Kapitalmarkrecht. Beiträge für Klaus Hopt aus Anlass seiner Emeritierung,* Berlin, 2008, 423-452 (450).

[375] Cf. Patrick C. Leyens, *Informationsintermediäre des Kapitalmarkts,* Tübingen, 2017, 11 ss. (15).

Manifesta-se, pois, a especial posição de proximidade entre emitente e investidor, que resulta do poder de influência de que aquele dispõe sobre a esfera jurídica do investidor e da consequente possibilidade de lhe causar danos (manifestamente superior à suscetibilidade geral de causar danos a terceiros que sempre se identifica). É esta especial proximidade e o inerente risco acrescido de danos que explicam, como veremos, que o emitente fique adstrito a específicos deveres de cuidado e a deveres de proteção do investidor, e que determinam decisivamente a reconfiguração das respostas do sistema jurídico à necessidade de tutela do investidor. Tal torna-se evidente, em suma, à luz das características do mercado, do papel modelador concreto que nele desempenha a informação, do controlo sobre a informação que o emitente detém e mais amplamente da influência deste sobre o mercado e sobre a posição do investidor.

Tendo em atenção que a relação especial encontra justificação na mais ampla necessidade de proteção das partes, a mesma deve ser identificada sempre que se verifique uma particular suscetibilidade de causar danos a outrem em resultado da posição funcional do sujeito. A confiança não constitui, pois, bom é de ver, o fundamento único da relação especial. Fora dos casos em que existe um contrato ou vínculo equivalente, o critério para impor deveres de cuidado e de proteção reforçados em relação ao dever geral de respeito não é, efetivamente, a existência de uma relação de confiança ou sequer de um contacto direto entre os sujeitos. Decisivo é, sim, o poder de influência material, prevalecendo a substância sobre a forma[376]. Entre nós, MENEZES LEITÃO[377], por exemplo, não só admite a existência de vinculações específicas que representam deveres dos participantes no tráfego negocial superiores aos deveres genéricos[378], como, a respeito da responsabilidade do gestor perante o *dominus* na gestão de negócios, reconhece a existência de uma vinculação desse tipo em casos não passíveis de serem reconduzidos à tutela da confiança mas antes "a outros vectores onde se tutelam outro tipo de situações distintas"[379].

[376] São diversos os modelos de fundamentação de uma ligação especial. Cf. PETER KREBS, *§ 241* cit., Rn. 25 ss.

[377] *Direito das obrigações* cit., I, 353.

[378] Entre os institutos abrangidos situam-se a *culpa in contrahendo*, a violação positiva do contrato e o contrato com eficácia de proteção de terceiros.

[379] No caso, a proteção contra danos sofridos pelo *dominus*, independentemente de haver ou não uma situação de confiança desencadeada, a manutenção da utilidade da gestão e o respeito pela soberania do *dominus* no âmbito da sua esfera. Cf. MENEZES LEITÃO, *A responsabilidade do gestor perante o dono do negócio no direito civil português*, Coimbra, 2005, 358.

Ao prescindir-se da confiança[380] quando se trata de identificar uma ligação especial que deriva da especial posição funcional de poder (*Einflussmoglichkeit*) do emitente, a indiferença pessoal do mercado não é relevante. A ligação especial é singela expressão desse poder agravado de ingerência na esfera jurídica do investidor que promana do contexto próprio do mercado[381]. Esta configuração da relação entre emitente e investidor como ligação especial assume particular valia na nossa investigação: esta é entendida em termos funcionais e conduz à imposição de deveres àquele que se encontra numa posição particular para causar danos, em resultado do seu poder de ingerência na esfera jurídica alheia. Assim se acautela a necessidade especial de proteção e se promove a realização dos fins da conexão especial em si (surgindo como *Zweckfördermechanismus*)[382].

O conceito de "relação especial" encontra-se, pois, teleologicamente orientado: salvaguarda especiais interesses por via da imposição de deveres específicos entre as partes, como melhor exporemos em seguida. Compreensivelmente, as exatas fronteiras da figura irão depender, em termos necessários, da concreta justificação do regime, assente na constatação do abandono do isolamento característico da ideia de delito, que justifica a necessidade de uma proteção intensificada dos sujeitos potencialmente afetados.

A identificação e o impacto da ligação especial alicerçam-se num conjunto de pilares definidores essenciais[383]. O vínculo em causa provém da *especial possibilidade de um sujeito influenciar* o comportamento de outrem e de prejudicar os seus interesses, pela suscetibilidade de causar danos, a qual deve ser compensada com a imposição de específicos deveres entre as partes. O lesado apresenta uma menor possibilidade de defesa, pelo que estes deveres

[380] Em diversas áreas, tem-se avançado para o reconhecimento de deveres intensificados entre os sujeitos apesar da inexistência de relações formais com base na "ligação especial". É o caso por exemplo dos deveres de lealdade entre acionistas. Cf., *v..g*, Holger Sutschet, *§ 242. Leistung nach Treu und Glauben*, em Bamberger/Roth/Hau/Poseck, *Bürgerliches Gesetzbuch*, 50.ª ed., München, 2019, Rn. 14-15; Menezes Cordeiro, *A lealdade* cit., 1034-1065.

[381] Na identificação da relação especial será irrelevante a negociação ser em mercado primário ou secundário. Embora neste, o emitente não se envolva, nessa qualidade e de forma direta, na negociação de valores mobiliários, é, ainda, um participante (indireto) no mercado [cf. Veil, *§ 9. Market participants*, em Rüdiger Veil, *European* cit., 121-127 (Rn. 6)], na medida em que se encontra vinculado a um feixe heterogéneo de deveres perante os investidores, desde a sujeição a obrigações de transparência a deveres contratuais específicos, como aqueles que resultam das obrigações que são negociadas no mercado secundário.

[382] Cf. Peter Krebs, *§ 241* cit., Rn. 31.

[383] Cf. Krebs, *Sonderverbindung* cit., 210 ss.; em sentido próximo, Klaus Schmolke, *Organwalterhaftung für Eigenschäden von Kapitalgesellschaften*, 2004, Köln, 174 ss.

servem uma *particular necessidade de proteção* e promovem a obtenção da finalidade visada pela relação especial. São, portanto, deveres funcionalmente dirigidos. Sendo certo que os danos que podem verificar-se devem ser compensados, os deveres de proteção que emergem da relação especial, nos termos que expomos no capítulo seguinte, promovem uma coexistência pacífica entre as partes. A relação de proximidade e os deveres específicos que dela dimanam situam o regime da responsabilidade civil originado pelo respetivo incumprimento em claro contraste com a "responsabilidade de todos" (*Jedermanhaftung*), sendo certo que a obrigação de indemnizar se diferencia em função da relação existente antes da ocorrência do dano. Este último aspeto será decisivo, como de seguida demonstraremos, na compreensão do regime de responsabilidade civil no mercado de capitais em caso de dano na formação do preço (capítulo II). Veremos que só tomando como ponto de partida esta perceção material do relacionamento entre emitente e investidor é possível enquadrar adequadamente os pressupostos da responsabilidade no plano substantivo e probatório, de modo a que este instituto possa ocupar o lugar que necessariamente lhe compete no seio do ordenamento jurídico e constituir mecanismo operativo na tutela do investidor em face de danos surgidos no mercado, em particular provenientes de uma deturpada formação do preço dos instrumentos financeiros. Por outro lado, nos casos de perda de negociabilidade em mercado por decisão do emitente, analisados no último capítulo, é também a perspetiva material da ligação especial entre os sujeitos e a valorização da posição do investidor *qua tale* que permitem assegurar a sua tutela mesmo em contextos em que o ordenamento jurídico positivo é aparentemente alheio às preocupações substantivas em jogo. Com estas bases, comprovaremos que o sistema português, devidamente interpretado, permite a construção de soluções transversais e uniformes para as questões que nos propomos tratar, fornecendo modelos de resposta com capacidade de adaptação material.

É a valorização do relacionamento material entre os sujeitos que garante uma resposta ativa à necessidade de proteção do investidor nos diversos momentos em que esta se manifesta no mercado. Por isso, bem podemos dizer que na essência da nossa tese está a construção de um modelo dinâmico de proteção do investidor assente na identificação de uma relação especial entre este e o emitente. É precisamente a partir deste eixo orientador que desenvolvemos a nossa análise, testando a valia e capacidade desse modelo para oferecer respostas sistematicamente coerentes quer no que respeita à tutela do investidor perante o dano na formação do preço, quer no que toca aos efeitos lesivos da perda de negociabilidade. A saída do mercado quebra, na verdade, a própria ligação especial entre emitente e investidor, mesmo que se mantenha a relação social com o acionista, justificando a procura de adequada tutela.

CAPÍTULO II
TUTELA DO INVESTIDOR E INCORRETA FORMAÇÃO DO PREÇO NO MERCADO DE CAPITAIS

1. Redefinição da responsabilidade civil no mercado de capitais em função da "relação especial" e da configuração dos deveres de informação como deveres de proteção do investidor

Conforme anunciámos em termos introdutórios, o modelo que sustentamos atua, primordialmente, ao nível da proteção do investidor em face do dano decorrente da incorreta formação do preço dos instrumentos mobiliários, contribuindo para a exata compreensão — e, sobretudo, para a operacionalização — da responsabilidade civil do emitente por informações no mercado de capitais. Permite, pois, determinar de modo valorativa e pragmaticamente adequado em que medida tem o investidor direito a ser indemnizados por prejuízos sofridos em consequência de investimentos que não teria realizado (pelo menos naquelas condições de preço ou de volume) se não tivesse ocorrido a conduta ilícita do lesante. Apesar de nos encontrarmos no domínio do direito dos valores mobiliários e de a este ser reconhecida autonomia — em virtude da diferenciação de soluções e da existência de pontos de vista ordenadores próprios[384] — o recurso às regras do direito civil não só é essencial como ocupa uma posição central na construção do sistema de responsabilidade. Em contrapartida, como aponta Menezes Cordeiro[385], o estudo da responsabilidade nesta área não deixa de "ser útil para a dogmática privada em geral. Pela riqueza e pela diversidade de situações que enfrenta, (...) faculta

[384] Cf., por todos, Menezes Cordeiro, *Direito bancário* cit., 57, sobre os requisitos de autonomização das disciplinas jurídicas.

[385] A propósito da responsabilidade bancária. Cf. Menezes Cordeiro, *Responsabilidade bancária, deveres acessórios e nexo de causalidade*, em António Menezes Cordeiro/Januário da Costa Gomes/Miguel Brito Bastos/Ana Alves Leal (org.), *Estudos de direito bancário I*, Coimbra, 2018, 9-46 (12).

o desfibrar de deveres diversos e de respostas gradativas". A análise de situações concretas surgidas na periferia determina, pois, avanços da dogmática privada em geral.

A delicadeza da matéria obriga a recordar que o desenvolvimento das questões gerais de responsabilidade civil está fora do âmbito do presente estudo[386]. Tratamos, estruturalmente, de um tema central do direito das obrigações, sem prejuízo da concretização necessária no direito mobiliário e das especificidades que comporta, as quais decorrem, como aponta MENEZES LEITÃO[387], "da necessidade de tutela de situações jurídicas normalmente não consideradas no regime geral da responsabilidade civil, como a confiança dos investidores e o regular funcionamento do mercado". Os pressupostos da obrigação de indemnizar não foram tradicionalmente conceptualizados para esta área do direito[388]: a responsabilidade no mercado (nomeadamente pelo prospeto mas não só) corresponde a um desenvolvimento na periferia da responsabilidade civil[389], que tem vindo a sofrer uma "conjuntura extraordinária, dogmática e descontrolada"[390]. Se é certo que não é possível desenvolver aqui os "grandes temas subjacentes"[391], tal não constitui obstáculo ao sucesso do esforço de construção dogmática da responsabilidade no mercado, atendendo à maturidade da doutrina e jurisprudência nacionais, que fornecem o substrato da análise dos pressupostos da responsabilidade do emitente, ao mesmo tempo que lembram que os conceitos de ilicitude, culpa ou causalidade apenas ganham significado quando o agente ou o processo são considerados num contexto social e examinados e julgados para responder a uma questão jurídica concreta[392]. Importam aqui as duas grandes dimensões do Direito, na linha

[386] Tal desenvolvimento deve ser, por nós, pressuposto, como a outro propósito escreveu MENEZES CORDEIRO, *Concessão de crédito e responsabilidade bancária*, Sep. do Boletim do Ministério da Justiça n.º 357 (1987), 11.

[387] *A responsabilidade civil no âmbito da O.P.A.*, em *Estudos em Homenagem ao Prof. Doutor Raúl Ventura*, Lisboa, 2003, 181-193 (183).

[388] O que não retira operacionalidade ao instituto. Sublinhando a importância que a responsabilidade civil necessariamente mantém, não obstante a sua "propalada crise", cf., em sede geral, PINTO MONTEIRO, *Responsabilidade civil em debate*, Boletim da Ordem dos Advogados, Lisboa, n.º 23 (nov.-dez. 2002), 26-28 (27).

[389] Cf. PAULO CÂMARA, *Manual* cit., 810.

[390] Cf. MARTINA BENECKE, *Haftung für Inanspruchnahme von Vertrauen — Aktuelle Fragen zum neuen Verkaufprospektgesetz*, BB 48/2006, 2597-2601 (2597), embora ainda à luz da VerkProspG, revogada em 2012 pela *Gesetz über Vermögensanlagengesetz* — VermAnIG ("Lei dos Investimentos").

[391] MENEZES CORDEIRO, *Responsabilidade bancária* cit., 13.

[392] Cf. WERNER ROTHER, *Die Begriffe Kausalität, Rechtswidrigkeit und Verschulden in ihrer Beziehung zueinander*, em *Festschrift für Karl Larenz zum 80. Geburtstag am 23. April 1983*, München, 1983, 537-557 (537).

apontada por A. Barreto Menezes Cordeiro[393]: (i) a estática, reclamando o estudo do conjunto das normas jurídicas e (ii) a dinâmica, correspondente à sua aplicação a casos concretos. "Na primeira, encontramos a estrutura do Direito e na segunda a sua realização"[394].

Tomando como base o estudo dogmático que tem sido amplamente desenvolvido pela nossa doutrina, impõe-se que sejam valorizadas as particularidades da negociação em diferentes mercados e as dificuldades práticas com que se defronta o investidor na demonstração dos pressupostos da responsabilidade civil. Não é viável uma revisão do instituto que destrua as suas mais profundas fundações: o mercado de capitais coloca desafios ao funcionamento da responsabilidade civil, é certo, mas esta mantém intacta a sua fisionomia e as suas finalidades[395].

O tema é especialmente atual. Temos assistido à crescente atração de pequenos investidores pelos mercados de capitais, sejam os tradicionais mercados regulamentados, os mercados de balcão, sistemas de negociação ou

[393] *Os limites dos poderes de transferência do Banco de Portugal no âmbito do processo de resolução*, em António Menezes Cordeiro/Januário da Costa Gomes/Miguel Brito Bastos/Ana Alves Leal (org.), *Estudos de direito bancário I* cit., 129-157 (129).

[394] Cf. A. Barreto Menezes Cordeiro, *Os limites* cit., 129. Recorde-se Pedro de Albuquerque/Diogo Costa Gonçalves, *O impedimento do exercício do direito de voto como proibição genérica de atuação em conflito*, RDS III (2011), 3, 657-712 (665), quando escrevem "numa perspetiva metodológica adequada o prius metodológico é-nos dado pelo caso. O problema jurídico a decidir é não apenas o ponto de partida e o objetivo final, mas, mais do que isso, a pedra de toque ou basilar na perspetiva da qual toda a juridicidade deve ser intencionada e compreendida. O objeto principal do pensamento jurídico não está já na norma. Ele coloca-se no caso concreto a decidir e no problema da concreta (judicativo-decisória) realização do Direito que ele suscita".

[395] Cf., porém, Margarida Azevedo de Almeida, A *responsabilidade* cit., 378 ss., criticando "a intenção do legislador em matéria de responsabilidade civil fornecer um fundamento de tutela individual dos interesses patrimoniais dos investidores afectados na sequência da irregular formação dos preços no mercado". A orientação da responsabilidade civil para a tutela do interesse individual seria contraditória com o facto de o dever de divulgação de informação no prospeto ter em vista a proteção do interesse geral do bom funcionamento do mercado. Estaria em causa um instrumento de realização de um interesse de natureza coletiva (a proteção do mercado entendido como "público investidor"). Tal não equivaleria a excluir a proteção individual do investidor mas a tutelá-lo como participante do interesse público da regular formação do preço. Para demonstrar esta conceção, a Autora recorre ao facto de o dever ser afastado em função de ponderações de custo em confronto com o benefício social, o que seria revelação de que não estaria em causa a tutela individual do investidor. Daqui se retiraria (p. 388) que não se deveria olhar ao prejuízo sofrido individualmente por cada investidor, mas antes ao dano social, uma vez que "a responsabilidade civil não teria por objectivo satisfazer finalidades reparadoras, mas indemnizar o dano sofrido na medida em que represente um dano social" (p. 390). Ou seja, as pretensões indemnizatórias seriam instrumentos de realização do interesse público, cedendo a função reparadora dos danos (p. 394).

novas plataformas *blockchain*, que, por enquanto, parecem furtar-se ao escopo da regulação europeia. O aparecimento de mercados financeiros líquidos, desenvolvidos e sofisticados, com estruturas de capital dispersas, veio facilitar não apenas a angariação de capital, mas também a substituição dos clássicos produtos de investimento por outros com um nível mais elevado de risco e negociados em mercado. O maior número de participantes não sofisticados, conjugado com infelizes escândalos financeiros que deixaram muitos investidores em situação crítica, tem levado a que a relação entre transparência, formação dos preços dos produtos mobiliários e tutela do investidor seja cada vez mais objeto de atenção. A nível europeu, o reconhecimento de que a confiança do investidor é pré-requisito de um crescimento sustentável e sólido dos mercados financeiros[396] conduziu ao desenvolvimento de exigências de transparência, através da imposição de apertados deveres de informação. Existe, pois, um quadro regulatório — ainda que nem sempre de simples interpretação — que visa proteger o investidor e assegurar que este tem acesso aos elementos necessários para chegar a decisões de investimento informadas.

No domínio que nos ocupa, focamo-nos nos comportamentos ilícitos do emitente que deturpam o preço dos valores mobiliários no contexto do mercado de capitais ou de outras plataformas de negociação equivalentes. Atendemos, assim, mais concretamente, ao incumprimento (i) do dever de publicação do prospeto, (ii) do dever de divulgação de informação contínua, privilegiada ou *ad hoc,* bem como (iii) do dever de publicar informação periódica. Estão, portanto, exclusivamente em causa comportamentos ilícitos do emitente com consequências nos preços de mercado, o que inclui, ainda, a divulgação voluntária que não cumpra os requisitos de qualidade da informação exigidos pelo Código dos Valores Mobiliários (artigo 7.º)[397]. Não estudamos, no contexto presente, a eventual responsabilidade de outros sujeitos que tenham influenciado as comunicações aos investidores, que aqui apenas poderia relevar da perspetiva da relação que se estabelece com a responsabilidade do próprio

[396] Um investidor desinformado tem dificuldade em estimar o valor dos produtos mobiliários, pelo que ou deixa o mercado, diminuindo, assim, a procura ou espera um desconto no preço que incorpore o risco de adquirir um produto inferior, levando o emitente (que tenderá a recusar a descida de valor) a deixar o mercado. Consequentemente, no longo prazo, o mercado de capitais não transparente torna-se pouco atrativo e oferece produtos inferiores. Cf. Dörte Poelzig, *Kapitalmarktrecht* cit., 111.

[397] Alguns mercados não regulamentados estendem o âmbito de deveres de informação que legalmente não seriam aí exigidos. Nesse caso, a fonte do dever de indemnizar será o incumprimento das regras de admissão a essas estruturas de negociação. Cf. Paulo Câmara, *Manual* cit., 794.

emitente e não a título principal[398]. Situamo-nos, nesse caso, fora do escopo da presente investigação.

O facto voluntário do emitente pode, nos termos gerais, revestir a forma de ação ou de omissão[399]: ou foi divulgada ao público informação (contínua, periódica ou no contexto do prospeto) que não era completa, verdadeira, atual, clara, objetiva ou lícita[400], ou não foi, de todo, divulgada informação quando existia um comando legal nesse sentido. Em qualquer dos casos, o fundamento da responsabilidade será a imputação ao lesante dos danos do défice de informação do investidor. Não há espaço, entre nós, para construir uma responsabilidade por violação do dever de informar assente em alicerces diferentes. Noutros ordenamentos jurídicos, como o alemão ou o americano, encara-se,

[398] Aliás, como nota, *v.g.*, Carneiro da Frada, *Teoria* cit., 183, a responsabilidade destes sujeitos representa uma manifestação ou instrumento de desconsideração da personalidade jurídica, de forma a impor o dever de indemnizar a "actores reais". Cf. também José Ferreira Gomes, *Responsabilidade civil pelo prospeto* cit., 826. Cf. ainda José Melo Rodrigues/Juliano Ferreira, *Responsabilidade pelo conteúdo do prospeto. O caso específico do revisor oficial de contas*, CadMVM, n.º 55, dez.-2016, 167-183, ainda que especificamente sobre a amplitude da responsabilidade do ROC.

[399] Nos termos civis gerais, não surgem dúvidas de que o facto ilícito pode revestir a forma de omissão desde que exista o dever de praticar o ato omitido (artigo 486.º do CC). Já o sistema mobiliário especial revela a existência de uma lacuna de previsão: o artigo 149.º do CVM apenas se refere à responsabilidade "pelos danos causados pela desconformidade do conteúdo do prospeto com o disposto no artigo 135.º", não mencionando a responsabilidade por omissão do dever de publicar prospeto ou outras informações legalmente exigidas. Porém, não se encontram fundamentos que permitam concluir que o legislador mobiliário pretendeu restringir o disposto no artigo 486.º do CC e distinguir a omissão do dever de informar da prestação de informação defeituosa. As duas situações são materialmente equivalentes, já que em ambas os investidores, em virtude de défices informativos, podem ser levados a adquirir valores mobiliários por um preço demasiado elevado ou a aliená-los por um preço excessivamente reduzido. A equivalência de situações, a identidade de valores e interesses em jogo e a ausência de elementos interpretativos em sentido contrário conduzem-nos a entender que o sistema pretendeu conceder a mesma proteção quer os investidores sejam lesados pela divulgação defeituosa de informação quer, mais simplesmente, por esta não lhes ser disponibilizada. Da perspetiva do investidor lesado, as razões justificativas de previsão de um regime especial mobiliário de responsabilidade por informações procedem também em caso de omissão do dever de informar, pelo que as normas dos artigos 149.º ss. do CVM devem ser interpretadas de forma a abrangerem os casos de omissão do dever de informar, com as devidas modificações.

[400] Relativamente ao prospeto, os requisitos de qualidade da informação prestada ao mercado resultam do artigo 135.º/1 do CVM, que exige ainda que a informação permita aos destinatários formarem juízos fundados sobre a oferta, os valores mobiliários que dela são objeto e os direitos que lhes são inerentes, as características específicas, a situação patrimonial, económica e financeira e as previsões relativas à evolução da atividade e dos resultados do emitente e de um eventual garante. No caso da restante informação transmitida ao mercado, seja informação contínua ou periódica, os mencionados parâmetros de qualidade da informação constam do artigo 7.º/1 do CVM.

ocasionalmente, a responsabilidade como sanção do incumprimento de uma obrigação procedimental de direito público[401], podendo qualquer falha de publicação de prospeto servir de base ao dever de indemnizar, mesmo que os investidores obtenham a informação relevante sobre os valores oferecidos ao público por meio diverso. Esta visão conduziria a uma apreciação formal do dever de informar, em detrimento da adoção de critérios materiais[402]: na falta

[401] Nesse sentido, Lars Klöhn, *Grund und Grenzen der Haftung wegen unterlassener Prospektveröffentlichung gem. § 24 WpPG, § 21 VermAnlG*, DB 33/2012, 1854-1860 (1855 ss.), com fundamento essencialmente em dois argumentos: (i) de um ponto de vista literal, a existência de responsabilidade em caso de não publicação do prospeto exigido pelo § 3 WpPG ou pelo § 6 VermAnIG sugere que a preocupação das normas se situa no cumprimento procedimental do dever de informar e não na divulgação dos factos relevantes junto do investidor; (ii) em termos sistemáticos, o regime da responsabilidade civil por omissão é desenhado por remissão, praticamente integral, para o da responsabilidade por falhas no conteúdo da informação. No entanto, enquanto neste caso existe exclusão de responsabilidade se o investidor conhecer a incorreção da informação, a responsabilidade civil por omissão do dever de publicação de prospeto apenas é afastada caso o lesado conheça a obrigação de publicação (§ 24 IV WpPG). A exclusão encontrar-se-ia deslocada num regime que pretendesse compensar os danos resultantes de défices informativos: o investidor não se encontra informado simplesmente por saber que devia ter sido publicado um prospeto. Estas duas considerações levam a que a *ratio* do regime seja identificada com o incumprimento do dever de publicação do prospeto. Contra, Peter O. Mülbert/Steffen Steup, *§ 41. Haftung für fehlerhafte Kapitalmarktinformation*, em Habersack/Mülbert/Schlitt, *Unternehmensfinanzierung am Kapitalmarkt*, 4ª ed., Köln, 2019, 1355-1466, Rn. 41.123 e 41.124. As normas alemãs de responsabilidade por omissão do dever de publicação do prospeto constam dos § 24 WpPG e § 21 VermAnIG, não sendo claro — tal como não era perante a norma predecessora contida no § 13 VerkProspG — se a responsabilidade é independente de culpa. No sentido do caráter objetivo da responsabilidade, cf. Fleischer, *Zur Haftung bei fehlendem Verkaufsprospekt im deutschen und US-amerikanischen Kapitalmarktrecht*, WM 39/2004, 1897-1903 (1901); Sebastian Barta, *Der Prospektbegriff in der neuen Verkaufsprospekthaftung*, NZG 2005, 305-309 (307); Roman A. Becker, *§ 24 WpPG*, em Thomas Heidel/Ludwig Ammon, *Aktienrecht und Kapitalmarktrecht*, 4.ª ed., Baden-Baden, 2014 (Rn. 18). Não se considera existir uma quebra sistemática com o restante regime de responsabilidade civil por deficiências da informação prestada ao mercado, uma vez que o fundamento da responsabilidade é diferente: ao passo que as normas dos §§ 21 a 23 WpPG (falhas no conteúdo do prospeto) encontram o seu fundamento na responsabilidade por informações, as dos § 24 WpPG e § 21 VermAnIG representam uma sanção de direito privado por uma violação procedimental, pelo que aí reside a diferença em termos de exigência de comportamento censurável do agente. Contra, Mülbert/Steup, *§ 41. Haftung* cit., Rn. 41.123; Frank A. Schäfer, *Stand* cit., 52. Também nos Estados Unidos a responsabilidade pela omissão do dever de publicação de prospeto, prevista na *section* 12 (a) (1) do *Securities Act*, é independente de o preço dos valores mobiliários ter sido influenciado pela falha informativa, o que revela um afastamento da responsabilidade por danos resultantes do défice de informação e uma aproximação a um regime sancionatório por falha na publicação do documento.

[402] Assim, Barta, *Der Prospektbegriff* cit., 308; Klöhn, *Grund* cit., 1857 ss. Contra, Fleischer, *Prospektpflicht und Prospekthaftung für Vermögensanlagen des Grauen Kapitalmarkts nach dem Anlegerschutzverbesserungsgesetz*, BKR 2004, 339-347 (347). A propósito da natureza jurídica da responsabilidade

de disposição especial ou de indícios do sistema que a fundamentem, não é possível aderir a semelhante interpretação.

O sistema de responsabilidade por informações no mercado de capitais apresenta-se com uma arquitetura unitária. O regime legal da responsabilidade pelo prospeto de oferta pública de valores mobiliários, constante dos artigos 149.º a 154.º do CVM, aplica-se, por remissão, com algumas adaptações, à responsabilidade pelo conteúdo do prospeto de admissão de valores mobiliários à negociação (artigo 243.º do CVM)[403]. Neste ponto, o tratamento unitário não surpreende: em qualquer dos casos trata-se de responsabilidade civil por informações no mercado primário onde valem idênticos princípios e merecem tutela os mesmos interesses. A perplexidade surgiria, antes, com a aplicação de regime equivalente à responsabilidade civil pelo conteúdo de informações contínuas e periódicas[404]. O tratamento conjunto não consideraria, nesta perspetiva, as diferenças estruturais que existem entre o mercado primário e o secundário, recomendando uma análise una dos pressupostos da responsabilidade por informações, o que não é de estranhar face à sua tradição legal comum e às dificuldades que não raras vezes surgem em distinguir com nitidez os dois mercados. A diluição de fronteiras é particularmente visível quando a emissão de valores mobiliários influencie valores já emitidos que não se diferenciam dos novos, caso em que, para os novos investidores, o prospeto surge como primeira divulgação, mas para os antigos titulares assume funções de informação contínua. Também a possibilidade de corrigir um prospeto defeituoso por via de uma comunicação *ad hoc* revela a relação funcionalmente próxima entre os dois mercados[405]. Há que reconhecer, por isso,

civil por informações, Paralupi, *Responsabilità* cit., 580, considera que o caráter finalisticamente orientado dos deveres de informação ao desenvolvimento do mercado de capitais e à tutela dos investidores determina que não se distingam regimes em função do documento fonte da informação.

[403] E também, por exemplo, à oferta pública de distribuição de unidades de participação em fundos de capital de risco (cf. artigo 43.º do Regime Jurídico do Capital de Risco, Empreendedorismo Social e Investimento Especializado).

[404] Cf. a remissão em cadeia operada pelo artigo 251.º para o artigo 243.º que, por seu turno, determina a aplicação do regime consagrado nos artigos 149.º a 154.º do CVM. Na Alemanha, o regime é historicamente fragmentário, discutindo-se se os fundamentos da responsabilidade civil pelo prospeto de direito comum podem ser aplicados às situações de incorreções de informações periódicas. Cf. Wolfgang Gross, *Haftung für fehlerhafte oder fehlende Regel- oder ad-hoc-Publizität*, WM 10/2002, 477-486.

[405] Cf. Hopt/Voigt, *Prospekt* cit., 1802. Os Autores defendem que seria recomendável a adoção, a nível europeu, de uma cláusula geral de responsabilidade que abrangesse todas as informações (obrigatórias e voluntárias) prestadas no mercado primário e secundário.

que a distinção de enquadramentos carece de particular fundamento, o que sustenta, afinal, o acerto do legislador português ao optar por um regime unitário de responsabilidade[406].

Seja como for, o incumprimento dos deveres de divulgação obriga a questionar em que termos podem os investidores obter compensação pelas perdas sofridas, configurando os diversos pressupostos da responsabilidade civil, começando pelo facto ilícito, em função do substrato económico-financeiro e jurídico apontado no capítulo I.

Sob o enquadramento do direito à informação no mercado, impõe-se, pois, em primeiro lugar, saber *o que* divulgar e *como* divulgar, para em seguida averiguar como opera a proteção do investidor em caso de incumprimento dos deveres de informação pelo emitente. O desenho claro dos pressupostos da responsabilidade civil é essencial: as exigências de transparência apenas cumprem o seu propósito quando acompanhadas por um sistema de responsabilidade eficiente, que respeite as suas finalidades ressarcitórias primárias e constitua verdadeiro incentivo à *compliance*. A tarefa é assumidamente complexa e convoca equilíbrios difíceis. Se, por um lado, há que garantir a confiança no mercado através de mecanismos de responsabilidade e de proteção do investidor, também não deve o emitente ser sujeito a exigências informativas excessivas ou ao risco de indemnizações incalculáveis, sob pena de se fomentar decisões de *delisting*[407] ou a procura de outros mercados[408].

O delicado *tradeoff* entre liberdade e responsabilidade[409] que caracteriza esta área reveste a responsabilidade por informações no mercado de capitais

[406] Num plano diferente, já se tem sustentado uma falta de harmonia entre as regras de responsabilidade e as regras materiais que impõem os deveres informativos, tanto no mercado primário como no mercado secundário. Cf. Margarida Azevedo de Almeida, *A responsabilidade* cit., 386. Esta dissonância entre a finalidade do dever de informação e o objeto da responsabilidade civil pelo prospeto surgiria como produto da necessidade de adaptação da lei mobiliária à Diretiva dos Prospetos (diferentemente, na versão original do Código dos Valores Mobiliários, o dever de publicação do prospeto era estabelecido em atenção às exigências de proteção dos interesses individuais dos investidores). Esta visão insere-se, porém, como vimos, no contexto de uma conceção de responsabilidade civil globalmente distinta.

[407] Cf. Petra Buck-Heeb, *Neuere Rechtsprechung zur Haftung wegen fehlerhafter oder fehlender Kapitalmarktinformation*, NZG 29/2016, 1125-1133 (1133).

[408] Cf. Assmann, *Civil liability for the prospectus*, em *Direito dos valores mobiliários*, vol. VI cit., 163-185 (174 e 175); Thomas M. J. Möllers/Franz Clemens Leisch, *Schadensersatzansprüche wegen fehlerhafter Ad-hoc-Mitteilungen*, BKR 2/2001, 78-83 (83).

[409] Cf. Marc-Philippe Weller, *Fehlerhafte Kapitalmarktinformation zwischen Freiheit und Haftung*, em *Festschrift für Michael Hoffmann-Becking zum 70 Geburtstag*, München, 2013, 1341-1362 (1348 ss.), que chama a atenção para que o regime alemão de responsabilidade civil por informações no

de características particularmente desafiantes. Testa-se os limites tradicionais da responsabilidade logo ao nível do enquadramento dogmático e prático da situação ilícita. O arquétipo típico da responsabilidade assente no paradigma da indiferença pessoal própria do mercado — que não valoriza a relação entre emitente e investidor que promana do apontado poder de influência do primeiro na esfera jurídica do segundo — é substituído pela identificação de um relacionamento específico entre lesante e lesado. Tal condiciona, globalmente, a configuração da responsabilidade civil no mercado de capitais. Os deveres de informação — relativos ao prospeto ou à informação *ad hoc* — apresentam-se, afinal, não apenas como exigência do funcionamento do mercado, mas também como expressão de uma necessidade mais acentuada de defesa do investidor face ao poder de influência do emitente, derivado do relacionamento próprio no mercado de capitais.

Entende-se com frequência que a violação dos deveres de informação no mercado constitui um ilícito delitual, *maxime* resultante da violação de normas de proteção. A fisionomia destas normas, nos mais variados domínios, tem sido objeto de estudo profícuo pela doutrina nacional, em especial por ADELAIDE MENEZES LEITÃO[410], quer em geral, quer mais recentemente no âmbito do mercado de capitais. Os danos que se pretende ver ressarcidos são tipicamente danos puramente económicos ou danos patrimoniais puros[411],

mercado de capitais — desenhado pelo legislador mas também pela jurisprudência — reflete um adequado equilíbrio entre estes vetores, notando-se o respeito pela livre iniciativa económica particularmente em traços de regime como a limitação da responsabilidade a casos de negligência grosseira ou na reticência em aceitar aligeiramentos da prova de pressupostos como o nexo de causalidade ou o dano. Sobre a proteção do investidor e a sua relação com a liberdade contratual, cf., entre nós, MARGARIDA AZEVEDO ALMEIDA, *A responsabilidade* cit., 21 ss.

410 *Normas de proteção* cit., *passim*; da mesma Autora, *A responsabilidade civil por violação de normas de proteção no âmbito do Código dos Valores Mobiliários*, em MAFALDA MIRANDA BARBOSA/FRANCISCO MUNIZ (org.), *Responsabilidade civil* cit., 7-25; estudo equivalente é levado a cabo também na área da responsabilidade bancária: cf. ADELAIDE MENEZES LEITÃO, *Concessão de crédito, normas de proteção e responsabilidade bancária*, em ANTÓNIO MENEZES CORDEIRO/JANUÁRIO DA COSTA GOMES/MIGUEL BRITO BASTOS/ANA ALVES LEAL (org.), *Estudos de direito bancário I* cit., 229-248.

411 Cf. SINDE MONTEIRO, *Responsabilidade* cit., 187 ss.; CARNEIRO DA FRADA, *Teoria* cit., 238; CARNEIRO DA FRADA/MARIA JOÃO VAZ TOMÉ, *Danos económicos puros. Ilustração de uma problemática*, em *Estudos em Homenagem ao Professor Doutor Marcello Caetano no centenário do seu nascimento*, Coimbra, 2006, 151-176 (155); ADELAIDE MENEZES LEITÃO, *Normas de protecção* cit., 295 ss., com amplos desenvolvimentos. Os danos económicos puros correspondem a uma perda económica (ou patrimonial) sem que tenha existido prévia lesão de uma posição jurídica absolutamente protegida, como acontece no caso da perda de cotação em mercado de capitais. Embora a noção seja criticável por se apresentar exclusivamente pela negativa, mantém utilidade como locução técnico-operativa que demonstra que estes danos podem escapar à tutela delitual. Cf. também CARNEIRO DA FRADA, *Direito civil.*

em que não se encontra um concreto direito subjetivo que tenha sido violado[412]. Não se reconhecendo um "*direito geral e absoluto* a adquirir certa coisa por determinado montante ou — mesmo — pelo seu (pretenso) valor objectivo"[413], a indemnização de tais danos dependeria necessariamente, da identificação de uma norma destinada a defender interesses de terceiros juridicamente protegidos, o que nos coloca no campo da segunda modalidade de ilicitude prevista no artigo 483.º do Código Civil[414]. Por esse motivo, a primeira questão que normalmente se levanta no domínio em que nos situamos é saber se determinada norma se configura como norma de proteção do investidor, o que se prende, naturalmente, com a própria conceção das finalidades do direito do mercado de capitais[415].

Reponsabilidade civil. O método do caso, Coimbra, 2006, 75 e *Contrato e deveres de protecção* cit., 173-178. Para uma análise dos danos patrimoniais puros nos sistemas da common law, cf. ADELAIDE MENEZES LEITÃO, *Os danos puramente económicos nos sistemas da common law — I*, em *Estudos em Homenagem à Professora Doutora Isabel de Magalhães Collaço*, vol. II, Coimbra, 2002, 197-218 e *Os danos puramente económicos nos sistemas da common law — II. Jurisprudência norte-americana*, em *Ars ivdicandi. Estudos em Homenagem ao Prof. Doutor António Castanheira Neves*, vol. II, Coimbra, 2008, 367-388.

412 Não está, nomeadamente, em causa a ingerência no chamado "direito à empresa", como nota CARNEIRO DA FRADA, *A responsabilidade civil* cit., 44, cuja proteção delitual geral tem vindo a ser aceite. Cf. SINDE MONTEIRO, *A responsabilidade* cit., 206 ss.; CALVÃO DA SILVA, *Responsabilidade civil do produtor*, Coimbra, 1990, 360; MENEZES LEITÃO, *Direito das obrigações* cit., 291 e 292. Em sentido contrário, cf. OLIVEIRA ASCENSÃO, *Concorrência desleal*, Coimbra, 2002, 224 e 225; MENEZES CORDEIRO, *Tratado* cit., VIII, 447; ADELAIDE MENEZES LEITÃO, *Normas de protecção* cit., 562.

413 CARNEIRO DA FRADA, *O problema e os limites da responsabilidade dos auditores*, Direito e Justiça, vol. XVI, 2002, tomo 1, 159-169 (167).

414 Cf. SINDE MONTEIRO, *Responsabilidade* cit., 237-300; CALVÃO DA SILVA, *Responsabilidade* cit., 706 e 707, nota 2; MENEZES CORDEIRO, *Tratado* cit., VIII, 448; LUÍS MENEZES LEITÃO, *Direito das obrigações* cit., I, 294; CARNEIRO DA FRADA, *Teoria* cit., 242 ss.; PEDRO DE ALBUQUERQUE/MARIA DE LURDES PEREIRA, *A responsabilidade civil das autoridades reguladoras e de supervisão por danos causados a agentes económicos e investidores no exercício de actividades de fiscalização ou investigação*, O Direito 136.º (2004), I, 89-130 (113 ss.); ADELAIDE MENEZES LEITÃO, *Normas de protecção* cit., 295 ss.; MAFALDA MIRANDA BARBOSA, *Um caso de ressarcimento de danos puramente patrimoniais*, CDP 57, jan.-mar. 2017, 51-74 (61 ss.); MARGARIDA AZEVEDO DE ALMEIDA, *A responsabilidade civil do banqueiro perante os credores da empresa financiada*, Coimbra, 2003, 36 ss. No entanto, durante um largo período de tempo, considerava-se que a cláusula geral do artigo 483.º autorizava a indemnização de qualquer dano, sem que fosse atribuída relevância à sua qualificação como dano económico puro. Cf. PESSOA JORGE, *Ensaio sobre os pressupostos da responsabilidade civil*, Coimbra, 1995 (reimpr. de 1968), 298-301; CARNEIRO DA FRADA, *Teoria* cit., 238 e 239; PEDRO MÚRIAS, *A responsabilidade por actos de auxiliares e o entendimento dualista da responsabilidade civil*, RFDUL XXXVII (1996), 171-217 (182 e 183).

415 Cf., entre nós, v.g., FERREIRA DE ALMEIDA, *Normas de imputação e normas de proteção no regime da responsabilidade civil extracontratual pela informação nos mercados de valores mobiliários*, DSR, ano 8 (2016), vol. 16, 15-31 (26 e 30), fazendo a destrinça entre "normas de imputação" de responsabilidade e "normas de proteção", afirma que os artigos 149.º, 243.º e 251.º do CVM são normas de imputação

O enquadramento que sustentamos implica a tutela de todos os interesses patrimoniais protegidos pela relação especial, assim se desvanecendo a relevância da qualificação como norma de proteção[416]. Identificada uma ligação especial entre lesante e lesado, "as razões invocadas para a não ressarcibilidade dos danos patrimoniais primários ou puros recuam perante a exigência de uma protecção acrescida (...) dos bens pessoais ou patrimoniais da contraparte"[417].

No âmbito extraobrigacional, a exigência de uma norma de proteção para o ressarcimento dos danos económicos puros fomenta a autorresponsabilidade, previne um excessivo alargamento da tutela delitual do património e salvaguarda a liberdade de atuação dos sujeitos, bem como a dinâmica dos mercados, que ficaria prejudicada com o reconhecimento de um direito, oponível *erga omnes*, dos titulares dos valores mobiliários a não realizarem disposições patrimoniais prejudiciais. Não existe um direito ao património como tal, protegido por um direito subjetivo[418], no sentido em que — nas palavras de SINDE MONTEIRO[419] — "a causação de danos patrimoniais primários ou puros (fora dos quadros de um relação especial) não é em princípio reprovada

de responsabilidade e, ao contrário do que poderia pensar-se, o artigo 7.º não tem natureza de norma de proteção nem de norma de imputação: não prescreve por si qualquer dever de informação nem atribui qualquer direito de indemnização por violação de um dever; ADELAIDE MENEZES LEITÃO, *Cinco décadas de normas de proteção em Portugal: evolução jurídico-científica*, em Código Civil. Livro do cinquentenário, vol. I, Coimbra, 2019, 49-80, notando que o domínio dos valores mobiliários, e em particular a responsabilidade bancária, têm permitido alguma discussão em torno do problema, existindo jurisprudência que admite a qualificação como normas de proteção de normas que consagram deveres de informação, v.g., a do artigo 397.º do CVM; cf., também, MARGARIDA AZEVEDO DE ALMEIDA, *A responsabilidade* cit., 203 ss., sublinhando que as normas que impõem o dever de qualidade das informações contidas no prospeto não são normas de proteção (p. 386). Porém, analisando as normas de responsabilidade em si (e não já as previsões normativas do dever), em particular o artigo 149.º do CVM, reconhece que o regime de responsabilidade é claramente dirigido à proteção dos interesses individuais dos investidores, implicando a natureza de normas de proteção dos interesses individuais dos investidores (p. 394). De qualquer maneira, na conceção de fundo que adota — segundo a qual as pretensões indemnizatórias assumem natureza instrumental em relação à realização do interesse público prosseguido pela norma — não deveria relevar a qualidade de norma protetora de interesses individuais como fundamento da pretensão indemnizatória (p. 395).

416 Cf. ADELAIDE MENEZES LEITÃO, *Normas de protecção* cit., 297, lembrando que os danos económicos puros são ressarcíveis não apenas em caso de violação de normas de proteção, mas também em situações de *culpa in contrahendo*, de abuso de direito e ainda no domínio da responsabilidade civil obrigacional e das relações especiais.

417 PINTO OLIVEIRA, *Deveres de protecção em relações obrigacionais*, SI, LII, 2003, n.º 297, 495-523 (521).

418 SINDE MONTEIRO, *Responsabilidade* cit., 190.

419 *Responsabilidade* cit., 191.

pelo nosso direito positivo, ressalvada a existência de uma disposição legal de protecção ou uma actuação com abuso do direito". Em causa não está, como se sabe, qualquer juízo de valor sobre a dignidade dos danos ao património mas antes uma preocupação de certeza na determinação das pessoas com direito a uma indemnização[420]. A inexistência de um dever geral de respeito pelo património alheio exige prudência na atribuição da natureza de normas de proteção às disposições violadas[421], o que tem gerado particulares dificuldades entre os estudiosos da responsabilidade no mercado de capitais quando esta é inserida no campo da responsabilidade civil aquiliana. Somente devem ser qualificadas como normas de proteção aquelas que tutelam não apenas o público em geral mas ainda interesses individuais. Embora seja suficiente que essa tutela constitua um dos objetivos legais[422], não basta que a promoção da

[420] Cf. SINDE MONTEIRO, *Responsabilidade* cit., 197 e 199.

[421] Cf. SINDE MONTEIRO, *Responsabilidade* cit., 300; PEDRO DE ALBUQUERQUE/LURDES PEREIRA, *A responsabilidade* cit., 118. Sobre a identificação das características e estrutura das normas de proteção, cf. o aprofundado estudo de ADELAIDE MENEZES LEITÃO, *Normas de protecção* cit., que levou a Autora a concluir (pp. 834-835) que a "diferenciação entre direitos subjectivos e interesses juridicamente protegidos assenta na protecção jurídica e nas opções de técnica de construção normativa. Os interesses juridicamente protegidos resultam de normas impositivas ou proibitivas que incidem sobre um grupo ou uma generalidade de pessoas enquanto suas destinatárias. A distinção parece apontar para dois planos: um plano de direito objectivo, em que a proteção é indirecta, e um plano que pressupõe a violação, em que a protecção passa a ser directa". Cf., ainda, da mesma Autora, *Responsabilidade dos administradores para com a sociedade e os credores sociais por violação de normas de proteção*, RDS I (2009), 3, 647-679 (662-664).

[422] Cf. FUCHS/DÜHN, *Deliktische Schadensersatzhaftung für falsche Ad-hoc-Mitteilungen Zugleich Besprechung des Urteils des OLG München*, BKR 2002, 1063-1071 (1064). Em Portugal, embora de forma isolada, já houve quem defendesse a qualificação como normas de proteção, na medida em que a autonomização do regime de responsabilidade por informações defeituosas seria fruto das especificidades do mercado de capitais. A formação da vontade no mercado, pela sua massificação e celeridade nas transações, situa-se fora dos esquemas clássicos de proteção da correta formação da vontade (conforme melhor veremos adiante) e, na medida em que o artigo 483.º/1 do CC não consegue abarcar todas as situações de responsabilidade civil, potencia a tipificação de figuras e subfiguras paralelas ao esquema-padrão. Cf. CASTILHO DOS SANTOS, *O dever dos emitentes* cit., 305. Na Alemanha, a propósito da norma do § 15 WpHG, em que se consagrava o dever de informação *ad hoc* (anteriormente ao Regulamento do Abuso de Mercado), considerava-se, de forma unânime, que esta não era uma norma de proteção já que o seu propósito era defender o mercado de capitais e não os investidores individualmente considerados. Cf. RÜTZEL, *Der aktuelle* cit., 72. Havia também quem notasse que foi o próprio legislador quem se descolou desta noção, visto fazer depender a responsabilidade civil por incumprimento do dever consagrado no § 15 WpHG das condições previstas nos §§ 37b e 37c WpHG. Assim, cf. GERHARD WAGNER, *Schadensberechnung im Kapitalmarktrecht*, ZGR 2008, 495-532 (502). No entanto, ALEXANDER HELLGARDT, *Europarechtliche Vorgaben für die Kapitalmarktinformationshaftung*, AG 5/2012, 154-168 (164 e 165), considera que se modificou a interpretação da expressão "norma de proteção" prevista no § 823 II BGB

integridade da formação dos preços também vise, indiretamente, a defesa do investidor. De forma mais exigente, questiona-se se a lei faz depender a obtenção do escopo de tutela de que seja alcançado o efeito protetivo individual ou se, pelo contrário, apenas o aceita como consequência reflexa. Quer dizer que não é suficiente que a concreta proteção seja expectável, reclamando-se também que esta seja propósito da norma.

Não obstante os diferentes pilares em que alicerçamos o modelo seguido e sem prejuízo da necessária análise casuística, sempre diremos que as normas que impõem deveres de informação visam tutelar a posição dos participantes que integram o grupo potencialmente protegido (investidores) e que qualquer separação rígida entre proteção institucional do mercado e proteção individual dos seus participantes ignora a interação entre a tutela de um e de outros, que se condicionam e fundamentam entre si. A salvaguarda da integridade do mercado e a defesa individual dos investidores não se encontram numa relação de alternatividade, mas antes em inseparável interação funcional, pelo que a qualificação como norma de proteção não deve ser excluída. Qualquer distinção categórica entre mercado e investidor esquece que, na verdade, aquele se consubstancia nos seus participantes e nas suas decisões individuais de investimento[423]. Por isso, uma norma que tenha como desígnio garantir a integridade da formação dos preços no mercado deverá, como estádio intermédio para a sua conssecução, proteger as decisões de investimento individuais, o que impossibilita uma nítida distinção entre proteção direta e indireta da norma[424]. Tome-se como exemplo o dever de informação *ad hoc*, em que o legislador europeu reconheceu expressamente que a transparência, tal como a prevenção do abuso de informação privilegiada, tem como objetivo assegurar que os investidores não são induzidos em erro (considerando 49 do Regulamento do Abuso de Mercado[425]). Por outro lado, uma instituição

na sequência do acórdão do TJUE de 17-set.-2002, C-253/00 (caso *Muñoz*), em que se considerou que o cumprimento de disposições europeias deve poder ser assegurado no quadro de um processo cível intentado pelo lesado. Da nossa parte, julgamos que a necessidade de garantir a efetiva aplicação da regulação europeia por meio do acesso a uma ação cível não deve ser suficiente para modificar uma noção jurídica consolidada na doutrina e que, de qualquer forma, a aplicação do direito europeu se encontra assegurada pelo caminho obrigacional.

[423] Cf. Fuchs/Dühn, *Deliktische* cit., 1065. Por razões análogas, sublinha entre nós, *v.g.* Margarida Azevedo de Almeida, *A responsabilidade* cit., 17, que "o interesse público na eficiência do mercado e o interesse da proteção do investidor correm em grande medida de modo paralelo" e que a proteção do investidor é condição da existência e do bom funcionamento do mercado.

[424] Cf. Fuchs/Dühn, *Deliktische* cit., 1065.

[425] Regulamento (UE) 596/2014 do Parlamento Europeu e do Conselho, de 16 de abril de 2014.

carece de valor autónomo, relevando apenas como representação do agregado de indivíduos que conjuntamente a criam, o que inviabiliza a proteção da formação do preço no mercado sem concomitantemente tutelar as decisões individuais dos investidores, facultando-lhes informação adequada. Decisivo face a qualquer outro argumento — como salienta SPICKHOFF[426] — será questionar se não atribuir o caráter de norma de proteção contraria o sistema. Não resultando a proteção do investidor, de forma clara, da letra da norma, há que indagar se uma ponderação global do sistema de responsabilidade civil torna razoável e sustentável a responsabilidade do informante. O ponto-chave é, pois, a prevenção de conflitos normativos.

O caminho obrigacional que adotamos coloca-nos, porém, num plano diverso. Assumimos, com efeito, a configuração dos deveres de informação do emitente no mercado não já como deveres gerais ou de tipo delitual mas antes como deveres específicos de proteção, ainda que não recondutíveis a uma relação de confiança. Tais deveres, como dissemos, têm origem na especial posição de proximidade em que se encontram emitente e investidor, que nasce do poder de influência do primeiro sobre a esfera jurídica do segundo e, portanto, do seu potencial para causar danos. A indiferença pessoal do mercado nada altera, como escrevemos no capítulo I. Em consequência, a violação de tais deveres convoca-nos para o campo da responsabilidade obrigacional, em negação das visões mais clássicas na matéria. Impõe-se, de resto, reconhecer que as fronteiras da responsabilidade civil obrigacional não são estáticas, apresentando, pelo contrário, elasticidade suficiente para absorverem situações que valorativamente o justifiquem, ainda que desafiem os quadros tradicionais com que habitualmente nos confrontamos. A sustentação da relevância da ligação especial compreendida em sentido funcional, e não necessariamente associada à ideia de confiança, permite repensar e reenquadrar dogmaticamente diversas situações de responsabilidade normalmente relegadas para o campo delitual mas que melhor se enquadram no domínio da responsabilidade obrigacional, como acontece com a responsabilidade por informações no mercado de capitais.

Tendo em conta a particular posição em que se encontra o emitente para causar danos ao investidor, permitindo identificar uma relação especial entre um e outro, torna-se inevitável admitir que os deveres que o sistema jurídico faz recair sobre o emitente se conformam na verdade como deveres de proteção. O conceito de relação especial vingou, aliás, precisamente para descrever

[426] Cf. ANDREAS SPICKHOFF, *Gesetzesverstoß und Haftung*, Köln, Berlin, Bonn, München, 1998, 124.

os casos em que se impõem deveres deste tipo. É hoje amplamente aceite, como se sabe, a existência de deveres de proteção que não acompanham um dever de prestar principal (surgindo, como já referimos, relações obrigacionais sem dever de prestar principal)[427]. Recorde-se, mais uma vez, a teoria da relação unitária de proteção *(einheitliches Schutzpflichtverhältnis)*, alicerçada na equivalência fundamental entre os deveres de proteção qualquer que seja a sua fonte. Vale, nesta linha, um conceito de obrigação que não reclama um dever de prestar principal: ainda que a sua verificação se mantenha paradigmática, não se identificam afinal obstáculos a que a obrigação se construa em torno de um dever específico de respeito e cuidado[428]. O reconhecimento da estrutura intrinsecamente complexa da obrigação tem uma dimensão histórico-cultural que não deve ser ignorada e que já foi, entre nós, documentada[429].

Os deveres de proteção fundam-se, em geral, no artigo 762.º/2 do CC, que determina que, no cumprimento da obrigação, assim como no exercício do direito correspondente, devem as partes proceder de boa-fé[430]. A ideia-base é, consabidamente, a de que as obrigações são acompanhadas por um halo de deveres acessórios[431] que permitem o respeito e a concretização dos valores

[427] Pode, aliás, suceder que (i) os deveres precedam o aparecimento da obrigação, (ii) a obrigação não chegue a existir; (iii) a obrigação seja nula; (iii) os deveres subsistam à extinção da obrigação. Cf. MENEZES CORDEIRO, *Violação positiva* cit., 125. Cf., sobre a complexidade obrigacional e a obrigação sem prestações principais, MENEZES CORDEIRO, *Da boa fé* cit., I, 593 ss. e *Tratado* cit., II, 247.

[428] Esta é a posição de MENEZES CORDEIRO, *Tratado de direito civil*, VI, 2.ª ed., Coimbra, 2012, 325, que aponta que a exigência de "respeito" não deve ser tomada como um verdadeiro dever de prestar.

[429] Cf., por todos, MENEZES CORDEIRO, *Tratado* cit., VI, 265-331: a ideia da complexidade do vínculo obrigacional foi introduzida pelas doutrinas realistas, seguida pelas teses mistas do débito e respondência, da obrigação como organismo, relação-quadro ou estrutura e processo.

[430] Preceito introduzido por ANTUNES VARELA na 2.ª revisão ministerial, como recorda MENEZES CORDEIRO, *Tratado* cit., VI, 508.

[431] A relação obrigacional é hoje uniformemente aceite como relação jurídica complexa, decorrente dos preceitos de direito objetivo e das estipulações contratuais das partes, no seio da qual é possível distinguir deveres de prestar principais, secundários e acessórios. Sobre a origem germânica da relação obrigacional em sentido amplo cf., *v.g.*, ANTÓNIO PINTO MONTEIRO/PAULO MOTA PINTO, *Einflüsse der deutschen Rechtswissenschaft auf die portugiesische Privatrechtsdogmatik in den letzten 50 Jahren*, em *Privatrechtsdogmatik im 21. Jahrhundert. Festschrift für Claus-Wilhelm Canaris zum 80. Geburtstag*, Berlin, 2017, 1137-1158 (1144 ss.) Por vezes também se identifica, no contexto de uma conceção ampla do conteúdo da relação obrigacional, uma relação de prestação e uma relação de proteção, sendo que na primeira se integram os deveres de prestação (principais ou secundários) e os deveres acessórios de conduta. Cf., por todos, NUNO MANUEL PINTO OLIVEIRA, *Inexigibilidade judicial do cumprimento de deveres acessórios de conduta?*, SI, tomo LI, mai.-ag. 2002, 295-303 (295). No contexto da tripartição referida, os *deveres de prestar principais* correspondem, nas palavras de CARLOS MOTA PINTO, *Cessão da posição contratual*, Coimbra, 1970, 335, à "alavanca dirigida à consecução do fim

fundamentais do sistema, que se traduzem na boa-fé nas negociações preliminares (artigo 227.º), na execução dos contratos (artigo 762.º/2) e no exercício de qualquer posição jurídica (artigo 334.º)[432]. Na sua génese, a boa-fé contratual seria garante da realização do fim da obrigação, da prevenção de danos e da preservação dos valores do sistema: os deveres de proteção, nas modalidades de deveres de informação, lealdade e segurança cumpririam, pois, estas funções[433]. Refira-se o caso da Alemanha, onde a ideia de que a relação obrigacional pode, de acordo com o seu conteúdo, vincular uma parte à consideração pelos direitos, bens jurídicos e interesses da outra consta expressamente do § 241 II BGB, desde a reforma de 2001-2002, em termos que não se afastam, no essencial, do regime resultante do sistema jurídico português. O tema, com forte tradição entre nós, foi recentemente retomado por Menezes Cordeiro[434], sublinhando que os deveres acessórios "dão corpo à dimensão axiológica heterónoma do Direito". Estes, sobretudo quando localizados no círculo externo, podem constituir-se e subsistir sem que exista um dever de prestar, como recorda o Autor[435]. Apesar da natureza acessória, os deveres de informação apresentam "um peso particular no setor onde ocorrem"[436].

do contrato", concretizando o "programa da prestação" da relação obrigacional (Pinto Oliveira, *Inexigibilidade* cit., 296). Por seu lado, os *deveres de prestar secundários* traduzem prestações autónomas ainda que especificamente acordadas com o fim de complementar a prestação principal, sem a qual não fazem sentido (por todos, cf. Menezes Leitão, *Direito das obrigações* cit., I, 127). Finalmente, encontramos os *deveres laterais ou acessórios,* que, "carecidos de autonomia em relação a este", se ligam "através do dever principal de prestação, ao fim do contrato" (Carlos Mota Pinto, *Cessão* cit., 375); estes decorrem da boa-fé ou da lei como meios necessários para a efetiva realização do fim contratual. Por vezes distingue-se *os deveres acessórios de prestação,* que cumprem uma função instrumental de preparação e execução dos atos de cumprimento dos deveres principais, e os *deveres acessórios de conduta,* que criam as condições necessárias para a realização do fim secundário ou mediato da obrigação (cf. Pinto Oliveira, *Inexigibilidade* cit., 296). Todos estes elementos são dominados pelo elemento finalístico da relação obrigacional, que surge como "sistema dinâmico", "sistema final" ou "sistema funcional" (Carlos Mota Pinto, *Cessão* cit., 384). Cf., sobre o tópico, Ana Perestrelo de Oliveira/Madalena Perestrelo de Oliveira, *Incumprimento resolutório: uma introdução,* Coimbra, 2019, 80 e 81.

[432] Cf. Menezes Cordeiro, *Tratado* cit., VI, 321.

[433] Cf. Menezes Cordeiro, *Tratado* cit., VI, 322.

[434] *Responsabilidade bancária* cit., 13 ss.

[435] Menezes Cordeiro, *Responsabilidade* cit., 21. Como explica o Autor (pp. 22 e 23), no círculo interno, encontramos os deveres acessórios destinados a acautelar e a substancializar a prestação; no círculo externo, joga a especial vulnerabilidade em que as partes se encontram, por regra resultante da relação de confiança (mas que, no caso em estudo, deriva da situação funcional do emitente, pelas razões que expusemos).

[436] Menezes Cordeiro, *Direito bancário* cit., 404.

Neste domínio das relações obrigacionais sem dever de prestar principal, levantam-se, inevitavelmente, particulares problemas quando se trata da configuração dos deveres acessórios. Se estes se fundam no sistema, o seu regime segue normalmente o da obrigação que acompanham, levando a perguntar como conformar a situação no caso sensível em que falta a obrigação principal de prestar. A necessidade de repensar a questão não deve causar preplexidade: é sabido que os deveres de proteção variam consoante a natureza da relação especial concreta e das posições jurídicas protegidas[437]. Encontrado o seu fundamento, há que concretizar o regime, atendendo à sua orientação teleológica para a realização das finalidades prosseguidas pela relação especial. Os deveres pretendem compensar a particular proximidade entre as partes, mediante a prevenção de danos, que são especialmente comuns em resultado da interferência na esfera jurídica alheia propiciada por essa relação. Tem-se em vista, portanto, promover uma cooperação entre as partes que se baseie na confiança e na razoabilidade. Significa isto que, sem prejuízo do conteúdo dos deveres ser delineado em função do caso concreto, em abstrato tem em conta três fatores[438]: a *necessidade de proteção*, a *razoabilidade* do dever de proteção para a parte vinculada e o *nível de confiança* desejavelmente existente na relação[439].

[437] Cf. Peter Krebs, *§ 241. Pflichten aus dem Schuldverhältnis*, em Dauner-Lieb/Langen, *BGB-Schuldrecht*, 3.ª ed., 2016, Rn. 44.

[438] Neste sentido, Krebs, *§ 241* cit., Rn. 45.

[439] Na nossa aceção mereceriam a qualificação de relação especial, a título meramente exemplificativo, os seguintes casos: (i) a relação cujo objetivo é a celebração de um negócio jurídico, o que envolve as hipóteses de *culpa in contrahendo*; (ii) as relações nas quais é prestado um serviço voluntariamente, sem obrigação de o fazer, sendo excluídos os meros favores, cuja realização não possa prejudicar os interesses da outra parte; (iii) as relações de vizinhança (apesar de, ao contrário do que acontece na maioria das relações especiais, estas não visarem uma alteração do *status quo* em que as partes se encontram, existe uma necessidade situacional de proteção fundada na necessidade de convivência, ao que acresce que as obrigações podem ter por objeto um comportamento omissivo e ainda assim a sua qualificação ser reconduzida à relação especial); (iv) relação entre os trabalhadores de uma empresa: deve ser vista como uma relação pessoal com relevância legal [cf. Wolfgang Zöllner, *Die Stellung des Arbeitnehmers in Betrieb und Unternehmen*, em Franz Gamillscheg/Alfred Hueck/Herbert Wiedemann (org.), *Festschrift 25 Jahre Bundesarbeitsgericht*, München, 1979, 745-771 (752 ss.)]; (v) a relação entre o proprietário de um terreno e o empreiteiro contratado por terceiro para construir na propriedade (cf. Krebs, *§ 241* cit., Rn. 35); (vi) a relação entre sócios, incluindo acionistas da sociedade anónima [na doutrina portuguesa, cf., por todos, Ana Perestrelo de Oliveira, *Grupos de sociedades e deveres de lealdade. Por um critério unitário de solução do "conflito do grupo"*, Coimbra, 2012, *passim*. Na doutrina e jurisprudência alemãs, cf., *v.g.*, Lutter, *Zur Treupflicht des Großaktionärs*, JZ 1976, n.º 8, 225-233; Wiedemann, *Gesellschaftsrecht*, vol. 1, München, 1980, § 2 I 1b, § 8 II 3; BGH 1-fev.-1988 (*Linotype*) – II ZR 75/87

Por isso, quer na situação que se encontra mais detalhadamente regulada — a do dever de publicação do prospeto —, quer nas demais hipóteses de deveres de informação no mercado, não estamos perante um comum dever geral de respeito, mas antes perante deveres específicos, que emergem no contexto da ligação especial identificada, embora com as particularidades próprias do anonimato que caracteriza o mercado de capitais.

(DNotZ 1989, 14-19, 18 e 19); BGH 25-nov.-2002 (*Macrotron*) – II ZR 49/01 (NJW 2003, 970)]; (vii) no contrato a favor de terceiro, a relação entre promitente e terceiro beneficiário; (viii) na gestão de negócios, a relação entre gestor e *dominus* (cf., por todos, MENEZES LEITÃO, *A responsabilidade do gestor* cit., 357 ss., reconhecendo o Autor, como apontámos no capítulo I, a existência de um vínculo específico entre *dominus* e gestor, que se localizaria numa área próxima da obrigacional; cf. ainda KREBS, *§ 241* cit., Rn. 37, defendendo que os deveres a cargo do gestor de negócios devem ser vistos como deveres de proteção).; (ix) a relação entre credores num processo de insolvência. Este último exemplo foi por nós estudado noutro contexto e permite, em boa medida, testar os limites da relação especial (cf. MADALENA PERESTRELO DE OLIVEIRA, *Limites da autonomia dos credores na recuperação da empresa insolvente*, Coimbra, 2013, 75-80). A existência de deveres fiduciários entre os credores não é comummente aceite, sendo que a única garantia do devedor, dos acionistas ou dos credores de que estes sujeitos não atuarão de forma que desvalorize a empresa insolvente seria a "identidade de interesses" entre credores (cf. THOMAS J. SALERNO/JORDAN A. KROOP, *Bankruptcy litigation and practice: a practitioner's guide*, 4.ª ed., s/l, 2008, 130), os quais tenderão, por esse motivo, a concertar atuações. No entanto, a possibilidade de os credores assumirem posições de bloqueio, nomeadamente na deliberação de aprovação do plano de insolvência, tem sido abundantemente notada pela doutrina e não tem passado despercebida nos tribunais. A jurisprudência americana mais recente tem sublinhado a existência de deveres entre os credores da insolvência, partindo da ideia de que, quando uma empresa está solvente, os administradores têm, perante a sociedade e os acionistas, deveres de boa-fé, os quais, no momento em que esta entra em situação de insolvência, devem ser revertidos de forma a que se convertam em garantia de que os credores estão, também, vinculados entre si [neste sentido a sentença *In re Toy King Distributors, Inc.*, 256 B.R. 1 (Bankr. M.D. Fla. 2000)]. Até já se afirmou, em 2008, ainda que de forma implícita, que os credores também terão deveres fiduciários entre si quando a sociedade estiver na "*zone of insolvency*" ou na "*vicinity of insolvency*" [cf. *In re Security Asset Capital Corporation*, 2008 (Bankr. D. Minn. Nov. 5, 2008)]. As decisões dos tribunais têm sido, no entanto, inconstantes. A identificação dos deveres que se estabelecem entre os credores da insolvência colocou-se com especial visibilidade no caso *Washington Mutual, Inc.*, julgado pelo tribunal federal da insolvência [*Washington Mutual, Inc.*, 08-12229 (MFW), 2011, WL 4090757 (Bankr. D. Del. 2011)], que salientou a posição fiduciária dos credores perante os demais (SANDRELLI, *Insider trading nel contesto di ristrutturazioni societarie: la pronuncia di un tribunale fallimentare americano*, Rivista delle società, ano 56, nov.-dez. 2011, 6, 1347-1350). A possibilidade de existência de deveres de lealdade entre credores não deve surpreender, já que, na realidade, a lealdade é multipolar, podendo ser orientadora de condutas da sociedade, dos sócios ou dos administradores [cf. NUNO TRIGO DOS REIS, *Os deveres de lealdade dos administradores de sociedades comerciais*, em *Temas de direito comercial*, Cadernos O Direito 4 (2009), 279-419 (280)], não havendo motivo para que não seja estendida para campos ainda por estudar como a relação entre os credores.

Está hoje assente na doutrina[440] que os deveres acessórios — sejam os deveres de proteção ou os deveres de lealdade — devem ser encarados de uma perspetiva material e não formal, atendendo aos interesses realmente afetados mais do que aos vínculos formais que intercedam entre os sujeitos. Os deveres de lealdade, por exemplo, constituem, como tem sido dito, forma de solução ou, pelo menos, de gestão de conflitos de interesses, permitindo identificar o interesse que, em cada momento, merece prevalência. Por esse motivo, é irrelevante a existência de uma relação contratual ou de outra relação obrigacional *formalmente* reconhecida entre os intervenientes no mercado.

Partimos, pois, da constatação de que os deveres acessórios assentam, na sua atuação, em dois fatores: por um lado, no poder de influência ou de ingerência nos interesses alheios (mais do que na identificação de uma relação de confiança real entre os sujeitos) e, por outro, na existência de uma ligação especial entre os mesmos. Uma vez que "não há poder sem responsabilidade" (*keine Herrschung ohne Haftung*), sempre que um sujeito se encontra numa situação tal que dispõe do poder de condicionar os interesses alheios, em detrimento destes, deve exercer esse poder com respeito pelos referidos interesses, i.e., observando os deveres de proteção que em concreto se imponham. Assim sucede no mercado de capitais, onde, como vimos, a conduta do emitente pode condicionar o preço da negociação dos valores mobiliários com potencial e conhecido prejuízo para o investidor. Esse poder de influência extravasa em muito o impacto geral que a conduta de um terceiro pode ter na posição alheia e, portanto, encontra-se claramente para além do âmbito dos deveres gerais de respeito.

É a ligação especial entre os intervenientes que dimana da sua participação no mercado de capitais que constitui verdadeiramente o critério da imposição de deveres de proteção entre os sujeitos, em conformidade com o princípio da correlação poder-responsabilidade, servindo como "padrão qualificado de conduta"[441]. Deste modo, a relação que se estabelece no mercado implica um *plus* face aos deveres genéricos de respeito e à ordenação de comportamentos efetuada pelo ilícito delitual[442], o que determina que os deveres

[440] Cf., por todos, Ana Perestrelo de Oliveira, *Grupos* cit., *passim*.

[441] Ana Perestrelo de Oliveira, *Grupos* cit., 236. Cf., porém, Carneiro da Frada, *A responsabilidade* cit., 750 ss. e Margarida Azevedo de Almeida, *A responsabilidade* cit., 279 ss., associando a ligação especial a situações em que não há intenção de influenciar opções alheias.

[442] Assim, Menezes Leitão, *A responsabilidade do gestor* cit., 339, ainda que a outro propósito e concluindo pela assimilação a uma figura "quase-obrigacional".

a cargo das partes sejam desenhados pela positiva de acordo com o modelo alargado da obrigação[443].

Este (re)enquadramento dos deveres de informação do emitente no mercado de capitais como deveres de proteção situa as consequências da sua violação no plano obrigacional. Tal não significa, certamente, assimilar as situações em estudo àquelas em que se identifica uma base contratual, o que se traduziria numa construção "artificiosa, repleta de expedientes"[444] e assente numa ficção, que tentaria ampliar as fronteiras do negócio jurídico, sem, porém, questionar a definição clássica de contrato. O pendor obrigacional da responsabilidade civil por informações no mercado já foi negado de forma expressa, precisamente por se pensar ser alicerçado em ficções de vontade, mas também em virtude da tendência para a equiparação da posição do oferente dos valores mobiliários com a dos restantes intervenientes responsáveis pelo prospeto, que não estabelecem qualquer relação contratual com o subscritor de valores mobiliários: uniformizando o Código dos Valores Mobiliários o regime de responsabilidade dos diversos sujeitos, ficaria dificultada a distinção entre as diferentes situações[445]. Encontram-se, na área delitual, compreensões variadas: desde a invocação da inobservância de promessa unilateral de uma prestação[446] — posição que colide, aliás, com

[443] Cf. Menezes Cordeiro, *Tratado de direito civil*, VII, reimpr. da ed. de 2010, Coimbra, 2018, 671, a propósito da primazia da imputação contratual dos deveres paracontratuais. Pelo contrário, Carneiro da Frada, *A responsabilidade civil das agências de notação do risco* (rating). *Ensaio de construção dogmático-crítica*, Coimbra, 2018, 38, nota que a responsabilidade contratual só restritamente poderá ser mobilizada em prol da tutela dos investidores: a sua base na autonomia privada estreitaria a responsabilidade ao programa obrigacional voluntariamente assumido.

[444] Cf. a crítica de Calvão da Silva, *Responsabilidade* cit., 346-352, à defesa do caráter contratual da responsabilidade civil do produtor. Aliás, utilizamos a expressão responsabilidade *obrigacional* e não responsabilidade *contratual* por reconhecermos que estas não são sinónimas. Cf., por todos, Inocêncio Galvão Telles, *Direito das obrigações*, 7.ª ed., Coimbra, 1997, 212 e 213,

[445] Cf. Costa Pina, *Dever de informação* cit., 172 e 173, que acrescenta que os prospetos de admissão à negociação em mercado regulamentado não integram qualquer declaração negocial dirigida aos investidores.

[446] Ideia segundo a qual a prestação de informação garante que esta é fornecida de forma diligente e cuidadosa. Neste sentido, Hans Stoll, *Vertrauensschutz bei einseitigen Leistungsversprechen*, em *Festschrift Flume zum 70. Geburtstag*, Köln, 1978, 741-773 (765), que encontra (alegadamente) arrimo no caso *Hedley Byrne & Co. Ltd v. Heller & Partners Ltd.* (1964) A.C. 465, onde se considera que a prestação de informação falsa é um ato ilícito com fundamento na *"assumption of responsibility"* por parte do informado. A tese é refutada por Köndgen, *Selbstbindung ohne Vertrag. Zur Haftung aus geschäftsbezogenem Handeln*, Tübingen, 1981, 355 e 356, que afirma que, na medida em que o informante não está vinculado a prestar a informação, mas apenas a fazê-lo de forma cuidadosa caso a preste, na verdade não haveria uma promessa de prestação, mas sim uma promessa de responsabilização, e esta seria, por natureza, uma ficção.

o regime português dos negócios unilaterais (artigo 457.º)[447] — até à responsabilidade delitual especial (*Sonderdeliktsrecht*)[448], passando por ensaios de recondução ao regime das atividades perigosas previsto no artigo 493.º/2 (em especial no que toca à responsabilidade pelo prospeto)[449], ou à responsabilidade por violação de deveres do tráfego[450], por exemplo.

Não obstante, dada a particular proteção que é concedida aos danos patrimoniais puros pela visão obrigacional, tem-se assistido ao desenvolvimento concomitante de ficções de contrato e à expansão de obrigações de proteção (quase contratuais). Reconhece-se que o enquadramento extraobrigacional falha desde logo pela restritividade que inculcaria na delimitação dos danos indemnizáveis[451] (sem prejuízo da identificação de normas de proteção), destruindo a capacidade material da responsabilidade civil para servir a tutela do investidor e, indiretamente, do mercado. E, sobretudo, a recondução do facto ilícito ao incumprimento de deveres gerais de segurança no tráfego

[447] Cf. SINDE MONTEIRO, *Responsabilidade* cit., 494.

[448] Cf. ASSMANN, *§ 5. Prospekthaftung* cit., Rn. 227; HELLGARDT, *Kapitalmarktrecht* cit., 20 ss.; HOPT, *Die Haftung für Kapitalmarktinformationen — Rechtsvergleichende, rechtsdogmatische und rechtspolitische Überlegungen*, WM 3/2013, 101-112 (104).

[449] Sobre o tópico, mas negando a qualificação, cf. MARGARIDA AZEVEDO DE ALMEIDA, *A responsabilidade civil* cit., 372.

[450] Neste sentido, a respeito da responsabilidade pelo prospeto, cf. MARGARIDA AZEVEDO DE ALMEIDA, A *responsabilidade* cit., 374 ss., que, apesar de rejeitar a recondução da responsabilidade ao regime do artigo 493.º/2 do CC, entende que a deficiência da informação surge efetivamente como uma fonte de perigo para os interesses potenciais dos investidores, uma vez que afeta a regular formação dos preços no mercado. Vigora um princípio segundo o qual quem cria ou mantém uma fonte de perigo deve adotar as medidas necessárias para que não cause danos a terceiros, sendo o artigo 493.º/2 do CC apenas uma das respetivas expressões. A responsabilidade pelo prospeto reconduzir-se-ia a esse princípio e, mais concretamente, à preterição de deveres do tráfego (ou deveres de prevenção do perigo). Em Itália, também é equacionada a configuração da responsabilidade civil pelo prospeto à luz de regime paralelo, previsto no art. 2050 *Codice Civile*. Cf. FACCI, *Il danno* cit., 135-139. A conceção é incompatível, porém, com a existência de uma ligação especial entre lesante e lesado e os deveres de proteção que daí resultam. Como expõe MENEZES CORDEIRO, *Responsabilidade bancária* cit., 21, os deveres do tráfego distinguem-se dos deveres acessórios por surgirem como concretizações do dever geral de respeito. Por isso, como nota RUI ATAÍDE, *Os deveres no tráfego*, em *Código Civil* cit., II, 731-751 (747), desempenham "uma função instrumental dentro da matriz delitual, ao veicularem o cuidado que é necessário adoptar para impedir ofensas nos bens jurídicos defendidos por direitos subjectivos e normas de protecção". Cf. também ADELAIDE MENEZES LEITÃO, *Normas de protecção* cit., 571 ss.

[451] Cf. ASSMANN, *Der Inhalt des Schadensersatzanspruchs fehlerhaft informierter Kapitalanleger*, em *Festschrift für Hermann Lange zum 70. Geburtstag am 24 Januar 1992*, Stuttgart, Berlin, Köln, 1992, 345-372 (354); HEINZ-DIETER ASSMANN, *Entwicklungstendenzen der Prospekthaftung*, WM 6/1983, 138-144 (142 ss.).

revela a manifesta insuficiência de ignorar a especial relação que se estabelece entre as partes[452]. Assim se compreendem as hipóteses apontadas, no campo do contrato[453], no sentido de encarar a informação como garantia de características ou qualidade dos valores mobiliários oferecidos[454] — configurando-se o prospeto como promessa autovinculativa[455], como proposta negocial[456]

[452] Cf. Menezes Cordeiro, *Tratado* cit., VIII, 587-589; Sinde Monteiro, *Responsabilidade* cit., 486-488; Adelaide Menezes Leitão, *Normas de proteção* cit., 571 ss.; Rui Ataíde, *Responsabilidade civil por violação de deveres no tráfego*, Coimbra, 2015.

[453] No âmbito da nossa investigação, nem sempre é possível identificar a situação típica de existência de um contrato de investimento, o que, por si, conduziria à responsabilidade contratual. A este respeito, mas no contexto de investigação com escopo diferente, cf. Carneiro da Frada, *Teoria da confiança* cit., 186 e, ainda, Margarida Azevedo de Almeida, *A responsabilidade* cit., 222 ss., a propósito da responsabilidade do intermediário financeiro. Mesmo no mercado primário entende-se, como vimos no capítulo I, que não existe uma relação contratual entre emitente e investidor; mesmo que existisse, tal caminho conduziria, inevitavelmente, a uma qualificação fragmentária da responsabilidade por informações no mercado de capitais. Por um lado, não se estabelece vínculo equivalente entre os participantes no mercado e os restantes responsáveis pela informação; por outro lado, no mercado secundário abdica-se, em absoluto, desta relação, que é substituída pelo contacto direto entre investidores. Também não tem cabimento a identificação de um contrato com eficácia de proteção para terceiros, nos termos do qual os terceiros não gozariam de qualquer pretensão contratual, mas poderiam ser ressarcidos pelos danos ocorridos na esfera de proteção do contrato, como notam Carneiro da Frada/Costa Gonçalves, *Diligência e prova do cumprimento das obrigações da concessionária em acidentes de viação ocorridos em auto-estradas*, em *Responsabilidade civil. Cinquenta anos em Portugal, quinze anos no Brasil*, Coimbra, 2017, 155-202 (171); a ideia de que o cuidado reclamado pelo dever de informar visaria, também, a proteção dos adquirentes subsequentes pisaria "o domínio da ficção" (Carneiro da Frada, A *responsabilidade civil* cit., 52) e não solucionaria os casos de divulgação desconforme de informação no mercado secundário, mas apenas os problemas relacionados com o conteúdo do prospeto cujas consequências ainda se repercutissem neste mercado. Impõe-se, pois, a manutenção da lógica subjacente ao regime mobiliário de responsabilidade civil, que não depende da identificação de uma relação contratual entre lesado e responsável pela informação.

[454] Sobre esta conceção, cf., *v.g.*, Margarida Azevedo de Almeida, *A responsabilidade* cit., 189. Em Itália, com base no — hoje revogado — art. 5/4 *Regolamento Emittenti* (adotado pela Consob a 14 de maio de 1999), no qual se lia que "o emitente, o oferente e outros responsáveis pelo prospeto subscrevem uma declaração de responsabilidade que consta dos anexos do Regulamento e que deve ser reproduzida como anexo especial à comunicação", alguma doutrina defendia que este documento informativo constituía garantia de qualidade dos valores mobiliários oferecidos ao público, sendo aplicável o regime do art. 1490 *Codice Civile* (garantia dos defeitos da coisa vendida). Sobre este entendimento cf. Giovanni Facci, *Il danno da informazione finanziaria inesatta*, Bologna, 2009, 125 ss.

[455] Neste sentido, Köndgen, *Zur Theorie der Prospekthaftung (I)*, AG 5/1983, 85-99 (98). Porém, esta qualificação apenas seria viável caso os retornos do investimento fossem efetivamente prometidos, o que não acontece tipicamente nas comunicações ao mercado. Cf. Assmann, *Der Inhalt* cit., 353.

[456] Cf. Ferreira de Almeida, *Contratos*, I, reimpr. da 6.ª ed., Coimbra, 2018, 225 e 226, para quem, havendo adesão ao prospeto, o conteúdo do contrato que se forma é equivalente ao da proposta.

ou mesmo como autorização para a aplicação do regime da compra e venda de coisa defeituosa ou de bens onerados[457] — ou, num domínio quase-contratual,

O proponente (vendedor) fica obrigado a cumprir o contrato nos precisos termos da proposta que emitiu e, não o fazendo, incorre em responsabilidade contratual. Já antes, FERREIRA DE ALMEIDA, *Texto e enunciado na teoria do negócio jurídico*, II, Coimbra, 1992, 896-913, em especial, 900 ss., atribuía relevância às conceções negociais sobre a publicidade.

457 O tema surgiu, originariamente, sobretudo no encalço do emblemático acórdão do Tribunal Arbitral de 31 de março de 1993, a respeito da privatização da Sociedade Financeira Portuguesa, E.P. (cf. *Acórdão do Tribunal Arbitral constituído pela convenção de arbitragem celebrada entre o Banco Pinto & Sotto Mayor, S.A., e o Banco Mello, S.A., e um grupo de accionistas em 2 de junho de 1992*, em *A privatização* cit., 35-61), que foi transformada numa sociedade anónima de capitais públicos (a Sociedade Financeira Portuguesa/Banco de Investimento, S.A.), pelo Decreto-Lei n.º 282-A/90, de 14 de setembro. Com esse propósito, foram alienadas, em bloco e em leilão competitivo, 80% das ações, detidas pelo Banco Pinto & Sotto Mayor, e publicado um prospeto, no qual, entre outros elementos, se apresentava o valor da Sociedade Financeira, tal como estimado por várias entidades independentes. Após a OPV, e sem que essa informação tivesse sido divulgada ao mercado, tornou-se público que a Sociedade Financeira concedera duas garantias bancárias à IBEROL, S.A., num total de cerca de 2 000 000 contos, as quais foram executadas, tendo a Sociedade Financeira acabado por ser chamada a pagar. O caso foi analisado por vários pareceristas e enquadrado como compra de coisa defeituosa [cf. MENEZES CORDEIRO, *Vícios ocultos nos bens privatizados: subsídio para a análise da privatização da Sociedade Financeira Portuguesa — Banco de Investimento, S.A. e suas consequências*, em *A privatização da sociedade financeira portuguesa*, Lisboa, 1995, 81-143, (122 ss.)] ou como compra de bem onerado [cf. PESSOA JORGE, *Parecer de direito*, em *A privatização* cit., 161-180 (171 ss.); CALVÃO DA SILVA, *Parecer de direito*, em *A privatização* cit., 205-222 (211 ss.); A. FERRER CORREIA/ ALMENO DE SÁ, *Parecer de direito*, em *A privatização* cit., 257-302 (283 ss.); aplicando analogicamente o regime, cf. MARCELO REBELO DE SOUSA, *Parecer de direito*, em *A privatização* cit., 225-253 (230-239)], devendo, por isso, conceder-se aos acionistas — que teriam igualmente adquirido as ações, ainda que não tivesse existido erro ou dolo — direito à redução do preço, nos termos do artigo 911.º do CC (aplicável por via direta ou por remissão, no caso de enquadramento como venda de coisa defeituosa), sem prejuízo do direito ao ressarcimento dos danos emergentes e lucros cessantes, correspondentes ao que razoavelmente poderia ter sido ganho com as quantias imobilizadas [cf. MENEZES CORDEIRO, *Privatização da Sociedade Financeira e vícios ocultos: das pretensões de reparação*, em *A privatização* cit., 147-158 (158)]. Embora o objeto da venda tenha sido as ações — que, em si, não estavam sujeitas a qualquer vício, ónus ou limitação — o caso situar-se-ia dentro do âmbito de previsão do artigo 905.º do CC, na medida em que o vício relevante não é a desvalorização, mas aquilo que a causa: a própria perda de valor da empresa, cujo património líquido era, afinal, inferior ao anunciado, em resultado de garantias pessoais ocultas (PESSOA JORGE, *Parecer* cit., 171 e 172). Se, atendendo às particularidades da privatização da Sociedade Financeira Portuguesa, era devida a ponderação dos regimes enunciados, esta depara-se com dificuldades quando se questiona a sua aplicação em termos mais abrangentes. Por um lado, a linguagem utilizada no regime da compra e venda de coisas defeituosas (*v.g.*, direito à reparação ou substituição da coisa: artigo 914.º do CC) parece revelar que se supõe a alienação de um objeto material e corpóreo [nesse sentido, cf. GALVÃO TELLES, *Parecer de Direito*, em *A privatização* cit., 183-201 (195); CALVÃO DA SILVA, *Parecer* cit., 214; ALMEIDA COSTA, *Voto de vencido ao acórdão do Tribunal Arbitral de 31 de março de 1993*, em *A privatização* cit., 62-74 (64)]. Por outro lado, no momento da aquisição ou subscrição dos valores

como cumprimento de deveres cuja violação origina responsabilidade pré--contratual.

Independentemente da concreta fundamentação sustentada, a responsabilidade civil por informações no mercado — e em particular pelo prospeto — insere-se, como é compreensível, num movimento geral de expansão de deveres de proteção do património (*Vermögensschutzpflichten*)[458], que já não radicam na ideia de reciprocidade entre duas pessoas, avançando-se antes

mobiliários estes não sofrem de vício que os desvalorize, nem o direito transmitido está sujeito a ónus ou limitações anormais [cf. GALVÃO TELLES, *Parecer* cit., 195; ALMEIDA COSTA, *Voto de vencido ao acórdão do Tribunal Arbitral de 31 de março de 1993*, em *A privatização* cit., 62-74 (64 e 65)]: o preço pago pelo investidor corresponde à avaliação feita pelo mercado, podendo os instrumentos mobiliários ser alienados em mercado secundário sem que os seus titulares sofram qualquer prejuízo enquanto a informação não for divulgada ao público; acresce que dos contratos de garantia — e, tipicamente, nos restantes casos de informação desconforme — não resulta nenhum ónus ou limitação para os direitos da garante, além dos riscos próprios, normais, dos direitos de crédito que ela adquiriu com a realização da operação negocial [cf. ANTUNES VARELA, *Anotação* a *Tribunal Arbitral. Acórdão de 31 de Março de 1993*, RLJ 126 (1993), 311-320 (312)]. Por isso, a aplicação de qualquer destes regimes pressupõe, pelo menos, a aquisição da empresa, único bem potencialmente onerado ou viciado, sendo dificilmente transponível para casos em que não exista a alienação de uma participação de controlo. Assim, a solução não é apta para resolver a maioria dos casos que analisamos, diferentemente do que sucedeu na situação da Sociedade Financeira em que se pretendeu "alienar e adquirir uma sociedade como empresa, ou uma actividade económica organizada em forma de empresa" (cf. CALVÃO DA SILVA, *Parecer* cit., 207). Teve-se em vista vender a totalidade das ações representativas do capital da Sociedade Financeira, privatizando-se integralmente a empresa: da interpretação da vontade negocial resultava que se pretendia o aparecimento de um novo dono da empresa e não de um mero comprador de participações sociais (assim, A. FERRER CORREIA/ALMENO DE SÁ, *Parecer* cit., 267-274). A assimilação da transmissão de participações sociais à venda de empresas será mais nítida do caso da *compra económica* (por oposição à *compra financeira*), na qual o adquirente pretende exercer a atividade empresarial [cf. MENEZES CORDEIRO, *Anotação (ao acórdão arbitral de 31 de março de 1993)*, ROA 55 (1995), 123-190 (179) e, em geral, sobre compra e venda de empresas, pp. 174 ss.]. Sobre *share deals*, i.e., a aquisição da totalidade, ou quase totalidade, das participações sociais, querendo as partes atribuir ao comprador a titularidade da empresa, casos em que se justifica e tem sido aceite a aplicação dos regimes *supra* mencionados, cf. PINTO MONTEIRO/PAULO MOTA PINTO, *Compra e venda de empresa. A venda de participações sociais como venda de empresa (share deal)*, em *Estudos em Homenagem ao Prof. Doutor Jorge de Figueiredo Dias*, vol. IV, Coimbra, 2010, 685-728 (690 ss.); PAULO MOTA PINTO, *Interesse* cit., II, 1447-1456; ENGRÁCIA ANTUNES, *A empresa como objecto de negócios — "asset deals" versus "share deals"*, ROA 68 (2008), vol. II/III, 715-793 (722 ss.); ALEXANDRE SOVERAL MARTINS, *Transmissão de participações de controlo e cláusulas de revisão de preço*, em *I Congresso de direito das sociedades em revista*, Coimbra, 2011, 41-52; CATARINA MONTEIRO PIRES, *Aquisição de empresas e de participações acionistas. Problemas e litígios*, Coimbra, 2018, 115 ss. Em qualquer caso, a aplicação destes regimes sempre deverá ser complementada pela responsabilidade civil pelo prospeto (CALVÃO DA SILVA, *Parecer* cit., 220 e 221), mantendo-se, pois, a questão debatida em texto.

[458] Cf. ASSMANN, *Prospekthaftung* cit., 253 ss.

para a verificação de que qualquer sujeito que, em resultado da sua profissão ou posição social ou funcional, utilize os respetivos poderes para ganhar vantagens deve ser responsável pelos danos gerados, de forma a evitar uma transferência de riscos não justificada socialmente[459]. Por isso, mesmo autores que negam a natureza obrigacional da responsabilidade reconhecem que os documentos informativos são meios de promoção e colocação dos valores mobiliários que fundamentam uma relação de proximidade entre emitente e investidor[460].

Na linha do relevo conferido à atuação profissional do responsável pelo prospeto, foi pioneira a ideia de LORENZ que assimilou a responsabilidade por informações à responsabilidade profissional[461]. A prestação de informação, ainda que voluntária (por poder inexistir um contrato), deveria cumprir critérios de diligência, com origem na particular posição profissional do informante; tais deveres de conduta existiriam também perante terceiros nos quais se podem repercutir os efeitos do exercício da profissão[462]. Não deparamos, porém, com fundamento autónomo de imputação de danos[463], além de que o seu enquadramento dogmático também não é sequer claro.

Por seu lado, mantém plena relevância o estudo de KÖNDGEN[464], que apresenta as informações como ações comunicativas com pretensão de validade, que desencadeiam no destinatário expetativas normativas. Este seria o fundamento do efeito autovinculativo da prestação de informações: cada frase inclui um esforço para que o intérprete — destinatário pretendido — acredite

[459] Cf. ASSMANN, *Prospekthaftung* cit., 273 ss., 275. Também considerações relacionadas com alocação de recursos e falhas de mercado (conjugadas com outros fatores) justificam a existência de responsabilidade e de posições de proteção.

[460] Cf. DÖRTE POELZIG, *Kapitalmarktrecht* cit., Rn. 270.

[461] Cf., por todos, WERNER LORENZ, *Das Problem der Haftung für primäre Vermögensschäden bei der Erteilung einer unrichtigen Auskunft*, em *Festschrift für Karl Larenz zum 70. Geburtstag*, München, 1973, 575-620 (591 e 619).

[462] No domínio bancário, também MENEZES LEITÃO, *Informação bancária e responsabilidade*, em *Estudos em Homenagem ao Prof. Doutor Inocêncio Galvão Telles*, vol. II, Coimbra, 2002, 225-244 (227), chama a atenção para a tentativa de estabelecimento de uma categoria nova de responsabilidade profissional, baseada no relevante papel social desempenhado por certos agentes, a qual — como sublinha o Autor — "não pode obliterar a tradicional sistematização da responsabilidade civil, mas apenas funcionar como elemento diferenciador — por exemplo, no sentido do agravamento — dos deveres estabelecidos no âmbito da referida profissão".

[463] Salvo naturalmente nos casos em que as normas profissionais possam ser interpretadas como disposições de proteção, admitindo o enquadramento delitual.

[464] Cf. KÖNDGEN, *Selbstbindung* cit., 356.

naquilo que é transmitido[465], sendo a pretensão de validade baseada no *papel social* assumido pelo informante. Situar-nos-íamos, pois, no domínio quase-contratual da responsabilidade civil, ancorados em três fundamentos: (i) a existência de uma ação comunicativa com pretensão de validade; (ii) o contacto informativo com base numa relação consensual que gera um vínculo fiduciário a cargo do informante, que se encontra em posição de superioridade; (iii) a relação da informação com um acontecimento do mercado e com o papel social do informante. A importância da informação no mercado faria presumir que o informante tem um interesse económico na prestação, embora não necessariamente refletido numa remuneração. A fundamentação é, ainda, insuficiente, pois não esclarece, por exemplo, por que não é geradora do dever de indemnizar a dica de investimento fornecida num encontro social, devendo, por isso, ser complementada pela exigência de que a informação, para relevar, se relacione com o papel específico que cabe ao informante[466]. Estes critérios colocariam a responsabilidade no campo obrigacional, esclarecendo-se, no entanto, que só seriam tutelados os destinatários da informação e não aqueles a quem a informação não fosse dirigida, embora pudessem ser previsivelmente atingidos por ela[467].

Ainda no plano quase-contratual[468], o desenvolvimento da responsabilidade civil pelo prospeto como subespécie de *culpa in contrahendo*, em especial,

[465] Cf. Köndgen, *Selbstbindung* cit., 356 e 357. A pretensão de validade normalmente encontra-se implícita, apenas por motivos vernaculares. Se o banco afirmar que "a conta bancária do cliente X é Y", no fundo, afirma "sei que a conta bancária do cliente X é Y". Como nota, a outro propósito, Adelaide Menezes Leitão, *"Revogação unilateral" do mandato, pós-eficácia e responsabilidade pela confiança*, em *Estudos em Homenagem ao Prof. Doutor Inocêncio Galvão Telles*, vol. I, Coimbra, 2002, 305-346 (336), "todas as condutas comunicativas, quando implicam uma ideia de promessa, criam expectativas. (...) Todo o agir comunicativo implica 'autovinculação', na medida em que desperta nos outros determinadas expectativas quanto a uma conduta futura".

[466] Cf. Köndgen, *Selbstbindung* cit., 359-362. O Autor já na altura desvalorizava os elementos exigidos pela jurisprudência do BGH: (i) a informação ser significativamente relevante para o recipiente e (ii) o recipiente tomar a informação como base de decisões. Tais requisitos, nota o Autor, aplicam-se virtualmente a toda a informação, pelo que o seu impacto não deve ser exagerado. Esta tese é elogiada mas refutada por Sinde Monteiro, *Responsabilidade* cit., 484-486, que afirma que não forneceria, ainda, o critério de solução, pois a lei portuguesa apenas aceita a vinculação unilateral (negocial) em casos contados (artigo 457.º) e o direito fixa o limiar da vinculação na declaração negocial, que não é um mero ato formal; não obstante, deve reconhecer-se a evidência de que aos profissionais têm de ser impostos particulares deveres que podem significar a afirmação de um novo fundamento dogmático de responsabilidade.

[467] Cf. Köndgen, *Selbstbindung* cit., 363.

[468] Cf., por todos, Menezes Leitão, *Direito das obrigações* cit., I, 355-362. Contra, defendendo o enquadramento obrigacional dos casos de *culpa in contrahendo*, cf. Menezes Cordeiro, *Tratado de direito civil*, II, reimpr. da 4.ª ed. de 2014, Coimbra, 2017, 277-282.

foi colhendo adesão[469]. Todavia, falha, por um lado, um concreto processo negocial, além de que o lesante pode nem ser parte no negócio, como acontece no mercado secundário, não sendo a sua atuação também materialmente recondutível aos casos de *culpa in contrahendo* de terceiros[470]; por outro lado,

[469] Cf. Carneiro da Frada, *Teoria* cit., 182 e 187, apontando o enraizamento além-Reno da conceção segundo a qual a responsabilidade pelo prospeto representaria um prolongamento do *pensamento fundamental da confiança,* tal como desenvolvido para os casos de *culpa in contrahendo.* Neste sentido, cf. Canaris, *Bankvertragsrecht.* Erster Teil, 3.ª ed., Berlin, New York, 1988, Rn. 2277; Wolfgang Gross, *Kapitalmarktrecht. Kommentar zum Börsengesetz, zur Börsenzulassungs-Verordnung und zum Wertpapierprospektgesetz,* 6.ª ed., München, 2016, Rn. 9 ss. Em Portugal, por exemplo, defende-se que as exigências quanto ao conteúdo do prospeto consubstanciam obrigações pré-contratuais específicas (A. Barreto Menezes Cordeiro, *Manual* cit., 370). Tem-se, também, aceite que algumas situações de responsabilidade pelo prospeto possam ser reconduzidas à *culpa in contrahendo* — como sucedeu no caso, acima referido, da privatização da Sociedade Financeira Portuguesa —, sem que, no entanto, essa análise implique, necessariamente, uma tomada de posição genérica quanto à identificação de todos os casos de informações desconformes prestadas ao mercado com a responsabilidade civil pré-contratual. Neste sentido, Galvão Telles, *Parecer* cit., 191; Calvão da Silva, *Parecer* cit., 221; Marcelo Rebelo de Sousa, *Parecer* cit., 240 ss.; Ferrer Correia/Almeno de Sá, *Parecer* cit., 282, 297 e 298; Gomes da Silva/Rita Amaral Cabral, *Parecer de direito,* em *A privatização* cit., 305-325 (316-319); Arlindo Monteiro Nunes, *Alegações de direito do Banco Mello, S.A. proferidas pelo seu advogado na audiência de julgamento realizada em 1 de fevereiro de 1993,* em *A privatização* cit., 13-32 (23). Pronunciando-se, de forma geral, sobre a qualificação da responsabilidade civil por prospeto como afloração explícita do regime geral da culpa na formação dos contratos, cf. Dário Moura Vicente, *Culpa na formação dos contratos,* em *Comemorações dos 35 anos do Código Civil e dos 25 anos da reforma de 1977,* vol. III, Coimbra, 2007, 265-284 (282 e 283); Almeida Costa, *Voto de vencido* cit., 64-66. No litígio em torno da privatização da Sociedade Financeira, deixando de parte o método de elaboração da sentença [extensamente analisado por Antunes Varela, *Anotação* a *Tribunal Arbitral. Acórdão de 31 de Março de 1993,* RLJ 126 (1993), 180-192 e Menezes Cordeiro, *Anotação* cit., 134-151], o Tribunal Arbitral condenou o Banco Pinto & Sotto Mayor a ressarcir os prejuízos sofridos, não apenas ao abrigo do regime especial de responsabilidade por prospeto, mas, também, por violação do dever de atuar de boa-fé, parecendo, pois, adotar uma visão autónoma do instituto face ao artigo 227.º do CC [cf. *Acórdão do Tribunal Arbitral* cit., 53: "o Tribunal entende que o R. infringiu, exclusivamente por culpa sua, o dever de informar os compradores da existência das duas garantias, dever que lhe decorria do art.º 2.º, n.º 2, do (...) Decreto-Lei n.º 8/88 (...), *bem como dos princípios gerais da boa fé e da tutela da confiança*" (itálico nosso)]. Não se esqueça a possibilidade, salientada por Menezes Cordeiro, *Anotação* cit., 188, de, nos casos de falhas informativas em processos de aquisição de empresas, a *culpa in contrahendo* surgir como forma de suprir insuficiências do regime da compra e venda, *maxime* quanto aos prazos de exercício dos direitos concedidos ao comprador. O tema da *culpa in contrahendo* por violação de deveres de informação foi especificamente desenvolvido por Eva Sónia Moreira Da Silva, *Da responsabilidade pré-contratual por violação dos deveres de informação* (reimpr. da ed. 2003), Coimbra, 2006, 67 ss.

[470] Sobre o tópico, cf., *v.g.,* Carneiro da Frada, *Teoria* cit., 155 ss.; Margarida Azevedo de Almeida, A *responsabilidade* cit., 275, sublinhando a utilidade da figura perante a atividade

impõe-se lembrar a necessidade de tutela indemnizatória dos adquirentes subsequentes. Melhor é, por isso, reconhecer que, não obstante a superior aproximação da conceção à essência do relacionamento em mercado — por confronto com uma visão situada no campo dos deveres gerais de índole delitual —, o seu enquadramento no instituto da *culpa in contrahendo* não respeita a fisionomia essencial do instituto, que deve ser conservada, nem traduz o verdadeiro sentido material do impacto do comportamento lesivo do emitente[471]. Não está em causa a violação de deveres vocacionados para a proteção da concreta situação de confiança do investidor num determinado processo negocial (que tipicamente nem se identifica), mas a necessidade de controlo, em si mesma, do poder de influência do lesante. Quando o emitente presta (indevidamente) informações que provocam a subida do valor de mercado dos instrumentos financeiros, conduzindo a uma valorização da sociedade e condicionando as decisões de investimento dos participantes, não é um mero dever geral de tipo delitual que é violado mas antes específicos deveres de diligência e cuidado que têm como sujeitos compreendidos na sua esfera de proteção os investidores. Só o recurso ao "*dever especialíssimo de informação* — e não o apelo ao simples dever *geral* de informação, assente no artigo 227.º do Código Civil (...) — dá ao julgador uma imagem *completa* do litígio"[472].

de intermediação quando o contrato não tenha sido ainda celebrado. Trata-se, porém, de aplicação circunscrita e funcionalizada a uma futura celebração de um contrato entre intermediário financeiro e investidor. Não está em causa a aplicação do instituto à responsabilidade do próprio emitente.

[471] Entre nós, apontando as fragilidades do recurso à *culpa in contrahendo* mas considerando que não fica prejudicada *in radice* a sua intervenção, admitindo que possam existir casos em que efetivamente concorra para justificar uma responsabilidade, cf. Carneiro da Frada, *Teoria* cit., 190 ss. Porém, sempre se terá de reconhecer que, não constituindo a situação típica, não será a responsabilidade pré-contratual a justificar a responsabilidade. Contra o recurso à responsabilidade pré-contratual para justificar o instituto, cf., entre nós, *v.g.*, Amadeu Ferreira, *Direito dos valores mobiliários* cit., 411 e 412; Rita Amaral Cabral, *A responsabilidade por prospecto e a responsabilidade pré-contratual: anotação ao acórdão arbitral de 31 de Março de 1993*, ROA 55 (1995), 191-223 (208 ss.), para quem, na medida em que o legislador mobiliário não circunscreveu os responsáveis pelo prospeto aos intervenientes na relação contratual, antes escolhendo apontar como responsáveis também aqueles que intervêm no prospeto de forma próxima ou remota, não se pode defender que o regime concretize a solução do artigo 227.º do CC. Pelo contrário, haveria que reconhecer que o regime especial vai mais longe do que aquele que sanciona a violação dos deveres acessórios de boa-fé. Também Henrique Mesquita, *Oferta pública de venda de acções e violação do dever de informar: o caso da privatização da sociedade financeira portuguesa — hoje Banco Mello*, sep. RLJ 1996, 117, opta pelo enquadramento da responsabilidade civil pelo prospeto no domínio delitual por violação de normas de proteção.

[472] Antunes Varela, *Anotação* a *Tribunal Arbitral. Acórdão de 31 de Março de 1993*, RLJ 126 (1993), 311-320 (320), a propósito do cumprimento defeituoso do dever de publicar prospeto na privatização da Sociedade Financeira Portuguesa.

A recondução a deveres *na formação dos (concretos) contratos* não se conforma com as características económicas e financeiras do funcionamento do mercado — tanto mais que o anonimato do mercado obriga, como vimos, a prescindir-se da confiança entre lesante e lesado —, devendo admitir-se a valia autónoma e material da relação especial com origem na participação no mercado e o assinalado poder de influência que neste tem o emitente.

Mesmo que se negue as vias anteriores, nomeadamente assentes no exercício de uma profissão ou, mais amplamente, no papel social como fundamento jurídico autónomo de responsabilidade, há que reconhecer, nos termos expostos, a relação de particular proximidade criada pela prestação de informações, ainda que não contratualmente motivada. Tipicamente, o informante encontra-se numa posição de superioridade tal face ao recipiente, que este, na prática, não terá alternativa real que não seja aceitar a comunicação efetuada. Assim sucede no caso de informações prestadas no mercado de capitais. Enfatiza-se, deste modo, a especial relação existente entre as partes, diferente de outros contactos sociais[473], que justifica que as pessoas possam agir com base na informação disponibilizada, sem que nela tenham efetivamente confiado[474].

A indeterminação dos destinatários da informação não deve sugerir solução diversa. É a própria relação especial que aparece como delimitadora do universo dos lesados merecedores de tutela. O decisivo não é igualmente, portanto, a confiança, ainda que esta não deixe de ser sustentada na doutrina como via paradigmática para a responsabilização pelo prospeto. Como escreve CARNEIRO DA FRADA, "na responsabilidade por informações e por prospeto a confiança é protegida como simples tutela das disposições realizadas em função das expetativas", permitindo a "racionalização" desta e "de outras

[473] Cf. FRITZ JOST, *Vertragslose Auskunfts- und Beratungshaftung*, Baden-Baden, 1991, 256. O Autor considera que, para além da posição profissional de quem fornece a informação, ainda se deve ter em conta, como fator que espoleta a responsabilidade civil, o interesse económico do declarante, já que este assinalaria uma proximidade com o objeto com o qual se relaciona a informação.

[474] E que fundamentaria uma relação obrigacional sem dever de prestar principal. Cf. JOST, *Vertraglose* cit., 257. CARNEIRO DA FRADA, *Teoria da confiança* cit., 337 (nota 333), defende que este pensamento não basta para fundamentar a responsabilidade, uma vez que o desnível de posições não representa mais do que uma determinada situação de facto. Não seria suficiente o apelo às relações obrigacionais sem dever de prestar principal, visto que estas constituiriam uma categoria meramente formal que não resolveria plenamente o problema essencial do fundamento da responsabilidade civil. Tal significa essencialmente, porém, como sublinha o Autor, *Teoria da confiança* cit., 163 ss., que tem sempre de se procurar um fundamento material de responsabilidade idóneo.

expressões da responsabilidade fortemente debatidas na actualidade"[475]. Não se identifica sempre — ou sequer em termos típicos — a própria confiança no ato comunicativo, de tal maneira que, no modelo que construímos, o âmago não é a criação-defraudação da confiança: mesmo quando esta se identifica, a responsabilidade não fica dependente da respetiva demonstração, o que revela que a essência será outra.

Independentemente da diversidade do enquadramento sustentado, esta via permite, em todo o caso, também ela, surpreender a visível maleabilidade da delimitação da responsabilidade, particularmente pertinente no domínio dos mercados financeiros: a natureza dinâmica das situações que abarca e o caráter puramente patrimonial dos interesses afetados assim o justificam.

A inadequação do *recorte funcional tradicional* entre a responsabilidade civil delitual e a obrigacional é há muito reconhecida[476]. O reposicionamento do próprio conceito de obrigação conduz, por si mesmo, a repensar as fronteiras da responsabilidade obrigacional. Torna-se assim possível incluir no domínio desta modalidade de responsabilidade alguns casos que têm sido vistos como integrando uma "terceira via" da responsabilidade civil[477]-[478], reforçando-se

[475] Carneiro da Frada, *Teoria* cit., 686 e 904. Cf. também Margarida Azevedo de Almeida, *A responsabilidade* cit., 278, para quem "resulta não constituírem as condições de funcionamento da responsabilidade pura pela confiança óbice à tutela da esclarecida formação da vontade através da doutrina pura da responsabilidade pela confiança. Tudo dependerá da possibilidade de a celebração do contrato poder em si mesma ser tida como um dano, independentemente da verificação de um prejuízo qualificável como prejuízo patrimonial".

[476] Cf. Carneiro da Frada, *Contrato e deveres de protecção* cit., 26. Um dos exemplos típicos será precisamente o da responsabilidade pela confiança. Como nota Pedro Romano Martinez, *Responsabilidade civil por acto ou omissão do médico. Responsabilidade civil médica e seguro de responsabilidade civil profissional*, em *Estudos em Homenagem ao Professor Doutor Carlos Ferreira de Almeida*, vol. II, Coimbra, 2011, 459-486 (460), a propósito da responsabilidade civil médica, "as duas modalidades de responsabilidade civil delimitam-se mal, pois, em vez de constituírem compartimentos estanques, encontram-se intimamente interligadas", pelo que, atualmente, a delimitação do âmbito da responsabilidade civil tem que ver com "graus de perigosidade das diversas situações" (p. 461).

[477] Cf., paradigmaticamente, Carneiro da Frada, *Uma terceira via* cit., 85 ss.; Menezes Leitão, *Direito das obrigações* cit., I, 354.

[478] Menezes Cordeiro, *Tratado* cit., VII, 671 e *Tratado* cit., VIII, 403, considera que a terceira via da responsabilidade civil seria uma forma de diluir os deveres acessórios de natureza obrigacional por um terreno incerto e considera que a "terceira via" deverá ser reconduzida aos casos de violação de deveres do tráfego. Também Almeida Costa, *Direito das obrigações*, 12.ª ed., Coimbra, 2018, 540 e 541 se pronuncia contra a terceira via da responsabilidade civil, entendendo que as modalidades clássicas de ilícito civil são configuradas em termos suficientemente amplos e flexíveis para disciplinarem todas as situações. No mesmo sentido, Santos Júnior, *Direito das obrigações I. Sinopse explicativa e ilustrativa*, 3.ª ed., Lisboa, 2014, 282-286, considera que a terceira via

o âmbito da responsabilidade civil obrigacional[479]. Os deveres de proteção são expressão de um vínculo obrigacional (ainda que sem dever de prestar principal), o que determina que o seu incumprimento seja enquadrado, nos termos gerais, na correspondente modalidade de responsabilidade. Julgamos que os entraves que se colocam ao enquadramento obrigacional de outras situações como as de responsabilidade pura pela confiança não se verificam quando está em causa o incumprimento de *específicos deveres*. Estes podem ainda ser reconduzidos ao padrão da responsabilidade obrigacional, tendo em conta a fisionomia global da figura, já atrás sublinhada. Diferentemente, na responsabilidade pela confiança, na lógica da teoria "pura", não há incumprimento de um dever contratual ou não contratual, relevando a confiança em si e por si. Longe estamos, pois, do campo em que situamos a responsabilidade do emitente no mercado de capitais[480].

É verdade que não somos levados a resultados diferentes daqueles que alcançaríamos no quadro de uma terceira via da responsabilidade, pensada precisamente, nas palavras de MENEZES LEITÃO[481], para abranger a "violação de deveres específicos, que embora constituindo um *plus* relativamente à protecção delitual, não chegam a constituir obrigações em sentido técnico". Estarão aí em causa os casos de responsabilidade baseada em vinculações específicas (*Sonderverbindungen*), que não podem ser cabalmente resolvidos com a aplicação em bloco do regime da responsabilidade obrigacional ou da responsabilidade delitual. Antes se trata de uma "zona cinzenta", em que as lacunas carecem de ser preenchidas caso a caso, de acordo com os princípios gerais[482]. Na mesma linha, aponta também CARNEIRO DA FRADA[483] que existe espaço para situações de responsabilidade que não se deixam enquadrar linearmente nas categorias tradicionais, correspondendo a uma via *intermédia* de responsabilidade.

da responsabilidade, por um lado, é desnecessária face ao alcance das regras legais aplicáveis aos contratos e a situações, como, *v.g.*, as relações contratuais de facto, e, por outro lado, contraria a lei, na medida em que o legislador terá pretendido que às situações de responsabilidade se aplique, em bloco, o regime no qual se enquadrem.

[479] Cf. MENEZES CORDEIRO, *Tratado* cit., VIII, 400-403 (402).

[480] Cf. também JOSÉ FERREIRA GOMES, *§ 16. Responsabilidade civil pelo prospeto*, em JOSÉ FERREIRA GOMES/DIOGO COSTA GONÇALVES, *Manual* cit., 201-235 (202, nota 488), realçando que o que fundamenta a responsabilidade é a violação dos deveres de conduta e não a confiança em si, ou seja, em termos autónomos da violação dos deveres imputados ao sujeito.

[481] *Direito das obrigações* cit., I 352 ss.

[482] MENEZES LEITÃO, *Direito das obrigações* cit., I, 354.

[483] *Uma terceira via* cit., 85 ss. (87).

Optamos, ainda assim, por manter a bipartição tradicional. A necessidade de modelação da concreta configuração dos pressupostos da responsabilidade civil não a retira, em última análise, do campo obrigacional, no que respeita à sua essência material, considerando que, por um lado, os pressupostos funcionam consabidamente nos termos de um "sistema móvel" em que a intensidade da verificação de um poderá indiciar o preenchimento de outro[484] e que, por outro lado, o critério materialmente decisivo para a localização dogmática do dever incumprido e consequente obrigação de indemnizar no campo delitual ou obrigacional deve ser reconduzido à *estrutura valorativa* respetiva[485], fruto dos diferentes arquétipos do relacionamento entre as partes e dos princípios jurídicos consequentemente convocados. A eventual exigência de graduação dos pressupostos da responsabilidade civil não desvia, pois, a qualificação da responsabilidade como obrigacional, desde que o respetivo núcleo valorativo se mantenha: os princípios subjacentes não têm, aqui como em geral, uma pretensão de validade exclusiva, complementando-se mutuamente, razão pela qual não julgamos que devam ser estabelecidas fronteiras entre a responsabilidade delitual e obrigacional com base na descrição de especificidades de regulamentação legal. Há, antes, que olhar para a função da responsabilidade que se liga aos interesses atingidos pelo evento danoso[486]. O direito delitual abstrai dos contextos relacionais concretos entre lesante e lesado, prossegue a realização do pensamento da justiça distributiva e dá corpo a padrões de comportamento genericamente exigíveis, pelo que se assume como uma ordem de garantia geral, plenamente *desfuncionalizada*[487], generalizadora e abstratizante[488]. Aí onde estes traços são abandonados e se impõem deveres intensificados de conduta entramos no domínio das relações especiais e os

[484] A ideia do sistema móvel da responsabilidade civil é em geral reconhecida. Cf., *v.g.*, SINDE MONTEIRO, *Responsabilidade* cit., 551; MENEZES CORDEIRO, *Tratado* cit., VIII, 385 ss. Podemos, pois, falar em *forças móveis*. Apesar de o sistema ser, ainda, uno e ordenado, exclui-se a rigidez que resultaria de uma aplicação das previsões normativas de forma em que ficasse excluída uma determinação variável das consequências jurídicas, em função da discricionariedade do juiz, ainda que vinculada. Cf. CANARIS, *Pensamento sistemático* cit.,134.

[485] O apelo à estrutura valorativa da violação dos deveres é feito, ainda que a propósito da qualificação da responsabilidade civil do gestor de negócios perante o *dominus*, por MENEZES LEITÃO, *A responsabilidade do gestor* cit., 296.

[486] Assim, CARNEIRO DA FRADA, *Teoria* cit., 274, que abandona, de forma expressa, o critério da fonte e o do caráter relativo ou absoluto da posição jurídica atingida para delimitar as fronteiras da responsabilidade. Os traços do direito delitual não devem ser vistos como "notas rígidas e fixas de um conceito, que o tornam apto a uma subsunção automática" (p. 288, nota 268).

[487] Estas notas são apontadas por CARNEIRO DA FRADA, *Teoria* cit., 277-285.

[488] CARNEIRO DA FRADA, *A responsabilidade dos intermediários* cit., 406.

comportamentos ilícitos devem ser decididamente convocados para a esfera obrigacional[489]. Tal o que sucede no específico campo da responsabilidade por violação do dever de informar no mercado de capitais. A plena assunção do enquadramento obrigacional é coerente com o reconhecimento da natureza estrutural da obrigação incumprida, que tanto pode consistir numa obrigação principal, numa obrigação acessória ou numa obrigação acessória sem dever principal de prestar[490]. A modelação dos pressupostos da responsabilidade civil é, por sua parte, ditada pela especificidade da situação concretamente considerada, mas, mantendo-se o fundamento do dever na relação especial entre as partes, não se altera o enquadramento sustentado.

O posicionamento adotado, embora possa inverter a tradicional perspetiva sobre a matéria, insere-se no desenvolvimento global da compreensão da responsabilidade no mercado e oferece, de resto, contributos relevantes para a configuração e prova dos pressupostos da responsabilidade civil[491]. Aliás, a própria responsabilidade por informações prevista no artigo 485.º do CC reveste cariz obrigacional, levada para um aparente enquadramento delitual por "arrastamento"[492]. Simplesmente, aqui como noutros casos, exige-se que

[489] A. Barreto Menezes Cordeiro, *A responsabilidade* cit., 96, escreve que não se encontra qualquer fundamento que justifique a delimitação do regime previsto no artigo 798.º do CC ao universo contratual ou, sequer, a atribuição a esta modalidade do epíteto contratual.

[490] Cf. Pinto Monteiro, *A indemnização por danos não patrimoniais em debate: também na responsabilidade contratual? Também a favor das pessoas jurídicas?*, Revista Brasileira de Direito Comparado, n.º 46 (2014), 13-33 (22), que defende que os danos causados pela violação dos deveres laterais são indemnizáveis em sede de responsabilidade contratual por se tratar de deveres indispensáveis para uma cabal realização do fim contratual. O mesmo deve acontecer mesmo não havendo dever de prestar principal, pois está em causa a realização material dos valores subjacentes à identificação de uma ligação especial entre as partes.

[491] Já Carneiro da Frada, *Uma terceira via* cit., 45 ss., a respeito das regras do Código dos Valores Mobiliários sobre responsabilidade por informações, defende a possibilidade de "uma diferente ordenação dogmática, não tendo todas que pertencer ao universo delitual".

[492] Menezes Cordeiro, *Tratado* cit., VIII, 568. No mesmo sentido, Santos Júnior, *Direito das obrigações* cit., 306. Também Carneiro da Frada, *Uma terceira via* cit., 72 afirma que é discutível a inserção sistemática do artigo 485.º na responsabilidade delitual. Elsa Vaz de Sequeira/Carolina Martins Correia, *Anot. ao artigo 485.º*, em *Comentário ao Código Civil. Direito das obrigações*, Lisboa, 2018, 290-293 (292), consideram que nos casos em que o agente se tenha vinculado a responder pelos danos resultantes da observância dos conselhos, recomendações ou informações ou em que exista o dever de aconselhar, recomendar ou informar se gera responsabilidade pré-contratual ou obrigacional, dependendo de se identificar o incumprimento ou cumprimento defeituoso de um dever específico sem relação jurídica prévia (caso subsumível na terceira via da responsabilidade) ou de um dever especial resultante de uma relação obrigacional (gerador de responsabilidade obrigacional).

o intérprete continue a procurar o "alimento normativo" para a responsabilidade por informações fora deste artigo[493], em virtude da sua incapacidade para integrar todas as situações de responsabilidade pela informação. Por isso, ao contrário do que poderia pensar-se, o problema mantém-se ainda quando existe um dever legal de informar, como acontece no caso do prospeto obrigatório, do dever de divulgação de informação periódica ou de informação *ad hoc*. A responsabilidade constitui-se quer o declarante tenha procedido com negligência quer com intenção de prejudicar. Porém, a norma poderá deixar sem solução as situações em que a informação é voluntariamente prestada no mercado e influencia, de forma significativa, o valor da negociação dos instrumentos financeiros, pelo menos na falta de um adicional esforço interpretativo. Mesmo que se adira à tese que considera que qualquer atuação dolosa envolve responsabilidade[494], ficariam aparentemente em aberto as hipóteses de informações falsas ou enganadoras fornecidas ao mercado de forma espontânea em termos negligentes[495]. Semelhante resultado é claramente contraditório com os particulares valores de transparência do mercado de capitais. Ora, com o reconhecimento da presença de uma ligação especial, os específicos deveres de proteção que da mesma emergem facultam a aplicabilidade da norma do artigo 485.º/2 do CC[496-497].

Bem se vê que deste modo não se introduz qualquer quebra na dogmática da responsabilidade civil por informações, ao mesmo tempo que não fica comprometida a coerência com as particularidades das informações prestadas

[493] Cf. Sinde Monteiro, *Responsabilidade* cit., 453 e *Rudimentos da responsabilidade civil*, Revista FDUP, ano II, 2005, 349-390 (388-390). Já Baptista Machado, *A cláusula do razoável*, em *Obra dispersa*, I, Braga, 1991, 457-621, notava a falha da norma naqueles casos em que, não existindo dever de informar, o informante fornecia a informação em violação de um dever de proteção.

[494] Concordamos com Menezes Cordeiro, *Tratado* cit., VIII, 563-569 e Menezes leitão, *Direito das Obrigações* cit., I, 300 e 301, que se pronunciam neste sentido. Diferentemente, cf. Pessoa Jorge, *Ensaio* cit., 311 e 312; Almeida Costa, *Direito* cit., 566.

[495] Cf., sobre o tema, Agostinho Cardoso Guedes, *A responsabilidade do banco por informações à luz do art. 485.º do Código Civil*, RDE 14 (1988), 135-165 (159 e 160): o artigo 485.º tem caráter aberto, abrangendo o dever de diligência na prestação da informação mesmo que não exista um dever legal de informar.

[496] Cf. Menezes Leitão, *A responsabilidade civil no âmbito da O.P.A.* cit., 186, apontando que a responsabilidade pelo prospeto em ofertas públicas de aquisição se enquadra no âmbito da responsabilidade por informações imposta por dever jurídico (artigo 485.º/2).

[497] Embora num quadro substantivo com base diversa, também Carneiro da Frada, *Teoria* cit., 751, nota 829, sublinha que o artigo 485.º merece uma interpretação restritiva no que toca à irrelevância das informações para efeito de responsabilidade no domínio da indução à celebração de contratos, o que tipicamente sucede no mercado.

no mercado de capitais. A afirmação desta localização dogmática típica da responsabilidade no mercado de capitais nos quadrantes da responsabilidade obrigacional não constitui resposta automática para os problemas que se suscitam, mas é seguramente lógico ponto de partida para uma adequada apreciação concreta dos pressupostos dessa responsabilidade.

O enquadramento dogmático da responsabilidade por informações no mercado de capitais poderia parecer irrelevante[498] — porquanto potencialmente desprovido de consequências práticas — perante um sistema legal no qual se encontram especificados diversos traços do regime (*v.g.*, presunção de culpa do agente, responsabilidade objetiva por facto de terceiro e solidariedade em caso de pluralidade de responsáveis). Não obstante, a qualificação da responsabilidade resulta primordialmente da relação que se estabelece entre lesante e lesado, do contexto do comportamento lesivo e dos propósitos prosseguidos pela imputação de danos, os quais estão na origem e justificam o regime jurídico previsto. Por isso, a questão mantém plena relevância, *v.g.*, na interpretação da lei ou na integração de lacunas, mantendo-se o direito comum (delitual ou obrigacional), expressa ou implicitamente, subsidiário do regime especial.

Por outro lado, deve dar-se resposta negativa ao problema de saber se a existência de um regime mobiliário especial impede o lesado de lançar mão da tutela civil geral, entendendo-se antes que existe um *duplo caminho*[499] na responsabilidade civil por informações no mercado de capitais, quando os pressupostos de ambas se encontrem preenchidos.

Questiona-se, na verdade, se o direito comum continua a desempenhar um papel na tutela do investidor e, por essa via, dos mercados, em particular

[498] Perante a unificação do regime de responsabilidade civil do produtor, CALVÃO DA SILVA, *Responsabilidade* cit., 478, nota a reduzida utilidade da qualificação da responsabilidade como contratual ou extracontratual. Na Alemanha, cf. LANGENBUCHER, *Aktien- und Kapitalmarktrecht* cit., § 14, Rn. 33. No caso específico do mercado de capitais, escreve FERREIRA DE ALMEIDA, *Normas de imputação* cit., 23, que o regime da responsabilidade por informações no CVM "é até autossuficiente em vários aspetos", adotando soluções em termos que prescindem da integração nalgum dos sistemas clássicos de responsabilidade.

[499] Na Alemanha, cf., *v.g.*, HOLGER FLEISCHER/SUSANNE KALSS, *Kapitalmarktrechtliche Schadensersatzhaftung und Kurseinbrüche an der Börse*, AG 8/2002, 329-336 (329). Entre nós, cf., por todos, SINDE MONTEIRO, *Responsabilidade* cit., 97 ss.; DÁRIO MOURA VICENTE, *Da responsabilidade pré-contratual em direito internacional privado*, Coimbra, 2001, 269 e 270; CARNEIRO DA FRADA, *Teoria* cit., 181; PAULO MOTA PINTO, *Interesse* cit., II, 1458; JOSÉ FERREIRA GOMES, *§ 16. Responsabilidade civil pelo prospeto*, em JOSÉ FERREIRA GOMES/DIOGO COSTA GONÇALVES, *Manual* cit., 201-235 (201), que alude também à responsabilidade "de dupla via" reportada aos preceitos especiais do Código dos Valores Mobiliários e, especificamente, à responsabilidade fundada em deveres de informação pré-contratuais.

quando não esteja preenchido o âmbito de aplicação das normas especiais de responsabilidade constantes do Código dos Valores Mobiliários. Mas, para além desta hipótese, o sistema especial de responsabilidade — com a sua própria valoração e composição de interesses — tem de ser interpretado de forma a apurar se visa afastar a proteção que resulta do regime geral. A questão reconduz-se a determinar se o mesmo pretendeu excluir o recurso ao direito civil geral em situações em que, na ausência de previsão especial de responsabilidade no Código dos Valores Mobiliários, este mereceria aplicação, seja por exemplo através do instituto da *culpa in contrahendo* (com os seus mais exigentes pressupostos no que respeita à tutela da confiança) seja, mais amplamente, da responsabilidade que resulta do exercício lesivo do poder de influência do emitente que promana da própria ligação especial entre lesante e lesado. O problema pode ser visto, também, da perspetiva do concurso de fontes do dever de informação[500]. Afastada a teoria da consunção e a ideia de que os deveres específicos do campo mobiliário precludiriam os deveres gerais[501], seria pensável que a natureza especial da lei mobiliária fizesse recuar os preceitos comuns, conforme resultaria da teoria da especialização. Porém, "a especialização pode ser apenas formal, deixando sem solução clara certos casos concretos"[502], ou seja, não é a integração em determinado setor normativo que permite, sem mais funda indagação, negar a aplicação das regras gerais. Tudo depende, em bom rigor, das finalidades da regulamentação. Como salienta Menezes Cordeiro, a respeito dos deveres de informação dos bancos, mas com utilidade para nós[503], "fica, como boa, a teoria do escopo das normas em presença. Perante qualquer norma sobre deveres de informar, há que averiguar o objetivo por ela prosseguido", através de uma interpretação teleológica. Uma vez que a existência de uma ligação especial entre as partes faz surgir deveres acessórios de informação, configurados como deveres de proteção, independentemente da sua consagração no regime mobiliário, o recurso ao regime comum de responsabilidade não fica excluído, antes terá de se averiguar até que ponto resulta da interpretação da lei mobiliária o desígnio de afastar a proteção indemnizatória geral do Código Civil.

Assim, na área da responsabilidade por informações no mercado de capitais, apesar da abrangência protetora do regime especial, permanecem

[500] Na linha de Menezes Cordeiro, *Direito bancário* cit., 413. Apesar de formulado para o campo bancário, o ensinamento do Autor é utilmente aproveitável na área em que nos encontramos.

[501] Assim, Menezes Cordeiro, *Direito bancário* cit., 413.

[502] Menezes Cordeiro, *Direito bancário* cit., 413 e 414.

[503] *Direito bancário* cit., 414 ss.

múltiplas situações em que a tutela conferida se dissipa em face da restritividade imprimida à responsabilidade do emitente por alguns dos preceitos especiais neste domínio, *maxime* quanto à cessação do direito à indemnização, a ponto de já se ter questionado se seria posto em causa o princípio constitucional da tutela jurisdicional efetiva (artigo 20.º da CRP)[504].

De acordo com o regime mobiliário, o direito à indemnização por falhas no conteúdo do prospeto de oferta pública de valores mobiliários deve ser exercido no curtíssimo prazo de seis meses após o conhecimento da deficiência da informação e cessa, em qualquer caso, decorridos dois anos desde o termo de vigência do prospeto[505] (artigo 153.º do CVM), sendo que, na hipótese

[504] Cf. STJ 5-abr.-2016 (Garcia Calejo), Proc. 127/10.0TBPDL.L1.S1, onde se lê que "se deve concluir pela não inconstitucionalidade da norma, já que se encontra justificada, pela natureza dos interesses em confronto, a fixação de um prazo de caducidade mais curto, pelo que não se gera qualquer violação do princípio da tutela jurisdicional efectiva (art. 20º da Constituição da República Portuguesa), sendo que o legislador infra-constitucional actuou dentro da sua margem de liberdade de conformação, conforme já decidiu o Tribunal Constitucional noutras situações similares, designadamente nos acórdãos nºs 8/2012[18], 310/2005 e 247/02 (acessíveis no site do T. Constitucional)". A respeito deste acórdão, cf. Ferreira de Almeida, *Caducidade* cit., 9.

[505] Tem sido controvertida a qualificação do intervalo temporal concedido na legislação mobiliária para exercício do direito de indemnização como prazo de caducidade ou de prescrição. No primeiro caso, o prazo será de conhecimento oficioso (artigo 333.º do CC), sujeito a convenção (artigo 330.º do CC) e não suscetível de suspensão ou interrupção (artigo 328.º do CC). Tendo o legislador evitado a qualificação, há que recorrer aos princípios gerais. Cf. Ferreira de Almeida, *Caducidade* cit., 11, qualificando ambos os prazos como de caducidade; contra, cf. Paulo Câmara, *Manual* cit., 828, que entende como sendo de caducidade o prazo de seis meses, na medida em que penaliza o titular pelo não exercício do direito, enquanto o prazo de dois anos, por não ser seletivo, seria um prazo prescricional. Não nos parece que o critério seja operante. Aliás, aponta-se frequentemente que a prescrição, além do objetivo de consolidação de situações precárias duradouras (segurança jurídica), visa a penalização da inércia do titular no exercício do direito: justifica-se, pois, pela negligência do titular do direito no seu exercício no período em causa. Diferentemente, a caducidade visaria essencialmente a segurança jurídica objetiva. Não obstante, como aponta Menezes Cordeiro, *Da caducidade no direito português*, em *Estudos em memória do Professor Doutor José Dias Marques*, Coimbra, 2007, 7-30 (10), também se pode distinguir entre caducidade simples e a caducidade punitiva. Na primeira, a lei limita-se a prever ou a referir a cessação de uma situação jurídica pelo decurso de certo prazo, ao passo que na segunda o direito impõe a cessação como reação ao seu não-exercício no prazo fixado; surge, pois, um encargo na esfera do titular da posição sujeita a termo. Em Itália, a propósito de norma similar, opta-se pela qualificação como caducidade (cf., *v.g.*, Facci, *Il danno* cit., 156 ss.). A solução da caducidade é coerente com as diretrizes do nosso direito. As regras sobre prazos surgem como normas estritas e plenas, que apenas admitem interpretação literal e são imunes à analogia ou redução teleológica. Cf., por todos, Menezes Cordeiro, *Da caducidade* cit., 10. Não resultando clara da interpretação literal a natureza do prazo (prescricional ou de caducidade), o nosso ordenamento jurídico prevê no artigo 298.º/2 uma solução precisa: em caso de dúvida, o prazo é de caducidade. Sobre a distinção entre prescrição e caducidade, cf., ainda, *v.g.*, Vaz Serra, *Prescrição*

de prospeto de admissão de valores mobiliários à negociação e ainda de comunicações periódicas ou *ad hoc*, para além do equivalente prazo de seis meses, o direito cessa dois anos após a divulgação do prospeto de admissão ou da alteração que contém a informação ou previsão desconforme (artigos 243.º e 251.º do CVM). O ónus da prova do conhecimento da incorreção ou da omissão da informação cabe sempre ao informante[506]. Em caso de responsabilidade por omissão da divulgação de informação, o Código não esclarece em que momento se inicia a contagem do prazo, mas o sistema determina que seja considerada relevante a data do conhecimento — efetivo ou devido — da omissão do dever, sem prejuízo do prazo geral de dois anos a contar do termo de vigência do prospeto ou da omissão da publicação legalmente devida.

Os prazos curtos para o exercício do direito favorecem a estabilidade e eficiência dos mercados, constituem contrapeso dos deveres reforçados de transparência, diligência, competência e lealdade que oneram o emitente e previnem a insegurança e a incerteza jurídica[507], sobretudo tendo em conta os aligeiramentos de prova propiciados. Correspondem, por outro lado, a uma tendência generalizada do mercado de capitais. Note-se que no ordenamento germânico, por exemplo, se o prospeto contiver informação incorreta, o pedido de indemnização deve ser apresentado no período de seis meses a contar do início da negociação dos valores mobiliários (se estiver em causa prospeto de oferta pública de distribuição: § 21 I WpPG) ou da data da primeira oferta pública (tratando-se de outros prospetos: § 22 WpPG). Sendo omitido o dever de publicação, exige-se que a transação tenha ocorrido antes da publicação do prospeto e no prazo de seis meses a contar do final da primeira oferta pública em mercado doméstico (§ 24 WpPG)[508]. Quanto aos

extintiva e caducidade, Lisboa, 1961, 486-528; Manuel de Andrade, *Teoria geral da relação jurídica*, vol. II, 9.ª reimpr. da ed. de 1983, Coimbra, 2003, 445 ss.; Menezes Cordeiro, *Tratado de direito civil*, V, 3.ª ed., Coimbra, 2017, 254-256 e *Da caducidade* cit., 7-30; Pais de Vasconcelos, *Teoria Geral* cit., 335.

506 Cf. Manuel Lorenz/Frank Schönemann/Christoph Wolf, *Geplante Neuregelung zur Prospekthaftung — Verjährung, Anspruchskonkurrenz und Prospektzusammenfassung*, CFL 7/2011, 346-351 (348). Considera-se relevante não apenas o conhecimento efetivo, mas também o devido. O artigo 164.º do Cód.MVM equiparava à data da tomada de conhecimento da deficiência da informação aquela em que "usando de uma diligência normal, deveria ter-se apercebido dela". Atualmente, considera Ferreira de Almeida, *Caducidade* cit., 2, que o mesmo princípio é imposto pelo instituto da boa-fé.

507 Assim, Ferreira de Almeida, *Caducidade* cit., 7 e 8.

508 Repare-se que a interpretação que propomos do regime mobiliário nacional conduz, na prática, a resultados equivalentes. A relevância do conhecimento como momento que determina o início da contagem do prazo de seis meses de caducidade do direito equivale, tipicamente, ao final da oferta pública. Não se concebe que um investidor não conheça ou, pelo menos, não deva conhecer a necessidade de publicação e consequente omissão do dever de divulgar o documento informativo.

vícios ou omissões do dever de publicar informação contínua, desde 2015, o regime especialmente consagrado nos §§ 97 e 98 WpHG não prevê um prazo especial de prescrição do direito à indemnização, o que importa a aplicação do prazo geral (§§ 195 e 199 BGB)[509], ainda que tal já tenha sido considerado desrazoável porquanto o horizonte temporal reduzido para o exercício do direito constitui contrapartida de um regime mais favorável para o investidor quanto ao ónus da prova[510] e que está em jogo conter os riscos de incerteza e assegurar o ajustamento à velocidade das transações no mercado de capitais[511]. Já em Itália o artigo 94.º/11 TUF esclarece que os pedidos de indemnização são exercidos no prazo de cinco anos a contar da publicação do prospeto, a não ser que o investidor não tivesse podido conhecer a falsidade da informação ou a omissão nos dois anos precedentes à propositura da ação[512]. A tendência de encurtamento dos prazos não é exclusivamente europeia, sendo bem visível também nos Estados Unidos. A *section* 13 do *Securities Act* de 1933 opta por prazos particularmente curtos para o exercício do direito de indemnização por incorreções no prospeto: um ano a contar da descoberta da declaração falsa ou da omissão, sem ultrapassar três anos após a oferta ao público ou venda dos valores. O *Securities Exchange Act* de 1934 [*sections* 9 (e) e 18 (c)] determina, em termos similares, que em caso de manipulação de preços ou declarações enganosas ao mercado o direito deve ser exercido no prazo de um ano a contar da descoberta dos factos constitutivos da violação, sempre nos três anos após o comportamento ilícito.

Apesar deste enquadramento e da efetiva não inconstitucionalidade da fixação de prazo tão curto, não deixa de ser evidente a acentuada dificuldade de propor a ação num intervalo de tempo que na prática pode fazer perigar materialmente a tutela do investidor lesado. O regime português de responsabilidade pelo prospeto prevê, é certo, algumas facilitações de prova mas

[509] Cf. PETRA BUCK-HEEB, *Kapitalmarktrecht*, 9.ª ed., Heidelberg, 2017, Rn. 474; MÜLBERT/STEUP, *§ 41. Haftung* cit. 41.240. Pelo contrário, o regime anterior constante dos §§ 37b e 37c WpHG determinava que, em caso de omissão do dever de informar, o direito prescrevia passado um ano a contar do conhecimento da omissão, desde que dentro de três anos após a omissão (§ 37b IV WpHG). No caso de incorreta divulgação de informação privilegiada, o direito prescrevia no prazo de um ano a contar da sua publicação, sem prejuízo do prazo de três anos a partir da publicação (§ 37c IV WpHG).

[510] Assim, MANUEL LORENZ/FRANK SCHÖNEMANN/CHRISTOPH WOLF, *Geplante* cit., 348, ainda a respeito da proposta de reforma.

[511] Cf. GROSS, *Kapitalmarktrecht* cit., Rn. 90.

[512] Para um quadro comparativo, cf. ESMA, *Report — Comparison of liability regimes in Member States in relation to the Prospectus Directive*, 30-mai.-2013, disponível em www.esma.europa.eu.

estas não são manifestamente suficientes para funcionarem como contraponto bastante de um estreitíssimo prazo de seis meses para a proposição das ações judiciais, considerando a sua complexidade, tanto de uma perspetiva jurídica como técnica (exigindo, *v.g.*, o recurso a peritos que realizem *event studies* que permitam sustentar o pedido). As regras mais favoráveis no domínio da prova não garantem, na generalidade dos casos, a realização material do direito. Adiante exploramos estas dificuldades, que tornam especialmente pertinente saber se, falhando a via específica do Código dos Valores Mobiliários, e estando verificados os pressupostos da responsabilidade civil de direito comum, a aplicação desta fica precludida.

Questão paralela colocou-se noutros ordenamentos jurídicos, com especial destaque para o alemão. Neste, a possibilidade de aplicação do regime geral foi particularmente indagada em virtude da limitação do regime especial de proteção aos casos de negligência grosseira, levando o intérprete-aplicador a perguntar se a previsão da WpPG teria vindo pôr fim à tradicional aplicação do BGB, *maxime* do regime de *culpa in contrahendo* constante do § 311. Deve alinhar-se, aí, com a corrente que entende que se os pressupostos da responsabilidade estiverem preenchidos é possível o recurso às regras de direito civil, nomeadamente sobre responsabilidade pré-contratual. Estão em causa as hipóteses que têm sido designadas como "responsabilidade pelo prospeto em sentido amplo" (*Prospekthaftung im weiteren Sinne*)[513] ou "responsabilidade pelo prospeto imprópria" (*uneigentliche Prospekthaftung*)[514]. Como escreve, por exemplo, EMMERICH, "é indiscutível que essa responsabilidade 'normal' por negligência nas negociações contratuais não é substituída pela responsabilidade pelo prospeto de direito especial, antes ocorre ao lado dela, em qualquer caso, se os requisitos forem atendidos"[515].

[513] Cf., v.g., HORBACH, *§ 69 Prospekthaftung*, em *Münchener Handbuch des Gesellschaftsrechts* Bd. 2, 5.ª ed., München, 2019, Rn. 12.

[514] EMMERICH, *§ 311*, em *Münchener Kommentar zum BGB*, 8.ª ed., München, 2019, Rn. 168. Na Alemanha é comum aludir à responsabilidade pelo prospeto em sentido *próprio* (*eigentlich*) e à responsabilidade pelo prospeto em sentido *impróprio* (*uneigentlich*), de direito comum. Cf. também, *v.g.*, MARTINA BENECKE, *Haftung für Inanspruchnahme* cit., 2598. Sobre a *Kapitalmarktvertrauenshaftung*, a par da *deliktsrechtliche Marktinformationshaftung*, cf. KATJA LANGENBUCHER, *Anlegerschutz durch Haftung nach deutschem und europäischem Kapitalmarktrecht*, em EGON LORENZ (org.), *Karlsruher Forum 2014: Anlegerschutz durch Haftung nach deutschem und europäischem Kapitalmarktrecht*, Karlsruhe, 2014, 5-41 (23 ss.).

[515] EMMERICH, *§ 311*, em *Münchener Kommentar zum BGB* cit., Rn. 168. Na medida em que o legislador, com a aprovação da VermAnIG e KAGB, pretendeu intensificar a proteção do investidor, o regime especial não poderia jogar contra o recurso, pelo lesado, a mecanismos adicionais de tutela, nomeadamente de direito civil geral.

Repare-se que neste ordenamento o tema é especialmente delicado: a aplicação das regras gerais é por vezes interpretada como implicando a deturpação do sistema pretendido pelo legislador[516], pois o equilíbrio de valores e interesses que este cuidadosamente ponderou e consagrou no regime mobiliário seria frustrado pela possibilidade de aplicação de normas civis, que tipicamente não exigem um padrão de culpa equivalente[517]. Ou seja, se antes da existência de previsão especial a aplicação do regime civil geral era admitida como forma de acautelar situações de informação incorreta no mercado cinzento de capitais, este ficaria agora reservado para os casos de informação deficiente que não se inserissem no âmbito da legislação mobiliária. O § 25 II WpPG determina que a responsabilidade pelo prospeto prevista nesta legislação especial não afeta *outros* pedidos de indemnização deduzidos ao abrigo do regime geral. Tem-se dito que ficariam prejudicados os pedidos com fundamento no § 3 WpPG (dever de publicação de prospeto) interpretado como norma de proteção que visa a tutela do investidor mas que já deveriam ser considerados *outros* pedidos aqueles que fossem alicerçados em fundamentos diferentes[518], nomeadamente o obrigacional[519]. Simplesmente, deverá entender-se que, estando preenchidos os seus pressupostos, o BGB mantém-se aplicável, conduzindo à responsabilidade potencial do emitente mesmo com negligência simples: a solução defendida para o § 311 BGB pode ser generalizada a outros fundamentos *civis* de responsabilidade.

No caso da lei portuguesa, a dupla via da responsabilidade estava prevista de forma expressa no anterior artigo 165.º do Cód.MVM, que esclarecia que o regime mobiliário não precludia a aplicação do regime civil geral[520]. Noutras áreas jurídicas, a lei resolve também o problema do eventual concurso, admitindo-o expressamente, como é o caso da responsabilidade do produtor[521].

516 Cf. Mark Oulds, *Prospekthaftung*, em Siegfried Kümpel/Arne Wittig, *Bank- und Kapitalmarktrecht*, 4.ª ed., Köln, 2011, 1969-1999 (1996).

517 Cf. Dörte Poelzig, *Kapitalmarktrecht* cit., Rn. 349. No mesmo sentido, ainda a respeito da concorrência entre o revogado § 45 BörsG e o § 826 BGB, cf. Eberhard Schwark, *Zur Haftung der Emissionsbank bei Aktienemissionen — börsen-, bilanz- und gesellschaftsrechtliche Aspekte*, ZGR 2/1983, 162-188 (183).

518 Nesse sentido, cf. Dörte Poelzig, *Kapitalmarktrecht* cit., Rn. 305.

519 Sobre estes, cf. Schwark, *Zur Haftung* cit., 182, a propósito da responsabilidade civil do banco emitente.

520 Cf. Amadeu Ferreira, *Direito dos valores mobiliários* cit., 378. O único limite resulta da proibição de o dano ser indemnizado mais do que uma vez.

521 O artigo 13.º do Decreto-Lei n.º 383/89, de 6 de novembro prevê expressamente essa solução, admitindo-se que o lesado invoque o regime que lhe for mais favorável. Sublinhando o paralelismo

Por outro lado, se bem que num plano diferente, tem-se entendido — com razão — que, nas situações em que se preencham, em simultâneo, os pressupostos da responsabilidade aquiliana e obrigacional, não existe prevalência da imputação obrigacional[522]. Nestas, ambos os regimes concorrem para um resultado único: a reparação máxima do dano no caso concreto e o reforço da proteção do lesado[523]. Outra solução levaria a uma "inversão conceitualista,

entre o problema da relação entre o direito comum e o direito especial na responsabilidade do produtor e na responsabilidade pelo prospeto, cf. Carneiro da Frada, *Teoria* cit., 184. Sobre o regime de responsabilidade do produtor, cf., por todos, Calvão da Silva, *Responsabilidade* cit., 462 ss. e 706 e *A responsabilidade civil do produtor*, RPDC, janeiro de 1995, n.º 1, 31-39 (39). Trata-se de diploma especial que visa reforçar a tutela de um interveniente específico no mercado (o consumidor) em que se considera que a existência de um regime especial não deve servir como forma de desproteção do lesado, que já se encontrava defendido pelo regime geral. A *ratio* comum ao caso que nos ocupa é inegável, ainda que no mercado de capitais haja que contemplar um mais delicado equilíbrio de interesses. Calvão da Silva vai, no entanto, ainda mais longe, admitindo, nos casos em que o produto defeituoso lese um direito protegido em sede aquiliana e, ao mesmo tempo, o comportamento ilícito configure uma situação de incumprimento contratual, que o lesado pode *combinar* as vantagens de regime das várias vias referidas. Ou seja, pode não apenas optar pelo regime que lhe for mais favorável, mas também conjugá-los, de forma a assegurar o melhor regime de proteção possível. Porém, consideramos que, em princípio, a conjugação de regimes pode desequilibrar o delicado balanço de valores e interesses alcançado pelo legislador mobiliário, pelo que, salvo situações excecionais sujeitas a ponderação casuística, o lesado deverá optar pelo regime que considerar mais conveniente. Sobre a responsabilidade do produtor e a sua articulação com a responsabilidade civil delitual e contratual, cf. Romano Martinez, *Direito das obrigações (Parte especial), Contratos (Compra e venda, locação, empreitada)*, reimpr. da 2.ª ed. de mai. 2000, Coimbra, 2017, 147 e 148.

522 A respeito da questão do concurso entre responsabilidade civil delitual e obrigacional, cf. *v.g.*, Menezes Cordeiro, *Tratado* cit., VIII, 398 ss.; Teixeira de Sousa, *Concurso de títulos de aquisição de prestação — Estudo sobre a dogmática da pretensão e do concurso de pretensões*, Coimbra, 1988, 136 ss. e 313 ss.; Romano Martinez, *Cumprimento defeituoso. Em especial na compra e venda e na empreitada*, Coimbra, 2015, 223 ss. e *Direito das obrigações. Programa 2017/2018. Apontamentos*, 5.ª ed., Lisboa, 2017, 81-85; Dário Moura Vicente, *Da responsabilidade pré-contratual* cit., 208-232, com uma análise comparativa das regras que presidem à resolução do concurso no direito nacional, no direito francês, no direito alemão e nos ordenamentos jurídicos de *common law*. Sobre o tema, cf. ainda Vaz Serra, *Responsabilidade contratual e responsabilidade extracontratual*, BMJ 85 (1959), 115-241 (230 e 231); Antunes Varela, *Das obrigações em geral*, I, (7.ª reimpr. da 10.ª ed. de 2000), Coimbra, 2010, 636 e 637; Almeida Costa, *O concurso da responsabilidade contratual e da extracontratual*, em *Ab uno ad omnes. 75 anos da Coimbra Editora*, Coimbra, 1998, 555-565; Pinto Monteiro, *Cláusula penal e indemnização*, Coimbra, 1999, 713 ss.; Carneiro da Frada, *A responsabilidade objectiva por facto de outrem face à distinção entre responsabilidade obrigacional e aquiliana*, Sep. Direito e Justiça vol. XII, 1998, tomo 1, 397 ss.; Mafalda Miranda Barbosa, *Lições de responsabilidade civil*, Cascais, 2017, 19 ss.

523 Neste sentido, a propósito da responsabilidade civil do produtor, cf. Calvão da Silva, *Responsabilidade* cit., 464.

particularmente inadequada num terreno histórico-cultural muito lasso, como é o da dogmática da responsabilidade civil"[524].

O atual regime do Código dos Valores Mobiliários é omisso no que respeita ao concurso de regimes[525]: a ausência de referência expressa já foi qualificada como uma "prudente abstenção do legislador em relação a uma tomada de posição mais explícita nesta matéria"[526], e decerto não exime o intérprete-aplicador de encontrar uma solução valorativa e sistematicamente adequada, que satisfaça em simultâneo as necessidades da prática. Valem, aqui, pois, as regras hermenêuticas gerais, obrigando, em particular, a atender ao equilíbrio de valores e interesses estabelecido, para aferir se a aplicação do regime civil geral é com ele coerente.

Encontramo-nos, nesta área, nas fronteiras da interpretação e integração da lei, enquanto "atividade de mediação"[527] que tem por fim revelar o sentido normativo desta, atendendo às "intenções de regulação" e às "ideias normativas concretas"[528]. Há que apurar as "ideias fundamentais" da lei, tendo em conta o seu contexto significativo, para descobrir o sentido que corresponde "optimamente à regulação legal e à hierarquia d[os] fins"[529].

O regime de responsabilidade pelo prospeto visa o reforço da proteção do investidor e, mediatamente, a tutela do mercado: o fortalecimento da segurança individual constitui meio para a segurança institucional nos mercados[530]; por seu lado, a consolidação da tutela do investidor através de aligeiramentos probatórios encontra contrapartida na proteção conferida ao emitente com a limitação temporal ao exercício do direito. Esta defesa do emitente contém o risco associado à participação no mercado e incrementa,

[524] MENEZES CORDEIRO, *Tratado* cit., VIII, 399.

[525] O recurso à via civil é mais simples quando o Código dos Valores Mobiliários não constitua, à partida, "expediente idóneo para o ressarcimento indemnizatório", devido, *v.g.*, à tipicidade dos responsáveis e dos vícios (PAULO CÂMARA, *Manual* cit., 814). A questão mais controvertida respeita a situações em que à partida estaria preenchido o âmbito de aplicação do Código mas, em concreto, não é possível o recurso a essa via indemnizatória (*v.g.* devido ao encurtamento do prazo para a proposição da ação). Mesmo à luz do anterior Código, AMADEU FERREIRA, *Direito dos valores mobiliários* cit., 1997, considerava que não era possível o recurso à responsabilidade civil ao abrigo do Código Civil após o decurso do prazo prescricional do Código do Mercado dos Valores Mobiliários mas reconhecia que "vários factores podem militar em sentido contrário" e que a própria letra da lei dispunha em sentido diverso.

[526] CARNEIRO DA FRADA, *Teoria* cit., 184, nota 135.

[527] LARENZ, *Metodologia* cit., 439.

[528] LARENZ, *Metodologia* cit., 448.

[529] LARENZ, *Metodologia* cit., 468.

[530] Cf., por todos, PAULO CÂMARA, *Manual* cit., 812.

também ela, a segurança e confiança na negociação, contrabalançando uma potencial maior litigância. Trata-se, pois, de regime especialmente consentâneo com o mercado de capitais.

Não obstante este sistema normativo concretamente vocacionado para as necessidades no domínio dos valores mobiliários, quando se identifique um comportamento que o direito civil geral — com o seu peso histórico-cultural — valore como antijurídico e quando o lesado seja tido como merecedor de proteção indemnizatória, não podem as regras do mercado de capitais ser interpretadas no sentido de retirarem essa proteção. Qualquer dessas regulações concorre para um fim comum: a proteção do investidor e, com ela, a do próprio mercado. O acréscimo de tutela que possa advir das previsões gerais do Código Civil reforça, ao invés de reduzir, a segurança nos mercados. Ao regime do Código dos Valores Mobiliários não pode ser atribuído o sentido de envolver um propósito de aplicação excludente do regime geral quando deste derive uma solução que conduza a melhores resultados à luz da teleologia de proteção (direta) do investidor e (indireta) do mercado. Ou seja, o facto de se criar um regime de responsabilidade "melhor adaptado ao mercado de capitais"[531] não constitui impedimento a que se apliquem as regras gerais, pois não seria aceitável o recuo na proteção do investidor — e nessa medida do mercado — que resultaria da posição contrária[532].

É, em suma, coerente admitir uma dupla via de responsabilidade no mercado de capitais, mantendo o lesado os direitos que já teria caso não existisse regime especial aplicável. As próprias exigências do direito civil geral fazem com que o prazo para o exercício do direito não traga perturbação ao mercado, nem seja de temer o aumento da litigiosidade que justifica a contenção da proposição de ações ao abrigo das normas mobiliárias, que traduzem a contrapartida dos custos e riscos que a participação no mercado acarreta para o emitente. As dificuldades inerentes ao exercício das pretensões indemnizatórias não são superiores às que existem nos casos que decorrem dos múltiplos fundamentos possíveis de responsabilidade da sociedade emitente cuja origem não se encontra na preterição de deveres informativos específicos do mercado de capitais. Sendo certo que o dever de indemnizar representa uma situação de fragilidade tanto para o emitente e os seus acionistas, como para o mercado, o risco de responsabilidade baseada no direito comum não

[531] Paulo Câmara, *Manual* cit., 813.

[532] Carneiro da Frada, *Teoria* cit., 185 considera que não parece ser de excluir *in limine* o desenvolvimento de uma responsabilidade por prospeto de direito comum capaz de alcançar situações que escapem ao âmbito daquela regulamentação.

é superior ao que se identifica nas demais *fattispecies* de responsabilidade por comportamentos ilícitos do emitente. O conteúdo do dever de indemnizar e as respetivas consequências para o mercado em nada se distinguem quer este resulte de responsabilidade *fundada nas normas civis gerais* quer tenha origem em qualquer outro ato ilícito gerador de responsabilidade civil com fundamento geral. Em qualquer das situações o emitente estará vinculado à obrigação de indemnizar com potencial desequilíbrio do mercado e o consequente prejuízo dos acionistas. A eventual lesão do mercado não se sobrepõe à necessária tutela do investidor e aos princípios gerais de imputação de danos.

A extensão civil do período durante o qual o investidor pode pedir uma indemnização não deve, por isso, perturbar[533]. Entendemos, de resto, que a obrigação de indemnizar nos casos que nos ocupam prescreve no prazo mais curto de três anos previsto no artigo 498.º do CC, não ficando sujeita ao prazo prescricional de vinte anos decorrente do artigo 309.º do CC. Mesmo em geral, desde cedo se apontou ser discutível que o prazo de prescrição da responsabilidade delitual seja mais curto do que aquele aplicável à responsabilidade obrigacional[534]. Pedro de Albuquerque[535], por exemplo, negou, com razões dogmáticas e práticas, a interpretação jurisprudencial[536] e doutrinária que rejeita a uniformização do prazo de prescrição da obrigação de indemnizar fundada em responsabilidade obrigacional e extraobrigacional. Ora, na hipótese particular das ações de responsabilidade na área do mercado de capitais, seria especialmente desajustada a aplicação do prazo geral de vinte anos, atendendo a que a responsabilidade resulta da preterição de deveres acessórios sem dever principal de prestar. No caso dos deveres considerados, de natureza específica mas sem fonte contratual *proprio sensu,* não só não se verifica o fundamento para aplicar o prazo geral mais longo como, em contrapartida, se manifestam com especial intensidade as razões subjacentes ao encurtamento do prazo prescricional para as ações de responsabilidade civil. Estando os problemas que nos ocupam inseridos no âmbito da responsabilidade civil por inobservância de deveres de proteção, a aplicação

[533] Sobre a importância das questões de prescrição nos pleitos de responsabilidade civil, cf. Pais de Vasconcelos, *Responsabilidade civil e prescrição,* Revista de Direito da Responsabilidade ano 1 (2019), 1-21, disponível em www.revistadireitoeresponsabilidade.pt.

[534] Menezes Leitão, *A responsabilidade do gestor* cit., 291, nota 1.

[535] Cf. Pedro de Albuquerque, *A aplicação do prazo prescricional do n.º 1 do artigo 498.º do Código Civil à responsabilidade civil contratual,* ROA 49 (1989), vol. III, 793-837.

[536] A título de exemplo, cf. RCb 10-fev.-2007 (Cardoso de Albuquerque), Proc. 2502/05.3TBCBR.C1; por regra, a aplicação do prazo geral é simplesmente assumida pela jurisprudência.

do prazo prescricional de vinte anos "conduziria a resultados incompatíveis com a valoração subjacente ao art. 498.º"[537].

Decai, na verdade, desde logo, o argumento segundo o qual a aplicação do prazo mais curto implicaria uma "chocante" diferença entre os prazos para exigir o cumprimento dos deveres *ex contractu* e do dever de indemnizar[538]. Não existe sequer, no caso, um dever principal de prestar a que permanecesse aplicável o prazo geral de vinte anos, gerando uma pretensa antinomia com a prescrição da obrigação de indemnizar. Não pode, por isso, defender-se uma aplicação cega do prazo mais alargado. Assim se compreende que Autores como Menezes Leitão entendam que às situações de violação de deveres no contexto de vínculos específicos — como aqueles que aqui tratamos — o prazo será o do artigo 498.º, conclusão facilitada, é certo, pela configuração da responsabilidade em causa como terceira via intermédia entre o contrato e o delito[539]. Nestes termos, se a diluição das fronteiras que separam a responsabilidade civil delitual da obrigacional[540] torna especialmente desajustada a radical diferença dos prazos prescricionais[541], esse desajustamento manifesta-se sobretudo quando tratamos, como aqui sucede, de responsabilidade fundada na violação de um dever específico com origem na ligação especial entre as partes mas sem que exista um contrato.

A pertinência do prazo de prescrição mais curto justifica-se ainda à luz das equivalentes dificuldades de prova das circunstâncias relevantes decorrido

[537] Pinto Oliveira, *Deveres de protecção* cit., 523. No mesmo sentido, cf. Carneiro da Frada, *Contrato e deveres de protecção* cit., 218.

[538] Vaz Serra, *Prescrição do direito de indemnização*, BMJ 87 (1959), 23-67 (47), por exemplo, apesar de admitir a possibilidade de se verificarem "na responsabilidade contratual, razões tão aceitáveis para a prescrição de curto prazo como na responsabilidade extracontratual", negava a uniformização do prazo por considerar chocante que a obrigação de indemnizar prescrevesse em prazo mais curto do que as restantes obrigações contratuais.

[539] Cf Menezes Leitão, *Direito das obrigações* cit., I, 407, afirmando que o regime do artigo 498.º é aplicável a toda a responsabilidade civil, com exceção da responsabilidade obrigacional, sujeita ao mesmo regime de prescrição da obrigação incumprida. Como expõe o Autor (nota 924), é a conclusão que se retira do artigo 499.º relativo à responsabilidade pelo risco e do artigo 227.º relativo a uma hipótese de terceira via de responsabilidade civil. Uma vez que o Autor enquadra as situações de violação de deveres no contexto de vínculos específicos como aqueles que aqui tratamos no âmbito da terceira via da responsabilidade, o prazo aplicável seria, pois, o do artigo 498.º.

[540] Já Sinde Monteiro, *Responsabilidade* cit., 191 e 192, escrevia "as diferenças que o legislador do Código Civil entendeu dever manter (v.g. em matéria de prazos de prescrição) entre responsabilidade contratual e delitual são menores do que no passado, inferiores às que se nos deparam em outros sistemas jurídicos, e provavelmente tenderão a atenuar-se ainda mais no futuro".

[541] Cf. Pedro de Albuquerque, *A aplicação* cit., 830.

que seja mais tempo sobre a preterição do dever: não só deve aceitar-se que essas razões podem verificar-se no campo obrigacional[542], como no caso em análise tais dificuldades são até especialmente marcadas. Ou seja, o fundamento do encurtamento do prazo geral apresenta-se, assim, com particular intensidade, tornando razoável a sua aplicação atentas as incrementadas dificuldades de prova dos pressupostos da responsabilidade por factos praticados no contexto dos mercados de capitais. Também aqui, quanto mais tempo transcorrer após o facto ilícito, mais difícil será a prova[543], *maxime* em resultado do conhecido fenómeno psicológico do *hindsight bias*[544], que se traduz numa inclinação para avaliar circunstâncias passadas com base em conhecimentos ou desenvolvimentos adquiridos posteriormente e considerar que os eventos passados eram previsíveis, quando, na verdade, com os elementos disponíveis *ex ante*, não o eram. No fundo, trata-se de uma tendência para julgar eventos passados mais prováveis do que pareciam no momento da sua verificação, o que poderia, com o prazo de vinte anos, constituir desproporcional desfavor para o emitente.

Ainda que o sistema nacional de prescrição seja pouco racional[545], a solução sustentada, ao afastar a aplicação de um prazo desajustadamente longo, vai ao encontro da tendência geral de encurtamento dos prazos de prescrição que se verifica transversalmente na União Europeia, que recomenda, sempre que possível, que se limite a aplicação do prazo prescricional a vinte anos. Pense-se nos Princípios Europeus de Direito dos Contratos, em que se propõe um prazo ordinário de prescrição de três anos (artigo 14:201)[546], na reforma do BGB de 2001-2002 que reduziu o período ordinário de prescrição de trinta para três anos[547] ou ainda na reforma de 2008 do *Code Civil* francês, com a diminuição do prazo de trinta para cinco anos.

Assim, a responsabilidade por incumprimento de deveres de informação no mercado de capitais alicerçada no direito civil geral cessa no prazo de três anos a contar da data em que o lesado teve conhecimento do direito que

542 Cf. Pedro de Albuquerque, *A aplicação* cit., 822 ss.

543 Argumento apresentado por Manuel Lorenz/Frank Schönemann/Christoph Wolf, *Geplante* cit., 348, em defesa de um prazo de prescrição limitado.

544 Sobre este fenómeno, entre nós, cf. José Ferreira Gomes, *Responsabilidade civil dos funcionários e administradores das instituições de crédito perante o art. 304.º/5 CVM*, DSR, ano 10 (2019), vol. 19, 99-130 (114).

545 Ferreira de Almeida, *Caducidade* cit., 5.

546 Disponível em https://www.trans-lex.org/400200/_/pecl/.

547 Cf. Menezes Cordeiro, *A modernização do direito das obrigações*, ROA 62 (2002), vol. I, 711-729.

lhe compete, embora com desconhecimento da pessoa do responsável e da extensão integral dos danos, sem prejuízo do prazo de prescrição ordinária (artigo 498.º/1 do CC). Tal não constitui entorse no regime temporalmente limitativo constante do Código dos Valores Mobiliários — antes representa o reconhecimento da valia do direito comum da responsabilidade civil em áreas com especificidades acentuadas — e reforça a proteção do investidor assim como a dos mercados[548].

Deve, pois, aceitar-se que vale entre nós uma responsabilidade civil de direito comum por informações no mercado de capitais, que assume, nos termos expostos, pendor obrigacional, abrindo-se espaço para que o lesado defenda a sua posição socorrendo-se do regime geral quando o mesmo se afigure mais protetor. A existência de um duplo caminho de responsabilidade civil por informações no mercado de capitais não prejudica — pelo contrário — o delicado equilíbrio de interesses que foi ponderado e desenhado pelo legislador do Código dos Valores Mobiliários, atingindo-se plenamente a *ratio* do regime mobiliário de tutela do investidor e do mercado.

2. Os concretos factos ilícitos no quadro da relação especial entre emitente e investidor

Face à contextualização anterior, o verdadeiro desafio que se coloca reside em operacionalizar a responsabilidade civil do emitente perante o investidor, o que requer uma apropriada configuração dos seus pressupostos, bem como do ónus da respetiva prova. O ponto de partida é, naturalmente, a identificação do facto ilícito. Mais do que recordar todo o importante acervo doutrinário em matéria de ilicitude, que não pode aqui ser abarcado, julgamos relevante analisar os concretos factos ilícitos do emitente que são suscetíveis de gerar obrigação de indemnizar no mercado, recordando que a natureza da relação entre lesante e lesado tem como consequência a qualificação de um conjunto de deveres de fonte legal como deveres de proteção, decisivamente apartados do âmbito delitual e situados no campo dos relacionamentos específicos de cariz obrigacional, na linha do que temos vindo a expor. A identificação de deveres de proteção a partir de obrigações legalmente impostas

[548] Na medida em que o sistema mobiliário se baseia num elenco taxativo de responsáveis pelos danos, a articulação deste regime com o do Código Civil apresenta vantagens inequívocas também por permitir vincular outros agentes à obrigação de indemnizar e ainda por vícios que não exclusivamente os detalhados na legislação mobiliária.

não deve causar estranheza, nem corresponde a hipótese original ou isolada, ainda que, como em especial tem notado KREBS[549], a passagem para o reconhecimento aberto das mesmas como deveres de proteção raramente seja aceite, existindo, por vezes, menos resistência em identificar deveres de proteção em relações jurídicas livremente assumidas do que naquelas que encontram assento na lei. Apesar dos alicerces legais, o fundamento obrigacional último é particularmente visível na estreita dependência entre a vinculação aos deveres de informar e a vontade de admissão no mercado pelo emitente. Sendo certo que, em geral, a negociação de ações em mercado regulamentado depende de um pedido da sociedade apresentado à entidade gestora, é possível que valores mobiliários já admitidos à negociação em mercado regulamentado sejam subsequentemente negociados sem o seu consentimento noutros mercados e em sistemas de negociação multilateral ou organizados. Nestes casos — conhecidos como seleção para negociação[550] — a decisão de admissão depende apenas da entidade gestora, o que conduziu o legislador a considerar que o emitente não deveria ficar vinculado à obrigação de prestar informações nesses mercados[551], revelando-se, pois, também por esta via, a sua fonte obrigacional.

No âmbito da responsabilidade civil do emitente no mercado de capitais, o facto ilícito consubstancia-se tipicamente, como já dissemos, no incumprimento ou cumprimento defeituoso do dever de publicação do prospeto ou do dever de divulgar informação *ad hoc* e periódica. Importa, pois, começar por analisar estas específicas situações de incumprimento mas sem esquecer que as mesmas têm de ser encaradas no contexto mais amplo da ligação especial que caracteriza o mercado de capitais, a qual assumirá cariz determinante em muitas das soluções que sustentamos a respeito da concretização dos demais pressupostos da responsabilidade civil.

2.1. Omissão ou cumprimento defeituoso do dever de publicar prospeto

2.1.1. Enquadramento

Na parte inicial do nosso estudo sublinhámos que o enquadramento jurídico de um mercado de capitais eficiente e que sirva a proteção do investidor deve contar com um conjunto robusto de deveres de informação relativos ao

[549] Cf. KREBS, *Geschäftsführungshaftung bei der GmbH & Co. KG und das Prinzip der Haftung für Sorgfaltswidrige Leitung*, Baden-Baden, 1991, *passim*.

[550] Sobre a figura, cf. PAULO CÂMARA, *Manual* cit., 575.

[551] Artigos 205.º/3 do CVM, 18.º/8 e 51.º/5 DMIF II.

emitente e aos instrumentos mobiliários oferecidos. O sistema nacional de transparência encontra-se alinhado com as orientações europeias, que tomam a publicidade — e, em particular, o dever de publicar o prospeto — como ponto central na construção de um mercado de capitais europeu harmonizado[552]. Esta necessidade foi pela primeira vez notada em 1966, no Relatório Sumário preparado pelo Comité SEGRÉ[553], onde se concluiu que a integração de mercados exige o aumento do número de agentes que aí atuam, o que supõe que estes tenham ao seu dispor informação abrangente e homogénea sobre os valores transacionados. Na presença de informação insuficiente, o público tenderá a atribuir mais importância a aspetos políticos ou fiscais dos mercados em que negoceiam do que a factos que demonstrem o desenvolvimento do emitente e as suas perspetivas de crescimento. Estas dificuldades, exponenciadas no caso de investimento em mercados estrangeiros, desencorajam a entrada no mercado de várias classes de investidores. Como escrevia LOUIS BRANDEIS, no conhecido e já citado trecho do seu livro *Other people's money*, "a publicidade é justamente recomendada como um remédio para doenças sociais e industriais. Diz-se que a luz do sol é o melhor dos desinfetantes; a luz elétrica o polícia mais eficiente"[554]. A divulgação pública é, nesta linha, há muito encarada como a melhor proteção contra os abusos dos emitentes, sendo certo que a informação se deve dirigir ao investidor, não de um prisma meramente formal, mas também material, de modo a permitir a sua real compreensão, assegurando, assim, a sua eficiência[555]. Por isso, cada vez mais as políticas de transparência ocupam lugar primordial na regulação do mercado de capitais, seguindo de perto a filosofia americana[556], onde classicamente se considera que a imposição de deveres de informação beneficia não apenas

[552] Cf. ASSMANN, *Wertpapierprospektgesetz (WpPG). Einleitung*, em ASSMANN/SCHLITT/VON KOPP-COLOMB, *Wertpapierprospektgesetz* cit., 1-19 (Rn. 16), a propósito do desenvolvimento alemão do regime de transparência no mercado de capitias.

[553] Cf. European Economic Community Commission, *The development of a European capital market*, Report of a Group of experts appointed by the ECC Commission (Relatório Segré), Brussels, November 1966, 225-238, disponível em http://aei.pitt.edu/31823/1/Dev_Eur_Cap_Mkt_1966.pdf.

[554] Cf. LOUIS D. BRANDEIS, *Other people's money and how the bankers use it*, New York, 1914, 92, disponível em https://www.forgottenbooks.com/pt/readbook/OtherPeoplesMoney_10014125#12.

[555] Se a informação não for (materialmente) acessível ao investidor, será tão eficiente, diz BRANDEIS, *Other people's* cit., 70 e 71, como exigir que o produtor comunique a uma entidade pública a listagem de ingredientes dos bens oferecidos ao público, em vez de exigir que o rótulo os documente.

[556] Cf. HENDRIK BRINCKMANN, *4. Disclosure system. § 16 Foundations*, em RÜDIGER VEIL, *European Capital Markets Law*, Portland, 2017, 263-279 (265).

o investidor, mas também a sociedade emitente, tanto no que respeita à angariação de capital, como à relação com o público em geral[557].

Tradicionalmente, o regime americano de transparência focava-se no momento da oferta pública de valores mobiliários: quando esta era registada, o emitente respondia a um conjunto de questões junto da SEC. Em caso de informação viciada o emitente e os seus administradores ficavam sujeitos a responsabilidade civil, criando-se incentivos para que os intervenientes na prestação de informações participassem ativamente na elaboração das declarações de registo e não descurassem a *due diligence* dos emitentes[558]. Fora o registo de ofertas públicas, ainda que existissem obrigações periódicas de prestar informação ao mercado, eventuais desconformidades nessas comunicações não eram sancionadas. Este cenário acabou por ser radicalmente alterado na sequência do movimento de *company registration*[559], segundo o qual o emitente se regista à data da oferta pública de distribuição e, a partir daí, fica vinculado a fornecer informação contínua ao mercado. Querendo vender valores mobiliários, a sociedade já não se encontra obrigada a prestar informação sobre essa operação, que é registada como mera formalidade que em nada atrasa o processo. A desnecessidade de prestar informação no momento da oferta de valores mobiliários fundamenta-se na constatação, resultante da teoria do mercado eficiente, de que, no caso de emitentes que estão estabelecidos na bolsa, a informação divulgada periodicamente se encontra refletida no preço dos valores transacionados no mercado secundário, pelo que já terá tido repercussão no preço da venda dos valores pelo emitente.

Traçando e alargando este caminho, a regulação europeia tem vindo a vincular o emitente a um feixe de deveres de informação desde o momento da entrada na bolsa, passando pelo período de cotação no mercado (por via dos deveres de informação *ad hoc* e periódica, que tratamos *infra*) e, ainda, em qualquer oferta pública de valores mobiliários. O arquétipo da disponibilização de valores mobiliários ao investidor é a oferta pública de distribuição (OPD), que pode ser de venda (OPV) ou de subscrição (OPS ou IPO — *Initial Public Offering* — na comum designação anglo-saxónica), nas quais aparece como central o dever de publicar um prospeto, i.e., um documento sujeito a fiscalização administrativa prévia que, em termos padronizados, concentra

[557] Cf. European Economic Community Commission, *The development* cit., 228.

[558] Cf. Merritt B. Fox, *Civil liability* cit., 4; Theodor Baums/Stephan Hutter, *Die Information des Kapitalmarkts beim Börsengang (IPO)*, em *Festschrift für Peter Ulmer zum 70. Geburtstag am 2. Januar 2003*, Berlin, 2003, 779-799 (781-788).

[559] Cf. Merritt B. Fox, *Civil liability* cit., 6 ss.

a informação relevante sobre o emitente, os valores mobiliários por este emitidos e o processo da oferta ou da admissão em mercado regulamentado[560] e que surge como verdadeira "trave mestra do princípio da transparência"[561]. O prospeto reveste, pois, simultaneamente natureza informativa, publicitária e contratual[562]. A importância fulcral deste documento tem levado a que se defenda que, nos ordenamentos ocidentais, o mesmo constitui modelo de toda a informação contratual na negociação em massa e é, certamente, inegável a influência que exerceu no enquadramento jurídico dos vários tipos de informação no direito do mercado de capitais[563]. A transparência imposta por via do dever de publicar prospeto encontra fundamento na ideia de que os valores mobiliários são produtos de confiança (*credence goods*), que, devido à sua complexidade e à típica duração do investimento, não permitem ao comprador obter informação sobre o produto, nem avaliar os instrumentos mobiliários a um custo aceitável, tornando-se impossível, antes da aquisição, reduzir incertezas sobre as suas características. A assimetria informativa no mercado determina que o investidor não tenha alternativa razoável a não ser confiar na qualidade dos valores mobiliários que lhe é prometida por via da informação prestada pelo emitente, nomeadamente no prospeto[564].

A nível europeu, o regime do dever de publicação de prospeto, seguindo a metodologia LAMFALUSSY[565], pode ser encontrado em três níveis diferentes:

[560] A definição é de PAULO CÂMARA, *Manual* cit., 806. Juridicamente, a OPV pode ser qualificada como "um processo de formação de contratos de venda, caracterizado pelo carácter simultâneo e colectivo da oferta" [RAÚL VENTURA, *Ofertas públicas de aquisição e de venda de valores mobiliários*, em *Estudos em Homenagem ao Professor Doutor Manuel Gomes da Silva*, Coimbra, 2001, 265-455 (443)].

[561] A. BARRETO MENEZES CORDEIRO, *Manual* cit., 367.

[562] Cf. MENEZES LEITÃO, *A responsabilidade civil no âmbito da O.P.A.* cit., 186. Como nota o Autor, o prospeto "além de proporcionar a informação aos investidores, promove a aceitação da oferta pública e vincula as entidades acima referidas ao seu conteúdo".

[563] Cf. PAOLO GIUDICI, *Capitolo III. L'appello al pubblico risparmio e i contratti degli emittenti: IPO; contrato di collocamento; prospetto*, em VICENZO ROPPO/ALBERTO M. BENEDETTI, *Trattato dei contratti*, Milano, 2014, 965-989 (978), ainda que o Autor situe o dever de publicar prospeto no domínio pré-contratual.

[564] Cf. RÜDIGER VEIL, *§ 17. Prospectus disclosure*, em VEIL, *European* cit., 281-309 (282).

[565] Recorde-se que a metodologia Lamfalussy, introduzida em 2001 e consolidada após a crise financeira, traduz-se num processo regulatório especialmente introduzido para a regulação financeira, com o intuito de reforçar o enquadramento europeu da regulamentação e da supervisão do setor. Contempla quatro níveis de regulamentação. No primeiro nível, o Parlamento Europeu e o Conselho adotam legislação-quadro, no âmbito da tradicional repartição de competências. Na medida em que este processo é moroso, o Relatório Lamfalussy recomenda a sua utilização apenas para estabelecer princípios-base. No nível dois, a Comissão pode adotar, adaptar e atualizar medidas de implementação técnica, com a ajuda de comissões consultivas compostas

(i) nível 1 — Regulamento (UE) 2017/1129 do Parlamento Europeu e do Conselho, de 14 de junho de 2017 relativo ao prospeto a publicar em caso de oferta de valores mobiliários ao público ou da sua admissão à negociação num mercado regulamentado (Regulamento dos Prospetos)[566], em vigor desde 2017, e diretamente aplicável desde 21 de julho de 2019; (ii) nível 2 — medidas de implementação (normas técnicas emitidas pela ESMA e atos delegados da Comissão); (iii) nível 3 — orientações da ESMA e respostas às perguntas mais frequentes, publicadas por esta entidade.

O Regulamento de 2017 revogou a Diretiva 2003/71/CE do Parlamento Europeu e do Conselho de 4 de novembro de 2003, relativa ao prospeto a publicar em caso de oferta pública de valores mobiliários ou da sua admissão à negociação (Diretiva dos Prospetos[567]), que havia estabelecido princípios e regras harmonizadas para a elaboração, aprovação e publicação dos

principalmente por representantes dos países da União Europeia. Isto permite que o Conselho e o Parlamento Europeu se foquem nas suas decisões políticas essenciais, ao passo que os detalhes técnicos são posteriormente alinhados pela Comissão. No nível três, os comités de reguladores nacionais ficam responsáveis por aconselhar a Comissão sobre a adoção de atos de nível um e dois e também por emitir orientações sobre a implementação de normas. Os comités contribuem para a aplicação coerente das diretivas dos Estados-Membros, garantindo uma cooperação eficaz entre as autoridades de controlo e uma convergência das respetivas práticas. No nível quatro do processo, o relatório defende um papel mais forte da Comissão na garantia da atempada e correta transposição da legislação da União Europeia para o direito nacional e do seu cumprimento. Cf. *Fine report of the committee of wise men on the regulation of European securities markets,* 15 de fev. 2001, Bruxelas, disponível em http://ec.europa.eu/internal_market/securities/docs/lamfalussy/wisemen/final-report-wise-men_en.pdf. Sobre este funcionamento, cf., por todos, PAULO CÂMARA, *Manual* cit., 49 ss.; NIAMH MOLONEY, *The current framework (Lamfalussy) on the European securities regulation — the Lamfalussy process and recent evidence on its operation: an examination of level 2 and level 3 and the role of the committee of European securities regulators,* em *Direito dos valores mobiliários,* vol. VIII cit., 213-263, notando que o processo Lamfalussy tem sido considerado eficaz, mas que os diferentes poderes atribuídos às entidades de supervisão dos vários Estados-Membros constitui sério obstáculo à harmonização da implementação da regulamentação europeia. Cf., também, JOSÉ BRITO ANTUNES, *Notas pessoais sobre o processo* Lamfalussy, CadMVM, n.º 18, ag. 2004, 48-61; CATARINA TRIGACHEIRO, *Comitologia,* CadMVM, n.º 29, abr. 2008, 31-37.

566 Os prospetos aprovados antes de 21 de julho de 2019, nos termos do direito nacional que transpõe a Diretiva revogada, continuam a reger-se por esse direito até ao termo da sua validade ou até terem decorridos doze meses após 21 de julho de 2019, consoante o que ocorrer em primeiro lugar (artigo 46.º/3 do Regulamento dos Prospetos).

567 Sobre esta, cf., por todos, PAULO CÂMARA, *A Directiva dos Prospectos: contextos, conteúdo e confronto com o direito positivo nacional,* em *Direito dos valores mobiliários,* vol. VII, Coimbra, 2007, 9-40 (sobre a responsabilidade pelo prospeto na Diretiva, cf. em especial pp. 25 ss.). Para um resumo do regime constante do Regulamento dos Prospetos, cf. ORLANDO VOGLER GUINÉ, *O novo regulamento europeu sobre prospetos,* em *O novo direito dos valores mobiliários,* I cit., 51-62.

prospetos, mas cuja substituição se impunha em resultado dos desenvolvimentos legislativos e de mercado ocorridos desde a sua entrada em vigor[568]. O regime europeu procura alcançar o equilíbrio ideal entre proteção do investidor e garantia do máximo de flexibilidade possível na angariação de capital no mercado. Reconhece que no momento da admissão à negociação e da oferta de valores mobiliários ao público existem interesses em conflito: se é certo que o investidor precisa de ser informado da forma mais abrangente possível, a oneração excessiva do emitente pode reduzir os benefícios económicos da emissão. Quanto mais ajustado for o equilíbrio entre estes dois vetores, mais competitivo será o centro financeiro. Por isso, a inegável necessidade de tutela dos participantes não deve levar a restringir de forma excessiva o acesso ao mercado de capitais, até porque, se o emitente procurar uma opção de financiamento de longo prazo, terá de apostar na confiança do investidor, sedimentada através da disponibilização de informação com-preensiva e honesta[569]. O Regulamento visa precisamente este equilíbrio, o que é manifesto na possibilidade de alguns emitentes poderem utilizar, em certas circunstâncias, formatos aligeirados de prospeto e com procedimentos de aprovação mais flexíveis. A necessidade de o novo enquadramento jurídico revestir a forma legislativa de Regulamento — assegurando a sua aplicabilidade direta em toda a União — resulta de o regime dos prospetos ser de tal forma pormenorizado que pequenas divergências no tratamento relativo a um aspeto poderem originar obstáculos importantes à oferta transfronteiriça de valores mobiliários, às cotações em vários mercados regulamentados e às regras da União em matéria de defesa do consumidor[570].

Em prossecução dos objetivos alinhados pelo Regulamento, a ESMA promove uma implementação prática e eficiente do novo regime e contribui para a sua aplicação consistente na União Europeia, construindo uma cultura de supervisão comum por parte das várias entidades competentes, que assegure um adequado equilíbrio entre a necessidade de informação do investidor e os encargos impostos ao emitente para garantir esse acesso. Com estas finalidades, ao nível 2 e 3 do processo Lamfalussy, a ESMA publicou o relatório final com as normas técnicas de implementação

[568] Considerando 2 do Regulamento dos Prospetos.

[569] Cf., a propósito especificamente da admissão à negociação em mercado regulamentado, Christoph Trapp, *§ 37. Börsenzulassungsverfahren*, em Habersack/Mülbert/Schlitt, *Unternehmensfinanzierung* cit., 1210-1235 (Rn. 37.4 ss.).

[570] Considerando 5 do Regulamento dos Prospetos.

do Regulamento[571], bem como as respostas a perguntas mais frequentes, que se encontram já na sua 29.ª versão[572]. As orientações e recomendações da ESMA, ainda que não vinculativas, geram para as entidades de supervisão e para os intervenientes nos mercados financeiros o dever de envidarem todos os esforços para garantir o seu cumprimento. No prazo de dois meses a contar da data de emissão de uma orientação ou recomendação, cada autoridade competente confirma se dá ou tenciona dar-lhes cumprimento, devendo, em caso negativo, informar a ESMA, com indicação das razões da sua decisão (*comply or explain*), a qual pode ser publicada pela autoridade de supervisão [artigo 16.º/3, do Regulamento (UE) 1095/2010]. Cria-se, assim, um poder vinculativo fáctico, ainda que não jurídico, das referidas orientações e recomendações, deixando por esclarecer as consequências que ocorrem quando um participante no mercado atue em conformidade com as mesmas mas violando o Regulamento. Quando o erro das orientações não seja percetível para um participante médio com os conhecimentos gerais do tráfego e os conhecimentos especiais do agente não deve ser alvo de quaisquer contraordenações ou de outras consequências[573].

2.1.2. Constituição do dever, regime de aprovação e publicação do prospeto

Na União Europeia, as ofertas públicas de valores mobiliários ou a sua admissão à negociação num mercado regulamentado devem ser precedidas, em geral, pela publicação de um prospeto com a informação relevante sobre

[571] Cf. ESMA, *Final Report. Draft regulatory technical standards under the Prospectus Regulation*, 17-jul.-2018, ESMA31-62-1002, disponível em https://www.esma.europa.eu/sites/default/files/library/esma31-62-1002_final_report_on_draft_rts_under_the_new_prospectus_regulation.pdf.

[572] Cf. ESMA, *Questions and Answers. Prospectuses*, 29th updated version — January 2019, ESMA 31-62-780, disponível em http://www.cmvm.pt/pt/Cooperacao/esma/DocumentosESMACESR/Documents/esma31-62-780_qa_on_prospectus_related_topics.pdf. Para consultar as versões anteriores, cf. os documentos disponibilizados em http://www.cmvm.pt/pt/Cooperacao/esma/DocumentosESMACESR/Pages/Documentos-ESMA.aspx?pg

[573] Neste sentido, Georg Baur/Martin Boegl, *Die neue europäische Finanzmarktaufsicht. Der Grundstein ist gelegt*, BKR 2011, n.º 5, 177-186 (183); Dörte Poelzig, *Insider-und Marktmanipulationsverbot im neuen Marktmissbrauchsrecht*, NZG 2016, 528-538 (529). Já as perguntas e respostas da ESMA não são juridicamente vinculativas, constituindo, antes, um instrumento de convergência *sui generis*, que complementa outra *soft law* do regulador europeu, mas que pelo seu fraco valor vinculativo, não autoriza crítica aos operadores que negociarem no mercado sem as tomarem em consideração. Assim, Rüdiger Veil, *Aufsichtskonvergenz durch „Questions and Answers" der ESMA*, ZBB/JBB 3/18, 151-166 (159 ss.).

o emitente e a oferta (artigo 3.º/1 e 3 do Regulamento dos Prospetos[574]). Este regime procura proteger os destinatários da oferta que considera carecerem de superior tutela, através da standardização da informação, formalmente controlada pela entidade reguladora, e da responsabilidade civil em caso de violação dos deveres de transparência[575]. Essa tutela, que é alcançada através da informação, orienta o conceito de oferta pública de valores mobiliários, mas, ao contrário do que acontece com a informação prestada pelo intermediário financeiro, que deve ser moldada em função do cliente concreto (*know your client*), o regime dos prospetos opta por uma determinação abstrata dos investidores que não conseguem aceder a informação suficiente sobre a oferta[576].

Considera-se oferta pública de valores mobiliários uma comunicação ao público, independentemente da sua forma e dos meios utilizados, que apresente informações suficientes sobre os termos da oferta e os valores mobiliários em questão, de modo a que um investidor possa decidir se adquire ou subscreve esses valores mobiliários (artigo 2.º, *d)*, do Regulamento dos Prospetos). O considerando 22 do Regulamento esclarece que não se inclui no âmbito do dever de publicar prospeto qualquer atribuição de valores mobiliários que não admita a escolha individual pelo destinatário, como atribuições sem direito de rejeição ou que sejam automáticas na sequência de uma decisão judicial, *v.g.*, a credores no decurso de processo judicial de insolvência[577]. Tal considerando parece refletir a conclusão a que chegou o Tribunal de Justiça no caso *Almer Beheer/Daedalus Holding*[578], em sede de um reenvio prejudicial que tinha por objeto a interpretação da extensão do dever de informar previsto na Diretiva dos Prospetos. Em causa estava uma venda de valores mobiliários em hasta pública, por intermédio de um oficial de justiça, na sequência da publicação de um anúncio em dois jornais nacionais, no âmbito da qual

[574] Em Portugal, cf. artigos 134.º e 239.º do CVM.

[575] Cf. Paolo Giudici, *Capitolo III. L'appello* cit., 979.

[576] Cf. Paulo Câmara, *Manual* cit., 643.

[577] Também em Itália o conceito de oferta pública convoca a centralidade da informação para a formação da vontade de o investidor adquirir ou subscrever produtos financeiros (cf. art. 1/1, *t)*, TUF). No ordenamento mobiliário português, o critério principal de definição das ofertas públicas é, tal como acontece no direito civil comum, a oferta dirigir-se a destinatários indeterminados (artigo 109.º/1 do CVM). A centralidade da oferta na formação da vontade dos destinatários pode, ainda assim, ser encontrada por interpretação combinada dos critérios qualitativo e quantitativo que constam do Código dos Valores Mobiliários. Cf. A. Barreto Menezes Cordeiro, *Manual* cit., 359-361; José Ferreira Gomes, *§ 14. Oferta pública* cit., 149-157 (150); Margarida Azevedo de Almeida, *A responsabilidade* cit., 160-179; Paulo Câmara, *Manual* cit., 642-649.

[578] Acórdão do TJUE de 17-set.-2014, C-441/12 (*Almer Beheer/Daedalus Holding*).

os interessados apresentavam a sua proposta por escrito e os valores eram vendidos a quem fizesse melhor oferta. O Tribunal considerou que, na ausência de solução expressa na Diretiva, havia que analisar a natureza desta operação à luz da teleologia subjacente ao enquadramento jurídico europeu. Uma vez que a obrigação de publicar prospeto visa permitir ao investidor a avaliação dos riscos inerentes às operações de oferta de valores mobiliários ao público ou admissão à negociação, habilitando-o a tomar decisões com pleno conhecimento dos factos, bem como assegurar que o funcionamento dos mercados não é prejudicado por irregularidades, o mesmo Tribunal concluiu que a venda de valores mobiliários em sede de processo executivo não se integra nos objetivos prosseguidos pela regulação dos prospetos. Por um lado, na venda executiva a proteção dos investidores é atingida através de uma via alternativa: os potenciais compradores são informados de que se trata de uma venda cujo único objetivo é pagar uma dívida do titular dos valores mobiliários e que decorre no âmbito de um processo judicial. Por outro lado, reconhece-se que a obrigação de publicar prospeto prejudica a satisfação rápida e eficaz do credor em sede de processo executivo, porquanto (i) pode atrasar a venda judicial, (ii) os custos de elaboração do prospeto devem ser deduzidos ao produto da venda, reduzindo-se a possibilidade de o credor obter o pagamento integral e (iii) gera dificuldades práticas, visto que, estando os valores penhorados, não são vendidos pelo emitente ou pelo titular, mas sim a pedido de um terceiro e por ordem de uma autoridade judicial, o que lança dúvidas quanto a saber quem é o sujeito passivo do dever de publicar prospeto e o responsável pelas informações nele contidas.

Podemos, pois, chegar à conclusão, mais abrangente, de que o conceito de oferta pública é teleologicamente orientado pela necessidade de proteção do investidor e do mercado, devendo, por isso, evitar-se leituras formais do regime jurídico europeu, que ignorem o seu propósito. Importa, contudo, não fomentar situações de fuga ao âmbito de previsão do dever de publicar prospeto, impondo-se uma interpretação restritiva dos critérios desenhados em 2014 pelo Tribunal de Justiça[579]. Na qualificação como oferta pública sujeita à obrigação de publicar prospeto são particularmente problemáticas as chamadas decisões de investimento coletivas. Se é certo que o Regulamento europeu esclarece que apenas é considerada pública a oferta que permita a escolha

[579] Cf. Wolf von Kopp-Colomb/Jana Mollner, *§ 3 WpPG*, em Assmann/Schlitt/von Kopp-Colomb, *Wertpapierprospektgesetz Vermögensanlagengesetz Kommentar*, 3.ª ed., Köln, 2017, 133-162 (Rn. 17).

individual pelo investidor, há que reconhecer que o regime de transparência no mercado de capitais só cumpre plenamente a sua função caso esta possa ser incorporada no processo de formação da decisão de aquisição de valores mobiliários, ainda que essa decisão seja tomada por maioria[580]. Pense-se num plano de insolvência de reestruturação societária, no qual se preveja a conversão de créditos em capital. O regime nacional não exige o consentimento dos credores para essa conversão (artigo 203.º/1, do CIRE), embora o mesmo possa ser prestado, e o artigo 205.º, *a)*, do CIRE esclarece que o regime mobiliário, no qual se inclui a obrigação de publicar prospeto, não é aplicável à oferta de valores mobiliários da sociedade devedora ou da nova sociedade ou sociedades, na parte dirigida a credores, e que estes devam liberar integralmente através da dação em pagamento de créditos sobre o devedor insolvente. Apesar do esclarecimento legal, impõe-se indagar a conformidade do regime insolvencial com o regime que resulta do Regulamento dos Prospetos[581]. Já se defendeu que a aquisição de valores mobiliários representativos de capital, mesmo em sede de plano de recuperação, pressupõe uma aposta económica na empresa e, em particular, a assunção do risco de insucesso da reestruturação empresarial, o que parece preencher a necessidade de tutela do investidor e escapar à lógica subjacente ao caso *Almer Beheer*, pelo que se exigiria a publicação de prospeto[582]. Afigura-se, no entanto, que os casos devem ser considerados equivalentes: trata-se, em ambos, da satisfação dos interesses dos credores (por via singular ou coletiva), em termos que divergem das normais condições de mercado. As dificuldades quanto ao aumento dos custos e perda de celeridade processual que foram associadas pelo Tribunal de Justiça à publicação de prospeto no processo executivo são plenamente transponíveis para a negociação de um plano de insolvência[583]. Tendo em atenção que

[580] Cf. Jörg Schneider, *Kollektive Investitionsentscheidungen als öffentliches Angebot i.S.d. § 2 Nr. 4 WpPG*, AG 10/2016, 341-351 (342).

[581] Repare-se que a não inclusão no conceito de oferta pública da atribuição de valores mobiliários em sede de processo de insolvência consta apenas de um considerando da Diretiva e não do seu texto.

[582] Nesse sentido, cf. Jörg Schneider, *Kollektive* cit., 348; von Kopp-Colomb/Mollner, *§ 3 WpPG* cit., Rn. 17.

[583] Neste sentido, cf. Christoph Thole, *Der Debt Equity Swap bei der Restrukturierung von Aleihen*, ZIP 49/2014, 2365-2374 (2373). Também Matthias von Oppen/Dominik Richers, *Anleiherestrukturierung — Ausgewählte kapitalmarktrechtliche Besonderheiten bei Debt-to-Equity-Swaps*, CFL 4/2015, 94-101 (99), consideram que, embora não existam fundamentos para aplicar analogicamente as exceções ao dever de publicar prospeto, seria recomendável a previsão expressa da isenção, porquanto o processo de insolvência já assegura suficiente tutela dos investidores.

o plano de reestruturação é, por si, um instrumento de transparência controlado pelo administrador da insolvência e também pelo juiz, estão reunidas as condições para que se considere que foi alcançada a proteção do credor-investidor, podendo ser dispensada a publicação do prospeto. A norma insolvencial portuguesa que exceciona a aplicação do regime mobiliário a estes casos encontra-se, pois, em plena harmonia com o Regulamento dos Prospetos, o que constitui uma vantagem inequívoca face a outros ordenamentos jurídicos, como o alemão, onde o regime não é tão claro.

A opção europeia pela construção dos deveres de transparência em função do seu escopo de proteção levou, também, a que a obrigação de publicar prospeto se aplique indistintamente aos valores mobiliários representativos ou não de capital objeto da oferta ou admitidos à negociação, abrangendo, nomeadamente, *warrants*, *warrants* cobertos, certificados, certificados de depósito e instrumentos convertíveis, como valores mobiliários convertíveis por decisão do investidor[584]. Por sua vez os valores mobiliários não representativos de capital emitidos por um Estado-Membro, pelo Banco Central Europeu ou pelos bancos centrais dos Estados-Membros encontram-se excluídos do âmbito do Regulamento (artigo 1.º/2, *b*)).

O dever de publicação de prospeto foi desenhado com recurso ao modelo de grande cláusula geral, que conta, no entanto, com significativas exceções, motivadas, essencialmente, pelo propósito de evitar a oneração excessiva do emitente com deveres de transparência desproporcionais face ao volume da oferta, às características da sociedade ou à necessidade de proteção do investidor. É, pois, muito claro no Regulamento o desiderato de alcançar o equilíbrio entre a tutela do investidor e do emitente, muitas vezes sobrecarregado com deveres de transparência que tornam incomportável a sua permanência no mercado. Se, por um lado, esta opção não representa mais do que a manutenção do equilíbrio de interesses já subjacente à Diretiva dos Prospetos, por outro lado, não podemos deixar de notar uma preocupação acrescida com os encargos impostos ao emitente no mercado. O novo regime toma em consideração, com mais intensidade, as especificidades dos diferentes tipos de valores mobiliários, emitentes, ofertas e admissões, criando um leque diversificado de prospetos que melhor se adaptem às necessidades de cada situação individual. Nesse sentido, existe (i) um prospeto normalizado, (ii) um prospeto para o mercado grossista de valores mobiliários não representativos de capital, (iii) um prospeto de base, (iv) um prospeto simplificado das emissões

[584] Considerando 10 do Regulamento dos Prospetos.

secundárias e (v) um prospeto UE Crescimento. Em qualquer caso, o prospeto só pode ser publicado após aprovação (incluindo todas as suas partes integrantes) pela autoridade competente, o que pressupõe um juízo material sobre a consistência e compreensibilidade da informação prestada[585]. A autoridade competente — em Portugal, a CMVM — deve notificar a decisão ao requerente no prazo de dez dias úteis a contar da submissão do projeto de prospeto[586], sendo, no entanto, comum na prática jurídica a definição, por acordo com a entidade reguladora, de um calendário com a previsão das datas para a submissão dos documentos exigidos[587]. A adaptação às necessidades concretas de cada emitente é visível no encurtamento para metade dos prazos de aprovação dos prospetos constituídos por documentos separados elaborados pelos emitentes frequentes, i.e., emitentes cujos valores mobiliários estão admitidos à negociação num mercado regulamentado ou num MTF e que elaboraram e obtiveram a aprovação em dois exercícios seguidos de um documento de registo universal, no qual se descreva a organização da empresa, a sua atividade, situação financeira, resultados e perspetivas, governo e estrutura acionista (artigo 9.º/1 e 2 do Regulamento dos Prospetos). Estes emitentes, para além do prazo mais célere de aprovação do prospeto, beneficiam, ainda, de dispensa de aprovação pela entidade reguladora dos documentos de registo universal subsequentes, uma vez que já prestam informação ao mercado numa base continuada e periódica[588]. A simplificação procedimental baseia-se no sistema integrado de *disclosure* americano, mas,

[585] A aprovação é o "ato positivo resultante da verificação efetuada pela autoridade competente do Estado-Membro de origem quanto à completude, coerência e compreensibilidade da informação dada no prospeto" (artigos 20.º e 2.º, *r)*, do Regulamento dos Prospetos).

[586] Este prazo pode ser prorrogado para 20 dias úteis caso a oferta ao público envolva valores mobiliários emitidos por uma sociedade que não tenha valores mobiliários admitidos à negociação num mercado regulamentado e que nunca tenha efetuado uma oferta de valores mobiliários ao público (artigo 20.º/2 e 3 do Regulamento dos Prospetos). Se a autoridade competente considerar que o projeto não satisfaz os requisitos de completude, compreensibilidade e coerência necessários para a sua aprovação e/ou que são necessárias alterações ou informações complementares deve informar o responsável pelo prospeto o mais rapidamente possível, no prazo de dez ou vinte dias úteis, consoante o caso, e especificar claramente as alterações ou informações complementares que sejam necessárias. Caso não sejam introduzidas as modificações requeridas, a entidade competente pode indeferir o pedido de aprovação do prospeto e pôr termo ao processo de análise. Em qualquer caso, a ausência de decisão não deve ser interpretada como aprovação do pedido.

[587] Cf. Veil, *§ 17. Prospectus* cit., 287.

[588] Este pressuposto é assegurado pelo artigo 9.º/11 do Regulamento dos Prospetos que exige que o emitente forneça à autoridade competente confirmação escrita de que, tanto quanto é do seu conhecimento, prestou toda a informação regulamentar a que estava vinculado.

infelizmente, a nova regulação europeia fica ainda aquém desse modelo simplificado que beneficia os *well known seasoned issuers* (WKSI)[589].

Aspeto particularmente relevante do regime dos prospetos, cuja introdução se deve à Diretiva, tem consabidamente que ver com o chamado "passaporte europeu". Caso uma oferta de valores mobiliários ao público ou a admissão à negociação em mercado regulamentado tenha lugar num ou mais Estados-Membros ou num Estado-Membro que não o de origem[590], o prospeto aprovado na jurisdição de origem é válido nos países da oferta ou admissão[591], desde que a ESMA e a autoridade competente de cada Estado de acolhimento sejam notificadas, sem que seja necessário — ou autorizado — que o regulador do Estado-Membro de acolhimento introduza qualquer procedimento de aprovação ou de natureza administrativa[592]. O passaporte europeu veio substituir o regime anterior à Diretiva, consistente num complexo procedimento de reconhecimento mútuo, que, na prática, inviabilizava o acesso ao financiamento numa base europeia integrada[593]. O regime facilita e potencia as ofertas transfronteiriças, com especial utilidade no financiamento por intermédio de capitais alheios, visto que os valores mobiliários podem ser emitidos por veículos de financiamento estrangeiros, que veem o prospeto aprovado pela autoridade de supervisão competente, bastando, depois, uma notificação noutros Estados-Membros[594], salvo situações excecionais em que a autoridade competente do Estado-Membro de acolhimento tenha motivos inequívocos e demonstráveis para crer que foram cometidas irregularidades pelo responsável pelo prospeto, caso em que lhe cabe tomar todas as medidas adequadas para proteger os investidores e notificar a autoridade competente do Estado de origem e a ESMA[595].

Uma vez aprovado, o prospeto deve ser colocado à disposição do público com uma antecedência razoável e o mais tardar no início da oferta ao público ou da admissão à negociação dos valores mobiliáros. Tratando-se de oferta

[589] Assim, cf. ANDREAS MEYER, *§ 36. Wertpapierprospekt*, em HABERSACK/MÜLBERT/SCHLITT, *Unternehmensfinanzierung* cit., 1151-1209 (Rn. 105).

[590] Estado-Membro de origem é, regra geral, aquele onde o emitente tem a sua sede estatutária, ainda que sejam contempladas exceções no artigo 2.º, *m)*, do Regulamento dos Prospetos.

[591] É considerado Estado-Membro de acolhimento aquele onde é efetuada uma oferta de valores mobiliários ao público ou solicitada a admissão à negociação num mercado regulamentado, quando diferente do Estado-Membro de origem (artigo 2.º, *n)*, do Regulamento dos Prospetos).

[592] Artigo 24.º do Regulamento dos Prospetos.

[593] Cf. VEIL, *§ 17. Prospectus* cit., 288.

[594] Cf. VEIL, *§ 17. Prospectus* cit., 288.

[595] Artigo 37.º do Regulamento dos Prospetos.

inicial de categoria de ações admitidas pela primeira vez à negociação num mercado regulamentado, o prazo para esse efeito deve ser de pelo menos seis dias úteis antes do encerramento da oferta. O prospeto considera-se disponibilizado ao público quando for publicado em formato eletrónico, alternativamente, no sítio da internet (i) do emitente, oferente ou pessoa que solicitou a admissão à negociação num mercado regulamentado, (ii) dos intermediários financeiros responsáveis pela colocação ou venda dos valores mobiliários ou (iii) do mercado regulamentado onde é solicitada a admissão à negociação, ou, não o sendo, do operador do MTF. Mediante pedido, qualquer investidor pode receber, gratuitamente, uma cópia do prospeto em suporte duradouro, e, querendo, uma cópia impressa a ser entregue pelo emitente, oferente, pessoa que solicitou a admissão à negociação ou intermediário responsável pela colocação ou venda dos instrumentos mobiliários[596], o que inviabiliza a existência de ofertas públicas de distribuição exclusivamente online, como aconteceu, em 2004, no caso do IPO da Google, Inc., nos Estados Unidos[597]. O prospeto é válido nos doze meses subsequentes à sua aprovação, desde que tenha sido complementado pelas adendas devidas, o que permite dizer que existe um verdadeiro *dever de atualização* do prospeto[598], que inclui tanto as adendas *stricto*

[596] Artigo 21.º do Regulamento dos Prospetos.

[597] Cf. Michael Schlitt/Bernd Singhof/Susanne Schäfer, *Aktuelle Rechtsfragen und neue Entwicklungen im Zusammenhang mit Börsengängen*, BKR 2005, 251-264 (260).

[598] Nos termos do artigo 23.º/1 do Regulamento dos Prospetos, deve ser publicada, sem demora justificada, uma adenda da qual constem factos novos significativos, bem como qualquer erro ou inexatidão relevantes na informação contida no prospeto que seja suscetível de influenciar a avaliação dos valores mobiliários e tenha ocorrido ou sido detetado entre a aprovação do prospeto e o encerramento do prazo da oferta (ou o momento em que se iniciar a negociação num mercado regulamentado, consoante o que ocorrer em último lugar). A ESMA esclarece que a adenda é devida logo que seja praticável após a verificação de um novo facto ou descoberta de inexatidão (ESMA, *Questions and Answers. Prospectuses* cit., n.º 22, 24). Cf., também, o estudo sobre o dever de atualização do prospeto de Assmann, *Prospektaktualisierungspflichten. Aktualisierungs-, Berichtigungs- und Nachtragspflichten im Recht der Haftung für Prospekte und Angebotsunterlagen*, em *Festschrift für Peter Ulmer* cit., 757-778. O Autor analisa um caso que se tornou viral na Alemanha: o prospeto de admissão de um emitente no Neuer Markt documentava a existência de um *lock-up agreement*, segundo o qual, durante certo intervalo temporal após a oferta de distribuição, os administradores não podiam alienar as ações da sociedade. A existência deste acordo revelava que os administradores não estavam simplesmente à procura de uma rápida fonte de rendimento, pelo que era forte indício de confiança na nova empresa que se lançava no mercado. O acordo acabou por ser violado e, na sequência da queda de valor das ações, vários investidores pretenderam uma compensação pela frustração do seu investimento. A questão que se colocava era se teria existido omissão de um dever de publicação *ad hoc* — o que dificilmente se verificaria no caso em questão — ou se, pelo contrário, se deveria considerar existente um dever de atualização do prospeto que, por ter sido

sensu, como as retificações de erros relevantes ou inexatidões[599]. Quando o prospeto é composto por documentos separados, o prazo de validade apenas começa a correr após a aprovação da nota sobre os valores mobiliários. Os documentos de registo previamente aprovados são válidos como partes integrantes de um prospeto pelo período de doze meses a contar da sua aprovação (ou notificação no caso dos emitentes frequentes), ainda que o respetivo termo de validade não implique a caducidade do prospeto em si[600]. A publicação de correções ao prospeto confere ao investidor que já tenha aceitado adquirir ou subscrever valores mobiliários o direito a revogar a sua decisão no prazo de dois dias úteis a contar da publicação da adenda, desde que o facto novo ou erro/inexatidão significativos tenham sido detetados antes do encerramento do prazo da oferta ou da entrega dos valores mobiliários, consoante aquele que ocorrer em primeiro lugar[601]. Esta possibilidade tem vindo a ser severamente criticada (já ao abrigo da Diretiva) por não restringir o exercício do direito aos casos em que as correções provoquem um efeito negativo na decisão de investimento, admitindo-se, por isso, a revogação mesmo que o participante se tenha, simplesmente, apercebido de que celebrou um mau negócio[602]. As reticências são devidas, mas a concessão do direito com esta extensão deriva de imperativos de praticabilidade.

2.1.3. Conteúdo informativo, formato e sumário do prospeto. Articulação do conteúdo do prospeto com a informação divulgada em procedimentos de formação do preço (*bookbuilding*)

O Regulamento harmoniza os elementos que devem constar do prospeto, assegurando, por essa via, uma proteção equivalente do investidor em toda a União Europeia. A informação, apresentada por escrito de forma concisa e compreensível, deve ser suficiente e objetiva, facilitando a sua análise e evitando a apresentação de informação não relevante ou que não seja específica

violado, constituía comportamento ilícito potencialmente gerador de responsabilidade civil. Após análise dos vários regimes de responsabilidade civil pelo prospeto então vigentes no ordenamento alemão (pp. 760-776), o Autor acaba por concluir pela existência genérica de um dever de atualizar o prospeto. cf. Giudici, *Le offerte* cit., 1004 e 1005, salientando a importância das cláusulas de *lock-up* no reforço da credibilidade das declarações do emitente, que, na sua ausência, teria mais incentivos a prestar informação sobreotimista e alienar, com lucro extraordinário, os valores mobiliários no início das negociações, antes de a verdade ser descoberta pelo mercado.

599 Cf. Klaus-Dieter Stephan, *Prospektaktualisierung*, AG 2002, 3-14 (3).

600 Artigo 12.º do Regulamento dos Prospetos.

601 Artigo 23.º/2 do Regulamento dos Prospetos.

602 Cf. Veil, *§ 17. Prospectus* cit., 293.

do emitente, a fim de obstar a que factos importantes para a decisão de investimento sejam "soterrados" no meio de elementos laterais. O documento deve conter a informação necessária para que o investidor conduza uma avaliação informada do ativo e passivo, dos lucros e perdas, da situação financeira e das perspetivas do emitente e eventual garante, dos direitos inerentes aos valores mobiliários e das razões da emissão e do seu impacto no emitente[603].

A flexibilidade que o Regulamento pretende introduzir no regime das ofertas públicas é visível, também, na possibilidade de os emitentes que com frequência angariam capital no mercado de capitais acederem a formatos específicos de prospetos, acompanhados de procedimentos mais expeditos de aprovação, que, por melhor se adaptarem às suas necessidades, permitem um melhor aproveitamento das oportunidades de negócio. Admite que o prospeto seja elaborado sob a forma de um documento único ou de documentos separados, caso em que as informações devem ser repartidas por um documento de registo (com as informações relativas ao emitente), uma nota sobre os valores mobiliários (com a informação sobre os valores objeto da oferta ao público ou a admitir à negociação) e um sumário[604]. A opção por documentos separados será, naturalmente, ajustada às particulares necessidades daqueles emitentes que lançam ofertas frequentes, como acontece com as instituições financeiras, mas terá escassa relevância na emissão de ações, caso em que se privilegia a publicação de um documento único[605].

Sendo a oferta de valores mobiliários não representativos de capital, incluindo *warrants*, independentemente da forma que revistam, a informação pode ser prestada por meio de um prospeto de base que contenha os factos necessários sobre o emitente ou os valores mobiliários em questão[606].

[603] Artigo 6.º e considerando 27 do Regulamento dos Prospetos. Excecionalmente, a autoridade competente do Estado-Membro de origem pode autorizar que determinada informação não conste do prospeto, caso a sua divulgação seja contrária ao interesse público, seja prejudicial para o emitente e a sua omissão não seja suscetível de induzir o público em erro quanto a factos e circunstâncias essenciais para avaliação do emitente ou dos valores mobiliários ou, ainda, quando as informações sejam de importância menor para a oferta ou admissão à negociação no mercado e não sejam suscetíveis de influenciar a apreciação da operação (artigo 18.º do Regulamento dos Prospetos). Nestes casos, a omissão de informação é considerada lícita.

[604] Artigo 6.º/3 do Regulamento dos Prospetos.

[605] Cf. Schlitt/Singhof/Schäfer, *Aktuelle* cit., 251; Uta Kunold/Michael Schlitt, *Die neue EU-Prospektrichtlinie. Inhalt und Auswirkungen auf das deutsche Kapitalmarktrecht*, BB 10/2004, 501-512 (505); Michael Schlitt/Ann-KatrinWilczek, *Gestaltung des Prospekts für Wertpapiere*, em Habersack/Mülbert/Schlitt, *Handbuch* cit., 103-137 (Rn. 5 e 6)

[606] Cf. o artigo 8.º (e os considerandos 35 ss.) do Regulamento dos Prospetos e o artigo 135.º-C do CVM. O atual regime mobiliário parece ser mais restritivo nos casos em que admite a opção

Pretende-se, com este modelo de prospeto, garantir mais flexibilidade aos emitentes, facilitando o processo de aprovação e possibilitando que alguma informação apenas seja determinada nas denominadas condições finais[607]. Do prospeto base apenas deve constar um modelo (intitulado "formulário das condições finais"), no qual são indicadas as opções disponíveis sobre a informação a determinar nas condições finais da oferta, bem como o endereço do sítio da internet onde serão publicadas[608]. As condições finais do prospeto de base devem ser preenchidas para cada operação individual com informação que apenas possa ser determinada no momento da emissão, *v.g.*, número de identificação internacional dos títulos (ISIN ou *International Securities Identification Number*), o preço de emissão, a data de vencimento, o cupão, a data de exercício, o preço de exercício, o preço de reembolso e outros elementos desconhecidos no momento da elaboração do prospeto de base[609]. As condições finais devem ser comunicadas à entidade competente, mas não carecem de aprovação.

Na medida em que os prospetos são documentos muito longos e contêm informação extremamente complexa em relação à qual é difícil imaginar uma adequada compreensão por parte do investidore, exige-se a publicação de um sumário[610]. Neste deve ser destacada a informação fundamental necessária para que o investidor decida que ofertas e admissões à negociação pretende estudar melhor, analisando globalmente a informação, para tomar uma decisão de investimento[611]. O sumário deve ser curto, simples e de fácil

pelo prospeto-base: ofertas públicas de distribuição de valores mobiliários não representativos de capital social, incluindo *warrants*, emitidos no âmbito de um programa de oferta ou emitidos de forma contínua ou repetida por instituições de crédito, desde que, neste caso, os montantes resultantes da emissão desses valores mobiliários sejam investidos em ativos que assegurem uma cobertura suficiente das responsabilidades resultantes dos valores mobiliários até à respetiva data de vencimento e, em caso de falência da instituição de crédito, esses montantes se destinem, a título prioritário, a reembolsar o capital e os juros vincendos. Nestas situações, é possível que não constem do prospeto as condições finais da oferta, o que é encarado com normalidade visto que, tipicamente, as condições apenas são definidas pouco tempo antes da oferta pública. Cf. Poelzig, *Kapitalmarktrecht* cit., Rn. 252.

607 Cf. Jochen Seitz, *§ 6 WpPG. Basisprospekt*, em Assmann/Schlitt/von Kopp-Colomb, *Wertpapierprospektgesetz* cit., 211-257 (Rn. 7), a propósito do § 6 WpPG onde se prevê a possibilidade de publicação de um prospeto-base.

608 Artigo 8.º/2 do Regulamento dos Prospetos.

609 Considerando 36 do Regulamento dos Prospetos.

610 Cf. Giudici, *Capitolo III. L'appello* cit., 980, a propósito do dever de publicar um sumário do prospeto no ordenamento jurídico italiano, tal como exige o art. 94, c), 2, TUF.

611 Considerando 28 do Regulamento dos Prospetos.

compreensão pelo investidor, além de que tem de ser "exato, apropriado e claro e não deve induzir em erro" (artigo 7.º/2 do Regulamento dos Prospetos). Reclama-se que seja escrito em linguagem corrente, não técnica e que apresente as informações de forma facilmente acessível. Do sumário consta uma selecção limitada dos riscos específicos — devendo evitar-se declarações gerais sobre os riscos de investimento — que o emitente considere mais relevantes para uma decisão de investimento[612] e o seu formato deve aproximar-se, na medida do possível, do documento de informação fundamental[613]. Pretende-se que seja formatado de maneira a permitir a sua comparação com sumários de outros produtos similares oferecidos no mercado, assegurando que informação equivalente surge sempre na mesma secção e subsecção. É, porém, duvidoso que este regime seja necessário e que cumpra o propósito de tutela do investidor. Por um lado, as práticas de mercado habituais em relação a alguns produtos, como ações, certificados e *high-yield-bonds*, já garantem uma estrutura e conteúdo comparáveis aos sumários, sem necessidade de requisitos legislativos estritos. Por outro lado, do formato tabular do prospeto pode resultar uma apresentação confusa e de difícil leitura, em detrimento de uma descrição curta, simples, precisa e facilmente compreensível, objetivo do Regulamento[614]. As dificuldades na elaboração de um sumário que seja breve, mas que contenha todos os elementos exigidos pelo Regulamento, tornam particularmente importantes os avisos de que o sumário deve ser lido como introdução ao prospeto e que não existe responsabilidade civil pelo seu conteúdo[615].

Verifica-se uma prática comum de mercado segundo a qual um prospeto aprovado não inclui o preço definitivo da oferta nem o montante dos valores mobiliários a oferecer ao público, expresso em número de valores mobiliários

[612] Considerando 29 do Regulamento dos Prospetos.

[613] Cf. Regulamento (UE) 1286/2014 do Parlamento Europeu e do Conselho, de 26 de novembro de 2014, sobre os documentos de informação fundamental para pacotes de produtos de investimento de retalho e de produtos de investimento com base em seguros (PRIIP). Nos casos em que os valores mobiliários sejam abrangidos pelo Regulamento dos Prospetos e pelo Regulamento PRIIPs, é possível a transcrição integral do conteúdo do documento de informação fundamental no sumário, o que se aponta como fator de redução dos custos de conformidade e os encargos administrativos para o emitente. Cf. artigo 7.º/7 e considerando 32 do Regulamento dos Prospetos. Ainda assim, a exigência de um documento de informação fundamental não dispensa a apresentação de um sumário na medida em que este contém informações fundamentais relativas ao emitente e à oferta ao público ou à admissão à negociação em mercado regulamentado.

[614] Assim, Veil, *§ 17. Prospectus* cit., 296.

[615] Cf. Kunold/Schlitt, *Die neue* cit., 505.

ou como montante nominal agregado. Não raramente, o preço das ofertas ou da admissão à negociação depende de processos de *bookbuilding*[616] e, ocasionalmente, de processos de leilão. Esta última hipótese tem sido objeto de particular discussão na sequência do IPO da Google, Inc. em que a fixação do preço dos valores mobiliários oferecidos foi alcançada com recurso ao modelo de leilão holandês (*Dutch auction*)[617], nos termos do qual os investidores submeteram ofertas de compra das ações, sem especificarem o seu preço. Terminado o período de submissão das ofertas, as ações foram distribuídas a começar pela proposta mais elevada e até ter sido afetado todo o volume oferecido. O preço final da emissão corresponde à proposta mais baixa que puder ser satisfeita. No entanto, o excessivo esforço técnico requerido por este modelo de oferta, conjugado com o risco de *overpricing* dos valores mobiliários e de exploração de situações de euforia dos investidores de retalho, torna duvidoso que os benefícios da sua adoção ultrapassem os respetivos riscos. Por outro lado, a admissibilidade deste esquema de fixação de preço nos mercados da União Europeia está sujeita a algumas restrições. O artigo 17.º do Regulamento dos Prospetos permite expressamente a não inclusão do preço definitivo no prospeto (quando não possa ser determinado na altura da sua publicação), mas a ausência dessa informação tem de ser compensada com uma proteção intensificada do investidor, que pode traduzir-se, na prática, em dois cenários alternativos. No primeiro, admite-se que a aceitação da aquisição ou subscrição de valores mobiliários possa ser revogada durante um prazo não inferior a dois dias úteis após a notificação do preço definitivo da oferta e/ou do montante definitivo dos valores mobiliários objeto da oferta

[616] Cf. Poelzig, *Kapitalmarktrecht* cit., Rn. 254. Em *block trades* e transações *equity linked* é por vezes utilizado o método de *accelerated bookbuilding*, no qual se diminui o período de tempo durante o qual os investidores podem submeter ofertas, cuja utilização também tem sido ponderada nas admissões no mercado regulamentado.

[617] Para uma descrição do modelo de leilão holandês, tal como adotado pela Google, Inc., cf. Eugene Choo, *Going Dutch: the Google IPO,* 20 Berkeley Tech. L.J. (2005), 405-441 (414-418), disponível em https://scholarship.law.berkeley.edu/cgi/viewcontent.cgi?referer=https://www.google.com/&httpsredir=1&article=1534&context=btlj, que identifica o lançamento do IPO nestes moldes como correspondendo à estratégia de negócio e visão de longo prazo da empresa: destaca-se pela inovação e criatividade, ao mesmo tempo que cria valor para os acionistas, trabalhadores e clientes. Ainda assim, o IPO da Google, Inc. mantém-se como uma "anormalidade histórica" e não como um exemplo que tenha sido seguido nos mercados financeiros. Na Alemanha, por exemplo, apenas duas admissões à negociações se processaram com recurso a leilão: entrada no mercado da *Trius AG*, em março de 2000, e da *Hydrotec Gesellschaft für Wassertechnik AG*, em setembro de 2001. Cf. Schlitt/Singhof/Schäfer, *Aktuelle* cit., 261. Sobre o processo de leilão, cf. Holger Fleischer, *Börseneinführung von Tochtergesellschaften,* ZHR 165 (2001), 513-549 (532-533).

ao público; em alternativa, é divulgado no prospeto (i) o preço e/ou montante máximo de valores mobiliários se disponíveis ou (ii) os métodos e critérios de avaliação e/ou condições segundo as quais é determinado o preço definitivo da oferta e uma explicação dos métodos de avaliação utilizados (*v.g.*, método dos fluxos de caixa atualizados, análise do grupo de pares ou qualquer outro método de avaliação geralmente aceite). Como se refere no considerando 55 do Regulamento, os métodos e critérios de avaliação devem ser suficientemente precisos para que o preço seja previsível e para garantir um nível de proteção do investidor similar ao que a divulgação do preço máximo da oferta propicia.

O enquadramento europeu não esclarece, porém, um conjunto de questões contratuais particularmente interessantes na determinação do preço das ações oferecidas ao público com recurso ao método do *bookbuilding*[618]. Este processo torna irrelevante, para a fixação do valor da oferta, a vontade do intermediário financeiro encarregue da colocação (*underwriter*), partindo, antes, da recolha, junto de investidores institucionais, de intenções de aquisição ou subscrição, respetivas quantidades e preços[619]. Num primeiro momento, com o apoio de relatórios de peritos e de informação obtida em contactos informalmente mantidos com intermediários financeiros na fase de pré-marketing, o emitente ou oferente determinam os preços mínimo e máximo pelo qual os valores mobiliários deverão ser disponibilizados ao público. Num segundo momento, constrói-se (*building*) um livro (*book*) de expressões de interesse que é, posteriormente, editado por um coordenador que analisa a quantidade e qualidade das propostas recebidas. Por último, estas são utilizadas para, dentro dos limiares previamente estabelecidos, se definir o preço de colocação dos valores oferecidos ao público[620]. Na fixação desse preço toma-se

[618] Em Portugal, o enquadramento legal do processo de recolha de intenções de investimento encontra-se previsto nos artigos 164.º a 167.º do CVM. Para além do papel que lhe atribuímos em texto, como mecanismo útil na determinação do preço dos valores mobiliários em oferta já lançada com recurso ao esquema de preço aberto, o *bookbuilding* assume-se, também, como etapa preparatória e eventual que surge antes de uma oferta pública de distribuição e serve o propósito de formação da decisão de lançamento da oferta pública, bem como de definição dos seus contornos. Cf. Paulo Câmara, *Manual* cit., 658-661.

[619] Cf. Ana Perestrelo de Oliveira, *Manual de corporate finance* cit., 99-102.

[620] Cf. Paolo Giudici, *Capitolo IV. Le offerte degli emittenti: determinazione dei prezzi e altre clausole contrattuali. I contratti con i gatekeepers*, em Roppo/Benedetti, *Tratatto* cit., 991-1018 (992 ss.). A oferta dirigida aos investidores institucionais e a oferta pública são estruturalmente diferentes. Na primeira não se garante a alocação de ações em condições de igualdade, tal como é assegurada aos investidores de retalho, e apenas se pede que os investidores institucionais apresentem expressões de interesse e não ordens irrevogáveis como os restantes participantes na oferta. A possibilidade de os investidores institucionais não confirmarem a sua manifestação de interesse

em consideração não apenas a quantidade e qualidade das expressões de interesse recebidas no processo de *bookbuilding*, mas também, entre outros aspetos, as condições do mercado de capitais doméstico e internacional e o volume da procura no âmbito da oferta pública. Ao processo de recolha de intenções junto dos investidores institucionais não é atribuído um valor fixo, o que permite que exista ampla margem de manobra na fixação final do preço[621]. Afigura-se, por isso, particularmente duvidoso que o investidor encontre plena proteção por via da determinação de um preço máximo ou, em alternativa, da definição dos critérios utilizados com esse fim. A descrição no prospeto dos métodos e critérios para estabelecer o preço definitivo da oferta, acompanhada de uma explicação dos métodos de avaliação utilizados, afasta a possibilidade de o investidor revogar (*claw back*) a aquisição ou subscrição (artigo 17.º/1, *b), ii)*, do Regulamento dos Prospetos). Embora esta faculdade seja vedada com base na ideia de que é garantida absoluta transparência no processo de formação do preço, podemos dizer que tais cláusulas assumem o caráter de *clausole vessatorie*, que se baseiam num estrutural desequilíbrio entre as partes[622]: é conferido ao responsável pela determinação do preço um considerável espaço de discricionariedade, que expõe o investidor, em particular o de retalho, a comportamentos oportunistas do emitente[623]. Não se pretende com isto negar a eficiência das ofertas públicas com preço aberto, que reduzem a potencial subavaliação dos valores mobiliários oferecidos, mas antes reconhecer que o processo de descoberta do preço através do *bookbuilding* é apresentado ao investidor de retalho como sendo suscetível de assegurar um nível de confiança e de imparcialidade que, na verdade, não comporta. Conquanto pareça garantir que o preço pago pelos instrumentos

mediante a aquisição ou subscrição dos valores mobiliários cria um problema de excesso de oferta na colocação particular, que é resolvido por via de mecanismos de estabilização que autorizam o intermediário a mover os valores mobiliários entre as ofertas, de forma a que, *ex post*, se encontre um equilíbrio entre a quantidade final oferecida e o preço praticado.

621 Cf. Giudici, *Capitolo IV. Le offerte* cit., 993. Em Itália, o *bookbuilding* é considerado de tal forma importante que se protegeu o processo de *price discovery* vedando a difusão de notícias que o possam perturbar, o que se tem considerado indício de relevo na formação da confiança do investidor. Cf. art. 34-*sexies* Regolamento Emittenti.

622 Assim, Paolo Giudici/Stefano Lombardo, *La tutela degli investitori nelle IPO con prezzo di vendita aperto*, Rivista delle società, 5/2012, 907-942 (941), que defendem, consequentemente, que os intermediários financeiros se encontram, em virtude da relação obrigacional que estabelecem com os investidores, vinculados a um dever de aviso dos perigos associados a ofertas com preço aberto, comportamento que, a ser adotado, incentivaria os emitentes a definirem de forma mais transparente os mecanismos de formação do preço.

623 Cf. Giudici/Lombardo, *La tutela* cit., 940.

mobiliários é correto, o mecanismo é realmente muito menos objetivo do que aparenta ser. Quanto a nós, embora o Regulamentos dos Prospetos limite a possibilidade de revogação da operação, não pode vedar o acesso aos meios contratuais gerais de proteção do investidor, nomeadamente ao controlo da adequação do procedimento de determinação do preço, que impõe o reconhecimento da possibilidade de reação judicial quando este tenha ocorrido de maneira iníqua ou errónea[624]. À determinação do preço dos instrumentos mobiliários pelo emitente aplica-se, nessa medida, o artigo 400.º do Código Civil, o que significa que esta não é deixada ao arbítrio de uma das partes, antes depende de juízos de razoabilidade com base objetiva, valendo por analogia, quanto ao ato jurídico de determinação do preço, as regras dos negócios jurídicos, incluindo a possibilidade de anulação com os fundamentos contratuais gerais[625].

Particular interesse reveste a relação que se estabelece entre a informação publicada no prospeto e aquela que é difundida em momento prévio ou durante a oferta, seja em *roadshows*, apresentações de analistas, materiais de *marketing* ou mediante a divulgação de anúncios ou notícias em jornais e *flyers*. Como é sabido, após a decisão de lançamento de uma oferta pública de valores mobiliários ou da admissão à negociação em mercado regulamentado, é comum a administração do emitente e os seus advogados iniciarem um *roadshow*, no qual é prestada a potenciais investidores informação sobre o emitente, que, no limite, pode ser mais abrangente do que aquela contida no prospeto. Daí que, embora os procedimentos relativos aos anúncios publicitários — e, em geral, à informação divulgada fora do prospeto — já se encontrassem na Diretiva dos Prospetos (artigo 15.º), o Regulamento tenha optado pela sua harmonização de forma a garantir a confiança do público e a não prejudicar o conveniente funcionamento dos mercados financeiros[626].

[624] Neste sentido, cf. GIUDICI, *Capitolo IV. Le offerte* cit., 998. É, também, possível que os investidores de retalho invoquem uma irregular formação do livro de ordens como comportamento ilícito e exijam responsabilidade civil do *bookrunner* (cf. GIUDICI/LOMBARDO, *La tutela* cit., 930 ss.)

[625] Cf. MENEZES LEITÃO, *Direito das obrigações* cit., I, 115 e 116. Sobre a determinabilidade da prestação, cf. MENEZES CORDEIRO, *Tratado* cit., II, 562 ss.

[626] A importância do *quiet period* foi particularmente visível após o IPO do Facebook em 2012, em que vários pequenos investidores propuseram ações judiciais com o fundamento de que a redução das previsões de resultados da empresa apenas tinha sido divulgada aos participantes qualificados, deixando os investidores de retalho com acesso a menos elementos para tomarem a sua decisão de investimento. Cf. SAKTHI PRASAD/OLIVIA ORAN, *SEC reviews "quiet period" IPO rule after Facebook mess*, notícia publicada na Reuters, em 27-ag.-2012, disponível em https://www.reuters.com/article/net-us-sec-review/sec-reviews-quiet-period-ipo-rule-after-facebook-mess-idUSBRE87Q03X20120827.

Os anúncios publicitários — que abrangem, por exemplo, material impresso, mensagens eletrónicas, cartas-modelo, anúncios no jornal, telefonemas, seminários ou e-mails[627] — devem ser imparciais, precisos (ou seja, não podem ser inexatos nem enganosos), consentâneos com o prospeto e esclarecer que este foi ou será publicado e onde pode ser consultado pelos investidores. Também a informação divulgada oralmente ou por escrito, mesmo que desprovida de fins publicitários, tem de ser coerente com aquela que consta do prospeto[628]. Embora os anúncios de jornal ou declarações verbais não tenham, necessariamente, de conter toda a informação que já foi oficialmente prestada, a informação material que seja disseminada junto de investidores selecionados deve ser incluída no prospeto ou, não existindo dever de publicação, deve ser comunicada a todos os grupos de investidores aos quais a oferta se dirija. Fica abrangida, portanto, toda a informação disponibilizada no curso de eventos que antecedem a oferta, sejam apresentações de analistas, *roadshows* ou *one on ones*[629]. Figura paralela, ainda que não equivalente, existe nos Estados Unidos, onde vigora o chamado *quiet period*, segundo o qual um emitente que registe, junto da SEC, uma oferta de valores mobiliários ao público fica obrigado a um "período de silêncio", até quarenta dias após o início da negociação no mercado. Nesse intervalo temporal não deve ser divulgada qualquer informação material que não esteja contida no *registration statement*, assegurando-se, assim, que todos os investidores têm acesso à mesma informação[630]. O "período de silêncio" americano surge funcionalmente similar ao do regime europeu, ainda que seja menos exigente quanto às entidades vinculadas ao silêncio e mais severo quanto à informação que pode ser divulgada. O menor rigor do regime nota-se na opção por não incluir os meios de comunicação social no dever de silêncio. Neste ponto, a abrangência da solução europeia

[627] Cf. Schlitt/Singhof/Schäfer, *Aktuelle* cit., 258. De acordo com o Regulamento, são anúncios publicitários aqueles que estejam relacionados com uma determinada oferta ao público ou admissão à negociação e se destinem especificamente a promover a eventual subscrição ou aquisição de valores mobiliários (artigo 2.º, *k*), do Regulamento dos Prospetos).

[628] Artigo 22.º (e considerando 64) do Regulamento dos Prospetos. Repare-se que o Regulamento não prejudica a aplicação de outras disposições de direito da União, incluindo os regimes de defesa dos consumidores e de práticas comerciais desleais. Na Alemanha, o § 15 IV WpPG já continha norma paralela ao regime europeu, prevendo que toda a informação disseminada ao público, com ou sem objetivos publicitários, deve corresponder à informação contida no prospeto.

[629] Cf. Schlitt/Singhof/Schäfer, *Aktuelle* cit., 257.

[630] Cf. Brian Bushee/Matthew Cedergren/Jeremy Michels, *Does the media help or hurt retail investors during the IPO quiet period?*, january 7, 2019, 1-56 (1), disponível em https://ssrn.com/abstract=3160949.

é de aplaudir: estudos americanos demonstram que a cobertura mediática de uma oferta pública de distribuição após a publicação do prospeto gera nos participantes não qualificados uma propensão para adquirirem os valores mobiliários, independentemente de o conteúdo das notícias reveladas ser positivo ou negativo. O investidor de retalho é dominados por um duplo "efeito de informação" e "de atenção", ou seja, para além de ter acesso a mais factos sobre a oferta, a cobertura conferida pela imprensa à operação funciona como meio para captar a atenção do investidor, o que conduz a um aumento de transações. Por isso, dos anúncios publicitários durante o *quiet period* adveem piores resultados económicos para os investidores de retalho[631]. Também a imposição de silêncio absoluto que existe nos Estados Unidos não é acompanhada pela União Europeia, onde se optou pela manutenção da possibilidade de se oferecer informação ao público, desde que se salvaguarde a igualdade de acesso de todos os investidores e a coerência dos elementos publicitados com o conteúdo do prospeto. É opção que se afigura mais conveniente, atendendo em particular a que no ordenamento americano se tem vindo a questionar se o "período de silêncio", em vez de proporcionar uma equivalência informativa entre investidores, não inviabiliza que estes acedam, em tempo, a informação útil sobre a operação[632].

Quanto às previsões (*soft information*[633]) e elementos financeiros que forem prestados nestes eventos há que avaliar, numa base casuística, se são materiais e devem constar do prospeto ou se foram fornecidos apenas como explicações

[631] Esta foi a conclusão a que chegaram Bushee/Cedergren/Michels, *Does the media* cit., 2-6, na sequência da análise de uma amostra de 982 entradas no mercado regulamentado americano, entre 2007 e 2016. Os Autores testaram se a cobertura mediática da oferta pública de distribuição estava associada a um aumento das transações de investidores de retalho após o IPO e concluíram que existe uma relação positiva entre a divulgação de notícias na imprensa e a aquisição de valores mobiliários por estes investidores, independentemente do conteúdo das comunicações divulgadas. O aumento da procura conduz a uma inflação dos preços dos valores mobiliários que, no entanto, não se reflete nos resultados da empresa, pelo que, após a primeira divulgação financeira, os normais mecanismos de mercado adaptam o preço dos valores mobiliários para passar a corresponder ao seu valor intrínseco. Em suma, concluem os Autores, da possibilidade de existir cobertura mediática durante o "período de silêncio" resultam consequências economicamente desvantajosas para os investidores de retalho.

[632] Cf. Matthew Cedergren, *Joining the conversation: how quiet is the IPO quiet period?* (December 9, 2014), 2015 Canadian Academic Accounting Association (CAAA) Annual Conference, 1-65 (32-35), disponível em https://ssrn.com/abstract=2536004.

[633] A *soft information* opõe-se à *hard information*, na medida em que a primeira traduz a expressão de estimativas ou conjeturas, ao passo que a segunda é dirigida a comunicar factos certos. Cf. Marco Pinardi, *La responsabilità* cit., 355.

suplementares, sendo certo que, tendo a previsão sido feita antes da publicação do prospeto, a materialidade se presume caso tenha como referência um período que apenas termine após a publicação do prospeto (*outstanding profit forecast*), a ocorrência do evento previsto seja suficientemente provável e apresente um potencial significativo para influenciar o preço dos valores mobiliários no mercado[634]. Já foram, pois, plenamente ultrapassadas as dúvidas quanto à possibilidade de constarem do prospeto prognoses sobre a evolução da atividade do emitente ou juízos de valor quanto ao seu futuro. A inclusão destes juízos é, hoje, pacificamente admitida[635] e, em caso de desconformidade do seu conteúdo com as exigências legais, suscetível de gerar responsabilidade civil[636]. Na ponderação da existência de comportamento ilícito é indiferente que o facto previsto não se tenha verificado; a ilicitude basta-se com um juízo *ex ante*, que consiste em saber se, à data em que a previsão foi feita, esta se baseava em factos, encontrava justificação comercial e não era garantido o resultado previsto[637]. Verificados estes pressupostos, a não materialização do resultado não significa que a conduta do agente responsável pelo prospeto não seja contrária ao direito.

[634] Cf. ESMA 31-62-780 cit., n.º 20, p. 23. A ESMA considera que esta presunção vale em caso de emissão de ações, em particular, no contexto de uma oferta pública de distribuição, mas não se aplica necessariamente à emissão de outros tipos de valores mobiliários. Assim, embora seja o emitente a decidir se é necessária a divulgação de uma adenda, presume-se que a publicação de um *outstanding profit forecast* antes do final da oferta é material e gera o dever de o emitente atualizar o prospeto.

[635] Aquilo que se deve entender como previsão de lucros é apresentado nas Perguntas e Respostas da ESMA (cf. ESMA 31-62-780, n.º 102) a propósito do regime anteriormente vigente, mas esclarecendo-se que a noção deve ser transportada para a aplicação do Regulamento dos Prospetos.

[636] As dúvidas sobre se o conteúdo de uma previsão financeira gera responsabilidade civil, na Alemanha, dissiparam-se com a decisão do BGH de 12-jul.-1982 [NJW 1982, 2823 (2826)], onde se considerou que, uma vez que "o prospeto já fazia previsões" (apesar de implicitamente criticar a inclusão destas no prospeto), então tinha de existir responsabilidade civil. Atualmente, face ao enquadramento europeu e nacional, a questão não se coloca, devendo, apenas, esclarecer-se que a ilicitude não se funda na não verificação do facto previsto, mas sim na desconformidade da prognose

[637] Cf. Klaus-R. Wagner, *Prospekthaftung bei fehlerhaften Prognosen?*, NZG 2010, 857-858 (857). Perdeu, pois, espaço a conclusão a que chegava Paulo Câmara, em edições anteriores do *Manual de valores mobiliários*, de que não deviam constar do prospeto, por serem juízos subjetivos, os relatórios de pesquisa sobre a entidade emitente ou de análise de investimento, bem como os relatórios de avaliação do risco sobre a operação concreta que este desenvolva ou venha a desenvolver. Na Alemanha, a questão também era controvertida até meados dos anos 90 do século passado, tendo-se acabado por chegar a uma solução afirmativa.

2.1.4. Redução das barreiras no acesso ao capital: prospeto simplificado das emissões secundárias e prospeto UE Crescimento

Inserido no contexto da construção da União de Mercado de Capitais, o Regulamento propõe-se, a par da proteção do investidor, reduzir barreiras no acesso ao capital por toda a União Europeia, diminuir os encargos regulatórios, em especial para as pequenas e médias empresas, bem como simplificar a regulação existente em matéria de prospeto[638]. É neste quadro que se introduz o regime simplificado de divulgação de informações das emissões secundárias, reflexo da menor necessidade de publicar um prospeto completo nas ofertas subsequentes de emitentes que já divulgam, numa base contínua, qualquer informação relevante que afete de forma sensível o preço dos valores no mercado, como adiante analisamos. O Regulamento admite, assim, a publicação de um prospeto simplificado distinto para ser utilizado em casos de emissões secundárias, com conteúdo reduzido relativamente ao regime normal[639]. O regime simplicado beneficia os emitentes cujos valores mobiliários tenham sido admitidos à negociação num mercado regulamentado ou num mercado de PME em crescimento de forma contínua pelo menos durante os últimos 18 meses e que emitam valores mobiliários (i) fungíveis com outros anteriormente emitidos ou (ii) não representativos de capital. O prazo de 18 meses garante que o emitente já cumpriu, ao menos uma vez, a obrigação periódica de publicar o relatório financeiro anual, pelo que já foi facultada aos investidores a possibilidade de acederem à informação relevante. Encontram-se ainda abrangidos os oferentes de valores mobiliários admitidos à negociação em condições equivalentes (artigo 14.º do Regulamento dos Prospetos)[640]. A informação constante do prospeto simplificado é apresentada por escrito de forma concisa e compreensível, que facilite a análise e permita ao investidor tomar decisões de investimento informadas. O Regulamento especifica a informação que deve ser incluída nesse documento, tendo em consideração

[638] Cf. Veil, *§ 17. Prospectus* cit., 285.

[639] Cf. considerando 48 do Regulamento dos Prospetos.

[640] Notando a suficiência da tutela dos investidores por via do dever de comunicação contínuo, a propósito de disposição paralela do direito alemão (§ 3 II, 5, WpPG, embora preveja uma isenção da obrigação de publicar prospeto e não apenas a sua simplificação), cf. Dörte Poelzig, *Erleichterungen der Prospektpflicht zur Anpassung an die EU-Prospektverordnung*, BKR 9/2018, 357-366 (358). O Regulamento europeu admite a possibilidade de simplificação do prospeto não apenas nas ofertas públicas de valores mobiliários representativos do capital, mas também de outros valores (desde que cumpram as exigências do artigo 14.º/1 do Regulamento dos Prospetos), solução que já era recomendada na Alemanha para o § 3, II, 5 WpPG. Cf. Anna Heidelbach, *§ 1 WpPG*, em Eberhard Schwark/Daniel Zimmer, *Kapitalmarktrechts-Kommentar*, München, 2010, 493-517 (Rn. 14).

a necessidade de facilitar a obtenção de fundos nos mercados de capitais, a importância de reduzir o custo do capital e de não impor encargos desnecessários aos emitentes[641].

Na mesma linha de redução de custos, admite-se a elaboração de um prospeto UE Crescimento nas situações de oferta ao público por (i) emitentes ou oferentes que não tenham valores mobiliários admitidos à negociação num mercado regulamentado, que sejam pequenas e médias empresas; (ii) emitentes (não incluindo PME), cujos valores sejam negociados num mercado de PME em crescimento, que apresentem capitalização bolsista média inferior a 500 000 000 EUR e (iii) outros emitentes caso a oferta tenha um valor total na União não superior a 20 000 000 EUR (calculado ao longo de um período de 12 meses) desde que tais emitentes não tenham valores mobiliários negociados num MTF e um número médio de trabalhadores durante o anterior exercício não superior a 499. Este prospeto é um documento de formato normalizado, redigido em linguagem simples e fácil de completar pelos emitentes (artigo 15.º do Regulamento dos Prospetos). A exclusão do escopo de previsão do regime das sociedades que se encontrem já cotadas num mercado regulamentado permite que os participantes nestes mercados possam confiar que os emitentes nos quais investem estão sujeitos a um conjunto único de regras de divulgação de informações (considerando 53 do Regulamento dos Prospetos). Com esta nova opção garante-se a proporcionalidade entre a dimensão da empresa e o custo de produção do prospeto, a necessidade de facilitar o acesso das pequenas e médias empresas aos mercados de capitais, determinando, em simultâneo, a confiança dos investidores para nelas apostarem. De facto, tendo as PME normalmente necessidade de angariar capital em montantes mais baixos do que outros emitentes, o custo de elaboração de um prospeto normalizado pode ser desproporcional a ponto de se apresentar como fator dissuasor de ofertas públicas. Mesmo assim, o risco específico a que estas empresas se sujeitam requer que seja divulgada informação suficiente para que os investidores nelas decidam investir. O Regulamento concede, ainda, particular atenção aos mercados de PME em crescimento, também apelidados mercados de crescimento ou mercados "júnior", que são, recorde-se, mercados especializados que visam satisfazer as necessidades dos pequenos e médios emitentes e operam, normalmente, como subcategoria de MTF, onde é assegurado um menor volume de encargos administrativos

[641] Artigo 14.º/3 do Regulamento dos Prospetos.

e incentivos para que estas empresas a eles acedam[642]. Com a exigência de um prospeto UE Crescimento atinge-se o equilíbrio entre a proteção do investidor e o acesso rentável aos mercados financeiros pelas empresas em crescimento (considerando 51 do Regulamento dos Prospetos).

2.1.5. Exceções ao dever de publicar prospeto. O caso particular das *token sales*

Em algumas situações excecionais, admite o Regulamento que a oferta pública ou a admissão à negociação em mercado regulamentado não seja acompanhada da publicação de prospeto. São casos em que a omissão é lícita. Estão abrangidas pela exceção as ofertas com um valor total na União inferior a 1 000 000 EUR, calculado ao longo de um período de 12 meses (artigo 1.º/3 do Regulamento dos Prospetos), sendo que, neste caso, os Estados-Membros podem exigir, a nível nacional, outros requisitos de transparência que não se afigurem desproporcionados ou desnecessários para o emitente. Embora se pretenda que os encargos com a produção de um prospeto não sejam excessivamente elevados em relação às receitas previstas da oferta, o Regulamento determina uma diminuição substancial do limiar mínimo de 5 000 000 EUR que constava do anterior regime (artigo 1.º/2, *h)*, da Diretiva dos Prospetos), opção que se afigura "menos clara, perante a pretensão de redução de custos no acesso aos mercados de capitais"[643], mas que é compensada com a possibilidade de os Estados-Membros, mediante comunicação à Comissão e à ESMA, isentarem do dever as ofertas não superiores a 8 000 000 EUR, perdendo, no entanto, o benefício do passaporte europeu.

A mesma obrigação é, também, excecionada no caso de ofertas dirigidas unicamente a investidores qualificados, que se considera desmerecerem proteção tão intensa[644], uma vez que o seu nível de conhecimentos lhes confere uma superior compreensão dos riscos associados ao investimento[645] e que o melhor acesso a informação de que dispõem lhes permite identificar esses riscos

[642] Cf. considerando 130 da DMIF II.

[643] José Ferreira Gomes, *Capítulo IV — Oferta pública de distribuição e admissão à negociação em mercado regulamentado. § 14. Oferta pública de d*istribuição, em José Ferreira Gomes/Diogo Costa Gonçalves, *Manual de sociedades abertas* cit., 147-190 (182).

[644] Cf. Veil, *§ 17. Prospectus* cit., 290. Também em Portugal uma oferta com estas características é sempre qualificada como privada (artigo 110.º/1, *a)*, do CVM). Embora a publicação de prospeto não seja obrigatória, a prática de mercado é divulgar um *offering circular* com a informação necessária à oferta. Assim, Paolo Giudici, *Capitolo IIII* cit., 979.

[645] Cf. von Kopp-Colomb/Mollner, *§ 3 WpPG* cit., Rn. 27.

sem necessidade do prospeto[646]. Se bem que o oferente não esteja obrigado a garantir que os valores mobiliários não são adquiridos por investidores não qualificados[647], a falta de medidas razoáveis no sentido de providenciar que a oferta não abrange outros investidores pode jogar contra a aplicação da exceção[648]. Da perspetiva dos participantes do mercado, deve resultar claro que a oferta se dirige a um conjunto limitado de investidores que reúnem determinadas qualificações, apresentando um *disclaimer* nesse sentido, onde se inclua as características dos destinatários visados. Sem esta explicação, os restantes investidores podem assumir que a oferta também lhes é dirigida e sentirem a sua confiança frustrada caso decidam adquirir valores mobiliários[649].

Encontram-se ainda isentas do dever de publicar prospeto as ofertas dirigidas em cada Estado-Membro a menos de 150 pessoas singulares ou coletivas que não sejam investidores qualificados[650]. Nestes casos, a elaboração de prospeto representaria um encargo excessivo tendo em conta o pequeno número de investidores a quem a informação é direcionada, pelo que, ainda que lhes seja devida tutela, considerou-se adequada a dispensa, de forma a garantir que não seja eliminado o incentivo económico ao lançamento de ofertas com estes contornos[651]. A norma pretende, pois, facilitar a colocação privada de valores mobiliários, aplicando-se, *v.g.*, a ofertas dirigidas a um número limitado de familiares ou a pessoas das relações pessoais dos gestores de uma empresa[652], já que, face ao número reduzido de investidores visados,

[646] Cf. Poelzig, *Kapitalmarktrecht* cit., Rn. 245.

[647] Cf., neste sentido, José Ferreira Gomes, *Capítulo IV* cit., 164, concluindo que a circunstância de um investidor não qualificado adquirir valores mobiliários no contexto da oferta não modifica a sua natureza jurídica.

[648] Cf. Timo Holzborn/Christopher Mayston, *§ 3 WpPG*, em Timo Holzborn, *WpPG. Wertpapierprospektgesetz mit EU-Prospektverordnung und weiterführenden Vorschriften Kommentar*, 2.ª ed., Berlin, 2014, 135-149 (Rn. 15).

[649] Cf. von Kopp-Colomb/Mollner, *§ 3 WpPG* cit., Rn. 28.

[650] Em Portugal, de acordo com o artigo 109.º/3, *c)*, do CVM, esta operação não deve ser qualificada como oferta pública. As duas exceções mencionadas em texto constam do artigo 1.º/4, *a)* e *b)*, do Regulamento dos Prospetos. Note-se que não deve ser admitida a conclusão *a contrario* segundo a qual toda a oferta endereçada a menos de 150 destinatários que sejam investidores não profissionais é necessariamente particular, uma vez que pode estar preenchido o âmbito de previsão de outro critério que conduza à qualificação da oferta como pública. Cf. Margarida Azevedo de Almeida, *A responsabilidade* cit., 191 ss.; Paulo Câmara, *Manual* cit., 646.

[651] Cf. Christian Kaufamnn, *Die Prospektpflicht nach dem WpPG. Die Entwicklung des Prospektrechts infolge der Vorgaben durch EU-Prospektrichtlinie und EU-Prospektverordnung*, Baden-Baden, 2015, 120; von Kopp-Colomb/Mollner, *§ 3 WpPG* cit., Rn. 30.

[652] Considerando 15 do Regulamento dos Prospetos.

pelo menos em teoria, seria possível a negociação individual[653]. No entanto, para que se considere que a oferta é dirigida a 149 investidores não qualificados ou a um menor número é necessário que a informação sobre a operação só esteja disponível para esse número de investidores. Mais precisamente, ao contrário do que acontece nas ofertas exclusivamente dirigidas a investidores qualificados, a limitação dos destinatários da operação não se considera alcançada com a apresentação da advertência de que a oferta respeita apenas a um número limitado de participantes, uma vez que, nesse caso, cada investidor poderia acreditar que se enquadrava entre os 149 destinatários. Exige-se, por isso, que a própria informação sobre a existência da oferta seja facultada apenas a esse número de investidores[654]. Questão particularmente delicada tem que ver com as chamadas *ofertas em cadeia* (*Kettenemissionen*), i.e., com a realização de sucessivas ofertas de valores mobiliários dirigidas a menos de 150 investidores qualificados. Embora, em princípio, se avalie individualmente cada oferta pública para efeitos de aplicação da exceção ao dever de publicação de prospeto, se existirem indícios de que se pretendeu defraudar o escopo desse dever pode impor-se uma avaliação global das várias ofertas com vista a verificar se a não publicação de prospeto constitui comportamento ilícito[655]. Já nos casos de *ofertas públicas em cascata*, i.e., ofertas públicas precedidas de distribuições em mercado primário realizadas através de oferta particular junto de intermediários financeiros[656], é necessário, em princípio, a publicação de prospeto (salvo se, em relação à colocação final, for aplicável alguma das exceções previstas para as ofertas de venda), mas o intermediário financeiro oferente pode, se houver consentimento escrito do emitente ou da pessoa responsável pela sua elaboração, usar prospeto válido previamente divulgado, desde que este se mantenha atualizado[657].

[653] Cf. Dörte Poelzig, *Kapitalmarktrecht* cit., Rn. 245.

[654] Cf. Jan Giedinghagen, *Arbeitnehmerbeteiligungen im Lichte des Wertpapierprospektgesetzes*, BKR 6/2007, 233-238 (236), ainda a propósito da anterior versão do § 3 II Nr. 2 WpPG que determinava que não existia dever de publicar prospeto na oferta dirigida a menos de 100 investidores não qualificados (e não 150, como acontece atualmente, de forma equivalente ao Regulamento europeu).

[655] Cf. Anna Heidelbach/Thomas Preusse, *Einzelfragen in der praktischen Arbeit mit dem neuen Wertpapierprospektregime*, BKR 8/2006, 316-323 (319). Repare-se que esta é questão diferente daquela que é tratada no artigo 5.º do Regulamento dos Prospetos, norma que esclarece que constitui uma oferta distinta a revenda subsequente de valores mobiliários que tenham sido objeto de uma oferta ao público isenta do dever de publicar prospeto. Ou seja, deve avaliar-se individualmente se a nova oferta deve ser considerada pública para efeitos de preenchimento do escopo do dever de informar.

[656] Cf. Paulo Câmara, *Manual* cit., 646.

[657] Cf. artigo 5.º do Regulamento dos Prospetos e artigo 110.º-B do CVM. O regime jurídico nacional esclarece que o consentimento escrito pode ser concedido no próprio prospeto.

O reconhecimento de que diferentes categorias de investidores exigem maleabilidade quanto ao nível de proteção que lhes é concedida, levou ainda à dispensa do dever de publicar o prospeto em ofertas dirigidas a investidores que adquiram valores mobiliários por um valor mínimo de 100 000 EUR por investidor, por cada oferta distinta[658]. Subjacente a esta exceção encontra-se a ideia de que os participantes que investem estes montantes o fazem profissionalmente e, nessa medida, não dependem do prospeto para obterem a informação relevante[659]. Até 2010, quando a Diretiva 2010/73/UE do Parlamento Europeu e do Conselho, de 24 de novembro de 2010, alterou a Diretiva dos Prospetos de 2003, o limiar fixado para efeitos de exceção do dever de publicar prospeto era de 50 000 EUR. Porém, verifica-se, com frequência, que os pequenos investidores adquirem valores mobiliários de montante superior a 50 000 EUR numa só transação, o que levou a que se concluísse que o limiar já não refletia devidamente a diferença entre os pequenos investidores e os investidores profissionais[660], tendo, por isso, o legislador europeu optado por duplicar esse montante. Neste cálculo deve apenas ser considerado o valor facial de compra do instrumento mobiliário, não se incluindo eventuais taxas[661] e, no caso de *warrants*, apenas relevando o respetivo preço e não o *strike price*, ou preço de exercício[662].

A ponderação da necessidade de tutela do investidor, da promoção do bom governo societário e da criação de valor a longo prazo é visível na isenção da obrigação de publicar prospeto quando se trate de ofertas efetuadas no contexto de um regime de participação dos trabalhadores no capital da empresa no interior da União, desde que esteja disponível um documento com informação sobre o número e a natureza dos valores mobiliários, bem como sobre as razões e características da oferta ou atribuição. A isenção pretende, pois, alinhar os interesses dos acionistas, administradores e trabalhadores, o que comporta particular importância no contexto de pequenas e médias empresas, nas quais cada trabalhador contribui de forma significativa para

[658] Cf. artigo 1.º/4, *d)*, do Regulamento dos Prospetos.

[659] Cf. von Kopp-Colomb/Mollner, *§ 3 WpPG* cit., Rn. 35.

[660] Cf. considerando 8 da Diretiva 2010/73/UE.

[661] Cf. von Kopp-Colomb/Mollner, *§ 3 WpPG* cit., Rn. 37; York Schnorbus, *§ 3 WpPG*, em Carsten Berrar/Andreas Meyer/Cordula Müller/York Schnorbus/Bernd Singhof/Christoph Wolf, *Frankfurter Kommentar. WpPG und EU-ProspektVO*, 2.ª ed., Nordstrand, 2017, 100-127 (Rn. 30).

[662] Cf. ESMA 31-62-780 cit., n.º 40, 35.

o seu sucesso[663]. Encontram-se, ainda, fora do âmbito da obrigação de publicar prospeto: as ofertas de instrumentos mobiliários cujo valor nominal unitário ascenda, pelo menos, a 100 000 EUR; as ofertas que tenham por objeto ações emitidas em substituição de ações da mesma categoria sem aumento do capital; as ofertas de valores mobiliários por ocasião de uma aquisição através de uma oferta pública de troca ou ainda oferecidos ou atribuídos numa fusão ou cisão, bem como os dividendos pagos a atuais acionistas sob a forma de ações da mesma categoria daquelas a que os dividendos respeitam, desde que seja fornecida, por outra via, toda a informação relevante para a operação[664]. Repare-se que, embora o Regulamento não seja inteiramente claro, como esclarece a ESMA[665], as exceções apenas se aplicam a ofertas públicas de valores mobiliários e não à admissão à negociação em mercado regulamentado, em que relevam, exclusivamente, as isenções ao dever enumeradas no artigo 1.º/5 do Regulamento dos Prospetos[666].

Questão atual que, infelizmente, ainda não mereceu atenção do legislador europeu consiste em saber se as *token sales* devem estar isentas do dever de publicar prospeto. Tal como se encontra desenhado o Regulamento, no caso de *tokens* de investimento que se enquadrem no conceito de valores mobiliários, surge a necessidade de a sua oferta ficar sujeita à publicação de prospeto, o que leva a questionar se deveria ter sido contemplada uma exceção ao dever no caso das *token sales* e ainda se o conteúdo do dever, tal como resulta do Regulamento, não está estruturalmente desajustado face aos novos mercados.

Em primeiro lugar, note-se que apenas dificilmente as exceções ao dever de publicar prospeto se revestem de utilidade quanto às *token sales,* dado que contrariam o *espírito descentralizado* do mundo *blockchain* ou revelam dificuldades práticas significativas. Por exemplo, determinar que a oferta é dirigida a menos de 150 participantes não qualificados por Estado-Membro obriga a apurar a residência dos investidores, tarefa que não se apresenta viável no contexto de um *smart contract.* Acontece o mesmo em relação a ofertas dirigidas exclusivamente a investidores qualificados ou às isenções em função do valor da oferta ou do preço dos instrumentos mobiliários adquiridos por

[663] Considerando 17 do Regulamento dos Prospetos.

[664] Algumas destas exceções ao dever de publicar prospeto já podem ser encontradas no ordenamento jurídico nacional no artigo 134.º/2, *a), b)* e *c),* do CVM.

[665] Cf. ESMA 31-62-780 cit., n.º 44, 37.

[666] Sobre o tema, ainda que antes do Regulamento, mas com considerações adaptáveis ao novo enquadramento jurídico, cf. MICHAEL SCHLITT/ANN-KATRIN WILCZEK, *§ 4. Prospektpflicht für Wertpapier,* em HABERSACK/MÜLBERT/SCHLITT, *Handbuch* cit., 87-103 (Rn. 68-72).

cada investidor; aqui, as dificuldades de adaptação ao escopo do *smart contract* e a falta de critérios de conversão dos limiares estabelecidos em euros para bitcoin, ether ou outra criptomoeda utilizada põem em evidência a parca utilidade das exceções previstas no Regulamento[667]. Inevitável é, pois, perguntar se deveria ser desenhada uma isenção pensada, em especial, para as ofertas públicas de *tokens*.

Nesse sentido jogariam, essencialmente, os custos demasiado elevados que resultam do cumprimento do dever, o reduzido significado que o prospeto comporta nos mercados *blockchain*, bem como a sua escassa eficácia na tutela dos pequenos investidores[668]. A questão já foi ponderada num caso paralelo, a propósito do financiamento colaborativo (ou *crowdfunding*)[669], sem que a Lei n.º 102/2015, de 24 de agosto, que aprovou o seu regime jurídico, tenha contemplado a obrigação de publicação de prospeto[670], seguindo a lógica de que as pequenas empresas, com projetos altamente inovadores, apresentam dificuldades específicas no desenvolvimento de fontes de financiamento[671]. Tais dificuldades são particularmente intensas quando abandonam a fase

[667] Cf. Thomas van Aubel, *§ 20. Initial Coin Offerings (ICOs)*, em Habersack/Mülbert/Schlitt, *Unternehmensfinanzierung* cit., 697-747 (Rn 20.124-20.128). O Autor nota, porém, que ainda assim as exceções assumem utilidade no contexto de financiamentos prévios ao ICO, de forma a cobrir os seus custos.

[668] Cf. Klöhn/ Parhofer/Resas, *Initial Coin Offerings* cit., 103 e 104.

[669] Cf. A. Barreto Menezes Cordeiro, *Manual* cit., 380-383. Diogo Pereira Duarte, *Financiamento colaborativo de capital* (equity crowdfunding), em António Menezes Cordeiro/Ana Perestrelo de Oliveira/Diogo Pereira Duarte (org.), *FinTech* cit., 265-321; Paulo Câmara, *Manual* cit., 664-666; Luís Guilherme Catarino, Crowdfunding *e* crowdinvestment: *o regresso ao futuro*, em *O novo direito dos valores mobiliários*, I cit., 321-389 (327-340).

[670] Cf. artigo 19.º da Lei n.º 102/2015, de 24 de agosto, cujo regime é desenvolvido pelo Regulamento da CMVM n.º 1/2016, onde são delineados os deveres informativos a cargo dos beneficiários do financiamento colaborativo. Embora se exija a divulgação de Informações Fundamentais destinadas aos Investidores de Financiamento Colaborativo (IFIFC), estas comunicações padronizadas não são tão exigentes como o dever de publicar prospeto. Julgamos que a exigência desta informação impõe que seja revogado o regime geral quanto ao dever de publicação de prospeto. Também na Alemanha e nos Estados Unidos podem ser identificadas soluções similares (§ 2 VermAnlG e § 4 (a) 6 *Securities Act*). Cf. Lars Klöhn, *Erfüllte Versprechen? Die Regulierung des Crowdinvesting-Marktes zum Ende der 18. Legislaturperiode*, ZIP 45/2017, 2125-2133 (2127).

[671] Em conformidade com o que resulta do considerando 2 da Proposta de Regulamento do Parlamento Europeu e do Conselho relativo aos prestadores europeus de serviços de financiamento colaborativo às empresas (ECSP), onde se pode ler que "a obtenção de financiamento constitui um desafio para as pequenas empresas e as empresas emergentes, em especial quando passam da fase de arranque para uma fase de expansão. O financiamento colaborativo pode contribuir para proporcionar a essas empresas acesso ao financiamento e, assim, para completar a União dos Mercados de Capitais".

do *seedfunding*, em que conseguem angariar capital junto dos chamados 3Fs (*founders, family and friends* ou *family, friends and fools*) e entram no *seed valley of death*, momento em que carecem de grandes injeções de capitais próprios, mas não apresentam os rendimentos correspondentes[672]. Tendo em consideração que estes pequenos projetos representam riscos excessivos para os bancos, mas requerem um volume de financiamento que ultrapassa a capacidade dos 3Fs e dos fundos de *venture capital*, a possibilidade de colmatar o *funding gap* mediante o acesso ao mercado é visivelmente interessante. No entanto, a obrigação de elaborar prospeto — se já é bastante exigente para um grande emitente — envolve um custo proibitivo para as pequenas empresas. Como vimos, os custos diretos e indiretos associados ao cumprimento do dever de informar são tidos em conta pelo Regulamento dos Prospetos, que prevê modelos simplificados de prospeto para pequenas e médias empresas e para outros tipos de emitentes e ofertas. Já se disse, porém, que este argumento não assume relevância no mercado de ICO[673], onde, tipicamente, se pretende angariar mais do que 10 000 0000 EUR, importância substancialmente superior à correspondente ao intervalo de 100 000 EUR a 1 000 000 EUR que caracteriza o financiamento colaborativo[674]. Assim, os potenciais custos elevados associados à elaboração do prospeto não são incomportáveis no caso das *token sales*, havendo que evitar paralelismos com o *crowdfunding*[675]. Aliás, caso num ICO sejam angariados valores inferiores a 1 000 000 EUR, o Regulamento já exceciona, em geral, essas ofertas do dever de publicar prospeto.

Merece, no entanto, mais atenção o argumento segundo o qual o prospeto assumiria um reduzido significado num ICO. Na medida em que as empresas que recorrem a este tipo de financiamento muitas vezes ainda não

[672] Sobre as fases de financiamento das *startups* e as dificuldades que lhes estão associadas, cf. Ana Perestrelo de Oliveira, *O papel das* startups *na FinTech e o ciclo de financiamento de* startups, em António Menezes Cordeiro/Ana Perestrelo de Oliveira/Diogo Pereira Duarte, *FinTech* cit., 255-263 (259); Diogo Pereira Duarte/João Freire de Andrade, *Breves notas sobre o financiamento de* start-ups *e a sua regulação*, em António Menezes Cordeiro/Ana Perestrelo de Oliveira/Diogo Pereira Duarte, *FinTech* cit., 217-247 (222).

[673] Cf. Lars Klöhn/Nicolas Parhofer/Daniel Resas, *Initial Coin Offerings (ICOs): economics and regulation*, nov.-2018, 1-42 (35-38), disponível em https://ssrn.com/abstract=3290882.

[674] Tendo em conta os riscos associados aos investimentos no âmbito do financiamento colaborativo, a nível europeu considera-se conveniente, para conseguir uma proteção eficaz dos investidores, impor um limiar para o valor máximo de cada oferta de financiamento colaborativo, que deverá ser fixado, pela Proposta de Regulamento sobre *crowdfunding* (cit., considerando 12), em 1 000 000 EUR, por corresponder ao limiar fixado no Regulamento dos Prospetos, acima do qual é obrigatória a elaboração e aprovação de um prospeto.

[675] Cf. Klöhn/Parhofer/Resas, *Initial* cit., ZBB/JBB, 104.

ultrapassaram a fase em que são uma mera ideia ou projeto, existe pouca informação que razoavelmente possa ser incluída nesse documento. Contudo, se tivermos em consideração que estas objeções podem ser apresentadas quanto a qualquer empresa que acabou de ser constituída[676] e que parte da informação a ser incluída no prospeto se relaciona com o seu futuro, em particular com fatores de risco, não devemos, simplesmente, reconhecer a irrelevância da publicação do prospeto no mercado de ICO[677].

Por fim, e com maior impacto, note-se que, como temos vindo a defender, à obrigação de informar subjaz o objetivo de tutela dos participantes no mercado. Porém, esse objetivo é alcançado de forma mediata. Os investidores de retalho mantêm-se racionalmente desinformados, assimilando a informação por via indireta, visto que esta é incorporada nos preços dos valores mobiliários transacionados no mercado, em resultado das opções de investimento tomadas pelos investidores profissionais. Ora, esta justificação dificilmente é adaptável a um mercado ICO, no qual, caracteristicamente, os *tokens* são vendidos por um preço pré-determinado, num esquema *take it or leave it,* e os participantes profissionais não investem com o público, pelo que não exercem funções de controlo do preço em nome dos pequenos investidores[678].

Perante este cenário, talvez não se justifique consagrar uma exceção ao dever de publicar prospeto, mas, assim como foram introduzidos formatos especiais de prospeto para emissões secundárias e para algumas pequenas e médias empresas, seria interessante ponderar soluções desse tipo para as *token sales,* que garantam uma melhor adequação entre o formato e o conteúdo do prospeto e as características do promotor. Até lá, para a maioria dos casos de ofertas públicas de *tokens* valem as recomendações da ESMA sobre *startups*, i.e. empresas que existem há menos de três anos ou que, tendo sido criadas há mais tempo, tenham alterado completamente o seu tipo de negócio nesse período[679]. Nestes casos, cabe ao emitente apresentar os objetivos estratégicos da empresa e os seus pressupostos de base, devendo o prospeto conter informação como (i) a medida em que o negócio do emitente depende de alguma pessoa-chave (com a respetiva identificação, quando relevante), (ii) os concorrentes de mercado atuais e esperados, (iii) se existe dependência

[676] Cf. VAN AUBEL, *§ 20. Initial* cit., Rn. 20.130.

[677] Neste sentido, cf. KLÖHN/PARHOFER/RESAS, *Initial* cit., ZBB/JBB, 104.

[678] Cf. KLÖHN/PARHOFER/RESAS, *Initial* cit., ZBB/JBB, 104

[679] Cf. ESMA, *ESMA update of the CESR recommendations. The consistent implementation of Commission Regulation (EC) No 809/2004 implementing the Prospectus Directive*, 20-mar.-2013, ESMA/2013/319, 136, disponível em https://www.esma.europa.eu/sites/default/files/library/2015/11/2013-319.pdf.

de um número limitado de clientes ou fornecedores e, ainda, (iv) os ativos necessários para a produção que não sejam detidos pelo emitente[680]. Com o início de vigência e aplicação direta do Regulamento, o Prospeto UE Crescimento será também uma boa opção para os emitentes nas *token sales*. Fora estes aligeiramentos de que as empresas podem beneficiar, a omissão da publicação de prospeto num ICO em que sejam gerados *tokens* que se integrem na definição de valores mobiliários constitui comportamento ilícito.

2.1.6. Entidades vinculadas e incumprimento: a opção pela não uniformização do regime jurídico de responsabilidade civil pela informação contida no prospeto

A função de proteção do dever de informar é alcançada com a obrigatoriedade de um conjunto de elementos constarem do prospeto, com a garantia de intervenção de um intermediário financeiro que presta assistência na sua elaboração, mas, essencialmente, com o regime de responsabilidade civil especialmente previsto na lei[681].

O Regulamento dos Prospetos, à semelhança da Diretiva, não apresenta um quadro legal harmonizado de responsabilidade pela informação contida nestes documentos informativos, o que já era qualificado como um traço infeliz do anterior regime europeu[682], visto que prejudica a clareza e a certeza jurídica nos mercados[683]. O artigo 11.º/1 do Regulamento mantém quase intocada a redação do artigo 6.º da Diretiva, segundo o qual os Estados-Membros

[680] Cf. ESMA/2013/319 cit., 138.

[681] Cf. Paulo Câmara, *Manual* cit., 806 ss. Os *leading cases* em matéria de responsabilidade civil pelo prospeto são a decisão *Lucca-Pistoia-Actienstreit* e, no Reino Unido, o caso *Derry v. Peek*. No primeiro caso, em 1853 foi lançada uma oferta pública de subscrição de ações preferenciais sem voto emitidas por uma sociedade incumbida da construção do troço ferroviário Lucca-Pistoia. Apesar de dos documentos distribuídos na altura da oferta constar a rendibilidade da emitente, a sociedade veio a falir pouco tempo depois. No segundo caso, decidido em 1889, uma empresa de transportes anunciava no prospeto da sua oferta de subscrição pública que recorria a veículos a vapor e outros aparelhos mecânicos de propulsão sem, no entanto, comunicar que essa utilização estava sujeita a autorização governamental. Tendo sido recusada a autorização, os subscritores apresentaram um pedido de reparação dos danos. Sobre os casos, cf. Paulo Câmara, *Manual* cit., 806 ss.; Assmann, *Civil liability* cit., 164-166; Paralupi, *Responsabilità* cit., 567 ss.

[682] Cf. Schlitt/Singhof/Schäfer, *Aktuelle* cit., 254. Ainda assim, mantém-se a discussão sobre a necessidade ou oportunidade de uma disciplina especial de responsabilidade pelo prospeto ou se o enquadramento civil comum será suficiente. Cf. Giovani d'Amico, *V — La responsabilità precontrattuale*, em Vicenzo Roppo, *Trattato del Contratto, V. Rimedi — 2*, Milano, 2006, 977-1135 (1073).

[683] Cf. Oliver Seiler/Bernd Singhof, *Vor. §§ 21ff.* em Berrar/Meyer/Müller/Schnorbus/Singhof/Wolf, *Frankfurter Kommentar WpPG* cit., 579-590 (Rn. 11).

devem assegurar que a responsabilidade pela informação contida num prospeto ou nas suas adendas incumbe, pelo menos, ao emitente ou aos seus órgãos de administração, direção ou supervisão, ao oferente, à pessoa coletiva que solicita a admissão à negociação num mercado regulamentado ou ao garante, consoante o caso[684]. Esclarece-se, ainda, que ninguém deve ser civilmente responsável meramente com base na versão original ou traduzida do sumário do prospeto (incluindo do prospeto UE Crescimento), salvo em duas situações excecionais: se o sumário (ou respetiva tradução), quando lido em conjunto com as outras partes do prospeto, contiver menções enganosas, inexatas ou incoerentes ou não prestar a informação fundamental para ajudar os investidores a decidirem se devem investir nos valores mobiliários (artigo 11.º/2 do Regulamento dos Prospetos).

Perante a quase inexistente regulação europeia, o regime jurídico de responsabilidade civil pelo prospeto constante do Código dos Valores Mobiliários manteve-se sem alterações. Os responsáveis praticam um facto ilícito se não cumprirem a obrigação de publicar prospeto, caso não se verifique qualquer das exceções ao dever que enunciámos *supra*, ou, ainda, quando a informação contida no prospeto não corresponda às exigências mobiliárias de qualidade da informação. Esta última situação traduz um cumprimento defeituoso do dever de publicar prospeto, que ocorre se a informação prestada não for completa, verdadeira, atual, clara, objetiva e lícita e não permitir aos destinatários formar juízos fundados sobre a oferta, os valores mobiliários que dela são objeto e os direitos que lhe são inerentes, bem como sobre as características específicas, a situação patrimonial, económica e financeira e as previsões relativas à evolução da atividade e dos resultados do emitente e de um eventual garante (artigo 135.º do CVM)[685]. A informação é, pois,

[684] Exige-se, adicionalmente, que o documento identifique "claramente as pessoas responsáveis pelo prospeto, e pelas eventuais adendas do mesmo, com a indicação dos respetivos nomes e funções ou, no caso das pessoas coletivas, das respetivas denominações e sedes estatutárias, devendo conter declarações efetuadas pelos mesmos que atestem que, tanto quanto é do seu conhecimento, a informação contida no prospeto está de acordo com os factos e que não existem omissões suscetíveis de afetar o seu alcance". A única diferença relevante entre o Regulamento e a Diretiva dos Prospetos consiste em o primeiro esclarecer que tambem existe responsabilidade por informações contidas em eventuais adendas ao prospeto.

[685] Estes princípios gerais quanto à qualidade da informação encontram-se elencados no artigo 7.º/1 do CVM, que corresponde ao artigo 97.º do revogado Cód.MVM, aplicável ao prospeto na medida em que este é um documento informativo sujeito aos princípios gerais que regem a prestação de informação no domínio mobiliário. Sobre as características da informação cf., por todos, MENEZES LEITÃO, *A responsabilidade civil no âmbito da O.P.A.* cit., 137 e *A responsabilidade civil do auditor* cit.,

funcionalmente orientada para munir os participantes no mercado de todos os elementos necessários para tomarem decisões de investimento. Por isso, ainda que os elementos e factos que devem constar do prospeto sejam determinados *ex ante*, exige-se uma apreciação casuística da correspondência entre o conteúdo deste e os requisitos de qualidade da informação, pelo que a conclusão no sentido da deficiência da informação disponibilizada depende, antes de mais, da identificação do seu destinatário primário e do nível de conhecimento que lhe é imputado, que deve ser — tal como pressupõe o Regulamento — o do investidor médio não qualificado[686].

Do prisma dos sujeitos responsáveis, o regime europeu também preferiu não uniformizar o enquadramento jurídico dos diversos Estados-Membros, admitindo, com generosa amplitude, *v.g.*, a responsabilidade do emitente *ou* dos seus órgãos de administração ou fiscalização, o que legitima, portanto, clivagens notórias entre jurisdições, com consequências imediatas na competitividade das bolsas, em clara contradição com o objetivo de construção

234 e 235; Costa Pina, *Dever de informação* cit., 39 ss. A informação é verdadeira quando refletir os factos a que se refere, objetiva se não assentar em aspetos de natureza iminentemente pessoal e se for universalmente correta, ou seja, se tiver subjacente juízos de valor de natureza técnica ou científica, bem como opiniões com base em factos e se não depender do seu autor, mas dos critérios de aceitação geral que são utilizados na sua elaboração. O princípio da clareza impõe simplicidade na transmissão da informação, ainda que os factos veiculados sejam complexos. Este vetor determina que não sejam divulgadas informações de forma dúbia ou confusa ou apresentadas num contexto pouco percetível, que não sejam redigidas de forma vaga, ambígua ou não explícita ou ainda que pelos próprios termos utilizados sejam suscetíveis de induzir o investidor em erro. A completude da informação, aferida em função do meio utilizado (artigo 7.º/3 do CVM), é um conceito funcionalmente dirigido a atingir o propósito que se pretende alcançar, devendo ser interpretada como suficiência, ou seja, obrigação de prestar toda a informação razoavelmente necessária. Por seu turno, a atualidade impõe que a informação corresponda aos factos disponíveis à data da emissão da informação e, embora esta exigência não tenha transitado do artigo 97.º do Cód.MVM, deve também ser oportuna, ou seja, chegar atempadamente aos investidores, de forma a que estes possam, com base nos elementos disponibilizados, tomar decisões de investimento. Por fim, a autonomização do princípio da licitude da informação permite reduzir ou estender o dever de informar. Também em Itália se considera que toda a informação societária deve fornecer um quadro o mais fiel possível à realidade. Cf. Marco Pinardi, *La responsabilità* cit., 351. Por isso, independentemente do tipo de informação que esteja a ser divulgada ao mercado (comunicações à bolsa, documentos informativos sobre operações como fusões, prospeto ou balanço financeiro), a conduta ilícita reconduz-se à violação do princípio da transparência. Cf. Trib. Milano, 29-abr.-1999, *Fingem c. Ferruzzi, Price Waterhouse e altri.*, no qual se apreciou o dano da "manutenção do investimento" devido a falsa representação da situação patrimonial da sociedade.

[686] Nesse sentido, Assmann, *Prospekthaftung als Haftung für die Verletzung Kapitalmarktbezogener Informationsverkehrspflichten nach deutschem und US-amerikanischem Recht*, Köln, Berlin, Bonn, München, 1985, 315 ss.

de uma União de Mercados de Capitais. Em Portugal, por exemplo, o artigo 149.º/1 do CVM elenca, de forma taxativa, os responsáveis pelos danos causados pela desconformidade do conteúdo do prospeto, considerando-se abrangidos o oferente e o emitente, bem como os titulares dos seus órgãos de administração, os promotores, no caso de oferta de subscrição para a constituição de sociedade, os titulares do órgão de fiscalização, as sociedades e os revisores oficiais de contas e outras pessoas que tenham certificado ou, de qualquer outro modo, apreciado os documentos de prestação de contas em que o prospeto se baseia, os intermediários financeiros encarregados da assistência à oferta e, ainda, as demais pessoas que aceitem ser nomeadas no prospeto como responsáveis por qualquer informação, previsão ou estudo que nele se inclua[687]. Podemos, pois, identificar três círculos de responsáveis: os autores materiais do prospeto, as pessoas que nele têm influência e aquelas que motivaram a confiança do investidor, vigorando um princípio de solidariedade em caso de pluralidade de responsáveis[688]. Trata-se, pois, de um caso de responsabilidade civil baseada em "delitos subjetivos próprios, já que o agente carece de uma qualificação específica para poder ser responsabilizado", como nota Menezes Leitão[689]. O fundamento do regime é, ainda, a proteção do investidor[690]. Já se defendeu que o dever de indemnizar é delimitado pela parte da informação que coube elaborar a cada responsável[691] mas hoje o artigo 151.º prevê a solidariedade dos vários responsáveis[692].

[687] Também o anunciante que divulgue informação em ações publicitárias relativas a ofertas públicas é responsável pelo conteúdo da informação, nos termos dispostos no artigo 149.º ss. do CVM (artigo 121.º/3 do CVM). Nesse caso, devem considerar-se incluídos no elenco de responsáveis também os profissionais ou agências de publicidade, uma vez que uma responsabilidade limitada ao anunciante esvaziaria de conteúdo útil a remissão operada pelo artigo 121.º/3 do CVM. Cf. Carlos Costa Pina, *Publicidade, promoção e prospecção nos serviços financeiros*, em *Direito dos valores mobiliários*, vol. IV cit., 249-307 (273 e 274).

[688] Ao abrigo do revogado artigo 163.º/3 do Cód.MVM o emitente era *sempre* solidariamente responsável com os intervenientes que respondessem nos termos do artigo 160.º do Cód.MVM, regime que, literalmente interpretado, conduzia a uma responsabilidade objetiva do emitente, em termos tão abrangentes que este acabava por, em qualquer circunstância, garantir a indemnização.

[689] A responsabilidade civil no âmbito da O.P.A. cit., 185 e 186.

[690] Cf. Costa Pina, *Dever de informação* cit., 185-193. O Autor identifica outros possíveis fundamentos do dever de indemnizar, sem, no entanto, a eles aderir: interesse ou vantagem económicos resultantes da realização da oferta, violação de um dever qualificado de diligência na atividade de elaboração e controlo da informação ou, ainda, o dano da confiança.

[691] Costa Pina, *Dever* cit., 216

[692] Paulo Mota Pinto, *Interesse* cit., 1460, n. 4167.

O emitente surge, frequentemente, nas vestes de oferente, caso em que a sua responsabilidade pode imediatamente ser afirmada ao abrigo da alínea *a)* do artigo 149.º do CVM. Se assim não suceder, vale a alínea *c)*, sem prejuízo de alguma doutrina considerar a solução — também prevista no Regulamento dos Prospetos — discutível[693]. A resposta, contudo, é coerente e valoriza a posição funcional do emitente e o seu poder de influência e de potencial ingerência lesiva na esfera do investidor.

O emitente é responsável a par de uma pluralidade de sujeitos, no âmbito daquele que já foi designado por CARNEIRO DA FRADA[694] como um "sistema de controlo múltiplo do conteúdo do prospeto". Bem podemos dizer, com JOSÉ FERREIRA GOMES, que não há uma correspondência entre titularidade do dever de elaborar o prospeto e responsabilidade[695], o que já tem levado a apontar-se — em particular no que toca aos titulares dos órgãos de administração — que a imputação aos "atores reais" é afinal uma forma de levantamento ou desconsideração da personalidade coletiva[696] ou a atribuição de uma eficácia de proteção de terceiros à obrigação de diligente administração no contexto do nexo de organicidade que une o administrador e a sociedade administrada[697]. Anteriormente afastámos do nosso âmbito de estudo a responsabilidade dos demais sujeitos para além do emitente, pelo que o tema extravasa os objetivos da presente investigação[698].

O dever de publicação de prospeto na Alemanha encontra-se repartido entre a WpPG, o KAGB e a VermAnIG consoante estejam a ser oferecidos ao mercado valores mobiliários, unidades de participação de fundos

[693] Assim JOSÉ FERREIRA GOMES, *§ 16. Responsabilidade civil pelo prospeto* cit., 209.

[694] *Direito civil* cit., 203.

[695] Cf. JOSÉ FERREIRA GOMES, *§ 16. Responsabilidade civil pelo prospeto* cit., 203 ss. Já antes, cf. JOSÉ FERREIRA GOMES, *Responsabilidade civil pelo prospeto* cit., 813 ss. (826).

[696] Cf. CARNEIRO DA FRADA, *Teoria*, cit., 183. A recondução ao levantamento da personalidade não é de estranhar, considerando a natureza da figura enquanto "instituto de enquadramento". Cf., por todos, MENEZES CORDEIRO, *O levantamento da personalidade colectiva: no direito civil e comercial*, Coimbra, 2000, 147 [este instituto reúne "em função de pontos de vista ordenativos (...) figuras que, de outro modo, ficariam dispersas"]; do mesmo Autor, *Direito das sociedades* cit., 419 ss. Trata-se de um caso de desconsideração para efeitos de imputação. Cf. *v.g.* MARIA DE FÁTIMA RIBEIRO, *A desconsideração da personalidade jurídica: as realidades brasileira e portuguesa*, DSR, ano 8 (2015), vol. 15, 29-57 (36).

[697] Assim JOSÉ FERREIRA GOMES, *§ 16. Responsabilidade civil pelo prospeto* cit., 211 e *Responsabilidade civil pelo prospeto* cit., 828.

[698] Naturalmente que a exclusão do tema não implica uma menor importância da sua análise. Cumpre, aliás, lembrar que, ao contrário de outros ordenamentos, a responsabilidade dos intervenientes em causa não é, entre nós, secundarizada no direito positivo.

de investimento ou produtos de investimento, respetivamente[699]. Já a responsabilidade civil de direito comum foi desenvolvida pela jurisprudência com base na ideia de culpa na conclusão do contrato, conforme apontámos, colocando o dever de indemnizar na dependência da confiança do investidor na correção e completude do conteúdo do prospeto[700]. Uma visão de conjunto do regime tudesco revela uma considerável contradição intrínseca: por um lado, a preocupação de expandir a proteção do investidor tornou-se particularmente visível ao consagrar um dever de publicação de prospeto no mercado cinzento, com correlativa responsabilidade pelo seu conteúdo[701],

[699] O dever de publicação de prospeto de oferta de valores mobiliários consta dos §§ 3 e 4 WpPG, que devem ser conjugados com a ProspektVO. Se houver incumprimento, são previstas sanções administrativas nos §§ 26 IV e 35 WpPG e civis nos §§ 21 (defeito no prospeto de oferta de valores mobiliários ao público), 22 (incorreções no prospeto de admissão à negociação em mercado regulamentado) e 24 (omissão do dever de publicar prospeto) WpPG. Em caso de prospeto de fundos de investimento, o dever de publicação pode ser encontrado nos §§ 164 e 268 KAGB, as sanções administrativas para o incumprimento constam dos §§ 314, 340 KAGB e as civis do § 306 do mesmo diploma. Já em caso de produtos de investimento, o dever consta no § 6 VermAnIG e, na hipótese de incumprimento, as sanções administrativas estão previstas nos §§ 16 ss. e 29 VermAnIG e as civis nos §§ 20 ss. Em qualquer dos casos, mantém-se a possibilidade de aplicação do regime civil geral que consta do BGB, em particular os §§ 311, II, III e 241, II. Sobre as diferenças de regime entre o KAGB e VermAnIG, cf. Bastian Aurich, *Der wesentliche Prospektfehler nach KAGB und VermAnIG*, GWR 2016, 23-26. As divergências de regime, existentes essencialmente por motivos históricos, são particularmente relevantes na medida em que o investidor médio apresenta dificuldades na distinção entre os investimentos abrangidos por um regime e por outro, o que comanda que seja encetado, defende o Autor, um esforço no sentido de atingir um nível equivalente de proteção (p. 26). Sobre os aspetos processuais da responsabilidade civil por informações no mercado de capitais alemão, cf., por todos, Bernd-Wilhelm Schmitz, *§ 33. Der Kapitalmarktinformationshaftungsprozess*, em Mathias Habersack/Peter Mülbert/Michael Schlitt, *Handbuch der Kapitalmarktinformation*, 2.ª ed., München, 2013, 901-1009.

[700] Cf. Stefan Rützel, *Der aktuelle* cit., 70.

[701] O mercado de capitais cinzento (*Graue Kapitalmarkt*) é um segmento de mercado que merece esta denominação por não ser regulado, ainda que seja, naturalmente, objeto de controlo jurídico nos termos comuns (nomeadamente, na Alemanha, por aplicação das normas gerais previstas no BGB). Neste mercado são transacionados valores mobiliários que serão emitidos no futuro; a negociação ocorre no intervalo de tempo entre a notícia da emissão e a data da sua liquidação e encontra-se condicionada à efetiva verificação da operação (cláusula *if and when issued*). Cf. Massimo de Iuliis, *Principi di diritto* cit., 88-90. Na medida em que esta venda se encontra funcionalmente dependente da oferta ao público em mercado regulamentado, é duvidoso que se possa ainda qualificar como colocação privada de valores mobiliários, pelo que, em Itália, foi discutida a validade das transações em mercado cinzento. No sentido da legitimidade, cf. Trib. Monza 16-dez.-2004; Trib. Roma 8-out.-2004. Em sentido diverso, cf. Trib. Milano 20-mar.-2006. Na Alemanha, como escrevem Thomas M. J. Möllers/Stephanie Kastl, *Das Kleinanlegerschutzgesetz*, NZG 2015, 849-855 (849), o mercado cinzento já foi mais cinzento do que é. Sobre o conceito e história do mercado

mas, por outro lado, não existe base legal que permita responsabilizar os membros dos órgãos de administração e de fiscalização. A opção restritiva do legislador tem sido parcialmente colmatada por esforços da jurisprudência que vem fundamentando a responsabilidade na violação da cláusula geral dos bons costumes (§ 826 BGB)[702].

cinzento, cf. PEER KOCH, *Die Haftung des Anlagevermittlers beim Vertrieb von geschlossenen Fonds und anderen Finanzanlagen des Nebenkapitalmarktes*, Frankfurt am Main, 2003, 22-25. Desde 2005, com a *Anlegerschutzverbesserungsgesetz* (AnSVG), que entrou em vigor a 1 de julho de 2005 e alterou a WpHG, a tutela dos investidores neste mercado foi consideravelmente reforçada, por via da imposição de um regime de obrigação de publicação de prospeto e de responsabilidade civil em caso de vícios na sua divulgação. Sobre a responsabilidade pelo prospeto no mercado cinzento, cf. FRANK SCHÄFER, *Stand und Entwicklungstendenzen der spezialgesetzlichen Prospekthaftung*, ZGR 1/2006, 40-78 (71-77); STEPHAN UEDING, *Prospektpflicht und Prospekthaftung im Grauen Kapitalmarkt nach deutschem und italienischem Recht*, Frankfurt am Main, 2009, 165-239; CHARLOTTE KORTH, *Die Prospekthaftung am Grauen Kapitalmarkt nach dem Anlegerschutzverbesserungsgesetz*, Frankfurt am Main, 2008, 53-127; CHRISTIAN HAARMANN, *Die Prospekthaftung am grauen Kapitalmarkt*, Hamburg, 2009, 77-177: o Autor considera que o novo regime representa um retrocesso em termos de tutela do investidor, uma vez que faz depender o dever de indemnizar da existência de dolo ou negligência grosseira, padrão mais exigente do que aquele que resultaria do sistema civil geral. Anos antes da aprovação do regime especial, sobre o dever de publicar prospeto nos mercados OTC, cf. EBERHARD SCHWARK, *Wertpapier- Verkaufsprospektgesetz und Freiverkehr*, em *Bankrecht — Schwerpunkte und Perspektiven, Festschrift für Herbert Schimansky*, Köln, 1999, 739-760, realçando que muitas vezes esses mercados não são utilizados para lançamento de novos valores mobiliários, mas apenas para negociar valores que já são parcialmente negociados noutros mercados domésticos regulados ou em mercados estrangeiros. Em 2015, a *Kleinanlegerschutzgesetz* (KASG) estabeleceu também novas regras para o mercado cinzento, procurando fomentar a informação neste, alterando a VermAnIG e a WpHG. Os destinatários das novas regras são fundamentalmente os emitentes. Cf. PETRA BUCK-HEEB, *Das Kleinanlegerschutzgesetz*, NJW 2015, 2535-2541 (2535).

[702] Na Alemanha, assume-se que o ponto de partida da identificação dos comportamentos contrários aos bons costumes reside na teleologia do § 826 do BGB, norma à qual subjaz o reconhecimento legal da inviabilidade de construir regimes especiais de responsabilidade que protejam adequadamente todos os intervenientes contra comportamentos lesivos. Cf. FEYKO CONRIG, *Zur Sittenwidrigkeit gemäß § 826 BGB bei einem außervertraglichen Informationsverhalten gegenüber Anlegern*, BKR 12/2018, 489-494 (490). A propósito de desconformidades na publicação de informação contínua, tem-se considerado que a violação dos bons costumes é indiciada pela divulgação de uma comunicação *ad hoc* grosseiramente incorreta. Nesse sentido, cf. FRANZ CLEMENS LEISCH, *Vorstandshaftung für falsche Ad-hoc-Mitteilungen — ein höchstrichterlicher Beitrag zur Stärkung des Finanzplatzes Deutschland*, ZIP 34/2004, 1573-1580 (1576). O OLG Stuttgart, em decisão de 26-mar.-2015 — 2 U 102/14, NZG 2015, 1437, concluiu que a emissão de um comunicado de imprensa que crie uma imagem falsa no mercado não é suficiente para fundamentar um dever de indemnizar dos administradores nos termos do § 826 BGB. Tratava-se de um pedido de indemnização por danos sofridos por um *hedge fund* deduzido contra a Porsche Automobil Holding SE devido a informação enganadora quanto aos seus planos de adquirir a Volkswagen, com base na qual os investidores fizeram *short sales* a descoberto. Embora se tenha verificado um engano do mercado, não existindo

Também em Itália não se encontra expressamente prevista a responsabilidade dos membros do conselho de administração que tem, no entanto, vindo a ser alicerçada no regime civil geral (art. 2395 *Codice Civile*), considerando-se que a decisão de investimento ou desinvestimento está protegida pelo regime de transparência[703].

Mas mesmo em qualquer dos ordenamentos desses países, domina a ideia de que a responsabilidade primária é do emitente, único vinculado ao dever de informar, assistido pelos administradores no cumprimento da obrigação exclusivamente por necessidades organizatórias. Diz-se que, de acordo com os princípios societários gerais, como regra, a violação de deveres de cuidado pelos administradores apenas fundamenta responsabilidade interna, além de que, de um prisma preventivo, não se exige a responsabilidade dos titulares dos órgãos. Tendo em consideração que as consequências económicas da obrigação de indemnizar são, em quase toda a sua extensão, neutralizadas pela existência de seguros D&O[704], deveria conceder-se mais relevância ao risco de danos reputacionais associados à divulgação de informação defeituosa, que constituiria travão suficiente à adoção de comportamentos ilícitos[705]. Deste modo, a responsabilidade dos titulares dos órgãos de administração apenas seria recomendável em conjugação com a previsão de um *cap*

"circunstâncias mais sérias", como a repetida divulgação de mentiras ao público, o Tribunal considerou que não se verificavam fundamentos suficientes para sustentar a responsabilidade civil dos administradores.

[703] Cf. Marco Pinardi, *La responsabilità* cit., 358 ss.. Em Itália considera-se que o facto ilícito, organicamente, deve ser imputado ao emitente, mas que, em certas circunstâncias se justifica a responsabilidade solidária dos administradores. Do princípio segundo o qual os administradores não podem ser civilmente responsáveis exclusivamente em virtude da posição que assumem na estrutura social não se deduz a sua imunidade a eventuais comportamentos ilícitos praticados no exercício das suas funções. Naturalmente, a responsabilidade dos administradores não resulta automaticamente da vinculação da sociedade ao dever de indemnizar (art. 2325 *Codice Civile*), mas entende a doutrina que depende da responsabilidade pessoal face a terceiros e de o facto ilícito se distinguir daquele da sociedade à qual pertence. Caso contrário, a sociedade informante deve ser a única responsável, o que se considera refletir um adequado equilíbrio entre o princípio da personalidade coletiva e o da responsabilidade pessoal por factos ilícitos.

[704] De tal forma que se aponta que estes seguros incentivam a assunção de riscos excessivos na gestão e a prática de atos ilícitos. Cf., por todos, Pais de Vasconcelos, D&O insurance: *o seguro de responsabilidade civil dos administradores e outros dirigentes da sociedade anónima*, em *Homenagem da Faculdade de Direito de Lisboa ao Professor Doutor Inocêncio Galvão Telles. 90 anos*, Coimbra, 2007, 1153-1182 (1161).

[705] Assim, Fuchs/Dühn, *Deliktische* cit., 1070 e 1071, que ainda notam que a responsabilidade dos administradores pode levar a comportamentos sobrecautelosos, o que, em última análise, pode conduzir a uma diminuição da *performance* da sociedade.

de responsabilidade e a imposição de franquias aos seguros D&O, de tal forma que fosse assegurado o efeito preventivo[706]. No nosso ordenamento, uma vez que existe norma mobiliária expressa que esclarece que os administradores são sujeitos passivos do dever de indemnizar, a questão não chega a colocar-se. Refira-se, não obstante, que uma eventual reduzida eficiência na prossecução da função preventiva da responsabilidade civil não pode servir para negar a responsabilidade dos administradores, justificada à luz dos princípios gerais de imputação de danos não obstante as especificidades que apresenta[707]. A abrangência do regime nacional de responsabilidade pelo prospeto é

[706] Cf. Klaus J. Hopt/Hans-Christoph Voigt, *Prospekt -und Kapitalmarktinformationshaftung — Recht und Reform in der Europäischen Union, der Schweiz und den USA*, WM 37/2004, 1801-1804 (1803).

[707] Ainda que tenhamos excluído a responsabilidade dos administradores do nosso objeto de estudo, sempre diremos que, por regra, estando em causa o incumprimento de um dever da própria sociedade, a responsabilidade *externa* pertenceria apenas ao emitente e não também aos seus administradores, o que torna especialmente significativa a inclusão dos sujeitos em causa no elenco dos responsáveis. Os administradores encontram-se vinculados a um "dever de legalidade" (ou seja, a um dever de diligenciar o cumprimento das normas que atingem a sociedade, como aquelas que vinculam o emitente ao dever de publicação de prospeto) mas em princípio com eficácia meramente interna. Só excecionalmente o dever se projeta num plano externo, como sublinha Carneiro da Frada, *O dever de legalidade: um novo (e não escrito) dever fundamental dos administradores*, DSR, ano 4 (2012), vol. 8, 65-74 (73). Este efeito externo de um dever existente em primeira linha perante a própria sociedade recorda, de resto, a possibilidade, que já foi cogitada, de os deveres que se estabelecem entre o administrador e os acionistas serem encarados como expressão de um contrato — *rectius*, relação obrigacional — com eficácia de proteção para terceiros e que não se enquadraria na dicotomia entre contrato e delito, representando, antes, um *tertium genus*. Assim, cf. Catarina Monteiro Pires, *Algumas considerações críticas sobre a responsabilidade civil dos administradores perante os accionistas no ordenamento jurídico português*, O Direito 137.º (2005), I, 81-135, 129 ss. Como é doutrina consolidada, para que se possa considerar que um contrato (ou relação obrigacional) é dotado de eficácia de proteção para terceiros, têm de estar preenchidos alguns requisitos: (i) o terceiro destinatário dos deveres de proteção encontrar-se exposto aos riscos do contrato com a mesma intensidade que o credor (proximidade do terceiro da prestação devida); (ii) o credor apresentar um especial interesse na proteção do terceiro, que poderá resultar da especial proximidade entre ambos; (iii) o devedor, no momento em que se vincula, poder identificar a especial relação existente entre o credor e o terceiro e a exposição deste aos riscos do contrato (previsibilidade ou cognoscibilidade dos elementos anteriores) e, por fim, (iv) o terceiro necessitar de proteção. Sumariando estes requisitos, que resultam da jurisprudência e doutrina alemãs, cf. Calvão da Silva, *Responsabilidade* cit., 302-309 (305); Dário Moura Vicente, *Direito comparado*, vol. II, Coimbra, 2017, 195-213, em especial 196; Catarina Monteiro Pires, *Algumas considerações* cit., 132. Mesmo em sede de responsabilidade dos administradores, a Autora enfatiza a importância de não absolutizar esta figura, apontando, antes, para a responsabilização como processo "prático, autopoiético e aberto" (p. 134). Cria-se, então, uma *proteção acessória para terceiros*, apta a estender o âmbito subjetivo de certos deveres de conduta ou de proteção, que fundam uma "relação obrigacional secundária" sem dever de prestar principal. Cf. Calvão da Silva, *Responsabilidade* cit., 304.

também manifesta na previsão da responsabilidade de outras pessoas nele nomeadas como responsáveis por qualquer informação, previsão ou estudo (artigo 149.º/1, *h)*, do CVM), o que não acontecia na Alemanha, onde, durante muitos anos, não existiu, pois, base legal para fundamentar a responsabilidade destes intervenientes, situação que veio a ser corrigida na transição da BörsG para a WpPG[708].

A opção por não uniformizar o regime de responsabilidade civil explica que se mantenham outras questões no que respeita aos destinatários do dever de indemnizar. Por exemplo, no direito alemão, na sequência da decisão *Telekom III* do BGH[709], discute-se a admissibilidade da vinculação do emitente ao dever de indemnizar, porquanto o cumprimento da obrigação poderia ser interpretado, em concreto, como uma devolução de entradas, vedada pelo § 57 AktG. Alguma doutrina considera que, exceto nos casos especialmente previstos na lei, a responsabilidade do emitente implica que se proteja os investidores que já alienaram as suas participações sociais em detrimento da preservação do capital da sociedade[710], o que seria inadmissível face à limitação da aquisição de ações próprias e ao regime da sociedade irregular[711]. Porém,

[708] A ausência de previsão legal levantava várias questões em torno da responsabilidade dos peritos que interviessem no prospeto, já que os casos dificilmente poderiam ser assimilados aos de *culpa in contrahendo* ou de contrato com eficácia de proteção para terceiros. Cf. Assmann, *Die Prospekthaftung beruflicher Sachkenner de lege lata und de lege ferenda*, AG 8/2004, 435-448 (437 e 438); Dörte Poelzig, *Kapitalmarktrecht* cit., 276.

[709] BGH 31-mai.-2011 — II ZR 141/09, ZIP 2011, 1307.

[710] Nesse sentido, cf. Peter Kindler, *Gesellschaftsrechtliche Grenzen der Emittentenhaftung am Kapitalmarkt — Eine Nachlese zum Fall "EM.TV" vor dem Hintergrund zwischenzeitlicher Entwicklungen*, em *Festschrift für Uwe Hüffer zum 70. Geburtstag*, München, 2010, 417-429 (421 ss.). Na defesa da sua tese, o Autor, em tom irónico, considera que o dever de o emitente indemnizar seria o equivalente a dizer aos acionistas "o vosso dinheiro não desapareceu, simplesmente agora será alocado a satisfazer os credores, tal como vocês, queridos acionistas, prometeram fazer quando tomaram a decisão de investimento" (p. 428). Considera ainda que, em termos de responsabilidade ao abrigo do regime civil geral, a obrigação de indemnizar violaria o princípio base de direito das obrigações *impossibilium nulla est obligatio*, na medida em que a colisão com o § 57 AktG implicaria a impossibilidade legal do dever de indemnizar. Também já se distinguiu entre os investidores que adquiriram os valores mobiliários no mercado primário e no mercado secundário, sendo que neste último caso o lesado surgiria perante a sociedade como qualquer credor terceiro, pelo que os princípios societários não apontariam contra o dever de indemnizar, uma vez que a proibição de devolução de entradas apenas abrangeria os pagamentos aos acionistas com fundamento na sua qualidade de sócios.

[711] Cf. Carsten Schäfer, *Der täuschungsbedingte Beitritt zur (Personen-)Gesellschaft und die Lehre vom fehlerhaften Verband — Vorrang von Schadensersatzansprüchen?*, ZHR 170 (2006), 373-397.

após a decisão *EM.TV* do BGH[712], consolidou-se a recondução do problema a um caso clássico de colisão de princípios, devendo, em concreto, prevalecer a finalidade da responsabilidade civil[713].

Podemos, assim, afirmar que vale hoje, tanto no ordenamento português como no alemão, o princípio segundo o qual deve ser atribuída mais importância à impressão deixada junto dos investidores do que à posição efetivamente mantida pelo lesante[714]. A CMVM, apesar de ser a entidade com competência de supervisão e fiscalização do funcionamento do mercado, não figura no elenco de responsáveis pelo prospeto. A sua exclusão do regime especial de responsabilidade resulta de este apenas conduzir um juízo de legalidade, que não envolve qualquer garantia quanto à informação prestada, nem um

[712] BGH 9-mai.-2005 — II ZR 287/02, NJW 34/2005, 2450 (2452 ss.). Sobre a sentença e sua descrição, cf. MICHAEL KORT, *Anlegerschutz und Kapitalerhaltungsgrundsatz*, NZG 2005, 708-710 (709).

[713] Assim, WAGNER, *Schadensberechnung* cit., 504. Cf. a análise crítica da decisão Telekom III de PETER O. MÜLBERT/ALEXANDER WILHELM, *Haftungsübernahme als Einlagenrückgewähr — Überlegungen zu § 57 AktG im Nachgang zu Telekom III*, em *Festschrift für Peter Hommelhoff zum 70. Geburtstag*, Köln, 2012, 747-776, que concluem pela não colisão entre o dever de indemnizar e os princípios societários. Também rejeitando a interpretação excessivamente ampla do § 57 AktG operada pelo BGH, cf. HARM PETER WESTERMANN/WALTER G. PAEFGEN, *Kritische Überlegungen zum Telekom III-Urteil des BGH und seinen Folgen, em Festschrift für Michael Hoffmann-Becking zum 70. Geburtstag*, München, 2013, 1363-1386 (1370 ss.); POELZIG, *Kapitalmarktrecht* cit., Rn. 303; HOPT, *Die Haftung* cit., 111; HARTWIG HENZE, *Vermögensbindungsprinzip und Anlegerschutz*, NZG 2005, 115-121 (118 ss.). Analisando várias teses sobre a questão e concluindo pela prevalência da proteção do investidor cf. KATJA LANGENBUCHER, *Kapitalerhaltung und Kapitalmarkthaftung*, ZIP 2005, 239-245 e com foco no direito europeu, no qual podem ser identificados argumentos a favor da primazia da proteção do investidor, mas sem densidade suficiente para fundamentar uma superioridade absoluta do princípio, cf. HOLGER FLEISCHER/MARLEN THATEN, *Kapitalmarktrechtlicher Anlegerschutz versus aktienrechtliche Kapitalerhaltung — wie entscheidet der EuGH?*, NZG 2012, 801-809.

[714] Nesse sentido, cf. ALEXANDER HELLGARDT, *Von der bürgerlich-rechtlichen Prospekthaftung zur Informationshaftung zur Informationshaftung beim Vertrieb von Vermögensanlagen*, ZBB/JBB 2/12, 73-88 (84 e 85). O Autor assume esta posição a propósito de uma decisão do BGH na qual se estendeu a responsabilidade por informações no mercado para além do círculo tradicional de intervenientes. Na decisão do BGH 17-nov.-2011 (*Rupert Scholz*, ZBB 2/12, 137), considerou que Scholz, presidente de um órgão consultivo da sociedade-mãe daquela que publicou um prospeto defeituoso, embora não se enquadrasse no elenco típico de responsáveis pelo prospeto [a saber, (i) órgãos de administração, (ii) pessoas com influência no documento informativo, (iii) garantes, como especialistas, auditores ou outros peritos], devia, também, ser por ele responsável. Uma vez que Scholz tinha sido ministro e professor universitário, o Tribunal considerou que as suas características pessoais constituíam uma base objetiva para legitimar a confiança dos investidores. A decisão do BGH parece envolver, porém, alguma contradição: por um lado, recusa o enquadramento de Scholz no círculo de responsáveis que assumiram influência no documento informativo, qualificando-o, antes, como um supergarante do conteúdo do prospeto; por outro lado, assume que Scholz codesenhou o conceito de investimento e assumiu uma influência particular no conteúdo do prospeto.

juízo sobre a viabilidade dos investimentos, a oportunidade ou adequação da operação ou a qualidade dos valores mobiliários a emitir[715]. Por outro lado, o elenco taxativo de responsáveis pela informação que consta do Código dos Valores Mobiliários encontra fundamento na violação de um dever de informação legalmente imposto. Não recaindo sobre a entidade reguladora qualquer obrigação de preparar a informação contida no prospeto, mas apenas o dever de receber e analisar o documento para posterior divulgação ao público, considerou-se que não se justificava a sua responsabilização, ao invés do que acontece com os restantes intervenientes vinculados ou que se assumem como garantes da informação[716]. Considerações similares são tecidas na Alemanha a propósito da responsabilidade do BaFin[717] e, em Itália, quanto à Consob[718], em cujos ordenamentos também não se encontra previsão especial de responsabilidade da entidade de supervisão. Contudo, tendo em atenção que a CMVM exerce funções públicas de apreciação de informação e que tem o poder de corrigir os vícios do prospeto[719], pode existir responsabilidade por

[715] Cf. o artigo 118.º/7 do CVM. Porém, a propósito do artigo 149.º do Cód.MVM, equivalente ao atual artigo 160.º do CVM, já COSTA PINA, *Dever de informação* cit., 185-193, notava que se deveria discutir a solução e se a responsabilidade da CMVM não deveria ser tratada de forma equivalente à dos outros intervenientes no prospeto.

[716] Cf. COSTA PINA, *Dever de informação* cit., 185-193.

[717] Cf., *v.g.*, DÖRTE POELZIG, *Kapitalmarktrecht* cit., 277.

[718] Cf., *v.g.*, MARCO PINARDI, *La responsabilità* cit., 364-366. Na sentença da Suprema Corte de 6-mar.-2001, num caso de anatocismo bancário, o Tribunal optou por responsabilizar a Consob, argumentando que solução diferente equipararia a entidade a um mero depositário dos documentos informativos (*ufficio di deposito atti*), diminuindo a sua autoridade, ao arrepio daquilo que foi pretendido pelo legislador. Também a informação difundida nos meios de comunicação social não se afigura suficiente para substituir a obrigação de vigilância do regulador. Em geral, sobre a responsabilidade da Consob por informação defeituosa contida no prospeto, cf. FACCI, *Il danno* cit., 183-219; PARALUPI, *Responsabilità* cit., 604-608; ANDREA MORA, *Brevi note in tema di responsabilità civile della Consob, Responsabilità civile e previdenza*, 2011, n.º 11, 2181 ss., disponível em https://www.iusexplorer.it; EDOARDO RULLI, *La responsabilità civile della Consob per omesso o carente esercizio dei poteri di vigilanza,* Banca Borsa Titoli di Credito, 2013, 1, 1[illegible] ss., disponível em www.iusexplorer.it. Sublinhando, em geral, que as entidades reguladoras estão sujeitas a deveres específicos de cuidado e diligência e que a sua violação pode conduzir à responsabilidade pelos danos causados, devendo a ciência do direito garantir que o interesse público da regulação não afeta os direitos dos particulares, cf. MENEZES LEITÃO, *A responsabilidade civil das entidades reguladoras*, em *Estudos em Homenagem ao Prof. Doutor Sérvulo Correia*, vol. III, Coimbra, 2010, 113-122 (119 ss.).

[719] De acordo com o artigo 118.º/1 do CVM, a CMVM pode aprovar e registar ou recusar o prospeto, sendo que a falta de decisão no prazo legal importa indeferimento tácito do pedido. O artigo 119.º do CVM permite que a CMVM imponha ao oferente, sob pena de recusa do prospeto, a correção dos vícios do documento. Além disso, o artigo 142.º do CVM determina que podem ser corrigidos os vícios mediante adenda (naqueles casos em que o prospeto omite factos que se verificaram

atos praticados no exercício de funções públicas, à qual é aplicável regime diverso do regime mobiliário especial[720]. Esta solução, de resto, encontra-se em consonância com a norma do artigo 20.º/9 do Regulamentos dos Prospetos, segundo a qual as disposições europeias não afetam a responsabilidade da autoridade competente, que continua a reger-se exclusivamente pelo direito nacional. Os Estados-Membros devem assegurar que as disposições nacionais são exclusivamente aplicáveis à aprovação de prospetos por essa autoridade.

Da perspetiva dos sujeitos do dever de indemnizar, o único aspeto em que o regime alemão de responsabilidade civil pelo prospeto parece ser mais generoso do que o nacional reside na responsabilidade do iniciador do prospeto (*Prospektveranlasser*), nos termos do § 21 I S. 1 Nr. 2 WpPG. Trata-se de qualquer pessoa, singular ou coletiva, que tenha um interesse económico próprio na emissão e, devido ao seu poder de controlo, exerça influência sobre o emitente ou outras entidades envolvidas na elaboração do prospeto. Será o caso de uma sociedade com influência dominante sobre a emissão de valores mobiliários de uma subsidiária[721] ou, numa interpretação abrangente do BGH[722], das situações em que o documento foi publicado com o conhecimento do agente, mesmo que este não tenha estado diretamente envolvido na sua elaboração. Basta, pois, que tenha influenciado a emissão, o que será visível se lhe forem concedidos, por exemplo, benefícios contratuais. No ordenamento nacional é hipótese que importa ponderar em função dos contornos do caso concreto, sem esquecer, porém, que, não constando estas entidades do elenco apresentado no artigo 149.º do CVM, a sua responsabilização apenas será possível ao abrigo do regime civil comum.

entre a data da sua aprovação e o termo da oferta) ou retificação (para corrigir uma deficiência informativa descoberta antes do fim da oferta).

[720] Quanto aos membros dos órgãos de administração do emitente, o artigo 160.º/2 do Cód.MVM excluía a sua responsabilidade quando se comprovasse que o prospeto tinha sido elaborado e submetido à CMVM sem o seu conhecimento ou aprovação contanto que tenham informado imediatamente a CMVM quando disso tiveram conhecimento. Note-se que, ao passo que no regime geral de responsabilidade dos administradores estes apenas são responsáveis pelos danos que *diretamente* causarem a terceiros no exercício das suas funções (artigo 79.º/1 do CSC), o regime do Cód.MVM estendia a responsabilidade a danos causados indiretamente, que resultassem de informações deficientes preparadas por outras pessoas em relação às quais não tivessem exercido adequadamente o seu dever de vigilância. Cf. Costa Pina, *Dever de informação* cit., 198.

[721] Cf. Mülbert/Steup, *§ 41. Haftung* cit., 41.79-41-81.

[722] Cf. BGH 18-set.-2012 — XI ZR 344/11, WM 2012, 2147 ss. (2152).

2.2. Omissão e cumprimento defeituoso do dever de divulgar informação privilegiada ou *ad hoc*

Se o prospeto é encarado pelo Código dos Valores Mobiliários como o meio principal de divulgar informação ao mercado — o que justifica que a responsabilidade com ele relacionada funcione como responsabilidade-padrão —, a verdade é que o tipo de informação que se tem considerado paradigmática no mercado de capitais é a informação *ad hoc* ou privilegiada, exclusiva do mercado secundário mas com uma influência especialmente visível na formação do preço dos instrumentos mobiliários. Está em causa uma forma de informação continuada e não apenas ocasional e periódica (informação *ad hoc, ongoing disclosure*), correspondendo a um dever de divulgar informação privilegiada com o sentido que ora cumpre analisar.

2.2.1. Da Diretiva ao Regulamento do Abuso de Mercado

Já foi empiricamente demonstrado que o preço de um instrumento financeiro incorpora toda a informação disponibilizada ao público[723], pelo que a transparência contínua promove decisões de investimento esclarecidas, que não fiquem dependentes de informação produzida no final do ano, semestre ou trimestre[724], garante a aptidão funcional do mercado[725], bem como a sua

[723] Cf. João Duque/Inês Pinto, *O impacto* cit., 51-53, que demonstram que o dever de divulgação de informação material contribui para a difusão de informação útil ao mercado e que, na medida em que a informação é rapidamente incorporada nos preços, o veículo de difusão utilizado (sistema de difusão de informação, disponível no site da CMVM) é eficiente. Notando, com base em estudos empíricos, a existência de rendibilidades anormais nas vésperas dos anúncios de OPA, cf. Ricardo Gairifo/Maria Rosa Borges, *Rendibilidades anormais nas vésperas dos anúncios de ofertas públicas de aquisição: aplicação ao mercado Euronext,* CadMVM n.º 36, ag. 2010, 49-73. No entanto, essas rendibilidades anormais podem ser justificadas pelos rumores gerados na comunicação social em torno da possibilidade de oferta pública de aquisição.

[724] Cf. Paulo Câmara, *Manual* cit., 721. A informação periódica é insuficiente para manter o mercado permanentemente atualizado, pois a velocidade dos mercados acarreta a rápida desatualização e desajustamento da informação à realidade. Cf. Filipe Matias Santos, *Divulgação de informação privilegiada. O dever de divulgação de informação privilegiada no mercado de valores mobiliários,* Coimbra, 2011, 39.

[725] Assim, Hopt/Kumpan, *§ 107. Insider- und Ad-hoc-Publizitätsprobleme,* em Schimansky/ Bunte/ Lwowski, *Bankrechts-Handbuch,* 5.ª ed., 2017, 133. Pode, por isso, dizer-se que a informação está orientada para a formação de negócios em mercado, o que assegura a proteção dos investidores e a confiança nos mecanismos do mercado. Cf. Gonçalo Castilho dos Santos, *O dever dos emitentes de valores mobiliários admitidos à negociação em bolsa de informar sobre factos relevantes,* em *Direito dos valores mobiliários,* vol. V cit., 273-307 (278). No mesmo sentido, do mesmo Autor, *O direito de informação sobre factos relevantes pela sociedade cotada,* Lisboa, 1998, *passim.*

eficiência[726], e diminui os custos de capital para o emitente[727]. Por isso, o dever de divulgar informação privilegiada constitui instrumento de primeira linha na proteção do investidor, permitindo que a negociação de valores mobiliários no mercado secundário revista as mesmas garantias da negociação de valores mobiliários no mercado primário. É um dever de cumprimento contínuo e não apenas periódico. Não se pretende, decerto, eliminar o risco de mercado (ou o risco *beta* de um instrumento), mas antes certificar que os riscos suportados pelo investidor não são motivados por falta ou inexatidão da informação. Em virtude da sua direta relação com a formação dos preços, o dever de difundir informação privilegiada já foi qualificado como o paradigma dos deveres informativos no mercado[728] e ocupa lugar central no presente estudo, porquanto a respetiva violação constitui preterição de um dever de proteção que enforma a relação entre emitente e investidor e, portanto, um facto ilícito suscetível de gerar responsabilidade civil.

A transparência continuada apresenta, por outro lado, função de relevo na repressão de situações de abuso de mercado, i.e., de condutas ilícitas nos mercados financeiros, como abuso de informação privilegiada, transmissão ilícita dessa informação ou manipulação de mercado, que prejudicam o direito dos investidores às mesmas oportunidades de negócios, à paridade informativa, e que mitigam a confiança do público nos valores mobiliários e instrumentos derivados. Bem se pode, por isso, com A. Barreto Menezes Cordeiro, falar na integridade do mercado como princípio substantivo estruturante do direito

[726] A direta relação entre a divulgação de informação *ad hoc* e a eficiência do mercado é particularmente estudada no ordenamento americano sob o prisma da análise económica do direito. Cf. Easterbrook/Fischel, *Mandatory disclosure and the protection of investors* cit., 669-715; John C. Coffee, *Market failure* cit., 717-753, disponível em https://www.jstor.org/stable/1073083; Greg A. Jarell, *The economic effects of federal regulation of the market for new security issues*, The Journal of Law and Economics, vol. 24, n.º 3, dez. 1981, 613-675, disponível em https://doi.org/10.1086/467002. Os Autores salientam que da divulgação de informação privilegiada decorre uma diminuição da "dispersão de preços", i.e., da variação dos preços a que o mesmo instrumento financeiro é negociado, que tem sido associada a um aumento da eficiência na alocação de capital. Por outro lado, contribui para eliminar os conhecidos custos de agência, visto que os investidores controlam a utilização de recursos da sociedade pelos administradores e conseguem recolher, a menor custo, informação essencial para a sua decisão de investimento.

[727] Na medida em que da eficiência do mercado resulta uma avaliação mais elevada dos valores mobiliários por parte dos investidores avessos ao risco, reduz-se os custos de capital do emitente. Cf. James H. Lorie, *Insider trading: rule 10b-5, disclosure and corporate privacy: a comment*, The Journal of Legal Studies, vol. 9, n.º 4, The Law and Economics of Privacy, dez. 1980, 819-822, disponível em https://www.jstor.org/stable/724183.

[728] Neste sentido, cf. Paulo Câmara, *Manual* cit., 721.

dos valores mobiliários[729-730]. A proibição de abuso de mercado visa, pois, uma dupla proteção: individual e coletiva. A dimensão individual reflete-se no reforço da confiança dos investidores, ao passo que a dimensão coletiva traduz-se na proteção do funcionamento do mercado, da sua integridade e reputação[731]. Sem prejuízo da respetiva importância, as situações de abuso de mercado apenas lateralmente relevam na nossa tese, porquanto, ainda que a sociedade possa cometer factos ilícitos qualificáveis como abuso de mercado, atuará sempre sob a capa de *investidor* e não de *emitente*. Seria, pois, falacioso equiparar a obrigação de divulgar informação privilegiada às proibições de abuso de mercado[732]. Estas situam-se em planos distintos: a primeira tem que ver com uma geral influência na formação dos preços no mercado que pode ser manipulada caso o emitente não divulgue a informação *ad hoc* ou o faça de forma defeituosa, ao passo que as segundas, conquanto visem prevenir distorções da integridade do mercado, resultam da conduta ilícita do investidor, que, embora fazendo apelo à sua posição de autoridade, não se apresenta a negociar como emitente. Os casos de abuso de mercado, mesmo que potencialmente geradores de responsabilidade civil, encontram-se, pois, *a latere* no contexto da nossa investigação, pelo que a atenção que lhes damos é secundária. Diferentemente sucede quanto ao dever de informação *ad hoc* em si.

[729] Cf. A. Barreto Menezes Cordeiro, *Direito dos valores mobiliários* cit., 260. O Autor apresenta este princípio em termos intimamente associados aos princípios da igualdade de oportunidades e da livre concorrência. Este princípio distingue-se da transparência na medida em que se preocupa com o nivelamento substantivo da informação que pode ser utilizada, ao passo que a transparência respeita à sua divulgação.

[730] Existem estudos empíricos que revelam que o *insider trading* atemoriza os investidores e encoraja os intermediários a cobrarem *spreads* mais elevados ao mesmo tempo que demonstram que se verifica uma relação direta entre o rigor com que é aplicada a regulação do abuso de mercado e os custos de capital. Cf. Hopt/Kumpan, *§ 107* cit., 3. É por isso que já ao abrigo da Diretiva do Abuso de Mercado, de 2003, eram apresentados como principais objetivos da regulação desta matéria a proteção da integridade dos mercados financeiros e o reforço da confiança dos investidores, que se baseia na garantia de serem colocados em pé de igualdade e protegidos contra o uso indevido de informação privilegiada por parte dos *insiders*. Neste sentido, cf. acórdão do TJUE de 23-dez.-2009 (*Spector Photo Group*), C-45/08 n.os 37, 47, 61 e 62; acórdão do TJUE de 10-mai.-2007 (*Georgakis*), C-391/04, n.º 38.

[731] Cf. Hopt/Kumpan, *§ 107* cit., 4 e considerando 24 do Regulamento (UE) 596/2014 do Parlamento Europeu e do Conselho, de 16 de abril de 2014, relativo ao abuso de mercado.

[732] Alertando para esta muito comum equiparação e para os seus riscos, cf. Sergio Seminara, Disclose *or* abstain? *La nozione di informazione privilegiata tra obblighi di comunicazione al pubblico e divieti di insider trading: riflessioni sulla determinatezza delle fattispecie sanzionatorie*, Banca Borsa Titoli di Credito, 2008, 3, 331-368 (334).

Em Portugal, foi com o Código dos Valores Mobiliários de 1999 que o dever de informar sobre factos relevantes ganhou autonomia[733]. Até então, o Código do Mercado de Valores Mobiliários apenas contemplava esse dever numa cláusula geral mais ampla, sob a epígrafe "outras informações gerais", o que era justificado pelo caráter subsidiário e complementar do dever de informação face a outros deveres[734-735]. Atualmente, a previsão consta do artigo

[733] Sobre os antecedentes do dever de divulgar informação privilegiada, cf. Filipe Matias Santos, *Divulgação* cit., 43-47.

[734] O dever constava do artigo 344.º do Cód.MVM, com a seguinte redação: "1 - As sociedades com acções cotadas devem informar imediatamente o público sobre: *a)* quaisquer factos novos ocorridos na sua actividade ou na sua situação económica e financeira, quaisquer factos anteriores da mesma natureza e não oportunamente considerados em informação já divulgada, quaisquer alterações dos factos ou situações em que essa informação se baseou, ou quaisquer insuficiências ou inexactidões de que a mesma enferme, desde que esses factos, alterações, insuficiências ou inexactidões não sejam, por qualquer outra forma, do conhecimento geral e possam influir de maneira relevante na avaliação pelos investidores da entidade emitente e das respectivas acções e, consequentemente, na cotação destas últimas; *b)* qualquer alteração dos direitos inerentes às diferentes categorias de acções".

Nos termos do n.º 2: "as entidades com obrigações ou outros valores representativos de dívida cotados em bolsa devem informar imediatamente o público sobre: *a)* quaisquer factos ou circunstâncias da natureza dos referidos na alínea *a)* do número anterior, susceptíveis de afectar de modo significativo a sua capacidade de responder aos seus compromissos, ou, tratando-se de insuficiências ou inexactidões da informação anteriormente publicada, a avaliação dessa capacidade pelos investidores; *b)* qualquer alteração dos direitos dos titulares desses valores que resulte, nomeadamente, de modificação da taxa de juro ou de outras condições dos correspondentes empréstimos; *c)* novas emissões de valores mobiliários da mesma natureza e, especialmente, as respectivas garantias; *d)* no caso de os valores cotados serem obrigações convertíveis ou obrigações e outros valores mobiliários que dêem direito à subscrição ou aquisição de acções, qualquer alteração dos direitos inerentes às diferentes categorias de acções em que esses valores são convertíveis ou a cuja subscrição ou aquisição dão direito".

Acrescenta o n.º 3: "todas as entidades com valores cotados devem publicar nos boletins de cotações das bolsas de valores anúncios referentes: a) à composição dos seus órgãos de administração e fiscalização, bem como da mesa da assembleia geral, quando exista, e respectivas alterações; b) à designação e substituição dos seus representantes para as relações com o mercado de valores mobiliários, previstos no artigo 301.º".

Também na Diretiva 2001/34/CE do Parlamento Europeu e do Conselho, de 28 de maio de 2001, relativa à admissão de valores mobiliários à cotação oficial de uma bolsa de valores e à informação a publicar sobre esses valores, o dever estava integrado na secção destinada às "informações suplementares", no artigo 68.º.

[735] Ainda hoje este caráter subsidiário pode ser notado, uma vez que o âmbito de previsão do artigo 248.º do CVM deve ser negativamente recortado, ou seja, os factos que originam outro dever de informar, que não o *ad hoc*, não se enquadram na norma. Cf. Gonçalo Castilho dos Santos, *O dever dos emitentes* cit., 280 ss. Não obstante, por vezes há que olhar à teleologia da norma para determinar a existência de um dever de informação. Pense-se naquelas situações em que um investidor adquire uma percentagem de participações sociais inferior a 5% do capital

248.º-A do CVM, que deve ser conjugada com a regulação europeia sobre a matéria[736].

da empresa. De acordo com o artigo 16.º/2, *a)*, do CVM a participação não é considerada qualificada e não existe dever de informar. Ora, sendo o artigo 16.º especial face ao artigo 248.º do CVM, não haveria, à partida, também um dever de informação *ad hoc*. Porém, há circunstâncias em que mesmo uma participação inferior à definida no Código pode ter um impacto significativo no preço dos instrumentos financeiros no mercado. É o que acontece, *v.g.*, quando a participação tenha sido adquirida por uma empresa com uma experiência negocial significativa na área de negócios da sociedade participada. Nestes casos, a especialidade da norma do artigo 16.º do CVM não deve afastar o dever de comunicar informação privilegiada por se verificarem todos os fundamentos do dever de informar: prevenção do *insider trading*, promoção da transparência, garantia da igualdade entre investidores e credibilidade da cotação (p. 282).

[736] No que respeita a outros ordenamentos jurídicos, na Alemanha, até 3 de julho de 2016, quando entrou em vigor o RAM, a regulamentação do abuso de mercado encontrava-se na WpHG, que era complementada pela MaKonV (*Marktmanipulations-Konkretisierungsverordnung*). Isso não significa, porém, que o § 15 WpHG se tenha tornado irrelevante após essa data, uma vez que todos os litígios anteriores continuam a reger-se pela disposição entretanto revogada [cf. PHILIPP SCHOLZ, *Ad-hoc--Publizität und Freiverkehr*, NZG 2016, 1286-1291 (1286)]. Por seu turno, os padrões exigidos a nível sancionatório pela DAM II foram transpostos pelo legislador tudesco por via da *Erstes Gesetz zur Novellierung von Finanzmarktvorschriften auf Grund europäischer Rechtsakte (Erstes Finanzmarktnovellierungsgesetz 1. FiMaNoG)*. A proposta de Lei de 16-out.-2015 continha variadas previsões do RAM, cuja transposição não era necessária, em virtude da sua aplicabilidade direta. A lei aprovada, de 30-jun.-2016, corrigiu esta falha e focou-se essencialmente no plano sancionatório, cuja concretização foi deixada aos Estados-Membros. Em Itália, o dever de divulgação de informação *ad hoc* resulta dos artigos 114.º ss. TUF, com alterações introduzidas em 2017 para adaptar as disposições à regulação europeia. O regime do abuso de informação privilegiada e manipulação de mercado encontra assento nos artigos 180.º a 187-*bis* TUF. No Reino Unido, segue-se um paralelo estrito entre a proibição de abuso de informação privilegiada e a obrigação de divulgar informação *ad hoc*. O conceito de informação privilegiada consta do § 118C (*inside information*) do *Financial Services and Markets Act* 2000 (FSMA), ao passo que o dever de divulgação está previsto nas *Disclosure and Transparency Rules* (DTR). Nos Estados Unidos, é a *Rule 10b-5* do *Securities Exchange Act* de 1934 que regula o *insider trading*. Existem, adicionalmente, obrigações avulsas de divulgar informação privilegiada e regimes especiais de alguns mercados financeiros. O sistema de divulgação de informação *ad hoc* baseia-se num elenco de factos presuntivamente relevantes, independentemente do seu efeito sobre a cotação dos valores mobiliários. Assim, os emitentes preenchem a *Form 8-K*, na qual se reproduz uma lista desses factos. Os *standards* europeus e americanos não são equivalentes no que diz respeito ao dever de divulgação de informação privilegiada, o que tem levado alguns autores a propor a aproximação dos dois regimes. Neste sentido, cf. STEPHEN J. CRIMMINS, *Insider trading: where is the line?*, Columbia Business Law Review, vol. 2013, n.º 2, 330-368 (358 ss.), disponível em https://cblr.columbia.edu/wp-content/uploads/2013/07/Crimmins.pdf; EDWARD GREENE/OLIVIA SCHMID, *Duty-free insider trading?*, Columbia Business Law Review, vol. 2013, n.º 2, 369-428 (373 ss.), disponível em https://ssrn.com/abstract=2251507. Para uma comparação, ainda que já não atualizada, entre o sistema português e o alemão de informação *ad hoc*, cf. CARLOS COSTA PINA, *Instituições e mercados financeiros*, Coimbra, 2005, 521-522.

A defesa do sistema de divulgação obrigatória de informação privilegiada vingou na Europa — à semelhança do que aconteceu nos Estados Unidos (ordenamento pioneiro na proibição do *insider trading*) — de maneira tão intensa que se sentiu necessidade de garantir a aplicação direta das normas europeias, através da adoção de um Regulamento, em substituição da Diretiva 2003/6/CE do Parlamento Europeu e do Conselho, de 28 de janeiro de 2003, relativa ao abuso de informação privilegiada e à manipulação de mercado (Diretiva do Abuso de Mercado — DAM)[737]. O regime encontra hoje a sua sede no Regulamento (UE) 596/2014 do Parlamento Europeu e do Conselho, de 16 de abril de 2014 (Regulamento do Abuso de Mercado — RAM), em vigor desde 2 de julho de 2016[738], que se propôs estabelecer um quadro normativo uniforme, sólido e menos complexo[739], de forma a preservar a integridade do mercado, evitar a arbitragem regulatória e assegurar a responsabilidade em caso de tentativa de manipulação de mercado[740]. A mudança de instrumento regulatório elimina divergências no tratamento jurídico das mesmas matérias, uma vez que as normas e deveres aí previstos não carecem de transposição para o ordenamento jurídico nacional, exceto quando

[737] Foram ainda revogadas várias Diretivas conexas: Diretiva 2003/124/CE da Comissão, de 22 de dezembro de 2003, que estabelecia as modalidades de aplicação da Diretiva 2003/6/CE do Parlamento Europeu e do Conselho no que diz respeito à definição e divulgação pública de informação privilegiada e à definição de manipulação de mercado; Diretiva 2003/125/CE da Comissão, de 22 de dezembro de 2003, que estabelecia as modalidades de aplicação da Diretiva 2003/6/CE do Parlamento Europeu e do Conselho no que diz respeito à apresentação imparcial de recomendações de investimento e à divulgação de conflitos de interesses; Diretiva 2004/72/CE da Comissão, de 29 de abril de 2004, relativa às modalidades de aplicação da Diretiva 2003/6/CE do Parlamento Europeu e do Conselho quanto às práticas de mercado aceites, à definição de informação privilegiada em relação aos instrumentos derivados sobre mercadorias, à elaboração de listas de iniciados, à notificação das operações efetuadas por pessoas com responsabilidades diretivas e à notificação de operações suspeitas.

[738] Sobre o enquadramento histórico do regime europeu do abuso de mercado, ainda antes do Regulamento, cf. Helena Bolina, *A revisão das diretivas do abuso de mercado: novo âmbito, o mesmo regime*, em CadMVM, *Ensaios em homenagem a Amadeu Ferreira*, n.º 51, vol. I, ag. 2015 11-28 (11-13).

[739] A 25 de junho de 2008, numa comunicação intitulada "*'Think small first' — um 'small business act' para a Europa*", a complexidade da regulação europeia é encarada pela Comissão como um dos problemas a resolver e insta a União Europeia e os Estados-Membros a conceberem regras com vista a reduzir os encargos administrativos, adaptar a legislação às necessidades dos emitentes nos mercados das pequenas e médias empresas e facilitar o acesso dos emitentes ao financiamento.

[740] Considerando 4 do RAM.

especificamente prevista[741], passando, pois, a existir uma "nova malha legislativa formal", a par de uma "rede informal de casos e decisões (nacionais e estrangeiros)"[742] que densificam os atos normativos nacionais e europeus.

A necessidade de revisão da hoje revogada Diretiva europeia resultou da combinação de vários fatores. Por um lado, a passagem dos anos sobre a Diretiva, em vigor desde 2003, foi acompanhada pelo aparecimento de modernos e inéditos instrumentos financeiros, ao mesmo tempo que emergiram novas plataformas de negociação. Por outro lado, o reduzido histórico de prevenção e imposição das normas de abuso de mercado nos Estados-Membros conduziu ao desejo e necessidade de criar uma regulamentação única[743]. Surgiu, então, o Regulamento do Abuso de Mercado, com várias inovações e alterações, como o alargamento do seu âmbito de aplicação[744], embora, quanto ao respetivo conteúdo, se mantenha a definição da generalidade dos deveres. Não pode, pois, entender-se que existe um novo regime europeu do abuso de mercado, mas antes que foi atribuído um novo âmbito ao regime então vigente[745]. A Diretiva do Abuso de Mercado ocupava-se apenas dos instrumentos financeiros admitidos à negociação num mercado regulamentado ou cuja admissão tivesse

[741] A aplicabilidade direta da nova regulação europeia é a grande inovação trazida pelo RAM, permitindo evitar normas nacionais diferentes e assegurando condições uniformes de negociação no mercado de capitais em todos os Estados-Membros. A escolha do instrumento legal não é indiferente: enquadra-se na política europeia de reforço da regulação dos mercados de capitais. Cf. DÖRTE POELZIG, *Insider-und Marktmanipulationsverbot* cit., 528.

[742] FREDERICO DA COSTA PINTO, *O novo regime europeu do abuso de mercado e a adaptação do sistema sancionatório nacional*, em *O novo direito dos valores mobiliários*, I, cit., 33-42 (41).

[743] A dificuldade de harmonização das transposições da DAM nos vários Estados-Membros era notada por PAULO SOUSA MENDES, *A adaptação do direito português à Diretiva sobre o Abuso de Mercado*, em *Estudos em Homenagem ao Professor Doutor Paulo de Pitta e Cunha*, vol. 1, Coimbra, 2010, 1129-1138 (1134 e 1135).

[744] O RAM é mais compreensivo do que a Diretiva, o que se nota, para além da abrangência do âmbito de aplicação da nova regulação, no facto de muitos aspetos que ao abrigo do anterior regime eram regulados no nível 2 do Processo *Lamfalussy* serem hoje adotados no nível 1. Pense-se no conceito de informação privilegiada e na proibição de manipulação de mercado que estavam especificados na Diretiva de implementação 2003/124/CE. Contudo, algumas questões relacionadas com a aplicação e interpretação da lei ainda são solucionadas nos atos delegados (*v.g.*, artigo 6.º/5 do RAM) e as normas técnicas de regulamentação e de execução (exigidas pelo Regulamento: artigos 4.º/4 e 5, 5.º/6, 11.º/9 e 10, 13.º/7, 16.º/5, 17.º/10, 18.º/9, 19.º/9, 20.º/3 do RAM) são redigidas pela ESMA, ao abrigo das competências que lhe são atribuídas pelos artigos 10.º a 15.º do Regulamento (UE) 1095/2010 do Parlamento Europeu e do Conselho de 24 de novembro de 2010 que criou uma Autoridade Europeia de Supervisão (Autoridade Europeia dos Valores Mobiliários e do Mercado), alterou a Decisão n.º 716/2009/CE e revogou a Decisão 2009/77/CE da Comissão.

[745] Assim, HELENA BOLINA, *A revisão* cit., 11-28.

sido solicitada e ainda dos instrumentos financeiros cujo preço dependesse ou tivesse um efeito no preço daqueles (artigo 1.º/3 da DAM). Porém, a proliferação da negociação de instrumentos financeiros em sistemas de negociação multilateral (MTF) ou, ainda, a circulação em sistemas de negociação organizada (OTF) ou no mercado de balcão (OTC) fez nascer a necessidade de expandir a abrangência das disposições sobre abuso de mercado, na linha do que escrevemos no capítulo I. O Regulamento aplica-se, assim, a qualquer operação, ordem ou conduta relativas a instrumentos financeiros, independentemente de terem lugar numa plataforma de negociação, reconhecendo-se, de forma clara, o redirecionamento de liquidez dos mercados regulamentados para as plataformas de negociação alternativas e os abusos de mercado que, de forma sistemática, nelas se fazem sentir[746]. O abuso de mercado também será ilícito em algumas plataformas de negociação multilaterais nas quais apenas tenha existido um pedido de admissão à negociação. Sendo certo que a extensão do âmbito do regime constitui uma novidade do Regulamento europeu face à revogada Diretiva, a verdade é que, mesmo antes de 2014, já os ordenamentos jurídicos de alguns países dedicavam particular atenção à negociação em sistemas multilaterais. Pense-se no caso da Itália onde, desde 2009, se considera ilícito o abuso de mercado em sistemas multilaterais, nos quais o emitente tenha pedido ou autorizado a sua admissão (artigo 180.º/1, *a), 2),* TUF), nos casos da Alemanha e do Luxemburgo onde vale o mesmo princípio, mas apenas para a disciplina do abuso de mercado e não para a vinculação ao dever de informar ou, ainda, no caso da França onde a extensão do âmbito valia apenas para a *Alternext Paris.* Noutros ordenamentos jurídicos,

[746] Na Alemanha o relatório anual de 2009 do BaFin já revelava que, apesar dos esforços encetados pela regulação europeia, é nos mercados de balcão que se verificam mais situações de abuso de mercado. Foi esta constatação que levou ao encerramento, pela *Deutsche Börse,* do *First Quotation Board,* mercado OTC, a 15 de dezembro de 2012. O *First Quotation Board* tinha aberto em 2008 e pretendia conceder às pequenas empresas uma forma rápida e eficiente a nível de custos de acederem ao mercado de capitais. Porém, o mercado não exigia, por exemplo, que as empresas publicassem um prospeto, o que fez com que atraísse um conjunto de atividades duvidosas, especialmente direcionadas para os *hot sectors,* como a nanotecnologia. Os abusos nestes mercados tornaram-se sistemáticos: Tobias Bosler, antigo funcionário de uma associação de proteção dos pequenos acionistas, por exemplo, foi condenado por 47 crimes de manipulação de mercado. Também a bolsa de valores de Frankfurt, em 2011, excluiu do mercado 126 empresas, o que ainda assim não foi suficiente para combater as situações de abuso. Cf. Lars Teigelack, *Insiderhandel und Marktmanipulation im Komissionsentwurf einer Marktmissbracuhsverordnung,* BB 2012, 1361-1365 (1362); Rhea Wessel, *In Europe, entry closes on start-ups with their foot in the door,* notícia do The New York Times, 10-mai.-2012, disponível em https://dealbook.nytimes.com/2012/05/10/in-europe-entry-closes-on-start-ups-with-their-foot-in-the-door/.

como o da Espanha e da Grécia, equiparava-se, simplesmente, os sistemas multilaterais ao mercado regulamentado[747]. Esta verificação não diminui a importância da alteração oferecida pelo novo regime europeu: para além da falta de homogeneidade da forma como os Estados-Membros estendiam a aplicação do regime a algumas plataformas multilaterais, vários países, entre os quais se incluía Portugal, apenas atribuíam relevância à negociação de valores mobiliários em mercado regulamentado. Curiosamente, apesar de na Europa a opção pela extensão do dever de informação *ad hoc* e proibição de abuso de mercado ser recente, nos Estados Unidos, tal dever de divulgar já se encontrava previsto também nos mercados OTC desde a alteração de 1964 ao *Securities Act*[748]. Por outro lado, o Regulamento passou igualmente a incluir no regime do abuso de mercado os contratos de mercadorias à vista, índices de referência (*benchmarks*) e leilões de licenças de emissão. Assim, os emitentes verdadeiramente afetados pelo Regulamento, mais do que aqueles cujos instrumentos financeiros estavam admitidos à negociação em mercados regulamentados, são os emitentes em mercados *over-the-counter*. Estes emitentes, face à carga regulatória idêntica àquela que é imposta no mercado regulamentado, terão de ponderar as vantagens e desvantagens do mercado de balcão e questionar a valia da sua entrada no mercado regulamentado. A fuga aos pesados deveres de informação que sobre eles recaem apenas será possível mediante um *delisting*

[747] Cf. Paolo Maggini, *L'estensione delle norme sugli abusi di mercato agli strumenti finanziari negoziati nei sistemi multilaterale di negoziazione*, Giurisprudenza Commerciale, 40.5, set.-out. 2013, 1014-1025 (1016 e 1023).

[748] Sobre esta alteração, em sentido crítico, especialmente considerando as exceções introduzidas ao dever de informar que beneficiavam vários emitentes, como as instituições financeiras, as seguradoras, os emitentes estrangeiros, os fundos mutualistas e outros, cf. Lee J. Sclar, *The securities acts amendments of 1964: selected provisions and legislative deficiencies*, California Law Review, vol. 53, 1965, 1494-1519, em especial 1499 ss. No que respeita ao impacto do dever de publicar informação *ad hoc* no mercado OTC, nomeadamente quanto ao decréscimo da volatilidade das ações negociadas nesse mercado no período pós-obrigação de divulgar, cf. Allen Ferrell, *Mandated disclosure and stock returns: evidence from the over-the-counter market*, Harvard Law and Economics Discussion Paper n.º 453, 2003, 1-47, disponível em https://ssrn.com/abstract=500123. Não é de estranhar que a Europa e os Estados Unidos não estejam par a par no desenvolvimento da regulação mobiliária sobre o dever de divulgação *ad hoc*. De facto, o nível ótimo de transparência dependerá, naturalmente, do contexto de cada ordenamento jurídico, desde as características do mercado até à estrutura societária. Por exemplo, estudos revelam que os investidores institucionais americanos monitorizam menos a administração das sociedades, atuando com base em menos informação. Por outro lado, as *start-ups* nos Estados Unidos apostam mais nos mercados regulamentados. Por isso, é natural que as exigências de transparência do *Securities Act* sejam mais acentuadas do que as europeias. Cf. Merritt B. Fox, *Required disclosure and corporate governance*, Law and Contemporary Problems, vol. 62, n.º 3, 1999, 113-127 (126).

total[749]. O Regulamento introduziu, neste ponto, uma verdadeira mudança de paradigma no que respeita às obrigações impostas no mercado de balcão.

Esta alteração é apenas a primeira de várias modificações que se fizeram sentir no regime do abuso de mercado. Encontram-se agora normas especiais para as sondagens de mercado, concretizou-se as práticas de manipulação de mercado, desenvolveu-se o regime das operações de dirigentes, ao mesmo tempo que se alterou o regime de diferimento da divulgação de informação privilegiada, os contornos das recomendações de investimento foram ajustados, harmonizou-se o formato de comunicação de operações suspeitas e surgiram modelos de *insider lists*[750].

No que ao nível 2 de regulamentação diz respeito, em 6 de fevereiro de 2018, a ESMA publicou o seu relatório final sobre os termos da cooperação entre as autoridades nacionais e a europeia em matéria de supervisão para investigação de abuso de mercado[751], bem como, a 26 de julho de 2016, o relatório final sobre projeto de normas técnicas de execução de sanções e medidas no Regulamento sobre Abuso de Mercado[752]. A 28 de setembro do ano precedente havia já publicado o relatório sobre o projeto de normas técnicas de regulamentação e de execução do RAM[753].

No âmbito do nível 3 têm sido publicadas variadas respostas a perguntas mais frequentes sobre a aplicação do Regulamento[754], bem como emitidas diversas orientações pela ESMA, conforme previsto nos artigos 7.º/5 e 17.º/11 do RAM: (i) orientações de 17 de janeiro de 2017 relativas ao Regulamento do

[749] Neste sentido, cf. Daniel Rubner/Lutz Pospiech, *EU-Marktmissbrauchsverordnung — das Ende des Freiverkehrs?*, NJW-Spezial 2015, 591-592, que nota que na Alemanha, até à entrada em vigor do RAM, o legislador apenas tinha estendido algumas regras do mercado de capitais ao mercado de balcão, como era o caso da proibição de *insider trading* (§ 14 WpHG) e da manipulação de mercado (§ 20a WpHG). No mesmo sentido, Lars Klöhn, *Ad-hoc-Publizität und Insiderverbot im neuen Marktmissbrauchsrecht*, AG 2016, 423-434 (426).

[750] A lista de inovações e alterações consta da *Nota sobre a entrada em vigor do Regulamento do Abuso de Mercado — Regulamento (UE) n.º 596/2014 (MAR)*, disponível na Área do Investidor da CMVM (http://www.cmvm.pt/pt/AreadoInvestidor/InformaçãoInvestidor/reg_abuso_mercado/Pages/nota_sobre_mar_junho2016.aspx).

[751] Cf. *Final Report. Draft Implementing Technical Standards on forms and procedures for cooperation under Article 24 and 25 of Regulation (EU) No 596/2014 on market abuse*, 6-fev.-2018, ESMA70-145-398.

[752] Cf. *Final report. Draft Implementing Technical Standards on sanctions and measures under Regulation (EU) No 596/2014 on market abuse*, 16-jul.-2016, ESMA/2016/1171.

[753] E da DMIF II/RMIF e do Regulamento das Centrais de Valores Mobiliários (R-CSD). Cf. *Final Report. Draft Technical Standards on the Market Abuse Regulation*, 28-set.-2015, ESMA/2015/1455.

[754] Cf. documentos disponibilizados em http://www.cmvm.pt/pt/Cooperacao/esma/Documentos ESMACESR/Pages/Documentos-ESMA.aspx?pg.

Abuso de Mercado[755]; (ii) orientações de 10 de novembro de 2016 relativas às pessoas objeto de sondagens de mercado[756]; (iii) orientações de 20 de outubro de 2016 relativas ao diferimento na divulgação de informação privilegiada[757].

O RAM surgiu acompanhado pela Diretiva 2014/57/UE do Parlamento Europeu e do Conselho, de 16 de abril de 2014, respeitante às sanções penais aplicáveis ao abuso de informação privilegiada e à manipulação de mercado (Diretiva do Abuso de Mercado II — DAM II), que definiu um conjunto de *standards* mínimos quanto às sanções relativas a casos de abuso de mercado. Visou-se, essencialmente, reforçar o cumprimento das normas relativas ao abuso de mercado através da imposição de sanções penais que demonstram uma desaprovação social mais intensa do que as sanções administrativas (considerando 6 da DAM II)[758].

Apesar das novidades introduzidas a nível europeu, tanto o Regulamento como a lei nacional — à semelhança do que acontece noutros ordenamentos — recorrem a conceitos indeterminados e convocam juízos de prognose que exigem um esforço de densificação dos contornos do dever de informar[759] que traçará as fronteiras da conduta lícita do emitente. Há que começar pelo próprio conceito de informação privilegiada que molda o dever de informação *ad hoc.*

2.2.2. Conceito de informação privilegiada

A informação privilegiada — informação idónea para influenciar o preço dos instrumentos financeiros — constitui o ponto de partida do regime, dela resultando duas imposições simétricas. Por um lado, o dever de divulgar essa informação e, por outro, o dever de abstenção a cargo dos *insiders* (*disclose and*

[755] Informação respeitante aos mercados de derivados sobre mercadorias ou aos mercados à vista relacionados para efeitos da definição de informação privilegiada relativa a derivados sobre mercadorias. ESMA/2016/1480 PT, disponível em https://www.esma.europa.eu/document/mar-guidelines-commodity-derivatives.

[756] ESMA/2016/1477 PT, disponível em https://www.esma.europa.eu/document/mar-guidelines-persons-receiving-market-soundings.

[757] ESMA/2016/1478 PT, disponível em https://www.esma.europa.eu/document/mar-guidelines-delay-in-disclosure-inside-information.

[758] Sobre a compatibilidade da Diretiva com o princípio da necessidade de intervenção penal, cf. ANABELA MIRANDA RODRIGUES, *O direito penal europeu à luz do princípio da necessidade: o caso do abuso de mercado*, Católica Law Review, vol. 1, n.º 3, nov. 2017, 11-41.

[759] Assim, GONÇALO CASTILHO DOS SANTOS, *O dever dos emitentes* cit., 275, ainda que a propósito da revogada DAM e de uma versão anterior do CVM.

abstain)[760]. Está em causa informação de caráter preciso, que não tenha sido tornada pública, que diga respeito, direta ou indiretamente, a um ou mais emitentes ou a um ou mais instrumentos financeiros e que, caso fosse tornada pública, seria adequada para influenciar de maneira sensível o preço desses instrumentos ou dos instrumentos derivados com eles relacionados[761]. O Regulamento do Abuso de Mercado restringiu o conceito de informação privilegiada que constava da proposta de Regulamento[762] (artigo 6.º/1, *e)*), a qual abrangia também aquela informação que — não se enquadrando noutra previsão — dissesse respeito a um ou mais emitentes ou instrumentos financeiros, que, em geral, não fosse divulgada ao público mas que, caso estivesse à disposição de um investidor razoável que negoceie regularmente no mercado e no instrumento financeiro ou num contrato de mercadorias à vista com ele relacionado, seria considerada pertinente para determinar as condições de execução das operações sobre esse instrumento ou contrato relacionado. Esta noção consistia numa adaptação do conceito britânico RINGA (*Relevant Information Not Generally Available*), adotado no § 118 (4) do FSMA[763], utilizado na definição de abuso de mercado, e que mereceu na doutrina alemã a denominação *Insiderinformation light*[764]. A excessiva abrangência do conceito[765]

[760] Cf. SERGIO SEMINARA, *Disclose or abstain?* cit., 333.

[761] Artigo 7.º/1, *a)*, *b)* e *c)*, do RAM, com adaptações para os instrumentos derivados sobre mercadorias e para as licenças de emissão ou produtos leiloados com base nas mesmas. De acordo com a alínea *d)*, no caso das pessoas encarregadas da execução de ordens relativas a instrumentos financeiros, a expressão "informação privilegiada" significa também a informação veiculada por clientes relativa a ordens respeitantes a instrumentos financeiros, de caráter preciso e suscetível de influenciar a decisão de investimento de um investidor médio.

[762] Proposta de Regulamento do Parlamento Europeu e do Conselho relativo ao abuso de informação privilegiada e à manipulação de mercado (abuso de mercado). Bruxelas, 20-out.-2011, COM(2011) 651 final, 2011/0295 (COD).

[763] De acordo com a norma, considera-se que existe abuso de mercado quando um comportamento "(...) a) se baseia em informação que não está geralmente disponível para quem utiliza o mercado que, se disponível para um utilizador normal do mercado, seria, ou seria provavelmente, visto por ele como relevante ao decidir os termos em que cada transação deve ser efetuada e b) é suscetível de ser considerado por um utilizador regular do mercado como falha por parte da pessoa em causa em observar o padrão de comportamento razoavelmente esperado de uma pessoa na sua posição em relação ao mercado".

[764] Cf. LUTZ KRÄMER/LARS TEIGELACK, *Marktmissbrauch im Fokus der EU-Komission. Vorschläge aus Brüssel bedeuten Revision des Wertpapierhandelsgesetzes — Trend zur direkten Rechtssetzung*, Börsen-Zeitung 9.11.2011, n.º 216, 2; KATJA LANGENBUCHER, *Zum Begriff der Insiderinformation nach dem Entwurf für eine Marktmissbrauchverordnung*, NZG 2013, 1401-1406 (1402).

[765] Há quem questione se o conceito RINGA, tal como efetivamente é aplicado em Inglaterra, é mais amplo do que o conceito europeu. Assim, LANGENBUCHER, *Zum Begriff der Insiderinformation*

— ainda que mitigada por apenas importar para efeitos da proibição de abuso de mercado e não do dever de divulgação[766] — conduzia a resultados indesejados, tendo acabado por não ser acolhido na versão definitiva do RAM[767]. A noção vigente, relevante tanto para efeitos de abuso de mercado, como para cumprimento do dever de publicidade *ad hoc*, distingue consoante a informação diga respeito a instrumentos derivados sobre mercadorias, a contratos de mercadorias à vista com eles relacionados, a licenças de emissão ou aos produtos leiloados com base nelas ou em relação a outro instrumento financeiro. Em qualquer dos casos, reconhece-se a profunda globalização e interligação dos mercados à vista e dos mercados de derivados relacionados, pelo que se prevê a possibilidade de abuso de mercado transfronteiriço e entre mercados[768]. No caso de pessoas encarregadas da execução de ordens relativas a instrumentos financeiros, também pode considerar-se privilegiada a informação veiculada por clientes, relativa a ordens pendentes que respeitem a instrumentos financeiros[769]. A norma visa, na essência, prevenir o fenómeno de *front-running*, que ocorre quando um corretor utiliza o conhecimento de ordens pendentes para negociar num instrumento por conta própria, "passando à frente" de ordens colocadas por outros investidores, em benefício próprio[770].

cit., 1402. No caso *David Massey v. Financial Services Authority* [(2011) UKUT 49 (TCC)] considerou-se que o "investidor razoável" utiliza, na sua decisão de investimento, quase toda a informação disponível. Ou seja, o Tribunal vai para lá da ideia de "utilização regular do mercado", exigida pelo RINGA e que parece assumir uma avaliação profissional da informação por parte do investidor.

[766] Cf. artigo 12.º/3 da proposta de Regulamento.

[767] A abrangência desta noção de informação privilegiada poderia suscitar problemas nomeadamente ao nível dos programas de *stock options* para administradores e trabalhadores, que potencialmente gerariam a necessidade de um escrutínio mais apurado para confirmar que não existia *insider trading*. Sobre as inovações da proposta de Regulamento, ainda que algumas depois não tenham passado para a versão final, cf. PHILIPP KOCH, *Die Ad-hoc-Publizität nach dem Komissions-entwurf einer Marktmissbrauchsverordnung*, BB 2012, 1365-1369. O Autor acentua que a proposta do RAM mantinha, na sua essência, o regime já vigente, a nível europeu, quanto ao dever de divulgação de informação *ad hoc* e também aquele que já constava do § 15 WpHG, notando e aplaudindo, mesmo assim, o facto de a proposta da Comissão avançar ainda mais no caminho da transparência.

[768] Cf. considerando 20, cujas preocupações estão refletidas nas várias alíneas do artigo 7.º/1 do RAM.

[769] Cf. artigo 7.º/1, *d)*, do RAM.

[770] Imagine-se um encarregado da execução de ordens que recebe de um cliente uma ordem de compra de 300 000 ações de uma empresa e que suspende essa ordem até comprar, por conta própria, um bloco mais reduzido do mesmo instrumento financeiro. Cf. HOPT/KUMPAN, *§ 107* cit., 59; FILIPE MATIAS SANTOS, *Divulgação* cit., 60. Por esta via também se previnem os comportamentos de *co-running*, em que um investidor — não necessariamente um corretor — imita o comportamento de um terceiro por suspeitar que ele atua com base em informação privilegiada.

Após a execução da ordem do cliente o mercado reagirá com o aumento dos preços e, nesse momento, o corretor vende, com lucro, a recente aquisição, diretamente em consequência da informação obtida por via do cliente.

Apesar das definições e concretizações legais constantes do Regulamento do Abuso de Mercado, que já levaram a que se afirmasse que se havia chegado a um fim temporário da discussão sobre o conceito de informação privilegiada[771], certo é que este ainda levanta inúmeros problemas interpretativos[772], devido à sua "insanável indeterminação"[773], e deve ser concretizado com a particular cautela imposta por uma cláusula normativa de ponderação de interesses[774].

(i) Informação com caráter preciso

Para que revista natureza privilegiada a informação tem de ser precisa, sendo esta noção intencionalmente ampla. Está em causa toda a informação que remeta para um conjunto de circunstâncias existentes ou razoavelmente previsíveis ou para acontecimentos já ocorridos ou razoavelmente previsíveis, desde que seja suficientemente específica para permitir retirar uma conclusão quanto ao eventual efeito desses conjuntos de circunstâncias ou desses acontecimentos no que respeita aos preços dos instrumentos financeiros ou dos derivados com eles relacionados[775]. A referência

[771] Assim, KATJA LANGENBUCHER, *Zum Begriff* cit., 1401, ainda a propósito da proposta de Regulamento e não da sua versão aprovada, embora a ideia seja transponível.

[772] Cf. HOPT/KUMPAN, *§ 107* cit., 42.

[773] Expressão de SERGIO SEMINARA, *Disclose or abstain?* cit., 334.

[774] GONÇALO CASTILHO DOS SANTOS, *O dever dos emitentes* cit., 279.

[775] Artigo 7.º/2, do RAM. Na Alemanha, no hoje revogado § 13 WpHG, o conceito que se apresentava já era este, embora a WpHG fizesse referência a informação "concreta" e não "precisa". Porém, como os conceitos eram considerados sinónimos, já na altura a interpretação era feita com recurso à regulação europeia. Assim, cf. HEINZ-DIETER ASSMANN, *§ 15*, em ASSMANN/SCHNEIDER, *Wertpapierhandelsgesetz Kommentar*, 6.ª ed., Köln, 2012, Rn. 6-8. Em Portugal, pelo contrário, até 2017, o artigo 248.º (quer na redação introduzida pelo Decreto-Lei n.º 486/99, de 13 de novembro, quer naquela que resultou do Decreto-Lei n.º 52/2006, de 15 de março), para definir informação privilegiada, utilizava o particípio passado na descrição dos factos considerados relevantes. Assim, deveriam ser considerados "quaisquer factos *ocorridos* na sua esfera de actividade [da sociedade emitente] que não sejam do conhecimento público e que, devido à sua incidência sobre a situação patrimonial ou financeira ou sobre o andamento normal dos seus negócios, sejam susceptíveis de influir de maneira relevante no preço das acções" (itálico nosso). O conceito à data remetia para uma ideia de definitividade do facto, devendo ficar excluída qualquer realidade futura, ainda que a sua ocorrência fosse muito provável. Cf. GONÇALO CASTILHO DOS SANTOS, *O dever dos emitentes* cit., 284-288. Atualmente, face ao regime do RAM, fica sem efeito a argumentação do Autor que entendia que os passos intermédios em decisões de múltiplo nível não deviam ser considerados

a *circunstâncias*[776], para além de *acontecimentos*[777], expande o conceito de informação, de forma a abranger juízos de prognose, avaliações, intenções ou mesmo rumores e não somente factos ou acontecimentos[778]. Hoje é unanimemente aceite que factos não são apenas eventos ou estados do mundo externo acessíveis à perceção exterior (factos externos), mas também acontecimentos da vida humana interior (factos internos)[779]. Um facto será, pois, qualquer circunstância, passada ou presente, objetivamente determinada e passível de prova[780]. A efetiva veracidade da informação é irrelevante: bastará que esta, à data da sua aquisição, fosse suscetível de ser considerada como acertada pelo público e de influenciar de forma significativa o preço dos valores mobiliários envolvidos[781].

Por isso, meros factos autocriados, como estratégias de negociação relacionadas com a compra de valores mobiliários ou de empresas, bem como

informação privilegiada, por não assumirem os contornos necessários para aferir a sua idoneidade para influenciar de maneira sensível a decisão dos investidores.

776 De acordo com o *Dicionário Houaiss da Língua Portuguesa*, Tomo V, Lisboa, 2005, uma circunstância é uma "condição de tempo, lugar ou modo que cerca ou acompanha um facto ou uma situação e que lhes é essencial à natureza".

777 Um acontecimento é "o que acontece; facto; ocorrência" (*Dicionário Houaiss* cit., tomo I).

778 Esta alteração terminológica não foi novidade na Alemanha. No ordenamento tudesco, em 2004, na sequência da *Anlegerschutzverbesserungsgesetz* (AnSVG), foi alterado o (hoje revogado) § 13 WpHG e substituiu-se o termo *factos* (*Tatsache*) por *circunstâncias* (*Umstände*) na definição de informação privilegiada, o que suscitou diversas críticas na doutrina. O que caracteriza os factos é serem acessíveis por via da perceção sensorial. A mudança do vocábulo implicou, pois, uma extensão do âmbito do dever de divulgar informação privilegiada. Cf. Eric Hilgendorf/Carsten Kusche, *Artikel 7 MAR. Insiderinformationen*, em Tido Park (org.), *Kapitalmarktstrafrecht*, 4.ª ed., Baden-Baden, 2017, Rn. 9. A norma foi revogada pela *Erste Gesetz zur Novellierung von Finanzmarktvorschriften auf Grund europäischer Rechtsakte (Erstes Finanzmarktnovellierungsgesetz)* de 30-jun.-2016.

779 Pode, por isso, acontecer que, em alguns contextos, uma opinião sobre circunstâncias ou eventos constitua informação privilegiada. A opinião é um facto interno ou externo (consoante o caso) acessível à perceção, que apenas deverá ser considerada informação específica se tiver relevância no preço dos valores mobiliários no mercado e se não for do conhecimento público. Na maioria das vezes, o caráter privilegiado de uma opinião depende de quem a emitiu. Assim se o presidente do conselho de administração de uma empresa afirmar que considera que os ganhos do trimestre foram bons, esta afirmação será qualificada como informação privilegiada. Cf. Assmann, *§ 13 WpHG* cit., Rn. 13.

780 Assmann, *§ 13 WpHG* cit., Rn. 12. É irrelevante, para efeitos de obrigação de informar, se o informante ou o seu recipiente conseguem verificar a informação num caso concreto. Apenas importa a verificabilidade da informação, i.e., a suscetibilidade da respetiva prova.

781 Cf. Hilgendorf/Kusche, *Artikel 7* cit., 42 ss. Apesar de a transmissão de factos falsos tecnicamente não dever ser considerada informação, mas sim desinformação, o certo é que tem ainda elasticidade para enquadrar estas situações.

quaisquer intenções, planos ou convicções, podem constituir informação privilegiada quando a sua ocorrência seja razoavelmente previsível[782]. Devem ser considerados factos internos, que, por serem verificáveis, são informativos. Esta visão traduz já um avanço em relação à posição do Tribunal Federal alemão[783], o qual, a propósito de uma situação de *scalping*[784], concluiu que a informação, para ser privilegiada, teria de ser detida por uma "parte terceira". Quem alcançasse uma vantagem especial com base em conhecimentos especiais *próprios* não estaria portanto a manipular o mercado, entendimento que, para além de não convencer a nível lógico, é "teleologicamente questionável"[785] face aos objetivos da regulamentação do abuso de mercado. Porém, o TJUE confirmou, em parte, esta posição no caso *Georgakis*[786],

[782] Cf. Hopt/Kumpan, *§ 107* cit., 44.

[783] BGH 6-nov.-2003 [1StR 24/03, NJW 2004, 302 (303)].

[784] Situação em que alguém adquire instrumentos financeiros, recomenda a terceiro a aquisição desses mesmos instrumentos e aliena de seguida os valores adquiridos, obtendo o lucro correspondente a uma subida das cotações resultante da sua própria recomendação. É pressuposto do *scalping* que o agente tenha capacidade de influenciar as cotações, pela função que ocupa no mercado ou pela sua reputação (tipicamente, os *scalpers* são analistas financeiros, jornalistas económicos ou pessoas com funções semelhantes). Cf., *v.g.*, Miguel Brito Bastos, Scalping: *abuso de informação privilegiada ou manipulação de mercado?*, C&R, ano III, n.º 9, jan.-mar. 2012, 293-324 (294). Regra geral, detêm os instrumentos financeiros durante um curto período de tempo, lucrando com os movimentos curtos, rápidos e sequenciais que acontecem durante um dia de negociação. O *leading case* na matéria ocorreu nos Estados Unidos [*SEC v. Capital Gains Research Bureau Inc.*, 375 U.S. 180 (1963)]: Alex Campbell assinava uma coluna financeira no *Los Angeles Herald — Examiner*. Em 1969, o jornalista entrevistou os administradores da sociedade ASI, que não lhe forneceram informação completa e precisa sobre a saúde financeira da sociedade. Dois dias antes de publicar a informação recolhida, e sem que tenha realizado uma investigação independente, Campbell adquiriu 5000 ações da ASI, por $ 2 cada. No dia da publicação da coluna, as ações valorizaram-se em $ 3 cada, uma vez que a sociedade foi apresentada de forma mais favorável do que a sua real situação.

[785] A expressão é de Assmann, *§ 13 WpHG* cit., 10. Na doutrina portuguesa, Miguel Brito Bastos, *Scalping* cit., 302 ss., antes da entrada em vigor do RAM, aderia a esta visão, argumentando que "informação" implica "conhecimento de factos" e, por isso, a exterioridade dos factos em relação ao agente seria essencial para estes serem considerados informação. Assim, o conhecimento da própria intenção de futuramente emitir uma recomendação de aquisição de determinada classe de valores mobiliários ou, mais genericamente, de formular qualquer juízo de valor sobre os mesmos suscetível de afetar positivamente a sua cotação, deveria ser excluído da noção de informação (p. 306).

[786] Acórdão do TJUE de 10-mai.-2007, *Georgakis*, C-391/04. Em agosto de 1966, Georgakis e membros da sua família eram os principais acionistas da Parnassos, a qual, por sua vez, juntamente com a filial Syrios AVEE, detinha a maioria das ações da Atemke. Georgakis e a maioria dos seus filhos ocupavam cargos de direção das sociedades Parnassos e Atemke. Para apoiar a cotação dos títulos da Parnassos, numa época de depreciação do seu valor, procederam a diversas operações de venda, aquisição e reaquisição de ações da Parnassos e da Atemke entre si, a sociedade Parnassos e um investidor institucional estrangeiro. A Comissão do Mercado de Capitais considerou que

na medida em que parece entender, embora sem justificação aprofundada, que um facto autocriado pode, ainda, ser informação privilegiada mas que os *insiders* que a detenham não ficam proibidos de realizar projetos com base nela[787]. Atualmente, o RAM esclarece que os factos autocriados constituem informação privilegiada[788], mas considera, também, que a simples utilização do conhecimento próprio da decisão de aquisição ou alienação de instrumentos financeiros não consubstancia, pelo menos isoladamente, utilização

Georgakis tinha realizado operações sobre valores mobiliários servindo-se de informação privilegiada e aplicou-lhe uma multa de 70 000 000 GRD, decisão que foi confirmada pelo Tribunal Administrativo de Primeira Instância de Livadia. Concluiu-se que as operações se destinavam, no fundo, a aumentar artificialmente o volume de trocas de ações da Parnassos, com o objetivo de criar uma imagem enganadora do respetivo valor. A questão de saber se, neste caso, havia abuso de informação privilegiada foi remetida, a título prejudicial, para o TJUE. No fundo, perguntava-se se proceder a operações bolsistas entre acionistas e membros do conselho de administração, com o objetivo de apoiar artificialmente a cotação, implica a detenção de informação privilegiada que esteja a ser explorada com conhecimento de causa. Considerou o Tribunal europeu que uma mera sugestão dos consultores financeiros no sentido de serem trocados valores mobiliários não cabia no conceito de informação privilegiada, uma vez que não se tratava da exploração de informação obtida devido à qualidade de membro dos órgãos de administração ou outras funções exercidas. Assim, quando os membros do grupo Georgakis deram seguimento às sugestões dos seus consultores financeiros não foram incitados a realizar as operações com base em informação privilegiada.

787 O TJUE entendeu que os membros do grupo Georgakis, por terem sido os autores da informação privilegiada e a terem obtido na sua qualidade de principais acionistas e membros do conselho de administração da sociedade Parnassos, não a poderiam explorar com conhecimento de causa. Porém, considerou o Tribunal que, apesar de a confiança do mercado poder ficar prejudicada pelas operações, na medida em que nenhum dos investidores tirou proveito da informação, em prejuízo de outro que a desconhecesse, não havia exploração de informação privilegiada. Mais, defender posição contrária — argumentou o Advogado-Geral Paolo Mengozzi — equivaleria a impedir os investidores, os emitentes ou os seus órgãos de executarem as suas decisões de proceder às transações em causa, fazendo recair sobre esses operadores uma suspeição de princípio de que estariam a utilizar uma informação privilegiada quando procedem às referidas transações. Cf. Conclusões do Advogado-Geral Paolo Mengozzi, apresentadas em 19-out.-2006, disponíveis em www.curia.eu.

788 O considerando 54 do RAM parece contrariar o entendimento descrito em texto, ao referir que "a informação relativa aos planos e estratégias de negociação próprios do participante no mercado não deverá ser considerada informação privilegiada, embora a informação relativa aos planos e estratégias de negociação de terceiros possa constituir informação privilegiada". No entanto, há que notar a incompatibilidade entre este considerando e o considerando 31, o que revela que este último não terá sido eliminado na última versão do Regulamento. Por outro lado, e mais importante, trata-se de um mero considerando, que não prevalece sobre a norma do artigo 9.º/5 do RAM. Notando esta incongruência, cf. Hopt/Kumpan, *§ 107* cit., Rn. 94. Assim, à partida, alguém que saiba que, em breve, vai adquirir um elevado volume de ações ou lançar uma OPA que influenciará de forma significativa o preço dos instrumentos financeiros, pode, antes dessa grande transação, comprar ações ou outros valores em menor escala e beneficiar da posterior valorização. Outra solução limitaria de forma inadmissível a atividade dos grandes investidores.

de informação privilegiada, o que parece abranger os casos de *scalping*[789]. Ou seja, apesar de o conhecimento pelo *scalper* da sua intenção de recomendar a aquisição de valores mobiliários da classe dos adquiridos ser uma "circunstância" cujo conhecimento pode ser qualificado como informação privilegiada, a aquisição desses instrumentos, por si, não traduz utilização de informação privilegiada, desde que o *scalper* atue de forma idónea e competente, cumprindo os padrões esperados na sua profissão e impostos pelo Regulamento do Abuso de Mercado[790].

As circunstâncias ou acontecimentos futuros configuram informação privilegiada quando a sua ocorrência seja razoavelmente expectável. Face à dificuldade de determinar os casos em que um evento futuro é suficientemente provável, e na impossibilidade de proceder a uma quantificação objetiva, há que densificar a noção com recurso à teleologia do regime[791]. Tendo em atenção que a confiança e a integridade do mercado só são prejudicadas se não for difundida informação que seria tomada em conta por um investidor razoável na sua decisão de investimento, apenas essa deve ser tida como privilegiada. No entanto, nalguns casos, as circunstâncias que podem integrar tal qualificação correspondem a processos que se prolongam no tempo. Assim acontece nos procedimentos de tomada de decisões que envolvem o acordo de várias partes, em que são necessárias licenças ou outros procedimentos alternativos, *v.g.*, autorização de comercialização de um novo medicamento ou negociações para aquisição de empresas. Nestas situações, não só as circunstâncias ou acontecimentos futuros podem constituir informação precisa, mas também os passos intermédios do processo[792] se, por si só, cumprirem

[789] Cf. artigo 9.º/5 do RAM.

[790] Cf. considerando 31 do RAM. Note-se que isto não significa que as pessoas — singulares ou coletivas — que utilizam a informação própria para lucrar com a venda ou alienação de instrumentos financeiros sejam protegidas devido à sua atividade profissional, o que acontece se cumprirem a diligência que lhes era exigível. Atualmente, algumas situações específicas de *scalping* encontram-se incluídas na definição de manipulação de mercado que consta do artigo 12.º/1 do RAM, ultrapassando-se, pelo menos nestes casos, o anterior problema de falta de previsão no ordenamento português.

[791] Assim, Eric Hilgendorf/Carsten Kusche, *Artikel 7 MAR* cit., 25. Na Alemanha, de acordo com as Orientações do BaFin para os emitentes, considerava-se que deviam "existir indícios concretos que tornam a ocorrência do facto parecer previsível" e que devem "roçar a certeza", ainda que esta não seja exigida. Embora as orientações não contenham uma definição do nível mínimo de probabilidade exigido para que a informação sobre um evento futuro seja considerada precisa, permite concluir que a mera constatação de que "é mais provável a ocorrência do acontecimento do que a sua não ocorrência" não será suficiente.

[792] Artigo 7.º/2, 2.ª frase, do RAM.

os requisitos da informação privilegiada[793]: está em causa o princípio da avaliação individual das etapas de processos decisórios de múltiplo nível[794]. Será indiferente, nesta avaliação, que o resultado final, *v.g.* a concretização de uma OPA ou a destituição de um administrador, efetivamente tenha chegado a verificar-se, uma vez que a probabilidade de ocorrência é apreciada com referência ao momento em que o *insider* obtém a informação relevante[795]. A qualificação como informação privilegiada basta-se com uma perspetiva realista de o resultado final vir a produzir-se, com base numa análise global dos elementos disponíveis, sem que seja necessário ter em conta o alcance do efeito dessas circunstâncias nos preços dos instrumentos financeiros (considerando 16 do RAM). O Regulamento do Abuso de Mercado rejeita, pois, de forma clara, o teste da probabilidade-magnitude, segundo o qual a materialidade da informação depende da ponderação da probabilidade de um evento vir a acontecer e da magnitude potencial desse evento à luz da totalidade da atividade da empresa. Este teste foi adotado pela primeira vez nos Estados Unidos pelo Supreme Court no caso *TSC Industries Inc. v. Northway, Inc.*[796], a propósito de informação deficiente num *proxy statement*[797], e recuperado uma década depois

[793] Artigo 7.º/3 do RAM. Fica, pois, definitivamente ultrapassada a ideia de que apenas devia ser divulgado o último facto de um processo negocial. Nesse sentido, cf. Osório de Castro, *A informação* cit., 345. No entanto, ainda antes do RAM, Filipe Matias Santos, *O carácter preciso da informação privilegiada (anotação ao acórdão do Tribunal da Relação de Lisboa, 3.ª secção, processo n.º 3945/06.OTFLSB)*, CadMVM, n.º 32, abr. 2009, 148-170 e *Divulgação* cit., 65-73, advogava a avaliação individual de cada passo do processo continuado.

[794] Cf. Hilgendorf/Kusche, *Artikel 7 MAR* cit., 40.

[795] Cf. Assmann, *§ 13 WpHG* cit., Rn. 25b, 26.

[796] 426 U.S. 438 (1976). Embora esta decisão constitua o *landmark* judicial no que toca ao teste probabilidade-magnitude, este já tinha sido anteriormente utilizado por tribunais americanos para avaliar se uma informação deveria ser considerada *price sensitive*. Assim, cf. *SEC v. Texas Gulf Sulphur Co.* [US Court of Appeals (second circuit) 13-ag.-1968, n.º 296, 30882, 401 F. 2d, 833 (849)].

[797] A National Industries Inc. adquiriu 34% das ações com direito de voto da TSC Industries com o intuito de se fundir com esta. Em assembleia geral foi apresentada uma proposta conjunta tendente à fusão por incorporação da TSC na National Industries, que foi aprovada pelos acionistas. Posteriormente, estes invocaram que a proposta apresentada era incompleta e materialmente enganadora, pelo que não tinha permitido uma tomada de decisão informada. De acordo com o Tribunal, um "facto omitido é material se existir uma *probabilidade substancial de que um investidor razoável a considerasse no seu processo de tomada de decisões de investimento*" (cf. *TSC Industries Inc. v. Northway Inc.* cit., 449). Ou seja, a informação tem de ser encarada por um investidor razoável como tendo significativamente alterado o contexto existente de informação disponível. Assim, Ralph C. Ferrara/Donna M. Nagy/Herbert Thomas/Thomas J. Kim, *Ferrara on insider trading and the wall*, New York, 2006, § 2.01 [03], 2-11.

em reação a um problema de manipulação de mercado[798]. Definitivamente abandonado este teste, a descrição da relevância de informação respeitante a processos continuados é apresentada no Regulamento em conformidade com a jurisprudência europeia sobre a matéria, em especial no caso *Geltl v. Daimler* de 2012[799], formulada em resposta a duas questões suscitadas pelo BGH alemão. Em termos sumários[800], tratava-se de um pedido de indemnização por danos sofridos por investidores que venderam as suas ações antes da

[798] Cf. *Basic Inc. v. Levinson,* 485 U.S. 224 (1988). O Tribunal formulou o teste da seguinte forma: a materialidade da informação "dependerá, em qualquer momento, de um equilíbrio entre a probabilidade indicada de que o evento ocorrerá e a magnitude prevista do evento tendo em conta a totalidade da atividade da empresa". Casos mais recentes nos quais o teste ainda é aplicado citam o caso *Basic Inc.* Assim, cf., *v.g., United States v. Mooney,* 401 F.3d 940, 944 (8th Circ. 2005) ou *United States v. Mylett,* 97 F.3d 663, 667 (2d Circ. 1996). Note-se que embora o Tribunal Superior dos Estados Unidos tenha deixado em aberto a possibilidade de aplicação do teste probabilidade-magnitude a outros tipos de informação, em particular, à informação contingente ou especulativa, como projeções de ganhos, os tribunais inferiores optaram pela aplicação a esses casos. Cf. Ferrara/Nagy/Thomas/Kim, *Ferrara on insider trading* cit., § 2.01[4], 2-12 e 2-13; Paul P. Brountas, *Rule 10b-5 and voluntary corporate disclosures to securities analysts,* Columbia Law Review, vol. 92, n.º 6, out. 1992, 1517-1549 (1523 e 1524).

[799] TJUE 28-jun.-2012, *Markus Geltl v. Daimler-Chrysler,* C-19/11.

[800] De forma mais pormenorizada: após a assembleia geral da Daimler AG, de 6 de abril de 2005, o Professor Schrempp, presidente do conselho de administração, pensou renunciar ao seu mandato, que terminava em 2008, tenho comunicado esta intenção à sua mulher, chefe do seu gabinete. Em 17 de maio de 2005, partilhou a mesma intenção com o presidente do conselho de supervisão da Daimler AG, o que foi revelado, a 1 de julho de 2005, a dois outros membros deste órgão e, o mais tardar a 15 de junho do mesmo ano, ao Dr. Zetsche, que veio a ser designado como sucessor. A 6 de julho de 2005 foi informado o chefe da secretaria. A 10 de julho de 2005 foi preparada uma comunicação à imprensa, uma declaração externa e uma circular dirigida aos colaboradores da sociedade. Até ao final de julho existiu uma reunião do conselho de supervisão, em que se acordou propor a renúncia antecipada do Professor Schrempp, e outra reunião do comité executivo do conselho de supervisão, na qual o assunto não foi mencionado. Em 28 de julho de 2005, pelas 9h50m, o conselho de supervisão decidiu que Schrempp deixaria o seu cargo com efeitos no final do ano e, às 10h02m, a Daimler AG remeteu uma comunicação *ad hoc* com esse conteúdo às direções das bolsas e do BaFin. A comunicação foi publicada trinta minutos depois na base de dados de comunicação da sociedade alemã de publicações *ad hoc* (*Deutsche Gesellschaft für Ad-hoc-Publizität*). Com a comunicação, o valor das ações da Daimler AG, que estavam a ser negociadas a 36,50 EUR, subiu para 40,40 EUR, chegando a atingir 42,95 EUR. Investidores que tinham vendido as suas ações antes da comunicação da renúncia do presidente do conselho de administração intentaram uma ação para serem indemnizados pelos danos sofridos, argumentando que a comunicação tinha sido efetuada tardiamente. Em fevereiro de 2007, por decisão no processo-piloto, o OLG Stuttgart considerou que a informação privilegiada apenas surgiu no momento da decisão do conselho de supervisão (28-jul.-2005, às 9h50m), pelo que a mesma teria sido atempadamente divulgada. O BGH, em fevereiro de 2008, anulou a decisão e remeteu o processo para o OLG Stuttgart, que, em abril de 2009, voltou a indeferir os pedidos de indemnização.

comunicação *ad hoc* da renúncia por mútuo acordo do presidente do conselho de administração da Daimler AG (Professor Schrempp), que provocou uma subida no valor das ações que atingiu 6,50 EUR. Argumentaram os investidores que a informação tinha sido tardiamente divulgada, mais precisamente, três meses depois de a decisão ter sido inicialmente tomada. Após decisão do OLG Stuttgart[801] no processo-piloto que indeferiu o pedido de indemnização, o BGH anulou a decisão e remeteu o processo para o mesmo Tribunal[802], que, em abril de 2009, voltou a indeferir o pedido[803], tendo entendido que os acontecimentos intermédios que conduziram à cessação de funções por mútuo acordo do Professor Schrempp e à sua substituição pelo Dr. Zetsche não traduziam informação privilegiada, uma vez que a retirada do presidente do conselho de administração, embora fosse suscetível de influenciar o valor das ações, não se configurava como suficientemente provável aos olhos de um investidor razoável. O BGH, em sede de recurso, foi de novo chamado a decidir[804], tendo, desta feita, identificado um problema de interpretação das diretivas europeias sobre abuso de mercado e submetido ao TJUE um pedido de decisão prejudicial sobre a matéria. Por um lado, pedia que o Tribunal se pronunciasse sobre se num procedimento continuado os passos intermédios também podiam constituir informação precisa, problema que veio a ser expressamente resolvido em sentido afirmativo no artigo 7.º/2, 2.ª parte, do RAM[805]. Por outro lado, questionava se a probabilidade razoável da verificação

[801] Cf. OLG Stuttgart, 15-fev.-2007 (901 Kap 1/06, AG 2007, 250). O Tribunal deixou, intencionalmente, em aberto a questão de saber qual a probabilidade de ocorrência de um evento que deve ser exigida. No fundo, discutia-se se deveria exigir-se uma elevada probabilidade ou um limiar mais reduzido, que poderia ser uma probabilidade "suficiente"/"predominante" (überwiegende), ou seja, superior a 50%. Como no caso nem se atingia o limiar inferior de probabilidade suficiente a questão ficou por resolver.

[802] Cf. BGH 25-fev.-2008 (*Daimler I*), II ZB 9/07, AG 2008, 380.

[803] OLG Stuttgart, 22-abr.-2009 (20 Kap 1/08, NZG 2009, 626).

[804] O caso acabou por ser decidido por sentença do BGH de 23-abr.-2013 (*Daimler II*), II ZB 7/09, NJW 2013.

[805] O artigo 7.º/2, 2.ª parte, do RAM esclarece que os passos intermédios de um processo continuado podem — verificados outros requisitos — ser considerados informação privilegiada. O esclarecimento efetuado pela norma vai no sentido da decisão do TJUE no caso *Daimler*, que considerou que, uma vez que os conceitos de "conjunto de circunstâncias" e "acontecimentos" não se encontravam definidos nas diretivas, se deveria recorrer ao significado que lhes é comummente atribuído, o que incluiria os passos intermédios. Interpretação diferente frustraria os objetivos da regulação, na medida em que se a informação tiver caráter preciso e estiverem presentes os restantes elementos constitutivos de uma informação privilegiada não existem motivos para excluir estes casos da previsão das diretivas. Assim, Acórdão do TJUE, C-19/11 cit., n.ᵒˢ 27-40.

dos factos futuros implicava uma probabilidade preponderante ou elevada ou se, pelo contrário, o grau de probabilidade deveria depender da amplitude dos efeitos sobre o emitente, bastando, portanto, quando exista uma elevada possibilidade de influência nos preços dos instrumentos financeiros, que a ocorrência da circunstância ou evento futuro constitua uma hipótese em aberto, desde que não seja improvável. No que respeita a esta questão, que ainda hoje apresenta vital importância, as diversas versões linguísticas da DAM, apesar das diferenças terminológicas, denotavam, com exceção da versão alemã, que os factos futuros, para serem informação privilegiada, deviam ser *razoavelmente* previsíveis[806]. Instituiu-se, portanto, um critério fundado nas regras da experiência comum, que faz apelo a uma apreciação casuística e global dos elementos disponíveis. Não seria necessário que a probabilidade fosse elevada, mas não deve ser considerada privilegiada informação relativa a circunstâncias não verosímeis. Só assim se garante o reforço da confiança dos investidores nos mercados financeiros. Quanto a saber se a probabilidade de ocorrência de circunstâncias pode variar consoante o alcance dos seus efeitos no preço dos instrumentos financeiros, o TJUE respondeu negativamente. O Tribunal europeu entendeu que, além de essa interpretação não resultar do texto da norma, admitir uma relação inversamente proporcional entre os efeitos de um acontecimento futuro e a probabilidade da sua ocorrência implicaria reconhecer uma interligação do caráter preciso da informação com a idoneidade desta para influenciar, de modo sensível, o preço dos instrumentos financeiros. Ora, estes dois critérios devem verificar-se de forma cumulativa, sem se confundirem, não sendo, inclusivamente, de excluir que um acontecimento pouco provável influencie de modo sensível o preço no mercado, porque as suas consequências são particularmente importantes. Isto não significa, no entanto, que esse facto vá com razoável probabilidade ocorrer[807]. Como bem se vê, embora o Tribunal europeu não tenha objetivado a expressão *razoavelmente provável*, acaba por balizá-la e rejeitar o já referido *magnitude-probability test*[808].

[806] Apesar de a versão alemã não utilizar o advérbio, é jurisprudência assente que a formulação de uma das versões linguísticas de uma norma do direito da União Europeia não pode servir como base única de interpretação da disposição. Pelo contrário, a interpretação de todas as versões deve ser uniforme e nenhuma pode prevalecer sobre as outras. Assim, *Daimler-Chrysler* cit., n.º 43; TJUE 28-jul.-2011, *Pacific World e FFD International*, C-215/10, n.º 48, para além da jurisprudência adiante referida.

[807] A argumentação encontra-se no acórdão *Daimler-Chrysler* cit., n.os 41-56.

[808] Assinalando que a decisão do TJUE implica uma rejeição do teste americano, cf. HILGENDORF/KUSCHE, *Artikel 7 MAR* cit., 27.

Os *ratings* ou relatórios de analistas e auditores podem também ser qualificados como informação privilegiada: mesmo que não se baseiem em factos, são considerados *circunstâncias*[809]. Estas análises são tipicamente tratadas pelo mercado como factos, visto constituirem avaliações levadas a cabo de forma controlada e tendencialmente objetiva[810]. Mas se forem elaboradas com base em informação do conhecimento público — o que não acontece no caso das agências de *rating* —, ainda que influenciem de forma sensível o preço dos instrumentos financeiros, não ficam abrangidas pelo conceito[811]. De igual modo, as opiniões não são, tradicionalmente, tidas como informação precisa por não serem verificáveis, a menos que assentem num conjunto de factos conhecido do declaratário[812]. Assim acontece também com os conselhos ou recomendações que, regra geral, por não disporem de um suporte verificável, não se configuram como informação privilegiada a menos que a sua base factual seja privilegiada. Já o facto de alguém ter aconselhado outrem é um facto preciso, externo e verificável, que pode constituir informação privilegiada[813]. Toda a informação relativa a acontecimentos que possam conduzir a uma alteração substancial da estrutura da sociedade, como uma doença grave de um administrador ou a existência de justa causa para a sua destituição, traduzem informação privilegiada[814]. Pelo contrário, se a mesma respeitar a planos de negócio a longo prazo, que constituem meras metas para a administração, apresentadas de forma mais otimista ou mais cautelosa, não permite retirar conclusões com o necessário grau de concretização quanto ao real desenvolvimento da empresa, não merecendo, por isso, tal qualificação[815].

[809] Cf. Hopt/Kumpan, *§ 107* cit., 44; Hilgendorf/Kusche, *Artikel 7* cit., 47.

[810] Cf. Assmann, *§ 13* cit., 16. Aliás, no direito alemão, a letra do § 13 (2) WpHG parecia assumir que algumas avaliações deveriam ser consideradas informação privilegiada, dado que apenas excluía do seu âmbito aquelas que, mesmo podendo influenciar os preços no mercado, são baseadas em factos públicos.

[811] Hilgendorf/Kusche, *Artikel 7* cit., Rn. 79.

[812] Cf. Assmann, *§ 13* cit., 13; Hilgendorf/Kusche, *Artikel 7 MAR* cit., 30. Ou ainda se corresponderem à aplicação de parâmetros valorativos cuja expressão é ainda implicitamente imputável ao sujeito e permitam ao declaratário inferir afirmações factuais. Neste sentido, Miguel Brito Bastos, *Scalping* cit., 303.

[813] Cf. Hilgendorf/Kusche, *Artikel 7* cit., 49; Asmann, *§ 13* cit., 14. Assim, a informação em que se revele que um determinado analista recomendou a aquisição de ações de uma empresa pode ser informação privilegiada.

[814] Cf. Hopt/Kumpan, *§ 107* cit., 44.

[815] Cf. Assmann, *§ 13 WpHG* cit., 20-21.

Da mesma forma, não se inserem no conceito de informação privilegiada as previsões e outras informações que sejam claramente incertas (*v.g.*, possibilidade de o conselho de administração de uma empresa deliberar sobre o assunto X) ou que não seriam tomadas como sérias por um investidor razoável (*v.g.*, a afirmação de que uma sociedade com o desempenho financeiro esperado está, afinal, insolvente). Ou seja, só é considerada informação privilegiada a que respeita a previsões que traduzam uma probabilidade razoável da sua verificação.

Saber se a informação sobre questões jurídicas também deve qualificar-se como privilegiada não encontra resposta no RAM. A omissão poderia indicar o seu afastamento do conceito, mas, considerando que uma afirmação sobre a forma como a lei deve ser aplicada a determinados factos objetivos pode ser testada, provada ou refutada, justifica-se a qualificação[816].

No fundo, para que a informação se configure como precisa basta que seja suficientemente concreta ou específica para que possa funcionar como base para avaliar se os factos ou circunstâncias que lhe subjazem terão qualquer efeito sobre os preços dos instrumentos financeiros a que se referem. O caráter preciso da informação deve apenas ser utilizado com o propósito de excluir informação geral e vaga, face à qual não fosse de esperar qualquer reação dos preços no mercado[817]. Não se exige que a informação permita determinar o sentido de variação do preço dos instrumentos financeiros em causa. Necessário é apenas que ofereça o nível de confiança necessário para que um investidor razoável a possa ponderar na sua decisão de investimento[818], o que significa que tem de existir uma probabilidade predominante de que a mesma venha a verificar-se[819].

[816] No fundo, tudo dependerá da forma como a informação seja percecionada pelo mercado. Se for assumida como informação verificável sobre uma lei estrangeira ou nacional ou acerca da visão dos tribunais quanto a um problema específico e se forem cumpridos os demais requisitos, poderá ser privilegiada. Cf. Hilgendorf/Kusche, *Artikel 7* cit., 44-46.

[817] Cf. acórdão do TJUE de 11-mar.-2015, C-628/13, n.º 31 e 34 (*Jean-Bernard Lafonta v. Autorité des marchés financiers*). Desta decisão não pode ser inferida qualquer recusa pelo Tribunal de Justiça de que, para ser privilegiada, a informação deve conferir ao seu titular uma vantagem sobre os restantes participantes no mercado. Assim, Lars Klöhn, *Ad-hoc-Publizität und Insiderverbot nach "Lafonta"*, NZG 2015, 809-817 (815 e 816).

[818] Cf. Hopt/Kumpan, *§ 107* cit., 43.

[819] Cf. Miguel Stokes, Prohibition of insider dealing in the EU: an effective tool to protect the integrity of the financial markets, CadMVM n.º 56, abr. 2017, 8-30 (11).

(ii) Informação com relação direta ou indireta com os emitentes ou com os instrumentos financeiros

A informação é privilegiada quando diz respeito a um ou mais emitentes ou a um ou mais instrumentos financeiros, ou seja, quando é específica[820]. Entre a informação diretamente relacionada com o emitente, conta-se a referente aos negócios da empresa e ao seu pessoal ou estrutura, como é o caso da notícia do aumento ou redução do capital social, de um acordo de transferência de lucros ou da celebração de contratos particularmente relevantes. Embora apenas esta informação vincule o emitente ao dever de informação *ad hoc*, o conceito não se esgota nela, abrange, antes, todas as circunstâncias que só indiretamente se relacionem com o emitente ou com os instrumentos financeiros[821], como informações ou dados de mercado, *v.g.*, decisões dos bancos centrais sobre taxas de juros ou dados estatísticos sobre um setor de atividade[822]. A informação privilegiada pode, ainda, dizer respeit aos instrumentos financeiros, sendo relevante, entre outras, a notícia da entrada ou saída de um índice bolsista, da alteração da taxa de juros ou da política de dividendos[823] ou, em geral, das condições de emissão do instrumento e seu conteúdo[824]. A génese do facto informativo não tem de ser a atividade do emitente[825].

[820] Cf. José de Faria Costa/Maria Elisabete Ramos, *O crime de abuso de informação privilegiada* (insider trading). *A informação enquanto problema jurídico-penal,* Coimbra, 2006, 50 e 51.

[821] Antes da entrada em vigor do RAM, questionava-se, na Alemanha, se a informação, para ser privilegiada, podia dizer respeito ao emitente apenas de forma indireta. Embora o § 13 WpHG não fosse conclusivo, por apenas referir a necessidade de a informação estar relacionada com o emitente (não esclarecendo se a relação deveria ser direta ou indireta), era pacificamente aceite que toda a informação deveria ser considerada privilegiada. Entendia-se, na altura, que, se se quisesse limitar a informação sensível àquela que assumisse uma relação direta com o emitente, tal deveria resultar da lei. Não sendo o caso, também estaria abrangida a informação com relação indireta com o emitente. Assim, Assmann, *§ 13 WpHG* cit., Rn. 43.

[822] Note-se que a informação deve dizer respeito a circunstâncias relacionadas com o negócio da empresa ou com a sociedade em especial, não estando, portanto, abrangida informação relacionada com circunstâncias da indústria em geral. Cf. Hilgendorf/Kusche, *Artikel 7* cit., 61; Valerio Sangiovanni, *L'attuazione della direttiva sull'*insider trading *nel diritto tedesco,* Banca Borsa Titoli di Credito, 2000, 4, 540-569 (553).

[823] Exemplos em Hopt/Kumpan, *§ 107* cit., 51.

[824] Cf. Filipe Matias Santos, *Divulgação* cit., 59.

[825] Cf. Gonçalo Castilho dos Santos, *O dever dos emitentes* cit., 291, dando como exemplo a relevância do anúncio de nacionalização de uma fonte de abastecimento em país estrangeiro de uma empresa do setor siderúrgico. Numa altura em que ainda não estava prevista a possibilidade de a informação dizer respeito ao emitente apenas de forma indireta, o Autor já considerava que uma interpretação baseada na origem do facto, sem atender às suas consequências, se prestava a "contorcionismos interpretativos". Defendia, então, que, caso a nacionalização provocasse prejuízos avultados ao emitente ou abalasse

(iii) Informação não pública

Para que a informação seja considerada pública impõe-se que possa ser conhecida por um número indefinido de pessoas e corretamente avaliada. O conceito de público, para efeitos do Regulamento, é particularmente amplo, como resulta claro da combinação do considerando 73 que, embora a outro propósito, alude ao *público em geral*, com o artigo 17.º/1 que remete para a Diretiva da Transparência onde, por seu turno, se encontra a referência a um dever de publicação de forma "não discriminatória"[826]. A publicidade deve ser objetivamente avaliada, sendo indiferente se a informação foi divulgada pelo emitente ou através de outra fonte. Para a informação ser pública, em muitos Estados-Membros é apenas necessário que seja anunciada por uma grande cadeia de informação, como a Reuters[827]. Porém, em Portugal, teme-se que as agências noticiosas não tratem a informação — especialmente quando esta não apresente particular interesse por se referir a pequenos emitentes — e não a disponibilizem ao público, criando assim um *black hole problem*[828], exigindo-se,

a sua estratégia comercial, existiria dever de informar. Também o aumento da taxa de juro, a ocorrência de um golpe de Estado ou uma catástrofe natural por implicarem um acréscimo do custo do pagamento da dívida ou, porventura, danos em fábricas do emitente podem constituir informação privilegiada, ainda que não diretamente relacionada com este. Cf. Filipe Matias Santos, *Divulgação* cit., 61.

[826] Assim, Hopt/Kumpan, *§ 107* cit., 52. O público em geral será composto pelo conjunto de investidores, profissionais e não profissionais, que procuram informação. Assim, a informação não se considera pública caso seja conhecida por uma massa de investidores profissionais, sendo apenas relevante a apreensão pelo mercado de capitais em geral. Nesse sentido, cf. Lars Klöhn, *Wann ist eine Information öffentlich bekannt i.S.v. Art. 7 MAR?*, ZHR 180 (2016), 707-732 (714-719). No entanto, há que reconhecer, com Assmann, *§ 13 WpHG* cit., Rn. 37, que, sendo a informação sempre disponibilizada num certo contexto espacial e temporal, será impossível que abranja um número indeterminado de pessoas, tornando viável apurar, à partida, o público que a irá receber.

[827] Cf. Hopt/Kumpan, *§ 107* cit., 53. A informação é pública a partir da data em que o jornal começa a ser vendido e não da data da sua impressão, ou, caso se trate de um programa de rádio ou televisão, a partir da data da sua transmissão e não da respetiva gravação. Não basta, portanto, que a informação seja transmitida aos editores ou agências noticiosas, sendo necessária a sua efetiva publicação e difusão. Já a propósito da Diretiva de 1989, questionava-se a partir de que momento se podia considerar que a informação era pública. Algumas visões sugeriam que a publicidade exigia a divulgação através da imprensa massificada, ao passo que outras consideravam que apenas deveria ser relevante saber se a informação chegava ao círculo mais estrito dos participantes do mercado e não ao público em geral. Assim, Assmann, *§ 13 WpHG* cit., Rn. 33.

[828] Cf. Paulo Câmara, *Manual* cit., 729. O facto de a informação já ter sido difundida por outra via não isenta o emitente do dever de a encaminhar para o sistema de difusão de informação, embora, nesses casos, a informação já seja considerada pública e por isso possa ser utilizada sem que se verifique uma situação de abuso de mercado. Cf. Helena Bolina, *A manipulação de mercado e o abuso de informação privilegiada na nova directiva sobre abuso de mercado (2003/6/CE)*, CadMVM, n.º 18, ag. 2004, 62-71 (68), Filipe Matias Santos, *Divulgação* cit., 75.

por isso, para o cumprimento do dever de divulgação, não apenas a utilização dos meios gerais de divulgação, mas também o seu envio para o sistema de difusão de informação da CMVM, disponível *online* (artigos 244.º/4, *b)* e 367.º do CVM). Não é suficiente a respetiva divulgação em conferências de imprensa, dado que, na altura em que estas decorrem, apenas um número limitado de pessoas tem possibilidade de as conhecer e a comparência nelas requer um esforço extraordinário. É o que acontece também com os *roadshows*, apresentações ou situações em que uma sociedade convide analistas ou jornalistas para relatar determinados eventos (*selective disclosure*)[829]. De igual modo, a realização das assembleias gerais, mesmo que apresentem elevado número de participantes e ainda que sejam transmitidas em *livestreaming* na internet, não é suficiente para se entender que a informação foi disponibilizada ao público, uma vez que estas apenas são acessíveis a um número reduzido de pessoas[830]. O mesmo acontece em relação à divulgação da informação no sítio da internet do emitente, pois, embora se verifique um crescente recurso a este meio de comunicação, o público em geral não consulta o sítio do emitente com a regularidade necessária para que este seja encarado como veículo para difundir a informação por um número indeterminado de pessoas[831]. De acordo com o direito europeu, considera-se pública e, por isso, não reveste a qualidade de privilegiada, a informação obtida com base em análises financeiras, avaliações de jornalistas, auditores ou investidores que assentem em informação que já é de conhecimento público.

(iv) Informação idónea para influenciar de forma sensível o preço dos instrumentos financeiros no mercado

A exigência de que a informação seja idónea para influenciar de maneira sensível o preço dos instrumentos financeiros visa excluir do âmbito de aplicação do Regulamento as informações consideradas triviais[832]. Este é o elemento-chave da precisão da informação e que está, consequentemente, com ele

[829] Cf. Assmann, *§ 13 WpHG* cit., Rn. 39; Hilgendorf/Kusche, *Artikel 7* cit., Rn. 58.

[830] Cf. Assmann, *§ 13 WpHG* cit., Rn. 40.

[831] Cf. Assmann, *§ 13 WpHG* cit., Rn. 39.

[832] Antes de 2006, o artigo 248.º do CVM impunha, adicionalmente, que a idoneidade para influenciar de maneira sensível o preço dos instrumentos financeiros se devesse à "incidência [da informação] sobre a situação patrimonial ou financeira [dos emitentes] ou sobre o andamento normal dos seus negócios".

interligado[833] e se subdivide em duas vertentes: *idoneidade* e *sensibilidade*[834]. A sua génese situa-se no artigo 1.º/1 da DAM e, em Portugal, já constava da redação original do artigo 248.º do CVM[835].

Quanto à primeira vertente, por estar em causa informação sobre planos, intenções ou objetivos futuros, é necessário que se verifique uma probabilidade de ocorrência do facto e da sua repercussão no preço dos instrumentos financeiros[836]. Os estudos e estimativas fundados em dados do domínio público não podem ser vistos como informação privilegiada e a mera circunstância de uma operação ser efetuada com base neles não constitui, por si só, utilização de informação privilegiada. Excecionalmente, a informação pode ser considerada privilegiada se, por exemplo, a sua publicação ou distribuição for regularmente esperada pelo mercado e contribuir para o processo de formação dos preços ou, ainda, se facultar o acesso a opiniões de um comentador ou instituição do mercado, que, pelo seu reconhecimento, influenciem os preços dos instrumentos com ela relacionados[837]. Nos Estados Unidos, os tribunais inferiores, socorrendo-se de diversas teorias, defenderam que alguma informação não seria idónea para condicionar o preço dos instrumentos financeiros no mercado. Foram invocadas desde a *puffery doctrine* até à *truth on the market doctrine,* passando pela *bespeaks caution doctrine*[838], mas todas elas foram

[833] Cf. ASSMANN, *§ 15* cit., Rn. 50.

[834] Bipartição notada por SERGIO SEMINARA, *Disclose or abstain?* cit., 336.

[835] A norma exigia, à data, que a informação, devido à sua incidência sobre a situação patrimonial ou financeira ou sobre o andamento normal dos seus negócios, fosse suscetível de influir de maneira relevante no preço das ações. Cf. artigo 248.º, na redação original do Decreto-Lei n.º 486/99, de 13 de novembro.

[836] Assim, na situação, *v.g.*, da intenção de lançamento de uma OPA, esta informação só será privilegiada se for suficientemente provável que as outras condições necessárias ao seu sucesso ocorram e que, em caso afirmativo, a operação irá influenciar, de forma sensível, o preço dos instrumentos financeiros no mercado. Assim, ASSMANN, *§ 13* cit., Rn. 61.

[837] A questão apenas se encontra contemplada no considerando 28 do RAM, não constando de qualquer disposição do Regulamento. Como referem HOPT/KUMPAN, *§ 107* cit., 60, uma vez que o elenco do considerando é exemplificativo, qualquer comentador medianamente conhecido ou analista que trabalhe para instituição conhecida pode ser abrangido pela descrição. A exceção mencionada deve, porém, ser interpretada restritivamente de forma a compreender apenas os estudos e estimativas para publicação e distribuição, ou seja, a produção para o público em geral ou o fornecimento da informação a um número avultado de pessoas, respetivamente.

[838] Segundo a *puffery doctrine* as afirmações muito vagas, promocionais ou hiperbólicas constituem meros exageros e, por isso, não devem ser relevantes. A *bespeaks caution doctrine* impõe que as previsões futuras não relevem quando sejam acompanhadas de linguagem suficientemente cautelosa, ao passo que de acordo com a *truth on the market doctrine* não releva a omissão do dever de divulgação relativamente a informações que já fossem conhecidas no segmento *smart money*

negadas pelo Supremo Tribunal, que, em qualquer dos casos, relembrou que a interpretação da informação e a sua idoneidade para influenciar os preços no mercado devem ser analisadas à luz do respetivo contexto[839]. A postura particularmente restritiva dos tribunais inferiores americanos é justificada pela proliferação de ações judiciais, muitas sob a forma de ações coletivas, que nem sempre encontram fundamento jurídico, tendo apenas o objetivo de criar pressão para chegar a acordo antes que os efeitos do litígio se façam sentir no preço dos instrumentos financeiros. Naturalmente, a necessidade de restringir as ações judiciais não se verifica no espaço europeu, onde ainda existe um longo caminho a ser traçado na densificação dos pressupostos da responsabilidade civil por informações no mercado de capitais.

Quanto à segunda vertente, discute-se o que deve entender-se como uma influência *sensível* no preço dos instrumentos financeiros e nalguns ordenamentos jurídicos chegou a defender-se limites percentuais de variação do preço que deveriam ser atingidos para uma informação ser julgada relevante. Foi o que aconteceu nos Estados Unidos, até à rejeição expressa desses limiares pela SEC, em 1999[840], ou na Alemanha, onde alguns Autores consideraram que a informação seria relevante se provocasse uma oscilação do preço das ações a partir de 2%[841], ao passo que para outros valeria um limiar de 10%[842]

do mercado. Sobre estas teorias, cf. Amanda M. Rose, *The "reasonable investor" of Federal Securities Law: insights from tort law's "reasonable person" & suggested reforms*, Vanderbilt Law School Public Law and Legal Theory Working Paper n.º 16-41, 1-64 (30).

839 Assim, por exemplo, no já citado caso *TSC Industries* o Tribunal esclareceu que a determinação da materialidade depende de uma cuidada avaliação das inferências que um investidor razoável retiraria com base nos factos divulgados. A ideia é reforçada no caso *Basic*, já referido, e no caso *Omnicare, Inc. et al. v. Laborers District Council Construction Industry Pension Fund et al.*, 135 S. Ct., 1330 (2015).

840 A tendência é notada por Amanda M. Rose, *The "reasonable investor"* cit., 27 ss. No entanto, já em 1999, a SEC, em resposta à crescente utilização de limiares quantitativos para esclarecer qual a informação que deveria ser considerada relevante, emitiu um boletim onde expressamente rejeitou essa prática, ao mesmo tempo que exigiu a consideração do contexto em que a informação se insere. Cf. *SEC Staff Accounting Bulletin: n.º 99 — Materiality*, disponível em https://www.sec.gov/interps/account/sab99.htm. O boletim foi, porém, bastante criticado por ser excessivamente indeterminado e difícil de implementar. Também o Supremo Tribunal americano se distanciou dos critérios quantitativos. Assim, em 1988, no caso *Basic Inc.* rejeitou o *agreement-in-principle test*, segundo o qual as negociações preliminares e uma fusão não deveriam ser consideradas informação material até que se tivesse chegado a um acordo de princípio quanto ao preço e estrutura da operação. A mesma ideia pode ser encontrada no caso *Matrixx Initiatives, Inc. v. Siracusano* [131 S. Ct. 1309 (2011)].

841 Cf. Clemens Just/Thorsten Voss/Corinna Ritz/Ralf Becker, *Wertpapierhandelsgesetz (WpHG) Kommentar*, München, 2015, 65 ss..

842 Cf. Carsten Claussen, *Das neue Insiderrecht*, DB 1994, 27-31 (30); Alfred Dierlamm, *Das neue Insiderstrafrecht*, NStZ 1996, 519-522 (522).

ou de 1,5% no caso de instrumentos financeiros derivados[843]. Tem-se apontado, no entanto, que estas percentagens são insensíveis à importância relativa dos emitentes e, por isso, penalizam as pequenas e médias empresas[844]. Por outro lado, embora a utilização de um critério quantitativo tenha a vantagem de servir como índice objetivo de relevância, apresenta o correlativo inconveniente de tornar rígido um juízo que deveria moldar-se ao caso concreto, ao mesmo tempo que ignora que, mais importante do que a oscilação do valor absoluto de um instrumento financeiro, será a sua oscilação em relação ao mercado em geral[845]. Acrescente-se que um critério percentual fixo será necessariamente cego às particulares características dos instrumentos financeiros em causa. Por exemplo, se estes forem pouco líquidos, reduzidas flutuações de preço podem ser significativas, o que não seria revelado pelo limiar quantitativo[846]. Face às insuficiências das propostas quantitativas, acabou por vingar, *maxime* no RAM, um critério subjetivo para determinar a informação que deve ser tida como idónea para influenciar o preço dos instrumentos financeiros no mercado[847]. Julga-se relevante aquela informação que um investidor razoável utilizaria normalmente para fundamentar em parte as suas decisões de investimento[848]. Impõe-se, pois, à sociedade cotada que faça um juízo de prognose

[843] Acentuando este facto, cf. HILGENDORF/KUSCHE, *Artikel 7* cit., Rn. 70 e, na doutrina portuguesa, GONÇALO CASTILHO DOS SANTOS, *O dever dos emitentes* cit., 296. A jurisprudência tem tomado estas percentagens como meramente indicativas, não descurando o caso concreto e elementos como a volatilidade, liquidez e a comparação da oscilação sentida na cotação dos valores em análise com aquela experienciada por instrumentos financeiros análogos e noutros índices bolsistas. No entendimento de MIGUEL STOKES, *Prohibition* cit., 12 e 13, teria sido preferível a consagração de um limiar percentual de variação do valor dos instrumentos financeiros no mercado para avaliar a idoneidade da informação para influenciar de forma sensível o preço, por só assim se criar um regime verdadeiramente uniforme e juridicamente seguro para todos os emitentes.

[844] Cf. KLAUS HOPT, *Insider regulation and timely disclosure,* Forum International, n.º 21, jan. 1996, 14.

[845] Argumentos apresentados por GONÇALO CASTILHO DOS SANTOS, *O dever dos emitentes* cit., 297, para discordar do estabelecimento de limiares percentuais de relevância. No mesmo sentido, SEMINARA, *Disclose or abstain* cit., 336; VALERIO SANGIOVANNI, *L'attuazione* cit., 556.

[846] Cf. HILGENDORF/KUSCHE, *Artikel 7* cit., Rn. 70.

[847] A adoção do critério do investidor razoável apresenta, no entanto, problemas, se nos situarmos no plano penal, em que os princípios da tipicidade e da certeza jurídica depõem a favor de um critério objetivo de determinação da relevância da informação. É por isso importante complementar o critério subjetivo com limiares objetivos de flutuação dos preços. Cf. HILGENDORF/KUSCHE, *Artikel 7* cit., Rn.71-74.

[848] Artigo 7.º/4 do RAM. Em Itália, o Regulamento veio ultrapassar uma dificuldade introduzida, em 2005, pelo artigo 181 TUF, segundo o qual deveria ser considerada privilegiada a informação que um investidor razoável utilizasse como um dos elementos para tomar a sua decisão de investimento. Era notada, porém, a natureza excessivamente ampla do critério, que permitia qualificar

quanto à suscetibilidade de a informação influenciar, de maneira sensível, o preço dos instrumentos financeiros, partindo de um padrão normativo e objetivo que funciona *ex ante*, no qual não são tidas em conta as características individuais de cada investidor. Um investidor razoável funda as suas decisões de investimento nas informações facultadas que entenda relevantes, em função do seu impacto previsível, à luz do conjunto das atividades do emitente, da fiabilidade da respetiva fonte e de quaisquer outras variáveis do mercado que, nas circunstâncias em causa, possam afetar os instrumentos financeiros, os contratos de mercadorias à vista com eles relacionados ou os produtos leiloados com base nas licenças de emissão[849]. Se o mercado efetivamente reage à informação considerada privilegiada é irrelevante (ainda que possa ser uma "profecia que se cumpre a si mesma"[850]), sem prejuízo do seu possível valor probatório. A informação *ex post* pode servir para verificar a presunção de que os preços são sensíveis à informação *ex ante*, mas não deve ser utilizada contra quem tenha extraído conclusões razoáveis das informações *ex ante* colocadas à sua disposição[851].

O recurso ao padrão objetivo do investidor razoável para avaliar a idoneidade da informação suscita extensos problemas interpretativos, que têm vindo a ser discutidos desde a Diretiva do Abuso de Mercado. A questão de saber o nível de experiência, profissionalismo e conhecimentos que deve ser

como privilegiada informação relativa a factos que constituíam apenas elementos secundários na decisão de investimento. Neste sentido, cf. ROBERTO ZANNOTTI, *Il nuovo diritto penale dell'economia, Reati societari e reati in materia di mercato finanziario*, Milão, 2.º ed., 2008, 416.

[849] Cf. o considerando 14 do RAM. No Reino Unido, estas ideias já se encontram plasmadas nas *Disclosure and Transparency Rules* do *FSA Handbook*, onde se esclarece que "ao determinar se a informação poderia ter um efeito significativo no preço dos instrumentos financeiros, um emitente deve ter em mente que não há valor (percentagem de variação ou outra) que possa ser definido para qualquer emitente ao determinar o que constitui um efeito significativo sobre o preço dos instrumentos financeiros, pois variará de emitente para emitente" [DTR 2.2.4 (2)]. Para um emitente avaliar se a informação é suscetível de influenciar a decisão de investimento de um investidor médio, esclarece-se que devem ser tomadas em consideração as particularidades de cada emitente, como a sua dimensão, acontecimentos recentes, o sentimento do mercado sobre o emitente e o setor no qual atua. O investidor razoável é descrito como aquele que pretende a maximização do valor do seu investimento (DTR 2.2.5).

[850] Como nota GONÇALO CASTILHO DOS SANTOS, *O dever dos emitentes* cit., 295, nota 45, a informação divulgada tem por base a ideia que esta é apta para influenciar de maneira sensível a cotação dos instrumentos financeiros, mas, ainda que não o fosse, depois de divulgada vai desencadear um conjunto de comportamentos que corporizam esse efeito, gerando-se um fenómeno de profecia que se cumpre a si mesma. Seguindo a mesma ideia, cf. FILIPE MATIAS SANTOS, *Divulgação* cit., 80.

[851] Considerando 15 do RAM. Na Alemanha, esta era já a visão do BGH. Assim, BGH 27-jan.-2010 – 5 StR 224/09 (*Freenet*), AG 2010, 249, Rn. 40.

imputado ao investidor razoável[852] encontra resposta diferente nos vários Estados-Membros[853]. Na Alemanha, o recurso ao padrão do investidor razoável representa uma evolução face à ideia de que a idoneidade para influenciar o preço de forma sensível devia ser apreciada de acordo com a "experiência geral" ou com os "conhecimentos gerais do tráfego"[854]. Também já se defendeu que o investidor razoável deveria ser apenas o investidor *médio* razoável[855] ou que este só poderia ser compreendido como a personificação do mercado eficiente, na aceção da teoria do mercado eficiente, a que já aludimos. A divergência em redor do conceito faz duvidar que se tenha atingido, como era pretendido pelo Regulamento, uma "definição mais rigorosa dos dois elementos essenciais para a definição de informação privilegiada" que conduzisse ao reforço da segurança jurídica para os participantes no mercado (considerando 18 do RAM)[856].

O critério do investidor razoável — ainda que muitas vezes apresentado como figura anónima e indescritível[857] — deve ser visto, parece-nos, como representação do mercado eficiente. Assim o impõe a teleologia do regime do abuso de mercado. Tendo presente que este padrão serve o propósito

[852] Antes do esclarecimento operado pelo RAM, discutia-se se deveria ser tomado como referência o investidor médio ou um investidor em concreto. Nessa altura, Gonçalo Castilho dos Santos, *O dever* cit., 295, entendia que, num contexto de massificação, padronização e fungibilidade no mercado, o critério do investidor em concreto seria inoperante porque potenciaria a incerteza e insegurança jurídica na determinação de cada potencial destinatário da informação. O padrão só poderia ser o do investidor médio, ou, na terminologia utilizada pelo CodMVM, o do "investidor normalmente prudente".

[853] Podendo mesmo dizer-se que seria desejável uma decisão do TJUE sobre a matéria. Assim, Poelzig, *Insider-und Marktmanipulationsverbot* cit., 532.

[854] Era o que resultava, em 1994, do memorando explicativo da *Entwurf eines Gesetzes über den Wertpapierhandel und zur Änderung börsenrechtlicher und wertpapierrechtlicher Vorschriften (Zweites Finanzmarktförderungsgesetz)* (RegE 2. FFG, Bt-Drucks 12/6679, 48).

[855] Posteriormente, considerou-se o padrão demasiado geral e avançou-se para o do investidor razoável, embora alguma doutrina se tenha manifestado no sentido de que apenas deveria ser relevante o investidor *médio* razoável, à semelhança do que acontece na responsabilidade civil pelo prospeto, com a diferença que neste caso o padrão do investidor médio é utilizado para avaliar a posição do lesado, ao passo que na regulação do abuso de mercado seria relevante para avaliar a posição do agente que cometeu um facto ilícito. Assim, Fátima Gomes, *Insider trading*, APDMC — Associação Portuguesa para o Desenvolvimento do Mercado de Capitais, Valadares, 1996, 91; Karl-Burkhard Caspari, *Die geplante Insiderregelung in der Praxis*, ZGR 1994, 530-546 (540), Volker Dickersbach, *Das neue Insiderrecht der Bundesrepublik Deutschland vor dem Hintergrund des Europäischen Gemeinschaftsrechts*, Berlin, 1995, 170; Panos Pananis, *Insidertatsache und Primärinsider. Eine Untersuchung zu den Zentralbegriffen des § 13 Abs. 1 WpHG*, Baden-Baden, 1998, 112 ss.

[856] Assim Katja Langenbucher, *Zum Begriff der Insiderinformation* cit., 1405.

[857] Cf. Amanda M. Rose, *The "reasonable investor"* cit., 19.

de determinar quais as informações que irão provocar reações sensíveis no preço dos instrumentos financeiros, o investidor razoável tem forçosamente de refletir o sentimento geral do mercado face à informação. Esta apenas pode significar que o investidor razoável é, afinal, o substituto de um agregado, o mercado, e depende das propriedades desse agregado[858]. Tal critério, aliás, foi importado da jurisprudência americana[859] que assimila a relevância da informação à sua materialidade, ou seja, à suscetibilidade de esta ser considerada na decisão de investimento por um investidor razoável, que, por seu turno, é tomado como representação do mercado eficiente. De outra forma não poderia ser: a oscilação sensível do preço dos instrumentos financeiros depende necessariamente de a informação ser tida em conta por aqueles investidores que traduzem o sentimento geral do mercado, o que pressupõe que a ideia de razoabilidade se descole, definitivamente, do investidor médio, sem que, contudo, se negue a relevância da informação para o investidor não profisisonal[860]. O processo de formação do preço dos instrumentos financeiros no mercado, como é revelado por estudos empíricos, não é determinado pelo investidor comum ou pelo investidor médio, mas, sim, pelos investidores profissionais, como investidores institucionais, intermediários ou analistas financeiros e o investidor médio limita-se a confiar no preço que se forma no mercado[861]. Voltaremos a este tópico a propósito da análise da materialidade da informação para efeitos de identificação do nexo de causalidade entre o facto ilícito e o dano.

2.2.3. (Des)necessidade de conhecimento da informação privilegiada pelo emitente, diferimento da divulgação e violação do dever

O emitente deve divulgar ao público, o mais rapidamente possível, a informação privilegiada que lhe diga diretamente respeito (artigo 17.º do RAM), ainda que os factos ou eventos relevantes ocorram quando os mercados se

[858] Cf. Hopt/Kumpan, *§ 107* cit., 55.

[859] Em particular, do caso *TSC Industries Inc. v. Northway Inc* cit., 449, como é salientado por Seminara, *Disclose or abstain?* cit., 338.

[860] Como refere Coffee, *Market failure* cit., 747 ss., o investidor médio, mesmo não contribuindo para a formação dos preços no mercado, tem interesse em aceder à informação de forma a, por exemplo, ponderar se o risco do investimento é compatível com as suas preferências.

[861] A contradição é notada por Seminara, *Disclore or abstain?* cit., 340, fazendo apelo ao modelo empiricamente testado de formação dos preços nos mercados financeiros, já analisado *supra*. Contra, ainda que sem desenvolvimentos, cf. Filipe Matias Santos, *Divulgação* cit., 81 e 81, que considera que o investidor razoável não se deve restringir à figura do investidor qualificado.

encontrem encerrados[862]. Torna-se evidente que o conteúdo deste dever não coincide, em absoluto, com o conceito de informação privilegiada que consta do artigo 7.º do RAM[863], pois dele fica excluído o dever de divulgar informação privilegiada que apenas indiretamente diga respeito ao emitente[864] ou a um ou mais instrumentos financeiros[865]. Em caso de rumores que circulem no mercado, i.e., de informações de veracidade incerta, com um elevado grau de disseminação e que são transmitidas de forma difusa e anónima, se forem aptos para influenciar o preço dos instrumentos financeiros no mercado, a sua exatidão não importa para a qualificação como informação privilegiada[866]. Basta que apresentem um substrato sério e confiável de forma a constituírem fundamento das decisões de investimento de um investidor razoável, o que deve ser avaliado caso a caso, em função da fonte do rumor,

[862] Assim, Filipe Matias Santos, *Divulgação* cit., 86 e 87. Nos Estados Unidos, a *Form 8-k* determina que se o facto ou circunstância que serve de base à informação material ocorrer num sábado, domingo ou feriado em que a SEC não esteja em funcionamento, o prazo para divulgar informação começa a contar no primeiro dia útil seguinte.

[863] Perante esta constatação, há quem sugira a adoção de uma definição dupla de informação privilegiada, uma aplicável ao dever de divulgação e outra especificamente construída para as situações de abuso de mercado. Cf. Carmine di Noia/Matteo Gargantini, *The market abuse directive disclosure regime in practice: some margins for future actions*, Rivista delle Società, ano 54, jul.-ag. 2009, 782-835 (807-810).

[864] Ficam, portanto, excluídas circunstâncias exteriores ao emitente, como alterações de taxas de juro ou alterações da regulamentação aplicável que apenas afetam o emitente de forma indireta, mas mantém-se a relevância de outros eventos, *v.g.*, a decisão de lançar uma oferta pública de aquisição de outra empresa ou qualquer alteração de controlo. Nenhuma lista de situações sujeitas a uma obrigação de divulgação será exaustiva, sendo sempre essencial que se atenda às circunstâncias concretas do caso. Assim, Hopt/Kumpan, *§ 107* cit., Rn. 140-142.

[865] Em Portugal, antes da Lei n.º 28/2017, de 30 de maio, o CVM determinava que o emitente devia comunicar imediatamente os factos relevantes à entidade gestora da bolsa onde o valor mobiliário estivesse admitido à negociação e à CMVM, que promovia, por seu turno, a divulgação através do sistema de difusão da informação. A divulgação da informação deveria, regra geral, ser feita fora do horário de funcionamento do mercado regulamentado, exceto em caso de urgência da informação ou da existência de legítimos interesses do emitente (conforme então previsto no artigo 248.º/1 do CVM e no artigo 1.º-A do hoje revogado Regulamento da CMVM n.º 11/2000).

[866] Aliás, as dúvidas sobre a veracidade dos rumores constituem o seu cerne. Porém, naturalmente, se a credibilidade de um rumor for demasiado reduzida, não será aceite como informação precisa: muitos rumores são abertamente especulativos e por isso irrelevantes face à teleologia da obrigação de divulgar informação privilegiada. Cf. Hilgendorf/Kusche, *Artikel 7 MAR* cit., 34. Na Alemanha, antes da entrada em vigor da AnSVG era muito discutido se os rumores deviam ser qualificados como informação privilegiada. Porém, em 2009, o BaFin emitiu orientações para os emitentes nas quais, baseado na decisão *Hess. VGH* 16-mar.-1998 (AG 1998, 436), considerou relevantes os rumores que transmitem um conteúdo concreto, sendo que a veracidade da informação apenas relevaria no que respeita à análise da influência que a informação tem nos preços do mercado.

da verificabilidade dos factos subjacentes, do mercado ou segmento de mercado afetados e da situação económica da empresa visada. Os emitentes apenas têm obrigação de reagir aos rumores e informar o mercado quando estes lhes disserem diretamente respeito e forem suficientemente precisos para indiciarem uma fuga de informação[867].

O dever do emitente, em nosso entender, não se cinge à informação de que tenha efetivo conhecimento, antes abrange ainda aquela que este deva conhecer, o que é dizer que o artigo 17.º/1 do RAM não deve ser interpretado como norma de conhecimento (*Wissensnorm*)[868]. No Regulamento, as normas que exigem efetivo conhecimento da informação referem-no de forma clara, como acontece com as dos artigos 8.º e 9.º, nas quais, a propósito do abuso de informação privilegiada, se faz apelo à *disposição* da informação. Ao que acresce que apenas se garante a integridade do mercado quando se assegure a divulgação de toda a informação relacionada diretamente com o emitente, incluindo aquela que este devia conhecer. Por isso, esta interpretação é a que melhor se harmoniza com os objetivos prosseguidos pelo RAM. Uma

[867] Cf. ESMA, *Questions and answers on the market abuse regulation (MAR)*, ESMA70-145-111, 12, disponível em https://www.esma.europa.eu/sites/default/files/library/esma70-145-111_qa_on_mar.pdf.; Hopt/Kumpan, *§ 107* cit., 50; Gonçalo Castilho dos Santos, *O dever dos emitentes* cit., 290; Paulo Câmara, *Manual* cit., 725. No caso de diferimento do dever de divulgar informação privilegiada, o emitente terá o dever de reagir aos rumores quando estes sejam suficientemente precisos para indicarem que a confidencialidade da informação já não está assegurada (artigo 17.º/7, 2.º parágrafo, do RAM). Ao abrigo do regime do CVM anterior à entrada em vigor do RAM, discutia-se se os rumores deviam ser considerados informação privilegiada. Dizia-se que se o rumor tivesse tido origem em informação incompleta, falsa, confusa ou inexata, então haveria uma obrigação de desmentir o rumor. Qualquer outra origem desoneraria o emitente de reagir à informação em circulação.

[868] Neste sentido Lars Klöhn, *Die (Ir-)Relevanz der Wissenszurechnung im neuen Recht der Ad-hoc-Publizität und des Insiderhandelsverbot*, NZG 2017, 1285-1292. Contra, Hans-Christoph Ihrig, *Wissenszurechnung im Kapitalmarktrecht. Untersucht anhand der Pflicht zur Ad-hoc-Publizität gemäss Art. 17 MAR*, ZHR 2017, 381-416. Na Alemanha, a questão já era colocada antes da entrada em vigor do Regulamento, a propósito do § 15 WpHG. À data pronunciava-se pela necessidade de conhecimento Jens Ekkenga, *Individuelle Entscheidungsprozesse im Recht der Ad-hoc-Publizität. Sieben Thesen zum Fall Geltl/Daimler/Schrempp*, NZG 2013, 1081-1087 (1085); contra esta visão cf. Hellgardt, *Praxis- und Grundsatzprobleme der BGH-Rechtsprechung zur Kapitalmarktinformationshaftung*, DB 2012, 673-678, *Kölnkomm-WpHG* cit., § 15 Rn. 98. Neste ordenamento jurídico, mesmo sendo defendida a necessidade de conhecimento e a aplicação dos princípios de imputação, nem sempre da omissão do dever de informar resulta responsabilidade civil porque, embora para existir imputação de conhecimento baste a negligência na organização societária, para a responsabilidade prevista na WpHG exige-se dolo ou negligência grosseira, o que significa que a violação do artigo 17.º/1 do RAM nem sempre gera consequências civis. Cf. Jens Koch, *§ 78 Vertretung*, em Uwe Hüffer/Jens Koch, *Aktiengesetz*, 13.ª ed., 2018, Rn. 32.

visão contrária, de resto, deixaria por explicar o motivo por que o objeto do dever de informar não coincide totalmente com o conceito de informação privilegiada que resulta do artigo 7.º do Regulamento. Da nossa perspetiva, aquilo que é devido, de acordo com o RAM, não é só a publicação, logo que possível, da informação privilegiada, mas também a sua procura e análise. Ao cingir-se o dever de divulgar à informação diretamente relacionada com o emitente procura-se circunscrever o comportamento exigido à sociedade: sobre esta recai o dever de procurar e analisar apenas os factos que com ela tenham uma relação direta. Tal restrição funciona, pois, como limite do nível de esforço a cargo do emitente para o cumprimento desse dever, conferindo-se proporcionalidade à sua vinculação. Existe uma dimensão de *compliance* do dever de informar, cuja delimitação depende de um conjunto de fatores, entre os quais a dimensão, estrutura, escopo de atividade da empresa e consequente probabilidade de verificação de factos ou circunstâncias considerados privilegiados[869]. Entendemos, por isso, que a divulgação *ad hoc* não se encontra dependente de princípios sobre imputação de conhecimento ao emitente, que deveriam ser detalhadamente desenvolvidos com base nos objetivos que subjazem ao regime do abuso de mercado[870]. Esta posição não colide com o princípio *ultra posse nemo obligatur*: o emitente não fica obrigado ao impossível uma vez que apenas se exige a divulgação da informação o mais rapidamente *possível*[871]. Tal perspetiva é, também, a única que garante a existência de uma regulamentação uniformemente aplicável a todos os Estados-Membros, finalidade visada com a substituição da Diretiva do Abuso de Mercado pelo Regulamento[872]. Caso o dever de divulgação ficasse condicionado

[869] Cf. KLÖHN, *Die (Ir-)Relevanz* cit., 1288, que realça que aparentemente nem no processo legislativo esta questão foi discutida, equacionando, como justificação, a hipótese de os problemas de conhecimento assumirem mais relevância no ordenamento alemão do que noutros países, onde apenas revestem importância marginal.

[870] Nesse sentido, cf. IHRIG, *Wissenszurechnung* cit., 381-394. A imputação de conhecimento ao conselho de administração, ao órgão de fiscalização, a qualquer dos seus membros, aos trabalhadores subordinados ou no seio do grupo é detalhadamente analisada pelo Autor (pp. 395-412). Ainda que se defenda esta tese, para efeitos do dever de divulgação *ad* hoc, o conhecimento do conselho fiscal não deveria ser imputado ao emitente. Também não existe uma obrigação legal de transferir o conhecimento, até porque o dever de sigilo e a proibição de transmissão de informação privilegiada jogariam contra a solução. Assim, PETRA BUCK-HEEB, *Wissenszurechnung, Informationsorganisation und Ad-hoc-Mitteilungspflicht bei Kenntnis eines Aufsichtsratsmitglieds*, AG 22/2015, 801-812 (806 ss.).

[871] KLÖHN, *Die (Ir-)Relevanz* cit., 1287.

[872] Por outro lado, a exigência de conhecimento, especialmente nos casos de imputação ao emitente do conhecimento dos seus trabalhadores, poderia significar que existe dever de divulgação *ad hoc*, mesmo nas situações em que o Regulamento não o pretendeu. Ora, o Regulamento, ao contrário

pelo conhecimento do emitente e dos princípios nacionais sobre imputação de conhecimento, perder-se-ia a uniformização do regime, claramente ao arrepio dos objetivos pretendidos pela reforma europeia. Em rigor, julgamos que de qualquer dessas posições resultam conclusões próximas. A exigência de conhecimento para efeitos de vinculação ao dever de divulgar informação naturalmente não se contenta com o conhecimento *efetivo*, antes inclui também o *dever conhecer*, ou seja, existe igualmente dever de informar se o emitente não conhecia a informação porque não atuou com a diligência a que se encontrava adstrito[873]. De qualquer forma, impõe-se um "juízo normativo"[874] na imputação de conhecimento, o que significa que, materialmente, se chegará aos mesmos resultados quando se considere que o dever de informar apenas existe caso o emitente conheça ou não deva ignorar a informação ou, em alternativa, que o dever nasce independentemente do respetivo conhecimento desde que fosse exigível a sua procura, análise e divulgação. Decerto que defender a vinculação do emitente ao dever de divulgação *ad hoc* mesmo sem conhecer a informação privilegiada não significa objetivar a sua responsabilidade em caso de incumprimento. Necessário é, ainda, que o facto ilícito seja praticado com culpa, visto que o emitente, embora não conheça a informação, tinha o dever de a conhecer. Nos termos gerais, esse dever terá de ser reportado ao dever correspondente dos próprios administradores, porquanto

do artigo 6.º da DAM, não autoriza os Estados-Membros a aligeirarem ou excederem os requisitos da vinculação ao dever de informar. Este risco é notado por KLÖHN, *Die (Ir-)Relevanz* cit., 1288.

873 Cf. ALEXANDER SAJNOVITS, *Ad-hoc-Publizität und Wissenszurechnung*, WM 2016, 17, 765-774 (766). Por isso, como nota PETRA BUCK-HEEB, *Informationsorganisation im Kapitalmarktrecht — Compliance zwischen Informationsmanagement und Wissensorganisationspflichten*, CCZ 2009, 18-25 (20), a determinação do dever não depende de um juízo de imputação de conhecimento.

874 JOSÉ FERREIRA GOMES/DIOGO COSTA GONÇALVES, *A imputação de conhecimento às sociedades comerciais*, Coimbra, 2017, 29. Os Autores salientam que, ao contrário daquilo que acontece relativamente às pessoas singulares, no caso das pessoas coletivas, a distinção entre conhecimento e dever de não ignorar é de "difícil sustentação". Cf., também, JOSÉ FERREIRA GOMES, *Imputação de conhecimento e direito dos valores mobiliários: caso prático — intermediação financeira e fragmentação da informação*, em *O novo direito dos valores mobiliários — vol. 2* cit., 199-222 (204 e 205). Na doutrina portuguesa, também sobre imputação de conhecimento, ainda que no domínio específico da representação voluntária e esclarecendo que conhecimentos do representante se devem considerar imputáveis ao representado, cf. MENEZES CORDEIRO, *Tratado* cit., V, 123 e 124; PEDRO DE ALBUQUERQUE, *A representação voluntária em Direito Civil*, Coimbra, 2004, 1085-1102; MARIA DE LURDES PEREIRA, *Os estados subjetivos na representação voluntária. Em especial o conhecimento ou desconhecimento juridicamente relevante*, RFDUL XXXIX (1998), 135-192 (173 ss.). Sobre a prova de estados subjetivos, cf., com extensas referências bibliográficas, CLÁUDIA TRINDADE, *A prova de estados subjetivos no processo civil. Presunções judiciais e regras de experiência*, Coimbra, 2016, *passim*.

o órgão de administração corporiza o centro decisório do emitente. Não deixa, aliás, de ser curioso verificar que mesmo quem defende a aplicação dos princípios de imputação de conhecimento acaba por limitar a imputação ao conhecimento dos administradores[875].

Quanto ao âmbito de aplicação subjetivo, encontram-se vinculados a esse dever os emitentes que solicitaram ou aprovaram a negociação dos seus instrumentos financeiros num mercado regulamentado de um Estado-Membro ou, quando se trate de instrumentos negociados exclusivamente num MTF ou OTF, os emitentes cujos instrumentos estão a ser negociados nesses mercados ou que requereram a admissão à negociação num MTF de um Estado Membro[876]. Note-se que o Regulamento aparentemente não se aplica naqueles casos em que o emitente não tenha tomado a iniciativa de admitir à negociação os seus instrumentos financeiros[877]. Em Portugal, o artigo 233.º do CVM permite que o pedido de admissão à negociação seja apresentado à entidade gestora em cujo mercado os valores mobiliários serão negociados pelo emitente, mas também pelos titulares de pelo menos 10% dos valores mobiliários emitidos pertencentes à mesma categoria, se o emitente já for uma sociedade

[875] Cf. Assmann, *§ 15* em Asmann/Schneider, *WpHG* cit., Rn. 59; Koch, *§ 78*, em Hüffer/Koch, *Aktiengesetz* cit., Rn. 33.

[876] A versão portuguesa do RAM não está, neste ponto, corretamente traduzida. Diz-se no artigo 17.º/1, 3.º parágrafo que o artigo "*não* se aplica aos emitentes que solicitaram ou aprovaram a admissão dos seus instrumentos financeiros à negociação num mercado regulamentado" (itálico nosso). Qualquer outra versão do Regulamento, que não a portuguesa, revela o lapso na tradução da norma: o artigo aplica-se a estes emitentes. A desconformidade linguística entre a versão portuguesa do Regulamento e outra não obsta a que o dever de divulgação de informação privilegiada lhes seja aplicável. Já vários problemas de desconformidade linguística entre instrumentos europeus foram colocados ao Tribunal de Justiça da União Europeia, como dissemos, que tem considerado, de forma constante, que, "para a interpretação de uma disposição do direito comunitário, deverá ter-se em conta não apenas os termos da mesma, mas também o seu contexto e os objetivos prosseguidos pela regulamentação de que faz parte" (acórdão do TJUE de 2-jun.-1994, C-30/93, *AC-ATEL Electronics Vertriebs*, n.º 21). Assim, "a necessidade de uma aplicação e, por conseguinte, de uma interpretação uniforme exclui que um texto seja considerado isoladamente numa das suas versões, e exige que seja interpretado em função tanto da vontade real do seu autor, como do objetivo prosseguido por ele à luz, nomeadamente, das versões em todas as línguas" (acórdão do TJUE de 7-jul.-1988, *Moksel* 55/87, n.º 15). A ambiguidade da redação deve, pois, ser eliminada pela referência às outras versões linguísticas do Regulamento (acórdão do TJUE de 17-out.-1996, *Lubella*, C-64/95, n.º 18: o caso tratava de um regulamento que na versão alemã se referia a "cerejas", quando as restantes versões mencionavam a aplicação a "ginjas"). No mesmo sentido, cf. ainda acórdão de 12-jul.-1979, *Koschniske*, 9/79; acórdão de 27-mar.-1990 *Cricket St. Thomas*, C-372/88.

[877] Para além da redação do artigo 17.º/1 do RAM, a mesma ideia resulta do considerando 49, 5.ª frase.

aberta, ou pela Agência de Gestão da Tesouraria e da Dívida Pública – IGCP, E.P.E., no caso de obrigações emitidas pelo Estado Português[878]. Assim, especialmente tendo em consideração as sanções associadas ao incumprimento do dever de divulgar informação privilegiada, um emitente cujos valores mobiliários estejam a ser negociados no mercado sem o seu consentimento não está adstrito a esse dever. Qualquer solução em sentido contrário implicaria que o contrato entre o requerente da admissão à negociação e a entidade gestora do mercado fosse celebrado a expensas de um terceiro, o emitente, o que seria aceitar a possibilidade de criar obrigações na esfera jurídica do emitente, eventualmente contra a sua vontade, em clara violação do princípio da autonomia privada e da liberdade contratual. Uma solução desse tipo poderia, inclusivamente, incentivar o *delisting* dos emitentes, o que já aconteceu com alguns emitentes de *high yield bonds*, como a Mydentist e a Adient que saíram do mercado europeu para admitirem as suas obrigações à negociação no mercado de capitais das Ilhas Canal (CISE — *Chanel Islands Securities Exchange*), em Guernsey[879]. Deste modo, o dever de divulgação apenas recai sobre aqueles emitentes que requereram ou aprovaram (*v.g.*, porque assim foi

[878] Também na Alemanha, o § 10 da *AGB Freiverkehr an der FWB der Deutschen Börse AG* prevê casos em que não é necessário o pedido de admissão à negociação no *Quotation Board* do *Open Market* (*Freiverkehr*) por parte do emitente. Pelo contrário, o § 16 da *AGB Freiverkehr der Deutschen Börse AG* exige um pedido do emitente para admissão à negociação no *Entry Standard*.

[879] Cf. ROBERT SMITH, *Junk bond issues mull delistings*, IFR, ag.-set. 2016, 2148. O Autor nota que o Regulamento do Abuso de Mercado foi pensado, essencialmente, para o mercado de ações e não para o mercado de obrigações, cujos problemas e preocupações não devem ser assimilados. As obrigações, tipicamente, estão admitidas à negociação essencialmente devido a preocupações fiscais dos emitentes e a necessidades regulatórias dos investidores, não sendo, na prática, o mercado necessário para a negociação destes instrumentos. Por isso, o Regulamento falha o seu objetivo quando impõe obrigações de transparência tão pesadas aos emitentes de obrigações *high yield*. Assim, *v.g.*, a necessidade de comunicar informação sensível logo que possível dificulta as reestruturações de dívida. Embora o RAM preveja a possibilidade de diferimento da divulgação de informação por parte de empresas em dificuldade económica, a verdade é que o juízo de diferimento da informação é complicado e sujeito a ser questionado pelo regulador. Num cenário deste tipo, que já é, por si, bastante tenso, obrigar o emitente a, adicionalmente, lidar com o regulador pode dificultar o processo de reestruturação. Por isso, algumas das empresas que saem da "luz" regulatória dos mercados da União Europeia, através do *delisting*, e que pedem a admissão à negociação em mercados mais "escuros" a nível regulatório, nem sempre pretendem um regime de opacidade, mas, sim, a manutenção do *status quo* existente antes do RAM. Será o caso da *Mydentist* e *Adient* que continuam a publicar informações financeiras trimestrais, exigência que nem consta do RAM, mas apenas da maioria dos *covenants* das obrigações emitidas.

decidido em assembleia geral) a admissão dos seus instrumentos financeiros à negociação nalgum mercado abrangido pelo RAM[880].

Importa, ainda assim, por via interpretativa, delimitar adicionalmente o âmbito do dever de divulgação, de forma a evitar a contradição latente entre o primeiro e o terceiro parágrafos do artigo 17.º/1 do RAM. Pense-se no caso de um emitente cujas ações são negociadas no mercado regulamentado ao qual pediu a admissão, mas as obrigações encontram-se a ser transacionadas num mercado OTC sem o seu consentimento. O dever de divulgar informação *ad hoc* só existe se o emitente solicitou ou aprovou a admissão do instrumento financeiro à negociação, sem que, no entanto, se esclareça os seus contornos quando o emitente apenas tenha feito o pedido relativamente a um dos instrumentos financeiros em negociação. Nesse caso, há que perguntar se existe dever de divulgar factos e circunstâncias que somente afetam de forma sensível o preço das obrigações no mercado OTC, mas não a cotação das ações. Se bem que a letra do artigo 17.º impõe a comunicação de *toda* a informação privilegiada diretamente relacionada com o emitente, uma interpretação sistemática do Regulamento leva a restringir o alcance da norma, de modo a que só deva ser divulgada informação privilegiada que diga diretamente respeito ao emitente desde que esta seja idónea para influenciar de forma sensível o preço dos instrumentos financeiros cuja admissão à negociação tenha sido solicitada ou aprovada pelo emitente[881]. Desta forma tutela-se a confiança dos investidores sem onerar excessivamente o emitente com deveres de informação que não protegem o mercado no qual pediu a admissão à negociação.

No caso de grupos de sociedades, à partida, o dever de divulgação é independente da estrutura do grupo, i.e., os requisitos que determinam a sujeição do emitente ao dever de divulgar informação *ad hoc* devem ser analisados de forma separada em relação a cada sociedade que o compõe. Mas já assim não será quando a subsidiária esteja incluída no perímetro de consolidação da sociedade-mãe, caso em que esta terá de divulgar informação privilegiada

[880] Em Itália, o regime era aparentemente ainda mais severo: o artigo 2637 do *Codice* previa a prisão de um a cinco anos para quem divulgasse informações falsas, realizasse transações simuladas ou utilizasse outros artifícios capazes de alterar significativamente o preço dos instrumentos financeiros não cotados ou para os quais não tivesse sido apresentado um pedido de admissão à negociação num mercado regulamentado ou que afetasse significativamente a confiança do público. Porém, depois de 2009 e da alteração do artigo 180.º/1, *a), 2)*, TUF, que estendeu o âmbito de previsão do regime do abuso de mercado, deixando de fora, expressamente, os sistemas de internalização sistemática, deve considerar-se tacitamente revogada esta norma do *Codice*. Nesse sentido, Paolo Maggini, *L'estensione* cit., 1016.

[881] Em sentido próximo, cf. Scholz, *Ad-hoc-Publizität* cit., 1289-1290.

respeitante também à sociedade-filha[882]. Tal interpretação encontra, aliás, consagração expressa em Itália, no artigo 114 TUF[883]. Por outro lado, uma sociedade-filha não admitida à negociação deverá divulgar informação sensível que a afete diretamente e que provoque uma oscilação do valor dos instrumentos financeiros da sociedade-mãe porque, por exemplo, o pagamento de dividendos da subsidiária à *holding* poderá diminuir[884].

Excecionalmente, é possível o diferimento da divulgação de informação privilegiada, sob responsabilidade do emitente, desde que (i) a divulgação imediata seja capaz de prejudicar os interesses legítimos do emitente ou do grupo de sociedades[885], (ii) o diferimento não seja suscetível de induzir o público em erro e (iii) o emitente consiga assegurar a confidencialidade da informação (artigo 17.º/4 do RAM)[886]. A expressão *interesses legítimos do emitente* pode ser interpretada de três formas diferentes; podendo entender-se que

[882] A consolidação de contas impõe-se nos casos de unidade substancial das sociedades do grupo, o que determina um tratamento unitário também a nível contabilístico. A consolidação de contas das sociedades cotadas encontra-se fora do âmbito de aplicação do Decreto-Lei n.º 158/2009, de 13 de julho, na redação do Decreto-Lei n.º 98/2015, de 2 de junho, bem como da Diretiva 2013/34/UE do Parlamento Europeu e do Conselho, de 26 de junho de 2013. A estas entidades aplica-se o Regulamento (CE) 1126/2008, de 3 de novembro de 2008, que adota normas internacionais de contabilidade, na aceção do Regulamento (CE) 1606/2002. Em 2011 foi publicado, pelo *International Accounting Standards Board*, a Norma Internacional de Relato Financeiro (IFRS) 10 Demonstrações Financeiras Consolidadas, que fornece um modelo de consolidação único e que identifica a relação de controlo como base para a consolidação de todos os tipos de entidades. Considera-se que existe controlo quando a empresa-mãe cotada está exposta ou tem direito a retornos variáveis do seu envolvimento com a subsidiária e tem a habilidade de afetar o lucro através do seu poder sobre a investida. Cf. Menezes Cordeiro, *Introdução ao direito da prestação de contas*, Coimbra, 2008, 153-162; Ana Maria Rodrigues/Rui Pereira Dias, *Código das Sociedades Comerciais em Comentário*, vol. VII, Coimbra, 2014, 355; Ana Perestrelo de Oliveira, *Informação nos grupos de sociedades*, Coimbra, 2018, 39 ss.

[883] No artigo 114 TUF prevê-se o dever de divulgação de informação privilegiada "che riguardano direttamente detti emittenti e le società controllate". O regime italiano consagra, pois, expressamente a solução que defendemos.

[884] Neste sentido, Hopt/Kumpan, *§ 107* cit., 138; *Kölner Kommentar zum WpHG*, 2.ª ed., Köln, 2014, § 15 Rn. 88 ss; Georg A. Frowein, *§ 10. Pflicht zur Veröffentlichung von Insiderinformationen (§ 15 WpHG)*, em Habersack/Mülbert/Schlitt, *Handbuch* cit., 226-276 (Rn. 27).

[885] Embora o Regulamento apenas se refira expressamente ao interesse legítimo do emitente deve ser estendido, ou, no mínimo, aplicado analogicamente, ao interesse da sociedade-mãe em não divulgar informação privilegiada respeitante à sociedade-filha. Assim, Hopt/Kumpan, *§ 107* cit., 153.

[886] Cf. Michael Schlitt, *§ 38. Kapitalmarktrechtliche Folgepflichten eines börsennotierten Unternehmens*, em Habersack/Mülbert/Schlitt, *Unternehmensfinanzierung* cit., 1236-1294 (Rn. 38.75-38.88).

o diferimento depende (i) apenas do interesse do emitente *ad hoc*[887], (ii) de o interesse do emitente no diferimento ser superior ao interesse do mercado em conhecer a informação privilegiada ou (iii) de o segredo temporário ser também do interesse do mercado de capitais[888]. Já se disse que existiria um interesse legítimo do emitente quando a não divulgação fosse de importância considerável para o emitente, só por si ou em conjugação com outras circunstâncias[889]. Porém, o caráter indeterminado de noções deste tipo levou à procura de critérios para a sua densificação, finalmente encontrados em 2014 por Klöhn[890] e, posteriormente, em 2016, adaptados pelo Autor ao Regulamento do Abuso de Mercado, a partir da ideia de que o emitente terá um interesse legítimo no diferimento quando os custos superarem os benefícios que a divulgação apresenta para os acionistas do emitente. O interesse do emitente, enquanto pessoa coletiva, deveria ser funcionalmente entendido como forma abreviada de referência ao interesse dos seus acionistas, avaliado *ex ante* segundo o padrão comum de vontade de maximização de lucros[891]. Cremos que a noção de interesse legítimo do emitente deve ser interpretada restritivamente, como impõem as orientações da ESMA[892], devendo apenas ser aceite o diferimento nos casos em que este seja também do interesse do mercado, i.e., dos seus participantes[893]. Considera-se afetado o interesse

[887] Posição defendida por Klöhn, *Ad-hoc-Publizität und Insiderverbot im neuen* cit., 430 ss.; Poelzig, *Die Neuregelung der Offenlegungsvorschriften durch die Marktmissbrauchsverordnung*, NZG 2016, 761-773 (764); Christoph Kumpan, *Ad-hoc-Publizität nach der Marktmissbrauchsverordnung — Untersuchung wesentlicher Neuerungen und deren Auswirkungen auf Emittenten*, DB 2016, 2039-2046 (2043).

[888] Cf. Philipp Steinrück, *Das Interesse des Kapitalmarkts am Aufschub der Ad-hoc-Publizität. Eine Studie zu Art. 17 Abs. 4 MAR*, Tübingen, 2018, 84 ss., com uma análise de diferentes casos em que o diferimento pode ser considerado no interesse do mercado (pp. 114-156). Esta tese era maioritária na Alemanha, antes da entrada em vigor do RAM, por ser aquela que melhor se coadunava com o § 6 S. 1 WpAIV. Cf. Andreas Cahn/Jürgen Götz, *Ad-hoc-Publizität und Regelberichterstattung*, AG 2007, 221-226 (223); Stefan Simon, *Die neue Ad-hoc-Publizität*, Der Konzern 2005, 13-22 (19); Assmann, *§ 15* cit., Rn. 155-157.

[889] Cf. Michael Nietsch, *Schadensersatzhaftung wegen Vertoßes gegen Ad-hoc-publizitätspflichten nach dem Anlegerschutzverbesserungsgesetz*, BB 2005, 785-790 (788).

[890] Lars Klöhn, *§ 15* em Heribert Hirte/Thomas M. J. Möllers, *Kölner Kommentar zum WpHG*, 2.ª ed., Köln, 2014, 215 ss. e *Ad-hoc-Publizität und Insiderverbot im neuen* cit., 430 ss. O Autor defendia que o diferimento da divulgação dependia de uma ponderação entre o interesse do emitente e do mercado, mas, perante o RAM, passou a advogar a tese da relevância exclusiva do interesse legítimo do emitente.

[891] Cf. Klöhn, *Ad-hoc-Publizität und Insiderverbot im neuen* cit., 430.

[892] Cf. ESMA 2016/1130 cit., 14.

[893] Diga-se, com Steinrück, *Das Interesse* cit., 92 ss., que outra posição abriria a porta a que não fossem comunicados ao mercado os passos intermédios de um processo continuado no tempo,

do mercado — na suposição de que os investidores procuram eficiência informativa e de alocação de recursos — quando se encontrem a decorrer negociações e a divulgação possa afetar o seu resultado ou curso normal. As negociações para recuperação financeira do emitente podem não ser divulgadas ao público, durante um período limitado, de modo que a reação do mercado não comprometa, severa e permanentemente, a viabilidade financeira do emitente e o sucesso da recuperação empresarial. Assim acontece também quanto a algumas negociações relacionadas com fusões, aquisições, cisões, *spin-offs* e aquisições ou alienações de ativos importantes ou ramos de atividade empresarial, bem como quanto a outras reestruturações e reorganizações[894]. O diferimento será igualmente legítimo em caso de decisões tomadas ou contratos celebrados pelo órgão de direção, cuja eficácia fique dependente da aprovação por outro órgão social e a comunicação de que a aprovação se encontra pendente possa comprometer a correta apreensão da informação pelo público (considerando 50 do RAM) desde que o emitente tenha providenciado no sentido de a decisão definitiva ser adotada com a maior brevidade possível. A informação pode ainda comportar um dano reputacional para o emitente, caso em que deverá ser feita uma ponderação cuidada do interesse dos acionistas na preservação da integridade do emitente e da manutenção do efeito disciplinador do dever de informação *ad hoc*[895].

apesar do seu impacto no preço dos instrumentos financeiros, uma vez que, nestes casos, tipicamente os custos de manutenção da confidencialidade são particularmente elevados e o diferimento poderia ser facilmente justificado com recurso à ideia de que a sua divulgação poderia aumentar os custos das negociações em curso. Não é, porém, como vimos, o que se pretendeu no regime do abuso de mercado. Por outro lado, há que não esquecer o papel da informação *ad hoc* na formação dos preços no mercado, o que torna altamente questionável se pode ser descartado o interesse do mercado, mesmo quando os custos do não diferimento sejam marginais.

[894] Cf. ESMA, *Orientações relativas ao Regulamento "Abuso de Mercado". Diferimento de informação privilegiada*, 20-out.-2016, ESMA/2016/1478PT. As Orientações apresentam um conjunto de outras situações nas quais se considera existir um interesse legítimo do emitente no diferimento do dever de divulgação.

[895] Sobre os termos em que a ponderação de interesses deve ser feita, cf. Lars Klöhn/Klaus Ulrich Schmolke, *Der Aufschub der Ad-hoc-Publizität nach Art. 17 Abs. 4 MAR zum Schutz der Unternehmensreputation*, ZGR 2016, 866-896. A expressão "interesses legítimos do emitente", usada no artigo 17.º/4 do RAM, aponta no sentido de atribuir relevância à maximização do valor fundamental da sociedade, pelo que será natural que os acionistas pretendam preservar a reputação do emitente mediante o atraso da divulgação da informação. Porém, não querem abdicar do efeito disciplinador do conselho de administração e fiscalização que é conseguido pelo dever de divulgação *ad hoc*. Assim, o diferimento só deve ser admitido se existir um risco de excesso de reação do mercado à divulgação imediata, que possa ser mitigado com medidas adequadas no período de diferimento.

Por outro lado, considera-se que a informação é apta para induzir o público em erro — e, portanto, não pode ser diferida — se for significativamente diferente de anterior anúncio público do emitente relacionado com o assunto a que a informação privilegiada respeita, se revelar que existe uma reduzida probabilidade de os objetivos financeiros do emitente comunicados ao público em momento prévio serem cumpridos ou ainda se a informação contradisser as expetativas do mercado que se baseiem em sinais transmitidos pelo emitente (*v.g.*, através de entrevistas, exposições itinerantes ou outro tipo de comunicação organizada pelo emitente ou com a sua aprovação)[896].

No caso de instituições financeiras pode também, mediante consentimento da autoridade competente, ser diferida informação relativa à existência de problemas transitórios de liquidez ou à necessidade de receber assistência temporária de um banco central ou entidade financiadora de última instância, quando a divulgação possa comprometer a estabilidade do emitente ou do sistema financeiro, o diferimento seja do interesse público e seja salvaguardada a confidencialidade da informação. A possibilidade de adiar a divulgação de informação sensível, nestas situações, tem como objetivo evitar que os participantes levantem fundos em larga escala, gerando graves consequências sistémicas. Em qualquer caso, a decisão de diferimento, devidamente fundamentada, deve ser apresentada à CMVM (artigos 248.º-A/3 do CVM e 17.º/5 do RAM)[897].

Quando não seja respeitado o dever de divulgar informação *ad hoc* ou o seu conteúdo não corresponda aos padrões de qualidade exigidos pela legislação mobiliária, o emitente pratica um facto ilícito suscetível de o fazer incorrer em responsabilidade civil, à qual se aplica, com as devidas adaptações, o disposto relativamente à responsabilidade pelo conteúdo do prospeto (artigo 251.º

[896] Cf. ESMA/2016/1478PT cit., 5 e 6.

[897] Sobre a possibilidade de diferimento por motivos de preservação da estabilidade financeira, cf. Lars Klöhn, *Der Aufschub der Ad-hoc-Publizität zum Schutz der Finanzstabilität (Art. 17 Abs. 5 MAR)*, ZHR 181 (2017), 746-779. No ordenamento jurídico nacional encontra-se ainda prevista a possibilidade de dispensa de divulgação de algumas informações no artigo 250.º do CVM. A informação cuja divulgação se pretende dispensar deve ser comunicada à CMVM e considera-se o pedido concedido se a entidade de supervisão nada disser passados 15 dias após a submissão do pedido. A concessão da dispensa exige que a divulgação de informação seja contrária ao interesse público e suscetível de causar prejuízo grave ao emitente, não podendo a ausência de divulgação induzir o público em erro sobre factos e circunstâncias essenciais para a avaliação dos valores mobiliários. A possibilidade de dispensa do dever de informar implica reconhecer um "verdadeiro espaço de discricionariedade" da CMVM, que deve ponderar os interesses conflituantes do emitente e do mercado. Cf. André Figueiredo, *A informação difundida* cit., 78. É, porém, duvidoso que o regime de dispensa se harmonize com o regulamento europeu, como nota Paulo Câmara, *Manual* cit., 727.

do CVM). O tratamento da responsabilidade por falhas na divulgação da informação *ad hoc* em termos idênticos aos da responsabilidade pelo conteúdo do prospeto constitui uma particularidade do nosso regime, não acompanhada por outros ordenamentos jurídicos. Na Alemanha, por exemplo, existe um regime especificamente desenhado para estas situações: os §§ 97 e 98 WpHG preveem o dever de indemnizar os investidores que tenham adquirido instrumentos financeiros depois da omissão do dever de divulgação (ou incorreta divulgação) e não os tenham alienado à data em que a informação privilegiada foi conhecida pelo mercado ou que tenham adquirido os instrumentos antes da existência da informação privilegiada e os tenham vendido depois da sua omissão[898]. Os exatos contornos da responsabilidade do emitente nestes casos serão analisados *infra*. Não existindo previsão especial de responsabilidade dos administradores, o § 826 BGB é visto como o padrão de responsabilidade mais relevante, entendendo-se que a conduta do emitente e dos seus gestores viola os bons costumes se, de acordo com as circunstâncias, a divulgação de informação *ad hoc* errada ou a sua omissão constituírem uma conduta frívola ou sem escrúpulos[899].

2.3. Omissão e cumprimento defeituoso do dever de informação periódica e articulação com o dever de comunicação *ad hoc*

Em algumas situações, a assimetria informativa é sempre considerada inadmissível, pelo que existe o dever de informar mesmo sem interrogar se a informação é idónea para influenciar o preço dos instrumentos financeiros no mercado, colocando-se o problema da articulação com o dever de divulgar informação privilegiada. O dever de informação periódica[900] reporta-se,

[898] Ao contrário do que acontece em Portugal com um regime de responsabilidade unitário, na Alemanha, as diferenças entre o enquadramento da responsabilidade civil pelo prospeto e por informações *ad hoc* encontram-se em vários pontos: (i) existência de previsões mobiliárias especiais quanto à responsabilidade dos administradores perante os investidores, (ii) responsabilidade de peritos, (iii) nível de culpa exigido, (iv) conteúdo de um potencial pedido de indemnização. Sobre estas diferenças, cf. Hopt/Voigt, *Prospekt- und Kapitalmarktinformationshaftung* cit., 1801 ss., num texto redigido na sequência de um pedido endereçado ao *Hamburger Max-Planck-Institut für ausländisches und internationales Privatrecht* para que indicasse os pontos de partida para uma futura harmonização da responsabilidade civil pelo prospeto.

[899] Stefan Rützel, *Der aktuelle Stand der Rechtsprechung zur Haftung bei Ad-hoc-Mitteilungen*, AG 2003, 69-79 (73).

[900] Cf. Paulo Câmara, *Manual* cit., 719; Filipe Matias Santos, *Divulgação* cit., 93; Pereira de Almeida, *Sociedades abertas*, em *Direito dos valores mobiliários*, vol. VI cit., 9-49 (27-29).

como é conhecido, às contas (anuais e semestrais) e ao governo das sociedades. O seu desenvolvimento material extravasa naturalmente os objetivos da investigação.

Os artigos 245.º e 246.º do CVM impõem, respetivamente, o dever de apresentação do relatório e contas anuais e de prestação de informação semestral; por seu lado, o artigo 245.º-A determina que os emitentes devem, igualmente, em capítulo do relatório anual de gestão, divulgar um relatório sobre o governo da sociedade (artigo 245.º-A do CVM)[901]. No que toca às contas anuais, o Regulamento (CE) 1606/2002 do Parlamento Europeu e do Conselho, de 19 de julho obriga também a que as contas consolidadas sejam elaboradas em conformidade com as normas internacionais de contabilidade. As contas devem ser divulgadas no prazo de quatro meses a contar da data de encerramento do exercício e mantidas à disposição do público durante dez anos (artigo 245.º do CVM).

O dever de divulgar informação semestral vincula os emitentes de ações e de valores mobiliários representativos de dívida a, no prazo máximo de três meses após o termo do primeiro semestre do exercício, divulgarem as demonstrações financeiras condensadas e um relatório de gestão intercalar (artigo 246.º do CVM). O prazo de três meses resulta de uma extensão operada pela Diretiva da Transparência, com o intuito de proporcionar mais flexibilidade e reduzir os encargos administrativos. Pretende-se, com o prazo mais alargado, que os relatórios dos emitentes de pequena e média dimensão mereçam mais atenção por parte dos participantes no mercado, tornando-os mais visíveis (considerando 6 da Diretiva da Transparência). A exigência de divulgar informação apenas quanto ao primeiro semestre compreende-se: a finalidade

[901] Cf., *v.g.*, José Ferreira Gomes/Diogo Costa Gonçalves, *§ 8 Transparência*, em José Ferreira Gomes/Diogo Costa Gonçalves, *Manual* cit., 107-114 (111). Na Alemanha, o dever de publicar, anualmente, o relatório em que se declara o acolhimento das recomendações do código alemão do governo das sociedades publicado pelo *Bundesministerium der Justiz und für Verbraucherschutz* (BMJV), na secção oficial da *Bundesanzeiger*, encontra-se previsto no § 161 AktG. Sobre a responsabilidade do emitente e dos administradores pela divulgação incorreta do relatório, neste ordenamento, cf. Nils Abram, *Ansprüche von Anlegern wegen Verstoßes gegen Publizitätspflichten oder den Deutschen Corporate Governance Kodex?*, NZG 2003, 307-313. Embora a sociedade possa, em alguns pontos, divergir do código de governo das sociedades, esses desvios, por si, não são suficientes para gerar uma quebra dos deveres dos membros dos órgãos de administração e constituir a obrigação de indemnizar. Segundo o Autor, a existência de responsabilidade dependerá da medida do desvio e de eventuais circunstâncias especiais da empresa, que possam justificar uma política de governo correspondente, pelo que, na prática, a existência de responsabilidade com este fundamento será bastante rara.

é transmitir uma imagem *intercalar* da gestão da empresa, *ratio* que se perderia no caso de o exercício já estar encerrado e se encontrar iminente a apresentação do relatório e demais demonstrações financeiras anuais, que, de resto, se revestem de superiores exigências garantísticas. Assim, não é por acaso que no segundo semestre as sociedades emitentes de valores mobiliários admitidos à negociação em mercado regulamentado não estão obrigadas a prestar informação intercalar, limitando-se a apresentar o relatório e contas anuais.

Certo é que a publicação da informação deve ser sempre acompanhada de uma declaração de responsabilidade de cada uma das pessoas responsáveis do emitente, cujos nomes e funções devem ser claramente indicados (artigos 245.º/1, *c)* e 246.º/1, *c)*, do CVM).

No caso de omissão do dever de divulgar a informação financeira, tem-se apontado que não deve o tribunal exonerar de responsabilidade o emitente por este ter divulgado todos os elementos relevantes para que o investidor calcule a situação financeira da empresa. Pelo contrário, caberá questionar (i) se a totalidade dos elementos necessários para chegar a essa conclusão foram divulgados em termos temporalmente próximos uns dos outros e em sítio onde um investidor razoável os esperasse encontrar; (ii) se os elementos estavam devidamente referenciados entre si e (iii) se os factos foram suficientemente destacados para poderem merecer a atenção de um investidor razoável. Sendo a resposta negativa, a omissão do emitente deve ser considerada ilícita[902].

A partir da versão de 2013 da Diretiva da Transparência, as sociedades cotadas que não sejam instituições de crédito ou sociedades financeiras deixaram de estar obrigadas a divulgar informação financeira trimestral, embora possam fazê-lo. A eliminação deste dever de divulgação vai ao encontro da visão dominante sobre o papel lateral desempenhado pela informação trimestral. Após uma fase em que este dever era generalizadamente bem acolhido, passou a identificar-se uma tendência para a sua dispensa, que representou reconhecimento do fenómeno da *information overload* e dos excessivos custos que a multiplicação de deveres informativos impõe ao emitente[903]. A alteração

[902] Cf. Stefan J. Padfield, *Who should do the math? Materiality issues in disclosures that require investors to calculate the bottom line,* Pepperdine Law Review, vol. 34:4 (2007), 927-949 (948), disponível em http://digitalcommons.pepperdine.edu/plr/vol34/iss4/9.

[903] No Reino Unido, por exemplo, o tema foi especialmente debatido, antes da alteração da Diretiva, tendo sido instituído pelo Governo o *The Kay Review of United Kingdom Equity Markets and Long Term Decision Making*, que produziu um relatório final, disponível em http://www.ecgi.org/conferences/eu_actionplan2013/documents /kay_review_final_report.pdf recomendando a eliminação da informação trimestral obrigatória.

pretendeu, pois, reduzir os encargos administrativos da admissão à negociação num mercado regulamentado, muitas vezes desproporcionais para os emitentes de pequena e média dimensão. Considera-se que a publicação trimestral incentiva horizontes temporais de investimento mais reduzidos, fomentando o *short termism*, pelo que a sua supressão tem também por fim estimular a criação sustentável de valor e as estratégias de investimento a longo prazo[904], sem que represente qualquer prejuízo para os investidores que continuam a beneficiar da transparência garantida pelo dever de divulgação *ad hoc*, aliás mais adequado para proteger os investidores do que a publicação de informação financeira trimestral. Assim, por exemplo, verificando-se um desvio de, no mínimo, 25%[905] entre os resultados financeiros e a perceção do mercado sobre estes deve ser divulgado um *profit warning*.

A matéria da prestação de contas consente desenvolvimentos que não se compatibilizam com os objetivos do nosso estudo. Interessa-nos aqui, sobretudo, a relação entre informação periódica e informação contínua. Embora não tenha merecido atenção no ordenamento jurídico nacional, a questão é consideravelmente discutida na Alemanha[906], onde a *2. Finanzmarktförderungsgesetz*[907] estabelecia que não eram objeto de divulgação *ad hoc* os factos que deviam constar dos relatórios financeiros ou de *corporate governance*. Tendo em atenção que o dever supunha que os factos não fossem conhecidos do público, considerava-se que só careciam de divulgação aqueles que não constassem da informação periódica[908]. A questão foi analisada pelos tribunais alemães no caso *IKB*[909]. Esta sociedade emitiu um comunicado de imprensa a 20 de

[904] Considerando 4 da Diretiva da Transparência. É verdade que não existe uma obrigatoriedade de ajustar a estratégia ou gestão em virtude dos relatos intercalares, mas a informação trimestral é determinante na existência de um incentivo para tal, que, no entanto, não apresenta os resultados esperados: os ganhos de curto prazo acabam por não ser repetidos nas contas do período seguinte. Cf. Gillian North, *Listed company disclosure and financial market transparency: is this a battle worth fighting or merely policy and regulatory mantra?*, Journal of Business Law, 6, 484-511, disponível em https://ssrn.com/abstract=2848646.

[905] Cf. Paulo Câmara, *Manual* cit., 725 e 726.

[906] Cf. Lars Klöhn, *Kapitalmarkt, Spekulation und* Behavioral Finance. *Eine interdisziplinäre und vergleichende Analyse zum Fluch und Segen der Spekulation und ihrer Regulierung durch Recht und Markt*, Berlin, 2006, 203-205.

[907] *Gesetz über den Wertpapierhandel und zur Änderung börsenrechtlicher und wertpapierrechtlicher Vorschriften (Zweites Finanzmakrtfördeungsgesetz)*, de 17-jun.-1994, disponível em http://www.kapitalmarktrecht-im-internet.eu/de/Rechtsgebiete/Ka/Artikelgesetze/ 7/2._FFG.htm.

[908] Assim, Jens Ekkenga, *Anlegerschutz, Rechnungslegung und Kapitalmarkt. Eine vergleichende Studie zum europäischen, deutschen und britischen Bilanz-, Gesellschafts- und Kapitalmarktrecht*, Tübingen, 1998, 448.

[909] Cf. BGH 13-dez.-2011, XI ZR 51/10.

julho de 2007 no qual negou ser significativamente afetada pela crise hipotecária que se fazia sentir nos Estados Unidos. Pouco tempo depois, porém, a mesma sociedade comunicou ao mercado que o seu *rating* de crédito estava em risco em resultado do respetivo envolvimento no mercado hipotecário americano e anunciou, em simultâneo, a saída, por acordo com o conselho de fiscalização, do CEO (Stefan Ortseifen). Efetivamente, 38,5% dos seus investimentos encontravam-se alocados ao mercado *subprime*, dos quais 90% eram detidos através de *special purpose vehicles* (SPV). Na sequência destes anúncios, o preço das ações da IKB colapsou, o que levou um investidor que adquirira 1000 ações da sociedade a exigir judicialmente a restituição do preço pago por estas mediante a sua devolução. O Tribunal considerou que o facto de a IKB ter publicado o relatório financeiro periódico no tempo adequado não a desonerava do dever de divulgação *ad hoc*, uma vez que os relatórios respeitantes ao período entre os anos de 2002 e 2007 não espelhavam de forma correta a exposição da sociedade ao mercado internacional de crédito, em particular aos investimentos *subprime*. Deste caso parece poder retirar-se um princípio que deve reger a articulação entre o dever de informação contínua e o dever de informação periódica: em circunstância alguma a existência desses dois deveres distintos pode prejudicar o propósito do dever de informação contínua, que é, naturalmente, o aumento da transparência. Atualmente, entendemos que a noção de informação privilegiada vincula o emitente a divulgar a informação sensível por via de uma comunicação específica para o efeito, mesmo que esta se inclua no escopo do dever de divulgação periódica[910].

[910] Neste sentido, cf. Klöhn, *Die Haftung* cit., 347. O Tribunal não fundamentou a responsabilidade civil da sociedade IKB diretamente nas incorreções no comunicado de imprensa mas sim no facto de não ter feito uma comunicação *ad hoc* a corrigir a informação, revelando a sua real exposição à crise do *subprime*. Julgamos, com Klöhn, que a fundamentação apresentada pelo BGH é "explosiva" e ameaça desequilibrar o sistema de responsabilidade civil por informações no mercado de capitais. A ideia subjacente à sentença é que a apresentação de informação falsa ao mercado faz surgir um dever *ad hoc* de a corrigir, o que, na prática, significa encarar a violação do dever de informação contínua como cláusula geral de responsabilidade por informações no mercado de capitais. Na Alemanha, Klöhn, *Die Haftung* cit., 348, considera que essa posição conduziria a negar a decisão do legislador alemão de não consagrar uma cláusula geral de responsabilidade por informações no mercado (ainda que, de *lege ferenda*, essa adoção fosse recomendável). À luz do direito português, embora o legislador tenha pretendido estabelecer o regime da responsabilidade civil pelo conteúdo do prospeto como cláusula geral de responsabilidade no mercado, a argumentação afigura-se artificial e opta por um caminho sinuoso para imputar danos ao emitente. Para esse propósito será suficiente fundar a responsabilidade nos defeitos da informação prestada voluntariamente ao mercado, que constitui um comportamento ilícito por violação de deveres acessórios de conduta. Assim, se à data da comunicação já existia informação privilegiada e o investidor faltou à verdade

Não será, pois, legítimo diferir a publicação de informação privilegiada remetendo a sua divulgação para o relatório financeiro ou de *corporate governance*[911].

À responsabilidade pelo conteúdo da informação financeira anual, semestral ou trimestral, aplica-se, com as devidas adaptações, o regime da responsabilidade civil pelo conteúdo do prospeto (artigo 251.º do CVM), confirmando a legitimidade da análise unitária que empreendemos.

2.4. Abuso de mercado

2.4.1. Manipulação de mercado

O dever de divulgação *ad hoc* garante, como se disse, a integridade dos mercados financeiros, nomeadamente porque previne situações de abuso, como a manipulação de mercado, a transmissão ilícita de informação privilegiada e o abuso de informação privilegiada[912]. É considerada manipulação de mercado — prática vedada pelos artigos 12.º e 15.º do RAM — a divulgação de sinais

na sua divulgação, aplica-se o regime da informação contínua sem modificações. Caso não existisse informação privilegiada, esta não surge em virtude de um erro na comunicação voluntária.

[911] Encontra-se hoje revogado o artigo 248.º-C do CVM, que vinculava o emitente a divulgar, pelo menos uma vez por ano, um documento que contivesse ou fizesse referência à informação publicada ou disponibilizada ao público pelo emitente no período de 12 meses antecedente. Tratava-se de uma "informação sobre informação". Cf., na Alemanha, a propósito de documento similar, CORNELIUS GÖTZE/NILS-CHRISTIAN WUNDERLICH, *§ 11. Järliches Dokument nach § 10 WpPG*, em HABERSACK/MÜLBERT/SCHLITT, *Handbuch* cit., 276-277 (Rn. 1). Em 2013, com o Decreto-Lei n.º 18/2013, de 6 de fevereiro, que transpôs a Diretiva dos Prospetos, foi revogada esta exigência, tal como sucedeu noutros ordenamentos jurídicos (cf., *v.g.*, § 10 WpPG que foi revogado em 2012).

[912] Fora do escopo do nosso estudo encontra-se a vertente penal do abuso de mercado. Na literatura portuguesa, sobre o tema, cf. PAULO DE SOUSA MENDES, *Como lidar com os casos de abuso de mercado transnacional? O caso Citigroup*, em SOUSA MENDES *et alii* (org.), *Direito sancionatório das autoridades reguladoras*, Coimbra, 2009, 355-363; A. BARRETO MENEZES CORDEIRO, *Manual* cit., 385 ss.; PEDRO VERDELHO, *Infracções no mercado financeiro: crimes de abuso de informação privilegiada e de manipulação de mercado*, em *Direito sancionatório* cit., 339-354; FREDERICO DA COSTA PINTO, *Falsificação de informação financeira nas sociedades abertas*, em *Direito penal económico e europeu: textos doutrinários*, vol. III, Coimbra, 2009, 617-659; do mesmo Autor, *Erro e consciência da ilicitude em infracções contra o mercado de valores mobiliários*, em *Direito penal económico* cit., 661-678; *Crimes económicos e mercados financeiros*, Revista Brasileira de Ciências Criminais, ano 10, n.º 39, jul.-set. 2002, 28-62; *O novo regime dos crimes e contra-ordenações no código dos valores mobiliários*, Coimbra, 2000; JOSÉ DE FARIA COSTA/MARIA ELISABETE RAMOS, *O crime de abuso* cit., 32-61 e 94-115; MIGUEL PEDROSA MACHADO, A entrada em vigor das incriminações de abuso de informação e de manipulação do mercado do código do mercado de valores mobiliários: chamada de atenção para mais um erro de técnica legislativa, Revista portuguesa de ciência criminal, n.º 4, out.-dez.1991, 609-625; RUTE MARTINS DOS SANTOS, *Estabilização de preços e manipulação de mercado — o síndroma da ilha*, em *Direito dos valores mobiliários*, vol. IV cit., 395-435 (399-404).

falsos ou enganadores ou a fixação de preços, ou seja, a realização de operações, colocação de ordem ou qualquer outra conduta que dê, ou seja idónea para dar, indicações falaciosas no que respeita à oferta, procura ou preço de instrumentos financeiros ou outros produtos abrangidos pelo Regulamento[913] ou que assegure, ou seja apta para assegurar, o preço de um instrumento financeiro a um nível anormal ou artificial. Estas práticas não são, excecionalmente, qualificadas como manipulação de mercado se tiverem ocorrido por motivos legítimos e as operações se encontrarem em conformidade com as práticas de mercado aceites, tal como se encontram definidas no artigo 13.º do RAM. Assim, constitui manipulação de mercado o facto de uma pessoa, ou várias, agindo concertadamente, assegurarem uma posição dominante sobre a oferta ou a procura de um instrumento financeiro que tenha (ou seja idónea para ter) como efeito a fixação, de forma direta ou indireta, de preços de compra ou de venda ou que crie (ou seja idónea para criar) outras condições de negociação não equitativas. Este fenómeno é, por vezes, denominado *abusive squeeze*. O mesmo se diga em relação à compra ou venda de instrumentos financeiros no momento da abertura ou fecho do mercado que tenham ou sejam idóneas para ter o efeito de induzir em erro os investidores que agem com base nesses preços (marcação do preço de fecho ou *marking the close*)[914].

[913] Referimo-nos aos contratos de mercadorias à vista relacionados com os instrumentos financeiros e aos produtos leiloados baseados em licenças de emissão. Contrato de mercadoria à vista é um contrato de fornecimento de uma mercadoria negociada num mercado à vista que é imediatamente entregue quando a transação é liquidada, bem como um contrato para o fornecimento de uma mercadoria que não seja um instrumento financeiro, incluindo um contrato a prazo liquidado mediante uma entrega física (artigo 3.º/1, 15, do RAM). Em geral, quando nos referirmos a situações de manipulação de mercado que influenciem o mercado ou o valor dos instrumentos financeiros também devem considerar-se abrangidos estes produtos. Sobre a proibição de manipulação de mercado no Regulamento, cf. WOLFGANG FEURING/CARSTEN BERRAR, *§ 39. Stabilisierung*, em HABERSACK/MÜLBERT/SCHLITT, *Unternehmensfinanzierung* cit., 1295-1332.

[914] No anexo I do RAM são apresentados alguns indicadores, não exaustivos e que não devem necessariamente ser vistos, por si só, como manipulação de mercado. Entre eles, contam-se a execução de ordens ou realização de operações que representem uma percentagem considerável do volume diário de operações sobre determinado instrumento financeiro, nomeadamente quando essas atividades deem origem a uma alteração significativa do preço dos instrumentos. De igual modo, a realização de operações sem alteração dos beneficiários económicos de um instrumento financeiro é um indicador de uma prática de manipulação de mercado, tal como o será a execução de ordens ou a realização de operações concentradas num curto período de tempo da sessão de negociação que deem origem a alterações de preços que são posteriormente invertidas. Também podem ser encontrados indicadores de manipulação de mercado no Anexo II, secções I e II do Regulamento Delegado (UE) 2016/522 da Comissão de 17 de dezembro de 2015, que complementa o Regulamento (UE) 596/2014 do Parlamento Europeu e do Conselho, de 16 de abril de 2014, no que diz respeito a uma

Também será considerada manipulação de mercado a utilização de meios fictícios ou artificiosos ou de quaisquer outras formas de induzir em erro. Deste modo, podem ser classificados como manipulação de mercado a colocação de ordens numa plataforma de negociação, bem como o seu cancelamento ou alteração, através de qualquer mecanismo de negociação, incluindo meios eletrónicos, como estratégias de negociação algorítmica de alta frequência[915], que deem indicações falsas ou enganosas quanto à oferta, procura ou preço de instrumentos financeiros ou assegurem o preço de um instrumento a um nível anormal ou artificial[916].

isenção para determinados organismos públicos e bancos centrais de países terceiros, aos indicadores de manipulação de mercado, aos limiares em matéria de divulgação, à autoridade competente para efeitos de notificação de diferimentos, à autorização de negociação durante períodos de negociação limitada e aos tipos de operações de dirigentes sujeitas a notificação obrigatória. Sobre operações de mercado admitidas e proibidas, embora previamente ao Regulamento, cf. Jens Ekkenga, *Kurspflege und Kursmanipulation nach geltendem und künftigem Recht,* WM 7/2002, 317-324.

[915] Negociação algorítmica de alta frequência ou *high frequency trading* é uma técnica de negociação caracterizada por uma infraestrutura destinada a minimizar a latência de rede e de outros tipos, incluindo pelo menos um dos seguintes sistemas para a entrada de ordens algorítmicas: (i) partilha de instalações (*co-location*), alojamento de proximidade ou acesso eletrónico de alta velocidade; (ii) determinação pelo sistema de abertura, geração, encaminhamento ou execução de ordens sem intervenção humana para as transações ou ordens individuais; (iii) elevadas taxas de mensagens intradiárias constituídas por ordens, ofertas de preços ou cancelamentos. Esta definição consta do artigo 4.º/1, ponto 40, da Diretiva 2014/65/UE do Parlamento Europeu e do Conselho, de 15 de maio de 2014. Sobre o tema, cf. Miguel Santos Almeida, High-frequency trading — *regulamentação e compliance no contexto da nova DMIF II,* em *O novo Direito* cit., 427-446; Teresa Mira Oliveira, High-frequency trading — *o novo paradigma da negociação automatizada,* RDS X (2018), 2, 319-361 (319 ss.), que chama a atenção para a necessidade de estas técnicas serem desenvolvidas com respeito pelas normas europeias, em benefício dos mercados financeiros (p. 361).

[916] As consequências resultam da perturbação ou atraso no funcionamento do sistema de negociação da plataforma de negociação, da dificuldade de outras pessoas identificarem as ordens verdadeiras no sistema de negociação da plataforma de negociação, nomeadamente através da introdução de ordens que resultem na sobrecarga ou desestabilização do livro de ofertas ou de, por exemplo, serem introduzidas, colocadas e executadas ordens para iniciar ou exacerbar uma tendência, o que é idóneo para gerar uma indicação falsa ou enganosa sobre a oferta, procura e preço de um instrumento financeiro (artigo 12.º/2, *c),* do RAM). Cf. o anexo I, B, do RAM para indicadores de manipulação relacionados com a utilização de mecanismos fictícios ou quaisquer outras formas de induzir em erro ou artifício. Outras formas de abuso de mercado podem ser documentadas: (i) transações fictícias (*wash trades*), i.e., transações sem alteração do beneficiário económico, (ii) pintar a fita (*painting the tape*), ou seja, efetuar uma ou várias transações que adquirem visibilidade através de meios acessíveis ao público, de forma a dar a impressão enganosa de atividade ou movimentação do preço de um instrumento financeiro, (iii) acasalamento de ordens (*improper matched orders*), ou introdução temporalmente próxima, pela mesma pessoa ou por várias de forma concertada, de ordens de compra e venda com o mesmo preço e quantidade (http://www.cmvm.pt/pt/Legislacao/Legislacaonacional/Recomendacoes/Anexos/Pages/Manipulação-do-Mercado.aspx.).

Configura-se igualmente como manipulação do mercado a divulgação de informação através dos meios de comunicação social, incluindo a internet, ou de outros meios que sejam idóneos para transmitir informações falsas ou enganosas quanto à procura ou preço de um instrumento financeiro ou que fixem o seu preço a um nível anormal ou artificial. Neste caso, inclui-se a difusão de rumores, quando o informador sabia ou devia saber que as informações prestadas eram falsas ou enganosas. Da mesma forma, constitui manipulação de mercado transmitir conscientemente informações ou facultar dados não verídicos ou artificiosos respeitantes a um índice de referência, bem como qualquer outra conduta que manipule o respetivo cálculo.

Com o Regulamento do Abuso de Mercado concretizam-se as práticas de manipulação de mercado no caso de índices de referência (*benchmarks*) e práticas associadas a negociação algorítmica de alta frequência (HFT), para além de se manterem outras situações de manipulação de mercado que transitaram da revogada Diretiva.

2.4.2. Transmissão ilícita de informação privilegiada. Em particular, as sondagens de mercado

É ilícita a transmissão de informação privilegiada, exceto quando ocorra no exercício normal da atividade, profissão ou funções do informador (artigo 10.º do RAM). No Regulamento do Abuso de Mercado, ao contrário do que acontecia na Diretiva, prevê-se uma situação especifica em que, sendo respeitados todos os requisitos e procedimentos impostos por regulamento, se entende que a transmissão é feita ao abrigo dessa exceção. É o caso das sondagens de mercado, que consistem na comunicação de informação[917] a um ou mais possíveis investidores antes do anúncio de uma potencial operação[918], com o intuito de avaliar o seu interesse na operação, nas respetivas condições, dimensão ou preço[919]. Regra geral, são excluídos do regime das sondagens

[917] A informação transmitida pode ser privilegiada ou não. O participante do mercado que fizer a sondagem deve ponderar a qualidade da informação a transmitir e efetuar um registo com as suas conclusões, devidamente fundamentadas. Esse registo deverá ser facultado à autoridade competente sempre que solicitado (artigo 11.º/3 do RAM).

[918] Qualquer operação pode ser objeto de sondagem de mercado, seja um aumento de capital social, uma emissão de dívida ou uma oferta pública de aquisição ou distribuição, entre outras. Naturalmente, se quem transmite a informação o fizer por sua conta própria, para, por exemplo, subsequentemente fazer um *pitch* de *crowdfunding* para o emitente, não será uma sondagem de mercado para efeitos do Regulamento.

[919] Para além do artigo 11.º do RAM, o regime jurídico desta matéria está consagrado no Regulamento Delegado (UE) 2016/960 da Comissão, de 17 de maio de 2016 e no Regulamento de Execução

de mercado os *non-deal roadshows*, ou seja, as apresentações pelos emitentes a potenciais investidores com o objetivo de captar o interesse numa emissão ou numa OPS[920], mas sem que um valor seja oferecido para venda, bem como os inquéritos levados a cabo por alguém que não esteja melhor informado do que qualquer observador de mercado ou a agir em nome ou por conta de qualquer parte envolvida na potencial transação, ou ainda naquelas situações em que não se mencione qualquer transação ou detalhes específicos. As sondagens são uma prática de mercado que se reveste de particular importância quando os mercados perderam a confiança, um índice de referência relevante ou se encontram voláteis. São, portanto, essenciais para avaliar a opinião dos eventuais investidores, reforçar o diálogo com os acionistas, garantir que as transações se desenrolam normalmente e que a opinião dos emitentes, acionistas e potenciais novos investidores se encontram alinhadas[921].

Podem ser realizadas por um emitente, um oferente secundário de um instrumento financeiro, numa quantidade ou valor que as distinguem das restantes operações e implicam um método de venda baseado na avaliação prévia do interesse de possíveis investidores, um participante no mercado das licenças de emissão ou ainda um terceiro que atue em nome ou por conta

(UE) 2016/959 da Comissão, de 17 de maio de 2016, elaborados com base nos projetos de normas técnicas de execução e regulamentação apresentados pela ESMA à Comissão. Para os projetos de normas técnicas de regulamentação e de normas técnicas de execução emitidas pela ESMA para determinar os dispositivos, procedimentos e requisitos e manutenção dos registos adequados e para especificar os sistemas e modelos de notificação a utilizar pelo participante de mercado a conduzir a sondagem de mercado, cf. ESMA/2016/1130, *Final Report. Guidelines on the Market Abuse Regulation — market soundings and delay of disclosure of inside information*; relativamente às orientações da ESMA quanto aos fatores, passos e registos que a pessoa objeto da sondagem de mercado dever ter em conta e implementar, cf. ESMA/2016/1477 PT, *Orientações relativas ao Regulamento "Abuso de Mercado". Pessoas objeto de sondagens de mercado.*

920 Também no caso de *pilot fishing*, i.e., de aproximação a alguns investidores selecionados para sondar o seu interesse num eventual aumento de capital ou numa OPS e qual a expetativa de preço, se poderiam levantar problemas de transmissão ilícita de informação privilegiada. Porém, é inevitável, e no interesse do emitente e do mercado, que a informação mais importante flua para um grupo de investidores selecionados. Cf. Lars Teigelack, *Insiderhandel und Marktmanipulation* cit., 1363. Por outro lado, tipicamente, no momento do *pilot fishing*, os factos sobre os quais incide a informação ainda não são suficientemente prováveis para serem qualificados como *price sensitive*. Cf. Susanne Schäfer/Nicola La Corte, *§ 14. Freiwillige Publizität bei Sekundärmarkttransaktionen*, em Habersack/Mülbert/Schlitt, *Handbuch* cit., 349-354 (Rn. 10 ss.); Holger Fleischer/Dorothea Bedkowski, *Aktien- und kapitalmarktrechtliche Probleme des Pilot Fishing bei Börsengängen und Kapitalerhöhungen*, DB 41/2009, 2195-2200 (2196 ss.).

921 Considerando 32 do RAM.

de qualquer das entidades referidas[922]. É prática comum que o participante do mercado indague presumíveis investidores e, ainda, corretores, que irão, com frequência, sondar também os seus clientes. Porém, há que considerar que os corretores, a não ser que façam a sondagem em nome ou por conta do emitente, não estão abrangidos pelo regime do Regulamento. Obviamente que isto não significa que se presuma que, tendo havido lugar a transmissão de informação privilegiada, esta foi ilícita, mas apenas que os corretores terão de demonstrar que a mesma resultou do exercício normal da sua atividade, profissão ou funções, nos termos gerais do Regulamento[923].

Note-se que esta é uma prática distinta daquela conhecida como *testing the waters*, que pode ter lugar antes do anúncio do lançamento de uma oferta pública de distribuição, de forma a apurar qual a procura de ações, as intenções de investimento, quantidade e preços, para melhor apreciar o valor por que deve ocorrer a colocação. Essa recolha de intenções, entre nós, depende da divulgação de prospeto preliminar, aprovado pela CMVM (artigos 164.º a 167.º do CVM)[924]. Embora as intenções de investimento não sirvam como meio de formação de contratos, podem conferir às pessoas consultadas condições mais favoráveis em ofertas futuras (artigo 164.º/3 do CVM). Pelo contrário, no caso das sondagens de mercado, o investidor fica *wall-crossed*, ou seja, sobre a pessoa ou entidade objeto da sondagem de mercado passa a recair a proibição de utilizar ou tentar utilizar essa informação, adquirindo ou alienando, por sua conta ou por conta de terceiro, direta ou indiretamente, instrumentos financeiros com ela relacionados, bem como cancelando ou alterando uma ordem que já havia sido colocada relativamente a um instrumento financeiro a que a informação diga respeito[925]. A aparente problemática

[922] Em determinadas condições — contempladas no artigo 11.º/2 do RAM — a transmissão de informação privilegiada a pessoas com direito a valores mobiliários por uma pessoa que tenciona efetuar uma oferta pública de aquisição ou uma fusão também constitui uma sondagem de mercado. Exige-se, para tal, que (i) a informação seja necessária para permitir às partes com direito aos valores mobiliários a formação de uma opinião quanto à sua vontade de oferecer os seus valores mobiliários e (ii) a vontade das partes com direito aos valores mobiliários de os oferecer seja exigível de forma razoável para a decisão de efetuar a oferta ou fusão.

[923] Assim, ESMA/2016/1130 cit., 6.

[924] Sobre a recolha de intenções de investimento, cf. ANA PERESTRELO DE OLIVEIRA, *Manual de corporate finance* cit., 100 e 101.

[925] Em 2012, no Reino Unido, a FSA aplicou a sua segunda maior multa de sempre (£3,638,000), num caso de violação da proibição resultante do *wall-crossing*. David Einhorn, gestor da Greenlight Capital Inc., uma sociedade de gestão de investimentos sediada nos Estados Unidos, foi sondado, a 8 de junho de 2009, sobre um potencial aumento de capital a ser realizado pela Punch Taverns Plc., uma sociedade participada pela Greenlight. Nos dias que seguiram esta conversa, a Greenlight

limitação da possibilidade de negociar em mercado é contrabalançada com a obrigação de o participante encarregado da sondagem obter o consentimento do investidor sondado. Este deve aceitar receber a informação privilegiada, ficando, desde logo, vinculado a um dever de sigilo, o que lhe deve ser comunicado[926]. Adicionalmente, o participante do mercado que transmita a informação encontra-se obrigado a elaborar e manter um registo de toda a informação prestada ao investidor sondado, a sua identidade, nomeadamente as pessoas singulares e coletivas que atuem em nome deste, bem como a data e hora de cada transmissão. Essa lista terá de ser facultada à entidade competente, sempre que lhe for solicitado (artigo 11.º/5 do RAM). Verificados os requisitos enunciados, entende-se que o participante que transmite a informação privilegiada no decurso de uma sondagem de mercado agiu no exercício da sua atividade, profissão ou função, o que significa que tal transmissão é lícita, nos termos do artigo 10.º/1 do RAM[927].

A execução de uma sondagem de mercado faz recair sobre o participante do mercado que divulga a informação e sobre o recipiente pesados deveres,

reduziu a sua participação social na Punch de 13,3% para 8,98%. Na altura do aumento de capital, o preço das ações da Punch caiu cerca de 29,9% o que significou que a Greenlight, com a venda nos dias anteriores, evitou uma perda de £5,8 milhões. Embora Einhorn não tenha aceitado ficar *wall-crossed*, todas as informações à disposição do recipiente consubstanciavam informação privilegiada e, por isso, este deveria ter-se abstido de agir. A decisão da FSA foi facilitada pelo facto de o recipiente ser gestor de um reconhecido fundo de investimento e com grande experiência, o que deveria tornar evidente que a informação era privilegiada. Também os corretores e outras pessoas em posições nas quais deveriam ter identificado que a opção de venda daquele volume de ações era suspeita foram considerados responsáveis por abuso de mercado. Assim, por exemplo, o responsável pela execução da ordem de venda das ações da Punch foi multado em £65,000 por não ter identificado o ato suspeito e o responsável pela *compliance* da *Greenlight* foi multado em £130,000 por não ter realizado as indagações necessárias quanto à repentina venda das ações. Cf. *David Einhorn and Greenlight Capital Inc. fined £7.2m for trading on inside information in Punch Taverns Plc.*, Financial Services Authority' Press Release, 25-jan.-2012, FSA/PN/005/2012; Hogan Lovells, *Wall crossing and insider dealing — Financial Services Authority levies the second highest ever fine against Greenlight Capital hedge fund trader David Einhorn*, Lexology, publicado a 1-fev.-2012, disponível em www.lexology.com.

926 É a pessoa objeto da sondagem quem deve determinar, por si só, se detém informação privilegiada e quando deixa de dispor dela. Porém, se a informação privilegiada for transmitida no decurso de uma sondagem e, de acordo com a avaliação do participante que a transmitiu, esta deixar de assumir essa qualidade, deve ser dada conta dessa situação ao recipiente com a maior brevidade possível (artigo 11.º/6 e 7, do RAM e artigo 4.º do Regulamento de Execução (UE) 2016/959 da Comissão, de 17 de maio de 2016).

927 Estabelece a norma que "existe transmissão ilícita de informação privilegiada quando uma pessoa dispõe de informação privilegiada e a transmite a qualquer outra pessoa, exceto se essa transmissão ocorrer no exercício normal da sua atividade, profissão ou funções".

tendo já suscitado várias críticas junto do público[928]. Há quem saliente a complexidade e injustificada desproporcionalidade do regime que pode conduzir a que alguns investidores, como as pequenas empresas, não participem nas sondagens por não quererem arcar com os avultados custos de *compliance*[929]. De facto, para que não exista abuso de mercado, uma sondagem na qual seja revelada informação privilegiada deve seguir um procedimento com uma sequência predeterminada, marcado por diversos deveres de informação e pela obtenção do consentimento do recipiente[930]. No que respeita à manutenção de registos, as exigências legais são igualmente gravosas[931]. Também do

[928] No entanto, as críticas expressas pelos participantes nas consultas públicas da ESMA foram, em parte, consideradas e assimiladas na alteração das Orientações sobre o RAM. Assim, por exemplo, na versão inicial das orientações da ESMA exigia-se que, caso o recipiente suspeitasse que tinha sido indevidamente divulgada informação privilegiada, o comunicasse à autoridade competente. Perante o *Discussion Paper on ESMA's policy orientations on possible implementing measures under the Market Abuse Regulation* (ESMA/2013/1649, publicado a 14-nov-2013), os argumentos que apontavam no sentido da onerosidade excessiva do regime prevaleceram sobre as considerações iniciais da autoridade europeia na matéria.

[929] Cf. Duncan Black/Azad Ali/ Brad Isaac, *Market soundings: practical issues under the new regime*, 3-mai.-2016, disponível em www.lexology.com.

[930] No início da sondagem, esclarece-se qual a finalidade da comunicação e, caso esta seja efetuada por via telefónica, o recipiente deve consentir na sua gravação. O participante no mercado deve confirmar que o investidor é a pessoa a quem a instituição sondada confiou a receção da sondagem e informá-lo de que, aceitando a sondagem, irá receber informação privilegiada, o que não o isentará de identificar *inside information* por si. Quando possível, há que apresentar uma estimativa do momento em que a informação previsivelmente deixará de ser qualificada como privilegiada, quais os fatores que influenciam essa estimativa e de que forma deverá o recipiente ser informado de alguma alteração. Por fim, o investidor sondado terá de ser informado — e posteriormente consentir — de que fica vinculado a manter a confidencialidade e a não negociar com base na informação recebida. Existindo assentimento, a sondagem pode prosseguir, desde que o participante identifique a informação que é considerada privilegiada. Naqueles casos em que a sondagem de mercado não implique a divulgação de informação privilegiada, o procedimento é, em larga medida, atalhado. Ainda assim, deve comunicar-se ao investidor que a informação que vai receber não é considerada privilegiada e este deve concordar com a sondagem [cf. artigo 3.º/3 e 4, do Regulamento Delegado (UE) 2016/960 da Comissão, de 17 de maio de 2016].

[931] O participante do mercado deve manter eletronicamente, por cinco anos, uma lista de todas as pessoas sondadas, bem como a data e hora da sondagem e todos os contactos de *follow up*, uma lista de investidores que recusaram ser sondados, com a menção da obrigação de não os sondar [artigo 4.º do Regulamento Delegado (UE) 2016/960 da Comissão, de 17 de maio de 2016] e uma lista de factos relevantes para avaliar se a informação transmitida mantém a qualidade de privilegiada. O procedimento de notificação do recipiente caso a informação deixe de constituir informação privilegiada encontra-se previsto no artigo 5.º do Regulamento Delegado (UE) 2016/960. Para além destes registos, o participante terá ainda de manter os documentos em que constem os procedimentos escritos sobre sondagens de mercado, incluindo guiões, todas as comunicações

lado do recipiente se multiplicam os deveres para assegurar o cumprimento do Regulamento[932].

Podem existir dúvidas quanto ao tipo de informação facultada numa sondagem de mercado se, por hipótese, o informador considerar que não transmitiu informação privilegiada, mas o recipiente tiver opinião contrária, nomeadamente porque possui mais informações do que aquelas que lhe foram transmitidas na sondagem. Nesse caso, o potencial investidor não deve partilhar a sua opinião a não ser que a divergência se baseie apenas nos dados recebidos na sondagem[933]. Se bem que este regime ainda imponha intensos deveres de informação, é já uma solução simplificada face à primeira proposta da ESMA, na qual se previa que, havendo divergência de opinião, o recipiente

com os recipientes, incluindo os documentos que lhes foram fornecidos, em caso de conversas telefónicas não gravadas, minutas da comunicação elaboradas pelo informador, em conformidade com *template* da ESMA. Os requisitos de manutenção dos registos, num suporte duradouro que assegura a sua acessibilidade e legibilidade ao longo do período de cinco anos, constam do artigo 6.º do Regulamento Delegado.

[932] O recipiente tem de designar uma pessoa específica ou um ponto de contacto para que sejam recebidas sondagens. Sendo abordado para participar, o investidor deve comunicar se não quiser receber sondagens futuras, em relação a um tipo específico de potenciais transações ou em geral (artigo 4.º/2 do Regulamento Delegado). O recipiente tem, ainda, a seu cargo a obrigação de avaliar se se encontra em poder de informação privilegiada. De acordo com as orientações da ESMA (cf. ESMA/2016/1130 cit., 11), estas exigências pretendem contribuir para a melhoria da gestão interna do fluxo de informação resultante das sondagens, permitir que os recipientes demonstrem que estão a respeitar a proibição de transmitir informação privilegiada e criar condições para as autoridades competentes reconstruirem a circulação de informação numa potencial investigação.

[933] Cf. ESMA/2016/1130 cit., 8. Em resposta à consulta pública lançada pela ESMA sobre a sua proposta de Orientações sobre o Regulamento do Abuso de Mercado [cf. *Consultation Paper on draft Guidelines on the Market Abuse Regulation (ESMA/2016/162)*, disponível em https://www.esma.europa.eu/sites/default/files/library/2016-162.pdf], vinte em trinta respostas apresentaram opinião contrária às orientações propostas nesta matéria. Em síntese, argumentavam os respondentes que o processo era demasiado complexo e oneroso, que cada parte deveria assumir a responsabilidade pela sua avaliação da qualidade da informação, que a notificação do participante no mercado de uma discrepância de opinião é inútil, uma vez que não se contemplam medidas a tomar perante esta situação, *v.g.*, comunicar a outros potenciais investidores previamente sondados que a informação é privilegiada e que a responsabilidade de alterar a opinião do participante não é do recipiente. Adicionalmente, este mecanismo aumentaria o risco de inadvertidamente ser divulgada informação privilegiada entre as partes e que, por isso, a comunicação entre ambas não devia ser fomentada. Por fim, a discrepância de opinião deveria ser considerada irrelevante, na medida em que se deveria assumir que tanto o participante no mercado que transmite a informação como o potencial investidor estão a realizar a sua avaliação de forma diligente e profissional. Assim, se as partes discordam quanto à qualificação da informação, provavelmente a questão situa-se numa área cinzenta e nenhuma das opiniões deverá prevalecer sobre a outra. Não se retirariam, portanto, vantagens dessa prevalência, mas apenas se gerariam problemas práticos.

devia comunicar a sua visão ao participante, bem como remeter-lhe toda a informação pública que tivesse fundamentado a posição assumida[934].

Em suma, com o regime das sondagens de mercado introduzido pelo Regulamento do Abuso de Mercado cria-se um porto seguro para que os emitentes e outros participantes no mercado divulguem informação privilegiada com o intuito de avaliar o interesse do investidor. É certo que a regulamentação é gravosa quanto ao cumprimento dos deveres informativos e de manutenção de registos, tanto para o participante como para o recipiente, mas foram nítidos os esforços da ESMA no sentido de aligeirar o regime ao elaborar as Orientações que serviram de base às normas técnicas de regulamentação e de execução. Os deveres que permanecem a cargo dos participantes e recipientes justificam-se, em última análise, pelo intuito de proteger a integridade do mercado.

2.4.3. Abuso de informação privilegiada. Em particular, as operações de dirigentes

De acordo com a regulação europeia, é proibido cometer ou tentar cometer abuso de informação privilegiada, bem como recomendar ou induzir alguém a cometer abuso de informação privilegiada (artigo 14.º, *a)* e *b)*, do RAM). Existe abuso (*insider trading*) quando alguém que dispõe de informação privilegiada a utiliza para adquirir ou alienar, por sua conta ou por conta de um terceiro, direta ou indiretamente, instrumentos financeiros a que essa informação diz respeito ou ainda quando cancela ou altera uma ordem relativa a tais instrumentos (artigos 8.º/1, do RAM e 378.º e 378.º-A do CVM). A *ratio* da proibição é clara: pretende-se garantir que os investidores possam aceder e utilizar a mesma informação, reforçando-se, assim, a sua confiança na integridade do mercado[935]. Caso um *insider* pudesse legitimamente dispor de informação privilegiada para se antecipar ao resto do mercado[936] e indevidamente retirar partido dela em detrimento de terceiros que a desconhecem, a confiança no correto funcionamento da bolsa ficaria irremediavelmente prejudicada. Por isso, a proibição de *insider trading* propicia condições de igualdade

[934] Cf. ESMA/2013/1649 cit., 12, 13. As considerações e visões críticas que resultaram da resposta ao *Discussion Paper* foram tidas em conta pela ESMA na reformulação das suas orientações.

[935] Cf., neste sentido, acórdão do TJUE de 22-nov.-2005, C-384/02, n.os 22 e 23 (*Grøngaard e Bang*). Em geral, sobre a responsabilidade civil em caso de operações de dirigentes, cf. Rick van Aerssen/Ulrich L. Göres, *§ 32. Haftung für sonstige fehlerhafte Informationsversorgung*, em Habersack/Mülbert/Schlitt, *Handbuch* cit., 870-901 (Rn. 84-89).

[936] Cf. Filipe Matias Santos, *Divulgação* cit., 42.

de informação para todos os potenciais intervenientes no mercado[937] e uma justa distribuição do risco do negócio[938]. Tal proibição pode, também, ser vista por outro prisma. Potencia uma adequada interpretação das oscilações dos preços no mercado e do volume de transações pelos *information traders*, que não é possível quando as operações de dirigentes convivem com o *noise trading*, i.e., com a negociação por investidores sem informação, contribuindo, assim, para uma apropriada formação dos preços do mercado e para a sua liquidez, o que se traduz em aumentos de eficiência[939].

Deste modo, a proibição de *insider trading* deve ser interpretada como um limite implícito à divulgação aos sócios de informação tida como privilegiada. Em caso de conflito entre um dever de informar societário, nomeadamente o correspondente ao direito a informação em assembleia geral, e a proibição do uso de informação privilegiada, deve prevalecer esta última[940], sendo que a sua disponibilização constituiria o emitente — *rectius,* os seus administradores — no dever de indemnizar.

Apesar da falta de precisão legal quanto ao tipo de aquisições e alienações que se configuram como abuso de informação, a única interpretação que fornece uma adequada tutela da integridade do mercado é aquela que entende ser potencialmente relevante qualquer tipo de transação. Abrange-se, assim, não apenas a compra de ações por administradores da sociedade visada por uma OPA antes do seu anúncio preliminar, com o objetivo de posteriormente as vender para lucrar com o prémio de controlo[941], mas ainda as aquisições

[937] Cf. José de Faria Costa/Maria Elisabete Ramos, *O crime de abuso* cit., 37 e 38; Sergio Seminara, *Il reato di insider trading tra obbligo di astensione e divieto di utilizzazione in borsa di informazioni riservate. Considerazioni su riforme ordite, abortite e partorite*, Banca Borsa Titoli di Credito, 1998, 322-343 (327). O que não implica, certamente, eliminar a assimetria informativa existente no mercado de capitais. Esta é uma característica indissociável do mercado, pois existem sempre investidores que, com recurso a estudos de mercado e análise de dados disponíveis, utilizam as conclusões a que por essa via chegam. Assim, Elisa Ragni, *Primi segnali di un'inversione di tendenza nell'esperienza applicativa del reato di* insider trading, Banca Borsa Titoli di Credito, 2003, 6, 732-751 (739).

[938] Cf. Frederico Costa Pinto, *O novo regime* cit., 67.

[939] Neste sentido, de forma detalhada, cf. Zohar Goshen/Gideon Parchomovsky, *The essential role of securities regulation,* Duke Law Journal, vol. 55, n.º 4, fevereiro 2006, 711-782, em especial 733-737, disponível em https://scholarship.law.duke.edu/dlj/vol55/iss4/1.

[940] Cf. Francesco Mucciarelli, *L'informazione societaria: destinatari e limiti posti dalla normativa in materia di* insider trading, Banca Borsa Titoli di Credito, 1999, 1, 745- 782 (763).

[941] O crime de abuso de informação privilegiada impede os administradores de explorarem a assimetria informativa negociando ações da sociedade visada enquanto o anúncio de lançamento da oferta não por público. Cf. José Faria Costa/Maria Elisabete Ramos, *O crime de abuso* cit., 107. Também alguns instrumentos de remuneração dos administradores, como os planos de atribuição

legais, como um *squeeze out* no contexto de uma fusão iniciada por um *insider* e o empréstimo de valores mobiliários ou os *repurchase agreements*. A utilização de recomendações ou induções é também relevante caso o recipiente do conselho saiba, ou deva saber, que este se baseia em informação privilegiada. Contudo, da perspetiva de quem recomenda ou induz[942], é indiferente se o investidor efetivamente adquire ou vende o instrumento financeiro em causa (artigo 8.º/2, do RAM) ou sequer se a recomendação contém ou se refere a informação privilegiada. Para constituir uma conduta ilícita é apenas necessário que a recomendação seja causal da detenção de informação privilegiada[943]. Já as doações, heranças ou penhor de instrumentos financeiros não constituem abuso de informação privilegiada[944]. Por fim, somente são contabilizados comportamentos *ativos* do investidor, que adquire ou aliena valores, e não a decisão de *não adquirir ou não alienar* com base em informação privilegiada.

O regime do abuso de informação privilegiada é enformado pela distinção operada pelo legislador europeu entre *insiders* (iniciados) primários e secundários. Os primeiros, elencados no artigo 8.º/4, *a)* a *d)*, do RAM, são investidores que dispõem de informação privilegiada por força do exercício da sua atividade, profissão ou função ou por serem membros de órgãos de administração, direção ou fiscalização do emitente ou do participante do mercado de licenças de emissão, bem como sócios do emitente ou do participante ou ainda por colaborarem em atividades ilícitas. Presume-se, de forma inilidível, que estes investidores sabem que a informação em seu poder é privilegiada. A objetivação do conhecimento da informação sensível faz com que a existência de culpa apenas releve para efeitos de responsabilidade civil, penal ou administrativa[945]. Por seu lado, os *insiders* secundários são quaisquer outros

de ações ou *stock options*, podem potenciar situações de *insider trading*, caso os administradores condicionem a data do anúncio da informação privilegiada em função do momento do pagamento para assegurar valor das suas ações ou *stock options*. Cf. Ana Cláudia Salgueiro, *Abuso de informação privilegiada — o especial caso dos instrumentos de remuneração dos administradores*, CadMVM, n.º 53, abr. 2016, 1-20 (11 ss.).

942 A indução consiste em influenciar a vontade de um investidor, persuadindo-o a adquirir ou alienar um instrumento financeiro, ao passo que a recomendação traduz uma afirmação mediante a qual um comportamento é apresentado como benéfico para o visado, que é, assim, encorajado a adotá-lo.

943 É o que se pode retirar da letra das alíneas do artigo 8.º/2 do RAM, que, pela utilização da expressão "com base nessa informação", levam a julgar necessária uma causalidade entre a detenção da informação privilegiada e a recomendação ou indução. Neste sentido, cf. Hopt/Kumpan, *§ 107* cit., Rn. 76.

944 Cf. Hopt/Kumpan, *§ 107* cit., Rn. 64 e 65.

945 Assim, Gregor Bachmann, *Das Europäische Insiderhandelsverbot*, Berlin-München-Boston, 2015, 40; Dörte Poelzig, *Insider-und Marktmanipulationsverbot* cit., 531.

investidores com acesso à informação, que conhecem, ou deviam conhecer, a qualidade desta. Como medida dissuasora do abuso de informação, cabe ao emitente elaborar uma lista de iniciados (*insiders list*), que identifique, *ex ante*, o círculo de suspeitos (artigo 18.º/1, *a*), do RAM)[946].

Para que este comportamento seja ilícito, não se exige intenção de lucrar com o investimento, bastando a *utilização* da informação, que se presume com a mera alienação ou aquisição de instrumentos financeiros por quem for detentor de informação privilegiada. Foi este o entendimento do TJUE, em sede de interpretação da DAM (mas adaptável ao Regulamento), no caso *Spector Photo Group*[947], segundo o qual para se considerar que a informação privilegiada foi utilizada por um investidor não é necessária uma relação causal entre o conhecimento da informação privilegiada e a transação. O iniciado não tem de se mover por uma intenção especulativa, prosseguir desígnios fraudulentos ou agir com propósitos dolosos ou negligentes[948]. A exigência de um elemento moral que tivesse de ser procurado em todos os casos, frustraria a punição efetiva do abuso de informação privilegiada e prejudicaria os objetivos últimos do Regulamento: a salvaguarda da integridade dos mercados e o reforço da confiança dos investidores. Dispensa-se, portanto, o elemento subjetivo do *insider trading* e presume-se que quem tem em seu poder informação privilegiada e coloca ordens (ou cancela) a está a utilizar. A mesma visão é seguida nos Estados Unidos, onde, desde 2000, a SEC adotou o *Securities Exchange Act*, cuja *rule* 10*b*5-1 determina que há lugar a negociação com base em informação privilegiada desde que exista consciência da natureza da informação no momento da compra ou alienação dos instrumentos financeiros, sem que se exija qualquer outro estado de espírito. No ordenamento jurídico deste país tem-se notado, porém, uma tendência de afrouxamento dos critérios legais do *insider trading*, de que resulta a expansão da punição destes comportamentos, nem sempre de forma que adequadamente protege o mercado[949]. Pense-se no caso *SEC v. Dorozhko*, no qual Dorozhko, um *hacker*, acedeu sem autorização ao servidor da empresa IMS Health, *Inc.*,

[946] Assim, Filipe Matias Santos, *Divulgação* cit., 42.

[947] Spector Photo Group, C-45/08 cit.

[948] Assim, *Spector Photo Group*, C-45/08 cit., n.º 33. Considera, adicionalmente, o acórdão que a DAM 2003 pretendeu preencher algumas lacunas constatadas na aplicação da Diretiva 89/592, nomeadamente o facto de alguns Estados-Membros terem exigido um elemento moral para o *insider trading*. A intenção da DAM 2003, revelada pelos trabalhos preparatórios, era adotar uma abordagem objetiva do ilícito (*Spector Photo Group*, C-45/08 cit., n.º 34).

[949] Assim, John C. Coffee, *Mapping the future* cit., 2, com exemplos.

obtendo conhecimento da informação trimestral que, à data, ainda não era pública. Perante o conhecimento dos resultados negativos documentados, adquiriu um conjunto de *put options*, que, pelo seu prazo de validade reduzido, apenas teriam valor em caso de rápido decréscimo do valor das ações da IMS. O Tribunal considerou abusiva esta negociação, mesmo sem incumprimento de um dever fiduciário (Dorozhko não apresentava qualquer relação com a empresa), tendo entendido suficiente a obtenção da informação com recurso a meios enganadores[950], o que não resulta da *Rule 10b*. Este comportamento já seria considerado ilícito na Europa, ao abrigo do artigo 8.º/4, *d)*, do RAM, porque o *hacker* tinha acedido a informação privilegiada mediante atividades ilícitas. No entanto, há que notar que a tendência de expansão do regime sem assento legal deve ser combatida. Considerar ilícitas condutas que não cumprem os requisitos impostos pelo Regulamento implica colocar barreiras artificiais de negociação no mercado e prejudicar a segurança jurídica em prol de uma suposta confiança na integridade do mercado que não é verdadeiramente atingida pelos atos que se pretende punir.

No espaço europeu, porém, não parece haver motivos para preocupações deste tipo. Não só o Regulamento se caracteriza por uma tendência expansiva de punição[951], como, em casos devidamente justificados, se têm operado interpretações restritivas do conceito de *insider trading*. Foi o que aconteceu no caso *Spector*, em que o Tribunal de Justiça da União Europeia acrescentou uma exceção segundo a qual apenas deve ser proibida a utilização de informação privilegiada que prejudique a integridade do mercado e a confiança dos investidores. Não esclareceu, no entanto, como deveria ser interpretada esta exceção, nem ofereceu linhas orientadoras para essa tarefa, o que deixou, à data, um desconfortável espaço de discussão. De facto, ao contrário da opinião manifestada pela Advogada-Geral[952], que apenas se referia aos elementos subjetivos do *insider*, a decisão do Tribunal faz apelo não só aos contornos do caso concreto, mas também a assunções teóricas sobre o funcionamento dos mercados financeiros[953].

[950] Cf. *Dorozhko*, 574 F. 3d 42 (2nd. Circuit 2009).

[951] Não são, portanto, transponíveis para o espaço europeu as considerações tecidas por COFFEE, *Mapping the future* cit., 7-15 acerca das falhas na regulação americana.

[952] Conclusões da Advogada Geral Juliane Kokott, 10-set.-2009, processo C-45/08, *Spector Photo Group NV*.

[953] O que, naturalmente, implicou um aumento da quantidade de assuntos de direito nacional que teriam de ser interpretados à luz da Diretiva. Nesse sentido, cf. LARS KLÖHN, *The European Insider Trading Regulation after the ECJ's Spector Photo Group — Descision*, European Company and Financial Law Review 2/2010, 1-21 (10), disponível em https://ssrn.com/abstract=1566943.

Em qualquer caso, mesmo que uma pessoa coletiva disponha de informação privilegiada, deve entender-se que não cometeu um ilícito se da sua utilização não tiver resultado qualquer benefício indevido, o que se presume nas situações enumeradas no artigo 9.º do RAM. Assim, se a pessoa coletiva tiver barreiras informativas em funcionamento — as denominadas *chinese walls* —, que assegurem que quem tomou a decisão de adquirir ou alienar instrumentos financeiros, em nome do emitente, não teve acesso à informação privilegiada nem foi por esta influenciada, então o investimento deve ser considerado lícito.

Por outro lado, ocorrem situações em que alguns profissionais estão inevitavelmente na posse de informação privilegiada e a utilizam corretamente na sua atividade, como sucede com os criadores de mercado ou contrapartes, que efetuam, por exemplo, transações de cobertura do risco das flutuações do mercado, que são justificadas, por contribuírem para a liquidez, funcionamento e eficiência da bolsa[954]. Também as instituições financeiras (ou outras entidades) autorizadas a executar ordens em nome de terceiros, mesmo que estas sejam baseadas em informação privilegiada, não estão obrigadas a recusá-las. Apenas devem eximir-se de executar as ordens quando saibam, de forma indubitável, que as mesmas se fundam em informação privilegiada[955], porque, nesse caso, a respetiva execução constitui auxílio ao *insider trading*.

Existe ainda um comportamento lícito quando um investidor adquira ou aliene instrumentos financeiros de boa-fé, em cumprimento de uma obrigação e não para contornar a proibição de abuso de informação privilegiada, desde que a obrigação resulte de uma ordem colocada ou de um contrato celebrado antes do conhecimento da informação ou caso a ordem se destine a cumprir uma obrigação legal ou regulamentar constituída antes de deter

[954] Artigo 9.º/2, *a)*, do RAM.

[955] Cf. Hopt/Kumpan, *§ 107* cit., Rn. 84 e 85. Em geral, entende-se que o intermediário financeiro não deve controlar as ordens colocadas pelos seus clientes, exceto nos casos especialmente previstos no artigo 326.º do CVM. A exigência de um controlo generalizado de todas as ordens de compra lançaria um enorme fardo sobre o intermediário financeiro. Assim, Fazenda Martins, *Deveres dos intermediários* cit., 344. No mesmo sentido, ainda que a propósito de ordens dos clientes fora do *target market* de um determinado produto financeiro, cf. Martina Brenncke, *Der Zielmarkt eines Finanzinstruments nach der MiFID II*, WM 2015, 1173-1181 (1179). Aliás, na Alemanha, de acordo com o § 31 IV WpHG, considera-se que, embora um intermediário financeiro não possa recomendar um produto desadequado a um cliente, este poderá adquiri-lo por sua iniciativa.

a informação (artigo 9.º/3 do RAM) ou posteriormente mas sem a intervenção ou controlo do investidor[956].

No caso de fusões e de ofertas públicas de aquisição, pode ser disponibilizada informação ao comprador, em sede de *due diligence*, já que a integridade do mercado — bem jurídico protegido pelo ilícito do *insider trading* — não fica prejudicada. A *due diligence* tem apenas a finalidade de eliminar a assimetria informativa tipicamente existente entre comprador e vendedor, pelo que fomenta operações como as referidas e, em última análise, promove a dinâmica do mercado de capitais, não devendo, pois, ser limitada. Se a aquisição não prosseguir, não é permitido ao oferente alienar instrumentos financeiros da sociedade visada previamente detidos. Como se compreende, o oferente fica em situação mais frágil do que aquela em que estaria se a OPA tivesse chegado a bom porto, na medida em que apenas pode negociar os instrumentos quando a informação for divulgada ao público, algo que escapa ao seu controlo[957].

Outras situações, embora não previstas no Regulamento, devem ser excluídas da qualificação como abuso de informação privilegiada. Pense-se, por um lado, numa transação P2P na qual ambas as partes detêm informação privilegiada, mas agem em sentido contrário à previsível reação do mercado. O facto não se qualifica como ilícito porque ou a informação não era idónea para influenciar de forma sensível os preços dos instrumentos no mercado ou falta a relação causal entre o conhecimento da informação e a obtenção de uma vantagem especial para o investidor. Da mesma forma, qualquer utilização de garantias com base em informação privilegiada também não será ilícita, dado que não afeta a confiança e o funcionamento do mercado[958]. O mesmo sucede no que respeita às negociações cara-a-cara realizadas no mercado de balcão. Havendo paridade informativa e não se verificando qualquer prejuízo da integridade do mercado, a utilização de informação privilegiada não consubstancia um ato ilícito. A admissibilidade deste tipo

[956] Apesar de esta exceção não constar da lei, aderimos à posição de Hopt/Kumpan, *§ 107* cit., Rn. 87, segundo a qual a letra do artigo do RAM é excessivamente restritiva. De facto, se o investidor, apesar de deter a informação privilegiada, não influenciou, por qualquer forma, a constituição da obrigação de executar a ordem, não poderá ser acusado de inobservância do dever.

[957] Cf. Hopt/Kumpan, *§ 107* cit., Rn. 89-93. O Autor defende que se for utilizada uma estratégia *white knight* com o único intuito de defesa contra uma OPA hostil, e não como OPA concorrente, não poderá a informação privilegiada ser licitamente transmitida, por escapar ao âmbito de previsão do artigo 9.º/4 do RAM.

[958] Cf. Hopt/Kumpan, *§ 107* cit., Rn. 97 e 98.

de situações pode ser validada por uma redução teleológica do regime do abuso de informação privilegiada: não existindo prejuízo do mercado, a conduta não será qualificada como ilícita[959]. A mesma interpretação deve valer noutros casos similares, desde que objeto de cuidada análise que devidamente proteja os valores e interesses em jogo.

Com vista a alcançar um eficiente e célere controlo de situações de abuso e como meio suplementar de supervisão dos mercados pelas autoridades competentes[960], os dirigentes do emitente e as pessoas estreitamente relacionadas com ele devem comunicar-lhe (ou ao participante no mercado de licenças de emissão) bem como à autoridade competente todas as operações efetuadas por sua conta que se refiram a ações, instrumentos de dívida, instrumentos derivados ou outros instrumentos financeiros com ela relacionados (artigo 19.º/1 do RAM). Garante-se uma divulgação célere, o mais tardar, três dias úteis após a operação, para permitir o acesso rápido à informação de forma não discriminatória, através dos meios de comunicação social que possam razoavelmente proporcionar a sua disseminação eficaz junto do público em toda a União[961]. A obrigação de comunicação de transações de pessoas com responsabilidade de gestão no emitente já resultava da Diretiva do Abuso de Mercado, embora com um âmbito de aplicação mais estreito. Por um lado, não abrangia os emitentes em MTF e OTF nem estabelecia um prazo para que a operação fosse comunicada, referindo-se, apenas, que era necessária uma comunicação "o mais rapidamente possível" (artigo 6.º/4 da DAM). Por outro lado, a comunicação era devida independentemente do montante das operações efetuadas, ao passo que o Regulamento só impõe a notificação de qualquer operação realizada após ter sido atingido o valor de 5000 EUR num ano civil, ou valor mais elevado (até 20 000 EUR) estabelecido pela autoridade competente (artigo 19.º/8 e 9 do RAM).

Como meio preventivo adicional, proíbe que os dirigentes do emitente realizem qualquer operação por conta própria ou por conta de terceiros (direta ou indiretamente), que se refira às ações ou instrumentos de dívida do emitente

[959] Nesse sentido, cf. Lars Bühren, *Auswirkungen des Insiderhandelsverbots der EU-Marktmissbrauchsverordnung auf M&A-Transaktionen*, NZG 2017, 1172-1178 (1175).

[960] Considerando 59 do RAM.

[961] A notificação das operações terá de ser realizada em conformidade com as regras de transferência de dados pessoais, tal como previstas no Regulamento (UE) 2016/679 do Parlamento Europeu e do Conselho, de 27 de abril de 2016, relativa à proteção das pessoas singulares no que diz respeito ao tratamento de dados pessoais e à livre circulação desses dados e que revoga a Diretiva 95/46/CE (Regulamento Geral sobre a Proteção de Dados ou RGPD).

ou aos derivados ou outros instrumentos financeiros com eles relacionados durante um período de negociação limitado de trinta dias úteis anteriores ao anúncio de relatório financeiro intercalar ou ao relatório anual que o emitente esteja obrigado a divulgar. Apenas excecionalmente pode o emitente permitir que um dirigente efetue as operações mencionadas nos termos referidos[962], sem que essa autorização prejudique as restantes proibições de abuso de mercado[963]. Bem se vê que, para além de sancionar situações de abuso de informação privilegiada, o Regulamento institui uma série de mecanismos que preventivamente controlam comportamentos deste tipo, promovendo-se uma mais eficiente proteção da integridade do mercado.

3. Culpa: padrão de aferição e ónus da prova

Apuradas as características dos factos ilícitos relevantes — reconduzidos fundamentalmente à violação dos deveres de elaboração do prospeto, de divulação de informação privilegiada ou de informação periódica — e compreendidos estes como consubstanciadores da violação de deveres de proteção do investidor que surgem no âmbito da relação especial desenvolvida no mercado de capitais, impõe-se determinar as implicações do modelo de tutela que sustentamos no que respeita à articulação dos restantes pressupostos da responsabilidade civil, começando pela culpa[964]. Quanto a esta, não identificamos

[962] A autorização pode ser concedida, dependendo de uma análise caso a caso, devido à existência de circunstâncias excecionais, como graves problemas financeiros, que exijam a venda imediata de ações ou, ainda, às características da negociação em causa nas operações realizadas (ou relacionadas) no âmbito de um regime de participação dos trabalhadores, regimes de garantia ou de direito a ações no caso de operações em que não existe alteração da titularidade do valor mobiliário relevante. Cf. artigo 19.º/11 e 12, do RAM.

[963] O abuso de informação, para além de ser tipificado como crime pelo artigo 378.º/1, do CVM, constitui o membro do órgão de administração ou de fiscalização de uma sociedade anónima na obrigação de indemnizar os lesados, pagando-lhes uma quantia equivalente ao montante da vantagem patrimonial realizada (artigo 449.º do CSC). É tema que escapa ao nosso estudo. Sobre ele, cf., *v.g.*, Ana Brochado, *A indemnização por abuso de informação privilegiada no Código das Sociedades Comerciais*, CadMVM, n.º 36, ag. 2010, 32-48. A Autora defende que, ainda que o abuso de informação não seja expressamente punido nas sociedades por quotas e nas sociedades em nome coletivo, a utilização de informação privilegiada nestes tipos sociais constitui violação dos deveres dos gerentes para com a sociedade, *maxime* do dever de lealdade.

[964] Sobre a polissemia do termo culpa, cf. Menezes Cordeiro, *Tratado* cit., VIII, 460 ss.; cf. também, *v.g.*, Ricardo Bernardes, *A problemática da culpa na responsabilidade obrigacional no DCFR*, O Direito 145.º (2013), 1-2, 251-307 (255 ss.).

desvios significativos em relação à dogmática geral, sem prejuízo da necessária preocupação de esclarecer a elevação do padrão de diligência imposto ao emitente e a redistribuição do ónus da respetiva prova, à semelhança do que sucede noutras áreas de responsabilidade no mercado de capitais[965].

Conforme se tem apontado, o princípio da culpa visa corrigir os desequilíbrios criados pela vigência predominante de fatores objetivos quanto à determinação da regra cuja violação gera a ilicitude do comportamento[966]. Nos termos gerais, o dever de indemnizar depende de um juízo de censura — na modalidade de dolo ou negligência — imputado ao comportamento do informante, tal como estabelece o artigo 149.º do CVM. A legislação mobiliária prevê simultaneamente a imputação ao emitente em termos objetivos da responsabilidade por atos de terceiros cuja responsabilidade subjetiva seja demonstrada[967], o que poderia conduzir a desvalorizar este pressuposto. De acordo com a alínea *b)* do artigo 150.º do CVM, o emitente é responsável por vícios do prospeto causados pelos (i) titulares do seu órgão de administração, (ii) promotores, no caso de oferta de subscrição para a constituição de sociedade, ou ainda (iii) titulares do órgão de fiscalização, sociedades de revisores oficiais de contas, revisores oficiais de contas e outras pessoas que tenham certificado ou, de qualquer outro modo, apreciado os documentos de prestação de contas em que o prospeto se baseia. O fundamento da responsabilidade objetiva tem sido devidamente apontado: a atividade prosseguida pelos responsáveis diretos desenvolve-se no interesse do emitente, além de que a configuração deste como "garante" da obrigação de indemnizar reforça a posição dos investidores atendendo à sua (em princípio) superior capacidade financeira por confronto com a dos responsáveis subjetivos[968]. O alcance

[965] Cf. Castilho dos Santos, *A responsabilidade civil* cit., 208 ss.

[966] Cf., *v.g.*, Rui de Ataíde, *O cuidado entre a ilicitude e a culpa*, RDC II (2017), 4, 837-846 (846).

[967] Mais concretamente, o regime mobiliário de responsabilidade civil por informações no mercado de capitais elenca três entidades objetivamente responsáveis por facto de terceiro (artigo 150.º do CVM). Assim, o oferente é objetivamente responsável se o forem os titulares do seu órgão de administração, os intermediários financeiros encarregados da assistência à oferta ou as demais pessoas que aceitem ser nomeadas no prospeto como responsáveis por qualquer informação, previsão ou estudo que nele se inclua. Também o emitente será responsável em termos objetivos, tal como exposto no texto, se forem responsáveis os titulares do seu órgão de administração, os promotores, no caso de oferta de subscrição para a constituição de sociedade, ou os titulares do órgão de fiscalização, as sociedades de revisores oficiais de contas e outras pessoas que tenham certificado ou, de qualquer outro modo, apreciado os documentos de prestação de contas em que o prospeto se baseia. Por último, será, ainda, objetivamente responsável o chefe do consórcio de assistência se for responsável um dos membros do consórcio que preste assistência à oferta.

[968] Cf., *v.g.*, Paulo Câmara, *Manual* cit., 824 e 825.

da responsabilidade objetiva é, porém, muito limitado[969]. A previsão do artigo 150.º do CVM fica em princípio esvaziada de utilidade se forem responsáveis os titulares do seu órgão de administração. Sendo o comportamento ilícito e culposo dos administradores atribuído à sociedade, em virtude do nexo de imputação orgânica, será difícil conceber situações em que exista responsabilidade individual sem a correspondente responsabilidade direta da pessoa coletiva.

Como qualquer situação de imputação com fundamento no risco, a responsabilidade objetiva do emitente traduz um modelo complexo, em que os diversos pressupostos interagem, se alteram e adaptam ao conjunto, conforme aponta MENEZES CORDEIRO[970], o que, em concreto, significa que a exigência de causalidade se reconduz a que os danos sejam provocados pelos agentes elencados e que a imputação desses danos a tais agentes seja requisito essencial da responsabilidade do emitente, tal como acontece na responsabilidade do comitente, desenhada no artigo 500.º do CC. Já a apreciação da existência de danos e o seu cômputo não assumem autonomia na responsabilidade objetiva, pelo que é possível uma abordagem genérica dos pressupostos da responsabilidade do emitente, tomando por referência a responsabilidade subjetiva, cuja densificação se afigura mais rica e desafiante.

Não obstante ser inevitável reconhecer "alguma erosão"[971], a culpa permanece como princípio fundamental nas situações centrais de responsabilidade por informações[972]. A sua normativização como juízo de censura atribuído ao comportamento do sujeito e o afastamento da culpa em sentido psicológico — como nexo de imputação do ato ao agente em virtude de este resultar da sua vontade[973] — permitem a imputação do facto à pessoa coletiva, naturalmente por intermédio dos respetivos administradores. Está em causa "a omissão da diligência que seria exigível ao agente de acordo com o padrão de conduta que a lei impõe"[974].

[969] Cf., também, JOSÉ FERREIRA GOMES, *§ 16. Responsabilidade civil* cit., 223.

[970] *Tratado* cit., VIII, 597.

[971] ADELAIDE MENEZES LEITÃO, *Normas de protecção* cit., 668, em geral a respeito da responsabilidade objetiva.

[972] Culpa e risco não surgem como fundamentos antagónicos da responsabilidade civil, mas, sim, complementares, na medida em que ambos visam reparar o lesado por danos atribuíveis, a um ou a outro título, ao lesante. Assim, PINTO MONTEIRO, *A responsabilidade civil no direito contemporâneo*, em *O direito contemporâneo em Portugal e no Brasil*, Coimbra, 2003, 321-327 (326).

[973] Cf. MENEZES CORDEIRO, *Tratado* cit., VIII, 466 ss.; MENEZES LEITÃO, *Direito das obrigações* cit., I, 309. Aludindo à diligência "material" ou "normativa" como critério de culpa, cf. ALBERTO DE SÁ E MELLO, *Critérios de apreciação da culpa na responsabilidade civil: breve anotação ao regime do código*, ROA 49 (1989), vol. II, 519-542 (532).

[974] Cf. MENEZES LEITÃO, *Direito das obrigações* cit., I, 309.

O juízo de censura é dirigido necessariamente ao comportamento dos seus administradores, o qual é atribuído à sociedade em virtude do fenómeno da representação orgânica[975]. O facto de se impor ao emitente deveres de diligência na elaboração do prospeto (e na prestação das demais informações) não significa que a responsabilidade por essa elaboração lhe caiba em exclusivo. Simplesmente, mesmo quando o prospeto seja elaborado por sujeito diverso, *maxime* pelo intermediário, ao emitente é exigido que forneça informações em relação a si próprio e aos seus valores mobiliários[976], o que justifica a sua responsabilização[977].

A culpa deve ser "apreciada de acordo com elevados padrões de diligência profissional" (artigo 149.º/2 do CVM), o que não constitui regra estranha no contexto do mercado de capitais, como revela o regime de responsabilidade dos intermediários financeiros[978]. Por outro lado, ao abrigo do regime geral,

[975] Cf. Marco Pinardi, *La responsabilità* cit., 361 ss. Note-se que não se trata aqui de uma responsabilidade do emitente ao abrigo do artigo 165.º do CC ou do artigo 6.º/5 do CSC, segundo o qual a sociedade responde civilmente pelos atos ou omissões de quem legalmente a represente, nos termos que os comitentes respondem pelos atos ou omissões dos comissários. Pelo contrário, falamos de um juízo de censura diretamente aplicável ao emitente ou oferente, que, como pessoa, integra o âmbito de previsão dos artigos 483.º e 798.º do CC. Cf. Menezes Cordeiro, *Tratado* cit., VIII, 619-623.

[976] Sobre a intervenção do emitente na elaboração do prospeto, cf. Ana Catarina Mendonça Peres, *Responsabilidade do emitente pelo conteúdo do prospecto*, CadMVM n.º 5 (1999), 53-95 (62 ss.).

[977] Cf. Ferran/Ho, *Principles of corporate finance* cit., 390, escrevendo que "é muito pouco provável que o emitente consiga distanciar-se de declarações feitas no prospeto emitido por sua conta, mesmo quando sejam obra de especialistas que tenham contribuído para a compilação do prospeto". Cf., na jurisprudência inglesa, *Lynde v. Anglo-Italian Hemp Co* [1896] 1 Ch 178; *Mair v. Rio Grande Rubber Estates* [1913] AC 853, HL.

[978] Também no caso dos intermediários financeiros, o artigo 304.º/2 do CVM exige que estes, nas relações com todos os intervenientes no mercado, observem os ditames da boa-fé, de acordo com elevados padrões de diligência, lealdade e transparência. No mercado de capitais o emitente e o intermediário financeiro encontram-se vinculados a deveres de cuidado particularmente intensificados. Trata-se de um "padrão da conduta profissional diligentíssima", como notam Engrácia Antunes, *Deveres e responsabilidade* cit., 46; A. Barreto Menezes Cordeiro, *Manual* cit., 275; Castilho dos Santos, *A responsabilidade* cit., 209 e 210. Abandonou-se, pois, a solução do Cód. MVM segundo a qual o padrão para apreciar a culpa do intermediário era a "diligência que lhe era razoavelmente exigível, de acordo com as suas funções, qualificações técnicas e obrigações profissionais", o que levava Menezes Leitão, *Actividades de intermediação* cit., 151, criticamente, a considerar que esta referência apontava para um critério de apreciação da culpa em concreto, o que considerava "um retrocesso do Código de 1991 em relação ao critério da diligência de um bom pai de família de acordo com as circunstâncias do caso". No contexto da responsabilidade pelo prospeto no âmbito da oferta pública de aquisição, o Autor (*A responsabilidade civil no âmbito da O.P.A.* cit., 188) considera que a apreciação da culpa se sujeita ao critério da *culpa levissima*. Cf., também, do mesmo Autor, *A responsabilidade civil do auditor* cit., 237.

é sabido que a culpa é avaliada em abstrato segundo a diligência do homem médio[979] mas sempre atendendo às circunstâncias do caso[980], ou seja, ao condicionalismo da situação e ao tipo de atividade em causa. A exigência de uma diligência acrescida, quando aplicada à conduta do emitente, constitui, afinal, mero ajustamento do critério ao ambiente próprio do mercado e da posição deste sujeito. O apelo a um padrão especialmente elevado não representa aqui, em rigor, um afastamento da bitola geral de apreciação da censurabilidade do comportamento do agente contida no artigo 487.º/2 do CC, mas antes sua adaptação. Se o padrão do "bom pai de família, em face das circunstâncias de cada caso" exige que a diligência devida se molde às concretas funções assumidas pelo informante, impõe-se ao *bonus pater familias* profissional uma perícia, conhecimentos e qualificações que não se esperam de um leigo[981].

O emitente, em resultado da posição que assume no mercado e, em especial, da suscetibilidade de influenciar comportamentos alheios, encontra-se sujeito a um *standard* particularmente exigente de diligência (mesmo quando seja aplicável o regime comum de responsabilidade civil), que se pretende tanto mais intenso quanto maior for a proximidade do agente da fonte da informação. Isto implica que o emitente, detentor dos factos mais fidedignos sobre a empresa e os riscos do negócio, nomeadamente sobre os perigos que a oferta pública de venda ou subscrição representa, esteja, mesmo ao abrigo do regime geral, vinculado a deveres de diligência reforçados[982]. Não aderimos,

[979] Cf. VAZ SERRA, *Culpa do devedor ou do agente*, Lisboa, 1957, 30: "o tipo médio e abstracto de diligência é o do *bonus pater familias*, isto é, do homem normal, de diligência média".

[980] Cf., por todos, MENEZES CORDEIRO, *Tratado* cit.,VIII, 474. MENEZES LEITÃO, *Direito das obrigações* cit., I, 316.; SANTOS JÚNIOR, *Direito das obrigações* cit., 327 e 328.

[981] Cf. STJ 12-jan.-2017 (Olindo Geraldes), Proc. 428/12.3TCFUN.L1.S1; STJ 12-abr.-2018 (Olindo Geraldes), Proc. 1050/06.9TUPRT.P1.S1; RPt 5-mar.-2018 (Carlos Querido), Proc. 4021/16.3T8AVR-A.P1. Impõe-se adaptação específica do critério da culpa abstrata do artigo 487.º/2 do CC. Estas exigências constituem "um *plus* em relação à bitola clássica do bom pai de família (homem médio)" (A. BARRETO MENEZES CORDEIRO, *Manual* cit., 368), mas não desvirtuam o critério. Neste sentido, cf. BRANDÃO PROENÇA, *Lições de cumprimento e não cumprimento das obrigações*, 2.ª ed., Coimbra, 2017, 285 e 286, que acentua a possibilidade de flexibilizar o padrão em função da obrigação assumida, pelo que "mesmo quando o teor da lei parece estabelecer um critério que ultrapassa o modelo abstrato, do que se trata, em rigor, [é] de adaptar o critério à natureza da atividade em causa". O Autor reporta-se, entre outros casos, à culpa dos intermediários financeiros.

[982] Cf. MÜLBERT/STEUP, *§ 41. Haftung* cit., Rn. 41.110. Será, pois, diferente — e, em princípio, menos exigente — a apreciação da culpa de um intermediário financeiro, que apenas acede à informação que o emitente lhe disponibiliza. Cf. DÖRTE POELZIG, *Kapitalmarktrecht* cit., Rn. 290. Em geral, considera-se que não existe um dever de os bancos emitentes auditarem as contas ou os relatórios financeiros anuais. Cf. WOLFGAG GROSS, *Kapitalmarktrecht* cit., Rn. 81.

pois, à ideia defendida (em termos críticos) por PAULO CÂMARA[983] de que o n.º 2 do artigo 149.º criaria uma clivagem no sistema de culpa, pois ao emitente e ao oferente seria mais fácil afastar a presunção de culpa.

Em qualquer caso, o padrão é de máxima exigência em relação à conduta do emitente, em coerência com a sua posição funcional e o impacto material da sua conduta na posição dos investidores, diretamente expostos à respetiva interferência lesiva. Para além desta bitola elevada, o artigo 149.º do CVM faz presumir a culpa do agente, evitando as pronunciadas dificuldades probatórias que arriscariam fazer perigar a efetivação da responsabilidade pelo prospeto[984]. Existindo, segundo julgamos, uma relação obrigacional com as características que temos vindo a assinalar, idêntica presunção será aplicável ao abrigo do regime comum, nos termos do artigo 799.º do CC. Reconhece-se, pois, que o ónus da prova deve ser distribuído em função de áreas de responsabilidade[985], o que revela particular utilidade no contexto do "risco despersonalizado"[986] que se sente no mercado de capitais, caracterizado pela assimetria informativa, anonimização e complexidade das transações financeiras[987].

A propósito da responsabilidade contratual baseada no artigo 799.º do CC, MENEZES CORDEIRO[988] tem sustentado que a culpa deve ser entendida como *faute* e em sentido reforçado, na linha do modelo francês que apenas conhece um pressuposto de responsabilidade civil (a "falta"), o qual corporiza um misto de ilicitude e de culpa. Perante a falta de cumprimento presume-se que o devedor agiu ilicitamente, com culpa e de tal modo que os danos

[983] *Manual* cit., 821.

[984] Cf. MENEZES LEITÃO, *A responsabilidade civil no âmbito da O.P.A.* cit., 188 ss.

[985] Nesse sentido, cf. FLEISCHER, *§ 6. Haftung für fehlerhafte Kapitalmarktkommunikation*, em ASSMANN/SCHÜTZE, *Handbuch des Kapitalanlagerechts* cit., Rn. 1-65 (47); MÜLBERT/STEUP, *§ 41. Haftung* cit., Rn. 41.109 ss.

[986] Cf. CALVÃO DA SILVA, *Responsabilidade* cit., 384, a propósito das dificuldades probatórias do consumidor na efetivação da responsabilidade civil do produtor de direito comum.

[987] Ainda que a responsabilidade do informante fosse enquadrada no domínio delitual, posição à qual não aderimos, pelo menos quando existisse omissão do dever de publicar o prospeto deveria considerar-se existir uma presunção de culpa. Nesse sentido, cf. ASSMANN, *§ 5. Prospekthaftung*, em HEINZ-DIETER ASSMANN/ROLF SCHÜTZE, *Handbuch des Kapitalanlagerechts*, 4.ª ed., München, 2015, 258-398 (Rn. 96 e 97). No direito italiano, MARCO PINARDI, *La responsabilità* cit., 363, embora integre a responsabilidade por informações no domínio aquiliano (art. 2043 *Codice Civile*), considera que os investidores lesados não têm de explorar o estado subjetivo do informante, de forma a apreciar o seu conhecimento ou dever de conhecer o defeito da informação, devendo a culpa ser reconduzida ao desvio do modelo de transparência imposto pelo legislador.

[988] *Da responsabilidade civil dos administradores das sociedades comerciais*, Lisboa, 1997, 486.

correspondentes à supressão das vantagens asseguradas pelo vínculo violado lhe são imputáveis. Outra doutrina, como CARNEIRO DA FRADA[989], mesmo sem assentar no modelo da *faute*, tem entendido que a presunção de culpa na responsabilidade contratual se estende também à existência de um comportamento faltoso do devedor[990] ou dos seus auxiliares e à causalidade entre esse comportamento e a falta de cumprimento ou o cumprimento defeituoso (*haftungsbegründende Kausalität*)[991]. A resultados não distintos chega PAULO MOTA PINTO[992], que considera que a responsabilidade contratual se basta com o preenchimento do tipo, o que implica que ao lesante caberá provar tanto a falta de culpa, como de ilicitude ou de causalidade. Na área da responsabilidade do emitente no mercado de capitais, não vale certamente uma presunção de causalidade[993]. Não só porque veremos que esta não é razoável perante

[989] *Contrato e deveres de proteção* cit., 191.

[990] No caso da responsabilidade do banco enquanto intermediário financeiro, a jurisprudência reconhece que, havendo contrato, a presunção de culpa abrange também a ilicitude, de tal maneira que a falta de informação responsabiliza automaticamente o obrigado. Cf., *v.g.*, STJ 10-abr.-2018 (Fonseca Ramos), Proc. 753/16.4TBLSB.L1.S1. A respeito da presunção de culpa, ilicitude e nexo causal, cf. STJ 17-mar.-2016 (Maria Clara Sottomayor), Proc. 70/43.1TBSEI; RCb 12-set.-2017 (Moreira do Carmo), Proc. 821/16.LT8GRD; RLx 15-dez.-2016 (Maria Domingas Simões), Proc. 377/12.5.

[991] Contra, cf. OLIVEIRA ASCENSÃO, *Arguição do currículo apresentado pelo Doutor António Menezes Cordeiro nas provas para obtenção do título de professor agregado*, RFDUL XXXIX (1998), 821-830 (825); MENEZES LEITÃO, *Direito das obrigações* cit., II, 350 ss.; PAULO MOTA PINTO, *Interesse* cit., II, 1110; MARIA DA GRAÇA TRIGO/RODRIGO MOREIRA, *Anot. ao artigo 799.º*, em *Comentário ao Código Civil* cit., 1106-1111 (1111). Para um confronto das diversas perspetivas sobre o tema, cf. CATARINA MONTEIRO PIRES, *Impossibilidade da prestação*, Coimbra, 2017, 616-622.

[992] *Interesse* cit., II, 1110 ss., nota 3118.

[993] Assim, MENEZES LEITÃO, *A responsabilidade civil no âmbito da O.P.A.* cit., 190 e 191; cf. também, do mesmo Autor, *Actividades de intermediação* cit., 156 e *A responsabilidade civil do auditor* cit., 239, notando que, ao contrário do que sucedia no anterior Cód.MVM [cf. artigo 161.º/2, *e*)], o atual regime mobiliário não consagra uma presunção de causalidade. Cf., no mesmo sentido, JOSÉ FERREIRA GOMES, *A responsabilidade civil dos auditores*, em *Código das Sociedades Comerciais e governo das sociedades*, Coimbra, 2008, 343-424 (386 e 387). Em sentido crítico do abandono da presunção de causalidade prevista do Cód.MVM, cf. JOSÉ NUNES PEREIRA, *Quinze anos de codificação mobiliária em Portugal*, em *Direito dos valores mobiliários*, vol. VIII cit., 265-317 (303). A respeito da responsabilidade dos intermediários financeiros, cf. A. BARRETO MENEZES CORDEIRO, *A responsabilidade* cit., 99 e 100, sublinhando que, neste caso, a questão, apesar do interesse dogmático, tem diminuta relevância prática, uma vez que, demonstrando a violação do dever de observar elevados padrões de diligência, é dificilmente concebível a atuação sem culpa. O Autor não alude à presunção de causalidade. Cf., também, CASTILHO DOS SANTOS, *A responsabilidade* cit., 215, fazendo referência a um "subsistema de imputação mobiliária por definição com especificidades mas, no essencial, fundado e integrado na matriz civilística comum"; a presunção de culpa do artigo 304.º-A/2 referir-se-á também ao nexo causal, ainda que o Autor rejeite a conceção da *faute* (pp. 213 ss.). Para uma exposição das diversas

o comportamento ilícito típico em jogo, mas pela natureza dos próprios deveres. A presunção de nexo causal justifica-se perante a violação do contrato[994], uma vez que a falta da prestação principal decorre do mero facto do incumprimento e o bem jurídico protegido, frustrado pelo incumprimento, é precisamente a prestação principal[995]. No caso de preterição de deveres legais configurados como deveres de proteção não é possível, na expressão de Menezes Cordeiro[996], "dar o salto para um dano". Assim acontece, como sublinha o Autor[997], com a preterição de deveres acessórios e os danos que dela resultam. Não é por ter havido incumprimento dos deveres que se verificou necessariamente a supressão ou diminuição de uma vantagem. De modo diferente, quando o prejuízo decorre da falta da prestação principal, como sucede na responsabilidade *ex contractu*, e o bem jurídico protegido é esta prestação, a situação é diversa, justificando-se a presunção. Ou seja, apesar da natureza obrigacional da responsabilidade, a especificidade dos deveres violados não permite a sua cabal assimilação à responsabilidade decorrente do contrato, tal como configurada nos artigos 798.º ss. do Código Civil[998]-[999].

posições a respeito da abrangência da presunção do artigo 304.º-A, cf. Engrácia Antunes, *Deveres e responsabilidade* cit., 46 ss. Cf., ainda a respeito dos intermediários, Nádia Reis, *Responsabilidade civil aquiliana do intermediário financeiro — mito ou realidade?*, RDS IX (2017), 4, 781-799 (792 e 793), notando que o artigo 304.º/1 responsabiliza os intermediários por danos causados a qualquer pessoa, exista ou não relação obrigacional prévia; a Autora conclui que o Código dos Valores Mobiliários, pela especialidade da atividade de intermediação, consagrou um regime híbrido no qual estende a presunção de culpa às violações do dever de informação, quer tenham ocorrido no âmbito de uma relação obrigacional, quer não. Daqui resultaria uma presunção de *faute* nas relações obrigacionais e de culpa em sentido estrito nos restantes domínios (pp. 797 ss.).

[994] Cf. RLx 4-dez.-2012 (Ana Resende), Proc. 364/11.OTVLSB.L1-7: a culpa presume-se se o dano se situar no âmbito de relações contratuais ou pré-contratuais ou for causado pela violação de deveres de informação.

[995] Cf. Menezes Cordeiro, *Responsabilidade bancária* cit., 37.

[996] *Responsabilidade bancária* cit., 37.

[997] *Responsabilidade bancária* cit., 38. O Autor sublinha que "cabe ao devedor invocar quais os deveres acessórios violados, que bens eram, por eles, protegidos e qual a extensão dos danos. Em face disso, o devedor dará, ao juiz, os elementos necessários para que se estabeleça a causalidade relevante. Perante a violação de deveres acessórios, a causalidade, essencialmente normativa, deve assentar em dados que não é, de todo, possível presumir".

[998] Também Carneiro da Frada, *Sobre a responsabilidade das concessionárias por acidentes ocorridos em auto-estradas*, ROA 65 (2005), vol. II, 407-433, nota que quando está em causa a violação de obrigações de diligência a presunção de culpa do artigo 799.º/1 tende a limitar-se à mera censurabilidade subjetiva do devedor. Cf., ainda, Carneiro da Frada/Costa Gonçalves, *Diligência e prova* cit. 196 e 197.

[999] No caso da responsabilidade do banco por informações, a jurisprudência tem-se pronunciado no sentido da não inversão do ónus da prova da causalidade e da insuficiência da demonstração

A vigência da presunção de culpa não retira relevância à demonstração da efetiva verificação deste pressuposto, bem como à distinção entre dolo e negligência, na medida em que, no quadro de um sistema móvel de responsabilidade civil, o comportamento doloso do agente facilita a imputação (probabilística) do dano[1000]. A demonstração da culpa molda, também, o montante da indemnização devida: nos casos de responsabilidade em que se presuma este pressuposto, o concurso de culpas exclui o dever de indemnizar, ao passo que nas restantes situações há que ponderar o grau de censurabilidade dos comportamentos do lesado e do lesante para determinar se o montante da indemnização se deve manter, diminuir ou excluir (artigos 570.º/1 e 2 do CC).

Na Alemanha, a jurisprudência inicial propugnava que, tal como acontecia no regime geral de responsabilidade civil, seria suficiente uma atuação negligente para constituir o informante no dever de indemnizar[1001]. Porém, a VerkProspG — hoje revogada — passou a fazer depender essa responsabilização da existência de dolo ou negligência grosseira, padrão que foi seguido pela BörsG, também revogada, e se mantém atualmente na WpPG[1002]. Na responsabilidade civil de direito comum, pelo contrário, é suficiente a presença de negligência, o que acaba por remeter para o domínio mobiliário a determinação do nível de cuidado exigido aos informantes[1003]. O padrão

de que se o dever de informação tivesse sido cumprido os lesados não teriam subscrito o produto em causa. Assim, cf., *v.g.*, STJ 6-jun.-2013 (Abrantes Geraldes), Proc. 364/11.OTVLSB.L1.S1; STJ 19-dez.-2018 (Sousa Lameira), Proc. 2382/17.6T8VNG.P1.S1; STJ 24-jan.-2019 (Abrantes Geraldes), Proc. 2406/16.4T8LRA.C1.S1); STJ 28-fev.-2019 (Oliveira Abreu), Proc. 3654/16.2T8LRA.C1.S1; STJ 14-mar.-2019 (Maria dos Prazeres Pizarro Beleza), Proc. 2547/16.8T8LRA.C2.S1; STJ 30-abr.-2019 (Maria dos Prazeres Pizarro Beleza), Proc. 2632/16.6T8LRA.L1.S1 (com voto de vencido de Pinto Oliveira, sustentando a existência de uma presunção de comportamento conforme à informação); cf. também *v.g.* REv 11-jan.-2018 (Tomé de Carvalho), Proc. 1821/16.8T8STR.E1; diferentemente, mencionando uma presunção de culpa e de nexo causal, cf. RCb 10-jul.-2018 (Maria João Areia), Proc. 2193/16.6T8LRA.C1; cf. também RPt 11-abr.-2018 (Carlos Querido), Proc. 984/17.OT8PNF.P1, sustentando que o nexo causal está demonstrado quando é possível concluir que, se os deveres de informação tivessem sido cumpridos, os lesados não teriam investido nos produtos considerados.

1000 Carneiro da Frada, *Direito civil* cit., 104 e 105, a propósito do dano da perda de oportunidade.

1001 Assinalando a tendência, cf. Martina Benecke, *Haftung für Inanspruchnahme* cit., 2599.

1002 Apesar das diversas críticas ao nível de censura exigido pela legislação mobiliária, é duvidoso que um aligeiramento do padrão exigido para constituir o informante no dever de informar aumentasse a atratividade do mercado de capitais alemão, uma vez que, do prisma do emitente, atenuar a bitola conduz à expansão de responsabilidade e, consequentemente, desincentiva a admissão no mercado regulamentado. Da perspetiva dos investidores, é questionável que a atratividade de um mercado dependa da efetividade de pedidos de indemnização. Cf. Gross, *Kapitalmarktrecht* cit., Rn. 74.

1003 Cf. Jürgen Ellenberger, *Prospekthaftung im Wertpapierhandel,* Berlin, New York, 2001, 98.

mobiliário reforçado, verdadeiro "privilégio de responsabilidade" (*Haftungsprivileg*), mereceu o apoio de CANARIS[1004], que, baseando-se na premissa de que a publicação de prospeto não gera um contacto social juridicamente relevante, entende que existe o risco de expansão de responsabilidade, que deve ser compensado com um *standard* de culpa adequado. Independentemente de considerarmos o conceito de contacto social demasiado estrito, como escrevemos *supra*, o risco excecionalmente elevado de responsabilidade — ainda que possa relevar para enformar alguns traços do regime — não chega, por si, para justificar o abandono do padrão geral de apreciação da culpa, constituindo antes, simplesmente, uma oportunidade para o informante se proteger desse risco, mediante a celebração de um contrato de seguro[1005].

A distinção entre dolo e negligência é conhecida e não carece aqui de ser retomada[1006]. Não apresenta, no domínio em que nos situamos, particularidades. Cumpre sim notar que, tipicamente, existe dolo direto em caso de comunicações *ad hoc* ao mercado, tendo em atenção que o informante reconhece o caráter *price sensitive* dos factos comunicados, i.e., a sua idoneidade para influenciarem de forma sensível os preços no mercado. Por isso, quando é feita a divulgação ao público, especialmente no caso de anúncios promocionais, o informante tem conhecimento de que está a promover a subida do preço dos valores mobiliários[1007] e, regra geral, pretende esse resultado.

Pensamos que a divulgação de informação contínua, que os administradores sabem ser errada, é por si suficiente para fundamentar a existência

[1004] *Bankvertragsrecht* cit., Rn. 2280.

[1005] Assim, cf. JOHANNES KÖNDGEN, *Zur Theorie der Prospekthaftung (II)*, AG 5/1983, 120-132 (128).

[1006] Cf., por todos, MENEZES CORDEIRO, *Tratado* cit., VIII, 470 ss.; MENEZES LEITÃO, *Direito das obrigações* cit., I, 311 ss. A distinção entre dolo eventual e culpa é especialmente desenvolvida no âmbito penal. Cf., por todos, MARIA FERNANDA PALMA, *Dolo eventual e culpa em direito penal*, em *Problemas fundamentais de direito penal. Homenagem a Claus Roxin*, Lisboa, 2002, 47-67 (47), alertando desde logo para que "o conceito que estabelece a fronteira entre o dolo e a negligência consciente é verdadeiramente um conceito instável e perigoso" (67). A Autora alude ao "plano complexo da culpa penal" que surge como "uma das mais nobres questões da teoria do direito penal, em que se espelha a necessidade de um entendimento entre os graus mais elevados de abstracção e a sensibilidade comum".

[1007] Julgamos, pois, que não procede a tese defendida pelo OLG München na sentença *Infomatec II* de 1-out.-2002 (NJW 2003, 144), em sede de recurso, segundo a qual os administradores da Infomatec AG, que divulgaram informação *ad hoc* (realização de uma operação de viabilidade duvidosa), não quiseram nem aceitaram os danos sentidos pelos investidores, uma vez que comunicaram a informação falsa na convicção de que os factos divulgados se iriam materializar. No mesmo sentido, cf. RÜTZEL, *Der aktuelle* cit., 77.

de dolo. Na medida em que esta pressupõe que os factos são idóneos para influenciar sensivelmente o preço dos valores no mercado, o informante consegue razoavelmente prever o impacto da informação e, consequentemente, os danos que podem ser infligidos aos investidores. Também a expetativa de futura verificação dos factos comunicados deve ser irrelevante para a apreciação do grau de censura imputável ao comportamento dos administradores, uma vez que a concretização da operação anunciada apenas pode eliminar, no futuro, os danos dos investidores, mas nunca apagar a existência de um comportamento doloso[1008].

Quando o emitente, por intermédio dos seus administradores, não conheça o caráter defeituoso da informação, mas apenas que esta se baseia em factos tão incertos que o risco de incorreção é considerável, o agente representa e aceita a verificação do evento lesivo, atuando, pois, com dolo eventual. A ocorrência de dolo em caso de comunicações contínuas ou periódicas basta-se, pois, com a utilização de uma fonte perigosa para a obtenção da informação[1009]. Outras situações típicas oferecem indícios da intenção de causar danos e, portanto, da existência de dolo do informante. Será o caso do anúncio de uma operação de financiamento apresentada como segura, quando a sua viabilidade é, afinal, duvidosa, com particular relevo para a notícia de aumento de capital, visto que o propósito de colocação das ações ao melhor valor possível torna nítidos os incentivos para ocultar eventuais más notícias[1010]. Já se houver omissão do dever de publicação *ad hoc* o comportamento intencional deve considerar-se demonstrado com recurso a indícios externos que permitam apoiar a intencionalidade, sob pena de a tutela do investidor ser esvaziada pela exigência de uma *probatio diabolica*[1011]. A mesma solução vale no direito americano, onde a *Rule 10b-5* do *Securities Act* exige *recklessness* do lesante, ou seja, que este conhecesse o risco das falhas na informação, o que

[1008] Neste sentido, cf. THOMAS M. J. MÖLLERS, *Die unterlassene Ad-hoc-Mitteilung als sittenwidrige Schädigung gem. § 826 BGB*, WM 50/2003, 2393-2398, (2397 e 2398).

[1009] Poder-se-ia argumentar que assumir o dolo (eventual) em caso de utilização de uma fonte de informação não fidedigna é uma solução desadequada já que, por um lado, o emitente e os seus administradores não estão interessados em prejudicar os investidores e, por outro lado, poderia colidir com a excecionalidade da indemnização dos danos puramente patrimoniais. Porém, os administradores tenderão a procurar a subida dos preços, que é precisamente o que resulta em prejuízo dos investidores. Cf. MÖLLERS, *Die unterlassene* cit., 2396.

[1010] Cf. MÖLLERS, *Die unterlassene* cit., 2398.

[1011] Assim, MÖLLERS, *Die unterlassene* cit., 2397.

se assume caso a informação *ad hoc* não tenha sido publicada e a sua divulgação não exigisse um nível de esforço desproporcional[1012].

Na hipótese de a informação incorreta contida no prospeto se dever à colaboração de terceiros especialistas, o emitente pode ser responsável, nos termos gerais por *culpa in eligendo* ou *in vigilando,* existindo, genericamente, um dever de verificar a informação disponibilizada por terceiros, exceto em caso de tarefas técnicas e especializadas. Deste modo, o emitente não fica vinculado a questionar os balanços considerados corretos por um auditor, ou a controlar relatórios especializados de advogados[1013], por exemplo.

O quadro relativo à culpa na responsabilidade por informação no mercado de capitais é assim coerente com os princípios delineados. Sem prejuízo das dificuldades concretas surgidas ao nível deste pressuposto, os desafios maiores que se colocam na operacionalização do instituto da responsabilidade civil na área em que nos situamos surgem sobretudo no âmbito do nexo causal e do dano, a que nos dedicamos de seguida.

[1012] Cf. Jeanne P. Bolger, *Recklessness and the Rule 10b-5 Scienter Standard after Hochfelder,* Fordham Law Review, vol. 49, n.º 5, 1980, 817-837 (828 ss.), disponível em https://ir.lawnet.fordham.edu/cgi/viewcontent.cgi?referer=https://www.google.com/&httpsredir=1&article=2453&context=flr. A primeira decisão que apresentou um conjunto de factos indicativos de o dano ter sido intencionalmente causado foi proferida no caso *Greebel v. FTP Software Inc.,* 194 F3d 185 (1st Circuit 1999). Os exemplos incluem: "*insider trading* (...); divergência entre relatórios internos e comunicações ao público sobre o mesmo assunto; proximidade temporal entre uma declaração alegadamente fraudulenta ou uma omissão e a divulgação posterior de informação inconsistente; indícios de suborno de um alto funcionário da empresa; ação judicial em que se acuse a empresa de fraude, seguida de rápido acordo processual; desconsideração de informação corrente à data da emissão de declarações públicas; divulgação de informação de tal forma que apenas alguém com um elevado grau de sofisticação e valências contabilísticas a consiga compreender; interesse pessoal dos administradores numa iminente venda de ações; e a motivação dos réus manterem os seus rendimentos e postos de trabalho".

[1013] Cf. Friedrich Bultmann/Olaf Hoepner/Peter Lischke, *Anlegerschutzrecht,* München, 2009, Rn. 227 e 228.

4. Nexo de causalidade: da causalidade fundamentadora à causalidade delimitadora

4.1. Causalidade fundamentadora da responsabilidade civil

4.1.1. Do facto ilícito ao evento lesivo: a discussão sobre o papel da confiança do investidor

A concretização do pressuposto do nexo de causalidade é particularmente problemática no domínio da responsabilidade por informações prestadas no mercado de capitais. Existem, sem dúvida, outras áreas nas quais são sentidas dificuldades intensificadas[1014] — como na responsabilidade civil ambiental[1015], do produtor[1016] ou médica[1017] — mas, no contexto em que nos encontramos, o problema reveste-se de contornos específicos, que se distinguem dos mais comuns obstáculos de índole probatória, a ponto de já se ter dito que a causalidade surge um pouco como teria sido descrita por Kafka: quanto mais parece que nos estamos a aproximar da ideia, menos a compreendemos[1018]. O tema prestar-se-ia, em sede geral, a amplos desenvolvimentos, envolvendo

[1014] Além das dificuldades subjetivas, surgem aqui, situações de "dificuldade objectiva de prova" (cf. Pedro Múrias, *Por uma distribuição fundamentada do ónus da prova*, Lisboa, 2000, 31), ligadas à idiossincrasia dos mercados de capitais.

[1015] Sobre os problemas levantados pela causalidade neste domínio cf., por todos, Ana Perestrelo de Oliveira, *Causalidade e imputação na responsabilidade civil ambiental,* Coimbra, 2007.

[1016] Cf. Ferreira de Almeida, *Os direitos dos consumidores*, Coimbra, 1982, 131-139 para quem a demonstração dos pressupostos da responsabilidade civil "é trabalho digno de ser acrescentado à lista dos de Hércules" (p. 133); Calvão da Silva, *Responsabilidade* cit., 711-713; José Luís Ramos, *O ónus da prova nas acções de responsabilidade civil do produtor,* Revista Jurídica AAFDL, n.º 22 (mar.-1998), 413-449 (425-432).

[1017] Sobre as dificuldades probatórias nas ações de responsabilidade civil médica, cf., *v.g.*, Sinde Monteiro, *Aspectos particulares da responsabilidade médica,* Direito da Saúde e Bioética, Lisboa, 1991, 135-152 (150 ss.); Teixeira de Sousa, *Sobre o ónus da prova nas acções de responsabilidade civil médica,* em *Direito da Saúde e Bioética*, Lisboa, 1996, 121-144 (140 ss.); Ribeiro de Faria, *Da prova na responsabilidade civil médica — reflexões em torno do direito alemão,* Revista FDUP, ano I, 2004, 115-195 (177 ss.) e *Novamente a questão da prova na responsabilidade civil médica — reflexões em torno do direito alemão,* em Ribeiro de Faria/Pestana de Vasconcelos, *Estudos de direito das obrigações,* Porto, 2009, 201-295 (274 ss.); Carneiro da Frada, *Direito civil* cit., 114-118; Mafalda Miranda Barbosa, *Novas perspetivas em torno da causalidade na responsabilidade médica,* Revista do CEJ, I, 2017, 9-65.

[1018] Cf. Lars Klöhn, *Marktbetrug (Fraud on the Market). Voraussetzungen und Beweis der haftungsbegründenden Kausalität beim Anspruch auf Ersatz des Differenzschadens wegen fehlerhafter Information des Sekundarmarkts,* ZHR 178 (2015), 671-714 (672).

nomeadamente noções extrajurídicas[1019]. Antes da questão da prova, questionamos, em termos centrais, como deve ser estabelecida (ainda em abstrato) a relação entre a informação deficitária e o evento lesivo, e, além disso, como se identifica a ligação entre este e os prejuízos sentidos pelo investidor. O primeiro aspeto coloca-nos no domínio da causalidade constitutiva ou fundadora da responsabilidade (*haftungsbegründenden Kausalität*), ao passo que o segundo nos situa no domínio da causalidade delimitadora ou preenchedora da responsabilidade (*haftungsausfüllende Kausalität*)[1020]. A distinção adequa-se à separação conceptual tripartida da ofensa (comportamento do agente, lesão de direitos e dano concreto) e identifica dois pontos de referência para as relações causais, o que tem utilidade particular no caso da responsabilidade civil no mercado de capitais, no que respeita à clarificação do objeto

[1019] Cf. Paulo Sousa Mendes, *Causalidade complexa e prova penal*, Coimbra, 2018, 169 ss., sobre a relação entre um conceito jurídico próprio de causalidade e os restantes conceitos. A necessidade de recurso a noções extrajurídicas é especialmente relevada por Rui Soares Pereira, *O nexo de causalidade na responsabilidade delitual. Fundamento e limites do juízo de condicionalidade*, Coimbra, 2017, 87 ss. e *Pressupostos filosóficos e científicos do nexo de causalidade*, Lisboa, 2017, 577 ("a causalidade constitui uma realidade prévia ao direito e que este tem de assumir ao considerar o tema. Não se trata, pois, de uma criação da lógica jurídica mas sim de um dado da realidade prática e que deve ser visto como meramente potencial em termos jurídicos, já que pode assumir ou não relevância para o direito").

[1020] Cf. Hellgardt, *Kapitalmarktdeliktsrecht* cit., 521, seguido entre nós por Margarida Azevedo de Almeida, *A responsabilidade* cit., 346, tomando como ponto de referência do estabelecimento da causalidade o bem jurídico protegido pelo dever de publicar o prospeto, em conformidade com o escopo da investigação: a Autora identifica, como duplo bem jurídico tutelado, a íntegra formação dos preços (e não da vontade individual do investidor) e o interesse individual na tutela do património perante essa irregular formação do preço. Em geral, a causalidade fundadora da responsabilidade traduzir-se-á na relação estabelecida entre a ação lesiva e o direito ou interesse violado (cf. Brandão Proença, *A conduta do lesado como pressuposto e critério de imputação do dano extracontratual*, Coimbra, 1997, 429), ao passo que a causalidade delimitadora representaria a relação entre o facto responsabilizante e os prejuízos que surgem na esfera jurídica de outrem (cf. Carneiro da Frada, *Direito civil* cit., 100). Em Portugal, aderindo ou referindo a distinção, cf. Ribeiro de Faria, *Direito das obrigações*, I, Coimbra, 1990, 507; Sinde Monteiro, *Responsabilidade* cit., 270; Carneiro da Frada, *Contrato e deveres de proteção* cit., 193 e também em *Direito civil* cit., 80 e 100; Brandão Proença, *A conduta* cit., 428 ss. (o Autor não adota, porém, a distinção, por não ter tradição em Portugal e não apresentar vantagens no domínio do artigo 570.º do CC.); Pedro de Albuquerque, *Responsabilidade processual por litigância de má fé, abuso de direito e responsabilidade civil em virtude de actos praticados no processo*, Coimbra, 2006, 143, nota 426; Ana Perestrelo de Oliveira, *Causalidade* cit., 67 e 68, nota 157; José Ferreira Gomes, *§ 16. Responsabilidade civil pelo prospeto* cit., 225; Mafalda Miranda Barbosa, *Lições de responsabilidade* cit., 249 ss., que nota que apenas a causalidade fundamentadora da responsabilidade deve ser entendida como pressuposto delitual, ao passo que a causalidade preenchedora diz respeito ao problema da indemnização.

e do ónus da prova da causalidade, de tal maneira que já se disse que a sua rejeição privaria o intérprete-aplicador do substrato que permite solucionar os complicados problemas que se levantam neste domínio[1021]. Ela tem sido amplamente aceite na área de que nos ocupamos.

No campo da causalidade fundamentadora, o facto ilícito, como identificámos *supra*, traduz-se no comportamento do emitente que incumpre deveres de informação específicos, seja no mercado primário, por via de falhas no conteúdo do prospeto, seja no mercado secundário, com a omissão ou divulgação defeituosa de informação contínua ou periódica, ou ainda quando não cumpre os requisitos de qualidade da informação voluntariamente prestada. Fica, porém, em aberto a identificação do concreto evento lesivo relevante: está em causa saber se determinante é o facto de o vício da informação ter levado à decisão de contratar ou antes, mais simplesmente, à irregular formação dos preços dos valores mobiliários no mercado. Encontrada a resposta adequada para esta indagação, é ainda necessário apurar a causalidade delimitadora, formulando um juízo de imputação ao emitente do concreto dano sofrido pelo investidor.

Já foi defendido que a causalidade reclamaria o estabelecimento de uma relação entre o incumprimento do dever de informar e a decisão de investimento dos participantes no mercado (motivada pela confiança na informação transmitida). Esta exigência, porém, conduziria na prática ao esvaziamento da responsabilidade civil do emitente, visto que, no mercado secundário, a informação não é transmitida diretamente ao investidor, mas sim ao mercado, de forma impessoal, por via de anúncios *ad hoc* e de outras comunicações. Por isso, a maioria dos investidores na verdade não conhecem a informação divulgada — comportando-se como meros *price taker* — sendo que esse desconhecimento é economicamente justificado. O público-alvo da informação *ad hoc*, bem como dos relatórios financeiros periódicos, não é constituído pelos pequenos investidores, mas antes por aqueles que, de forma agregada, representam o sentimento do mercado e para quem a divulgação da informação relevante representa uma considerável poupança de custos (o emitente surge, verdadeiramente, como o *cheapest cost avoider*[1022]). Assim, apenas a atuação

[1021] Neste sentido, Richard Wichmann, *Haftung am Sekundärmarkt für fehlinformationsbedingte Anlegerschäden. Ein Beitrag de lege lata zur Stärkung des Kapitalmarktstandortes Deutschland Rechtsvergleichende und ökonomische Analyse*, Tübingen, 2017, 34.

[1022] Cf. Theodore Baums, *Haftung wegen Falschinformation des Sekundärmarkets*, ZHR 2003, 139-192 (143). Como salienta o Autor, os custos suportados pelo emitente com o dever de informar são contrabalançados pelas vantagens que retira da diminuição dos custos de capital que resultam da existência de um mercado secundário líquido e eficiente.

dos investidores institucionais, que apresentam equipas profissionais para aconselharem investimentos e ganharem vantagens competitivas, influencia a formação dos preços no mercado secundário[1023]. Também no mercado primário o direto condicionamento da vontade do investidor aparenta ser irrelevante. O prospeto tornou-se um documento rotineiro, sem significado e que não cumpre o seu propósito[1024], o que é notório se pensarmos que o homem médio não tem capacidade para compreender a diversidade de formas de cálculo do rendimento líquido de uma empresa, por exemplo, ou para considerar e muito menos para avaliar a variedade e crescente complexidade dos valores mobiliários. Por esta razão muitos investidores não acedem à informação *primária* que é divulgada ao mercado, mas apenas à informação *secundária*, i.e., aos elementos já processados e transmitidos pelos intermediários, como jornalistas, analistas, agências de *rating* ou consultores de investimento[1025], o que torna impossível, em caso de incumprimento do dever de informar, a prova de que a confiança na informação transmitida pelo emitente foi causa da decisão de investimento do participante. Esta constatação leva-nos ainda mais longe: quando a informação privilegiada é difundida no mercado, os participantes que a recebem e interpretam têm, naturalmente, incentivo para tomarem

[1023] Sobre a irrelevância da afetação de recursos dos investidores individuais para a formação do preço no mercado, cf. ALLEN FERREL, *If we understand the mechanisms, why don't we understand their output?*, 28 J. Corp. L. (2003), 503-5015 (504 ss.), disponível em http://lsr.nellco.org/harvard_olin/414. O Autor salienta que a teoria do mercado de capitais apenas consegue explicar 20% a 30% do curso de eventos efetivamente verificado. Assinalando a mesma tendência, cf. HELLGARDT, *Kapitalmarktdeliktsrecht* cit., 522 e, entre nós, MARGARIDA AZEVEDO DE ALMEIDA, *A responsabilidade* cit., 347.

[1024] Cf. GIUDICI, *Capitolo III. L'appello* cit., 980, notando que, à luz das teorias financeiras e dos estudos que têm sido desenvolvidos em matéria de informação pré-contratual, é duvidoso que o prospeto forneça os elementos necessários para os investidores tomarem uma decisão de investimento informada, especialmente num contexto económico de incontrolável aumento da complexidade dos produtos oferecidos. Cf., também, HOMER KRIPKE, *The myth of the informed layman*, The Business Lawyer, vol. 28, n.º 2, jan.-1973, 631-638 (631 e 632), disponível em https://www.jstor.org/stable/40685124. O prospeto não pode, por um lado, ser altamente complexo, sob pena de não ser compreendido pelo investidor médio, mas a simplificação excessiva torná-lo-ia insuficiente para transmitir toda a informação necessária para os investidores sofisticados avaliarem os valores mobiliários.

[1025] Cf. JILL E. FISCH, *The trouble with Basic: price distortion after Halliburton*, 90 Washington University Law Review (2013), 895-932 (901), disponível em https://openscholarship.wustl.edu/law_lawreview/vol90/iss3/8; KLÖHN, *Marktbetrug* cit., 674. Para além dos intermediários de informação, há que relembrar que a maioria dos participantes investe por via de intermediários financeiros, o que naturalmente também influencia a forma como a informação é absorvida pelos investidores. Cf. LANGENBUCHER, *Kausalitätsbeziehungen* cit., 1062.

as suas decisões de investimento com base nessa informação enquanto o mercado não a incorporar devidamente. Ora, tal comportamento produz precisamente o efeito ao qual o investidor se pretende antecipar: a incorporação da informação no preço dos instrumentos financeiros, motivada pelo conjunto de transações dos participantes informados. Por isso, o pequeno investidor, ainda que desatentos à divulgação operada pelos emitentes, assimila afinal a informação privilegiada de forma indireta, mediante a observação da flutuação dos preços do mercado[1026], o que determinou que já em 1980 se dissesse — de forma, entretanto, amplamente divulgada pela doutrina — que o mercado é um "agente não pago" do participante, que lhe transmite toda a informação pública e sensível[1027]. Esta linha de pensamento reconduz-nos, inevitavelmente, à teoria do mercado eficiente, na sua versão semiforte (cuja importância na determinação do nexo causal já foi assinalada na doutrina nacional[1028]), e à ideia de que o mercado reflete toda a informação disponibilizada ao público num determinado momento. Se o investidor não pode explorar o mercado, a melhor decisão será manter-se desinformado, poupando os custos de pesquisa e análise da informação divulgada ao público. Trata-se, pois, de um *desinteresse racional*[1029] que leva a negar o *mito do leigo informado*, que deve enformar os modelos de divulgação de informação, evitando-se sobresimplificações que prejudicam a apreensão do conteúdo desta pelos seu efetivos destinatários (os investidores sofisticados), sem benefício correlativo para os pequenos investidores[1030].

Parece-nos, pois, que deve ser rejeitado um modelo de causalidade no qual o evento lesivo relevante seja a distorção, no momento da transação, da vontade do investidor, que confiou, de forma direta, na informação prestada ao mercado. Se esta tese já apresenta obstáculos na concretização da responsabilidade civil no mercado primário[1031], estes acentuam-se no mercado secundário, onde as transações se processam de forma impessoal e não cara-a-cara

[1026] KLÖHN, *Marktbetrug* cit., 674 e 675.

[1027] Cf. *LTV Securities Litigation, United States District Court, N.F. Texas, Dallas Division*, 88 F.R.D. 134, 143, n.º 4 (N.D.Tex 1980): "o mercado está a funcionar como agente não pago do investidor, informando-o que, considerando toda a informação disponível, o valor das ações corresponde ao preço de mercado".

[1028] Cf. MARGARIDA AZEVEDO DE ALMEIDA, *A responsabilidade* cit., 353, embora com um substrato diferente, conducente a diferentes aplicações.

[1029] Cf. KLÖHN, *Marktbetrug* cit., 674 e 675; KNUT SAUER, *Kausalität und Schaden bei der Haftung für falsche Kapitalmarktinformation*, ZBB 1/05, 24-35 (26).

[1030] Cf. KRIPKE, *The myth* cit., 634.

[1031] Como demonstrou MARGARIDA AZEVEDO DE ALMEIDA, *A responsabilidade* cit., 346 ss.

(ainda que com recurso a intermediários) como acontece no primeiro caso[1032]. Tendo em conta que a informação não visa proteger a livre formação da vontade do investidor, mas antes a integridade do mercado, o foco da causalidade fundamentadora deve ser repensado. Em abstrato, três hipóteses devem ser equacionadas, sendo que todas elas condicionam a resposta aos problemas da necessidade de a falha informativa influenciar o preço de mercado e da delimitação do círculo de lesados com direito a indemnização[1033].

A primeira considera que existe causalidade quando o investidor confie na análise divulgada pelos intermediários da informação, que foi comprometida pela informação defeituosa. Pressupõe-se que o investidor lesado demonstre uma específica confiança na informação prestada, sem que se exija que esta apresente um efeito real no preço dos instrumentos financeiros no mercado. Trata-se de uma confiança secundária (*secondary reliance*)[1034], que, porém, não ultrapassa a dificuldade associada à prova da confiança em caso de omissão do dever de informar.

A segunda toma como essencial que o investidor confie na integridade da formação dos preços no mercado. Torna-se irrelevante se este leu e analisou a informação defeituosa, sendo o ponto de referência da causalidade a demonstração de que o preço foi adulterado pela informação e que o investidor confiou na integridade do mercado. O inconveniente desta conceção reside em excluir o direito à indemnização de todos os participantes que tenham realizado transações sem confiarem na correta formação dos preços no mercado, ainda que o valor de aquisição ou de alienação dos instrumentos financeiros estivesse, comprovadamente, viciado. À partida, este obstáculo poderia mostrar-se despiciendo por parecer contraditório que alguém invista faltando-lhe a confiança: tal como já foi afirmado pelo Supreme Court dos Estados Unidos, será difícil conceber um investidor que não confie na integridade do mercado[1035] ("*who would knowingly roll the dice in a crooked crap game?*"[1036]). Porém, essa possibilidade tem sido notada, em particular quanto a três grupos

[1032] Cf. Sauer, *Kausalität* cit., 27.

[1033] As três hipóteses são apresentadas e analisadas por Klöhn, *Marktbetrug* cit., 675-678.

[1034] De acordo com o segundo círculo do United States Court of Appeals [cf. *Panzirer v. Wolf*, 28-out.-1981, 663 F.2d 365, 367 (2d Cir. 1981)], a *secondary reliance* deve ser equiparada à *primary reliance*. O Tribunal concluiu que o lesado se tinha informado com base numa coluna do *The Wall Street Journal* e que, por isso, tinha confiado, de forma secundária, na integridade do mercado.

[1035] *Basic Inc. v. Levinson*, U.S. Supreme Court, 7-mar.-1988, 485 U.S. 224, 1988, 247.

[1036] Cf. *Schlanger v. Four-Phase Systems Inc.*, United States District Court, S.D. New York, 10-nov.-1982, 555 F. Supp. 535 (S.D.N.Y. 1982), 538.

de investidores: os *news traders*, os *value traders* e, curiosamente, os típicos investidores de retalho[1037]. Os primeiros são investidores que negoceiam com base em informação privilegiada antes de o mercado reagir à informação. Certamente confiam na informação para tomarem as suas decisões de investimento, mas, à partida, julgam desnecessário saber se, ao tempo da transação, o mercado se encontrava livre de fraude, porque a apreciação que fazem do valor dos instrumentos financeiros não depende do preço de mercado. Os *value traders*, por seu turno, radicam a sua estratégia de investimento precisamente na ideia de que nem sempre o preço de um instrumento financeiro reflete o seu valor intrínseco, e, assim, investem em valores que consideram subavaliados pelo mercado. Concebível é, por isso, que as suas decisões de investimento não se fundem na informação divulgada[1038]. Por fim, os investidores de retalho, tipicamente, também não confiam na integridade do mercado visto não serem afetados pelas falhas informativas desde que sigam a sua estratégia de investimento, diversificando o portfolio, o que produz também uma dispersão do risco de informação defeituosa[1039].

Em alternativa às duas teses apresentadas, imporá reconhecer, a propósito da causalidade fundamentadora, que o investidor racional não baseia a sua decisão de investimento na informação disponibilizada pelo emitente, pelo que deve, em absoluto, dispensar-se a ideia de confiança do investidor, exigindo-se apenas que a informação tenha adulterado o preço dos instrumentos financeiros no mercado. De forma abreviada, fala-se em causalidade do preço (*Preiskausalität*), dispensando-se a confiança do investidor, seja nos intermediários da informação, seja na integridade do mercado. Tem, por isso, direito a ser indemnizado qualquer investidor que negoceie no período que

[1037] Assim, KLÖHN, *Marktbetrug* cit., 677 e 678.

[1038] Pense-se no exemplo — fornecido por KLÖHN, *Marktbretug* cit., 678 — de um gestor de um fundo de investimento que acredita que o valor das ações do emitente A é de 100 EUR, sendo que as mesmas estão a ser negociadas a 80 EUR. Este investidor compraria as ações mesmo sabendo que o seu preço estava inflacionado, por hipótese, em 5 EUR, por um relatório *ad hoc* falso, uma vez que pode considerar a informação (falsa) irrelevante para a ponderação do seu valor intrínseco. Mesmo no caso em que o investidor considere a informação relevante, significaria que teria avaliado as ações em 95 EUR, pelo que continuaria a tê-las comprado por 80 EUR. Nos dois cenários, a decisão de investimento do gestor do fundo não teria sido, em nenhum aspeto, condicionada pela falha na informação, de tal maneira que não se pode dizer que confiasse na integridade do mercado.

[1039] Assim, por cada investidor que perde porque comprou a um valor demasiado elevado existirá sempre um investidor que ganha porque comprou a um valor demasiado baixo. O azar de um investidor corresponde à sorte de outro. Cf. FRANK H. EASTERBROOK/DANIEL R. FISCHEL, *Optimal damages in securities cases,* University of Chicago Law Review, 52, 1985, 611-652 (641), disponível em https://chicagounbound.uchicago.edu/journal_articles/1167/; KLÖHN, *Die Haftung* cit., 353.

decorre entre a divulgação de informação falsa e a sua correção (e correspondente integração no preço).

Como pode observar-se, as duas primeiras visões fundam-se na ideia de confiança, ao passo que a última abdica desse requisito. A necessidade de prova da confiança do investidor surgiu, pela primeira vez, no ordenamento jurídico americano onde o direito a reclamar uma indemnização por *securities fraud* é, desde 1947[1040], encarado como consequência do incumprimento dos deveres de informação previstos na *Rule 10b* do *Securities Exchange Act*. A responsabilidade foi alicerçada, neste ordenamento jurídico, na *misrepresentation*, instituto que faz depender a responsabilidade civil por declarações falsas de o lesante omitir o dever ou divulgar informação errada sobre um facto material, o investidor confiar na informação (*reliance*) e essa confiança ser causa do dano (*economic loss*)[1041]. O marco na definição do conceito de confiança, no contexto do não cumprimento de um dever de informação *ad hoc*, encontra-se no caso *List v. Fashion Park, Inc.*[1042], no qual o Tribunal concluiu que o lesado teria adquirido os valores mobiliários ainda que tivesse tido acesso à informação verdadeira: a verificação da *reliance* dependeria de a informação defeituosa ter sido um fator substancialmente determinante da conduta de que resultou o dano. Ficou, no entanto, por saber se, para existir responsabilidade, bastaria demonstrar que a informação tinha sido condição de aquisição

[1040] Cf. *Kardon v. National Gypsum Co.*, United States District Court, E.D. Pennsylvania, 19-ag.-1947, 73 F. Supp. 798 (E.D. Pa. 1947). A *Rule 10b-5* impõe um dever de divulgar informação *price-sensitive*, sem previsão de consequências para o incumprimento. Porém, o Tribunal reconheceu neste caso a existência de direito de ação, solução seguida, mais tarde, pelo Supremo Tribunal, no caso *Superintendent of insurance v. Bankers Life Cas. Co.*, U.S. Supreme Court, 8-nov.-1971, 404 U.S. 6 (1971). Neste ordenamento, o sistema de responsabilidade civil por informação defeituosa foi inicialmente desenhado nos anos 30 do século passado, com a entrada em vigor do *Securities Act* (de 1930) e do *Securities Exhange Act* (de 1934, abreviadamente conhecido como *Exchange Act*). Porém, nos últimos anos muito mudou: os mercados de capitais tornaram-se mais líquidos e mais bem informados, o que conduziu a drásticas alterações na *corporate governance* das sociedades. O Congresso americano, a SEC e os tribunais adaptaram-se a estas alterações e foram gradualmente alterando o sistema de responsabilidade, ainda que se possa dizer que o mesmo não dá resposta àquilo que seria necessário para lidar com os modernos problemas de informação defeituosa. Cf. Merritt B. Fox, *Civil liability* cit., 4.

[1041] Cf. *Gray v. First Winthrop Corp.*, 82 F.3d 877, 884 (9th Cir. 1996); *Binder v. Gillespie*, United States Court of Appeals, 9th Circuit, 30-mar.-1999, 184 F.3d 1059, 1063 (9th Cir. 1999).

[1042] 340 F.2d 457 (2d Cir. 1965). Sobre a *misrepresentation*, cf. A. Barreto Menezes Cordeiro, *Direito inglês dos contratos, I: Formação, conteúdo, vícios*, Lisboa, 2017, § 19, 149 ss. (151), sublinhando que por *misrepresentation* se entende uma falsa representação da realidade, de facto ou de direito, dirigida a uma contraparte e materialmente decisiva para a conclusão de um contrato.

de um valor mobiliário, cujo preço desceu em momento posterior. Os primeiros esclarecimentos neste domínio surgiram em 1974, através da decisão *Schlick v. Penn-Dixie Cement Corp.*[1043], com a afirmação de que, a par da demonstração da confiança, se deve exigir a prova da *loss causation* e da *transaction causation*. A primeira impõe que a falha informativa seja causa da lesão económica, ao passo que a segunda obriga a que o comportamento ilícito condicione a decisão de realizar a transação[1044]. Porém, se inicialmente as decisões federais sobre o tema consideraram necessária a produção de prova da confiança na informação falsa, rapidamente os tribunais se aperceberam de que este requisito não podia ser interpretado no domínio do mercado de capitais da mesma forma que nos restantes casos de *misrepresentation*[1045]. Avançou-se, pois, para a construção de presunções de confiança, de aligeiramentos da sua prova, ou para a adoção de um conceito objetivo de confiança, que implica ponderar se um investidor razoável teria acreditado na informação, prescindindo-se da exigência de confiança subjetiva, ou seja, de saber se o lesado, individualmente considerado, agiu com base nos factos inverídicos. Havendo lugar à omissão do dever de informar, o Supreme Court — com particular destaque para o caso *Affiliated Ute Citizens v. United States*[1046] — concluiu que

[1043] 507 F.2d 374 (2d Cir. 1974). Os antecedentes desta decisão podem ser encontrados cinco anos antes, no caso *Globus v. Law Research Service, Inc.*, 418 F.2d 1276 (2d Cir. 1969), ainda que não de forma expressa.

[1044] Relativamente à evolução dos pressupostos exigidos pelos tribunais ao abrigo da *Rule 10b*, em particular sobre a causalidade, cf. MERRITT B. FOX, *Demystifying causation in fraud-on-the-market actions,* The Business Lawyer, vol. 60, February 2005, 507-532 (508-511), disponível em https://www.americanbar.org/content/dam/aba/publications/business_lawyer/2005/60_2/article-demystifying-causation-200502.authcheckdam; do mesmo Autor, *Understanding Dura,* Business Lawyer, vol. 60, august 2005, 1547-1576, disponível em https://ssrn.com/abstract=764432 (p. 2-7), ANN MORALES OLAZÀBAL, *Loss causation in fraud-on-the-market cases post-Dura Pharmaceuticals,* Berkeley Business Law Journal, vol. 3, n.º 2, 2006, 337-380 (343-347), disponível em https://scholarship.law.berkeley.edu/cgi/viewcontent.cgi?referer=https://www.google.com/&httpsredir=1&article=1039&context=bblj. A exigência das duas formas de causalidade foi adotada genericamente pelos tribunais. Cf. *Broudo v. Dura Pharmaceuticals, Inc.*, United States Court of Appeals, 9th Circuit, 5-ag.-2003, 339 F. 3d 933, 937 e 938 (9th Circ. 2003).

[1045] Cf. LARS KLÖHN, *Nach 26 Jahren: US Supreme Court verfeinert die fraud-on-the-market theory,* AG 2014, 807-813 (808); do mesmo Autor, *Marktbetrug* cit., 680. Na *common law* as situações de responsabilidade por fraude exigem a demonstração de que "um lesado teria sido influenciado a agir diferentemente se o lesante tivesse revelado o facto omitido". Cf. *Myzel v. Fields* (8th Cir. 1968), 386 F. 2d 718, 735-737.

[1046] U.S. Supreme Court, 24-abr.-1972, 406 U.S. 128, 153-154 (1972), já referido. Cf., também, *Castellano v. Young Rubicam, Inc.*, United States Court of Appeals, Second Circuit, 19-jul-2001, 257 F.3d 171, 186 (2d Cir. 2001); *Press v. Chemical Investment Services Corp.*, United States Court of Appeals,

a confiança pode ser inferida da materialidade da informação não revelada. Trata-se da ideia de *constructive reliance*[1047]. Porém, a jurisprudência dos tribunais inferiores foi para lá da decisão *Ute* e criou mecanismos para dispensar o lesado da prova da sua confiança subjetiva. Neste contexto, surge a *fraud-on-the-market theory*, que veio marcar decisivamente o estudo da responsabilidade por informações no mercado de capitais, não apenas nos Estados Unidos, mas também por toda a Europa.

4.1.2. *Fraud-on-the-market theory*: origem americana e inconsistências do caso-modelo *Basic v. Levinson*

A génese da *fraud-on-the-market theory*, ainda que se situe em momento anterior[1048], costuma ser associada ao seu reconhecimento pelo Supreme Court, em 1988, no caso *Basic Inc. v. Levinson*[1049]. Nesta decisão sustentou-se — com dois votos de vencido — que, embora a responsabilidade civil por *securities fraud* exija confiança do investidor na informação erradamente prestada ao mercado ao abrigo da mencionada *Rule 10b-5* do *Securities Exchange Act*,

Second Circuit, 4-fev.-1999, 166 F.3d 529, 539 (2d Cir. 1999). Embora o Supreme Court, no caso *Ute*, não tenha recorrido à ideia de presunção de confiança, os tribunais inferiores interpretaram a sentença nesse sentido, pelo que admitiram a ilisão da presunção. Cf. Fisch, *The trouble* cit., 906.

1047 No fundo, apenas se substitui o padrão do investidor concretamente lesado pelo do investidor razoável. Cf. *Korn v. Franchard Corporation,* U.S. District Court of the Southern District of New York, 28-jan.-1975, 388 F. Supp. 1326 (S.D.N.Y. 1975); *Affiliated Ute Citizens v. United States,* U.S. Supreme Court, 24-abr.-1972, 406 U.S. 128, 152 ss. (1972); *Chris-Craft Ind., Inc. v. Piper Aircraft Corp.*, United States Court of Appeals, Second Circuit, 16-mar.-1973, 480 F.2d 341,374 (2nd Cir. 1973).

1048 A expressão foi utilizada pela primeira vez em 1969 pelo District Court for the Southern District of New York, no caso *Hebst v. Able* [47 F.R.D. 11, 16 (S.D.N.Y. 1969)], onde se pode ler que "se os demandantes conseguirem prevalecer-se da sua teoria da '*fraude no mercado*' [*fraud on the market*], isso poderá ser suficiente para sustentar uma indemnização ao abrigo da *section* 10(b) do Securities Exchange Act". A teoria foi pela primeira vez reconhecida por um tribunal de recurso no caso *Blackie v. Barrack,* United States Court of Appeals, Ninth Circuit, 25-set.-1975, 524 F.2d 891 (9th Cir. 1975). A primeira justificação doutrinária da teoria pode ser encontrada em Daniel Fischel, *Use of modern finance theory in securities fraud cases involving actively traded securities,* 38 Bus. Law 1 (1982), disponível em https://wiki.duke.edu/download/attachments/79565233/Fischel_Use%20of%20Modern%20Finance%20Theory%20in%20Securities%20Fraud%20Cases%20Involving%20Actively%20Traded%20Securities.PDF?api=v2. O Autor fundamenta a desnecessidade de confiança concreta no mercado de capitais na versão semiforte da teoria do mercado eficiente: se o mercado incorpora toda a informação disponível ao público, será economicamente racional que os investidores se mantenham desinformados, pelo que não deve ser exigida confiança nessa informação.

1049 U.S. Supreme Court, 7-mar.-1988, 485 U.S. 224 (1988), *supra* cit. Sobre o caso e o seu impacto em matéria de causalidade, cf., por todos, Franklin A. Gevurtz, *Corporation law,* St. Paul, Minn., 2000, 568 ss.

ao mesmo não é exigida a prova da confiança direta na informação, podendo este invocar uma presunção (ilidível) nesse sentido. Estava em causa uma ação coletiva relativa à venda pelos autores das suas ações na sequência de um conjunto de comunicados de imprensa que negavam que a empresa emitente estivesse em negociações tendo em vista a sua fusão ou que fosse do conhecimento da administração qualquer outro facto suscetível de provocar um acréscimo da negociação das ações no mercado. Após ter sido divulgada a fusão da Basic Inc., que conferiria aos seus acionistas um valor mais elevado pelas ações do que aquele a que estavam a ser negociadas, foi proposta uma *class action* contra o emitente, não obstante a dificuldade de provar o requisito da *reliance*. O entendimento do Tribunal, porém, foi que esta se poderia presumir. O fundamento da decisão seria a *fraud-on-the-market theory*, de acordo com a qual o preço dos valores mobiliários negociados num mercado desenvolvido reflete toda a informação disponível ao público e, consequentemente, o preço espelha também qualquer informação erradamente prestada ao mercado. A presunção defendida (abreviadamente "presunção *Basic*") exige que: (i) a informação falsa seja publicamente conhecida; (ii) a informação surja como "material"; (iii) os instrumentos financeiros apareçam negociados num mercado eficiente; (iv) a desinformação tenha suscitado a confiança de um investidor razoável e (v) o lesado tenha negociado no mercado no período entre a informação falsa e a sua correção[1050].

Noutros ordenamentos jurídicos, como o inglês, já se questionou a utilidade de um raciocínio paralelo mas, por ora, não se caminhou no sentido da sua adoção. Neste ordenamento, a confiança é pressuposto da ação de responsabilidade por informação *ad hoc*, ao contrário do que sucede na responsabilidade pelo prospeto. Nesta última, sem prejuízo de o pedido de indemnização poder basear-se nas regras gerais do *Misrepresentation Act 1967*[1051-1052], rege a *section* 90 do *Financial Services and Markets Act* (FSMA) 2000[1053]. A norma prevê o direito do investidor a ser compensado pela distorção da operação do mercado provocada pela divulgação de informação falsa, exigindo que demonstre o nexo causal entre o prospeto desadequado e a perda, o que determina

[1050] Cf. *Basic Inc.* cit., 248, nota 27.

[1051] Incluindo ações propostas contra emitentes por aquisições no mercado secundário, conforme já decidiu o Court of Appeal. Cf. *Taberna Europe CDO II Plc. V. Slskabet (formerly Roskilde Bank A/S)* (in bankruptcy) [2016] EWCA Civ 1262.

[1052] Ou eventualmente em *breach of contract* — caso exista um contrato entre lesante e lesado — ou no *tort of negligence*.

[1053] Cf. Fe Ferran/Ho, *Principles of corporate finance* cit., 392 ss.

que este tenha de provar que o dano resultou da circunstância de o preço pelo qual adquiriu as ações ter sido distorcido pela *wrong information*. O que já não reclama é que o investidor demonstre que conhecia e que confiou na informação (ao invés do que sucede nos casos de *misrepresentation*[1054]). Pelo contrário, quando se trata de divulgação de informação *ad hoc*, a confiança é indispensável: o FSMA 2000 prevê, na *section* 90A e na *Schedule* 10A, o direito de indemnização dos investidores (compradores, vendedores e detentores de instrumentos financeiros) por danos sofridos na sequência da omissão ou da prestação *ad hoc* de informação enganosa (incluindo a voluntariamente fornecida), sendo que, para provar a *loss causation*, se exige que o lesado efetivamente demonstre que a aquisição, a disposição ou o facto de continuar a deter os valores mobiliários resulta da confiança (*reliance*) na informação divulgada (e ainda que a confiança era razoável). Não se adota, pois, uma conceção similar à *fraud-on-the-market theory*, aceitando-se, quando muito, que a confiança seja inferida dos factos, em termos similares àqueles como tem sido configurada pelos tribunais nas ações decorrentes de *misrepresentation*[1055]-[1056]. Alguma doutrina admite, neste ordenamento jurídico, que o pensamento subjacente à teoria da fraude no mercado possa, se tanto, ajudar nesse exercício de inferência[1057]. Continua, porém, a não haver decisões dos tribunais ingleses, o que é particularmente digno de nota tendo em conta o número de situações em que terá existido informação defeituosa prestada pelo emitente ao mercado ao longo da vigência do FSMA e do seu antecessor[1058]. Mesmo as ações que foram propostas mais recentemente — na linha que apontámos de reforço do *private enforcement* no Reino Unido — terminaram em acordo sem que por isso tenha havido lugar a pronúncia jurisprudencial. Foi o caso dos processos contra o Royal Bank of Scotland (o primeiro que surgiu ao abrigo da *section* 90 do FSMA) e contra a Tesco plc. (com base na *section* 90A do FSMA). Perdeu-se, pois, a oportunidade de uma construção jurisprudencial britânica sobre a matéria, cuja utilidade para o problema que nos ocupa seria manifesta.

Diferente é a situação nos Estados Unidos. Aqui, bem se compreende que, na sequência da decisão *Basic*, os pedidos de indemnização tenham deixado

[1054] Cf. Ferran/Ho, *Principles of corporate finance* cit., 401 e 402.

[1055] *Smith v. Chadwick* (1884) 9 App Cas 187 HL

[1056] Por todos, cf. Ferran/Ho, *Principles of corporate finance* cit., 411.

[1057] Louise Gullifer/Jennifer Payne, *Corporate finance law* cit., 518.

[1058] Eilis Ferran, *Are US-style investor suits coming to the UK?* (July 20, 2009). Journal of Corporate Law Studies, October 2009; Civil Enforcement in Securities Law Conference, Cambridge, March 2009, disponível em https://ssrn.com/abstract=1436333.

de ser fundados na *transação*, para passarem a ser baseados no *mercado*[1059]: aceita-se que os mercados secundários liberam o investidor da tarefa de processamento da informação, que normalmente lhe incumbe no mercado primário, o que se traduz na irrelevância do engano do investidor, importando, apenas, o erro do próprio mercado, ou seja, a *fraude do mercado*[1060]. A prova da materialidade, causalidade, confiança e existência de danos passa a subsumir-se à questão de saber se ocorreu uma fraude no mercado[1061], ou seja, abandona-se a análise da existência de confiança, para conferir importância à eficiência do mercado. Por isso se diz que a sentença *Basic* alterou radicalmente o conceito de causalidade e de dano nos casos de *securities fraud*: da relevância do engano do investidor, transitou-se para a exigência de lesão económica causada por distorções do preço no mercado[1062]. A presunção pode ser ilidida mediante a prova de qualquer quebra da relação entre a informação falsa e o valor despendido ou auferido pelo lesado ou a sua decisão de negociar a um preço de mercado justo[1063], já que nesses casos se demonstra que o mercado ou o investidor não foram enganados.

O reconhecimento da presunção pelo Tribunal fundou-se essencialmente em considerações empíricas e práticas, tendo assumido que todos os participantes no mercado confiam na sua integridade, o que, conjugado com os estudos que revelam que, nos mercados desenvolvidos, o preço dos instrumentos financeiros incorpora a totalidade da informação pública, conduz à conclusão de que todos os investidores que confiem na integridade dos preços nos mercados confiam — ainda que indiretamente — na informação prestada ao público. Em termos práticos, a necessidade de demonstração individual da causalidade faria recair sobre o investidor lesado um ónus desnecessário e irrealista[1064], para mais considerando que impor-lhe a tarefa de procura e análise de toda a informação disponível reclamaria um comportamento economicamente prejudicial[1065], tendo em conta o desinteresse racional antes apontado. A teoria da fraude do mercado não representa, porém, significativo distanciamento

[1059] Cf. Fisch, *The trouble* cit., 895.

[1060] Cf. Sauer, *Kausalität* cit., 29.

[1061] Cf. Fischel, *Efficient* cit., 909.

[1062] Cf. John Goldberg/Benjamin Zipursky, *The fraud-on-the-market tort*, Vanderbilt Law Review, 2013, vol. 66, n.º 6, 1755-1805 (1798); William W. Bratton/Michael L.Wachter, *The political economy of fraud on the market*, University of Pennsylvania Law Review, vol. 160, 2011, 69-168 (82-84), disponível em https://ssrn.com/abstract=1824324.

[1063] Cf. *Basic Inc.* cit., 248.

[1064] Cf. *Basic Inc.* cit., 245.

[1065] Cf. Sauer, *Kausalität* cit., 29.

do modelo tradicional de *common law fraud*, que, em geral, exige que o lesado demonstre que confiou na informação errada, mas também que essa confiança era objetivamente razoável. A teoria da fraude do mercado pode, pois, ser interpretada como delimitação daqueles casos em que a confiança individual é considerada razoável[1066].

Não obstante a sua razoabilidade de base, a decisão esconde uma contradição intrínseca, que levou KLÖHN a catalogar a história do caso *Basic* como um "grande mal-entendido"[1067]. Aponta-se que o Tribunal revela algum conservadorismo judicial[1068], ao não se afastar dos fundamentos de *fraud and deceit* da *common law* e ao alicerçar a responsabilidade na ideia de confiança, ainda que meramente *secundária* ou *indireta*: assume que, se o mercado incorpora toda a informação pública e se os participantes confiam no mercado, então o investidor lesado, quando negoceia nesse mercado, confia na informação falsa[1069]; porém, simultaneamente, assenta na tese de FISCHEL[1070], que,

[1066] Cf. DANIEL FISCHEL, *Efficient capital markets, the crash, and the fraud on the market theory*, Cornell Law Review, vol. 74, n.º 5, 1989, 907-922 (908). Numa transação cara-a-cara não é razoável confiar que o preço de venda incorpora toda a informação relevante sobre o valor do bem, ao contrário do que sucede no mercado, no âmbito do qual essa assunção é legítima. No entanto, já se qualificou a presunção *Basic* como *compliance enhancing* — visto que pretende assegurar uma distribuição mais ajustada do ónus da prova e uma maior eficiência na prossecução dos objetivos da regulação mobiliária — mas também como *substance morphing* — já que resulta numa alteração substantiva da lei. Exigir que os lesados tivessem confiado que a informação defeituosa era verdadeira ou reclamar que o preço de mercado não se encontrasse distorcido por fraude são dois requisitos radicalmente diferentes, pelo que se poderia dizer que a presunção *Basic* já não preserva a necessidade legal de confiança na substância da informação como elemento chave da *securities fraud*. Assim, JOHN GOLDBERG/BENJAMIN ZIPURSKY, *The fraud-on-the-market* cit., 1789 ss.

[1067] Cf. KLÖHN, *Marktbetrug* cit., 683 ss., em especial 684. O Autor chega a associar o momento do reconhecimento da teoria pelo Supremo Tribunal com aquele em que começa a entrar em crise.

[1068] Cf. FISCH, *The trouble* cit., 897, que defende que, ao não abdicar do requisito da confiança, a decisão não é revolucionária (p. 910).

[1069] A verificação da confiança é essencial nos *torts of fraud*, ainda que com as especificidades próprias do mercado de capitais. Como notam JOHN GOLDBERG/ANTHONY SEBOK/BENJAMIN ZIPURSKY, *The place of reliance in fraud*, Arizona Law Review, vol. 48, 2006, 1001-1026 (1002, 1010 ss.), disponível em https://ssrn.com/abstract=957590, a exigência de confiança na informação não cumpre o mesmo propósito que o pressuposto da causalidade noutros *torts*. No caso *Summit Properties Inc. v. Hoechst Celanese Corp.*, 214 F.3d 556, 559 (5th Cir. 2000), o 5.º circuito esclareceu que os *torts* se opõem aos crimes, na medida em que os primeiros são relacionais e os segundos se definem como simples diretivas de abstenção de uma conduta, independentemente de esta afetar potenciais vítimas. Por isso, o *tort of fraud* apenas pode ocorrer quando alguém, através de uma deliberada representação defeituosa de um facto material, induz outro a formar uma decisão de transação e esta o prejudica.

[1070] *Use of modern* cit., expressamente citado no caso *Basic Inc. v. Levinson* cit., nota 24.

apoiando-se na versão semiforte do mercado eficiente, conclui que se pode dispensar a confiança dos investidores no mercado, sendo apenas necessário que estes tenham negociado no período em que os preços se encontravam viciados em consequência da informação errónea[1071]. Identifica-se, por isso, um desfasamento entre a letra e o espírito da decisão, o que é notório no facto de não resultar claro se a produção de prova de que o investidor não confiou no mercado é suficiente para ilidir a "presunção *Basic*". Esta possibilidade foi, posteriormente, rejeitada pelos tribunais inferiores, que optaram por seguir o espírito da decisão, ao invés da sua letra[1072]. A decisão peca também por fazer depender a presunção da existência de um mercado eficiente, desconsiderando que também num mercado ineficiente a informação falsa pode influenciar o preço dos valores mobiliários[1073].

Aprofundando a decisão *Basic*, surge também como referência no domínio que nos ocupa o caso *Dura Pharmaceuticals*[1074], no qual se esclareceu, a propósito da *loss causation*, que esta não requer apenas que se demonstre que o vício da informação provocou uma inflação dos preços na data da aquisição[1075],

[1071] A explicação de como dois caminhos argumentativos diferentes — um que fundamenta presunções de confiança e outro que dispensa, de todo, tal requisito — acabaram plasmados na mesma decisão é curiosa e pode ser destrinçada na correspondência privada entre os juízes William Brennan e Harry Blackmun. O segundo, que redigiu a decisão, acreditava que a exigência de confiança do investidor, ainda que possivelmente presumida, não devia ser substituída por considerações sobre causalidade, ao passo que o primeiro advogava a dispensa da confiança como fundamento do dever de indemnizar. No cerne da discussão encontrava-se a questão, puramente hipotética, de saber se um participante cuja decisão de investimento fosse independente da informação prestada ao mercado, mas que tivesse negociado no período em que o preço se encontrava deturpado, teria direito a uma indemnização. Blackmun considerava que este investidor, por não ter confiado no mercado, não deveria ser indemnizado, enquanto Brennan defendia o direito à indemnização. Cf. Klöhn, *Marktbretrug* cit., 685. Blackmun aceitou modificar a sentença em alguns pontos, de acordo com a posição de Brennan, explicando as inconsistências.

[1072] Cf. *In re WorldCom, Inc. Sec. Litig.*, United States District Court, S.D. New York, 24-out.-2003, 219 F.R.D. 267, 73 e 74 (S.D.N.Y. 2003). O Tribunal não aceitou a demonstração de que o lesado não tinha confiado no mercado como forma de afastar a presunção *Basic* porque "os mercados de capitais modernos envolvem milhões de transações diárias, nas quais o mercado se interpõe entre o vendedor e o comprador. É o mercado que transmite a informação pública ao investidor, sob a forma do preço de mercado. Este processo é substancialmente equivalente ao que os investidores levam a cabo por si mesmos nas transações cara a cara. O mercado age como o agente não pago do investidor, informando-o de que, face a *toda* a informação disponível, o valor das ações corresponde ao seu preço de mercado".

[1073] Cf. Fisch, *The trouble* cit., 898; Klöhn, *Marktbetrug* cit., 686,

[1074] *Dura Pharmaceuticals v. Broudo,* U.S. Supreme Court, 19-abr.-2005, 544 U.S. 336, 342 (2005).

[1075] Cf. *Knapp v. Ernst Whinney*, United States Court of Appeals, 9th Circuit, 23-jul.-1996, 90 F. 3d 1431, 1438 (9th Cir. 1996).

exigindo ainda que o mercado reaja à correção da informação. O Tribunal sustentou que, na data do aumento do preço, o investidor não é prejudicado, uma vez que o preço de compra inflacionado encontra-se compensado pela titularidade de uma ação que, naquele momento, apresenta valor equivalente. Caso o comprador aliene os valores mobiliários antes de a informação ser corrigida no mercado não sofre qualquer dano: embora tenha adquirido um valor mobiliário sobreavaliado, também o vendeu em idênticas condições. Mesmo que, após a retificação da informação, aliene os valores mobiliários a um preço inferior, não há como concluir, com segurança, que a descida do preço deve ser imputada ao erro inicial e não a alterações económicas gerais no mercado. A demonstração da *loss causation* exclusivamente por via da prova de uma inflação do preço que é produto de falhas da informação não deve ser aceite, visto permitir, em abstrato, a atribuição de uma indemnização a investidores que não sofreram qualquer prejuízo económico[1076]. A decisão tem sido criticada por perpetuar a adoção no mercado de capitais de remédios pensados para as questões tradicionais da *deceit* e da *misrepresentation* e abrir a porta à indemnização de danos hipotéticos em caso de diminuição do preço após a divulgação da informação fraudulenta, o que resultaria num sistema ineficiente e imprevisível[1077].

Em 2014, o Supreme Court teve oportunidade para esclarecer várias questões que tinham ficado sem resposta, quando a sociedade Halliburton pediu a reversão da "presunção *Basic*", que considerava deslocada dos últimos desenvolvimentos das teorias financeiras. Porém, na decisão, que ficou conhecida como *Halliburton II*[1078], o Tribunal manteve a presunção, clarificando que a responsabilidade civil por informações no mercado de capitais continuava a depender da confiança do investidor. Admitiu, contudo, a possibilidade

[1076] Isto significa que, no caso *Dura*, o Supreme Court negou a visão dos tribunais do 9.º circuito e deu razão a vários tribunais de recurso que tinham expressamente negado o *inflated purchase price*, como foi o exemplo do *Emergent Capital Inv. v. Stonepath Group, Inc.*, United States Court of Appeals, Second Circuit, 4-set.-2003, 43 F.3d 189, 198 (2d. Cir. 2003); *Semerenko v. Cendant Corp.*, United States Court of Appeals, 3d. Circuit, 16-jun.-2000. 223 F. 3d 165, 185 (3d Cir. 2000); *Robbins v. Koger Properties, Inc.*, United States Court of Appeals, 11th Circuit, 14-jul.-1997, 116 F.3d 1441, 1448 (11th Cir. 1997); *Bastian v. Petren Resources Corp.*, United States Court of Appeals, 7th Circuit, 9-jan.-1990, 892 F.2d 680, 685 (7th Cir. 1990).

[1077] Cf. Elizabeth Burch, *Reassessing damages in securities fraud class actions,* Maryland Law Review, 2007, vol. 66, 348-397 (351).

[1078] *Halliburton Co., et al., Petitioners v. Erica P. John Fund, Inc.*, Supreme Court, 23-jun.-2014, AG 22/2014, 828-832.

de o lesante ilidir a presunção, na fase da *class certification*[1079], mediante prova de que a falha da informação não se repercutiu no preço dos valores mobiliários[1080]. Particularmente relevante foi ainda o esclarecimento quanto à relação entre a "presunção *Basic*" e a teoria do mercado eficiente, bem como a sua dependência da confiança do investidor na integridade da formação dos preços no mercado.

O Tribunal relembrou que a discussão quanto à relação com a teoria do mercado eficiente não é nova e que já no caso *Basic* tinha esclarecido que reconhecer a presunção de confiança "não significava adotar qualquer teoria [financeira] sobre se a informação pública é completamente refletida no preço de mercado e a que velocidade"[1081]. Pelo contrário, a sentença *Basic* considera que a eficiência do mercado não é uma questão binária, com resposta afirmativa ou negativa, mas antes um problema de grau: tal reflete-se na possibilidade de ilisão da presunção, significando que a eficiência do mercado é uma matéria sujeita a prova. Os debates em torno da *behavioral economics* questionam *em que medida* a informação pública influencia o preço dos instrumentos financeiros e em que termos um investidor pode auferir rendimentos anormais

[1079] Esta conclusão apenas pode ser verdadeiramente compreendida no contexto processual americano. Tipicamente, os pedidos de indemnização por *securities fraud* assumem a forma de ações coletivas, que, processualmente, se dividem na fase de *class certification,* onde se decide a admissão da ação, e a fase da decisão de mérito (*merits stage*). Quando uma ação coletiva atinge a fase da decisão de mérito, ou se antecipa que isso acontecerá, existem incentivos económicos fortes, tanto para o lesante como para o lesado, para se chegar a acordo. Ao longo dos anos, os emitentes têm tentado que os requisitos da responsabilidade civil sejam analisados na fase da admissão da ação, por considerarem que serão beneficiados por esta fase apenas contar com a decisão de um juiz, ainda sem recurso ao júri, que apenas intervém na fase do juízo de mérito. A primeira vez em que o Supreme Court decidiu no caso *Halliburton* [cf. *Erica John Fund v. Halliburton Corp.*, 131 S. Ct. 2179 (2011]) concluiu que a causalidade delimitadora ou *loss causation* não deve ser decidida na primeira fase do processo. Também no caso *Amgen Inc v. Connecticut Retirement Plans and Trust Funds* [133 S. Ct. 1184 (2013)] o Tribunal superior afirmou que a relevância da informação falsa na formação dos preços do mercado devia apenas ser analisada na fase da decisão de mérito. Porém, perante os votos de vencido de Scalia, Thomas, Kennedy e Alito, Halliburton voltou a levar o caso ao Tribunal superior, pedindo (i) a reversão da "presunção *Basic*"; (ii) alternativamente, que, para ativar a presunção, impendesse sobre os lesados o ónus de demonstrar que a informação incorreta teve impacto no preço dos valores mobiliários ou, subsidiariamente, (iii) que se decidisse na fase da *class certification* se a informação teve impacto no preço dos valores mobiliários. O Supreme Court apenas acedeu no último ponto. Cf. Klöhn, *Nach 26 Jahren* cit., 807, 808 e 811.

[1080] Porém, a decisão reflete uma confusão entre a distorção do preço dos valores mobiliários no momento da divulgação da informação falsa (ou da omissão) e no da sua correção. Cf. Fisch, *The trouble* cit., 899.

[1081] Cf. *Basic Inc.* cit., 247.

negociando com base em informação, mas não refutam a ideia de que a informação disponível ao público geralmente afeta os preços de mercado[1082]. Ou seja, o facto de o preço de um valor mobiliário não ser acertado ou mesmo se ter formado, como por vezes sucede, de forma irracional não significa que a informação falsa não o afete e não possa causar danos. Assim, o Tribunal, embora não alinhe com qualquer teoria financeira, deixa claro que, em virtude de, tipicamente, a informação pública influenciar o preço dos valores mobiliários no mercado, a "presunção *Basic*" pode ser utilizada mesmo que o mercado não corresponda à versão semiforte do mercado eficiente[1083].

Contra esta presunção era também invocado que se encontrava desfasada das reais condições das bolsas, por ignorar um conjunto de investidores para quem a integridade do preço é irrelevante ou marginal (*v.g.*, os *value traders*), o que tornaria ilegítimo presumir que o investidor confia no mercado. A tese é, porém, expressamente negada pelo Supreme Court, que esclarece que a presunção assenta apenas na comprovação de que a *maioria* dos investidores, sabendo que é pouco provável que consigam bater o mercado exclusivamente com base na respetiva análise, confiam que o preço dos valores mobiliários incorpora uma avaliação não enviesada à luz da informação pública[1084]. Mesmo os *value investors* contam com que o preço dos instrumentos financeiros acabe por espelhar a informação, uma vez que é dessa correção do preço de mercado que depende o sucesso da sua estratégia de investimento. Por isso, estes investidores, ainda que não confiem na integridade do preço no momento da transação, acreditam que, mais cedo ou mais tarde, o mercado acabará por incorporar a informação[1085].

No entanto, embora não resulte expressamente da sentença, o Supreme Court reajustou a ideia subjacente à "presunção *Basic*", afastando-a da exigência de confiança (indireta ou secundária) e aproximando-a da causalidade do preço[1086]. Em *Halliburton*[1087] clarifica-se que a presunção se divide em duas: (i) se o lesado demonstrar que o emitente divulgou publicamente

[1082] *Halliburton* cit., 820.

[1083] A decisão não exige, pois, uma *fundamental value efficiency*, i.e, não assume que o preço dos valores mobiliários reflete o seu valor intrínseco, mas exige antes uma *information efficiency*, ou seja, que o preço dos valores mobiliários incorpore a informação. O aspeto central da decisão *Basic* não é, pois, a eficiência do mercado mas sim a distorção do preço. Cf. Fisch, *The trouble* cit., 912 e 913.

[1084] Cf. o caso *Amgen*, já mencionado.

[1085] Cf. *Halliburton* cit., 830.

[1086] Assim, Klöhn, *Marktbetrug* cit., 690 e *Nach 26 Jahren* cit., 810.

[1087] *Supra* cit., 830.

informação falsa material e que os instrumentos financeiros são negociados num mercado *geralmente* eficiente, presume-se que a informação falsa afetou o preço dos valores mobiliários; (ii) se o lesado também demonstrar que comprou os instrumentos financeiros durante o período relevante, presume-se, adicionalmente, que os adquiriu confiando na informação falsa divulgada pelo emitente.

O Tribunal mantém, contudo, a mesma contradição de raiz que foi notada na decisão *Basic*: confunde o investidor que acredita na versão semiforte da teoria do mercado eficiente e, por isso, escolhe (racionalmente) manter-se desinformado, mesmo que não confie na integridade do mercado, com aquele cuja conduta se baseia na ideia de que existiu uma adequada formação dos preços. Assim, pode efetivamente dizer-se que a "presunção *Basic*", tal como resulta dos esclarecimentos operados em *Halliburton II*, não é mais do que a consagração de uma causalidade do preço, conjugada com uma facilitação da prova de que a informação afetou o preço dos instrumentos no mercado, com a única diferença de se permitir que a presunção seja ilidida demonstrando que o lesado não confiou na integridade do mercado.

No atual estado de desenvolvimento jurisprudencial e doutrinário americano, a questão relevante no que respeita à causalidade fundamentadora é, em síntese, unicamente saber se a informação teve reflexos no preço dos valores mobiliários[1088], assim perdendo valia a distinção entre *transaction* e *loss causation*[1089]. Ainda que se mantenha a exigência de confiança na informação viciada, é seguro afirmar que as presunções e facilitações de prova em redor dessa confiança transformam o requisito numa pura ficção[1090].

[1088] Nesse sentido, cf. KLÖHN, *Martktbetrug* cit., 691, SAUER, *Kausalität* cit., 30.

[1089] Aderimos à visão de MERRITT B. FOX, *Demystifying* cit., 513 ss., que nota que a *transaction causation* é, na verdade, uma fórmula que se reconduz à demonstração do requisito tradicional de confiança, pelo que a sua aplicação nos casos de fraude do mercado se encontra deslocada. Também a *loss causation* perde terreno já que o dano indemnizável resulta diretamente da falha informativa: se se exige deturpação do preço no mercado, a compensação a pagar aos investidores será o exato montante pago em excesso. Ainda assim, os tribunais têm recorrido à distinção e exigido demonstração dos dois pressupostos, provavelmente por reticências em abandonar os requisitos clássicos do *tort of fraud*.

[1090] Cf. KLÖHN, *Martktbetrug* cit., 689 e 690.

4.1.3. Direito alemão: o "ambiente de investimento" e a presunção de "comportamento conforme à informação" no mercado primário; a expressa rejeição da teoria da *fraud-on-the-market* no mercado secundário

Na Alemanha, a decisão *Hornblower-Fischer*, de 1993[1091], representa o ponto de cristalização da discussão científica sobre a causalidade fundamentadora da responsabilidade no mercado de capitais. Em causa estava um pedido de indemnização a uma sociedade que tinha emitido ações ordinárias com o valor unitário de 210 DM e cujo preço acabou por cair no mercado para 130 DM. O investidor pedia a restituição da importância paga mediante a devolução dos valores mobiliários, alegando que confiara no prospeto de emissão que continha informação incorreta e incompleta sobre a empresa[1092]. O emitente, por seu turno, atribuía o decréscimo do preço das ações a variados fatores e não apenas à incorreção da informação. O OLG Frankfurt[1093] não concedeu a indemnização ao investidor, por entender que o dano não se situava no escopo de proteção do dever de publicar o prospeto, uma vez que, caso o emitente tivesse divulgado a informação corretamente, o dano ter-se-ia verificado nos mesmos termos, i.e., o investidor teria sofrido equivalente perda económica. Já o BGH, embora enfatizando também a importância do âmbito de proteção do dever de publicar o prospeto, negou a visão restritiva do tribunal inferior e considerou que o dever de divulgação se dirige à autodeterminação do investidor na utilização dos seus recursos. A causalidade dependeria, assim, decisivamente da prova de que o vício da informação conduziu à decisão de investimento e não a uma perda económica. Ou seja, a influência na vontade do investidor é relevante, mesmo que não se tenha traduzido num prejuízo patrimonial. Esta decisão, embora tenha sido, durante algum tempo, seguida acriticamente pela doutrina, como se aponta[1094], sem procura de um fundamento jurídico, a partir de 1 de abril de 1998, pelo menos no campo do regime mobiliário especial, ficou privada de base legal. O § 46 II BörsG (hoje revogado) esclareceu que não existe responsabilidade civil pelo prospeto nos casos em que o conhecimento dos factos sobre os quais incide a informação

[1091] BGH 5-jul.-1993, BGHZ 123, 106. Notando a importância desta decisão, cf. FLEISCHER/KALSS, *Kapitalmarktrechtliche Schadensersatzhaftung und Kurseinbrüche an der Börse*, AG 6/2002, 329-336, (330).

[1092] A solução não se confunde com a anulação do contrato fundada em vício da vontade, como veremos *infra*, a propósito da reconstituição natural.

[1093] WM 1992, 572, 574.

[1094] Cf. FLEISCHER/KALSS, *Kapitalmarktrechtliche* cit., 330.

incorreta ou incompleta não teria contribuído para uma redução do preço dos valores mobiliários. Porém, tal demonstração devia ser feita pelo responsável pelo prospeto e, tendo em conta que bastava que a incorreção do prospeto tivesse concorrido para esse efeito, mesmo sem ser o único fator relevante, tornava-se verdadeiramente uma *probatio diabolica*[1095].

Neste contexto, difundiu-se a ideia de que o prospeto cria um ambiente de investimento (*Anlagestimmung*) — ou seja, gera no público uma predisposição para investir — que torna desnecessário averiguar se o lesado conhecia o conteúdo do prospeto, passando a ser suficiente uma causalidade indireta, que pode ser presumida em caso de aquisições posteriores à publicação da informação[1096]. Subjacente está a conceção de que o prospeto surge no mercado primário como única fonte de informação acessível ao investidor, pelo que este conforma, necessariamente, a sua vontade em função do conteúdo da informação divulgada.

A jurisprudência não estabelece de forma rígida o período durante o qual se pode considerar que existe um ambiente de investimento mas já tomou a negociação no prazo de dois meses após a divulgação da informação defeituosa como indício probabilístico da verificação de nexo causal[1097], sem nunca

[1095] Cf. FLEISCHER/KALSS, *Kapitalmarktrechtliche* cit., 330. Também a VerkProspG pareceu aproximar-se de uma proteção patrimonial do investidor, pelo que a anterior jurisprudência que considerava relevantes os vícios do prospeto que prejudicassem a vontade do investidor, mesmo sem dano patrimonial, não deve merecer aplicação. Assim, MARTINA BENECKE, *Haftung für Inanspruchnahme* cit., 2599.

[1096] Cf. RG 11-out.-1912, RGZ 80, 196, 204 e 205 ["um pedido de indemnização por responsabilidade civil pelo prospeto pressupõe, pelo menos, a possibilidade de um nexo causal entre a informação incorreta contida no prospeto e a aquisição das ações e esta possibilidade verifica-se porque o conteúdo do prospeto cria um clima correspondente a essas condições, que determinam a vontade do lesado. (....) Uma aquisição em resultado desse clima constitui o contexto exigido pela lei"]; BGH 12-jul.-1982 cit., 2828. Sobre a figura, cf. SCHMITT, *Die Haftung* cit., 123-125; WAGNER, *Schadensberechnung* cit., 506; FLEISCHER/KALSS, *Kapitalmarktrechtliche* cit., 333; MÖLLERS/LEISCH, *Schaden und Kausalität im Rahmen der neu geschaffenen §§ 37b und 37c WpHG*, BKR 2002, 1071-1079 (1077); DÖRTE POELZIG, *Kapitalmarktrecht* cit., 285 ss.; EBERHARD SCHWARK, *§§ 44, 45 BörsG* em SCHWARK/ZIMMER, *Kapitalmarktrechts* cit., 414-449 (Rn. 46 e 47); ASSMANN, *§ 5* cit., Rn. 171. Porém, ASSMANN, *Civil liability* cit., 181 e 182, considera que a ideia do ambiente de investimento se baseia no enquadramento financeiro do século XIX, mas que atualmente apenas alguns emitentes conseguem criar um clima propício ao investimento com a oferta e o prospeto.

[1097] Cf. LG Augsburg, 24-set.-2001, ZIP 42/2001, 1881-1884 (*Infomatec I*). A proximidade temporal entre a decisão de investimento e a informação também foi considerada um indício da existência de nexo causal no caso *EM.TV* (*supra* cit., 2450). Sobre esta decisão, cf. STEPHAN HUTTER, *EM.TV und die Haftung für fehlerhafte Ad-hoc-Mitteilungen*, NJW 34/2005, 2428-2431.

ultrapassar o prazo de doze meses[1098]. Se bem que, em última análise, sejam essenciais as circunstâncias do caso concreto[1099], quanto mais tempo mediar entre a publicação do prospeto e a decisão de investimento, maior a probabilidade de a presunção de causalidade se converter numa ficção[1100], o que torna mais fácil refutar a existência do ambiente de investimento[1101]. Em 1997, a *Dritten Finanzmarktförderungsgesetz* transpôs a ideia de ambiente de investimento para a BörsG: pela primeira vez, inverteu-se, a favor do investidor, o ónus da prova da causalidade entre a publicação do prospeto e a aquisição dos valores mobiliários (§ 46 II BörsG), esclarecendo a qualificação da figura como presunção ilidível[1102], a qual se mantém no regime previsto na WpPG[1103]. A partir desta alteração legislativa, a cargo do investidor passou apenas a estar a prova de que a transação tinha sido concluída no período de seis meses a contar da publicação do prospeto e da venda dos valores mobiliários.

Paralelamente à ideia de ambiente de investimento, foram ensaiadas tentativas de facilitação de prova com apelo à lógica do comportamento conforme à informação[1104], que teve a sua génese na Alemanha, em decisão do BGH

[1098] Cf. BGHZ 139, 225, 233.

[1099] Cf. SCHWARK, §§ 44, 45 BörsG cit., Rn. 47.

[1100] Assim, ASSMANN, *Prospekthaftung* cit., 388. Por isso, o responsável pela informação pode demonstrar, nos termos gerais, que já existem outros elementos acessíveis ao público, *v.g.*, novo prospeto ou relatório financeiro anual, que diminuem a importância do prospeto defeituoso.

[1101] Cf. DÖRTE POELZIG, *Kapitalmarktrecht* cit., Rn. 288.

[1102] Cf. *Gesetzentwurf der Bundesregierung, Entwurf eines Gesetzes zur weiteren Fortentwicklung des Finanzplatzes Deutschland (Drittes Finanzmarktförderungsgesetz)*, 6-nov.-1997, disponível em http://dipbt.bundestag.de/doc/btd/13/089/1308933.pdf, 76.

[1103] O § 23 II, Nr. 1 WpPG esclarece que não existe dever de indemnizar se os valores mobiliários não tiverem sido adquiridos com base no prospeto, o que, naturalmente, pressupõe uma presunção de causalidade entre a incorreção do prospeto e a decisão de investimento. Cf. MÜLBERT/STEUP, *§ 41. Haftung* cit., Rn. 41.100; POELZIG, *Erleichterungen* cit., 362; LANGENBUCHER, *Aktien- und Kapitalmarktrecht* cit., § 14, Rn. 59. A norma exige que o lesante produza prova do contrário, demonstrando que a decisão de investimento não se deveu ao prospeto defeituoso (ou à sua omissão) mas sim a outros motivos. Será o caso de um investidor adquirir produtos mobiliários por recomendação de um amigo ou após ter conhecimento de relatórios de imprensa nos quais confiou. Assim, DÖRTE POELZIG, *Kapitalmarktrecht* cit., Rn. 286.

[1104] Cf. PAULO MOTA PINTO, *Interesse* cit., II, 1463. Na mesma linha, a respeito especificamente dos contratos de intermediação financeira, cf. MARGARIDA AZEVEDO DE ALMEIDA, *A responsabilidade* cit., 233.

de 5 de julho de 1973[1105]. Trata-se de subespécie de prova *prima facie*[1106], segundo a qual se assume que o investidor não teria comprado ou vendido os valores mobiliários caso a informação tivesse sido prestada de forma correta. É um aligeiramento da prova que surge da necessidade de proteção da parte que se encontra em estreita relação com o informante[1107], pelo que apenas poderia valer no mercado primário, no contexto contratual ou pré-contratual[1108] e nunca como resposta aos problemas de prova que se verificam em caso de vícios da informação *ad hoc*. Porém, ao assumir que ao investidor não restava outra alternativa que não fosse obedecer à informação prestada[1109], ignora a complexidade de elementos que concorrem para a formação da vontade de investir e a realidade do mercado de capitais[1110]. Independentemente do nível de risco inerente aos valores mobiliários, a sua aquisição será sempre razoável caso o preço traduza adequadamente a relação entre potencial rendimento e risco de incumprimento[1111]. Também o facto de a informação não ser direcionada para um comportamento específico do investidor — mas apenas para fornecer uma base para que este tome a decisão de investimento em função das suas preferências pessoais — inviabiliza que se utilize esta

[1105] BGH 61, 118, onde se pode ler: "qualquer pessoa que viole um dever contratual de informar ou aconselhar suporta o ónus de demonstrar que o dano teria ocorrido mesmo em caso de comportamento lícito, porque o investidor teria ignorado qualquer informação ou conselho". Sobre a decisão do BGH, a presunção de comportamento conforme à informação, a sua origem histórica e concretizações jurisprudenciais na Alemanha, cf., por todos, CLAUS-WILHELM CANARIS, *Die Vermutung "aufklärungsrichtigen Verhaltens" und ihre Grundlagen*, em *Festschrift Walter Hadding zum 70. Geburtstag am 8. Mai 2004*, Berlin, 2004, 3-24; entre nós, cf. PAULO MOTA PINTO, *Interesse* cit., II, 1385 (nota 3909); JOSÉ FERREIRA GOMES, *§16. Responsabilidade civil pelo prospeto* cit., 230 ss.

[1106] Cf. DIETER MEDICUS, *Aufklärungsrichtiges Verhalten*, em *Festschrift für Eduard Picker am 3. November 2010*, Tübingen, 2010, 619-627 (622).

[1107] Cf. RÜTZEL, *Der aktuelle* cit., 75.

[1108] Cf. ANDREAS TILP, *Anmerkung zu der Infomatec Entscheidung*, ZIP 38/2002, 1729-1730 (1730).

[1109] Assim, ANDREAS PIEKENBROCK, *Der Kausalitätsbeweis im Kapitalanlegerprozess: ein Beitrag zur Dogmatik der "ungesetzlichen" tatsächlichen Vermutungen*, WM 10/2012, 429-440.

[1110] Cf. SCHMITT, *Die Haftung* cit., 126; KLÖHN, *Die Haftung* cit., 352. Muitas vezes a decisão de investir é enformada por elementos especulativos, o que torna impossível apurar qual teria sido a decisão de um investidor razoável caso a informação *ad hoc* tivesse sido corretamente prestada. Cf. RÜTZEL, *Der aktuelle* cit., 75. Aliás, a consideração de que existem vários comportamentos possíveis como reação a uma informação justificou que, na Alemanha, esta presunção não tenha sido seguida de forma consistente. Cf. CANARIS, *Die Vermutung* cit., 12.

[1111] Ideia apresentada por FISCHEL, *Use of modern* cit., 12, para quem "virtualmente todos os valores mobiliários podem ser vendidos por um preço positivo", desde que este reflita as suas características.

facilitação de prova no domínio do mercado de capitais[1112]. Por fim, consideramos que a presunção de comportamento conforme à informação, no mercado de capitais, depende de uma exigência prévia: o efetivo conhecimento da informação pelo investidor, que, como demonstrámos, tipicamente não se verifica e não deve ser presumido. Falhando este pressuposto, não existe base para operar a facilitação de prova.

Ainda que se admita a valia da ideia de ambiente de investimento ou de comportamento conforme à informação, ficam por resolver os problemas levantados por falhas informativas no mercado secundário. É certo que uma corrente jurisprudencial[1113] e doutrinária[1114] se pronunciou pela extensão a este mercado das facilitações de prova pensadas para o mercado primário, mas o BGH acabou por recusar expressamente esta posição[1115]. Por um lado,

[1112] Assim, MEDICUS, *Aufklärungsrichtiges* cit., 624 e 625, que distingue estas situações daquelas em que a informação se dirige a alcançar um específico comportamento do recipiente, como a prestação de instruções de manuseio seguro de um produto. Já nos casos em que a informação não pretenda influenciar o comportamento do recipiente, mas apenas, *v.g.*, clarificar os termos do contrato, não deverá existir qualquer facilitação de prova.

[1113] Cf. *Infomatec I*, NJW 2004, 2971 e *EM.TV* cit., 2450. Nos dois casos admite-se que a prova do nexo de causalidade entre a divulgação *ad hoc* e a decisão individual de investimento seja feita por via da demonstração da existência de um ambiente de investimento.

[1114] Cf. MICHAEL-CHRISTIAN RÖSSNER/JOHANNES BOLKART, *Schadensersatz bei Verstoßes gegen Ad-hoc-Publizitätspflichten nach dem 4. Finanzmarktförderungsgesetz*, ZIP 33/2002, 1471-1477 (1476); RÜDIGER VEIL, *Die Ad-hoc-Publizitätshaftung im System kapitalmarktrechtlicher Informationshaftung*, ZHR 167 (2003), 365-402 (380 ss.); TILP, *Anmerkung* cit., 1729 ss.; KATJA LANGENBUCHER, *Kausalitätsbeziehungen bei der Einschaltung von Finanzintermediären — Zur Haftung für fehlerhafte Kapitalmarktinformation*, em *Festschrift für Karsten Schmidt zum 70. Geburtstag*, Köln, 2009, 1053-1063 (1060-1062).

[1115] Assim, BGH 19-jul.-2004 — II ZR 218/03, ZIP 2004, 1599-1604, 1603; *Infomatec II* cit.; BGH 4-jun.-2007, ZIP 2007, 1560-1561, 1562 (*ComROAD IV*). No final de 1999, as ações da ComROAD AG começaram a ser negociadas no *Neuer Markt* e, em poucas semanas, o seu preço aumentou para dez vezes mais do que o preço de emissão, tendo atingido um pico em fevereiro e em setembro do ano 2000. Entre 2000 e 2001, a ComROAD AG publicou cerca de quarenta comunicações *ad hoc* que reportavam um aumento regular de vendas e melhoria dos resultados da empresa. Porém, na primavera do ano seguinte descobriu-se que apenas 1,4% das vendas comunicadas efetivamente tinham ocorrido. Com a descoberta da fraude, o preço das ações desceu radicalmente, causando naturais danos aos investidores. O tribunal inferior considerou que a ComROAD AG era uma *máquina de engano*, que defraudou investidores profissionais, de retalho e intermediários financeiros e que, na medida em que a maioria das vendas apenas existiam no papel e que houve grandes oscilações de preços no período relevante, podia concluir-se que as comunicações *ad hoc* enganaram o mercado e que as ações estavam a ser negociadas a um preço demasiado alto. Já o BGH, se bem que não tenha considerado a inferência insustentável, negou a criação de um ambiente de investimento em resultado da informação. MAXIMILIAN FINDEISEN, *Die Bedeutung der haftungsbegründenden Kausalität einer fehlerhaften Ad-hoc-Mitteilung für die Anlageentscheidung des*

não pode dizer-se que se tenha criado um ambiente de investimento naqueles casos em que o emitente não cumpriu o dever de divulgação *ad hoc*[1116]; por outro lado, enquanto nas ofertas de valores mobiliários não existe ainda um mercado que processe os factos relevantes, sendo o prospeto a única fonte de informação, a divulgação *ad hoc* representa apenas um acréscimo em relação às diversas informações já disponíveis no mercado. Assim, qualquer tentativa de aplicar uma tese especialmente pensada para um mercado a outro mercado desconsidera as acentuadas diferenças estruturais existentes entre ambos[1117]. Nas transações cara-a-cara do mercado primário a exigência de causalidade entre a informação e a transação serve para negar a indemnização ao sujeito que não teria atuado de maneira diferente caso tivesse tido acesso à informação verdadeira, ao passo que no mercado secundário é o próprio mercado que distingue entre a informação considerada relevante e a restante. Estas diferenças não podem ser ignoradas quando se discute o pressuposto do nexo de causalidade. Ainda assim, em algumas situações excecionais nas quais a disseminação de informação seja muito alargada, o BGH pronunciou-se no sentido de se poder ponderar a existência de um ambiente de investimento mesmo no mercado secundário, que, no entanto, se esfumaria com o passar do tempo[1118].

Fora estas situações, num primeiro momento, a orientação do BGH a propósito da responsabilidade civil por informações no mercado secundário variava consoante o caso fosse decidido pelo II Senat ou pelo XI Senat, aplicando ora o § 826 BGB ora o (hoje revogado) § 37b WpHG. No primeiro

Schadenersatzklägers, NZG 2007, 692-695 (693), entende que, embora o BGH fundamente a sua decisão em alicerces dogmáticos seguros, ignora as particularidades do mercado de capitais e não faz justiça ao significado da informação, que assume um escopo de proteção equivalente tanto no mercado primário, como no secundário.

[1116] Cf. STEFAN RÜTZEL, *Der aktuelle* cit., 74; SAUER, *Kausalität* cit., 28; SCHMITT, *Die Haftung* cit., 124; M. J. MÖLLERS/FRANZ CLEMENS LEISCH, *Haftung von Vorständen gegenüber Anlegern wegen fehlerhafter Ad-hoc-Meldungen nach § 826 BGB*, WM 35/2001, 1648-1662, 1657 ss.; MÖLLERS/LEISCH, *Schaden* cit., 1077; LEISCH, *Vorstandshaftung* cit., 1577, entendem que, caso fosse pretendida uma inversão do ónus da prova, o legislador tê-la-ia expressamente consagrado. Na falta de disposição especial, será possível recorrer à ideia de ambiente de investimento não como fundamento para uma inversão do ónus da prova, mas como facilitação de prova. Ou seja, o emitente não teria de fazer contraprova, mas apenas de demonstrar a possibilidade séria de outro curso de acontecimentos. Existindo aligeiramento do ónus da prova, o emitente deverá ser autorizado a reduzir a sua obrigação de indemnizar demonstrando outro curso hipotético de acontecimentos.

[1117] Cf. SAUER, *Kausalität* cit., 28; PETRA BUCK-HEEB/ANDREAS DIECKMANN, *Informationsdeliktshaftung von Vorstandsmitgliedern und Emittenten*, AG 19/2008, 681-691 (689).

[1118] Cf. *Infomatec I*, cit., 2972.

caso, o BGH exigia a demonstração de uma causalidade concreta (*konkrete Kausalität*) entre os vícios informativos e a vontade de investimento, sem qualquer aligeiramento de prova[1119], já que a decisão de investimento é individual e "marcada por vários fatores, racionais e irracionais, por vezes influenciada por elementos especulativos"[1120], não bastando uma confiança abstrata na integridade da formação dos preços no mercado. Na falta de um padrão de experiência que comprove que a informação conduz à decisão de investimento, não pode demonstrar-se o nexo de causalidade com base numa prova *prima facie*. O Tribunal considerava ainda que aceitar facilitações de prova retiraria quaisquer fronteiras à responsabilidade do § 826 BGB, que já por si é suficientemente ampla, e desvirtuaria a finalidade das normas sobre informação ao mercado, enquanto meio de proteção da formação da vontade individual do investidor[1121]. Por isso, rejeitou expressamente a *fraud-on-the-market*, em casos como *ComROAD*[1122], esclarecendo que, mesmo que o investidor apenas peça uma indemnização pelo dano da diferença, deve ser demonstrada uma relação causal entre a informação e a decisão de investimento, consolidando-se, pois, a linha restritiva que já tinha sido seguida pelos tribunais nos casos *Infomatec* e *EM.TV*[1123].

[1119] Assinalando a tendência, cf. Daniel Zimmer/Marc Grotheer, *§ 37b, § 37c WpHG*, em Schwark/Zimmer, *Kapitalmarktrechts* cit., 1852-1918 (Rn. 116 a 118a); Klöhn, *Marktbetrug* cit., 691; Christian Schmitt, *Die Haftung wegen fehlerhafter oder pflichtwidrig unterlassener Kapitalmarktinformationen*, Baden-Baden, 2010, 121.

[1120] Cf. NJW 2004, cit., 2972 (*Infomatec I*); BGH 4-jun.-2007, ZIP 2007, 1560-1561, Rdn. 13 (*ComROAD IV*); BGH 4-jun.-2007, ZIP 2007, 1564, Rdn. 13 (*ComROAD V*). Aderindo à posição, Hopt/Voigt, *Prospekt* cit., 1802.

[1121] Notam Zimmer/Grotheer, *Kapitalmarktrechts* cit., 116; Wagner, *Schadensberechnung* cit., 506.

[1122] Cf. BGH 28-nov.-2005, ZIP 2007, 681, 682 (*ComROAD I*); BGH 15-fev.-2006, ZIP 2007, 679, 680 (*ComROAD II*); BGH 26-jun.-2006, NZG 2007, 269, Rdn. 5 (*ComROAD III*); BGH 4-jun.-2007, ZIP 2007, 1560-1561, cit., Rdn. 16 (*ComROAD IV*); BGH 4-jun.-2007, ZIP 2007, 1564-1565, cit., Rdn. 16 (*ComROAD V*). Nos casos *ComROAD IV* e *V*, o Tribunal considerou que, embora seja concebível o aparecimento de um ambiente de investimento no mercado secundário, este deve ser provado através de uma avaliação técnica do mercado, baseada em factos concretos, bem como numa análise da evolução do preço das ações atingidas. Por outro lado, recusou o aligeiramento da prova da causalidade entre o facto e o dano, clarificando que a causalidade deveria passar pelo crivo da adequação e do escopo da norma. Cf., ainda, os casos *ComROAD VI* (BGH 7-jan.-2008, WM 2008, 395); *ComROAD VII* (BGH 7-jan.-2008, WM 2008, 398) e *ComROAD VIII* (BGH 3-mar.-2008, WM 2008, 790).

[1123] Cf. *ComROAD II* cit., 680. Também no caso *EM.TV* (cit., 2451) foi rejeitada a teoria da fraude do mercado, mas a propósito de um pedido de reconstituição natural, pelo que a solução não pode ser tomada como manifestação de um princípio geral. Em crítica à decisão *EM.TV*, cf. Kindler, *Gesellschaftsrechtliche* cit., 417 ss.

Para além de ser questionável que este seja o caminho mais apropriado para proteger o investidor[1124], parece que a posição do BGH assentou afinal na incompreensão do escopo da teoria da fraude do mercado, a qual apenas é apta para explicar o nexo de causalidade nas situações em que o lesado exija uma indemnização pela diferença entre o valor de aquisição e o preço que hipoteticamente se teria formado no momento da transação. A *fraud-on-the--market* já não satisfaz quando se discute a devolução dos valores mobiliários e a restituição do preço, pois, nestes casos, a liquidação do negócio jurídico exige certamente que se demonstre a relação entre a informação falsa e a decisão de investimento. Assim, quando o BGH invoca, como precedente da rejeição da teoria, o caso *Infomatec,* no qual se analisava um pedido de reconstituição natural, é nítida a confusão de fronteiras que é apontada à teoria[1125].

Já o XI Senado do BGH, no conhecido caso *IKB*[1126], anteriormente descrito, ignorando a jurisprudência anterior do II Senado, adotou expressamente a tese da "causalidade do preço". Considerou que, embora a indemnização pelo dano da celebração indevida do contrato dependa de uma relação concreta entre a decisão de investimento e a informação *ad hoc,* para a compensação do dano da diferença é suficiente que o preço tivesse sido diverso caso se houvesse verificado o cumprimento do dever de informar. A decisão conduz, porém, a resultados insatisfatórios ao excluir a indemnização dos participantes que, sabendo que não podem bater o mercado, ignoram a informação disponível e constroem um portfolio diversificado para evitar riscos relacionados com emitentes individuais. Tendo em atenção os termos deste investimento, seria inviável demonstrar a causalidade entre a informação *ad hoc* errada e a decisão de investimento, ao passo que os investidores que habitualmente tomam conhecimento da informação contínua poderiam obter a compensação pelo dano do contrato. Na prática, a decisão *IKB* torna a opção de diversificar o risco mais dispendiosa, com efeitos perversos, não apenas no plano individual, mas também no do próprio mercado, desincentivando a adoção de uma forma eficiente de diversificar os riscos de mercado e de diminuir os efeitos negativos associados a eventos altamente improváveis (os chamados *cisnes*

1124 Cf. FINDEISEN, *Die Bedeutung* cit., 692.

1125 KLÖHN, *Marktbetrug* cit., 695 e 696 fala numa "profunda incompreensão" da teoria.

1126 Sobre a decisão, cf. GERALD SPINDLER, *Haftung für fehlerhafte und unterlassene Kapitalmarktinformationen — ein (weiterer) Meilenstein,* NZG 2012, 575-579; KLAUS ULRICH SCHMOLKE, *Die Haftung für fehlerhafte Sekundärmarktinformation nach dem „IKB"-Urteil des BGH,* ZBB/JBB 3/12, 165-178; GREGOR BACHMANN, *Anmerkung zu der IKB Entscheidung,* JZ 11/2012, 578-582, aplaudindo a sentença que considera "atribuir dentes" às normas dos §§ 37b e 37c WpHG (p. 582).

negros)[1127]. Além de que incita os investidores em massa a perderem tempo e dinheiro numa atividade (ler comunicações *ad hoc*) que, de uma perspetiva macroeconómica, apresenta benefícios limitados. Contudo, os *momentum traders*, i.e., aqueles investidores que seguem sempre o impulso da informação, comprando nas boas notícias e vendendo nas más, encontram a prova da causalidade facilitada. Normalmente são investidores institucionais que investem elevados montantes de capital e que, ao acompanharem a informação em todos os momentos, produzem um efeito negativo no mercado, aumentando as distorções dos preços e potenciando as consequências nefastas da informação desfavorável[1128]. Não é claro, em todo o caso, se a decisão adotou a teoria da fraude do mercado — encarada como a mais relevante importação de uma ideia jurídica americana após o reconhecimento da *business judgement rule*[1129] — ou se, pelo contrário, abdicou, em absoluto, do requisito da confiança[1130].

4.1.4. A exigência de *affidamento* em Itália

Em Itália, cujo ordenamento tradicionalmente assimilava a responsabilidade civil pelo prospeto à *culpa in contrahendo*[1131], o dever de indemnizar depende

[1127] Cf. Klöhn, *Die Haftung wegen fehlerhafter Ad-hoc-Publizität gem. §§ 37b, 37c WpHG nach dem IKB-Urteil des BGH*, AG 2012, 345-358, 354 ss.

[1128] Cf. Klöhn, *Die Haftung* cit., 355.

[1129] Cf. Klöhn, *Die Haftung* cit., 356.

[1130] Klöhn, *Die Haftung* cit., 356 e 357, nota que a citação do BGH dos trabalhos de Möllers e de Leisch, que dispensam expressamente o requisito da confiança na demonstração da causalidade, aponta no sentido dessa posição.

[1131] A tradição desta qualificação foi iniciada pelo estudo pioneiro de Guido Ferrarini, *La responsabilità da prospetto. Informazione societaria e tutela degli investitori*, Milano, 1986, 185 ss. A esta posição aderiu a maioria da jurisprudência. Cf. Trib. Milano 6-nov.-1987; App. Milano 2-fev.-1990; Trib. Milano 25-jul.-2008. Alguns tribunais já se pronunciaram no sentido da irrelevância da natureza jurídica da responsabilidade pelo prospeto (cf., *v.g.*, Trib. Napoli 25-set.-2002) e outros que aderiram à qualificação como *culpa in contrahendo* optaram, em contraste com a orientação maioritariamente assumida pela jurisprudência, pela aplicação do regime da responsabilidade civil obrigacional (cf. Trib. Milano 11-jan.-1998, App. Milano 2-fev.-1990). A associação entre a responsabilidade civil pelo prospeto e a *culpa in contrahendo* é, contudo, visão que, entretanto, se tornou minoritária, como nota Francesco Donato Busnelli, *Itinerari europei nella terra di nessuno tra contratto e fatto illecito: la responsabilità da informazioni inesatte*, Contratto e Impresa, ano 7, n.º 2 (1991), 539-577 (570 ss.). Sobre a natureza jurídica da responsabilidade pelo prospeto, cf., também, Alberto Giacomantonio, *La responsabilità da prospetto informativo*, Diritto e Fiscalità dell'assicurazione, 2001, n.º 4, 1104 ss., disponível em www.iusexplorer.it. Ainda que especificamente a propósito da violação de deveres de informação do intermediário financeiro, para uma análise de outros remédios contratuais, como a nulidade do contrato ou a resolução por incumprimento, dos quais o investidor lesado pode lançar mão, para além da responsabilidade civil, cf. Vincenzo Roppo, *La tutela del risparmiatore fra nullità, risoluzione e risarcimento*, em Galgano/Visintini (org.), *Mercato finanziario* cit., 133-148.

da confiança que o investidor deposite na informação disponibilizada ao público. O artigo 94/8 TUF[1132] determina a responsabilidade do emitente, oferente ou garante, bem como de qualquer pessoa responsável pela informação contida no prospeto pelos danos sentidos pelo investidor que razoavelmente confie na veracidade e correção da informação, ao passo que a responsabilidade do intermediário financeiro depende da divulgação de informações falsas ou omissões idóneas para influenciar a decisão de um investidor razoável (artigo 94/9 TUF). Embora qualquer dessas normas pressuponha a diligência dos participantes no mercado na compreensão da natureza e grau de risco do seu investimento, a distinta redação não é acidental, traduz, antes, diferentes exigências na prova dos pressupostos da responsabilidade civil do informante. A obrigação de indemnizar do emitente depende da confiança efetiva e direta do investidor lesado na informação divulgada no mercado, enquanto a responsabilidade do intermediário financeiro depende apenas da idoneidade da informação para influenciar a decisão de investimento de um participante médio. O legislador italiano parece, pois, ter oscilado entre a exigência de uma causalidade direta e concreta entre o facto ilícito e o dano e um padrão abstrato de causalidade consoante em causa esteja a responsabilidade do emitente ou a do intermediário financeiro. Em nenhum dos casos a lei abdica da obrigação de demonstrar a confiança do investidor na informação prestada ao público, o que leva a que a doutrina e jurisprudência italiana se centrem em ultrapassar as dificuldades na prova deste elemento. Faz-se depender o dever de indemnizar da (i) relevância da informação[1133], (ii) de o investidor efetivamente conhecer o conteúdo do prospeto e (iii) de esse conhecimento ter condicionado a decisão de investimento. Se bem que

[1132] Em Itália, quem, com o objetivo de conseguir para si uma vantagem ilícita, divulgar informação falsa ou omitir elementos em prospeto de oferta ao público ou de admissão à negociação em mercado regulamentado, com a intenção de enganar o público, é punido com pena de prisão de um a cinco anos (artigo 173-*bis* TUF). A norma sucedeu ao artigo 2623 *Codice Civile* — revogado em 2005 —, com apenas algumas alterações, nomeadamente a eliminação da dependência da punibilidade da consciência da incorreção da informação. Este elemento já era, ao abrigo do anterior regime, considerado desnecessário face à exigência da intenção de enganar os destinatários do prospeto. Neste sentido e, em geral, sobre a tutela penal da informação falsa divulgada ao mercado, cf. Roberto Zannotti, *Il falso in prospetto (art. 2623)*, em Angelo Giarda/Sergio Seminara, *I nuovi reati societari: diritto e processo*, Padova, 2002, 325-342 (341 e 342). Também se preveem sanções administrativas para a divulgação de prospeto falso nos artigos 191 ss. TUF.

[1133] Não se exige a demonstração de que a informação, para além de ser material, influenciou o preço dos instrumentos mobiliários no mercado, uma vez que, como nota Ferrarini, *La responsabilità* cit., 125 e 162, as notícias materiais tendem a refletir-se no preço de mercado, o que torna redundante exigir a prova deste elemento.

a lei exija a razoável confiança (*ragionevole affidamento*) do investidor na veracidade e correção da informação disponibilizada, tem-se considerado que a sua prova é particularmente difícil atendendo às características dos valores mobiliários e da negociação em mercado e, portanto, "muito onerosa"[1134] para o investidor. Porém, o entendimento da jurisprudência tem sido no sentido que as dificuldades probatórias não devem constituir obstáculo prático à tutela do lesado. A análise do escopo do dever de publicação do prospeto — disponibilizar toda a informação necessária para que o investidor forme um juízo fundamentado sobre a situação financeira e os resultados económicos do emitente (artigo 94/2 TUF) — justifica e, inclusivamente, encoraja a confiança do investidor[1135], o que facilita o recurso a aligeiramentos probatórios e até a presunções de confiança. A divulgação de informação completa serve a tutela do investidore e o correto funcionamento do mercado: os participantes decidem realizar investimentos no mercado porque o reputam intacto e eficiente. Por isso, seria uma "ficção desrazoável"[1136] exigir a prova da causalidade direta entre o conhecimento da informação e a decisão de realizar uma transação, pelo que deve considerar-se que a publicação de um prospeto desconforme influencia, de forma direta ou indireta, a apreciação do investidor quanto à subscrição ou venda em causa[1137], porque se cria uma *disponibilidade para investir* que, inevitavelmente, atinge o investidor, mesmo que não tenha lido o documento informativo[1138]. Em particular, deve concluir-se que a infomação falsa condicionou a decisão de investimento se esta for idónea para se repercutir no preço dos valores mobiliários no mercado, o que, visto a deturpação do preço ser indício do condicionamento da liberdade contratual do investidor, depende de apurar se um investidor razoável, com base num juízo *ex ante*, teria atribuído relevância aos factos divulgados no mercado[1139].

1134 Cf. Ferrarini, *La responsabilità* cit., 162.

1135 Cf. Sabrina Bruno, *La (nuova?) responsabilità* cit., 11.

1136 Cf. Sabrina Bruno, *La (nuova?) responsabilità* cit., 12.

1137 Cf. Trib. Milano 11-jan.-1988, Giurisprudenza Commerciale, 1998, II, 585 ss.; App. Milano 2-fev.-1999, Giurisprudenza Commerciale, 1990, II, 755 (que confirmou a decisão do Tribunal de Milão de 11- jan.-1988); Trib. Milano 25-jul.-2008, disponível em www.ilcaso.it.

1138 Cf. Ferrarini, *La responsabilità* cit., 126; Facci, *Il danno* cit., 153 ss. Também se considera existir nexo de causalidade se a informação falsa tiver sido condição de atribuição de um *rating* favorável ao emitente, fator que, por seu turno, é idóneo para influenciar a decisão de investimento dos participantes no mercado. Neste sentido, cf. Trib. Pinerolo 14-out.-2005; Trib. Catania 5-mai.-2006; Trib. Cagliari 2-jan.-2006.

1139 Cf. Facci, *Il danno* cit., 152 ss. Paralupi, *Responsabilità* cit., 582, recorre ao brocardo *res ipsa loquitur* para sustentar o aligeiramento probatório, considerando suficiente a demonstração

Não se exige, pois, que o investidor demonstre que efetivamente leu o prospeto e nele fundamentou a decisão de investir[1140].

Ou seja, o ordenamento italiano baseia a responsabilidade civil pelo prospeto numa presunção de confiança, em que assumem especial relevo as qualidades pessoais dos destinatários, *maxime* a sua qualificação como profissionais[1141]. A presunção é, porém, temporalmente limitada: quanto mais tempo passar sobre a divulgação da informação falsa, maior será a probabilidade de outros elementos — que não o comportamento ilícito — se terem repercutido no preço, interrompendo-se, pois, o nexo causal entre o facto e o dano[1142]. Os aligeiramentos probatórios que têm sido defendidos, levaram a que se afirmasse que a presunção de confiança italiana não representa uma diferença estrutural face aos desenvolvimentos americanos fundados na teoria da fraude do mercado[1143]. Porém, as diferenças entre a *fraud-on-the-market* e a exigência de confiança — ainda que presumida — não podem ser ignoradas: embora as duas teses se alicercem nas premissas teóricas do mercado semieficiente e na ideia de que apenas alguns investidores sofisticados comandam a formação dos preços no mercado, que é, posteriormente, tomada como certa pelos investidores de retalho, a primeira tese faz depender a causalidade, unicamente, da deturpação dos mecanismos de formação do preço no mercado, ao passo que a segunda, mesmo na versão menos onerosa para o investidor, funda a causalidade na demonstração de que os investidores confiaram no mercado. Perante estas diferenças, as pistas oferecidas pela doutrina e pelas sentenças italianas oferecem escassa utilidade na densificação do direito nacional, até porque a jurisprudência sobre o tema é "limitada e não unívoca"[1144] e tem-se pronunciado, quase exclusivamente, sobre a responsabilidade do intermediário financeiro e não sobre a dos restantes responsáveis

da falha informativa para, com base num raciocínio lógico-presuntivo, se ter por provado o nexo de causalidade entre o facto e o dano. Esta técnica foi introduzida na jurisprudência a propósito da responsabilidade civil profissional, mas tem potencial para oferecer resposta para todos os casos em que o lesante se encontre numa posição privilegiada face ao lesado.

1140 Cf. Valerio Sangiovanni, *La nuova responsabilità da prospetto nell'art. 94 TUF*, Giurisprudenza di Merito, 03-2010, XLII, marzo 2010, 880-894.

1141 Cf. Ferrarini, *Investment banking, prospetti falsi e culpa in contrahendo*, Giurisprudenza Commerciale, 1988, II, 585-608 (593).

1142 Cf. Paralupi, *Responsabilità* cit., 583.

1143 Cf. Giudici, *Capitolo III. L'appello* cit., 988.

1144 Giovanna D'Alfonso, *Responsabilità da prospetto informativo, tutela dell'investitore. Differenze tra l'ordinamento tedesco e l'italiano*, Responsabilità civile e previdenza, 2002, n.º 6, 1466 ss., disponível em www.iusexplorer.it, s/pag.

pela informação, *maxime* sobre a do emitente. O sistema português não esclarece como deve estabelecer-se a relação entre o facto ilícito e o dano, pelo que, como defendemos, não há que limitar este pressuposto à descoberta da confiança do investidor lesado.

Apesar da presunção de confiança propugnada pelos tribunais, como não se encontra consagrado um regime de responsabilidade civil objetiva, tanto o emitente, como o oferente, garante e intermediário financeiro podem exonerar-se de responsabilidade quando demontrem que adotaram toda a diligência (*ogni diligenza*) devida para assegurar a veracidade da informação e a sua conformidade com os factos relatados, não apresentando omissões que tenham alterado o seu significado (*due diligence defense*)[1145]. A fórmula utilizada pela lei — "ter utilizado toda a diligência com o objetivo de assegurar" a veracidade da informação — encontra-se muito próxima da redação do artigo 2050 *Codice Civile*, relativo ao regime da responsabilidade pelo exercício de atividades perigosas, no qual a ilisão da presunção de culpa depende da prova de que o agente adotou "todas as medidas idóneas para evitar o dano". Por isso, na concretização daquilo que deve entender-se como "toda a diligência" para salvaguardar a correção da informação tem-se considerado útil recorrer às indicações lançadas pela jurisprudência a propósito da responsabilidade pelo exercício das atividades referidas. Para que a prova liberatória tenha conteúdo efetivo, e não se transforme numa *probatio diabolica*, importa não tomar as locuções em sentido literal[1146]. A jurisprudência tem-se pronunciado no sentido de que o agente apenas se exonera de responsabilidade mediante prova da ocorrência de um facto fortuito, i.e., de uma causa superveniente, excecional e imprevisível, adequada a provocar o evento danoso, que

[1145] O recurso à locução "toda a diligência" pareceria fazer apelo a um padrão de diligência intensificado, segundo o qual se exigiria que fossem adotadas todas as precauções abstratamente aptas para verificar a conformidade da informação. Porém, se este padrão pode ser considerado justificado na apreciação da responsabilidade do emitente, seria excessivo no caso de outros responsáveis pelo prospeto. Assim, Giudici, *Capitolo III. L'appello* cit., 987. Notando que a coerência com o artigo 2399 *Codice Civile*, que regula a responsabilidade civil dos administradores, determina que o padrão de diligência previsto no TUF não seja interpretado de forma a exigir-se um cuidado intensificado face ao pressuposto na legislação civil geral, cf. Pietro Trimarchi, *La responsabilità civile: atti illeciti, rischio, danno*, Milano, 2017, 153.

[1146] Cf. Facci, *Il danno* cit., 131 ss. No caso da responsabilidade civil por danos causados no exercício de atividade perigosas, se as medidas adotadas pelo agente fossem verdadeiramente idóneas a evitar todos os potenciais danos, afinal, a atividade não seria considerada perigosa na aceção do artigo 2050 *Codice Civile*.

tenha interrompido o nexo de causalidade entre este e a atividade perigosa[1147]. A prova liberatória é particularmente onerosa para o informante por não admitir, como causa de exclusão de responsabilidade, a impossibilidade — prática ou económica — de adotar medidas de prevenção do dano[1148].

O dever de indemnizar do emitente, oferente ou garante limita-se às partes do documento informativo que sejam da sua responsabilidade[1149], repartindo-se, pois, de forma parciária[1150], o dever de indemnizar em função de esferas de competência. As dificuldades na delimitação do dever de indemnizar dos vários responsáveis podem ser superadas com a importação do critério utilizado em sede de direito de regresso nas obrigações solidárias: a obrigação de indemnizar existe na medida das respetivas culpas e das consequências que delas advieram, presumindo-se iguais as culpas das pessoas responsáveis (artigo 2055 *Codice Civile*)[1151]. Os problemas que se geram na identificação

[1147] Cf. Cass. 15-mai.-2007; Cass. 10-mar.-2006; Cass. 8-mai.-2003; Cass. 4-mai.-2004. É o caso de um comportamento imprevisível do lesado ou de terceiro que seja, por si, suficiente para causar o prejuízo e interromper o nexo de causalidade entre a atividade perigosa e o evento danoso (cf. Cass. 13-mai.-2003).

[1148] Cf. Facci, *Il danno* cit., 134.

[1149] Tem-se considerado que também se encontram vinculados ao dever de indemnizar aqueles agentes que deveriam ser responsáveis pela informação, ainda que não constem do prospeto com essa qualidade e mesmo que seja apontada, no documento, outra pessoa encarregada da informação. Mais delicado será o caso em que seja erradamente indicado o responsável: embora a nomeação possa gerar a confiança do público, a tutela conferida não é ilimitada, devendo os interesses do investidor ceder caso o agente cuja identidade consta do prospeto demonstre que a informação defeituosa não resultou de culpa sua e que existia outra pessoa encarregada dessa parte do documento. Cf. Giudici, *Capitolo III. L'appello* cit., 986.

[1150] A previsão do dever de indemnizar dos responsáveis pelo prospeto como obrigação parciária, ao arrepio do princípio civil geral, torna claras as preocupações da lei em assegurar o regular funcionamento do mercado, já que solução diversa poderia conduzir a uma penalização excessiva e desproporcional de agentes que apenas marginalmente intervieram na elaboração do documento. A tutela dos investidores lesados não é prejudicada, já que a responsabilidade do intermediário financeiro é genérica e depende de diferentes pressupostos (artigo 94/9 TUF), como escrito em texto. Cf. Facci, *Il danno* cit., 125-127.

[1151] É, no entanto, duvidoso que se possa transpor um critério de repartição da obrigação de indemnizar das relações internas para as externas. Pense-se, por exemplo, que a Consob tem menor influência na informação errada do que os autores materiais do prospeto, o que justifica a atribuição de inferior responsabilidade em sede de direito de regresso. Porém, a confiança que os investidores depositam nesta autoridade e no exercício das suas funções de vigilância justificaria uma diferente divisão de responsabilidade. A alternativa de considerar que a responsabilidade deve ser dividida em função do risco criado por cada agente, à semelhança daquilo que, em Itália, se prevê a propósito da responsabilidade do produtor, apresenta valia limitada no domínio em que nos situamos face aos riscos equivalentes criados pelos vários intervenientes no prospeto. Cf. Facci, *Il danno* cit., 128 ss.

do responsável pela informação quando esta não seja claramente atribuída a um agente[1152] não deixam o investidor lesado desprotegido, uma vez que o artigo 94/9 TUF prevê uma responsabilidade genérica do intermediário financeiro encarregue da colocação dos valores mobiliários[1153], o que constitui forte incentivo à estipulação de cláusulas contratuais mediante as quais o emitente assuma voluntariamente a responsabilidade por toda a informação contida no prospeto, como, aliás, tem vindo a acontecer na *praxis* italiana[1154].

4.1.5. A causalidade fundamentadora no ordenamento jurídico português: a relação especial entre emitente e investidor e o abandono da confiança na informação viciada. Da causalidade concreta à "causalidade de preço"

Entre nós, nos casos de responsabilidade civil por informações no mercado de capitais, a causalidade fundamentadora (que identifica a conexão entre o incumprimento do dever e o evento lesivo) pode ser adequadamente estabelecida retirando as consequências dos fundamentos jurídicos do modelo de tutela que delineámos no capítulo I — a qualificação dos deveres de informação como deveres de proteção do investidor que dimanam da ligação especial entre lesante e lesado, própria do mercado de capitais — e, bem assim, das suas bases económico-financeiras, *maxime* no que respeita ao impacto da informação e aos termos como esta é incorporada pelo mercado.

Temos dito que a participação no mercado de capitais potencia uma relação social intensificada entre emitente e investidor, que ultrapassa os gerais contornos delituais marcados pelo isolamento entre lesante e lesado. Esse vínculo de cariz obrigacional é fruto das próprias características e do modo de funcionamento do mercado. Verificando-se que o preço dos instrumentos financeiros incorpora toda a informação disponível ao público, o emitente, vinculado a divulgar informação, fica numa particular posição para modificar o curso do mercado, repercutindo o seu comportamento na esfera jurídica

[1152] Cf. Facci, *Il danno* cit., 126.

[1153] Porém, Paolo Montalenti, *Tutela dell'investitore e del mercato: false informazioni da prospetto e autorità di vigilanza*, La Nuova Giurisprudenza Civile Commentata, 2002, n.º 3, 449-455 (453 ss.), defende que os danos causados aos investidores pelas falhas de vigilância da Consob são diferentes daqueles provocados por outros responsáveis pelo prospeto. No primeiro caso o dano traduz-se no incorreto funcionamento do mercado na específica operação em causa, ao passo que, no segundo caso, se manifesta na realização de um investimento prejudicial, o que conduz o Autor a defender, *de jure condito*, a vigência de uma regra de *proportionate liability*.

[1154] Cf. Giudici, *Capitolo III. L'appello* cit., 984 ss., em particular 985.

do investidor, em termos potencialmente danosos, visto que este negoceia com base no preço de mercado: é o poder de influência na formação dos preços que consubstancia por si o poder de ingerência na esfera jurídica do investidor individualmente considerado. Por esse motivo, dissemos já que não releva se o sujeito confiou na informação transmitida pelo emitente ao mercado; apenas importa se aquela informação condicionou, em termos materiais, a respetiva posição jurídica. Resta, pois, a partir destas premissas, operacionalizar o modelo de tutela traçado, assumindo que o mero exercício do poder de influência pela via da divulgação de informação atinge necessariamente a posição do investidor, *independentemente de este último ter concretamente confiado na informação*. Daí que, para a prova da causalidade fundamentadora haja, em coerência, que prescindir da confiança do lesado[1155].

A solução é lógica do ponto de vista da ideia de desinteresse racional, porquanto não faz recair sobre o investidor a tarefa de procura, assimilação e tratamento da informação divulgada ao público, o que corresponderia a exigir-lhe um comportamento economicamente prejudicial, dado que essa informação é processada de forma mais eficiente pelo mercado. Seria desfazado da realidade do mercado impor a prova de causalidade entre a informação divulgada e a decisão de investimento, quando é certo que o participante médio racional não deve basear as suas opções nessa informação. Também por esta razão se torna indiferente, pois, que a informação tenha de facto condicionado a decisão de investimento[1156]. Sendo o mercado geralmente eficiente e sabendo o investidor que não consegue superá-lo, a estratégia de não ler ou assimilar a informação é efetivamente recomendada. Aliás, ao abrigo do revogado Código do Mercado dos Valores Mobiliários apenas era tida em consideração a falta da qualidade da informação contida no prospeto quando esta fosse apta para influenciar a decisão do "investidor normalmente

[1155] No contexto da responsabilidade por prospeto no mercado primário, Margarida Azevedo de Almeida, A *responsabilidade* cit., 347 ss., sublinha que é a má formação do preço que afeta os interesses patrimoniais dos investidores, de tal maneira que não importa a ligação entre a natureza defeituosa da informação e a formação da vontade individual do investidor. Porém, julgamos que a vontade do investidor já será relevante — em sede de causalidade delimitadora — na hipótese de o mesmo pretender obter, por via indemnizatória, a liquidação do negócio, conforme exporemos.

[1156] Contra, cf. Marco Pinardi, *La responsabilità* cit., 356, que, situando o problema na análise do pressuposto da ilicitude, considera que se a inexatidão da informação não for objetivamente apta para modificar o comportamento dos investidores atuais ou potenciais não deve a divulgação desconforme ser enquadrada como comportamento contrário ao direito.

prudente"[1157]. Consagrava-se a relevância abstrata dos vícios da informação e nunca da relação direta e concreta entre a deficiência do prospeto e a específica decisão do investidor. Por isso, defendia-se que a obrigação de indemnizar não ficava dependente das motivações próprias de cada investidor lesado[1158].

É neste contexto que se torna forçoso impor particulares deveres de proteção ao emitente, que controla, pela via informativa, a formação dos preços no mercado e, assim, condiciona a posição jurídica do investidor. Por isso, não importa identificar, nas normas que estabelecem deveres de informação, uma específica intenção de proteger a decisão individual de investimento[1159]. Os deveres de publicar prospeto e de divulgar informação *ad hoc* não se dirigem à tutela da livre formação da vontade do investidor, mas sim à garantia da integridade do mecanismo de formação do preço, com base no qual o mesmo negoceia[1160-1161]. A proteção do investidor é alcançada com a tutela da integridade do mercado, o que está longe de significar, conforme dissemos, a subalternização da defesa do investidor: simplesmente garante-se não a sua vontade individual de investimento, antes a possibilidade de este negociar com base num preço corretamente formado. Daí a interligação congénita do fim de proteção do mercado com o de proteção individual do investidor e a insuscetibilidade de entre eles se estabelecer uma hierarquização. Se no escopo do dever de informar não se encontra a proteção da vontade

[1157] Cf. artigo 161.º/2, *d)*, do Cód.MVM: "a insuficiência e a falta de veracidade, objectividade ou actualidade da informação só são relevantes se influírem na avaliação do investimento em termos tais que, a não existirem, um *investidor normalmente prudente* se absteria de adquirir os valores mobiliários em causa ou de os adquirir pelo preço por que são oferecidos à subscrição pública" (itálico nosso).

[1158] Cf. Menezes Leitão, *Actividades de intermediação* cit., 153; Amadeu Ferreira, *Direito dos valores mobiliários* cit., 404.

[1159] A necessidade de estabelecer o nexo de causalidade nos casos de responsabilidade civil por informações no mercado de capitais começando por perguntar qual a função das normas que impõem deveres de divulgação tem sido apontada como imprescindível para determinar qual o evento lesivo a que o facto ilícito deve conduzir. Este foco é assumido por vários autores, como Hellgardt, *Kapitalmarktdeliktsrecht* cit., 519 ss. ou Klöhn, *Marktbetrug* cit., 697 ss.; entre nós, cf. Margarida Azevedo de Almeida, *A responsabilidade civil* cit., 346 ss.

[1160] No âmbito do prospeto, cf., entre nós, Margarida Azevedo de Almeida, *A responsabilidade* cit., 347 ss.

[1161] A informação prestada ao mercado cumpre, do mesmo passo, os propósitos de melhoria do governo das sociedades cotadas (na medida em que a transparência contribui para a diminuição dos custos de agência) e de garantia de um mercado competitivo para os *information traders*, alcançada, por um lado, pela imposição de deveres de informação standardizados ao emitente, diminuindo os custos de pesquisa e análise pelos investidores, e, por outro lado, pela redução do *insider risk*, i.e., do risco de iniciados negociarem no mercado com base em informação que ainda não é pública.

do investidor, perde interesse saber se a informação condicionou a sua decisão de investimento. Além disso, não se adequaria à realidade do mercado exigir a demonstração de causalidade entre a informação divulgada e a decisão de investimento quando a escolha do participante médio racional não deve fundar-se nessa informação[1162]. As próprias premissas da ligação especial entre lesante e lesado são salvaguardadas.

Estas considerações reforçam, pois, o abandono da necessidade de se estabelecer uma causalidade entre as falhas na informação e a formação da vontade do investidor ("causalidade da transação"), passando a importar apenas saber se o comportamento ilícito se traduziu numa adulteração na formação dos preços no mercado ("causalidade do preço"). É essa a razão por que nos casos de responsabilidade por informações se aponta que é melhor falar em *delito de mercado* (*Markdelikt*) ou fraude do mercado (*fraud-on-the-market*), visto que apenas releva o impacto da informação no preço. Para se identificar a causalidade fundamentadora, importa, portanto, que a informação emitida, em virtude da sua repercussão no mercado, tenha condicionado a posição do investidor, não por este ter concretamente confiado nela, mas antes por ter sido determinante na formação do preço no mercado.

Em síntese, será suficiente para a prova da causalidade fundadora da responsabilidade (tanto no mercado primário como no mercado secundário) que *a informação errada tenha influenciado o valor de mercado*, ou seja, que o preço dos instrumentos financeiros tenha sido diferente daquele que se teria formado caso o emitente tivesse cumprido o dever de informar. Tal consubstancia, por si, perturbação da ligação especial entre emitente e investidor.

De modo geral, parece que o ónus da prova recai sobre o lesado (artigo 342.º do CC). Já atrás dissemos que, no caso da responsabilidade civil por informações nos mercados primário e secundário, nem o artigo 149.º do CVM nem o artigo 799.º do CC devem ser interpretados no sentido de a conduta ilícita do agente fazer presumir a existência de causalidade entre o facto e o dano.

[1162] Embora chegando à mesma conclusão final, Klöhn, *Marktbetrug* cit., 699-702, considera que a ideia segundo a qual os *information traders* estão abrangidos pelo escopo de proteção do dever de informação poderia apontar precisamente no sentido contrário. Ou seja, se os restantes investidores não contribuem para a eficiência informativa e se o risco das distorções da informação é um risco controlável (por via de uma diversificação de portfolio) poderia parecer apropriado excluí-los do círculo de lesados com direito a uma indemnização. Porém, acaba por afirmar que a necessidade de demonstração de uma causalidade concreta deixaria sem tutela vários investidores que carecem de proteção, como aqueles que negoceiam com base em análises elaboradas por especialistas que, por seu turno, se basearam na informação erradamente divulgada.

Questiona-se, porém, se o investidor deve demonstrar que, em concreto, específicas falhas informativas conduziram a uma adulteração dos mecanismos de formação dos preços ou se deve antes aligeirar-se a prova. Num cenário fáctico simplificado, tal demonstração não seria demasiado complexa: se o emitente, por via de um anúncio *ad hoc*, revelar ao mercado uma informação inesperada, sem que publique outro anúncio ao mesmo tempo, e o preço dos valores mobiliários oscilar imediatamente após essa divulgação, pode com razoabilidade aceitar-se, com base numa prova *prima facie*, que esta variação se deveu à informação viciada. A solução seria coerente, aliás, com as análises financeiras que revelam que a informação é automaticamente incorporada no preço de mercado. Contudo, é raro propiciar-se um quadro tão linear no que toca às comunicações no mercado de capitais. Normalmente, o emitente divulga a informação viciada em conjunto com vários outros factos, num fenómeno apelidado *disclosure bunching* ou *bundling*[1163], que torna difícil aceitar, *prima facie*, que o mercado reagiu à informação defeituosa[1164]. Por outro lado, em caso de *confirmatory lies*, i.e., de informação falsa disponibilizada pelo emitente para confirmar expetativas do mercado, não existe uma influência direta e mensurável nos preços do mercado. Em situações desse tipo podia ponderar-se a possibilidade de provar a causalidade por via da invocação da alteração dos preços de mercado após a correção da informação[1165]. Mas esta é uma

[1163] Estudos revelam que as exigências de divulgação contínua de informação financeira conduzem ao *information bunching*, em particular porque são as empresas que, de forma endógena, determinam o momento em que adquirem conhecimento dos factos relevantes. Em alguns casos, a divulgação conjunta de informação é considerada um comportamento eficiente, especialmente se o administrador for um *net seller* dos valores mobiliários da empresa ou se a aversão (agregada) ao risco por parte dos investidores diminuir. Nestes casos, será economicamente justificado o atraso na divulgação de informação e o *bundling* com outros factos. Nesse sentido, cf. Ronald A. Dye, *Disclosure "bunching"*, Journal of Accounting Research, vol. 48, n.º 3 (June 2010), 489-530 (489-492, 518), disponível em https://doi.org/10.1111/j.1475-679X.2010.00375.x.

[1164] Cf. Klöhn, *Marktbetrug* cit., 707 e 708; Fisch, *The trouble* cit., 919, que considera que, nestes casos, a identificação e separação da informação relevante é uma "tarefa hercúlea", o que demonstra com um exemplo hipotético: se em julho de 2006 a Apple divulgasse que Steve Jobs se encontrava de perfeita saúde, apesar de conhecer o diagnóstico de cancro no pâncreas, e seis meses depois na Macworld Expo, Jobs comunicasse simultaneamente o lançamento de um novo iPhone e a sua doença, bem como que lhe restavam apenas seis meses de vida, presumivelmente o mercado veria o lançamento do iPhone como notícia positiva e a doença do CEO como negativa. Seria, pois, extremamente difícil separar o impacto das duas informações no preço dos valores mobiliários.

[1165] Hopt/Voigt, *Prospekt- und Kapitalmarktinformationshaftung* cit., 1804, consideram que a queda dos preços após a correção da informação deve ser considerada prova de primeira aparência da relevância da informação que não foi corretamente comunicada. Trata-se, no fundo, de uma indução para o passado (*Rückwärtsinduktion*), como a apelidam Lars Klöhn/Marius Rothermund,

estratégia que encontra obstáculos diversos. A correção da informação pode também ser alvo de *information bundling*[1166] ou ter sido revelada ao mercado de forma progressiva (*information leakage*)[1167], sem que, por isso, constitua um meio apropriado para apurar se, num momento prévio, o mercado reagiu à informação falsa. Ao que acresce que nem sempre a reação do mercado à correção da informação é um *actus contrarius* ao comportamento que ocorreria caso não tivesse existido facto ilícito. O mercado evolui, as expetativas dos investidores modificam-se e, acima de tudo, a sua postura após a correção da informação desencadeia também uma reação à quebra da confiança provocada pela divulgação de factos falsos[1168].

Não é legítimo operar uma inversão do ónus da prova da causalidade alicerçada na conceção de que, em conformidade com a experiência de vida, a informação defeituosa tipicamente (ou provavelmente) influencia o preço dos valores mobiliários no mercado. As considerações de probabilidade devem antes ser reservadas para a área da avaliação da prova. Tendo em atenção que

Haftung wegen fehlerhafter Ad-hoc-Publizität — Die Tücken der Rückwärtsinduktion bei der Schadensberechnung in sechs Fallgruppen, ZBB/JBB 2/15, 73-83. Adiante regressamos a este aspeto.

1166 Pense-se no já descrito caso *Daimler* (BGH 23-abr.-2013, II ZB 7/09, NJW 2013, 2114 *supra* cit.), no qual a divulgação da renúncia do presidente do conselho de administração foi precedida, em poucos minutos, pela divulgação do relatório financeiro correspondente ao segundo trimestre. Cf. KLÖHN/ROTHERMUND, *Haftung wegen fehlerhafter* cit., 77. Sobre a decisão cf. MICHAEL ZOLLER, *Die Haftung bei Kapitalanlagen. Die wichtigsten Entscheidungen zu Anlageberatung Vermögensverwaltung und Prospekthaftung*, 3.ª ed., München, 2016, 297 ss.

1167 Existem várias situações em que a informação vai gradualmente sendo processada pelo mercado, tornando inviável a apreciação da reação hipotética dos participantes caso fosse divulgada a informação correta. Um exemplo pode ser encontrado no referido caso *ComROAD*, em que uma auditoria especial (conduzida ao abrigo do § 142 I AktG) revelou que todos os balanços apresentados pela sociedade ComROAD AG desde 1998 tinham sido forjados. Os erros na informação periódica foram confirmados por comunicações *ad hoc* divulgadas a 10-abr.-2002 e a 23-abr.-2002, mas, antes destas datas, a veracidade da informação prestada pela ComROAD já tinha sido várias vezes questionada na imprensa, o que conduziu a uma investigação da situação contabilística da sociedade e a que o seu fundador, após confissão dos ilícitos, fosse condenado a significativa pena de prisão. O prolongado processamento da informação pelo mercado implicou, naturalmente, uma extensão do intervalo temporal relevante para analisar as oscilações dos preços dos instrumentos mobiliários e, consequentemente, um acréscimo de o risco de variações no preço representarem uma reação a outros acontecimentos que não apenas a informação defeituosa. Este caso demonstra que nem sempre o comportamento do mercado após a correção da informação deve ser tido como um indício fidedigno do impacto da informação junto dos participantes. Por isso, uma definição rígida do início do período de observação deve ser evitada, sob pena de se permitir ao emitente esconder os efeitos da correção da informação falsa por via de uma divulgação faseada. Cf. MÖLLERS/LEISCH, *Schaden* cit., 1078.

1168 Cf. KLÖHN, *Marktbetrug* cit., 708 e 709.

não existe nenhum princípio geral de experiência relativo à reação dos recipientes à informação enganadora, a alocação do ónus da prova nestes termos ficaria dependente da própria demonstração da probabilidade. Além disso, a defesa de uma presunção de causalidade ancorada em elementos probabilísticos resulta numa contradição entre a sua premissa e as respetivas consequências: ao lesado bastaria provar uma mera probabilidade de ligação entre o facto ilícito e o dano para beneficiar da presunção de causalidade, ao passo que o lesante teria de produzir prova do contrário para ilidir a presunção, em lugar de apenas lhe caber abalar a probabilidade do curso causal para que fosse abandonado o privilégio de prova, como em coerência deveria suceder[1169].

O equilíbrio entre a posição do emitente e a do investidor recomenda que se pondere facilitações de prova mais do que uma verdadeira e própria inversão do *onus probandi*. Já se defendeu[1170] que no caso de vícios no cumprimento do dever de divulgar informação *ad hoc* existiria sempre causalidade, visto que o dever de informar pressupõe que a informação seja suscetível de influenciar o preço dos instrumentos financeiros no mercado. O problema desta tese resulta de exigir *em termos necessários* a existência de um mercado eficiente (sem permitir que o emitente demonstre o contrário)[1171], sem reconhecer que, mesmo num mercado eficiente, a idoneidade para influenciar os preços de forma significativa e a efetiva reação do mercado não estão forçosamente associadas. Pode acontecer, por exemplo, que a informação seja ignorada porque não é credível ou porque já foi revelada ao mercado por outra via[1172]. Pense-se na hipótese de uma empresa química que não comunica ao mercado os (elevados) custos de *compliance* da legislação ambiental. Embora

[1169] Cf. Hans Christoph Grigoleit, *Vorvertragliche Informationshaftung. Vorsatzdogma, Rechtsfolgen, Schranken*, München, 1997, 173 ss., notando que o BGH já justificou a inversão do ónus da prova com fundamento no escopo de proteção do dever de informar. Porém, esta justificação não seria uma particularidade da responsabilidade civil por informações, já que, em vários outros pedidos de indemnização, um *standard* de proteção é violado, sem que se equacione, em termos gerais, uma redistribuição do ónus da prova. Também já foi ponderada uma inversão do ónus da prova apenas em casos de informação incorretamente prestada de forma intencional. Porém, como aponta Grigoleit, *Vorvertragliche* cit., 176 e 177, esta visão apenas substitui os problemas de prova da causalidade pelos da demonstração da intenção do agente.

[1170] Cf. Hopt/Voigt, *Grundsatz- und Reformprobleme der Prospekt- und kapitalmarktinformationshaftung*, em Hopt/Voigt (org.), *Prospekt- und Kapitalmarktinformationshaftung. Recht und Reform in der Europäischen Union, der Schweiz und den USA*, Tübingen, 2005, 9-160 (134).

[1171] Crítica de Klöhn, *Marktbetrug* cit., 710.

[1172] Cf. Sauer, *Kausalität* cit., 32.

a informação seja *price sensitive*, se todas as restantes sociedades deste ramo da indústria tiverem comunicado estes custos, é pouco provável que o mercado reaja à omissão, dado que os investidores informados não a teriam ignorado. Vários estudos evidenciam, aliás, que o mercado é mais dificilmente enganável do que comummente se pensa[1173].

Já se disse, também, que para a prova da causalidade apenas se requer que o lesado comprove que ocorreu uma reação do mercado após a divulgação da informação corrigida[1174]. Mas assim desconsidera-se que ainda ficaria a cargo do investidor a complicada tarefa de provar uma relação causal entre a correção da informação e a posterior variação do preço no mercado[1175].

Da nossa parte, pensamos que existe causalidade entre o facto ilícito e o dano se, tendo sido divulgada ao mercado informação viciada ou omitido um dever de informar, (i) essa informação influenciar o preço de mercado, (ii) o preço descer após a incorporação da informação verdadeira, seja por via da sua correção ou não, desde que (iii) o lesado tenha negociado (investido ou desinvestido) no período em que o preço se encontrava enviesado.

A primeira situação corresponde à causalidade fundamentadora da responsabilidade, ao passo que as restantes encontram-se já no âmbito da relação entre evento lesivo e dano (causalidade preenchedora). Para a prova da ligação entre a divulgação da informação viciada e a irregular formação dos preços no mercado é necessário, segundo cremos, apenas uma verificação probabilística desta conexão fáctica, sendo certo que o apuramento da causalidade nestes termos não leva a concluir que o preenchimento desse pressuposto é provável, mas antes que a ligação entre o facto e o dano se considera provada com base nessa circunstância. O juízo probabilístico não é transposto para o resultado (prova da causalidade), apenas serve para fundamentar a sua apreciação[1176].

1173 Cf. SAUER, *Kausalität* cit., 32. O Autor nota que, embora não se possa negar a natureza *price sensitive* de muitos anúncios ao mercado, apenas uma pequena percentagem (cerca de 10% a 35%) das notificações produz reações consideráveis nos preços.

1174 Nesse sentido, THOMAS MÖLLERS/FRANZ CLEMENS LEISCH, §§ 37b, c, em HERIBERT HIRTE/THOMAS M. J. MÖLLERS (org.), *Kölner Kommentar zum WpHG* 2.ª ed., Köln, 2014, 2864-3064 (Rn. 388).

1175 Assim, KLÖHN, *Marktbetrug* cit., 710, que considera que, no caso *EM.TV*, o BGH evitou esta argumentação, considerando apenas a alteração do preço como um fator coadjuvante na demonstração da relação causal entre informação e impacto no preço.

1176 Ora, nas palavras de MIGUEL TEIXEIRA DE SOUSA, *As partes, o objecto e a prova na acção declarativa*, Lisboa, 1995, 201, "um facto considerado provado é um facto verdadeiro e não um facto provavelmente verdadeiro".

A causalidade no contexto jurídico[1177] surge como uma probabilidade muito elevada de conexão causal de acordo com o conhecimento humano; adotar o elemento probabilístico na análise jurídica permite aceitar a interdisciplinaridade e a praticabilidade da aplicação da lei, especialmente em casos de relações complexas e multicausais, cenários típicos no mercado de capitais[1178]. Não tem de se comprovar que a informação conduziu em concreto a uma alteração dos preços, sendo suficiente que, em abstrato, uma informação daquele tipo seja apta para modificar o curso do mercado, revelando-se, por essa via, que é altamente provável que a concreta informação tenha provocado uma distorção dos preços[1179]. Em tese, essa aptidão poderia resultar da prova pelo investidor de que os valores mobiliários estão a ser negociados num mercado eficiente onde toda a informação pública é refletida no preço, o que tornaria

[1177] Sobre a dicotomia entre causalidade de facto e causalidade jurídica/normativa ou imputação, cf. RUI SOARES PEREIRA, *O nexo de causalidade* cit., 488 ss., para quem a distinção entre causalidade e imputação contribui para difundir a ideia errada de que os problemas de causalidade se resolvem a dois tempos. Num primeiro momento, essencialmente factual, perguntar-se-ia se a conduta do agente produziu o resultado lesivo, questão solucionada com recurso à produção de prova. Alcançando-se uma resposta positiva, num segundo momento questionar-se-ia quais as consequências que o direito associa à conduta do agente. Este é um núcleo problemático que pode ser solucionado com recurso a ponderações valorativas e de *policy* e, portanto, constitui um momento normativo. Cf. também, *v.g.*, RUI ATAÍDE, *Causalidade e imputação objectiva na teoria da responsabilidade civil. A sobreposição das concepções normativas*, em *Estudos em Homenagem ao Prof. Doutor Sérvulo Correia*, vol. III, Coimbra, 2010, 181-237 (189), vendo na superação dos métodos naturalísticos de aferição da causalidade, seja por via da correção dos seus resultados, seja mediante a sua substituição, por conceções normativas de imputação, uma "assinalável 'revolução' dogmática". MAFALDA MIRANDA BARBOSA, *Do nexo de causalidade ao nexo de imputação. Contributo para a compreensão da natureza binária e personalística do requisito causal ao nível da responsabilidade civil extracontratual*, vol. I, Cascais, 2013, 400 ss. sublinha igualmente que a ideia de imputação, assumida objetivamente, deve ocupar lugar central na aferição da responsabilidade civil delitual.

[1178] Cf. WICHMANN, *Haftung* cit., 22.

[1179] Trata-se, pois, de um problema de causalidade *real*, conceito legal de causalidade que permite harmonizar conhecimento científico e adequação procedimental com a preocupação de avaliar a relação entre a consequência (dano) e a causa (comportamento do réu). Funcionalmente, é o ponto de partida e, simultaneamente, a limitação da atribuição de resultados. Pode ser descrita como a provocação de uma alteração concreta no mundo físico através de uma atividade humana, que, por seu turno, se traduz num gasto de energia que inicia ou influencia o processo causal. Cf. HELMUT WEBER, *Der Kausalitätsbeweis im Zivilprozess*, Tübingen, 1997, 102. Já nos casos em que o facto ilícito relevante seja a omissão do dever de informar, a causalidade real é substituída pela causalidade *hipotética*, que importa um juízo valorativo acerca do incumprimento do dever e sobre se a ação exigida teria evitado o dano. O elemento real de transferência de energia (ação) é substituído pela violação de um dever jurídico, pelo que se trata de abordagem que relaciona causalidade e imputação. Cf. WICHMANN, *Haftung* cit., 25.

razoável aceitar que a concreta falha de informação foi assimilada pelo mercado e condicionou o curso daquele. Mas sobre o investidor ficaria ainda a recair o ónus de provar a eficiência do mercado onde negociou, o que amiúde envolve grandes dificuldades fruto da falta de conhecimentos técnicos e de meios necessários para a colaboração de peritos. O problema da facilitação de prova deve, por isso, ser recolocado. Em vez de se considerar que a demonstração da eficiência do mercado autoriza uma prova *prima facie* de que a informação errada influenciou o preço, será antes de admitir uma demonstração de primeira aparência de que o mercado onde os valores estão a ser negociados é um mercado eficiente[1180]. A solução não é de estranhar, já que "o recurso à prova indiciária é antigo na responsabilidade civil — especialmente naqueles domínios em que mais delicada ou difícil se tornava, para o lesado, a demonstração dos pressupostos de que depende o seu direito — e hoje amplamente sancionado pela doutrina e pela jurisprudência"[1181]. Uma prova nestes termos encontra fundamento no típico curso de eventos, ou seja, na constatação de que, de modo geral, os mercados assimilam (toda) a informação disponibilizada ao público, pelo que assenta numa presunção natural ou judicial[1182]. Esta ideia é representada pela versão semiforte da teoria do mercado eficiente e não é desacreditada nem pela existência de crises e bolhas no mercado, nem pela *behavioral economics*. As crises de mercado apenas desvalorizam a noção de *value efficiency*, i.e., a conceção de que o mercado é eficiente se o preço dos

[1180] Também Menezes Leitão, *A responsabilidade civil no âmbito da O.P.A.* cit., 190 e 191, entende que, embora em face do atual regime mobiliário não possa ser defendida a existência de uma presunção de causalidade, pode admitir-se o estabelecimento de presunções judiciais, "em função da proximidade entre a disponibilização do prospeto e a aceitação da oferta por parte dos investidores".

[1181] Carneiro da Frada/Costa Gonçalves, *Diligência e prova* cit., 198.

[1182] Cf. Teixeira de Sousa, *As partes* cit., 212; João Marques Martins, *Presunções judiciais na responsabilidade civil extracontratual*, Cascais, 2017, 151 ss. Como nota Teixeira de Sousa, *A livre apreciação da prova em processo civil*, SI, tomo XXXIII, jan.-abr. 1984, 115-146 (139), "estas presunções [naturais] têm por base que todo o facto é explicável em termos causais. Fornecer a explicação causal de um facto significa deduzir as proposições que o descrevem, usando uma ou mais proposições universais em conjunto com as proposições particulares, ou condições específicas, do facto em análise. Segundo um princípio de causalidade universal, todo o facto pode ser predicado, isto é, explicado através de proposições singulares, a partir de uma proposição universal." Sobre as presunções judiciais e a prova do nexo causal, cf., *v.g.*, STJ 6-mai.-2018 (Sousa Lameira), Proc. 18331/16.6T8LSB.L1.S1. A presunção judicial implica (i) um facto conhecido, estabelecido no processo; (ii) um juízo de normalidade ou razoabilidade sindicável; (iii) a afirmação de um facto desconhecido com base na sequência dos pressupostos anteriores. Sobre a prova *prima facie*, ao abrigo do regime jurídico alemão, cf. Reinhard Greger, *Beweis und Wahrscheinlichkeit. Das Beweiskriterium im Allgemeinen und bei den sogenannten Beweiserleichterungen*, Köln, Berlin, Bonn, München, 1978, 152 ss.

valores mobiliários refletir o valor presente do *cash flow* líquido gerado pelo emitente, e não de *eficiência informativa*, ideia segunda a qual a informação é incorporada nos preços de mercado[1183]. Não obstante, já se considerou que esta noção de eficiência não vale no mercado de capitais, onde o preço dos valores mobiliários é influenciado por outros fatores que não apenas o valor do ativo subjacente. Para o demonstrar, em 1936, KEYNES comparou o mercado de capitais a um concurso de beleza[1184], no qual adivinhar quem será o vencedor da competição implica escolher o concorrente que o participante considera mais bonito, mas também ponderar as escolhas prováveis dos demais avaliadores. No mercado de capitais vale o mesmo modelo de expetativas, sendo que a existência de investidores que se deixam influenciar por modas e outros fatores cria a possibilidade de aparecimento de bolhas. Apesar disso, tal não perturba a eficiência informativa do mercado, a qual fundamenta uma prova de primeira aparência de que a informação prestada ao público se projeta no preço do mercado. Também a *behavioral economics* apenas questiona a medida e os termos em que a informação é assimilada pelo mercado. Se os mercados são geralmente eficientes, deve concluir-se que o mesmo sucede no concreto mercado onde o investidor negociou, o que significa que a informação defeituosa se repercutiu no preço[1185]. Repare-se que a prova *prima facie* não fica dependente de o preço dos valores mobiliários se modificar no mercado após a divulgação da informação[1186], já que essa exigência esqueceria

[1183] Cf. FISCHEL, *Efficient* cit., 912 ss.

[1184] Cf. JOHN MAYNARD KEYNES, *The general theory of employment, interest and money*, United Kingdom, 1936, 142 ss.

[1185] Aderimos, pois, à ideia defendida por KLÖHN, *Marktbetrug* cit., 711-714, que se apoia, adicionalmente, na igualdade procedimental de armas entre demandante e demandado. De acordo com o § 49b II S. 2 *Bundesrechtsanwaltsordnung* (BRAO), os mandatários do lesado não podem comportar os custos de estudos económico-financeiros do mercado e os investidores prejudicados tipicamente não estão dispostos a pagar esse valor, essencialmente por causa do efeito de boleia que se gera entre lesados. Por outro lado, na medida em que os emitentes podem dificultar a prova do impacto do preço, por via da estratégia de *information bunching*, torna-se razoável a facilitação da prova a cargo do investidor. Aderimos, em parte, à tese de WAGNER, *Schadensberechnung* cit., 528-530.

[1186] Diferentemente, no âmbito da responsabilidade pelo prospeto (e não em geral pelas informações em mercado, *maxime* no mercado secundário), MARGARIDA AZEVEDO DE ALMEIDA, A *responsabilidade* cit., 357, faz operar uma presunção legal de que o vício do prospeto determinou a formação deficiente dos preços desde que o lesado prove (i) o vício do prospeto, (ii) a queda do preço após a correção e ainda (iii) a natureza material do facto ou omissão. Com estes contornos, do artigo 149.º/1 do CVM resultaria, além de uma presunção de culpa, uma presunção de ilicitude e de causalidade. Também a propósito da responsabilidade do intermediário financeiro, a Autora considera que a norma do artigo 304.º-A do CVM deve ser lida no sentido de consagrar não apenas

os casos de *confirmatory lies*[1187], baseando-se apenas na probabilidade de

uma presunção de culpa, mas também de causalidade [cf. *A responsabilidade civil de intermediários financeiros por informação deficitária e falta de adequação dos instrumentos financeiros*, em *O novo direito dos valores mobiliários — I Congresso sobre valores mobiliários e mercados financeiros*, Coimbra, 2017, 411-424 (421)]. A assunção da existência de um mercado eficiente abriria a porta a uma presunção de influência da correção do prospeto na queda do preço: uma vez demonstrada a natureza material do facto ou da omissão, presume-se que a descida do preço subsequente à revelação foi causada pela correção do prospeto, o que permitiria concluir que o vício do prospeto determinou um preço diferente daquele que se teria formado caso a informação tivesse sido adequadamente divulgada. Ao alcance do lesante estaria provar que a quebra do preço se deveu exclusivamente a outros fatores. Na nossa conceção, demonstrado o vício da informação ou a omissão, não é necessário provar a queda do preço ou a materialidade da informação, pois, de acordo com a experiência geral, o mercado assimila todas as informações, o que implica que o valor de mercado tenha incorporado necessariamente o erro. A idoneidade para influenciar os preços já resulta, pois, da assunção do mercado semieficiente, pelo que não parece justificado exigir a prova pelo investidor. Demonstrado que esteja o vício do prospeto, a não ser que o lesante logre demonstrar que o mercado não é eficiente, é justificada a assunção de que o vício condicionou a formação do preço, simplificando-se acentuada mas justificadamente a prova exigida ao investidor. Acrescente-se ainda, no que toca à exigência de demonstração da materialidade da informação — considerada como aquela que o investidor razoável teria em conta na sua decisão de investimento (cf. Margarida Azevedo de Almeida, *A responsabilidade* cit., 355) — que esta também se compatibiliza com dificuldade com a teoria do mercado semieficiente que constitui a base da construção da Autora: se o que está em causa é a eficiência objetiva do mercado e a constatação de que o mercado incorpora toda a informação pública, sendo esse o ponto de partida para se afirmar que a causalidade fundamentadora se deve estabelecer entre o vício da informação/omissão e a formação dos preços no mercado, a introdução da exigência de prova de que o investidor razoável teria considerado aquela informação na sua decisão de investimento parece pouco curial. Se toda a informação é incorporada e condiciona a formação do preço, não se vê por que exigir do investidor a prova da materialidade, sobretudo quando reportada ao potencial impacto na decisão de investimento, a qual é expressamente afastada — e bem — como ponto de referência do estabelecimento da causalidade. Recorde-se, em qualquer caso, que, na conceção de Margarida Azevedo de Almeida, A *responsabilidade* cit., 406 ss., tanto a causalidade fundamentadora como a causalidade delimitadora deveriam, na verdade, ser estabelecidas de forma diferente daquela que entende resultar do direito vigente, que estaria em contradição com a finalidade das normas que impõem os deveres de informação. Mais concretamente, uma vez que dispensa, para haver dano, a queda do preço após a correção do prospeto (pois relevaria o dano social e não o dano individual), bastaria — quanto à causalidade fundamentadora — a prova da materialidade do facto para estabelecer a causalidade, e — no que respeita à causalidade preenchedora — a prova de que o investidor comprou o valor mobiliário enquanto o mercado estava sob a influência do vício do prospeto. Trata-se, porém, de solução que reconhece não ter sido consagrada no direito vigente.

[1187] Neste ponto, não aderimos à ideia de Wagner, *Schadensberechnung* cit., 530, segundo a qual saber se a informação viciada teve impacto no preço (ou seja, se os investidores profissionais que modelam a formação dos preços no mercado negociaram com base na informação) depende também de o preço das ações subir após a revelação da informação verdadeira, caso em que se pode razoavelmente assumir que o investidor comprou os valores mobiliários a um preço inflacionado.

eficiência do mercado[1188]. Dito de outra forma, o investidor deve demonstrar o vício (ou omissão) da informação *price sensitive* divulgada ao mercado, admitindo-se uma presunção judiciária, natural ou de facto, segundo a qual os valores mobiliários afetados, à data em que foi defeituosamente cumprido o dever de informar, eram negociados num mercado onde toda a informação pública se reflete prontamente nos preços. A invocação da presunção natural, nos termos próprios de uma prova de primeira aparência[1189], é suficiente para que o investidor demonstre que os vícios da informação foram condição sem a qual os preços do mercado não se teriam formado irregularmente.

A demonstração *prima facie* permite o recurso a critérios de imputação de danos de direito material[1190] e responde às dificuldades probatórias que se verificam no domínio do mercado de capitais[1191]-[1192]. Neste contexto, não têm cabimento as preocupações relacionadas com a multiplicação de processos

[1188] Como refere PIEKENBROCK, *Der Kausalitätsbeweis* cit., 437, este é o fundamento da presunção, que é legitimada empiricamente e não normativamente.

[1189] A prova *prima facie* insere-se nas presunções naturais ou judiciais, que se incluem no artigo 349.º do CC. Cf. RPt 19-dez.-1991 (Lopes Furtado), Proc. 9120485, sublinhando, embora fora do mercado de capitais, que "a suficiência dessa prova de primeira aparência ou 'prima facie' tem sido afirmada sobretudo no âmbito da prova da culpa, mas, muito raramente, pela própria natureza das coisas no domínio da causalidade, já que esta depende apenas de circunstâncias objectivas, em regra directamente verificáveis". Já VAZ SERRA, *Provas (direito probatório material)*, BMJ 110 (1961), 61-256 (190 ss.), reconhecia que "estas presunções são afinal o produto de regras de experiência: o juiz, valendo-se de certo facto e de regras de experiência, conclui que aquele denuncia a existência de um outro facto. Ao procurar formar a sua convicção acerca dos factos relevantes para a decisão, pode utilizar o juiz a experiência da vida (...); procede então mediante uma presunção ou regra de experiência ou, se se quiser, vale-se de uma prova de primeira aparência". Porém, as presunções naturais têm sido vistas pela doutrina com algum ceticismo, o que leva alguns autores a recomendarem que se evite a sua utilização (cf. HANNS PRÜTTING, *Gegenwartsprobleme der Beweislast*, München, 1983, 50 ss., em especial 58) ou a afirmar que não pode ser atribuído um conteúdo normativo à experiência de vida, pelo que não existiria utilidade na noção de presunção de facto, que reveste características de prova *prima facie*. Cf. GOTTFRIED BAUMGÄRTEL, *Die Bedeutung der sog. „tatsächlichen Vermutung" im Zivilprozeß — eine Analyse der Rechtsprechung*, em *Festschrift für Karl Heinz Schwab zum 70. Geburtstag*, München, 1990, 43-51 (51), que nota que as presunções naturais assumem valia na livre apreciação da prova, i.e., na formação da convicção do juiz. O juiz é chamado a avaliar a causalidade em função das circunstâncias concretas apresentadas pelo lesado, mas deve incorporar na sua decisão o curso típico de eventos e a probabilidade de existir uma ligação entre o facto ilícito e o dano. Cf. PIEKENBROCK, *Der Kausalitätsbeweis* cit., 437 e 439.

[1190] Cf. CARNEIRO DA FRADA, *Direito civil* cit., 103.

[1191] Se for possível concluir, de acordo com as regras de experiência, que o dano resulta de um determinado facto pode, inclusivamente, abdicar-se da reconstituição do nexo causal. Assim, cf. CARNEIRO DA FRADA, *Direito civil* cit., 102

[1192] Cf. BAUMGÄRTEL, *Die Bedeutung* cit., 51.

judiciais infundados uma vez que não se procede a uma inversão do ónus da prova[1193]. No quadro do sistema móvel de responsabilidade civil, a prova será, além disso, mais fácil nas situações em que o agente tenha usado dolo na divulgação de informação falsa. A violação do dever de informar aumenta o risco de irregular formação dos preços, pelo que deve caber ao lesante o ónus de negar a eficiência do mercado ou de demonstrar que a causa do evento lesivo foi outra[1194], sem que se torne necessária a prova do contrário (artigo 350.º/2 do CC), mas apenas contraprova[1195].

No regime mobiliário, o artigo 152.º/2 do CVM determina que "o montante do dano indemnizável reduz-se na medida em que os responsáveis provem que o dano se deve também a causas diversas dos vícios da informação ou da previsão constantes do prospeto"[1196]. Esta possibilidade é equivalente à concedida ao informante, nos Estados Unidos, de demonstrar que uma parte dos danos não resultou da informação errada mas sim de outros fatores, caso em que o respetivo montante deve ser descontado na indemnização devida (*section* 11, *e*), do *Securities Act* de 1933[1197]). Dizer que num mercado eficiente

[1193] Como escrevia o juiz White, no caso *Basic* (*Basic Inc.* cit., 262), "suspeito que, com demasiada frequência, conduzirá a grandes julgamentos, que terminam, em última análise, com investidores inocentes a pagar [indemnizações] em benefício de especuladores e dos seus advogados", o que revela uma preocupação com os chamados *strike suits* (ações judiciais cujo único propósito é chegar a um acordo antes de o caso ser decidido). Porém, já se notou que esta visão parece refletir uma tendência — sem apoio legal — de os tribunais americanos protegerem os administradores contra processos infundados mais do que os investidores contra situações de fraude [cf. Charles W. Murdock, *Halliburton, Basic, and fraud on the market: the need for a new paradigm,* Villanova Law Review, vol 60, 203-250 (205), disponível em https://digitalcommons.law.villanova.edu/cgi/viewcontent.cgi?referer=https://www.google.com/&httpsredir=1&article=3270&context=vlr].

[1194] Assim, embora não especificamente no domínio da responsabilidade por informações no mercado de capitais, cf. Carneiro da Frada, *Direito civil* cit., 102 e 103, defendendo a ideia com intenção geral de validade: mesmo não havendo qualquer presunção legal de causalidade, tendo em consideração a natureza do risco e o grau da sua elevação, poderá justificar-se a inversão do ónus da prova da causalidade.

[1195] Cf. Teixeira de Sousa, *As partes* cit., 212 e *Introdução ao Direito,* Coimbra, 2012, 234. Cf., também, Vaz Serra, *Provas* cit., 168-172.

[1196] Na Alemanha, a constatação de que o informante está em melhor posição para avaliar corretamente o preço dos valores mobiliários leva a que se defenda — à semelhança do que se prevê expressamente no regime português — que sobre este deve recair o ónus de demonstrar que a oscilação de preço se deveu, em parte, a outros fatores. Nesse sentido, cf. Fleischer/Kalss, *Kapitalmarktrechtliche* cit., 333.

[1197] "Se o réu demonstrar que os danos, ou parte deles, se devem a outro fator que não a depreciação de preço do valor mobiliário resultante da declaração de registo (...) esses danos, ou parte deles, não são ressarcíveis".

toda a informação disponibilizada ao público influencia o preço de mercado não significa que este seja o resultado *exclusivo* dessa informação. Considerando a complexidade dos mercados e o conjunto de fatores que conduzem à formação dos preços, haverá muitos casos em que a oscilação destes é também produto de outros acontecimentos. Perante a dificuldade de apurar a medida em que a variação do preço resultou da informação falsa ou de circunstâncias diversas, impõe-se ponderar a quem deve ser imputado o risco de investimento que se materialize depois de ter sido divulgada informação viciada. O dever de informar não tem em vista onerar o informante com todas as possíveis consequências do seu comportamento ilícito. Em causa está, aliás, a mesma preocupação em geral subjacente às teorias da imputação — especialmente visível na teoria do escopo da norma — ou à lógica do comportamento lícito alternativo[1198]. Por isso, a responsabilidade civil por informações deve atender aos limites inerentes à própria natureza do investimento no mercado de capitais. A compra e venda de valores mobiliários apresenta riscos, que, nos termos gerais, correm por conta do investidor. Pense-se no considerável risco de danos ainda facticamente relacionados com o prospeto mas acidentais (*windfall damages*) e na possibilidade de, em mercados altamente voláteis, existirem oscilações irracionais de preços, que nem sempre se devem à informação disponível no mercado, mas sim a modas ou a outros fatores[1199]. Pretender tornar o informante garante desses riscos significaria, afinal, ignorar a ponderação de valores e interesses que o legislador considerou adequada na participação no mercado.

No caso de responsabilidade pelo prospeto, a prova de que o dano se deveu igualmente a causas distintas da informação defeituosa será facilitada se os valores mobiliários não forem negociados num mercado secundário funcional, o que inviabiliza uma real formação dos preços no mercado primário. Também a demonstração de um curso de eventos atípico será suficiente como contraprova[1200]. No mercado secundário, quando se geram *hot markets*, se bem que sejam idênticos os mecanismos de formação dos preços, a atmosfera de euforia impede que as ordens recebidas espelhem as reais expetativas

[1198] Cf. Fleischer/Kalss, *Kapitalmarktrechtliche* cit., 331; Rützel, *Der aktuelle* cit., 75.

[1199] Neste sentido, cf. Fleischer/Kalss, *Kapitalmarktrechtliche* cit., 331 e 332. Na Suíça, em caso de flutuações de preço na sequência de falhas do prospeto que também se devam a outras causas, deve estabelecer-se, com recurso a peritos, a proporção da oscilação que foi causada pela falha informativa.

[1200] Cf. Poelzig, *Kapitalmarktrecht* cit., Rn 288.

de rendimento[1201]. Nestas hipóteses, esses mecanismos estão de tal forma distorcidos que a informação que é prestada ao mercado já não apresenta qualquer relação com a sua avaliação, pelo que, se o informante provar a existência de um mercado desse tipo, o lesado terá de fazer prova da causalidade sem auxílio da demonstração *prima facie*[1202].

Afastamo-nos, assim, das soluções que fazem depender a responsabilidade por informações de um nexo de causalidade exclusivamente baseado na confiança que o investidor deposite na informação viciada, escapando, por isso, aos problemas de operacionalização que resultam de o investidor médio, tipicamente, não conhecer a informação tornada pública[1203].

4.2. Causalidade delimitadora: conceito e aligeiramentos de prova

A análise que nos ocupou até aqui reportou-se, meramente, à relação causal entre os vícios da informação e o evento lesivo (traduzido este na irregular formação do preço de mercado), a qual é demonstrada por via de um juízo simples de causalidade próprio da *conditio sine qua non*. É, por isso, uma relação distinta daquela que deve ser estabelecida quando se trata da causalidade delimitadora, na qual a ligação entre o evento lesivo e o dano impõe que se verifique um concreto prejuízo do investidor *que deva ser imputado ao informante*. Neste campo exige-se, pois, a ultrapassagem da constatação fáctica de que os vícios informativos concorreram para a deturpação dos preços no mercado, passando-se já para um juízo de imputação normativo, por natureza restritivo, de forma a conter a expansão da responsabilidade potenciada pela ponderação que previamente efetuámos. Sem prejuízo da relevância do critério

[1201] Cf. HELLGARDT, *Kapitalmarktdeliktsrecht* cit., 524.

[1202] Cf. HELLGARDT, *Kapitalmarktdeliktsrecht* cit., 526. Na medida em que os investidores tendem a investir "em cascata", ou seja, a alinhar o seu investimento com o de outros intervenientes, as modas podem catapultar uma empresa ou mesmo provocar uma reação em cadeia que beneficie toda uma indústria (p. 527). Sendo defendida a responsabilidade do informante a título delitual, com fundamento no incumprimento de normas de proteção, dir-se-á que, tendo existido violação da norma e verificação de um dano protegido pelo seu escopo, o nexo de causalidade deve ter-se por provado. Cf. RÜTZEL, *Der aktuelle* cit., 74.

[1203] Em sentido próximo, cf. PAULO CÂMARA, *Dever de informação* cit., 822 ss., a propósito da responsabilidade pelo conteúdo do prospeto e com base na teoria do mercado eficiente, defende que o regime mobiliário se basta com um nexo causal adaptado, ou seja, ao investidor caberia a demonstração da existência de um vício no prospeto e a relação de imputação entre o vício e o responsável. A conclusão inversa, escreve o Autor, "quedaria sem explicação o art. 152.º, n.º 2, que admite a redução da responsabilidade do lesante apenas se este *provar* existir concausalidade". Ou seja, se não for feita a prova da concausalidade, o dano é imputável ao responsável.

geral de imputação dos danos ao agente, mais relevante e problemática no presente contexto é, na prática, a solução das questões concretas associadas à prova da relação causal[1204].

Essencial, quanto ao primeiro aspeto, é sempre lembrar que os danos se devem situar no círculo de interesses protegidos pelo dever de informar, tal como exigido pela teoria do escopo da norma violada. Conforme sintetiza Menezes Cordeiro[1205], "a causalidade deve ser tomada na aceção moderna: são imputados os danos correspondentes ao círculo de bens tutelados pela norma jurídica". Ou, nas palavras de Menezes Leitão[1206], é necessário que os danos "correspond[a]m à frustração das utilidades que a norma visava conferir ao sujeito". Contudo, não deixa o primeiro Autor de alertar para que "não existem, no estado atual da Ciência do Direito, fórmulas universais válidas", antes se reconhecendo que "a causalidade relevante deve ser construída, caso a caso, perante as diretrizes da Ciência do Direito". É possível partir de um juízo de adequação, desde que não se afigure como critério definitivo — mas antes como primeiro momento do juízo de imputação, de tal maneira que apenas serão indemnizados os prejuízos que, resultando de uma irregular formação dos preços no mercado, atinjam interesses protegidos pelas disposições que impõem deveres de informar[1207]. Trata-se de atender à teleologia da norma que fundamenta a responsabilidade, chamada a corrigir os resultados do juízo de adequação[1208]. Este não perde relevância, desde logo porque,

[1204] Assumindo também o plano secundário das teorias de imputação — seja da causalidade adequada ou do escopo de proteção da norma — face aos problemas colocados pela demonstração do nexo causal, cf. Wichmann, *Haftung* cit., 23.

[1205] Responsabilidade bancária cit., 40.

[1206] *Direito das obrigações* cit., 347.

[1207] Sobre as teorias da causalidade a respeito dos deveres de informação dos bancos, cf. RPt 15-nov.-2018 (Fernanda Almeida), Proc. 5780/17.1T8PRT.P1.

[1208] Sobre a teoria do escopo da norma, cf. Menezes Cordeiro, *Da responsabilidade* cit., 532 ss.; *Tratado* cit., VIII, 537 ss.; Menezes Leitão, *A responsabilidade do gestor* cit., 281 e *Direito das obrigações* cit., I, 347 e 348; Paulo Mota Pinto, *Interesse* cit., II, 941 ss.; Adelaide Menezes Leitão, *Normas de protecção* cit., 720; Rui Ataíde, *Causalidade* cit., 194-200; Mafalda Miranda Barbosa, *Do nexo de causalidade* cit., 131-141; Rui Soares Pereira, *O nexo de causalidade* cit., 395-438. Esta teoria tem sido apresentada como resposta às insuficiências da teoria da causalidade adequada, muitas vezes qualificada como "fórmula vazia" ou "cripto-argumento" (cf. Menezes Cordeiro, *Da responsabilidade* cit., 533 e *Tratado* cit., III, 535; Menezes Leitão, *Direito das obrigações* cit., I, 346 e 347). Acentua-se a sua limitação para solucionar casos em que se verifiquem processos causais cumulativos e hipotéticos, nos quais a teoria se assumiria como critério "movediço", dependente de uma maior ou menor vacuidade do juízo de prognose, segundo o qual quanto mais abstrata for a descrição dos factos maior a previsibilidade do evento no momento da conduta (cf. Rui Ataíde, *Causalidade*

como já escrevia Gomes da Silva[1209], "se a norma se propõe produzir ou evitar certo evento, não faria sentido proibir ou ordenar um comportamento que, na ocasião em que é observado, não tem capacidade para produzir o mesmo evento". De acordo com Pedro de Albuquerque[1210], "a adequação continuará a ter relevância no pré-entendimento dos problemas e na interpretação das normas violadas", já que certamente não estão cobertos pelo fim da norma danos abstratamente insuscetíveis de serem causados pela conduta do agente. Não obstante esta importância do juízo de adequação no processo de estabelecimento do nexo causal, o consenso sobre a valia da teoria do escopo da norma no direito português é muito alargado, ainda que com desenvolvimentos diferenciados[1211]. As sólidas bases fornecidas pela doutrina nacional permitem-nos avançar com segurança para o estudo dos problemas concretos de causalidade e imputação no específico campo do mercado de capitais.

cit., 191-194). Sobre a adequação, cf., ainda, Vaz Serra, *Obrigação de indemnização (Colocação. Fontes. Conceito e espécies de dano. Nexo causal. Extensão do dever de indemnizar. Espécies de indemnização). Direito de abstenção e de remoção,* BMJ 84 (1959), 5-301 (22-50); Paulo Mota Pinto, *Interesse* cit., II, 930-940; Pires de Lima/Antunes Varela, *Código Civil anotado,* I, 4.ª ed., Coimbra, 1987, 578 e 579; Mafalda Miranda Barbosa, *Do nexo de causalidade* cit., 94-130; Rui Soares Pereira, *O nexo de causalidade* cit., 330 ss.; Ana Perestrelo de Oliveira, *Causalidade* cit., 59 ss. Sobre o confronto entre a teoria da causalidade adequada e a teoria do fim da norma, cf., *v.g.,* Sinde Monteiro, *Responsabilidade* cit., 271, para quem na teoria do fim da norma a periculosidade é apreciada de forma geral e abstrata, partindo da perspetiva do legislador, ao passo que na teoria da causalidade adequada a apreciação é concreta. Apesar das insuficiências reconhecidas à ideia de adequação, também se tem notado, paralelamente, a importância excessiva que tem sido atribuída à teoria do fim da norma. Cf. Antunes Varela, *Das obrigações* cit., I, 902; Carneiro da Frada, *Direito civil* cit., 101 e 102; Paulo Mota Pinto, *Interesse* cit., II, 940 ss. Já Pereira Coelho, *O nexo de causalidade na responsabilidade civil,* supl. BFDUC, 1951, 65-242 (240), acentuava o caráter de tal forma vago da teoria do escopo da norma que impediria o alinhamento de diretivas aptas para solucionar os problemas de imputação. Por isso, tem-se ponderado a complementaridade das duas teorias, devendo o fim da norma ser chamado a corrigir os resultados do juízo de adequação. Cf. Sinde Monteiro, *Responsabilidade* cit., 280; Menezes Cordeiro, *Tratado* cit., VIII, 548 ss., em especial, 550; Paulo Mota Pinto, *Interesse* cit., II, 943-949; Adelaide Menezes Leitão, *Normas de protecção* cit., 719 e 720; Margarida Azevedo de Almeida, A *responsabilidade* cit., 317 e 318.

[1209] *O dever* cit., 163.

[1210] *Responsabilidade processual* cit., 163.

[1211] Cf., *v.g.,* Mafalda Miranda Barbosa, *Responsabilidade civil* cit., 285 ss. e *Lições de responsabilidade* cit., 269-274, que recorre à delimitação de esferas de risco. No caso da responsabilidade pelo prospeto, entende a Autora que, ao elaborar o prospeto com violação das regras de informação, o sujeito avoca para si os riscos do investimento, que habitualmente correm por conta do investidor (assume, pois, uma esfera de risco). Cf. Mafalda Miranda Barbosa, A *questão causal ao nível da responsabilidade pelo prospeto: breve reflexão acerca do n.º 2 do artigo 152.º do Código dos Valores Mobiliários,* em *Direito civil e sistema financeiro,* Cascais, 2016, 133-156.

Tendo em conta os critérios apontados, será de excluir do âmbito do dever de indemnizar o dano não patrimonial do investidor que fundou a formação da sua vontade na informação viciada mas não sofreu com isso qualquer prejuízo patrimonial[1212]. Embora, como é sabido, em termos gerais, devam ser compensados os danos não patrimoniais que, pela sua gravidade, mereçam a proteção do direito, as especificidades próprias da participação no mercado, alicerce da relação especial, comandam que estes danos não sejam considerados. A participação na bolsa torna impensável conceber um dano que não seja acompanhado de uma perda objetiva de valor no mercado: o participante no mercado de capitais não se preocupa com a importância dos valores mobiliários individualmente considerados, mas, sim, com o valor global do seu património[1213]. A típica prossecução do lucro pelos intervenientes deve ser encarada como forma de delimitação dos danos indemnizáveis, de tal maneira que apenas o prejuízo que atinja essa finalidade reclama tutela do direito.

Excluindo dos danos relevantes o interesse não patrimonial numa correta formação da vontade no mercado, restam, em abstrato, dois tipos de prejuízos provocados por vícios na informação: o investidor pode ter adquirido valores mobiliários por um preço desajustado, ou, em alternativa, pode ter realizado uma operação de que se teria abstido caso a informação tivesse sido corretamente divulgada ao mercado[1214]. Ou seja, o lesado tem a possibilidade de invocar

[1212] Contra Hans Christoph Grigoleit, *Neuere Tendenzen zur schadensrechtlichen Vertragsaufhebung*, NJW 13/1999, 900-904 (902 ss.); Stephan Lorenz, *Vertragsaufhebung wegen culpa in contrahendo: Schutz der Entscheidungsfreiheit oder des Vermögens?*, ZIP 25/1998, 1053-1057 (1053); Möllers/Leisch, *Schaden* cit., 1072, que consideram que o § 249 I BGB também protege a liberdade de contratar, o que possibilita a reconstituição natural mesmo sem dano patrimonial.

[1213] Cf. Wagner, *Schadensberechnung* cit., 510-512; cf. a decisão do BGH de 7-set.-2000, VII ZR 443/99, BGHZ 145, 121, 131. No mesmo sentido, Schmitt, *Die Haftung* cit., 130. Ao abrigo do regime jurídico português, também Margarida Azevedo de Almeida, *A responsabilidade* cit., 312 ss., partindo de uma análise sobre o bem jurídico protegido pela responsabilidade civil pelo prospeto, considera que apenas são indemnizáveis os danos patrimoniais dos investidores. Diferentemente, cf. a decisão *Infomatec II*, cit., 144, na qual o OLG München (em sede de recurso) identificou o prejuízo da autodeterminação económica do investidor como dano não patrimonial, ainda que tenha concluído, como já escrevemos *supra*, pela inexistência de responsabilidade por considerar que o comportamento do agente não era qualificável como dolo.

[1214] Neste segundo tipo de danos enquadram-se, ainda, como bem se identifica na jurisprudência italiana, o dano correspondente à não celebração de um negócio jurídico que, noutras circunstâncias, teria sido concluído [Trib. Napoli, 16-jun.-1986 (dano por não ter investido num aumento de capital)] ou o dano por não ter desinvestido quando o teria feito caso conhecesse a informação [Trib. Milano 29-abr.-1999 (dano pela manutenção do investimento devido à falsa representação da situação patrimonial da sociedade); Trib. Milano 29-set.-1983, Giurisprudenza Commerciale, 1984, II, 42 ss. (omissão de venda de participações sociais na hipótese de balanço errado); App. Torino

que, se não fosse o facto ilícito, teria contratado de forma diferente (*dolus incidens*) ou que só concluiu o contrato por causa do comportamento ilícito ou que o vício o determinou a não contratar (*dolus causam dans*)[1215]. O pedido de indemnização feito pelo investidor — que pode ser, como melhor veremos de seguida, a liquidação do negócio jurídico, o pagamento da diferença entre o preço da transação e aquele que se verificaria no mercado se a conduta ilícita não tivesse ocorrido ou, ainda, a compensação por referência à situação patrimonial global do investidor, de acordo com a teoria da diferença — vai definir os contornos da causalidade delimitadora. Em qualquer dos casos, o investidor terá de provar que realizou a transação num momento em que os preços no mercado se encontravam deturpados. Essa demonstração será facilitada se, após a correção da informação, se verificar uma descida do preço dos valores mobiliários atingidos pela informação defeituosa[1216]; enquanto o preço não se adaptar à correção da informação, mesmo que o investidor tenha adquirido valores mobiliários a um preço superior àquele que se teria formado no mercado em caso de comportamento lícito do emitente, esse gasto extraordinário é compensado com a titularidade de um valor mobiliário que pode ser negociado a um preço inflacionado, conforme já apontámos[1217]. Apenas quando a informação verdadeira é absorvida pelo mercado, o que tipicamente envolve um decréscimo dos preços, o dano do investidor se materializa[1218].

30-mai.-1995, Giurisprudenza Commerciale, 1996, II, 492 ss. (dano pelo não desinvestimento em caso de responsabilidade do revisor de contas por certificação negligente do relatório de contas)].

1215 Sobre a distinção entre *dolus causam dans* e *dolus incidens*, cf. Reinhard Zimmermann, *The Law of obligations: roman foundations of the civilian tradition*, Oxford, 1996, 670.

1216 Assim, Merritt B. Fox, *Understanding* cit., 27; William W. Bratton/Michael L. Wachter, *The political* cit., 85.

1217 Na referida decisão *Dura Pharmaceuticals*, pode ler-se que "no momento em que a transação ocorre, o autor não sofreu qualquer dano porque o preço de aquisição inflacionado é compensado pela titularidade de uma ação de valor equivalente naquele momento". Merritt B. Fox, *Understanding* cit., 31 ss., apresenta-se crítico desta formulação. O termo "valor" é utilizado no direito das finanças societárias para traduzir a expetativa, descontada para o momento presente, de os investidores receberem dividendos e outras distribuições durante o período de vida do emitente. A associação entre valor e preço que é apresentada pelo Tribunal afigura-se, pois, desadequada, uma vez que o investidor, embora possa realizar o investimento mediante a alienação do valor a um preço deturpado no mercado, na verdade não é titular de um ativo valorizado porque, quando a informação verdadeira for divulgada ao mercado, a inflação desaparecerá.

1218 Cf. Zimmer/Grotheer, *§§ 37b* cit., 1894 e 1895; Hellgardt, *Kapitalmarktdeliktsrecht* cit., 530; Klöhn, *Die Haftung* cit., 356. Por outro lado, como nota Margariza Azevedo de Almeida, *A responsabilidade* cit., 405, caso fosse concedida uma indemnização ao investidor mesmo que o preço de mercado não descesse com a correção da informação, o juiz estaria a substituir-se à formação dos preços no mercado.

Quando em causa esteja a indemnização da diferença entre o preço da transação e aquele que se teria formado no mercado caso não se tivesse verificado o evento que obriga à reparação, a demonstração da relação causal entre o evento lesivo e o dano depende da prova (i) do desaparecimento da situação de deturpação do preço e (ii) de o investidor ter negociado no período em que o preço se encontrava alterado. Será suficiente que a divulgação da informação verdadeira tenha sido um dos fatores que contribuiu para a correção dos preços no mercado, devendo estender-se a prova *prima facie* de que os valores mobiliários estão a ser negociados num mercado eficiente também a esta área, o que significa que não é apenas a informação errada mas também a sua correção e assimilação pelo mercado que são imediatamente refletidas no preço[1219]. Assim, para que o investidor demonstre que a correção da informação modificou o preço dos valores mobiliários no mercado bastar-lhe-á servir-se da prova de primeira aparência da eficiência do mercado onde negociou. Caberá ao informante, em contrapartida, provar que a alteração do preço não resultou, ainda que apenas em parte, da correção da informação. Repare-se que abdicamos, em absoluto, da exigência de confiança do investidor no preço errado, apenas sendo necessário que este tenha negociado no período em que o preço estava viciado. Por isso, embora julguemos, como já foi defendido na Alemanha, pelo BGH, que a divulgação de informação no mercado secundário não cria um ambiente de investimento, essa consideração é, da nossa perspetiva, irrelevante porque a confiança não é um critério modelador do nexo de causalidade. Se não se espera que o participante médio racional no mercado de capitais analise a informação pública, então não há que exigir que o lesado demonstre que a examinou e nela confiou[1220]. Também a confiança abstrata do investidor nos preços de mercado, que poderia, para algumas correntes, ser presumida, nos parece desfazada da realidade

[1219] Note-se que, na Alemanha, de acordo com o § 23 II Nr. 4 WpPG, não existe dever de indemnizar por responsabilidade civil pelo prospeto caso a deficiência do documento informativo seja corrigida antes da conclusão da transação. O mesmo deve valer no ordenamento jurídico nacional. Na medida em que admitimos uma prova *prima facie* da eficiência do mercado e que, por isso, a correção da informação é imediatamente refletida no preço, também nos casos em que a informação seja corrigida antes da transação deve considerar-se que não houve negociação no período de desinformação, pelo que não existe causalidade delimitadora da responsabilidade.

[1220] Por isso, não aderimos à posição do BGH defendida no caso *ComROAD II* segundo a qual há que demonstrar a causalidade entre os vícios da informação e a decisão de investir mesmo que o lesado apenas peça uma indemnização pelo dano da diferença.

do mercado[1221]. Ficou dito que muitos investidores assentam a sua estratégia de investimento na desconfiança no mercado, como é o caso não só dos *value traders, information traders*, mas também do típico investidor de retalho, ou investidor *portfolio*, pelo que presumir a confiança no mercado, ainda que de forma abstrata, levar-nos-ia para o campo das ficções. Por outro lado, se o investidor não pede a liquidação do negócio, mas apenas a parte do preço que pagou indevidamente, não há que requerer uma relação causal entre a informação e a resolução de investir. Essa exigência levaria, aliás, a uma contradição lógica: o investidor invocaria que teria comprado os valores mobiliários a um preço mais reduzido, mas caber-lhe-ia provar que a informação tinha influenciado a *decisão de investimento*[1222]. Afigura-se, por isso, suficiente para preencher a causalidade delimitadora a prova de que o investidor negociou no período entre a divulgação da informação falsa e a sua correção, ou seja, no intervalo de tempo durante o qual o preço se encontrava deturpado[1223].

No entanto, fica ainda por saber se existe causalidade delimitadora mesmo quando a importância do vício da informação se desvaneça antes da sua correção. Comparemos duas variantes do mesmo caso.

Imagine-se que o emitente E, empresa farmacêutica, divulga (no momento T1) uma comunicação *ad hoc* falsa, em que afirma que irá obter, num futuro próximo, a patente de um medicamento de grande consumo (*blockbuster drug*) e que, antecipando o acréscimo de vendas, o preço das ações no mercado aumenta de 20 EUR para 30 EUR. Mais tarde, no momento T2, E revela ao mercado que nunca teve a perspetiva de vir a adquirir a patente, pelo que o preço dos instrumentos mobiliários volta a ser de 20 EUR. Neste caso, todos os pressupostos da existência de causalidade se encontram presentes: o vício

[1221] Sem prejuízo de outras críticas que possam ser dirigidas à presunção de causalidade fundada no "ambiente de investimento". Cf., *v.g.*, Thomas Schobel, *Anlagestimmung und Kausalitätsbeweis. Probleme der Transaktionskausalität bei Anlegerschäden wegen fehlerhafter Kapitalmarktinformation*, em *Festschrift für Helmut Koziol zum 70. Geburtstag*, Wien, 2010, 1111-1124 (1120), que aponta que a inversão do ónus da prova com este fundamento, por si, não apresenta benefícios. Por um lado, o facto de, em geral, informação defeituosa criar um ambiente deturpado propício ao investimento não significa que, em concreto, um investidor lesado tenha adquirido os valores mobiliários por esse motivo. Por outro lado, ficam sem solução os casos de investidores que transacionaram os valores mobiliários mais de seis meses depois do período de desinformação e, ainda assim, sofreram danos, ao mesmo tempo que é atribuído o direito ao ressarcimento a investidores que não tomaram uma decisão de investimento com base nas falhas de informação.

[1222] Cf. Wagner, *Schadensberechnung* cit., 529.

[1223] No mesmo sentido, cf. Hellgardt, *Kapitalmarktdeliktsrecht* cit., 520; Klöhn, *Marktbetrug* cit., 706.

da informação adulterou o preço das ações no mercado, que subiu 10 EUR, a correção da informação provocou uma descida desse preço de tal modo que os investidores que tiverem negociado no período de desinformação terão, pois, direito a uma indemnização, que será simples de calcular: 10 EUR por ação.

Porém, a situação poderá complicar-se se, após a publicação da informação falsa por E, a sociedade K anunciar que obteve a patente para um medicamento mais eficiente no combate ao Alzheimer, tornando o medicamento de E obsoleto. Perante a desvalorização da patente de E, o preço das respetivas ações cai no mercado de 30 EUR para 20 EUR, e, no momento em que finalmente divulga a verdade ao mercado, não se verifica qualquer impacto no preço dos valores mobiliários[1224].

Num e noutro caso, é certo que, em termos naturalísticos, o facto ilícito — divulgação de informação falsa — concorreu para distorcer os preços no mercado (em concreto, as ações passaram a ser negociadas por mais 10 EUR) e que se não tivesse sido prestada informação falsa o evento lesivo não teria ocorrido. Porém, ao passo que no primeiro caso o dano se materializa em T2, data da correção da informação, não deixando dúvidas no que respeita à imputação dos danos, no segundo podem surgir incertezas quanto a saber se a deturpação dos preços, facticamente provocada pelos vícios informativos, foi apta para produzir a diminuição económica na sequência do anúncio da sociedade concorrente.

Os casos apontados são, a nosso ver, materialmente equivalentes, devendo existir dever de indemnizar mesmo no segundo caso. Com base no momento relevante para quantificar o dano do investidor[1225], tal como já foi o entendimento de alguns tribunais americanos, podem ainda ser imputados ao informante os danos que tenham origem numa correção do curso de mercado que não advenha do conhecimento dos factos verídicos[1226]. A exigência

[1224] O exemplo, nas suas duas variantes, é de KLÖHN, *"Überholende Kausalverläufe" und Haftung wegen fehlerhafter Ad-hoc-Publizität*, em *Festschrift für Johannes Köndgen zum 70. Geburtstag*, München, 2016, 311-328 (315).

[1225] Cf. LARS LEUSCHNER, *Zum Kausalitätserfordernis des § 826 BGB bei der unrichtigen Ad-hoc--Mitteilungen*, ZIP 23/2008, 1050-1059 (1050, nota 7), que, na medida em que considera que o dano da diferença é computado tomando por referência o momento em que o investidor adquire ações a um preço distorcido pela desinformação, julga irrelevante que a deficiência da informação perca, posteriormente, importância. No mesmo sentido, quanto ao momento do cômputo do dano, cf. HELLGARDT, *Kapitalmarktdeliktsrecht* cit., 505; MARCEL BARTH, *Schadensberechnung bei Haftung wegen fehlender Kapitalmarktinformation*, Frankfurt am Main, 2006, 218.

[1226] Cf. *In re Bearingpoint, Inc. Sec. Litig.*, 232 F.R.D. 534, 544, E.D. Virginia (2006); *Roth v. Aon Corp.*, 238 F.R.D. 603, 608 N.D. Illinois (2006), onde se pode ler que "é concebível que o efeito

de que o mercado reaja à correção da informação, adaptando o preço dos valores mobiliários, exclui, conforme dissemos, do círculo dos danos indemnizáveis aqueles que atinjam utilidades que não possam ter um correspetivo em dinheiro. Mas se a materialização do prejuízo económico tiver origem noutro evento, nomeadamente num anúncio de um concorrente, não deve ficar, por si, afastada a existência de imputação do dano ao emitente. O investidor, na verdade, apenas sofre uma perda patrimonial de 10 EUR por ação na sequência da informação prestada pelo concorrente *porque adquiriu ações a um valor inflacionado pela desinformação prévia.* Não fora o vício dos factos divulgados por E, os acionistas teriam adquirido as ações por 20 EUR e a comunicação de K não se teria repercutido na sua posição patrimonial. Esta só alcança importância material precisamente em virtude da falsidade da informação inicial.

O dever de informar pretende evitar prejuízos patrimoniais específicos que resultem de oscilações dos preços dos valores mobiliários *que não se devam a riscos gerais de mercado.* Tal o que acontece nas hipóteses consideradas. Não se diga que, na segunda, uma vez que o dano do investidor apenas se faz sentir após uma comunicação da concorrência, o mesmo resultaria da materialização de um risco geral de mercado, que, por isso, não deveria ser imputado ao informante[1227], quando, pelo contrário, o dano corresponde a um risco específico da desinformação. O prejuízo económico efetivamente sofrido pelo investidor não advém apenas do anúncio realizado pelo concorrente K: a relevância da informação de K teve exclusivamente origem no facto ilícito e culposo de E. Se o emitente não tivesse divulgado factos falsos ao mercado, as ações de E não estariam a ser negociadas ao preço inflacionado de 30 EUR e a comunicação de K não teria influenciado o preço das ações do seu concorrente. Foi simplesmente a negociação pelo preço de 30 EUR que tornou o anúncio de K apto para causar a descida de 10 EUR do preço das ações de E.

inflacionador da informação errada diminua com o tempo, mesmo sem a divulgação de uma correção ao mercado, e nesses casos os *in-and-out traders* devem conseguir provar a causalidade". Em sentido contrário, cf. *Glaser v. Enzo Biochem, Inc.*, 464 F. 3d, 474, 479 (4th Cir. 2006); *U.S. v. Olis*, 429 F. 3d 540, 546 (5th Cir. 2005); *D.E.J. Ltd. Parternship v. Conaway*, 133 Fed. Appx. 994, 999 (6th Cir. 2005).

1227 Cf. KLÖHN, "Überholende Kausalverläufe" cit., 321 ss., que considera que estas situações devem ser interpretadas como risco geral de mercado, na medida em que a comunicação do concorrente, que, neste exemplo específico, prejudica os investidores, também poderia, num cenário hipotético, beneficiá-los. Seria o caso, *v.g.*, de o concorrente, ao invés de ter anunciado a descoberta de um novo medicamento, comunicar que, na investigação do Alzheimer, tinha ficado para trás face a outras empresas. O valor da desinformação altera-se a favor ou contra o investidor em resultado de desenvolvimentos gerais de mercado, de forma acidental, tal como comanda a lógica subjacente à *random walk theory*.

Esta situação é, pois, diferente da que ocorre quando um mercado sofre um *crash* bolsista que leva a que todos os investimentos tenham consideráveis perdas ou quando uma indústria é globalmente afetada e o valor das ações das empresas do setor desce a pique. Nesses casos, os efeitos da crise do mercado ou da indústria não são moldados por um facto ilícito e culposo prévio: a desinformação[1228]. Por isso, embora em princípio os riscos gerais de mercado devam correr por conta do investidor[1229], não são qualificáveis como riscos deste tipo aqueles cuja repercussão negativa no preço dos valores mobiliários apenas se verifique devido à existência de desinformação e deturpação dos preços num momento prévio. De igual modo, quando a modificação das expetativas do investidor após a divulgação da informação falsa comporte a desvalorização dos factos falsos e a consequente alteração do curso de mercado, poderá, mediante avaliação casuística, a queda do preço dos valores mobiliários ser imputada ao informante[1230]. Solução contrária levaria a considerar que o risco da perda de valor resultante da desinformação recai sobre o investidor, precisamente o que se pretende evitar com o regime da responsabilidade civil por informações no mercado de capitais, e incentivaria

[1228] No cenário ora considerado, a descida de valor ocorre independentemente da informação viciada. A ideia assemelha-se, pois, à de comportamento lícito alternativo, construção reconhecida do direito da responsabilidade civil e que, em princípio, se aplica ao direito societário e do mercado de capitais. O BGH, no caso *Daimler II*, decidido pela mencionada sentença de 23-abr.-2013, já admitiu a possibilidade de isenção de responsabilidade se o dano se tivesse igualmente produzido em caso de comportamento lícito do emitente, deixando, porém, a resposta em aberto. Na medida em que o escopo de proteção do dever de informar no mercado é proteger o património dos investidores e a integridade do mercado, deve aceitar-se uma exclusão de responsabilidade nestes casos. Cf. Jens Koch, *Beschlusserfordernis und rechtmäßiges Alternativerhalten bei der Selbstbefreiung nach § 15 Abs. 3 WpHG*, em *Festschrift für Johannes Köndgen*, München, 2016, 329-351 (333). Notando que a decisão de exclusão de responsabilidade em caso de comportamento lícito do emitente depende do escopo de proteção da norma violada, cf. Säcker, *Objektiver Schaden* cit., 685 e 686. Recorde-se a distinção entre causa virtual e comportamento lícito alternativo: o comportamento lícito alternativo é uma mera hipótese intelectual, em que se interroga se o dano se teria produzido ainda que o agente tivesse pautado a sua conduta pelas exigências do ordenamento jurídico. Na causa virtual, o facto ilícito foi causa real do evento, o que não sucede no comportamento lícito alternativo. cf. Rui Ataíde, *Causalidade* cit., 226 e 227; Pedro Baptista Lima, *Causalidade virtual e comportamento lícito alternativo na responsabilidade civil aquiliana — uma perspetiva integrada,* RDC II (2017), 4, 955-1019 (1013).

[1229] Cf. Margarida Azevedo de Almeida, *A responsabilidade* cit., 363, 364, para quem, nestes casos, não existe causalidade preenchedora.

[1230] Contra, cf. Klöhn, *"Überholende Kausalverläufe"* cit., 325, a não ser nos casos em que a alteração das expetativas dos investidores se deva à antecipação da informação verdadeira, caso em que o Autor considera que não existe interrupção do nexo causal.

o informante a adiar a correção da informação, na expetativa de a importância da divulgação de factos falsos ser mitigada pelos desenvolvimentos do mercado[1231]. Consideramos, pois, que as alterações no valor da desinformação não assumem relevância dogmática[1232]. A posição que assumimos corresponde à lógica subjacente ao tratamento que, em geral, se concede à causa virtual[1233]: o facto de se concluir que o dano efetivamente causado pelo evento gerador de responsabilidade se teria posteriormente verificado por outra causa não altera a causalidade real do primeiro evento. Naturalmente, nestas hipóteses, a forma de computar o montante da indemnização, em caso de alienação dos valores mobiliários, não poderá depender da teoria da diferença: o valor objetivo do direito lesado surgirá como dano mínimo indemnizável[1234].

Já se o investidor pretender a liquidação da aquisição ou da venda dos valores mobiliários, alegando que *não teria negociado* não fora a informação falsa,

[1231] Cf. KLÖHN, "Überholende Kausalverläufe" cit., 318 e 319, discordando, porém, dos argumentos. O Autor, assumindo uma análise económica do problema, nota que, embora legalmente o dever de indemnizar vincule o emitente, economicamente são os acionistas que suportam o seu pagamento. Assim, a responsabilidade do emitente divide os sócios em dois grupos, sendo que os acionistas anteriores ao momento da desinformação compensam aqueles que compraram posteriormente (*holders compensate buyers*). Cf. KLÖHN, *Kollateralschaden und Haftung wegen fehlerhafter Ad-hoc-Publizität*, ZIP 2/2015, 53-59 (57). Isto significa que os acionistas mais antigos arcam com as consequências da responsabilidade do emitente, o que favorece os especuladores de curto prazo à custa dos investidores de longo termo, uma vez que, tipicamente, os *buy-and-hold investors* pertencem ao grupo de acionistas que devem indemnizar, pelo que a responsabilidade do emitente acaba, na prática, por funcionar como uma taxa que onera os investimentos de longo prazo, e, por outro lado, na medida em que os investidores se podem proteger contra o risco de desinformação por via de uma diversificação de portfolio, o sistema de compensação seria supérfluo. Julgamos, porém, que estas objeções são de índole geral contra a oneração do emitente com um dever de indemnizar, na linha do que dissemos no texto, e não específicas do problema que nos ocupa, i.e., a perda de valor da desinformação.

[1232] No mesmo sentido, com base no momento relevante para calcular o dano, cf. WICHMANN, *Haftung* cit., 244.

[1233] Sobre o conceito, cf., por todos, PAULO MOTA PINTO, *Sobre condição e causa na responsabilidade civil: nota a propósito do problema de causalidade da causa virtual*, em *Ars ivdicandi. Estudos em Homenagem ao Prof. Doutor António Castanheira Neves*, vol. III, Coimbra, 2008, 929-967 (933, nota 9): fala-se em causalidade hipotética ou virtual quando uma ação causou o evento que constitui o resultado, mas este se teria igualmente verificado por outro facto independente daquela. Como aponta o Autor, cruza-se com esta noção a de causalidade (da série causa virtual) interrompida (*abgebrochene Kausalität*) ou da perspetiva da causa real de causalidade antecipada ou ultrapassante (überholende Kausalität): a primeira série causal é "ultrapassada" por uma segunda que causa realmente o evento lesivo, de tal modo que a primeira ação já não o pode causar. No entanto, estas noções não têm relevo autónomo, sendo todas manifestações da causa virtual.

[1234] Cf. SÄCKER, *Objektiver Schaden* cit., 684 e 685.

a causalidade deverá ser avaliada noutros termos. No mercado secundário, o investidor pode demonstrar uma confiança concreta e individual na informação divulgada, que condicionou a sua vontade ou, no mercado primário, beneficiar de uma prova *prima facie* de que a informação errónea influenciou a sua decisão de investimento. Recorde-se que, de acordo com a orientação que perfilhamos, para a liquidação do negócio não é suficiente a deturpação da vontade do investidor, exigindo-se, adicionalmente, que este sofra um dano patrimonial, devendo por isso o engano do investidor ser conjugado com o engano do mercado. A exigência de confiança não contradiz o que temos vindo a defender. Se o investidor pretende ser indemnizado pela quantia que pagou em excesso pelo valor mobiliário, a causalidade reporta-se à necessidade de o vício da informação ter influenciado o preço de mercado. Mas se o investidor quiser reverter a aquisição, não é apenas necessário que o mercado tenha sido enganado, antes se reclama que o próprio investidor também tenha sido. Afirmar que o investidor comprou por um preço excessivamente elevado porque o mercado reagiu à informação falsa não conduz a justificar um pedido de reembolso da totalidade do preço da aquisição. Não é por acaso que, nos Estados Unidos, a teoria da fraude do mercado foi pensada para situações de compensação pelo dano da diferença e não para as de reconstituição natural.

Compreende-se assim que a prova da causalidade seja consideravelmente mais exigente quando se pretenda a liquidação do negócio, dificuldade que é, porém, compensada com uma facilitação maior do cômputo do dano, como veremos. Uma vez que, tipicamente, o investidor não conhece a informação, ficam inviabilizados aligeiramentos de prova da confiança no mercado secundário, mas tal não exclui a existência de participantes particularmente atentos que consigam provar que confiaram na informação errada. Aliás, na Alemanha, no conhecido caso *ComROAD III*, o investidor lesado demonstrou que habitualmente analisava os anúncios de informação *ad hoc* porque de manhã lia o jornal económico, à tarde, no escritório, consultava a informação relevante pela internet e à noite repetia a análise[1235]. Embora este cenário não corresponda ao curso típico de acontecimentos, caso o investidor tenha confiado na informação e feito prova de que apenas por isso celebrou o contrato de compra ou de venda, pode pedir a liquidação do negócio. Também os investidores profissionais, ou seja, aqueles que determinam o curso do mercado, terão, à partida, facilidade em realizar essa demonstração, uma vez que a análise

[1235] Cf. NZG 2007 cit., 269. A mesma demonstração foi feita nos casos *Infomatec I* (*supra* cit., 2971) e *EM.TV. supra* cit., 2450.

da informação faz parte da sua estratégia de negócio. Assim, quando pretenda a liquidação do negócio jurídico celebrado no mercado secundário, o investidor não beneficia de qualquer aligeiramento de prova, pois a evolução normal dos acontecimentos revela que tipicamente o investidor não confia na informação e, mesmo quando confia, a decisão de investimento rege-se por um conjunto de elementos, racionais, irracionais e até especulativos, o que inviabiliza o recurso às regras da experiência.

No mercado primário, contudo, a ponderação deve ser diferente. Tendo em atenção que neste mercado a única fonte de informação disponível para o investidor formar a decisão de investimento é aquela que consta do prospeto, deve admitir-se, de acordo com as regras de experiência, uma demonstração de primeira aparência de que a vontade de investir foi determinada pela informação viciada[1236]. Note-se que a nossa posição não se confunde com a adotada na Alemanha, onde o § 23 II Nr. 1 WpPG consagra, com fundamento na teleologia da figura de base jurisprudencial da *Anlagestimmung*, uma presunção de causalidade entre as incorreções do prospeto e o dano sofrido pelo investidor no mercado primário. Uma presunção desse tipo, parece-nos, onera o informante sem suficiente fundamento e de forma desproporcional. A prova do contrário exigiria que o emitente demonstrasse que o investidor adquiriu o valor mobiliário sem conhecimento da informação contida no prospeto e que este não desempenhou qualquer papel na sua decisão de investir[1237], o que apresenta particulares dificuldades quando a causalidade se estabelece de forma indireta. Lembre-se os casos em que o investidor adquiriu valores mobiliários com base numa recomendação do intermediário financeiro, que, por seu turno, a fundamentou no prospeto defeituoso[1238]. A existência de uma cobertura negativa da operação pela comunicação social não é considerada suficiente para destruir o ambiente de investimento, quando o escopo e a intensidade dessa divulgação equivalham aos efeitos do prospeto[1239]. A presunção pode ser ilidida mediante demonstração de alterações significativas nos índices de mercado, de uma modificação negativa da conjuntura económica ou através da prova da publicação de novos elementos sobre o emitente,

[1236] Considerando que apenas no caso de pedido da liquidação do negócio se deve exigir a demonstração da causalidade entre a falha da informação e a decisão de investimento concretamente tomada, cf. Wagner, *Schadensberechnung* cit., 528 e 529.

[1237] Cf. Mülbert/Steup, *§ 41. Haftung* cit., Rn. 41.102.

[1238] Cf. Dörte Poelzig, *Kapitalmarktrecht* cit., Rn. 287; Ulrich Wackerbarth, *§ 21-23 WpPG. Prospekthaftung*, em Holzborn (org.), *WpPG* cit., 1217-1286, Rn. 81-87.

[1239] Cf. OLG Düsseldorf 5-abr.-1984 — 6 U 239/82, WM 1984, 586 ss. (596).

como relatórios financeiros periódicos ou adendas ao prospeto[1240] (artigo 23.º do Regulamento dos Prospetos). A descida dramática dos preços no mercado é habitualmente apresentada como fator que elimina o ambiente de investimento, embora não exista consenso sobre o volume de flutuação dos preços que deve ser tido em conta. Os tribunais têm oscilado entre atribuir relevo a variações negativas de 90,5%[1241], 80%[1242] ou 76,5%[1243], sendo que o limiar mínimo considerado significativo é de 60%[1244]. Este entendimento evita as dificuldades e incertezas associadas à produção de prova do contrário pelo emitente, num cenário em que uma solução menos pesada não desprotege o investidor, dado que, por um lado, aquele que *efetivamente* fundou a decisão na informação contida no prospeto terá, em princípio, possibilidade de fazer a respetiva prova; por outro lado, não sendo bem-sucedido, pode ser indemnizado pela diferença entre o preço da transação e aquele que se teria formado se não se tivesse verificado o evento que obriga à reparação, alienando o valor mobiliário no mercado. É, pois, o próprio desinteresse racional do investidor, económica e empiricamente comprovado, a jogar contra uma presunção de causalidade.

5. Dano: critérios abstratos e cômputo concreto dos prejuízos indemnizáveis

5.1. Dificuldades materiais na definição de critérios abstratos de cômputo do dano e estratégias para lidar com a sua típica dispersão no mercado

Analisado o pressuposto do nexo de causalidade, resta concentrarmo-nos no cômputo do prejuízo sofrido pelo investidor. Além da importância e dificuldades que o tema apresenta em geral pela própria natureza[1245], no caso

[1240] Cf. HABERSACK, *§ 29. Haftung für fehlerhafte Kapitalmarktinformation* em HABERSACK/MÜLBERT/SCHLITT, *Handbuch* cit., 731-763 (Rn. 49); SCHWARK, *§§ 44, 45 BörsG* cit., Rn. 47; MÜLBERT/STEUP, *§ 41. Haftung* cit., Rn. 41.102 e 41.103.

[1241] OLG Düsseldorf 5-abr.-1984 *supra* cit., 596.

[1242] LG Frankfurt a.M. 6-out.-1992 — 2/11 O 173/92, WM 1992, 1768 ss. (1773).

[1243] OLG Frankfurt a.M. 1-fev.-1994 — 5 U 213/92, WM 1996, 291 ss.

[1244] OLG Frankfurt a.M. 27-mar.-1996 — 21 U 92/95, WM 1996, 1216 ss. (1219).

[1245] As diversas noções de dano — que aqui certamente só releva em sentido jurídico e normativo e não meramente natural ou fáctico — não alteram as respostas para os problemas no âmbito do mercado de capitais, contanto que nos mantenhamos ainda vinculados à fisionomia histórico-dogmática

do mercado de capitais a sua complexidade é marcadamente incrementada: aos problemas inerentes à identificação de critérios abstratos de cálculo do dano e à sua operacionalização juntam-se as dificuldades concretas de prova do exato montante do prejuízo infligido ao investidor, havendo ainda que contar com o fenómeno da dispersão de danos que inevitavelmente se verifica nas situações de responsabilidade civil por informações no mercado de capitais.

Lembre-se, muito significativamente, que, na Alemanha, os desafios colocados à prova da existência de dano e do seu montante justificaram que, a 7 de outubro de 2004, o *Bundesministerium der Finanzen* tenha apresentado a *Diskussionsentwurf eines Gesetzes zur Haftung für fehlerhafte Kapitalmarktinformationen*[1246], que previa que qualquer falha na divulgação de informação *price*

do instituto da responsabilidade, conforme se impõe. Sobre o conceito de dano, cf., *v.g.*, Gomes da Silva, *O dever de prestar e o dever de indemnizar*, Lisboa, 1944, 59 ["o dano (...) consiste na frustração de um fim"]; Pessoa Jorge, *Ensaio* cit., 383 ("o prejuízo deve ser entendido como *frustração efectiva das utilidades do bem*"); Pereira Coelho, *O problema da causa virtual na responsabilidade civil*, Coimbra, 1955, 250 ss. (o dano consiste na lesão ou prejuízo real, sob a forma de destruição, subtração ou deterioração de um certo bem); Almeida Costa, *Direito* cit., 591 ("dano ou prejuízo é toda a ofensa de bens ou interesses alheios protegidos pela ordem jurídica"); Menezes Cordeiro, *Tratado* cit., VIII, 511 ["o dano é a supressão ou diminuição de uma situação favorável: uma noção natural de dano, a confrontar com o correspondente conceito jurídico (....). Em sentido jurídico, diremos que o dano é a supressão ou diminuição de uma situação favorável, reconhecida ou protegida pelo Direito"]; Menezes Leitão, *Direito das obrigações* cit., I, 329 ["o conceito de dano terá (...) que ser definido num sentido simultaneamente fáctico e normativo, ou seja, como a *frustração de uma utilidade que era objeto de tutela jurídica*"]; Paula Costa e Silva/Nuno Trigo dos Reis, *Estabilidade e caso julgado no direito da obrigação de indemnizar*, em *Estudos em Homenagem a Miguel Galvão Teles*, vol. II, Coimbra, 2012, 287-325 (292) (o dano surge como "uma perturbação no plano de repartição de bens vigente, caracterizado pela modificação, para pior, de um estado de coisas relativo a um bem ou vantagem, segundo as valorações da ordem jurídica"); Carneiro da Frada, *Direito civil* cit., 89 ("o dano não é qualquer prejuízo sentido ou afirmado por alguém como tal. Apesar de a ordem jurídica o não definir em geral, ele deve justificar-se por aplicação de critérios normativos, alicerçar-se numa ponderação da ordem jurídica. Para o Direito releva aquele dano que outrem deva suportar segundo valorações jurídicas"); Paulo Mota Pinto, *Interesse* cit., I, 532 ["dir-se-á que o dano, como lesão de um interesse ou de um bem juridicamente protegido, pode ser perspectivado como uma *perturbação da repartição de bens desejada*, (...) pela ordem jurídica (...)"]. Cf., ainda, Adelaide Menezes Leitão, *Normas de protecção* cit. 33 ss., sobre a evolução do conceito de dano e Mafalda Miranda Barbosa, *Perda de valor (desvalorização) de um bem e responsabilidade civil*, RDC II (2017), 4, 847-878 (848 ss.).

1246 Abreviadamente *Kapitalmarktinformationshaftungsgesetz* (KapInHaG-E). A proposta de lei, entre outros aspetos, visava a alteração da UMAG de forma a prever a responsabilidade civil dos órgãos sociais por falhas na informação divulgada ao mercado, concedendo aos lesados uma base legal expressa para a demanda, que não exclusivamente a violação dos bons costumes alicerçada no § 826 BGB. Apreciando a proposta, a Ordem dos Advogados alemã [cf. *DAV-Stellungnahme zum Diskussionsentwurf eines Kapitalmarktinformationshaftungsgesetzes (KapInHaG)*, ZIP 49/2004, 2348-2352 (2348

sensitive fazia presumir a existência de dano do investidor, cuja exata medida seria a diferença entre o preço da transação e aquele que se formou no mercado depois de a informação ter sido corrigida. Ao lesante era concedida a hipótese de demonstrar que o investidor, no caso concreto, não tinha sofrido danos ou que o dano era menor e que deveria ser calculado com base na diferença entre o preço real e aquele que hipoteticamente se teria formado no momento da transação. O caráter visivelmente *investor friendly* da proposta de lei generalizava a responsabilidade civil do emitente e dos seus órgãos, que deveria deixar de ser excecional[1247]. O texto acabaria, porém, por ver a sua aprovação indefinidamente adiada, fruto de considerável pressão externa[1248].

Em Portugal, o anterior Código do Mercado de Valores Mobiliários previa, no artigo 161.º/3, que a indemnização devia corresponder "à diferença entre o preço de aquisição dos valores mobiliários em causa e o preço líquido por que foram posteriormente vendidos ou, no caso de o não haverem ainda sido, por que poderiam sê-lo na data do pedido de indemnização, acrescida essa diferença da perda de rendimentos justificadamente esperados na base da informação contestada, não excedendo, todavia, em qualquer caso, o montante global a indemnizar o preço por que os mesmos valores tenham sido

e 2349)] considerou desnecessária a alteração e sublinhou que o quadro legislativo não tinha sido cuidadosamente pensado. Notava, ainda, o risco de extorsão associado à responsabilidade direta dos membros dos órgãos, admitindo, porém, que se acautelava devidamente esse perigo, por via de vários mecanismos, nomeadamente de um sistema de controlo judicial de admissão das ações. Em Portugal, um esclarecimento deste tipo apenas relevaria no caso de os lesados pedirem uma indemnização com fundamento no Código Civil, já que o regime mobiliário considera responsáveis os titulares do órgão de administração e de fiscalização do emitente (artigo 149.º/1, *d)* e *f)*, do CVM, também aplicável à responsabilidade pelo conteúdo do prospeto de admissão à negociação e por divulgação de informação *ad hoc*, de acordo com os artigos 243.º e 251.º do CVM).

[1247] Assim, SAUER, *Kausalität* cit., 32 ss., notando, porém, que a simplificação no cálculo da indemnização que resultava da proposta de lei era meramente aparente: tomar como referência a diferença entre o preço do valor mobiliário à data da transação e o preço após a correção da informação deixava ainda em aberto a determinação do momento em que o mercado tinha passado a refletir integralmente a informação correta; por outro lado, os lesantes apresentariam, certamente, relatórios de peritos para demonstrar que os danos sentidos pelos investidores se tinham devido a outras causas para além dos vícios da informação. Assim, a presunção do montante do dano suportado pelo investidor não representava, afinal, uma simplificação da tarefa a cargo do tribunal, antes mantinha as mesmas dificuldades práticas que oferece a compensação de acordo com as regras gerais, apenas com uma distribuição do ónus da prova menos convincente.

[1248] Exercida não só pelos círculos de negócios, mas também por grupos de advogados que consideravam que a responsabilidade externa dos órgãos apenas deveria existir a título subsidiário, em caso de insolvência do emitente. Cf. *DAV-Stellungnahme* cit., 2348.

oferecidos à subscrição pública"[1249]. Identificava-se, pois, uma combinação "de rubricas do dano correspondentes ao interesse contratual negativo e ao interesse contratual positivo, apontando para diversos eventos lesivos, com pouca 'coerência causal'"[1250] e fixava-se um *cap* de responsabilidade, em prol da previsibilidade e contenção do dever de indemnizar, essencial face à proporção apreciável dos prejuízos potencialmente verificáveis no mercado de capitais. Em violação, ainda que parcial, da proibição de cumular a indemnização correspondente ao interesse contratual negativo e ao interesse contratual positivo[1251], a compensação abrangia alguns danos emergentes, provocados pela desvalorização dos valores mobiliários adquiridos, em resultado da informação desconforme (interesse contratual negativo), mas também os rendimentos justificadamente esperados com base na informação contestada (lucros cessantes do interesse positivo). Na medida em que a avaliação dos danos emergentes e lucros cessantes — ao contrário do regime civil geral — não se referia à situação patrimonial global do lesado, mas somente à oscilação de valor dos instrumentos mobiliários[1252], o revogado regime deixava

[1249] A limitação do montante dos danos indemnizáveis ao preço a que os valores mobiliários foram oferecidos à subscrição pública pode também ser encontrada no ordenamento jurídico alemão, nos §§ 21 ss. WpPG, à semelhança do que era previsto no § 44 BörsG e no § 13 VerkProspG (ambos revogados). Ao contrário do que aconteceu em Portugal, na Alemanha a solução ainda hoje não foi abandonada.

[1250] PAULO MOTA PINTO, *Interesse* cit., II, 1461, nota 4168. Cf. também MENEZES LEITÃO, *A responsabilidade civil no âmbito da O.P.A.* cit., 188 ss. Como nota o Autor, o lesado não pode "pretender ser colocado *simultaneamente* na situação em que estaria se *não tivesse sido concluído* um certo contrato e na situação em que estaria se esse mesmo negócio (fosse eficaz e) tivesse sido *cumprido*".

[1251] Neste sentido, cf. PAULO MOTA PINTO, *Interesse* cit., II, 1461 e, em geral, sobre a proibição de cumulação, pp. 1003-1009. A proibição alicerça-se, essencialmente, num fundamento lógico (por resultar numa contradição "performativa e teleológica"), no princípio da proibição do enriquecimento do lesado e na aplicação das regras da causalidade jurídica (se o evento lesivo consiste na conclusão do contrato, não é congruente com a sua invocação a pretensão de ressarcimento por o negócio não ter sido cumprido). A análise do problema sob o prisma do comportamento lícito alternativo conduz, aliás, à mesma solução: o informante, se não tivesse causado o evento lesivo, teria ainda produzido alguns dos prejuízos em relação aos quais o lesado reclama ressarcimento (p. 1006).

[1252] Era solução "que se podia considerar criticável, uma vez que não se justifica não tomar em consideração uma alteração posterior das cotações se a venda é realizada na pendência da acção". Assim, MENEZES LEITÃO, *Actividades de intermediação* cit., 153. Sobre a sensibilidade da obrigação de indemnizar às variações ocorridas após o termo da audiência de discussão e julgamento, cf. PAULA COSTA E SILVA/NUNO TRIGO DOS REIS, *Estabilidade* cit., 301 ss., fazendo referência, *v.g.*, à possibilidade de ocorrerem novos danos, emergentes do mesmo evento lesivo, que poderão ser objeto de uma ação de responsabilidade autónoma. Existem casos em que o princípio da compensação integral dos danos impõe a possibilidade de exercício do direito do credor relativamente aos efeitos danosos não compreendidos no objeto da ação extinta. Os Autores analisam as vias processuais para o efeito.

"inevitavelmente de fora"[1253] a ressarcibilidade dos rendimentos que o lesado poderia ter obtido alternativamente com o montante que investiu (lucros cessantes do interesse negativo)[1254], não se excluindo, porém, o recurso ao regime geral de responsabilidade, desde que o dano não fosse indemnizado mais do que uma vez[1255]. Esta opção foi abandonada no Código dos Valores Mobiliários, que, mais limitadamente, estabelece apenas que a indemnização deve colocar o lesado na exata situação em que estaria se, no momento da aquisição ou da alienação dos valores mobiliários, o conteúdo do prospeto estivesse conforme o exigido por lei (artigo 152.º/1 do CVM). Impõe-se, por isso, apurar os termos do cômputo do dano, tendo em conta o quadro geral do ordenamento jurídico português, do qual o direito mobiliário é — e deve permanecer — necessariamente tributário[1256].

Sem prejuízo da relevância central do problema material da identificação e do cálculo do dano, não deve desvalorizar-se, em acréscimo, a repercussão (indiretamente também substantiva) do assinalado fenómeno da dispersão dos danos, que reclama um enquadramento jurídico capaz de acautelar

[1253] Costa Pina, *Dever de informação* cit., 220. No mesmo sentido, cf. Paulo Câmara, *Manual* cit., 827.

[1254] Cf. Menezes Leitão, *A responsabilidade civil no âmbito da O.P.A.* cit., 188 e 189; Paulo Mota Pinto, *Interesse* cit., II, 1461, nota 4168; Costa Pina, *Dever de informação* cit., 220 e 221.

[1255] Cf. Menezes Leitão, *A responsabilidade civil no âmbito da O.P.A.* cit., 189.

[1256] Está em causa assegurar que a responsabilidade se mantém como instituto operativo no contexto deste mercado e não operar uma redefinição do próprio conceito de responsabilidade. No contexto da conceção alternativa de responsabilidade no mercado de capitais que defende e a que já aludimos, Margarida Azevedo de Almeida, *A responsabilidade* cit., 398 ss., considera que, uma vez que o dano indemnizável seria o dano social (i.e., o dano decorrente da ineficiente alocação de recursos), este traduzir-se-ia necessariamente na diferença entre o preço pago e o valor real dos valores mobiliários, pelo que deveriam (por natureza) ficar excluídas as hipóteses de indemnização dos lucros cessantes ou da liquidação do contrato por via indemnizatória (ainda que reconheça que tal não resulta do quadro legal vigente), as quais não seriam pertinentes quando em causa está, pura e simplesmente, o "interesse público do investidor". Não se justificaria, da mesma maneira, a relevância negativa da causa virtual pois não existe a preocupação de não colocar o investidor em posição mais favorável do que estaria na ausência de evento lesivo. Finalmente, assumir-se-ia essencial determinar o preço substancial dos valores mobiliários na data da transação, sendo que o preço após a revelação da verdade poderia servir de base a uma presunção, mas sem caráter absoluto. Mais do que isso, escreve a Autora, *A responsabilidade* cit., 404, que "cremos que não seria mesmo condição do direito à indemnização a quebra do preço após a divulgação da verdade (...). Saliente-se não estar aqui em causa uma simples dispensa de prova do dano, mas de prescindir de um dano individualmente sentido pelo investidor, resultante de uma efectiva quebra do preço". Bem se vê que se trata de conceção bastante longínqua do direito vigente e dos quadrantes clássicos da responsabilidade civil.

a existência de incentivos à proposição de ações de responsabilidade civil no mercado de capitais. A necessidade de alinhamento dos interesses dos investidores e de divisão de custos entre lesados implica, em especial, que possam ser propostas ações coletivas.

No nosso ordenamento jurídico, é constitucionalmente reconhecido a todos, pessoalmente ou através de associações de defesa dos interesses em causa, o direito de ação popular, incluindo o direito de requerer a correspondente indemnização (artigo 52.º/2 da CRP), nos termos da Lei n.º 83/95, de 31 de agosto, sobre o direito de participação procedimental e de ação popular[1257]. Assim se consegue a proteção dos danos coletivos ou danos de massa, ainda que não deixe de ser essencial dar mais visibilidade, interesse e eficácia a esta tutela[1258]. No específico domínio mobiliário, o artigo 31.º do CVM estabelece que os investidores não profissionais, as associações de defesa dos investidores que reúnam determinados requisitos e as fundações que tenham por fim a proteção dos investidores em instrumentos financeiros gozam de direito de ação popular para proteção de interesses individuais homogéneos ou coletivos dos investidores não profissionais em instrumentos financeiros[1259]. O n.º 2 do artigo liga fortemente a ação a pedidos de indemnização[1260] ao esclarecer que a sentença condenatória deve indicar a entidade encarregada da receção e gestão das indemnizações devidas a titulares não individualmente identificados,

[1257] Sobre a ação popular e delimitação do seu âmbito normativo, cf., por todos, Teixeira de Sousa, *A legitimidade popular na tutela dos interesses difusos*, Lisboa, 2003, 118-132.

[1258] Cf. Brandão Proença, *Estudos de direito das obrigações. Contrato-promessa. Responsabilidade civil. Da proporcionalidade obrigacional*, Porto, 2018, 103 e 104.

[1259] Sintetizando as regras sobre as ações coletivas em Portugal, cf. António Pedro Pinto Monteiro/José Miguel Júdice, *Class actions & arbitration in the European Union – Portugal*, em *Estudos em Homenagem a Miguel Galvão Teles*, vol. II, Coimbra, 2012, 189-205 (190 ss.). Cf., também, Inês Serrano de Matos, *Os mecanismos de tutela coletiva dos investidores em sociedades anónimas cotadas na bolsa de valores — da ação popular*, DSR, ano 4 (2012), vol. 8, 151-179, sublinhando que a ação popular desempenha função análoga à da *class action* (p.169). Porém, como nota a Autora (p. 173), mais do que a tutela de interesses difusos, o regime do artigo 31.º do CVM tem em vista a defesa de interesses individuais homogéneos. Existiria um "interesse categorial" dos investidores na ressarcibilidade do dano puramente patrimonial sofrido por cada investidor, embora defendido de uma forma coletiva. Assim, o artigo 31.º pareceria afastar-se da *ratio* que subjaz à criação do mecanismo da ação popular, que é a tutela do interesse difuso. Cf. TCA 5-mai.-2016 (Cristina dos Santos), contrapondo interesses individuais homogéneos e interesses coletivos, a respeito do artigo 31.º do CVM.

[1260] Assim, Oliveira Ascensão, *A acção popular e a protecção do investidor*, CadMVM, n.º 11, ag. 2001, 1-12 (2). Notando que a ação popular de responsabilidade civil "não foi pensada para ressarcir danos ao abrigo da responsabilidade obrigacional", mas que a evolução do comércio jurídico levou a repensar a figura, cf. José Ferreira Gomes, *A responsabilidade civil dos auditores* cit., 366 e 367.

ficando a designação a cargo de fundos de garantia, associações de defesa dos investidores ou de um ou vários titulares de indemnização identificados na ação. A compensação aqui prevista é, nos termos gerais, individual, embora, em segundo plano, reverta para o fundo de garantia, caso não seja paga em consequência de prescrição ou da impossibilidade de identificar o respetivo titular. Resulta deste regime que a ação popular não serve apenas a defesa de interesses coletivos mas também de interesses individuais, desde que homogéneos[1261].

Na Alemanha, por exemplo, em 2003, as 16 000 ações de responsabilidade civil pelo conteúdo do prospeto de venda da Deutsche Telekom AG[1262] fizeram sentir a necessidade de criar um procedimento mais célere de decisão de ilícitos no mercado de capitais e, especialmente, de evitar que o mesmo caso fosse analisado diversas vezes e por diferentes tribunais. Com essa motivação e de forma a libertar os tribunais do volume de casos *Telekom*, foi aprovada a *Gesetz über Musterverfahren in kapitalmarktrechtlichen Streitigkeiten* (KapMuG), também apelidada *Lex Telekom*, que instituiu um sistema de procedimento-modelo, segundo o qual qualquer investidor que pretenda reclamar uma indemnização por danos que resultam de ter sido prestada informação falsa ou enganadora ou da omissão do dever de informar, seja por via de um prospeto, de comunicação *ad hoc* ou de relatórios financeiros periódicos, pode submeter um pedido de início do processo-modelo (§ 1 KapMuG)[1263]. Os pedidos são registados pelo tribunal competente no *Bundesanzeiger* e, caso no período de quatro meses sejam submetidos mais de dez pedidos de procedimento-modelo, a matéria é encaminhada para o *Oberlandesgericht*, que nomeia oficiosamente um lesado-modelo, cujo caso será julgado pelo tribunal. Na escolha do caso-modelo, o tribunal deve optar por uma situação que seja exemplar para os outros pedidos e que ilustre da melhor maneira as questões fácticas e legais em causa[1264]. Enquanto decorrer o procedimento-modelo, os restantes casos são suspensos, embora os lesados tenham a possibilidade de participar

[1261] Cf. Oliveira Ascensão, *A protecção* cit., 20 ss.

[1262] Sobre o caso, cf. Lutz Krämer/Benedikt Gillessen/Alexander Kiefner, *Das "Telekom III"-Urteil des BGH — Risiko-zuweisungen an der Schnittstelle von Aktien- und Kapitalmarktrecht*, CFL 7/2011, 328-345 (328-332).

[1263] Em Portugal, a figura mais próxima será a prevista, no campo jus-administrativo, no artigo 48.º do Código de Processo nos Tribunais Administrativos.

[1264] Cf. Luidger Röckrath, *Germany*, em Paul G. Karlsgodt (org.), *World class actions: a guide to group and representative actions around the globe*, Oxford, 2012, 241-251 (247); Caroline Geiger, *Kollektiver Rechtsschutz im Zivilprozess. Die Gruppenklage zur Durchsetzung von Massenschäden und ihre Auswirkungen*, Tübingen, 2015, 66-70.

no caso-modelo. Apenas quando a decisão do *Oberlandesgericht* se tornar definitiva (normalmente após decisão do BGH, em sede de recurso) é retomado o julgamento dos casos que tiverem sido suspensos, os quais são decididos com base nas conclusões vinculativas do processo-modelo tendo em conta as especificidades da situação concreta. A necessidade de retomar os processos após a decisão do caso-modelo torna, bem se vê, o processo pesado[1265], por vezes encarado como um "monstro manobrável"[1266]. De qualquer forma, a lei foi aprovada a título experimental, encontrando-se em vigor até 31 de dezembro de 2023 (§ 28 KapMuG). O processo-modelo é ainda bastante mais moroso do que as ações coletivas nos Estados Unidos, que são resolvidas em poucos anos.

Para além das diferenças procedimentais, o caso-modelo é radicalmente diferente da *class action* americana também a nível da sua génese e propósito. O regime surgiu na Alemanha com o objetivo de fomentar a celeridade processual e aliviar o sistema judiciário, ao passo que nos Estados Unidos se visou, pelo menos na sua origem, que as *class actions* contribuíssem para o julgamento de casos de responsabilidade civil em que fossem causados danos dispersos em relação aos quais os lesados não sentissem estímulo para reagir judicialmente[1267]. Ora, este propósito não é determinante nos casos de responsabilidade civil por informações no mercado de capitais, já que muitos dos danos infligidos são de valor avultado (pense-se no caso dos investidores institucionais), pelo que existe incentivo para recorrer a juízo. Por outro lado, mesmo que o objetivo fosse combater a apatia racional dos investidores, a KapMUG não seria o instrumento adequado para atingir esse desígnio: a passividade

[1265] Cf. Burkhard Schneider, *Auf dem Weg zu Securities Class Actions in Deutschland? — Auswirkungen des KapMuG auf die Praxis kapitalmarktrechtlicher Streitigkeiten*, BB 42/2005, 2249-2258 (2258); Heiko Plassmeier, *Brauchen wir ein Kapitalanleger-Musterverfahren? — Eine Inventur des KapMuG*, NZG 15/2005, 609-616 (614).

[1266] Cf. Nikolaus Stackmann, *Kein Kindergeburtstag — Fünf Jahre Kapitalanleger-Musterverfahrensgesetz*, NJW, 2010, 3185-3189 (3189).

[1267] Embora as ações coletivas americanas se apresentem como mecanismos de redução de custos e de controlo de comportamentos lesivos, as suas desvantagens também são notadas. São conhecidos os casos de *professional lead plaintiffs*, que intentam as ações a comando dos seus advogados, e de *forum shopping* na procura de jurisdições menos severas em termos de exigências probatórias. Por outro lado, na certificação da classe, não existe controlo — ainda que sumário ou incompleto — do mérito da causa, pelo que, ultrapassada esta fase, as ações podem transformar-se em instrumentos de "verdadeira chantagem" dos emitentes, que são pressionados a chegar a acordo, sob pena de prejuízo do seu valor de mercado. Assim, Elisabetta Bellini/Giulio Ponzanelli, *I limiti delle* class actions *nell'esperienza nordamericana. Un monito per il legislatore italiano*, em Francesco Galgano/Giovanna Visintini (org.), *Mercato finanziario e tutela del risparmio*, Milano, 2006, 337-347 (341 e 342).

do investidor continua a ter de ser ultrapassada e a publicação do caso-modelo no *Bundesanzeiger* dificilmente aumenta a propensão para aceder à justiça[1268]. De qualquer modo, o caso *Telekom*, iniciado em 2003 e decidido em 2012, é um bom exemplo da ineficiência apontada e já levou a que se questionasse se não teria sido preferível que os milhares de ações tivessem corrido individualmente, assumindo a primeira decisão do BGH um efeito sinalizador para os casos similares[1269].

Em Itália, pelo contrário, embora desde 2007 o *Codice del Consumo* admita, por via da *azione di classe* (artigo 140-*bis*)[1270], a tutela ressarcitória coletiva dos consumidores e utilizadores prejudicados por comportamentos comerciais ilícitos, esta ação não se encontra acessível ao investidor lesado. Pode ser intentada por associações que representem os interesses individuais e homogéneos dos consumidores e utilizadores, que apenas beneficiam dos efeitos da ação se manifestarem, expressamente e por escrito, a sua vontade nesse sentido. Vigora, pois, um sistema de *opt in*, por oposição ao sistema de *opt out* vigente nos Estados Unidos[1271]. A redação da norma limita a ação à tutela dos consumidores, na aceção do artigo 3 *Codice del Consumo*, e, embora o art. 32-*bis* TUF conceda às associações de consumidores (artigo 137 *Codice del Consumo*) legitimidade para agirem na tutela dos interesses coletivos dos investidores, apenas

[1268] Assim, Gerhard Wagner, *Verhandlungen des 66. Deutschen Juristentages Stuttgart 2006 Band I: Gutachten/Teil A: Neue Perspektiven im Schadensersatzrecht — Kommerzialisierung, Strafschadensersatz, Kollektivschaden*, München, 2006, 120 ss. (122).

[1269] Assim, Hellgardt, *Europarechtliche* cit., 168. Em paralelo com o caso-modelo alemão, correu nos Estados Unidos uma ação coletiva contra a Telekom, permitida porque o emitente também tinha ações representativas do capital social admitidas à negociação na NYSE. O processo terminou com um acordo mediante o qual a Telekom pagou aos membros da classe $ 92,2 milhões, sem, no entanto, admitir a prática de qualquer facto ilícito. Já na Alemanha, em 2012, o *Oberlandesgericht* acabou por concluir que o conteúdo do prospeto de venda não continha informação errada ou enganadora.

[1270] Disposição introduzida pelo artigo 2/446 *legge* 24-dez.-2007, n. 244 (*legge finanziaria*). A primeira disciplina das ações coletivas, ainda que contida em normas complexas, foi introduzida em 1996 no *Codice Civile*, nos artigos 1469-*bis* a 1469-*sexies*. A previsão das ações coletivas no *Codice del Consumo*, ainda que se possa afirmar ser tecnicamente pobre, tem sido avaliada positivamente face à alternativa de introduzir uma *class action* semelhante à americana, na medida em que esta última exige uma organização da justiça muito diferente da italiana e que as particularidades em relação a cada lesado na demonstração do nexo de causalidade entre o facto ilícito e o dano dificultam a formação de uma classe com interesses individuais homogéneos. Neste sentido, cf. Sergio Charloni, *La tutela del risparmiatore alla luce delle recenti iniziative legislative*, em Galgano/Visintini (org.), *Mercato finanziario* cit., 319-336 (326 ss.). Notando, também, as dificuldades na demonstração da causalidade nos ilícitos de massa, cf. Pietro Trimarchi, *La responsabilità* cit., 55.

[1271] Os lesados que não adiram à ação mantêm, pois, a possibilidade de, individualmente, reagirem judicialmente. Cf. Facci, *Il danno* cit., 403 ss.

permite o recurso à ação inibitória prevista nos artigos 139 e 140 *Codice del Consumo* e não à ação coletiva ressarcitória consagrada no artigo 140-*bis* desse Código. Face à tendência jurisprudencial de negar a extensão do conceito de consumidor, parece que o investidor lesado que não se enquadre em tal qualificação não pode obter uma indemnização por esta via[1272], pelo que se considera que o sistema processual italiano é "completamente inapropriado" para resolver litígios que envolvam a proteção de interesses coletivos[1273].

Neste contexto aponta-se que um verdadeiro fortalecimento do mercado de capitais apenas pode surgir da criação de uma ação coletiva europeia própria do mercado de capitais, conjugada com a uniformização clara dos contornos concretos dos pressupostos da responsabilidade civil. Estas medidas teriam mais repercussões no mercado do que a imposição de sanções administrativas e penais cada vez mais rígidas[1274].

Feita esta chamada de atenção, há que regressar ao problema material da determinação do dano indemnizável, questionando em que circunstâncias e em que termos é possível a reconstituição natural — que se traduz em princípio na liquidação do negócio jurídico celebrado *em virtude* da informação errónea ou na compensação da diferença entre o preço pago e o que se teria formado na ausência de defeitos da informação — e, em alternativa, quando é que se impõe a indemnização do dano da diferença. Vejamos.

5.2. A admissibilidade da reconstituição natural por via da liquidação do negócio jurídico no mercado de capitais e o problema do emitente como garante do risco de mercado

Caso o investidor, para além de estabelecer o nexo de causalidade entre as falhas na informação e o engano do mercado, demonstre que *apenas adquiriu os valores mobiliários porque recebeu informação enganadora*, o princípio da reconstituição natural legitima o direito ao reembolso do preço pago e a correspondente devolução dos valores mobiliários. Trata-se da "liquidação" do negócio translativo, designação que preferimos em detrimento de "revogação", por surgir descomprometida das formas clássicas de cessação do contrato, entre

[1272] Cf. Facci, *Il danno* cit., 406 e 407.

[1273] Cf. Guido Ferrarini/Paolo Giudici, *Scandali finanziari e ruolo dell'azione privata: il caso Parmalat*, em Galgano/Visintini (org.), *Mercato finanziario* cit., 197-265 (248).

[1274] Cf. Hellgardt, *Europarechtliche* cit., 168.

as quais se inclui quer a revogação, quer a resolução[1275], cujos contornos não correspondem à supressão do negócio por via indemnizatória.

Embora a solução seja particularmente favorável para o investidor por ultrapassar a dificuldade de determinar o preço pelo qual o lesado teria hipoteticamente comprado o valor mobiliário[1276], a sua pertinência poderia ser posta em causa, desde logo, face aos princípios societários que restringem a aquisição de ações próprias (na medida em que a sociedade seja obrigada a adquirir ações representativas do seu capital) e impossibilitam a devolução de valor aos acionistas (que irão recuperar o montante despendido). Trata-se, naturalmente, de falso problema, considerando que está em jogo obrigação de indemnizar[1277] e, por isso, não pode certamente invocar-se os princípios referidos para obstar à reconstituição da situação em que o lesado estaria se não tivesse ocorrido o facto lesivo.

Nos Estados Unidos a indemnização dos *rescissory damages*[1278] foi admitida, em 1986, no caso *Randall v. Loftsgaarden*, no qual se aceitou a possibilidade

[1275] Sobre a revogação e resolução do contrato cf., por todos, Romano Martinez, D*a cessação do contrato,* 3.ª ed., Coimbra, 2017, 53-59 e 67-84. Admitindo, em geral, a revogação do contrato por via indemnizatória, cf. Sinde Monteiro, *Responsabilidade* cit., 381; Pinto Monteiro, *Erro e vinculação negocial (a propósito da aplicação do bem a fim diferente do declarado),* Coimbra, 2002, nota 33 (admitindo a restituição da coisa em resultado da desvinculação, o que redundaria em efeito próximo da anulação); Dário Moura Vicente, *Da responsabilidade* cit., 264, 324; Paulo Mota Pinto, *Declaração tácita e comportamento concludente no negócio jurídico,* Coimbra, 1995, 325, nota 306 e *Interesse* cit., II, 1402 ss. Contra a destruição do contrato por via indemnizatória, cf. Carneiro da Frada, *Teoria* cit., 199 e 200, nota 154, que considera ser uma tese que levanta "dificuldades gerais de harmonização com o regime dos vícios da vontade e da declaração, que não pode arriscar-se a subverter". Entre nós, Margarida Azevedo de Almeida, *A responsabilidade* cit., 295, aceita a possibilidade de desvinculação por via indemnizatória (que qualifica como "revogação"), defendendo que esta não colide com os princípios gerais mobiliários na medida em que a segurança jurídica não fica prejudicada porque a desvinculação não tem eficácia *erga omnes.*

[1276] Outra alegada valia da reconstituição natural nestes termos, que rejeitamos *infra,* seria desonerar o participante do risco de investimento. Assim, cf. Fuchs/Dühn, *Deliktische* cit., 1068.

[1277] Pensamos não apenas no regime da aquisição de ações próprias, mas, também, no princípio da proibição de restituição de entradas. Sobre estes princípios e a essencialidade das entradas, cf. Paulo de Tarso Domingues, *Variações sobre o capital social,* Coimbra, 2009, 172 ss.; Ana Perestrelo de Oliveira, *Manual de corporate finance* cit., 51 ss.

[1278] Na *common law,* a *rescission* distingue-se da resolução (*right to teminate*) por encontrar o seu fundamento na existência de uma causa de invalidade do contrato e não em incumprimento obrigacional (*breach of contract*) e apresentar efeitos retroativos, ao contrário da *termination,* que não apresenta efeitos retroativos, diferentemente do que acontece no ordenamento jurídico nacional. Sobre as duas figuras e sua distinção na *common law,* cf., por todos, Cf. J.W. Carter, *Carter's breach of contract,* 2.ª ed., Oxford, London, New York, New Delhi, Sydney, 2019, 93 ss. (95). Em caso de

de o lesado desfazer o negócio (*undoing the bargain*) ou de receber uma indemnização (*holding the defendant to the bargain by requiring him to pay damages*), estando a primeira hipótese sujeita à natural limitação do "dano efetivo" [*actual damages*, na redação da *section* 15 U.S.C. § 78bb (a)], o que significa que à compensação deve ser subtraído qualquer "valor recebido em resultado da transação fraudulenta"[1279]. Ainda que tenha surgido a propósito da *section* 10 (b) U.S.C., a decisão situava-se fora do domínio do mercado de capitais, pelo que vários problemas associados à *rescission* neste contexto não foram analisados. Após a decisão *Dura*, com a introdução do requisito da *loss causation*, combinado com a limitação da indemnização pelos "danos efetivos", a reconstituição natural parece ter ficado limitada[1280].

Por sua vez, perante o regime fragmentário de responsabilidade por informações no mercado de capitais, a doutrina germânica tem chegado a resultados díspares a propósito do dano indemnizável, oscilando entre três soluções: (i) conceder ao investidor o direito a ser colocado na posição em que estaria se não tivesse celebrado o contrato (*Vertragsabschlussschaden*), pedindo a sua liquidação, ou a ser indemnizado pela diferença entre o preço de aquisição (ou de venda) e aquele a que teria comprado (ou vendido) o valor mobiliário (*Kursdifferenzschaden*)[1281]; (ii) considerar bloqueada a possibilidade de pedir uma indemnização correspondente à liquidação do contrato, atribuindo ao investidor apenas o direito à indemnização do dano da diferença[1282];

representações falsas incorporadas no contrato (*misrepresentation*), existe, ao abrigo da lei, um *right to rescind*, com fundamento na existência de um vício da vontade e não em incumprimento contratual. Estabelecendo um paralelo com o direito nacional, em termos de efeitos, a possibilidade de *rescission* de uma transação mobiliária encontra-se mais próxima da resolução contratual.

1279 Cf. *Randall v. Loftsgaarden*, 478 U.S. 647 (1986).

1280 Cf. Elizabeth Burch, *Reassessing* cit., 387 ss.

1281 Cf. Rössner/Bolkart, *Schadensersatz* cit., 1475; Timo Holzborn/Martin Eberhard Foelsch, *Schadensersatzpflichten von Aktiengesellschaften und deren Management bei Anlegerverlusten — Ein Überblick*, NJW 13/2003, 932-940 (939); Thomas M. J. Möllers/Franz Clemens Leisch, *Schaden und Kausalität im Rahmen der neu geschaffenen §§ 37b und 37c WpHG*, BKR 2002, 1071-1079 (1072); Leisch, *Vorstandshaftung* cit. 1576 ss.; Fleischer, *Konturen der kapitalmarktrechtlichen Informationsdeliktshaftung*, ZIP 41/2005, 1805-1812 (1808-1810); decisão *IKB* cit., 90.

1282 Cf. Georg Maier-Reimer/Anabel Webering, *Ad hoc-Publizität und Schadensersatzhaftung. Die neuen Haftungsvorschriften des Wertpapierhandelsgesetzes*, WM 37/2002, 1857-1904 (1860 ss.); Stephan Hutter/Michael Leppert, *Das 4. Finanzmarktförderungsgesetz aus Unternehmenssicht*, NZG 14/2002, 649-696 (654 e 655); Klöhn, *Die Haftung* cit., 352 ss.; Hopt/Voigt, *Prospekt- und Kapitalmarktinformationshaftung* cit., 1804; Rützel, *Der aktuelle* cit., 70. No ordenamento jurídico alemão, contra a indemnização do interesse negativo apresentava-se um argumento

(iii) aceitar o princípio de que apenas deve ser indemnizado o dano da diferença, admitindo, porém, em situações excecionais, a liquidação do negócio[1283].

No ordenamento nacional não se estabelecem limites máximos à indemnização, devendo o lesado ser compensado pelo dano global. De acordo com o artigo 152.º/1 do CVM, a indemnização deve colocar o lesado na exata situação em que estaria se, no momento da aquisição ou da alienação dos valores mobiliários, o conteúdo da informação revestisse as exigências de qualidade previstas no artigo 135.º do CVM. Esta norma representa a concretização no campo mobiliário do princípio geral do direito civil segundo o qual quem estiver obrigado a reparar um dano deve

sistemático, ao abrigo dos revogados preceitos da WpHG. Os §§ 37b e 37c WpHG delimitavam o círculo de investidores com direito a uma indemnização em dois grupos: (i) aqueles que adquiriram os valores mobiliários depois da divulgação da informação falsa e não os alienaram antes da correção da informação e (ii) aqueles que compraram os valores antes da divulgação da informação e os alienaram após esse momento. Para alguns Autores (cf. MAIER-REIMER/WEBERING, *Ad hoc-Publizität* cit., 1860), a constatação de que quem vender os valores mobiliários durante o período de desinformação não tem direito a uma indemnização aponta no sentido da exclusão da indemnização do interesse negativo, já que seria absurdo que um investidor que venda o valor mobiliário em período de descida do preço suporte o risco dessa perda (por não ter direito a indemnização de acordo com a lei) ao passo que um investidor que não o venda possa liquidar os danos do investimento quando o facto se torna conhecido. Porém, tal como notam MÖLLERS/LEISCH, *Schaden* cit., 1073, à exclusão destes investidores do leque de pessoas com direito a indemnização não pode ser atribuído o sentido de limitação da indemnização ao interesse positivo. Trata-se, apenas, de verificar uma das particularidades do mercado de capitais, no qual existem duas "realidades": a real e aquela que o mercado de capitais perceciona como sendo real. O valor dos instrumentos mobiliários é determinado pelo que existe de facto, pelo que se o investidor comprar com um fundamento falso, embora a situação prefigurada não corresponda à situação real, é aquela que o mercado considera verdadeira. Por isso, se o investidor vender antes da correção da informação, não existe diferença entre a perceção do investidor e a realidade do mercado de capitais, pelo que o erro do investidor na compra é anulado pelo erro na venda. Logo, a exclusão destes investidores não deve ser vista como qualquer indício quanto ao dano indemnizável. Pelo contrário, uma vez que a transparência tem o objetivo de conceder ao investidor uma visão global acertada sobre o emitente, a violação dos deveres de informação deve implicar uma responsabilização por todos os danos que resultem de uma decisão desvantajosa de investimento. Cf. MÖLLERS, *Die unterlassene* cit., 2396.

1283 Sobre elas, cf. HOLGER FLEISCHER, *Der Inhalt des Schadensersatzanspruchs wegen unwahrer oder unterlassener unverzüglicher Ad-hoc-Mitteilungen*, BB 37/2002, 1869-1874 (1872); FUCHS/DÜHN, *Deliktische* cit., 1068 ss. Ainda existe uma quarta tese segundo a qual o lesado apenas pode reclamar uma indemnização pelo dano da diferença mas supondo um cálculo distinto desse dano. Cf. JOCHEM REICHERT/MARC-PHILIPPE WELLER, *Haftung von Kontrollorganen. Die Reform der aktienrechtlichen und kapitalmarktrechtlichen Haftung*, ZRP 2002, 49-56 (55).

reconstituir a situação que existiria se não se tivesse verificado o evento que obriga à reparação (artigo 562.º do CC)[1284]. Independentemente do tipo de dano sofrido pelo investidor, o princípio-base é, pois, a reconstituição natural, havendo que atender às diferentes hipóteses típicas a esta luz, começando pela situação — menos frequente, como vimos — em que se prova que a informação defeituosa influenciou concretamente a decisão de celebrar o negócio.

Caso a informação tenha influenciado a decisão de venda, a indemnização específica opera através da liquidação do negócio jurídico, com a entrega pelo emitente de um número equivalente de valores mobiliários mediante a devolução do preço obtido pelo investidor com a alienação[1285]. Por outro lado, se os vícios informativos tiverem conduzido à decisão de subscrição ou compra, os valores devem ser entregues ao emitente mediante a entrega do montante despendido. Trata-se de indemnizar o interesse negativo ou o dano da confiança[1286], que não deve confundir-se com a aplicação do regime da anulação por erro da vontade (artigo 251.º do CC), já ponderada, entre nós, a propósito

[1284] Cf. MENEZES LEITÃO, *A responsabilidade civil no âmbito da O.PA.* cit., 189 e *Actividades de intermediação* cit., 155; PAULO MOTA PINTO, *Interesse* cit., II, 1460; A. BARRETO MENEZES CORDEIRO, *Manual* cit., 370; MARGARIDA AZEVEDO DE ALMEIDA, *A responsabilidade* cit., 293. Também na Alemanha, nos casos de responsabilidade civil por informações decididos ao abrigo do regime civil, o BGH considerou que o investidor deveria ser colocado na posição em que estaria caso o responsável pela informação tivesse cumprido o seu dever. Cf. *Infomatec I* cit., 2972; *EM.TV.* cit., 2451.

[1285] Como escreve PAULO MOTA PINTO, *Interesse* cit., II, 1487, a propósito da distinção entre reconstituição natural e execução específica, o ressarcimento em forma específica dirige-se ao próprio devedor, "desembocando numa condenação à observância de certa conduta, condenação, essa, que (pelo menos) modifica o conteúdo da obrigação a cargo do devedor".

[1286] Como notam, *v.g.*, TILMAN WEICHERT, *Der Anlegerschaden bei fehlerhafter Kapitalmarktpublizität*, Baden-Baden, 2008, 134 e MÖLLERS/LEISCH, *Schaden* cit., 1076. No entanto, as dificuldades de prova da causalidade entre a informação defeituosa e a decisão de alienação tornarão o exercício deste direito menos comum.

da privatização da Sociedade Financeira Portuguesa[1287-1288].

[1287] No (já descrito) caso da privatização da Sociedade Financeira Portuguesa, para além do regime da compra e venda de coisas defeituosas e de bens onerados, equacionou-se a aplicação das regras da anulação por erro ou dolo: existiria erro sobre o objeto do negócio (as ações adquiridas), na medida em que não era conhecida a verdadeira consistência dos valores mobiliários, diminuída pelos encargos ocultos — sob a forma de garantias *on first demand* — que pesavam sobre o património social do emitente (cf. INOCÊNCIO GALVÃO TELLES, *Parecer* cit., 189). A propósito da aquisição de empresa através da transmissão de participação acionista de controlo, CATARINA MONTEIRO PIRES, *Aquisição de empresas* cit., 129 e 130, considera que o recurso ao mecanismo da anulação reveste "escassa importância prática", na medida em que, tipicamente, o credor conserva interesse no negócio e se afigura difícil a devolução do que tiver sido prestado. Segundo cremos, a solução apresenta efetivamente, não apenas no caso de aquisição de empresas, mas também em termos gerais, valia limitada. Por um lado, deixa sem proteção os casos de informação defeituosa prestada no mercado secundário e, bem assim, os adquirentes subsequentes de instrumentos mobiliários subscritos no mercado primário, uma vez que, nesses casos, não se estabelece uma relação contratual entre emitente e investidor, pressuposta pelo regime do erro-vício, cuja "influência perturbadora" se verifica "durante a fase da construção da declaração de vontade" (cf. A. FERRER CORREIA, *Erro e interpretação na teoria do negócio jurídico*, 3.ª ed., Coimbra, 1985, 282). Embora se venha a aceitar a aplicação do regime do erro a atos não contratuais, o enquadramento legal não se ajusta a contratos celebrados sem a intervenção, como parte, do declaratário, a não ser na hipótese de existir dolo de terceiro, caso em que se exige uma dupla causalidade, que, tipicamente, não se verifica no mercado de capitais: o dolo deve determinar o erro, que, por seu turno, deve condicionar o negócio (cf. MENEZES CORDEIRO, *Tratado* cit., II, 861 e 873). Por outro lado, o erro sobre o objeto do negócio (artigo 251.º do CC) pressupõe a essencialidade, para o declarante, do elemento sobre o qual recaiu o erro e o conhecimento dessa essencialidade pelo declaratário, ou o dever de a conhecer, pelo que a aplicação do regime apenas deve ser ponderada naqueles casos — raros, como vimos — em que o investidor efetivamente conhecia a informação divulgada e emitiu a sua declaração de vontade com base nela. Mesmo aí, o erro tem de incidir sobre o objeto do negócio, *maxime* as suas qualidades, o que, nos casos que nos ocupam, apenas pode resultar de um erro em relação ao *valor* das ações. Porém, "o erro implica uma avaliação falsa da realidade: seja por carência de elementos, seja por má apreciação destes" (cf. MENEZES CORDEIRO, *Tratado* cit., II, 835), o que não se verifica nos casos de informação defeituosa prestada ao mercado. À data da subscrição dos valores mobiliários, a informação divulgada ao público encontrava-se corretamente incorporada no mercado. A situação financeira do emitente não é parte integrante dos instrumentos mobiliários, nem o seu valor objetivo é representado pelo preço de mercado, pelo que a eventual desconformidade entre o preço e o valor intrínseco das ações não significa que exista um desajustamento entre a realidade e a sua representação, refletindo apenas a avaliação feita pelos investidores relativa aos instrumentos mobiliários. Diferente interpretação ignoraria o funcionamento do mercado, em especial dos mecanismos de formação dos preços, tal como explicados pela teoria do mercado eficiente. Nos casos de informação desconforme divulgada ao público, simplesmente faltam ou foram deturpados os elementos essenciais para a correta formação dos preços, fundamento da responsabilidade civil por informações, e não da anulação por erro, como temos vindo a discutir em texto. Também o erro sobre a base do negócio (artigo 252.º/2 do CC) não merece aplicação nos casos de informação defeituosa prestada ao mercado: a sua configuração como categoria negativa e residual exige que o erro incida sobre os motivos determinantes da vontade, sem que diga respeito à pessoa do declaratário ou ao objeto do negócio. Cf. FERRER CORREIA/ALMENO DE SÁ, *Parecer* cit., 294 e 295. É figura que, neste domínio, "nada tem para dar, em termos de soluções precisas e previsíveis" (MENEZES CORDEIRO, *Anotação* cit., 187).

[1288] A tensão entre a liberação do contrato por via indemnizatória e o regime da anulação levava

Poderia pensar-se que o direito dos valores mobiliários é estruturalmente avesso à indemnização do interesse contratual negativo — por implicar a reversão dos negócios celebrados em mercado —, o que seria visível, por exemplo, na manutenção das ordens de transferência e das obrigações de compensação mesmo quando sejam inválidos ou ineficazes os contratos que lhes subjazem (artigo 277.º do CVM)[1289]. Embora seja certo que, em termos gerais, o legislador pretendeu que os negócios jurídicos transmissivos não sejam revertidos, as situações são diversas. A abstração das obrigações de transferência e de compensação que resulta da norma do artigo 277.º do CVM não pode ser transposta, nem como lugar paralelo, quando em causa está a obrigação de indemnizar. Neste campo, vale o princípio civil geral, que o legislador mobiliário escolheu expressamente não afastar: o lesado deve ficar em posição idêntica àquela em que estaria se a informação tivesse sido regularmente comunicada ao mercado. O interesse na observância dos preceitos legais sobre o dever de informar pode conduzir à verificação de dois tipos de danos resultantes da aquisição de valores mobiliários pelos quais, noutras circunstâncias, o investidor não se teria interessado ou da compra ou venda destes por um preço desajustado. A obrigação de colocar o lesado na situação em que estaria se a informação tivesse sido adequadamente revelada não é, como veremos, uma "solução típica do interesse contratual positivo", como nota Paulo Mota Pinto[1290], que implicaria, antes, colocar o lesado na situação em que estaria se o conteúdo da informação viciada afinal se verificasse.

Esta é, aliás, a solução vigente na Alemanha, onde a legislação mobiliária especial (WpPG e KAGB) impõe que, em caso de responsabilidade civil pelo conteúdo ou por omissão do dever de publicação do prospeto (quer de admissão à negociação no mercado regulamentado, quer de oferta pública, ou ainda organismo de investimento coletivo), a indemnização do dano seja feita por via da reconstituição natural e consequente liquidação do negócio aquisitivo.

Sinde Monteiro, *Responsabilidade,* 380 ss., a descobrir uma lacuna oculta no artigo 227.º/2 do Código Civil e a propor a aplicação do prazo de um ano (previsto no artigo 287.º/1 do Código Civil) para o exercício do direito. A revogação por via da indemnização específica tem, no entanto, sido aceite até ao momento da prescrição do crédito indemnizatório, na medida em que os fundamentos e efeitos do exercício do direito de anulação e de revogação são diversos. Cf. Paulo Mota Pinto, *Interesse* cit., II, 1410 ss. Notando as diferenças entre os mecanismos anulatório e indemnizatório, cf., também, Margarida Azevedo de Almeida, *A responsabilidade* cit., 257-264.

1289 Assim, Paulo Câmara, *Manual* cit., 706 ss.

1290 *Interesse* cit., II, 1462 e nota 4173. Essencialmente no mesmo sentido, sem prejuízo das reservas que aponta, cf. Menezes Leitão, *A responsabilidade civil no âmbito da O.P.A.* cit., 189. Cf., também, Margarida Azevedo de Almeida, *A responsabilidade* cit., 285 ss.

Para prevenir uma excessiva expansão da responsabilidade, a reconstituição natural pressupõe que a transação ocorra após publicação do prospeto e dentro do prazo de seis meses a contar do início da negociação dos valores mobiliários. Já na hipótese de vícios na divulgação da informação *ad hoc* ou de omissão, a WpHG não esclarece a medida do dano indemnizável[1291], o que leva a doutrina a dividir-se quanto à possibilidade da liquidação do negócio por via indemnizatória[1292].

O § 21 WpPG, que sucedeu ao revogado § 44 I, S. 1, 2 e II BörsG (adotando exatamente o mesmo regime), determina que, em caso de vícios no prospeto de admissão no mercado regulamentado, o dever de indemnizar vincula os devedores a adquirir os valores mobiliários e a reembolsar o preço de aquisição, desde que este não exceda o respetivo preço de emissão. Os informantes devem, ainda, restituir os custos habitualmente associados à aquisição, ou seja, aqueles que um investidor tipicamente suporta em resultado do investimento, *v.g.*, comissões pagas aos corretores ou provisões dos intermediários financeiros. De acordo com a mesma norma, não são indemnizados os lucros cessantes[1293]. Se o investidor já não for titular dos valores mobiliários, pode pedir o pagamento da diferença entre o preço de aquisição (desde que não exceda o valor de emissão) e o de venda, para além dos custos habituais referidos. Naturalmente, se o investidor alienar os valores mobiliários abaixo do preço de mercado, a indemnização pode ser reduzida por aplicação do § 254 II S. 1 BGB. No caso dos restantes prospetos (i.e., que não sirvam de base

[1291] Embora se considere que apenas pode ser indemnizado o interesse contratual negativo, já que o interesse positivo, como interesse no cumprimento, não deve ser considerado protegido pelo escopo do dever de informar, uma vez que o emitente não deve aos investidores o cumprimento de uma obrigação, por falta de substrato contratual entre as partes. Por isso, o lesado não deve ser colocado na posição em que estaria caso o facto falso divulgado fosse, afinal, verdadeiro. Nesse sentido, a propósito das normas revogadas da WpHG, cf. MÖLLERS/LEISCH, *Schaden* cit., 1072. Em Itália, a indemnização do interesse contratual negativo, em caso de responsabilidade civil pelo prospeto, resulta do artigo 94 TUF, opção que se tem considerado alicerçada essencialmente na natureza pré-contratual que é reconhecida ao prospeto. No interesse negativo englobam-se os lucros cessantes do investidor que ficou privado da possibilidade de celebrar um negócio jurídico alternativo. Cf. GIUDICI, *Capitolo III. L'appello* cit., 988 e 989. Nos Estados Unidos, como nota MICHAEL BEURSKENS, *Haftung für enttäuschtes Aktionärsvertrauen*, Köln, München, 2008, 225, existem decisões isoladas que concedem uma indemnização pelo interesse positivo — dano da expetativa ou *benefit of the bargain* — em caso de informação falsa no mercado de capitais [*Osofsky v. Zipt*, 645 F.2nd 107 (2nd Cir. 1981); *Hackbart v. Holmes*, 675 F.2nd 114 (10th Cir. 1982)].

[1292] Contra a reconstituição natural no mercado secundário, por não se estabelecer uma relação contratual entre lesante e lesado, cf. TILMAN WEICHERT, *Der Anlegerschaden* cit., 132.

[1293] Cf. FLEISCHER, *Prospektpflicht* cit., 345; SCHMITT, *Die Haftung* cit., 131.

à admissão à negociação em mercado regulamentado), o § 22 WpPG [sucessor parcial do § 13 VerkPropG, lei totalmente revogada pela *Gesetz zur Novellierung des Finanzanlagenvermittler- und Vermögensanlagenrechts* (FinAnIVG)] determina a aplicação, *mutatis mutandis*, do regime do prospeto de admissão no mercado regulado, com algumas adaptações nele expressamente previstas. Também se ocorrer a omissão do dever de publicar o prospeto o regime será idêntico (§ 24 WpPG). Com a WpPG conseguiu-se uma unificação do regime de responsabilidade civil pelo conteúdo do prospeto de oferta pública e de admissão à negociação em bolsa, que antes estava disperso pela VerkProspG e pela BörsG, respetivamente[1294]. Podemos igualmente encontrar regime equivalente, desde 2013, no § 306 KAGB (*Kapitalanlagegesetzbuch*), que sucedeu à InvG, a propósito do prospeto dos organismos de investimento coletivo. A particularidade deste regime reside em não restringir a possibilidade da liquidação do negócio ao período de seis meses posterior à publicação do prospeto, nem a restituição do preço ao valor de emissão. A limitação que consta da WpPG visa, essencialmente, a salvaguarda da previsibilidade do dano em mercados onde o preço dos valores mobiliários pode variar muito num curto espaço de tempo. Essa preocupação não é, porém, justificada no que respeita ao regime dos fundos de investimento, já que se tem verificado que o preço de mercado das unidades de participação se situa, geralmente, próximo do preço de emissão[1295]. Por outro lado, nestes mercados é comum não existir mais informação disponível para além daquela que consta do prospeto, pelo que este documento assume uma importância acrescida por um período de tempo superior[1296]. Residualmente, a VermAnIG, aplicável a *investimentos* publicamente negociados em mercados domésticos, desde que não se encontre preenchido o âmbito de previsão da WpPG e do KAGB (§ 1), impõe também um regime de responsabilidade civil pelo prospeto materialmente correspondente ao consagrado na WpPG (§§ 20-22)[1297].

[1294] Cf. Heinz-Dieter Assmann, *§§ 21-23, § 24 WpPG*, em Heinz-Dieter Assmann/Michael Schlitt/Wolf von Kopp-Colomb, *Wertpapierprospektgesetz* cit., 593-684. Sobre a FinAnIVG, a sua estrutura e pensamento legislativo subjacente, cf. Mathias Hanten/Petra Reinholz, *Das Vermögensanlagengesetz*, ZBB/JBB 1/12, 36-49 (46-48), a propósito das alterações introduzidas no regime da responsabilidade civil pelo prospeto e pela informação disponibilizada aos investidores.

[1295] Assim, Schmitt, *Die Haftung* cit., 134 ss.

[1296] Cf. Manuel Lorenz/Frank Schönemann/Christoph Wolf, *Geplante* cit., 347.

[1297] Cf. Assmann, *§§ 20-22 VermAnIG*, em Assmann/Schlitt/von Kopp-Colomb, *Wertpapierprospektgesetz* cit., 1654-1705.

O regime português não apresenta desenvolvimento comparável mas contém a solução-base essencial da reconstituição natural, permitindo ao intérprete chegar a resultados adequados.

É verdade que, no mercado secundário, a reposição natural por via da liquidação do negócio aquisitivo apresenta obstáculos maiores, mas nem por isso deixa de permitir a correta compensação do lesado. Embora o investidor adquira os valores mobiliários a outro participante no mercado, não estabelencendo uma relação obrigacional direta com o emitente, a *decisão de contratar* encontra-se, também aí, inquinada pela informação desconforme que este prestou ao mercado. A reconstituição natural é ainda possível, através da condenação do emitente a adquirir os valores mobiliários, mediante a entrega da importância paga[1298]. Note-se que a desvinculação por via indemnizatória não assume, naturalmente, eficácia *erga omnes*: nos casos em que o investidor lesado já tenha alienado os valores mobiliários no mercado secundário deve ser indemnizado o dano que resulta da diferença entre o preço de aquisição e o preço de venda, acrescido dos custos associados ao negócio translativo. Esta é solução semelhante à prevista no direito alemão e que realiza plenamente o princípio da reconstituição natural: na medida em que o investidor não teria contratado na ausência de informação falsa, a indemnização nestes termos assegura que o lesado não mantém os valores mobiliários no seu património (porque os alienou em mercado), mas recupera todo o investimento realizado. Assim se coloca o lesado na posição em que estaria se não tivesse existido o comportamento ilícito[1299]. Uma vez demonstrados os pressupostos da obrigação de indemnizar, em particular o condicionamento da vontade do investidor que negociou no mercado secundário, o cômputo da indemnização a pagar pelo emitente rege-se pelos princípios gerais, sem que exista, no caso, uma situação de impossibilidade material ou jurídica de recorrer à reconstituição *in natura*. Como escreve, em geral, Menezes Cordeiro[1300], "estamos

[1298] Problema similar já foi notado na Alemanha a propósito da responsabilidade pelo prospeto dos membros do órgão de administração, tendo-se chegado a dizer que, nesse caso, como os responsáveis não venderam os valores mobiliários, não poderia haver reconstituição natural por via da liquidação do negócio. Assim, Fuchs/Dühn, *Deliktische* cit., 1068. Porém, tem-se considerado que este argumento não pode prevalecer sobre a importância da reconstituição natural para o lesado. Cf. Schmitt, *Die Haftung* cit., 139.

[1299] Cf. Fleischer, *Der Inhalt* cit., 1870; Wagner, *Schadensberechnung* cit., 509 e 510, que considera que o conceito de reconstituição natural é suficientemente amplo para admitir a distinção entre uma aquisição diretamente ao emitente no mercado primário e a aquisição a um terceiro inocente no mercado secundário.

[1300] *Tratado* cit., VIII, 757.

(...) perante um vínculo finalisticamente determinado: ao devedor (agente) cabe fazer tudo o que seja necessário para suprimir o dano". Ora, apesar da especificidade do enquadramento fáctico, a situação não é materialmente diversa da generalidade das hipóteses de restauração natural que têm sido documentadas, em que esta é capaz de servir satisfatoriamente a reparação do dano, assumindo-se a excecionalidade da indemnização por equivalente, em respeito pela "clara primazia da reconstituição *in natura*"[1301]. Só assim se observa o escopo reconstitutivo da obrigação de indemnizar[1302] e se assegura a remoção do *dano real* à custa do responsável, garantindo-se "o interesse capital da integridade das pessoas, dos bens ou dos direitos sobre estes"[1303-1304].

As particularidades do mercado de capitais como um *zero sum game* não podem servir para afirmar que as mesmas conduzem à inaplicabilidade do princípio civil geral do artigo 562.º do CC. A visão do mercado como jogo de soma zero tem em conta a situação deste globalmente considerado — em que os benefícios anulam os prejuízos — e não a do investidor individual — que certamente não deixa de sofrer danos indemnizáveis. Em termos gerais do mercado, quando o emitente divulga informação errada e os valores mobiliários são transacionados, um investidor sofre um prejuízo (porque comprou demasiado caro ou vendeu demasiado barato) mas outro obtém uma vantagem (aquisição por valor demasiado baixo ou venda por valor demasiado elevado). Tendo em atenção que os danos e os benefícios sofridos são exatamente

[1301] Menezes Leitão, *Direito das obrigações* cit., I, 402. Pelo contrário, na Alemanha, embora o princípio da reconstituição natural (§ 249 I BGB) também prevaleça sobre a compensação por equivalente (cf., por todos, Schiemann, *§ 249* em *J. von Staudingers Kommentar zum Bürgerlichen Geseztbuch*, II, Berlin, 2017, Rn. 1 ss.) considera-se que o dever de indemnizar consubstancia uma obrigação com faculdade alternativa do credor: ao lesado incumbe a escolha entre a reconstituição natural e a compensação em dinheiro. Cf. Wolfgang Fikentscher/Andreas Heinemann, *Schuldrecht: Allgemeiner und Besonderer Teil*, 11.ª ed., Berlin, 2017, Rn. 674.

[1302] Cf. Menezes Cordeiro, *Tratado* cit., VIII, 724.

[1303] Pires de Lima/Antunes Varela, *Código Civil anotado* cit., I, 4.ª ed., 582.

[1304] Sobre a subsidiariedade da indemnização em dinheiro, cf., *v.g.*, STJ 19-mar.-2009 (Oliveira Rocha), Proc. 09b0552; a título meramente exemplificativo, cf também REv 18-set.-2008 (Fernando Bento), Proc. 962/08-3: a convolação da reconstituição natural em reconstituição por equivalente pecuniário só é permitida em caso de impossibilidade objetiva, de insuficiência para cobrir a totalidade dos danos e também de onerosidade excessiva. Henrique Sousa Antunes, *Anot. ao artigo 562.º*, em *Comentário ao Código Civil* cit., 550-553 (551 e 552), considera que o princípio da primazia da reconstituição natural encontra expressão no artigo 566.º/1 do CC, pelo que o papel útil da norma do artigo 562.º do CC pode ser encontrado na distribuição do ónus da prova entre as formas de indemnização aplicáveis: o lesado pode optar por uma indemnização em dinheiro, cabendo ao devedor provar que a reconstituição natural é adequada.

os mesmos (gerando-se um fenómeno de *soma zero*), na hipótese de ser concluído um número suficientemente elevado de transações, é provável cada investidor ter tanta sorte quanto azar. No que respeita aos participantes que apenas investem uma vez, de uma perspetiva *ex ante*, a probabilidade de terem sorte será equivalente à de terem azar. Este é o motivo por que já se disse que as normas de responsabilidade civil por informações no mercado de capitais não devem proteger o investidor contra riscos que este poderia ter evitado com uma apropriada diversificação de portfolio, dado que os estudos revelam que esta estratégia reduz em 99% o risco especificamente relacionado com o emitente em caso de portfolios com cerca de vinte ações e que, quando se verifique a detenção de duzentas ações, elimina o risco não sistémico. A vinculação a deveres de indemnizar imporia, portanto, um sistema de seguro, em que um grupo de investidores (atuais acionistas do emitente) compensaria outro grupo de investidores (lesados com direito a uma indemnização), o que se afiguraria dispendioso e, em última análise, ineficiente[1305].

Parece-nos, porém, que a (acertada) constatação do mercado como jogo de soma zero não conduz à exclusão da indemnização do dano do contrato. A diversificação de portfolio é uma estratégia de investimento recomendada, ainda que não vinculativa, que visa proteger o investidor contra o risco não sistémico. O investidor pode, conscientemente, optar por não diversificar esse risco, assumindo o perigo de oscilações associadas a um determinado emitente

[1305] Cf. Klöhn, *Die Haftung* cit., 353; William W. Bratton/Michael L. Wachter, *The political* cit., 93; Richard A. Booth, *The end of the securities fraud class action as we know it*, Berkeley Business Journal, march 2007, vol. 4, n.º 1, 1-36 (11 ss.), disponível em https://doi.org/10.15779/Z38700F. Booth considera (pp. 14 ss.) que apenas será eficiente a compensação dos investidores nos casos de fraude acompanhados de *insider trading*, em que as vantagens que, de acordo com o funcionamento do mercado, seriam de investidores inocentes (que adquirem valores mobiliários demasiado baratos ou vendem demasiado caros), são desviadas para os iniciados. Excecionadas estas situações, para os investidores razoáveis, um litígio no mercado representaria sempre uma perda de rendimento no seu portfolio, mesmo depois de somados os valores auferidos com a indemnização. A constatação do fenómeno de soma zero no mercado de capitais já levou a que na *common law* se defendesse uma reestruturação do regime de *securities litigation*, que, na sua modelação atual, levaria a sobrecompensar os lesados, uma vez que a indemnização a pagar pelo informante não corresponde ao custo social do comportamento ilícito. Assim, cf. Janet Cooper Alexander, *Rethinking damages in securities class actions*, Stanford Law Review, July 1996, vol. 48, 1487-1537 (1496 ss.), disponível em https://www-cdn.law.stanford.edu/wp-content/uploads/2015/06/48StanLRev.pdf. Não aderimos a esta visão. Para além da natural constatação de que a fraude no mercado provoca outros danos sociais e sistémicos, como o prejuízo da confiança dos investidores, da integridade do mercado e da economia, a apreciação dos danos é individual, não devendo a sua relevância ser mitigada pela existência de um ganho económico de terceiros.

(desde o aparecimento de um novo concorrente à alteração do enquadramento regulatório da sua atividade), sem que isso, no entanto, envolva tomar sobre si o risco que resulta de informação errada prestada ao mercado. Acrescente-se que o sistema de responsabilidade civil lida com danos individuais e concretos do investidor, que não são eliminados pelo mercado. Por isso, devendo ser compensado o dano concreto, caso este seja produto de indevida celebração do contrato, será esse, em síntese, o prejuízo indemnizável.

A reconstituição natural por via da liquidação do negócio jurídico comporta, é verdade, um considerável risco de sobrecompensação do lesado, o que conduz a que por vezes se conclua pela sua inadmissibilidade. Desta perspetiva, o reembolso da integralidade do preço de aquisição dos valores mobiliários significaria imputar, por via indemnizatória, o risco geral de mercado ao informante[1306]. Ou seja, a reposição natural serviria, na prática, de garantia contra flutuações de preço no mercado, que representam um risco geral de qualquer investimento, o qual deve certamente correr por conta do investidor, mesmo quando o emitente incumpra deveres de informação[1307].

O melhor exemplo para expor este risco encontra-se na Alemanha, com o curso de acontecimentos no *Neuer Markt*, um segmento da *Deutschen Börse* criado em 1997 e que, em 2000, após um período de euforia, cujo máximo foi atingido a 10 de maio desse ano, caiu a pique, sem nunca recuperar, o que

[1306] O perigo é notado, *v.g.*, por FLEISCHER, *Der Inhalt* cit., 1871 ss.; ANDREAS FUCHS/MATTHIAS DÜHN, *Deliktische* cit., 1069; WAGNER, *Schadensberechnung* cit., 512 ss.; MÖLLERS/LEISCH, *§§ 37b, c* cit., Rn. 290; HOPT/VOIGT, *Prospekt- und Kapitalmarktinformationshaftung* cit., 1804; MICHAEL BEURSKENS, *Haftung für enttäuschtes* cit., 223. Este risco foi expressamente desvalorizado pelo BGH, na decisão IKB, o que conduziu a duras críticas por parte da doutrina. Cf. HOPT, *Die Haftung* cit., 108.

[1307] KLÖHN, *Die Haftung*, 354, nota que o BGH, a este propósito, já fez um paralelismo entre a distribuição do risco de mercado e as normas dos §§ 281 V S. 2, 346 (3) S. 1 n. 3 BGB, de acordo com as quais, em caso de resolução do contrato, o risco de perda acidental da coisa deve correr por conta do lesante. Porém, o Autor considera que estes *standards* foram pensados para relações entre duas partes, em que, tipicamente, o informante beneficia das falhas na informação, pelo que seria mais razoável inferir das normas um argumento *a contrario*, ou seja, considerar que o risco de perda acidental da coisa é de quem beneficia com as falhas da informação. No caso da responsabilidade prevista nos §§ 37b, 37c WpHG, o beneficiado pelas falhas informativas é o investidor que compra demasiado barato ou vende demasiado caro. O emitente e os seus atuais acionistas não retiram vantagens das falhas informativas, pelo que não deveria correr por conta deles o risco geral de mercado. Mesmo assumindo a premissa do Autor, julgamos que esta tese peca por ignorar os benefícios decorrentes de uma maior liquidez do mercado secundário, de um aumento do volume de transações dos valores mobiliários do emitente e da influência que a formação do preço no mercado secundário assume no mercado primário, onde se procura financiamento e se retiram benefícios diretos de uma inflação do preço.

acabou por determinar o seu encerramento — e substituição pelo mercado *TecDax* — em 2003[1308]. Tomemos como referência um investidor que comprou valores mobiliários admitidos à negociação no *Neuer Markt* a 10 de março de 2000 e não os vendeu antes de junho de 2003. Todos os instrumentos mobiliários no mercado, a essa data, tinham perdido cerca de 90% do seu valor, ao passo que os valores mobiliários dos emitentes que divulgaram informação falsa desceram sensivelmente 96,75%. Caso fosse concedida ao investidor uma indemnização por meio da liquidação da transação, este conseguiria a devolução da integralidade do preço pago, respeitante a uma ação desvalorizada em 96,75%. Este tratamento altera, em absoluto, as regras de distribuição de risco no mercado de capitais e incentiva o investidor a procurar falhas na informação prestada pelo emitente que fundamentem um pedido de indemnização[1309]. Situações-limite deste tipo põem em evidência a necessidade de interrogar se existe justificação para que os acionistas do inadimplente fiquem em melhor posição do que os restantes, tendo sido, aliás, esse o motivo que determinou que a maioria dos pedidos de indemnização não tivesse tido sucesso[1310], com exceção do pedido formulado no caso *Infomatec I*, posteriormente revertido pelo tribunal superior[1311]. Nem se diga que situações

[1308] Vários exemplos reais poderiam ser apontados, mas alguns dos mais marcantes, que ocuparam os tribunais alemães, foram os casos *ComROAD IV* (*supra* cit., 1560), *ComROAD V* (*supra* cit., 1564) e *EM.TV* (*supra* cit., 2450). Neste último, o preço das ações da EM.TV aumentou 30 000% entre a entrada no mercado em outubro de 1997 e fevereiro de 2000. A história deste mercado, como já se disse, é uma história do economicamente desrazoável, de perda de noção da realidade, de promessas falsas, de esperanças frustradas, deceção, manipulação e escândalos. Assim, Bernd Wittkowski, *Die Entwicklung am Kapitalmarkt, insbesondere am Neuen Markt,* ZGR 167 (2003), 130-138 (131).

[1309] Assim, Wagner, *Schadensberechnung* cit., 513.

[1310] Cf., *v.g.*, LG München I, 28-jun-2001 — 12 O 10157/01, BKR 2001, 102; LG München, 23-ag.-2001 — 191 C 9970/01, WM 2002, 594; LG Augsburg, 9-jan.-2002 — 6 O 1640/01, BKR 2002, 236; LG Kassel, 14-ag.-2002 — 4 O 46/02, DB 2002, 2151.

[1311] No caso *Infomatec I* (*supra* cit., 2971 ss.), o LG Augsburg condenou dois membros do conselho de administração de um emitente no *Neuer Markt* a pagar uma indemnização por informação defeituosa, com fundamento nos §§ 823 II e 826 BGB e § 88 BörsG. A decisão foi maioritariamente aplaudida pela doutrina. Cf. Thomas Barnert, *Deliktischer Schadensersatz bei Kursmanipulation de lege lata und de lege ferenda. Zugleich eine Besprechung zu den Urteilen LG Augsburg vom 24.9.2001,* WM 29/2002, 1473-1483; Roderich C. Thümmel, *Haftung für geschönte Ad-hoc-Meldungen: Neues Risikofeld für Vorstände oder ergebnisorientierte Einzelfallrechtsprechung?,* DB, 44/2002, 2331-2334; Oliver Rieckers, *Haftung des Vorstands für fehlerhafte Ad-hoc-Meldungen de lege lata und de lege ferenda,* BB 24/2002, 1213-1221; Jörg Rodewald, *Haftung für die "frohe Botschaft" — Rechtsfolgen falscher Ad-hoc-Mitteilungen,* BB 48/2001, 2437-2440 (2440); Fuchs/Dühn, *Deliktische* cit., 1063 ss. Ainda assim, em 1 de outubro de 2002, o OLG München rejeitou a decisão do tribunal inferior e o pedido de indemnização, com dois fundamentos questionáveis: (i) negação do § 88 BörsG como norma

extremas não se verificam comummente e que, por isso, não devem servir de padrão. Mesmo que cenários tão graves não sejam frequentes, existem sempre ciclos de mercado e flutuações nos preços que são produto do ambiente geral de investimento. Normalmente, o efeito negativo da violação de deveres de informação apenas se revela quando o mercado em geral entra em declínio, sendo assim natural a confusão entre danos resultantes do comportamento ilícito do emitente e danos gerais sentidos no mercado[1312]. Por outro lado, a possibilidade de liquidação do negócio abre a porta a especulação sem risco pelo investidor, à custa do informante: basta que conserve os valores mobiliários afetados pela informação durante o prazo em que a responsabilidade se mantém e, caso o preço caia ou estagne, reclame a liquidação do contrato[1313].

No entanto, esta constatação não perturba a possibilidade de reconstituição natural nem constitui particularidade do mercado de capitais. Quando a reposição *in natura* não seja possível, não repare integralmente os danos, ou seja excessivamente onerosa para o devedor, a indemnização é fixada em dinheiro (artigo 566.º/1 do CC). A eventual imputação do risco de mercado ao informante suscita antes um problema de proibição de enriquecimento do lesado[1314] e de exigibilidade do dever de indemnizar, tendo em conta a sua potencial excessiva onerosidade. Estabelecer o que deve ser considerado excessivamente oneroso depende de uma ponderação dos custos

de proteção e (ii) inexistência de dolo do lesante, necessário para a constituição em responsabilidade. De acordo com a tese que defendemos, o primeiro argumento é irrelevante, na medida em que a existência de responsabilidade civil é independente do caráter de norma de proteção da disposição violada, ao passo que o segundo não deve chegar, sequer, a ser equacionado entre nós, na medida em que não existe qualquer fundamento — legal ou sistemático — para introduzir uma limitação de responsabilidade em função do grau de censurabilidade do comportamento do agente.

1312 Cf. Wagner, *Schadensberechnung* cit., 514; Sauer, *Kausalität* cit., 30.

1313 Cf. Rützel, *Der aktuelle* cit., 76. Naturalmente não ficaria excluída a atuação do instituto do abuso do direito, mas com as dificuldades que lhe são inerentes.

1314 Como salienta Pereira Coelho, *O problema* cit., 160, "a ideia de compensação (...) significa que a indemnização deve compensar todo o dano sofrido pelo lesado, e só o dano. Ora dizer que a indemnização não deve proporcionar ao lesado um lucro, ou não deve enriquecer o lesado, não é senão exprimir por uma outra fórmula a ideia de compensação, na última direcção indicada". De facto, "parece difícil continuar a falar de uma mera compensação, tal como ela é traduzida na fórmula da diferença, quando o lesado recebe mais do que corresponde ao que falta no seu património por virtude do evento lesivo" (Paulo Mota Pinto, *Interesse* cit., I, 712). Sublinhando que, em caso de concurso de causas, se se permitisse a "rescisão", o responsável estaria a coberto dos riscos gerais do mercado e ficaria em posição mais favorável do que estaria sem o evento lesivo, cf. Margarida Azevedo de Almeida, *A responsabilidade* cit., 364 ss. Nestes casos, só estará ao seu alcance pedir o ressarcimento do dano da diferença.

da reconstituição natural e dos custos da indemnização por equivalente. Neste juízo, o interesse do lesado serve como padrão delimitador da onerosidade excessiva[1315]: veja-se, por exemplo, o artigo 493.º-A/2, do CC[1316], que representa um afloramento da ideia de que o lesado deve ser colocado na situação em que estaria se não tivesse existido facto ilícito, mesmo que o custo da reconstituição natural seja bastante superior ao valor do bem danificado[1317].

[1315] A indemnização específica é excessivamente onerosa quando a sua exigência atente gravemente contra os princípios da boa fé, porque o esforço exigido ao lesante não tem "qualquer equivalência com a vantagem do lesado" (Menezes Cordeiro, *Tratado* cit., VIII, 725). Assim, de forma a não perigar o direito do lesado a dispor do seu património, esta previsão deve ser interpretada restritivamente: apenas a manifesta desproporção da reconstituição natural autoriza o cômputo do dano por meio da teoria da diferença. Cf. Menezes Leitão, *Direito das obrigações* cit., I, 402 e 403. Em caso de onerosidade excessiva da reposição natural, apenas a requerimento do devedor esta se converterá em obrigação pecuniária. Cf. Pires de Lima/Antunes Varela, *Código Civil anotado* cit., I, 582.

[1316] No qual se determina que a indemnização pelas despesas resultantes do tratamento de animal lesionado é devida ainda que estas se computem em quantia superior ao valor monetário que possa ser atribuído ao animal. Solução similar pode ser encontrada no § 251 II BGB. No entanto, há também que interpretar "em termos amplos" a excessiva onerosidade da reposição natural, atendendo aos interesses de ordem moral ou sentimental do devedor, evitando que o automobilista que atropela um cão alheio seja obrigado a entregar um cão próprio, de valor venal correspondente, mas com elevado valor estimativo. Assim, Pessoa Jorge, *Direito das obrigações,* Lisboa, 1975-76, 605.

[1317] A discussão acerca dos contornos da onerosidade excessiva é comummente colocada a propósito dos acidentes de viação de que resultam danos em veículos com reduzido valor comercial e cujos custos de reparação superem esse valor. Em situações desse tipo, a limitação da indemnização em função do valor do veículo implicaria não indemnizar devidamente o lesado, já que um veículo muito usado, embora fique desvalorizado, satisfaz ainda as necessidades de deslocação do seu proprietário, enquanto a quantia, muitas vezes irrisória, equivalente ao seu valor comercial pode não as assegurar, ou seja, pode não colocar o lesado na posição em que estaria se não fossem os danos. Cf. STJ 7-jul.-1999 (Aragão Seia), Proc. 99A477, Colectânea de Jurisprudência do Supremo Tribunal de Justiça, 1999, tomo III, 16-19; STJ 27-fev.-2003 (Ferreira Girão), Proc. 02B4016, Colectânea de Jurisprudência do Supremo Tribunal de Justiça, 2003, tomo I, 112-114, com anotação favorável de Júlio Gomes, *Custo das reparações, valor venal ou valor de substituição? Anotação ao acórdão do STJ de 27.7.2003,* CDP 3 (2003), 55-62 [para o Autor, a excessiva onerosidade apenas pode ser decidida no caso concreto, pesando os interesses do lesado e lesante, determinando até que ponto é "exigível ao lesante suportar o custo das reparações por tal corresponder a um interesse digno de tutela do lesado na integridade do seu património" (pp. 61 e 62)]; STJ 10-fev.-2004 (Ponce de Leão), Proc. 03A4468. "Por isso, para apurar se a reconstituição natural é excessivamente onerosa, não basta ter em conta apenas o valor venal do veículo, mas, ainda e cumulativamente, o valor que tem o uso que o seu proprietário extrai dele e que se computa pelo facto de o proprietário ter à sua disposição um automóvel que usa, de que dispõe, de que desfruta e que a mera consideração do valor venal "tout court" sonega, elimina ou omite". Sobre a questão, cf. Menezes Leitão, *Direito das obrigações* cit., I, 403, nota 917, para quem deve ser considerado, não o valor comercial de venda do veículo, mas, antes,

A limitação da reconstituição natural por via da onerosidade excessiva não é mais do que uma concretização do princípio da boa-fé no domínio específico da obrigação de indemnizar. No mercado de capitais, a questão apresenta particularidades que a afastam dos problemas que surgem nos casos tradicionais. Certo é que da restituição do preço pago pelo valor mobiliário, desconsiderando a posição em que o lesado estaria se tivesse suportado os riscos gerais de mercado, pode efetivamente resultar um enriquecimento por via do dever de indemnizar. Por isso, o perigo de sobrecompensação tem de ser tomado em conta, ainda que não conduza à impossibilidade de reconstituição

o que custaria ao lesado a sua compra. Esta é solução que resulta do artigo 41.º/2 e 3 do regime do sistema de seguro obrigatório de responsabilidade civil automóvel (Decreto-Lei n.º 291/2007, de 21 de agosto), no qual se determina que o valor da indemnização por perda total corresponde ao valor venal do veículo antes do sinistro (que corresponde ao seu valor de substituição no momento anterior ao acidente), deduzido do valor do respetivo salvado, caso este permaneça na posse do seu proprietário. No mesmo sentido, cf. Calvão da Silva, *Concorrência entre risco do veículo e facto do lesado: o virar de página?*, RLJ 137 (2007), 49-64. Cf., também, Paulo Mota Pinto, *Interesse* cit., I, 569 ss., nota 1641, embora com considerações tecidas ainda ao abrigo do Decreto-Lei n.º 522/85, de 31 de dezembro (seguro obrigatório de responsabilidade civil automóvel), entretanto revogado, no qual se previa que existia "perda total", devendo a indemnização ser atribuída em dinheiro, quando o "valor estimado para a reparação dos danos sofridos, adicionado do valor do salvado, ultrapassa 100% do valor venal do veículo imediatamente antes do sinistro" [artigo 20.º-I/1, *c)*]. O Autor considerava, com bons motivos, que o regime merecia "as maiores reservas, eventualmente mesmo de inconstitucionalidade". Na Alemanha, o BGH, também num caso relacionado com um acidente de viação, considerou que, embora, em princípio, ao lesado apenas deva ser concedida uma compensação pelos custos de reparação, poderá ter direito a receber o valor de aquisição de substituto, como segunda forma de reconstituição natural. Cf. BGH 20-jun.-1972 — VI ZR 61/71, NJW 1972, 1800, 1801. De acordo com este Tribunal, a reconstituição natural apenas deverá ser considerada excessiva quando o custo de reparação for superior ao custo de compra de um automóvel de substituição em 30%. Assim, a excessiva onerosidade depende não apenas da comparação entre o valor comercial da coisa e o custo da sua reparação integral, mas também do uso que o proprietário lhe dava e da possibilidade de que dispõe de adquirir outra igual pelo mesmo valor. Cf. Fikentscher/Heinemann, *Schuldrecht* cit., Rn. 674. A situação é distinta no mercado de capitais. Se o automóvel for reparado — sendo despendido no arranjo mais do que o seu valor comercial — o lesado não fica enriquecido, porque, naturalmente, o automóvel não vale mais depois do acidente e da reparação do que antes. Já na hipótese de danos sofridos pelos investidores no mercado de capitais o cenário é diferente.

natural[1318]. Impõe-se, sim, uma solução que reequilibre a distribuição do risco de mercado[1319].

Essa redistribuição pode ser devidamente alcançada concedendo ao devedor a possibilidade de, nos termos gerais, se servir dos prejuízos que o investidor teria sofrido caso tivesse investido noutros valores mobiliários para demonstrar a excessiva onerosidade da reconstituição natural. No fundo, trata-se de ter em atenção o prejuízo potencialmente resultante de investimentos alternativos como forma de obviar à reconstituição *in natura*[1320]. A prova do risco associado a investimentos alternativos não permite afastar o direito do lesado à indemnização — como já vimos — mas pode justificar a preterição da reconstituição natural, para evitar o seu enriquecimento: no mercado, o foco não é o interesse na utilização da coisa, mas a obtenção de lucro mediante a assunção de riscos correspondentes à expetativa de rendimento, pelo que, tipicamente, o lesado, conhecendo a fraude, teria investido de forma diferente, ao invés de se ter abstido de investir[1321]. Se houvesse reconstituição

[1318] Cf. a conclusão final de WAGNER, *Schadensberechnung* cit., 519, após análise do regime da obrigação de indemnizar; SAUER, *Kausalität* cit., 31, notando, adicionalmente, que a responsabilização excessiva vai para lá daquilo que seria exigido sob o prisma da prevenção de comportamentos ilícitos e teria um efeito adverso na vontade de os emitentes divulgarem informação, o que, em última análise, importa consequências para a eficiência do mercado; cf. ainda SCHMITT, *Die Haftung* cit., 135 ss.; HUTTER/LEPPERT, *Das 4. Finanzmarktförderungsgesetz* cit., 655. Já HELLGARDT, *Kapitalmarktdeliktsrecht* cit., 502, considera que a indemnização do dano da diferença é o modelo-base em matéria de responsabilidade civil no mercado de capitais, apenas sendo de recorrer à solução da restituição caso o investidor tenha sofrido com o investimento um dano considerável para além da diferença, desde que abrangido pelo objetivo de proteção da responsabilidade civil no mercado. Será o caso de perda de liquidez do investimento; na falta de um mercado secundário funcional onde o investidor possa alienar os valores, a indemnização da diferença não será suficiente para compensar o lesado. Também SAUER, *Kausalität* cit., 33 ss., entende que a indemnização pelo dano da diferença é a única forma de cômputo que assegura uma indemnização exclusivamente dos danos sofridos em resultado das falhas da informação, evitando-se o risco de sobrecompensação. No fundo, o lesado apenas é indemnizado pelos danos efetivos e o lesante apenas compensa os danos que expectavelmente resultam do seu comportamento, sem se tornar num garante das decisões de investimento dos participantes no mercado.

[1319] Por vezes defende-se que não há que temer a transferência do risco de mercado para o informante nos casos em que o lesado não teria comprado os valores mobiliários se não fosse a informação falsa. Cf. VEIL, *Die Ad-hoc-Publizitätshaftung* cit., 387 ss.

[1320] Neste sentido, cf. MÖLLERS/LEISCH, *§§ 37b, c, Kölner Kommentar zum WpHG* cit., 312 ss. Os Autores consideram essencial atribuir relevância ao risco dos investimentos alternativos porque os deveres de informação a cargo do emitente não pretendem proteger os participantes do risco geral do mercado, mas antes defender o seu património e as respetivas decisões de investimento racionais.

[1321] Cf. MÖLLERS/LEISCH, *Schaden* cit., 1076. Por outro lado, com exceção do mercado cinzento, é possível analisar no mercado como se desenvolveram os investimentos alternativos.

natural, poderia ocorrer um locupletamento à custa do lesante. Feita essa demonstração, o cômputo do dano deve seguir as regras gerais, indemnizando-se o dano da diferença nos termos do artigo 566.º/2 do CC.

O que não é certamente possível é negar em absoluto a reconstituição natural por via da liquidação do negócio jurídico no mercado de capitais e entender que as falhas na informação apenas geram o dever de indemnizar o dano da diferença, em contradição com o princípio-base afirmado quer no regime geral quer no regime mobiliário[1322]. É, aliás, manifesto que as consequências práticas de tal solução não se coadunam com o sistema geral de responsabilidade civil, como tem sido demonstrado com apelo a alguns casos-limite. Pense-se no exemplo apresentado por MÖLLERS/LEISCH[1323], em que um investidor adquire um conjunto de obrigações, com o objetivo de garantir a sua reforma, desconhecendo que o emitente, na data da compra, devido a uma fraude contabilística de larga escala, sofre problemas de liquidez. Com base na informação disponível, uma agência de *rating* atribui a classificação "A", sendo que a classificação em caso de divulgação da informação correta seria "C". A tese que obsta à liquidação do negócio aquisitivo falha perante a real natureza e as peculiaridades do mercado, bem como do propósito do regime jurídico de responsabilidade civil por informações. Não fora a informação falsa, não se teria gerado um mercado tão amplo para o produto financeiro e o emitente estaria obrigado a pagar pelas obrigações uma taxa de juro consideravelmente superior, certamente acima da média. Confrontamo-nos, pois, com uma situação em que foi o emitente que, através da sua deceção, criou o seu próprio mercado e em que o investidor que nele decidiu participar de forma a garantir a sua reforma pretendia um investimento seguro, pelo que não teria comprado obrigações com uma probabilidade de incumprimento que rondava os 50%[1324]. Feita a prova, é-lhe devida a opção de liquidar o negócio jurídico, sendo que a sua limitação resultaria numa manifesta desconformidade com o sistema, razão última pela qual não é possível preterir

1322 Assim, MÖLLERS/LEISCH, *Schaden* cit., 1075.

1323 *Schaden* cit., 1075 e 1076. O exemplo corresponde a uma combinação dos casos *Enron* e *Bond*, que ocuparam os tribunais alemães entre 1992 e 1994.

1324 Com exceção de alguns tipos de investidores, pode dizer-se que, de acordo com o curso típico de acontecimentos, quanto maior o risco anunciado, especialmente em caso de perigo de insolvência do emitente, menor a probabilidade de o investidor adquirir o valor mobiliário. Cf. MÖLLERS, *Die unterlassene* cit., 2396. Nos Estados Unidos, no caso *Shores v. Sklar*, 610 F.2d 235 (5th Cir. 1980), o Tribunal considerou que, quando tiver sido a própria fraude a criar o mercado, não é necessária a demonstração de confiança subjetiva.

o princípio civil geral da primazia da reconstituição natural. Uma correta distribuição do risco de mercado é salvaguardada pelas exigências aplicáveis à demonstração da causalidade e pela hipótese de o informante alegar e provar a onerosidade excessiva da restituição natural. Esta solução tutela devidamente o investidor, sem tornar o emitente garante das oscilações do mercado.

5.3. Reconstituição natural por via da redução do preço do negócio translativo. Dano da diferença e ressarcibilidade dos danos colaterais

Não obstante as conclusões anteriores, dissemos já que será pouco comum que a informação tenha influenciado a vontade de compra ou de venda do investidor. Cenário típico é aquele em que os factos divulgados — por via direta ou indireta — condicionaram o *valor* de aquisição ou alienação e não a *transação em si*. Neste caso, a liquidação do negócio jurídico encontra-se vedada, por não colocar o lesado na posição em que estaria se não fosse o facto ilícito, mas não fica arredada a possibilidade de indemnização específica. Quando o investidor tenha adquirido um valor mobiliário sobreavaliado, "reconstituir a situação que existiria se não se tivesse verificado o evento que obriga à reparação" (artigo 562.º do CC) obriga a compensar o lesado pela parte do preço que pagou em excesso. Verificados os pressupostos da responsabilidade civil, a indemnização por via específica equivale a "uma modificação (ou 'adaptação') do contrato para as condições do negócio hipotético, mais favorável, por exemplo com uma redução do preço"[1325]. Ou seja, a restituição natural deve corresponder à diferença entre o preço de compra e o preço que se teria formado na data da transação caso a informação tivesse sido corretamente divulgada ao mercado[1326], o que nos Estados Unidos tem sido qualificado como *out-of-pocket loss*[1327]. Na hipótese de o dano resultar da venda de um

[1325] Paulo Mota Pinto, *Interesse* cit., II, 1412 e 1413.

[1326] Não aderimos, pois, à tese de Fleischer, *Das vierte Finanzmarktförderungsgesetz,* NJW 41/2002, 2977-3048 (2981 ss.), segundo a qual a determinação do dano implica uma comparação entre o preço de mercado no dia do incumprimento do dever de informar e o preço depois de ser corrigida a informação.

[1327] Cf. Janet Alexander, *Rethinking damages* cit., 1490 ss.; Ann Morales Olazàbal, *Loss causation* cit., 360; Elizabeth Burch, *Reassessing* cit., 388 ss. Na decisão *Green v. Occidental Petroleum* [541 F.2d 1335 (9th Cir. 1976)] esclareceu-se que a *out-of-pocket loss* corresponde a "uma medida que fixa a diferença entre o preço de compra e o valor da ação na data da aquisição. A diferença é causada pela deturpação da informação pelo lesante. Mede, precisamente, a extensão em que o investidor pagou mais do que teria sido necessário. Aprofunda a finalidade na rule 10b-5 sem sujeitar o lesante a compensar danos que se assemelham a um 'desastre natural'". Entre nós, sobre

valor mobiliário de que o lesado já era titular à data da divulgação da informação falsa, ao investidor é devida a diferença entre o preço auferido com a alienação e aquele que se teria formado no mercado se não fosse o facto ilícito.

Tipicamente, a modificação do negócio jurídico por via indemnizatória defronta-se com o problema de saber se deve ser aceite a prova de uma vontade hipotética contrária do agente que cometeu o facto ilícito e culposo ou se, pelo contrário, é possível prescindir da vontade do informante para o negócio alternativo que teria sido concluído[1328]. O domínio particular em que nos encontramos permite ultrapassar este obstáculo: a natureza da negociação em mercado e o funcionamento dos mecanismos de formação dos preços determinam a irrelevância da vontade do emitente (ou da contraparte negocial, no caso de transações no mercado secundário) na fixação do valor de venda dos instrumentos mobiliários.

Computar o dano real depende, pois, de apurar o preço pelo qual o investidor teria adquirido ou alienado o valor mobiliário se não existisse erro do mercado. Nesse cálculo, a ajuda das teorias financeiras que alicerçam o modelo de tutela que construímos é limitada[1329]. Mesmo que o preço dos valores mobiliários reflita toda a informação disponibilizada ao público — o que justifica a ingerência do emitente na esfera do investidor em virtude do seu controlo sobre a informação divulgada — , não sabemos como e em que medida essa informação é incorporada: as alterações de preço nunca são monocausais e são conhecidas as reações irracionais dos mercados, bem como as dificuldades na determinação dos comportamentos racionais hipotéticos. Ainda assim, o montante da obrigação de indemnizar não deixa de ser determinável com recurso a modernos métodos financeiros e, se necessário, a peritos que fornecem uma análise com um nível de certeza suficiente para permitir uma estimativa judicial do dano, conforme veremos adiante.

a *out-of-pocket loss*, cf., por todos, Paulo Mota Pinto, *Interesse* cit., I, 282 ss. e, especificamente, no domínio da responsabilidade por informações no mercado de capitais, cf. Margarida Azevedo de Almeida, *A responsabilidade* cit., 300 ss. Sem utilizar a terminologia anglo-saxónica, ainda que a propósito do concreto problema da privatização da Sociedade Financeira Portuguesa, Antunes Varela, *Anotação* a *Tribunal Arbitral. Acórdão de 31 de Março de 1993*, RLJ 126 (1993), 347-352 (351), pronuncia-se materialmente no mesmo sentido.

1328 Sobre a questão, cf., por todos, Paulo Mota Pinto, *Interesse* cit., II, 1417 ss.

1329 Em particular porque diferentes teorias financeiras podem conduzir a resultados divergentes relativamente ao cômputo dos danos. Cf. Bradford Cornell/Gregory Morgan, *Using finance theory to measure damages in fraud on the market cases*, 37 UCLA Law Review (1990), 883-923 (913 ss.), disponível em https://heinonline.org.

Em algumas situações, porém, a reconstituição natural não repara integralmente os danos ou surge como excessivamente onerosa para o lesante. A excessiva onerosidade, como referimos, pode resultar de a restituição natural determinar a imputação ao agente do risco geral de mercado, caso em que deve ser concedida ao informante a possibilidade de demonstrar o risco associado a investimentos alternativos, de modo a que a obrigação de indemnizar seja enformada pela teoria da diferença. Mas é também possível que não se alcance o total ressarcimento dos danos através da reconstituição natural. Será o caso, *v.g.*, de o participante no mercado, não fora a informação falsa, ter investido noutros ativos rentáveis (lucro cessante do interesse negativo) ou de a informação falsa ter causado outros danos — ditos colaterais — mais extensos do que a diferença entre o preço efetivamente pago e aquele que hipoteticamente se teria formado no mercado. A existência de prejuízos decorrentes da preterição de outras oportunidades, assim como o montante que teria alternativamente sido realizado no mercado, devem ser provados pelo lesado que queira ser compensado pelos danos que globalmente sofreu[1330].

A indemnização do lucro cessante é cumulável com as despesas desaproveitadas pelo investidor com a conclusão do negócio jurídico, desde que não exista duplicação da indemnização do dano, o que aconteceria caso fossem compensados os custos fixos desse negócio — que devem ser deduzidos ao *lucrum cessans* — e não apenas os custos variáveis, i.e., custos associados exclusivamente ao negócio cuja frustração gera o dever de indemnizar[1331]. As despesas inutilizadas devem integrar os danos indemnizáveis por analogia com aquelas em que o lesado incorre por causa do não cumprimento e que, por isso, não são desaproveitadas[1332].

Considerando que o lucro cessante corresponde a vantagens que apenas hipoteticamente teriam sido obtidas, as dificuldades probatórias são evidentes[1333], o que autoriza o recurso a provas de primeira aparência ou presunções de facto, "por apenas estar em causa uma mera questão de avaliação do montante de danos cuja existência está fora de causa (...), sendo suficiente

[1330] Cf. Margarida Azevedo de Almeida, *A responsabilidade* cit., 364, sublinhando que, nestes casos, estão em causa prejuízos cuja verificação depende da situação concreta de cada investidor, pelo que a estes incumbe fazer a prova de que a irregular formação do preço conduziu à perda desses lucros de investimentos alternativos. Cf., também, Piekenbrock, *Der Kausalitätsbeweis* cit., 432.

[1331] Cf. Paulo Mota Pinto, *Interesse* cit., II, 1099 ss.

[1332] Cf. Maria de Lurdes Pereira, *A indemnização de despesas inutilizadas na responsabilidade obrigacional*, Coimbra, 2020, *passim*. Para a Autora, esta analogia autoriza uma exceção à exigência de causalidade na responsabilidade civil obrigacional.

[1333] Aspeto salientado por Paulo Mota Pinto, *Interesse* cit., II, 1101 ss.

que o lesado tivesse, com uma probabilidade clara ou predominante, concluído outro negócio e obtido a partir dele um lucro"[1334]. Não se afigura necessário que o lesado prove que existiu uma alternativa negocial concreta, bastando a invocação da possibilidade abstrata de ter concluído um negócio de substituição. Entende-se que apenas quando o investidor pretenda demonstrar que teria conseguido realizar um lucro superior ao correspondente às condições de mercado deverá fazer prova dessa concreta alternativa mais vantajosa, não sendo suficiente, nessa hipótese, a simples probabilidade[1335].

Por outro lado, evidenciando também que a indemnização específica poderá não reparar integralmente os danos, surgem, normalmente associados ao comportamento ilícito do emitente, danos colaterais, em particular danos reputacionais da sociedade ou relacionados com sanções legais que previsivelmente lhe serão aplicadas. Um estudo americano conduzido por Jonathan Karpoff/Scott Lee/Gerald Martin[1336] analisou 585 emitentes que foram sancionados pela SEC por vícios na divulgação de informação financeira ao mercado entre 1978 e 2002 e concluiu que os prejuízos reputacionais incorporados pelo mercado no preço dos valores mobiliários correspondiam a 2/3 da descida de preço e a totalidade dos danos colaterais a 3/4 dessa descida. Estes danos devem, ainda, ser imputados ao informante e, por isso, estão incluídos no âmbito do dever de indemnizar, independentemente da forma como se entenda ser de formular o juízo de imputação. A previsão de deveres de informação que vinculam o emitente tem como objetivo prevenir danos específicos (por confronto com danos arbitrários ou indiferenciados), que frustrem a proteção do investidor ou o regular funcionamento do mercado, incluindo-se estes danos ainda no escopo de proteção da norma violada[1337]. Note-se, ainda, que não só a falha informativa concorre para

1334 Cf. Paulo Mota Pinto, *Interesse* cit., II, 1105-1107. O Autor considera que a referência do artigo 564.º/1 do CC aos benefícios que o lesado deixou de auferir em consequência da lesão deve ser interpretada no sentido de abranger os benefícios que deixou de auferir porque *provavelmente os teria obtido segundo o curso regular dos acontecimentos*.

1335 Cf. Paulo Mota Pinto, *Interesse* cit., II, 1108.

1336 *The cost to firms of cooking the books*, Journal of Financial and Quantitative Analysis, 43, September 2008, 581-612 (582), disponível em https://ssrn.com/abstract=652121.

1337 Cf. Carsten Schafer/Martin Weber/Peter Wolf, *Berechnung und Pauschalierung des Kursdifferenzschadens bei fehlerhafter Kapitalmarktinformation*, ZIP 5/2008, 197-204 (202). Embora se diga que uma indemnização pelos danos colaterais não pode resultar numa ajuda económica aos investidores (Klöhn, *Kollateralschaden* cit., 57), a verdade é que esta objeção se dirige não apenas à indemnização de danos colaterais, mas sim de todos os danos sentidos no mercado secundário. Assim, Wichmann, *Haftung* cit., 248.

a verificação dos danos, como estes são sua consequência típica, pelo que, à luz das regras de causalidade, a limitação do seu ressarcimento não encontra justificação. Preservar a integridade do mercado dependerá de ser alcançado um efeito dissuasor de comportamentos ilícitos geradores de responsabilidade civil, sendo contraproducente reduzir a indemnização em cerca de 75% com a exclusão dos danos colaterais (a que conduziria visão distinta), já que, numa relação custo/benefício, quanto menor for o montante da indemnização concedida ao investidor, menor será o número de pedidos ao abrigo do instituto da responsabilidade civil[1338].

Em qualquer destes casos, abre-se a porta à compensação por equivalente (artigo 566.º/1 e 2 do CC)[1339], cujo montante deve ser apurado à luz da teoria da diferença, de acordo com a qual haverá que comparar duas situações atuais: a real e a hipotética. Como é sabido, a teoria da diferença, cuja origem remonta a Mommsen, impõe uma compensação do interesse do lesado, tido como "a diferença entre o valor da propriedade de uma pessoa, tal como se encontra no seu estado atual, e o valor sem a intervenção de um particular

[1338] Cf. Wichmann, *Haftung* cit., 250 ss. e 259 ss. Note-se, porém, que é possível que a informação verdadeira, que foi omitida ou divulgada de forma errada ao mercado, seja avaliada positivamente pelos investidores, caso em que a omissão do dever de informar e as consequências reputacionais causam efeitos opostos no preço dos valores mobiliários. Relembremos o já referido caso *Geltl/Daimler* em que o afastamento de Schrempp da empresa foi interpretado positivamente pelo mercado, tendo as ações do emitente subido imediatamente após o anúncio da saída, o que pode ter sido devido a diversos fatores, como não ter o mercado, no momento da divulgação da informação, assumido uma falha de divulgação prévia (pelo que nenhum dano colateral foi incorporado no preço) ou ter sido publicado o relatório trimestral apenas 30 minutos antes. É normal que as perdas reputacionais sejam menores em caso de atrasos na divulgação de informação positiva (em que o dano dos investidores se traduz numa venda por preço demasiado baixo) do que na hipótese de correção de informação positiva prévia (em que os investidores adquiriram os valores mobiliários demasiado caros). Assim, nestas situações, no cômputo do dano colateral deve ser feito o desconto correspondente.

[1339] Nos casos em que a reconstituição natural não repare integralmente os danos, esta é complementada por uma entrega pecuniária compensatória. Não se trata, pois, de substituir a indemnização específica pela compensação por equivalente, mas apenas de complementar a primeira. Cf. Menezes Cordeiro, *Tratado* cit., VIII, 725.

evento lesivo, no momento em causa"[1340]-[1341]. Visa-se, pois, "a reposição da situação patrimonial do lesado"[1342].

A indemnização pelo dano da diferença pressupõe, nos termos gerais, desenvolver uma análise em três etapas: (i) determina-se o efetivo valor dos instrumentos mobiliários à data do cálculo, através de um juízo simples de multiplicação do número de instrumentos mobiliários de que o lesado é proprietário pelo seu preço; (ii) calcula-se, depois, a posição líquida hipotética do lesado, que depende do valor que os instrumentos mobiliários teriam à data da fixação da indemnização se não tivesse existido o comportamento ilícito; (iii) compara-se, por fim, as duas situações. A diferença corresponde ao dano indemnizável[1343].

As dificuldades de aplicação da teoria da diferença são, no entanto, óbvias, sobretudo no que respeita à densificação dos critérios de cômputo do dano,

[1340] Cf. FRIEDRICH MOMMSEN, *Zur Lehre von dem Interesse,* Braunschweig, 1855, 3 (tradução livre nossa). A definição deve ser adaptada, de forma a que a reconstituição natural não se tenha como limitada à indemnização dos danos patrimoniais. Pense-se no retrate ou pedido de desculpas após uma declaração difamatória, que constituem uma forma de reconstituição natural, ainda que imperfeita. Cf. PIRES DE LIMA/ANTUNES VARELA, *Código Civil anotado* cit., I, 577; PIEKENBROCK, *Der Kausalitätsbeweis* cit., 429. Atualmente, porém, a opinião dominante nota que qualquer posição que se baseie exclusivamente na comparação entre património atual e atual hipotético é insuficiente, já que, do ponto de vista do equilíbrio de interesses, conduz a resultados inaceitáveis, devendo considerar-se que apenas em alguns casos existe legitimação normativa para a determinação da indemnização se afastar de uma noção naturalística subjetivo-concreta de dano. Assim, por exemplo, no caso clássico em que A e B, independentemente, querem matar o cão de C e cada um lhe administra uma quantidade suficiente de veneno para provocar a sua morte, se a dose de A atuar mais rapidamente, A será responsável pela morte do cão. Contudo, do ponto de vista da teoria da diferença, à data da decisão judicial de cômputo do dano, o cão estaria morto de qualquer forma. Na medida em que este resultado é gritantemente injusto, deve ser corrigido com a teoria do dano objetivo. Por isso, a jurisprudência tem crescentemente adaptado a teoria da diferença de forma a que seja indemnizado, como mínimo, o dano objetivo. Não existem, no entanto, critérios gerais que esclareçam quando é justificado um afastamento da teoria da diferença. Cf. FRANZ JÜRGEN SÄCKER, *Objektiver Schaden und hypothetische Schadensminderung. Die Erfassung von Reserveursache und rechtmäßigem Alternativverhalten im modernen Schadensersatzrecht,* em *Festschrift für Ulrich Immenga zum 70. Geburtstag. Wirtschafts- und Privatrecht im Spannungsfeld von Privatautonomie, Wettbewerb und Regulierung,* München, 2004, 679-687 (680-683).

[1341] Sobre a teoria da diferença, cf., por todos, com múltiplas referências, PAULO MOTA PINTO, *Interesse* cit., I, 727 ss. e *Interesse* cit., II, 1506-1511.

[1342] MENEZES LEITÃO, *Direito das obrigações* cit., I, 403, com indicações jurisprudenciais.

[1343] Estes são os contornos da teoria da diferença em Portugal (artigo 566.º/2 do CC). Na Alemanha, a ideia de restituição de acordo com a comparação entre as situações atual e hipotética pode ser encontrada a propósito da reconstituição natural (§ 249 I BGB), mas tem-se entendido também aplicável à indemnização por equivalente (§ 251 BGB).

tornando-se necessário distinguir entre o momento da sua verificação e aquele que releva para a respetiva quantificação. Se este último corresponde à data "mais recente que puder ser atendida pelo tribunal" (artigo 566.º/2 do CC), i.e., ao termo da audiência de discussão e julgamento, a data da ocorrência do dano é controversa[1344].

O prejuízo, segundo nos parece, apenas se materializa quando a informação é corrigida (ou quando é por qualquer via incorporada no mercado), visto que, até essa altura, o investidor é titular de um valor mobiliário ainda sobrevalorizado no exato montante que suportou a mais na data da transação, anulando a verificação do prejuízo patrimonial[1345]. A partir do momento em que o mercado assimila a informação verdadeira, o instrumento mobiliário deixa de estar sobreavaliado, o que envolve a diminuição de uma utilidade protegida pelo direito (o património do investidor)[1346].

Contudo, para computar a exata diminuição patrimonial há que apurar o preço pelo qual o investidor teria adquirido o valor mobiliário se não existisse erro do mercado. Mesmo que o dano se materialize num momento posterior, o seu montante estará sempre dependente do apuramento da importância paga em excesso pelo instrumento mobiliário. A potencial venda dos valores mobiliários surge como realização de uma vantagem a partir de um facto danoso, que deve ser descontada no montante do dano, situação recondutível à lógica do instituto da *compensatio lucri cum damno*[1347], também denominado

[1344] Como apontam PAULA COSTA E SILVA/NUNO TRIGO DOS REIS, *Estabilidade* cit., 287-325, o momento relevante para o cômputo do dano é o termo da audiência de discussão e julgamento. A respeito do artigo 566.º/2 do CC e do facto de a doutrina apontar que o preceito representa a consagração legal da teoria da diferença, notam os Autores (pp. 293 ss.), que, apesar de esta ser a melhor interpretação à luz da intenção histórica do legislador, não é o único significado suscetível de ser atribuído ao preceito. Outra hipótese interpretativa é a de que o artigo se limitaria a fixar o termo *ad quem* do prazo processual para que sejam invocados os danos que o credor pretende que sejam indemnizados pelo réu. Até ao termo da audiência de discussão e julgamento pode ser incrementado o objeto do processo com todas as alegações fácticas relativas ao dano. Os Autores concluem (pp. 317 ss.) que a finalidade da norma é estritamente processual.

[1345] Por isso, se vender o valor mobiliário antes da quebra do preço não há dano. Cf. MARGARIDA AZEVEDO DE ALMEIDA, *A responsabilidade* cit., 315, 330.

[1346] Cf. BAUMS, *Haftung* cit., 189; EKKENGA, *Fragen der deliktischen Haftungsbegründung bei Kursmanipulationen und Insidergeschäften*, ZIP 2004, 781-792 (784). Contra, cf. MAIER-REIMER/WEBERING, *Ad hoc-Publizität* cit., 1861; WAGNER, *Schadensberechnung* cit., 526; WEICHERT, *Der Anlegerschaden* cit., 211 ss., WICHMANN, *Haftung* cit., 244.

[1347] Cf. SAUER, *Kausalität* cit., 34, que defende que, caso o investidor tenha vendido os valores mobiliários antes da correção da informação, deve receber o mesmo montante (diferença entre preço de compra real e hipotético), descontando o valor que obteve com a sua venda. Já MERRITT

"compensação de vantagens" ou "compensação de benefícios"[1348], o qual intervém para delimitar a indemnização[1349].

O modelo típico para calcular o preço que se teria formado no mercado não fora o comportamento ilícito é o *event study* (estudo de evento), mediante o qual se compara a oscilação percentual diária do preço de mercado das ações ordinárias de uma empresa (*return*) com o retorno previsto por um modelo de mercado baseado em índices como o *S&P 500 Index* ou o *NASDAQ Composite Index*. O modelo de mercado descreve a relação normal entre o retorno das ações ordinárias da empresa e o retorno sobre os índices de mercado. Quando são divulgadas novas informações societárias relevantes, o modelo é utilizado para aferir a parte do retorno das ações que seria esperado com base no retorno global do mercado, devendo o remanescente ser atribuído à nova informação divulgada. Se o valor sobrante corresponder a um retorno fora da faixa de volatilidade normal da ação (medido pelo modelo de mercado), então, é considerado estatisticamente significativo[1350]. Esta técnica de análise empírica tem sido utilizada pela literatura académica americana em variadas questões de *corporate finance*, incluindo para avaliar o impacto de demonstrações de resultados ou da adoção de diferentes mecanismos de governo societário no valor da empresa[1351]. Na sequência da decisão *Dura*, difundiu-se nos Estados Unidos também nos casos de *securities litigation*, para auxiliar a estabelecer

B. Fox, *Civil liability and mandatory disclosure*, Columbia Law Review, vol. 109, 2009, 1-83 (49 ss.), disponível em http://papers.ssrn.com/sol3/papers.cfm?abstract_id=1115361, defende que apenas os acionistas do emitente devem ter direito a uma indemnização por falhas na informação, já que a alienação dos valores mobiliários no mercado durante o período da fraude não implica real prejuízo. Recorde-se, neste ponto, a ideia de mercado como jogo de soma zero. Em geral, sobre a *compensatio lucri cum damno*, cf. Antunes Varela, *Das obrigações* cit., I, 937 ss.; Menezes Cordeiro, *Tratado* cit., VIII, 730 e 731; Menezes Leitão, *Direito das obrigações* cit., I, 404 e 405; Paulo Mota Pinto, *Interesse* cit., I, 710 ss.; especificamente no domínio da responsabilidade civil pelo prospeto, cf. Margarida Azevedo de Almeida, *A responsabilidade* cit., 370.

1348 Cf. Paulo Mota Pinto, *Interesse* cit., I, 710, para quem estas expressões são provavelmente mais corretas.

1349 Cf. Menezes Cordeiro, *Tratado* cit., VIII, 730.

1350 Os *event studies* também determinam a probabilidade de um movimento do preço se dever a notícias divulgadas sobre um certo evento, e não a um mero acaso. Por isso, podem quantificar objetivamente os movimentos de preços de mercado associados à divulgação de novas informações para avaliar a relevância destas para os investidores. Cf. Frank Torchio, *Proper event study analysis in securities litigation*, The Journal of Corporation Law, vol. 35:1, 2009, 159-168 (160 e 161), disponível em http://lesliecaton.com/wordpress/wp-content/uploads/2012/01/A7-Torchio.pdf.

1351 Cf. Jonah B. Gelbach/Eric Elland/Jonathan Klick, *Valid inference in single-firm, single-event studies*, American Law and Economics Review, vol. 15, n.º 2, 2013, 495-541 (499).

a existência de distorções no preço tanto no momento da divulgação dos factos falsos, como após a correção da informação no mercado[1352]. Através do recurso a um perito constrói-se uma *value line* que represente o valor real das ações caso os investidores conhecessem a informação que não foi revelada[1353]. Com esse ponto de partida seria possível calcular as perdas individuais comparando o preço efetivamente pago com a *value line* construída[1354]. Embora os *event studies* tenham sido considerados confiáveis, os desafios metodológicos que apresentam, bem como a sua propensão para o erro recomendam uma interpretação cautelosa dos resultados, nomeadamente porque apenas são seguros para estabelecer uma relação empírica entre a informação e a reação do preço no mercado e não quando está em causa desacreditá-la[1355]. Por outro lado, somente são aptos para demonstrar que o mercado reagiu à informação e não para fixar a medida em que esta foi incorporada nos preços, o que leva

[1352] Cf. Jill E. Fisch/Jonah B. Gelbach/Jonathan Klick, *The logic and limits of event studies in securities fraud litigation*, Texas Law Review, vol. 96, 2018, 553-621 (561), disponível em https://ssrn.com/abstract=2817090. Mesmo antes do caso *Dura*, os tribunais americanos já tinham considerado que os *event studies* eram uma forma adequada de demonstrar que as oscilações dos preços no mercado tinham sido causadas por informação falsa. Cf. *Vivendi Universal, S.A., Sec. Litig.*, 634 F. Supp. 2d 352, 364 (S.D.N.Y. 2009); *Apollo Group Inc. Securities Litigation*, 509 F.Supp.2d 837, 844 (D.Ariz., 2007), *Oracle Securities Litigation*, 829 F. Supp. 1176, 1181 (N.D. Cal, 1993); *Executive Telecard, Ltd. Sec. Litig.*, 979 F. Supp. 1021 (S.D.N.Y. 1997).

[1353] Cf. Janet Alexander, *Rethinking damages* cit., 1491; William W. Bratton/Michael L. Wachter, *The political* cit., 84 ss., 87. Na medida em que este modelo permite inferir qual o retorno expectável dos valores mobiliários caso não existisse fraude, afigura-se como uma aproximação do modelo do valor intrínseco das ações.

[1354] Cf. Elizabeth Burch, *Reassessing* cit., 390.

[1355] A ausência de movimentação do preço após a divulgação de informação falsa não significa necessariamente que esta não tenha deturpado o preço. O mercado pode demorar a reagir ou os factos falsos podem confirmar expetativas de mercado (no caso das já referidas *confirmatory lies*). Cf. Lucian A. Bebchuk/Allen Ferrell, *Rethinking* Basic, The Business Lawyer, vol. 69, n.º 3, 2014, 671-697, disponível em https://ssrn.com/abstract=2371304. Também a seleção da amostra de empresas e do intervalo temporal a analisar levantam problemas. Sobre os critérios que devem presidir a essa escolha, cf. Sanjai Bhagat/Roberta Romano, *Event studies and the law — Part I: technique and corporate litigation*, (2001), John M. Olin Center for Studies in Law, Economics, and Public Policy Working Papers. Paper 259, 1-33 (28 ss.) disponível em http://digitalcommons.law.yale.edu/lepp_papers/259. Por isso, como nota Fisch, *The trouble* cit., 918 ss., os *event studies* são ferramentas imperfeitas para medir os efeitos da transparência nos preços das ações, na medida em que os peritos devem selecionar um adequado intervalo de tempo que reflita a reação do mercado à informação, bem como identificar outros eventos que potencialmente interfiram no impacto dos novos factos no mercado. Na medida em que estes estudos se foquem numa única empresa e num pequeno número de comunicações serão enviesados contra os lesados.

a que, não raras vezes, peritos com acesso aos mesmos dados e factos apresentem conclusões diferentes quanto ao montante dos danos[1356].

Tomemos, como base de análise, um caso simples. No momento T1 as ações da sociedade A encontram-se a ser negociadas no mercado regulamentado pelo preço de 50 EUR. No momento T2, A faz uma comunicação *ad hoc* na qual representa de forma enganadora a situação financeira da empresa, provocando, com isso, um aumento do preço das ações, que passam a ser transacionadas por 100 EUR. O investidor B compra, nessa altura, 1000 ações. Passados seis meses (T3), em resultado de normais oscilações do mercado, as ações são valoradas em 40 EUR. Quando a informação é corrigida no mercado (T4) o preço cai para 30 EUR e, no momento em que o investidor pede a indemnização (T5), as ações apenas valem 20 EUR[1357].

O valor hipotético das ações em T2, caso o mercado estivesse livre de fraude, depende de um conjunto de fatores que não são quantificáveis com precisão, como o sentimento geral do mercado ou a reação dos investidores à informação correta. Por isso, temos de nos valer de critérios auxiliares para a respetiva determinação, surgindo como hipótese atribuir relevância ao preço de mercado antes da divulgação da informação falsa.

Se assim for, no caso, a situação do lesado na data mais recente que pode ser atendida pelo tribunal pode ser encontrada com recurso ao seguinte juízo: o lesado é titular de 1000 ações com o valor de 20 EUR cada. Não fora a informação falsa, o investidor teria despendido 50 000 EUR (1000 ações pelo valor unitário de 50 EUR), mas teria ações com um valor global de 20 000 EUR, pelo que o investidor teria com este negócio perdido 30 000 EUR. No cenário atual, o investidor é titular de ações que, de forma agregada, valem 20 000 EUR e pagou 100 000 EUR por elas, tendo a transação provocado um prejuízo de 80 000 EUR. A diferença de 50 000 EUR entre as duas situações patrimoniais corresponde ao montante que tem direito a receber. Com esta forma de cálculo evita-se sobrecompensar o lesado e exclui-se a imputação ao lesante do risco geral de mercado[1358].

Alternativamente, também já se defendeu que, em vez de se tomar em consideração a subida do preço provocada por um anúncio falso, pode antes atender-se à descida do preço após a correção da informação. Uma indução

[1356] Cf. Elizabeth Burch, *Reassessing* cit., 391; William W. Bratton/Michael L. Wachter, *The political* cit., 91 ss.

[1357] Seguimos na nossa explicação o exemplo de Wagner, *Schadensberechnung* cit., 521 ss.

[1358] Cf. Wagner, *Schadensberechnung* cit., 522. Já Baums, *Haftung* cit., 189 ss. apresenta dúvidas sobre se a teoria da diferença conduz a uma sobrecompensação do lesado.

para o passado (*rückwärtiger Induktion*)[1359] permite considerar que o preço após a correção da informação seria o preço que hipoteticamente se teria formado no mercado à data da transação. Este é o método maioritariamente adotado no ordenamento jurídico americano, por permitir suplantar complicados problemas de prova. Daí que tenha sido apelidado de *"expedient" out-of-pocket* por oposição ao *"true"out-of-pocket*[1360], sendo comum, após a decisão *Dura Pharmaceuticals,* não se atender à descida de preços em termos absolutos mas antes percentuais[1361]. No exemplo que tomamos como referência, a descida de preço após a correção da informação seria de apenas 10 EUR, correspondente a 25% do valor das ações (40 EUR/30 EUR). Essa percentagem deve ser aplicada ao preço historicamente praticado pelas ações (100 000 EUR), o que significa que o investidor teria pago 75 000 EUR por ações que valem 20 000 EUR no mercado. O prejuízo de 55 000 EUR (situação atual hipotética) deve ser comparado com a perda de 80 000 EUR efetivamente sofrida. Logo, o dano seria de 25 000 EUR.

Como bem se vê, a adoção de um ou de outro dos critérios referidos conduz a resultados diferentes. No primeiro cenário, o investidor teria direito a ser indemnizado no montante de 50 EUR por ação, ao passo que, no segundo, esse direito reportar-se-ia apenas a 25 EUR por ação.

As discrepâncias na reação do mercado perante o anúncio da informação falsa e a sua correção são bastante comuns e podem ser consideráveis caso a informação positiva atinja um mercado particularmente favorável, produzindo um efeito de euforia, e a correção da informação encontre um mercado em depressão. Em abstrato, é igualmente possível que a informação positiva não provoque uma intensa subida no mercado, mas que da sua correção resulte uma acentuada descida, como forma de penalização da empresa.

Importa, pois, saber qual o critério mais acertado para delimitar o dano indemnizável, considerando que nenhum deles se apresenta absolutamente satisfatório nem permite apurar com certeza o montante que deve ser suportado pelo informante. A indução para o passado tende a falhar quando se verificam os fenómenos já referidos de *information bundling*, de *overdisclosure*, de alteração da relevância dos vícios da informação durante o período de erro

[1359] Cf. *EM.TV* cit., 2454. A teoria foi introduzida por Fleischer, *Der Inhalt* cit., 1873 e tem merecido aceitação generalizada. No mesmo sentido, cf. Daniel Zimmer, *Verschärfung der Haftung für fehlerhafte Kapitalmarktinformation — Ein Alternativkonzept*, WM1/2004, 9-21 (18); Georg Maier-Reimer/Anabel Webering, *Ad hoc-Publizität* cit., 1861.

[1360] Cf. Ann Morales Olazàbal, *Loss causation* cit., 360.

[1361] No mesmo sentido, cf. Möllers/Leisch, *Schaden* cit., 1078.

do mercado (como acontecia, *v.g.*, no caso que apresentámos sobre duas empresas farmacêuticas concorrentes que disputam a obtenção da patente de um medicamento para o Alzheimer), de alteração das expetativas do mercado à data da correção da informação ou de ajuste gradual do curso de mercado antes da publicação da correção da informação, em resultado de *insider trading*[1362]. Havendo lugar a *information bundling*, já se defendeu que o preço hipotético dos valores mobiliários deveria ser calculado com recurso à *allocation approach*[1363], segundo a qual a proporção da relevância da informação incorreta na formação dos preços no mercado é apreciada com base na proporção da correção no valor total da informação corrigida. Assim, se o emitente retificar, numa só comunicação, duas previsões de ganhos, uma no montante de 3 milhões de euros e outra no de 7 milhões de euros, e o preço das ações descer 5 EUR, de acordo com o método de alocação, a descida de 1,50 EUR (30%) dever-se-á à correção da primeira estimativa e 3,50 EUR (70%) à segunda correção. Naturalmente, este método também defronta limitações, em especial quando o *information bundling* abrange informações com diferentes efeitos no mercado. Nesse caso, a única solução será utilizar estimativas sobre as reações passadas do mercado a informação comparável, mas que só são capazes de servir como aproximação ao efeito concreto da informação. A solução alternativa consistente na análise da reação do mercado no momento da divulgação da informação errada não tem em conta os danos colaterais, tipicamente mais elevados do que aqueles que advêm exclusivamente da informação, pelo que apenas pode apresentar-se como critério adequado se o resultado final for duplicado de forma a contabilizar esses danos[1364]. Em situações de *overdisclosure*, o método da indução para o passado propõe-se determinar o preço ajustado equivalente hipotético por via da definição exata da informação viciada ou omitida e estimando o seu efeito no preço, nomeadamente com recurso ao grau de certeza da informação falsa divulgada, sem que se trate, por isso, de uma perfeita indução para o passado[1365].

Os exemplos revelam as dificuldades de adoção isolada de um critério de indução para o passado, razão por que já se propôs a sua substituição por um

[1362] Cf. Lars Klöhn/Marius Rothermund, *Haftung wegen fehlerhafter* cit., 73 ss.

[1363] Sobre este, cf. Allen Ferrell/Atanu Saha, *Forward-casting 10b-5 damages: a comparison to other methods*, (17-abr. 2011) Harvard Law and Economics Discussion Paper; Harvard University John M. Olin Center for Law, Economics and Business Discussion Paper, 1-34 (15 ss.), disponível em https://ssrn.com/abstract=1811068.

[1364] Cf. Wichmann, *Haftung* cit., 256.

[1365] Cf. Wichmann, *Haftung* cit., 258 ss.

critério de *forward casting*, em que experiências passadas são empregues para determinar a reação do mercado à divulgação de certos eventos, sendo esta avaliada por relação com as expetativas do mercado, de forma a estabelecer os coeficientes de reação (*response coeficient*) dos preços no mercado. Estes coeficientes são posteriormente usados para apurar o preço que hipoteticamente se teria formado no mercado se não fora o facto ilícito[1366]. A impossibilidade de adoção exclusiva deste critério é, porém, posta em evidência pelo perigo de imputação do risco geral de mercado ao informante e pelo possível desfasamento entre a oscilação dos preços no momento da divulgação da informação falsa e no da sua correção, o que pode mostrar que o mercado sobrereagiu no primeiro momento ou penalizou a empresa no momento da publicação da verdade, assim inviabilizando uma conclusão definitiva quanto ao exato preço que se teria formado no mercado se não fosse a conduta ilícita.

Sempre que o montante exato dos danos não possa ser averiguado, cabe ao tribunal decidir equitativamente, dentro dos limites que tiver por provados, nos termos gerais do artigo 566.º/3 do CC. É a reação do mercado à divulgação da informação falsa e, num segundo momento, à sua correção que deve balizar o montante dos danos em que o tribunal pode condenar o informante, servindo, portanto, como limites da decisão com recurso à equidade. Voltando ao caso-base, o lesado teria direito a uma indemnização situada entre 25% e 50% do preço efetivamente pago[1367].

[1366] Sobre os coeficientes de reação e as suas vantagens face aos *event studies*, em particular nos casos em que seja necessário isolar o impacto da revelação dos factos verdadeiros no preço dos valores mobiliários face a outras notícias materiais e em que o aumento do valor das ações seja gradual ao longo do tempo, em resultado de uma sucessão de diversas comunicações falsas, cf. ESTHER BRUEGGER/FREDERICK C. DUNBAR, *Estimating financial fraud damages with response coefficients*, Journal of Corporation Law (2009), vol. 35:1, 11 disponível em https://ssrn.com/abstract=1438256. A adoção da ideia de *forward casting* é defendida por ALLEN FERRELL/ATANU SAHA, *Forward-casting* cit., 19-23. Já WICHMANN, *Haftung* cit., 265 ss., considera que, embora a teoria da indução para o passado seja propensa ao erro, a indução para o futuro também apresenta fragilidades, pelo que defende a adoção dos dois critérios de forma complementar.

[1367] Aderimos à tese de WAGNER, *Schadensberechnung* cit., 526 ss. Porém, o Autor parece defender que o montante da indemnização corresponde sempre à média aritmética dos dois limites. Julgamos que o tribunal, decidindo equitativamente, deve poder pender para um dos limites mencionados, embora, em caso de dúvida, a ponderação média dos dois surja como a resposta mais adequada. Repare-se, porém, que a solução é diferente daquela apresentada por SCHÄFER/WEBER/WOLF, *Berechnung* cit., 197 ss., que defendem a introdução, na lei, de um montante único de indemnização em caso de responsabilidade civil por informações, que corresponderia à diferença entre o preço médio dos valores mobiliários nas duas semanas anteriores à correção da informação e do preço médio nas duas semanas posteriores. Contudo, esta tese não ultrapassa os problemas que

Deste modo, em nosso entender, na compensação em dinheiro, a consideração da situação patrimonial global do lesado tem como consequência que a indemnização abranja tanto os danos colaterais, como os lucros cessantes do interesse negativo. Assim se coloca o lesado na posição em que estaria se tivesse celebrado o negócio jurídico noutros termos, em particular por um preço diferente, i.e., pelo preço que se teria formado no mercado se não fossem os vícios da informação. Esta é solução que não se enquadra, perfeitamente, na tradicional divisão entre indemnização do interesse contratual negativo ou positivo. Coloca-se o lesado em situação diferente "quer do *status quo ante,* quer do *status ad quem* originariamente previsto", criando-se, por via ressarcitória, "um outro *status ad quem,* correspondente a um contrato de conteúdo diverso daquele que teria sido celebrado"[1368-1369]. Está, assim, em causa uma indemnização pelo interesse alternativo[1370], que, na bipartição clássica, se pode reconduzir ainda ao interesse contratual negativo, visto que o lesado fica afinal colocado na posição em que estaria se não tivesse sido prestada a informação falsa e, portanto, se não tivesse sido praticado o facto ilícito: com

indentificámos quanto à aplicação do método *forward casting*: apenas corrige a sua forma de cálculo, com a dificuldade adicional de o tornar numa fórmula estática e, por isso, dificilmente adaptável a um mercado dinâmico.

[1368] Cf. Paulo Mota Pinto, *Interesse* cit., II, 1413. Embora o Autor qualifique a indemnização como interesse contratual negativo, salienta que este é um ponto em que interesse negativo e positivo se tocam ou coincidem. Por essa razão preferimos a expressão interesse *alternativo,* ainda que reconheçamos que, em última análise, este se reconduz ao interesse negativo por não haver correspondência à confiança, típica do interesse positivo.

[1369] Considerando que a compensação corresponde, ainda, a uma forma de indemnizar o interesse contratual negativo, cf. Menezes Leitão, *A responsabilidade civil no âmbito da C.P.A.* cit., 189, embora considere que "a solução é difícil e necessita por isso de ser adequadamente ponderada". Paulo Mota Pinto, *Interesse* cit., II, 1420 ss. e 1462, escreve (p. 1462) que "pesem embora as dificuldades de distinção entre interesse positivo e interesse negativo na responsabilidade por informações, parece-nos claro que o que está em causa não é o interesse *positivo* relativo à realização das circunstâncias indicadas nas informações, mas antes, quando muito, o interesse na observância dos preceitos legais sobre o prospecto (...) podendo isso ter conduzido tanto à 'exacta situação' de o lesado não ter adquirido os valores mobiliários, como de os ter adquirido por outro preço (...)". O Autor conclui que, à luz dos conceitos que sustenta, a indemnização corresponde, em última análise, ao interesse contratual negativo. No mesmo sentido, a propósito da responsabilidade dos auditores, Carneiro da Frada, *O problema* cit., 168, entende que a indemnização não visa atribuir ao lesado aquilo que ele teria se as suas expetativas fossem verdadeiras, mas, sim, indemnizar o dano negativo, consistente numa disposição inútil, desproporcionada ou prejudicial.

[1370] Nesse sentido, cf. Möllers/Leisch, *Schaden* cit., 1072. Cf., também, Weichert, *Der Anlegerschaden* cit., 135. O interesse alternativo é, na verdade, corretivo. Sobre este, cf. Teixeira de Sousa, *O cumprimento defeituoso e venda de coisas defeituosas,* em *Ab uno ad omnes — 75 anos da Coimbra Editora,* Coimbra, 1998, 567-585.

um nível adequado de informação, o lesado não teria celebrado *aquele concreto negócio* mas sim um negócio alternativo. Estamos longe da indemnização do interesse positivo, que envolveria colocar o lesado na posição em que estaria se a informação fosse verdadeira. Afigura-se-nos que não existe utilidade dogmática, neste caso, em introduzir uma terceira categoria de interesse, sem prejuízo da especificidade da situação e de se lembrar que, a par da contraposição entre interesse negativo e interesse positivo, têm sido sustentadas outras classificações possíveis[1371]. As particularidades da situação que tratamos não são, porém, suficientes para arredar a bipartição tradicional.

5.4. Culpa do lesado. Em especial, o dever de o investidor mitigar o dano

O dever de indemnizar é excluído se "o destinatário tinha ou devia ter conhecimento da deficiência de conteúdo do prospecto à data da emissão da sua declaração contratual ou em momento em que a respectiva revogação ainda era possível" (artigo 149.º/3 do CVM)[1372]. Esta norma, especificamente mobiliária, consagra um regime similar ao da culpa do lesado constante do artigo 570.º do CC, ainda que determine a exclusão de responsabilidade mesmo que exista culpa do informante, ao contrário do que acontece ao abrigo do instituto civil geral, em que se abre a hipótese de o dever de indemnizar ser simplesmente diminuído ou até mantido. Trata-se, aqui, de reconhecer que

[1371] Assim, Maria de Lurdes Pereira, *A indemnização de despesas* cit., 466. A Autora conclui (p. 531) que "a bipartição entre interesse contratual positivo ou negativo não tem de ser uma classificação esgotante das indemnizações potencialmente devidas em caso de violação de um contrato".

[1372] Note-se que, no domínio dos valores mobiliários, não existe um ónus de aquisição de informação tendente a evitar uma situação de erro próprio. O regime é exatamente o inverso: existem deveres de informar que visam proteger os investidores do erro. Neste sentido, cf. Costa Pina, *Dever de informação* cit., 170. Contra, Almeida Costa, *Voto de vencido* cit., 67-70, posição que decorre da assimilação operada pelo Autor da responsabilidade pelo prospeto ao regime da culpa na formação dos contratos. Segundo Carneiro da Frada, *Teoria* cit., 392, nota 399, e 645 (nota 695), o artigo 149.º/3 do CVM pareceria uma "concessão do legislador à teoria da confiança", na medida em que negaria a proteção das expetativas, afastando-se do critério normalmente seguido para a responsabilidade pela violação de deveres de comportamento, onde a culpa do lesado se confronta com a atuação do autor do dano, não significando necessariamente a exclusão da responsabilidade. No direito alemão, existem também várias disposições legais com o sentido de excluir a responsabilidade quando o investidor efetivamente conhecesse a falta de correção da informação ou não a conhecesse por negligência grosseira: § 45 II Nr. 3 BörsG, §§ 37b II, 37c III WpHG, § 12 Abr. 2 Nr. 3 WpÜG. A culpa do lesado situa-se no âmbito do cômputo do dano e deve sempre ser analisada caso se conclua que existe responsabilidade civil.

a conduta do investidor é pautada por padrões de diligência cuja preterição deve inibi-lo de ser ressarcido por danos pelos quais é afinal responsável[1373]. Se o investidor conhecia ou devia conhecer o vício e ainda assim investiu, o dano não deve ser imputado ao emitente. Nestes casos, em que a conduta do lesado explica por si só a verificação do dano, o Código admite a exclusão do dever de indemnizar, pois cessam aí as razões de tutela do investidor[1374].

Quando o dano ocorreu sem que tenha havido negligência do investidor, mas podia ter sido reduzido por este, o artigo 149.º/3 do CVM não exclui certamente o dever de indemnizar, o que não significa que não possa valer o regime comum da culpa do lesado. Lembre-se que, na ausência de disposição em contrário, de acordo com esse regime, a existência de culpa do lesado exclui o dever de indemnizar nos casos de responsabilidade baseada em culpa presumida (artigo 570.º/2 do CC) ou de responsabilidade objetiva. Como, de forma clássica, notou Brandão Proença[1375], os fundamentos "fracos" da responsabilidade (culpa presumida e risco) devem ceder perante a demonstração de um elemento "forte" (culpa provada do lesado). Caso o investidor prejudicado logre demonstrar a existência de culpa do informante, a culpa do lesado pode determinar a exclusão, diminuição ou manutenção do dever de indemnizar, consoante a gravidade das culpas de ambas as partes (artigo 570.º/1 do CC)[1376].

Há, pois, que demarcar os comportamentos do lesado que assumem relevância para efeitos de exclusão ou diminuição do dever de indemnizar, *rectius,* na linha

[1373] Cf. Costa Pina, *Dever de informação* cit., 234. O artigo 163.º do Cód.MVM esclarecia que o padrão de diligência exigível era o do investidor médio. Paulo Câmara, *Manual* cit., 822 e 823, considera duvidosa a associação da norma mobiliária ao regime civil da culpa do lesado, na medida em que o comportamento do investidor não seria concausal da produção do dano. Julgamos, porém, que a decisão de investimento, ainda que com conhecimento (efetivo ou devido) da incorreção da informação, concorre para a perda económica sofrida pelo investidor.

[1374] Aponta-se, e bem, que o preceito deve ser interpretado restritivamente no sentido de apenas admitir a exclusão do dever de indemnizar quando a culpa do lesado explicar, por si, o dano. Neste sentido, ainda que a propósito do artigo 163.º/1 do Cód.MVM, cf. Costa Pina, *Dever de informação* cit., 235.

[1375] *A conduta* cit., 462. Pelo contrário, Costa Pina, *Dever de informação* cit., 235 e 236, defende que a norma do artigo 570.º/2 do CC não se aplica aos casos de responsabilidade civil pelo prospeto, em nome do princípio da tutela dos interesses do investidor, o qual deve ser configurado como "disposição em contrário" para efeitos do preceito civil. A posição carece, porém, de fundamentação adicional: o princípio da proteção do investidor não constitui alicerce suficiente para afastar a aplicação de parte de um instituto civil geral.

[1376] O fundamento do instituto é, como se sabe, controvertido. Cf. Santos Júnior, *"Mitigation of damages", redução de danos pela parte lesada e "culpa do lesado"*, em *Prof. Doutor Inocêncio Galvão Telles: 90 anos. Homenagem da Faculdade de Direito de Lisboa*, Coimbra, 2007, 349-357 (360 ss.), com um panorama da doutrina nacional sobre a questão.

apontada por MENEZES CORDEIRO[1377], de delimitação dos danos imputáveis ao agente. Nomeadamente, questiona-se a existência de um dever de o investidor mitigar o dano sofrido, vendendo os valores mobiliários quando o mercado reage à correção da informação, ou ainda de revelar de imediato a sua pretensão indemnizatória[1378]. A doutrina nacional tende a aceitar que sobre o credor recai um ónus de redução ou de mitigação dos danos[1379], interpretando o artigo 570.º do CC em termos abrangentes: a contribuição para o agravamento do dano envolve também a falta da sua mitigação (i.e., a omissão do seu afastamento ou atenuação), sendo certo, como aponta VAZ SERRA[1380], que "do prejudicado só podem exigir-se as medidas ou precauções ordinárias, de acordo com a sua situação especial".

No mercado de capitais, já se sustentou que o investidor atua com culpa quando mantém os valores mobiliários mais tempo do que o necessário, assim incrementando os danos sofridos[1381]. Esta tese pressupõe quer o dever de

[1377] *Da boa fé* cit., 768, nota 457 e *Tratado* cit., VIII, 732. Cf., também, PESSOA JORGE, *Direito das obrigações* cit., 574; SANTOS JÚNIOR, *Direito das obrigações* cit., 385-388.

[1378] O BGH, em decisão de 25-nov.-1981, a propósito da responsabilidade civil por informações do intermediário financeiro, considerou que recaía no investidor o ónus de avaliar a correção da informação e, se necessário, pedir esclarecimentos ou procurar informação adicional, sob pena de existir culpa do lesado. Porém, a posição não mereceu acolhimento nem foi extrapolada para outros domínios de responsabilidade por informações, tendo sido mesmo considerada "explosiva" por ASSMANN, *Informationspflicht des Anlagevermittlers und Mitverschulden des Anlegers,* NJW 1982, 1083-1085 (1083).

[1379] Cf. BRANDÃO PROENÇA, *A conduta* cit., 669. Com múltiplas indicações, cf. PAULO MOTA PINTO, *Interesse* cit., II, 1686 ss. Sobre o encargo de mitigação do dano, PAULA COSTA E SILVA/NUNO TRIGO DOS REIS, *Estabilidade* cit., 300, apontam que, em regra, não recai sobre o lesado o ónus de empregar os seus próprios meios para proceder à remoção do dano, a não ser quando os danos subsequentes forem substancialmente superiores aos custos da sua prevenção e o lesado estiver numa posição especialmente favorável para assumir, ele próprio, as medidas preventivas. No direito alemão o dever de mitigar o dano — que tem sido qualificado como ónus jurídico — encontra-se expressamente consagrado no § 254 II BGB, a par do dever de o lesado alertar o devedor dos riscos excecionalmente consideráveis associados ao comportamento do agente, que este não conhecia, nem devia conhecer. Cf. LARENZ, *Lehrbuch des Schuldrechts*, Band I, 14.ª ed., München, 1987, 543.

[1380] *Conculpabilidade do prejudicado,* BMJ 86 (1959), 131-173 (147-153, esp. 151). Cf. também PINTO MONTEIRO, *Cláusulas limitativas e de exclusão de responsabilidade civil,* Coimbra, 2011, 92 e 93; BRANDÃO PROENÇA, *A conduta* cit, 644-647.

[1381] Neste sentido já foi decidido no caso *Infomatec II* cit., 1883. O Tribunal negou, na situação concreta, a existência de culpa do lesado, mas pareceu aceitar, em abstrato, o dever de mitigar o dano. Também JÖRG W. SITTMANN, *Die Prospekthaftung nach dem Dritten Finanzmarktförderungsgesetz,* NZG 13/1998, 490-496 (495), nota que até 1998 era geralmente aceite a relevância da culpa do lesado para quantificar o dano, embora o dever de mitigar o dano por via da venda dos valores mobiliários fosse negado, na medida em que a titularidade dos valores mobiliários adquiridos com base na informação falsa era condição do direito a pedir uma indemnização por responsabilidade civil por informações. A partir de 1998, com a reformulação da legislação dedicada à responsabilidade

o investidor controlar a evolução dos preços no mercado de capitais, sendo-lhe concedido um prazo razoável para avaliar uma possível recuperação do mercado, quer um dever de vender os valores mobiliários quando o preço desce na sequência da correção da informação. O exato momento em que se constitui o dever de venda não é claro, mas parece resultar da ponderação que o investidor médio, sem conhecimentos especiais do mercado e que apenas ocasionalmente o observa, faria da probabilidade de ocorrer uma recuperação dos preços e de uma descida ainda mais acentuada[1382].

A favor do dever de mitigar o dano poderia lembrar-se o risco de os investidores especularem à custa dos responsáveis pela informação viciada. Porém, esse perigo reveste escassa importância, especialmente quando se tenha em atenção que os lesantes têm a possibilidade de reduzir o montante do dano indemnizável mediante a demonstração de que este se deve também a causas diversas dos vícios da informação (artigo 152.º/2 do CVM).

Contudo, poderia admitir-se o dever de mitigar o dano se não fossem as particularidades do mercado de capitais. A obrigação de venda, contudo, ficaria marcada por uma assinalável incerteza jurídica quanto ao momento da sua constituição. Perguntar-se-ia qual o intervalo de tempo concedido ao investidor para calcular a possível subida de preços, o que exigiria uma avaliação profética da evolução futura do mercado, juízo que está para lá do exigível numa decisão de investimento ponderada[1383]. Diga-se, ainda, que a instituição de semelhante dever pode conduzir a resultados contraproducentes. Se os investidores reagirem em massa e alienarem os valores mobiliários, o mercado responderá com um declínio ainda mais acentuado do preço, o que acarreta o aumento dos danos. Por outro lado, embora a alienação contenha o dano do primeiro investidor, pode multiplicar o universo de lesados com direito a compensação. Basta que o comprador adquira o valor mobiliário sem conhecimento, ainda a um preço objetivamente mais elevado do que aquele que existiria não fora o vício da informação[1384]. Em adição, as flutuações

civil pelo prospeto, passou a existir um dever de vender os valores mobiliários, de forma a manter o dano da diferença o mais reduzido possível, perante a queda do preço dos valores.

[1382] Neste sentido, cf. SITTMANN, *Die Prospekthaftung* cit., 495.

[1383] Cf. JÜRGEN ELLENBERGER, *Die Börsenprospekthaftung nach dem Dritten Finanzmarktförderungsgesetz*, em *Bankrecht — Schwerpunkte und Perspektiven. Festschrift für Herbert Schimansky* cit., 591-611 (606); BULTMANN/HOEPNER/LISCHKE, Anlegerschutzrecht cit., 301.

[1384] Cf. FLEISCHER/KALSS, *Kapitalmarktrechtliche* cit., 334 e 335; SCHMITT, *Die Haftung* cit., 132. O Autor nota que, na Áustria, a jurisprudência já chegou a diminuir a indemnização dos investidores em 1/4 do seu valor por os lesados não terem vendido as ações no momento de decréscimo do preço, apesar das notícias em massa que circularam sobre essa depreciação. No entanto, a decisão não se manteve

do preço no mercado devem-se a diversos fatores, como o sentimento geral do mercado, a situação económica geral e as taxas de juro, o que impossibilita que o investidor não profissional distinga o que foi decisivo para a concreta oscilação do preço. Estas considerações levam-nos a entender que não existe dever de mitigar o dano, sendo que os princípios gerais em matéria de obrigação de indemnizar já conduzem à contenção do dano ressarcível: só devem ser indemnizados danos que resultem da falha de informação, o que, por si, delimita os danos merecedores de tutela do direito[1385-1386].

em sede de recurso. Contra, RÜTZEL, *Der aktuelle* cit., 78, considera que a verificação da hipótese de multiplicação dos danos por via da imposição de venda é pouco provável, dado que, quando o investidor tomar conhecimento da informação verdadeira, o mercado provavelmente também já a conhece, o que impede a expansão dos danos. Também MICHAEL ADAMS, *Haftung auf Schadensersatz für fehlerhafte Kapitalmarktinformation*, BKR 2009, 277-283, ainda que não especificamente a propósito do dever de mitigar o dano, nota o risco de multiplicação de lesados e consequente acréscimo de indemnizações devidas. Porém, considera que uma adequada contabilização do prejuízo é suficiente para afastar esta preocupação. Igualmente rejeitando este dever, cf. DÖRTE POELZIG, *Kapitalmarktrecht* cit., Rn. 292.

[1385] Repare-se, adicionalmente, que o dever de mitigar os danos foi, na sua génese, pensado para situações diversas: aquelas em que "se os acontecimentos tivessem seguido o seu curso ordinário (isto é, se o prejudicado não tivesse omitido os cuidados normalmente adoptados), não se teria produzido tal aumento de dano" (VAZ SERRA, *Conculpabilidade* cit., 148). Nos casos que ocupam a nossa investigação, não é possível afirmar-se que a alienação dos valores mobiliários em mercado ou a comunicação de pretensões indemnizatórias corresponda aos "cuidados normalmente adoptados" pelo prejudicado, pelo que se impõe a devida cautela na transposição da doutrina relativa ao dever de mitigar o dano. MARGARIDA AZEVEDO DE ALMEIDA, *A responsabilidade* cit., 336 ss., chega a resultado próximo, mas com diferente fundamentação. Para a Autora, pode existir dever de indemnizar o dano que resulte da não alienação dos valores mobiliários após conhecimento do defeito da informação, caso essa solução se imponha em resultado da flexibilização do critério de apreciação da culpa do lesado: mesmo que a venda fosse devida por um bom pai de família, podem existir fatores que justifiquem, em concreto, a inércia do investidor, como a idade ou a parca experiência de mercado. Julgamos, porém, que estes fatores devem ainda ser considerados no padrão do bom pai de família, pelo que, na prática, a solução se reconduz a reconhecer que este é critério operante também no preenchimento do escopo do artigo 570.º do CC. De forma mais abrangente, como explicado, consideramos que o homem médio não se encontra vinculado a alienar os valores mobiliários após descoberta das falhas informativas. Assim, mesmo aceitando que o regime da culpa do lesado não se basta com a causalidade da sua conduta em relação aos danos, mas pressupõe que a atuação do prejudicado seja subjetivamente censurável em termos de culpa (posição defendida por RIBEIRO DE FARIA, *Direito das obrigações* cit., I, 523; ANTUNES VARELA, *Das obrigações* cit., I, 917; MENEZES LEITÃO, *Direito das obrigações* cit., I, 328; ROMANO MARTINEZ, *Direito das obrigações* cit., 132-134; ALMEIDA COSTA, *Direito das obrigações* ci., 782 e 783; sendo que a culpa deve ser "muito amplamente entendida", como nota MENEZES CORDEIRO, *Tratado* cit., VIII, 731, abrangendo todos os danos provocados pelo lesado ainda que não voluntariamente ou licitamente) não existiria alteração ao montante da indemnização por aplicação do artigo 570.º do CC.

[1386] Em sentido diferente, MARGARIDA AZEVEDO DE ALMEIDA, *A responsabilidade* cit., 336 ss., considera

Outra tese que tem ganho adeptos no domínio da responsabilidade por informação no mercado defende que o lesado tem o ónus de notificar imediatamente o lesante dos prejuízos sofridos e da sua intenção de pedir uma indemnização[1387], sob pena de o montante do dano indemnizável poder ser reduzido. A comunicação cumpriria o propósito de conceder ao emitente a oportunidade de comprar os valores mobiliários mediante o pagamento do preço de aquisição e, assim, minimizar os prejuízos. Simplesmente, o sistema mobiliário impõe uma divisão clara de deveres entre emitente e participantes no mercado, que se traduz no dever (de proteção) de divulgar informação sensível ao mercado, que desonera o investidor de comunicar qualquer oscilação que se manifeste num dano, já que a tarefa de controlo do preço dos valores mobiliários se encontra adjudicada ao emitente. Diga-se ainda que o cálculo do dano com recurso à teoria da diferença conduz a que se considere um curso causal hipotético, que é por si suficiente para obstar à indemnização do dano que se verifique depois da correção da informação. Nessa medida, o dever de mitigar o dano aparenta utilidade reduzida.

Com este último apontamento, fica traçado um quadro geral em matéria de cálculo do dano, definindo-se os critérios abstratos da sua determinação e a forma como se materializa o respetivo cômputo concreto.

6. Balanço

A análise da especial relação de proximidade que se estabelece entre informante e lesado levou-nos a concluir que devem ser impostos deveres intensificados de cuidado ao emitente, teleologicamente orientados para a proteção do investidor. O particular estatuto de investidor no mercado de capitais, mais amplo do que aquele de sócio do emitente, exige que a sua proteção dependa, em primeira linha, da garantia da não deturpação dos mecanismos

que, em geral, existe um dever de mitigar o dano, mas que, caso o investidor não tenha alienado os valores mobiliários, deve aplicar-se o artigo 570.º/1 do CC, ao invés de se determinar, necessariamente, a exclusão do dever de indemnizar (artigo 570.º/2 do CC). A Autora entende que a aplicação do artigo 570.º/2 do CC equivaleria a isentar de responsabilidade o lesante presumivelmente culpado, mediante a prova da culpa do investidor lesado no agravamento do dano, apesar de a conduta do lesado não ter concorrido para a produção do evento lesivo, solução que considera não ser de subscrever.

1387 Na Alemanha, o RG já assumiu essa posição [cf. RG 1-out.-1992 — II 106/12, RGZ 80, 196 (202 ss.)] e a tendência é notada por FLEISCHER/KALSS, *Kapitalmarktrechtliche* cit., 335 e 336; RÜTZEL, *Der aktuelle* cit., 78.

de formação dos preços no mercado, que apenas pode ter lugar por via da previsão de detalhados deveres informativos a cargo do emitente. As suas específicas características e o contexto em que surgem apontam no sentido do enquadramento das obrigações de informar como deveres de proteção que enformam a relação especial que se estabelece entre emitente e investidor no mercado. A constatação de que o critério para a imposição de deveres intensificados de respeito não resulta do contacto direto que se estabeleça entre as partes ou da existência de uma particular relação de confiança, mas sim da posição funcional do lesante e da inerente suscetibilidade incrementada de ingerência na esfera jurídica do investidor levou-nos a concluir pela unidade da apreciação das situações de responsabilidade civil por informações no mercado primário e no secundário, integradas num contexto obrigacional.

A imposição de deveres de proteção que materialmente visam a tutela do investidor e a constituição do emitente no dever de indemnizar em caso do seu não cumprimento não devem fazer esquecer os riscos de *information overload* identificados no capítulo I e de os encargos excessivos para o emitente conduzirem a resultados perversos, incentivando soluções de saída do mercado de capitais. Uma opção desse tipo prejudica não apenas o nível de informação disponível para o investidor, mas também a negociabilidade dos valores mobiliários no mercado, deixando aquele sem a proteção proveniente do estatuto especial que resulta da sua inserção no respetivo ambiente de negociação. Não se trata, pois, de situações em que o mercado de capitais já não cumpre o seu propósito, mas sim de casos em que o investidor perde esse estatuto, deixando de beneficiar do contexto próprio do mercado. O modelo de proteção do investidor não pode, por isso, deixar de ponderar os cenários de exclusão do mercado regulamentado, que nos ocupam de seguida. Torna-se assim indispensável constatar a natureza dinâmica da tutela do investidor, operante tanto no momento da entrada e da negociação do emitente no mercado de capitais, como no da sua saída. As conclusões a que chegámos neste capítulo, em particular sobre os deveres intensificados de cuidado que emergem entre as partes, assumem igualmente papel central na análise das formas de saída do mercado, na ponderação da necessidade de tutela do investidor e na construção do modelo para a sua proteção.

CAPÍTULO III
TUTELA DO INVESTIDOR E PERDA DA NEGOCIABILIDADE NO MERCADO DE CAPITAIS

1. Coordenadas gerais

Aqui chegados, resta estudar os problemas particulares de tutela do investidor em caso de perda de negociabilidade das ações[1388]. Apesar da diferente natureza e dos parcialmente distintos princípios jurídicos convocados, as questões não são menos relevantes do que as anteriormente analisadas. Tratamos agora dos casos extremos em que, mais do que um prejuízo proveniente da formação errada do preço no mercado, as ações deixam de estar admitidas à negociação, com consequências previsíveis na posição dos investidores. A especificidade da perda de negociabilidade denota-se também no facto de tipicamente esta surgir como resultado de normais mecanismos de direito societário e mobiliário e não de qualquer facto ilícito perante o qual possam ser chamadas a atuar as regras gerais da responsabilidade civil, diferentemente das hipóteses antes estudadas, o que revela mais uma vez a importância da "descoberta" de um modelo dinâmico de proteção do investidor. Nessa medida, o tema releva, agora, de forma mais evidente do direito societário e mobiliário, sempre sob a égide dos princípios gerais do direito, tornando patente a necessidade de articulação entre ambos, na linha do que escrevemos no capítulo I. A perda de negociabilidade constitui um momento crítico na tutela do investidor que deve ser devidamente valorizado e em que o sistema revela, mais uma vez, a sua capacidade construtiva material.

Se a oferta de ações à subscrição pública (*Initial Public Offering* — IPO) é muitas vezes vista como um ritual de passagem no ciclo de vida de uma nova

[1388] Naturalmente que a perda de negociabilidade pode ocorrer em relação a outros valores mobiliários. Cf., *v.g.*, Mathias Habersack, *§ 40. Delisting*, em Habersack/Mülbert/Schlitt, *Unternehmensfinanzierung* cit., 1333-1354 (Rn. 40.31). Porém, não surgem, aí, dificuldades equiparáveis, as quais resultam da complexidade de articulação da posição de investidor com a de acionista.

e bem-sucedida sociedade[1389], atraindo a atenção dos *media* e dos investidores — interessados na subscrição das novas ações a serem emitidas no mercado primário —, já o fenómeno inverso — a saída do mercado regulamentado — continua a não suscitar a mesma atenção, não só por parte do próprio mercado, mas também dos cultores da área, acabando o problema por ser lembrado apenas quando um acionista se opõe à retirada do mercado e procura proteção junto do regulador ou dos tribunais.

Embora nos últimos anos o tema tenha merecido mais ponderação entre nós[1390], ainda não atingiu a centralidade que ocupa noutros ordenamentos jurídicos, em especial no americano e, sobretudo, no alemão (ainda que, mesmo nestes, a reflexão continue a ser inferior à ocasionada pela entrada em bolsa). Neste último ordenamento, é conhecido o frenesim jurisprudencial e doutrinário que se gerou com o caso *Macrotron* em 2002[1391] e que continuou com a decisão *Frosta* de 2012[1392], acabando por conduzir à alteração da *Börsengesetz* a 1 de outubro de 2015. Além das falhas evidentes de tutela constantes da última sentença do BGH[1393], a anterior omissão de regulação da matéria tinha

[1389] Cf. SREEDHAR T. BHARATH/AMY K. DITTMAR, *To be or not to be (public)*, University of Michigan Ross School of Business Research Paper (dez. 2006), 1-58 (2), disponível em http://ssrn.com/abstract=951710.

[1390] Em Portugal, especificamente sobre a saída do mercado, cf. ANA PERESTRELO DE OLIVEIRA, *Manual de corporate finance* cit., 96 ss.; PAULO CÂMARA, *As operações de saída do mercado*, em *Direito dos valores mobiliários*, vol. V cit., 127- 184 e MADALENA PERESTRELO DE OLIVEIRA Going dark: *deliberação da assembleia geral e direito de exoneração*, RDS VI (2014), 3/4, 589-616. Embora não sobre a questão da retirada do mercado regulamentado em particular, mas sobre a perda da qualidade de sociedade aberta, cf. MANUEL CARNEIRO DA FRADA/DIOGO COSTA GONÇALVES, *Perda da qualidade de sociedade aberta (*delisting *de ações) e tutela dos acionistas minoritários*, CadMVM, *Ensaios em homenagem a Amadeu Ferreira* cit., 23-44; PAULA COSTA E SILVA/NUNO TRIGO DOS REIS, *A perda da qualidade de "sociedade aberta" em consequência de Oferta Pública de Aquisição. O modelo de concordância prática de interesses no direito mobiliário português*, CadMVM, *Ensaios em Homenagem a Amadeu Ferreira* cit., 41-80; MANUEL REQUICHA FERREIRA, *Perda da qualidade* cit., *passim*; GUSTAVO DE SOUSA BOTELHO, *O direito de exoneração do acionista minoritário. A saída da sociedade cotada após a transferência de controlo como manifestação do princípio da igualdade entre acionistas*, Coimbra, 2014, *passim*. O direito europeu não fornece qualquer contributo para o estudo da matéria. Mesmo as iniciativas europeias que se preocupam com questões de admissão em mercado regulamentado (*v.g.*, Diretiva 2001/34/CE do Parlamento Europeu e do Conselho, de 28 de maio de 2001, relativa à admissão de valores mobiliários à cotação oficial de uma bolsa de valores e à informação a publicar sobre esses valores) não se debruçam sobre os problemas de exclusão do mercado.

[1391] Decisão de 25-nov.-2002. Cf. BGHZ 153, 47 ou ZIP, 2003, 387-395.

[1392] Decisão de 8-out.-2013. Cf. WM 5/2015, 237-241; WM 2013, 2213.

[1393] Cf., *v.g.*, LUTZ ZIMMER/JULIAN VON IMHOFF, *Die Neuregelung des Delisting in § 39 BörsG*, NZG 2016, 1056-1062 (1056), sublinhando que o legislador veio preencher as lacunas de proteção dos investidores em caso de *delisting*, abertas pela decisão *Frosta*. Sobre o regime cf. LANGENBUCHER, *Aktien- und Kapitalmarktrecht* cit., § 20, Rn. 14-23.

como efeito criar diferenças patentes de níveis de proteção entre os diversos mercados regulamentados, cada um dotado de regras próprias em sede de *delisting*. A nova redação legal, que entrou em vigor a 27 de novembro de 2015 (em alguns casos, com efeitos retroativos a 7 de setembro do mesmo ano), veio prever a obrigatoriedade de a saída de bolsa ser acompanhada de uma oferta pública de aquisição, nos termos que melhor veremos, facultando aos acionistas a saída da sociedade mediante o pagamento de uma contrapartida adequada. Por isso se afirma que o legislador germânico optou por uma solução própria do direito do mercado de capitais, em detrimento de uma resposta típica do direito societário[1394].

Seria expectável que, mais de uma dezena de anos volvidos sobre o início da controvérsia, e regulada legalmente a matéria, o entusiasmo tivesse diminuído, mas já se tem dito que a intervenção legislativa veio lançar mais perguntas do que dar respostas[1395]. A complexidade da questão e o delicado balanço de interesses que implica contribuem para manter a atualidade do assunto. No que respeita ao ordenamento jurídico português, continua a não existir um panorama claro, o que coloca as sociedades cotadas que queiram sair do mercado nacional num halo de incerteza jurídica, que se tornou primeiramente evidente, em 2013, com a perda da qualidade de sociedade aberta da Brisa[1396], sem que os desenvolvimentos posteriores tenham eliminado as dificuldades então reveladas.

Como vimos no capítulo I, a cotação em mercado apresenta consideráveis e conhecidas vantagens, entre as quais se contam o aumento da liquidez das ações, a dispersão do risco de investimento e a diversificação do portfolio dos investidores, bem como a disponibilização de uma forma alternativa de financiamento para as empresas[1397]. Estes fatores, acompanhados por uma tendencial superior exposição pública, têm fomentado a associação das remunerações dos administradores e trabalhadores destas sociedades

[1394] Cf., *v.g.*, Jens Koch/Rafael Harnos, *Die Neuregelung des Delistings zwischen Anleger- und Aktionärsschutz*, NZG 2015, 729-737 (731); Daniel Rubner/Lutz Pospiech, *Rückzug von der Börse. Neue Regeln für Delisting und Downgrading*, NJW-Spezial 2016, 207-208 (207); Christian Mense/Marcus Klie, *Neues zum Going Private. Praxisfragen zur aktuellen Rechtslage zum Delisting*, DStR 2015, 2782-2786 (2782); Kubis, *§ 119*, em *Münchener Kommentar zum AktG*, vol. 3, 4.ª ed., München, 2018, Rn. 91.

[1395] Cf. Christian Hornung/Benjamin Westermann, *Vereinbarkeit der Delisting-Neuregelung mit der europarechtlichen Kapitalverkehrsfreiheit*, BKR 2017, 409-412 (412).

[1396] Decisão do Conselho Diretivo da CMVM de 11-fev.-2013 sobre o pedido da Tagus – Holdings s.à.r.l. de perda de qualidade de sociedade aberta da Brisa – Autoestradas de Portugal, S.A.

[1397] Cf. Tomas Simons/Luc Renneboog, *Public-to-Private transactions: LBOs, MBOs, MBIs and IBOs* (ag. 2005), CentER Discussion Paper No. 2005-98, 1-149 (1), disponível em http://ssrn.com/abstract=796047.

ao valor da cotação das ações no mercado[1398], tornando-as profissionalmente apelativas e concedendo-lhes capacidade para atrair talentos. Apesar disso, os benefícios inerentes à admissão ao mercado regulamentado não são suficientes para fidelizar todas as sociedades, não só pelos custos envolvidos, mas também, mais simplesmente, porque ficam dependentes dos ciclos do mercado. A tendência das empresas é entrar no mercado em alturas de expansão e otimismo e sair dele quando a situação se modifica. Num *bear market*, dominado pelo pessimismo, os investidores estarão propensos a vender as suas ações, a assumir posições curtas nas empresas ou a investir primariamente em ações *blue chip*, i.e., ações de sociedades com elevada capitalização bolsista[1399], e em obrigações, que, para além de não verem o seu valor decair de forma tão acentuada num cenário de crise do mercado, vencem juros periodicamente. Num *bull market*, caracterizado por uma subida de preços e pelo otimismo e confiança dos investidores, verifica-se a reação inversa[1400]. Os ciclos do mercado podem ter um impacto direto na vida da sociedade, levando à sua exclusão do mercado, seja voluntariamente, como forma de escapar a um mercado que não a valoriza, seja em consequência de uma reestruturação societária motivada pela possibilidade de o adquirente comprar ações a desconto, na expetativa de valorização futura[1401]. Ora, em períodos de grande entusiasmo, existirá tendência para a entrada no mercado regulamentado de sociedades que não têm ainda robustez suficiente para manterem as suas ações admitidas à negociação, como bem recorda a *dot.com bubble* americana, a que aludimos no capítulo I, com o aparecimento e cotação em mercado de um conjunto de empresas eletrónicas das quais apenas algumas resistiram ao rebentar da bolha. Por isso, não é de estranhar que, no final do século XX, se tenha

[1398] Cf. Mike Wright/Tomas Simons/Luc Renneboog, *Why do public firms go private in the UK?* (jan. 2006), 1-43 (2), disponível em http://ssrn.com/abstract=873673.

[1399] A expressão *blue chip stocks* deve a sua origem às fichas mais valiosas nos jogos de poker.

[1400] As expressões *bull market* e *bear market* são, como se sabe, utilizadas como metáfora para o funcionamento do mercado e resultam da forma como os touros e os ursos atacam na presença de um inimigo: os touros investem contra o adversário, de chifres erguidos, ao passo que os ursos esticam as patas de forma defensiva. É, no entanto, inegável que o encontro entre a oferta e a procura implica necessariamente a existência de investidores *bullish* e *bearish*. Estudos revelam que, nos Estados Unidos, durante o século XX, existiram cinco ciclos de *bear market* e *bull market*. Cf. Adrian R. Pagan/Kirill A. Sossounov, *A simple framework for analysing bull and bear markets*, Journal of applied econometrics 18, 2003, 23-46 (23); Robert. B. Barsky/J. Bradford de Long, *Bull and bear markets in the twentieth century*, The journal of economic history, vol. 50, jun. 1990, 2, 265-281 (279).

[1401] Cf. Alessandro Pomelli, *Delisting di società quotata tra interesse dell'azionista di controllo e tutela degli azionisti di minoranza*, Rivista delle società, mar.-jun. 2009, 407-497 (408).

verificado um movimento na Europa continental, no Reino Unido e nos Estados Unidos[1402] no sentido da exclusão da negociação em mercado regulamentado das ações representativas do capital social de várias sociedades, com o consequente surgir de mais empresas que não têm acionistas públicos, não estão cotadas na bolsa e que baseiam o seu financiamento no recurso a dívida, pública ou privada, em vez de *public equity*[1403], com todos os inconvenientes que lhes estão associados.

Bem pode dizer-se, com Jensen, que o declínio da sociedade cotada é real, duradouro e altamente produtivo[1404]. Não significa isto que as sociedades cotadas não tenham futuro: a cotação em mercado é uma opção viável para alguns modelos de negócio, nomeadamente para os que se encontram em crescimento e cujo investimento excede o seu próprio *cash flow*[1405]. No entanto, é hoje amplamente reconhecido que a retirada do mercado é tão importante na vida de uma sociedade quanto um IPO[1406], pelo que não deve ser ignorada como estratégia de financiamento[1407].

O estudo dos problemas associados à exclusão da negociação em mercado regulamentado revela com particular intensidade, como veremos, a tensão por vezes existente entre o direito dos valores mobiliários e o direito societário[1408],

[1402] Cf. Tomas Simons/Luc Renneboog, *Public-to-Private transactions* cit., 2. O ano 2000 foi o da maior operação PTP: a MEPC Plc. saiu do mercado através de um IBO de £3,5 mil milhões. A tendência é igualmente assinalada por Martin Kleppe, *Anlegerschutz beim Rückzug eines Unternehmens von der Börse,* Köln, 2002, 4.

[1403] Notando esta tendência, já em 1989, cf. Jensen, *Eclipse* cit., 3.

[1404] Cf. Jensen, *Eclipse* cit., 3.

[1405] É o caso, geralmente, da indústria farmacêutica e de tecnologia da informação (IT), *v.g.*, desenvolvimento de computadores ou aparelhos eletrónicos. Pelo contrário, indústrias como as do aço, tabaco, televisão, madeira e produtos de papel, bem como outros setores de crescimento lento ou em declínio são aquelas em que as sociedades cotadas decaíram mais rapidamente. Cf. Jensen, *Eclipse* cit., 5.

[1406] Cf. Constant Djama/Isabelle Martinez/Stephanie Serve, *What do we know about delistings? A survey of the literature*, Comptabilités et innovation, mai. 2012, Grenoble, France, 1-22 (2).

[1407] Note-se que "toda a decisão de uma empresa tem uma composição financeira, ainda que seja qualificada como decisão estratégica, de *marketing* ou publicidade" (Cf. Aswath Damodaran, *Corporate finance: theory and practice,* 2.ª ed., New York, 2003, xi). Daí que quando se fala em direito das finanças societárias ou *corporate finance* seja importante delimitar o tema no sentido de abranger a angariação de capital, a sua utilização e o seu reembolso (*Kapitalbeschaffung, Kapitaleinsatz, Kapitalrückzahlung*). Neste sentido, cf. Bernd Rudolph, *Unternehmensfinanzierung und Kapitalmarkt,* Tübingen, 2006, 1. Na doutrina portuguesa, sobre o direito das finanças societárias, cf., por todos, Ana Perestrelo de Oliveira, *Manual de corporate finance* cit., *passim.*

[1408] Assinalando a evidência desta tensão quando se discute a saída do mercado regulamentado, cf. Gerhard Wirth/Michael Arnold, *Anlegerschutz beim Delisting von Aktiengesellschaften*, ZIP, 2000, 111-117 (111).

em especial no que respeita ao regime de tutela do investidor minoritário. Apresenta-se, pois, mais uma particular oportunidade para testar a relação entre estes dois ramos do direito, sabendo, à partida, como já vimos, que o exercício de circunscrição de áreas não é fácil nem imediato, verificando-se uma sobreposição dogmática entre elas, que encontra no seu centro a figura da sociedade aberta e cuja linha de divisão é a dicotomia participação social/valores mobiliários e dimensão interna/dimensão externa[1409], nos termos apontados.

2. Delimitação de conceitos. *Delisting, public to private transactions* (PTP), *going dark* e *downgrading*

Ocupamo-nos, neste capítulo, a avaliar a necessidade e a forma de efetivação da tutela dos investidores em caso de exclusão da negociação em mercado regulamentado das ações representativas do capital social da empresa de que são acionistas, operação comummente referida como *delisting*. O termo é utilizado para significar a revogação da admissão de valores mobiliários, *maxime*, ações, à negociação em mercado regulamentado[1410], por oposição ao *listing*, termo anglo-saxónico utilizado em diversos ordenamentos, que traduz a cotação em mercado regulamentado.

A literatura jurídica peca, muitas vezes, por se servir deste vocábulo de forma indiscriminada para descrever situações díspares e que merecem, em alguns aspetos, tratamentos diferenciados[1411]. Antes de avançarmos para o núcleo problemático de que tratamos, e embora se reconheça a dificuldade de delimitar claramente os conceitos[1412], importa traçar fronteiras entre as

[1409] Neste sentido, cf. A. Barreto Menezes Cordeiro, *Direito dos valores mobiliários* cit., 211.

[1410] Cf., v.g., Kaspar Krolop, *Der Rückzug vom organisierten Kapitalmarkt (Delisting). Zugleich eine Untersuchung des kapitalmarktrechtlichen Anlegerschutzes im Verhältnis zum gesellschaftsrechtliche Aktionärsschutz anhand der Auslegung von* § 38 IV BörsG, Berlin, 2005, 7; Kleppe, *Anlegerschutz beim Rückzug* cit., 4. Carneiro da Frada/Diogo Costa Gonçalves, Perda da qualidade cit., 24, consideram que *delisting* é um conceito-quadro, "capaz de facultar ao intérprete-aplicador e aos intervenientes no mercado um enquadramento geral para diversas operações, quanto à sua inteligibilidade jurídico-económica fundamental e quanto aos seus principais efeitos normativos".

[1411] O termo *delisting*, por exemplo, tem sido utilizado por alguns Autores exclusivamente para descrever a saída voluntária do mercado regulamentado, ao passo que outros abrangem no escopo do conceito, ainda, a exclusão forçada por falta de cumprimento de requisitos mínimos de admissão à negociação. Cf. Kleppe, *Anlegerschutz beim Rückzug* cit., 5.

[1412] Cf. Kleppe, *Anlegerschutz beim Rückzug* cit., 10 e 11.

diversas situações. A exclusão da negociação em mercado regulamentado pode assumir variadas formas: (i) tendo em conta o sujeito que toma a iniciativa, o *delisting* pode ser voluntário ou forçado, (ii) à luz do tipo de operação que conduz à exclusão, o *delisting* surgirá como regular/a quente (*reguläres Delisting*) ou a frio (*kaltes Delisting*); (iii) atendendo aos valores mobiliários que se mantêm admitidos à negociação em mercado regulamentado, o *delisting* apresentar-se-á como total ou parcial, distinguindo-se, em qualquer dos casos, das situações de *downgrading* ou *downlisting*[1413].

Quando voluntária, a exclusão do mercado regulamentado opera por iniciativa do emitente, que dirige à entidade gestora do mercado regulamentado no qual as ações representativas do seu capital social se encontram admitidas à negociação um pedido para que cancele essa admissão. Nesta forma de *delisting*, o elemento essencial e diferenciador consiste precisamente em a iniciativa partir do emitente (ou do seu acionista maioritário), o que leva a que seja apelidado de *delisting* voluntário, regular ou *going dark*. Embora a terminologia ainda não tenha (plenamente) feito escola entre nós, mas apenas na literatura americana e germânica[1414], esta permite uma melhor organização e delimitação de conceitos, com vantagens inequívocas de simplicidade e clareza na identificação de situações problemáticas e respetivas soluções[1415]. No ordenamento jurídico nacional, perante a inexistência de previsão legal,

[1413] Para uma delimitação dos conceitos, cf., com múltiplas referências, CHRISTOPHER M. PICOT, *Die Rechte der Aktionäre beim Delisting börsennotierter Gesellschaften*, Köln, 2009, 7 ss.; CARL C. H. SANDERS, *Anlegerschutz bei Delisting zwischen Kapitalmarkt- und Gesellschaftsrecht*, Berlin, 2017, 26-33.

[1414] Embora mesmo na literatura germânica a expressão encontre alguns opositores. Cf. KROLOP, *Der Rückzug vom organisierten Kapitalmarkt* cit., 7, que considera que o termo "regular" indicia que um pedido voluntário de exclusão da negociação em mercado regulamentado corresponde à situação típica, o que não tomaria em consideração os estudos empíricos, que revelam que as transações *going private* têm maior expressão do que esta forma de saída do mercado. Ainda assim, a adesão generalizada ao termo leva-nos, por simplicidade explicativa, a adotá-lo sem reservas.

[1415] Cf. CARNEIRO DA FRADA/DIOGO COSTA GONÇALVES, *Perda da qualidade* cit., 26, considerando a decisão maioritária de perda da qualidade de sociedade aberta um caso de *hot delisting*, na medida em que se deve, não a uma alteração da estrutura jurídica da sociedade, mas à livre decisão de uma maioria acionista. A razão por que a nossa definição apenas comporta no escopo da exclusão a quente do mercado aqueles casos em que a decisão de *delisting* parte do emitente resulta de a deliberação do artigo 27.º/1, *b)*, do CVM ter em vista outro propósito, a perda da qualidade de sociedade aberta, sendo a saída do mercado uma consequência necessária, é certo, mas lateral. Ou seja, o emitente não dirige à CMVM um pedido de exclusão do mercado, mas antes um pedido de perda da qualidade que tem como consequência típica essa exclusão (podendo, no entanto, ser limitada pela *cláusula de salvaguarda* do artigo 213.º do CVM, conforme explicamos adiante). Já neste sentido, cf. MADALENA PERESTRELO DE OLIVEIRA, *Going dark* cit., *passim*.

discute-se a admissibilidade de um pedido deste tipo, sobre a qual nos debruçaremos adiante.

A exclusão forçada é, por seu lado, decidida pela entidade gestora do mercado regulamentado, atuando por sua própria iniciativa ou a pedido da entidade reguladora. Esta forma de *delisting* encontra assento legal no artigo 213.º/1 do CVM, exigindo-se que a decisão não seja suscetível de causar prejuízos significativos aos interesses dos investidores ou ao regular funcionamento do mercado. A existência destes dois crivos permite, ainda que a título excecional, que se mantenha a negociação em mercado regulamentado mesmo naqueles casos em que não se encontram preenchidos os requisitos legais para o efeito. Voltaremos a este ponto de seguida. Poderá existir uma exclusão forçada do mercado regulamentado quando deixem de se verificar os requisitos de admissão ou quando ocorra o incumprimento relevante de outras regras, se a falta não for sanável ou não tenham sido sanadas as faltas que justificam a suspensão da negociação no mercado. No primeiro grupo de casos inserem-se, por exemplo, aqueles em que não existe um grau adequado de dispersão do capital pelo público, o que se presume quando as ações não se encontrem dispersas numa proporção de, pelo menos, 25% do capital social subscrito representado pela categoria de ações admitidas à negociação ou quando, mesmo com uma dispersão mais reduzida, não esteja assegurado o regular funcionamento do mercado (artigo 229.º/2 do CVM). A entidade gestora do mercado torna pública a decisão e comunica à CMVM a informação relevante.

Como *tertium genus*, entre os casos de *delisting* regular e *delisting* forçado, encontramos situações que podem, com vantagens operacionais, ser qualificadas como *delisting* a frio (*kaltes Delisting*), que constituem formas de exclusão que ocorrem na sequência de uma operação que não tem como único ou principal objetivo a saída do mercado mas em que esta constitui o passo final e inevitável[1416], normalmente provocada, *v.g.*, pela falta de dispersão de ações pelo público[1417] ou pelo *squeeze-out* dos acionistas minoritários. Entre as transações deste tipo contam-se os *going private* LBO, MBO ou IBO, de que tratamos adiante, sendo comummente identificadas como transações *public to private* (transações PTP). Estas operações são, portanto, mais abrangentes do que

[1416] Cf. Nicolas Ott, *Der Rückzug von der Börse. Gesellschafts- und kapitalmarktrechtliche Fragen des Delisting unter Berücksichtigung der Macrotron-Entscheidung des BGH*, Frankfurt am Main, 2005, 32 e 33.

[1417] Cf. Gunther Thomas, *Delisting und Aktienrecht*, Berlin, 2009, 34.

a decisão de sair do mercado, embora a saída constitua o seu último passo[1418], ou seja, implicam que a integralidade das ações de uma sociedade deixe de ser negociada no mercado regulamentado, enquanto o *delisting* (voluntário ou forçado) tem como consequência a cessação da admissão à negociação. O mesmo será dizer que o *delisting* pode consistir ou não numa forma de *going private,* dependendo de saber se a sociedade mantém valores admitidos à negociação em mercado regulamentado. Já as transações PTP não envolvem necessariamente um pedido de *delisting* dos valores mobiliários negociados em mercado, sendo, contudo, uma sua consequência incontornável[1419].

A expressão *going private* surgiu, originariamente, nos Estados Unidos, servindo para traduzir a transformação de uma *public corporation* numa *closed corporation*[1420]. As operações em jogo conduzem à saída da bolsa visto que, regra geral, reduzem a dispersão das ações a um nível que não é admitido em mercado. Qualificamo-las como um *tertium genus* porque, apesar de, na sua génese, estas dependerem da vontade do emitente, a decisão de exclusão do mercado cabe à entidade gestora. Naqueles casos em que, pelo contrário, a decisão ainda seja do emitente, estaremos no domínio do *delisting* voluntário. Nessa medida, acabam por representar um caso de diluição de fronteiras entre a exclusão voluntária e a exclusão forçada, combinando traços das duas figuras, o que terá de ser tido em conta na busca das soluções para os problemas que se colocam[1421].

Podemos, ainda, distinguir entre o *delisting* total e o parcial. A primeira modalidade implica a exclusão da negociação das ações em todos os mercados

[1418] Cf. Michael J. McGuinness/Timo Rehbock, *Going-private transactions: A practitioner's guide.* Delaware Journal of Corporate Law, Vol. 30, Issue 2, 2005, 437-476, disponível em http://ssrn.com/abstract=736523, 437. Nos Estados Unidos, de acordo com o *Securities Exchange Act,* quando o número de acionistas fica reduzido a menos de trezentos, a sociedade pode pedir o *delisting.* Uma operação *going private* envolve necessariamente o *delisting* total, mas o *delisting* não envolve uma transação PTP. Cf. Nicolas Ott, *Der Rückzug* cit., 45; Katharina Specht-Jonen/Marcus Wuntke, *Delisting (Going Private),* em Günter Henn/Jürgen Frodermann/Dirk Jannott, *Handbuch des Aktienrechts,* Heidelberg, 2009, 820-827.

[1419] Kleppe, *Anlegerschutz beim Rückzug* cit., 7.

[1420] Note-se, aliás, que a expressão, embora amplamente difundida na Alemanha, nunca poderia encontrar a sua origem neste ordenamento, já que aí não se distingue entre sociedades abertas e fechadas, mas apenas entre sociedades cotadas e não cotadas.

[1421] A classificação como *tertium genus* resulta da constatação de que a doutrina oscila na qualificação das transações PTP e, muitas vezes, as separa do *delisting.* Porém, na medida em que representam uma alteração estrutural de propriedade que conduz à exclusão do mercado regulamentado, existe ainda utilidade em assimilar as expressões. Cf. Krolop, *Der Rückzug vom organisierten Kapitalmarkt* cit., 7.

regulamentados em que estas se encontrem admitidas à negociação, o que significa que as operações *going private* são necessariamente assimiladas a um *delisting* total[1422], ao passo que, na segunda modalidade, as ações representativas do capital social da sociedade se mantêm cotadas, pelo menos num mercado regulamentado, seja porque estavam inicialmente cotadas em vários mercados ou segmentos de mercado, seja porque, simultaneamente, a sociedade foi admitida à negociação noutro mercado, nacional ou estrangeiro[1423]. Assim sendo, os casos de *delisting* parcial podem traduzir-se, na prática, num *upgrading* ou num *downlisting/downgrading*. Este último consiste na exclusão da negociação das ações num mercado ou segmento de mercado, seguida pela admissão noutro mercado ou segmento (regulamentado ou não), que se caracteriza por oferecer menos garantias informativas aos seus investidores. É na diminuição das exigências informativas que a qualificação desta operação encontra sentido, tomando-se o *downgrading* como o decréscimo dos mecanismos de tutela do investidor. Nas situações de *downlisting* é este o elemento essencial, perdendo, por isso, relevo a transferência da negociação das ações de um mercado para outro. Deste modo, nem todas as deslocações da negociação de um mercado regulamentado para outro mercado não regulamentado equivalem a casos de *downlisting*. Apenas serão relevantes aquelas de que resulta a entrada num mercado que não cumpra requisitos equiparáveis no que respeita à tutela do investidor. Se o mercado ou o segmento de mercado onde os valores passam a ser transacionados apresentarem exigências informativas análogas, não se justificam medidas de proteção do investidor idênticas às que rodeiam a exclusão do mercado[1424]. Tais casos não serão considerados como *downgrading*, mas simplesmente como alteração do mercado ou segmento de mercado, ou mesmo como *upgrading* quando o mercado

[1422] Cf. Picot, *Die Rechte* cit., 10.

[1423] Esta qualificação pode ser encontrada em Gunther Thomas, *Delisting* cit., 32 e 33; Picot, *Die Rechte* cit., 10. Note-se que, regra geral, a transferência da negociação de um mercado nacional para outro estrangeiro, quando dentro da Europa (ou, *v.g.*, para o Japão ou Estados Unidos), não representa um caso de *downlisting*, na medida em que estes mercados apresentam o mesmo nível de obrigações informativas e de tutela dos investidores. As consequências mais acentuadas apenas se sentem quando há uma retirada da zona Euro para outros mercados não tão desenvolvidos (cf. Picot, *Die Rechte* cit., 19 e 20).

[1424] Neste sentido, cf. Paulo Câmara, *Manual* cit., 836. As entidades gestoras criam segmentos especiais de mercado, com vista a assegurar maior visibilidade às empresas, surgindo, em contrapartida, deveres contratuais específicos. Ou seja, dentro de cada mercado regulamentado (ou não regulamentado) existem hierarquizações adicionais, que se fundamentam em diferentes critérios de admissão e nos deveres de informação e transparência impostos às sociedades admitidas.

para o qual são transferidas as ações apresente mais transparência e garantias de tutela do investidor, situando-se, por isso, fora do núcleo de problemas a que dedicamos a nossa atenção. Recorde-se que, por exemplo, na Alemanha, a *Frankfurter Börse* organiza um *General Standard* e um *Prime Standard* que são mercados regulamentados para efeitos da DMIF II, bem como um mercado livre (*base segment*) e um *entry standard* (*quality segment*) aos quais os emitentes se submetem por contrato, que substitui a legislação obrigatória em matéria de proteção do investidor que vigora nos outros mercados. Saber se uma alteração de segmento (*Teilbereichswechsel*) ou de mercado se traduz num *downgrading* dependerá da análise em concreto das características de cada mercado: no caso, o *General Standard* é um segmento de mercado regulamentado dirigido às pequenas e médias empresas, particularmente vocacionado para os investidores nacionais e com reduzidos custos de admissão, ao passo que o *Prime Standard* impõe deveres de transparência que correspondem aos *standards* internacionais. Mudando a negociação para outro mercado, deve entender-se que da perspetiva do investidor existe um *downgrading*. Pelo contrário, o mesmo não poderá dizer-se relativamente à transição de um mercado regulamentado para alguns mercados OTC. Embora tipicamente estes mercados ofereçam garantias inferiores aos regulamentados, nem sempre assim sucede. É o caso nos Estados Unidos do *OTCQX Best Marketplace*, que é um mercado financeiro OTC exclusivo de empresas que garantam elevados *standards* financeiros e que demonstrem que respeitam a legislação mobiliária em vigor no país, cumprindo as suas obrigações de *disclosure*, com aconselhamento por um consultor profissional. As sociedades que podem ser encontradas no mercado OTCQX distinguem-se pela particular integridade das suas operações. Apesar de não ser qualificado como regulamentado, a transferência da negociação de ações para este mercado a partir de um mercado regulamentado não pressupõe necessariamente um decréscimo informativo. Importa, portanto, averiguar, em função de cada caso, se estamos perante uma situação de *downlisting* ou se se verifica, simplesmente, uma alteração do mercado ou segmento de mercado em que os valores se encontram admitidos à negociação sem que esta envolva prejuízo para a posição do investidor. Havendo *downlisting*, a situação deve ser tratada de modo equivalente aos casos de *delisting*[1425].

A modalidade de exclusão da negociação que se verifique no caso concreto vai determinar o processo societário e mobiliário de tomada da decisão

[1425] Neste sentido, Picot, *Die Rechte* cit., 11.

de *delisting* e influenciar, também, de forma decisiva, o quadro jurídico de tutela do investidor minoritário.

3. Valores e interesses em jogo

A exclusão da negociação em mercado regulamentado, qualquer que seja a sua modalidade, produz necessariamente uma quebra da confiança que o investidor depositou na estabilidade da cotação em bolsa[1426]. O *delisting* ou o *downgrading,* tanto no plano legal, como fáctico, envolvem grave prejuízo para a posição do acionista.

Do ponto de vista jurídico, as consequências da saída do mercado regulamentado situam-se essencialmente ao nível das obrigações informativas da sociedade. Não se aplica às sociedades não cotadas o dever de publicação integral de documentos de prestação de contas, o dever de auditoria às contas anuais e semestrais através de auditor registado na CMVM nem o dever de prestar informação sobre factos relevantes (publicidade *ad hoc*), ainda que estas mantenham a qualidade de sociedade aberta[1427]. Também as normas que protegem o investidor contra o abuso de mercado, embora tenham sido

[1426] Já em 1989, Menezes Cordeiro, *Da transmissão em bolsa de acções depositadas,* O Direito 121.º (1989), I, 75-90 (77), escrevia que a confiança "apresenta-se hoje como um aspecto essencial de todo o tráfego mercantil. Na sua base está a ideia de que a pessoa, levada por outrem a acreditar em certo estado de coisas, tem direito à protecção do Direito". O Autor identifica a confiança, a celeridade e o não-formalismo como as três proposições básicas a que podem ser reconduzidos os vetores que animam o tráfego jurídico nas bolsas de valores. Ao longo deste Capítulo, iremos utilizar estes vetores como auxiliares de interpretação, o que nos permitirá retirar das diversas fontes as "regras mais consentâneas com o sistema jurídico no seu todo", tal como recomendado pelo Autor (p. 78). Carneiro da Frada/Diogo Costa Gonçalves, *Perda da qualidade* cit., 26 consideram que o facto de as ações estarem admitidas a cotação confere aos seus titulares legítimas expetativas de negociabilidade, protege-os contra constrangimentos vários na contratação e faculta-lhes uma liquidez que não conhece comparação em qualquer outro mercado.

[1427] Cf. Paulo Câmara, *Manual* cit., 836; Picot, *Die Rechte* cit., 17-20 (17), a propósito do correspondente regime alemão da WpHG. Notando que as particulares exigências informativas no mercado de capitais resultam de o típico investidor não poder analisar a sociedade emitente e de o preço dos valores mobiliários depender do resultado que se espera que o emitente venha a alcançar no futuro, cf. José Ferreira Gomes, *Os deveres de informação sobre negócios com partes relacionadas e os recentes Decetos-Lei n.os 158/2009 e 185/2009,* RDS I (2009), 3, 587-633 (593). O investidor precisa, por isso, de informação fidedigna sobre o emitente, os resultados esperados, a situação dos seus produtos nos mercados, as suas responsabilidades, a competência da equipa de gestão, entre outras informações relevantes (pp. 593 e 594).

estendidas para abrangerem instrumentos negociados em sistemas de negociação multilateral como os OTF ou MTF, apenas beneficiam as sociedades cotadas.

Já as consequências fácticas — tipicamente associadas à exclusão do mercado, mas que não são fruto de imposições legais — prejudicam essencialmente os acionistas minoritários, ao contrário das consequências jurídicas que afetam, tendencialmente[1428], todos os sócios por igual. Com o *delisting*, os minoritários deixam de poder contar com a informação prestada por terceiros sobre o valor das ações, como auditores, associações de defesa dos investidores e analistas financeiros, a qual é essencial para quem, devido à escassez de fontes de informação ao seu dispor, se baseia muitas vezes nessa informação para tomar decisões[1429]. Já atrás apontámos a importância do papel dos intermediários informativos. Fica também prejudicada a fácil realização do investimento por via da alienação das ações em mercado regulamentado. Embora o acionista ainda possa vender as suas participações no mercado não regulamentado ou noutros sistemas de negociação, estes apresentam uma menor liquidez, o que dificulta a concretização do investimento; por outro lado, ao não estarem sujeitos às mesmas exigências de transparência, não asseguram uma correta formação do preço respetivo[1430].

Se está fora de dúvida que, em termos substanciais, o *status socii* não é posto em causa nem sequer é modificado pela saída do mercado, é certo que se verifica, tipicamente, uma generalizada redução da liquidez das ações, que deixam de poder ser transacionadas no mercado regulamentado[1431]. Perante a dificuldade acrescida de encontrar contrapartes negociais, o acionista aliena normalmente as ações por um preço inferior[1432]. Esta é,

[1428] O recurso ao advérbio "tendencialmente" prende-se com a constatação de que, muitas vezes, os acionistas controladores conseguem obter informação por outros meios, pelo que, ainda que sejam afetados pelo decréscimo das exigências informativas, não o são da mesma forma que os minoritários.

[1429] Cf. Requicha Ferreira, *Perda da qualidade* cit., 33; Picot, *Die Rechte* cit., 18 e 19.

[1430] Cf. Picot, *Die Rechte* cit., 19.

[1431] Cf. Tobias Kircher, *Kompensationsleistungen für erzwungene Rechtsverluste der Minderheitsaktionäre im deutschen und französischen Recht. Eine rechtsvergleichende Analyse unter besonderer Berücksichtigung des Spruchverfahrens und der Beschwerde zur Cour d'Appel de Paris*, vol. 52, Baden-Baden, 2007, 353. O Autor salienta que os sócios minoritários, na prática, podem ficar numa situação de aprisionamento (*Einkerkerung*) na bolsa e ficar "esfomeados" se não forem distribuídos dividendos após o *delisting*.

[1432] Cf. Paulo Câmara, *As operações* cit., 132. Na medida em que, tipicamente, o acionista maioritário será o único comprador interessado na aquisição da posição minoritária, o seu poder negocial aumenta, podendo adquirir as ações abaixo do seu valor real ou constranger outros acionistas a venderem-lhas. Cf. Carneiro da Frada/Diogo Costa Gonçalves, *Perda da qualidade* cit., 28.

indubitavelmente, uma perda marcada sentida pelo acionista minoritário que, muitas vezes, conta com a alienação em bolsa como única forma de realizar o valor das ações, especialmente em sociedades com crescimento muito acentuado e durante períodos de expansão, em que existe uma política de não distribuição de dividendos, para apostar no crescimento da sociedade[1433]. Por outro lado, o investimento em qualquer sociedade é acompanhado por uma expectativa de valorização das ações e sua futura alienação, que pode ficar, também, materialmente frustrada com a saída da bolsa. A admissão à negociação em mercado é um vínculo tendencialmente estável no plano temporal, pelo que o *delisting* põe em causa as expectativas do investidor que confiou nas condições de negociabilidade das ações, acreditando que as poderia alienar a qualquer tempo. Essa confiança não pode ser injustificadamente frustrada[1434], sem que, pelo menos, os investidores afetados sejam tutelados.

Quando o *delisting* se apresente como consequência da perda da qualidade de sociedade aberta, aos prejuízos elencados somam-se, ainda, outros. Os minoritários deixam de poder exigir à sociedade e a alguns acionistas maioritários ou qualificados o cumprimento de diversos deveres de informação, bem como de beneficiar, designadamente, do princípio da igualdade de tratamento entre acionistas, da partilha do prémio de controlo inerente à OPA obrigatória[1435], do cumprimento dos requisitos de independência dos membros de órgãos de fiscalização. Nestes casos, o acionista perde o "estatuto especial próprio" das sociedades abertas para passar a ter o "estatuto comum geral" das sociedades anónimas[1436], recebendo como única contrapartida um benefício

[1433] Cf. Kerstin Grupp, *Going private* cit., 70.

[1434] Cf. Paulo Câmara, *Manual* cit., 836 ss.

[1435] Estando a sociedade subavaliada pelo mercado, é típico o lançamento de OPA hostis, na sequência das quais os minoritários recebem um valor substancial na repartição do prémio de controlo. O montante avultado é o resultado de o *raider* compreender que reestruturando a sociedade poderá obter ganhos superiores aos custos da oferta. Com a saída do mercado, os sócios minoritários perdem o benefício da repartição do prémio de controlo. Jens Ekkenga, *„Macrotron" und das Grundrecht auf Aktieneigentum — der BGH als der bessere Gesetzgeber? Zugleich Besprechung der Entscheidung BGH WM 2003, 53,* ZGR 5-6/2003, 878-910 (885). Em qualquer caso, se o oferente, ainda que atuando no âmbito do poder legal de decisão de lançamento de OPA, o fizer em termos de inutilidade pessoal e de forma a que seja altamente provável que cause danos consideráveis à sociedade visada e aos investidores, haverá uma OPA abusiva que deverá ser tratada pela CMVM como tal. Cf. Calvão da Silva, *OPA abusiva*, em *Estudos jurídicos (pareceres)*, Coimbra, 2001, 61-81.

[1436] Cf. Requicha Ferreira, *Perda da qualidade* cit., 30. Os sócios de sociedades abertas gozam de "interesses legalmente protegidos decorrentes do regime aplicável à sociedade e supervisionados por entidades com competência para o efeito (CMVM)" (Carneiro da Frada/Diogo Costa Gonçalves, *Perda da qualidade* cit., 27).

indireto resultante da redução dos custos para a sociedade. Acresce que o acionista minoritário das sociedades abertas detém *obrigatoriamente* alguns direitos na eleição dos administradores (artigo 392.º/8 do CSC): tenha-se presente que é possível estabelecer no contrato de sociedade que, para um número de administradores não excedente a um terço do órgão, se proceda a eleição isolada, entre pessoas propostas em listas subscritas por grupos de acionistas, contando que nenhum desses grupos possua ações representativas de mais de 20% e de menos de 10% do capital social (artigo 392.º/1 e 2 do CSC); pode ainda prever que os acionistas minoritários, tendo votado contra a proposta vencedora para os órgãos de administração, tenham o direito de designar, pelo menos, um administrador, desde que essa minoria represente, pelo menos, 10% do capital social (artigo 392.º/6 do CSC). Embora exista discricionariedade quanto ao concreto sistema, é obrigatória, nas sociedades abertas, a previsão de regras de tutela dos minoritários na eleição dos administradores[1437].

Há que perguntar, então, se deve ser conferida tutela aos interesses apontados, sabendo desde logo que a mesma irá provocar, necessariamente, um procedimento de saída do mercado mais oneroso para outros intervenientes, nomeadamente para a própria sociedade e para o seu sócio controlador. A resposta terá de ser procurada, por isso, tendo em atenção as consequências para o funcionamento do mercado de capitais e para os seus investidores: os efeitos da decisão podem cumprir ou negar os objetivos do direito e "ignorá-lo enfraquece a mensagem normativa"[1438]. Reclama-se uma interpretação sinépica da lei, baseada num conjunto de regras que habilitam o intérprete a pensar em consequências e que permitem o conhecimento e a ponderação dos resultados das decisões. Impõe-se, pois, resolver o problema que se coloca no quadro de um sistema móvel, caracterizado pela determinação de uma igualdade entre os seus vários elementos (substituíveis)[1439], em que os princípios não têm uma pretensão de validade exclusiva, complementando-se

[1437] Diferentemente das sociedades anónimas comuns, onde a previsão de uma proteção especial dos minoritários está na dependência dos estatutos, o artigo 392.º/8 prevê que "[n]as sociedades com subscrição pública, ou concessionárias do Estado ou de entidade a este equiparada por lei, é obrigatória a inclusão no contrato de algum dos sistemas previstos neste artigo; sendo o contrato omisso, aplica-se o disposto nos precedentes n.os 6 e 7".

[1438] Cf. MENEZES CORDEIRO, Introdução a CANARIS, *Pensamento sistemático* cit., CX.

[1439] Daí se falar em "forças móveis". Apesar de o sistema ser, ainda, uno e ordenado, exclui-se a rigidez que resultaria de uma aplicação das previsões normativas de forma a que ficasse excluída uma determinação variável das consequências jurídicas, em função da discricionariedade do juiz, ainda que vinculada. Cf. CANARIS, *Pensamento sistemático* cit., 134.

mutuamente. O que caracteriza as "normas de princípio" e as distingue das "normas regra", na linha clássica de ALEXY[1440], é o facto de o princípio apenas indicar um "sentido de regulação", apontando — mas sem determinar forçosamente — uma solução a considerar: contém uma mera regulação *prima facie,* não definitiva[1441], que apresenta razões que podem ser afastadas por outras opostas, o que reclama um juízo de ponderação[1442]. Tal apreciação envolve o estabelecimento de uma relação de precedência condicionada: tomando em conta o caso, indicam-se as condições sob as quais um princípio precede outro[1443]. Para a solução que ponderamos convocamos um conjunto de princípios que enformam o direito civil e o direito comercial, na linha da nossa exposição introdutória. O direito dos valores mobiliários não prejudica, pelo contrário, o recurso aos institutos civis que "constituem, como não poderia deixar de ser, a base do Direito mobiliário material"[1444]. No entanto, qualquer dos institutos civis invocados não poderá deixar de ser moldado pelos interesses específicos dos mercados. Há que considerar, para estes grupos de casos, qual a medida ideal de tutela do investidor e qual o nível de proteção imposto pelos princípios da boa-fé e da tutela da confiança. É a descoberta do nível adequado de proteção e de compatibilização de interesses que constitui o núcleo problemático que ora nos ocupa. Como afirma ZETZSCHE[1445], o *delisting* é um conflito que opõe a maioria à minoria. A sua resolução reclama, necessariamente, a evocação de todos os já conhecidos e estudados institutos de direito civil e de direito das sociedades, até porque, perante um problema

[1440] *Teoría de los derechos fundamentales* (trad. espanhola da ed. alemã de 1993), Madrid, 2002, 81 e ss.

[1441] Por isso, os princípios apresentam uma "capacidade ordenatória" particularmente alargada (por confronto com as regras), que lhes permite realizar, relativamente ao conjunto normativo, tarefas de organização, de identificação e de consistência que as regras, em virtude da sua especificidade normativa, não podem efetuar. Cf. DAVID DUARTE, *A norma de legalidade procedimental administrativa,* Coimbra, 2007, 128.

[1442] Diferentemente do que sucede com as regras que se aplicam em termos de "tudo ou nada" (*all or nothing fashion*). Cf. DWORKIN, *Taking rights seriously,* Cambridge, 2002, 24.

[1443] Trata-se de questão que já analisámos em MADALENA PERESTRELO DE OLIVEIRA, *Conflitos de princípios na repartição da competência material dos tribunais: os casos* aut-aut *e* et-et, O Direito, 142.º (2010), III, 593-615.

[1444] A. BARRETO MENEZES CORDEIRO, *Direito dos valores mobiliários* cit., 202.

[1445] *Going dark under German law. Towards an efficient regime for regular delisting* (January 29, 2014). Center for Business and Corporate Law Research Paper Series (CBC-RPS) – Heinrich-Heine-University Düsseldorf; IFS – Propter Homines Chair Working Paper Series – University of Liechtenstein, disponível em https://ssrn.com/abstract=2387712.

a resolver, "todo o Direito é chamado a depor"[1446]. É este o exercício a que nos propomos[1447].

4. Motivos para a saída do mercado regulamentado

A exclusão da cotação corresponde, em alguns casos, à decisão economicamente mais rentável para a sociedade, como dissemos. Os motivos que levam uma sociedade a sair do mercado regulamentado — pelo menos de forma voluntária — variam consoante a sociedade pretenda o *delisting* como fim em si mesmo ou este seja apenas consequência de uma operação de reestruturação societária[1448]. Contudo, a razão comum às operações de saída do mercado prende-se com a frustração das expectativas depositadas na cotação em bolsa. As sociedades esperam que a admissão à negociação dos seus valores em mercado regulamentado conduza a um aumento do preço das ações, como recompensa implícita por uma maior proteção acionista, consequência direta da submissão da sociedade a mais apertados requisitos de transparência e informação[1449]. Quando esse resultado não se verifica, gera-se um incentivo para a exclusão da negociação em mercado. Na análise da motivação para o *delisting* da perspetiva da sociedade cotada, costuma ser apontado que esta é a estratégia aconselhável para as empresas que já não retiram vantagens da função de angariação de capitais, seja porque perderam a atenção dos investidores, seja porque a sociedade está subavaliada[1450]. É o que sucede naqueles casos em que deixe de existir um encontro entre a oferta e a procura

[1446] Cf. Menezes Cordeiro, Introdução a Canaris, *Pensamento sistemático* cit., CXI.

[1447] Para uma recolha das principais questões que se discutem na Alemanha em casos de *delisting* e de *going private*, bem como das referências bibliográficas e decisões jurisprudenciais mais relevantes sobre as mesmas, cf., ainda que só até 2010, Hans-Joachim Holzapfel/Reinhard Pöllath, *Unternehmenskauf in Recht und Praxis*, 14.ª ed., Köln, 2010, Rn. 402-445.

[1448] Cf. Tobias Kruse, *Das "kalte" Delisting börsennotierter Aktiengesellschaften*, Frankfurt am Main, 2003, 20. Uma descrição sucinta dos principais motivos que conduzem à exclusão do mercado regulamentado pode ser encontrada em Paula Costa e Silva/Nuno Trigo dos Reis, *A perda da qualidade* cit, 49 e 50.

[1449] Cf. Dirk Zetzsche, *Going dark* cit., 3. Quando estas expetativas não são cumpridas e o mercado entra em recessão, é natural a tendência para a saída do mercado. É que a "empresa não se coloca apenas no mercado (...), mas também no clima cultural que caracteriza a esfera política e económica de um país" [Luca Enriques, *La* corporate governance *delle società quotate italiane: sfide e opportunità*, Giurisprudenza Commerciale, 39.4, jul.-ag. 2012, 493-509 (495)].

[1450] Cf. Nicolas Ott, *Der Rückzug* cit., 62 e 63.

no mercado secundário, que se torna ilíquido[1451]. Como o valor da emissão das ações no mercado primário se baseia no preço a que estas são negociadas no mercado secundário, à medida que esse valor decresce torna-se cada vez mais difícil encontrar investidores dispostos a apostar na sociedade, por não confiarem na evolução futura do preço das ações.

Pode também acontecer que as empresas estejam subavaliadas em termos de *rating*, por o mercado nelas ter perdido interesse. Esta subavaliação tem consequências a vários níveis, com particular repercussão, por exemplo, na própria motivação dos trabalhadores. A ideia de que o mercado não os avalia de forma acertada influencia a sua *performance* e pode contribuir para a respetiva desmotivação. Ademais, uma vez que é típico o pessoal das sociedades cotadas ser remunerado com uma componente variável, em complemento da componente fixa, indexada ao valor da sociedade ou mesmo com opções de compra das ações, a desvalorização da sociedade refletir-se-á, necessariamente, nos seus rendimentos. Quanto mais se desvalorizarem as ações, menor incentivo terão os trabalhadores para o melhor exercício das suas funções. Face a este cenário, é normal gerar-se a tendência para atribuir outro tipo de incentivos aos trabalhadores, designadamente compensações pecuniárias, que conduzirão a um pior desempenho da sociedade perante o mercado, com potenciais efeitos numa revisão do *rating*[1452]. A avaliação em baixa de uma sociedade reflete-se ainda na falta de liquidez das suas ações, que atinge o expoente máximo quando estas começam a ser negociadas em mercados como o *OTC Pink* e a ser registadas no *pink sheets* pelo *OTC Markets Group*[1453]. Refira-se ainda que existem sociedades que não procuram capital

[1451] Esta é a tese de KERSTIN GRUPP, *Going Private Transaktionem* cit., 16; GUNTHER THOMAS, *Delisting* cit., 73.

[1452] Cf. KERSTIN GRUPP, *Going Private* cit., 19. Se a administração for parte adquirente pode recorrer a mecanismos para descer o preço das ações, manipulando dividendos, deliberadamente diminuindo ganhos ou recusando-se a reunir com os analistas de valores mobiliários. Cf. TOMAS SIMONS/ LUC RENNEBOOG, *Public-to-private* cit., 14.

[1453] Publicação diária que, como é sabido, ganhou o nome por inicialmente ser impressa em cor-de-rosa, compilada pela *National Quotation Bureau* que reúne os preços das ações negociadas nestes mercados Cf. JONATHAN R. MACEY/MAUREEN O'HARA/DAVID POMPILIO, *Down and out in the stock market: the law and finance of the delisting process* (abr. 2005), 24, disponível em http://ssrn.com/abstract=583401. Atualmente, este serviço é fornecido pelo *OTC Markets Group*, um mercado financeiro onde são compiladas as informações necessárias para os investidores tomarem as suas decisões e escolherem o intermediário financeiro que julgarem mais adequado. De forma a garantir a transparência no processo de investimento, este grupo organiza os valores em três mercados diferentes: OTCQX, OTCQP e OTC Pink, que se distinguem com base na quantidade e qualidade de informação disponibilizada aos investidores. O *OCTQB Venture Marketplace* é, por sua

no mercado, como aquelas que não estão em crescimento ou que conseguem crescer com recurso ao seu *cash-flow*. Estas empresas não encontram incentivos para permanecerem no mercado regulamentado e suportarem os custos do *listing*. Também as empresas que pertençam a uma área de atividade em que não se verifique potencial de crescimento não terão estímulo no mercado[1454].

Para além das vantagens da exclusão da negociação em mercado regulamentado sentidas pela própria sociedade que deixa de ser cotada, na perspetiva dos administradores existem também razões para o *delisting*. As sociedades cotadas são, tipicamente, um foco de conflitos entre gestores e acionistas, motivados pelo pagamento do *free cash flow*, i.e., do *cash flow* excedente depois de feitos os investimentos devidos[1455]. Embora uma sociedade só opere de forma eficiente quando o *cash flow* livre é distribuído, subsiste uma reconhecida tendência para o *empire building*[1456], ou seja, para não distribuir esse valor[1457]. A propensão pode ser explicada por vários fatores, nomeadamente o aumento da autonomia dos administradores e da dimensão da empresa, a que se soma a existência de grandes reservas de capital, que, segundo muitos estudos, se encontra associada a um aumento da remuneração dos dirigentes. Por outro lado, muitas vezes os administradores não são remunerados em função dos objetivos alcançados, mas em atenção às possíveis promoções. Ora, para que estas ocorram é necessário que a empresa se expanda para poder gerar mais cargos. Pode também apontar-se que o crescimento de uma empresa incrementa a sua proeminência social, o seu prestígio público

vez, direcionado a sociedades em fase de desenvolvimento, mas que ainda não estão qualificadas para entrar no *OTCQX*. Para as suas ações serem transacionadas neste mercado, as sociedades necessitam de ter os deveres de informação em dia e passar, anualmente, por um processo de verificação e certificação dos administradores. A entrada neste mercado exige que os valores sejam transacionados, no mínimo, a $0,01 e que as empresas não estejam insolventes. O *OTC Pink Open Marketplace*, por seu turno, oferece a negociação de uma vasta gama de valores através de qualquer intermediário. Este mercado é aberto a todos os tipos de sociedades, inclusivamente aquelas que estejam em *default* ou *distress*. O nível de informação fornecido aos investidores é diminuto. Sobre estes mercados, cf. http://www.otcmarkets.com/home.

1454 Cf. Gunther Thomas, *Delisting* cit., 74.

1455 Cf. Jensen, *Eclipse of the public corporation* cit., 9. O *cash flow* representa a capacidade de autofinanciamento da sociedade e é comummente definido como a soma algébrica dos resultados do exercício com as amortizações e reintegrações do exercício, bem como a variação das provisões. Cf. José Diogo Horta Osório, *Da tomada do controlo de sociedades (takeovers) por Leveraged Buy-Out e sua harmonização com o direito português*, Coimbra, 2001, 15, nota 10.

1456 A expressão é utilizada, por exemplo, por Simons/Renneboog, *Public-to-private* cit., 1.

1457 Exemplo é o caso da Ford Motor Company, que chegava a não distribuir cerca de $15 mil milhões em dinheiro e valores mobiliários. Notando esta tendência, cf. Jensen, *Eclipse* cit., 9.

e o poder dos administradores séniores. A ânsia de angariação de capital, para além de estar na origem de conflitos latentes entre acionistas e administradores, é, para alguns[1458], o cerne do declínio da sociedade cotada, visto que fomenta o recurso ao mútuo bancário, a financiamentos *mezzanine* e a *high yield bonds*, e consequentemente incentiva a onda de aquisições, reestruturações e transações *going private*. Os níveis de endividamento das sociedades têm atingido patamares de tal forma elevados que, nos Estados Unidos, se fala comummente num "*leveraging of corporate America*"[1459]. Esta tendência não é exclusiva desse país, tendo-se sentido, com especial intensidade, também em Portugal, onde, à semelhança do resto do mundo, a crise financeira revelou os perigos do recurso excessivo à alavancagem. Os processos de desalavancagem operados por várias instituições financeiras levaram a uma escassez de financiamento para as empresas e, mesmo após este processo, a recalcular a forma como é avaliado o risco, com o consequente aumento do custo do capital. O recurso ao mercado de capitais, embora fosse uma alternativa possível, padece de vários problemas como a perda de controlo que normalmente lhe anda associada e bem assim a maior vulnerabilidade a tomadas de controlo hostis[1460], para além dos incontornáveis custos de *compliance* inerentes à cotação bolsista. Por isso, a saída do mercado é, por vezes, encarada como defesa face a ofertas hostis sobre a sociedade[1461], altura em que os LBO, MBO

[1458] Cf. Jensen, *Eclipse* cit., 9-10.

[1459] Cf., *v.g.*, John R. Graham/Mark T. Leary/Michael R. Roberts, *The leveraging of corporate America: A long-run perspective on changes in capital structure* (19-jan.-2017), disponível em https://doi.org/10.1111/jacf.12208.

[1460] Cf. Paulo Câmara, *As ofertas públicas de aquisição*, em *Aquisição de empresas*, Coimbra, 2011, 157-210 (166). Essa vulnerabilidade é maior em sociedades em que o desempenho menos eficiente da administração tenha conduzido a uma desvalorização dos preços em mercado, porque, com a OPA, abre-se a porta a uma nova administração, que tenderá a melhorar os resultados da sociedade, o que explica a subida de preços associada às ofertas de aquisição.

[1461] Cf. Tobias Kircher, *Kompensationsleistungen* cit., 352. As medidas de defesa contra OPA hostis são encaradas pela doutrina com alguma apreensão. Por um lado, podem ser utilizadas para proteger os administradores do controlo da sociedade pelos acionistas e, por outro lado, as OPA constituem um importante mecanismo de concentração e reestruturação empresarial, pelo que devem ser fomentadas (ainda que controladas). Cf. João Cunha Vaz, *A OPA e o controlo societário*, Coimbra, 2013, 139 ss. De qualquer forma, as medidas de defesa contra OPA hostis podem ser preventivas ou reativas. As medidas defensivas, também conhecidas como *shark repellents* [Soveral Martins, *Valores mobiliários* cit., 63-67], constam normalmente dos estatutos ou de acordos parassociais, onde se preveem cláusulas de *lock up*, que restringem a negociabilidade das ações, direitos especiais, como, *v.g.*, o voto plural (cuja admissibilidade em Portugal analisamos de seguida) ou direitos de nomeação ou destituição dos membros da administração ou, ainda, a blindagem dos estatutos, com a previsão de *voting caps*, ou seja, limitação do número máximo de votos de cada acionista em assembleia geral, independentemente da sua participação social. Argumenta-se contra a utilização da blindagem dos estatutos com o facto de ser uma medida antimercado e insustentável numa economia aberta à concorrência e ao investimento estrangeiro. Diz-se, ainda, que a blindagem dos estatutos, mais do que servir o presumível interesse da sociedade e dos seus acionistas, prossegue o interesse dos gestores em se perpetuarem no cargo, propiciando, em última análise, gestões pouco eficientes, e que impossibilitam que o mercado funcione como *market for corporate control*. Cf. Paulo Lopes Marcelo, *A blindagem da empresa plurissocietária*, Coimbra, 2002, 66. Porém, estes riscos podem ser combatidos por via do aperfeiçoamento dos mecanismos de governo internos e das normas que densificam os deveres dos administradores. Cf. João Soares da Silva, *Voting caps em sociedades cotadas*, em *O novo direito dos valores mobiliários*, I cit., 91-104 (99). Por outro lado, a blindagem estatutária desincentiva ofertas especulativas e expropriadoras, tratando-se, em última análise, de uma manifestação da soberania acionista, pelo que deve ser encarada "com normalidade, como opção accionista legítima" (pp. 99 e 104). Na Alemanha, estas regras estatutárias são inválidas nas sociedades cotadas. Em Portugal, a sua validade é incontestável. Face ao artigo 384.º/2, *b)*, do CVM os acionistas terão de se aliar com outros para alcançar o controlo (*cavalo de Tróia*). A partir da entrada em vigor do Decreto-Lei n.º 20/2016, de 20 de abril, que introduziu o artigo 13.º-C no RGICSF, as instituições de crédito cujos estatutos previam *voting caps* ficaram obrigadas a rever a limitação aos direitos de voto com a periodicidade mínima de cinco anos, sob pena de caducidade da blindagem estatutária caso não exista deliberação sobre o assunto. Lembre-se que a aprovação do referido diploma gerou polémica e algum desconforto no mercado, por se considerar que esta teve a específica finalidade de favorecer a OPA do CaixaBank sobre o BPI, em 2016. Cf. José Ferreira Gomes/Nádia Reis, *O Decreto-Lei n.º 20/2016 e a desblindagem dos estatutos das instituições de crédito: um diploma à prova de bala?*, RDS IX (2017), 2, 323-356; Jorge Brito Pereira, *O decreto-lei n.º 20/2016, de 20 de abril*, em *O novo direito dos valores mobiliários*, I cit., 161-170; Diogo Leónidas Rocha, A *nova lei de desblindagem dos bancos*, em *O novo direito dos valores mobiliários*, I cit., 171-196. Porém, independentemente destas considerações, a norma corresponde a uma recomendação feita já no ponto I.4 do Código de Governo das Sociedades da CMVM de 2013 e atualmente constante do Código de Governo das Sociedades do IPCG (versão de 2018, recomendação II.5). Uma análise da norma pode ser encontrada também em Coutinho de Abreu, D*e novo a banca — tetos de voto; gestores públicos a céu-aberto*, DSR, ano 9 (2017), vol. 17, 13-23. No campo das medidas reativas, que se destinam a dissuadir o oferente e convencer os acionistas da sociedade visada a não aceitar a oferta, destacam-se esquemas como a *pac-man defense*. Esta medida, cujo nome encontra inspiração no jogo homónimo, consiste no lançamento, pela sociedade visada, de uma OPA sobre o oferente, invertendo os papéis inicialmente assumidos. A medida *white knight* (cavaleiro branco) traduz-se na procura de uma OPA concorrente, criando incentivos a que os acionistas vendam as ações na segunda oferta e frustrando a primeira. O *white squire* (escudeiro branco) implica a emissão pela sociedade visada de ações ou outros valores mobiliários que conferem direito à sua subscrição ou aquisição, em nome de um acionista ou terceiro amigável, bloqueando a aquisição de controlo pelo oferente. A *sale of crown jewels* consiste na venda pela sociedade dos ativos nos quais o oferente está interessado. A *people pill* é a ameaça de renúncia integral de toda a administração, o que pode desencorajar o oferente caso este pretenda manter alguns dos administradores. A *significant acquisition* consiste na aquisição de outra sociedade que valorize a visada e torne a OPA mais onerosa. Com a *recapitalisation* a sociedade visada oferece um dividendo especial desincentivando a aceitação da oferta, ao passo que os *standstill agreements* preveem um acordo entre o oferente e a sociedade no qual se paralisa o negócio mediante o pagamento de uma compensação financeira ao oferente

e MBI terão de revestir a forma de OPA concorrente. Outras vezes, a saída do mercado constitui estratégia de combate aos investimentos a curto prazo e às conhecidas consequências do *short-termism*[1462]. Todo o quadro regulatório nacional em matéria de mercado de capitais está construído de modo a beneficiar o investimento a curto prazo. Pense-se na obrigação de emitir informações semestrais e nos relatórios de contas anuais ou no sistema de remuneração dos administradores que favorece os resultados no curtíssimo prazo. Especialmente após a crise de 2008 foi acentuada a necessidade de alterar esta tendência e, hoje, defende-se com frequência que a chave para um desenvolvimento sustentável do mercado é a promoção do investimento a longo prazo[1463]. Os problemas associados aos investidores de curto prazo relacionam-se com a sua preocupação em apostar no *sentimento de mercado* dos investidores, antecipando a respetiva psicologia coletiva[1464] e abdicando de qualquer preocupação com a valorização a longo prazo da empresa. O comportamento dos especuladores, facilitado pelo crescente *high frequency trading*, a que já aludimos, tem aprofundado o desalinhamento entre o período de investimento e os interesses das sociedades.

(*greenmail*). Podem ainda ser invocadas as normas de direito da concorrência e levantados problemas processuais perante a entidade de supervisão (CMVM). A administração da sociedade visada pode não recomendar a oferta (*winning the argument*) e, por fim, podem ser contratadas as *abelhas assassinas*, advogados e outras entidades para defender a sociedade de uma OPA hostil. Sobre estas medidas, a sua compatibilização com o direito português, as suas vantagens e inconvenientes, cf. Menezes Cordeiro, *Da tomada de sociedades (takeover): efectivação, valoração e técnicas de defesa*, ROA 54 (1994), vol. III, 761-777; Luís Menezes Leitão, *As medidas defensivas contra uma oferta pública de aquisição hostil*, em *Direito dos valores mobiliários*, vol. VII, Coimbra, 2007, 57-76; João Cunha Vaz, *A OPA* cit., 139-175. Existe uma tendência de evolução da regulamentação dos *takeovers* no sentido mais *target-friendly*. Cf. Guido Ferrarini/Geoffrey Miller, *A simple theory of takeover regulation in the United States and Europe*, Rivista delle società, jul.-ag. 2010, n.º 4, 680-719.

1462 Cf., ainda que a propósito do mercado de capitais britânico, mas com considerações adaptáveis ao cenário europeu e, em particular, português, George Cox, *Overcoming short-termism within British business. The key to sustained economic growth: an independent review by Sir George Cox commissioned by the Labour Party*, 2013, 1-68 (24), disponível em www.yourbritain.org.uk.

1463 Cf. Jingchen Zhao, *Corporate social responsibility in contemporary China*, Massachusetts, 2014, 260.

1464 Sobre este sentimento dos investidores de curto prazo, Bolton/Samama, *Loyalty shares: how to reward long-term investors*, Paper Presentation IV, dez. 2012, disponível em https://www.fir-pri-awards.org/wp-content/uploads/Article-P.Bolton-F.Samama.pdf, citam uma frase em que Michael Lewis dá nota do seu próprio sentimento quando investiu em ações *dot.com:* "acreditei que mesmo que a Exodus Communication acabasse por não ser um sucesso, um número suficiente de pessoas acreditaria que seria de forma a fazer subir ainda mais o valor das ações e permitir a obtenção de um lucro rápido".

A expansão dos investidores institucionais[1465] coincidiu com o aumento de lógicas de investimento a curto prazo[1466] e a ideia de que o investidor do mercado era fraco e inativo mudou radicalmente com a crescente intervenção dos fundos de pensões[1467], de seguradores ou de *hedge funds*. Conquanto possa parecer benéfica em alguns aspetos, considerando que estes investidores agregam uma elevada quantidade de ações e podem, por isso, ter um papel ativo no governo da sociedade, devemos ter presente que todo o modelo de *corporate governance* se encontra delineado com base nos deveres fiduciários dos administradores para com os investidores. Ora, este modelo esquece os *end-users*, ou seja, aqueles agentes que financiam os investidores institucionais[1468].

Assim, as sociedades cotadas são confrontadas com um problema premente: o curto lapso de tempo de duração dos investimentos, que tem origem no facto de os investidores institucionais ansiarem por atrair cada vez mais investidores e, para tal, tentarem apresentar os resultados mais impressivos a curtíssimo prazo[1469]. As consequências deste *bias* que favorece o *short-termism* podem ser sumariadas em três efeitos: a perda de oportunidades de investimento, os riscos mais elevados e o planeamento e inovação mais tímidos[1470].

[1465] Nos Estados Unidos, passou-se da existência de 8% de investidores institucionais em 1950 para quase 70% em 2010. Cf. John C. Bogle, *Restoring faith in financial markets*, Wall Street Journal, 18, 2010.

[1466] Cf. P. Alexander Quimby, *Addressing corporate short-termism through loyalty shares*, em *Florida State University Law Review*, vol. 40, n.º 2 (2013), 389-413 (391). Aliás, as medidas regulatórias, como o *Dodd-Frank Act*, que atribuíram mais poder aos acionistas com o objetivo último de combater o *short-termism*, ignoraram o facto que são esses acionistas que têm interesses a curto prazo, sendo por isso consideradas "*misguided and counterproductive*". Neste sentido, cf. Usha Rodrigues, *Corporate governance* cit., 1822.

[1467] Em Portugal, o ativismo destes é ainda tímido. Cf. Gabriela Figueiredo Dias, *O governo dos fundos de pensões*, em *O governo das organizações. A vocação universal do* corporate governance, Coimbra, 2011, 319-370 (358). Ainda assim, a importância do ativismo tem vindo a crescer (cf. Gabriela Figueiredo Dias, *Efeitos da gestão de participações societárias de fundos de pensões*, em *Estudos em Homenagem ao Professor Doutor Paulo de Pitta e Cunha*, vol. III, Coimbra, 2010, 133-161).

[1468] Cf. Quimby, *Addressing corporate* cit., 393 e 394.

[1469] Estatísticas demonstram que na *New York Stock Exchange*, entre 1945 e 1975, o período de tempo de detenção média das ações variava entre cinco e nove anos, tendo gradualmente diminuído, de forma a que, em 2005, a duração média não excedia um ano. Cf. Quimby, *Addressing corporate* cit., 395.

[1470] Cf. Bolton/Samama, *L-shares: rewarding long-term investors*, (nov. 2012), em *ECGI — Finance Working Paper n.º 342/2013*, 4, disponível em hhttp://ssrn.com/abstr, cit., 3. No entanto, já houve quem concluísse que a negociação a curto prazo por investidores institucionais está positivamente relacionada com ganhos futuros. Cf. Xuemin Yan/Zhe Zhang, *Institutional investors and equity returns: are short-term institutions better informed?*, 22 Rev. Fin. Stud. (2009), 893. No entanto, não podemos ignorar as restantes consequências negativas enunciadas em texto.

As sociedades abdicam de apostar em I&D, aumentam os riscos assumidos e as engenharias financeiras, pelo que terão um *equity beta*[1471] superior. Ao que se junta a intensificação da volatilidade do mercado, visto os investidores apenas tomarem em consideração os preços de mercado e não outros fatores mais relevantes[1472]. Também o aumento de OPA hostis verificado nos últimos anos, que evidenciou serem as sociedades com *cash flows* excessivos os alvos preferenciais, reorientou muitos administradores para a criação de valor para os acionistas através da maximização do lucro a curto prazo, ainda que com sacrifício dos ativos da sociedade e da sua *performance* a longo prazo[1473].

Adicionalmente, a diminuição dos custos de agência é, também, um motivo forte para a saída do mercado. Embora esta preocupação se revista de uma importância mais acentuada nas sociedades americanas, que se caracterizam por uma estrutura de propriedade mais dispersa, não deixa de ter relevo no cenário português e, em geral, no europeu. Tais custos resultam da separação entre a propriedade acionista e o controlo (pela administração) que determina a necessidade de se estabelecer medidas de supervisão[1474]. É sabido que o distanciamento entre o investidor e quem gere diretamente a sociedade e indiretamente o investimento torna os problemas dos custos de agência especialmente visíveis[1475]. Com o *delisting*, as ações concentram-se, normalmente, nas mãos de um número mais reduzido de investidores, que têm incentivos

[1471] Risco sistémico associado ao retorno das ações ordinárias.

[1472] Cf. Quimby, *Addressing corporate* cit., 398 ss. Em algumas situações poderá acontecer que as estratégias de curto prazo determinem que as sociedades lancem no mercado produtos, sem esperar pela aprovação do regulador para o fazer.

[1473] Cf. João Cunha Vaz, *A OPA* cit., 139.

[1474] Já dizia Adam Smith, *An inquiry into the nature and causes of the wealth of nations*, Oxford, 1976, 741 que "dos diretores destas companhias, contudo, sendo administradores mais do dinheiro de terceiros do que do seu próprio dinheiro, não se pode esperar que cuidem dele com a mesma vigilância aturada com que frequentemente os membros de uma sociedade privada cuidam do seu".

[1475] Podemos classificar uma relação como de agência quando existe um contrato mediante o qual uma ou mais pessoas (o comitente, o *principal*) contratam outra (o comissário, o *agente*) para realizar um serviço em seu nome, o que envolve delegar alguns poderes de decisão e autoridade no comissário. Se o comissário quiser maximizar as suas utilidades, terá tendência para não agir no melhor interesse do comitente. O comissário pode evitar essa situação, estabelecendo incentivos, nomeadamente monetários, para o agente. Porém, a custo zero não conseguirá garantir que as decisões são tomadas no seu melhor interesse. Cf. Michael C. Jensen/William H. Meckling, *Theory of the firm: managerial behaviour, agency costs and ownership structure*, Journal of Financial Economics (JFE), Vol. 3, No. 4, 1976, 1-76, 4 ss., disponível em http://ssrn.com/abstract=94043. Sobre os problemas de agência entre nós cf., *v.g.*, Fernando Araújo, *Introdução à economia* cit., 425-441; José Ferreira Gomes, *Da administração* cit., 32 ss.

para controlarem a sua participação de capital, o que evita o efeito de boleia na monitorização das ações[1476]. As transações *public to private* resultam, no fundo, numa reunificação da propriedade e do controlo, que leva a que os investidores tenham um estímulo mais forte para monitorizarem a administração[1477].

Na perspetiva do acionista maioritário, cujo objetivo primordial de investimento é a implementação de políticas societárias, o *listing* tende a dificultar a sua influência sobre a administração, podendo, por consequência, beneficiar com a exclusão do mercado. A cotação em bolsa acarreta, geralmente, uma elevada dispersão de capital, que potencia os conflitos em assembleia geral e aumenta a probabilidade de se formarem minorias de bloqueio. Com a saída da sociedade do mercado e a inerente dificuldade de os sócios venderem as suas participações, haverá tendencialmente menor dispersão acionista, pelo que os maioritários conseguirão, com mais facilidade, implementar as suas políticas[1478]. Por outro lado, se o mercado não for suficientemente líquido, o sócio não logrará alienar as suas ações em bolsa.

A todos os fatores referidos acrescente-se que manter uma empresa cotada no mercado gera custos diretos e indiretos[1479]. Entre os custos diretos, contam-se

[1476] Os acionistas individuais, com reduzidas participações de capital, tipicamente subinvestem na monitorização porque não têm incentivos económicos para o fazer. Porém, mesmo em casos de elevada concentração de capital, pode haver estímulos para a exclusão do mercado regulamentado se os administradores forem avessos ao risco. Cf. STEEN THOMSEN/FREDERIK VITEN, *Delistings in Europe and the costs of governance* (abr. 2007), 5, disponível em http://ssrn.com/abstract=986603. Em 1776, ADAM SMITH comentou sobre a divergência entre administradores e *stockholders* numa empresa; mais tarde, em 1932, BERLE e MEANS acentuaram a separação entre propriedade e controlo numa sociedade típica do século XX. Os Autores concluem que quando o administrador de uma empresa é o único beneficiário, este consegue extrair benefícios pecuniários e não pecuniários, resultantes da associação entre custos marginais a utilidade marginal. Vendendo uma parte da sua propriedade a *outsiders*, os custos marginais de benefícios não pecuniários diminuem porque só suportará parte desses custos. Consequentemente, aumentam os benefícios privados (um comportamento denominado *shirking*) e diminui o valor da empresa. Sobre o tema, cf. TOMAS SIMONS/LUC RENNEBOOG, *Public-to-private* cit., 8 e 9.

[1477] Apresentando as mesmas razões para o *delisting*, cf. JANA P. FIDRMUC/PETER ROOSENBOOM/DICK J. C. DIJK, *When do managers seek private equity backing in public-to-private transactions?* (fev. 2007), 2-4, disponível em http://ssrn.com/abstract=968101. Embora no quadro do direito malaio, cf. PEI LING LEE, *Going private transactions: announcement effects on stock price and characteristics of acquired firms in Malaysia,* (jan. 2009), 3-12, disponível em http://ssrn.com/abstract=1331295.

[1478] Cf. GUNTHER THOMAS, *Delisting* cit., 80.

[1479] Nos Estados Unidos, os custos de permanência no mercado regulamentado foram inflacionados, em 2002, com o Sarbanes-Oxley Act (SOX), que, em resposta a uma série de escândalos financeiros, visou reconstruir a confiança dos investidores no mercado de capitais. Em teoria, o aumento dos requisitos de transparência e as sanções mais rígidas para atos ilícitos geram mais ganhos para

os de registo na bolsa e as taxas anuais impostas pelos organismos reguladores. Os custos indiretos, por sua vez, dizem respeito ao cumprimento das regras de regulação e dos *standards* de *corporate governance*[1480]. A ineficiência das sociedades cotadas fez com que (re)surgissem os já referidos investidores ativos ou ativistas[1481], que criam um novo modelo de gestão, demonstrando que se pode motivar as mesmas pessoas e utilizar os mesmos recursos e obter uma *performance* melhorada. Porém, os custos do ativismo são elevados: existem restrições ao envolvimento bancário dos *insiders* societários e a determinadas práticas empresariais[1482]. Estes custos deixam os investidores sem poder efetivo, restando-lhes a hipótese de manifestarem o seu descontentamento com a gestão da sociedade apenas mediante a venda de ações[1483]. Os fatores enunciados geram uma discrepância entre o valor intrínseco da sociedade e o preço a que os seus ativos são negociados no mercado regulamentado, que torna particularmente atrativo para os investidores adquirir a sociedade a um preço de desconto, beneficiando da assimetria informativa existente no

os investidores; porém, os críticos argumentam que as sociedades com uma estrutura de governo mais fraca são mais suscetíveis de sair do mercado. Cf. Peter Hostak/Emre Karaoglu/Thomas Z. Lys/Yong George Yang, *An examination of the impact of the Sarbanes-Oxley Act on the attractiveness of US capital markets for foreign firms* (30 out. 2009), Review of Accounting Studies, 1, disponível em http://ssrn.con/abstract=956020. O SOX é constituído essencialmente por cinco inovações: (i) requer que os CEO e os CFO certifiquem os relatórios financeiros das sociedades e exige a divulgação de informação de forma mais rápida e corrente; (ii) determina que as sociedades abertas estabeleçam e mantenham um sistema interno de controlo para os relatórios financeiros, atestado por auditores externos; (iii) impõe *standards* mais rígidos para integrar o comité de auditoria; (iv) exige que os CEO e os CFO, no prazo de doze meses a seguir à emissão de um relatório que reporte má conduta da administração, reembolsem os bónus e os lucros da venda de ações; (v) define novos crimes e aumenta as penas para crimes já existentes. Cf. Ellen Engel/Rachel M. Hayes/Xue Wang, *The Sarbanes-Oxley Act and firms'going-private decisions* (6-mai.-2004), 4 ss., disponível em http://ssrn-com/abstract=546626. Face aos efeitos do SOX, Stephan Schwarzman, fundador do Blackstone Group, foi levado a afirmar, em 2007, que o SOX foi a melhor coisa que aconteceu ao seu negócio, enquanto sociedade de *private equity*, mas uma das piores coisas que aconteceu à América. Cf. Robert P. Bartlett, *Going private but staying public: reexamining the effect of Sarbanes--Oxley on firms' going-private decisions*, UGA Legal Studies Research Paper n.º 08-003, University of Chicago Law Review, 7 ss., disponível em http://ssrn-com/abstract=1088830. Este estudo conclui que as pequenas e médias sociedades foram levadas pelo SOX a sair do mercado.

1480 Cf. Djama/Martinez/Serve, *What do we know* cit., 4.

1481 Lembre-se, emblematicamente, Carl Icahn, Ronald Perelman, Laurence Tisch, Merrill Lynch ou Warren Buffett.

1482 Nos Estados Unidos estes custos começaram a sentir-se após a Grande Depressão, com o *Glass-Steagall Banking Act* de 1933, com o *Securities Exchange Act* também de 1933, com o *Securities Act* (1934), o *Chandler Bankruptcy Revision Act* (1938) e ainda o *Investment Company Act* (1940).

1483 Cf. Jensen, *Eclipse* cit., 6-8.

mercado, retirando posteriormente a sociedade da bolsa que perdeu interesse na sua atividade[1484].

5. A capacidade construtiva do sistema perante a crise do mercado regulamentado e a tendência para o *going private*: voto plural e ações de lealdade

5.1. Recentes propostas de revitalização do mercado de capitais

Embora o sistema jurídico contenha, como veremos, capacidade de resposta para os riscos que o *delisting* acarreta para a posição do investidor, a sua atuação construtiva deve, em primeira linha, surgir no sentido de fornecer às sociedades cotadas ferramentas que permitam incentivar a própria permanência no mercado, combatendo os principais fatores que conduzem ao seu abandono.

Perante a crise do mercado de capitais, já se disse que a sua "doença" é bastante óbvia, mas que a "cura"[1485] não tanto. Tem-se chamado a atenção para a necessidade de uma reformulação drástica do respetivo funcionamento, perturbado pela predominância de um modelo de investimento baseado no curto prazo, que tem como efeito uma *early exit culture* incapaz de conservar as sociedades fiéis ao mercado. Em caso de crise de governação, os sócios preferem vender as suas ações (*exit*), em vez de manterem a participação social e tentarem resolvê-la através do exercício do voto (*voice*)[1486]. Não costumam, por isso, ser discutidas alternativas à defesa contra aquisições de controlo hostis ou outras estratégias que fomentem a manutenção das sociedades no mercado. É sabido, porém, que um mercado de capitais forte e sustentado, suscetível de gerar mais investimento, promove o crescimento económico, cria valor e emprego. Longe de ser um desígnio em si mesmo, constitui um instrumento ao serviço da economia real. O excesso do peso regulatório e burocrático é um dos muitos fatores que têm vindo a afastar as empresas da

[1484] Cf. Martin Kleppe, *Anlegerschutz beim Rückzug* cit., 4.

[1485] As expressões são de Bolton/Samama, trick Bolton/Frédéric Samama, *L-shares: rewarding long-term investors* cit., 4.

[1486] O caminho mais fácil será o de *exit* e não o de *voice*, uma vez que o custo do exercício do voto para resolver crises de governação é suportado pelo acionista que o exerce, mas os seus benefícios são sentidos por todos. Cf. *v.g.* João Vieira dos Santos, *Ações de lealdade. A primazia dos interesses da estabilidade a longo prazo da empresa social,* RDS VI (2014), 2, 445-480.

entrada na bolsa e levado muitas a dela saírem. A situação não é, contudo, irremediável, como temos sublinhado[1487].

Assim, antes de tutelar o investidor no momento da saída do mercado regulamentado, o desafio jurídico-económico fundamental é evitar os próprios cenários de saída. Sem prejuízo de eventuais intervenções legislativas, o sistema jurídico proporciona meios que permitem encontrar respostas adequadas. Nesse contexto temos formulado algumas propostas[1488], a primeira das quais dirigida a fomentar o ativismo acionista, ficando a empresa menos vulnerável a tomadas de controlo e revestida de maior interesse para os investidores ou para os próprios fundadores que deixam de temer a perda de controlo; a segunda, por seu lado, tem o objetivo específico de combater as estratégias de investimento a curto prazo, tornando o mercado de capitais uma forma de financiamento mais atrativa e, consequentemente, desincentivando, ainda que apenas em algumas situações, o *delisting* das sociedades. Referimo-nos à possibilidade de as sociedades cotadas criarem categorias de ações com direito de voto duplo ou plural e, também, ações de lealdade, i.e., ações que, após a detenção ininterrupta pelo mesmo acionista por um determinado período, lhe concedam direito a voto majorado.

A questão é particularmente interessante se pensarmos que, no ordenamento jurídico português, existe uma proibição generalizada do voto duplo nas sociedades anónimas, o qual é apenas aceite nas sociedades por quotas, ainda que limitado a 20% do capital social. Não obstante, temos defendido que as sociedades anónimas *quando admitidas à negociação em mercado regulamentado* devem ter a possibilidade, por via estatutária, de conformarem as soluções que melhor garantam a sua sustentabilidade.

A análise do estado legislativo de outros ordenamentos jurídicos nesta matéria revela a máxima pertinência do tema. Lembramos que, em Itália, até ao decreto n.º 91/2014, de junho de 2014, também conhecido como *Decreto Competitività*, o voto plural era expressamente proibido pelo artigo 2351/4 *Codice Civile*. A questão havia merecido ampla discussão a partir de 1924, altura em que foi criado um grupo encarregado de redigir um novo *Codice di Commercio*, mas acabou por se concluir, então, que o voto plural seria uma forma de os acionistas controladores prosseguirem interesses próprios em

[1487] Cf. Madalena Perestrelo de Oliveira, *Direitos de voto nas sociedades cotadas: da admissibilidade de categorias de ações com direito de voto plural às L-Shares*, RDS VII (2015), 2, 435-470.

[1488] Neste sentido, cf. a Iniciativa AEM para o mercado de capitais. 24 recomendações para a dinamização do mercado português, 2013.

detrimento dos interesses da minoria[1489]. Se bem que o anteprojeto tivesse deixado em aberto a possibilidade de se permitir o voto plural, o *Codice* de 1942 proibiu-o expressamente, ao mesmo tempo que conferiu, porém, a possibilidade de emissão de ações com voto limitado, numa solução aparentemente incoerente e que sofreu diversas críticas[1490]. O binómio *potere/rischio* já tinha sido abandonado, em 1974, com as *azioni di risparmio* sem direito de voto, e com o *voto scalare*, que admitia uma desproporção entre a participação acionista e o direito de voto, inversamente proporcional à quantidade de ações detidas. No entanto, se é certo que se consagrava esta desproporção, ela só era aceite *in minus* e nunca *in maius*. A lógica subjacente à aparente incoerência seria que as ações em que era autorizada a quebra do princípio "*un'azione — un voto*" visavam evitar uma elevada concentração de votos nas mãos de poucos acionistas, ao passo que o voto plural tinha o objetivo exatamente contrário, potenciando, assim, um conjunto de situações abusivas[1491]. Foi a 31 de dezembro de 2014, com a entrada em vigor do *Decreto Competitività*, que a conjuntura se alterou, ao conceder um maior espaço operativo ao princípio da autonomia contratual societária, expresso no artigo 2348/2 *Codice Civile*. O panorama societário mudou radicalmente, tendo como linha orientadora a promoção do acesso ao mercado de capitais.

O artigo 2351/4 *Codice Civile* foi alterado, permitindo às sociedades não cotadas a introdução de categorias de ações com direito de voto plural, ainda que a sua utilização seja limitada à votação em assuntos específicos e tenha um *cap* de três votos por ação. A criação de categorias de ações com direito de voto plural faz nascer para os acionistas discordantes o direito de se exonerarem da sociedade nos termos do artigo 2437/1, *g)*, *Codice Civile*. O mesmo não acontece com as sociedades cotadas as quais não beneficiam de idêntica possibilidade, de acordo com o artigo 127-*sexies* TUF. No entanto, as empresas com categorias de ações deste tipo podem entrar no mercado regulamentado sem pôr em caua a sua manutenção, desde que não apresentem qualquer mecanismo adicional que aumente a desproporção entre propriedade e direito de voto.

[1489] Cf. MASSIMO BIONE, *Il voto multiplo: digressioni sul tema*, Giurisprudenza Commerciale, 38.5, set.-out. 2011, 663-684 (663).

[1490] Cf., por todos, MASSIMO BIONE, *Il voto* cit., 664 ss.

[1491] Cf. MASSIMO BIONE, *Il voto* cit., 667. No entanto, já se reconhecia que não era o respeito rigoroso pelo princípio "uma ação, um voto" que conseguiria assegurar um pleno equilíbrio entre poder e risco, uma vez que já existiam outras formas de o fazer, nomeadamente através de acordos parassociais (p. 683).

Previu-se, ainda, a criação de ações com *voto maggiorato*, correspondentes às ações de lealdade, cuja detenção por um período ininterrupto não inferior a vinte e quatro meses confere, no máximo, dois votos por cada ação (artigo 127-*quinquies* TUF). A transmissão no decurso desse prazo determina a perda da majoração do voto, a não ser que a mesma ocorra *mortis causa*, por fusão ou cisão, salvo estipulação em contrário. O voto de lealdade estende-se às novas emissões de ações em caso de aumento de capital. Esta majoração do direito de voto é encarada como uma forma de promover a entrada das empresas na bolsa, de maneira a que se aumente o *free float* no momento do IPO, sem que isso provoque uma perda de controlo da sociedade. Nessa medida, não são consideradas uma categoria de ações (por oposição àquilo que acontece relativamente às ações com voto plural) e os acionistas que não estejam de acordo com a sua criação não têm direito de exoneração[1492].

A introdução destas duas modalidades de voto plural nas sociedades cotadas — categorias de ações e ações de lealdade (*voto maggiorato*) — foi acompanhada de novos deveres de informação e transparência, previstos no *Rigolamento Emittenti* (RE)[1493]. Entre estes deveres, destacamos a obrigatoriedade de comunicar a percentagem de votos detidos, no quinto dia após o final do mês em que se tenha verificado alguma majoração dos direitos de voto e no dia seguinte ao da *record date*. A informação deverá ser prestada ao público e à Consob (artigo 85-*bis*/4-*bis* RE).

No caso das ações de lealdade, quando for atingida uma percentagem de direitos de voto relevante para efeitos de obrigatoriedade de lançar uma OPA, esse dever poderá ser excecionado se o acionista reduzir o número de votos que detém[1494].

Com este regime ultrapassou-se a "desatenção"[1495] da reforma de 2003 que tinha mantido a proibição de voto plural e avançou-se para uma mais ampla negação do princípio de que a cada ação deve corresponder um voto. Mas nem todas as reações à referida legislação foram positivas. O *proxy advisor Frontis*

[1492] Exige-se uma maioria de dois terços para aprovar a implementação das ações com voto *maggiorato*, mas, ao contrário do que aconteceria por aplicação do 2437/1, *g*), *Codice Civile*, o legislador excluiu expressamente o direito de exoneração dos sócios que votem contra a deliberação.

[1493] *Regolamento di attuazione del decreto legislativo 24 febbraio 1998, n. 58, concernente la disciplina degli emittenti*, adotado pela Consob através da deliberação n. 11971 del 14 maggio 1999, com modificações posteriores.

[1494] Note-se que esta exceção não se aplica nas situações em que, apesar de ter havido uma diminuição da percentagem de direitos de voto, se mantenha a ultrapassagem de um limiar relevante de detenção de capital social.

[1495] O termo é de MASSIMO BIONE, *Il voto* cit., 672.

Governance recomendou a votação contra a introdução do voto de lealdade nas sociedades cotadas e também o *ISS* recomendou a votação negativa quanto a qualquer estrutura acionista que comportasse uma dualidade de classes de direito de voto. Assim, apesar de, em Itália, ter sido concedido um período — até 31 de janeiro de 2015 — durante o qual as ações de lealdade poderiam ser introduzidas nas sociedades cotadas com uma votação por maioria simples, o regime nem sempre foi bem acolhido. Convém, contudo, não esquecer que, muitas vezes, reações negativas correspondem a interesses especulativos, pelo que devem ser lidas com especial cautela.

Em França, o cenário é similar. Historicamente, a Lei das Sociedades Comerciais de 1966 proibia o voto plural, mas admitia o voto duplo, desde que as ações fossem nominativas e os acionistas beneficiados detivessem as ações, de forma ininterrupta, durante pelo menos dois anos. O esquema era, no fundo, semelhante ao das ações de lealdade com *voto maggiorato* italianas. O regime foi substituído pelo do artigo L225-123 do *Code de Commerce* e modificado pela Loi n.º 2014-384, du 29 mars 2014 (*Loi Florange*[1496]), que lhe deu a sua versão atual, segundo a qual as sociedades cotadas no mercado regulamentado francês beneficiam automaticamente de ações de lealdade, a não ser que exerçam o direito de *opt-out*. Ou seja, todos os acionistas que detenham ações durante dois anos consecutivos, a contar da entrada em vigor da lei (1 de abril de 2014), gozam de direito de voto duplo. Em termos práticos, as sociedades cotadas que queiram manter intocado o princípio *one share, one vote* terão de convocar uma assembleia geral extraordinária, no prazo de dois anos, para alterar o contrato de sociedade, de forma a poderem exercer o direito de *opt-out*. A *Loi Florange* inverte a lógica anterior do *Code de Commerce*, em que já era admitido este esquema de majoração do voto, mas apenas se fosse previsto nos estatutos da sociedade. A lei teve como linha orientadora a promoção e melhoria da economia francesa e deve o seu nome às reivindicações do sindicato da *ArcelorMittal* perante o encerramento de uma fábrica em Florange, com imediatas consequências a nível de desemprego dos seus trabalhadores, revelando a necessidade de reforçar o papel dos acionistas de longo prazo e aumentar a sua margem de manobra perante práticas oportunistas promovidas pelos acionistas especuladores. Da *Loi Florange* resultam uma série de medidas para amenizar situações deste tipo.

Apesar das intenções que presidiram às medidas tomadas, também em França se verificou que os *proxy advisors* desaconselharam a adoção das ações

[1496] "Loi visante à reconquérir l'économie réelle".

de lealdade e incentivaram a desaplicação da *Loi Florange*. Foi o caso, por exemplo, da *Glass Lewis*, que, nas suas *guidelines* para as recomendações sobre o exercício do aconselhamento do voto, escreveu que "se a sociedade não propuser a votação de uma cláusula de *opt out* quanto ao regime das ações de lealdade até à assembleia geral anual de 2015, a *Glass Lewis* recomendará o exercício do direito de voto contra a ratificação dos atos da administração correspondentes ao ano fiscal anterior"[1497]. Para além da reação dos *proxy advisors*, ocorreu uma oposição massiva a este regime por parte dos investidores institucionais, sendo que a maioria das sociedades do CAC 40 desaplicaram o regime. No entanto, há que não esquecer que alguns investidores institucionais que se opuseram à alteração do regime, como os *hedge funds Alliance Trust* ou *Vivendi*, não estavam preocupados em debater estratégias que incentivem investimentos a longo prazo, mas, sim, em conseguir *short-term boosts* nos preços das ações[1498].

Também no direito francês se reconhece que a concessão de direito de voto duplo poderá influenciar a ultrapassagem do limiar relevante para a obrigatoriedade de lançamento de uma OPA. Para essas situações, antes da *Loi Florange*, havia duas soluções: (i) passar uma parte das ações de nominativas para ao portador (diminuindo-se, assim, a percentagem de votos), ou (ii) vender parte das participações. Atualmente, o regime contém ainda mais uma forma de escapar ao dever de lançar uma oferta pública, nos casos em que o acionista que já estivesse acima do limiar relevante para efeitos de OPA, na data da entrada em vigor da lei decida vender parte das suas ações e, dois anos depois, volte a suplantar esse limiar devido à atribuição do voto duplo, mas sem exceder a percentagem de votos que detinha na data da entrada em vigor da *Loi Florange*. Quando exista aumento de capital por incorporação de reservas, o direito de voto duplo pode ser conferido, desde a sua emissão, às ações nominativas atribuídas gratuitamente a um acionista que já beneficie desse direito (artigo L225-123 *Code de Commerce*).

Ao contrário do que acontece em Itália e em França, na Alemanha, o § 12 II AktG proíbe expressamente o voto plural (*Mehrstimmrecht*). Porém, nem sempre foi assim. O anterior direito societário alemão não conhecia qualquer proibição de criação de ações com direito de voto plural. A utilização abusiva

[1497] *Guidelines 2015 proxy season. An overview of the Glass Lewis approach to proxy advice*, France, disponível em www.glasslewis.com.

[1498] Assinalando esta realidade, cf. ROGER BARKER em carta de 13-abr.- 2015 enviada ao *Financial Times*, em resposta ao editorial do Jornal de 8-abr.-2015, que manifestava uma feroz oposição à *Loi Florange*.

que foi feita deste esquema de majoração do voto não vedado pelo HGB no decurso dos anos 20 do século passado conduziu, contudo, a que a questão fosse debatida aquando da reforma societária de 1937[1499]. Na altura, e durante alguns anos, o legislador optou por uma solução intermédia: uma proibição de criação de ações com voto plural, mas amenizada pela possibilidade de, a pedido da sociedade e por decisão ministerial, serem criadas ações com direito de voto plural, desde que a "vontade da sociedade" (*Wohl der Gesellschaft*) o justificasse. Este regime vigorou até à aprovação da AktG de 1965, que proibiu em absoluto esta categoria de ações. Tal proibição radicou na convicção de que o objetivo primário da concessão de direito de voto plural — a proteção de empresas alemãs contra a aquisição por parte de investidores estrangeiros — se encontrava já ultrapassado[1500].

A eliminação do voto plural foi, no entanto, mais complexa do que seria de esperar. A 28 de janeiro de 1998, o *Bundesregierung* apresentou uma proposta de lei que no § 5 I previu um prazo de cinco anos, findo o qual todos os direitos de voto plural expirariam de forma automática. Era possível, porém, que a assembleia geral deliberasse, por maioria simples do capital social representado em assembleia geral, a sua abolição antes de 2003 ou que, pelo contrário, por maioria de três quartos dos votos (em que não se contabilizariam os acionistas com direito de voto plural), deliberasse a continuidade das ações com voto majorado[1501]. Em qualquer destes cenários, sempre que fossem extintos direitos de voto plural, os acionistas afetados teriam de ser devidamente compensados (§ 5 III EGAktG)[1502]. A introdução da proibição genérica de voto

[1499] Cf. Michael Hoffmann-Becking, *§ 1. Geschichte der Aktiengesellschaft und des Aktiengesetz*, em Michael Hoffmann-Becking, *Münchener Handbuch des Gesellschaftsrechts*, vol. 4, 4.ª ed., München, 2015, 1-7 (4).

[1500] Cf. Karsten Heider, *§ 12*, em *Münchener Kommentar zum Aktiengesetz*, vol. 1, 5.ª ed., München, 2019, Rn. 40; Hans Jürgen Schaal, *§ 12 AktG*, em Erbs/kohlhaas/Ams *et alii*, *Strafrechtliche Nebengesetze*, München, 2015.

[1501] Franz-Jörg Semler, *§ 39. Stimmrecht* em Hoffmann-Becking, *Münchener Handbuch* cit., 813-828 (816) assinala que, devido a esta faculdade, ainda existem sociedades alemãs com ações com direito de voto plural.

[1502] O direito tem de ser exercido no prazo de dois meses após a extinção do direito de voto plural. Note-se que ainda foi ponderada uma solução legal em que a extinção do voto plural não fosse acompanhada de compensação, mas, de imediato, surgiram vozes que questionaram a constitucionalidade da solução, apontando que o artigo 14 GG só permitiria a afetação do direito se existissem motivos de interesse público e se tal fosse feito de forma proporcional. Wolfgang Zöllner/Hans Hanau, *Die Verfassungsrechtlichen Grenzen der Beseitigung von Mehrstimmrechten bei Aktiengesellschaften*, AG, 1997, 206-219 (213 ss.), demonstraram que os motivos de interesse público apontados para a extinção do voto plural pesavam pouco por oposição à tutela constitucional da propriedade. Sobre o regime transitório da extinção do direito plural, cf. Karsten Heider, *§ 12* cit., Rn. 43 ss.

plural acompanhou a crescente internacionalização dos mercados e foi ao encontro do princípio europeu, então incontestado, *one share, one vote*[1503]. A ideia de necessária associação proporcional entre capital e voto tem vindo, contudo, a ser postergada. Note-se que, para além de uma genérica proibição de serem emitidas ações com direito de voto plural, as ações de lealdade não costumam ser discutidas neste ordenamento jurídico[1504].

Digna de nota nesta matéria é a (muito) recente proposta de introdução das ações de lealdade em Espanha, constante do Anteproyecto de Ley XX/201X de 24 de maio de 2019[1505]. Esta surge como reação às estratégias de curto prazo, as quais — conforme se lê no respetivo preâmbulo — não só afetam a sustentabilidade e rentabilidade das empresas individualmente consideradas, mas também podem gerar riscos relevantes para a estabilidade dos mercados e da economia. Prevê-se, assim, que as sociedades possam atribuir, nos seus estatutos, votos adicionais às ações que sejam mantidas pelo seu titular ininterruptamente por um período mínimo de dois anos. A preocupação é, além do mais, colocar o regime espanhol em linha com outras legislações europeias (*maxime*, francesa e italiana), reforçando a sua atratividade. Para a introdução da previsão estatutária, tornam-se necessários requisitos de quórum e de maioria especialmente exigentes tendo em vista proteger o acionista minoritário, ao mesmo tempo que se facilita a supressão destas ações, que pode ser levada a cabo com quórum e maiorias menos exigentes.

A Ley de Sociedades de Capital passará, então, a contar com uma nova Subsecção 4.ª ("voto adicional de lealdade"), no âmbito da qual o artigo 527 ter. ("atribuição de voto adicional por lealdade"), determina, no n.º 1, que "os estatutos da sociedade anónima podem mudar a relação entre o valor nominal das ações e os direitos de voto para conferir um voto adicional por

[1503] A mesma proibição vigora na Áustria, ao abrigo do § 12 öAktG.

[1504] No Reino Unido, o combate ao *short-termism* também não tem passado pela introdução de ações de lealdade, mas, sim, por via de algumas normas introduzidas no *UK Stewardship Code*. Esta será certamente uma iniciativa louvável, de que resultaram melhorias na gestão do investimento por parte dos investidores institucionais, mas, ainda assim, o modelo típico de investimento manteve-se com um horizonte reduzido. Este código consagra um conjunto de princípios aplicáveis aos investidores institucionais, numa lógica de *comply or explain*. Entre eles contam-se, a título de exemplo, as obrigações (i) de divulgar como vão gerir as suas responsabilidades, (ii) de apresentar uma política robusta quanto a conflitos de interesses e (iii) de monitorizar as sociedades em que investem.

[1505] Anteproyecto de Ley XX/201X para la transposición de la Directiva 2017/828 de 17 de mayo de 2017 por la que se modifica la Directiva 2007/36/CE en lo que respecta al fomento de la implicación a largo plazo de los accionistas, disponível em http://www.mineco.gob.es/stfls/mineco/ministerio/participacion_publica/audiencia/ficheros/ECO_TES_190524_AP_APL_fomento_implicacion_largo_accionistas.pdf.

cada ação detida pelo mesmo acionista durante dois anos ininterruptos consecutivos". Nos termos do n.º 2, os estatutos podem estender, mas não reduzir, o período mínimo de propriedade ininterrupta. No que toca às maiorias, prevê o artigo 527 quater a necessidade do voto favorável de pelo menos dois terços do capital presente ou representado na reunião que represente pelo menos metade do capital social total com direito a voto ou o voto favorável de 80% do capital presente ou representado se os acionistas representarem no mínimo 25% do capital. Os estatutos podem aumentar as maiorias em causa. De acordo com o artigo 527 sexies, a eliminação da disposição estatutária que prevê o voto adicional de lealdade pode, por seu lado, ser decidida a qualquer momento pela assembleia geral com o quórum e maiorias previstos no artigo 201.2. Caso decorram mais de dez anos desde a data de adoção ou aprovação das ações de lealdade, os direitos de voto adicionais não serão levados em conta no cálculo. Interessante é a regra do artigo 527 septies que prevê a acreditação do período de fidelidade através de um registo suplementar. No que toca às transmissões das ações pelo acionista privilegiado, o artigo 527 octies prevê a extinção na hipótese de alienação, ainda que gratuita. Exceção são as situações, *v.g.*, de sucessão por morte ou de modificações estruturais de empresa.

Em Portugal, a norma do artigo 384.º/5 do CSC proíbe que se estabeleça no contrato de sociedade das sociedades anónimas o direito de voto plural. A proibição de afastar o princípio *one share, one vote* a favor de alguns acionistas, tradicionalmente tomada como dogma[1506], teria a sua base na leitura combinada dos artigos 384.º e 24.º do CSC. No entanto, historicamente, nem sempre a lei adotou soluções que garantissem uma total correspondência entre a participação social e os direitos de voto. No regime anterior ao Código das Sociedades Comerciais, eram permitidos os privilégios de voto, que, aliás, não foram extintos com a sua aprovação, antes tendo sido consagrada uma norma transitória (artigo 531.º do CSC) em que se prevê a respetiva manutenção, a não ser que a sua extinção seja deliberada pelos sócios, nos termos previstos para a alteração do contrato[1507]. Porém, excluindo a possibilidade de ainda se

[1506] Cf., *v.g.*, Cristiano Dias, *Os direitos especiais dos sócios*, Coimbra, 2015, 343-347. A doutrina começa, porém, a notar a atual fragilização das razões subjacentes à proibição do voto plural. Cf. Paulo Olavo Cunha, *Direito das sociedades comerciais*, 7.ª ed., Coimbra, 2019, 386.

[1507] Com o decreto n.º 1:645, de 15 de junho de 1915 admitiu-se a criação de privilégios por assembleia geral extraordinária e, também, o direito de voto plural. Sobre a evolução histórica do regime, cf., por todos, Inocêncio Galvão Telles, *Acções privilegiadas*, O Direito 87.º (1955), 301-311; Paulo Olavo Cunha, *Os direitos especiais nas sociedades anónimas: as acções privilegiadas*, Coimbra, 1993, 31 ss. Para uma análise comparatística, cf. Pedro Maia, *Função e funcionamento* cit., 122, nota 189.

manterem categorias de ações com voto plural criadas ao abrigo do anterior regime societário, o princípio *one share, one vote* no domínio das sociedades anónimas tem permanecido incontestado.

Veremos, contudo, que uma adequada interpretação do sistema jurídico revela que quer as ações com voto plural quer as ações de lealdade são admissíveis entre nós, preenchidos determinados pressupostos, e podem constituir interessantes ferramentas na defesa do mercado de capitais contra saídas de bolsa que têm como efeito desproteger grave e acentuadamente os investidores. Trata-se, na verdade, de importantes instrumentos de tutela, que operam a montante dos mecanismos de defesa dos investidores em caso de *delisting*.

5.2. Criação de categorias de ações com direito de voto plural nas sociedades cotadas

No elenco dos tipos de sociedades comerciais, as sociedades anónimas ocupam o coração do Código das Sociedades Comerciais e exprimem o seu núcleo mais característico[1508]. Recordamos, não obstante, que, ao longo dos tempos, dentro desse âmago têm-se vindo a desenvolver regimes com autonomia suficiente para que se justifique a distinção de vários subtipos de sociedades anónimas[1509]: (i) as sociedades anónimas (simples), (ii) as grandes sociedades anónimas, às quais se aplica o Código das Sociedades Comerciais, com as especificidades impostas pela sua dimensão (*v.g.*, artigos 413.º/2, *a)*, 374.º-A, 396.º/1, 414.º/4 e 5, 423.º-B/4), (iii) as sociedades anónimas abertas (não cotadas), reguladas pelo Código das Sociedades Comerciais e sujeitas ao regime mais rigoroso do Código dos Valores Mobiliários (artigos 13.º-29.º) e (iv) as sociedades anónimas abertas cotadas, às quais se aplicam as disposições comuns a qualquer grande sociedade anónima ou sociedade aberta e as regras específicas do Código das Sociedades Comerciais (artigos 77.º/1, 414.º/6, 423.º-B/5).

O regime de qualquer desses subtipos societários conserva o cerne essencial do tipo "sociedade anónima", definido por duas características de base: a responsabilidade limitada ao valor da entrada e a divisão do capital social em ações. A estes elementos teremos de somar a estrutura organizatória e a irrelevância da pessoa do sócio, que a transformam numa sociedade de

[1508] Cf. Menezes Cordeiro, *Direito das sociedades* II cit., 480.

[1509] Cf. Paulo Olavo Cunha, *Direito das sociedades comerciais* cit., 101 e 102.

capitais, onde o que importa é a participação de capital do sócio ou o seu contributo patrimonial (e não o pessoal) para o exercício da atividade societária[1510].

Fora deste núcleo essencial que agrupa os subtipos societários mencionados, há um conjunto de normas que não podemos considerar aplicáveis a todos eles, sem ter em consideração o contexto para que foram desenhadas. Tal como existem normas especiais para tipos societários especiais, também devemos entender que, em função das características concretas do subtipo societário em questão, nem todas as normas com aparente pretensão de aplicação generalizada devem abranger todos os subtipos de sociedades anónimas.

Não haverá obstáculo a esta interpretação, quando a tanto conduza o sistema jurídico, desde que o tipo em causa não fique descaracterizado. Depois de, no capítulo I, termos visto as particularidades das sociedades cotadas devido à sua inserção no ambiente de mercado, nesta sede há de modo particular que questionar se a *ratio* do princípio *one share, one vote* tem um sentido útil no mercado de capitais que imponha a sua preservação a todo o custo.

Este princípio resulta da constatação de que os acionistas são quem tem mais interesse na maximização do valor da sociedade, pelo que o seu poder de voto deverá coincidir com a respetiva participação social. No fundo, a relação de paridade funciona como forma de garantir que os acionistas tomarão decisões eficientes, visto ser seu interesse maximizar o lucro da sociedade[1511]. O direito de voto é atribuído com fundamento na premissa de que os acionistas estão interessados no aumento dos lucros da sociedade a longo prazo, uma vez que, residualmente, eles são os beneficiários, que recebem os dividendos (e, em última análise, o lucro de liquidação). Esta ideia será tendencialmente verdadeira para as sociedades anónimas e até para as sociedades anónimas abertas em geral, mas o mesmo já não poderá ser dito especificamente a propósito das sociedades abertas cotadas. Num cenário de sociedade cotada em que os acionistas podem facilmente sair da sociedade e não arcar com as consequências das suas decisões, haverá um maior risco de fazerem

[1510] É esta característica que explica que haja liberdade de transmissão de ações, derrogável apenas em casos específicos (artigo 328.º do CSC), distanciamento do sócio da gestão da sociedade (artigos 390.º e 424.º do CSC) e que as alterações do contrato sejam decididas por maioria e não por unanimidade (artigo 386.º/2 do CSC). Sobre a distinção entre sociedades de pessoas e de capitais, cf., *v.g.*, Pedro Maia, *Tipos de sociedades comerciais*, em Coutinho de Abreu (org.), *Estudos de Direito das Sociedades*, 12.ª ed., Coimbra, 2015, 13-39 (37 ss.).

[1511] Cf. Tiago Arnould, *O destaque do direito aos lucros: esvaziamento do direito de voto e titularidade oculta*, RDS V (2013), 1/2, 369-385 (372).

propostas e votarem em termos que, a longo prazo, não são sustentáveis[1512]. Refira-se, ainda, que as ações preferenciais sem direito de voto ou outros esquemas utilizados para entrincheirar os acionistas, como as *poison pills*[1513], os *golden parachutes*[1514] ou os *staggered boards*[1515], surgem como formas de alterar a proporção entre propriedade e controlo pacificamente admitidas.

Por outro lado, há muito que a utilização de alguns instrumentos financeiros, entre os quais se contam os derivados, mudaram a realidade da associação entre o interesse económico e o voto. A verdade é que o princípio *one share, one vote* já deixou de vigorar nas sociedades cotadas, o que torna a proibição do voto plural nas sociedades anónimas (aparentemente também aplicável às sociedades cotadas) uma norma obsoleta e meramente formal. Aliás, chega por vezes a admitir-se o destaque do direito de voto da ação correspondente, ao abrigo do artigo 1.º, *f)*, do CVM[1516], o que mostra que o princípio já perdeu

[1512] Assinalando esta tendência, cf. Alexander Quimby, *Addressing* cit., 397.

[1513] As *poison pills* constituem uma forma de defesa contra OPA hostis. Podem assumir a forma de *flip in*, em que se dá aos acionistas, com exceção do proponente, a possibilidade de comprarem as ações existentes com um desconto, ou de *flip over*, em que podem comprar as ações do adquirente depois da aquisição com desconto. Alguma literatura defende a eficácia desta medida no combate a OPA não pretendidas, mas os dados empíricos não o confirmam. Ainda assim, não há dúvidas de que aumentam a capacidade de negociação da administração confrontada com uma proposta de aquisição e levam a que esta consiga propostas de valor mais elevado e prémios de controlo superiores. Cf. Sinan Goktan/Robert L. Kieschnick/Rabih Moussawi, *The effects of corporate governance on the likelihood of a corporation being acquired, going private, or going bankrupt* (mar. 2009), 3, disponível em http://ssrn.com/abstract=1360456.

[1514] Consistem em benefícios atribuídos à administração no caso de cessação antecipada do mandato, nomeadamente por destituição por novos acionistas, o que pode encarecer a OPA. Cf. Menezes Leitão, *As medidas defensivas* cit., 62 e 63. O CVM obriga a que, na informação anual sobre o governo das sociedades a prestar pelos emitentes, constem os acordos entre a sociedade e os titulares dos órgãos de administração (ou trabalhadores) que prevejam indemnização em caso de destituição sem justa causa. A mudança de controlo societário não deve ser considerada justa causa; neste sentido, Paulo Lopes Marcelo, *A blindagem* cit., 81.

[1515] Consistem na previsão estatutária de mandatos renovados por tranches sucessivas. Ou seja, em cada mandato existem limitações ao número de membros que podem ser removidos, impedindo uma total renovação da administração numa única assembleia geral. Cf. Paulo Lopes Marcelo, *A blindagem* cit., 78; João Cunha Vaz *A OPA* cit., 144, nota 269.

[1516] Cf. José Marques Estaca, *O destaque dos direitos de voto em face do código dos valores mobiliários*, em *Estudos em Honra do Professor Doutor José de Oliveira Ascensão*, vol. II, Coimbra, 2008, 1347-1361 (1352 ss.). O Autor compara a redação do artigo 3.º/2, a), do Cód.MVM, que apenas conferia relevância aos direitos de conteúdo económico destacáveis de valores mobiliários, com a do artigo 1.º, f), do CVM que parece já abrir espaço para a possibilidade de destaque de direitos que não apenas os patrimoniais, desde que o destaque abranja toda a emissão ou série ou esteja previsto no ato de emissão. Note-se que a proibição constante do artigo 17.º/3, c), do CSC não é obstáculo

relevância prática, na medida em que, no limite, o voto poderia mesmo ser transacionado autonomamente em mercado secundário, de balcão ou outro. Também as situações de titularidade indireta de ações são manifestação de um fenómeno similar de dissociação entre a titularidade dos valores mobiliários e o risco de investimento: é frequente que a imputação da titularidade a partir do registo esconda uma situação jurídica complexa, em que o sujeito titular da conta de registo individualizado, *v.g.*, um intermediário financeiro, que atua em nome próprio, embora por conta dos seus clientes[1517].

Tendo em atenção que, em geral, os votos não são repartidos em correspondência com a distribuição da informação sobre a forma do seu exercício, o que é suscetível de gerar ineficiências, pode considerar-se que o *vote trading* desloca o voto para investidores com mais incentivos e melhores condições para votarem adequadamente, o que implica também um papel acrescido das agências de aconselhamento de voto e uma maior relevância do tema do

a esta posição, uma vez que a norma proíbe aquelas situações em que o sócio permanece titular do direito de voto e deixa orientar o seu exercício por vantagens especiais, enquanto na situação referida em texto o titular da ação aliena definitivamente a titularidade do voto, de forma a que o adquirente possa exercer esse direito em consonância com os interesses que detenha na sociedade emitente (p. 1358). Apesar de escrever ainda ao abrigo do Cód.MVM, Pais de Vasconcelos, *Direitos destacáveis — o problema da unidade e pluralidade do direito social como direito subjectivo, em Direito dos valores mobiliários*, vol. I, Coimbra, 1999, 167-176, considera não existir impedimento ao destaque de outros direitos, que não apenas os de conteúdo económico, como exigido pelo Cód.MVM. O Autor exige, ainda assim, alguns requisitos para o destaque, nomeadamente que o que se deixe por destacar seja ainda suficiente para a integridade do direito social. Para além deste limite, estar-se-á verdadeiramente a alienar ou a dividir a ação (p. 174). Por outro lado, considera que, na medida em que os valores mobiliários se caracterizam pela fungibilidade, o destaque só poderá ser feito em massa, de modo a que os valores continuem a poder ser determinados pelo seu género, qualidade e quantidade e a ser negociados no mercado (p. 175).

1517 Cf. André Figueiredo, *Titularidade indireta de ações e exercício de direitos de voto*, RDS IV (2012), 3, 517-548 (518). Por isso, o Autor já defendeu a qualificação da titularidade indireta de valores mobiliários como um negócio fiduciário de gestão. Cf. André Figueiredo, *O negócio fiduciário perante terceiros. Com aplicação especial na gestão de valores mobiliários*, Coimbra, 2012, 455 ss. Acentuando também o fenómeno da titularidade indireta, nomeadamente naqueles casos de atuação por interposta pessoa (alguém assume a qualidade de sócio, votando em assembleia geral e recebendo os dividendos, mas fá-lo por conta e no interesse de outrem, verdadeiro beneficiário económico da participação social) ou em que a vontade do titular da participação social é determinada por outrem, cf. Sofia Altmann, *A imputação de direitos de voto no mercado de capitais*, Revista de Ciências Empresariais e Jurídicas, 2014, n.º 25, 97-138 (109 e 110); Daniela Farto Baptista, *A atuação concertada como fundamento de imputação de direitos de voto no mercado de capitais*, Porto, 2016, 163 ss.; João Mattamouros Resende, A *imputação de direitos de voto no mercado de capitais*, Lisboa, 2010, 98 ss.

governo dos *proxy advisors*[1518]. As transações do direito de voto cumpririam, pois, a função socialmente benéfica de incorporar mais informação no exercício do voto[1519]. Poderiam, assim, aumentar a eficiência global, não obstante estar muitas vezes em causa a venda de posições curtas com interesse negativo e, em consequência, a votação poder reduzir o valor da empresa. Já foi, aliás, sustentado que o aumento da eficiência é provável se os votos dos outros acionistas não estiverem altamente ligados à decisão "correta" ou se for relativamente dispendioso separar os votos das ações na *record date*[1520].

Para além da negociabilidade do voto[1521], mesmo quem não admita o destaque de direitos sociais sempre terá de ter em conta a relevância dos fenómenos de *new vote buying*, que resultam sobretudo da utilização de derivados, como os *equity swaps*. A divulgação destes e de outros instrumentos derivados negociados ao balcão e o crescimento do mercado de empréstimo de ações tornaram mais fácil e menos dispendioso separar propriedade económica e poder de voto e permitiram que *outsiders* (sujeitos sem interesse económico na sociedade)

[1518] Em Portugal o recurso a *proxy advisors* é ainda tímido, mas, no plano europeu, a questão tem merecido destaque. Cf. Juliano Ferreira, Proxy advisors — *os consultores em matéria de votação*, em *A designação de administradores*, Coimbra, 2015, 201-225 (204 e 205).

[1519] Cf. Susan E. K. Christoffersen/Christopher C. Geczy/David K. Musto/Adam V. Reed, *Vote trading and information aggregation*, Finance Working Paper n.º 141/2007 (jan. 2007), 34 ss., disponível em https://doi.org/10.1111/j.1540-6261.2007.01296.x.

[1520] De acordo com o artigo 23.º-C/1 do CVM pode votar e discutir na assembleia geral quem, na data de registo, for titular de ações a que corresponda, pelo menos, um voto. Sobre o sistema da *record date* e problematizando as situações em que o acionista aliene as ações depois da data de registo, mas antes da assembleia geral, cf. Menezes Cordeiro, *Novas regras sobre assembleias gerais: a reforma de 2010*, RDS II (2010), 1/2, 11-33; Paula Costa e Silva, *O conceito de acionista e o sistema de* record date, em *Direito dos valores mobiliários*, vol. VIII, Coimbra, 2008, 447-460; João Labareda, *Sobre os direitos de participação e de voto nas assembleias gerais de sociedades cotadas*, DSR, ano 3 (2011), vol. 5, 89-127 (118 ss.); Francisco Mendes Correia, *Participação na assembleia*, em Código do *governo das sociedades anotado*, Coimbra, 2012, 67-77; André Figueiredo, *Titularidade indireta* cit., 534, nota 53. Cf. também Paulo Câmara, *Manual* cit., 628, sublinhando que os acionistas que transmitam a titularidade das ações entre a data de registo e o fim da assembleia estão obrigados a comunicá-lo imediatamente ao presidente da mesa e à CMVM (artigo 23.º-C/7), de onde resultará que o acionista alienante deixará de ter direito de voto, não obstante o teor do n.º 2 do artigo 27.º.

[1521] Também mecanismos clássicos são cada vez mais utilizados de forma a obter mais votos do que capital. É o que acontece com o recurso à representação no exercício do voto. Se a "representação ocasional" não levanta dificuldades, já na chamada "representação sistemática" (Pedro Maia, *Voto e corporate governance. Um novo paradigma para a sociedade anónima*, Coimbra, 2019, 777 ss.) não é assim: a representação de grandes frações de capital por quem não tem interesse económico correspondente — no limite sem qualquer investimento — gera situações em que pode, inclusive, haver a intervenção de terceiros estranhos à sociedade, com poder de voto suficiente para controlar as votações.

exerçam o voto e que *insiders* obtenham mais votos do que propriedade económica, adquirindo uma influência desproporcionada na sociedade[1522].

Se esta é uma das manifestações mais claras de que o princípio *one share, one vote* é, na melhor das hipóteses, um objetivo sem aplicação prática, podemos apontar outros exemplos que fortalecem esta visão. A estrutura acionista das sociedades, quer europeias, quer americanas, alterou-se radicalmente. A crescente intervenção dos investidores institucionais diminuiu a relevância dos problemas de agência enunciados por Berle e Means associados à separação da propriedade do controlo, ao mesmo tempo que ganhou terreno uma nova realidade: a separação da *ownership from ownership*[1523]. Os investidores cada vez menos investem diretamente nas sociedades, antes se verifica a intermediação

[1522] Cf. Ana Perestrelo de Oliveira/Madalena Perestrelo de Oliveira, *Derivados financeiros* cit., 56-64. Segundo Henry Hu/Bernard S. Black, *Empty voting and hidden (morphable) ownership: Taxonomy, implications, and reforms*, Business Lawyer, Vol. 61, 1011-1070, 2006; European Corporate Governance Institute – Law Research Paper No. 64/2006; University of Texas Law, Law and Economics Research Paper No. 70, disponível em https://ssrn.com/abstract=887183, um estudo demonstrou que, em 2001, os executivos séniores de *public corporations* americanas, em média, usam *collars* para 36% das suas ações, reduzindo, com essas operações, a sua titularidade económica em 25%. A propósito desta dissociação entre o interesse económico e o direito de voto, já se defendeu que, apesar de a análise *standard* assentar na votação de acordo com a *ratio* estabelecida por lei ou pelas empresas (tipicamente, *one share, one vote*), no caso de o custo da separação e da negociação dos votos ser suficientemente baixo, passam afinal a ser os acionistas a condicionar essa *ratio*. Assim, Susan E. K. Christoffersen/Christopher C. Geczy/David K. Musto/Adam V. Reed, *Vote trading* cit. *passim*. Longe se está, pois, do dogma tradicional tão claramente expresso por Easterbrook/Fischel, *Voting in corporate law*, 26 J. L. & Econ. 395-427 (1983), 410, quando escreviam que "não é possível separar o direito de voto do interesse no capital [*equity interest*] ... e quem quer comprar um voto tem de comprar também a ação". Por isso, os problemas de *empty voting* são hoje sobejamente conhecidos. Está em causa o desalinhamento dos interesses dos próprios sócios com o interesse da sociedade: trata-se de assegurar que a votação em assembleia geral não é condicionada pela intervenção de sujeitos que, apesar de formalmente titulares de participações e do voto, têm interesse económico não correspondente ou até contrário ao da sociedade (entendido como o interesse dos sócios titulares de uma posição económica efetiva), conduzindo a decisões suscetíveis de reduzir o valor da empresa. Como escrevem Kahan/Rock, *Hedge funds in corporate governance and corporate control*, University of Pennsylvania Law Review, vol. 155, 1075, 2007, disponível em https://papers.ssrn.com/abstract_id=919881, "o 'empty voting', como é chamado, é um exemplo de um velho problema — conflitos de interesses criados pela exploração da separação da propriedade jurídica e económica — agravado pela moderna inovação financeira". O risco de manipulações poderia ser contrabalançado por uma probabilidade superior de o voto ser exercido para maximização do valor da empresa (Alon Brav/Richmond D. Mathews, *Empty voting and the efficiency of corporate governance*, Journal of Financial Economics 99, 2011, 289-307). Este potencial aumento de eficiência não faz, contudo, esquecer a manipulação permitida pelo recurso a instrumentos derivados.

[1523] Cf. Leo E. Strine Jr., *Why excessive risk-taking is not unexpected,* N.Y. Times (Oct. 5, 2009).

de investidores institucionais: o aparecimento dos fundos mutualistas, dos *hedge funds*, dos fundos de sindicatos e dos fundos de pensões deu azo a uma mediação da propriedade das participações sociais, criando um conjunto de conflitos de agência horizontais[1524], i.e., conflitos que, em lugar de se situarem na relação entre acionistas e administradores[1525], surgem entre os próprios investidores, o que gera problemas igualmente complicados, em tudo análogos aos tradicionais problemas de agência. Quem exerce o direito de voto nem sempre são os verdadeiros proprietários das participações sociais e, muitas vezes, nem sequer têm os mesmos interesses na sociedade[1526]. Uma rápida análise da atuação dos investidores institucionais torna clara esta divergência de interesses. Os fundos mutualistas, por exemplo, são veículos de investimento para aqueles investidores que procuram satisfazer necessidades de longo prazo (*v.g.* poupança para a reforma). Estes fundos podem ser geridos ativamente ou podem ser *index funds*. Os primeiros investem em ações que se valorizam rapidamente, numa lógica de curto prazo, sendo que, num ano, alteram 100% do seu portfolio. Como detêm ações em várias empresas, não encontram incentivos para se informarem sobre a melhor forma de exercer o voto, preocupando-se somente com a apresentação de resultados a curto prazo, dada a pressão dos investidores no fundo, que, na falta de retorno, desinvestirão a qualquer momento. Pelo contrário, os *index funds* apenas reagem em conformidade com o comportamento de um determinado índice (*v.g.* S&P 500). Mesmo nestes casos, não há estímulo para o ativismo acionista porque qualquer ganho que daí resulte será partilhado com os outros

[1524] Sobre as causas destes conflitos horizontais, cf., por todos, Usha Rodrigues, *Corporate governance* cit., 1828 ss.. De facto, o direito de voto inerente a ações integrantes do fundo é propício ao aparecimento de conflitos de interesses, provocada por uma intrumentalização da gestão dos fundos por interesses alheios. Cf. Catarina Romão Pinho, *Os fundos de investimento mobiliário no Direito português: natureza jurídica e exercício do direito de voto pela entidade gestora*, RDS IV (2012), 1, 111-145 (139-143). Embora o RGOIC preveja um conjunto de disposições que visam evitar esses conflitos, não resolvem, ainda, os problemas anunciados em texto.

[1525] Tentou-se solucionar os conflitos de agência verticais, tal como desenhados por Berle e Means, pela via da concessão de mais poder aos acionistas. A ideia era a de que "se a administração é o problema, então, os acionistas têm de ser a solução". Cf. Cristopher M. Bruner, *Corporate governance reform in a time of crisis, Wash. & Lee Law School, Legal Studies Paper* No. 2010-9, 2010, 27, disponível em https://scholarlycommons.law.wlu.edu/cgi/viewcontent.cgi?referer=https://www.google.com/&httpsredir=1&article=1102&context=wlufac.

[1526] Cf., *v.g.*, Pedro Ferreira Malaquias/Tiago Simões de Almeida, *Exercício de direitos de voto por entidades gestoras de fundos de investimento*, Actualidad Jurídica, Uría Menéndez, n.º 30 (2011), 135-138; Hugo Moredo Santos, *Um governo para os fundos de investimento*, em *O governo das organizações* cit., 371-414 (381), sobre a relação entre participantes e entidade gestora.

fundos do mesmo tipo, pelo que os custos gerados pelo efeito de boleia serão demasiado elevados[1527]. Os *hedge funds*, por seu turno, são investidores de curto prazo que, por vezes, alteram a totalidade do seu portfolio três vezes por ano. Apesar de serem *players* menores que os fundos mutualistas, controlam uma porção considerável do mercado. Como salientam KAHAN e ROCK, os *hedge funds* são o arquétipo do investidor de curto prazo, de tal forma que, para alguns fundos, um investimento que dure um dia é considerado um investimento de longo prazo[1528]. Toda a estrutura dos *hedge funds*[1529] está delineada no pressuposto da busca de resultados rápidos[1530]. Pelo contrário, os fundos de sindicatos e os fundos de pensões são o "terror"[1531] das administrações societárias, por terem tempo e motivação para fiscalizar a saúde das empresas a longo prazo. No entanto, as alterações a nível de *corporate governance* que estes fundos procuram nem sempre apresentam relação com a saúde financeira da sociedade, tendo, antes, muitas vezes, objetivos de favorecimento de interesses exclusivamente próprios.

[1527] Cf. USHA RODRIGUES, *Corporate governance* cit., 1829 ss.

[1528] Cf. MARCEL KAHAN/EDWARD ROCK, *Hedge funds in corporate governance & corporate control*, University of Pennsylvania Law Review, 1021, 1083 (2007), 155, disponível em https://ssrn.com/abstract=919881.

[1529] Os *hedge funds* podem ser definidos como "estruturas organizativas de investimento colectivo legalmente atípicas, que recorrem a um conjunto muito diversificado de estratégias de investimento com um objectivo de retorno absoluto, num quadro de grande liberdade regulatória". Cf. ENGRÁCIA ANTUNES, *Os "hedge funds" e o governo das sociedades, Direito dos valores mobiliários*, vol. IX, 2009, 9-70 (14); GABRIELA FIGUEIREDO DIAS, *Regulação e supervisão de* hedge funds: *percurso, oportunidade e tendências*, em *Direito dos valores mobiliários*, vol. VIII cit., 65-149 (74-81); desenvolvidamente, cf. DAVID OLIVEIRA FESTAS, *Das inibições* cit., 398 ss. Caracterizam-se por assumirem estratégias de investimento de curto prazo, apostando em sociedades já cotadas, nas quais conseguem encetar estratégias especulativas, como a utilização de derivados ou de esquemas de *short selling*. Estes fundos não têm em consideração a viabilidade futura da sociedade, apostando apenas em flutuações de cotação. Apesar de haver cada vez mais *hedge funds* a intervir na recuperação de empresas insolventes ou em situação económica difícil, o seu horizonte de investimento é sempre limitado, ao contrário dos *private equity funds*, que se baseiam, pelo menos em termos de princípio, em estratégias de médio/longo prazo. Ainda assim, o sucesso da recuperação das empresas não será essencial, pretendendo apenas ser pagos por créditos que adquiriram por um valor facial mais reduzido. Sobre esta atividade e para uma comparação entre *hedge funds* e *private equity funds*, cf., por todos, CARMEN HOHLBEIN, *Sanierung insolventer Unternehmen durch Private Equity. Eine rechtspolitische Untersuchung auf empirischen Grundlagen mit rechtspolitischen Empfehlung*, München, 2010, 55-59.

[1530] O ativismo dos *hedge funds* tanto pode ser *event-driven*, como *corporate governance-focused*. Muitas vezes incentivam o pagamento de dividendos de uma forma que prejudica o longo prazo em prol de resultados imediatos.

[1531] Cf. USHA RODRIGUES, *Corporate governance* cit., 1832.

A realidade dos investidores institucionais demonstra, de forma clara, que o direito de voto é com frequência exercido por acionistas que não têm interesse na situação financeira da empresa e que se movem pela prossecução de lucros rápidos ou por outros interesses alheios ao sucesso empresarial. Ou seja, a razão do princípio *one share, one vote* está absolutamente arredada da realidade do mercado de capitais. Mesmo o crescente recurso a *proxy advisors* evidencia a separação que existe entre propriedade e exercício do direito de voto[1532].

Os fenómenos descritos não são meramente acidentais, antes refletem uma tendência mobiliária geral de dissociação entre propriedade e direito de voto que é pressuposta em várias normas do Código dos Valores Mobiliários. Repare-se que no direito societário presume-se que duas sociedades estão em relação de domínio quando uma detém uma participação maioritária no capital social de outra, independentemente da percentagem de direitos de voto detida (artigo 486.º/1, *a)*, do CSC), ao passo que no Código dos Valores Mobiliários a titularidade da maioria do capital social não faz presumir a existência de uma relação deste tipo (artigo 21.º), precisamente, segundo cremos, por se assumir que a detenção de capital não vem necessariamente acompanhada de titularidade de direitos de voto na mesma proporção. O mesmo ponto de partida é assumido no regime da aquisição tendente ao domínio total e da OPA obrigatória: o direito societário é construído em torno da ultrapassagem de determinados limites de detenção de capital social, ao passo que o direito mobiliário se centra na titularidade do direito de voto (artigo 490.º do CSC e artigos 187.º e 194.º do CVM). À mesma conclusão nos conduz a análise do regime dos deveres de informação sobre participações qualificadas. Ao abrigo do direito mobiliário, quem atinja ou ultrapasse determinados limiares de titularidade de direitos de voto deve comunicar esse facto, independentemente da percentagem de capital social detida. Já no domínio societário, as obrigações de comunicação tomam como referência a detenção de capital social (*v.g.*, artigos 483.º e 484.º). Destes preceitos se conclui que o sistema mobiliário não pressupõe uma relação umbilical entre a propriedade acionista e a titularidade do direito de voto.

[1532] A atividade dos *proxy advisors* ou *consultores em matéria de votação* consiste na prestação de serviços de consultoria societária e funções conexas, coadjuvando no processo de tomada de decisão dos acionistas e dos membros dos órgãos de administração das sociedades. O recurso às agências de aconselhamento, de entre as quais a ISS foi a pioneira, cria um cenário propício ao aparecimento de conflitos de interesses, resultantes da falta de concorrência entre os prestadores destes serviços e, ainda, porque os *proxy advisors* concentram poderes discricionários de exercício de influência significativa sobre o resultado de votações, sem arcarem com o risco associado ao investimento na sociedade.

Face a este cenário das sociedades cotadas, a norma do artigo 384.º/5 do CSC, que proíbe o voto plural ao determinar que a cada ação deve corresponder um voto, contém um princípio que tem vindo a perder conteúdo perante a realidade económica e, sobretudo, que não pode aplicar-se a todas as sociedades anónimas. É inevitável interpretar restritivamente a regra de forma a considerar que a proibição de estabelecer no contrato o voto plural não abrange as sociedades cotadas. Desta forma fica aberto caminho para aplicar o artigo 24.º/4 do CSC e concluir que o direito de voto duplo poderá ser atribuído a categorias de ações e transmitir-se com elas.

A introdução de categorias de ações com direito de voto plural tanto pode ocorrer *ab initio*, por estipulação no contrato de sociedade (artigo 24.º/1 do CSC), como de forma superveniente, ao longo da vida da sociedade, i.e., quando esta já se encontra cotada no mercado regulamentado ou num sistema de negociação multilateral[1533]. Se a sua previsão no contrato de sociedade não levanta problemas[1534], a sua introdução ulterior colocará questões de tutela dos acionistas cujas participações, de forma direta ou indireta, se desvalorizam em consequência da concessão de direitos especiais a outros sócios. Em termos práticos, para que seja criada uma nova categoria de ações na vigência da sociedade, poderão ser adotados dois procedimentos: (i) aumento de capital, com o consequente direito de preferência de quem for acionista à data da respetiva deliberação (artigo 458.º do CSC), ou (ii) conversão de ações ordinárias em especiais. Em qualquer destas hipóteses teremos de considerar a posição em que ficam os sócios que não beneficiam do novo direito de voto plural e a eventual necessidade de lhes atribuir proteção jurídica.

É esta preocupação que leva alguns Autores a defenderem, tradicionalmente, o requisito da unanimidade para a deliberação que crie novas categorias de ações com direitos especiais[1535]. Porém, julgamos que uma posição

[1533] Partimos do pressuposto de que podem ser criadas ações privilegiadas com direitos especiais de natureza não patrimonial. Cf. PAULO OLAVO CUNHA, *Os direitos especiais* cit., 149-155. Contra, cf., ARMANDO MANUEL TRIUNFANTE, *A tutela das minorias nas sociedades anónimas. Direitos de minoria qualificada. Abuso de direito*, Coimbra, 2004, 139-146.

[1534] As únicas questões que surgem são comuns à introdução de qualquer outro direito especial, como, por exemplo, se a sua consagração tem de ser expressa ou pode resultar da interpretação do contrato. Trata-se naturalmente de um problema de interpretação (cf. MENEZES CORDEIRO, *Direito das sociedades* cit., 619).

[1535] Cf., neste sentido, RAÚL VENTURA, *Direitos especiais dos sócios*, O Direito 121.º (1989), I, 207-222 (215); BRITO CORREIA, *Direito comercial*, 2.º volume — *Sociedades comerciais*, Lisboa, 1989, 330; INOCÊNCIO GALVÃO TELLES, *Acções* cit., 302. Para estes Autores é "ponto assente" que os privilégios não se podem criar, nem destruir, a não ser pelo consenso unânime dos sócios.

deste tipo envolve dificuldades, não só por não ter qualquer paralelo no direito vigente — onde, quando muito, vigora a maioria qualificada —, mas também por acarretar como consequência a inviabilidade prática da introdução subsequente de categorias de ações; tendo em conta a típica dispersão do capital, bastaria que um acionista, com percentagem irrelevante de capital, votasse contra a decisão para que a mesma fosse bloqueada, o que é potencialmente lesivo para a sociedade, que, em muitos casos, depende da criação de categorias especiais de ações para atrair e cativar novos investidores que lhe garantam estabilidade financeira[1536]-[1537]. Não só não é prevista expressamente como não se identificam razões para excluir a criação de direitos especiais do âmbito das regras gerais quanto a alterações estatutárias: aplica-se, pois, a exigência da maioria qualificada[1538]. Assim, também a introdução de categorias de ações com direito de voto plural no decurso da vida da sociedade deve acompanhar as regras gerais relativas às alterações estatutárias, ou seja, deverá ser aprovada por uma maioria de dois terços dos votos emitidos, se estiverem presentes ou representados, em primeira convocatória, acionistas que detenham, no mínimo, ações correspondentes a um terço do capital social (artigos 386.º/3 e 383.º/2 do CSC) ou, em segunda convocatória, por maioria simples, se estiverem presentes acionistas que representem metade do capital social (artigos 386.º/4 e 383.º/3 do CSC).

Não podemos ignorar, contudo, que a introdução de ações privilegiadas com direito de voto plural suscitará problemas mais acentuados naquelas sociedades em que já existam ações privilegiadas, ainda que de categorias diferentes das ações com voto plural. A emissão de ações privilegiadas numa sociedade onde até então só existiam ações ordinárias só limitadamente desequilibra as relações de poder entre acionistas, uma vez que todos os sócios gozam de direito de preferência na mesma proporção da respetiva

[1536] Cf. Cristiano Dias, *Os direitos* cit., 300 e *Os direitos especiais dos sócios nas sociedades anónimas: as "golden shares"*, RDS III (2011), 3, 735-810 (749).

[1537] Há quem invoque, ainda, que nem para a supressão de direitos especiais se exige unanimidade, o que reforçaria ser desadequado exigi-la para a sua introdução (cf. Paulo Olavo Cunha, *Os direitos especiais* cit., 184). Porém, os interesses tutelados são diversos: a supressão do direito especial exige o consentimento do sócio afetado (artigo 24.º/5 do CSC), pelo que os interesses prejudicados pela decisão ficam, por essa via, salvaguardados.

[1538] Esta é, em traços gerais, a linha argumentativa de Cristiano Dias, *Os direitos especiais* cit., 299, que considera que o princípio da igualdade de tratamento fica assegurado pela votação por maioria. Aliás, será provável que os sócios que veem a sua participação desvalorizada com a introdução de novos direitos especiais deem o assentimento à sua introdução, uma vez que esta é normalmente acompanhada por contrapartidas que garantem a viabilidade da sociedade (p. 145).

participação. Pelo contrário, nas sociedades em que já existam outras categorias de ações com direitos especiais, o direito de preferência não será uma forma de evitar que as alterações estruturais se façam em prejuízo de alguns sócios[1539], podendo até potenciar essa alteração das relações de poder. Os sócios não se encontram, na verdade, em pé de igualdade, antes a sua influência na estrutura societária depende, em larga medida, dos direitos especiais de que sejam titulares. A criação de novas categorias de ações com direitos especiais equivalentes ou superiores aos já existentes conduz a um prejuízo indireto dos sócios privilegiados, que deve ser tido como relevante no preenchimento do âmbito de aplicação do artigo 24.º/5 do CSC, que exige que, em tais casos, esses acionistas deem o seu consentimento à alteração, em assembleia especial dos acionistas titulares de ações dessa categoria[1540]. Esta solução tem por base a consideração de que os direitos especiais são condições de que os sócios fizeram depender a sua decisão de entrada ou de permanência na sociedade[1541], correspondendo a verdadeiras "vontades fundacionais"[1542]. A introdução de categorias de ações com direito de voto duplo, naquelas sociedades em que já existam outras ações privilegiadas, terá, assim, de passar por um duplo crivo: (i) aprovação pela maioria exigida para as alterações estatutárias e (ii) aprovação por maioria qualificada em assembleia especial dos acionistas titulares de ações das categorias indiretamente prejudicadas pela decisão (artigo 389.º/2 do CSC)[1543]. Embora legalmente

[1539] Neste sentido, cf. Pedro de Albuquerque, *Direito de preferência dos sócios em aumentos de capital nas sociedades anónimas e por quotas*, Coimbra, 1993, 280. Note-se que, caso já existam categorias iguais às que estão a ser criadas, haverá algum desequilíbrio de forças resultante do exercício do direito de preferência, que é, no entanto, atenuado pela solução do artigo 458.º/4 do CSC, que determina que a preferência pertence primeiro aos titulares de ações dessa categoria. Os restantes acionistas só gozam de direito de preferência quanto às ações remanescentes.

[1540] Neste sentido, cf. Pedro de Albuquerque, *Direito de preferência* cit., 281-290. O Autor, para chegar a esta conclusão, explora o conceito de "prejuízo", que, apesar de "incerto, nublado e, por conseguinte, equívoco", pode ser densificado de forma a englobar qualquer perturbação da relação entre as várias categorias de ações, em sentido desfavorável a uma delas. Este conceito de prejuízo — quer direto, quer indireto — deve ser enquadrado na norma do artigo 24.º/5. É esta a conclusão que se retira de uma análise da etimologia dos particípios "suprimidos ou coarctados" e de uma análise da *ratio* da norma.

[1541] Cf. Pedro de Albuquerque, *Direito de preferência* cit., 290.

[1542] Diogo Costa Gonçalves, *Direitos especiais e o direito de exoneração em sede de fusão*, O Direito 138.º (2006), II, 313-362 (318).

[1543] A necessidade de aprovação por uma assembleia especial não corresponde propriamente a uma autorização para dispor dos direitos de uma categoria de ações, mas apenas uma fase da formação da vontade social, que assegura, por um lado, que a sociedade pode dispor de direitos especiais

a ordem cronológica das assembleias não assuma relevo, a assembleia especial deve deliberar em primeiro lugar, de forma a que a assembleia geral se revista de efeitos práticos[1544].

Apesar das cautelas referidas, podemos ponderar se a introdução das categorias de ações com voto plural não provoca uma alteração de tal forma significativa na posição dos sócios não privilegiados (ou dos privilegiados que sofrem prejuízos indiretos) que justifique uma proteção mais acentuada[1545] e, em especial, se não é atingido o princípio da igualdade de tratamento dos sócios e, por essa via, os valores fundamentais do ordenamento jurídico. Mesmo que não aceitemos que o princípio de igual tratamento se configure como um princípio de ordem pública e que, portanto, pode ser afastado pela vontade das partes[1546], não encontramos nele obstáculo efetivo.

Em primeiro lugar, quando a criação desta nova categoria de ações seja feita por via de um aumento de capital por entradas em dinheiro, os acionistas já terão direito de preferência (artigo 458.º CSC), que garante que a potencial diluição da sua participação social é acompanhada por uma contrapartida que

sem necessitar do consentimento de *todos* os membros afetados e, por outro lado, que os acionistas minoritários são devidamente protegidos. Sobre a necessidade de aprovação por assembleia especial no direito italiano, cf. Michela Dini, *Categorie speciali di quote di società a responsabilità limitata*, Giurisprudenza Commerciale, 25.6, nov.-dez. 1998, 789-796 (791).

1544 Cf. Paulo Olavo Cunha, *Os direitos especiais* cit., 191. Pergunta-se, adicionalmente, se o consentimento pode ser prestado, na própria assembleia geral, através de uma votação separada dos acionistas titulares da categoria de ações afetada. Eduardo Melo Lucas Coelho, *Exercícios vários acerca da presidência das assembleias especiais de categorias de accionistas*, em *Estudos em Homenagem ao Prof. Doutor Raúl Ventura*, II, Coimbra, 2003, 421-466 (441-445), opta pela resposta negativa, baseando-se na constatação de que a discussão e votação em assembleia geral pode prejudicar a livre formação da vontade dos acionistas afetados, que estão envolvidos num ambiente hostil de outros sócios que querem suprimir ou coartar os seus direitos. Em sentido contrário, cf. Cristiano Dias, *Os direitos especiais* cit., 318-320, apoiado na letra do artigo 4.º do anteprojeto de Vaz Serra.

1545 A introdução de direitos especiais de forma superveniente é, como escreve Paulo Olavo Cunha, *Os direitos especiais* cit., 186, "uma mera consequência da participação na sociedade, sendo [estes direitos] admissíveis desde que se processem com o respeito dos valores fundamentais do ordenamento jurídico e designadamente da boa fé".

1546 É esta a posição de Inocêncio Galvão Telles, *Acções privilegiadas* cit., 305. Note-se, de qualquer forma, que a medida dos direitos e a qualidade do seu exercício dependerá sempre do investimento realizado pelo sócio no capital social, pelo que a igualdade nunca será absoluta. A paridade pode ser essencial numa sociedade, mas nunca se poderá traduzir numa total ausência de diversidade, valendo apenas uma proibição de arbítrio injustificado. Cf. Armando Triunfante, *A tutela* cit., 59-61. Também Engrácia Antunes, *A aquisição tendente ao domínio total — da sua constitucionalidade*, Coimbra, 2001, 131, faz notar a enorme diferença existente entre um acionista que consiga (por si só ou em conjunto com outros) o controlo da maioria do capital e a posição do pequeno acionista que apenas quer rentabilizar o seu investimento.

lhes permite obstar a esse efeito. Depois, se a deliberação for tomada com o propósito de satisfazer o interesse pessoal de um dos sócios ou de prejudicar os interesses de outros sócios, sempre poderá ser anulada por ser considerada abusiva (artigo 58.º/1, *b)*)[1547]. Por fim, o princípio de igual tratamento dos acionistas implica que todos os sócios tenham oportunidade de acesso aos direitos especiais, na proporção da sua participação na sociedade. Esse princípio ficará salvaguardado se concedermos aos acionistas direito de preferência não só no caso de aumento de capital, mas também quando sejam convoladas ações ordinárias em especiais. Ou seja, sempre que se coloque a questão de saber quais as ações a serem convertidas, todos os sócios terão a possibilidade de ver as suas participações convertidas, sendo aplicadas as normas do artigo 458.º do CSC. Nem se justificaria, de resto, um regime diferente para a criação de uma nova categoria de ações privilegiadas por via de um aumento de capital ou por via da conversão de ações ordinárias em especiais.

Garante-se, assim, a igualdade dos acionistas cujas ações ficam enfraquecidas pela criação de novos direitos especiais, sem que se estabeleçam barreiras artificiais à autonomia contratual[1548]. Deve evitar-se soluções mais pesadas, como a aplicação analógica do regime previsto para a perda da qualidade de sociedade aberta deliberada pela assembleia geral, nos termos do qual

[1547] Relembrando esta possibilidade, cf. Paulo Olavo Cunha, *Os direitos especiais* cit., 186. Sobre as deliberações abusivas, cf., por todos, Coutinho de Abreu, *Do abuso de direito. Ensaio de um critério em direito civil e nas deliberações sociais abusivas* (reimpr. da ed. de 1983), Coimbra, 1999; *Diálogos com a jurisprudência I — Deliberações dos sócios abusivas e contrárias aos bons costumes*, DSR, ano 1 (2009), vol. 1, 33-47.

[1548] De resto, já foi notado que o princípio da igualdade "não é estruturante". À partida, não existe, no direito privado, qualquer princípio de igual tratamento, pelo que uma sociedade poderá não ser igualitária, desde que respeite as regras imperativas. Porém, nas sociedades cotadas o problema é diverso, na medida em que os produtos mobiliários são adquiridos sem conhecimento de eventuais particularidades. Ainda assim, a diferenciação entre acionistas vai surgir, necessariamente, por via do capital social concretamente detido. Cf. Menezes Cordeiro, *A Directriz 2007/36, de 11 de julho (accionistas de sociedades cotadas): comentários à proposta de transposição*, ROA 68 (2008), set.-dez., 503-554 (536). Também Engrácia Antunes, *A igualdade de tratamento dos accionistas na OPA*, DSR, ano 2 (2010), vol. 3, 87-111 (90-93), refere que o princípio da igualdade é relativo e não absoluto, apenas comprimindo a autonomia privada na estrita medida do necessário ou do exigível com vista à proibição de arbítrio. Assim, o princípio não deve ser encarado como uma garantia formal de tratamento horizontal e igualitário entre os acionistas, até porque as sociedades comerciais se caracterizam por uma inevitável desigualdade resultante da circunstância de os direitos políticos e económicos dos sócios serem determinados em função e na proporção do montante do investimento realizado. A única garantia é a de tratamento neutral, que assegure uma igualdade de oportunidades a todos os titulares de ações da mesma categoria. Assim, nada obsta a que sejam abertas exceções e seja derrogado o princípio por vontade do acionista afetado (p. 92).

os acionistas que tenham votado contra têm o direito de se exonerarem da sociedade[1549]. Como veremos, é a ideia de *inexigibilidade* que norteia a concessão deste direito[1550]: no caso da introdução superveniente de categorias de ações com direito de voto plural, os pressupostos em que esta e a participação do sócio se fundam não desaparecem de forma a tornar incomportável a sua permanência. Por outro lado, não podemos esquecer que, embora o direito de exoneração vise a defesa dos acionistas, não deixa de ser uma forma de tutela bastante agressiva, dado que provoca a saída do sócio da sociedade (ainda que voluntária). Por isso mesmo e também por exigir um esforço financeiro difícil de comportar pelas sociedades — muitas vezes extremamente endividadas — o direito de exoneração deve ser encarado como *ultima ratio.* Sendo possível encontrar um meio de tutela menos oneroso (para os sócios e para a própria sociedade), é esse que deve prevalecer.

A concessão de um direito de preferência equivalente ao previsto em caso de aumento de capital será próprio para acolher as preocupações manifestadas. Fica, pois, desprovida de sentido uma eventual invocação, como lugar paralelo, da norma do artigo 86.º/2 do CSC que exige, caso a alteração do contrato envolva o aumento das prestações impostas aos sócios, o consentimento destes, sob pena de ineficácia da alteração em relação àqueles que com ela não concordaram. Esta encontra-se pensada para a imposição de novas obrigações de entrada, acessórias ou suplementares, e de suprimentos, entre outros. Recorrer a ela como lugar paralelo importaria voltar a um sistema próximo da unanimidade na introdução de direitos especiais, que vimos não ser de aceitar. É certo que esta norma demonstra uma intenção de tutela dos acionistas cuja posição seja alterada de forma desvantajosa na constância da sociedade. Está em causa, aliás, expressão do princípio geral de que ninguém pode, contra a vontade do afetado, prejudicar a sua posição jurídica[1551]. Porém, a via aqui sustentada acautela adequada e suficientemente a posição desses

[1549] Este direito assiste, na nossa opinião, em geral em todas as situações de perda da qualidade de sociedade aberta, mesmo que esta ocorra em consequência de OPA prevista no artigo 27.º/1, *a),* do CVM. Sobre o tópico, cf. MADALENA PERESTRELO DE OLIVEIRA, *Going dark* cit, 489-616.

[1550] Sobre a nossa noção de inexigibilidade, cf. MADALENA PERESTRELO DE OLIVEIRA, *A "inexigibilidade" na relação contratual: interpretação do contrato e heteronomia,* O Direito 145.º (2013), III, 523-552 (548-550); ANA PERESTRELO DE OLIVEIRA/MADALENA PERESTRELO DE OLIVEIRA, *Incumprimento resolutório: uma introdução,* Coimbra, 2019, 68 ss.

[1551] Cf. DIOGO COSTA GONÇALVES, *Anot. ao artigo* 86.º, em MENEZES CORDEIRO (org.), *Código das Sociedades Comerciais anotado* cit., 306-308 (307).

acionistas, que, em última análise, sempre terão a possibilidade de alienar as suas participações no mercado.

Em suma, o n.º 5 do artigo 384.º não é aplicável às sociedades cujas ações se encontram admitidas à negociação em mercado regulamentado, abrindo-se portas à criação de categorias especiais de ações com voto duplo neste subtipo de sociedade anónima. A norma referida não perde, porém, o seu sentido útil, mantendo-se plenamente aplicável nas sociedades não cotadas, nas quais é proibido estabelecer o voto plural.

5.3. Admissibilidade de ações de lealdade como forma de atrair *buy-and-hold investors*

A admissibilidade de as sociedades cotadas criarem categorias de ações que confiram direito de voto duplo ou plural permitirá atrair para o mercado de capitais (ou nele manter) muitas sociedades cujos acionistas temem a perda de controlo que normalmente resulta da entrada na bolsa. Não resolve, porém, o problema estrutural da concentração dos investidores em estratégias de curto prazo[1552], que acaba, por vezes, por os conduzir a optar pela exclusão do mercado. O *short-termism* não é, porém, uma realidade totalmente incontornável[1553]. Nos Estados Unidos, a estratégia de combate ao fenómeno, assumida pela legislação pós-crise financeira, nomeadamente pelo *Dodd-Frank Act*, baseou-se em duas premissas: a primeira, que a crise resultou da incapacidade de as sociedades internalizarem o risco sistémico; a segunda, que atribuir mais poder aos acionistas ajudará a combater o *short-termism*[1554]. Uma estratégia deste tipo esquece, contudo, que os acionistas a quem se está a conceder mais poder perseguem interesses de curto prazo e que o seu horizonte de investimento é de meses, dias ou no limite — *v.g.* no caso dos *short traders* que levaram ao *flash crash* de 6 de maio de 2010 — até de períodos mais curtos (minutos ou até segundos). As propostas que têm sido formuladas vão

[1552] Mesmo os *Target Date Funds* (TDF), que se caracterizam por horizontes de investimento mais expandidos, subordinam os interesses dos investidores aos do próprio fundo, até porque, tipicamente, representam uma forma de investimento *set-it-and-forget-it*. Cf. USHA RODRIGUES, *Corporate governance* cit., 1862 ss.

[1553] Já se disse que o investimento a curto prazo não pode ser evitado e que "um problema sem solução é um facto da vida e não um problema" (cf. carta subscrita por KARINA A. LITVACK, LUCA ENRIQUES e LUIGI ZINGALES publicada no *Financial Times* de 16-abr.-2015, em resposta ao editoral de 8-abr.-2015).

[1554] Cf. USHA RODRIGUES, *Corporate governance* cit., 1823.

desde alterações do sistema de remuneração dos investidores[1555] à imposição de regras de transparência. A tentativa de envolvimento a longo prazo dos acionistas das sociedades cotadas foi uma preocupação central também da revisão da Diretiva dos Direitos dos Acionistas[1556], ao mesmo tempo que os princípios de *Corporate Governance* da OCDE (2015) vieram igualmente promover o papel dos acionistas, acrescentando um novo princípio sobre a função dos mercados de capitais na promoção do bom governo das sociedades.

Com o intuito de conceder poder aos acionistas de forma que alinhe os interesses dos investidores com os das empresas, cremos ser possível — mesmo *de iure condito* — a criação de ações de lealdade, i.e., de ações que, após a sua detenção ininterrupta por um determinado período (por hipótese dois anos), concedem aos respetivos titulares um direito de voto duplo ou plural. Este representa modo de compensar os investidores leais à sociedade e de combater o curso típico de atuação de investidores cujo modelo de investimento se rege por objetivos a seis meses[1557].

[1555] Nos Estados Unidos tem-se feito alguns avanços no sentido de melhorar o sistema de remuneração dos administradores das sociedades cotadas. Desde a aprovação do *Dodd-Frank Act*, em 2010, a SEC impõe que as sociedades cotadas prevejam *clawback clauses* nos seus estatutos. Significa isto que o montante — ou parte dele — que os administradores recebam como compensação do seu trabalho poderá ter de ser devolvido à sociedade, verificadas determinadas circunstâncias, definidas no contrato. Normalmente, estas cláusulas são acionadas por alguma alteração da contabilidade independentemente de culpa, ao contrário do que acontecia no *Sarbanes-Oxley Act* em que apenas era desencadeado este mecanismo se houvesse demonstração de fraude *intencional*. Diz-se que estas cláusulas são eficientes a combater erros de contabilidade, quer sejam intencionais ou não. São ainda utilizadas para conceder bónus aos trabalhadores. Neste caso, o *clawback* está associado à *performance* de determinados produtos financeiros, sendo que, se estes falharem ou prejudicarem a sociedade de qualquer forma, independentemente do tempo que tenha passado sobre a concessão dos bónus, a sociedade tem a faculdade de revogar e adquirir novamente os montantes distribuídos.

[1556] Diretiva (UE) 2017/828 do Parlamento Europeu e do Conselho, de 17 de maio de 2017, que alterou a Diretiva 2007/36/CE. Como explica o legislador europeu, a crise financeira revelou que, em muitos casos, os acionistas apoiaram a excessiva assunção de riscos a curto prazo por parte dos gestores. Visa-se corrigir esta situação e contribuir para a sustentabilidade das empresas, através da criação de um conjunto de requisitos específicos para incentivar o envolvimento dos acionistas a longo prazo e aumentar a transparência. Estes são aplicáveis nas seguintes situações: remuneração dos administradores, identificação dos acionistas, simplificação do exercício dos direitos dos acionistas, transmissão da informação, transparência dos investidores institucionais, gestores de ativos e consultores em matéria de votação, transações com partes relacionadas. Cf., *v.g.*, Rui Pinto Duarte, *As alterações à diretiva dos direitos dos acionistas (apresentação com algumas opiniões heréticas)*, em *O novo direito dos valores mobiliários*, I cit., 73-90; Hugo Moredo Santos/Sandra Cardoso, *A revisão da Diretiva dos direitos dos acionistas*, em *O novo direito dos valores mobiliários — vol. 2* cit., 29-54 (32 ss.).

[1557] A proposta tem ganho cada vez mais adeptos nos últimos anos, sendo crescente o reconhecimento pela doutrina das vantagens das ações de lealdade ao nível de um crescimento sustentável

Aos investidores de longo prazo deve ser oferecida uma proteção superior àquela que é conferida aos investidores de curto prazo: não é certo que aqueles já beneficiem de uma proteção acrescida por via do mercado, através de uma taxa de retorno mais elevada dos seus investimentos, visto que o valor intrínseco das ações nem sempre é refletido no preço do mercado, que muitas vezes não internaliza o risco sistémico.

Convém sublinhar que o conceito de ações de lealdade não se encontra necessariamente ligado ao direito de voto plural. Bolton e Samama[1558] sugerem mesmo que o esquema ideal de ações de lealdade (*L-shares*) seria uma compensação por via de um *call warrant* associado a cada ação, que poderia ser acionado no final de um determinado período, por hipótese três anos, e por um preço fixo. A diferença em relação à concessão de um *warrant* comum[1559] prende-se exclusivamente com a necessidade de deter a ação pelo "período de lealdade", sendo que, em caso de venda anterior, o *warrant* se perde. A propósito dos *L-warrants* já foi dito que a sua concessão não origina uma categoria de ações autónoma, porque qualquer investidor terá a possibilidade de beneficiar da respetiva vantagem[1560]. O *strike price*, ou preço de exercício, do *warrant* poderá em abstrato, ser calculado com referência (i) ao valor de mercado no momento da concessão da *L-share*; (ii) ao valor inferior que resulte da comparação entre o preço no momento da concessão da *L-share* e o preço mínimo atingido no mercado durante o período de lealdade ou, em alternativa, (iii) ao valor médio do mercado durante o período de lealdade calculado no seu termo. Estas duas últimas opções baseiam-se num modelo *Asian look-back call option*. A forma de cálculo desejável do *strike price* dependerá, em larga medida, do objetivo que se vise alcançar. Se este for manter investidores

das sociedades. Cf. David Berger/Steven Solomon/Aaron Benjamin, *Tenure voting and the U.S. public company* (mar. 2016), disponível em http://ssrn.com/abstract=2740538.

1558 *L-shares* cit., 6. Os Autores são referências neste tópico.

1559 Um *warrant* é um valor mobiliário que, em relação a um ativo subjacente, confere, alternativa ou exclusivamente, algum dos seguintes direitos: (i) direito a subscrever valores mobiliários, (ii) direito a adquirir determinado ativo subjacente, (iii) direito a alienar determinado ativo subjacente, (iv) direito a exigir a diferença entre dois preços de referência, o *spot price* e o *strike price*. Os *warrants* de aquisição podem ser *call warrants*, caso em que existe direito a exigir a diferença entre o *spot price* e o *strike price*, ao passo que os *warrants de alienação* são *put warrants*, podendo ser exigida a diferença entre o *strike price* e o *spot price*. Cf., *v.g.*, Paulo Câmara, *Manual* cit., 182 ss.; Helena Marques da Silva, *O* warrant *no âmbito do mercado de valores mobiliários*, em *Direito dos valores mobiliários*, vol. II, Coimbra, 2000, 351-398 (353 ss.). Cf., também, a análise, ainda ao abrigo do Cód.MVM, de Alexandre Brandão da Veiga, *Direitos destacados e warrants autónomos*, em *Direito dos valores mobiliários*, vol. III cit., 85-120 (106 ss.).

1560 Cf. Bolton/Samama, *L-shares* cit., 6.

fiéis num mercado em declínio (*bear market*), então será melhor refletir as flutuações no preço durante o período de lealdade. Com este sistema torna-se menos provável o *warrant* estar *out-of-the-money* quando for exercitável, ou seja, o seu *strike price* ser superior ao valor de mercado e, portanto, não ter qualquer valor intrínseco. Pelo contrário, os ajustamentos com base na técnica de "olhar para trás" (*look back*) poderão não ser recomendáveis se o propósito for impor à administração uma maior disciplina. Uma *performance* negativa reflete-se no preço de mercado das ações, que decairá. Quando a técnica usada for um simples *at-the-money* a parca disciplina não acarretará consequências, ao passo que se for antes a de "olhar para trás", mais facilmente o *warrant* ficará *out-of-the-money*, pelo que perderá valor. Os termos precisos do *L-warrant* vão resultar da imagem que a sociedade quiser transmitir no mercado[1561].

Em 1991, a Michelin utilizou esta estratégia na sequência de um LBO sobre a Uniroyal, que endividou a sociedade em 810 milhões de dólares, conduzindo a cortes na distribuição de dividendos. Para compensar os seus investidores leais, a empresa concedeu *L-shares*, na forma de *warrants*, por cada dez ações detidas em dezembro desse ano. O período de lealdade exigido era de quatro anos e o *strike price* comparado com o preço de mercado no momento em que foram concedidos os *warrants* estava *out-of-the-money*. Esta foi a forma encontrada para salvaguardar as reservas da sociedade num período complicado, ao mesmo tempo que compensou os investidores leais.

A técnica poderá contribuir, é certo, para uma solução capaz de fazer face aos perigos do investimento a curto prazo[1562]. No entanto, no contexto do mercado português, em que o *free float* é muito reduzido, a utilidade de *L-warrants* acaba por ficar diluída, pelo que o modelo mais apropriado será a concessão de *L-shares* associadas a voto plural, ainda que a estratégia a adotar dependa sempre das finalidades que a empresa pretenda prosseguir.

[1561] Será inclusivamente possível conceder *L-warrants* manifestamente *out-of-the-money* para transmitir ao mercado a confiança em que, no momento do exercício, o preço das ações terá subido de forma a que os *warrants* estarão *in-the-money*, ou seja, tratando-se de um *call warrant*, que o preço de referência está abaixo do de mercado ou, caso seja um *put warrant*, que o preço de referência está acima do de mercado.

[1562] Poderiam, eventualmente, ser levantadas questões quanto à potencial diminuição da liquidez do mercado. No entanto, os *L-warrants* serão sempre acompanhados pela cobertura do seu risco (*hedging*) e, por outro lado, só terão verdadeira utilidade se o preço das ações subir e nesse cenário as preocupações com a liquidez do mercado diminuem sempre. Neste sentido, cf. Bolton/Samama, *L-shares* cit., 19.

Não ignoramos que, em geral, os *Control Enhancement Mechanisms* (CEM)[1563] podem gerar problemas no que toca ao equilíbrio de interesses entre acionistas controladores e minoritários. Por isso, a sua introdução terá sempre de ser acompanhada pela adoção de medidas, por exemplo, de transparência e de limites máximos de direitos de voto, preferencialmente por via legislativa. Na falta de lei, nem por isso deixa de ser permitida a criação, nos estatutos, de ações de lealdade, sendo que competirá então às sociedades prever sistemas de tutela dos minoritários.

O artigo 384.º/5 do CSC não constitui obstáculo à introdução de ações de lealdade nos estatutos. Primeiro, porque, como já foi dito, esta norma deve ser interpretada restritivamente de forma a não abranger as sociedades abertas cotadas. Mesmo que assim não fosse, a regra funciona apenas como limite à criação de *categorias de ações com direitos especiais* nos termos do artigo 24.º do CSC. As ações de lealdade não são ações especiais ou ações privilegiadas pelo simples facto de a sua detenção por um período alargado poder aumentar os votos que conferem[1564]. Pelo contrário, as ações de lealdade, por natureza,

[1563] Sobre eles, cf., por todos, entre nós, Requicha Ferreira, *Acordos de aceitação e de não-aceitação de OPA*, Coimbra, 2015, 66 ss.

[1564] Recorde-se o conceito de "direito especial", o qual pressupõe um regime diferenciado do comum [cf. Menezes Cordeiro, *Direito das sociedades* I cit., 620; Paulo Olavo Cunha, *Os direitos especiais* cit., 13-25 e *Os novos direitos especiais: as ações especiais*, em *II Congresso de direito das sociedades em revista*, Coimbra, 2012, 111-146 (117)], caracterizando-se por: (a) traduzirem prerrogativas ou privilégios que não equivalem aos do regime geral [cf. STJ 17-abr.-2008 (Oliveira Rocha), Proc. 08B864]; (b) resultar, necessariamente, dos estatutos (artigo 24.º/1 do CSC), após adequada interpretação, não sendo necessário, para se determinar a sua presença, o qualificativo "especial": RLx 4-fev.-1999 (Jorge Santos), CJ XXIV (1999) 1, 102-104 (103/I); (c) não poderem ser coartados ou limitados sem o consentimento do respetivo titular, salvo especial permissão legal ou estatutária (artigo 24.º/5 do CSC): RLx 25-mai.-1995 (Ferreira Mesquita), Proc. 0088062; RPt 25-out.-2007 (Pinto de Almeida), Proc. 0734156. A "especialidade" deriva da diferenciação perante o regime geral e não da sua singularidade. Considerando que um direito é especial porque é atribuído a um ou mais sócios, conferindo-lhes uma posição de vantagem em relação aos demais, cf. Raúl Ventura, *Direitos especiais* cit., 215; Paulo Olavo Cunha, *Os direitos especiais* cit., 311; Pereira de Almeida, *Sociedades comerciais* cit., 183; Armando Triunfante, *A tutela das minorias* cit., 408 e 409; e RCb 13-abr.-2010 (Barateiro Martins), Proc. 2703/05.4TBMGR.C1; RCb 19-out.-2010 (Barateiro Martins), Proc. 757/10.0T2AVR-A.C1. Por isso, não há obstáculo, em certos casos, a que todos os sócios sejam beneficiários destes direitos: não se perdem os seus traços característicos, desde que se continue a aplicar o regime especial do artigo 24.º. Não se esqueça, todavia, que, nas sociedades anónimas, por imposição legal, os direitos especiais só podem ser atribuídos a categorias de ações. Na prática, os direitos especiais não vêm referidos com essa qualidade e de modo explícito nos estatutos. Concluir por esta qualificação será sempre o resultado da interpretação do contrato de sociedade: não basta a atribuição de um direito, é necessário que este seja especial (cf. Menezes Cordeiro, *Direito das Sociedades* cit., 2011, 619.), *i.e*, que lhe seja aplicável a proibição

podem ser concedidas *a todo e qualquer sócio que detenha as ações ininterruptamente* por um determinado período. Nessa medida, não se verifica a consagração de um regime diferente, mas antes de um *regime comum de que todos podem beneficiar* e cuja aplicação a um acionista concreto dependerá somente do tempo de detenção da participação social[1565]. A aplicação é *subjetiva* e não *objetiva*, considerando que, enquanto as categorias de ações com direitos especiais implicam a concessão de um direito que é intrínseco às ações, o voto de lealdade é um privilégio que resulta de aquele concreto investidor realizar um investimento de longo prazo[1566]. Ora, a norma do artigo 384.º/5 do CSC estabelece uma limitação para os casos em que existiria um direito especial para efeitos do artigo 24.º do CSC[1567], mas não deve ser interpretada no sentido de proibir a majoração do voto em geral, i.e., não associado a determinadas categorias de ações, pois aí não se atingem os alicerces do princípio *one share, one vote* que o preceito pretende proteger. Fica, pois, apenas vedada a criação de uma categoria de ações que confira mais direitos de voto do que as ações ordinárias, como é o caso, antes analisado, das ações especiais com voto duplo. Mesmo aí vimos já que o seu escopo exclui as sociedades cotadas onde o princípio *one share, one vote* perdeu valia material e operativa.

Refira-se somente que o fator de diferenciação entre acionistas e que leva a que a uns seja concedido um direito de voto majorado, enquanto a outros não, é acessível e cognoscível por todos. Funda-se num pressuposto objetivo e, por isso, não necessita de ser consagrado como direito especial ou de institucionalização como categoria especial de ações, até porque esse regime não seria compatível

de supressão ou coartação sem consentimento (artigo 24.º/5), com vista a acautelar os interesses dos seus beneficiários perante outros sócios e a sociedade. Sobre o conceito e regime dos direitos especiais, cf. Menezes Cordeiro/Madalena Perestrelo de Oliveira, *Anot. ao art. 24.º* em Menezes Cordeiro (org.), *Código das Sociedades Comerciais anotado,* 3.ª ed., Coimbra, 2019, 199-205.

1565 Já se defendeu que a especialidade de um direito resultaria de este ser aplicado apenas a um grupo de acionistas. Sobre a questão, cf. Pinto Furtado, *Curso de direito das sociedades,* 5.ª ed., Coimbra, 2004, 236-237. De qualquer forma, mesmo que adotássemos esta conceção, as ações de lealdade continuariam a não atribuir um direito especial, uma vez que o voto plural é acessível a *todos* os acionistas que detenham a sua participação pelo período de lealdade.

1566 Cf. a argumentação, ainda que a propósito do dividendo de lealdade, de Roberto Cugnasco, *La maggiorazione del dividendo nelle società quotate,* Rivista del diritto commerciale e del diritto generale delle obbligazioni, 2011, n.º 4, 921-979 (938).

1567 Contra, cf. Paulo Olavo Cunha, *Direito das sociedades comerciais* cit., 387; Diogo Drago, Loyalty shares: *um meio de controlo ou o acentuar de conflitos no seio societário?,* Revista de Direito Comercial, 2017, 432-455 (449), disponível em https://static1.squarespace.com/static/58596f8a29687fe710cf45cd/t/5b03e051575d1f9eea20ac1a/1526980690413/2017-13.pdf.

com as finalidades visadas[1568]. Saliente-se uma vez mais: o voto majorado não é intrínseco às ações, resulta antes do comportamento leal dos sócios, acessível a qualquer deles. É diferente, pois, a situação das ações (especiais) com voto duplo, também elas aceitáveis nas sociedades cotadas. A admissibilidade das ações de lealdade, não sendo em si restrita às sociedades cotadas, apenas nestas se justifica, em função da sua própria natureza e finalidades.

Poderia temer-se que a introdução das ações de lealdade, nas sociedades cujas ações são negociadas em mercado regulamentado, conduzisse a uma perda de liquidez indesejável. Simplesmente, esta vem acompanhada por outros benefícios para o mercado, nomeadamente no que respeita ao combate ao *short-termism*[1569].

Embora a introdução de ações de lealdade, mesmo à luz do sistema em vigor, possa ocorrer nos estatutos, seguramente que seria desejável a sua previsão por via legislativa, de forma a incentivar o investimento a longo prazo[1570]. A existência de mercados de capitais e de infraestruturas que funcionem bem e atinjam uma dimensão suficiente é essencial para proporcionar instrumentos que permitam canalizar o financiamento a longo prazo[1571]. Por isso, muitas

[1568] Neste sentido, embora adotando uma argumentação de base diferente, cf. FÁTIMA GOMES, *Dividendo de lealdade* cit., 414.

[1569] Podem, eventualmente, ser colocados problemas sobre a possibilidade de dissociar o direito de voto da propriedade, nomeadamente através do recurso a instrumentos financeiros derivados. No entanto, julgamos que com as recentes alterações (enunciadas em texto) da Diretiva da Transparência o problema fica resolvido. MARIO STELLA RICHTER, *I troppi problemi del dividendo maggiorato,* Rivista del diritto commerciale e del diritto generale delle obbligazioni, 2011, n.º 1, 89-106 (91), a propósito do dividendo de lealdade (admitido em Itália nas sociedades cotadas e regulado no artigo 127-*quater* TUF) reconhece que este prémio de lealdade prejudica a circulação de ações. No entanto, por ser também um incentivo a uma melhor afetação do voto como instrumento de boa *corporate governance*, o argumento não perturba. Há também quem note que na literatura económica não existe uma associação inequívoca entre a consagração destes *control enhancing mechanisms* e o impacto negativo na valorização de uma sociedade ou na liquidez das suas ações [ANDRÉ FIGUEIREDO, *Voto e exercício do direito de voto,* em *Código do governo das sociedades anotado,* Coimbra, 2012, 79-92 (92)].

[1570] O investimento a longo prazo é a constituição de capital duradouro, abrangendo ativos corpóreos (*v.g.*, infraestruturas de energia, transportes e comunicações, instalações industriais) e incorpóreos (*v..g*, formação e I&D) que impulsionam a inovação e competitividade. Cf. *Livro verde da Comissão Europeia. O financiamento a longo prazo da economia europeia*, COM (2013) 150 final, 2.

[1571] *Livro verde da Comissão Europeia* cit., 13. A Comissão Europeia propôs reformas para melhorar o mercado através da criação de novas plataformas de negociação. Discutiu-se em que medida deverá haver um enquadramento harmonizado dos mercados de obrigações cobertas (*covered bonds*), bem como de que forma deverá ser reformulado o mercado de titularizações na União Europeia a fim de se alcançar o equilíbrio entre estabilidade financeira e a necessidade de melhorar a transformação dos prazos de vencimento pelo sistema financeiro e ainda de que forma se deverá combater o défice de capitais próprios na Europa.

propostas de implementação de ações de lealdade contam com uma vertente fiscal, em que o período de detenção das ações é inversamente proporcional à carga fiscal sobre a venda desses ativos[1572].

Note-se que a introdução das ações de lealdade deve revestir-se de cautela para prevenir uma desproporção exagerada entre propriedade e controlo, com os consequentes conflitos.

Em primeiro lugar, após determinado período (*v.g.* três anos) atingir-se-ia um ponto em que não seriam atribuídos mais direitos de voto. A isto deverá juntar-se um *cap* de direitos de voto. Os acionistas mais ambiciosos que queiram aumentar, ainda mais, o controlo sobre a sociedade terão sempre a possibilidade de adquirir um maior número de ações no mercado[1573].

Por outro lado, deve também criar-se regras para prevenir conflitos de interesses, essenciais para o sucesso das ações de lealdade, nomeadamente quanto a transações com partes relacionadas ou ao abuso de mercado ou ainda à proteção dos minoritários em caso de OPA. Preconiza-se obrigações de *disclosure* para quem tenha direitos de voto aumentados e bem assim o desenvolvimento dos deveres fiduciários dos acionistas controladores para com os não-controladores.

Há também que definir a ordem por que deve ser feita a imputação das ações numa alienação parcial. Em abstrato, existe a possibilidades de optar por um de dois métodos: o método FIFO (*first in, first out*) e o método LIFO (*last in, first out*)[1574]. De acordo com o primeiro, consideram-se alienadas as primeiras ações que foram adquiridas, o que leva a que mais facilmente se perca o voto de lealdade. Pelo contrário, no segundo, consideram-se alienadas as ações mais recentemente adquiridas, o que será mais favorável à manutenção do voto de lealdade[1575]. Daí que seja este último método o mais adequado para combater o *short-termism*.

Como as ações de lealdade concedem um benefício que advém de uma característica que não lhes é intrínseca, antes resulta do período da detenção

[1572] Cf., *v.g.*, QUIMBY, *Addressing corporate* cit., 401, 409-412. A alternativa poderia ser penalizar a nível fiscal o investimento a curto prazo. Porém, considerando a existência de algumas vantagens associadas ao *short-termism*, considera-se mais adequado premiar o *long-termism*. Entre nós, o que encontramos é a exclusão da tributação das mais-valias das ações detidas por mais de um ano, nos termos do artigo 51.º-C do Código do IRC. Decorrido esse período, não existe incentivo fiscal a uma detenção mais longa.

[1573] Neste sentido, cf. QUIMBY, *Addressing corporate* cit., 406 ss.

[1574] Cf. JOÃO VIEIRA DOS SANTOS, *Ações de lealdade* cit., 451-452.

[1575] Sobre estes métodos, ainda que noutro contexto, cf. ROBERT WINNEFELD, *Bilanz-Handbuch*, München, 5.ª ed., Rn. 805, 830-834.

pelo acionista, não circula juntamente com elas. Assim, há que saber em que situações, excecionalmente, se deve admitir a manutenção do voto de lealdade. Por exemplo, nos casos de transmissão sucessória ou de doação *inter vivos* a favor de herdeiro legal, não existe quebra da lealdade, não se perdendo o voto plural. Estas transmissões correspondem ou apenas antecipam situações típicas de sucessão legal e universal pelo que não devem causar a perda da majoração do voto[1576]. O mesmo se diga nos casos de fusão por incorporação, em que a sociedade beneficiária do voto duplo é absorvida por outra, existindo uma transmissão universal de patrimónios e não uma mudança de titularidade[1577].

Quando o detentor das ações de lealdade aliene a sua participação a uma sociedade em relação de domínio ou de grupo, o voto de lealdade deve, igualmente, considerar-se transmitido, independentemente de a alienação ser feita pela sociedade-mãe à sociedade-filha ou em sentido inverso: se, na relação de domínio, a sociedade dominante exercia o direito de voto na sociedade participada e aliena a sua participação à sociedade-filha, deixa de exercer o direito de voto de forma imediata para passar a exercê-lo de forma mediata. Sendo a alienação feita entre sociedades em relação de grupo, a solução será ainda mais evidente. Mesmo quando a alienação ocorre em sentido ascendente, a unidade representada pelo grupo[1578] justifica que não se considere rompida a lealdade.

Por outro lado, no aumento de capital por incorporação de reservas em que se aumente a participação de cada sócio (proporcional ao seu valor nominal ou ao respetivo valor contabilístico, nos termos do artigo 92.º/1 do CSC), impõe-se saber se as ações distribuídas gozam logo do regime de majoração do voto. Em França, o artigo L225-123 do *Code de Commerce*, na redação dada pela *Loi Florange*, permite que seja concedido o voto duplo às ações nominativas se o acionista já for beneficiário desse regime. Cremos que se deve acompanhar esta solução.

[1576] Neste sentido, inspirada no regime francês de voto de lealdade, cf. Fátima Gomes, *Dividendo de lealdade*, em *II Congresso de direito das sociedades* cit., 401-418; cf. também João Vieira dos Santos, *Ações de lealdade* cit., 13.

[1577] Neste sentido, a propósito do dividendo de lealdade, cf. Fátima Gomes, *Dividendo de lealdade* cit., 405. O mesmo poderá dizer-se em relação a OPA, que não implica uma quebra de lealdade por parte dos acionistas em relação à sociedade, uma vez que a decisão de aquisição lhes é exterior. Neste cenário, haverá, em abstrato, duas hipóteses: (i) acelerar a maturidade do período de lealdade ou (ii) desconsiderar o período de lealdade. Qualquer solução adotada não poderá, em circunstância alguma, impor uma barreira artificial às ofertas públicas.

[1578] Cf. Ana Perestrelo de Oliveira, *Grupos de sociedades* cit., *passim*.

Sempre que a majoração do direito de voto implique que o acionista atinja um terço ou metade dos direitos de voto correspondentes ao capital social, levando a que, de acordo com o artigo 187.º/1 do CVM, tivesse o dever de lançar uma oferta pública de aquisição, deverá admitir-se um regime de exceção. O acionista não deve ficar vinculado a este dever se, num determinado prazo fixado na lei, pedir a suspensão da majoração do direito de voto.

Por fim, há que notar que, com a extinção das ações ao portador[1579], a exigência de nominatividade para permitir identificar os acionistas leais deixa de revestir caráter de especialidade, restando clarificar que deverá ser-lhes atribuído um novo código ISIN, eventualmente *L-ISIN*, que se alteraria com a alienação das ações[1580].

6. A reação do sistema às operações de saída da sociedade: um modelo de tutela dupla (*ex ante* e *ex post*) centrado na posição de investidor

6.1. As operações de saída do mercado em ordenamentos jurídicos estrangeiros: Estados Unidos, Alemanha e Itália

Sem prejuízo do que se escreveu, as operações de saída do mercado mantêm, naturalmente, a sua relevância, sendo o respetivo estudo essencial para a realização do objetivo de composição dos interesses dos emitentes e investidores que visamos. Essa importância há muito que se encontra assente.

A primeira transação *public to private* documentada na literatura jurídica ocorreu nos Estados Unidos em 1886, tendo despertado tanta atenção por parte da SEC que o *Securities Exchange Act* de 1934 viria a abrir espaço para uma previsão específica sobre o tema: a *rule* 13e-3. No ordenamento desse país, a saída do mercado regulamentado verifica-se, normalmente, em consequência de fusões — sem que exista uma OPA prévia — e como passo último das transações PTP, nomeadamente de LBO, MBO, MBI, BIMBO ou IBO. Estas operações não são necessariamente utilizadas como forma de retirada de uma empresa do mercado — já o apontámos —, mas, quando realizadas no mercado regulamentado, o *delisting* é a sua consequência última[1581],

[1579] Lei n.º 15/2017, de 3 de maio.

[1580] A proposta é de Bolton/Samama, *L-shares* cit., 21.

[1581] Naturalmente, também podem existir aquisições alavancadas de sociedades não cotadas. Porém, utilizamos a expressão LBO no sentido de *going private LBO*, ou seja, como modalidade de *public to private transaction*.

a par de uma necessária alteração do controlo societário e do aumento da alavancagem financeira. Por detrás identificamos estratégias de *freeze-out* (também apelidadas, com menor precisão, *going private mergers, squeeze out, parent subsidiary merger, minority buyout, take-out* ou *cash-out merger*), i.e., de exclusão forçada dos acionistas minoritários[1582]. Porém, ao contrário do que acontece noutros ordenamentos jurídicos (*maxime,* em Portugal, com a aquisição potestativa tendente ao domínio total), essa faculdade não surge por via da concessão de direitos potestativos na sequência de OPA, mas, sim, do funcionamento das normas sobre fusões[1583]. A exclusão dos minoritários pode assumir várias formas, entre as quais a de uma *reverse stock-split,* na qual, após uma fusão, se aumenta de forma significativa o valor nominal das ações, ficando os minoritários apenas com direito a uma fração de ação, que é reembolsada em dinheiro. Caso se trate de uma *reverse stock-split* 1-2, cada acionista que detiver duas ações passa a deter somente uma, duplicando o valor de cada ação. Se ficarem ações desemparelhadas estas poderão ser compradas.

[1582] Cf. Christopher Forrester/Celeste S. Ferber, *Fiduciary duties and other responsibilities of corporate directors and officers,* 5ª ed., Chicago, 2012, 62-68. Também é comum nos Estados Unidos optar-se pelo lançamento de uma oferta pública e, caso o oferente atinja 90% do capital social, enceta-se uma *short-form merger,* que não carece de aprovação por parte da assembleia geral, nem da administração da sociedade controlada. São operações de saída do mercado em dois passos (*two steps mergers*). Cf. Antonio Capizzi, *Operazioni straordinarie e tutela degli investitori: il caso della* pressure to tender, Giurisprudenza Commerciale, 41.1, jan.-fev. 2014, 96-132 (101).

[1583] Cf. Paulo Câmara, *Operações de saída* cit., 154. É discutível se o *freeze-out* é fonte de ineficiências ou se, pelo contrário, contribui para a eficiência societária. Por um lado, numa perspetiva teórica, adquirir as ações remanescentes não apresenta vantagens, uma vez que o acionista maioritário que as obtenha ganha controlo de ativos que, na prática, já controlava antes. Porém, também é verdade que pode aumentar a eficiência na medida em que a aquisição da posição dos minoritários contribui para o alinhamento de incentivos entre o acionista controlador e a sociedade. Se antes de o controlador ser titular da integralidade das participações sociais qualquer investimento que efetuasse suportaria um custo desproporcional aos ganhos que iria obter, com a concentração do capital surgem incentivos à implementação de novos projetos. Fernan Restrepo, *Do freezeouts affect the performance of the controlling shareholder? An empirical analysis* (1-abr.-2014), Rock Center for Corporate Governance at Stanford University Working Paper n.º 184, disponível em http://ssrn.com/abstract=2418846. A necessidade de proteção dos investidores é particularmente intensa nestas operações, visto existir a possibilidade de exclusão dos minoritários e também porque, de acordo com alguns estudos, tipicamente o acionista que ganhe controlo, depois de adquirida essa posição, priva os acionistas minoritários de um (potencial) aumento de valor das ações, alocando recursos societários para a produção de benefícios privados. Cf. Mike Burkart/Denis Gromb/Fausto Panunzi, *Why higher takeover premia protect minority shareholders,* Journal of political economy, vol. 106, n.º 1 (fev.-1998), 172-204.

A exclusão dos sócios minoritários pode, igualmente, ser conseguida por outras formas, como um *dissolution freeze-out* ou um *sale-of-assets freeze-out*[1584]. Tipicamente, as fusões que originam o *buyout right* revestem a forma de LBO — inicialmente denominado *bootstrapping acquisition* —, que consiste na compra de empresas com utilização mínima de meios financeiros por parte dos compradores e máximo recurso ao endividamento da sociedade adquirida[1585]. Após a operação, o coeficiente de endividamento ou de alavancagem financeira (expressão da relação entre dívida e fundos próprios da sociedade adquirida) aumenta de forma relevante: estima-se que antes de um LBO o nível de dívida de uma sociedade cotada ronde 20%, ao passo que depois desta operação ascende tipicamente a 85%[1586]. Muitas vezes as ações da empresa adquirida são utilizadas como garantia das obrigações e empréstimos contraídos. Estas transações são geralmente levadas a cabo por intermédio de associações LBO, constituídas por três componentes: (i) uma *LBO partnership* que patrocina as *going private transactions* e aconselha e monitoriza os administradores, (ii) os administradores de uma sociedade que detêm participações acionistas e que permanecem na sociedade depois da compra alavancada e (iii) os investidores institucionais que financiam *limited partnerships* que compram capital e emprestam dinheiro para financiar as transações. São operações que se baseiam em dívida, tirando disso proveito, permitindo-se que os sócios e os administradores controlem uma grande parte da empresa sem que tenham de realizar um investimento considerável, para o qual, na maioria dos casos, não teriam capacidade. Por exemplo, para uma sociedade com bens no valor de mil milhões de euros e uma *ratio* de dívida de 20% comprar 10% do capital seriam necessários oitenta milhões de euros. Já se a *ratio* de dívida for de 90%, para comprar 10% do capital esta só necessitará de dez milhões de euros. Por outro lado, permite que as associações LBO aproveitem os benefícios da diversificação do risco oferecidos pelo mercado de capitais.

[1584] A primeira modalidade consiste numa operação de dissolução do capital social, de forma a que seja transferido para o sócio maioritário, ao passo que a segunda se traduz na tomada da sociedade por um sócio maioritário, que entrega dinheiro ou valores mobiliários representativos de dívida aos sócios minoritários. Cf. Paulo Câmara, *Operações de saída* cit., 155.

[1585] Cf. Horta Osório, *Da tomada do controlo* cit., 17. A compra alavancada distingue-se da assistência financeira porque na segunda a sociedade financia a participação de um sócio ou garante o financiamento, ao passo que na primeira se imputa ou transfere para a sociedade-alvo o custo da participação. Assim, Pedro de Albuquerque, *Assistência financeira nas sociedades comerciais*, Coimbra, 2019, 181 e 182.

[1586] Cf. Jensen, *Eclipse* cit., 17.

A dívida assume a forma de *junk bonds* ou *high-yield bonds*[1587] e faculta a difusão do risco de financiamento por milhões de investidores, sem que tenha de ser suportado sob a forma de capital.

Essa divisão de risco, que resulta de os administradores controlarem uma pequena quantidade de capital das associações LBO e deterem pouca dívida, leva a que estes tenham tendência para adotar políticas de gestão mais arriscadas. Se estas políticas tiverem sucesso, beneficiam do aumento de valor criado. Pelo contrário, em caso de insucesso, os credores suportam a maioria dos custos, restando para os administradores apenas o risco de perda de reputação[1588].

Uma operação típica de LBO envolve dois passos. Primeiro, a sociedade A (*newco, new company* ou sociedade veículo especialmente constituída para o efeito) adquire as participações sociais da sociedade *target* B. Para o efeito, utiliza meios próprios, bem como um financiamento de C (normalmente um banco) e oferece em garantia as ações adquiridas (penhor de ações[1589]). Depois, a sociedade A incorpora a sociedade B ou vice-versa (*merger leveraged buyout*). O empréstimo vai sendo progressivamente amortizado com recurso ao *cash flow* gerado pela sociedade fundida[1590]. Se for a *newco* a incorporada na sociedade *target*, trata-se de uma *reverse merger*. Se for incorporada a *target* na *newco* verifica-se uma *forward merger*. Quando é a administração que adquire a empresa, a transação designa-se, como se sabe, *management buyout* (MBO). Sendo uma equipa de administradores exterior à sociedade a proceder à aquisição, estaremos face a um caso de *management buyin* (MBI), operação tipicamente hostil, na medida em que são procuradas empresas cuja administração

[1587] Como é sabido, as *high-yield bonds* ou *junk bonds* apresentam um elevado risco de *default*, razão pela qual pagam um *yield* (taxa de juro) superior. Caracterizam-se, igualmente, por serem subordinadas à dívida sénior e, geralmente, não serem garantidas. Geram elevado rendimento devido ao *rating* reduzido (abaixo de "BBB" na S&P e de "Baa" na Moody). As *junk bonds* foram emitidas de forma pioneira pela Drexel Burnham Lambert e a S&P alerta que uma sociedade onde a emissão de dívida seja 30% superior aos empréstimos contraídos provavelmente sofrerá uma *default pressure* que a conduzirá ao *default* no prazo de dois ou três anos. Por outro lado, um terço das entidades com *rating* de "*triple-C*" entram em *default* no prazo de um ano. Cf. Andrew Wollaston, *The growing importance of debt in European corporate transactions*, Insolvency Intelligence, 2005, 18(10), 145-149 (147). A sua finalidade é conceder financiamento *mezzanine* entre a dívida garantida e a sénior, que apresenta taxas de juro inferiores, e o financiamento pelo vendedor ou o financiamento por via de capital subscrito pelo comprador.

[1588] Cf. Jensen, *Eclipse* cit., 19.

[1589] Sobre os elementos subjetivos, objetivos e constituição do penhor de ações, cf. Tiago Soares da Fonseca, *O penhor de acções*, Coimbra, 2005, 41-65.

[1590] Cf. Horta Osório, *Da tomada* cit., 93.

não esteja a realizar o seu valor potencial[1591]. Quando a empresa é adquirida por investidores institucionais ou por empresas de *private equity* trata-se de um *institutional buyout* (IBO), também apelidado de *bought deal* ou *finance purchase*. Nos IBO, tanto pode acontecer que a administração anterior seja destituída ou que, diversamente, seja mantida em funções. Neste último caso, conta-se com a sua colaboração, obtida e incentivada através dos *equity ratchets*, mecanismos que permitem que os membros da administração aumentem as suas participações de capital se cumprirem objetivos de *performance*[1592]. Seja através de um MBO seja de um IBO a administração fica detentora do capital da empresa. O que diferencia as duas figuras é a forma de aquisição desse capital: se a administração conseguiu o capital porque fez parte do grupo que promoveu a aquisição da empresa, tratar-se-á de um MBO; se, ao invés, adquiriu o capital como parte de um pacote remuneratório, estaremos perante um IBO. Por seu turno, um BIMBO (*buyin management buyout*) é uma transação PTP na qual os adquirentes são administradores da sociedade *target* ou administradores externos, normalmente apoiados por um terceiro investidor. Qualquer uma destas operações pode ser qualificada como *leverage buyout*, dependendo da estrutura alavancada da aquisição. É, assim, possível dizer-se que um MBO é um subtipo de LBO, pelo que muitas vezes as duas expressões são utilizadas na literatura jurídica como sinónimos. Num MBO típico cria-se um SPV (*newco*) que se torna detentor das ações e ativos da sociedade visada (*oldco*) e que é financiado por empréstimos bancários ou por sociedades de *venture capital*. O objetivo é, dentro de alguns anos, voltar a fazer um IPO ou vender subsidiárias e realizar lucros[1593]. Em média, 2,7 anos depois de uma sociedade atravessar um LBO, volta a ser cotada no mercado regulamentado e, nesse cenário, o valor das ações aumenta cerca de 235%[1594]. Esta operação é comummente designada como *reverse LBO* porque consiste no regresso ao mercado, através de uma oferta secundária (*Secondary Initial Public Offering* —SIPO), de uma sociedade que já passou por um *delisting*. Fala-se, nestes casos, num *repackaging*

[1591] Cf. Tomas Simons/Luc Renneboog, *Public-to-private* cit., 3.

[1592] Cf. Tomas Simons/Luc Renneboog, *Public-to-private* cit., 3.

[1593] Cf. Kleppe, *Anlegerschutz beim Rückzug* cit., 10. Estes IPO são tipicamente apoiados por sociedades de capital de risco. Embora o número de IPOs com esse financiamento tenha decrescido a partir de 2014, continua a ser significativamente elevado o número de sociedades que recorrem ao apoio de capital de risco para se lançarem no mercado. Cf. *By the numbers: venture-backed IPOs in 2015*, relatório elaborado pela Gunderson Dettman; LLP, disponível em http://www.gunder.com/assets/uploads/IPOBrochure2015.pdf. Note-se que, das 60 sociedades analisadas pelo estudo referido, apenas duas não se encontram sediadas no Delaware.

[1594] Cf. Jensen, *Eclipse* cit., 19.

plan, que pode beneficiar tanto os acionistas se o preço da oferta for superior ao preço de mercado das suas ações, como os trabalhadores naqueles casos em que o LBO previna o risco de insolvência da sociedade e, ainda, os investidores, regra geral sociedades de capital de risco, que realizam lucros com a operação.

Embora este tipo de transações não seja ignorado noutros países[1595], os Estados Unidos foram o seu palco de ascensão e desenvolvimento. Mesmo tendo presentes as críticas e indignação que já geraram[1596], podemos afirmar, com Jensen[1597], que estas transações devem em geral ser encorajadas, ainda que com algumas exigências que as tornem mais justas. Os *takeovers* não são mais do que processos normais de atuação empresarial, que, como quaisquer outros, devem respeitar regras mínimas, *maxime* de defesa do mercado mobiliário e de tutela dos acionistas, particularmente dos minoritários[1598]. Nem todas as transações PTP são intrinsecamente negativas para o mercado e para os seus investidores ou outros *stakeholders*: tudo dependerá da respetiva configuração. Se se tratar de LBO com o objetivo de dividir a sociedade e a alienar em partes, com prejuízo dos trabalhadores (*split-up, slash and burn* ou ainda *cut and run*), a situação é tipicamente negativa. Contudo, para além do *repackaging plan* já referido, o LBO pode consistir na aquisição de um concorrente (*portfolio plan*), caso em que a operação é simultaneamente agressiva e defensiva, ou num *savior plan*, quando os trabalhadores e os administradores, ainda que com reduzidas hipóteses de sucesso, emprestam dinheiro a uma sociedade em crise, na esperança de a salvar. Não negamos, porém, que este tipo de transações crie um contexto particularmente propício ao aparecimento de conflitos de interesses. Normalmente, os envolvidos na operação surgem simultaneamente em qualquer dos lados na transação, o que conduziu a uma suspeita generalizada — motivada por variados casos julgados no Delaware — de existência de conflitos de interesses nas operações

[1595] De tal forma que em 2005 se dizia que a Alemanha estava a atingir o seu potencial em LBO (cf., Wollanston, *The growing importance* cit., 146).

[1596] As operações *going private* são de tal forma controversas que, já em 1974, um funcionário da SEC, perante uma PTP em que o acionista controlador ganhou 400%, concluiu que havia "algo errado com isso" (*"there is something wrong with that"*). A desproteção dos acionistas minoritários era, para este funcionário, a manifestação de um problema mais geral: a lei inadequada [Cf. Mark J. Roe, *Delaware's Competition* (2003), Harvard Law Review, Vol. 117, p. 588, 2003, 615, disponível em http://ssrn.com/abstract=354783].

[1597] *Eclipse* cit., 1.

[1598] Cf. Menezes Cordeiro, *Da tomada de sociedades* cit., 772.

going private[1599]. Por isso, desenvolveu-se nos tribunais deste Estado americano a doutrina da *entire fairness*, cujo *landmark* judicial é o caso *Weinberger v. UOP, Inc. (Weinberger)*[1600]: William Weinberger contestou a fusão das duas sociedades com base na violação de deveres fiduciários da The Signal Company, Inc. (Signal) perante os acionistas minoritários[1601]. Os fundamentos, na essência, residiam na verificação de que os administradores encarregues de avaliar o projeto de fusão se encontravam nos dois lados da transação e de que a Signal, enquanto acionista controlador, se valeu de informação privilegiada para determinar o valor da operação, tendo sido omitida informação aos minoritários. O *Delaware Supreme Court* adotou o *entire fairness standard*, segundo o qual recairia sobre os administradores da UOP o ónus de provar que a transação era inteiramente justa para os acionistas da sociedade visada, não aplicando, portanto, a *business judgement rule*. De acordo com o Tribunal, este *standard* deve ser concretizado num dever de *fair dealing*, relacionado com o *timing* da transação, e de oferecer um *fair price*, i.e., um preço que incorpore todos os fatores relevantes como o valor de mercado das ações, as perspetivas futuras de aquisição e quaisquer outros elementos que afetem o valor intrínseco das ações da sociedade[1602].

[1599] Em Itália, já foi anulada uma deliberação da assembleia geral na qual se decidiu o *delisting* da sociedade, com fundamento na utilização de informação privilegiada pelo sócio maioritário. Um acionista da emitente comprou um conjunto de ações até atingir uma posição de controlo e se ver obrigado a lançar uma OPA geral sobre a sociedade. Um mês depois do apuramento dos resultados da oferta (em 2008) foi deliberada a exclusão da sociedade da negociação no mercado regulamentado. Tendo sido a operação contestada, decidiu o Tribunal que o preço a que tinham sido adquiridas as ações (num momento prévio ao da OPA) era inferior ao seu valor porque o sócio beneficiou de informação privilegiada (na medida em que sabia que ia haver um pedido de *delisting*). Para uma breve descrição do caso, cf. Aldo Tar, *Rastrellamento di azioni,* delisting *ed il fantasma dell'insider di se stesso,* Banca Borsa Titoli di Credito, 2014, 1, 99-122 (100-101).

[1600] 457 A.2d 701 (Del. 1983).

[1601] Em 1975, a Signal, após um negócio particularmente rentável de alienação de uma subsidiária por $ 420 milhões, encontrou uma oportunidade de investir esse montante. Através de um *cash out merger,* adquiriu, a $ 21 por ação, uma posição maioritária (de 50,5%) na sociedade UOP. Em 1978, ainda com capital excedente, decidiu adquirir as ações remanescentes da UOP. Nessa altura, o conselho de administração desta sociedade, composto por 13 administradores, já contava com sete administradores que eram também da Signal, entre os quais se incluía o CEO, James Crawford. No momento da elaboração do projeto de fusão, dois administradores da Signal, que pertenciam, também, ao conselho de administração da UOP, foram incumbidos de fazer um estudo sobre a viabilidade da operação. Entre as várias conclusões do estudo, disse-se que para a Signal seria rentável qualquer valor de aquisição abaixo de $ 24 por ação. Após uma proposta de $ 21 por ação, a administração da UOP votou, por unanimidade, favoravelmente ao projeto de fusão. O estudo sobre a operação realizado pelos dois administradores não foi revelado aos acionistas.

[1602] Cf. McGuiness/Rehbock, *Going-private* cit., 442.

Em conformidade com este critério, sobre o acionista controlador impenderá o ónus de demonstrar a justiça da operação, jogando contra si uma presunção de *unfairness*. Não é nosso propósito tratar os deveres de lealdade que vinculam os sócios maioritários perante os minoritários, tema amplamente estudado[1603]; sem embargo, aponta-se que a motivação para aplicar o *entire fairness test* pode ser encontrada na especial posição fiduciária dos sócios controladores, que os obrigaria a demonstrar "*their utmost good faith and the most scrupulous inherent fairness of the bargain*"[1604]. Caso a operação PTP seja aprovada pela maioria dos administradores desinteressados ou dos sócios minoritários ou, ainda, se a contrapartida oferecida for equitativa (normalmente negociada por um comité independente constituído para o efeito)[1605] decairá

[1603] Cf., com múltiplas referências, MENEZES CORDEIRO, *A lealdade* cit., 1034-1065; ANA PERESTRELO DE OLIVEIRA, *Grupos de sociedades* cit., 226 ss.

[1604] Cf. *Weinberger v. UOP, Inc.: "There is no 'safe harbour' for such divided loyalties in Delaware".* Cf. MCGUINESS/REHBOCK, *Going-private* cit., 443. Já foi defendido que os deveres de lealdade impõem que os *insiders* não possam, em circunstância alguma, adquirir ações das sociedades em que investem, independentemente do preço que por elas ofereçam. Esta tese não encontra fundamento e não explica por que se deveria exigir que os investidores ficassem reféns das suas ações e não obtivessem lucro com elas. Cf. PATRICK DUNLEAVY, *Leveraged buyout, management buyout, and going private corporate control transactions: insider trading or efficient market economics?,* Fordham Urban Law Journal, vol. 14, n.º 3, 1985, 685-722 (715).

[1605] Tome-se o caso, em 1986, em que Alan R. Kahn contestou judicialmente a fusão entre a Lynch Communication Systems, Inc. (Lynch) e a Alcatel U.S.A. Corporation (Alcatel). A Lynch, sediada no Delaware, desenhava e manufaturava equipamento para telecomunicações. A *holding* Alcatel era uma subsidiária da Alcatel (S.A.), uma sociedade francesa, também envolvida em telecomunicações e eletrónica. Esta, por sua vez, era subsidiária da Compagnie Generale d'Electricité (CGE). Em 1981, a Alcatel adquiriu 30,6% da Lynch, altura em que o contrato de sociedade foi alterado de forma a exigir uma maioria qualificada (80% dos votos correspondentes ao capital social) para aprovar qualquer operação de reestruturação societária. A Alcatel passou a ser proporcionalmente representada no conselho de administração da Lynch. No ano da fusão, a Alcatel assumia uma posição de controlo na Lynch: detinha 43,3% do seu capital social e, dos onze membros do conselho de administração, cinco eram por ela designados. Foi nesse ano que se decidiu que, de forma a manter a competitividade da Lynch no mercado, seria conveniente adquirir tecnologia de fibra ótica. Para tal, foi identificada uma sociedade *target* — a Telco Systems, Inc. (Telco) —, que manifestou interesse em ser adquirida pela Lynch. Porém, a Alcatel opôs-se à transação e sugeriu, como alternativa, uma fusão entre a Lynch e a Celwave Systems, Inc. (Celwave), uma subsidiária indireta da CGE. Perante essa proposta, foi nomeado um comité independente para negociar com a Celwave — Dillon, Read & Co., Inc. (Dillon Read), sociedade de investimentos bancários da Alcatel — que determinou que o preço justo numa *stock-for-stock merger* seria de $ 0,95 por ação. Porém, o comité independente julgou o valor insuficiente e rejeitou, de forma unânime, a proposta. A Alcatel respondeu com uma oferta a $ 14 por ação, com a ameaça de, em caso de rejeição, lançar uma OPA a preço inferior. O valor final acordado foi de $ 15,5 por ação. A operação foi contestada e o Tribunal do Delaware não aplicou o *entire fairness standard*, porque tinha sido nomeado um comité independente para avaliar a operação. Cf. 638 A2d 1110 (Del. 1994).

a presunção de *unfairness* contra o acionista controlador. Porém, nem todas as transações aprovadas pelos administradores desinteressados ou recomendadas por um comité independente devem afastar a aplicação do *entire fairness test*. Há que demonstrar, ainda assim, que o comité negoceia *at arm's length*, i.e., de forma independente e em pé de igualdade informativa com o proponente[1606]. Caso não negoceie nestes termos deve manter-se a presunção, contra o acionista controlador, de *unfairness* da operação[1607]. Além disso, questiona-se

[1606] Cf. *Rabkin v. Olin Corp*, 586 A.2d 1202 (Del. 1990). No caso *In re Cysive, Inc. Shareholders Litigation* [836 A.2d 531 (Del. Ch. 2003)] demonstrou-se a importância da negociação *on an arm's length basis* e a sua relação com a aplicação do *entire fairness standard*. NELSON CARBONELL, fundador, CEO e acionista maioritário da Cysive — uma consultora da área da tecnologia — propôs a aquisição das ações remanescentes da sociedade. A Cysive lançou-se no mercado em 1999, seguindo-se, em 2000, uma *secondary public offering*, chegando o valor das ações a subir até $120 por ação. Porém, em 2000, com o declínio generalizado na área da tecnologia, a Cysive alterou o seu objeto social de consultoria para o desenvolvimento de *software*. A alteração não alcançou, no entanto, o sucesso esperado, não atraiu o interesse dos investidores e o preço das ações no mercado entrou em queda. Confrontado com a situação, o conselho de administração— constituído por cinco administradores, dos quais três eram independentes — decidiu vender a empresa. Foi contratada a Broadview International LLC, um conselheiro financeiro especialista na indústria da tecnologia, para encontrar um comprador. Depois de meses de tentativas frustradas para vender a sociedade, o próprio CARBONELL fez uma proposta. No dia imediatamente a seguir, o conselho de administração constituiu um comité especial composto por dois administradores independentes para averiguar se o valor oferecido no MBO era equitativo. Adicionalmente, a administração contratou dois conselheiros financeiros: a Broadview e a CBIZ. CARBONELL formou uma sociedade veículo — a Snowbird Holdings — para adquirir as participações a $3,01 por ação. Após várias reuniões do comité especial chegou-se a um consenso: CARBONELL deveria adquirir as ações pelo preço de $3,22 cada. Em maio de 2003 a CBIZ declarou que o valor de liquidação da sociedade seria de $3,16 por ação, o que fez com que o conselho de administração aprovasse de forma decisiva a fusão. Ainda assim, os acionistas da Cysive contestaram a operação e o Tribunal do Delaware não se valeu do *entire fairness standard*. Decidiu no sentido da *fairness* da operação, na medida em que o comité especial tinha procurado, embora sem sucesso, de forma ativa e agressiva, terceiros interessados na aquisição da sociedade e logrado negociar um preço mais elevado do que aquele inicialmente oferecido pelo acionista controlador. Para uma descrição detalhada do caso, cf. ARTHUR M. BORDEN/JOEL A. YUNIS, *Going private*, New York, 1982, 420 ss; MCGUINESS/REHBOCK, *Going-private* cit., 444 ss.

[1607] Já se foi até mais longe, tendo decidido o mesmo Tribunal que, numa *short-form merger*, a sociedade-mãe não tinha de estabelecer o *entire fairness*, restando aos acionistas minoritários prevalecerem-se de algum expediente para fazerem valer a sua posição. Cf. *Glassman v. Unocal Exploration Corp.*, 777 A.2d 242 (Del. 2001). Neste caso, a Unocal Corporation (Unocal) detinha 96% da sua subsidiária Unocal Exploration Corporation (UXC) e decidiu adquirir as remanescentes ações. Os conselhos de administração das duas sociedades elegeram um comité independente para avaliar uma possível fusão. Depois de o comité ter acordado um preço justo, os negócios da sociedade UXC começaram a recuperar. Ainda assim, foi pago pela Unocal o preço inicialmente acordado. Nesta linha, há outros casos em que o Tribunal decidiu não sujeitar a transação ao critério do *entire fairness*. Cf., entre vários, *In re Pure Resources, Inc. Shareholders Litigation* [808 A.2d 421 (Del Ch 2002)].

a verdadeira independência dos administradores desinteressados, cuja eleição e manutenção no cargo depende do acionista controlador[1608].

Na Alemanha, como formas de exclusão total do mercado regulamentado (*Widerruf der Börsenzulassung*), distingue-se o *kaltes Delisting* do *reguläres Delisting*, na linha do que escrevemos. Lembremos que, na primeira modalidade — *kaltes Delisting* ou *delisting* a frio —, a exclusão do mercado é um efeito lateral de uma transação efetuada com outro objetivo, o de alterar a estrutura societária, mas que tem como consequência a exclusão de negociação das ações. Ou seja, na prática, falamos de transações PTP ou *going private*. São seis as formas de *delisting* a frio que encontram acolhimento na Alemanha, ainda que não sejam privativas do ordenamento jurídico desse país: (i) *squeeze out*; (ii) *Eingliederung*; (iii) liquidação; (iv) fusão por incorporação; (v) transformação da sociedade; (vi) transferência de ativos e liquidação (übertragenden Auflösung ou *sale of assets squeeze out*). Nenhuma destas operações é exclusivamente uma transação de saída do mercado regulamentado, mas poderá sê-lo quando envolva sociedades cotadas e é nessa perspetiva que aqui as abordamos.

O *squeeze out* consiste na possibilidade conferida ao acionista controlador de uma sociedade anónima (AG) ou em comandita por ações (KGaA), cuja participação ascenda a 95% do capital social, de adquirir potestativamente as ações remanescentes dos minoritários, após decisão da assembleia geral nesse sentido e desde que seja oferecida uma adequada compensação (§ 327a AktG). Na sequência do registo da decisão e da transferência das ações (§ 327e AktG) deixam de se verificar os pressupostos de admissão à negociação em mercado regulamentado, razão pela qual existirá uma exclusão forçada do mercado (§ 39 BörsG). O mesmo direito assiste ao *raider* na sequência de uma OPA voluntária ou obrigatória em que sejam adquiridos 95% dos direitos de voto.

Por seu turno, a *Eingliederung*, prevista nos §§ 319 ss. AktG, constitui uma modalidade de transação *public to private* específica das sociedades em relação de grupo por domínio total (§ 319, I AktG)[1609] ou daqueles casos em que a sociedade principal (*Hauptgesellschaft*) detém ações da sociedade anexada no valor nominal global de 95% do capital desta (§ 320 AktG). Traduz-se,

[1608] Cf. José Ferreira Gomes, *Da administração à fiscalização de sociedades*, Coimbra, 2015, nota 1306.

[1609] Cf. Kleppe, *Anlegerschutz beim Rückzug* cit., 55. Em Portugal, sobre esta operação analisada ao abrigo do regime alemão, cf. Requicha Ferreira, *Perda da qualidade* cit., 41 e 42.

no caso que releva, na incorporação[1610] da sociedade-filha cotada[1611] na sociedade-mãe não cotada e depende da aprovação da filha por 75% do capital social representado em assembleia geral. Na primeira situação, quando a sociedade principal detenha a totalidade das ações da sociedade anexada, a posição dos acionistas não se altera. Pelo contrário, quando a anexação ocorra nas circunstâncias previstas no § 320 AktG, produzem-se relativamente aos acionistas dois efeitos: a transferência das suas ações para a sociedade principal e a constituição do direito a uma compensação equitativa[1612], que, de acordo com o § 320b I AktG, deve consistir na atribuição de ações da sociedade incorporante. Quando esta sociedade seja, também ela, dominada por outra, devem ser concedidas ações da sociedade-mãe ou, alternativamente, mediante escolha do acionista, uma compensação adequada em dinheiro. Na primeira hipótese, a quantidade de ações a atribuir deverá corresponder, na mesma proporção, àquela que caberia ao acionista na hipótese de fusão com a sociedade-mãe (§ 320b I, 3 AktG). Em qualquer caso, a compensação em dinheiro vence juros no valor de cinco pontos percentuais acima da taxa legal determinada com base no § 247 BGB, sem ficar excluída a possibilidade de serem compensados outros danos[1613]. Tem-se discutido, porém, se não será de conceder a todos os acionistas minoritários um direito de exoneração da sociedade, em resultado da exclusão da sociedade do mercado regulamentado, como veremos. Também a situação dos credores da sociedade anexada merece atenção. Estes são tutelados por dois meios: por via do direito de exigir caução e da responsabilidade

[1610] Em Portugal, esta figura tem sido apelidada de "integração", "incorporação" ou "anexação". Cf. Raúl Ventura, *Grupos de sociedades: uma introdução comparativa a propósito de um projeto preliminar de diretiva da C.E.E.*, ROA 41 (1981), 305-362 (305-308); Jorge Coutinho de Abreu/Alexandre Soveral Martins, *Grupos de sociedades: aquisições tendentes ao domínio total*, Coimbra, 2003, nota 79.

[1611] A *Eingliederung* é um instituto societário geral e não exclusivo das sociedades cotadas.

[1612] Cf. a explicação detalhada de Raúl Ventura, *Grupos de sociedades* cit., 305-308, sobre o regime alemão.

[1613] Kleppe, *Anlegerschutz beim Rückzug* cit., 57 afirma que esta operação apresenta semelhanças com uma *short-form-merger*, operação admitida em vários Estados americanos. Porém, algumas diferenças significativas devem ser consideradas: a operação é admitida naqueles casos em que a sociedade-mãe detenha, pelo menos, 90% do capital social da sociedade-filha e a fusão não depende de deliberação da assembleia geral, bastando uma decisão da administração da sociedade dominante. A *short-form merger* equivale, no ordenamento jurídico nacional, ao regime do artigo 116.º do CSC previsto para a incorporação por uma sociedade de outra de cujas partes, quotas ou ações aquela seja titular de pelo menos 90 %, diretamente ou por pessoas que detenham essas participações por sua conta mas em nome próprio. Na medida em que se dispensam alguns requisitos procedimentais exigidos para as outras fusões, trata-se de uma fusão simplificada ou *short-form merger*, por oposição à *long-form merger*.

da sociedade principal. O § 321 AktG determina que os credores, no prazo de seis meses a contar do anúncio da anexação, podem exigir caução, a não ser que tenham o direito de exigir o pagamento da dívida. Por seu turno, o § 322 AktG estabelece a responsabilidade solidária da sociedade principal para com os credores da sociedade anexada, quer as obrigações se tenham constituído antes quer depois da anexação.

O terceiro caso de exclusão a frio resulta da fusão por incorporação (*Verschmelzung*) entre uma sociedade cujas ações estejam admitidas à negociação e uma sociedade não cotada, que fica incorporada na primeira (§ 2 UmwG). Os acionistas da sociedade cotada, que se extingue, passam, então, a acionistas da sociedade incorporante, cujas ações não se encontram admitidas à negociação. Este é, portanto, um caso em que a exclusão da negociação é automática, uma vez que a sociedade admitida à negociação deixa de existir[1614]. A operação exige aprovação em assembleia geral da sociedade incorporada (com maioria de 75% dos votos, nos termos do § 65 I UmwG) e que seja prestada toda a informação relevante para a decisão. Para tal, no § 5 UmwG preveem-se, de forma detalhada, as matérias que têm obrigatoriamente de constar do *Verschmelzungsvertrag* e o § 8 UmwG impõe que os órgãos representativos das sociedades envolvidas (incorporante e incorporada) prestem toda a informação relevante, explicando e justificando os variados aspetos que constam do acordo de fusão, nomeadamente a *ratio* de conversão das ações ou os montantes a serem pagos aos sócios minoritários, se for caso disso. O relatório deve ser o mais pormenorizado possível, dele apenas não constando os factos que sejam passíveis de provocar danos relevantes a qualquer das sociedades envolvidas (ou subsidiárias), embora seja necessário a indicação dos motivos que determinam a sua não divulgação (§ 8 II UmwG). Tal não será, porém, exigido se todos os acionistas das sociedades envolvidas renunciarem a esse direito, caso em que a renúncia deve ser certificada por um notário, ou se a totalidade das participações da sociedade incorporada

[1614] Já se defendeu que em algumas fusões poderá, igualmente, existir o direito de o acionista controlador adquirir as participações dos minoritários, através de um direito de *squeeze out*, por analogia com o § 327a AktG, a propósito da incorporação. Um dos argumentos utilizados — embora notando-se as devidas diferenças — é o regime das *short-form mergers* previsto no § 62 UmwG, em cujo número 5 se concede esse direito ao sócio maioritário. Nesse sentido, cf. Tobias Arens, *Die Behandlung von bedingten Aktienbezugsrechten beim verschmelzungsrechtlichen Squeeze-out*, WM 15/2014, 682-687. Ainda assim, o problema de tutela das minorias não ficaria resolvido por esta via, visto que o *squeeze-out* aproveita ao acionista maioritário e não aos minoritários que, se não obtiverem esta proposta, ficarão, ainda assim, "presos" na sociedade.

for detida pela sociedade incorporante (§ 8 III UmwG). Os acionistas da sociedade incorporada que se tiverem oposto à fusão têm direito de sair da sociedade, contra o pagamento de uma compensação adequada (§ 29 I UmwG). Esta operação é materialmente equivalente àquela que nos Estados Unidos é denominada *long-form-merger*, muito conhecida e utilizada no mercado. Nestas operações é comum a criação de uma *shell company* — não cotada — que se funde com a sociedade *target*. Ao contrário do que acontece na Alemanha, em quase todos os Estados americanos, os acionistas, em vez de se tornarem titulares de ações da nova sociedade, podem optar por ver a sua participação comprada (daí falar-se em *cash-out mergers*), ou mesmo por receber outros valores mobiliários que não confiram direitos sociais, como por exemplo *short term debt*[1615]. Deste tipo de operação resulta igualmente a exclusão forçada do mercado regulamentado, por aplicação do § 43 II VwVfG[1616].

Também sempre que uma sociedade é dividida e liquidada (§§ 123 ss. UmwG), o *listing* caduca[1617].

A transformação societária (*Formwechsel*), que representa a quinta grande modalidade de transações PTP, consiste na alteração da forma societária, por exemplo de uma AG para uma GmbH, mas que igualmente pode abranger uma KGaA ou sociedades de pessoas. Esta operação, prevista e regulada nos §§ 190 ss. UmwG, tem como particularidade a exigência de um relatório detalhado em que seja justificada a decisão de transformação e explicada a posição em que irão ficar os sócios após a transformação (§ 192 I UmwG), a necessidade de deliberação da assembleia geral (§ 193 I UmwG) e, existindo algum acionista prejudicado com a transformação e que tenha votado contra a medida[1618], o seu direito de saída da sociedade, mediante compensação equitativa

[1615] Cf. KLEPPE, *Anlegerschutz beim Rückzug* cit., 58 e 59.

[1616] A aplicação da *Verwaltungsverfahrensgesetz* (VwVfG) justifica-se dado que, na Alemanha, o *delisting* é tido como um ato administrativo. Nesse sentido, cf. LG München I, DB 1999, 2460; WOLFGANG GROSS, *Rechtsprobleme des Delisting*, ZHR 165 (2001), 141-166 (147); WIRTH/ARNOLD, *Anlegerschutz* cit., 116 ss. A norma do § 43 II determina que um ato administrativo — neste caso, o *listing* — se mantém em vigor enquanto não for revogado, cancelado de qualquer forma ou não caducar. No caso descrito em texto, com a incorporação da sociedade extingue-se o destinatário do ato de *listing* e caduca a admissão à negociação no mercado regulamentado.

[1617] Em Portugal, notando que a liquidação de uma sociedade interfere com uma pluralidade de interesses, nomeadamente, com os dos associados e credores sociais, cf. PAULA COSTA E SILVA, *A dissolução e a liquidação das sociedades comerciais: nótula*, em *Jornadas em homenagem ao Professor Doutor Raúl Ventura. A reforma do Código das Sociedades Comerciais*, Coimbra, 2007, 289-293 (290).

[1618] Note-se que equivalem à oposição em assembleia geral os casos em que o acionista minoritário não tenha sido convocado, em que a assembleia geral não tenha sido legalmente convocada ou em que a convocatória não tenha sido regularmente publicada (§ 29 II, aplicável *mutatis mutandis* por

em dinheiro, a pagar pela sociedade, não sendo aplicável o § 71 AktG sobre os limites de detenção de ações próprias pela sociedade (§ 207 UmwG). Esta operação conduz a um *delisting* automático do mercado regulamentado e assume significativamente mais importância no ordenamento alemão do que noutros ordenamentos, como o americano, onde a transformação societária acarreta a dissolução da sociedade e a criação de uma nova[1619].

Por fim, entre as formas de *delisting* a frio, destaque-se, também, a venda da integralidade dos ativos de uma sociedade admitida à negociação a outra não admitida, seguida da liquidação da primeira. A operação pode, igualmente, desenrolar-se por ordem inversa: primeiro liquida-se a sociedade cotada e, posteriormente, transferem-se todos os ativos da massa. A transferência da totalidade dos ativos da sociedade cotada exige deliberação da assembleia geral por maioria qualificada (§ 179a I AktG), tal como o exige a dissolução da sociedade cotada (§ 262 I, 2, AktG). Não se prevê, porém, qualquer forma de tutela daqueles acionistas que votem em sentido contrário à operação. No caso *Motometer*[1620], o BVerfG já decidiu que o direito de propriedade sobre as ações, embora não impeça o *squeeze out* dos minoritários, garante-lhes o pagamento de uma compensação adequada como consequência da saída da sociedade. Mais tarde, no mencionado caso *Macrotron* foi-se ainda mais longe, embora, ulteriormente, o já referido caso *Frosta* tenha alterado o panorama jurídico nesta matéria[1621], como veremos de seguida.

Repare-se que, em qualquer das operações PTP descritas, a tutela dos acionistas minoritários é um ponto de tensão e de particular sensibilidade. Quando o direito de exoneração não se encontra previsto, os tribunais são chamados a pronunciar-se, sendo o tema objeto de atenção dos juristas tudescos. A par das transações *going* private, o *reguläres Delisting*, também apelidado *going dark*[1622],

remissão expressa do § 207 II UmwG).

1619 Cf. KLEPPE, *Anlegerschutz beim Rückzug* cit., 60.

1620 BverfG 23-ag.-2000, WM 2000, 1948. Sobre o caso, cf. PHILIP STEIN, *Fundamentalanalyse und Börsenkurs als Grundlage richterlicher Schätzung bei der Ermittlung aktienrechtlicher Barabfindungen*, Hamburg, 2014, 74-76.

1621 Para uma explicação de qualquer das operações elencadas em texto, cf. PICOT, *Die Rechte* cit., 12-16; STEPHEN LAMPERT/MARIO WEICHEL, *Wegfall der "Macrotron-Trias" — Folgen für Umstrukturierungskonstellationen in Konfliktlagen des Aktien- und Kapitalmarktrechts*, WM 22/2014, 1024-1030 (1026-1029); SABINE FUNKE, *Minderheitenschutz im Aktienrecht beim "kalten" Delisting*, Berlin, 2005, 37-41; KROLOP, *Der Rückzug vom organisierten Kapitalmarkt* cit., 37-41; TOBIAS KRUSE, *Das "kalte" Delisting* cit., 89-189.

1622 Cf. DIRK ZETZSCHE, *Going Dark* cit., 1.

é pacificamente consentido na Alemanha desde 1998[1623] e resulta do § 39 BörsG, apenas se exigindo que na exclusão de mercado regulamentado os investidores sejam tutelados[1624]. Apesar de, até à alteração da lei, em 2015, este requisito legal genérico ser o único para a admissibilidade da exclusão do mercado, questionava-se se a sua densificação implicava a obrigação de convocar uma assembleia geral para decidir o *delisting* e, também, se os acionistas que votassem contra a decisão tinham direito a sair da sociedade mediante o pagamento de uma compensação adequada[1625]. A matéria acabaria por ser legalmente regulada, no sentido de consagrar o direito de exoneração, mas não a obrigação de convocar a assembleia geral.

Em Itália, a exclusão da negociação em mercado regulamentado pode ocorrer tipicamente por três vias: (i) deliberação da assembleia geral na qual se decide o *delisting* da sociedade, sem necessidade de qualquer operação adicional; (ii) fusão por incorporação de uma sociedade cotada numa sociedade não cotada ou numa sociedade-veículo especialmente criada para o efeito ou cisão; (iii) aquisição tendente ao domínio total (*offerta pubblica di acquisto totalitaria*) destinada à exclusão do mercado regulamentado. Estas três modalidades

[1623] Em 1998, com a terceira *Finanzmarktförderungsgesetz*, foram introduzidos os §§ 43 IV e 75 III na BörsG em que se admitia que o emitente renunciasse unilateralmente à negociação e requeresse a revogação da sua admissão à negociação, ideia que hoje encontra assento no § 39 II BörsG e que deixou, desde então, de merecer atenção quanto à sua admissibilidade.

[1624] Note-se que na maioria das regras da bolsa era considerado que a tutela dos investidores estava garantida se (i) os valores passassem a ser negociados noutro mercado regulamentado (situações de *downlisting*); (ii) fosse garantida a tutela dos investidores, por exemplo por via da concessão de um período de tempo antes da saída do mercado para alienarem as suas ações. De acordo com a lei, não se exigia que o emitente justificasse o pedido de exclusão do mercado. Apenas a *Bremer Börsenordnung* exige que no pedido de *delisting* seja invocado um interesse legítimo da sociedade que fundamente a exclusão. Este é um dos motivos que leva a que alguns autores critiquem a disposição que assegura o direito de voluntariamente requerer a exclusão da bolsa como um preceito "limitado" e com variadas falhas. Cf., neste sentido, Hans-Jürgen Hellwig/Michael Bormann, *Die Abfindungsregeln beim Going Private — Der Gesetzgeber ist gefordert!*, ZGR 3/2002, 465-496 (467, 469), ainda a propósito do § 43 IV BörsG, correspondente ao atual § 39 Abs 2 BörsG.

[1625] Também no direito francês o emitente pode pedir a exclusão da cotação no mercado regulamentado (artigo P 1.4.1 do Regulamento Euronext Paris), mas a AMF tem direito de se opor a esse pedido. Para avaliar se acede ao pedido de saída do mercado, a Autoridade toma em conta o volume de negociação, a percentagem de *free float*, o cumprimento das obrigações do emitente, nomeadamente os deveres de informação. Para além da previsão expressa do *delisting* regular, a exclusão da cotação é também uma consequência da transformação societária. Para uma análise comparativa entre o *delisting* em França e na Alemanha, cf. Tobias Kircher, *Kompensationsleistungen* cit., em particular 360 ss.; Kaspar Krolop, *Der Rückzug vom organisierten Kapitalmarkt* cit., 65-70.

de saída do mercado, embora formal e procedimentalmente diversas, são funcionalmente equivalentes.

A primeira modalidade corresponde àquilo que designamos como *delisting* voluntário ou puro[1626]. Desde 2004, esta modalidade de exclusão do mercado regulamentado é pacificamente aceite em Itália, através da conjugação dos artigos 133 TUF[1627] e 2347-*quinquies Codice Civile.* Até então, a matéria encontrava apoio legal exclusivamente no artigo 131 TUF, hoje revogado, que determinava que a saída do mercado regulamentado apenas era permitida por via de uma fusão ou cisão, sendo nesses casos concedido aos sócios que tivessem votado contra essas medidas o direito de se exonerarem da sociedade. O legislador demonstrava, assim, a sua preocupação com a tutela do investidor minoritário privados da liquidez e informação a que se haviam habituado.

O artigo 133 TUF prevê, atualmente, a exclusão de mercado por deliberação da assembleia geral, desde que seja seguida por uma admissão noutro mercado regulamentado italiano ou da União Europeia, que garanta uma tutela equivalente do investidor. O *Regolamento di attuazione del decreto legislativo 24 febbraio 1998, n.º 58, concernente la disciplina degli emittenti*, no seu artigo 144 impõe à entidade gestora do mercado a regulamentação da exclusão voluntária da negociação prevista no artigo 133 TUF, fixando um intervalo adequado, que não seja inferior a três meses, entre a decisão de saída do mercado e a efetiva exclusão da negociação das ações. Independentemente deste prazo, o *delisting* fica condicionado à existência de regulação sobre ofertas públicas obrigatórias em caso de transferência de controlo ou de outras circunstâncias que a Consob considere equivalentes.

Se, até 2004, da leitura combinada dos artigos 131 e 133 TUF alguns Autores concluíam que a única possibilidade de saída voluntária da bolsa seria por

[1626] Embora já se tenha questionado se a deliberação a que se faz referência no artigo 2437-*quinquies Codice Civile* diz respeito a operações societárias que tenham como *efeito* a exclusão da cotação no mercado regulamentado ou essa exclusão como *objeto*. Cf. Mario Notari, *Il recesso per esclusione dalla quotazione nel nuovo art. 2437-quinquies C.C.*, Rivista del Diritto Commerciale e del Diritto Generale delle Obbligazioni, 2004, 529-547 (540). No fundo, será o mesmo que perguntar se a norma do *Codice* contempla apenas casos de *delisting* a frio ou também de *delisting* puro. A resposta que tem sido oferecida pela doutrina vai no segundo sentido.

[1627] Neste artigo pode ler-se: "as sociedades italianas com acções cotadas em mercados regulamentados italianos, mediante prévia deliberação da assembleia extraordinária de accionistas, podem solicitar a exclusão da negociação dos seus instrumentos financeiros, de acordo com o disposto na regulamentação do mercado, se forem admitidas à negociação noutro mercado regulamentado italiano ou de outro país da União Europeia, desde que garantida a proteção equivalente do investidor, de acordo com os critérios estabelecidos pela Consob com o regulamento".

via de uma cisão ou fusão[1628], a partir daí a admissibilidade do *delisting* voluntário foi encontrando apoiantes. Apesar de a lei apenas contemplar aqueles casos de transferência da negociação dos valores de um mercado regulamentado para outro que ofereça as mesmas garantias de tutela do investidor, verificou-se a progressiva aceitação[1629], mesmo perante a ausência de previsão legal de um *delisting* puro, de que a omissão não deve ser interpretada como indício da sua proibição[1630]. O artigo 2437-*quinquies Codice Civile* prevê especificamente, e de forma suficientemente ampla, um direito de exoneração dos sócios que não tenham votado a favor da exclusão do mercado regulamentado, e não apenas nos casos de fusão ou cisão, sendo possível considerar o preceito em causa como norma geral, aplicável a todos os casos de exclusão do mercado regulamentado, encarando o disposto no artigo 133 TUF como norma especial[1631]. Nestes termos, quando o *delisting* seja seguido pela admissão da negociação das ações noutro mercado regulamentado da União Europeia que ofereça tutela idêntica ao investidor, não será de aplicar a norma geral que concede

[1628] Se a exclusão do mercado mediante deliberação da assembleia geral implica, nos termos do artigo 133 TUF, a subsequente admissão à cotação noutro mercado regulamentado, então, as sociedades estariam vinculadas a uma cotação perpétua, sem prejuízo de operações de cisão ou fusão, vendo-se a negociação em mercado regulamentado como o expoente máximo da cadeia de evolução societária.

[1629] Onde se inclui Pomelli, *Delisting di società* cit. 415-418.

[1630] A doutrina italiana considera que a decisão de exclusão do mercado regulamentado depende de uma deliberação da assembleia geral. Esta é a ideia que resulta do artigo 133 TUF que exige deliberação nos casos em que a exclusão do mercado é seguida pela admissão noutro mercado regulamentado e de uma adequada interpretação do sistema. De facto, se naqueles casos em que o *delisting* é parcial se exige uma deliberação da assembleia geral, tanto mais será exigível nos casos de *delisting* total, que levanta problemas superiores a nível de tutela dos acionistas minoritários. Por outro lado, o direito de exoneração deve ser uma forma secundária de tutela face à tentativa de alcançar um consenso alargado por via de uma deliberação da assembleia geral (Pomelli, *Delistig di società* cit., 419, 420). Defendendo a admissibilidade do *delisting* puro apoiando-se, essencialmente, na sua natureza contratual e que, portanto, dispensaria a previsão legal, cf. Paolo Spada, *Tipologia delle società e società per azioni quotata*, Rivista di diritto civile, 2000, vol. 46, II, 211-221 (212). Porém, a natureza contratual da cotação em bolsa é muitas vezes utilizada de forma acrítica. Cf. Mario Notari, *Contratto e regolamentazione nella quotazione in borsa*, Rivista di diritto privato, 2003, vol 8, III, 493-507.

[1631] Cf. Pomelli, *Delisting di società* cit., 418. Mais ainda: o artigo 133 TUF pode ser interpretado como contemplando aqueles casos em que não há direito de exoneração porque (i) existiu uma deliberação da assembleia geral extraordinária; (ii) as ações foram admitidas è negociação noutro mercado regulamentado europeu e (iii) esse mercado oferece uma tutela equivalente aos investidores. Assim, nestas hipóteses, os investidores minoritários não carecem de proteção por via do direito de exoneração. Porém, o artigo 2437-*quinquies Codice Civile* deve aplicar-se a todos os restantes casos em que se verifique a exclusão do mercado. A letra abrangente do artigo assim o permite.

direito de exoneração, o que constituiria uma medida demasiado pesada para a sociedade, que não encontraria justificação perante a proteção que é oferecida aos sócios noutro mercado regulamentado. Contudo, nas restantes hipóteses de exclusão da bolsa deverá ser facultada ao acionista minoritário uma forma de saída da sociedade através do direito de exoneração. Discute-se, porém, se todos os sócios devem beneficiar desse direito, *maxime* aqueles que se abstiveram na deliberação, que estiveram ausentes da assembleia geral ou que, por qualquer motivo, se encontravam impedidos de votar. O argumento histórico não é indiferente: ao abrigo do artigo 131 TUF concedia-se direito de exoneração aos *azionisti dissenzienti*, o que parecia indiciar a necessidade de votação contrária à decisão de exclusão do mercado. Ao invés, o artigo 2437-*quinquies Codice Civile*, tal como a norma geral respeitante ao direito de exoneração (artigo 2437/1), refere-se aos *soci que non hanno concorso alla deliberazione*, parecendo fazer crer que basta que os sócios não tenham contribuído para a formação da vontade social no sentido do *delisting* para que lhes seja concedido o direito de saírem da sociedade[1632].

No âmbito de uma fusão por incorporação entre uma sociedade não cotada e outra cotada[1633], em Itália não existe a possibilidade de *freeze out* dos acionistas minoritários, diversamente do que acontece *v.g.*, nos Estados Unidos. Nesta matéria, como em ordenamentos jurídicos de outros países, dominam preocupações de transparência quanto a negociações entre partes relacionadas

[1632] Neste sentido, Mario Notari, *Il recesso per esclusione* cit., 532-533. A doutrina tem-se ocupado, adicionalmente, de variadas questões em torno no cálculo do valor de liquidação das ações em caso de exercício do *diritto di recesso*. Assim, por exemplo, quando a lei determina que o cálculo envolve o preço médio de transação no mercado regulamentado, questiona-se qual o escopo da expressão mercado regulamentado. Parece que deverão ser considerados os mercados italianos, mas também os da União Europeia. A solução encontra justificação na definição do âmbito de aplicação das disposições relativas a sociedades cotadas (artigo 206 TUF) que abrange as sociedades cujo capital social se encontre admitido à negociação em mercado regulamentado italiano ou da União Europeia. Deste modo, apesar de o artigo 2437-*quinquies Codice Civile* já não constar do TUF, a sua origem remonta a este diploma, pelo que a interpretação mais adequada será a de abranger também os mercados da União Europeia. Neste sentido, cf. Notari, *Il recesso per esclusione* cit., 533 e 534, nota 8.

[1633] Esta fusão pode ser conseguida por via de um LBO, que, desde a aprovação de um pacote de reformas entre 2001 e 2002, é considerado uma operação lícita em Itália. Cf. Niccolò A. Bruno, *Il* leveraged buy out *nella casistica giurisprudenziale*, Banca Borsa Titoli di Credito, 2002, 6, 807-830 (809-811). Neste ordenamento jurídico, uma das operações mais difundidas, por ser de fácil execução e apresentar vantagens fiscais, é o *merger leveraged buy out*. Cf. Marco Saverio Spolidoro, *Legalismo e tutela dei diritti* leveraged buy out *e* leveraged cash out *nel nuovo diritto delle società*, Rivista delle società, set.-out. 2008, n.º 5, 1035-1047.

e recomenda-se que as fusões sejam acompanhadas por um comité de peritos independentes (artigo 2391-*bis Codice Civile*). A violação das normas sobre partes relacionadas importa a invalidade da operação, o que não sucede nos Estados Unidos onde a mesma violação apenas determina a inversão do ónus da prova quanto à respetiva equidade[1634].

Também a aquisição tendente ao domínio total é utilizada como transação *going private*, sempre que um acionista pretende concentrar nas suas mãos a totalidade do capital de uma sociedade e posteriormente retirá-la do mercado regulamentado. Assegura-se aqui que seja concedido aos sócios minoritários o direito de se exonerarem da sociedade, i.e., uma *uscita di sicurezza* para os sócios que deixam de beneficiar de um mercado tendencialmente líquido, no qual podiam desinvestir a qualquer momento[1635]. Através desta

[1634] Cf. Pomelli, *Delisting di società* cit., 450. Em Itália estas regras são encaradas como um imperativo de justiça contratual, considerando que conduzem a uma correspondência entre o valor oferecido pelas ações e o valor intrínseco do instrumento financeiro, que, em última análise, promove a confiança e o recurso ao mercado. Acentuando estes aspetos, cf. Silvana Esposito, *Le operazioni con parti correlate: regole sulla trasparenza e sul governo societario,* Rivista del diritto commerciale e del diritto generale delle obbligazioni, 2010, n.º 3, 851-885.

[1635] Cf. Mario Notari, *Il recesso per esclusione* cit., 529-530. Apesar de a *ratio* do direito de exoneração em caso de *delisting* da sociedade ser diferente da das outras situações em que se prevê um direito equivalente, deve aplicar-se o mesmo regime legal a qualquer das hipóteses. Em sentido contrário, escrevendo ainda ao abrigo do revogado artigo 131 TUF, defendendo que a forma de cálculo do valor de liquidação das ações em caso de exoneração deve ser diferente, cf. R. Maviglia, *Commento all'art. 131,* em *Il testo unico della intermediazione finanziaria. Commento a cura di* C. Rabitti Bedogni, Milano, 1998, 715 ss. Atualmente, o artigo 2347-*quinquies Codice Civile* determina que os sócios que não votem, em assembleia geral, em sentido favorável à exclusão do mercado regulamentado têm direito de exoneração, concluindo a doutrina que se aplicam a este caso as regras gerais relativas ao cálculo do valor das ações. De acordo com o artigo 2437-*ter.*/3 *Codice Civile,* o valor de liquidação das ações corresponde ao seu valor médio de negociação em mercado nos seis meses anteriores à publicação da convocatória da assembleia geral onde se vai decidir a exclusão do mercado. Em Itália, esta forma de cálculo tem sido criticada. Embora se reconheça que o seu caráter objetivo elimina, em larga medida, o contencioso *ex post,* não significa que seja a mais adequada. Pomelli, *Delisting di società* cit., 422-425, considera que, dado que, de acordo com uma teoria semiforte do mercado eficiente, o valor das ações em mercado reflete todas as informações disponíveis ao público, se a sociedade for controlada por um acionista maioritário é natural que as ações sejam negociadas no mercado a desconto face ao seu valor intrínseco. Nessa medida, esta forma de cálculo prejudica os investidores minoritários. Em todo o caso, note-se que a versão anterior da norma tomava como referência o valor das ações no mercado nos seis meses anteriores à *deliberação da assembleia geral* que decidisse a exclusão do mercado regulamentado. O problema da norma era notado: contabilizava-se no período de referência o lapso de tempo que mediava entre a convocatória da assembleia geral e a sua efetiva deliberação, ou seja, um período de tempo no qual o mercado já tomava em consideração a possível saída do mercado, o que implicava um decréscimo do valor de negociação dos valores. Adiante discutiremos qual o nível ideal de tutela dos investidores, nomeadamente quanto ao valor de liquidação das ações.

operação o oferente tem a garantia de que, atingido 95% do capital social da sociedade *target* na sequência de uma OPA, pode exercer o seu direito potestativo de adquirir as ações dos acionistas minoritários, por via do artigo 111 TUF, desde que tenha assumido essa vontade no documento de oferta. Esta é uma vantagem clara da operação face a uma fusão seguida de *delisting*, visto não existir o risco de que acionistas desinteressados não exerçam o seu direito de exoneração. A grande diferença — na perspetiva da exclusão da sociedade do mercado regulamentado — entre a fusão por incorporação num veículo não cotado e a aquisição tendente ao domínio total é a maior segurança oferecida por esta última, na medida em que a fusão terá ainda de contar com a deliberação favorável à exclusão do mercado regulamentado, ao passo que a segunda operação, ao ter como consequência a deslocação de participação acionista, garante o sucesso do pedido de *delisting*. Por outro lado, a aquisição tendente ao domínio total, sendo uma operação exclusivamente de mercado e não societária, reduz de forma drástica o risco de contencioso[1636]. Contudo, apesar de a decisão de aceitar a oferta pública de aquisição pertencer apenas aos acionistas da sociedade visada, a mesma não deixa de comportar riscos, nomeadamente de incerteza quanto ao futuro dos seus investimentos. Essa incerteza leva a que, em algumas situações, se fale em ofertas coercivas, como acontece quando se ameaça proceder ao *delisting* da sociedade em caso de o sucesso da oferta ser apenas parcial[1637]. De resto, o simples facto de uma oferta ser feita pelo acionista controlador pode ser suficiente para que se considere coerciva, ainda que não seja acompanhada por qualquer ameaça. A redução da dispersão de capital, mesmo quando não atinge um nível que conduza a um *delisting* obrigatório, prejudica a liquidez do mercado, diminui a sua capacidade para monitorizar o acionista de controlo e desvia a atenção dos analistas financeiros, resultando da conjugação destes fatores uma posição de maior fragilidade para os acionistas minoritários. A isso acresce que o acionista maioritário, aproveitando-se da assimetria informativa existente quanto ao valor intrínseco da sociedade, oferece um preço de aquisição tipicamente mais reduzido do que qualquer terceiro (ao que se soma não ter de oferecer um prémio de controlo, precisamente porque já é o acionista controlador). Daí que, em Itália, haja quem defenda a aplicação de especiais princípios

[1636] Pomelli, *Delisting di società* cit., 455.

[1637] Cf. Pomelli, *Delisting di società* cit., 460.

de transparência, tal como acontece na regulação de transações com partes relacionadas, mesmo que esta situação não se enquadre na sua previsão[1638].

6.2. As operações de exclusão do mercado regulamentado em Portugal

6.2.1. *Delisting* voluntário e forçado

A lei portuguesa não prevê o *delisting* voluntário, o que leva a doutrina a dividir-se sobre a sua admissibilidade[1639]. Embora por razões parcialmente diversas das por vezes apontadas, julgamos que o emitente deve poder dirigir à entidade gestora um pedido de exclusão do mercado regulamentado.

O *delisting* a pedido do emitente apenas merece referência legal no Regulamento da CMVM n.º 17/2000, a propósito do mercado sem cotações[1640]. Mesmo neste caso, a exclusão do mercado regulamentado só é possível se "daí não advierem prejuízos relevantes para os investidores" (artigo 4.º)[1641]. Naturalmente, esta regra não poderá ser aplicada, sem mais, aos restantes domínios mobiliários por não estar preenchido o seu âmbito de previsão.

Se é certo que uma sociedade não pode ficar prisioneira da bolsa, rejeitar a legitimidade do pedido de exclusão não conduz inevitavelmente a esse resultado. Existem outras formas de conseguir o *delisting* da sociedade, nomeadamente através de uma transação PTP. Contudo, caso os sócios não pretendam enveredar por qualquer reestruturação societária, apenas sobraria à sociedade a hipótese de uma deliberação da assembleia geral no sentido de

[1638] Neste sentido, cf. POMELLI, *Delisting di società* cit., 497. Com essa motivação, a lógica do *entire fairness test* foi também adotada em Itália pelo Regolamento Consob sobre transações com partes relacionadas (*Regolamento recante disposizioni in matéria di operazioni com parti correlate*, de 12 de março de 2010, disponível em www.consob.it.). Cf. PAOLO MONTALENTI, *Le operazioni con parti correlate*, Giurisprudenza Commerciale, 38.3, mai.-jun. 2011, 319-341.

[1639] No sentido negativo, cf., *v.g.*, PAULO CÂMARA, *Manual* cit., 836; afirmativamente, cf. REQUICHA FERREIRA, *Perda da qualidade* cit., 139 ss.

[1640] O mercado sem cotações destina-se à transação de valores mobiliários em relação aos quais não se verifiquem as condições de que depende a admissão em mercado de cotações oficiais ou no segundo mercado. Os preços praticados não se consideram cotações para nenhum efeito jurídico. Cf. RICARDO SÁ FERNANDES, *O direito dos mercados em geral e o mercado de valores mobiliários em especial*, em *Direito dos valores mobiliários* cit., 189-199 (198).

[1641] Os defensores da exclusão voluntária do mercado regulamentado invocam, ainda, a regra 6905/1 (i) do Regulamento I da Euronext, onde se escreve que a entidade gestora pode excluir da negociação valores mobiliários a pedido, formulado por escrito, do emitente em questão ou do requerente, *desde que tal seja permitido pela regulamentação nacional.* O Regulamento da Euronext estabelece uma regra cuidadosa, remetendo, de forma expressa, para o direito nacional. Não fornece nenhum argumento definitivo, deixando intencionalmente a questão em aberto.

requerer a perda da qualidade de sociedade aberta (artigo 27.º/1, *b)*, do CVM). Deve ser adotada uma posição mais abrangente: o *delisting* não depende de requerimento prévio de perda da qualidade; pelo contrário, o emitente pode de modo voluntário pedir a exclusão do mercado e, se assim o desejar, manter a qualidade de sociedade aberta. Como se sabe, embora uma sociedade cotada seja necessariamente uma sociedade aberta, uma sociedade aberta não é forçosamente cotada. Por esse motivo, uma sociedade pode pretender sair do mercado, porque já não retira proveito do *listing*, mas permanecer como sociedade aberta[1642], beneficiando os seus sócios do princípio da igualdade de tratamento dos acionistas, da vinculação a alguns deveres de informação, das regras de imputação de direitos de voto ou da partilha do prémio de controlo em caso de OPA, entre outras vantagens associadas ao estatuto especial de sociedade aberta.

É neste sentido que aponta o Regulamento I da Euronext — regras de mercado harmonizadas[1643], onde se prevê a possibilidade de a entidade gestora excluir uma sociedade do mercado, mediante requerimento fundamentado do emitente ou dos seus acionistas, desde que a exclusão não cause prejuízos relevantes aos investidores. Porém, a norma apenas soluciona o problema quanto às sociedades admitidas à negociação na Euronext Lisbon, além de que não tem a força jurídica própria da lei.

Importa, portanto, questionar se a falta de previsão legal de um mecanismo desse tipo equivale a uma opção objetiva do legislador no sentido da sua proibição, o que obriga a procurar se existe um motivo que a justifique. Sem prejuízo da autonomia de alguns dos princípios que enformam o direito dos valores mobiliários, já dissemos que a dogmática que o domina é ainda a civil, não correspondendo a ausência de previsão legal necessariamente a uma proibição. O único princípio em matéria da exclusão de mercado que se retira da legislação mobiliária encontra consagração expressa no artigo 213.º/1 do CVM, onde se lê que a exclusão não pode "causar prejuízos significativos

[1642] Uma sociedade pode perder a qualidade de sociedade aberta, mas manter valores mobiliários admitidos à negociação, desde que não sejam representativos de capital social, nem confiram direito à sua subscrição ou aquisição. Cf. Paula Costa e Silva/Nuno Trigo dos Reis, A *perda da qualidade* cit., 55.

[1643] Disponível em www.euronext.com. De acordo com a regra 6905/1 (i), a entidade gestora de qualquer mercado da Euronext pode, a pedido do emitente, excluir da negociação valores mobiliários admitidos à negociação nos seus mercados. A regra 6905/3 (i) impõe que o emitente apresente um pedido e indique os fundamentos relevantes para a exclusão.

aos interesses dos investidores e ao funcionamento regular do mercado"[1644], e está latente na opção legislativa de conceder um mecanismo de saída da sociedade no artigo 27.º/3 do CVM, ainda que a propósito da perda da qualidade. Devem ser estas as linhas orientadoras quanto ao *delisting* voluntário: o emitente pode dirigir à sociedade gestora do mercado regulamentado um pedido de exclusão do mercado, desde que esteja assegurada a tutela dos investidores e do mercado. Impõe-se, pois, um quadro que garanta o equilíbrio de interesses na saída da bolsa, nomeadamente através da exigência de uma deliberação da assembleia geral e da concessão de um mecanismo de saída da sociedade para os sócios prejudicados[1645].

[1644] Nem se diga que esta disposição apenas se aplica aos casos de *delisting* forçado. Nada na sua letra ou na sua *ratio* aponta nesse sentido, pelo que consideramos que o seu âmbito de aplicação se estende aos casos de que ora nos ocupamos. Neste sentido, cf. Requicha Ferreira, *Perda da qualidade* cit., 140.

[1645] Por esse motivo, não pode negar-se o pedido de exclusão com fundamento na incongruência que se geraria entre o regime da perda de qualidade e o da saída de mercado. Cf., porém, Juliano Ferreira, *Sociedade com o capital aberto ao investimento público: relevância da lei pessoal na aquisição e perda da qualidade de sociedade aberta*, RDS IX (2017), 2, 219-254. O Autor considera, além do mais, que a possibilidade de *delisting* voluntário prevista nas regras da Euronext apenas visou fazer face a uma (alegada) insuscetibilidade de saída de mercado através da perda de qualidade de sociedade aberta no caso das sociedades com lei pessoal estrangeira, que não seriam qualificadas como sociedades abertas à luz da lei portuguesa. Não concordamos, porém, com este pressuposto. O artigo 13.º do CVM é uma norma incompleta, que, como é típico das normas de definição, deve ser interpretada tendo em consideração o conjunto de princípios e normas aplicáveis às sociedades qualificadas como abertas. O conceito de sociedade aberta não toma como relevante a lei pessoal aplicável à sociedade, mas apenas o mercado regulamentado em que esta se encontra admitida à negociação. Se, em relação às regras do Código dos Valores Mobiliários que expressamente esclarecem que apenas se aplicam a sociedades cuja lei pessoal seja a portuguesa não existem dúvidas quanto ao âmbito de aplicação, relativamente às restantes, há que questionar se existe motivo para distinguir em função da lei pessoal. No caso de normas que sejam essencialmente *jus-societárias* (*v.g.* sobre assembleias gerais e direito de voto), é razoável rejeitar a respetiva aplicação, na medida em que complementam o regime societário, restrito às sociedades com lei pessoal portuguesa. Todas as restantes, de natureza intrinsecamente mobiliária, não impõem a distinção em função da lei pessoal. Não pode rejeitar-se, em bloco, a qualificação de uma sociedade com lei pessoal estrangeira como aberta, negando a aplicação de toda e qualquer regra sobre sociedades abertas. Antes haverá que analisar cada norma. Em particular, a perda da qualidade é uma operação de mercado (e não societária) pela sua própria natureza, uma vez que implica a exclusão da negociação em bolsa, o que espoleta mecanismos de proteção dos investidores que negoceiam no mercado português, cuja *ratio* determina a sua aplicação a toda e qualquer sociedade admitida à negociação no mercado português. Sobre o problema cf., também, José Ferreira Gomes, *§ 2. O direito das sociedades cotadas como direito europeu* cit., 32 ss. (36), que conclui escrevendo "em suma, a questão sobre a qualificação da sociedade estrangeira como sociedade aberta deve ser vista como *metodologicamente posterior à da ponderação da aplicabilidade dos traços essenciais do regime referidos*. A solução

Os princípios que orientam a exclusão forçada do mercado são os mesmos que operam em caso de *delisting* voluntário.

De acordo com a lei, a exclusão será justificada quando deixem de se verificar os requisitos de admissão ou o incumprimento relevante de outras regras do mercado se a falta não for sanável ou quando não tenham sido sanadas as faltas que justificam a suspensão[1646]. No preenchimento das situações típicas que devem levar as entidades gestoras de mercados regulamentados a decidirem o *delisting* de instrumentos financeiros, há que não esquecer que estas entidades não deixam de ser sociedades anónimas, orientadas pelo escopo lucrativo e com vocação comercial, o que potencialmente diminui o seu papel como crivo da legalidade do sistema mobiliário. Já o apontámos em termos introdutórios. Apesar de estas serem sociedades anónimas, estão, contudo, vinculadas a especiais deveres[1647] cujo cumprimento é judicialmente sindicável. O dever de promover a exclusão do mercado verificadas específicas circunstâncias não será exceção. Se bem que fosse preferível encontrar na legislação mobiliária uma densificação do que se deve compreender como prejuízo dos interesses dos investidores ou do regular funcionamento do mercado, há que configurar estes conceitos nos termos gerais, com recurso a vetores como a boa fé ou a proporcionalidade. Ou seja, a sociedade gestora terá de fazer um balanço, no caso em apreço, dos direitos dos acionistas e do incumprimento que motiva a exclusão do mercado regulamentado. Sempre que for possível, a imposição do pagamento de uma compensação adequada aos minoritários não deve causar estranheza, sendo de aceitar, em função do caso concreto, que se mantenha no mercado uma sociedade que, em termos estritos, não preencha os requisitos para nele ser admitida. Deve, portanto,

inversa, de responder à questão da qualificação como sociedade aberta em abstrato (*i.e.*, independentemente do regime concretamente aplicável), poderia conduzir ao resultado absurdo de se considerar a sociedade como aberta, mas depois concluir-se pela inaplicabilidade de todo ou grande parte do regime que é próprio dessas sociedades (....)".

1646 A suspensão da negociação justifica-se quando deixem de se verificar os requisitos de admissão ou o incumprimento relevante de outras regras do mercado, desde que a falta seja sanável, ocorram circunstâncias suscetíveis de, com razoável grau de probabilidade, perturbar o regular desenvolvimento da negociação ou a situação do emitente implique que a negociação seja prejudicial para os interesses dos investidores (artigo 213.º/2 do CVM).

1647 Esta constatação já levou Paulo Câmara, *As operações de saída* cit., 140 a defender que a relação entre a sociedade gestora do mercado e as sociedades cotadas é uma relação estruturalmente de direito privado (assumindo-se como um contrato de prestação de serviços atinentes à negociação bolsista, ainda que com características particulares), que, no entanto, é contaminada por normas de natureza pública. Embora sem aludir à contaminação da relação por regras públicas. Cf. Paulo Câmara, *Manual* cit., 276 e 277.

considerar-se a norma como uma válvula de escape que concede à sociedade gestora do mercado regulamentado a faculdade de avaliar o caso concreto e optar pela manutenção no mercado de sociedades cuja saída apresentaria, num cômputo global, mais prejuízos do que benefícios. O mesmo se diga em relação àqueles casos em que seja o emitente a requerer a exclusão do mercado. Se a compensação a oferecer aos acionistas dissidentes não for adequada, poderá a sociedade gestora do mercado regulamentado negar o pedido, servindo-se desta salvaguarda[1648]. Aliás, na Alemanha, perante norma similar, diz-se que esta cláusula leva a que a proteção do investidor prevaleça face aos interesses do emitente[1649].

6.2.2. Transações *going private*

No ordenamento jurídico nacional, para além da possibilidade de haver um pedido de exclusão do mercado regulamentado formulado pelo emitente à entidade gestora, existem ainda, naturalmente, casos de *delisting* a frio. O problema da tutela dos investidores neste tipo de operações tem sido, até hoje, analisado sob o prisma da perda da qualidade de sociedade aberta[1650] e não tanto da saída da bolsa. Por isso mesmo, não se tem estudado de que forma pode uma sociedade sair do mercado, em claro contraste com a atenção doutrinária que a questão tem merecido em ordenamentos estrangeiros. Embora a doutrina nacional que já se debruçou sobre a questão normalmente identifique duas formas de exclusão do mercado[1651], o *delisting* a frio pode resultar da perda da qualidade de sociedade aberta, de uma OPA ou outro *takeover* de exclusão, da fusão entre uma sociedade cotada e outra não cotada, da cisão de sociedades cotadas ou, ainda, da transformação societária.

A primeira operação *going private* será a perda da qualidade de sociedade aberta, que pode ocorrer, nos termos do artigo 27.º/1 do CVM, quando: (i) um acionista passe a deter, em consequência de oferta pública de aquisição,

[1648] Esta ideia já foi defendida na Alemanha, *v.g.*, por Hans-Jürgen Hellwig/Michael Bormann, *Die Abfindungsregeln* cit., 493. Os Autores entendem, porém, que o problema da compensação adequada não poderá ser resolvido por regulamentos da bolsa, por falta de legitimidade para as sociedades gestoras do mercado regulamentado interferirem nos direitos fundamentais. Assim, a solução terá, necessariamente, de passar por uma alteração da lei.

[1649] Cf. Thomas Eckhold, § 62, em Reinhard Marsch-Barner/Frank A. Schäfer, *Handbuch börsennotierte AG — Aktien- und Kapitalmarktrecht*, Köln, 4.ª ed., 2017, 2085-2143 (Rn. 21).

[1650] Carneiro da Frada/Diogo Costa Gonçalves, *Perda da qualidade* cit.; Paula Costa e Silva/Nuno Trigo dos Reis, *A perda da qualidade* cit.; Requicha Ferreira, *Perda da qualidade* cit., *passim*.

[1651] É o caso de Paulo Câmara, *Operações de saída* cit., 146 ss., que identifica como forma de saída do mercado a perda da qualidade de sociedade aberta e as OPA de exclusão.

mais de 90% dos direitos de voto calculados nos termos do artigo 20.º/1[1652]; (ii) seja deliberada em assembleia geral da sociedade por uma maioria não inferior a 90% do capital social e em assembleia dos titulares de ações especiais e de outros valores mobiliários que confiram direito à subscrição ou aquisição de ações por maioria não inferior a 90% dos valores mobiliários em causa; (iii) tenha decorrido um ano sobre a exclusão da negociação das ações em mercado regulamentado, fundada na falta de dispersão pelo público. A última hipótese não se reveste de relevo no nosso estudo, visto ser o resultado de um *delisting* prévio. Verificada qualquer das outras situações, a sociedade será, imediatamente, excluída do mercado regulamentado (artigo 29.º/2 do CVM). Nessa eventualidade, a posição dos acionistas minoritários é protegida, pelo menos na aparência, apenas quando a exclusão do mercado resulte de deliberação da assembleia geral, caso em que a sociedade tem de indicar um acionista que se obrigue a adquirir, no prazo de três meses após o deferimento pela CMVM, os valores mobiliários pertencentes aos acionistas que votem contra a perda da qualidade, devendo esta oferta abranger, igualmente, as obrigações com *warrant*, as obrigações convertíveis em ações e todos os valores cuja negociabilidade seja prejudicada pela exclusão do mercado. Com exceção desta possibilidade, aos acionistas não é devido qualquer outro tipo de tutela, sendo de destacar a ausência de particulares obrigações de informação neste domínio, valendo aos minoritários apenas o regime geral de *disclosure* de factos relevantes (artigo 248.º do CVM)[1653].

[1652] Há quem distinga esta norma do artigo 196.º do CVM com base na ideia de que o segundo faz referência a uma OPA geral, ao contrário do primeiro que seria uma oferta não dirigida à generalidade dos acionistas (neste sentido, cf. PAULO CÂMARA, *Manual* cit., 843). Não aderimos a esta posição, uma vez que o princípio da generalidade das OPA — consagrado no artigo 173.º do CVM — impõe que, na falta de explicitação legal, se deva entender que o artigo 27.º do CVM se refere a OPA gerais. Neste sentido, cf. REQUICHA FERREIRA, *Perda da qualidade* cit., 64. Sobre a perda de qualidade de sociedade aberta, cf. também, *v.g.*, A. BARRETO MENEZES CORDEIRO, *Manual* cit., 337 ss.

[1653] Assim, PAULO CÂMARA, *As operações de saída* cit., 151. Note-se que este regime apenas aproveita aos acionistas de sociedades cotadas em bolsa (caso que ora nos ocupa). Ainda assim, é de estranhar a ausência de informação divulgada aos acionistas de sociedades abertas não cotadas. Antigamente, a publicidade dos factos relevantes para a bolsa de valores e para todos quantos aí operassem era conseguida por via da publicação nos *Boletins Oficiais das Cotações das Bolsas de Lisboa e do Porto*. Estes boletins viram o seu escopo progressivamente alargado, de forma a que a partir de 8 de setembro de 1977 o de Lisboa passou a transcender a própria bolsa e a conter informações relativas a sociedades sem cotação na bolsa. Sobre o tema, cf. MENEZES CORDEIRO, *Das publicações obrigatórias nos boletins de cotações das bolsas de valores: aspectos do regime do aumento de capital das sociedades anónimas por subscrição de novas ações*, O Direito 120.º (1998), III-IV, 341-370 (346-358).

Para além desta possibilidade, como forma de *go private* surgem os *takeovers* de exclusão. Embora a febre americana dos *takeovers* se tenha estendido à Europa, através do Reino Unido[1654], os LBO, MBO, MBI e IBO são operações mais difundidas nos países anglo-saxónicos, ao passo que nos países europeus as operações *going private* se fazem essencialmente com recurso às tradicionais OPA. A diferença entre os dois tipos de operações assenta nos destinatários da oferta: se esta for dirigida a todos os titulares de participações sociais da sociedade visada, verifica-se uma OPA e os acionistas terão de ser tratados de forma igualitária. Pelo contrário, se a oferta for feita seletivamente a alguns acionistas da sociedade-alvo, existe um *takeover* sem OPA[1655]. Para o problema que ora estudamos — a saída do mercado regulamentado e a necessidade de tutela dos investidores — a destrinça entre esses tipos de operações é irrelevante, a não ser na exata medida em que o seu procedimento já tutele os acionistas e outros investidores. Assim, embora classicamente se fale em OPA de exclusão como forma de saída do mercado, deverá falar-se, mais amplamente, em *takeovers* de exclusão. Estes podem ocorrer em quatro situações diferentes: quando (i) a dispersão do capital social pelo público seja inferior a 25% em resultado do *takeover*; (ii) a sociedade atuante (*raider*), na sequência de uma OPA geral, atinja mais de 90% dos direitos de voto e requeira a perda da qualidade de sociedade aberta; (iii) o *raider* atinja mais de 90% dos direitos de voto na sequência de uma OPA geral e adquira potestativamente as ações remanescentes; (iv) o oferente atinja 90% dos direitos de voto no contexto de uma OPA e os sócios livres exerçam o seu direito de alienação potestativa.

A primeira situação de *delisting* a frio por via de um *takeover* de exclusão será aquela em que o acionista dominante obtenha um nível de controlo do capital social da sociedade dominada tão intenso que esta deixa de preencher a percentagem mínima de dispersão de capital necessária à admissão no mercado regulamentado, caso em que os artigos 213.º/1, e 3, *a)*, e 229.º do CVM impõem que a entidade gestora decida a exclusão do mercado dos

[1654] Cf. MENEZES CORDEIRO, *Da tomada de sociedades* cit., 765, que utiliza o termo anglo-saxónico *takeover.*

[1655] Cf. MENEZES CORDEIRO, *Da tomada de sociedades* cit., 767. Por exemplo, as OPA e as fusões representam processos aquisitivos diferentes. Os processos de fusão têm sido vistos pelo legislador como instrumentos privilegiados para criar empresas de maior dimensão, mais competitivas e robustas. Ao contrário da OPA, que tipicamente se afigura como processo de transferência de riqueza, a "fusão representa um processo de concentração de recursos financeiros, humanos e técnicos e de recondução de diversos acervos patrimoniais a uma só pessoa coletiva" [PAULO CÂMARA/MIGUEL BRITO BASTOS, *O direito da aquisição de empresas: uma introdução,* em *Aquisição de empresas,* Coimbra, 2011, 13-64 (55)].

instrumentos financeiros. Verificar-se-á, portanto, um *delisting* forçado, que faz surgir um problema de tutela dos acionistas minoritários que veem as suas ações perder liquidez e ficam "prisioneiros" da sociedade.

Poderia parecer que a questão não se coloca para quem, como nós, entenda que o limite relevante de falta de dispersão pelo público para efeitos de perda de qualidade de sociedade aberta é apenas de 10% e não de 25%[1656]. O artigo 27.º/1, *c)*, do CVM, ao remeter aparentemente, de forma implícita, para o artigo 229.º/2, sugere uma quebra sistemática com o conceito de sociedade aberta delineado pelo Código. Primeiro, porque a perda da qualidade de sociedade aberta pressupõe um controlo quase absoluto, por parte de um acionista, que nas alíneas *a)* e *b)* é desenhado por referência a 90% do capital social e direitos de voto ou a aprovação de deliberação em assembleia geral por mais de 90% do capital social. Por outro lado, o artigo 13.º/1, *d)*, do CVM considera sociedades abertas as emitentes de ações alienadas em oferta pública de venda ou de troca em percentagem superior a 10% e dirigidas especificamente a pessoas com residência ou estabelecimento em Portugal. A lei revela que para se poder falar numa sociedade aberta o limiar de dispersão pelo público das ações é de 10% e não de 25%[1657]. Deste modo, a aplicação do instituto da perda de qualidade previsto no artigo 27.º/1, *c)*, do CVM exige que a dispersão seja igual ou inferior a 10% do capital social.

Ainda assim, é necessário dar resposta às hipóteses em que uma pessoa singular ou coletiva detém entre 75% e 90% do capital da sociedade dominada. Mesmo considerando que a sociedade mantém a qualidade de sociedade aberta, já foi excluída do mercado regulamentado, o que suscita, necessariamente, os problemas apontados, em particular, nos casos em que a participação do acionista controlador não tenha atingido 90% do capital social na sequência de uma OPA e, portanto, não tenha sido alcançado o limiar para que haja uma aquisição potestativa tendente ao domínio total. Ou seja, quando exista *delisting* forçado[1658] por falta de dispersão do capital permanecem por resolver as questões de tutela dos minoritários, nomeadamente no que toca à concessão de um mecanismo de saída da sociedade. O regime da perda da qualidade de sociedade aberta não é suficiente. Não só a perda

[1656] Cf. Requicha Ferreira, *Perda da qualidade* cit., 144 ss.

[1657] Neste sentido, cf. Conceição Aguiar, *Sobre a perda de qualidade*, em CadMVM, n.º 30, 2009, 79-90, 88; Requicha Ferreira, *Perda da qualidade* cit., 147.

[1658] Note-se que pode acontecer que a entidade gestora não proceda ao *delisting* da sociedade, caso em que nada impede o emitente ou o requerente da admissão à negociação de pedir a exclusão de negociação das ações.

da qualidade e a exclusão do mercado são conceitos distintos, como é possível que uma sociedade seja forçadamente excluída do mercado por falta de dispersão pelo público sem que tenha sido ainda atingida uma concentração dos direitos de voto suficiente para legitimar um pedido de perda de qualidade. Por fim, note-se também que a concentração de capital num único acionista não é o resultado necessário de uma OPA, requisito essencial para a aplicação do regime da perda da qualidade, podendo, em geral, ser consequência de qualquer aquisição.

O segundo grupo de operações que origina um *delisting* a frio é aquele em que a sociedade atuante, em resultado de oferta pública de aquisição, atinja mais de 90% dos direitos de voto da sociedade visada e requeira a perda da qualidade de sociedade aberta, nos termos do artigo 27.º/1, *a)*, do CVM. Aqui, a decisão favorável da CMVM (objeto de publicação) no sentido da perda da qualidade tem como consequência a imediata exclusão da negociação em mercado regulamentado das ações da sociedade e dos valores mobiliários que dão direito à sua subscrição ou aquisição, ficando vedada a sua readmissão no prazo de um ano (artigo 29.º do CVM). Em alguns destes casos, uma correta interpretação da lei já permite concluir pela existência de um direito de exoneração dos minoritários, se o acionista dominante tiver obtido a referida participação no capital social na sequência de uma OPA geral em que seja visada sociedade aberta que tenha como lei pessoal a lei portuguesa, dado que se encontra preenchida simultaneamente a previsão dos artigos 27.º/1, *a)*, 194.º/1 e 196.º/1 do CVM[1659]. Quer dizer que nestes casos a tutela

[1659] Salientando este aspeto, Carneiro da Frada/Diogo Costa Gonçalves, *Perda da qualidade* cit., 40 e 41. Os Autores notam ainda (p. 43) que, ao abrigo do regime anterior, o oferente que podia requerer a perda da qualidade de sociedade aberta era o mesmo que tinha a obrigação de adquirir as ações que os sócios quisessem alienar potestativamente. A atual desconformidade entre o artigo 27.º/1, *a)*, do CVM, que parece não assegurar em todos os casos a proteção dos minoritários, e o artigo 196.º do mesmo Código deveu-se a uma transposição pouco cuidada da Diretiva 2004/25/CE, operada pelo decreto-lei n.º 219/2006 que introduziu o requisito comunitário referente aos 90% dos direitos de voto abrangidos pela oferta (pp. 43 e 44). Assim, até 2006, os acionistas confrontados com um pedido de perda da qualidade de sociedade aberta gozavam sempre do direito de alienação potestativa. Hoje em dia, note-se, com Paulo Câmara, *As operações de saída* cit., 149, que o oferente de uma OPA em que se atinja 90% dos direitos de voto da sociedade visada, tem ao seu alcance três alternativas: (i) manter a sociedade no mercado; (ii) solicitar a declaração de perda da qualidade de sociedade aberta; (iii) adquirir potestativamente as participações dos acionistas minoritários (artigo 194.º do CVM). Não julgamos que a alternatividade com que estas opções se apresentam invalide a conjugação dos artigos 27.º/1, *a)* e 196.º do CVM nos casos em que se trate de uma OPA geral em que seja visada uma sociedade aberta que tenha como lei pessoal a lei portuguesa e sejam atingidos 90% dos direitos de voto correspondentes ao capital social e 90% dos direitos de voto abrangidos pela oferta.

dos acionistas minoritários é conseguida através de um direito de alienação potestativa das suas ações. Todavia, importa determinar como devem ser tutelados os acionistas minoritários confrontados com um pedido de declaração de perda da qualidade de sociedade aberta, na sequência de uma OPA que não foi geral, ou que foi geral, mas na qual não foram atingidos 90% dos votos correspondentes ao capital social e abrangidos pela oferta, caso em que não lhes é concedido direito de alienarem potestativamente as suas ações, por não se enquadrarem no âmbito de previsão do artigo 196.º do CVM, situação que ocupou a CMVM no caso *Brisa*.

As últimas hipóteses de operações *public to private* ocorrem quando o oferente, no seguimento do lançamento de oferta pública de aquisição geral na qual seja visada uma sociedade aberta que tenha como lei pessoal a portuguesa, atinja ou ultrapasse, diretamente ou nos termos do artigo 20.º/1 do CVM, 90% dos direitos de voto correspondentes ao capital social até ao apuramento dos resultados da oferta e 90% dos direitos de voto abrangidos pela oferta e, nos três meses subsequentes, adquira as ações remanescentes mediante contrapartida justa, em dinheiro, calculada de acordo com o artigo 188.º do CVM (artigo 194.º do CVM)[1660]. Abreviadamente, diz-se que se trata de um direito de aquisição potestativa das ações dos acionistas minoritários. Embora a sua admissibilidade face ao direito constituído já tenha sido contestada[1661], a questão hoje está ultrapassada e o regime encontra, noutros

[1660] Os antecedentes históricos na base desta operação remontam a 1929 ao direito inglês. O *Companies Act* previa um direito de aquisição por parte do acionista dominante (*buy-out right*) e um direito de alienação por parte dos minoritários (*sell-out right*). Cf. Paulo Câmara, *As operações de saída* cit., 153 e 154. Note-se que a aquisição potestativa mobiliária implica a perda da qualidade de sociedade aberta (artigo 195.º/2, do CVM), como se destaca no *Parecer da CMVM sobre a perda de qualidade de sociedade aberta, na sequência de aquisição tendente ao domínio total ao abrigo do n.º 2 do artigo 370.º do CVM* (disponível no sítio da CMVM).

[1661] Discutiu-se já, na doutrina e na jurisprudência, a constitucionalidade desta figura, a propósito do artigo 490.º do CSC, por eventual violação dos princípios da livre iniciativa económica, da propriedade privada e da igualdade. Julgamos que a razão está com aqueles que se pronunciam no sentido da sua legitimidade, hoje praticamente incontroversa. A invocação da propriedade privada, levada ao extremo, poderia conduzir a que qualquer deliberação que tivesse como efeito uma modificação, restrição ou extinção de participações sociais só fosse possível mediante o consentimento do seu titular. Os institutos da dissolução, amortização, redução de capital ou fusão, por exemplo, teriam de se sujeitar à unanimidade. Não é — nem deve ser — assim. É discutível se o direito consagrado no artigo 62.º da CRP deve ser estendido à propriedade "corporativa" e, por outro lado, sempre haveria que compatibilizar este princípio com a liberdade de empresa, que resulta do direito à livre iniciativa privada (artigo 61.º/1 da CRP). Acresce que o princípio da igualdade tem de ser considerado no quadro do regime específico das sociedades comerciais,

ordenamentos jurídicos, o seu equivalente funcional nos *buyout with squeeze out* (BOSO), regulados na Diretiva das OPA. Determina o respetivo artigo 15.º que o oferente que detenha valores mobiliários que representem, pelo menos, 90% do capital com direito de voto e 90% dos direitos de voto da sociedade visada ou que tenha celebrado um contrato firme de aquisição que corresponda ao limiar referido pode exigir que todos os titulares dos valores mobiliários remanescentes lhe transmitam esses valores com base num preço justo[1662].

em que qualquer situação de pressuposta igualdade absoluta entre sócios é ilusória. Assim, o único sentido deste princípio seria a imposição de limites imanentes ao poder das maiorias, que já são, neste caso, impostos pela lei. Hoje em dia a questão encontra-se plenamente ultrapassada, depois da pronúncia do Tribunal Constitucional no sentido da não inconstitucionalidade do regime. Cf. TC n.º 491/2002 (Paulo Mota Pinto), DR II Série n.º 18, de 22-jan.-2003, 1057-1070, posteriormente reiterado por variados acórdãos: cf. STJ 3-fev.-2003 (Oliveira Barros), Proc. 04B4356; : RLx 6-jun.-2002 (Sousa Magalhães), CJ XXVII (2002), 3, 92-96; RLx 29-out.-2002 (Abrantes Geraldes), CJ XXVII (2002), 4, 106-119; STJ 10-abr.-2003 (Moitinho de Almeida), CJ/Supremo XI (2003), 2, 26-28; RPt. 20-abr.-2004 (Emídio Costa), www.dgsi.pt; RPt. 30-set.-2004 (João Vaz); STJ 3-fev.-2005 (Oliveira Barros), CJ/STJ XIII (2005), 1, 64-71; RPt 8-jan.-2008 (Anabela Dias da Silva); RLx. 12-nov.-2009 (Aveiro Pereira). Cf. Menezes Cordeiro, *Aquisições tendentes ao domínio total: constitucionalidade e efectivação da consignação em depósito (artigo 490.º/3 e 4 do Código das Sociedades Comerciais)*, O Direito 137.º (2005), III, 449-463 (450-454); Engrácia Antunes, *A aquisição tendente* cit., 101 ss.; Ana Filipa Morais Antunes, *A aquisição tendente ao domínio total no direito societário e no direito dos valores mobiliários*, em *Aquisição de empresas*, Coimbra, 2011, 313-369 (319-326).

1662 Este direito de aquisição potestativa ou *squeeze-out right* foi inserido na Diretiva pelo Parlamento Europeu, na sequência de severos desentendimentos quanto ao conteúdo e ao modelo adotado pelo texto comunitário. Os críticos do documento alegavam que este se deveria limitar a apresentar os princípios gerais em matéria de OPA, deixando aos Estados-Membros uma mais ampla margem de manobra para legislar. Perante estas posições, assumidas pelo Comité Económico e Social (parecer publicado no JOCE n.º C 298, de 27 de novembro de 1989) e pelo Parlamento Europeu (parecer publicado no JOCE n.º C 38, de 19 de fevereiro de 1990), a Comissão Europeia formulou uma proposta alterada, que assumiu a natureza de meras linhas gerais. Na segunda proposta foram introduzidas pelo Parlamento Europeu algumas sugestões, entre as quais o direito à aquisição potestativa de ações residuais não alienadas no âmbito da oferta. Na sequência desta proposta foi nomeado, em 2001, um grupo de peritos — o Winter Group — para emitir recomendações sobre este direito. Só na sequência das propostas deste grupo foi finalmente aprovada a Diretiva, tal como hoje a conhecemos. Sobre a evolução da Diretiva, cf. Menezes Cordeiro, *A 13.ª Directriz do Direito das Sociedades*, ROA 64 (2004), 97-111 (109 e 110 sobre as atuações potestativas); Hugo Moredo dos Santos, *Aquisição tendente ao domínio total de sociedades abertas*, em *Direito dos valores mobiliários*, vol. VII, Coimbra, 2007, 275-403 (296-299). À aquisição potestativa corresponde um direito de alienação potestativa (artigo 16.º da Diretiva das OPA). Por isso, é comum dizer-se que a tutela dos acionistas minoritários já se encontra assegurada. Cf. Isabelle Martinez/Stéphanie Serve, *The delisting decision: the case of buyout offers with squeeze-out (BOSO)*, International Review of Law and Economics, Vol. 31, 2011, 228-239 (234), disponível em https://papers.ssrn.com/sol3/papers.cfm?abstract_id=1717018, que acentuam que na Europa a regulação se foca na proteção dos acionistas minoritários, sendo tutelada a propriedade sobre as suas ações com uma maior extensão

Esta situação não se apresenta como problemática porquanto antes da exclusão da sociedade do mercado já foi concedida aos acionistas minoritários a possibilidade de alienarem as suas ações por um preço equitativo. Paralelamente, os sócios minoritários têm, também, o direito de alienar potestativamente as suas participações sociais. Tal possibilidade, atrás apresentada como a quarta modalidade de transação *going private*, não é necessariamente uma forma de exclusão da sociedade do mercado, ficando o *delisting* dependente da percentagem de acionistas minoritários que se valerem do expediente[1663].

Quando se discute a aquisição tendente ao domínio total há que delinear fronteiras entre o regime mobiliário e o societário, que, embora assentem num elemento comum — a existência de uma situação qualificada de domínio[1664] —, não podem ser assimilados[1665]. Um bom exemplo para testar essas fronteiras é o caso da perda da qualidade de sociedade aberta da Brisa e a decisão da CMVM que se pronunciou pela necessidade de assegurar aos sócios minoritários o direito de saírem da sociedade mediante o pagamento de uma contrapartida equitativa, podendo a forma de cálculo do seu montante basear-se, alternativamente, no regime societário ou no mobiliário. Sem prejuízo da análise posterior desta decisão, os regimes não são — nem poderiam ser — alternativos. Para além da sua diferente inserção sistemática — o regime societário da aquisição potestativa é regulado a propósito dos grupos de sociedades,

do que nos Estados Unidos.

1663 Chamando a atenção para este aspeto, cf. PAULO CÂMARA, *Operações de saída* cit., 159.

1664 Note-se, porém, que esta é definida de forma diferente no regime mobiliário e no regime societário. No primeiro, será relevante a titularidade de mais de 90% dos direitos de voto, ao passo que no segundo se tomará em consideração a titularidade de participações correspondentes a 90% do capital social. Assim, para efeitos do Código de Valores Mobiliários, a noção de controlo deve ser assimilada à de *relação de domínio*, que existe quando uma pessoa singular ou coletiva possa exercer sobre uma sociedade, direta ou indiretamente, uma influência dominante. Essa relação de domínio existe, em qualquer caso, quando a pessoa singular ou coletiva disponha da maioria dos direitos de voto, possa exercer a maioria dos direitos de voto nos termos do contrato parassocial e quando possa nomear ou destituir a maioria dos titulares dos órgãos de administração ou de fiscalização (artigo 21.º/1 e 2 do CVM). Acentuamos, como refere ANA PERESTRELO DE OLIVEIRA, *Grupos de sociedades* cit., 31, que no domínio mobiliário o conceito de controlo se afasta daquele vigente no direito societário. Seria, eventualmente, mais adequada a adoção de um conceito material de controlo, em que se determinasse que existe influência dominante quando um acionista, mediata ou imediatamente, aja sobre o governo da sociedade, determinando a sua vontade juridicamente relevante [cf. PAULA COSTA E SILVA, *Domínio de sociedade aberta e respectivos efeitos*, em *Direito dos valores mobiliários*, vol. V, Coimbra, 2004, 325-342 (334)] Porém, este critério material ou funcional poria em causa a segurança necessária quanto à produção dos efeitos jurídicos, acentuadamente gravosos, associados ao controlo de sociedade aberta resultante das participações qualificadas.

1665 Cf. ANA MORAIS ANTUNES, *A aquisição tendente* cit. 359 e 360.

ao passo que o mobiliário surge no capítulo referente às ofertas públicas de aquisição —, é distinta a delimitação subjetiva do oferente e da sociedade visada, bem como a demarcação objetiva das normas. No regime mobiliário, a sociedade visada pela oferta terá de ser uma sociedade aberta regida por lei pessoal portuguesa (não necessariamente cotada) e o oferente poderá ser qualquer acionista, incluindo uma pessoa singular ou qualquer entidade não societária, ao contrário do que acontece no regime do Código das Sociedades Comerciais, de acordo com o qual este direito apenas é reconhecido às sociedades comerciais, sejam sociedades por quotas, anónimas ou em comandita por ações. A isto acresce que o regime mobiliário exige o prévio lançamento de uma OPA geral e universal, assumindo-se a aquisição potestativa tendente ao domínio total como o culminar do processo aquisitivo[1666], ao passo que no regime societário é necessária a verificação de uma relação de grupo que tenha atingido 90% do capital. Não existem dúvidas quanto à relação de especialidade entre o regime mobiliário e o societário, patente por exemplo no artigo 490.º/7 do CSC, que determina que às sociedades abertas se deve aplicar o Código dos Valores Mobiliários[1667]. A delimitação do âmbito de aplicação dos dois regimes não é despicienda: o prazo e a forma de cálculo da contrapartida a ser paga aos minoritários divergem consoante o caso, como veremos.

Por último, deve ainda ponderar-se se outras operações de reestruturação societária, como a fusão entre uma sociedade cotada e outra não cotada, podem redundar na saída do mercado regulamentado. O Código dos Valores Mobiliários não fornece qualquer linha orientadora para o estudo da questão, definindo apenas que será sociedade aberta aquela que resulta da fusão por incorporação de sociedade fechada numa sociedade aberta (artigo 13.º/1, *e)*,

[1666] Sobre a aquisição potestativa tendente ao domínio total, cf., com múltiplas outras referências, MENEZES CORDEIRO, *Da constitucionalidade das aquisições tendentes ao domínio total (artigo 490.º, n.º 3, do Código das Sociedades Comerciais)*, BMJ 480 (1998), novembro, 5-30; ENGRÁCIA ANTUNES, *Os grupos de sociedades*, 2.ª ed., Coimbra, 2002, 869-888; ANA PERESTRELO DE OLIVEIRA, *Anot. ao artigo 490.º*, em MENEZES CORDEIRO (coord.), *Código das Sociedades Comerciais anotado* cit.; COUTINHO DE ABREU/ALEXANDRE SOVERAL MARTINS, *Anot. ao artigo 490.º*, em COUTINHO DE ABREU (coord.), *Código das Sociedades Comerciais em comentário*, vol. VII, Coimbra, 2014, 136-180.

[1667] Cf. CALVÃO DA SILVA, *Consignação em depósito e aquisição tendente ao domínio total*, RLJ 138 (2009), 350-383 (353-365). Como afirma o Autor "sublinha-se a confessada intenção do legislador: sediar a aquisição do domínio total de sociedades abertas no Código dos Valores Mobiliários, com adaptação do disposto no artigo 490.º do Código das Sociedades Comerciais à acentuação da protecção das expectativas geradas pela abertura da sociedade ao investimento do púbico". O Autor identifica neste regime um *favor legis* à formação de grupos económicos de direito por domínio total superveniente, transferindo para esta área do direito a simpatia com que no Código Civil o legislador prefere a *plena potestas* ao concurso da propriedade com direitos reais menores de gozo (p. 370).

do CVM), o que poderia sugerir uma resposta negativa[1668]. Porém, quer se trate de uma fusão por concentração ou de uma fusão por incorporação, por efeito da operação extinguem-se as sociedades incorporadas ou as sociedades fundidas[1669], transmitindo-se todos os seus direitos e obrigações para a sociedade incorporante ou para a nova sociedade (artigo 112.º, *a)*, do CSC). Uma vez que a admissão à negociação em mercado regulamentado se baseia no pedido quer do emitente, quer dos titulares de pelo menos 10% dos valores mobiliários emitidos pertencentes à mesma categoria nos casos em que o emitente já seja uma sociedade aberta ou ainda do IGCP[1670] quando se trate de obrigações emitidas pelo Estado Português (artigo 233.º do CVM), esta não pode subsistir após a extinção da sociedade fundida ou incorporada. Por isso, nas reestruturações empresariais que envolvem a fusão simples de uma sociedade cotada com outra não cotada, a nova sociedade que nasce na sequência da operação não pode ser cotada, a menos que esta formule expressamente um pedido nesse sentido. O mesmo se diga em relação à fusão por incorporação de uma sociedade cotada numa não cotada. Considerando que a sociedade cotada se extingue, por imposição do artigo 112.º, *a)*, do CSC, o ato de admissão caduca. Apenas naqueles casos em que uma sociedade cotada incorpore uma não cotada se manterá a admissão à negociação em mercado regulamentado, exceto quando, por efeito da fusão, deixe de se verificar algum dos pressupostos da admissão em mercado. A mesma lógica deverá ser aplicada em caso de cisão (artigo 118.º do CSC) se esta implicar o destaque do património ou a dissolução e divisão do património de forma a criar uma nova sociedade (cisão simples ou cisão-dissolução), que não poderá ser cotada no mercado visto não haver pedido. Nas hipóteses de cisão-fusão o problema deverá ser resolvido à luz daquilo que defendemos a propósito da fusão. Já quanto à sociedade cindida, consideramos não existir obstáculo à manutenção da cotação em mercado. Não havendo fundamento para a caducidade da decisão de

[1668] É o caso de Paulo Câmara, *As operações de saída* cit., 143. O Autor baseia a sua conclusão na constatação de que o emitente não pode pedir voluntariamente a exclusão do mercado regulamentado, pelo que, nessa medida, também não deveriam ser admissíveis reestruturações empresariais, como fusões e cisões de sociedades cotadas, que tenham por efeito impedir, por vontade do emitente, o prosseguimento da negociação em bolsa. Por isso, na conceção do Autor, qualquer das operações que envolva sociedades admitidas à negociação em mercado regulamentado deverá sempre resultar numa sociedade cotada.

[1669] Cf. Maria do Rosário Palma Ramalho, *Sobre a dissolução das sociedades anónimas,* Lisboa, 1989, 45 e 46, notando que a fusão constitui causa de extinção da sociedade e não de dissolução, solução consagrada em alguns ordenamentos jurídicos.

[1670] Agência de Gestão da Tesouraria e da Dívida Pública - IGCP, E.P.E.

admissão à negociação, a exclusão só poderia ser justificada por uma decisão da entidade gestora se os pressupostos da cotação deixassem de se verificar. Se não for esse o caso, a sociedade cindida mantém-se cotada no mercado regulamentado. Também da transformação societária pode resultar o *delisting* da sociedade. As sociedades cotadas são necessariamente sociedades abertas e sociedades anónimas. Quando uma sociedade anónima admitida na bolsa alterar o seu tipo societário, falharão os pressupostos da admissão à negociação em mercado regulamentado e o ato de *listing* caduca. Qualquer uma destas operações de reestruturação societária que tem como efeito a exclusão do mercado regulamentado já acautela, em alguma medida, a posição dos acionistas minoritários e dos outros investidores. O artigo 100.º do CSC exige que o projeto de fusão seja aprovado em assembleia geral, que os credores e os credores obrigacionistas, verificados alguns pressupostos, possam deduzir oposição judicial à fusão e, quando esteja previsto no contrato de sociedade, que os sócios que votem contra o projeto de fusão beneficiem do direito de se exonerarem da sociedade[1671]. As mesmas garantias são conferidas na cisão aos sócios, aos credores e aos credores obrigacionistas, por força da remissão operada pelo artigo 120.º do CSC para o disposto relativamente à fusão[1672]. O regime da transformação de sociedades não se afasta dos mesmos princípios: deliberação da assembleia geral e, encontrando-se previsto no contrato de sociedade, direito de exoneração dos sócios discordantes[1673].

6.2.3. Esquemas de financiamento das transações PTP

As transações PTP são normalmente alavancadas, havendo várias formas de num LBO a sociedade-veículo conseguir o financiamento pretendido para adquirir a *target*, entre as quais se contam o financiamento por crédito bancário garantido pelos ativos da sociedade-alvo, o financiamento por dívida *mezzanine*[1674] ou o *bridge financing*, que pode assumir a forma de financiamento por

[1671] Apesar de o artigo 105.º do CSC admitir o direito de exoneração dos sócios que votem contra o projeto de fusão quando esse direito lhes seja concedido pela lei ou pelo contrato, há quem considere que a referência à lei é vazia de conteúdo. Cf. Diogo Costa Gonçalves, *Anot. ao artigo 105.º*, em Menezes Cordeiro (org.), *Código das Sociedades Comerciais anotado* cit., 398-405. Em sentido contrário, cf., com variadas referências, Ana Perestrelo de Oliveira, *Grupos de sociedades* cit., 441.

[1672] Sobre o regime das fusões e cisões, cf., por todos, Diogo Costa Gonçalves, *Anot. aos artigos. 97.º- 129.º*, em Menezes Cordeiro (coord.) *Código das Sociedades Comerciais anotado*, cit., 332-500.

[1673] Sobre o regime da transformação de sociedade, cf., por todos e com múltiplas referências, Francisco Mendes Correia, *Transformação de sociedades comerciais. Delimitação do âmbito de aplicação no direito privado português*, Coimbra, 2009.

[1674] Na dívida *mezzanine* o mutuante tem frequentemente direito a converter a dívida em

dívida, através de um empréstimo bancário, ou de investimento no capital, com recurso a *venture capital*. A primeira modalidade apresenta-se como um híbrido entre o financiamento por dívida e por capital e normalmente exige o recurso a instrumentos financeiros complexos de modo a assegurar um perfil de risco que se situe entre estas duas possibilidades[1675]. Por seu turno, o *bridge financing* é uma forma interina de financiamento societário que é utilizada por empresas que têm perspetivas de crescimento, mas necessitam de consolidar a sua posição de curto prazo e de fazer face aos custos operacionais. A expressão adotada para este tipo de financiamento deve-se ao facto de, na prática, este fazer a ponte entre o período em que uma empresa não tem capacidade para suportar os seus custos e o momento em que expectavelmente irá receber uma injeção de capital. Este financiamento é tipicamente utilizado nos LBO, sendo que as características que assume estão pensadas para incentivar o seu refinanciamento. Assim, *v.g.*, os empréstimos expiram normalmente no prazo de doze meses, altura em que são refinanciados pela emissão de *high yield bonds*, vencem taxas de juro tão elevadas que incentivam o mutuário a refinanciar a dívida, ao mesmo tempo que exigem a atribuição de *warrants* ao mutuante que punem o mutuário que não refinancie o empréstimo na data da maturidade, por via da concessão de direitos de voto protegidos por medidas antidiluição[1676].

O caráter alavancado das transações *going private* já levou o economista de Wall Street Henry Kaufman a afirmar que "qualquer choque severo — uma

propriedade ou em capital se o empréstimo não for pago a tempo e na totalidade. É um híbrido entre o financiamento por dívida e por capital, que apresenta vantagens por ser tratado como capital no balanço da empresa, o que pode tornar mais fácil conseguir financiamento *standard* nos bancos. Cf. Hans Stamm/Stefan Ries, *§ 24. Bankenunabhängige Mezzanine-Finanzierung*, em Habersack/Mülbert/Schlitt, *Unternehmensfinanzierung am Kapitalmarkt*, 3.ª ed., Köln, 2013, 817- 843, 820 (o texto foi eliminado na edição de 2019). No fundo, é um intermédio, do ponto de vista dos custos, dos riscos e do rendimento, entre o capital e a dívida. Nos contratos de financiamento *mezzanine* podem ser convencionadas cláusulas PIK (*pay in kind* ou *pay if you can*). Cf. Emanuele Rimini, *Il prestito mezzanino tra clausole di subordinazione,* equity kickers *e* restrictive covenants, Giurisprudenza Commerciale, 35.6, nov.-dez. 2008, 1065-1094 (1074). Na doutrina nacional, cf. Ana Perestrelo de Oliveira, *Manual de corporate finance* cit., 151 ss.

1675 Cf. Valerio Lemma, *"Mezzanine finance": nuova generazione di prestito subordinato?*, Banca Borsa Titoli di Credito, 2007, 1, 93-106 (95).

1676 Cf. Sean Pierce, *LBOs: time to revisit typical U.S. bank bridge terms?*, Journal of International Banking, 1998, 14(1), 1-4 (3). Tipicamente, são atribuídas ao mutuante ações da sociedade emitidas após o financiamento, pelo que se diz que o mútuo constitui, na verdade, um pagamento adiantado da futura venda das ações emitidas. Porém, este esquema é normalmente utilizado no *bridge financing* que visa cobrir os custos de um *IPO* e não tanto nos casos de *bridge financing* em transações PTP.

súbita subida na taxa de juros devido a uma restrição da concessão de crédito por parte da Reserva Federal, uma recessão que torne o mercado vulnerável (...) — coloca as empresas *debt-burdened* à porta do governo a pedir ajuda financeira"[1677]. Embora os riscos associados ao financiamento com recurso a dívida sejam consideráveis, a relação entre dívida e insolvência ainda não está absolutamente estabelecida especialmente porque o mercado tem vindo a ser assolado por novas técnicas que visam garantir o risco de incumprimento, como os derivados (*v.g.*, *caps*, *swaps* e outros instrumentos que convertem taxas fixas em variáveis) ou mesmo pelo recurso ao *short selling*[1678].

1677 Cf. JENSEN, *Eclipse* cit., 24.

1678 A venda "curta" ou a "descoberto" de valores mobiliários — correntemente apelidada de *short selling* — corresponde a uma venda realizada sobre valores mobiliários dos quais o vendedor não tem a titularidade no momento em que é executada a ordem de venda. Este fenómeno justifica-se face à dilação temporal entre a data do negócio em mercado e a data da liquidação física ou financeira. Como nota PAULA COSTA E SILVA, *As operações de venda a descoberto de valores mobiliários*, Coimbra, 2009, 29 ss., também nos mercados a prazo podem ocorrer operações a descoberto, que tomam por referência os valores mobiliários, mas que não são diretamente realizadas sobre eles. O investidor cobrirá uma opção de venda com uma opção de compra do mesmo valor mobiliário. Fica com uma posição sintética, da qual resultam as mesmas vantagens que uma operação de venda a descoberto no mercado a contado. As vendas a descoberto podem assumir a modalidade de *naked short selling*, se não existir negócio de cobertura na data da alienação (sendo que o *naked short selling* pode revestir a modalidade de *short squeeze* quando o alienante adquira os valores em mercado para cobrir as suas posições curtas. Cf. PAULO CÂMARA, *Manual* cit., 575), ou *covered short selling*, caso a operação a descoberto esteja assegurada por um negócio jurídico que atribui a titularidade temporária ao ordenador e o constitua numa obrigação de restituir esses instrumentos, como acontece nas situações de empréstimo ou mútuo dos valores mobiliários. Esta prática tem-se tornado cada vez mais intensa com a atuação de alguns agentes de mercado, como os fundos com alavancagem ou os *hedge funds*. A admissibilidade da venda a descoberto nem sempre foi pacífica. Embora o Código Comercial admita a validade da venda de bens alheios, desde que o vendedor se obrigue a adquirir a propriedade da coisa vendida e a proceder à sua entrega ao comprador, sob pena de ter de indemnizar os danos causados (artigo 467.º do CCom), o anterior artigo 354.º do CCom, enquadrado no título VIII dedicado às operações de bolsa, determinava que a venda realizada através de operações de bolsa em mercado a contado ou a pronto não dispensava a disponibilidade imediata dos valores vendidos pelo ordenador. Assim, apesar de as ações poderem ser objeto de dois negócios jurídicos diferentes — a venda comercial e as operações na bolsa —, se fossem vendidas em mercado a contado, embora seja um contrato comercial, a especialidade da venda deveria implicar a disponibilidade dos valores no momento da execução da ordem. Também o Código do Mercado dos Valores Mobiliários, de 1991, proibia a *short sale*, ao exigir a titularidade de uma quantidade de valores a alienar — não obstante a sua fungibilidade — pelo menos idêntica àquela que constava da ordem de venda, caso contrário esta não poderia ser executada. O artigo 410.º/2 do Cód.MVM determinava que apenas podiam ser objeto de operações a contado os valores que o comitente tivesse legitimidade para dispor na data da ordem. Assim, o corretor não podia dar execução a ordens de venda em mercado a contado sem que o ordenador lhe tivesse

Nos últimos tempos tem-se verificado uma crescente atenção ao financiamento por recurso a dívida[1679], demonstrando a importância deste tipo

entregue os valores titulados a transacionar, caso estes não estivessem depositados em intermediário autorizado (artigo 410.º/3 do Cód.MVM). Se a ordem fosse dada ao corretor pelo intermediário financeiro, junto do qual estivesse sediada a conta de registo (no caso de valores titulados) ou de depósito (no caso de valores escriturais), a ordem poderia ser executada sem terem de ser cumpridos procedimentos de controlo. Sempre seria pensável considerar que entre a data da ordem e da liquidação poderiam ser alienados os valores mobiliários. Porém, o artigo 68.º/2 do Cód.MVM impunha ao intermediário financeiro o dever de proceder ao bloqueio dos valores relativamente aos quais fosse dada a ordem de venda. Era o sistema de registos que impedia a dupla alienação, que apenas poderia resultar numa situação de concorrência entre vendas em mercado e fora do mercado. Mas a lei não ignorava esta possibilidade e resolvia o problema concedendo prevalência à venda realizada fora de mercado (artigo 68.º/2 do CdMVM). Esta solução foi abandonada em 1999, com a entrada em vigor do Código dos Valores Mobiliários, perante a inevitabilidade de se reconhecer que as vendas a descoberto, ao aumentarem a liquidez do mercado, contribuem para uma mais regular formação dos preços. O bloqueio de valores mobiliários a alienar passou a ser facultativo (artigo 72.º/2 do CVM), ao mesmo tempo que o artigo 326.º/2, *a)*, do CVM admite que sejam aceites ordens mesmo que o ordenador não faça prova da disponibilidade dos valores mobiliários a alienar, apesar da obrigação que recai sobre o intermediário de verificar a legitimidade do ordenador (artigo 325.º, *a)*, do CVM). O regime passa a basear-se num controlo de legitimidade que se funda na confiança dos diferentes intervenientes nas operações de venda. Dando nota desta evolução no que respeita às limitações do *short selling*, cf. Paula Costa e Silva, *As operações* cit., 43 ss. e Paulo Câmara, *Manual* cit., 575 ss. A admissibilidade da alienação de valores ainda não emitidos e negociados em *grey market* (artigo 232.º/2 do CVM) pode ser tomada como lugar paralelo quando se discute a venda curta. Nesse sentido, cf. Paulo Câmara, *Manual* cit., 575. Os esquemas de venda *short* funcionam, em suma, como resultado do desfasamento entre sistemas de negociação e de liquidação. Os valores são vendidos e comprados, mas isso não significa que sejam imediatamente creditados na conta do ordenador final ou que sejam imediatamente pagos. Estas são obrigações complementares, destinadas ao cumprimento de obrigações equivalentes às do vendedor (entrega da coisa) e do comprador (pagamento do preço) que ocorrem em momento posterior ao da negociação e através de sistemas autónomos, destinados à liquidação. A liquidação física, que consiste na disponibilização dos valores, ocorre passados três dias sobre a negociação. É isto que resulta do Regulamento da CMVM n.º 5/2007 (artigos 11.º e 12.º), bem como do Regulamento Interbolsa n.º 2/2016 (anteriormente Regulamento n.º 3/2004). A liquidação financeira, consistente no pagamento do preço, verifica-se, caso seja possível, em simultâneo com a liquidação física ou um dia depois desta. Ora, estes três dias que medeiam a venda dos valores e a obrigação de os disponibilizar, permitem ao vendedor a descoberto apostar na descida dos preços dos valores que tem de ter disponíveis. Para que esta operação seja lucrativa para o vendedor a descoberto, basta que venda os valores a um preço superior àquele a que os compra. Cf. Madalena Perestrelo de Oliveira, *Instrumentos financeiros* cit., 537-602, sobre as soluções apresentadas para as situações de *short selling* aliadas a manipulação de mercado para fazer diminuir o valor dos ativos subjacentes.

[1679] A atenção a este tipo de financiamento já vem, em especial, do início dos anos 2000. De acordo com dados do *Thomson Financial Global Capital Markets*, nos primeiros nove meses de 2004 o mercado global de empréstimos cresceu 23,8 % por comparação com o mesmo período no ano anterior. Este crescimento, em valores absolutos, representou uma subida de 1,3 triliões de dólares americanos de financiamento, que não pode ser ignorada. A ponderação das formas de garantir o risco de incumprimento é cada vez mais premente, não só nos Estados Unidos, palco privilegiado de aparecimento de grande parte das inovações financeiras, mas também noutros países. Assim, por exemplo, os derivados são um meio de reduzir a exposição económica da sociedade, sem, no entanto, alarmar o público com sinais de que os *insiders* não estão seguros da evolução da empresa. Os bancos, a troco de uma remuneração, desenvolveram estratégias para garantir a proteção dos *insiders*, ao mesmo tempo que conservam o direito de voto. Um dos meios possíveis é manter uma posição curta num *equity swap*[1680], mas é mais comum celebrar um *zero-cost collar*, que consiste na compra de uma opção de venda, para limitar o risco de desvalorizações, ao mesmo tempo que é vendida uma opção de compra, apesar de por esta via se reduzir o potencial de ganho. Se as duas opções tiverem o mesmo preço de exercício e expirarem na mesma data, a operação é economicamente equivalente à venda de ações. Neste tipo de transação, o lucro proveniente da venda

para 1,8 triliões. Cf. ANDREW WOLLASTON, *The growing importance* cit., 146. Também o *Centre for Management Buy-Out Research (CMBOR)* nota que, pela primeira vez desde 1980, a dívida representa mais de metade do financiamento dos *buyouts* em Inglaterra. A atenção concedida ao financiamento por recurso a dívida tem-se notado transversalmente em todo o mundo. Em Itália, por exemplo, só a partir de 2003 o legislador reconheceu o papel central do recurso a dívida na gestão da empresa, tendo regulamentado limites ao endividamento e obrigações de *disclosure* associadas à contração de dívida. Cf. CRISTIANO CINCOTTI, *Merger leveraged buy-out, sostenibilità dell'indebitamento e interessi tutelati dall'ordinamento*, Rivista della società, jul.-ag. 2011, n.º 4, 634-679 (636 ss.).

1680 Historicamente, os contratos de *swap* surgem no mercado como uma forma de fazer face às flutuações monetárias e às vicissitudes das taxas de juro. O sistema monetário internacional, instaurado, em 1944, pelo Acordo de Bretton Woods, com a constituição do Fundo Monetário Internacional (FMI), é deixado para trás em 1973, com a decisão de suprimir o duplo mercado do ouro e o seu abandono como padrão monetário. A partir desta data, sucederam-se várias desvalorizações do dólar (em 1960, na Bolsa de Londres, o ouro situou-se acima da paridade de 35 dólares a onça). Consequentemente, em 1974, o FMI avançou para a definição de uma unidade de conta à base de um cabaz ponderado de moedas nacionais para fixar o valor do direito especial de giro. A flutuação das moedas passou a constituir uma norma fundamental. Simultaneamente, os produtores petrolíferos tomam consciência do seu poder. Os choques petrolíferos e energéticos provocam uma degradação do sistema monetário internacional. Todos estes fatores, aos quais acresceu o abandono da livre convertibilidade do dólar em ouro, contribuíram para a crescente instabilidade dos mercados de capitais internacionais. Os particulares assumiram uma posição cada vez mais reivindicativa do direito a serem compensados pelas suas poupanças, o que desencadeou a inovação financeira. Aparecem, então, os contratos de *swap* como resposta dos profissionais da área à situação de crise, que surgem como uma forma de anular as flutuações monetárias e as taxas de juro. Para uma descrição mais desenvolvida do processo que conduziu ao nascimento destes contratos, cf. MARIA CLARA CALHEIROS, *O contrato de* swap, Coimbra, 2000, 13-30. Sobre o seu regime, cf., *v.g.*, HELDER M. MOURATO, *O contrato de swap* cit., 45 ss.

da opção de compra corresponde ao custo da opção de venda. São, como é sabido, vários os riscos que podem ser objeto de cobertura ou *hedging* (taxa de juro, preço de mercado, crédito, liquidez, entre outros). Pretende-se eliminar a variabilidade e volatilidade do desempenho financeiro e dos *cash flows*, procurando retornos simétricos ou assimétricos. Certamente que o recurso a derivados não é a única forma de uma empresa modificar a sua exposição a uma variedade de riscos, podendo alterar a sua estrutura de capital ou utilizar transações de outro tipo, mas aquele é considerado um meio especialmente apropriado para levar a cabo esse resultado, não só pela eficiência e custos reduzidos, mas também pela possibilidade de os instrumentos serem adaptados aos objetivos concretamente visados[1681].

[1681] Porém, nem tudo são benefícios no recurso a instrumentos financeiros derivados. Como paradigmático dos problemas que se geram com a sua utilização, lembre-se o caso *Telus Corporation v. CDS Clearing & Depository Services Inc* (2012 BCSC 1350.), decidido a 11-set.-2012, pelo *Supreme Court of British Columbia* (Canadá). A ação foi proposta pela *Telus*, uma empresa de telecomunicações, com sede em Vancouver, que pedia que fosse invalidada a deliberação de uma assembleia geral. A empresa levava, então, a cabo um conjunto de medidas tendentes a converter as suas ações sem direito de voto em ações comuns, com uma *ratio* de troca de 1:1. O *hedge fund* Mason opunha-se ao plano, sendo que na assembleia geral se decidiu a alteração dos estatutos de forma a impedir a conversão naqueles termos: esta passaria a ter de ser feita a uma *ratio* que refletisse o prémio histórico pago pelas ações comuns (cerca de 5 % mais do que as ações sem voto). Em maio, essa proposta tinha sido apresentada, embora tivesse acabado por ser retirada por evidente falta de apoio. Contudo, foi anunciado que a estratégia prosseguiria por meios alternativos. Apesar do abandono da proposta inicial, a diferença de preço entre as ações comuns e as ações sem voto não voltou ao seu nível histórico. Desde essa retirada, a Mason reduziu o seu interesse económico na Telus: em 31 agosto de 2012, este *hedge fund* detinha 32.765.829 ações ordinárias e tinha posições curtas quanto a 14.658.129 ações ordinárias e 18.036.800 ações sem voto. Resultava daqui que o seu interesse económico na empresa era muito limitado, apesar de continuar a controlar praticamente 20% dos votos. Perante isto, a Telus invocava, entre outros argumentos, que a deliberação da assembleia geral se fundava em "votos vazios" e que a Mason não tinha interesse na maximização do valor das ações, antes se limitava a procurar lucrar o mais possível com o seu plano de arbitragem utilizando votos vazios. Ainda que o Tribunal tenha resolvido o problema por outra via (já que múltiplos argumentos eram apresentados no sentido da invalidade), não deixou de frisar que, ainda que assim não fosse, não aceitaria uma deliberação com base em votos desprovidos de interesse económico: a votação acionista visa refletir os melhores interesses da empresa na prossecução da maximização da riqueza; ora, quando uma parte vota numa sociedade mas não tem nela interesse económico, pode não procurar o bem da sociedade em si, na medida em que os interesses do *empty voter* e dos restantes acionistas não estão alinhados, o que implica a subversão da premissa subjacente à votação acionista. No entanto, hoje, a Diretiva 2013/50/UE do Parlamento Europeu e do Conselho, de 22 de outubro de 2013, que altera a Diretiva da Transparência, resolve, como já dissemos, o problema. O artigo 13.º/1, *b)*, da Diretiva impõe o dever de comunicar a detenção de instrumentos financeiros com liquidação financeira cuja titularidade seja equivalente à de ações, sendo que o artigo 13.º/1-A determina que devem ser imputados votos aos titulares de instrumentos com liquidação física em função do montante nocional total das ações subjacentes. Já se os instrumentos implicarem liquidação financeira, a imputação é feita numa base "ajustada ao *delta*", ou seja, multiplica-se o valor nocional das ações subjacentes pelo *delta* do instrumento. Sobre o regime, cf. Bruno Ferreira, *A transposição da Diretiva da Transparência II*, em *O novo direito dos valores mobiliários*, I cit., 43-50 (44-48). O delta de um instrumento financeiro é o montante da variação do valor de uma opção/*warrant* face à variação de uma unidade monetária do preço do ativo subjacente, supondo que todos os outros fatores (preço de exercício, maturidade, taxa de juro sem risco, dividendos e volatilidade) se mantêm constantes. No fundo, o *delta* indica quanto variaria o valor teórico de um instrumento financeiro em caso de variação do preço do instrumento subjacente, dando uma imagem precisa da exposição do titular ao instrumento subjacente. As regras pormenorizadas para a aplicação do regime encontram-se no Regulamento Delegado (UE) 2015/761 da Comissão, de 17 de dezembro de 2014, que completa a Diretiva da Transparência. Esta é uma solução equivalente àquela que defendemos para o caso PT-Telefónica. A Telefonica detinha 10% das ações da PT SGPS SA. Na assembleia geral da PT em que se deliberava a proposta da Telefonica de aquisição das participações do grupo PT na Brasicel e, por essa via, na Vivo a Telefonica, que estava impedida de votar, vendeu fora do mercado regulamentado cerca de 8% das suas ações, ficando como acionista da PT apenas em 2,02%. A venda a diversas entidades, entre as quais se conta a UBS, foi seguida pela celebração de *equity swaps* com liquidação financeira em que a Telefonica ficou detentora da *long leg*. Na prática, o que aconteceu foi que transmitiu as suas ações e o inerente direito de voto para outras entidades, ficando, no entanto, a suportar o risco económico associado a esses ativos. Do ponto de vista jurídico, apesar de a Telefonica estar vinculada a uma *call option* da PT, não havia qualquer obstáculo à venda dessas ações, bastando que, caso fosse exercida a opção, a Telefonica adquirisse a percentagem acordada. Já numa perspetiva económica, o negócio era absolutamente estranho. Se era previsível que o valor das ações da PT subisse em caso de sucesso da oferta, a recompra pela Telefonica teria lugar a um preço significativamente superior àquele a que tinha sido feita a venda. A CMVM acabou por intervir antes de o Presidente da Mesa ter de decidir sobre se deveria aceitar a emissão dos votos, imputando-os à Telefonica, que ficou, então, impedida de votar. É uma solução similar, ainda que com as devidas diferenças, também àquela adotada — a nível europeu e nacional — para os problemas de titularidade indireta de valores mobiliários: o artigo 23.º-C/6 do CVM, resultante da transposição para o ordenamento interno da Diretiva dos Direitos dos Acionistas, permite ao acionista a título profissional o exercício do direito de voto em sentido diverso dos direitos de voto inerentes às ações de que é titular. Esta é, também, uma forma de conciliar a unidade de voto com a materialidade económica subjacente. Neste sentido, cf. André Figueiredo, *Titularidade indireta* cit., 540. Já os casos de *hidden ownership* que, tipicamente, apareciam como forma de defraudar as regras sobre OPA obrigatórias foram resolvidos pela Diretiva da Transparência. Em Portugal, de acordo com o artigo 20.º, *e)* e *i)*, do Código dos Valores Mobiliários, passaram a ser considerados, no cômputo das participações qualificadas, os direitos de voto que o participante possa adquirir em virtude de acordo celebrado com os respetivos titulares ou de instrumento financeiro e ainda os inerentes a ações subjacentes a instrumentos financeiros detidos pelo participante, com liquidação financeira, indexados a ações referidos na alínea *e)* e com efeito económico similar à detenção de ações ou de instrumentos referidos nessa mesma alínea. Na medida em que estas participações passaram a ser consideradas para efeitos da constituição do dever de lançamento de OPA, o problema da titularidade oculta de participações sociais ficou assim resolvido. Sobre estes problemas, cf. Ana Perestrelo de Oliveira/Madalena Perestrelo de Oliveira, *Derivados financeiros e governo*

Por outro lado, as sociedades maioritariamente financiadas por dívida manter-se-ão relativamente seguras enquanto as taxas de juro permanecerem baixas. Perante a sua subida, porém, poderá ser patente que estas sociedades não salvaguardaram uma margem de flexibilidade suficiente e que se impõe a sua reestruturação. Não obstante, já se entendeu que a reestruturação de sociedades principalmente financiadas por dívida será mais rápida do que a de sociedades financiadas essencialmente por capital. Estima-se que, em média, essas sociedades se reestruturam em três meses, com custos mais reduzidos do que se se submetessem formalmente a um processo de insolvência[1682]. Tomemos como exemplo as empresas A e B, idênticas em tudo, menos na sua estrutura financeira. Ambas têm a perspetiva de vir a receber 100 milhões de euros de *cash flow* e um valor de liquidação de 10 milhões de euros. A sociedade A tem uma balança de pagamentos dominada por capital e uma *ratio* de dívida de 20%. Já a sociedade B apresenta uma *ratio* de dívida de 85%. Na presença de um contratempo, a sociedade B irá confrontar-se com conflitos com os credores mais cedo do que a sociedade A, porque o valor do *cash flow* da sociedade B não tem de diminuir significativamente para que esta deixe de conseguir pagar os 85 milhões de euros de dívida. Esta sociedade irá, portanto, enfrentar mais rapidamente problemas. O valor que recebe de *cash flow* é superior ao valor de liquidação, pelo que os credores terão mais incentivo para recuperar a sociedade. Pelo contrário, a empresa A sentirá dificuldades económicas mais tarde, pois poderá perder muito do seu *cash flow* sem que os credores dos 20% da dívida se alarmem. Quando o *cash flow* for tão reduzido que não seja suficiente para cobrir a dívida surgirão conflitos com os credores. Porém, nessa situação o valor do *cash flow* estará já muito próximo do valor de liquidação, pelo que será mais rentável liquidar a empresa[1683]. É por isso viável afirmar-se que a relação entre dívida e insolvência não é linear e que quando a estrutura financeira de uma sociedade se baseia essencialmente em dívida há mais controlo por parte dos credores, surgindo inclusivamente credores controladores, cujo papel é praticamente equiparável ao dos acionistas controladores[1684].

societário: a propósito da nova regulação mobiliária europeia e da consulta pública da ESMA sobre empty voting, RDS IV (2012), 1, 49-109; Madalena Perestrelo de Oliveira, *Instrumentos financeiros com fins de garantia e exercício de direito sociais,* RDS V (2013), 3, 537-602.

1682 Sobre os custos diretos e indiretos do processo de insolvência, cf. Madalena Perestrelo de Oliveira, *Limites da autonomia* cit., 49.

1683 O exemplo é de Jensen, *Eclipse* cit., 25 ss.

1684 O controlo exercido pelos credores — particularmente visível nos casos de *leveraged finance,*

Mas se em causa estiver a celebração de derivados de crédito, a questão será radicalmente diversa. Estes levam a um destaque do direito de crédito do interesse económico associado à sua satisfação[1685]. As dificuldades criadas são importantes e manifestam-se essencialmente no processo de insolvência (ou pré-insolvência). Estão em jogo casos como aqueles em que o credor que vota o plano de insolvência ou de revitalização não tem interesse económico — ou tem, até, um interesse negativo — na aprovação do plano mais eficiente para a empresa insolvente. São casos-limite, admitimos, mas cuja existência não pode ser ignorada e que devem merecer especial atenção na insolvência de grandes empresas. Se é verdade que a titularidade de um direito de crédito está tipicamente associada a um conjunto de direitos económicos (cumprimento da obrigação principal e pagamento de juros), de direitos de controlo (*v.g.*, alterar os termos do contrato) e a outros direitos previstos na lei, onde se inclui o direito básico de participar no processo de insolvência, nem sempre se verifica esta perfeita conjugação. O direito falimentar — tanto o português como o de outros ordenamentos jurídicos — assenta na ideia de que estes direitos estão sempre associados a um crédito e, consequentemente, os credores estarão sempre interessados em manter a solvência da empresa devedora e em maximizar o seu valor ou que, no processo de insolvência, os credores pretendem aprovar o plano que mais valorize a empresa. Esta premissa — válida para os casos típicos — não é absoluta: o destaque dos direitos de crédito do interesse económico é uma realidade difundida, ainda que pouco

tal como *mezzanine finance* ou aquisição de dívida *distressed* — é de tal ordem que se pode defender a sua vinculação a deveres de lealdade perante a sociedade controlada, similares àqueles que vinculam os administradores e os acionistas controladores. Sobre a questão, cf., Ana Perestrelo de Oliveira, *Os credores e o governo societário: deveres de lealdade para os credores controladores?*, em *RDS* I (2009), 1, 95-133; Gabriela Figueiredo Dias, *Financiamento e governo das sociedades (*debt governance): *o terceiro poder*, em *III Congresso de direito das sociedades em revista*, Coimbra, 2014, 359-383 (363), chega a designar os financiadores como o terceiro poder. Sobre as vias de intervenção dos credores na gestão das sociedades, cf. Pedro Pais de Vasconcelos, *As obrigações no financiamento da empresa*, em *Problemas do direito das sociedades*, (2.ª reimpr.), Coimbra, 2008, 321-329 (328 e 329).

1685 O modelo dos *credit default swaps* constitui o ponto de partida para os *credit spread products* cujos pagamentos dependem de alterações do *spread* de crédito. As transações podem basear-se em alterações em *spreads* de crédito relativos a índices livres de risco, como a LIBOR, ou a alterações do *spread* entre dois instrumentos de crédito. Pode ser uma opção *vanilla* ou *exótica*, como uma *Asian option* ou uma *lookback option*, conforme descrevemos. A opção poderá ser de tipo europeu se o seu exercício apenas puder ter lugar no final do período acordado, de tipo "multi-europeu" se puder ser exercido numa altura específica predefinida, ou de tipo americano se puder ser exercido durante todo o período considerado. Sobre estas qualificações, cf. Peter Albrecht/Raimond Maurer, *Investment- und Risikomanagement*, Stuttgart, 2005, 873.

transparente[1686]. A dissociação de direitos do lado do crédito e o seu impacto no governo da dívida permanecem áreas por desenvolver. O aparecimento e difusão dos CDS, sobretudo a partir de 2004, suscitou um conjunto de estudos, essencialmente motivados pela apresentação por Hu/Black[1687] do problema do *empty crediting*, segundo o qual os agentes económicos protegidos por CDS serão indiferentes à sobrevivência e solvência da empresa devedora. Um credor totalmente protegido por derivados não terá interesse económico na empresa, já que, em situação de *default*, receberá o que era devido pelo credor de referência, com a única diferença de a dívida ser saldada pelo vendedor de proteção e não pela empresa insolvente. Assim, poderá ter um maior incentivo para apresentar a empresa à insolvência, porque isso contará como um evento de crédito, em vez de promover a recuperação extrajudicial[1688]. Note-se que após a aprovação do Protocolo *Big Bang*, em abril de 2009[1689], a reestruturação extrajudicial deixou de ser considerada um evento de crédito para efeito dos *SNAC*, pelo que, de acordo com o pensamento destes Autores, seria mais compensador para o credor a declaração de insolvência, que, sendo um evento de crédito, levará a que receba o total devido, do que a reestruturação da dívida que conduzirá a cedências da sua parte, nomeadamente quanto a prazos de pagamento[1690]. A votação de um plano de insolvência por um credor deste tipo estará, então, condicionada pela falta de interesse na sociedade[1691].

1686 Cf. Henry Hu/Bernard Black, *Debt, equity, and hybrid decoupling: governance and systemic risk implications*, European Financial Management Journal, Vol. 14, 2008, disponível em https://ssrn.com/abstract=1084075.

1687 *Equity and debt decoupling and empty voting II: importance and extensions*, University of Pennsylvania Law Review 156, 2008, 625-739 (728 ss.) disponível em https://ssrn.com/abstract=1030721.

1688 Neste sentido, cf. Hu/Black, *Equity and debt* cit., 732.

1689 Disponível em www.isda.org.

1690 Esta ideia é apoiada por András Danis, *Do empty creditors matter? Evidence from distressed exchange offers*, (5-out.-2015) 4, disponível em https://ssrn.com/abstract=2001467. Não nos parece, aliás, convincente a refutação da ISDA, que argumenta que antes da declaração de insolvência os credores protegidos poderão liquidar os CDS. Nesse caso, terão duas hipóteses: vender as obrigações pelo valor de mercado ou ficar com elas, sendo que em qualquer das situações terão interesse económico em promover a melhor situação da empresa.

1691 Têm sido apontados alguns casos, tidos como paradigmáticos, da influência dos CDS no processo de insolvência. O primeiro é o caso *Marconi*, em que a empresa de telecomunicações inglesa tentou, sem sucesso, negociar com um sindicato de bancos, protegidos por CDS, tendo de optar por um *debt for equity swap*, que, na essência, eliminou a força dos outros acionistas. Um caso similar aconteceu com a Mirant Corporation, uma companhia de energia sediada em Atlanta, que acabou por também ter de recorrer à proteção do *chapter 11* do *Bankruptcy Code* depois de não ter conseguido negociar com os credores protegidos por derivados. Estes exemplos são enunciados por Patrick Bolton/Martin Oehmke, *Credit default swaps and the empty creditor problem*, The review of financial

O financiamento com recurso a dívida faz com que, em algumas transações *going pivate* particularmente alavancadas, a posição dos credores obrigacionistas fique também prejudicada. O início da discussão do problema remonta a 1989, com a decisão *Nabisco*[1692]. Em causa estava a RJR Nabisco, fabricante de conhecidos produtos como as bolachas Oreo e os Cigarros Winston, cujo CEO, F. Ross Johnson, propôs, em 1988, um LBO no valor total de $ 17 mil milhões, a $ 75 por ação. Em poucos dias desenvolveu-se um litígio entre o grupo de investimento liderado por Johnson e a Kohlberg Kravis Roberts & Co. (KKR), sociedade de *private equity*, entre outras. Em dezembro foi estabelecido um comité especial para apreciar as propostas concorrentes, que acabou por recomendar que se aceitasse a proposta da KKR: um LBO no valor de $ 24 mil milhões, a $ 109 por ação. Com a operação, a Nabisco assumiu um total de $ 19 mil milhões de nova dívida, de que resultou o *downgrading* das obrigações existentes, com perdas a rondar os $ 43 mil milhões. Os credores obrigacionistas contestaram judicialmente a transação, invocando um *covenant* implícito de boa fé e *fair dealing* que impediria alterações financeiras profundas, ainda que os seus contratos não contemplassem cláusulas de salvaguarda

studies, 2011, 3, disponível em https://ssrn.com/abstract=1570165. Os Autores apresentam uma tabela de casos em que consideram nítida a influência dos CDS na alteração do comportamento dos credores perante a empresa em situação de insolvência ou insolvência iminente (pp. 4 e 5). O mesmo terá, alegadamente, acontecido nos casos *General Motors* e *Chrysler*. Perante os estudos realizados pela doutrina americana, a ISDA, em 2009, alegando preocupações regulatórias, analisou o problema e concluiu que a tese de Hu e Black não seria plausível: os CDS não alterariam o comportamento dos credores no processo de insolvência, uma vez que, sendo típica a liquidação física, esta basear-se-á no valor nominal do ativo, que dependerá da sua cotação no mercado (cf. David Mengle, *ISDA research notes*, n.º 3, 2009, 12). Ora, na conceção da ISDA este fator levará os credores a promoverem a saúde económica da empresa a qualquer custo. Porém, os riscos de potenciais abusos são bastante visíveis; um credor protegido por um CDS pode *v.g.* votar favoravelmente um plano de recuperação de uma empresa que não é economicamente viável, de forma a transmitir ao mercado a ideia (errada) de saúde económica e, com isso, conseguir defraudar os mecanismos da liquidação física, tal como pode o credor não ter interesse económico na empresa ou ter um interesse negativo (o que sucederá, tipicamente, em situações de *over hedging*, em que os credores tenham celebrado um maior número de CDS do que o ativo subjacente que detêm) e, por isso, rejeitar a recuperação de uma empresa que tinha condições para que a mesma ocorresse. Assim, como acentua Michael Heise, *Die Finanzkrise — Ursachen und mögliche Lösungen*, em Klaus Schäfer/Hans-Peter Burghof/Lutz Johanning/Hannes F. Wagner/Sabine Rodt (org.), *Festschrift zum 65. Geburtstag von Bernd Rudolph, Risikomanagement und Kapitalmarktorientierte*, Frankfurt, 2009, 44-50 (49), um dos ensinamentos da crise financeira é a necessidade de mais fortes meios de controlo dos produtos de crédito.

1692 *Metropolitan Life Insurance Co. v. RJR Nabisco, Inc.*, 716 F. Supp. 1504 (S.D.N.Y. 1989).

para este tipo de alterações estruturais[1693]. Naturalmente, na altura disse-se que incluir *post hoc* termos implícitos que não resultam do contrato redundaria numa inadmissível intromissão na autonomia privada. São efetivamente conhecidas as formas de transferência de riqueza dos obrigacionistas para acionistas, entre as quais se contam o aumento de investimento inesperado em projetos de risco, a alteração da política de investimentos, o pagamento de dividendos[1694] ou a emissão de dívida com igual ou superior maturidade, o que tipicamente acontece nos *going private buyouts*[1695]. Os estudos empíricos demonstram que as transações PTP são seguidas de *downgrading* do *rating* da dívida por parte das agências de notação financeira[1696]. Repare-se, porém, que o problema que aqui se coloca não apresenta particularidades no caso de transações alavancadas de saída do mercado face a qualquer outro caso de

[1693] O Tribunal americano admitiu a existência de um *covenant* implícito de boa fé e *fair dealing*, segundo o qual o devedor não pode privar o credor obrigacionista dos frutos da obrigação. Porém, não reconheceu a perda de valor de mercado como um dano compensável. Segundo a decisão, apenas deverão ser considerados frutos — e, nessa medida, protegidos por um dever de boa fé — os pagamentos regulares e periódicos de juros remuneratórios e a restituição do capital mutuado. Podemos afirmar que a decisão, neste aspeto, peca por formalista e ignora que as obrigações raramente são detidas pelos investidores até à sua maturidade. Ainda assim, há que concordar com a decisão final, embora com fundamento diferente. Uma vez que a Nabisco e os credores obrigacionistas negociaram e acordaram a eliminação de uma cláusula de salvaguarda que teria impedido a realização de uma operação alavancada deste tipo, não podem os credores obrigacionistas, posteriormente, prevalecer-se de uma cláusula cuja eliminação foi negociada. Cf. Steven L. Schwarcz, *Compensating market value losses: rethinking the theory of damages in a market economy*, Florida Law Review, vol. 63, set.-2011, 1053-1076 (1057-1058), disponível em http://ssrn.com/abstract=1678469.

[1694] "Não há forma mais fácil de uma empresa escapar ao peso da dívida do que distribuir todos os seus bens sob a forma de dividendos deixando os seus credores com uma empresa vazia" (Fischer Black, *The dividend puzzle*, Journal of Portfolio Management 2, 1976, 5-8).

[1695] Paulo Câmara, *O regime jurídico das obrigações e a protecção dos credores obrigacionistas*, RFDUL XLIV (2003), 109-142 (124) salienta que, para além dos casos de aquisições alavancadas, o foco de tensão entre acionistas e credores obrigacionistas é particularmente visível nas sociedades em situação económica difícil, onde pode haver maior tentação para aplicar estratégias de elevado risco para superar as dificuldades.

[1696] Cf. Tomas Simons/Luc Reneboog, *Public-to-private* cit., 11. Porém, este inconveniente deve ser ponderado com outras vantagens de uma compra alavancada. Pode acontecer que as reclamações de outros *stakeholders*, como pensionistas ou empregados que beneficiem de opções de compra diminuam, amortizando o efeito negativo da alavancagem. Em segundo lugar, pode haver um impacto positivo no *cash flow* que conduz a uma maior proteção dos pagamentos fixos aos obrigacionistas. Em terceiro lugar, um MBO, sendo levado a cabo por *insiders*, pode transmitir ao mercado um sinal positivo sobre os retornos futuros, aumentado, assim, as expetativas sobre a capacidade de pagamento de dívida.

emissão de nova dívida, antes se situa no plano genérico de tutela dos credores confrontados com alterações estruturais que prejudiquem a sua posição creditícia[1697]. A tutela dos credores obrigacionistas não é reclamada devido à exclusão do mercado regulamentado *per se*, mas sim à transação alavancada, que por isso se encontra já fora do cerne da nossa investigação[1698]. Estamos,

[1697] A este respeito discute-se se os administradores estão vinculados a deveres de lealdade perante os credores. A literatura americana desenvolve a ideia com base nos deveres fiduciários (expressão que não existe vantagem em ser adotada em Portugal por razões de ordem histórica, conceitual, sistemática e linguística, como salienta A. Barreto Menezes Cordeiro, *Deveres fiduciários de cuidado: imprecisão linguística, histórica e conceitual*, RDS VII (2015), 3/4, 617-640), partindo da ideia de que os agentes económicos que desempenham função equivalente no financiamento societário devem merecer a mesma proteção jurídica. A este propósito, há que notar, em primeiro lugar (e de forma sumária), que os administradores estão obrigados a respeitar os deveres da sociedade na qualidade de seus gestores e representantes (o chamado "dever de legalidade", a que já aludimos). Não se trata, aí, em rigor, de deveres próprios. Não havendo uma relação obrigacional entre administradores e credores, aparentemente restaria perguntar se existe um dever geral de tipo aquiliano que vincule os primeiros perante os segundos. O artigo 78.º/1 do CSC determina, a este propósito, a responsabilização, a título delitual, dos administradores quando, por comportamento culposo seu, seja violada norma de proteção dos credores e a sociedade se torne consequentemente incapaz de satisfazer as suas obrigações (ilícito de resultado). Cf. Adelaide Menezes Leitão, *Responsabilidade* cit., 647-679. Tem-se apontado como exemplos de normas desse tipo aquelas que assumem a função de garantia do capital social (*v.g.* 32.º, 218.º, 295.º e 317.º/4 do CSC), as que estabelecem o dever de apresentação à insolvência (artigos 18.º e 19.º do CIRE) e, ainda, a norma do artigo 186.º do CIRE, que permite a qualificação da insolvência como culposa [Cf. Maria Elisabete Ramos, *Insolvência da sociedade e efectivação da responsabilidade civil dos administradores*, BFDUC, vol. LXXXIII, Coimbra, 2007, 449-489 (461 ss.)]. Já defendemos noutra sede (Cf. Madalena Perestrelo de Oliveira, *Limites da autonomia* cit., 63) que deve ver-se no artigo 64.º CSC uma norma de proteção dos credores e que, devidamente interpretada, o escopo da norma inclui a proteção da posição creditícia. Mesmo que não exista um dever de respeito pelos créditos alheios, o administrador da sociedade comercial está, perante o credor, numa especial posição de proximidade (ainda que de facto), ao contrário do vulgar terceiro perante o vínculo obrigacional alheio. Esta posição particular, se não é suficiente para fundar deveres de lealdade perante os credores, permite, pelo menos, segundo julgamos, defender que os deveres do artigo 64.º CSC têm uma eficácia de proteção dos mesmos.

[1698] Sobre os mecanismos de proteção dos credores obrigacionistas, cf. Paulo Câmara, *O regime jurídico* cit., 109-142. O Autor analisa o regime societário e mobiliário de proteção dos credores obrigacionistas, nomeadamente o seu papel no governo societário. Após notar a insuficiência e imperfeição do regime português de proteção dos credores obrigacionistas (pp. 117-131) conclui que na negociação dos termos dos empréstimos obrigacionistas podem exigir cláusulas de salvaguarda limitativas da estratégia empresarial em defesa dos seus interesses. Assim se ganha motivação e ferramentas para uma intervenção mais influente no governo das sociedades (p. 141). Quando os créditos resultam da emissão de *high yield bonds* é típico serem negociados *covenants* particularmente exigentes. Cf. Stephan Hutter, *§ 17. High Yield Anleihen*, em Habersack/Mülbert/Schlitt, *Unternehmensfinanzierung* cit., 609-649 (Rn. 17.67 ss.); Hugo Moredo dos Santos/Orlando Vogler Guiné, *Emissões de obrigações: antes, agora e depois*, DSR ano 5 (2013), vol. 9, 135-186 (184 e 185).

neste ponto, num plano diferente daquele dos investidores confrontados com a perda de liquidez dos seus valores e a diminuição de garantias a nível de *corporate governance* que são consequências diretas e típicas do *delisting.*

Conquanto o financiamento por dívida seja aquele mais comummente adotado nas operações *going private*, outras formas há de conseguir fundos para estas operações. Em muitos casos usufruem de investimento em capital de risco, i.e., da aquisição, por período de tempo limitado, de instrumentos de capital próprio e de instrumentos de capital alheio em sociedades com elevado potencial de desenvolvimento, como forma de beneficiarem da respetiva valorização[1699]. Os fundos de capital de risco são utilizados enquanto veículos de financiamento, em especial na subscrição de obrigações, valores mobiliários, quotas e papel comercial[1700]. Mas nada impede que invistam também em dívida, o que aliás acontece com frequência nos Estados Unidos. Apesar das dúvidas que podem resultar do nosso regime jurídico, julgamos que esta faculdade não se encontra limitada. Os fundos de capital de risco são patrimónios autónomos sem personalidade jurídica, que pertencem aos participantes no regime geral de comunhão regulado na lei (artigo 2.º, *u)*, do RJCRES). Mais especificamente, podem ser qualificados como organismos de investimento alternativo fechados, ou seja, são considerados organismos de investimento coletivo (artigos 1.º/2, *a)* e 2.º, *aa)*, *(ii)*, do RGOIC). O seu funcionamento encontra-se, nessa medida, sujeito a um princípio de repartição de risco e à prossecução do exclusivo interesse dos participantes (proémio do artigo 2.º, *aa)*, RGOIC). A circunstância específica de os fundos de capital de risco não serem dotados de personalidade jurídica justifica que quando "se imponham deveres ou imputem atuações a organismos de investimento coletivo, devem entender-se como sujeitos do dever as entidades responsáveis pela gestão, salvo se outro sentido resultar da disposição em causa" (artigo 1.º/6 do RJCRES). Daí que todas as operações autorizadas pela lei — ainda que imputadas ao fundo de capital de risco — devam ser realizadas pela sua entidade gestora[1701]. As operações permitidas elencadas no artigo 9.º/1 do

1699 Cf. a definição consagrada no artigo 3.º/1 do RJCRES. Noutros ordenamentos jurídicos, o conceito é similar. Na Alemanha, até ao final de 2013, o regime jurídico do capital de risco podia ser encontrado na *Gesetz zur Modernisierung der Rahmenbedingungen für Kapitalbeteiligungen (MoRaKG)*, que aprovou a *Gesetz zur Förderung von Wagniskapitalbeteiligungen (Wagniskapitalbeteiligungsgesetz — WKBG)*. Porém, a partir de 1 de janeiro de 2014, com a entrada em vigor do KAGB, o regime jurídico dos fundos de investimento foi compilado num diploma único.

1700 Cf. Horta Osório, *Da tomada* cit., 100 e 101.

1701 É, aliás, esta circunstância que justifica que as operações autorizadas, por via do artigo 9.º/1 da

RJCRES não são taxativas, pelo que nada impede que os fundos de capital de risco invistam em dívida. É nesse sentido que depõe a interpretação do regime de capital de risco. O artigo 10.º enumera um conjunto de operações vedadas a tais fundos. Se o elenco de atividades autorizadas fosse taxativo, não haveria necessidade de explicitar quais as atividades proibidas, uma vez que as remanescentes também estariam abrangidas pela proibição. Tal como dissemos a outro propósito, o direito comercial e, em particular, o regime dos fundos de investimento é, ainda e sempre, direito privado, dominado pelo vetor estrutural da autonomia privada. Porém, não tendo sido essa a opção legislativa consagrada, os elencos de atividades (permitidas e proibidas) contidos na lei devem ser cuidadosamente interpretados e nunca tidos como taxativos. Não basta a verificação de que o artigo 9.º do RJCRES não autoriza o investimento em direitos de crédito para se concluir, liminar e genericamente, pela sua proibição em absoluto. É necessário interpretar a lei, com apoio no elemento sistemático e teleológico, bem como no direito europeu e em direitos estrangeiros. A nível europeu não existe qualquer elenco de operações proibidas aplicável aos fundos de capital de risco[1702]. Na Alemanha, até ao final de 2013, previa-se, de forma expressa, a admissibilidade de outras transações não enunciadas na lei, desde que se relacionassem com o objeto social da SCR ou do FCR. O § 8 I da WKBG enumerava um conjunto de operações que as sociedades de capital de risco podiam realizar e o § 8 VI da WKBG permitia expressamente outras transações para além das referidas na lei, conquanto fossem conexas com o objeto social. Com a revogação desta lei e a aprovação do KAGB, deixou de existir norma expressa que apresente resposta a este problema, o que não parece, no entanto, corresponder a qualquer intenção legislativa de modificar o entendimento consolidado. Não é de admirar a referência ao "objeto social", uma vez que na Alemanha, embora existam fundos de *private equity* e de *venture capital*, a par de sociedades de capital de

Lei 18/2015, de 4 de março, às sociedades de capital de risco e aos investidores em capital de risco apenas sejam aplicáveis aos fundos de capital de risco por remissão expressa do n.º 5 do mesmo artigo. A verdade é que estas operações são, materialmente, praticadas pelas entidades gestoras e só esse facto explica que se utilize a técnica legislativa remissiva, ao invés de se consagrar de forma direta quais as operações proibidas aos fundos.

1702 Cf. Diretiva 2006/49/CE do Parlamento Europeu e do Conselho, de 14 de junho de 2006; Diretiva 2011/61/CE do Parlamento Europeu e do Conselho, de 8 de junho de 2011; Diretiva 2013/14/UE do Parlamento Europeu e do Conselho, de 21 de Maio de 2013; Diretiva 2013/36/UE do Parlamento Europeu e do Conselho, de 26 de junho de 2013; Regulamento (UE) 575/2013 do Parlamento Europeu e do Conselho, de 26 de junho de 2013; Regulamento (UE) 345/2013 do Parlamento Europeu e do Conselho de 17 de abril de 2013

risco (tal como acontece em Portugal), estes assumem a forma de GmbH & Co., KG[1703], pelo que a referência ao objeto social — e não à política de investimento do fundo — é perfeitamente natural. Se o legislador português pretendesse diferente solução tê-lo-ia tornado claro, com recurso, por exemplo, a uma norma paralela àquela da lei espanhola que regula o investimento em capital de risco. O artigo 10.º/2 da Ley 22/2014, de 12 de noviembre determina que as SCR, dentro do seu objeto social, e os FCR, no âmbito do seu objeto principal, não podem desenvolver atividades não previstas na lei. O regime português, pelo contrário, não é tão restritivo, apenas proibindo as atividades não relacionadas com a política de investimento do fundo. Assim sendo, o investimento em dívida por parte de fundos de capital de risco pode ser reconduzido aos gerais problemas de objeto social, tendo em conta que a atuação do fundo deve ser imputada à sua entidade gestora. Por isso, julgamos que, à semelhança do que acontece noutros ordenamentos jurídicos, os fundos de capital de risco podem envolver-se em transações *going private*, sendo que o seu financiamento não se encontra limitado à participação no capital da sociedade *target* antes poderá assumir outras feições.

Para além destas formas de financiamento, é possível que seja a sociedade-alvo a fornecer os meios para a operação (*seller take-back financing*), caso em que é a própria sociedade adquirida a conceder o financiamento, obtendo em troca garantias sobre os ativos da sociedade adquirida, obrigações, obrigações convertíveis ou ações preferenciais sem direito de voto[1704].

1703 Cf. HESS, *Wagniskapital*, em JÜRGEN PAUL BIRLE (org.), *Beck'sches Steuer- und Bilanzrechtslexikon*, 4.ª ed., München, 2015, Rn. 2; BERND SAGASSER, *§ 27 — Die Besteuerung von Kapitalanlagevermögen*, em HEINZ-DIETER ASSMANN/ROLF A. SCHÜTZE (org.), *Handbuch des Kapitalanlagerechts*, 4.ª ed., München, 2015, Rn. 394, 400.

1704 Cf. HORTA OSÓRIO, *Da tomada cit.*, 99 e 100; DANILO GALLETTI, Leveraged buy out *ed interessi tutelati: appunti per la ricognizione della fatispecie*, Giurisprudenza Commerciale, 35.3, mai.-jun. 2008, 433-447 (437-443). Os LBO que beneficiem de esquemas de *seller take-back financing* levantam dúvidas quanto à sua conformidade com o direito português, nomeadamente com a proibição de assistência financeira. Sobre este problema específico, cf. HORTA OSÓRIO, *Da tomada* cit., 189-212 e, também, INÊS PINTO LEITE, *Da proibição de assistência financeira. O caso particular dos* Leveraged Buy-Outs, DSR ano 3 (2011), vol. 5, 129-179. Também em Itália são assinalados os problemas de assistência financeira (proibida no artigo 2358 *Codice Civile*) nos LBO. Cf. MARCO SAVERIO SPOLIDORO, *Legalismo e tutela dei diritti* cit., 1038.

6.3. *Going private* e tutela dos minoritários. Mudança de paradigma: da tutela do acionista à tutela do investidor

6.3.1. Tutela *ex ante* e exigência de deliberação. Novo grupo de casos de competência *ex bona fide*: do caso *Macrotron* ao caso *Frosta*

Já vimos os perigos da saída do mercado regulamentado no que respeita à drástica redução da liquidez dos valores mobiliários e da frustração das expetativas dos investidores na estabilidade da negociação em bolsa. Em algumas transações *going private* a proteção dos acionistas já é, em certa medida, acautelada através da concessão de um direito de exoneração ou da exigência de deliberação da assembleia geral. Porém, as especiais garantias concedidas aos acionistas nos casos considerados não encontram a sua *ratio* na exclusão do mercado regulamentado e consequente perda de liquidez mas em valores jurídicos diversos. Assim sucede com o regime da perda da qualidade de sociedade aberta, em que o mecanismo de saída para os sócios que votem contra a deliberação na qual se requeira a perda da qualidade constitui reação à redução de garantias informativas e de igualdade de tratamento, entre outras, associadas à perda do estatuto especial de sociedade aberta e à passagem para o regime comum das sociedades anónimas. Do mesmo modo, na hipótese do direito de alienação potestativa, a proteção prevista resulta da verificação de que os acionistas não podem ficar reféns de uma sociedade onde detêm uma "posição morta".

Sem prejuízo de uma mais profunda análise, a tutela conferida nestes casos não tem como fundamento a exclusão da negociação em mercado bolsista. Ou seja, o sistema jurídico societário e mobiliário preocupa-se com a tutela dos minoritários enquanto sócios e não enquanto investidores. Todavia, sempre que as operações, mais do que prejudicarem o *status socii*[1705], lesem a posição de investidores, impõe-se uma tutela agravada dos minoritários, ainda que esta não se encontre legalmente regulada[1706].

Essa tutela deve ser realizada em dois pólos complementares: numa perspetiva *ex ante*, através da procura de um consenso alargado quanto à saída do

[1705] Menezes Cordeiro, *Direito das sociedades* cit., 611 ss.

[1706] Paula Costa e Silva/Nuno Trigo dos Reis, *A perda da qualidade* cit., 55, analisam os interesses em jogo na perda da qualidade de sociedade aberta tanto da perspetiva do sócio, como do investidor. Os Autores salientam que o regime alemão já escolhe como ponto de referência a figura do investidor (p. 59). Julgamos inevitável tomar o investidor como central, ainda que na perda da qualidade de sociedade aberta essa centralidade apenas se justifique quando aquela implique a exclusão do mercado (o que apenas não acontecerá se a sociedade previamente já não estava cotada na bolsa).

mercado; numa perspetiva *ex post*, i.e. depois da saída, por via de soluções diferentes, desde o direito de exoneração a remédios especificamente mobiliários. Este quadro de tutela deverá ser estendido em termos idênticos aos titulares de valores mobiliários que confiram direito à subscrição ou aquisição de ações. Não obstante a autonomia que caracteriza os valores mobiliários, uma leitura articulada do sistema mobiliário permite concluir que a exclusão de ações do mercado regulamentado conduz à mesma consequência quanto aos valores mobiliários que a elas atribuam direito. Este é o princípio geral que resulta dos artigos 29.º/2 e 195.º/4 do CVM, a propósito da exclusão do mercado como efeito, respetivamente, da perda da qualidade de sociedade aberta e da aquisição potestativa mobiliária. Se os casos de operações PTP que encontram assento legal determinam o *delisting* destes valores mobiliários, o mesmo deve acontecer nos casos equivalentes não contemplados na lei. Somente quando o *delisting* é voluntário será de admitir que a sociedade emitente opte por um *delisting* parcial, requerendo a exclusão do mercado apenas das ações ou de certos valores mobiliários. Por outras palavras, a construção do sistema de tutela do investidor deve ser aplicada indiferenciadamente aos acionistas e aos titulares de valores mobiliários que confiram direito à subscrição ou aquisição de ações[1707].

[1707] A necessidade de proteção dos titulares de valores mobiliários que confiram direito à subscrição ou aquisição de ações é notada em Itália, ainda que a questão seja colocada de forma diferente. Várias decisões jurisprudenciais têm-se debruçado sobre a tutela dos titulares de *warrants* que conferem direito à subscrição ou aquisição de *azioni di risparmio* (o correspondente às portuguesas ações preferenciais sem direito de voto). Nesse ordenamento jurídico, esta categoria de ações apenas pode ser emitida nas sociedades cotadas, pelo que o *delisting* da sociedade prejudica, em absoluto, a convertibilidade do *warrant*. Discute-se na jurisprudência se este constitui um caso de impossibilidade superveniente da prestação imputável à sociedade emitente. Em sentido negativo, cf. a decisão da Cassazione civile, I Sezione, de 7 de janeiro de 2010 (Rel. Patrone), Giurisprudenza Commerciale, 38.6, nov.-dez. 2011, 1299-1303. A questão foi também debatida numa decisão do Tribunal de Génova, de 28 de março de 2001. Em 1994, uma sociedade cotada deliberou um aumento de capital mediante a emissão de ações preferenciais sem direito de voto (*azioni di risparmio*), cuja subscrição era reservada aos portadores de obrigações com *warrant*. Os titulares puderam subscrever as ações no dia seguinte à sua emissão, mas foi-lhes concedida a oportunidade de apenas converterem os *warrants* e pagarem a contrapartida a partir de 1 de janeiro de 1997. Em 1997, na sequência de uma OPA, duas sociedades que eram acionistas da emitente adquiriram uma posição de controlo numa terceira sociedade, também ela acionista da emitente. Na sequência da OPA e da posição dominante assumida, o oferente foi obrigado a lançar uma oferta residual sobre a emitente, de que resultou o *delisting* da sociedade. Na sequência da exclusão do mercado, um titular de *warrants* exigiu judicialmente o pagamento da diferença entre o valor que lhe foi oferecido na OPA e aquele que teria realizado com a conversão do *warrant*, valendo-se, para tal, de um relatório técnico de análise do mercado. Sobre o caso, cf. Antonio Capizzi, *Delisting a seguito di OPA residuale e inadempimento dell'obbligo di conversione di* warrants, Giurisprudenza Commerciale, 37.6, nov.-dez. 2011, 1303-1335 (1304-1307).

A tutela *ex ante* que resulta da necessidade de convocação de assembleia geral será particularmente relevante naqueles casos de *delisting* voluntário, por iniciativa do emitente. Naturalmente que, na ausência de previsão legal desta forma de exclusão do mercado regulamentado, também a competência da assembleia geral não se encontra positivada. O problema, que não é exclusivo desta área, situa-se, portanto, no plano das competências não escritas deste órgão deliberativo com fundamento no princípio da boa fé. É no ordenamento alemão que tradicionalmente tem sido discutido o tema: também aí não era clara, pelo menos até 2015, a necessidade de tutela dos acionistas afetados por uma decisão de exclusão do mercado regulamentado e, a admitir-se esta, qual a forma adequada de proteção a conferir. A 1 de outubro de 2015, a *Börsengesetz* foi alterada no sentido de fortalecer a proteção do investidor, mas a solução adotada continuou a suscitar dúvidas e críticas. Passou a reclamar-se, no § 39 BörsG, que seja feita uma oferta de aquisição a todos os acionistas e que a contrapartida a pagar não seja inferior à média ponderada do valor das ações nos seis meses anteriores, salvo nos casos em que haja necessidade de recorrer ao valor justo da empresa (*v.g.*, quando o emitente não informou o mercado sobre a existência de *inside information*, foram violadas regras sobre manipulação do mercado ou o preço não foi corretamente fixado nos seis meses anteriores). Além disso, a documentação informativa deve indicar a intenção de *delisting* e ser objeto de publicidade antes do pedido. A oferta de aquisição não pode estar sujeita a quaisquer condições (incluindo a aquisição de uma determinada percentagem de capital). O regime não tem merecido uma avaliação uniforme, oscilando as visões desde o receio de que torne muito pouco atrativas as aquisições societárias, até às dúvidas sobre a forma de cálculo da contrapartida e à omissão da exigência de uma deliberação pelos acionistas. Não obstante, seguramente representa, pelo menos, o reconhecimento da necessidade de tutela do investidor quando ocorra o *delisting*[1708].

Embora a legislação mais antiga contemplasse a necessidade de uma oferta obrigatória de compra das ações dos minoritários, as normas posteriores, até essa alteração legislativa, apenas previam (e nem todas o faziam) um "período de graça" entre o anúncio da exclusão do mercado e a efetiva saída, de forma a permitir a venda dos valores por parte dos minoritários, sem acrescentarem outros modos de tutela do investidor. Sucedia, assim, com os §§ 47, 57 e 63

[1708] A verdade, porém, é que as novas regras trazem melhorias significativas face ao *status quo*, sem prejuízo das críticas quanto a aspetos de pormenor. Cf. Felix Gegler, D*ie Neuregelung des Delistings-Angemessener Aktionärsschutz oder „Dolchstoß"* BKR 2016, 273-279 (279).

Börsenordnung für die Frankfurter Wertpapierbörse, por exemplo. Para além destas normas específicas, que não representavam um quadro regulatório unitário tendente à tutela dos investidores, denotava-se, em geral, uma ausência de meios destinados à sua proteção nas situações de exclusão de ações do mercado regulamentado. Apenas o § 39 II BörsG fazia referência, em termos genéricos, à necessidade de garantir que a revogação da admissão à negociação no mercado regulamentado não prejudicava o investidor[1709]. Porém, saber o que devia ser entendido como prejuízo do interesse do investidor e de que forma este deve ser tutelado era questão que, pelo menos no plano legal, continuava a não encontrar resposta.

Perante o silêncio da lei, a doutrina alemã não divisava um sentido unitário quanto à necessidade de proteger o investidor em caso de *delisting*. Neste tópico, o ponto de mudança foi a decisão *Macrotron* do BGH, que, apelidada embora de "corajosa"[1710], gerou mais problemas do que na realidade resolveu: as ações da Macrotron AG eram negociadas na Frankfurter Börse e na Bayerischen Börse[1711], sendo que apenas 1,07% das ações ordinárias e 8,5% das ações preferenciais estavam em *free float,* i.e., em circulação no mercado. A assembleia geral anual autorizou a administração a pedir a revogação da admissão nos dois mercados e foi anunciado que o acionista maioritário tencionava fazer uma oferta de compra das ações comuns e preferenciais dos acionistas minoritários[1712]. A questão da validade material e procedimental desta decisão chegou ao BGH que definiu os padrões de proteção dos investidores minoritários, impondo que em caso de *delisting*: (i) a decisão de saída do mercado regulamentado seja necessariamente decidida pelos acionistas em assembleia geral convocada para o efeito; (ii) na convocatória da assembleia geral seja garantido um nível mínimo de informação sobre a operação; (iii) a deliberação seja tomada por maioria simples; (iv) o emitente ou o acionista maioritário seja obrigado a fazer uma proposta de compra das ações dos

[1709] A regulação era, porém, muito rudimentar até à alteração deste artigo. Cf., *v.g.*, GROSS, *BörsG § 39, Widerruf der Zulassung bei Wertpapieren,* em *Kapitalmarktrecht,* 6.ª ed., München, 2016, Rn. 17.

[1710] Cf. MARCUS LUTTER, *Anmerkung zu BGH, urt. v. 25.11.2002 — "Macrotron"*, JZ 2003, 684-687 (684).

[1711] Era uma sociedade *dual listed,* ou seja, cotada em dois mercados regulamentados diferentes. Esta é uma técnica que, apesar de não ser muito comum, é utilizada pelas sociedades que querem aumentar a liquidez dos seus valores mobiliários e garantir a escolha dos seus investidores quanto ao mercado no qual negoceiam as suas participações.

[1712] Na doutrina portuguesa, uma descrição do caso pode ser encontrada em PAULA COSTA E SILVA/ NUNO TRIGO DOS REIS, *A perda da qualidade* cit., 61-63; cf. também MADALENA PERESTRELO DE OLIVEIRA, *Going dark* cit., 599 ss.

minoritários; (v) o preço da referida oferta seja judicialmente sindicável num procedimento especial de avaliação (*Spruchverfahren*).

O BGH delineou, portanto, um procedimento de tutela dos investidores minoritários sem assento legal imediato. A argumentação utilizada é particularmente interessante por quebrar com as orientações antes propugnadas pelo mesmo Tribunal a propósito da existência e fundamentos de competências não escritas da assembleia geral. Pensar-se-ia que esta decisão corresponde a uma nova categoria de casos na sequência das decisões *Holzmüller* e *Gelatine*, que traduzem uma longa tradição jurisprudencial alemã sobre competências não escritas da assembleia geral[1713]. Na essência, a jurisprudência *Holzmüller*

[1713] Para uma descrição do caso *Holzmüller* [decidido pelo BGH em 25-fev.-1982, BGHZ 83 (1982), 122], cf., na doutrina nacional, Menezes Cordeiro, *SA: assembleia geral e deliberações sociais*, Coimbra, 2007, 135-136; Ana Perestrelo de Oliveira, *Grupos de sociedades* cit., 407, nota 1267; José Ferreira Gomes, *Da administração* cit., nota 1796; David Oliveira Festas, *Das inibições de voto* cit., 863, nota 3265. A influência deste caso na Alemanha foi tão significativa que continua a discutir-se a sua aplicabilidade a disposições como o § 278 AktG (cf. Gregor Bachmann, *§ 278*, em Gerald Spindler/Eberhard Stilz (org.), *Kommentar zum Aktiengesetz*, vol. 2, 3.ª ed., München, 2015, Rn. 70-73) ou o § 202 AktG (cf. Walter Bayer, *§ 202*, em *Münchener Kommentar zum Aktiengesetz*, vol. 4, 4.ª ed., München, 2016, Rn. 56). A I.F. Müller & Sohn, AG dedicava-se, desde a sua fundação em 1916, ao comércio de madeiras. A partir de 1967, foi, paralelamente, constituída uma empresa de transbordo no porto de Hamburgo, que se desenvolveu de tal forma que acabou por se tornar o principal negócio da sociedade. Em 1972, deliberou-se o alargamento do seu objeto social de forma a permitir que a sociedade pudesse "constituir outras empresas, adquiri-las ou participar nelas". Autorizava-se, ainda, que a sociedade transferisse o seu estabelecimento, total ou parcialmente, para essas sociedades, o que significava que estava aberta a porta para tornar o negócio portuário juridicamente autónomo. Após esta alteração, foi criada uma sociedade em comandita por ações, a qual ficou totalmente no poder da sociedade anónima e para a qual foi transferida a empresa portuária. No final desta transação, o capital social da sociedade em comandita por ações era consideravelmente superior ao da sociedade anónima. Perante esta situação, um acionista detentor de 7,8% do capital social da sociedade-mãe intentou uma ação contra a sociedade, visando declarar ineficaz o *spin-off* da empresa portuária, por falta de participação dos acionistas minoritários. O acionista requereu que o negócio das atividades portuárias fosse devolvido à sociedade-mãe, argumentando que este departamento constituía o núcleo central da sociedade e que as atividades relevantes, como a negociação de madeira, se tinham tornado secundárias. Alegadamente, esta transferência de negócios tinha operado para que fosse aumentado o capital social da subsidiária, aumento do qual estavam excluídos os acionistas minoritários da sociedade-mãe. O BGH decidiu que a sociedade deveria ter pedido a autorização da assembleia geral da sociedade-mãe para efetivar o aumento de capital da subsidiária. Apesar de a lei não conter nenhuma regra que preveja esta aprovação, os juízes do segundo senado do BGH decidiram que será sempre exigível a aprovação da assembleia geral quando *haja uma interferência substancial na posição dos acionistas ou nos interesses económicos representados pelas suas ações*. Neste caso, como a transferência do negócio das atividades portuárias afetava o *core* das atividades da sociedade e a sua secção mais valiosa, punha em causa a *estrutura empresarial*. No entanto, a violação do dever de submeter a decisão à assembleia geral não afeta a eficácia externa da transferência, porque, de acordo com o § 82 AktG os poderes externos de representação apenas podem ser restringidos por estatuto. A decisão da administração só poderia ser invalidada em casos extremos de abuso de representação. A ação procedeu no BGH, que considerou que há decisões de gestão da sociedade que interferem tão profundamente nos interesses dos acionistas que a administração não pode razoavelmente esperar deter competência exclusiva para os decidir. Cf. BGHZ 83, 131. Assim, apesar de o § 119 II AktG determinar que os administradores têm o poder — mas não a obrigação — de submeter algumas decisões de gestão da sociedade à assembleia geral, em tais situações, esse poder discricionário é reduzido a zero (*Ermessensreduzierung auf Null*), criando-se, portanto, uma verdadeira obrigação de convocar a assembleia geral [cf. CHRISTINA LORENZ, *Die Zuständigkeit der Hauptversammlung im deutschen und US- amerikanischen Gesellschaftsrecht,* Hamburg, 2005, 204; CHRISTOPH BINGE/ULRICH THÖLKE, em SCHÜPPEN/SCHAUB (org.), *Münchener Anwaltshandbuch Aktienrecht,* 2.ª ed., München, 2010, Rn. 59]. O fundamento dogmático para esta conclusão não é claro, nem linear. Negou-se, expressamente, a aplicabilidade do § 119 I AktG, que enumera as competências da assembleia geral, e do § 179a AktG, referente à transferência de todos os bens de uma sociedade. No entanto, defendeu-se a possibilidade de estabelecer uma analogia *legis* com o § 179 AktG relativo ao procedimento para alterações estatutárias. Neste sentido, cf. THOMAS LIEBSCHNER, *Ungeschriebene Hauptversammlungszuständigkeiten im Lichte von Holzmüller, Macrotron und Gelatine,* ZGR 2005, 1, 1-33 (22). Embora a doutrina alemã (e estrangeira) tenha discorrido sobre a chamada "doutrina Holzmüller", o BGH demorou mais de 20 anos a retomar a questão. Fê-lo em duas sentenças muito semelhantes, emitidas no mesmo dia, no caso *Gelatine I* (BGH 26-abr.-2004, cf. NJW 2004, 1860) e *Gelatine II* (BGH 26-abr.-2004, cf. ZIP 2004, 1001), nos quais fez um esforço para combater o "deserto" de incerteza jurídica criado pela sua sentença de 1982 [a expressão é de THEODOR HEINSIUS, *Organzuständigkeit bei Bildung, Erweiterung und Umorganisation des Konzerns,* ZGR 1/1984, 383-411 (382): "Wüste der Rechtsunsicherheit"]. Sobre esta evolução, cf. REINHARD MARSCH-BARNER, *Zur "Holzmüller"-Doktrin nach "Gelatine",* em STEFAN GRUNDMANN/HANS-PETER SCWINTOWSKI/REINHARD SINGER/MARTIN WEBER (org.), *Anleger- und Funktionsschutz durch Kapitalmarktrecht. Symposium und Seminar zum 65. Geburtstag von Eberhard Schwark,* Berlin, 2006, 105-120. Clarificou-se que a competência não escrita da assembleia geral, resultante de um "desenvolvimento aberto do direito", é uma solução excecional e que apenas opera sob estreitos requisitos, exigindo-se uma deliberação por maioria qualificada. Concretizou, ainda, que os fundamentos das competências não escritas da assembleia geral são (i) manter a influência dos acionistas em situações em que esse controlo seja prejudicado pela transferência de importantes unidades de negócios para as suas filiais e (ii) proteger os acionistas contra a degradação do valor das suas ações. Esclarece o Tribunal, adicionalmente, que o fundamento da competência não escrita geral não poderá ser a analogia com as normas sobre alterações estatutárias, já que, se assim fosse, a sua violação implicaria a nulidade dos atos da administração, que não é a consequência propugnada no caso *Holzmüller.* Por último, salienta-se que a utilidade de aplicar o § 119 II AktG a estes grupos de casos seria limitar os efeitos da não convocatória da assembleia geral a consequências meramente internas. No entanto, existe um setor da doutrina que identifica o fundamento das competências não escritas em situações deste tipo por analogia com as normas sobre alterações estruturais (§§ 179a, 293 I S.3, 319 II S.3 AktG e §§ 13 I, 65 I UmWG). Cf., por todos, DIETMAR KUBIS, *§ 119* cit., Rn. 41. Estas decisões têm antecedentes históricos mais remotos, que são menos vezes referidos entre nós, correspondendo a uma tradição jurisprudencial alemã de descoberta de competências não escritas da assembleia geral. Pense-se no caso *Grubeneisenbahn,*

estabelece — recorde-se — a obrigatoriedade de convocar a assembleia geral quando estejam verificados no caso concreto um conjunto de requisitos qualitativos — que têm sido designados como *Mediatisierungseffekt*[1714], *Satzungsnähe* e *Verwässerungseffekt*[1715] — e um requisito quantitativo. O primeiro ("efeito de mediatização") prende-se com o desequilíbrio interno de poderes entre assembleia geral e administração que resulte da medida tomada. Por exemplo, perante um *spin off* como aquele verificado no caso *Holzmüller*, embora a assembleia geral não perdesse formalmente direitos, no plano material existia uma alteração no equilíbrio interno de poderes entre administradores e assembleia geral da sociedade-mãe. Os acionistas, que detinham influência direta sobre os negócios da sociedade, passavam a ter um controlo meramente indireto sobre a sociedade-filha[1716]. Todavia, só deverá considerar-se verificado

decidido pelo RG em 1895, ainda ao abrigo do direito societário em vigor em 1870 (RGZ 35, 83 ss.). O Tribunal foi confrontado com uma situação em que o conselho de administração decidiu transferir para o Estado, sem quaisquer encargos, um troço de um caminho de ferro, cujo valor ascendia a 15% do valor global do património da sociedade. Apesar de não existir qualquer obrigação, quer legal, quer contratual, de atribuir esta decisão à esfera de competências da assembleia geral, considerou o RGH que existem limites implícitos à competência do conselho de administração. De facto, partindo do § 238 HGB (1870), que determinava que o conselho de administração tinha de promover a convocação da assembleia geral quando julgasse necessário, conjugado com o § 241 II HGB (1870), onde se previa que os administradores tinham de observar a diligência de um administrador médio, o Tribunal chegou à conclusão de que existem casos em que é necessário convocar a assembleia geral e em que os administradores violam os seus deveres se não o fizerem. Sobre a decisão, cf. Holger Fleischer, *Kompetenzen der Hauptversammlung. Ein rechtsgeschichtliche, rechtsdogmatische und rechtsvergleichende Bestandsaufnahme*, em Walter Bayer/Mathias Habersack (org.), *Aktienrecht im Wandel*, vol. II, Tübingen, 2007, 430-461 (438). Também no caso *Melasse* (RG HoldheimsZ 1902, 26-27, decisão não foi publicada na RGZ) o RGH decidiu pela necessidade de consentimento da assembleia geral sempre que estivessem em causa decisões "importantes, dispendiosas, arriscadas e, consequentemente, que colidam com os interesses dos sócios" (Christina Lorenz, *Die Zuständigkeit* cit., 201, 202).

[1714] A origem da expressão encontra-se na "mediatização alemã", um fenómeno ocorrido na Alemanha, por volta do ano 1803, cuja base legal foi a *Reichsdeputationshauptschluss*. Em geral, a mediatização implica a subsunção de uma monarquia dentro de outra, sendo que o governante do Estado anexado mantém o seu título e algum poder. O fenómeno encontra paralelo no direito societário, na medida em que os sócios formalmente conservam esta qualidade, mas veem o seu poder diminuído, tal como explicado em texto. Sobre a origem da expressão, cf. Michael Hoffman-Becking, *"Holzmüller", "Gelatine" und die These von der Mediatisierung der Aktionärsrechte*, ZHR 172 (2008), 231-238 (233).

[1715] Cf. Christina Lorenz, *Die Zuständigkeit* cit., 208 ss.

[1716] Neste sentido, cf. Frank Weisshaupt, *Der "eigentliche" Holzmüller-Beschluss über Dogmatik und Anforderungen eines Instruments aktienrechtlicher Zuständigkeitsordnung*, NZG 1999, 804-811 (805). Devido à linha argumentativa seguida pelo BGH, há quem considere que esta doutrina é exclusiva dos grupos de sociedades. Cf. Gerd Krieger, *§ 70. Abhängige Unternehmen und faktische Konzerne* em

quando a medida em causa se centre no núcleo da atividade empresarial[1717]. O segundo requisito qualitativo resultou do caso *Gelatine* e constitui uma novidade face à doutrina *Holzmüller*: a medida proposta pela administração não é legalmente uma alteração estatutária, mas deve ser tratada como tal por ser similar a esta. É a "proximidade dos estatutos" (*Satzungsnähe*) que justifica a necessidade de aprovação da medida pela assembleia geral[1718]. Por fim, o "efeito de diluição" (*Verwässerungseffekt*), tal como descrito pelo BGH[1719], determina que nos casos em que haja interferência nos interesses económicos dos sócios, como no direito a dividendos ou ao lucro de liquidação, seja obrigatório convocar uma assembleia geral. Porém, parte da doutrina entende que a diminuição do valor das participações não deve ser considerada como critério para a descoberta de competências não escritas da assembleia geral, uma vez que há que ver essa diminuição de valor como um dano potencialmente compensável, e nunca como condição para convocar uma assembleia geral. Pelo contrário, este requisito não acrescentaria nada ao *Mediatisierungseffekt*, que é a consequência direta das medidas estruturais tomadas[1720]. Para além destes requisitos qualitativos, a jurisprudência, acompanhada pela doutrina, tem também exigido um patamar quantitativo para permitir invocar competências não escritas da assembleia geral: a medida em causa deve provocar um impacto significativo na estrutura empresarial, mas o significado desta exigência manteve-se em aberto. A questão tem sido discutida pela doutrina, que tem chegado a conclusões diversas. Segundo uma corrente, a necessidade de deliberação da assembleia geral verifica-se quando o *spin-off* ou outra medida estrutural equivalente atinja 25% do capital social, limite que resulta do *Revised Model Business Corporation Act*[1721]; várias outras posições oscilam

Hoffmann-Becking, *Münchener Handbuch* cit., 1551-1630 (1562 ss.); Harm Peter Westermann, *Organzuständigkeit bei Bildung, Erweiterung und Umorganisation des Konzerns*, ZGR 3/1984, 352-382 (372); Theodor Heinsius, *Organzuständigkeit* cit., 397. Para um texto altamente crítico da argumentação do BGH, cf. Michael Hoffman-Becking, *"Holzmüller"* cit., passim, em particular 234 ss.

[1717] Cf. Christina Lorenz, *Die Zuständigkeit* cit., 208.

[1718] Cf. Marc Löbbe, *Corporate groups: competences of the shareholders' meeting and minority protection — the German Federal Court of Justice's recent* Gelatine *and* Macrotron *cases redefine the Holzmüller doctrine*, German Law Journal, vol. 5, n.º 9, 1057-1079 (1061).

[1719] BGHZ 159, 41, 47.

[1720] Cf. Christina Lorenz, *Die Zuständigkeit* cit., 211.

[1721] Neste sentido, cf. Holger Fleischer, *Ungeschriebene Hauptversammlungszuständigkeit im Aktienrecht: von "Holzmüller" zu "Gelatine"*, NJW 2004, 2335-2339 (2338).

entre considerar o patamar relevante a afetação de 10%[1722] ou de 75%[1723] do capital social, e, na decisão *Gelatine*, o BGH decidiu que só se justificaria a convocação da assembleia geral no caso de a medida atingir 80% do capital social[1724]. Bem se vê a incerteza na matéria.

Pela nossa parte, julgamos irrefutável, no ordenamento jurídico nacional, a necessidade de convocar uma assembleia geral em caso de *delisting* voluntário, ainda que a argumentação do BGH no caso *Holzmüller* não possa ser aceite em bloco. Acompanhamos, parcialmente, as considerações do Tribunal alemão no caso *Macrotron*, que negou expressamente a aplicabilidade dos princípios das decisões *Holzmüller* e *Gelatine* à situação de exclusão das ações do mercado regulamentado, tendo-se pronunciado no sentido de que o *delisting* não provoca um impacto na estrutura interna da sociedade ou nos direitos sociais dos acionistas. O Tribunal germânico fundou, antes, a necessidade de decisão da assembleia geral no artigo 14 I *Grundgesetz*, ou seja, na garantia constitucional do direito de propriedade. Esta garantia, de acordo com o BGH, não protege apenas o direito de propriedade sobre as ações, mas também o seu valor de mercado e a possibilidade de serem vendidas no mercado regulamentado em qualquer altura. Foi criado, portanto, um novo grupo de casos em que deve considerar-se que existe uma competência não escrita da assembleia geral.

A reação da doutrina foi díspar[1725]. Também a jurisprudência encontrou dificuldades, com diversas decisões favoráveis à tutela do investidor, oscilando

[1722] Cf., neste sentido, ERNST GESSLER, *Einberufung und ungeschriebene Hauptversammlungszuständigkeiten*, em *Festschrift für Walter Stimpel zum 68. Geburtstag am 29. November 1985*, Berlin, 1985, 771-790 (787).

[1723] Cf., neste sentido, UWE HÜFFER, *Zur Holzmüller-Problematik: Reduktion des Vorstandsermessens oder Grundlagenkompetenz der Hauptversammlung*, em *Festschrift für Peter Ulmer zum 70. Geburtstag am 2. Januar 2003*, Berlin, 2003, 279-303 (295). Note-se que o limiar nunca deverá ser considerado acima dos 90%, porque nessa fasquia já existe a previsão legal do direito de squeeze-out no § 179a AktG. Cf. LIEBSCHNER, *Ungeschriebene* cit., 7; JOCHEM REICHERT, *Mitwirkungsrechte und Rechtsschutz der Aktionäre nach Macrotron und Gelatine*, AG 2005 (vol. 50), 150-159 (153).

[1724] ZIP 2004, 993 (998); BEISEL/KLUMPP, *Der Unternehmenskauf*, 7.ª ed., München, 2016, Rn. 80-83 do capítulo 8.

[1725] Alguns Autores alinharam com a decisão. Cf. KUBIS *§ 119* em *Münchener Kommentar zum AktG* cit., Rn. 84; KARSTEN SCHMIDT, *Macrotron oder weitere Ausdifferenzierung des Aktionärsschutzes durch den BGH*, NZG 2003, 601 ss. (603). Outros rejeitaram-na radicalmente. Cf. MATHIAS HABERSACK, *Mitwirkungsrechte der Aktionäre nach Macrotron und Gelatine*, AG 2005 (vol. 50), 137 ss. (141 ss.); MICHAEL ARNOLD, *Mitwirkungsbefugnisse der Aktionäre nach Gelatine und Macrotron*, ZIP 36/2005, 1573-1579 (1575 ss.). Este Autor considera que não existe uma linha de continuidade entre a decisão *Gelatine* e a *Macrotron*, o que o leva a concluir que, apesar da posição do BGH à data (anterior à sentença *Frosta*), a decisão de *delisting* não carece de deliberação da assembleia geral. JENS EKKENGA

entre a defesa de uma competência não escrita da assembleia geral e a fundamentação da existência de um direito de exoneração dos acionistas minoritários baseado na tutela constitucional da propriedade privada[1726].

A falta de clareza do fundamento da decisão *Macrotron* explicou a incerteza que se gerou. Na verdade, a invocação da tutela constitucional da propriedade para justificar o direito a uma compensação não era, já na altura, novidade na jurisprudência alemã. No caso *DAT-Altana*[1727], por exemplo, julgado em 1999, o BVerfG havia reconhecido que o artigo 14 GG podia fundamentar o direito de um sócio a uma compensação adequada no caso de *Beherrschungs- und Gewinnabführungsvertrag*, ou seja, de contrato de subordinação com uma convenção de atribuição de lucros (correspondente à figura prevista nos artigos 493.º e 508.º do CSC). Na Alemanha, tal como acontece em Portugal, existe a obrigação de a sociedade diretora — no caso, a Altana AG — adquirir as ações e garantir os lucros dos sócios livres da sociedade. Havendo direito de exoneração, os tribunais alemães têm considerado que o montante a pagar será o correspondente ao preço médio de mercado nos três meses anteriores à celebração do contrato de subordinação ou ao valor do efetivo investimento na empresa, consoante o que for mais elevado[1728]. Se bem que a sentença não faça apelo às competências da assembleia geral, pela primeira vez na história da jurisprudência alemã, invocou-se a tutela constitucional do direito de propriedade para justificar a necessidade de adequação da compensação paga havendo direito de exoneração[1729]. Também no caso *Hartmann & Braun*[1730]

("*Macrotron*" cit., 878-910) é tão crítico em relação a este entendimento que conclui que, embora possa reconhecer que a decisão do BGH foi corajosa, teria sido melhor que o Tribunal tivesse sido mais cauteloso a lidar com a lei. Assim, esta decisão é uma boa "oferta de trabalho" para os advogados da área, mas em nada contribui para a resolução de problemas e para a segurança jurídica (p. 910). Outros Autores ainda continuaram a encontrar o seu fundamento na jurisprudência *Holzmüller*, apesar da negação expressa pelo BGH. Cf. Reichert, *Mitwirkungsrechte* cit., 155.

1726 Cf. Martina Benecke, *Gesellschaftsrechtliche* cit., 1123.

1727 Decisão de 27-abr.-1999 (BVerfGE, 100, 289).

1728 BGHZ 147, 108.

1729 Cf Martina Benecke, *Gesellschaftsrechtliche* cit., 1123. A tradição de os tribunais alemães considerarem que as ações, enquanto direito patrimonial, merecem proteção constitucional é longa. Já em 1962, no caso *Feldmühle*, o Tribunal Constitucional alemão, a 7 de agosto (NJW 1962, 1667-1670), ponderou a constitucionalidade da exclusão forçada de um acionista por deliberação da maioria. Na altura, considerou o Tribunal que, apesar do artigo 14 GG, surgem outras situações societárias de privação de posições por decisão da maioria, pelo que o direito de propriedade deveria ceder perante o princípio da igualdade e do Estado social de direito. Sobre o caso, cf. Menezes Cordeiro, *Da constitucionalidade* cit., 17-19.

1730 BVerfG 8-set.-1999, ZIP 1999, 1804 ss.

e no (já mencionado) caso *Motometer* o Tribunal Constitucional tinha admitido que a titularidade de ações abrange igualmente a posição do sócio na sociedade, no sentido de preservar um determinado equilíbrio interno de poderes. Defendeu o Tribunal que é o artigo 14 GG que assegura que os sócios minoritários, ainda que possam ser forçados a sair da sociedade por via de um *squeeze out,* terão direito a uma compensação adequada. A tutela constitucional da propriedade não operaria como limite ou bloqueio a operações de reestruturação societária que impliquem a exclusão dos minoritários, mas sim como garantia de que os acionistas prejudicados receberão uma compensação equitativa.

Não obstante estes antecedentes judiciais, a decisão do BGH no caso *Macrotron* foi original. A orientação do BVerfG tinha sido constante no sentido de admitir que o artigo 14 GG tutela a propriedade sobre as participações detidas numa sociedade, abrangendo, inclusivamente, o exercício dos direitos sociais que dela decorram. No caso *Macrotron,* no entanto, a titularidade das ações dos acionistas minoritários manteve-se inalterada, bem como os seus direitos sociais. Com efeito, até então, as decisões do Tribunal Constitucional relativas a situações em que se havia invocado o direito de propriedade como fundamento para uma compensação adequada tinham subjacente a circunstância de a negociabilidade das ações ser prejudicada não apenas num plano fáctico mas também numa perspetiva jurídica. Havendo lugar a exclusão do mercado regulamentado, os sócios mantêm a possibilidade de vender as suas ações, simplesmente a dificuldade de realizar o respetivo investimento será mais acentuada, o que, como alguma doutrina apontou, introduz uma quebra entre a solução do caso *Macrotron* e a anterior jurisprudência[1731]. Contudo, num plano material — e não exclusivamente formal —, a argumentação do Tribunal Constitucional alemão no caso *DAT-Altana* vale ainda em casos de *delisting.* Esclareceu o Tribunal que o direito constitucional de propriedade protege uma "esfera de liberdade [dos acionistas] em termos financeiros", que se baseia na possibilidade de negociar as ações. Essa esfera de liberdade é particularmente intensa no domínio das sociedades cotadas "porque se permite que os acionistas, pelo menos quando exista um mercado de capitais funcional, alienem as suas ações a qualquer momento e à sua discrição"[1732]. Para além da controvérsia suscitada por esta argumentação, que já foi analisada, a doutrina divergiu, também, quanto à forma de cálculo da quantia a pagar aos

[1731] Cf. HANS-JÜRGEN HELLWIG/MICHAEL BORMANN, *Die Abfindungsregeln* cit., 473 e 474.

[1732] BVerfGE 100, 289 ss. (305).

acionistas minoritários. Houve quem tivesse acompanhado a decisão *Macrotron*, defendendo que essa quantia deve ser sindicada num processo especial (*Spruchverfahren*)[1733] e cobrir integralmente o valor das ações, mas também quem tivesse entendido que, como a saída do mercado regulamentado não prejudica a propriedade das ações, apenas a sua fungibilidade e liquidez, a quantia em causa deveria corresponder ao montante das perdas verificadas[1734]. Discutiu-se, igualmente, se a mesma deveria ser equivalente ao preço máximo pago pelas ações nos seis meses anteriores ao anúncio da saída do mercado ou se, pelo contrário, o período de três meses se afiguraria suficiente para o efeito[1735].

[1733] Cf. LAURENZ WIENEKE, *Aktien- und kapitalmarktrechtlicher Schutz beim Delisting nach dem Frosta--Beschluss des BGH*, NZG 2014, 22-26 (22); MATHIAS HABERSACK, *§ 40. Delisting*, em HABERSACK/MÜLBERT/SCHLITT, *Unternehmensfinanzierung* cit., 1333-1354 (Rn. 40.31); MAX NOACK, *Das Spruchverfahren nach dem Spruchverfahrensgesetz. Unzulänglichkeiten und Lösungswege*, Berlin, 2014, 32-33; LARS KLÖHN, *Delisting — Zehn Jahre später*, NZG 2012, 1041-1046 (1042). Sobre este processo, cf. SIMONS, *§ 1 SpruchG*, em HÖLTERS (org.), *Aktiengesetz*, 2.ª ed., München, 2014, Rn. 6-24, onde já se anota o abandono da doutrina que resultou do caso Macrotron, mas ainda se manifestam dúvidas sobre se a sua aplicabilidade se mantém nas situações de *delisting* voluntário, o que seria possível defendendo a aplicação analógica dos §§ 29 e 207 UmwG. De qualquer forma, a aplicação analógica do Spruchverfahren no caso *Macrotron* foi amplamente aplaudida pela doutrina, como nota MARTINA BENECKE, *Gesellschaftsrechtliche Voraussetzungen des Delisting*, WM 23 jan.-jun. 2004, 1122-1126 (1122). Ainda assim, há algumas questões processuais práticas que se levantam com a aplicação analógica do SpruchG. Por exemplo, pergunta-se se o prazo de dois meses para ser intentada a ação para pagamento da compensação deve ser contado a partir da data da assembleia geral em que se decida a exclusão da cotação ou a partir da data em que seja publicada a exclusão da sociedade do mercado. O caso Macrotron deixou esta questão em aberto, mas a jurisprudência alemã tem alinhado com a segunda posição. Cf. OLG Zweibrücken 3-ag.-2004, ZIP 2004, 1666 ss; LG München I 27-nov.-2003, NZG 2004, 193. Esta posição é apoiada pela constatação de que o dano sofrido pelos sócios minoritários só se sente quando efetivamente deixam de poder vender as suas ações no mercado regulamentado. Cf. KIRCHER, *Kompensationsleistungen* cit., 365.

[1734] Neste sentido, cf. VG Frankfurt am Main17-jun.-2002, WM 2002, 1658, 1663; KRÄMER/THEISS, *Delisting nach der Macrotron-Entscheidung des BGH*, AG 2003, 225-242 (239); GEORG STREIT, *Anmerkung zum BGH-Urteil vom 25.11.2002*, ZIP 9/2003, 392-395 (304); STEPHAN GÖCKELER, *§ 28. Delisting und Going Private*, em WELF MÜLLER/THOMAS RÖDDER (org.), *Beck'sches Handbuch der AG*, 2.ª ed., München, 2009, Rn. 1-62.

[1735] A contabilização de um período de seis meses para determinar a contrapartida adequada é a solução comum a praticamente toda a regulamentação mobiliária. Apenas a *Düsseldorf Börsenordnung* constitui exceção a este regime. Porém, o BGH já considerou que seria "suficiente" o pagamento do valor correspondente ao preço máximo pago pelos valores mobiliários nos últimos três meses. Cf. BGH 12-mar.-2001, ZIP 2001, 734, 738. Há, porém, quem defenda que a contrapartida equitativa deve ser calculada não com recurso a um período de referência, mas, sim, com base no preço médio das ações no mercado no dia anterior ao anúncio da saída do mercado. Só assim não deverá ser naqueles casos em que não se possa confiar no preço que se formou no mercado, *v.g.*, se tiver existido manipulação do mercado. Nesse sentido, SABINE FUNKE, *Minderheitenschutz* cit., 253.

Em suma, na decisão *Macrotron* foi-se muito mais longe do que até então: englobou-se no direito de propriedade também o direito a alienar as participações em mercado regulamentado. Este ponto é tanto mais discutível quanto se tem considerado assente que o valor de mercado das ações não é constitucionalmente tutelado[1736]. Mais: a solução de exigir uma deliberação da assembleia geral, embora impressiva, na prática, tal como foi delineada pelo BGH, acaba por não conduzir a uma verdadeira limitação da decisão de *delisting*. O Tribunal contenta-se com uma maioria simples para que seja aprovada a exclusão da cotação, não exigindo a apresentação de qualquer justificação económica para a decisão ou de um relatório dos administradores[1737]. Nestes termos, como tipicamente num caso de *delisting* todos os sócios maioritários votarão em sentido favorável, a deliberação da assembleia geral não terá qualquer efeito útil[1738]-[1739]. A isto acrescente-se que o Tribunal ignorou uma regra metodológica de base, segundo a qual a aplicação direta de normas constitucionais em casos de direito civil só deve ter lugar quando as normas civis especiais não permitam chegar à mesma conclusão[1740].

A insegurança que resultou da decisão foi inegável. O Tribunal não delineou as circunstâncias perante as quais seria exigível a convocação de uma assembleia geral. E pior, afastou anos de desenvolvimento doutrinário que

[1736] Cf. KRÄMER/THEISS, *AG* cit., 225.

[1737] Também neste ponto o BGH se afastou da discussão encetada a propósito da decisão *Holzmüller*, segundo a qual se pergunta se existe um dever de a administração emitir um relatório que justifique as medidas estruturais a serem deliberadas. Devido à sua importância, sempre que é necessária a apresentação de um relatório deste tipo a doutrina refere-se ao "*Holzmüller-Bericht*". Dele deve constar qual a transação a ser deliberada, os seus efeitos, os custos e benefícios, bem como as alternativas ao dispor da sociedade. Sobre estes aspetos, cf. WOLFGANG HÖLTERS, *Aktiengesellschaften und Unternehmensakquisition*. Teil X, em HÖLTERS (org.), *Handbuch Unternehmenskauf*, 7.ª ed., Köln, 2010, 1034-1035. A maioria da jurisprudência já concluiu pela existência de um dever de elaborar um relatório [neste sentido, cf., por exemplo, decisão *Altana/Milupa* do OLG Frankfurt/Main 23-mar.-1999, AG 1999, 378 (379); LG Karlsruhe 6-nov.-1997, AG 1998, 99], ao passo que outro setor já se pronunciou em sentido negativo (cf. OLG München 24-nov.-1994, AG 1995, 232). Contra a necessidade de apresentar um relatório que justifique a medida tomada poderá jogar o argumento de que o *delisting* é uma decisão empresarial, que, por isso, não pode ser judicialmente sindicada. É esta a opinião de CHRIS THOMALE, *Minderheitenschutz gegen Delisting — die Macrotron-Rechtsprechung zwischen Eigentumsgewähr und richterlicher Rechtsfortbildung*, ZGR 2013, 686-723, 712.

[1738] Acentuando este aspeto contraditório, cf. MARTINA BENECKE, *Gesellschaftsrechtliche* cit., 1124.

[1739] A deliberação relevará mais em termos meramente informativos. Simplesmente, fosse esse o objetivo, haveria sistemas mais eficientes de tutela, cf. JENS KOCH/RAFAEL HARNOS, *Die Neuregelung des Delistings zwischen Anleger- und Aktionärsschutz*, NZG 2015, 729-737 (735).

[1740] Cf. DIETER SCHAMLZ, *Methodenlehre für das juristische Studium*, Baden-Baden, 1998, 361 ss.

havia densificado a decisão *Holzmüller*, a qual, na aparência, não é aplicável nas situações de exclusão de mercado regulamentado.

Por isso, nos casos de *downlisting*, as decisões dos tribunais foram no sentido da negação expressa dos princípios *Macrotron*[1741]. Foi o que sucedeu no caso *Lindner*[1742], que abriu caminho para o teste por parte do BVerfG da constitucionalidade da decisão *Macrotron*[1743], e também na decisão *MVS*[1744]. Nestes arestos, o Tribunal Constitucional entendeu que a garantia constitucional da propriedade privada não exige uma decisão da assembleia geral, nem a obrigatoriedade de oferta de aquisição das participações dos acionistas dissidentes em caso de *delisting*. No entanto, não considerou que o BGH tivesse extravasado a sua competência com a decisão *Macrotron*; apenas afirmou que a justificação apresentada não deveria ser de índole constitucional. Se é certo que o BVerfG reconheceu que a propriedade sobre as ações abrange a sua circulabilidade, apostou na distinção entre circulabilidade legal e circulabilidade efetiva. Apesar de a admissão no mercado regulamentado ser um fator relevante na formação do preço das ações, a exclusão do mercado não afeta a possibilidade de estas serem vendidas. Dificulta a efetiva venda das ações, sem dúvida, mas legalmente não a impede. A conclusão final foi, então, que o funcionamento do mercado não é garantido pelo direito constitucional à propriedade[1745].

Na sequência desta decisão, o BGH reformulou o seu entendimento no caso *Frosta*, em sentença de 8 de outubro de 2013[1746], respeitante ao *downlisting* da sociedade Frosta AG do mercado regulamentado de Berlim para o *Entry Standard* da *Frankfurter Wetpapierbörse*, i.e., para um mercado não regulamentado. Esta medida não foi precedida por uma deliberação da assembleia geral, nem foi concedido o direito de exoneração aos acionistas minoritários. O Tribunal decidiu no sentido da validade da operação. Segundo alguns, a particularidade da sentença é que o Tribunal poderia, facilmente, ter-se afastado dos princípios do caso *Macrotron* sem os negar em absoluto. Ter-lhe-ia

[1741] Note-se, aliás, que as diferenças entre os vários segmentos de mercado são residuais, na opinião de Kircher, *Kompensationsleistungen* cit., 370. Também a transição da Euronext para Alternext tem pouco impacto.

[1742] Decidido pelo OLG München a 21-mai.-2008, ZIP 2008, 1137.

[1743] BVerfG 12-jul.-2012, NZG 2012, 826.

[1744] De 11-jul.-.2012, NJW 2012, 3081. Cf. *v.g.* Kubis, *§ 119*, cit., Rn. 87; Gross, *BörsG § 39* cit., Rn. 21b; Kumpan, BörsG § 39, em Baumbach/Hopt, *Handelsgesetzbuch*, 38.ª ed., 2018, Rn. 4.

[1745] Cf., no mesmo sentido, Michael Arnold/Vera Rothenburg, *BGH-Entscheidung zum Delisting: Alle Fragen geklärt?*, DStR 2014, 150-156 (151).

[1746] Cf. WM 5/2015, 237-241; WM 2013, 2213.

bastado invocar ser este um caso de *downlisting* e, portanto, alheio aos princípios da decisão de 2002, respeitante ao *delisting* de ações[1747]. Em vez disso, o BGH foi claro ao negar a existência de analogia com o § 29 I UmwG, argumentando que a norma não contém um princípio geral que tenha valia fora do seu âmbito de aplicação, ou seja, dos casos de fusões que resultam num *delisting* a frio. A prova de que não se trata de um princípio geral poderia ser encontrada no § 320B I, 2, AktG, que também consagra um caso de *delisting* sem as correspondentes exigências de deliberação da assembleia e de direito de exoneração. Mais: a omissão destes requisitos em caso de *delisting* regular constituiria uma opção do legislador, sem que existisse lacuna. E, como o *delisting* não é considerado uma medida estrutural, também não se poderia inferir uma obrigação de aquisição das participações dos minoritários a partir dos §§ 305, 320d, 327d AktG ou do § 29 UmwG. O mesmo se diga relativamente à eventual aplicação analógica do § 207 UmwG: o *delisting* não se assemelha a uma alteração da forma societária[1748].

Alguma doutrina viu na decisão *Frosta* uma oportunidade de proceder a saídas do mercado de forma mais célere e menos onerosa, salientando o lado positivo de terminar com a incerteza quanto aos requisitos exigíveis para a exclusão de mercado[1749]. Por outro lado, a decisão acalmou, por fim, um grande sector doutrinário alemão que amplamente discordou da decisão *Macrotron*, pelo menos na sua fundamentação. Após esta sentença, várias vozes surgiram a criticar a incerteza gerada, porquanto não seria possível uma sociedade saber em que situações deveria convocar uma assembleia geral, além de se invocar que a exclusão do mercado não prejudicaria o valor das participações dos sócios minoritários[1750]. De facto, o BGH, ao impor que a deliberação fosse tomada por maioria simples e ao negar a aplicabilidade da lógica da sentença *Holzmüller*, reconheceu que o *delisting* não produz qualquer alteração estrutural

[1747] A decisão é tanto mais interessante quanto no passado já várias decisões de tribunais alemães tinham optado por exigir menores requisitos de tutela dos investidores em caso de *downlisting*. É o caso, *v.g.*, das decisões OLG München 16-jul.-2008 WM 2008, 1602 (admissão no *m:access*), KG Berlin 30-abr.-2009, WM 2009, 1504 (mudança para o *Open Market*), OLG Bremen 12-out.-2012, AG 2013, 597 (mudança para o *Entry Standard*). Por isso, já se disse que a decisão *Frosta* eliminou a autonomia dos casos de *downlisting* face aos de *delisting*. Neste sentido, cf. STEPHEN LAMPERT/MARIO WEICHEL, *Wegfall* cit., 1029.

[1748] Apoiando a inexistência de analogia, cf. CHRIS THOMALE, *Minderheitenschutz* cit., 715.

[1749] Cf., *v.g.*, MICHAEL ARNOLD/VERA ROTHENBURG, *BGH-Entscheidung* cit., 150; OLIVER ROTHLEY, *Aufgabe der Macrotron-Grundsätze*, em *GWR* 2013, 493-494 (493).

[1750] Cf. CHRIS THOMALE, *Minderheitenschutz* cit., 710.

da sociedade. Esta posição veio a ser consolidada pela jurisprudência posterior, como aconteceu na decisão do caso *MWG Biotech AG*[1751].

Simultaneamente verificou-se um esforço generalizado para responder aos pontos deixados em aberto pelo Tribunal alemão. Talvez tivesse sido preferível aceitar a existência de uma lacuna dado não haver qualquer previsão legal de tutela dos acionistas minoritários no caso de *delisting* regular[1752] e, consequentemente, procurar as normas aplicáveis aos casos análogos. Por exemplo, havendo *delisting* a frio (seja por transformação, fusão, transferência de ativos ou incorporação), é necessária uma deliberação da assembleia geral, tomada por maioria qualificada. Assim, nos casos de *delisting* regular também deveria ser feita idêntica exigência[1753]. Há que notar, de resto, que mesmo os Autores que não apoiaram a decisão *Macrotron* admitiram que não seria decisivo argumentar com a circunstância de o § 119 AktG não prever a obrigação de convocar a assembleia geral em caso de pedido de exclusão do mercado. O § 119 é meramente exemplificativo, o que pode ser desde logo confirmado pela utilização do advérbio *namentlich* (nomeadamente)[1754]. Melhor seria que o Tribunal tivesse considerado que a competência da assembleia geral se fundamentava num pedido obrigatório nesse sentido feito pelo conselho de administração aos acionistas (§ 119 II AktG).

Na perspetiva do ordenamento português, na falta de regulação legal, julgamos, com Menezes Cordeiro[1755], que o fundamento da competência

[1751] Decisão do OLG München 28-jan.-2015, ZIP 6/2015, 270-273. A jurisprudência tem discutido se os casos de *delisting* que se verificaram após a decisão *Macrotron* mas antes da decisão *Frosta* devem implicar a compensação dos sócios minoritários, nomeadamente colocando-se a questão da suposta retroatividade do entendimento do caso *Frosta*. Sobre esta discussão, admitindo que seja contestada a obrigação de compensar os sócios minoritários após a sentença *Frosta*, cf. decisão OLG Düsseldorf 22-set.-2014, ZIP 3/2015, 123-125.

[1752] Cf., *v.g.*, Martina Benecke, *Gesellschaftsrechtliche* cit., 1124; Chris Thomale, *Minderheitenschutz* cit., 703 ss.

[1753] Por aplicação analógica do § 124 II, 2 AktG também deverá ser publicado um relatório onde se expliquem as alterações relevantes e o montante a ser pago em consequência da exoneração dos sócios da sociedade cujas ações vão ser excluídas da cotação em mercado regulamentado.

[1754] Acentuando este argumento, cf. Martina Benecke, *Gesellschaftsrechtliche* cit., 1124.

[1755] *SA* cit., 139. Cf., também, Ana Perestrelo de Oliveira, *Grupos de sociedades* cit., 416. Se bem que o pensamento da Autora esteja construído a propósito da constituição do grupo, será facilmente adaptável para outros domínios. Embora sob perspetivas diferentes, ambos os Autores defendem a existência de competências não escritas da assembleia geral fundadas na boa fé. Menezes Cordeiro nota que a nossa jurisprudência atingiu a "maturidade" no manuseio da cláusula do abuso de direito, o que seria suficiente para fundar uma impossibilidade de marginalizar os minoritários em decisões deste tipo, sob pena de nulidade da deliberação, por violação do artigo 334.º do CC, ao passo que Ana Perestrelo de Oliveira se apoia diretamente nos deveres de lealdade.

não escrita da assembleia geral assenta necessariamente no princípio da boa fé[1756] e não numa adaptação nacional — ou, diríamos até, deturpação — da doutrina *Holzmüller*. Na verdade, esta não encontra campo de aplicação, pelo menos na sua forma originária, nos casos de *delisting*, dirigindo-se, primariamente, à distribuição e ao equilíbrio de poderes entre a assembleia geral e a administração[1757] e ao inevitável *Mediatisierungseffekt* que se verifica em relação ao poder dos acionistas em caso de alterações estruturais como aquela que estava em jogo no caso *Holzmüller*. Nas situações de *delisting* (além dos vícios gerais que lhe são apontados) esta argumentação carece de cabimento, uma vez que, estruturalmente, a sociedade se mantém a mesma, embora deixe de estar cotada no mercado regulamentado, o que significa que os acionistas conservam os poderes que detinham antes da operação. Cremos que existe uma obrigação de a administração convocar uma assembleia geral para decidir a saída voluntária do mercado, com base nos deveres de lealdade dos administradores. O artigo 64.º/1, *b)*, do CSC[1758] vincula estes últimos à observância de "deveres de lealdade, no interesse da sociedade, atendendo aos interesses a longo prazo dos sócios". O que se deva entender por interesse da sociedade já foi amplamente debatido, estando assente que o administrador serve os sócios, não enquanto pessoas singulares, mas sim enquanto partes que

[1756] Carneiro da Frada/Diogo Costa Gonçalves, *Perda da qualidade* cit., 38 defendem que o regime do artigo 27.º/1, *b)*, do CVM é o "paradigma normativo" do *delisting* voluntário, pelo que todos os restantes casos de *delisting* carecem de deliberação da assembleia geral, tomada por maioria de 90% dos direitos de voto correspondentes ao capital social. Porém, não consideramos que as deliberações de perda da qualidade de sociedade aberta sejam casos de exclusão voluntária do mercado. Ainda assim, reconhecemos (nos termos explicados em texto) a importância da norma na construção do quadro regulatório da exclusão da negociação.

[1757] Cf. Weisshaupt, *Der "eigentliche"* cit., 806.

[1758] Esta norma não exprime adequadamente, é certo, a obrigação típica do administrador, uma vez que esta é, em termos principais, administrar a sociedade, constituindo um conceito-síntese, suscetível de ser decomposto e concretizado com recurso a vários deveres que integram esta posição jurídica "compreensiva, passiva e relativa" [neste sentido, cf. Carneiro da Frada, *A business judgement rule no quadro dos deveres gerais dos administradores*, ROA 67 (2007), vol. I, 159-205 (162)]. Os deveres dos administradores perante a sociedade estão sobejamente estudados pela doutrina nacional. Cf., *v.g.*, Pedro Caetano Nunes, *Dever de gestão dos administradores de sociedades anónimas*, Coimbra, 2002, 28-159. Esta obrigação, que resulta genericamente do artigo 64.º do CSC, engloba um dever de diligência, que se traduz, na prática, num dever de os administradores gerirem racionalmente a sociedade, correspondendo o seu grau de esforço a uma bitola qualificada. O preceituado no artigo 64.º do CSC merece da doutrina a constatação de que "mantemos o Direito das sociedades mais complicado da Europa" (Menezes Cordeiro, *Os deveres fundamentais* cit., 443-448).

puseram a gestão dos seus valores num modo coletivo[1759]. Que os administradores estão ligados à sociedade por um vínculo de cariz obrigacional (ainda que não contratual), que lhes impõe, sem dúvida, deveres diretos perante a mesma, presentemente não levanta dúvidas. Da mesma maneira, é também possível — embora não seja este o lugar para o maior desenvolvimento que o tema mereceria — afirmar determinadas hipóteses de deveres de lealdade dos administradores perante os sócios: estas são, todavia, restritas, atento o facto de, por regra, os administradores estarem obrigados, sim, a observar os deveres de lealdade da sociedade (por ser através deles que esta atua), não se tratando de deveres próprios. Em alternativa, estão em causa deveres próprios dos administradores mas perante a sociedade e que apenas indiretamente aproveitam aos sócios[1760].

Assim, em caso de decisão de *go dark*, os administradores estão obrigados a promover a convocação da assembleia geral e também de assembleias (especiais) dos titulares de ações especiais e de outros valores mobiliários que confiram direito à subscrição ou aquisição de ações[1761], uma vez assente o impacto radical da decisão na liquidez das ações, com potencial lesão dos seus interesses. A sociedade tem deveres de lealdade para com os sócios, sejam eles os tradicionais acionistas-empreendedores ou acionistas-investidores, no sentido que vimos no capítulo I. Também estes últimos estabeleceram um vínculo que fundamenta uma relação especial com a sociedade — ainda que com fins de investimento e não de intervenção na sociedade — e também eles merecem ser protegidos. Mesmo não indo tão longe quanto considerar que o *delisting*

[1759] Sobre a questão do interesse e no sentido do texto, cf. Menezes Cordeiro, *Direito das Sociedades* I cit., 841-845, 863 ss. Se o interesse for o da sociedade, em sentido subjetivo terá de ser selecionado dentro dos órgãos sociais, o que resulta da decisão dos sócios. Em sentido objetivo, o interesse resultará de disposições legais. Cabe, portanto, aos sócios definir os interesses da sociedade e os seus próprios. Na Alemanha, já se tentou fundar este dever na interpretação da norma do § 121, I AktG que determina que a assembleia geral delibera nas matérias que lhe são atribuídas pela lei ou pelos estatutos e deve ser convocada quando o interesse da sociedade (*das Wohl der Gesellschaft*) o determinar (cf. Weisshaupt, *Der "eigentliche"* cit., 806.). Para um enquadramento geral da questão, cf. Diogo Costa Gonçalves, *Pessoa coletiva e sociedades comerciais — dimensão problemática e coordenadas sistemáticas da personificação jurídico-privada*, Coimbra, 2015, 874 ss.

[1760] Cf. Ana Perestrelo de Oliveira, *Os grupos* cit., 306 ss.

[1761] Na medida em que concluímos já que os titulares desses valores mobiliários ficam prejudicados da mesma forma que os acionistas, faz sentido considerar que deverão ter direito de voto, em assembleia especial, em caso de *delisting* voluntário. Transpomos para este domínio (à exceção da maioria necessária) as exigências da deliberação de perda da qualidade de sociedade aberta (artigo 27.º/1, *b*), do CVM).

envolve uma modificação do contrato social[1762], este afeta sobremaneira a posição do sócio-investidor, o que justifica que a administração submeta, *ex bona fide*, a matéria ao colégio dos sócios. O decréscimo do preço das ações fora do mercado regulamentado e mesmo a diminuição da sua circulabilidade levam a que a órgão de gestão não possa razoavelmente tomar a decisão de *go dark* por si só. Nem se diga que, em virtude de se tratar de um assunto de gestão da sociedade, os acionistas não têm tempo nem conhecimentos para equacionar todos os interesses em jogo, razão pela qual se teria consagrado a norma do artigo 373.º/3 do CSC. Apesar de a decisão ser primariamente de gestão da sociedade, tem uma implicação direta na própria posição do sócio, em especial do acionista-investidor. A tutela a ser concedida aos minoritários — típica embora do direito societário — encontra sustento não tanto no perigar da posição de acionista, mas, sim, no prejuízo da sua posição de investidor no mercado de capitais[1763-1764-1765]. Adiante clarificamos esta dualidade.

1762 Zetzsche, *Going dark* cit., 18 considera que o *delisting* regular é uma alteração implícita do contrato. É verdade que pode acontecer que o contrato de sociedade salvaguarde certas características da sociedade, nomeadamente a sua cotação em mercado regulamentado, expressa ou implicitamente. Fora destes casos, não é possível, porém, afirmar que o contrato garanta esta qualidade. Poderá é considerar-se que as razões que levam a exigir uma maioria qualificada nos casos de alteração do contrato se aplicam também nos casos de *delisting*.

1763 Partimos no texto da ideia introduzida por Chris Thomale, *Minderheitenschutz* cit., 711 ss. O Autor toma como pressuposto a consideração de que a limitação da negociabilidade das ações não é estranha no ordenamento alemão. O § 15 V GmbHG admite a imposição de limites à alienação de ações, nomeadamente a sua aprovação pela sociedade. Este é um caso em que à propriedade das ações não corresponde a sua livre alienabilidade. Ora, também no caso de *delisting*, os sócios mantêm-se proprietários das participações, ainda que vejam as possibilidades de concretizar o investimento limitadas. Isto não significa que os acionistas minoritários não careçam de tutela em caso de exclusão do mercado. Simplesmente, essa tutela não resulta do prejuízo do seu estatuto de sócios, mas, sim, de investidores, pelo que o Autor rejeita liminarmente a linha argumentativa que fundamenta a tutela dos minoritários na norma constitucional de proteção da propriedade privada.

1764 Note-se que, mesmo quem, em Portugal, defende que o regime da perda da qualidade de sociedade aberta (nomeadamente quanto aos esquemas de proteção dos acionistas) é completo e não carece de requisitos extra que assegurem a posição dos investidores, considera que nos casos de *delisting* o problema se colocará de forma diferente. Assim, considerando o regime lacunar da exclusão do mercado, faz sentido ponderar a necessidade de impor uma deliberação autorizativa ou atribuir um direito de exoneração ao sócio mediante justa contrapartida. Cf. Paula Costa e Silva/Nuno Trigo dos Reis, *A perda da qualidade* cit., 55.

1765 Não está igualmente em causa a tutela constitucional da propriedade. A garantia constitucional da propriedade privada não se limita à propriedade ou poder de disposição sobre bens, mas estende-se, também, à chamada "propriedade organizada societariamente", "propriedade económica" ou "propriedade corporativa". Cf., embora a propósito da aquisição potestativa societária (diferente do *delisting* na medida em que implica a perda do direito sobre as ações potestativamente adquiridas),

No que toca à maioria necessária, julgamos que deve valer a maioria qualificada exigida para a alteração do contrato de sociedade: 2/3 dos votos emitidos em assembleia geral (artigo 386.º/3 do CSC)[1766] e igual maioria (calculada por referência aos valores mobiliários em causa) na assembleia especial de titulares de ações especiais e de outros valores mobiliários que confiram o direito à subscrição ou aquisição de ações (artigo 389.º/2 do CVM). Trata-se sempre de uma deliberação que interfere com a posição dos sócios; ainda que esteja mais intensamente em causa a posição do acionista-investidor, esta não reclama menos a proteção do direito societário.

Caso a administração decida a exclusão do mercado sem a intervenção da assembleia geral, a deliberação será nula, nos termos do artigo 411.º/1, *c)*, do CSC, por violação de disposição legal imperativa (artigo 334.º do CC)[1767].

Engrácia Antunes, *O artigo 490.º do CSC e a lei fundamental. "Propriedade corporativa", propriedade privada, igualdade de tratamento,* em *Estudos em comemoração dos cinco anos (1995-2000) da Faculdade de Direito da Universidade do Porto,* Coimbra, 2001, 147-276 (240). A propriedade corporativa é sempre mediatizada pela interposição de uma entidade associativa dotada de personalidade e organização jurídica próprias (p. 241). De qualquer forma, além de a proteção da propriedade privada, por si, não ser fundamento suficiente da exigência de deliberação da assembleia geral, reconhece o Autor que a propriedade corporativa sempre estará exposta às compressões que possam decorrer da vontade coletiva maioritária e da ponderação com outros princípios de idêntica dignidade (pp. 242 e 244). Assim, a propriedade corporativa não confere propriamente um direito a manter a qualidade de sócio, mas, sim, um direito oponível a situações de exclusão ilegítimas Cf. Ana Filipa Morais Antunes, *O instituto da aquisição tendente ao domínio total (artigo 490.º do CSC): um exemplo de uma "expropriação legal" dos direitos dos minoritários?,* em *Nos 20 anos do Código das Sociedades Comerciais. Homenagem aos Profs. Doutores A. Ferrer Correia, Orlando de Carvalho e Vasco Lobo Xavier,* Coimbra, 2007, 203-253 (247). Também Nogueira de Brito, *A justificação da propriedade privada numa democracia constitucional,* Coimbra, 2007, 972 e 347 ss. considera que a possibilidade de venda em mercado representa um valor patrimonial e não uma situação jurídica com valor patrimonial e apenas estas são garantidas por via do direito constitucional à propriedade privada. É verdade, como apontam Paula Costa e Silva/Nuno trigo dos Reis, *A perda da qualidade* cit., 67, que, face à decisão do BVerfG de 2012, perderam fundamento as razões que presidiram à decisão *Macrotron,* que ficou "ferida mortalmente". Porém, é diversa a linha argumentativa que seguimos.

1766 Quanto ao quórum constitutivo, como é sabido, nas SA, em primeira convocação, a assembleia geral não pode deliberar sem que estejam presentes ou representados acionistas que detenham, pelo menos, 1/3 do capital social (artigo 383.º/2 do CSC). Em segunda convocação, pode deliberar, independentemente do número de acionistas presentes ou representados. Quanto ao quórum deliberativo, em segunda convocação, se se encontrar presente ou representado pelo menos metade do capital social, a deliberação de alteração pode ser tomada por maioria simples (artigo 386.º/4 do CSC).

1767 Neste sentido, cf. Menezes Cordeiro, *Anot. ao artigo 411.º,* em Menezes Cordeiro (org.), *Código das Sociedade Comerciais anotado* cit., 1084. Diferentemente, cf. Ana Perestrelo de Oliveira, *Grupos de sociedades* cit., 430 e 431.

6.3.2. Tutela *ex post*: *período de graça* ou direito de exoneração?

6.3.2.1. A necessidade de tutela *ex post*

Aqui chegados, há que salientar que a convocação de assembleia geral apenas promove a procura de uma mais ampla legitimação do pedido de exclusão do mercado, ao mesmo tempo que faculta um eventual posterior controlo judicial do seu possível caráter abusivo. Como solução isolada, não salvaguarda a posição dos acionistas enquanto investidores, dado que, tipicamente, os sócios minoritários não têm poder suficiente para dissuadir os maioritários da saída do mercado[1768], transformando em mera formalidade a votação em sentido contrário ao *delisting*, quando não for acompanhada por efetivas medidas de tutela dos dissidentes. É por este motivo que por vezes a aprovação da exclusão de uma sociedade do mercado regulamentado exige uma decisão favorável da "maioria dos minoritários"[1769]. Em Portugal, não vigora regime paralelo que possa ser aproveitado. Apenas algumas normas parecem pressupor uma lógica em certa medida similar, ao reclamarem o consentimento dos sócios que sofrem diretamente com a deliberação que os onere para além do previsto na lei ou nos estatutos (é o caso do artigo 86.º/2 do CSC, que considera ineficaz o aumento das prestações impostas aos sócios que não tenham consentido nesse aumento). Porém, em caso de *delisting*, a aplicação de lógica equivalente levaria a enveredar pela exigência de unanimidade, tendo como

[1768] Assim o assinala, *v.g.*, Zetzsche, *Going dark* cit., 17. A exigência de deliberação da assembleia geral é de natureza fundamentalmente procedimental (Carneiro da Frada/Diogo Costa Gonçalves, *Perda da qualidade* cit., 29), pelo que não se dispensam medidas de caráter substancial--material.

[1769] Tal o que sucede, *v.g.*, na Índia, em Singapura ou Hong Kong. Cf., *v.g.*, § 8 (1) (b) *Securities and Exchange Board of India (delisting of equity shares) Regulations*. De acordo com esta norma, só pode haver exclusão do mercado se o número de votos favoráveis emitidos pelos acionistas não controladores for, pelo menos, o dobro dos votos desfavoráveis emitidos pelo mesmo grupo. A Parte IV (Delistings) do *Singapure Stock Exchange*, o capítulo VI da *Stock Exchange of Hong Kong* e a *Toronto Stock Exchange Policy* preveem uma solução equivalente. Na Alemanha, apesar de não existir norma similar para a tomada de decisões de saída de mercado, a ideia não é estranha ao sistema societário: há deliberações que necessitam do consentimento dos sócios que sofrem diretamente com a decisão em causa. É o caso previsto no § 141 II, 2, AktG, em caso de perda dos direitos preferenciais, no § 179 III AktG, relativamente a sócios que sofram com uma reorganização das classes de ações ou no § 180 I AktG em decisões tendentes a adicionar responsabilidades a certos sócios. Embora não exista uma deliberação da maioria dos minoritários, a lógica subjacente não é estruturalmente diferente: impedir a tomada de decisões que onerem especialmente um grupo de sócios, sem o seu consentimento. Também em Itália se tem verificado uma tendência para a valorização dos sócios minoritários, exigindo-se, em alguns casos, um consenso por parte da maioria dos sócios minoritários (*whitewash*). Neste sentido, cf. Luca Enriques, *La* corporate governance cit., 499.

última consequência o aprisionamento das sociedades em bolsa, em clara desconformidade com uma adequada interpretação do sistema. Na falta de norma especial suscetível de aplicação, há que reconhecer as insuficiências de uma simples deliberação da assembleia geral — ainda que tomada por maioria qualificada — e ponderar formas alternativas de tutela dos acionistas minoritários.

A questão que aqui se coloca não se encontra hoje solucionada. Embora algumas operações de saída do mercado ofereçam proteção aos acionistas que se veem confrontados com alterações estruturais da própria sociedade ou com uma radical alteração do seu *status socii*, outras não têm sido objeto de atenção na perspetiva da tutela dos minoritários. Pense-se naqueles casos que apelidámos de *takeovers de exclusão*, nos quais os acionistas minoritários não beneficiam do regime da alienação potestativa, mas se deparam com a exclusão da negociação dos seus valores em mercado regulamentado. Se bem que o próprio *takeover* já faculte aos acionistas a possibilidade de alienarem as suas participações, tal não acautela devidamente a posição dos sócios minoritários, dado que um *takeover de exclusão* é uma *transação materialmente coerciva*, i.e., uma operação na qual o oferente pode influenciar e até determinar a decisão de venda dos acionistas, não lhes deixando alternativa a não ser vender as suas ações a um preço não equitativo[1770]. O acionista, em face da possibilidade de exclusão da sociedade do mercado regulamentado e com o inerente declínio do valor das suas ações, desarmado de qualquer mecanismo de tutela da sua posição, terá apenas como hipótese vender a respetiva participação. Esta constatação proporciona o quadro ideal para abusos por parte do oferente que poderá lançar a oferta a um preço não equitativo e, mesmo assim, conseguir a adesão dos minoritários.

[1770] Cf. ANTONIO CAPIZZI, *Operazioni straordinarie* cit., 100. O Autor identifica as OPA seguidas de *delisting* como materialmente coercivas. Nos Estados Unidos, no caso *Ivanohe Partners v. Neumont Mining Corp.* (Del. Ch. 1987, 537, A.2d 1051), os investidores invocaram ter sido "erradamente induzidos (*wrongfully induced*) por alguma atuação dos Réus a vender as suas ações por razões não relacionadas com os méritos económicos da venda". A nossa conclusão não fica prejudicada se se entender, com CALVÃO DA SILVA, *Fusão de sociedade, acordo de voto e obrigatoriedade de OPA*, em *Estudos jurídicos (pareceres)*, Coimbra, 2001, 37-59 (56-59), que, no caso de fusão que conduza à ultrapassagem dos limiares relevantes para obrigatoriedade de lançamento de OPA, a obrigação deve ser derrogada. A derrogação justifica-se, segundo o Autor, porque os interesses dos acionistas em operações de fusão já são protegidos nos termos que a lei pretende. Porém, no caso que nos ocupa a situação é diferente: os interesses dos acionistas são tutelados, mas não os seus interesses enquanto investidores no mercado de capitais.

Os acionistas também não encontram amparo no direito quando seja o próprio emitente a requerer à entidade gestora a cessação da sua admissão no mercado regulamentado ou quando, na sequência de uma OPA que não tenha sido geral, seja requerida a perda da qualidade de sociedade aberta pelo acionista que passe a deter mais de 90% dos direitos de voto calculados no termos no artigo 20.º/1 do CVM (artigo 27.º/1, *a)*, do CVM), caso em que os minoritários também não beneficiarão de um direito de alienação potestativa, por não estarem preenchidos os pressupostos do artigo 196.º do CVM. De acordo com o entendimento de Paula Costa e Silva/Nuno Trigo dos Reis[1771], nos casos do artigo 27.º/1, *a)*, do CVM os acionistas minoritários já estão protegidos por via da oferta pública e, por isso, não lhes deverá ser concedida uma *dupla chance* de alienação dos seus valores. Os Autores sublinham "a natureza previsível, para qualquer accionista diligente e minimamente bem informado, da verificação eventual mas provável da perda da qualidade de sociedade aberta em consequência da concentração de capital/direitos de voto"[1772]. Parece-nos, porém, que as especiais circunstâncias que envolvem estas OPA e que levam a que sejam consideradas coercivas determinam que a tutela do investidor não se encontre, ainda, acautelada. Apenas nos casos em que a OPA se reja pelas normas sobre ofertas obrigatórias (artigo 188.º do CVM) será inútil a concessão de uma dupla possibilidade de alienação das ações, em virtude do ponto 2.8 do Anexo II ao Regulamento da CMVM n.º 3/2006, que determina que o prospeto das OPA deve conter informação sobre os objetivos da aquisição, designadamente quanto à manutenção da negociação em mercado regulamentado dos valores mobiliários que são objeto da oferta, à manutenção da qualidade de sociedade aberta, à continuidade ou modificação da atividade empresarial desenvolvida pela sociedade visada e por sociedades que com esta estejam em relação de domínio ou de grupo e à política de pessoal e de estratégia financeira. Ora, quando o prospeto da OPA nada indique sobre a intenção de requerer a perda da qualidade de sociedade aberta, não há razão para que o acionista preveja essa possibilidade[1773].

[1771] *A perda da qualidade* cit., 57, 65-66, 73 e 75.

[1772] Paula Costa e Silva/Nuno Trigo dos Reis, *A perda da qualidade* cit., 71.

[1773] Saliente-se que a tutela dos minoritários nestes casos não está salvaguardada pela obrigatoriedade de o emitente divulgar informação privilegiada, nos termos apontados no Capítulo II (cf. artigo 17.º do RAM). Nesses casos, o emitente estaria obrigado a, no anúncio do lançamento da OPA, divulgar a sua intenção de, em caso de sucesso, pedir a perda da qualidade de sociedade aberta. Essa é, aliás, a prática. Cf., *v.g.*, o anúncio do lançamento da OPA do Caixabank sobre o BPI, disponível em www.cmvm.pt. Não é, porém, de excluir que o *raider*, no momento em que é anunciado o lançamento da oferta, ainda não tenha tomado a decisão de requerer a perda da qualidade.

Deparamos, pois, com um conjunto de grupos problemáticos de transações *going private* que não garantem aos investidores qualquer tipo de compensação pela perda de liquidez dos seus instrumentos financeiros. Note-se que não enquadramos aqui a situação na qual, na sequência de uma OPA geral em que tenham sido atingidos mais de 90% dos direitos de voto correspondentes ao capital social até ao apuramento dos resultados da oferta e 90% dos direitos de voto abrangidos pela oferta, seja requerida a perda da qualidade de sociedade aberta nos termos do artigo 27.º/1, *a)*, do CVM e já tenha sido ultrapassado o prazo de três meses para que os minoritários alienem potestativamente as suas ações, o que deixaria sem tutela os minoritários que enfrentam a perda da qualidade e consequente exclusão da sociedade do mercado. Neste caso, consideramos que caduca o direito de requerer a perda da qualidade, porquanto a norma do artigo 27.º/1, *a)*, do CVM concede o direito específica e exclusivamente ao *oferente* e não a qualquer acionista detentor de 90% dos direitos de voto. Assim, o direito pressupõe a qualidade de oferente: saber por quanto tempo após o lançamento da OPA pode considerar-se que o *raider* mantém essa qualidade e, por consequência, provocar a exclusão do mercado por via da perda da qualidade exige a interpretação sistemática do regime mobiliário. Se o prazo relevante para que os sócios minoritários se protejam contra a estrutural alteração do equilíbrio interno de poderes provocada por uma OPA é de três meses após o apuramento dos resultados da oferta (artigo 196.º/1, do CVM), também deverá ser esse o prazo relevante para se considerar que assiste ao oferente o direito de requerer a perda da qualidade. Nessa medida, em caso de OPA gerais seguidas de um pedido de perda da qualidade, a tutela dos minoritários encontra-se assegurada com a concessão de um direito de exoneração. Findo esse prazo, o direito de requerer a perda da qualidade caduca por cessar o pressuposto subjetivo da qualidade do requerente.

Deste modo, são efetivamente três os grupos de casos por resolver: os *takeovers de exclusão* que não beneficiem da tutela inerente às OPA, o *delisting* voluntário e a perda da qualidade na sequência de OPA não geral.

Estamos perante um problema de tutela *ex post*, visto já ter sido decidida, requerida ou criada uma situação de que resulta inelutavelmente a exclusão do mercado. Ultrapassámos já a fase em que se ponderou a necessidade de convocar uma assembleia geral ou em que se tentou reduzir os incentivos à saída do mercado. Neste momento a tutela dos sócios apenas poderá, na nossa perspetiva, assumir uma de duas formas: ou a obrigatoriedade de conceder um prazo mínimo razoável entre a decisão da entidade gestora de excluir uma sociedade do mercado regulamentado e o efetivo *delisting* para que os sócios alienem as suas participações em mercado ou a concessão de um mecanismo de saída aos minoritários[1774].

A primeira solução — atribuição de um prazo para alienação das ações em bolsa — é a que se encontrava, por exemplo, prevista pela *Börsenordnung der Frankfurter Wertpapierbörse* (FWB)[1775], cujo § 46 I, 2 determinava que, caso a exclusão de mercado regulamentado não fosse seguida da admissão noutro mercado regulamentado nacional ou estrangeiro, devia ser concedido aos investidores "tempo suficiente" para venderem os valores mobiliários na FWB, correspondente a 6 meses (§ 46 II), podendo esse período ser diminuído até três meses caso fosse apresentada aos acionistas minoritários uma proposta de aquisição pela sociedade ou acionista ou proposta de recompra contra compensação equitativa (§ 46 III).

Porém, a solução apresentada não se afigura satisfatória. O mero anúncio de saída do mercado regulamentado causa uma depreciação do preço das ações motivada pela *pressure to tender*[1776] que é o resultado imediato da constatação

[1774] Excluímos de cogitação a hipótese de a sociedade ou o acionista controlador ser civilmente responsável, perante os minoritários, pelo sacrifício ou por atos lícitos, correspondendo a uma daquelas situações em que o Direito, não obstante admitir, como lícita, a criação de determinados danos, confere ao lesado o direito a uma indemnização. Cf. Menezes Cordeiro, *Tratado de direito civil português* VIII, cit., 713. Vaz Serra propôs que a figura fosse acolhida no Código Civil, mas, na segunda revisão ministerial, acabou por se preferir deixar a disciplina concreta da matéria às diversas previsões legais de sacrifício. Lembre-se, porém, a regra da tipicidade da responsabilidade pelo sacrifício, tal como resulta do artigo 487.º/2 do CC. De resto, responsabilizar um agente económico pela decisão de assumir o controlo de uma sociedade a um nível tal que provoque o *delisting* forçado desta seria estabelecer um entrave à livre negociabilidade dos valores mobiliários, essencial no mercado de capitais. O mesmo se diga em caso de *delisting* voluntário que, muitas vezes, poderá corresponder a uma decisão de reestruturação da sociedade.

[1775] Sobre este regime, cf. Wolfgang Gross, *Delisting. Art. 14 GG, §§ 38 Abs. 4 Satz 1, 53 Abs. 2 BörsG, §§ 58, 67, 73, 82 BörsenO Frankfurter Wertpapierbörse*, em Wilhelm Happ *at alii* (org.), *Aktienrecht*, 4.ª ed., Köln-Berlin-München, 2015, 2181-2192 (2191). A versão do FWB atualmente em vigor (de 17-set.-2018) consagra uma redação diferente em virtude das alterações legislativas entretanto ocorridas.

[1776] Face a uma OPA, a decisão de venda dos acionistas pode estar sujeita a distorções, fazendo com que estes decidam alienar mesmo que o preço oferecido não corresponda ao real valor das ações da empresa *target*, uma vez que existe o risco de, mesmo não vendendo, o proponente ganhar o controlo da sociedade, caso em que ficarão numa posição minoritária e com ações de valor mais reduzido. De acordo com a *undistorted choice objective* uma sociedade deve ser adquirida se, e apenas se, a maioria dos seus acionistas receber uma oferta de aquisição cujo valor seja mais elevado do que o valor da *target* e do *raider* individualmente. Cf. Antonio Capizzi, *Operazioni straordinarie* cit., 99. Note-se que neste valor deverá incluir-se a perspetiva de, no futuro, a sociedade receber ofertas de aquisição mais elevadas. No entanto, os resultados fornecidos por esta teoria, na falta de regulação especial, serão distorcidos em função da diferença existente entre o preço oferecido

de que a saída do mercado dificultará substancialmente a realização do investimento através da venda das participações. Embora na Alemanha tenham surgido estudos[1777] a negar a verificação desta baixa de preços prévia à saída do mercado, os mesmos estão necessariamente enviesados pela aplicação da doutrina *Macrotron*. Se os acionistas tiverem direito a ver as suas participações compradas pelo controlador, não haverá pressão para vender no mercado com consequente contração dos preços. Por outro lado, em algumas transações *public to private*, a concentração acionista, só por si e sem dependência da exclusão do mercado, já prejudicou de forma substancial a liquidez das participações acionistas dos minoritários, "presos" numa sociedade na qual não detêm real influência. Esta hipótese é, portanto, de excluir.

A segunda possibilidade consiste em conceder aos acionistas minoritários o direito de saírem da sociedade, atribuindo-lhes o direito de exoneração mediante contrapartida adequada, nos termos consagrados no regime mobiliário. Esta foi uma das exigências de tutela dos acionistas minoritários imposta pela decisão *Macrotron* e que primeiramente motivou a alteração da UmwG em 2007, para passar a prever que em caso de fusão entre uma sociedade cotada e outra não cotada a sociedade sobrevivente (não cotada) fica obrigada a oferecer uma compensação aos acionistas que não concordem com a medida (§ 29 I)[1778]: como a exclusão da cotação no mercado prejudica a liquidez das ações, a decisão de *delisting* exige que uma contrapartida monetária seja paga aos acionistas minoritários. Já sublinhámos igualmente a alteração da *Börsengesetz*, cujo § 39 veio exigir, com alcance geral, a obrigatoriedade de lançamento de oferta pública de aquisição das ações dos minoritários. Também em Itália o direito de exoneração não é uma figura estranha quando se fala em exclusão de mercado regulamentado: o artigo 2437-*quinquies Codice Civile* consagra expressamente que aqueles sócios que votem contra a exclusão do mercado têm direito de exoneração *(diritto di recesso)*. Este direito de exoneração encontra assim a sua razão de ser numa mutação não na sociedade

pelo proponente da OPA e o preço que as ações expectavelmente atingirão em caso de sucesso da aquisição. Esta diferença existe quer esteja em causa uma OPA seguida de um *freeze-out* quer de outro tipo. Sobre o tema cf. LUCIAN A. BEBCHUK, *The pressure to tender: an analysis and a proposed remedy*, Delaware Journal of Corporate Law, vol. 12, 911-949, 1987, disponível em http://ssrn.com/abstract=480301 (3,4, 7-10).

1777 Cf. referências em CHRISTIAN MENSE/MARCUS KLIE, *Deutliche Erleichterung beim Delisting — Aufgabe der "Macrotron"-Rechtsprechung durch den BGH*, GWR 2013, 505-508, 506.

1778 Embora a *Zweiten Gesetz zur Änderung des Umwandlungsgesetzes* (UmwÄndG) não refira expressamente o caso *Macrotron*, a sua influência deve ser questionada. Cf. MATHIAS HABERSACK, *"Macrotron" — was bleibt?*, ZHR 176 (2012), 463-469 (465).

mas sim na participação social: ficando prejudicada a liquidez desta, agrava-se sobremaneira a posição do sócio.

Antes da consagração legal na Alemanha da obrigatoriedade de lançamento de oferta de aquisição, haviam sido ensaiados os mais diversos fundamentos para conceder aos acionistas minoritários um meio para saírem da sociedade. Ponderou-se a aplicação do § 39 BGB (saída de associações), o recurso aos deveres de lealdade dos sócios maioritários perante as minorias[1779]; explorou-se a ideia de resolução por justa causa (§ 314 BGB)[1780]; defendeu-se a aplicação por analogia das normas dos §§ 327a ss. AktG, que preveem o direito de o acionista que detenha pelo menos 95% das ações de uma sociedade adquirir potestativamente as participações dos sócios minoritários. Já não seria possível encontrar analogia com os §§ 29 e 207 UmwG (fusão e transformação) ou com os §§ 320b e 305 AktG (incorporação ou contratos de subordinação)[1781], considerando que estas normas preveem um direito de exoneração como contrapartida de alterações societárias estruturais, o que já vimos que não se verifica no caso de exclusão do mercado. O fundamento do direito de exoneração ocorrendo *delisting* não reside na transformação estrutural da sociedade ou numa alteração substancial da posição do sócio, mas, sim, na diminuição do valor económico da participação atenta a dificuldade de realizar o investimento. Nessa medida, a aplicação por analogia do regime do § 327a AktG pareceria a solução mais congruente por a única *ratio* da norma ser a perda de valor das participações, ao passo que as restantes normas relativas a transformações societárias ou ao regime dos grupos encontram um duplo fundamento: as alterações estruturais ocorridas e a diminuição do valor das participações sociais.

[1779] Quem defende esta posição ancora os seus argumentos no caso *Linotype* (BGH 1-fev.-1988) e seus desenvolvimentos posteriores. Na doutrina portuguesa, com variadas referências nacionais e estrangeiras, cf. ANA PERESTRELO DE OLIVEIRA, *Grupos* cit., 225 ss., em particular 236 ss., nota 626.

[1780] Este fundamento é defendido por SABINE FUNKE, *Minderheitenschutz* cit., 142 ss. (160 ss.) como desenvolvimento *praeter legem* do Direito, tendo em vista assegurar o direito das minorias, assentando numa interpretação extensiva do § 314 BGB. Compreende-se a ideia subjacente: perante determinadas circunstâncias não é expectável que o sócio mantenha a sua participação social. Por isso, ponderados os interesses de ambas as partes, deve ser concedido ao sócio um mecanismo de saída da sociedade.

[1781] Defendendo a analogia com estas normas, cf. PETER MÜLBERT, *Rechtsprobleme des Delisting*, ZHR 165 (2001), 104-140 (111). Porém, a saída do mercado, embora implique uma deterioração em termos de governação societária, como dissemos, não prejudica o *status socii*. Na medida em que essa deterioração afeta todos os sócios por igual — e não apenas os minoritários — não se encontram verificados os fundamentos para a aplicação analógica das normas referidas. Assim, SABINE FUNKE, *Minderheitenschutz* cit., 141.

Ainda que os argumentos aduzidos pudessem em teoria ser transpostos para o ordenamento jurídico nacional, onde continua a não existir previsão legal, o fundamento do direito de exoneração dos acionistas minoritários não deve, a nosso ver, radicar na analogia com o regime da alienação potestativa mobiliária, mas ser antes encarado como expressão de um princípio geral de direito, também aplicável no domínio das sociedades cotadas, que se traduz na *inexigibilidade* de permanência numa sociedade onde a posição particular de *investidor* e a confiança na estabilidade dessa posição foram prejudicadas.

Em Portugal, na ausência de um sistema legal de proteção dos acionistas em caso de saída do mercado regulamentado, haverá antes de mais que questionar se existe uma verdadeira lacuna em sentido técnico-jurídico ou se o problema se coloca, antes, no domínio das *policies*[1782], correspondendo a uma omissão revelada apenas por motivos práticos ou de política legislativa e não puramente jurídicos. O reconhecimento de que os acionistas minoritários são prejudicados pela decisão de retirar a sociedade do mercado regulamentado não é por si suficiente para afirmar que existe uma lacuna, antes é necessário concluir que o sistema jurídico pretende a respetiva tutela. A resposta é, porém, inequivocamente afirmativa. O artigo 213.º/1 do CVM, aplicável a todas as modalidades de exclusão do mercado, exige que o *delisting* não seja suscetível de causar prejuízos significativos aos interesses dos investidores (ou ao regular funcionamento do mercado). A respeito da perda da qualidade de sociedade aberta na sequência de OPA, CARNEIRO DA FRADA e DIOGO COSTA GONÇALVES[1783] já se pronunciaram no sentido da existência de um *princípio de tutela do investimento*[1784], cuja vertente negativa seria a possibilidade de desinvestimento, resultado direto do princípio da tutela das minorias, enquanto vetor axiológico material do direito societário, sustentado por influência do direito europeu das sociedades, exigência do sistema interno e decorrência do princípio da boa-fé e dos intensificados deveres de lealdade

[1782] Cf. DWORKIN, *Taking rights seriously*, Cambridge, 2002, 20 ss.

[1783] Perda da qualidade cit., 30-36.

[1784] Este princípio confere ao sócio "a avaliação das condições do investimento (a realizar ou manter) quando ocorram modificações profundas da vida societária, viabilizando-se-lhe desinvestir, apartando-se da sociedade" (CARNEIRO DA FRADA/DIOGO COSTA GONÇALVES, *Perda da qualidade* cit., 33). Assim, a proteção dos investidores não é uma questão de conveniência à qual o legislador possa responder arbitrariamente, mas, sim, uma exigência do sistema interno (p. 29). Diferentemente, cf. GUSTAVO SOUSA BOTELHO, *O direito de exoneração* cit., 139, 141, fundando a necessidade de tutela dos minoritários na aplicação analógica do mecanismo de saída previsto nos artigos 27.º/3, 194.º e 196.º do CVM, como manifestação do princípio da igualdade de tratamento e como concretização do princípio de proteção dos investidores.

que vinculam o sócio maioritário nas sociedades abertas. Sem prejuízo da autonomia do princípio, podemos afirmar que, no caso específico de *delisting*, o fundamento do direito de saída da sociedade é até mais amplo. Está em causa, nos termos que adiantámos, a ideia de inexigibilidade de permanência na sociedade, que pode ser associada, na sua raiz, aos casos de resolução com justa causa[1785]. Trata-se, afinal, de incorporar a noção normativa de razoável na própria relação social como eventual limite ao sacrifício que pode ser exigido ao sócio[1786-1787]. Veremos melhor o sentido da inexigibilidade aplicada à hipótese que aqui nos ocupa.

[1785] Considera-se justa causa "qualquer circunstância, facto ou situação em face da qual, e segundo a boa fé, não seja exigível a uma das partes a continuação da relação contratual; todo o facto capaz de fazer perigar o fim do contrato ou de dificultar a obtenção desse fim, qualquer conduta que possa fazer desaparecer pressupostos, pessoais ou reais, essenciais ao desenvolvimento da relação, designadamente qualquer conduta contrária ao dever de correcção e lealdade (ou ao dever de fidelidade na relação associativa)". Cf. Baptista Machado, *Pressupostos da resolução por incumprimento*, em *Obra dispersa*, vol. I, Braga, 1991, 125-193 (143).

[1786] Tal não é diferente de dizer que a noção normativa do razoável limita o nível de esforço exigível ao devedor na obrigação assumida. Cf. Baptista Machado, *A cláusula do razoável*, em *Obra dispersa*, I, Braga, 457-621 (467). A inexigibilidade como fundamento do direito de exoneração não é mais do que decorrência da verificação de que a vida não está ao serviço dos conceitos, mas, sim, estes ao serviço da vida [Cf. Erich Danz, *A interpretação dos negócios jurídicos* (versão port. de Fernando de miranda), São Paulo, Saraiva, 1941, 127] e que não podemos continuar, hoje, a aceitar, como sentiu necessidade de afirmar Pires de Lima na sua oração de sapiência, em Coimbra, em 1961, que o nosso sistema jurídico assenta em considerações em que a realidade individual-social não conta [Cf. Pires de Lima, *A reforma do direito privado português. Oração de sapiência proferida na Universidade de Coimbra*, BMJ 110 (1961), 3-57 (34)]. A ideia de inexigibilidade não é diferente daquela que está subjacente à interpretação dos negócios jurídicos. Cf. Madalena Perestrelo de Oliveira, *A "inexigibilidade"* cit., 548-550.

[1787] Com o desenvolvimento do conceito de inexigibilidade não podemos, é evidente, cair na "assaz frequente (tendência) para o impressionismo fácil" [a expressão é de Manuel de Andrade, *Fontes de direito, vigência, interpretação e aplicação da lei. Exposição de motivos*, BMJ 102 (1961), 141-152 (149)]. A preocupação com a vocação prática do conceito tem, por outro lado, de estar presente. Tal como não se fazem leis eficazes sem ter imaginação que permita viver antecipadamente a aplicação da norma projetada, "com as suas virtudes e os seus defeitos" [cf. Marcelo Caetano, *Ao entrar no 87.º ano. Algumas notas sobre aspectos jurídicos do ano de 1954*, O Direito 87.º (1955), 1-11 (4 e 5)]. Mas se primeiro vem a imaginação, depois vem a aplicação concreta. Retomemos as palavras de Paulo Ferreira da Cunha, *Princípios de direito*, Porto, s/ data, 291, para quem "há algo que falta profundamente à esmagadora maioria dos juristas de hoje, cuja formação positivista ou puramente idealista-racionalista, e uma prática normalmente burocrática confiscou em boa parte os meios de agir juridicamente. Trata-se da imaginação jurídica". Temos de reconstruir o direito, aproveitando o material que já se encontra à nossa disposição, mas sem ignorar que o raciocínio jurídico não pode assentar em fórmulas rígidas, que hipotecam o esforço legislativo e sujeitam o direito a uma execução "ruinosa e a curto prazo". Cf. Antunes Varela, *Do projecto ao Código Civil*, BMJ 161 (1966),

6.3.3.2. A experiência portuguesa limitada a casos de perda da qualidade de sociedade aberta: direito de saída e cálculo da contrapartida

Em Portugal, a experiência no domínio da tutela do investidor em caso de saída do mercado regulamentado encontra-se, exclusivamente, relacionada com situações de perda da qualidade de sociedade aberta. Marcantes na discussão nacional em torno do problema foram as duas OPA que, em 2012, suscitaram dúvidas sobre a tutela do investidor, ocupando o regulador e a comunidade jurídica em geral: as OPA sobre a Brisa e sobre a Cimpor. A solução destes casos situou-se na linha do entendimento antes propugnado, em 2008, a propósito do caso da *Gescartão*[1788]. Embora no caso *Cimpor*[1789] a CMVM não tenha sido sensível à necessidade de tutela das minorias, no caso

5-85 (33). Por isso, a "grande aventura" (Cf. PAULO FERREIRA DA CUNHA, *Princípios* cit., 291) que hoje vivemos de reconstruir o direito deve basear-se na elaboração de fórmulas suficientemente flexíveis para que a aplicação do direito se consiga a cada vez mais longo prazo e seja adaptável a diferentes situações jurídicas.

[1788] Na OPA sobre a Gescartão, o oferente, apesar de ter alcançado mais de 90% dos direitos de voto correspondentes ao capital social, não atingiu a mesma percentagem em termos de direitos abrangidos pela oferta, pelo que os sócios minoritários não tiveram ao seu alcance qualquer mecanismo de saída da sociedade. A CMVM pronunciou-se, ainda assim, pela necessidade de conceder aos minoritários essa possibilidade, numa posição que foi mais tarde mantida, como explicado *supra*, no caso Brisa.

[1789] Em 2012 foi lançada uma OPA geral e obrigatória — ainda que inicialmente tenha sido qualificada como voluntária — pela InterCement Austria Holding GmbH (pertencente ao Grupo Camargo Corrêa) sobre as ações da Cimpor — Cimentos de Portugal, SGPS, S.A. A OPA, embora no momento do pedido de registo junto da CMVM tenha sido qualificada pela oferente como voluntária, acabou por assumir a fisionomia de OPA obrigatória, uma vez que a CMVM decidiu que os direitos de voto do Grupo Camargo Corrêa e Votorantim (acionista da Cimpor) eram reciprocamente imputáveis (nos termos do artigo 20.º/1, *c)* e *h)* do CVM), para além de também ser imputável ao Grupo a participação detida pela Caixa Geral de Depósitos (artigo 20.º/1, *e)*, do CVM). Em resultado da imputação destes direitos de voto, considerou-se que o Grupo Camargo Corrêa ultrapassava o limiar de 50% (com 64,38%) dos direitos de voto, ficando obrigado, tal como a Votorantim, a lançar uma oferta pública de aquisição. No prospeto da oferta dizia-se que a oferente podia requerer a perda da qualidade de sociedade aberta, na sequência da OPA, em prazo inferior a seis meses. O oferente acabou por optar por manter a Cimpor cotada na Euronext Lisbon, mas os problemas de tutela dos minoritários foram notórios. Na sequência da OPA, o Grupo Camargo Corrêa passou a deter a participação qualificada de 94,1% dos direitos de voto correspondentes ao capital social e 87,1% dos direitos de voto abrangidos pela oferta. Não tendo sido atingidos 90% dos direitos de voto abrangidos pela oferta, não foi concedida à InterCement a possibilidade de adquirir potestativamente as participações dos restantes acionistas e aos minoritários não foi atribuído um mecanismo de saída da sociedade, uma vez que o âmbito de previsão do artigo 194.º do CVM não se encontrava preenchido. Apesar de este caso não ter culminado no *delisting* da sociedade, as considerações feitas em texto aplicam-se com as devidas modificações e sempre tendo em atenção o caso concreto.

Brisa[1790] sujeitou o deferimento do requerimento de perda da qualidade de sociedade aberta à apresentação pela Tagus de um mecanismo de saída e de determinação de uma contrapartida que fosse compatível, em alternativa, com o regime mobiliário ou com o regime societário de alienação potestiva[1791]. Do que dissemos a propósito da distinção entre estes regimes resulta claro que não aderimos à alternatividade com que o regulador apresentou a forma de cálculo da contrapartida, ainda que a solução de fundo mereça concordância. Tal como determinou a CMVM, aos sócios minoritários deverá ser concedido um mecanismo de saída da sociedade. Simplesmente, o cálculo

[1790] A Brisa Auto-Estradas de Portugal, S.A. tinha as suas ações admitidas à negociação no mercado regulamentado da Euronext Lisbon. A 29 de março de 2012, a Tagus Holdings, S.à.r.l. (Tagus) lançou uma OPA geral e obrigatória sobre as ações da Brisa, na sequência da qual a Tagus passou a deter 84% do capital social e a ser-lhe imputáveis 92% dos direitos de voto da Brisa. A 4 de setembro de 2012, a Tagus apresentou à CMVM um pedido de perda da qualidade de sociedade aberta da Brisa, com fundamento no artigo 27.º/1, *a)*, do CVM, que admite o pedido caso um acionista passe a deter, na sequência de oferta pública de aquisição, mais de 90% dos direitos de voto calculados nos termos do artigo 20.º/1 do CVM. A CMVM considerou que, para autorizar a exclusão do mercado regulamentado, a Tagus tinha de assegurar que os acionistas minoritários pudessem sair da sociedade em termos similares aos que resultariam do acionamento de deliberação de perda de qualidade de sociedade aberta em assembleia geral (artigo 27.º/1, *b)*, do CVM), da alienação potestativa mobiliária (artigo 196.º do CVM) ou da alienação potestativa societária (artigo 490.º do CSC) e que a contrapartida a pagar teria de ser determinada nos termos do artigo 188.º do CVM ou do artigo 490.º/2 do CSC. A 1 de março de 2013, a Tagus apresentou à CMVM a sua opção pelo regime do artigo 490.º/2 do CSC. A Tagus introduziu, em 11 de abril e até 13 de maio de 2013, uma ordem permanente e irrevogável de compra, fora de mercado regulamentado, dada a um intermediário financeiro que atuou em seu nome e representação e que executou as ordens de venda das ações da Brisa dadas por qualquer acionista da sociedade que com a Tagus não se encontrasse em alguma das relações previstas no artigo 20.º/1 do CVM. Assim se conferiu a todos os acionistas minoritários uma efetiva possibilidade de decisão quanto à manutenção ou não do seu investimento. Note-se que, neste caso, os acionistas minoritários não poderiam ter sido tutelados por via do direito de alienação mobiliária potestativa porque, apesar de o oferente ter atingido mais de 90% dos direitos de voto correspondentes ao capital social, não conseguiu adquirir mais de 90% dos direitos de voto *abrangidos pela oferta*. Por outro lado, os acionistas não puderam decidir pela alienação das suas participações na oferta pública porque o oferente não demonstrou uma vontade definitiva de requerer a perda da qualidade, apenas se dizendo no prospeto que "pondera, após uma análise dos resultados da oferta, em função das condições de mercado, nomeadamente ao nível da sociedade visada e da liquidez das acções desta que se vier a verificar no período pós OPA, vir a requerer à CMVM a aprovação e divulgação da perda da qualidade de sociedade aberta pela Sociedade Visada".

[1791] Cf. Decisão do Conselho Diretivo da CMVM sobre o Pedido da Tagus — Holdings S.à.r.l. de Perda de Qualidade de Sociedade Aberta da Brisa — Autoestradas de Portugal, S.A., disponível em http://www.cmvm.pt/pt/Comunicados/Comunicados/Pages/Decis%C3%A3operdaqualidadesociedadeabertabrisa.aspx?displaymode=design&controlmode=edit#_ftn2.

da contrapartida a oferecer pelo sócio maioritário (ou por quem este nomeie para assumir esta obrigação) deverá ser feito de acordo com o regime mobiliário, e não com o regime societário, como acabou por acontecer no caso *Brisa*. Vários argumentos — de ordem legal e prática — depõem contra a aplicação do artigo 490.º do CSC.

A aplicação do regime societário pressupõe que uma sociedade, por si ou conjuntamente com outras sociedades mencionadas no artigo 483.º/2 do CSC, disponha de quotas ou ações correspondentes a, pelo menos, 90% do capital de outra sociedade, o que não acontecia com a Brisa (a Tagus detinha apenas 84% do capital social desta sociedade). Em segundo lugar, o n.º 7 do mesmo artigo impõe que a aquisição tendente ao domínio total de sociedade com o capital aberto ao investimento do público, como era o caso da Brisa, siga o disposto no Código dos Valores Mobiliários. Ou seja, é o próprio Código das Sociedades Comerciais que exclui essa situação do seu âmbito de aplicação[1792]. Aliás, não é por acaso que a forma de cálculo da contrapartida é diferente nos dois regimes, sendo o mercado de valores mobiliários mais vigoroso, o que permite determinar, de maneira mais exata e objetiva, a contrapartida que melhor assegure os direitos dos minoritários[1793]. Em qualquer caso deste tipo, a contrapartida deverá, por isso, ser calculada em conformidade com o artigo 188.º do CVM, e não com recurso (em alternativa) ao artigo 490.º do CSC. Acrescente-se que, quando o *delisting* seja o resultado de uma OPA, a existência de um modo mais claro e objetivo de cálculo do valor a oferecer pelas participações dos minoritários contribui para evitar uma pressão indevida para vender (*pressure to tender*) na oferta antecedente ao *delisting* da sociedade.

Naturalmente que os motivos invocados para tutelar os minoritários a propósito da perda da qualidade só com algumas adaptações poderão ser transpostos para o específico domínio do *delisting*. Segundo afirmou a CMVM a apresentação do pedido de perda de qualidade de sociedade aberta "coloca em evidência uma situação de tendencial conflito entre acionista maioritário e acionistas minoritários similar àquela que está na base da previsão de institutos jurídicos de natureza similar"[1794]. A partir de uma análise dos institutos

[1792] A única forma de contornar este argumento seria fasear o procedimento (que não foi o que aconteceu). Ou seja, admitir, primeiro, a decisão favorável à perda da qualidade e, posteriormente exigir a aquisição potestativa (de acordo com o regime societário) das participações restantes. Porém, permaneceria por resolver o primeiro obstáculo: não se encontra preenchido o âmbito de previsão do artigo 490.º do CSC.

[1793] Cf. Hugo Moredo dos Santos, *Aquisição tendente* cit., 367.

[1794] Cf. ponto 25 da Decisão do Conselho Diretivo.

análogos, o regulador concluiu que em todos eles é concedido aos acionistas minoritários um mecanismo de saída da sociedade e que esse direito seria um "imperativo do próprio sistema e vetor fundamental do regime jurídico dos valores mobiliários e das sociedades comerciais"[1795]. Embora a apreciação da CMVM tenha sido — como se impunha — no plano da perda da qualidade de sociedade aberta e não exclusivamente da saída do mercado regulamentado, as preocupações de base não são estruturalmente diferentes daquelas que identificamos, ainda que a via mais adequada de tutela dos investidores seja, da nossa perspetiva, o reconhecimento da aplicabilidade, nesta área, dos institutos jurídicos gerais.

6.3.2.3. O *delisting* como causa de *inexigibilidade* de permanência na sociedade: da tutela do *status socii* à tutela do investidor e do investimento

Saber se o *delisting* representa, em concreto, um caso de inexigibilidade da manutenção da relação social obriga a delinear os contornos desse conceito. Está em causa reconhecer que não é razoável manter o investidor na sociedade, não lhe facultando mecanismos de saída, num cenário de perda de liquidez das ações que decorra da decisão de saída do mercado tomada pela sociedade, contra a sua vontade. É a própria ligação especial com a sociedade emitente que se rompe.

Veremos que se trata de defender o *investidor* enquanto tal e não em função da sua qualidade de *sócio* da sociedade: não se garante a integridade da posição social ou do *status* de sócio mas a posição de investidor em si e por si, na linha do que dissemos no capítulo I. Se é certo que a sociedade constitui uma forma de exercício em comum de uma atividade económica, também é verdade que a sociedade anónima é reconhecida e protegida como veículo de investimento, assegurando a sua função de meio de congregação de capital[1796]. No caso da sociedade cotada em particular, a generalidade dos acionistas minoritários, mais do que sócios no sentido tradicional (envolvidos empresarialmente), são investidores. Assume-se de pleno a dualidade tradicional do direto das sociedades, a que também temos feito apelo, do acionista-empreendedor e do acionista-investidor. Ora, há que reconhecer que, na sociedade cotada, o sócio investidor não é menos merecedor de proteção jurídica do que o sócio em sentido tradicional e que o ordenamento jurídico

[1795] Cf. ponto 27 da Decisão do Conselho Diretivo.

[1796] De tal maneira que são muitos os aspetos em que hoje se considera inaplicável às sociedades comerciais o conceito de sociedade constante do artigo 980.º do Código Civil. Cf., *v.g.*, Pais de Vasconcelos, *A participação* cit., 30.

valoriza devidamente a posição daquele enquanto sujeito digno de tutela do direito. Se tradicionalmente se entende que o acionista(-empreendedor) deve ser defendido perante alterações estruturais que modificam as bases da sua participação na sociedade, o estatuto de investidor requer igualmente proteção legal no sistema jurídico português. Não é, assim, de estranhar que identifiquemos no *delisting* uma situação potencial de alteração dos pressupostos da participação do acionista(-investidor) na sociedade de tal maneira intensa que deixa de ser *exigível* ou *razoável* reclamar-lhe a presença ou "prendê-lo" na sociedade, na qual investiu contando com a manutenção de determinado nível de liquidez das ações que passou a não se verificar por decisão de *delisting* do emitente, com a qual não concordou.

A ideia de inexigibilidade, formada sob a égide do princípio da boa-fé, não tem sido utilizada para o específico domínio da exclusão do mercado regulamentado, mas nenhuma razão depõe em sentido contrário à sua valia dogmática e prática nesta área. Os conceitos, enquanto instrumentos ou enquanto dados, são construídos sobre atos, sejam eles do legislador, do juiz ou das partes contratantes e, particularmente no último caso, não se pode considerar o conceito como adquirido sem tomar em consideração a realidade concreta[1797]. A ideia (abstrata) quando concretizada transforma-se num conceito[1798] e sem essa concretização não apresenta qualquer tipo de valência: traduz-se na unidade entre o conceito e a sua realidade (*Begriff* e *Wirklichkeit*)[1799]. Ora, é possível concretizar o princípio da boa-fé, densificá-lo e torná-lo operativo em situações muito concretas que podem ser reconduzidas a hipóteses de inexigibilidade, em que se torna desrazoável a permanência do sócio na sociedade. Questão delicada é a da relação entre "razoabilidade" e "boa fé". O próprio conceito de "razoabilidade", frequentemente usado no direito, não é fácil de descrever: funciona como busca de "equilíbrio prático", sem que o seu núcleo conceptual se traduza num conjunto de requisitos e regras predeterminados, antes fornecendo critérios multifacetados cujo conteúdo varia de caso para caso: será por isso um "critério normativo sensível ao contexto" (*context-sensitive normative criterion*), i.e., um conceito que é especificado de diferentes formas

[1797] Assim, Francesco Carnelutti, *Metodología del derecho* (trad. esp.), México, s/ data, 80.

[1798] Cf. Carnelutti, *Metodología* cit., 78.

[1799] Cf. José Lamego, *O essencial sobre a filosofia do direito do idealismo alemão*, Coimbra, 2011, 54, a propósito das pressuposições de Hegel sobre a natureza das ideias, adotadas nas *Linhas fundamentais da filosofia do direito*.

dependendo do contexto[1800]. Implica, no fundo, uma ideia de equidade[1801]. Ainda que se possa exigir, mais limitadamente, não uma decisão ótima mas sim "suficientemente boa" [1802] (aceitável ou, pelo menos, não inaceitável): é a ideia de uma "razoabilidade *suficientista*" (*sufficientist reasonableness*). Aplicado ao caso concreto que nos ocupa, e seguindo LARENZ[1803], o que escrevemos significa que é, em última análise, a ideia de um "direito equitativo" que deve guiar o juiz. A "razoabilidade" (*ragionevolezza*) surge como "um meio para a satisfação de valores e um valor em si mesma sem o qual nenhum outro valor pode realizar-se de modo adequado"[1804].

A unidade conceptual e coesão da "razoabilidade" emergiria, segundo alguns, por confronto com o conceito de "racionalidade": a primeira incluiria, mas não seria redutível a este último, designadamente por partir de considerações morais. Compreende-se, até certo ponto, a distinção e, em especial, a ideia de que a racionalidade é "orientada por um fim", ao passo que a razoabilidade é "orientada por valores" e contém elementos morais, ao contrário do racional. Melhor será, todavia, um entendimento da "racionalidade" (enquanto razão prática), como o defendido por ALEXY, segundo o qual a "racionalidade" abrange tudo o que a "razoabilidade" compreende e que ser racional e ser razoável é afinal o mesmo[1805]. Não é este, porém, evidentemente, ensejo para regressar ao problema da relação entre "razoabilidade" e "racionalidade". Interessa sim, aqui, a relação entre aquele conceito e o conceito de boa-fé.

Na nossa conceção, a boa fé incorpora a ideia de "razoabilidade" mas, ao contrário do que por vezes se entende, nem uma nem outra são extrínsecas à relação social. Julgamos que, neste contexto, a boa fé deve ser considerada numa dupla perspetiva: por um lado, como cânone hermenêutico; por outro, como elemento intrínseco, permitindo a recondução da inexigibilidade ao núcleo da relação entre sócio e sociedade. O direito de exoneração não é o resultado da garantia

[1800] Introdução a GIORGIO BONGIOVANNI *et alii* (org.), *Reasonableness and law*, Heidelberg, London, New York, 2009, XI e ss.

[1801] Assim, ARTHUR RIPSTEIN, *Reasonable persons in private law*, em GIORGIO BONGIOVANNI *et al.* (org.), *Reasonableness and law* cit., 255 ss. (256).

[1802] Cf. GIOVANNI SARTOR, *A sufficientist approach to reasonableness in legal decison-making and judicial review*, em GIORGIO BONGIOVANNI et alii (org.), *Reasonableness and law* cit., 17 ss. (17).

[1803] *Die Methode der Auslegung des Rechtsgeschäfts: zugleich ein Beitrag zur Theorie der Willenserklärung*, Frankfurt am Main, 1966, 106.

[1804] FRANCESCO VIOLA, *Ragionevolezza, cooperazione e regola d'oro*, Anuario di ermeneutica giuridica, ragionevolezza e interpretazione, Milano, 2002, 109-129 (111).

[1805] Cf. ROBERT ALEXY, *The reasonableness of law*, em GIORGIO BONGIOVANNI *et alii* (org.), *Reasonableness and law* cit., 5 ss. (5).

do desinvestimento ou da tutela do investimento, antes a consequência última do reconhecimento de que não pode ser exigida a manutenção de uma relação social que prejudica a posição do sócio-*investidor*. Tratamos de casos em que os acionistas, com o seu investimento, tipicamente, não tiveram intenção de participar na vida societária, mas, apenas, de realizar lucros, mediante a compra de participações sociais e posterior alienação em mercado. A sua posição altera-se radicalmente com a exclusão do mercado. Não porque o equilíbrio interno de poderes prejudique o *status socii* ou porque a sociedade tenha sofrido qualquer alteração estrutural, mas sim porque a sua posição na sociedade — que, mais do que de sócio, é de investidor — se esvaziou, em larga medida, de conteúdo. Ou seja, estruturalmente a sociedade mantém-se, tal como se mantém a posição de sócio, mas o estatuto de investidor é posto em causa com a operação. É esta a constatação que deverá motivar que o sócio tenha o direito de se apartar da sociedade com base na inexigibilidade de manutenção da relação social, o que, de resto, é o fundamento último dos demais casos de direito de exoneração previstos no direito societário e mobiliário[1806].

A exclusão do mercado regulamentado afeta, de forma particular, a posição dos titulares de ações com direito de voto majorado. Conforme defendemos, as categorias de ações com direito de voto duplo só podem ser emitidas por sociedades cotadas no mercado regulamentado. Assim, o *delisting* conduz necessariamente ao retorno ao vetor *one share, one vote*, privando os acionistas do privilégio do incremento do voto. Havendo lugar a exclusão do mercado, estes acionistas podem, alternativamente, alienar as suas participações, sendo a majoração do voto contabilizada no valor da contrapartida equitativa, ou manter as participações, que devem ser automaticamente convertidas em

[1806] É certo que os casos de direito de exoneração que encontram previsão legal assentam, de forma mais ampla, na tutela dos sócios que não podem ficar vinculados a uma sociedade que sofreu uma alteração estrutural ou na qual o seu estatuto foi posto em causa. Porém, em termos últimos, é a ideia de inexigibilidade que justifica o direito de exoneração. Simplesmente, nos casos de *delisting* a inexigibilidade fundamenta-se no perigar da posição de investidor e não tanto de sócio. Sobre os fundamentos do direito de exoneração (ou, mais limitadamente, de exclusão), cf. Menezes Leitão, *Pressupostos da exclusão de sócio nas sociedades comerciais*, Lisboa, 1989; Pedro Romano Martinez, *Da cessação do contrato* cit., 282 ss.; Ana Perestrelo de Oliveira, *Grupos de sociedades* cit., 232 ss., Carolina Cunha, *A exclusão de sócios (em particular, nas sociedades por quotas)*, em *Problemas do direito das sociedades* cit., 201-233 (231-233), João Espírito Santo, *Exoneração do sócio no direito societário-mercantil português*, Coimbra, 2014, 507 ss. Consideramos, portanto, ultrapassada — porquanto historicamente datada — a conceção que ancorava o direito de exoneração na proteção da sociedade comercial contra aqueles sócios que fossem perniciosos para o seu normal funcionamento. Neste sentido, cf. J. Avelãs Nunes, *O direito de exclusão de sócios nas sociedades comerciais* (reimpr. da ed. de 1968), Coimbra, 2002, 47 ss.

ações ordinárias[1807], tendo, ainda assim, direito a serem compensados pela privação do direito especial ou do benefício de lealdade. Note-se que em caso de alienação de *L-shares*, ao contrário do habitual, deverá ser contabilizado o valor do voto majorado no montante da contrapartida. Ainda que a alienação de ações de lealdade no mercado não corresponda a qualquer vantagem para o adquirente, já que este não beneficiará do voto majorado em virtude da quebra de lealdade que aquela representa, quando ocorra exclusão do mercado regulamentado a venda não corresponde a romper a lealdade para com a sociedade, mas apenas ao desejo de não se manter vinculado a uma sociedade não cotada. Considerando que o acionista não tem uma real alternativa a não ser sair da sociedade, no cálculo da contrapartida adequada deverá ser tido em conta o valor intrínseco da participação e a majoração do voto (ainda que calculado com base nos critérios médios atendíveis no período de referência). Se o acionista decidir permanecer na sociedade, terá direito a uma compensação pela privação do voto majorado. Os mesmos princípios devem aplicar-se aos titulares de valores mobiliários que concedam direito à subscrição ou alienação de ações com voto duplo e que se veem confrontados com a impossibilidade superveniente de concretizarem o seu direito. De igual modo, os restantes valores mobiliários que confiram o direito à subscrição ou aquisição de ações têm o seu valor diminuído, ainda que tecnicamente não se impossibilite a realização do investimento[1808]. Embora sejam compreensíveis

[1807] Sobre a conversão automática de ações privilegiadas em ações ordinárias, ainda que a outro propósito (das *azioni di risparmio* em caso de *delisting*), cf. GIOVANNI E. COLOMBO/PIERGAETANO MARCHETTI, Delisting *e azioni di risparmio (due pareri contrapposti)*, Banca Borsa Titoli di Credito, 2002, 3, 365-379. O artigo é constituído por duas partes, correspondentes a duas posições divergentes e escritas por Autores diferentes. Independentemente da posição que se adote, as preocupações demonstradas no texto por COLOMBO, que se manifesta contra a conversão automática das *azioni di risparmio* em ações ordinárias, não deverão ser transpostas para este caso. Argumenta o Autor que os titulares destas ações não estão interessados no exercício comum dos direitos sociais, nomeadamente na participação em assembleia geral, mas apenas nas vantagens patrimoniais proporcionadas pelas ações. Ora, estas preocupações não têm cabimento no caso de conversão automática de ações com direito de voto plural em ações ordinárias, na medida em que os direitos inerentes às duas categorias de ações são substancialmente equivalentes, variando apenas no plano quantitativo por referência ao direito de voto.

[1808] Não consideramos que seja necessário fazer um estudo de mercado de forma a calcular a diferença (expectável) entre o *spot price* e o *strike price*. Na nossa perspetiva, não será relevante *por quanto* iria o titular do valor mobiliário adquirir as ações, mas apenas *que tinha o direito à sua subscrição ou aquisição*. Tomar em conta a evolução futura (esperada) do valor das ações no mercado para determinar o valor da compensação a pagar pelo *warrant* seria o mesmo que considerar que as ações poderão expectavelmente subir ou descer de valor no futuro e que todos os acionistas terão de receber uma compensação que incorpore essa evolução.

e devam ser valorizados os entraves criados à saída do mercado com as exigências compensatórias, há que não ignorar que esta é uma solução consentânea com o sistema e até mesmo sua decorrência. Existem múltiplas disposições legais que requerem o consentimento dos sócios como condição de eficácia da afetação dos seus direitos[1809], o que deixa entrever um princípio geral de defesa dos sócios contra compressões não consentidas da sua posição; por outro lado, todo o regime disperso dos valores mobiliários que concede direito à subscrição ou aquisição de ações indicia a opção por um igual tratamento dos seus titulares face aos acionistas[1810]. Mas, sobretudo, é o apelo à ideia de inexigibilidade que habilita o intérprete-aplicador com as ferramentas necessárias para encontrar o reclamado equilíbrio de interesses no caso concreto.

Naturalmente, seria preferível que a lei tivesse previsto expressamente um mecanismo de saída da sociedade e a aplicabilidade do artigo 188.º do CVM quanto ao cálculo da contrapartida, fechando a porta a dúvidas. Decerto que a previsibilidade das consequências do investimento, mesmo para aqueles sócios sem capacidade para influenciar o governo da sociedade, aumenta a confiança no mercado, reduz o "risco de expropriação"[1811] e diminui, consequentemente, o custo do capital para o emitente. Mas tais dúvidas poderão ser atenuadas mediante uma previsão do direito nos estatutos da sociedade, no acordo parassocial, ou ainda, como defende Zetzsche[1812], através da exigência,

[1809] A exigência de consentimento dos sócios como condição de eficácia das deliberações que afetem a sua posição jurídica pode ser encontrada noutras disposições como as dos artigos 24.º, 103.º/2, 180.º/1, 182.º/1, 184.º/2, 205.º/1, 233.º/1, 257.º/3, 328.º/3 e 347.º/1 do CSC. Cf. Carneiro da Frada/Diogo Costa Gonçalves, *Perda da qualidade* cit., 31.

[1810] Cf., a título de exemplo e sem qualquer pretensão de exaustividade, o artigo 27.º/1, *b)*, e 3, 187.º/1, 195.º/4 do CVM e o regime societário das obrigações convertíveis em ações. A propósito deste regime, diz-se que em sociedades emitentes de valores mobiliários admitidos à negociação em mercado regulamentado, a proteção dos titulares de obrigações convertíveis pode, em alternativa, ser efetuada através de cláusulas de reajustamento automático da relação de conversão que salvaguardem a integridade do interesse económico dos titulares em condições equitativas (artigo 368.º/5 do CVM). A igualdade de tratamento manifesta-se na proibição de várias operações, como a transformação societária, mas, também, no condicionamento da validade de outras transações a que sejam assegurados direitos iguais entre os titulares de obrigações convertíveis em ações e os acionistas. Sobre as operações proibidas e condicionadas, cf. Fátima Gomes, *Obrigações convertíveis em acções*, Lisboa, 1999, 143-214. Em Itália, o artigo 2.2.12 do *Regolamento dei mercati organizzati e gestiti da Borsa Italiana s.p.a.* a propósito da admissão à negociação dos *warrants* determina que deve ser previsto um regime de ajustamento para os casos em que ocorram eventos de natureza extraordinária e que privem os titulares do valor mobiliário do seu exercício.

[1811] Capizzi, *Operazioni straordinarie* cit., 99.

[1812] *Going dark* cit., 20.

pelos próprios sócios, da compra das suas participações sociais aquando da deliberação social em que se decida um *delisting* voluntário[1813].

Fica por esclarecer se nos casos de *delisting* forçado o mesmo direito deve assistir aos acionistas. Da forma como encaramos o problema — da ótica da inexigibilidade da manutenção da relação social — a tutela do investidor justifica-se com a mesma intensidade quer esteja em causa uma transação *public to private*, um caso de *delisting* voluntário ou ainda de *delisting* forçado. Quando a exclusão é decidida por iniciativa da entidade gestora, é o próprio regime mobiliário, de resto, que reconhece que a medida só é possível se não for *suscetível de causar prejuízos significativos aos interesses dos investidores e ao funcionamento regular do mercado* (artigo 213.º/1 do CVM). Qualquer solução diferente autorizaria que a sociedade se colocasse numa posição em que não sobraria alternativa a não ser a exclusão forçada do mercado, conseguindo, assim, obstar ao sacrifício económico que importa a garantia da posição dos acionistas minoritários.

A identificação do fundamento do direito de exoneração permite concluir que tratamos neste âmbito da tutela do *investidor* como titular de ações admitidas à negociação em mercado regulamentado e não tanto do *acionista* como sócio de uma sociedade cotada[1814]. Esta conclusão é crucial para resolver os casos de *delisting* parcial. Imagine-se que, apesar de a exclusão do mercado regulamentado ter afetado alguns acionistas, existiam sócios titulares de ações que não estavam admitidas à negociação em mercado regulamentado. Nestes casos, não podemos considerar que seja inexigível que esses sócios continuem na sociedade, inexistindo, portanto, necessidade de os tutelar. E o mesmo se diga quando a sociedade procede ao *delisting* de apenas algumas ações. Os sócios titulares das ações cuja negociação em mercado regulamentado cessou mantêm-se acionistas de uma sociedade cotada, simplesmente as suas ações já não são negociadas na bolsa e, por esse motivo, reclamam proteção do direito.

[1813] Certo é que a última solução é propícia a abusos por parte dos acionistas maioritários, que tentarão influenciar o voto dos minoritários. Sempre se poderia dizer que o problema pode ser controlado, mas julgamos preferível adotar uma solução que evite abusos *ex ante*, dada a dificuldade em identificar estes comportamentos e resolvê-los. Poderão, inclusivamente, gerar-se hipóteses mais complexas, nomeadamente de *empty voting*, descritas *supra*. Sobre o assunto, cf. MADALENA PERESTRELO DE OLIVEIRA, *Instrumentos financeiros* cit., 537-602.

[1814] A questão é colocada desta forma por NOTARI, *Il recesso per esclusione* cit., 536. O Autor conclui, ao abrigo do direito italiano e analisando o artigo 131 TUF (entretanto revogado), que o direito de exoneração encontrava justificação na tutela dos sócios enquanto titulares de ações negociadas na bolsa e que devem poder manter os benefícios que daí resultam.

Permanecem, ainda assim, por resolver três grandes questões: o montante devido para assegurar a saída aos sócios minoritários em caso de *delisting*; a identificação do sujeito obrigado ao respetivo pagamento e a exigência de prestação de garantia. Quanto ao montante da compensação devida aos sócios minoritários que se exonerem da sociedade, na Alemanha, a lei determina atualmente, como já dissemos, que esta não pode ser inferior à média ponderada do valor das ações nos seis meses anteriores, salvo nos casos em que seja necessário recorrer ao valor justo da empresa. Antes da previsão legal do § 39 BörsG, defendia-se o cálculo por analogia com os §§ 305 III, S. 3, 327b II AktG. Em relação ao obrigado à oferta, por seu lado, tanto poderá ser a sociedade como o sócio maioritário. A solução já vigorava antes do novo § 39 BörsG[1815]. De facto, os §§ 327a ss. AktG referem-se aos direitos que podem ser exercidos contra o *Hauptaktionär*[1816], o que deixa em aberto a possibilidade de a compensação ser paga pelo acionista maioritário. Perguntava-se, por fim, se devia aplicar-se analogicamente a norma do § 327 AktG que determina que, em caso de *squeeze out*, o devedor maioritário deve

[1815] Cf. Hans-Jürgen Hellwig/Michael Bormann, *Die Abfindungsregeln* cit., 492. A oneração do sócio maioritário com a obrigação de compensar os minoritários justifica-se, também, pelas limitações existentes à detenção de ações próprias pela sociedade. É discutível se o "sócio maioritário" pode corresponder a um conjunto de sócios. Porém, parece que este conceito deve ser interpretado restritivamente, uma vez que geraria um encargo económico desproporcional exigir o pagamento da compensação a sócios que não detenham uma posição de controlo na sociedade. Em qualquer dos casos, um sócio só poderá ficar vinculado ao pagamento da compensação caso tenha votado favoravelmente o *delisting*. Neste sentido, cf. Tobias Kircher, *Kompensationsleistungen* cit., 359 e 365.

[1816] Notando esta possibilidade, cf. Martina Benecke, *Gesellschaftsrechtliche* cit., 1126. Porém, já foi ferozmente criticada a possibilidade de sujeitar o acionista maioritário a uma obrigação de compra das participações dos minoritários. Cf. Jens Ekkenga, *"Macrotron"* cit., 903-907. O Autor nota que a obrigação de compra da posição dos minoritários não pode recair sobre a sociedade, já que, naqueles casos em que houvesse mais de 10% de sócios dissidentes, essa obrigação conduziria à potencial violação do limite à detenção de ações próprias, que, de acordo com o § 71 AktG, não pode exceder 10% do capital social. Ora, se assim fosse, para compatibilizar esta obrigação com as normas sobre ações próprias teria de se exigir uma votação da assembleia geral que aprovasse o *delisting* com uma maioria de 90% do capital social. Acrescenta, ainda, que a obrigação a cargo do acionista maioritário não pode encontrar fundamento numa aplicação analógica dos §§ 327b, § 320b I ou 304 e 305 AktG, na medida em que estas normas preveem casos em que o acionista maioritário se encontra vinculado a compensar os minoritários por transações que *já ocorreram* (como os casos de *squeeze-out* ou *Eingliederung*) ou em casos de contratos de subordinação. Trata-se, portanto, de transações economicamente vantajosas para os maioritários, o que não encontra paralelo no caso do *delisting*, que é uma operação economicamente neutra para estes (p. 905). Por último, diga-se, também, que há situações de exclusão do mercado regulamentado que não dependem da vontade do sócio maioritário, caso em que se tornaria ainda mais evidente a falta de fundamento jurídico para uma obrigação de compra a cargo do acionista controlador (p. 908).

apresentar uma garantia de pagamento da compensação prestada por uma instituição de crédito. O mesmo se prevê no § 13 WpÜG. Porém, como qualquer destas normas diz respeito ao pagamento devido pelo sócio maioritário, defende-se que as mesmas não devem ser estendidas aos casos em que à própria sociedade cabe efetuar o pagamento dessa compensação, uma vez que o risco de insolvência da sociedade é sempre suportado pelos seus sócios, o que faz cessar o fundamento para que seja prestada garantia[1817].

No nosso ordenamento jurídico, a questão não apresenta dificuldades face à consagração legal da forma de cálculo da compensação a que o sócio tem direito no caso de saída de sociedades cotadas. Há que aplicar o artigo 188.º do CVM — beneficiando da doutrina consolidada sobre a norma[1818] — dado que o fundamento do direito de exoneração em caso de *delisting* é a inexigibilidade de manutenção de uma relação social que prejudica a posição do sócio *enquanto investidor*. Nestes termos, conforme é expressamente admitido no artigo 188.º/2 do CVM, pode a CMVM entender que a contrapartida oferecida não é equitativa, ainda que corresponda à *best price rule*[1819] tal como se encontra delineada no preceito. A exclusão do mercado regulamentado não só prejudica a negociabilidade das ações fora do mercado, como aprisiona o acionista e vincula-o a alienar a sua participação social no momento da oferta pública obrigatória. Ora, como dissemos, não é só (ou não é tanto) a sua posição de sócio que fica prejudicada pela exclusão do mercado, mas, mais do que isso, a sua posição de investidor, visto que, caso tivesse mantido a negociação em mercado regulamentado, poderia alienar as suas participações no momento que entendesse conveniente, aproveitando, nomeadamente,

[1817] O argumento é apresentado por Martina Benecke, *Gesellschaftsrechtliche* cit., 1126.

[1818] O escopo de tutela dos investidores das normas que obrigam ao lançamento de ofertas públicas de aquisição é unanimemente reconhecido nos diversos ordenamentos jurídicos. Cf., *v.g.*, Calvão da Silva, *Suspensão do dever de lançamento de OPA*, em *Estudos jurídicos (pareceres)*, Coimbra, 2001, 7-38 (24); Vassilios D. Tountopoulos, *Anlegerschutz bei unterlassenem Pflichtangebot nach europäischem Kapitalmarktrecht*, WM 7/2014, 337-346 (345).

[1819] A primeira forma de determinar o montante da contrapartida corresponde à *best price rule* e assume que o preço mais alto pago pelo oferente ou pelas pessoas cujos direitos de voto lhe são imputáveis corresponde ao melhor preço que essas entidades poderiam pagar pelos valores mobiliários em causa. Assegura-se, assim, um tratamento igual entre o acionista minoritário e aqueles que no período de seis meses antes da aquisição potestativa abandonaram a estrutura societária. O segundo critério de cálculo assegura que o prémio de controlo não é prejudicado pelas últimas tendências do mercado, que podem ser meramente circunstanciais e não refletir adequadamente o valor de mercado das ações e o seu potencial futuro. Cf. Paulo Câmara, *O dever de lançamento de oferta pública de aquisição no novo Código dos Valores Mobiliários*, em CadMVM n.º 7, abr. 2000, 195-268 (234 ss.); Hugo Moredo dos Santos, *Aquisição tendente* cit., 372 ss.

os ciclos do mercado a seu favor[1820]. Tem de valer, neste ponto, a máxima consagrada no domínio mobiliário: a exclusão do mercado regulamentado não pode causar *prejuízos significativos aos interesses dos investidores*. A negociabilidade das ações, mais do que garantida pela via da concessão de um direito de exoneração aos sócios minoritários, tem, ainda, de ser *padrão* para avaliar o nível de tutela ideal a conceder-lhes. Esse elemento será relevante para o cálculo do valor intrínseco da participação, que pode não corresponder — para mais ou para menos — ao preço médio de negociação dos valores nos seis meses anteriores à publicação da oferta ou ao maior preço pago pelo oferente no mesmo período[1821]. Daí que, sendo a CMVM confrontada com um pedido

[1820] Nem se diga que a oscilação do valor das ações é um risco normal do mercado, que não deve recair sobre o oferente. Se se trata, certamente, de risco típico do mercado, nem por isso o mesmo deve deixar de ser suportado pelo oferente. Foi precisamente essa a intenção do legislador quando determinou um conjunto de regras que permitem calcular uma compensação equitativa, prevendo, ainda, uma válvula de escape (nomeação de auditor independente). O objetivo último da oferta é proteger os acionistas minoritários, o que nunca seria assegurado caso a oferta fosse lançada por um preço que não refletisse o real valor das ações. Qualquer posição em contrário significaria uma cedência a formalismos e aplicar de forma cega o valor médio ponderado dos valores mobiliários, sem tomar em consideração fatores que retiram utilidade a essa análise. Não se trata aqui de dizer que o risco de depreciação do valor inerente à titularidade de valores mobiliários corre por conta de terceiro, mas, sim, que não podem a sociedade e o acionista maioritário esperar decidir a saída do mercado sem atenção ao prejuízo causado aos investidores. Cf., porém, PAULA COSTA E SILVA/NUNO TRIGO DOS REIS, *A perda da qualidade* cit., 68.

[1821] Também na Alemanha (§ 31 I WpÜG) se exige que a contrapartida a oferecer em caso de OPA seja adequada (*angemessene Gegenleistung*). Os critérios para avaliar a adequação da compensação encontram-se definidos na WpÜG — *Angebotsverordnung* (*Verordnung über den Inhalt der Angebotsunterlage, die Gegenleistung bei Übernahmeangeboten und Pflichtangeboten und die Befreiung von der Verpflichtung zur Veröffentlichung und zur Angabe eines Angebots*). A remissão da WpÜG para regulamentação especial visa assegurar que a forma de cálculo da contrapartida pode ser modificada rapidamente, sem que tenha de ser alterada a própria WpÜG [RALF THAETER/MAYA ABBAS, *Wertpapiererwerbs- und Übernahmegesetz (WpÜG)*, Baden-Baden, 2012, § 31, Rn. 1]. A particularidade do regime alemão face ao português reside na exigência de que a contrapartida seja equitativa também nas ofertas públicas voluntárias, e não apenas nas obrigatórias. Curiosamente, o regime uniforme das ofertas voluntárias e obrigatórias apenas foi introduzido em 2002. Até essa data, o Übernahmekodex, no artigo 17, somente sujeitava as ofertas obrigatórias a requisitos quanto à determinação do preço. Na essência, as atuais regras alemãs para a determinação da contrapartida mínima são materialmente equivalentes às portuguesas. A diferença estrutural prende-se com o referido âmbito de aplicação. Ainda assim, na Alemanha, alguns Autores que consideram que esta é uma "peculiaridade falhada" ou que deve ser feita uma redução teleológica da norma, no sentido de só ser aplicada às OPA voluntárias nas quais o oferente queira ser dispensado do dever de lançar uma oferta subsequente obrigatória (ANDREAS PENTZ, *§ 31*, em *Münchener Kommentar zum Aktiengesetz*, vol. 1 cit., Rn. 9 ss). Porém, há quem considere que o fundamento da norma é o princípio de igualdade dos acionistas, desta feita considerado para o futuro: trata-se de igualdade entre os acionistas que

de nomeação de auditor independente para determinar a contrapartida mínima equitativa, deva, na dúvida, admiti-la e conceder prevalência ao princípio da tutela dos acionistas[1822].

6.3.2.4. A inexigibilidade como princípio operante nas sociedades cotadas: a perturbação grave da ligação especial entre investidor e emitente

Do que se escreveu resulta que a própria lei reconhece que existem casos em que é legítima a exoneração da sociedade anónima (ainda que em sentido não técnico e sem esse qualificativo expresso) e obriga a encontrar meios adequados para facultar a saída do sócio. Enquanto na exoneração em sentido técnico o direito é exercido perante a própria sociedade, em muitos casos o *exit* tem lugar por via de transmissão da participação (a um acionista ou a terceiro indicado)[1823-1824]. Substancialmente, porém, está sempre em causa o mesmo

vendem as suas participações em sede de OPA voluntária e aqueles que vendem posteriormente no contexto de OPA obrigatória (Jörg Rodewald/Mathias M. Siems, *Der Preis ist heiß — zur Angemessenheit der Gegenleistung bei Übernahmeangeboten*, ZIP 21/2002, 926 ss.). É unânime que sob determinadas circunstâncias a contrapartida a ser oferecida numa OPA voluntária tem de respeitar os requisitos legais. É o caso, já referido, de o oferente pretender ficar liberado de lançar uma oferta obrigatória subsequente (§ 35 III WpÜG). Cf. Andreas H. Meyer, *§ 35. Verpflichtung zur Veröffentlichung und zur Abgabe eines Angebots*, em Geibel/Süssmann (org.), *Wertpapiererwerbs- und Übernahmegesetz*, 2.ª ed., München, 2008, 630-656 (Rn. 3).

[1822] Neste sentido, cf. *Report of the high level group of Company Law experts on issues related to takeover bids*, Bruxelas, 10-jan.-2002, disponível em http://ec.europa.eu/internal_market/company/docs/takeoverbids/2002-01-hlg-report_en.pdf, 50. "Em qualquer área de dúvida, o julgamento deve ser guiado pelo princípio do 'interesse dos acionistas' — ou seja, todos os casos pouco claros devem ser resolvidos dando prevalência ao tratamento justo dos acionistas da empresa alvo". Como refere Pais de Vasconcelos, *Concertação de acionistas, exoneração e OPA obrigatória em sociedades abertas*, DSR, ano 2 (2010), vol. 3, 11-48 (28), o princípio da liberdade de associação exige que o sócio se possa apartar da sociedade e "não basta que o sócio se consiga apartar a qualquer preço, é necessário que o possa fazer mediante uma justa contrapartida". De forma a assegurar esta justa contrapartida, já foi decidido pela CMVM a nomeação de auditor independente em diversos casos. A título de exemplo, lembre-se a perda de qualidade de sociedade aberta da TVI — Televisão Independente, S.A., em 2008; a OPA obrigatória da Vértix sobre a TVI (comunicado da CMVM 2-mar.-2007); a OPA obrigatória de Shin-Etsu International Europe, BV sobre a CIRES, S.A. (comunicado da CMVM 23-fev.-2009); a OPA obrigatória de Abel Saturnino Pinheiro sobre Imobiliária Construtora Grão-Pará, S.A. e Interhotel — Sociedade Internacional de Hotéis, S.A. (comunicado CMVM 17-fev.-2009); aquisição potestativa da Sacor Marítima, S.A. pela Petrogal (comunicado da CMVM 30-set.-2002); a OPA obrigatória da Lagos Soccer, S.A. sobre a Estoril Praia — Futebol SAD (comunicado CMVM 17-abr.-2008), ou mais recentemente, a perda de qualidade de sociedade aberta da Luz Saúde, S.A. entre vários outros casos.

[1823] Ou através, ainda, de amortização.

[1824] Sobre a delimitação do conceito técnico de exoneração, cf. Tiago Soares da Fonseca, *O direito de exoneração do sócio no Código das Sociedades Comerciais*, Coimbra, 2008, 232 e nota 774.

fundamento: garantir que o sócio não fique "prisioneiro" do investimento realizado, em situações em que é inexigível a sua permanência na sociedade[1825].

À exoneração (*lato sensu*) não obsta a circunstância de esta não se encontrar prevista com alcance geral para as sociedades anónimas, ao contrário do que acontece nas sociedades por quotas[1826]. Compreende-se que assim suceda, atentas as próprias características deste tipo social e as consequências pesadas que a saída do acionista acarreta. Ainda assim, tem sido reconhecido, com razão, que em diversas situações o sistema jurídico reclama que, mesmo nas sociedades anónimas, se consagre a saída potestativa do sócio da sociedade, condição da realização dos princípios constitutivos da ordem jurídica. Aliás, são vários os casos em que a tutela por via do direito de saída é prevista pela própria lei, incluindo pelo Código dos Valores Mobiliários: é o caso paradigmático da OPA obrigatória e mesmo da perda de qualidade de sociedade aberta, nos termos que já vimos. Por isso, MENEZES CORDEIRO fala de um "direito à oferta"[1827].

Não obstante estes paralelos, a aceitação desse direito nas sociedades cotadas levanta desafios adicionais. A sua valia já foi negada neste domínio, reconduzindo-se o mesmo a um direito exclusivo das sociedades em que as ações representativas do capital social não se encontram admitidas à negociação em mercado regulamentado[1828]. Nos Estados Unidos, a comummente apelidada *stock market exception* ou *market-out* explica que, num mercado de capitais eficiente, onde as ações são livremente negociáveis e onde o desinvestimento é possível pelo seu preço justo, é inútil a consagração de direitos de saída

[1825] Acessoriamente, é posta em causa a liberdade fundamental de associação, prevista no artigo 46.º da CRP, na sua dimensão negativa (cf. PAIS DE VASCONCELOS, *A participação* cit., 236-248), bem como um princípio de tutela do investimento (cf., com indicações bibliográficas, DIOGO COSTA GONÇALVES, *Fusão, cisão e transformação de sociedades comerciais*, Coimbra, 2009, 265). Cf. também PAIS DE VASCONCELOS, *Vinculação dos sócios às deliberações das assembleias gerais*, em *I Congresso de direito das sociedades* cit., 189-205.

[1826] O artigo 240.º/1 admite que o sócio da sociedade por quotas possa exonerar-se quando, contra o seu voto expresso, a sociedade delibere um aumento de capital a subscrever por terceiros, a mudança do objeto social, a transferência da sede para o estrangeiro ou o regresso à atividade de sociedade dissolvida, bem como quando, havendo justa causa de exclusão de um sócio, a sociedade não delibere excluí-lo ou não promova a sua exclusão judicial.

[1827] *OPAs obrigatórias: pressupostos e consequências da sua não-realização*, RDS III (2011), 4, 927-984.

[1828] Cf. BAYLESS MANNING, *The shareholders's appraisal remedy: an essay for Frank Coker*, The Yale Law Journal, vol. 72, n.º 2, dez. 1962, 223-265, disponível em https://www.jstor.org/stable/794814; JESÚS ALFARO AGUILA-REAL, *Conflictos intrasocietarios (los justos motivos como causa legal no escrita de exclusión y separación de un socio en la sociedad de responsabilidad limitada)*, Revista de Derecho Mercantil, out.-dez. 1996, n.º 222, 1079-1141 (1125).

da sociedade[1829]. Três motivos fundamentais são apontados para a *stock market exception*[1830], resultando o primeiro da constatação de que a *ratio* do direito de exoneração não se verifica nas sociedades admitidas no mercado regulamentado. Este mercado avalia as ações corretamente de acordo com a teoria do mercado eficiente, pelo que, sendo o mercado líquido, o direito de exoneração seria redundante, visto os acionistas poderem sair da sociedade mediante a venda das suas participações. Seria, pelo contrário, um processo mais dispendioso e moroso que teria como efeito a atribuição de valor idêntico ao que os acionistas conseguiriam realizar com a venda das suas participações no mercado. Adite-se, ainda, que os custos impostos à sociedade, para além de consideráveis, seriam, igualmente, imprevisíveis, dado que antes de uma transação *going private* não existe maneira de apurar quantos acionistas se irão valer do direito de exoneração. Desta forma, uma transação eficiente e rentável pode deixar de o ser como consequência do montante a pagar aos acionistas minoritários. O último aspeto resultaria da verificação de que a venda em mercado diminui os litígios — e os custos — associados ao exercício do direito de exoneração, que são, na prática, um verdadeiro desincentivo a que os acionistas recorram a este mecanismo. Por outro lado, a própria sociedade, temendo os referidos gastos, pode decidir não enveredar por mudanças estruturais, algumas vezes essenciais no processo de reestruturação societária.

Nenhum destes argumentos se apresenta decisivo. Embora seja verdade que a venda das ações em mercado protege mais as reservas de capital da sociedade, esta tem conhecimento de antemão da forma de calcular a contrapartida justa em caso de direito de exoneração, pelo que sabe exatamente quanto terá potencialmente de pagar por cada operação que espolete este mecanismo. Além disso, ao mesmo tempo que a sociedade adquire as ações dos dissidentes pode emitir o mesmo número de novas ações, diminuindo as suas reservas apenas na medida da diferença entre o preço pós-operação e o preço pré-operação multiplicado pelo número de ações dos dissidentes[1831]. Acresce que o argumento que utiliza a *ratio* do direito de exoneração como contrária ao seu exercício em sociedades cotadas é historicamente

[1829] Cf. Frank H. Easterbrook/Daniel R. Fischel, *The economic structure of corporate law*, Cambridge, 1996, 149-152. Este parece ser o entendimento em alguns Estados americanos onde os acionistas de sociedades cotadas não gozam de um *appraisal right*.

[1830] Cf., v.g., Jeff Goetz, *A dissent dampened by timing: how the stock market exception systematically deprives public*, Fordham Journal of Corporate & Financial Law, vol. 15, n.º 3, 2009, 771-806 (787 ss.), disponível em https://ir.lawnet.fordham.edu/cgi/viewcontent.cgi?article=1199&context=jcfl.

[1831] Cf. Goetz, *A dissident* cit., 804.

datado. Funda-se, ainda, numa ideia de compensação da perda do direito de as minorias vetarem alterações estruturais da sociedade, que se encontra hoje plenamente ultrapassada. Para quem, como nós, defende que o cerne do direito de exoneração é a inexigibilidade da manutenção da relação social, o facto de a sociedade ter as suas ações admitidas à negociação em mercado regulamentado em nada altera o panorama do direito. A possibilidade de os sócios se apartarem da sociedade transforma-se, no fundo, numa forma de evitar *ex ante* comportamentos abusivos e de fornecer *ex post* um adequado remédio para essas situações[1832].

Porém, o argumento central na discussão seria a diferença estrutural existente entre uma sociedade cotada e outra não cotada no que diz respeito à facilidade de alienação das ações, que tornaria desnecessário o direito de exoneração em sociedades onde o mercado já proporciona uma forma simples de as alienar. Contudo, não pode esquecer-se que uma negociação massiva dos títulos de todos os sócios que pretendam sair da sociedade contribui para uma depreciação do seu valor[1833], ainda mais intensa no caso de *delisting*, visto que a negociabilidade futura das ações será prejudicada. O direito de exoneração, aliás, constitui, precisamente, um meio de tutela dos sócios naqueles casos em que é posta em causa a possibilidade de negociarem livremente no mercado e realizarem o valor patrimonial em que se traduz as suas participações sociais. Não podem, pois, restar dúvidas sobre a igual necessidade de atribuir o direito de exoneração nas sociedades cotadas, em particular considerando que nos situamos no específico domínio em que estas vão perder essa qualidade, assim deixando de providenciar aos seus sócios a possibilidade de venda no mercado. Um apelo formal à natureza das sociedades cotadas de modo a afastar o direito é despiciendo: ali onde se verifique o seu fundamento, a exoneração deverá funcionar. Baseando-se esta forma de tutela numa situação de inexigibilidade, a falta de previsão legal expressa não deve preocupar.

O legítimo pressuposto da participação do acionista(-investidor) numa sociedade cotada é a possibilidade, em que confia, de alienar as suas participações no mercado. Esta facilidade de alienação é essencial e constitui o próprio fundamento da participação social: embora o investidor corra, certamente, o risco de a liquidez do mercado se reduzir (porventura até em termos acentuados) por razões ligadas ao próprio mercado ou à sociedade, o sistema não lhe exige que suporte as consequências de uma decisão social

[1832] Cf. Wertheimer, *The shareholders'appraisal remedy* cit., 614, 615.

[1833] Cf. Daniela Farto Baptista *O direito de exoneração dos accionistas*, Coimbra, 2005, 367.

que implique a saída de negociação. É por razões paralelas, aliás, que a decisão de perda de qualidade determina que se ofereça aos investidores a possibilidade de saída da sociedade.

A exclusão do mercado regulamentado — seja por via de um pedido de *delisting* voluntário, de uma transação *public to private* ou, inclusivamente, em caso de exclusão forçada — torna inexigível aos sócios minoritários a manutenção da relação social. Caberá à CMVM ou à entidade gestora encarregada de avaliar a exclusão exigir à sociedade a apresentação de um esquema de saída que tutele os minoritários. Em termos práticos, a sociedade, o sócio maioritário ou outro investidor para tal indicado ficam obrigados a lançar uma OPA de exclusão[1834], cuja contrapartida equitativa deve ser determinada com recurso ao artigo 188.º do CVM.

Diferentemente do que acontece tipicamente nas sociedades não cotadas, o fundamento do direito não reside numa alteração estrutural da sociedade ou em qualquer outra situação que prejudique o *status socii*. Reconhecemos que a saída do mercado não produz uma modificação do projeto societário ou do equilíbrio interno de poderes entre acionistas. Por isso, quando se discuta a saída de bolsa, há que redefinir o foco de atenção, ultrapassando a ideia de tutela da posição de *sócio* e avançando para a tutela da posição de *investidor em mercado de capitais*. É a constatação deste aspeto que nos permite afirmar que, mesmo que não exista qualquer alteração estrutural ou

[1834] Note-se que não tratamos das situações apelidadas de OPA estatutárias, i.e., obrigações de lançamento de OPA que resultam de previsão nos estatutos (cf. Osório de Castro, *Da admissibilidade das chamadas "OPA's estatutárias" e dos seus reflexos sobre a cotação das acções em bolsa*, em *Juris et de jure — Nos vinte anos da Faculdade de Direito da Universidade Católica Portuguesa — Porto*, Porto, 1998, 117-148). Embora julguemos não existir obstáculo — e seja, até, recomendável — que os estatutos clarifiquem os direitos dos investidores em caso de *delisting*, a obrigação de conceder aos sócios prejudicados um mecanismo de saída da sociedade, mesmo quando previsto contratualmente, resulta, de forma mais ampla, do sistema jurídico (como demonstrámos) e não do negócio. Significa isto que o direito assistirá aos sócios prejudicados independentemente de previsão no contrato de sociedade. Sobre a legalidade de cláusulas dos estatutos que obriguem ao lançamento de OPA caso seja atingido um limiar de detenção de direitos de voto mais reduzido do que o legal, cf. Calvão da Silva, *OPA convencional obrigatória*, em *Estudos jurídicos (pareceres)*, Coimbra, 2001, 83-103 (97-99). O Autor defende a sua admissibilidade invocando que essas cláusulas cumprem o fundamento ou teleologia da OPA legal — a proteção dos interesses dos acionistas minoritários e a igualdade de tratamento — e, também, a circunstância de ser comum a posição de domínio ou de controlo ser atingida com percentagens mais reduzidas do que as legais. Já a supressão dos limites legais não é possível nas sociedades cujas ações se encontrem admitidas à negociação em mercado regulamentado, mas apenas naquelas não cotadas, ainda que abertas. Neste sentido, cf. Calvão da Silva, *Suspensão do dever* cit.,16.

de controlo da sociedade, ainda assim se impõe, nos casos de *delisting*, que os sócios tenham o direito (potestativo) de sair da sociedade. O fundamento é, em última análise, o mesmo que preside às previsões legais de exoneração (em sentido material): a referida inexigibilidade de manutenção da relação social[1835]. A especialidade que advém da aplicação deste instituto geral às sociedades cotadas no mercado de capitais resulta apenas da própria natureza da posição de investidor, que não é assimilável à do acionista no sentido tradicional.

Não obstante, o princípio de base mantém-se: ocorre uma perturbação grave da ligação especial entre investidor e emitente, tornando inexigível que o sócio se mantenha vinculado a uma relação social que já não representa o seu propósito de entrada na sociedade visto não lhe permitir realizar o respetivo investimento, fundamento único da sua posição acionista. Uma adequada tutela do investidor em mercado de capitais será conseguida, numa perspetiva *ex post*, pela concessão de um mecanismo de saída da sociedade aos sócios-investidores, concretizado na vinculação de um acionista indicado pela sociedade (ou da própria sociedade, consoante o caso) ao lançamento de uma OPA. Encetamos, no fundo, um caminho de reconstrução do sistema de proteção dos investidores prejudicados pela exclusão do mercado regulamentado. Em caso de deliberação de *delisting* deverá ser concedido o direito de saída a quem não tiver votado favoravelmente a decisão[1836].

O enquadramento jurídico que seguimos tem a valia de ser suficientemente maleável e implicar, necessariamente, uma ponderação dos interesses em jogo no caso concreto. Assim se acautelam situações como aquelas em que antes da exclusão do mercado os investidores não beneficiassem de um

[1835] Ainda que a propósito, exclusivamente, do caso particular da perda da qualidade de sociedade aberta e não do tema mais genérico que nos ocupa (*delisting*), Carneiro da Frada/Diogo Costa Gonçalves, *Perda da qualidade* cit., 37, notam a quebra sistemática que se identifica no regime de proteção dos sócios minoritários. Assim, se a sociedade A vier a deter mais de 90% do capital social da sociedade B, sem que tenha ocorrido uma OPA, para que haja *delisting* por via de um pedido de perda da qualidade seria necessária uma deliberação da assembleia geral e que a sociedade B indicasse o acionista que ficava obrigado a adquirir as ações dos minoritários. Já se a sociedade A conseguir a mesma percentagem de capital social na sequência de uma OPA, pode requerer a perda da qualidade de sociedade aberta sem ter de oferecer aos minoritários qualquer contrapartida pelas suas ações.

[1836] O fundamento será a aplicação analógica do artigo 27.º/3 do CVM, cujas *rationes*, como resulta do que escrevemos *supra*, se aproximam mais do caso de que nos ocupamos do que as normas do Código das Sociedades Comerciais que concedem um direito de exoneração aos sócios que tiverem votado contra a fusão, cisão ou transformação da sociedade.

mercado líquido[1837] ou outras em que, valorando os interesses contrapostos, os do investidor não devam prevalecer. Este critério determina, portanto, que se verifique, no caso, uma suscetibilidade de prejuízo dos interesses dos investidores. Entendemos que, quando a seguir ao anúncio da exclusão do mercado regulamentado o valor de mercado das ações diminua materialmente, é bastante a prova *prima facie* (cujos fundamentos gerais já analisámos no capítulo anterior) de prejuízo do investidor para que lhe seja concedida uma forma de sair da sociedade. Uma queda do preço deve ser considerada "material" naquelas hipóteses em que um investidor médio, colocado na posição do real investidor, não venderia a sua participação em tais condições. Neste sentido aponta o artigo 213.º/1 do CVM, ao estabelecer que a decisão de excluir instrumentos financeiros do mercado regulamentado não pode ser *suscetível* de causar prejuízo aos investidores: não se reclama, pois, uma convicção absoluta por parte da entidade gestora, mas apenas em termos similares aos exigidos para a prova *prima facie*. Ou seja, não se reclama a certeza de que um concreto pedido de *delisting* irá causar prejuízos aos investidores, mas simplesmente a verificação de que, de acordo com o curso típico dos acontecimentos, um pedido de *delisting* nas circunstâncias apresentadas prejudica os interesses que se visa defender. Note-se, ainda assim, que este aligeiramento do grau de convicção da entidade gestora é contrabalançado com a exigência de que os prejuízos sentidos pelos investidores sejam "significativos".

Nem se objete que a solução defendida peca por excessiva fluidez, por não ser *business friendly* ou por prejudicar a segurança jurídica. Pelo contrário, é ela a única capaz de corretamente valorar e proteger os interesses em jogo em termos consentâneos com o sistema. Não se toma como absoluta a necessidade de prover proteção ao investidor, nem a oneração dos maioritários ou da sociedade com uma obrigação de aquisição. Tendo em atenção que caberá à entidade gestora e à CMVM realizarem um juízo de ponderação,

[1837] Notando que nem todos os casos de *delisting* correspondem a um prejuízo para o acionista, ainda que a propósito do *delisting* a frio, cf. SABINE FUNKE, *Minderheitenschutz* cit., 142. Também os casos de *downlisting* merecem uma ponderação particular: muitas vezes mantém-se uma equivalente liquidez, ainda que os valores passem a ser negociados noutros mercados não regulamentados ou *over-the-counter*. Na medida em que recorremos à ideia de inexigibilidade de manutenção da relação social, estes casos deverão ser solucionados nesse enquadramento. Impor-se-á uma análise da situação concreta e das regulamentações do mercado para o qual será transferida a negociação. Não sendo prejudicada a liquidez dos valores, há que verificar se a deterioração a nível de *corporate governance* da sociedade é suficientemente intensa para justificar o mesmo nível de tutela que merecem os acionistas em caso de *delisting*. Notando que o *downlisting* não implica, necessariamente, perda de liquidez, cf. MATHIAS HABERSACK, *"Macrotron"* cit., 466.

será recomendável que o emitente apresente uma justificação material para o pedido de exclusão, tal como é, aliás, exigido pelo Regulamento I da Euronext[1838].

Defendemos, assim, a reconstrução a partir do sistema de um quadro jurídico em que se definam as linhas orientadoras de harmonização dos interesses em causa, tendo como cerne a ideia de inexigibilidade particularmente dirigida para o investidor em mercado. São várias as situações (reguladas ou não) nas quais o sistema considerou que um acertado equilíbrio de interesses justifica o sacrifício do acionista maioritário ou de outro nomeado pela sociedade: (i) nos casos de deliberação de perda da qualidade de sociedade aberta, a lei exige que a sociedade indique um acionista que se obrigue a adquirir as participações dos minoritários; (ii) nas OPA em que o oferente adquira mais de 90% dos direitos de voto correspondentes ao capital social e dos direitos abrangidos pela oferta, este fica obrigado, também nos termos da lei, a adquirir as participações que os minoritários pretendam (potestativamente) alienar; (iii) na hipótese de *takeover* que não atribua aos minoritários o direito de alienação potestativa dos seus valores, deve o sócio maioritário — na linha das situações legalmente reguladas — adquirir as participações dos acionistas que desejem sair da sociedade; (iv) nas transações *public to private*, o sócio pode também exigir que a sociedade adquira ou faça adquirir a sua participação social, devendo sempre a forma de cálculo da compensação seguir o regime mobiliário; (v) se existir uma deliberação da assembleia geral em que se decida requerer a exclusão do mercado regulamentado, deve ser aprovado, na mesma assembleia, um mecanismo que devidamente proteja os interesses dos minoritários. Esta última imposição resulta da interpretação

[1838] Em sentido contrário, a propósito do *delisting* a frio, cf., SABINE FUNKE, *Minderheitenschutz* cit., 253. De acordo com a posição da Autora, o emitente não estaria vinculado a apresentar uma justificação material para a exclusão do mercado regulamentado, na medida em que os sócios minoritários já são tutelados pela via da concessão de um meio de se apartar da sociedade. Seria, nessa perspetiva, excessivo sujeitar, adicionalmente, a decisão de *delisting* — ou qualquer outra operação *going private* — a um teste de proporcionalidade quanto aos interesses em jogo, limitando, ainda mais, a livre iniciativa económica. Julgamos, porém, que esta posição peca por excessivamente rígida: nem sempre os minoritários terão direito de sair da sociedade. Tudo dependerá se, em concreto, os seus interesses são prejudicados. A exigência de uma justificação material poderá levar a que, em determinados casos, apesar de o *delisting* prejudicar os investidores, um juízo de ponderação com os interesses do emitente conduza a que se opte, ainda assim, pela exclusão do mercado sem a concessão de um mecanismo de saída.

do artigo 213.º do CVM[1839]. A forma de tutela deverá consistir na concessão de um meio de saída da sociedade, podendo ser nomeado qualquer investidor, que não necessariamente o sócio controlador, que se comprometa a adquirir as participações dos acionistas minoritários prejudicados com a decisão de *delisting*. Não sendo aprovado um mecanismo deste tipo em assembleia geral, poderá a deliberação ser declarada nula por violação de preceito legal que não é passível de ser derrogado, nem sequer por vontade unânime dos sócios (artigo 56.º/1, *d)*, do CSC)[1840]. Em qualquer dos casos, quer se trate de transação PTP, de *delisting* voluntário ou de *delisting* forçado, quando a entidade gestora (por iniciativa própria ou em respeito de ordens da CMVM) exclua um emitente do mercado regulamentado sem que seja assegurada uma adequada tutela do investidor, poderá a decisão ser judicialmente impugnada.

[1839] Paula Costa e Silva/Nuno Trigo dos Reis, *A perda da qualidade* cit., 72 consideram que a imposição de requisitos extra para a saída do mercado equivaleria à restrição de uma garantia fundamental sujeita à reserva de lei (artigo 18.º da CRP). A conclusão é formulada a propósito do regime da perda da qualidade de sociedade aberta. Porém, quando a perda da qualidade for acompanhada de *delisting* deverá prevalecer o sistema agravado de tutela em caso de exclusão do mercado: mais do que se discutir a perda da qualidade, discute-se a saída do mercado, que, como os mesmos Autores também apontam, é lacunar. Os requisitos adicionais em causa resultam do sistema, ainda que não diretamente de disposição legal para o efeito. Assim, mesmo existindo decisões anteriores da CMVM que não exijam mecanismos de tutela dos investidores (chamando a atenção para este aspeto, cf. Paula Costa e Silva/Nuno Trigo dos Reis, *A perda da qualidade* cit., 75-77), o precedente administrativo poderá sempre ser ultrapassado por via de uma justificação da CMVM (artigo 124.º/1, *d)*, do CPA).

[1840] Sobre os meios processuais para reagir a deliberações sociais inválidas, cf., por todos, Paulo Olavo Cunha, *Impugnação de deliberações sociais*, Coimbra, 2015, 201-231.

CONCLUSÕES

A investigação realizada revelou um modelo dinâmico de tutela do investidor perante o emitente, assente nas regras e princípios gerais do ordenamento jurídico e caracterizado pela sua capacidade de adaptação aos diferentes momentos e contextos em que o investidor — chamado a ocupar o lugar central nesse modelo — carece de proteção. Desde a fase da formação do preço no mercado até à saída do próprio mercado, o sistema jurídico português revela valências que dão resposta ao conjunto de situações que reclamam a intervenção do direito. Comprovámos que o direito mobiliário, encarado muitas vezes como ramo acentuadamente técnico, não é afinal corpo estranho no universo do direito comercial e do próprio direito civil, partilhando os princípios e preocupações gerais destes últimos e afirmando-se, do mesmo passo, a falta de autonomia de critérios hermenêuticos ou dogmáticos, sem prejuízo de especificidades pontuais. Valoriza-se o papel nuclear do direito privado comum na tutela do investidor e confirma-se que o direito civil, com o seu peso histórico-cultural, é suscetível de servir adequadamente o investidor e por essa via os mercados, complementando a tutela mobiliária especial.

Neste enquadramento, concluímos, no capítulo I, que a participação do investidor no mercado de capitais o coloca numa particular posição de vulnerabilidade face a comportamentos danosos (lícitos ou ilícitos) do emitente. O escopo económico da posição de investidor, tipicamente prosseguido mediante a realização do investimento no mercado secundário, determina que os prejuízos sofridos se identifiquem com a adulteração do funcionamento do mercado ou com a perda do benefício da integração numa plataforma de negociação. As modernas teorias financeiras — sobretudo a teoria do mercado eficiente — desempenharam função fulcral no reconhecimento e delimitação da necessidade de tutela do investidor. Por um lado, revelam a estreita interligação entre a informação divulgada ao público e a formação do preço dos valores mobiliários; por outro lado, não deixam esquecer a função do mercado de capitais, enquanto plataforma que agrega a oferta e a procura de valor e que é, por isso, pressuposto essencial da concretização da condição de investidor. As particulares vantagens alcançadas com a participação no mercado são, porém, acompanhadas por riscos intensificados, essencialmente associados à posição especial em que o emitente se encontra para prejudicar os interesses do investidor.

Estabelecidas as bases financeiras, verificámos que a agregação dos diversos participantes no sistema gera uma ligação material específica entre eles, distinta do anonimato geral que caracteriza o campo extraobrigacional. Apesar de inexistir um contrato ou outro vínculo formal entre emitente e investidor, aquele que controla a informação que é prestada ao mercado (a qual é automaticamente incorporada nos preços) influencia de modo especialmente intenso a posição do investidor, exposto às suas ingerências lesivas. Notámos que o poder de influência danosa na esfera jurídica do investidor se encontra mais próximo daquele que caracteriza as relações de confiança entre os sujeitos do que daquele que se verifica entre estranhos. Por isso, reconhecemos a existência de uma "ligação especial" (*Sonderverbindung*) entre emitente e investidor, fomentada pela integração no sistema, tanto no mercado primário como no secundário, o que nos conduziu a reexaminar a natureza dos deveres que recaem sobre o emitente.

A conceção funcional da ligação especial afasta a relevância exclusiva do fator fiduciário como sua fonte, substituindo-o pela consideração material da possibilidade de influência sobre a esfera jurídica alheia. Este alargamento do conceito de relação especial não envolve perda de segurança jurídica: está meramente em causa ter em atenção a posição funcional do emitente, particularmente propícia a causar danos ao investidor, bem como a necessidade de conter esse potencial lesivo em termos análogos aos que presidem à tutela da confiança. A delimitação não é menos precisa do que aquela que resulta da identificação de uma relação de confiança. Apartamo-nos, assim, de uma visão formal em benefício de considerações materiais, valorizando o impacto substantivo da atuação do emitente na posição jurídica do investidor, em coerência com a realidade do mercado e o papel do emitente.

É, pois, a ligação especial, entendida em sentido funcional, que constitui o fundamento da imposição ao emitente de deveres redobrados. Estes não se baseiam na confiança entre as partes mas dela são pressuposto, servindo a manutenção e preservação da particular relação multilateral que se estabelece no mercado e que se pretende alicerçada na transparência, estabilidade e confiança, sob pena de frustração do propósito económico da existência de plataformas de negociação. A constatação do abandono de uma relação de anonimato e o reconhecimento da especial relação de proximidade entre emitente e investidor criam as bases para a construção de um modelo dinâmico de proteção, capaz de acompanhar a velocidade, maleabilidade e potenciais contingências do investimento no mercado. Defendemos, por isso, a recompreensão dos particulares deveres que dimanam desta relação especial, com o foco em dois momentos de análise: no da entrada e negociação em mercado de capitais, perante a deturpação dos mecanismos de formação do preço dos valores mobiliários (capítulo II), e no da saída do mercado, perante a perda de negociabilidade desses valores (capítulo III).

O sistema jurídico, enquanto conjunto devidamente articulado dos valores fundamentais constitutivos da ordem jurídica, apresenta uma aptidão construtiva material, que consente descortinar ferramentas de resposta e critérios de solução para um conjunto de problemas de tutela do investidor no mercado de capitais, que acompanham a sua dinâmica e o seu particular funcionamento. Esta virtualidade do sistema permite, desde assegurar uma função efetiva para a responsabilidade civil numa área onde esta se revela de materialização especialmente difícil, em face dos desafios lançados pelos diversos casos concretos, até garantir que a tutela não é esquecida mesmo nas situações em que o operar de mecanismos societários e mobiliários em si legítimos produz o efeito de desproteger gravemente o investidor. Resulta da análise que fizemos a possibilidade de construir modelos de resposta com capacidade de adaptação material, partindo da interação entre os diversos elementos do sistema jurídico. Torna-se, assim, viável delinear um quadro unitário de valores e princípios que devem nortear a proteção do investidor no mercado de capitais, com suficiente maleabilidade para servir os vários momentos do investimento em mercado, os múltiplos mercados e a generalidade dos investidores.

Identificada a relação especial entre emitente e investidor e reconhecida a importância da transparência na formação dos preços no mercado, e, por essa via, na concretização da posição de investidor, no capítulo II ocupamo-nos da divulgação de informação ao público pelo emitente. Os pressupostos financeiros e jurídicos que alinhámos permitiram reenquadrar a obrigação de informar o mercado, que, ao invés de ser isoladamente encarada, passa a ser vista como manifestação dos deveres de proteção decorrentes da relação especial que se estabelece entre emitente e investidor, não obstante a ausência de um dever de prestar principal. O estudo detalhado e a densificação do conteúdo e pressupostos do dever de publicar prospeto em ofertas públicas de distribuição, bem como de divulgar informação sensível (comunicações *ad hoc*) e informação periódica (relatórios financeiros semestrais e anuais) permitiram-nos identificar o leque de potenciais comportamentos ilícitos do emitente e o seu impacto no mercado e, consequentemente, nos investidores. A previsão legal de deveres de informação e a exigência de que os elementos divulgados sejam verdadeiros, atuais, claros, objetivos e lícitos, não prejudicam o seu enquadramento nos deveres acessórios que enformam a relação obrigacional sem dever de prestar principal que se estabelece entre emitente e investidor. A responsabilidade civil obrigacional revela suficiente elasticidade para absorver situações que valorativamente o reclamem, ainda que desafiem os quadros tradicionais, afastando a responsabilidade por informações no mercado de capitais do campo delitual.

A visão protetiva unitária do dever de informar, para além de comprovar a maleabilidade de fronteiras da responsabilidade civil, justifica que se aceite o enquadramento mobiliário nacional no sentido do tratamento uniforme da responsabilidade civil por violação de deveres de informar no mercado primário e no mercado secundário. Em conformidade com essa perspetiva, na densificação dos pressupostos de responsabilidade não deve distinguir-se consoante o comportamento ilícito do emitente se materialize num mercado ou noutro. A identidade de valores e interesses em jogo e os fundamentos jurídico-financeiros comuns do modelo — alicerçado, em termos últimos, na especial ligação identificada — conduzem a um tratamento consolidado, que não ignore as vantagens interpretativas que resultam da interconexão de regimes, e justificam que, pontualmente, alguns aspetos se adaptem às particulares necessidades do mercado de capitais. O dinamismo das situações que abarca e a natureza puramente patrimonial dos interesses afetados determinam que o efeito de proteção institucional do mercado não possa ser separado da tutela individual dos seus participantes. A relação entre tutela do investidor e defesa do mercado é biunívoca.

Com esta moldura, encetámos um esforço de elaboração do sistema de responsabilidade civil do emitente no mercado de capitais, reconhecendo as suas características de sistema móvel, que fazem com que a intensidade na verificação de um pressuposto autorize o aligeiramento na demonstração de outro, bem como a sua suficiente ductibilidade para responder às particulares necessidades de proteção no mercado de capitais, sem, no entanto, se alhear dos fundamentos civis firmados.

Tendo em atenção que as regras do mercado de capitais visam ampliar a proteção conferida pelo direito comum, sem prejuízo da simultânea preocupação de salvaguarda do mercado, entendemos que o direito civil permanece aplicável e que há lugar para uma via dupla de tutela indemnizatória do investidor: independentemente da regulação mobiliária, a existência de uma relação especial entre emitente e investidor faz surgir deveres de proteção a cargo do primeiro no contexto da relação obrigacional sem dever principal de prestar. A sua preterição gera obrigação de indemnizar à luz do direito civil, valorizando-se, pois, o papel deste enquanto direito comum. Os pressupostos do dever de indemnizar podem ser uniformemente analisados, na medida em que a ligação especial entre emitente e investidor constitui, em última análise, seu fundamento comum.

No plano do comportamento censurável do agente, a inserção em mercado, embora não determine desvios dogmáticos significativos, explica a preocupação da legislação mobiliária esclarecer a elevação do padrão de diligência imposto ao emitente e a redistribuição do ónus da prova. A inserção no mercado e o poder de ingerência na esfera do investidor justificam que a bitola do *bonus pater familias* seja adaptada à particular posição assumida pelo emitente. A previsão simultânea da imputação objetiva ao emitente da responsabilidade por atos de determinados terceiros cuja responsabilidade subjetiva seja demonstrada não permite desvalorizar o pressuposto. O princípio da culpa continua a ocupar lugar fundamental nas situações centrais de responsabilidade por informações. A sua normativização como juízo de censura do comportamento do sujeito e a rejeição da culpa em sentido psicológico permitem a imputação do facto à pessoa coletiva, reconduzindo-se necessariamente à censurabilidade do comportamento dos seus administradores, o qual é atribuído à sociedade em virtude do fenómeno da representação orgânica. Mesmo quando seja aplicável o regime civil geral, a adaptação do critério abstrato à responsabilidade do emitente reclama um *standard* particularmente exigente de diligência. Este pretende-se tanto mais intenso quanto maior for a proximidade do agente da fonte da informação, o que leva a que o emitente, detentor dos factos mais fidedignos sobre a empresa e os riscos do negócio, se encontre vinculado a deveres de diligência reforçados, que resultam, ainda, de uma adequada interpretação do padrão do bom pai de família, inserido no contexto do mercado de capitais.

Em adição à bitola elevada de culpa, a legislação mobiliária faz presumir a censurabilidade do comportamento do agente, evitando as intensas dificuldades probatórias que arriscariam fazer perigar a efetivação da responsabilidade. Existindo uma relação obrigacional proveniente da ligação especial, idêntica presunção será aplicável ao abrigo do regime comum, nos termos do artigo 799.º do CC. Reconhece-se que o ónus da prova deve ser distribuído em função de áreas de responsabilidade, o que revela particular utilidade no contexto do mercado de capitais, caracterizado pela assimetria informativa, anonimização e complexidade das transações financeiras. A vigência da presunção de culpa não retira relevância à demonstração da efetiva ocorrência do pressuposto e à distinção entre dolo e negligência, o que nos permitiu identificar um conjunto de situações típicas nesta área.

A presunção de culpa não abrange o nexo causal. Não só uma presunção de causalidade não é razoável perante o comportamento ilícito típico em jogo, como é incompatível com a própria natureza dos deveres. Tal presunção justifica-se apenas perante a violação do contrato, uma vez que a falta da prestação principal resulta do mero facto do incumprimento e o bem jurídico protegido, frustrado pelo incumprimento, é precisamente a prestação principal. No caso de preterição de deveres legais configurados como deveres de proteção a situação é diferente.

Na densificação da relação causal entre facto ilícito e dano, seguimos a bipartição entre causalidade constitutiva e delimitadora da responsabilidade, que facilita a resolução de dificuldades probatórias no específico domínio da responsabilidade civil no mercado de capitais. Quanto à determinação da relação entre facto ilícito e evento lesivo (*haftungsbegründenden Kausalität*), tradicionalmente identificada com o engano do investidor e a confiança que este depositou na informação desconforme, aceitamos a consideração do evento prejudicial como a própria influência lesiva sobre o mercado (a *fraude do mercado*). Foi a análise do funcionamento do mercado e do papel que a informação nele assume que determinantemente nos conduziu a este resultado. A configuração da relação especial entre emitente e investidor dá adequado enquadramento dogmático à solução. Constatámos que o prospeto se transformou num documento informativo rotineiro, complexo e dificilmente compreensível e que os factos divulgados ao mercado são processados por intermediários de informação, analistas, agências de *rating* ou consultores de investimento, o que torna ineficiente a assimilação (direta) da publicidade pelos participantes. O mercado de capitais apresenta-se como "agente não pago" do investidor não profissional, mero *price takers*, que, comandado por um desinteresse economicamente racional, se limita a seguir o comportamento do investidor institucional. A partir destas considerações, justifica-se que se reposicione o foco da ligação causal entre facto ilícito e dano e se julgue irrelevante a confiança do investidor na informação prestada ao mercado, mais uma vez em coerência com a centralidade da ligação especial. A causalidade constitutiva surge como uma *causalidade do preço* (*Preiskausalität*) que se basta com a demonstração de que o comportamento ilícito do emitente influenciou o preço dos valores mobiliários em mercado. Num cenário ideal esta demonstração não se afigura excessivamente complexa: caso, na sequência de um anúncio *ad hoc*, ocorra uma imediata oscilação do preço no mercado é razoável admitir, com base numa prova *prima facie*, que essa variação se deveu à informação viciada. No entanto, fenómenos como o *disclosure bunching* ou a divulgação de *confirmatory lies* provocam reações distorcidas do mercado, o que torna raras as situações em que a verificação da causalidade é linear. Não deve exigir-se, por isso, uma demonstração em concreto de que a informação provocou uma alteração dos preços, sendo suficiente, em abstrato, que informação daquele tipo seja apta para modificar a evolução do mercado. A prova dessa aptidão pode ser facilitada com recurso a uma prova de primeira aparência de que o mercado em que os valores mobiliários estão a ser negociados é eficiente, já que o curso típico de eventos revela que geralmente os mercados assimilam a informação disponibilizada ao público Esta ideia é representada pela versão semiforte da teoria do mercado eficiente, que, como concluímos no Capítulo I, não é questionada pela existência de crises ou bolhas especulativas, que desacreditam a *value efficiency* de um mercado e não a sua eficiência informativa, nem pela *behavioral economics*, que apenas questiona em que medida e em que termos a informação é assimilada. Assim, consideramos que a invocação da presunção natural, como manifestação de uma prova de primeira aparência, serve para demonstrar que os vícios da informação foram condição da deturpação dos preços de mercado. Utilizámos, pois, critérios de imputação de danos de direito material que respondem às dificuldades probatórias particulares que se verificam no domínio do mercado de capitais e deslocámos a concretização do nexo de causalidade da prova da confiança do investidor, ultrapassando, deste modo, o problema de o investidor tipicamente não conhecer a informação viciada divulgada ao mercado, o que, na prática, inviabiliza a sua tutela por via da responsabilidade civil. A solução constitui desenvolvimento coerente do ponto de partida que assumimos: entre emitente e investidor estabelece-se uma ligação especial entendida em sentido funcional e não baseada numa relação de confiança.

Já a modelação da relação entre o evento lesivo e o dano (causalidade delimitadora) varia consoante o tipo de prejuízo concreto. Da análise das particulares características do investimento em mercado concluímos que os danos não patrimoniais sofridos neste contexto não merecem a tutela do direito, nem devem considerar-se protegidos pelas normas que impõem deveres de informação. A participação em bolsa torna inconcebível a diminuição ou supressão de vantagens que não se traduzam na perda objetiva de valor do portfolio. Na prática, os prejuízos ou se consubstanciam na aquisição de valores mobiliários a um preço demasiado elevado ou na alienação a um preço demasiado baixo ou decorrem da própria deturpação da vontade de celebrar o contrato.

Se o prejuízo corresponder à celebração pelo investidor de um negócio jurídico por um valor desajustado, a ligação entre o evento lesivo e o dano depende da demonstração de que esta ocorreu durante o período de desinformação e que a adulteração do preço deixou de se verificar, já que, até esse momento, apesar de o investidor ter adquirido o instrumento por um preço excessivamente elevado, é detentor de um valor mobiliário que permanece sobreavaliado. Nesta demonstração o investidor pode valer-se de uma prova *prima facie* de que a informação é imediatamente refletida no preço, como resulta da versão semiforte da teoria do mercado eficiente, tendo apenas de provar que negociou no período entre a divulgação da informação falsa e a sua correção. Mas se o dano sofrido pelo investidor tiver origem na incorreta formação da decisão de contratar, pretendendo ele a liquidação do próprio negócio jurídico, haverá que distinguir conforme o dano se tenha verificado no mercado primário ou no mercado secundário, dependendo necessariamente, em qualquer dos casos, de o investidor ter na realidade confiado na informação desconforme. A exigência de confiança do investidor surge como complemento à fraude do mercado e não abala a nossa tese: mantém-se intocado o seu fundamento comum, reconhecendo-se que se o participante do mercado pretende reverter a transação não basta que o mercado tenha sido enganado, antes se reclama o efetivo condicionamento da sua vontade. Dados empíricos revelam que, no mercado secundário, o investidor não conhece a informação desconforme divulgada ao público e que, mesmo quando a conhece, a opção de contratar pode não se ter alicerçado nessa informação, uma vez que a mesma é comandada por uma série de elementos racionais, irracionais e mesmo especulativos, o que definitivamente inviabiliza que se possa fazer uso das regras da experiência a fim de aligeirar a prova da causalidade. Porém, um investidor particularmente atento pode obter a reversão do negócio jurídico celebrado, demonstrando que confiou na informação errada; será, tipicamente, o caso do investidor profissional que analisa a informação como parte da sua estratégia de negócios. No mercado primário, onde os elementos disponíveis para formar a decisão de contratar se reconduzem, exclusivamente, à informação contida no prospeto, pode admitir-se o recurso a uma demonstração de primeira aparência de que a informação influenciou a decisão de investimento.

Se a inserção em ambiente de mercado de capitais requer adaptações na concretização do pressuposto do nexo de causalidade, não exige qualquer afastamento do princípio base quanto ao dever de indemnizar, que, tal como acontece nos restantes domínios do direito, consiste na reconstituição natural. Se o investidor, para além de estabelecer o nexo de causalidade entre as falhas na informação e o engano do mercado, provar que apenas adquiriu os valores mobiliários porque recebeu informação enganadora, a indemnização específica deve corresponder à liquidação do negócio jurídico. Tanto no mercado primário, como no secundário, quando a informação tiver influenciado a decisão de contratar, mesmo na ausência de relação contratual direta entre emitente e investidor lesado, deve o agente ser condenado a adquirir os valores mobiliários, mediante a entrega da importância paga. A ligação especial entre ambos corrobora a solução. A desvinculação por via indemnizatória não se reveste de eficácia *erga omnes*, pelo que, caso o investidor já tenha alienado os instrumentos mobiliários, deve ser indemnizado o dano que corresponde à diferença entre o preço de aquisição e o de venda, a que acrescem os custos associados ao negócio translativo. Assim se coloca o lesado na posição em que estaria se não tivesse existido o comportamento ilícito. Embora a solução apresente particular utilidade no mercado de capitais, por permitir ultrapassar as dificuldades normalmente associadas ao cômputo do dano, impõe especiais cautelas na avaliação do risco de sobrecompensação do lesado. A supressão do negócio por via indemnizatória, mediante a devolução do preço pago, traz consigo o perigo de tornar o emitente garante das flutuações normais do mercado, em violação do princípio da proibição de enriquecimento do lesado, e coloca problemas de eventual onerosidade excessiva da reconstituição natural. A ideia de onerosidade excessiva, que, nos termos gerais, impõe a passagem para a indemnização do correspondente monetário, surge como concretização do princípio da boa-fé no domínio da obrigação de indemnizar e deve ter por referência o interesse do investidor, o que reclama uma solução que evite o perigo de imputação das oscilações do preço ao informante e reequilibre a distribuição do risco de mercado. Nesta linha, deve conceder-se ao devedor a possibilidade de recorrer aos prejuízos que o investidor teria sofrido caso tivesse efetuado investimentos alternativos para fazer prova da onerosidade excessiva da reconstituição natural.

Não obstante as conclusões anteriores, notámos que será pouco comum ter sido a informação a influenciar a decisão de compra ou de venda do investidor.

Cenário típico será aquele em que os factos divulgados, direta ou indiretamente, condicionaram o valor de aquisição ou alienação e não a transação em si. Nestes casos, a indemnização por via específica deve ser equivalente ao *out-of-pocket loss*, computado pela diferença entre o preço de compra ou de venda e aquele que se teria formado na data da transação caso a informação tivesse sido corretamente divulgada ao mercado, o que se traduz numa modificação ou adaptação do negócio jurídico, de forma a corresponder às condições do negócio hipotético, mais favorável. A natureza da negociação numa plataforma onde a formação do preço de compra e de venda é comandada por vários fatores além da vontade do emitente, autoriza que se prescinda da vontade de este celebrar o negócio que alternativamente teria sido concluído.

É também possível que a reconstituição natural não repare integralmente os danos, como acontece quando o participante no mercado, não fora a informação falsa, teria investido noutros ativos rentáveis (lucro cessante do interesse negativo) ou em que a informação falsa causou outros danos — ditos colaterais — mais extensos do que a diferença entre o preço efetivamente pago e aquele que hipoteticamente se teria formado no mercado. O prejuízo por preterição de outras oportunidades e o montante que teria alternativamente sido realizado no mercado devem ser objeto de prova pelo lesado. Essa indemnização é cumulável com as despesas desaproveitadas pelo investidor com a conclusão do negócio jurídico, desde que correspondam a custos variáveis, exclusivamente associados ao negócio cuja frustração gera o dever de indemnizar, e não a custos fixos. As dificuldades na demonstração de vantagens que hipoteticamente teriam sido realizadas autoriza, por um lado, que se recorra a provas de primeira aparência, por apenas estar em causa o montante dos danos ressarcíveis e, por outro lado, dispensa a prova de uma alternativa negocial concreta, sendo apenas necessária a invocação da possibilidade abstrata de concluir um negócio de substituição.

Adicionalmente, a reconstituição natural, por não considerar a situação patrimonial global do lesado, não é apta para compensar os danos colaterais devidos ao comportamento ilícito do emitente, nos quais se incluem os prejuízos reputacionais (que representam tipicamente cerca de 2/3 da descida do preço decorrente da correção da informação) e os restantes danos colaterais (correspondentes, normalmente, a 3/4 dessa descida), que são previsíveis e se enquadram no escopo de proteção das normas que vinculam o emitente aos deveres de informação.

Nestes casos, abre-se a porta à indemnização por equivalente, computada nos termos gerais, com base na teoria da diferença, o que impõe a determinação do preço a que o investidor teria adquirido o valor mobiliário se não existisse a influência lesiva ou fraude no mercado. Para esse cálculo, será particularmente útil o recurso a *event studies*, que facultam a comparação da oscilação percentual diária do preço de mercado dos valores mobiliários com o retorno previsto por um modelo baseado em índices de mercado, o que permite concluir pela existência de adulteração do preço e, consequentemente, de dano do investidor. Na fixação do montante do prejuízo sofrido utiliza-se combinadamente os critérios da indução para o futuro e da indução para o passado, o que significa considerar o preço dos instrumentos mobiliários antes da divulgação da informação falsa, bem como aquele que se formou depois da correção da informação no mercado. A constatação de que qualquer dos parâmetros, usado isoladamente, pode conduzir a resultados enviesados, seja devido aos fenómenos de *overdisclosure, information bundling*, alteração das expetativas do mercado (que contaminam a indução para o passado) ou ao perigo de imputação do risco geral de mercado (que prejudica a indução para o futuro), impossibilita conclusões definitivas sobre o exato preço que se teria formado no mercado se não fosse o comportamento ilícito. Não podendo ser averiguado, com precisão, o montante dos danos, nos termos gerais, o tribunal decide equitativamente dentro dos limites que tiver por provados, que julgamos corresponderem ao preço de mercado no momento anterior à divulgação da informação defeituosa e no momento posterior à incorporação pelo mercado dos factos verdadeiros. Assim se coloca o lesado na posição em que estaria se tivesse celebrado o negócio jurídico noutros termos, em particular por um preço diferente, livre de fraude. Na medida em que o lesado fica numa situação diferente quer do *status quo ante*, quer do *status ad quem* originariamente previsto, indemniza-se o investidor pelo interesse alternativo, que, na bipartição clássica, é, ainda, recondutível ao interesse negativo, uma vez que se coloca o lesado na posição em que estaria se não tivesse sido prestada a informação falsa. Com um nível adequado de informação, o investidor não teria celebrado aquele concreto negócio, mas, sim, um negócio alternativo, o que afasta definitivamente a indemnização do interesse positivo, que envolveria que o lesado ficasse na posição em que estaria se a informação fosse verdadeira.

Concluímos, pois, que o modelo de proteção do investidor no mercado de capitais pelos danos resultantes da distorção dos mecanismos de formação do preço no mercado se alicerça, ainda, nos princípios gerais de direito civil, que, no entanto, devem ser modelados de forma a acautelar as particularidades e funções do mercado de capitais e a assegurar a efetivação da responsabilidade civil. É a inserção no mercado e a ligação especial que se gera entre emitente e investidor que nos levou a adaptar o desenho de alguns pressupostos da responsabilidade civil com o auxílio das teorias financeiras, revelando a valia do modelo dinâmico de proteção do investidor, cuja construção encetámos.

Diferentes — e em certo sentido mais graves — são as situações, a que dedicámos o Capítulo III, em que, mais do que negociação a um valor inferior àquele com que o investidor legitimamente contava, as ações perdem a sua negociabilidade em mercado, em especial por decisão do emitente. Ainda que se trate de consequência da operatividade de normais mecanismos de direito societário e mobiliário e não de quaisquer factos ilícitos, apurámos que não é menor a necessidade de tutela do investidor nestes casos, mesmo que os termos desta sejam por natureza diversos. Tal como a relação especial que liga emitente e investidor permite robustecer a responsabilidade civil nesta área, é a consideração da posição do investidor *qua tale* que define os limites do sacrifício razoável ou exigível do mesmo no contexto dessa relação. Num caso como noutro, são os princípios jurídicos gerais do ordenamento jurídico que facultam as bases do modelo dinâmico de tutela que sustentamos a partir do exame do estatuto do investidor, o qual se revela como sujeito *a se* de tutela.

A admissão das ações representativas do capital social de um emitente à negociação em mercado regulamentado gera uma expetativa de estabilidade na cotação bolsista, irremediavelmente frustrada com a exclusão de mercado (*delisting*), quer esta opere por via de uma operação *public to private* (PTP) ou *going private* — conduzindo a um *delisting a frio* ou *impuro* — quer por via direta de um pedido voluntário endereçado pelo emitente ou pelo seu acionista controlador à entidade gestora do mercado regulamentado (*delisting a quente* ou *regular*) ou, ainda, por uma via forçada, por iniciativa da CMVM ou da sociedade gestora do mercado regulamentado (*delisting* forçado).

Com a saída do mercado, a posição do investidor é grave e irremediavelmente frustrada: ainda que a posição de sócio ou *status socii* se mantenha inalterada, já a qualidade de *investidor* não pode, pela sua própria natureza, realizar-se fora do mercado. Alguns efeitos do *delisting* são sentidos, é certo, de forma tendencialmente equivalente por todos os sócios. É o caso da degradação no que respeita à *corporate governance*, aos deveres de informação e ao escrutínio do mercado (mais intensa quando exista simultânea perda da qualidade de sociedade aberta). Diferentemente, o prejuízo resultante da perda da liquidez afeta em especial os acionistas minoritários na sua qualidade de investidores. Essa circunstância não pode ser ignorada, justificando compreensíveis preocupações com o *delisting*, que, na nossa conceção, devem começar a montante, com a definição de um conjunto de estratégias que permitam às sociedades manter o mercado de capitais mais atrativo, reduzindo a necessidade de saída da bolsa.

Em particular, não há impedimento a que as sociedades cujas ações se encontrem admitidas à negociação criem categorias de ações com voto duplo, reduzindo a sua vulnerabilidade a OPA hostis e a dispersão do controlo, a qual constitui conhecido incentivo ao *going private* no mercado português. A consideração do sistema como um todo revela que o princípio *one share, one vote* não se estende de igual modo às sociedades cotadas: são, por isso, muitas as formas de dissociação entre voto e propriedade (resultantes *v.g.* dos fenómenos de *empty voting* e titularidade indireta, do recurso a *proxy advisors* e em geral de esquemas de mediação entre o exercício do direito de voto e os utilizadores finais), tornando patente a desadequação da ideia tradicional de que o acionista ou participante é o principal interessado na saúde da sociedade, de tal maneira que perde justificação que se atribua o voto em termos proporcionais à participação de capital. Por outro lado, entendemos que podem os emitentes criar ações de lealdade, ou seja, ações, ordinárias ou privilegiadas, que conferem ao seu titular um direito de voto majorado após um período de detenção ininterrupta. Estas ações não atribuem direitos especiais aos seus titulares, considerando que o voto plural não é intrínseco às ações, antes pertence aos titulares em si em função do tempo de detenção, valendo o seu regime uniformemente para todos os acionistas que detenham as ações por período equivalente.

Reconhecemos, porém, que estes mecanismos são insuficientes para obstar aos inconvenientes e aos custos inerentes à cotação no mercado e que as operações PTP e o *delisting* voluntário são inevitáveis. Justifica-se, por isso, que o emitente ou o seu acionista controlador possam requerer a saída da bolsa mesmo na ausência de previsão legal expressa, assumindo-se de pleno a necessidade de tutela do acionista prejudicado.

Neste contexto, sustentámos o abandono da perspetiva da tutela do *sócio* para se avançar para modelos de proteção do *investidor* (*qua tale*) em mercado de capitais. As normas societárias e mobiliárias que garantem a posição dos minoritários preocupam-se com os prejuízos sentidos na sua posição enquanto sócios, confrontados com alterações estruturais, com o decréscimo de exigências informativas ou com a perda relativa de importância da sua posição na sociedade. Em caso de *delisting* as preocupações são, no entanto, outras. Os sócios mantêm, é certo, a sua posição, mas ficam prejudicados a facilidade e o valor de alienação das suas participações. O mesmo se diga em relação aos titulares de valores mobiliários que confiram direito à subscrição ou aquisição de ações de uma sociedade que saiu do mercado. Cumpre, assim, considerar que os interesses do sócio como investidor merecem a tutela do sistema jurídico, não revestindo menor relevância do que os seus interesses quando confrontado com prejuízos no seu *status socii*.

Face a este cenário, empreendemos um esforço de reconstrução do sistema de tutela dos investidores em operações de saída do mercado. Concluímos que a tutela terá de se situar em dois planos: (i) *ex ante*, com a exigência procedimental de a decisão de exclusão do mercado ser tomada em assembleia geral, por maioria qualificada, e em assembleia especial dos titulares de valores mobiliários que confiram direito à aquisição ou subscrição de ações; (ii) *ex post*, com um requisito material de concessão de um mecanismo de saída da sociedade.

Ambos os instrumentos de tutela são delineados a partir dos princípios gerais do sistema jurídico, revelando, mais uma vez, a capacidade de adaptação deste aos vários momentos em que emerge a necessidade de proteção: a exigência de convocação da assembleia geral, com base no princípio da boa fé, representa um novo caso de competências não escritas da assembleia, que vai para lá do clássico domínio da decisão *Holzmüller* e assume de pleno a valorização do papel do acionista enquanto *investidor*; por seu lado, o direito de saída da sociedade encontra o seu fundamento na *inexigibilidade* de manutenção da relação social do *investidor*, enquanto titular de uma posição social cujo único propósito é a realização de um investimento com lucro. O recurso ao conceito de inexigibilidade, em detrimento da afirmação generalizada de que todas as situações de *delisting* devem ser acompanhadas por um direito de exoneração, permite adaptar as soluções aos casos concretos. Desta forma, se uma específica hipótese de *delisting* não provocar a perda de liquidez das ações, a saída da sociedade não deve ser permitida ao sócio que se oponha à retirada do mercado (*v.g.*, quando ao mercado regulamentado já faltava liquidez ou quando o novo mercado é igualmente líquido).

O mecanismo de saída deve ser assegurado quando a decisão seja *suscetível* de causar prejuízos *significativos* ao investidor. Essa suscetibilidade deve ser apreciada pela entidade gestora do mercado regulamentado, sob controlo da CMVM e em última análise dos tribunais, bastando um nível de convicção da existência de prejuízos equivalente ao que rege a prova *prima facie*. Quando, após o anúncio de exclusão do mercado, o preço a que são negociadas as ações diminuir, deve assumir-se o prejuízo do investidor.

Assim se alcança um delicado equilíbrio entre o desígnio de garantir ao emitente o (legítimo) recurso a mecanismos societários e mobiliários de retirada da sociedade do mercado e a posição do investidor cuja participação acionista pressupõe a possibilidade, em que confia, de alienar as suas participações em mercado. Se o risco de perda de liquidez do mercado corre por conta do participante, uma adequada interpretação do sistema revela que não lhe é exigível que suporte as consequências de uma decisão social que envolva a saída de negociação. Ultrapassa-se a ideia de tutela da posição de sócio e avança-se para a proteção da posição de investidor em mercado de capitais. Verificada uma perturbação grave da ligação especial entre investidor e emitente, torna-se inexigível que o sócio se mantenha vinculado a uma relação que já não representa o seu propósito de entrada na sociedade por não lhe ser possível realizar o seu investimento, fundamento único da sua posição acionista.

Com base nos fundamentos jurídico-financeiros identificados no capítulo I, as conclusões a que chegámos nos capítulos II e III permitem reconhecer a intrínseca dependência entre a proteção do investidor e a garantia do bom funcionamento do mercado, traduzida, em última instância, na preservação da relação especial que se estabelece entre investidor e emitente. O esforço de construção do sistema à luz dos particulares valores e interesses em jogo na negociação em mercado permitiu-nos alcançar soluções dotadas de maleabilidade suficiente para não ficarem paralisadas perante a constante mutabilidade dos mercados, particularmente estimulada pelos desenvolvimentos tecnológicos, e não prejudicarem — mas, antes, potenciarem — o seu dinamismo. A capacidade de adaptação das soluções que defendemos apresenta, ainda, a inequívoca vantagem de promover a segurança jurídica, garantida pelos alicerces jurídico-financeiros do modelo, solidamente consolidados no direito comum. Por isso, o sistema afigura-se transversal, unificador, sistematicamente coerente e dinâmico.

SIGLAS E ABREVIATURAS

A2d – *Atlantic Reports Second Series*
AAFDL – *Associação Académica da Faculdade de Direito da Universidade de Lisboa*
AC – *The Law Reports, Appeal Cases*
AG – *Aktiengesellschaft/Die Aktiengesellschaft (Zeitschrift)*
AktG – *Aktiengesetz*
AMF – *Autorité des Marchés Financiers*
AnSVG – *Anlegerschutzverbesserungsgesetz*
App Cas – *Law Reports, Appeal Cases (Second Series)*
App. – *Tribunal a'Appelazione*
BB – *Betriebs-Berater*
Berkeley Tech. L.J. – *Berkeley Technology Law Journal*
BFDUC – *Boletim da Faculdade de Direito da Universidade de Coimbra*
BGH – *Bundesgerichtshof*
BGHZ – *Entscheidungen des Bundesgerichtshofes in Zivilsachen*
BKR – *Zeitschrift für Bank- und Kapitalmarktrecht*
BMJ – *Boletim do Ministério da Justiça*
BörsG – *Börsengesetz*
BOSO – *Buy out with squeeze out*
BVerfG – *Bundesverfassungsgericht*
C&R – Revista de Concorrência e Regulação
CadMVM – Cadernos do Mercado dos Valores Mobiliários
Cass. – *Cassazione*
CC – *Código Civil*
CDP – *Cadernos de Direito Privado*
CDS – *Credit Default Swaps*

CEJ – *Centro de Estudos Judiciários*
CEM – *Control Enhancement Mechanisms*
CFL – *Corporate Finance Law*
Ch. – *The Law Reports, Chancery Division*
CIRE – *Código da Insolvência e da Recuperação de Empresas*
Cit. – *Citado*
CJ – *Coletânea de Jurisprudência*
CMVM – *Comissão do Mercado de Valores Mobiliários*
Cód.MVM – *Código do Mercado dos Valores Mobiliários*
Consob – *Commissione Nazionale per le Società e la Borsa*
Coord. – *Coordenação*
CPA – *Código do Procedimento Administrativo*
CRP – *Constituição da República Portuguesa*
CSC – *Código das Sociedades Comerciais*
CVM – *Código dos Valores Mobiliários*
DAM – *Diretiva do Abuso de Mercado*
DB – *Der Betrieb*
Del Ch – *Delaware; Court of Chancery*
DM – *Marco alemão*
DMIF – *Diretiva dos Mercados de Instrumentos Financeiros*
DnotZ – *Deutsche Notar-Zeitschrift*
DSR – *Direito das Sociedades em Revista*
DStR – *Deutsches Steuerrecht*
DT – *Diretiva da Transparência*
DTR – *Disclosure and Transparency Rules*
E.D. – *Eastern District*
ECGI – *European Corporate Governance Institute*
Ed. – *Edição*
EGAktG – *Einführungsgesetz zum Aktiengesetz*
ESMA – *Autoridade Europeia dos Valores Mobiliários e dos Mercados*
ESUG – *Gesetz zur weiteren Erleichterung der Sanierung von Unternehmen*
F. Supp. – *Federal Supplement Reporter*
F3d – *Federal Reporter Third Series*
FCR – *Fundo de Capital de Risco*
FDUP – *Faculdade de Direito da Universidade do Porto*
FS – *Festschrift*
FSA – *Financial Services Authority*

FSMA – *Financial Services and Markets Act*
FWB – *Frankfurter Wertpapierbörse*
GG – *Grundgesetz*
GmbH – *Gesellschaft mit beschränkter Haftung*
GmbH & Co., KG – *Gesellschaft mit beschränkter Haftung & Compagnie Kommanditgesellschaft*
GmbHG – *Gesetz betreffend die Gesellschaften mit beschränkter Haftung*
GWR – *Gesellschafts-und Wirtschatfstsrecht*
Hess. VGH – *Hessischer Verwaltungsgerichtshof*
HGB – *Handelsgesetzbuch*
IBO – *Institutional Buyout*
ICO – *Initial Coin Offering*
IPO – *Initial Public Offering*
ISDA – *International Swaps and Derivatives Association, Inc.*
IVM – *Instituto de Valores Mobiliários*
J. Corp. L – *The Journal of Corporation Law*
J.L. & Econ. – *The Journal of Law and Economics*
JOCE – *Jornal Oficial das Comunidades Europeias*
JZ – *Juristenzeitung*
KAGB – *Kapitalanlagegesetzbuch*
KASG – *Kleinanlegerschutzgesetz*
KG – *Kammergericht*
KGaA – *Kommanditgesellschaft Auf Aktien*
LBO – *Leveraged Buyout*
LG – *Landgericht*
MBI – *Management Buy-in*
MBO – *Management Buyout*
MoRaKG – *Gesetz zur Modernisierung der Rahmenbedingungen für Kapitalbeteiligungen*
MTF – *Multilateral Trading Facility*
N.D. – *Northern District*
N.Y. – *New York*
NBER – *The National Bureau of Economic Research*
NJW – *Neue Juristische Wochenschrift*
NZG – *Neue Zeitschrift für Gesellschaftsrecht*
OIC – *Organismo de Investimento Coletivo*
OLG – *Oberlandsgericht*
OPA – *Oferta Pública de Aquisição*

Org. – *Organização*
OTC – *Over The Counter*
OTF – *Organised Trading Facility*
PRIIP – *Produtos de Investimento de Retalho e Produtos de Investimento com base em Seguros*
Proc. – *Processo*
PTP – *Public to private*
RAM – *Regulamento do Abuso de Mercado*
RCb – *Tribunal da Relação de Coimbra*
RDC – *Revista de Direito Civil*
RDFMC – *Revista de Direito Financeiro e dos Mercados de Capitais*
RDS – *Revista de Direito das Sociedades*
RDTec – *Revista de Direito e Tecnologia*
RE – *Rigolamento Emittenti*
Reimp. – *Reimpressão*
REv – *Tribunal da Relação de Évora*
RFDUL – *Revista da Faculdade de Direito da Universidade de Lisboa*
RG – *Reichsgericht*
RGICSF – *Regime Geral das Instituições de Crédito e Sociedades Financeiras*
RGOIC – *Regime Geral dos Organismos de Investimento Coletivo* (aprovado pela Lei n.º 16/2015, de 24 de Fevereiro)
RGZ – *Entscheidungen des Reichsgerichts in Zivilsachen*
RJCRES – *Regime Jurídico do Capital de Risco, Empreendedorismo Social e Investimento Especializado* (aprovado pela Lei n.º 18/2015, de 4 de março)
RLJ – *Revista de Legislação e Jurisprudência*
RLx – *Tribunal da Relação de Lisboa*
RMIF – *Regulamento dos Mercados de Instrumentos Financeiros*
Rn. – *Randnummer (número de margem)*
ROA – *Revista da Ordem dos Advogados*
RPDC – *Revista Portuguesa de Direito do Consumo*
RPt – *Tribunal da Relação do Porto*
S. Ct. – *Supreme Court*
S.D.N.Y. – *Southern District of New York*
S&P – *Standard & Poor's*
SCR – *Sociedade de capital de risco*
SEC – *Securities and Exchange Commission*

Sep. – *Separata*
SI – *Scientia Ivridica*
SpruchG – *Gesetz über das gesellschaftsrechtliche Spruchverfahren (Spruchverfahrensgesetz)*
STJ – *Supremo Tribunal de Justiça*
Supl. – *Suplemento*
TC – *Tribunal Constitucional*
TCA – *Tribunal Central Administrativo*
TJUE – *Tribunal de Justiça da União Europeia*
Trib. – *Tribunale*
TUF – *Testo Unico della Finanza*
U.S. – *United States*
U.S.C. – *United States Code*
UMAG – *Gesetz zur Unternehmensintegrität und Modernisierung des Anfechtungsrechts*
UmwG – *Umwandlungsgesetz*
VermAnlG – *Vermögensanlagengesetz*
VG – *Verwaltungsgericht*
VwVfG – *Verwaltungsverfahrensgesetz*
WKBG – *Wagniskapitalbeteiligungsgesetz*
WM – *Wertpapier-Mitteilungen Zeitschrift für Wirtschafts-und Bankrecht*
WP – *Working Paper*
WpPG – *Wertpapierprospektgesetz*
WpÜG – *Wertpapiererwerbs- und Übernahmegesetz*
ZBB/JBB – *Zeitschrift für Bankrecht und Bankwirtschaft/Journal of Banking Law and Banking*
ZGR – *Zeitschrift für Unternehmens- und Gesellschaftsrecht*
ZHR – *Zeitschrift für das gesamte Handels-und Wirtschaftsrecht*
ZInsO – *Zeitschrift für das gesamte Insolvenzrecht*
ZIP – *Zeitschrift für Wirtschaftsrecht*

ÍNDICE DE JURISPRUDÊNCIA

JURISPRUDÊNCIA PORTUGUESA

STJ 6-mai.-2018 (Sousa Lameira) — presunções judiciais; prova do nexo causal, nota 1182
STJ 25-out.-2018 (Bernardo Domingos) — relação de confiança entre o banco e o seu cliente, nota 363
STJ 19-dez.-2018 (Sousa Lameira) — não inversão do ónus da prova da causalidade, nota 999
STJ 24-jan.-2019 (Abrantes Geraldes) — não inversão do ónus da prova da causalidade, nota 999
STJ 28-fev.-2019 (Oliveira Abreu) — não inversão do ónus da prova da causalidade, nota 999
STJ 14-mar.-2019 (Maria dos Prazeres Pizarro Beleza) — não inversão do ónus da prova da causalidade, nota 999
STJ 30-abr.-2019 (Maria dos Prazeres Pizarro Beleza) — não inversão do ónus da prova da causalidade, nota 999

Tribunal da Relação de Coimbra

RCb 10-fev.-2007 (Cardoso de Albuquerque) — prazo prescricional na responsabilidade civil obrigacional e extraobrigacional, nota 536
RCb 13-abr.-2010 (Barateiro Martins) — categorias de ações com direitos especiais, nota 1564
RCb 19-out.-2010 (Barateiro Martins) — categorias de ações com direitos especiais, nota 1564
RCb 12-set.-2017 (Moreira do Carmo) - presunção de culpa, ilicitude e nexo causal, nota 990
RCb 10-jul.-2018 (Maria João Areia) — inversão do ónus da prova da causalidade, nota 999

Tribunal da Relação de Évora

REv 11-jan.-2018 (Tomé de Carvalho) — prova do nexo causal, nota 999
REv 18-set.-2008 (Fernando Bento) — subsidiariedade da indemnização em dinheiro, nota 1304

Tribunal da Relação de Lisboa

RLx 25-mai.-1995 (Ferreira Mesquita) — categorias de ações com direitos especiais, nota 1564
RLx 4-fev.-1999 (Jorge Santos) — categorias de ações com direitos especiais, nota 1046
RLx 6-jun.-2002 (Sousa Magalhães) — aquisição tendente ao domínio total; não inconstitucionalidade, nota 1661
RLx 29-out.-2002 (Abrantes Geraldes) — aquisição tendente ao domínio total; não inconstitucionalidade, nota 1661
RLx. 12-nov.-2009 (Aveiro Pereira) — aquisição tendente ao domínio total; não inconstitucionalidade, nota 1661
RLx 4-dez.-2012 (Ana Resende) — presunção de culpa, nota 994
RLx 15-dez.-2016 (Maria Domingas Simões) — presunção de culpa, ilicitude e nexo causal, nota 990

Tribunal da Relação do Porto

RPt 19-dez.-1991 (Lopes Furtado) — presunções naturais ou judiciais; prova *prima facie;* causalidade, nota 1189
RPt 20-abr.-2004 (Emídio Costa) — aquisição tendente ao domínio total; não inconstitucionalidade, nota 1661
RPt 30-set.-2004 (João Vaz) — aquisição tendente ao domínio total; não inconstitucionalidade, nota 1661

Tribunal Central Administrativo

JURISPRUDÊNCIA ESTRANGEIRA

ALEMANHA

Bundesverfassungsgericht

Reichsgericht

Bundesgerichtshof

Tribunais de apelação

Primeira Instância

Verwaltungsgerichte

CANADÁ

Supreme Court of British Columbia

ESTADOS UNIDOS DA AMÉRICA

United States Supreme Court

United States Court of Appeals
Second Circuit

Shores v. Sklar (1980) — fraude no mercado; dispensa da prova da confiança, nota 1324
Panzirer v. Wolf (1981) — responsabilidade por informação; equiparação entre *secondary reliance* e *primary reliance*, nota 1034
Osofsky v. Zipt (1981) —indemnização do interesse positivo; dano da expetativa ou *benefit of the bargain*, nota 1291
Hackbart v. Holmes (1982) — indemnização do interesse positivo; dano da expetativa ou *benefit of the bargain*, nota 1291
Randall v. Loftsgaarden (1986) — dano; *rescissory damages*, 356 ss., nota 1279
Oracle Securities Litigation (1993) — *event studies;* demonstração da correlação entre as oscilações dos preços no mercado e a informação falsa, nota 1352
United States v. Mylett (1996) — informação privilegiada; teste probabilidade-magnitude, nota 798
Executive Telecard, Ltd. Sec. Litig. (1997) — *event studies;* demonstração da correlação entre as oscilações dos preços no mercado e a informação falsa, nota 1352
Press v. Chemical Investment Services Corp (1999) — responsabilidade por informações; presunção de confiança, nota 1046
Greebel v. FTP Software Inc. (1999) — factos indicativos da existência de dolo, nota 1012
Castellano v. Young Rubicam, Inc. (2001) — responsabilidade por informações; presunção de confiança, nota 1046
Emergent Capital Inv. v. Stonepath Group, Inc. (2003) — responsabilidade por informações; demonstração da *loss causation* exclusivamente por via da prova de uma inflação do preço devida às falhas da informação, nota 1076
Apollo Group Inc. Securities Litigation (2007) — *event studies;* demonstração da correlação entre as oscilações dos preços no mercado e a informação falsa, nota 1352
Vivendi Universal, S.A., Sec. Litig. (2009) — *event studies;* demonstração da correlação entre as oscilações dos preços no mercado e a informação falsa, nota 1352
SEC v. Dorozhko (2009) — abuso de informação privilegiada, 268 ss., nota 950

Third Circuit

Semerenko v. Cendant Corp. (2000) — responsabilidade por informações; demonstração da *loss causation* exclusivamente por via da prova de uma inflação do preço devida a falhas da informação, nota 1076

Fourth Circuit

Glaser v. Enzo Biochem, Inc. (2006) — responsabilidade por informações; imputação ao informante dos danos que resultem de uma correção do curso de mercado de forma diferente do conhecimento da verdade, nota 1226

Fifth Circuit

Summit Properties Inc. v. Hoechst Celanese Corp (2000) — *tort of fraud; torts v.* crimes, nota 1069
U.S. v. Olis (2005) — responsabilidade por informações; rejeição da imputação ao informante dos danos que resultem de uma correção do curso de mercado de forma diferente do conhecimento da verdade, nota 1226

United States District Court, S.D. New York

Hebst v. Able (1969) — origem da teoria da *fraud-on-the-market*, nota 1048

Korn v. Franchard Corporation (1975) — relevância da confiança; *constructive reliance;* substituição do padrão do investidor concretamente lesado pelo do investidor razoável, nota 1047

Schlanger v. Four-Phase Systems Inc. (1982) — responsabilidade por informações; papel da confiança, nota 1036

Metropolitan Life Insurance Co. v. RJR Nabisco, Inc. (1989) — transações *going private,* tutela dos credores obrigacionistas; (não) indemnização da perda de valor de mercado de obrigações, nota 1692

In re WorldCom, Inc. Sec. Litig. (2003) — responsabilidade por informações; nexo causal; afastamento da "presunção *Basic*"; prova de que o lesado não confiou no mercado, nota 1072

United States District Court, E.D. Virginia

In re Bearingpoint, Inc. Sec. Litig. (2006) — responsabilidade por informações; divulgação de correção ao mercado, nota 1226

United States District Court, N.D. Illinois

Roth v. Aon Corp. (2006) — responsabilidade por informações; imputação ao informante dos danos que resultem de uma correção do curso de mercado de forma diferente do conhecimento da verdade, nota 1226

United States District Court, N.F. Texas

LTV Securities Litigation (1980) — mercado e informação; mercado como agente não pago do investidor, nota 1027

United States District Court E.D. Pennsylvania

Kardon v. National Gypsum Co. (1947) — indemnização por *securities fraud;* incumprimento dos deveres de informação (*Rule* 10b do *Securities Exchange Act*), nota 1040

ITÁLIA

Cassação italiana

Cass. 8-mai.-2003 — responsabilidade civil por danos causados no exercício de atividade perigosa; prova liberatória, nota 1147

Cass. 13-mai.-2003 — responsabilidade civil por danos causados no exercício de atividade perigosa; prova liberatória; culpa do lesado ou de terceiro, nota 1147

Cass. 4-mai.-2004 — responsabilidade civil por danos causados no exercício de atividade perigosa; prova liberatória, nota 1147

Cass. 10-mar.-2006 — responsabilidade civil por danos causados no exercício de atividade perigosa; prova liberatória, nota 1147

Cass. 15-mai.-2007 — responsabilidade civil por danos causados no exercício de atividade perigosa; prova liberatória, nota 1147

Cass. 7-jan.-2010 — *azione di risparmio;* convertibilidade do *warrant,* nota 1707

Tribunal de Justiça da União Europeia

BIBLIOGRAFIA

Abbas, Raya — ver Thaeter, Ralf.

Abram, Nils — *Ansprüche von Anlegern wegen Verstoßes gegen Publizitätspflichten oder den Deutschen Corporate Governance Kodex?*, NZG 2003, 307-313.

Abreu, Jorge Coutinho de — *Do abuso de direito. Ensaio de um critério em direito civil e nas deliberações sociais abusivas* (reimpr. da ed. de 1983), Coimbra, 1999.

— *Diálogos com a jurisprudência I — Deliberações dos sócios abusivas e contrárias aos bons costumes*, DSR, ano 1 (2009), vol. 1, 33-47.

— *Negócios entre sociedades e partes relacionadas (administradores, sócios) — sumário às vezes desenvolvido*, DSR, ano 5 (2013), vol. 5, 13-25

De *novo a banca — tetos de voto; gestores públicos a céu-aberto*, DSR, ano 9, vol. 17 (2017), 13-23.

Abreu, Jorge Coutinho de/Dias, Rui Pereira — *Sociedades fechadas*, DSR, ano 7 (2015), vol. 13, 15-41.

Abreu, Jorge Coutinho de/Martins, Alexandre Soveral — *Grupos de sociedades: aquisições tendentes ao domínio total*, Coimbra, 2003.

— *Anot. ao artigo 490.º*, em Coutinho de Abreu (coord.), *Código das Sociedades Comerciais em comentário*, vol. VII, Coimbra, 2014, 136-180.

Adams, Michael, *Haftung auf Schadensersatz für fehlerhafte Kapitalmarktinformation*, BKR 2009, 277-283.

Aerssen, Rick van/Göres, Ulrich L. — *§ 32. Haftung für sonstige fehlerhafte Informationsversorgung*, em Mathias Habersack/Peter Mülbert/Michael Schlitt, *Handbuch der Kapitalmarktinformation*, 2.ª ed., München, 2013, 870-901.

Aguiar, Conceição — *Sobre a perda de qualidade*, CadMVM, n.º 30, 2009, 79-90.

Akerlof, George A. — *The market for "lemons": quality uncertainty and the market mechanism*, The quarterly journal of economics, vol. 84, n.º 3 (1970), 488-500.

Albrecht, Peter/Maurer, Raimond — *Investment- und Risikomanagement*, Stuttgart, 2005.

Albuquerque, Pedro de — *A aplicação do prazo prescricional do n.º 1 do artigo 498.º do Código Civil à responsabilidade civil contratual*, ROA 49 (1989), vol. III, 793-837.

— *Direito de preferência dos sócios em aumentos de capital nas sociedades anónimas e por quotas*, Coimbra, 1993.

— *A representação voluntária em Direito Civil,* Coimbra, 2004.

— *Responsabilidade processual por litigância de má fé, abuso de direito e responsabilidade civil em virtude de actos praticados no processo,* Coimbra, 2006.

— *O contrato de* swap, *a imputação de direitos de voto e o regime das acções próprias,* em *Estudos em Homenagem ao Prof. Doutor Martim de Albuquerque,* vol. II, Lisboa, 2010, 619-629.

— *Assistência financeira nas sociedades comerciais,* Coimbra, 2019.

Albuquerque, Pedro de/Gonçalves, Diogo Costa, *O impedimento do exercício do direito de voto como proibição genérica de atuação em conflito,* RDS III (2011), 3, 657-712.

Albuquerque, Pedro de/Pereira, Maria de Lurdes — *A responsabilidade civil das autoridades reguladoras e de supervisão por danos causados a agentes económicos e investidores no exercício de actividades de fiscalização ou investigação,* O Direito 136.º (2004), I, 89-130.

Alexander, Janet Cooper — *Rethinking damages in securities class actions,* Stanford Law Review, July 1996, vol. 48, 1487-1537, disponível em https://www-cdn.law.stanford.edu/wp-content/uploads/2015/06/48StanLRev.pdf.

Alexandre, Isabel — *Investidor institucional, não institucional equiparado e investidor comum,* em *Direito dos valores mobiliários,* vol. V, Coimbra, 2004, 9-27.

Alexy, Robert — *Teoría de los Derechos Fundamentales* (trad. espanhola da ed. alemã de 1993), Madrid, 2002.

— *The reasonableness of law,* em Giorgio Bongiovanni *et alii.* (org.), *Reasonableness and law,* Heidelberg, London, New York, 2009.

Alfaro Aguila-Real, Jesús — *Conflictos intrasocietarios (los justos motivos como causa legal no escrita de exclusión y separación de un socio en la sociedad de responsabilidad limitada),* Revista de Derecho Mercantil, out.-dez. 1996, n.º 222, 1079-1141.

Ali, Azad — ver Black, Duncan.

Almeida, António Pereira de — *Sociedades comerciais, valores mobiliários, instrumentos financeiros e mercados,* vol. 1, 7.ª ed., Coimbra, 2013.

Almeida, Carlos Ferreira de — *Os direitos dos consumidores,* Coimbra, 1982.

— *Texto e enunciado na teoria do negócio jurídico,* II, Coimbra, 1992.

As transacções de conta alheia no âmbito da intermediação no mercado de valores mobiliários, em *Direito dos valores mobiliários,* Lisboa, 1997, 291-309.

O Código dos Valores Mobiliários e o sistema jurídico, CadMVM, n.º 7, abr.-2000, 20-47.

— *Caducidade do direito a indemnização por informação deficiente no âmbito dos mercados de valores mobiliários,* CadMVM, n.º 54, ag.-2016, 1-14.

Normas de imputação e normas de proteção no regime da responsabilidade civil extracontratual pela informação nos mercados de valores mobiliários, DSR, ano 8 (2016), vol. 16, 15-31.

Comportamento dos emitentes: uma rede de fontes, em *O novo direito dos valores mobiliários — I Congresso sobre valores mobiliários e mercados financeiros,* Coimbra, 2017, 31-32.

— *Contratos,* I, reimpr. da 6.ª ed., Coimbra, 2018.

Almeida, Margarida Azevedo de — *A responsabilidade civil do banqueiro perante os credores da empresa financiada,* Coimbra, 2003.

— *A responsabilidade civil de intermediários financeiros por informação deficitária e falta de adequação dos instrumentos financeiros,* em *O novo direito dos valores mobiliários — I Congresso sobre valores mobiliários e mercados financeiros,* Coimbra, 2017, 411-424.

— *A responsabilidade civil por prospecto no direito dos valores mobiliários. O bem jurídico protegido,* Coimbra, 2018.

ALMEIDA, Miguel Santos — High-frequency trading — *regulamentação e* compliance *no contexto da nova DMIF II,* em *O novo direito dos valores mobiliários — I Congresso sobre valores mobiliários e mercados financeiros,* Coimbra, 2017, 427-446.

ALTMANN, Sofia — *A imputação de direitos de voto no mercado de capitais,* Revista de Ciências Empresariais e Jurídicas, 2014, n.º 25, 97-138.

ALVES, Carlos Francisco — *Os investidores institucionais e o governo das sociedades: disponibilidade, condicionantes e implicações,* Coimbra, 2005.

ANDERSON, Karren/EDWARDS, Harry — *England & Wales,* em WILLIAM SAVITT (org.), *The securities litigation review,* London, 2017, 1-22.

ANDRADE, João Freire de — ver DUARTE, Diogo Pereira.

ANDRADE, Manuel de — *Fontes de direito, vigência, interpretação e aplicação da lei. Exposição de motivos,* BMJ 102 (1961), 141-152.

— *Teoria geral da relação jurídica,* vol. II, 9.ª reimpr. da ed. de 1983, Coimbra, 2003.

ANDREADAKIS, Stelios — ver JOVANOVIC, Franck.

ANTUNES, Ana Filipa Morais — *O instituto da aquisição tendente ao domínio total (artigo 490.º do CSC): um exemplo de uma "expropriação legal" dos direitos dos minoritários?,* em *Nos 20 anos do Código das Sociedades Comerciais. Homenagem aos Profs. Doutores A. Ferrer Correia, Orlando de Carvalho e Vasco Lobo Xavier,* Coimbra, 2007, 203-253.

— *A aquisição tendente ao domínio total no direito societário e no direito dos valores mobiliários,* em *Aquisição de empresas,* Coimbra, 2011, 313-369.

ANTUNES, Henrique Sousa — *Anot. ao artigo 562.º,* em *Comentário ao Código Civil. Direito das obrigações,* Lisboa, 2018, 550-553.

ANTUNES, José Brito — *Notas pessoais sobre o processo* Lamfalussy, CadMVM, n.º 18, ag. 2004, 48-61.

ANTUNES, José Engrácia — *A aquisição tendente ao domínio total. Da sua constitucionalidade,* Coimbra, 2001.

— *O artigo 490.º do CSC e a lei fundamental. "Propriedade corporativa", propriedade privada, igualdade de tratamento,* em *Estudos em comemoração dos cinco anos (1995-2000) da Faculdade de Direito da Universidade do Porto,* Coimbra, 2001, 147-276.

— *Os grupos de sociedades,* 2.ª ed., Coimbra, 2002.

— *A empresa como objecto de negócios — "asset deals" versus "share deals",* ROA 68 (2008), vol. II/III, 715-793.

— *Os "hedge funds" e o governo das sociedades,* em *Direito dos valores mobiliários,* vol. IX, 2009, 9-70.

— *A igualdade de tratamento dos accionistas na OPA,* DSR ano 2 (2010), vol. 3, 87-111.

Instrumentos financeiros, 3.ª ed., Coimbra, 2017.

Deveres e responsabilidade do intermediário financeiro — alguns aspetos, CadMVM, n.º 56, abr. 2017, 31-52.

— *O conceito jurídico de consumidor,* RDC III (2018), 4, 771-796.

— *Direito do consumo,* Coimbra, 2019.

ARAÚJO, Fernando — *Introdução à economia,* reimpr. da 3.ª ed. de 2005, Coimbra, 2017.

ARENS, Tobias — *Die Behandlung von bedingten Aktienbezugsrechten beim verschmelzungsrechtlichen Squeeze-out,* WM 15/2014, 682-687.

ARMBRÜSTER, Christian — *Kapitalanleger als Verbraucher? Zur Reichweite des europäischen Verbraucherschutzrechts,* ZIP 9/2006, 406-415.

ARMOUR, John — *Enforcement strategies in UK corporate governance: a roadmap and empirical assessment* (April 2008), ECGI — Law Working Paper No. 106/2008, disponível em https://ssrn.com/abstract=1133542.

ARMOUR, John/AWREY, DAN/DAVIES, Paul/ENRIQUES, Luca/GORDON, Jeffrey N./ MAYER, Colin/PAYNE, Jennifer — *Principles of financial regulation.* Introductory chapter to *Principles of Financial Regulation,* Oxford University Press, 2016; European Corporate Governance Institute (ECGI) - Law Working Paper No. 277/2014; Columbia Public Law Research Paper No. 14-430; Saïd Business School WP 2014-12, 12, disponível em https://ssrn.com/abstract=2526740.

ARMOUR, John/BLACK, Bernard S./CHEFFINS, Brian R./ NOLAN, Richard C. — *Private enforcement of corporate law: an empirical comparison of the UK and US* (February 13, 2009), Journal of Empirical Legal Studies Vol. 6, 687-722 (691), 2009; U of Texas Law, Law and Econ Research Paper No. 89; McCombs Research Paper Series, Paper No. FIN-02-07; Oxford Legal Studies Research Paper No. 1105355; 3rd Annual Conference on Empirical Legal Studies Papers; ECGI - Law Working Paper No. 120; ECGI - Finance Working Paper No. 234, disponível em https://ssrn.com/abstract=1105355.

ARNER, Douglas W. — ver ZETZSCHE, Dirk A.

ARNOLD, Michael — *Mitwirkungsbefugnisse der Aktionäre nach Gelatine und Macrotron,* ZIP 36/2005, 1573-1579.

Ver WIRTH, Gerhard.

ARNOLD, Michael/ROTHENBURG, Vera — *BGH-Entscheidung zum Delisting: Alle Fragen geklärt?,* DStR 2014, 150-156.

ARNOULD, Tiago — *O destaque do direito aos lucros: esvaziamento do direito de voto e titularidade oculta,* RDS V (2013), 1/2, 369-385.

ASCENSÃO, José de Oliveira — *Valor mobiliário e título de crédito,* em *Direito dos valores mobiliários,* Lisboa, 1997, 27-54.

— *Arguição do currículo apresentado pelo Doutor António Menezes Cordeiro nas provas para obtenção do título de professor agregado,* RFDUL XXXIX (1998), 821-830.

— A *celebração de negócios em bolsa,* em *Direito dos valores mobiliários,* vol. I, Coimbra, 1999, 177-199.

— *Publicidade enganosa e comparativa e produtos financeiros,* RPDC, dezembro de 1999, n.º 20, 9-29.

— *As acções,* em *Direito dos valores mobiliários,* vol. II, Coimbra, 2000, 57-90.

— *A acção popular e a protecção do investidor,* CadMVM, n.º 11, ag. 2001, 1-12.

— *O actual conceito de valor mobiliário,* ROA 61 (2001), vol. I, 5-32.

— *Concorrência desleal,* Coimbra, 2002.

— *A protecção do investidor,* em *Direito dos valores mobiliários,* vol. IV, Coimbra, 2003, 13-40.

— O *Direito. Introdução e teoria geral,* 13.ª ed., Coimbra, 2005.

— O *novíssimo conceito de valor mobiliário,* em *Direito dos valores mobiliários,* vol. VI, Coimbra, 2006, 139-162.

— *Direito civil e direito do consumidor,* RPDC, março de 2008, n.º 53, 9-27.

— *Sociedade do risco e direito do consumidor,* em *Sociedade de risco e direito privado. Desafios normativos, consumeristas e ambientais,* São Paulo, 2013, 357-374.

ASSMANN, Heinz-Dieter — *Informationspflicht des Anlagevermittlers und Mitverschulden des Anlegers,* NJW 1982, 1083-1085.

— *Entwicklungstendenzen der Prospekthaftung,* WM 6/1983 138-144.

— *Prospekthaftung als Haftung für die Verletzung Kapitalmarktbezogener Informationsverkehrspflichten nach deutschem und US-amerikanischem Recht,* Köln, Berlin, Bonn, München, 1985.

— *Der Inhalt des Schadensersatzanspruchs fehlerhaft informierter Kapitalanleger,* em *Festschrift für Hermann Lange zum 70. Geburtstag am 24 Januar 1992,* Stuttgart, Berlin, Köln, 1992, 345-372.

— *Prospektaktualisierungspflichten. Aktualisierungs-, Berichtigungs- und Nachtragspflichten im Recht der Haftung für Prospekte und Angebotsunterlagen,* em *Festschrift für Peter Ulmer zum 70. Geburtstag am 2. Januar 2003,* Berlin, 2003, 757-778.

— *The impact of insider trading rules in company law,* em KLAUS HOPT/EDDY WYMEERSCH (org.), *Capital markets and company law,* Oxford, 2003, 529-547.

— *Die Prospekthaftung beruflicher Sachkenner de lege lata und de lege ferenda,* AG 8/2004, 435-448.

— *Civil liability for the prospectus,* em *Direito dos valores mobiliários,* vol. VI, Coimbra, 2006, 163-185.

— *§ 15,* em HEINZ-DIETER ASSMANN/UWE H. SCHNEIDER, *Wertpapierhandelsgesetz Kommentar,* 6.ª ed., Köln, 2012.

— *§ 5. Prospekthaftung,* em HEINZ-DIETER ASSMANN/ROLF SCHÜTZE, *Handbuch des Kapitalanlagerechts,* 4.ª ed., München, 2015, 258-398.

— Überlagerung und Komplementierung des Aktienrechts nach dem Aktiengesetz 1965 durch Kapitalmarktrecht, AG 17/2015, 597-613.

— *Wertpapierprospektgesetz (WpPG). Einleitung,* em HEINZ-DIETER ASSMANN/MICHAEL SCHLITT/WOLF VON KOPP-COLOMB, *Wertpapierprospektgesetz Vermögensanlagengesetz Kommentar,* 3.ª ed., Köln, 2017, 1-19

— *§§ 21-23, §24 WpPG,* em HEINZ-DIETER ASSMANN/MICHAEL SCHLITT/WOLF VON KOPP-COLOMB, *Wertpapierprospektgesetz Vermögensanlagengesetz Kommentar,* 3.ª ed., Köln, 2017, 593-684.

— *§§ 20-22 VermAnIG,* em HEINZ-DIETER ASSMANN/MICHAEL SCHLITT/WOLF VON KOPP-COLOMB, *Wertpapierprospektgesetz Vermögensanlagengesetz Kommentar,* 3.ª ed., Köln, 2017, 1654-1705.

ATAÍDE, Rui — *Causalidade e imputação objectiva na teoria da responsabilidade civil. A sobreposição das concepções normativas,* em *Estudos em Homenagem ao Prof. Doutor Sérvulo Correia,* vol. III, Coimbra, 2010, 181-237.

— *Responsabilidade civil por violação de deveres no tráfego,* Coimbra, 2015.

— *O cuidado entre a ilicitude e a culpa,* RDC II (2017), 4, 837-846.

— *Os deveres no tráfego,* em *Código Civil. Livro do cinquentenário,* vol. II, Coimbra, 2019, 731-751.

AUBEL, Thomas van — *§ 20. Initial Coin Offerings (ICOs),* em MATHIAS HABERSACK/PETER O. MÜLBERT/MICHAEL SCHLITT, *Unternehmensfinanzierung am Kapitalmarkt,* 4.ª ed., Köln, 2019, 697-747.

AULETTA, Giuseppe/SALANITRO, Niccolö — *Diritto commerciale,* 18.ª ed., Milano, 2010.

AURICH, Bastian — *Der wesentliche Prospektfehler nach KAGB und VermAnIG,* GWR 2016, 23-26.

AWREY, DAN — ver ARMOUR, John.

BACHMANN, Gregor — *Anmerkung zu der IKB Entscheidung,* JZ 11/2012, 578-582.

— *§ 278* em Gerald Spindler/Eberhard Stilz (org.), *Kommentar zum Aktiengesetz*, vol. 2, 3.ª ed., München, 2015.

— *Das Europäische Insiderhandelsverbot*, Berlin/München/Boston, 2015.

Bank, Matthias — ver Gerke, Wolfgang.

Baptista, Daniela Farto — *O direito de exoneração dos accionistas*, Coimbra, 2005.

— *A atuação concertada como fundamento de imputação de direitos de voto no mercado de capitais*, Porto, 2016.

Barbosa, Mafalda Miranda — *Do nexo de causalidade ao nexo de imputação. Contributo para a compreensão da natureza binária e personalística do requisito causal ao nível da responsabilidade civil extracontratual*, vol. I, Cascais, 2013.

— A *questão causal ao nível da responsabilidade pelo prospeto: breve reflexão acerca do n.º 2 do artigo 152.º do Código dos Valores Mobiliários*, em *Direito civil e sistema financeiro*, Cascais, 2016, 133-156.

— *Um caso de ressarcimento de danos puramente patrimoniais*, CDP 57, jan.-mar. 2017, 51-74.

— *Novas perspetivas em torno da causalidade na responsabilidade médica*, Revista do CEJ, I, 2017, 9-65.

— *Perda de valor (desvalorização) de um bem e responsabilidade civil*, RDC II (2017), 4, 847-878.

— *Lições de responsabilidade civil*, Cascais, 2017.

Barnert, Thomas — *Deliktischer Schadensersatz bei Kursmanipulation de lege lata und de lege ferenda. Zugleich eine Besprechung zu den Urteilen LG Augsburg vom 24.9.2001*, WM 29/2002, 1473-1483.

Barsky, Robert. B./Long, J. Bradford de — *Bull and bear markets in the twentieth century*, The journal of economic history, vol. 50, junho 1990, 2, 265-281.

Barta, Sebastian — *Der Prospektbegriff in der neuen Verkaufsprospekthaftung*, NZG 2005, 305-309.

Barth, Marcel — *Schadensberechnung bei Haftung wegen fehlender Kapitalmarktinformation*, Frankfurt am Main, 2006.

Bartlett, Robert P. — *Going private but staying public: reexamining the effect of Sarbanes-Oxley on firms' going-private decisions*, UGA Legal Studies Research Paper n.º 08-003, University of Chicago Law Review, 7, disponível em http://ssrn-com/abstract=1088830.

Basílio, Tiago Azevedo — *Investment (security) tokens: a captação de fundos através de initial coin offerings e token sales*, 2 RDFMC (2019), 127-168.

Bastos, Miguel Brito — Scalping: *abuso de informação privilegiada ou manipulação de mercado?*, C&R, ano III, n.º 9, jan.-mar. 2012, 293-324.

— *Deveres acessórios de informação*, RDS V (2013), 1-2, 181-281.

— ver Câmara, Paulo.

Baumgärtel, Gottfried — *Die Bedeutung der sog. „tatsächlichen Vermutung" im Zivilprozeß — eine Analyse der Rechtsprechung*, em *Festschrift für Karl Heinz Schwab zum 70. Geburtstag*, München,1990, 43-51.

Baums, Theodor — *Haftung wegen Falschinformation des Sekundärmarktes*, ZHR 2003, 139-192.

Baums, Theodor/Hutter, Stephan — *Die Information des Kapitalmarkts beim Börsengang (IPO)*, em *Festschrift für Peter Ulmer zum 70. Geburtstag am 2. Januar 2003*, Berlin, 2003, 779-799.

Baur, Georg/Boegl, Martin — *Die neue europäische Finanzmarktaufsicht — Der Grundstein ist gelegt*, BKR 2011, n.º 5, 177-186.

Bayer, Walter — *§ 202*, em *Münchener Kommentar zum Aktiengesetz*, vol. 4, 4.ª ed., München, 2016.

— ver Lutter, Marcus.

BEBCHUK, Lucian A. — *The pressure to tender: an analysis and a proposed remedy*, em *Delaware Journal of Corporate Law*, vol. 12, 911-949, 1987, disponível em http://ssrn.com/abstract=480301.

BEBCHUK, Lucian A./FERRELL, Allen — *Rethinking* Basic, The Business Lawyer, vol. 69, n.º 3, 2014, 671-697, disponível em https://ssrn.com/abstract=2371304.

BECHT, Marco — *European disclosure for the new millennium*, em KLAUS HOPT/EDDY WYMEERSCH (org.), *Capital markets and company law*, Oxford, 2003, 87-91.

BECKER, Roman A. — *§ 24 WpPG*, em HEIDEL, Thomas/AMMON, Ludwig, *Aktienrecht und Kapitalmarktrecht*, 4.ª ed., Baden-Baden, 2014.

BEDKOWSKI, Dorothea — ver FLEISCHER, Holger.

BEISEL, Daniel/KLUMPP, Hans-Hermann/BEISEL, Wilhelm — *Der Unternehmenskauf*, 7.ª ed., München, 2016.

BELLINI, Elisabetta/PONZANELLI, Giulio — *I limiti delle class actions nell'esperienza nordamericana. Un monito per il legislatore italiano*, em FRANCESCO GALGANO/GIOVANNA VISINTINI (org.), Mercato finanziario e tutela del risparmio, Milano, 2006, 337-347.

BENECKE, Martina — *Gesellschaftsrechtliche Voraussetzungen des Delisting*, WM 23, jan.-jun. 2004, 1122-1126.

— *Haftung für Inanspruchnahme von Vertrauen — Aktuelle Fragen zum neuen Verkaufprospektgesetz*, BB 48/2006, 2597-2601.

BENJAMIN, Aaron — ver BERGER, David.

BERGER, David/SOLOMON, Steven/BENJAMIN, Aron — *Tenure voting and the U.S. Public Company* (mar. 2016), disponível em http://ssrn.com/abstract=2740538.

BERNARDES, Ricardo — *A problemática da culpa na responsabilidade obrigacional no DCFR*, O Direito 145.º (2013), 1-2, 251-307.

BERRAR, Carsten — ver FEURING, Wolfgang.

BEURSKENS, Michael — *Haftung für enttäuschtes Aktionärsvertrauen*, Köln, München, 2008.

BINGE, Christoph/THÖLKE, Ulrich — *em* MATTHIAS SCHÜPPEN/BERNHARD SCHAUB (org.), *Münchener Anwaltshandbuch Aktienrecht*, 2.ª ed., München, 2010.

BIONE, MASSIMO — *Il voto multiplo: digressioni sul tema*, Giurisprudenza Commerciale, 38.5, set.-out. 2011, 663-684.

BHAGAT, Sanjai/ROMANO, Roberta — *Event studies and the law — Part I: technique and corporate litigation*, (2001), John M. Olin Center for Studies in Law, Economics, and Public Policy Working Papers. Paper 259, 1-33, disponível em http://digitalcommons.law.yale.edu/lepp_papers/259.

BHARATH, Sreedhar T./DITTMAR, Amy K. — *To be or not to be (public)*, (dez. 2006), University of Michigan Ross School of Business Research Papr, 2, disponível em http://ssrn.com/abstract=951710.

BLACK, Bernard S. — *The core institutions that support strong securities markets* (jun. 2000), Business Lawyer, Vol. 55, 1565-1607, disponível em https://ssrn.com/abstract=231120.

— ver HENRY, T. C., Hu.

— ver JOHN ARMOUR.

BLACK, Duncan/ALI, Azad/ISAAC, Brad — *Market soundings: practical issues under the new regime*, 3-mai.-2016, disponível em www.lexology.com.

BLACK, Fischer — *The dividend puzzle*, Journal of Portfolio Management 2, 1976, 5-8.

BOLGER, Jeanne P. — *Recklessness and the Rule 10b-5 Scienter Standard after Hochfelder,* Fordham Law Review, vol. 49, n.º 5, 1980, 817-837, disponível em https://ir.lawnet.fordham.edu/cgi/viewcontent.cgi?referer=https://www.google.com/&httpsredir=1&article=2453&context=flr.

BOLINA, Helena — *A manipulação de mercado e o abuso de informação privilegiada na nova directiva sobre abuso de mercado (2003/6/CE),* CadMVM, n.º 18, ag. 2004, 62-71.

— *A revisão das diretivas do abuso de mercado: novo âmbito, o mesmo regime,* CadMVM. *Ensaios de Homenagem a Amadeu Ferreira,* vol. II, 2015, 11-28.

BOLKART, Johannes — ver RÖSSNER, Michael-Christian.

BOLTON, Patrick/OEHMKE, Martin — *Credit Default Swaps and the empty creditor problem,* The review of financial studies, 2011, disponível em https://ssrn.com/abstract=1570165.

BOLTON, Patrick/SAMAMA, Frederic — *Loyalty shares: how to reward long-term investors,* Paper Presentation IV, dez. 2012, disponível em https://www.fir-pri-awards.org/wp-content/uploads/Article-P.Bolton-F.Samama.pdf.

— *L-shares: rewarding long-term investors,* (nov. 2012), em *ECGI — Finance Working Paper n.º 342/2013,* 4, disponível em hhttp://ssrn.com/abstract=2188661.

BOOTH, Richard A. — *The end of the securities fraud class action as we know it,* Berkeley Business Journal, march 2007, vol. 4, n.º 1, 1-36, disponível em https://doi.org/10.15779/Z38700F.

BORDEN, Arthur M./YUNIS, Joel A. — *Going private,* New York, 1982.

BORGES, Maria Rosa — ver GAIRIFO, Ricardo.

BORMANN, Michael — ver HELLWIG, Hans-Jürgen.

BOTELHO, Gustavo de Sousa — *O direito de exoneração do acionista minoritário. A saída da sociedade cotada após a transferência de controlo como manifestação do princípio da igualdade entre acionistas,* Coimbra, 2014.

BRANDEIS, Louis D. — *Other people's money and how the bankers use it,* New York, 1914, disponível em https://www.forgottenbooks.com/pt/readbook/OtherPeoplesMoney_10014125#12.

BRATTON, William W./WACHTER, Michael L. — *The political economy of fraud on the market,* University of Pennsylvania Law Review, vol. 160, 2011, 69-168, disponível em https://ssrn.com/abstract=1824324.

BRAV, Alon/MATHEWS, Richmond D. — *Empty voting and the efficiency of corporate governance,* Journal of Financial Economics 99, 2011, 289-307.

BRENNCKE, Martina — *Der Zielmarkt eines Finanzinstruments nach der MiFID II,* WM 2015, 1173-1181.

BRINCKMANN, Hendrik — *4. Disclosure system. § 16 Foundations,* em RÜDIGER VEIL (org.), *European Capital Markets Law,* Portland, 2017, 263-279.

BRITO, Miguel Nogueira de — *A justificação da propriedade privada numa democracia constitucional,* Coimbra, 2007.

BROCHADO, Ana — *A indemnização por abuso de informação privilegiada no Código das Sociedades Comerciais,* CadMVM, n.º 36, ag. 2010, 32-48.

BROUNTAS, Paul P. — *Rule 10b-5 and voluntary corporate disclosures to securities analysts,* Columbia Law Review, vol. 92, n.º 6, out. 1992, 1517-1549.

BRUEGGER, Esther/DUNBAR, Frederick C.— *Estimating financial fraud damages with response coefficients,* Journal of Corporation Law (2009), vol. 35:1, 11 disponível em https://ssrn.com/abstract=1438256.

Bruner, Christopher M. — *Corporate governance reform in a time of crisis*, Washington & Lee Legal Studies Paper, no. 2010-9, disponível em https://ssrn.com/abstract=1617890.

Bruno, Niccolò A. — *Il* leveraged buy out *nella casistica giurisprudenziale*, Banca Borsa Titoli di Credito, 2002, n.º 6, 807-830.

Bruno, Sabrina — *La (nuova?) responsabilità da prospetto verso il pubblico*, 1-14 (11), disponível em http://static.luiss.it/siti/media/1/20090603-2_%20S%20Bruno%20responsabilità%20da%20prospetto.pdf.

Buck-Heeb, Petra — *Informationsorganisation im Kapitalmarktrecht — Compliance zwischen Informationsmanagement und Wissensorganisationspflichten*, CCZ 2009, 18-25.

— *Wissenszurechnung, Informationsorganisation und Ad-hoc-Mitteilungspflicht bei Kenntnis eines Aufsichtsratsmitglieds*, AG 22/2015, 801-812.

— *Das Kleinanlegerschutzgesetz*, NJW 2015, 2535-2541.

— *Neuere Rechtsprechung zur Haftung wegen fehlerhafter oder fehlender Kapitalmarktinformation*, NZG 29/2016, 1125-1133.

— *Kapitalmarktrecht*, 9.ª ed., Heidelberg, 2017.

Buck-Heeb, Petra/Dieckmann, Andreas — *Informationsdeliktshaftung von Vorstandsmitgliedern und Emittenten*, AG 19/2008, 681-691.

Buckley, Ross P. — ver Zetzsche, Dirk A.

Bühren, Lars — *Auswirkungen des Insiderhandelsverbots der EU-Marktmissbrauchsverordnung auf M&A-Transaktionen*, NZG 2017, 1172-1178.

Bultmann, Friedrich/Hoepner, Olaf/Lischke, Peter — *Anlegerschutzrecht*, München, 2009.

Burch, Elizabeth — *Reassessing damages in securities fraud class actions*, Maryland Law Review, 2007, vol. 66, 348-397.

Burkart, Mike/Gromb, Denis/Panunzi, Fausto — *Why higher takeover premia protect minority shareholders*, Journal of political economy, vol. 106, n.º 1 (fev. 1998), 172-204.

Bushee, Brian/Cedergren, Matthew/Michels, Jeremy — *Does the media help or hurt retail investors during the IPO quiet period?*, january 7, 2019, 1-56, disponível em https://ssrn.com/abstract=3160949.

Busnelli, Francesco Donato — *Itinerari europei nella terra di nessuno tra contratto e fatto illecito: la responsabilità da informazioni inesatte*, Contratto e Impresa, ano 7, n.º 2 (1991), 539-577.

Cabral, Rita Amaral — *A responsabilidade por prospecto e a responsabilidade pré-contratual: anotação ao acórdão arbitral de 31 de Março de 1993*, ROA 55 (1995), 191-223.

Caetano, Marcello — *Ao entrar no 87.º ano. Algumas notas sobre aspectos jurídicos do ano de 1954*, O Direito, 87.º (1955), 1-11.

Cahn, Andreas — *Grenzen des Markt- und Anlegerschutzes durch das WpHG*, ZHR 162 (1998), 1-50.

Cahn, Andreas/Götz, Jürgen — *Ad-hoc-Publizität und Regelberichterstattung*, AG 2007, 221-226.

Calheiros, Maria Clara — *O contrato de* swap, Coimbra, 2000.

Câmara, Paulo — *Emissão e subscrição de valores mobiliários*, em *Direito dos valores mobiliários*, Lisboa, 1997, 201-241.

— *Os deveres de informação e a formação de preços no mercado de valores mobiliários*, CadMVM, n.º 2, 1998, 79-93.

— *O dever de lançamento de oferta pública de aquisição no novo Código dos Valores Mobiliários*, CadMVM, n.º 7, abr. 2000, 195-268.

— *O regime jurídico das obrigações e a protecção dos credores obrigacionistas,* RFDUL XLIV (2003), 109-142.

— *As operações de saída do mercado,* em *Direito dos valores mobiliários,* vol. V, Coimbra, 2004, 127-184.

— *O governo das bolsas,* em *Direito dos valores mobiliários,* vol. VI, Coimbra, 2006, 187-228.

— *A Directiva dos Prospectos: contexto, conteúdo e confronto com o direito positivo nacional,* em *Direito dos valores mobiliários,* vol. VII, Coimbra, 2007, 9-40.

— *Supervisão e regulação do mercado de valores mobiliários,* em *Direito dos valores mobiliários,* vol. VIII, Coimbra, 2008, 39-64.

— *Regulação dos mercados de valores mobiliários: fundamento e estrutura,* Cadernos de ciência de legislação, n.º 48 (jan.-mar. 2009), 7-63.

— *As ofertas públicas de aquisição,* em *Aquisição de empresas,* Coimbra, 2011, 157-210.

— *DMIF II: a nova pedra angular do direito dos mercados financeiros,* em *O novo direito dos valores mobiliários— I Congresso sobre valores mobiliários e mercados financeiros,* Coimbra, 2017, 199-215.

— *Manual de direito dos valores mobiliários,* 4.ª ed., Coimbra, 2018.

CÂMARA, Paulo/BASTOS, Miguel Brito — *O Direito da aquisição de empresas: uma introdução,* em *Aquisição de empresas,* Coimbra, 2011, 13-64.

CAMPBELL, John/LO, Andrew/MACKINLAY, A. Craig — *The econometrics of financial markets,* Princeton, 1996.

CANARIS, Claus-Wilhelm — *Ansprüche wegen positiver Forderungsverletzung und Schutzwirkung für Dritte bei nichtigen Verträgen. Zugleich ein Beitrag zur Vereinheitlichung der Regeln über die Schutzpflichtverletzungen,* JZ 1965, 475-482.

— *Bankvertragsrecht.* Erster Teil, 3.ª ed., Berlin, New York, 1988.

— *Pensamento sistemático e conceito de sistema na ciência do direito,* Lisboa, 1989.

Die Vermutung "aufklärungsrichtigen Verhaltens" und ihre Grundlagen, em *Festschrift Walter Hadding zum 70. Geburtstag am 8. Mai 2004,* Berlin, 2004, 3-24.

CAPIZZI, Antonio — *Residuale e inadempimento dell'obbligo di conversione di* warrants, Giurisprudenza Commerciale, 37.6, nov.-dez. 2011, 1303-1335.

— *Operazioni straordinarie e tutela degli investitori: il caso della* pressure to tender, Giurisprudenza Commerciale, 41.1, jan.-fev. 2014, 96-132.

CARDOSO, Sandra — ver SANTOS, Hugo Moredo.

CARIOCA, Maria João — *O futuro da bolsa,* em *O novo direito dos valores mobiliários — I Congresso sobre valores mobiliários e mercados financeiros,* Coimbra, 2017, 453-455.

CARNELUTTI, Francesco — *Metodología del derecho,* trad. esp., México, s/ data.

CARTER, J.W. — *Carter's breach of contract,* 2.ª ed., Oxford-London-New York-New Delhi-Sydney, 2019.

CARVALHO, Jorge Morais — *O conceito de consumidor no direito português,* Estudos de Direito do Consumo, n.º 14, Coimbra, 2018, 185-232.

— *Manual de Direito do Consumo,* 6.ª ed., Coimbra, 2019.

CASPARI, Karl-Burkhard — *Die geplante Insiderregelung in der Praxis,* ZGR 1994, 530-546.

CASTRO, Carlos Osório de — *A informação no direito do mercado dos valores mobiliários,* em *Direito dos valores mobiliários,* Lisboa, 1997, 333-347.

— *Da admissibilidade das chamadas "OPA's estatutárias" e dos seus reflexos sobre a cotação das acções em bolsa,* em *Juris et de jure — nos vinte anos da Faculdade de Direito da Universidade Católica Portuguesa — Porto,* Porto, 1998, 117-148.

CATARINO, Luís Guilherme — *Informação: utopia, realidade e intervenção pública,* em *Direito dos valores mobiliários,* vol. X, Coimbra, 2011, 65-112.

— Crowdfunding e crowdinvestment: *o regresso ao futuro,* em *O novo direito dos valores mobiliários — I Congresso sobre valores mobiliários e mercados financeiros,* Coimbra, 2017, 321-389.

— *Inovação financeira e ICOs: mercados privados alternativos?,* em *Estudos do IVM,* 2018, 1-58, disponível em https://www.institutovaloresmobiliarios.pt/estudos/pdfs/1548431077icos_lgc_vf.pdf.

CEDERGREN, Matthew — *Joining the conversation: how quiet is the IPO quiet period?* (December 9, 2014), 2015 Canadian Academic Accounting Association (CAAA) Annual Conference, 1-65, disponível em https://ssrn.com/abstract=2536004.

— ver BUSHEE, Brian.

CHARLONI, Sergio — *La tutela del risparmiatore alla luce delle recenti iniziative legislative,* em FRANCESCO GALGANO/GIOVANNA VISINTINI (org.), *Mercato finanziario e tutela del risparmio,* Milano, 2006, 319-336.

CHEFFINS, Brian R. — ver ARMOUR, John.

CHEN, Jenny/WATSON, Susan — *Investor psychology matters: is a prescribed product disclosure statement a supplement for healthy investment decisions?,* 17 NZBLQ 142, dez. 2011.

CHOI, Stephen J./GUZMAN, Andrew T. — *Portable reciprocity: rethinking the international reach of securities regulation,* Southern California Law Review, vol. 71, 1993, 903-952, disponível em https://scholarship.law.berkeley.edu/cgi/viewcontent.cgi?referer=https://www.google.com/&httpsredir=1&article=2417&context=facpubs.

CHOO, Eugene — *Going Dutch: the Google IPO,* 20 Berkeley Tech. L.J. (2005), 405-441, disponível em https://scholarship.law.berkeley.edu/cgi/viewcontent.cgi?referer=https://www.google.com/&httpsredir=1&article=1534&context=btlj.

CHRISTENSEN, Hans B./HAIL, Luzi/LEUZ, Christian — *Capital-market effects of securities regulation: prior conditions, implementation and enforcement,* Review of Financial Studies, vol 29(11), 2885-2924, disponível em https://www.nber.org/papers/w16737.

CHRISTOFFERSEN, Susan E. K./GECZY, Christopher C./MUSTO, David K./REED, Adam V. — *Vote trading and information aggregation,* Finance Working Paper n.º 141/2007 (jan. 2007), 34 ss., disponível em https://doi.org/10.1111/j.1540-6261.2007.01296.x.

CINCOTTI, Cristiano — Merger leveraged buy-out, *sostenibilità dell'indebitamento e interessi tutelati dall'ordinamento,* Rivista della società, jul.-ag. 2011, n.º 4, 634-679.

CLAUSSEN, Carsten — *Das neue Insiderrecht,* DB 1994, 2, 7-31.

COELHO, Eduardo Melo Lucas — *Exercícios vários acerca da presidência das assembleias especiais de categorias de accionistas,* em *Estudos em Homenagem ao Prof. Doutor Raúl Ventura,* II (2003), 421-466.

COELHO, Francisco Pereira — *O nexo de causalidade na responsabilidade civil,* supl. BFDUC, 1951, 65-242.

— *O problema da causa virtual na responsabilidade civil,* Coimbra, 1955.

COFFEE, John C. — *Market failure and the economic case for a mandatory disclosure system,* Virginia Law Review, vol. 70, n.º 4, 1984, 717-753, disponível em https://www.jstor.org/stable/1073083.

— *Law and the market: the impact of enforcement* (March 7, 2007). Columbia Law and Economics Working Paper No. 304, 79, disponível em https://ssrn.com/abstract=967482.

— *Mapping the future of insider trading law: of boundaries, gaps, and strategies*, ECGI Working Paper Series in Law, Working Paper n.º 204/2013, mar. 2013, 1-36, disponível em https://ssrn.com/abstract=2221475.

Colombo, Giovanni E./Marchetti, Piergaetano — Delisting *e azioni di risparmio (due pareri contrapposti)*, Banca Borsa Titoli di Credito, 2002, 3, 365-379.

Conrig, Feyko — *Zur Sittenwidrigkeit gemäß § 826 BGB bei einem außervertraglichen Informationsverhalten gegenüber Anlegern*, BKR 12/2018, 489-494.

Cordeiro, A. Barreto Menezes — *Organização e supervisão dos mercados financeiros*, RDS VI (2014), 3-4, 565-588.

— *Direito dos valores mobiliários*, vol. I, Coimbra, 2015.

— *A circulabilidade enquanto característica e função dos títulos de crédito*, O Direito 147.º (2015), I, 207-209.

— *Deveres fiduciários de cuidado: imprecisão linguística, histórica e conceitual*, RDS VII (2015), 3/4, 617-640.

— *Direito europeu dos valores mobiliários: evolução e linhas gerais*, RDS VII (2015), 2, 273-296.

— *Valor mobiliário: evolução e conceito*, RDS VIII (2016), 2, 309-342.

— Do *trust no direito civil*, Coimbra, 2016.

— *Uma introdução ao direito dos valores mobiliários*, Revista da AAFDL, ano 30.º, 2016, 15-35.

— *Direito inglês dos contratos*, I: Formação, conteúdo, vícios, Lisboa, 2017.

— A *responsabilidade civil dos intermediários financeiros. O artigo 304.º-A do CVM*, em Mafalda Miranda Barbosa/Francisco Muniz (org.), *Responsabilidade civil. Cinquenta anos em Portugal, quinze anos no Brasil*, vol. II, Coimbra, 2018, 83-104 (85), disponível em https://www.uc.pt/fduc/ij/publicacoes/pdfs/coloquios/RC_Vol2.pdf.

— *Manual de direito dos valores mobiliários*, 2.ª ed., Coimbra, 2018.

— *Os limites dos poderes de transferência do Banco de Portugal no âmbito do processo de resolução*, em António Menezes Cordeiro/Januário da Costa Gomes/Miguel Brito Bastos/Ana Alves Leal (org.), *Estudos de direito bancário* I, Coimbra, 2018, 129-157.

— *Arbitragem nos contratos de intermediação financeira e o modelo de arbitragem "supervisionada"*, 1 RDFMC (2019), n.º 3, 249-271.

— *Os deveres de adequação dos intermediários financeiros à luz da DMIF II*, em *O novo direito dos valores mobiliários — vol. 2. II Congresso sobre valores mobiliários e mercados financeiros*, Coimbra, 2019, 61-79.

Cordeiro, António Menezes — *Da boa fé no direito civil*, Coimbra, 1984.

— *Concessão de crédito e responsabilidade bancária*, Sep. do Boletim do Ministério da Justiça n.º 357 (1987).

— *Introdução a* Claus-Wilhelm Canaris, *Pensamento sistemático e conceito de sistema na ciência do direito*, Lisboa, 1989, IX-CXIV.

— *Da transmissão em bolsa de acções depositadas*, O Direito 121.º (1989), I, 75-90.

— *Introdução a* Canaris, *Pensamento sistemático e conceito de sistema na ciência do direito*, Lisboa, 1989.

— *Da tomada de sociedades (takeover): efectivação, valoração e técnicas de defesa*, ROA 54 (1994), vol. III, 761-777.

— *Violação positiva do contrato (acórdão do Supremo Tribunal de Justiça de 31 de Janeiro de 1980)*, em *Estudos de direito civil*, vol. I, Coimbra, 1994, 115-142.

— *Da pós-eficácia das obrigações*, em *Estudos de direito civil*, vol. I, Coimbra, 1994, 142-197.
— *Vícios ocultos nos bens privatizados: subsídio para a análise da privatização da Sociedade Financeira Portuguesa — Banco de Investimento, S.A. e suas consequências*, em *A privatização da sociedade financeira portuguesa*, Lisboa, 1995, 81-143.
— *Privatização da Sociedade Financeira e vícios ocultos: das pretensões de reparação*, em *A privatização da sociedade financeira portuguesa*, Lisboa, 1995, 147-158.
— *Anotação [ao acórdão arbitral de 31 de março de 1993]*, ROA 55 (1995), 123-190.
— *Da responsabilidade civil dos administradores das sociedades comerciais*, Lisboa, 1997.
— *Da constitucionalidade das aquisições tendentes ao domínio total (artigo 490.º, n.º 3, do Código das Sociedades Comerciais)*, BMJ 480 (1998), 5-30.
— *Das publicações obrigatórias nos boletins de cotações das bolsas de valores: aspectos do regime do aumento de capital das sociedades anónimas por subscrição de novas ações*, O Direito 120.º (1998), III-IV, 341-370.
— *O levantamento da personalidade colectiva: no direito civil e comercial*, Coimbra, 2000.
— *A modernização do direito das obrigações*, ROA 62 (2002), vol. 1, 711-729.
— *A 13.ª Directriz do direito das sociedades*, ROA 64 (2004), vol. 1/2, 97-111.
— *Aquisições tendentes ao domínio total: constitucionalidade e efectivação da consignação em depósito (artigo 490.º/ 3 e 4 do Código das Sociedades Comerciais)*, O Direito 137.º (2005), III, 449-463.
— *Introdução ao direito da insolvência*, O Direito 137.º (2005), III, 465-506.
— *Do direito privado como direito comum português*, O Direito, 137.º (2005), I, 6-36.
— *Os deveres fundamentais dos administradores das sociedades*, ROA 66 (2006), vol. II, 443-488.
— *A lealdade no direito das sociedades*, ROA 66 (2006), vol. III, 1034-1065.
— *Direito das sociedades*, II, 2.ª ed., Coimbra, 2007.
— *SA: assembleia geral e deliberações sociais*, Coimbra, 2007.
— *Da caducidade no direito português*, em *Estudos em Memória do Professor Doutor José Dias Marques*, Coimbra, 2007, 7-30.
— *Evolução do direito europeu das sociedades*, em *Nos 20 anos do Código das Sociedades Comerciais: Homenagem aos Profs. Doutores A. Ferrer Correia, Orlando de Carvalho e Vasco Lobo Xavier*, vol. I, Coimbra, 2007, 61-90.
— *Introdução ao direito da prestação de contas*, Coimbra, 2008.
— *A Directriz 2007/36, de 11 de julho (accionistas de sociedades cotadas): comentários à proposta de transposição*, ROA 68 (2008), 503-554.
— *A crise planetária de 2007/2010 e o governo das sociedades*, RDS I (2009), 2, 293-326
— *Novas regras sobre assembleias gerais: a reforma de 2010*, RDS II (2010), 1/2, 11-33.
— *A tutela do consumidor de produtos financeiros e a crise mundial de 2007-2010*, em *Estudos em Homenagem ao Prof. Doutor Sérvulo Correia*, vol. III, Coimbra, 2010, 577-600.
— *Anot. ao artigo 397.º* em António Menezes Cordeiro (org.), *Código das Sociedades Comerciais anotado*, 2.ª ed., Coimbra, 2011.
— *Direito das sociedades*, I, 3.ª ed., Coimbra, 2011.
— *OPAs obrigatórias: pressupostos e consequências da sua não-realização*, RDS III (2011), 4, 927-984.
— *Tratado de direito civil*, VI, 2.ª ed., Coimbra, 2012.
— *Tratado de direito civil*, I, 4.ª ed., Coimbra, 2012.
— *Sigilo bancário: fica a saudade?*, Cadernos O Direito 8 (2014), 11-57.

— *Direito bancário e alteração das circunstâncias,* RDS VI (2014), 2, 343-389.

— *Direito bancário,* 6.ª ed., Coimbra, 2016.

— *Direito comercial,* 4.ª ed., Coimbra, 2016.

— *A crise e a alteração das circunstâncias,* RDC I (2016), 1, 7-63.

— *Tratado de direito civil,* II, reimpr. da 4.ª ed. de 2014, Coimbra, 2017.

— *Tratado de direito civil,* VIII, Coimbra, 2017 (reimpr. da ed. de 2010 — ex vol. II, tomo III).

— *Tratado de Direito Civil,* V, 3.ª ed., Coimbra, 2017.

— *Tratado de direito civil,* VII, reimpr. da ed. de 2010, Coimbra, 2018.

— *Responsabilidade bancária, deveres acessórios e nexo de causalidade,* em António Menezes Cordeiro/Januário da Costa Gomes/Miguel Brito Bastos/Ana Alves Leal (org.), *Estudos de direito bancário I,* Coimbra, 2018, 9-46.

Cordeiro, António Menezes/Oliveira, Madalena Perestrelo de — *Anot. ao artigo 24.º* em António Menezes Cordeiro (org.), *Código das Sociedades Comerciais anotado,* 3.ª ed., Coimbra, 2019.

Cornell, Bradford/Morgan, Gregory — *Using finance theory to measure damages in fraud on the market cases,* 37 UCLA Law Review (1990), 883-923, disponível em https://heinonline.org.

Correia, A. Ferrer — *Erro e interpretação na teoria do negócio jurídico,* 3.ª ed., Coimbra, 1985.

Correia, A. Ferrer/Sá, Almeno de — *Parecer de direito,* em *A privatização da sociedade financeira portuguesa,* Lisboa, 1995, 257-302.

Correia, Carolina Martins — ver Sequeira, Elsa Vaz de.

Correia, Francisco Mendes — *Transformação de sociedades comerciais — delimitação do âmbito de aplicação no direito privado português,* Coimbra, 2009.

— *Participação na assembleia,* em Código do *governo das sociedades anotado,* Coimbra, 2012, 67-77.

— *A tecnologia descentralizada de registo de dados (*blockchain*) no setor financeiro,* em António Menezes Cordeiro/Ana Perestrelo de Oliveira/Diogo Pereira Duarte (org.), *FinTech. Desafios da tecnologia financeira,* 2.ª ed., Coimbra, 2019, 83-88.

— *Algumas notas sobre ofertas públicas de criptomoedas* (Initial Coin Offerings), em *O novo direito dos valores mobiliários — II Congresso sobre valores mobiliários e mercados financeiros,* Coimbra, 2019, 175-183.

Correia, Luís Brito — *Direito comercial, 2.º volume — sociedades comerciais,* Lisboa, 1989.

Costa, José de Faria/Ramos, Maria Elisabete — *O crime de abuso de informação privilegiada* (insider trading). *A informação enquanto problema jurídico-penal,* Coimbra, 2006.

Costa, Mário Júlio Almeida — *Voto de vencido ao acórdão do Tribunal Arbitral de 31 de março de 1993,* em *A privatização da sociedade financeira portuguesa,* Lisboa, 1995, 62-74.

— *O concurso da responsabilidade contratual e da extracontratual,* em *Ab uno ad omnes. 75 anos da Coimbra Editora,* Coimbra, 1998, 555-565.

— *Direito das Obrigações,* 6.ª reimpr. da 12.ª ed., Coimbra, 2018.

Cox, George — *Overcoming short-termism within British business. The key to sustained economic growth: an independent review by Sir George Cox commissioned by the Labour Party,* 2013, 1-68 (24), disponível em www.yourbritain.org.uk.

Crimmins, Stephen J. — *Insider trading: where is the line?,* Columbia Business Law Review, vol. 2013, n.º 2, 330-368, disponível em https://cblr.columbia.edu/wp-content/uploads/2013/07/Crimmins.pdf.

CUGNASCO, Roberto — *La maggiorazione del dividendo nelle società quotate,* Rivista del diritto commerciale e del diritto generale delle obbligazioni, 2011, n.º 4, 921-979.

CUNHA, Carolina — *A exclusão de sócios (em particular, nas sociedades por quotas),* em *Problemas do direito das sociedades,* (2.ª reimpr.), Coimbra, 2008, 201-233.

CUNHA, Paulo Ferreira da — *Princípios de direito,* Porto, s/ data.

CUNHA, Paulo Olavo — *Os direitos especiais nas sociedades anónimas: as acções privilegiadas,* Coimbra, 1993.

— *Os novos direitos especiais: as ações especiais,* em *II Congresso de direito das sociedades em revista,* Coimbra, 2012, 111-146.

— *Impugnação de deliberações sociais,* Coimbra, 2015.

— *Direito comercial e do mercado,* 2.ª ed., Coimbra, 2018.

— *Direito das sociedades comerciais,* 7.ª ed., Coimbra, 2019.

D'ALFONSO, Giovanna — *Responsabilità da prospetto informativo, tutela dell'investitore. Differenze tra l'ordinamento tedesco e l'italiano,* Responsabilità civile e previdenza, 2002, n.º 6, 1466 ss., disponível em www.iusexplorer.it.

D'AMICO, Giovani, *V — La responsabilità precontrattuale,* em VICENZO ROPPO, *Trattato del Contratto, V. Rimedi — 2,* Milano, 2006, 977-1135.

D'ASPREMONT, Jean — *Methodology* (January 1, 2016), em J. D'ASPREMONT, *Epistemic Forces in International Law — Foundational Doctrines and Techniques of International Legal Argumentation* (Edward Elgar, 2015), 177-199, disponível em https://ssrn.com/abstract=2709970.

DAMODARAN, Aswath — *Corporate Finance: Theory and Practice,* 2.ª ed., New York, 2003.

DANIS, András — *Do empty creditors matter? Evidence from distressed exchange offers,* (5-out.-2015) 4, disponível em https://ssrn.com/abstract=2001467.

DANZ, Erich — *A interpretação dos negócios jurídicos* (versão port. de FERNANDO DE MIRANDA), São Paulo, Saraiva, 1941.

DAVIES, Paul — ver ARMOUR, John.

DEUTSCHER ANWALTVEREIN — *DAV-Stellungnahme zum Diskussionsentwurf eines Kapitalmarktinformationshaftungsgesetzes (KapInHaG),* ZIP 49/2004, 2348-2352.

DIAS, Cristiano — *Os direitos especiais dos sócios nas sociedades anónimas: as "golden shares",* RDS III (2011), 3, 735-810.

— *Os direitos especiais dos sócios,* Coimbra, 2015.

DIAS, Gabriela Figueiredo — *Regulação e supervisão de* hedge funds: *percurso, oportunidade e tendências,* em *Direito dos valores mobiliários,* vol. VIII, Coimbra, 2008, 65-149.

— *Efeitos da gestão de participações societárias de fundos de pensões,* em *Estudos em Homenagem ao Professor Doutor Paulo de Pitta e Cunha,* vol. III, Coimbra, 2010, 133-161.

— *O governo dos fundos de pensões,* em *O governo das organizações — a vocação universal do* corporate governance, Coimbra, 2011, 319-370.

— *Financiamento e governo das sociedades (*debt governance): *o terceiro poder,* em *III Congresso de direito das sociedades em revista,* Coimbra, 2014, 359-383.

— *As principais tendências de mudança,* em *O novo direito dos valores mobiliários — I Congresso sobre valores mobiliários e mercados financeiros,* Coimbra, 2017, 15-27.

DIAS, Rui Pereira — ver ABREU, Jorge Coutinho de.

DICKERSBACH, Volker — *Das neue Insiderrecht der Bundesrepublik Deutschland vor dem Hintergrund des Europäischen Gemeinschaftsrechts,* Berlin, 1995.

DIECKMANN, Andreas — ver BUCK-HEEB, Petra.

DIERLAMM, Alfred — *Das neue Insiderstrafrecht,* NStZ 1996, 519-522.

DIJK, Dick J. C. — ver FIDRMUC, Jana P.

DINI, Michela — *Categorie speciali di quote di società a responsabilità limitata,* Giurisprudenza Commerciale, 25.6, nov.-dez. 1998, 789-796.

DITTMAR, Amy K. — ver BHARATH, Sreedhar T.

DJAMA, Constant/MARTINEZ, Isabelle/SERVE, Stephanie — *What do we know about delistings? A survey of the literature,* Comptabilités et innovation, mai. 2012, Grenoble, France, 1-22.

DOMINGUES, Paulo de Tarso — *Variações sobre o capital social,* Coimbra, 2009.

DRAGO, Diogo — Loyalty shares: *um meio de controlo ou o acentuar de conflitos no seio societário?,* Revista de Direito Comercial, 2017, 432-455.

DREHER, Meinhard, *Der Verbraucher — Das Phantom in den Opera des europäischen und deutschen Rechts?,* JZ 4/1997, 167-178.

DUARTE, David — *A norma de legalidade procedimental administrativa,* Coimbra, 2007.

DUARTE, Diogo Pereira — *Financiamento colaborativo de capital (*equity-crowdfunding*),* em ANTÓNIO MENEZES CORDEIRO/ANA PERESTRELO DE OLIVEIRA/DIOGO PEREIRA DUARTE (org.), *FinTech. Desafios da tecnologia financeira,* 2.ª ed., Coimbra, 2019, 265-321.

DUARTE, Diogo Pereira/ANDRADE, João Freire de — *Breves notas sobre o financiamento de* start-ups *e a sua regulação,* em ANTÓNIO MENEZES CORDEIRO/ANA PERESTRELO DE OLIVEIRA/DIOGO PEREIRA DUARTE (org.), *FinTech. Desafios da tecnologia financeira,* 2.ª ed., Coimbra, 2019, 217-247.

DUARTE, Rui Pinto — *As alterações à diretiva dos direitos dos acionistas (apresentação com algumas opiniões heréticas),* em *O novo direito dos valores mobiliários — I Congresso sobre valores mobiliários e mercados financeiros,* Coimbra, 2017, 73-90.

DUBBER, MARKUS D. — *Critical analysis of Law: interdisciplinarity, contextuality and the future of legal studies* (January 26, 2014). Critical Analysis of Law: An International & Interdisciplinary Law Review, Vol 1, No 1 (2014), 1, disponível em https://ssrn.com/abstract=2385656.

DÜHN, Matthias — ver FUCHS, Andreas.

DUNBAR, Frederick C. — ver BRUEGGER, Esther.

DUNLEAVY, Patrick — *Leveraged buyout, management buyout, and going private corporate control transactions: insider trading or efficient market economics?,* Fordham Urban Law Journal, vol. 14, n.º 3, 1985, 685-722, disponível em https://ir.lawnet.fordham.edu/ulj/vol14/iss3/5/.

DUQUE, João/PINTO, Inês — *O impacto da divulgação de factos relevantes no mercado de capitais português,* CadMVM, n.º 22, dez. 2005, 48-54.

DWORKIN, Ronald — *Taking rights seriously,* Cambridge, 2002.

DYE, Ronald A. — *Disclosure "bunching",* Journal of Accounting Research, vol. 48, n.º 3 (Jun. 2010), 489-530, disponível emhttps://doi.org/10.1111/j.1475-679X.2010.00375.x.

EASTERBROOK, Frank H./FISCHEL, Daniel R. — *Voting in corporate law,* 26 J. L. & Econ. 395-427 (1983), disponível em https://www.jstor.org/stable/725110.

— *Mandatory disclosure and the protection of investors,* Virginia Law Review, vol. 70, 1984, 669-715, disponível em https://chicagounbound.uchicago.edu/journal_articles/1177/.

— *Optimal damages in securities cases,* University of Chicago Law Review, 52, 1985, 611-652, disponível em https://chicagounbound.uchicago.edu/journal_articles/1167/.

— *The economic structure of corporate law,* 1996, Cambridge.

ECKHOLD, Thomas — *§ 62*, em REINHARD MARSCH-BARNER/FRANK A. SCHÄFER, *Handbuch börsennotierte AG — Aktien- und Kapitalmarktrecht*, Köln, 4.ª ed., 2017, 2085-2143.

EDELMAN, Hervé — *§ 2. Der Schutz des Kapitalanlegers als "Verbraucher"*, em HEINZ-DIETER ASSMANN/ROLF SCHÜTZE, *Handbuch des Kapitalanlagerechts*, 4.ª ed., München, 2015, 59-67.

EDWARDS, Harry — ANDERSON, Karren.

EKKENGA, Jens — *Anlegerschutz, Rechnungslegung und Kapitalmarkt. Eine vergleichende Studie zum europäischen, deutschen und britischen Bilanz-, Gesellschafts- und Kapitalmarktrecht*, Tübingen, 1998.

— *Kurspflege und Kursmanipulation nach geltendem und künftigem Recht*, WM 7/2002, 317-324.

— *"Macrotron" und das Grundrecht auf Aktieneigentum — der BGH als der bessere Gesetzgeber? Zugleich Besprechung der Entscheidung BGH WM 2003, 53*, ZGR 5-6/2003, 878-910.

— *Fragen der deliktischen Haftungsbegründung bei Kursmanipulationen und Insidergeschäften*, ZIP 2004, 781-792.

— *Individuelle Entscheidungsprozesse im Recht der Ad-hoc-Publizität. Sieben Thesen zum Fall Geltl/Daimler/Schrempp*, NZG 2013, 1081-1087.

ELLAND, Eric — ver GELBACH, Jonah B.

ELLENBERGER, Jürgen — *Die Börsenprospekthaftung nach dem Dritten Finanzmarktförderungsgesetz*, em *Bankrecht — Schwerpunkte und Perspektiven. Festschrift für Herbert Schimansky*, Köln, 1999, 591-611.

— *Prospekthaftung im Wertpapierhandel*, Berlin, New York, 2001.

ELST, Christoph van der — *Equity markets, ownership structures and control: toward an international harmonization*, em KLAUS HOPT/EDDY WYMEERSCH (org.), *Capital markets and company law*, Oxford, 2003, 3-46.

EMMERICH, Volker — *§ 311*, em *Münchener Kommentar zum BGB*, 8.ª ed., München, 2019.

ENGEL, Ellen/HAYES, Rachel M./WANG, Xue — *The Sarbanes-Oxley Act and firms' going-private decisions* (May 6, 2004), 4, disponível em http://ssrn-com/abstract=546626.

ENGISCH, KARL — *Introdução ao pensamento jurídico*, 3.ª ed., Lisboa, 1964.

ENRIQUES, Luca — *La* corporate governance *delle società quotate italiane: sfide e opportunità*, Giurisprudenza Commerciale, 39.4, jul.-ag. 2012, 493-509.

— ver ARMOUR, John.

ESPOSITO, Silvana — *Le operazioni con parti correlate: regole sulla trasparenza e sul governo societario*, *Rivista del diritto commerciale e del diritto generale delle obbligazioni*, 2010, n.º 3, 851-885.

ESTACA, José Marques — *O destaque dos direitos de voto em face do código dos valores mobiliários*, em *Estudos em Honra do Professor Doutor José de Oliveira Ascensão*, vol. II, Coimbra, 2008, 1347-1361.

FACCI, Giovanni — *Il danno da informazione finanziaria inesatta*, Bologna, 2009.

FAMA, Eugene — *Efficient capital markets: a review of theory and empirical work*, The Journal of Finance, vol. 25, n.º 2, 1970, 383-417.

— *Market efficiency, long-term returns and behavioral finance*, Journal of Financial Economics, 1998, 49:3, 283-306.

FARIA, Jorge Ribeiro de — *Direito das obrigações*, I, Coimbra, 1990.

— *Da prova na responsabilidade civil médica — reflexões em torno do direito alemão*, Revista FDUP, ano I, 2004, 115-195.

— *Novamente a questão da prova na responsabilidade civil médica — reflexões em torno do direito alemão*, em RIBEIRO DE FARIA/PESTANA DE VASCONCELOS, *Estudos de Direito das Obrigações*, Porto, 2009, 201-295.

FERBER, Celeste S. — ver FORRESTER, Christopher.

FERNANDES, Ricardo Sá — *O direito dos mercados em geral e o mercado de valores mobiliários em especial*, em *Direito dos valores mobiliários*, Lisboa, 1997, 189-199.

FERRAN, Eilís/HO, Look Chan — *Principles of corporate finance law*, 2.ª ed., Oxford, 2014.

FERRARA, Ralph C./NAGY, Donna M./THOMAS, Herbert/KIM, Thomas J. — *Ferrara on insider trading and the wall*, New York, 2006.

FERRARINI, Guido — *La responsabilità da prospetto. Informazione societaria e tutela degli investitori*, Milano, 1986.

— *Investment banking, prospetti falsi e culpa in contrahendo*, Giurisprudenza Commerciale, 1988, II, 585-608.

FERRARINI, Guido/GIUDICI, Paolo — *Scandali finanziari e ruolo dell'azione privata: il caso Parmalat*, em FRANCESCO GALGANO/GIOVANNA VISINTINI (org.), *Mercato finanziario e tutela del risparmio*, Milano, 2006, 197-265.

FERRARINI, Guido/MILLER, Geoffrey — *A simple theory of takeover regulation in the United States and Europe*, Rivista delle società, jul.-ag. 2010, n.º 4, 680-719.

FERREIRA, Abel Sequeira — *O futuro da bolsa: uma agenda para o mercado de capitais em Portugal*, em *O novo direito dos valores mobiliários — I Congresso sobre valores mobiliários e mercados financeiros*, Coimbra, 2017, 457-494.

FERREIRA, Amadeu — *Direito dos valores mobiliários*, Lisboa, 1997.

— *Um código dos instrumentos financeiros? Algumas notas soltas*, em *Estudos em Homenagem ao Professor Doutor Carlos Ferreira de Almeida*, vol. I, Coimbra, 2011, 701-710.

FERREIRA, Bruno — *A transposição da Diretiva da Transparência II*, em *O novo direito dos valores mobiliários — I Congresso sobre valores mobiliários e mercados financeiros*, Coimbra, 2017, 43-50.

FERREIRA, Eduardo Paz — *A informação no mercado de valores mobiliários*, em *Direito dos valores mobiliários*, vol. III, Coimbra, 2001, 137-159.

FERREIRA, Juliano, Proxy advisors — *os consultores em matéria de votação*, em *A designação de administradores*, Coimbra, 2015, 201-225.

— *Sociedade com o capital aberto ao investimento público: relevância da lei pessoal na aquisição e perda da qualidade de sociedade aberta*, RDS IX (2017), 2, 219-254.

— ver RODRIGUES, José Melo.

FERREIRA, Manuel Requicha — *Perda da qualidade "sociedade aberta"*, relatório de mestrado inédito, apresentado na FDL em 2009.

— *Acordos de aceitação e de não-aceitação de OPA*, Coimbra, 2015.

FERREL, Allen — *If we understand the mechanisms, why don't we understand their output?*, 28 J. Corp. L. (2003), 503-5015, disponível em http://lsr.nellco.org/harvard_olin/414.

— *Mandated disclosure and stock returns: evidence from the over-the-counter market*, Harvard Law and Economics Discussion Paper n.º 453, 2003, 1-47, disponível em https://ssrn.com/abstract=500123.

— ver BEBCHUK, Lucian A.

FERRELL, Allen/SAHA, Atanu — *Forward-casting 10b-5 damages: a comparison to other methods*, (17 abril 2011) Harvard Law and Economics Discussion Paper; Harvard University John M. Olin Center for Law, Economics and Business Discussion Paper, 1-34, disponível em: https://ssrn.com/abstract=1811068.

FESTAS, David Oliveira — *Das inibições de voto dos sócios por conflito de interesses com a sociedade nas sociedades anónimas e por quotas*, tese de doutoramento não publicada, apresentada na Faculdade de Direito da Universidade de Lisboa, 2015.

FEURING, Wolfgang/BERRAR, Carsten — *§ 39. Stabilisierung*, em MATHIAS HABERSACK/PETER O. MÜLBERT/MICHAEL SCHLITT (org.), *Unternehmensfinanzierung am Kapitalmarkt*, 4.ª ed., Köln, 2019, 1295-1332.

FIDRMUC, Jana P./ROOSENBOOM, Peter/DIJK, Dick J. C. — *When do managers seek private equity backing in public-to-private transactions?*, (fev. 2007), 2-4, disponível em http://ssrn.com/abstract=968101.

FIGUEIREDO, André — *A informação difundida no mercado de valores mobiliários e os poderes da CMVM: uma "nova dimensão do direito administrativo"?*, CadMVM, n.º 24, nov. 2006, 64-98.

Titularidade indireta de ações e exercício de direitos de voto, RDS IV (2012), 3, 517-548.

— *O negócio fiduciário perante terceiros. Com aplicação especial na gestão de valores mobiliários*, Coimbra, 2012.

— *Voto e exercício do direito de voto*, em *Código do governo das sociedades anotado*, Coimbra, 2012, 79-92.

FIKENTSCHER, Wolfgang/HEINEMANN, Andreas — *Schuldrecht: Allgemeiner und Besonderer Teil*, 11.ª ed., Berlin, 2017.

FINDEISEN, Maximilian — *Die Bedeutung der haftungsbegründenden Kausalität einer fehlerhaften Ad-hoc-Mitteilung für die Anlageentscheidung des Schadenersatzklägers*, NZG 2007, 692-695.

FISCH, Jill E. — *The trouble with Basic: price distortion after Halliburton*, 90 Washington University Law Review (2013), 895-932.

FISCH, Jill E./GELBACH, Jonah B./KLICK, Jonathan — *The logic and limits of event studies in securities fraud litigation*, Texas Law Review, vol. 96, 2018, 553-621, disponível em https://ssrn.com/abstract=2817090.

FISCHEL, Daniel — *Use of modern finance theory in securities fraud cases involving actively traded securities*, 38 Bus. Law 1 (1982), disponível em https://wiki.duke.edu/download/attachments/79565233/Fischel_Use%20of%20Modern%20Finance%20Theory%20in%20Securities%20Fraud%20Cases%20Involving%20Actively%20Traded%20Securities.PDF?api=v2.

— *Efficient capital markets, the crash, and the fraud on the market theory*, Cornell Law Review, vol. 74, n.º 5, 1989, 907-922.

— ver EASTERBROOK, Frank H.

FLECKNER, Andreas M. — *Stock exchanges at the crossroads*, Fordham Law Review, vol. 74, n.º 5, 2006, 2541-2620, disponível em http://ir.lawnet.fordham.edu/flr/vol74/iss5/2.

FLEISCHER, Holger — *Börseneinführung von Tochtergesellschaften*, ZHR 165 (2001), 513-549.

— *Der Inhalt des Schadensersatzanspruchs wegen unwahrer oder unterlassener unverzüglicher Ad-hoc-Mitteilungen*, BB 37/2002, 1869-1874.

— *Das vierte Finanzmarktförderungsgesetz*, NJW 41/2002, 2977-3048.

— *Ungeschriebene Hauptversammlungszuständigkeit im Aktienrecht: von "Holzmüller" zu "Gelatine"*, NJW 2004, 2335-2339.

— *Prospektpflicht und Prospekthaftung für Vermögensanlagen des Grauen Kapitalmarkts nach dem Anlegerschutzverbesserungsgesetz*, BKR 2004, 339-347.

— *Zur Haftung bei fehlendem Verkaufsprospekt im deutschen und US-amerikanischen Kapitalmarktrecht*, WM 39/2004, 1897-1903.

— *Konturen der kapitalmarktrechtlichen Informationsdeliktshaftung*, ZIP 41/2005, 1805-1812.

— *Kompetenzen der Hauptversammlung — ein rechtsgeschichtliche, rechtsdogmatische und rechtsvergleichende Bestandsaufnahme*, em WALTER BAYER/MATHIAS HABERSACK (org.), *Aktienrecht im Wandel*, vol. II, Tübingen, 2007, 430-461.

— *Von "bubble laws" und "quack regulation" — Zur Kritik kriseninduzierter Reformgesetze im Aktien- und Kapitalmarktrecht*, em *Festschrift für Hans-Joachim Priester zum 70. Geburtstag*, Köln, 2007, 75-93.

— *§ 6. Haftung für fehlerhafte Kapitalmarktkommunikation*, em HEINZ-DIETER ASSMANN/ROLF. A. SCHÜTZE, *Handbuch des Kapitalanlagerechts*, 4.ª ed., München, 2015, Rn. 1-65.

FLEISCHER, Holger/BEDKOWSKI, Dorothea — *Aktien- und kapitalmarktrechtliche Probleme des Pilot Fishing bei Börsengängen und Kapitalerhöhungen*, DB 41/2009, 2195-2200.

FLEISCHER, Holger/KALSS, Susanne — *Kapitalmarktrechtliche Schadensersatzhaftung und Kurseinbrüche an der Börse*, AG 8/2002, 329-336.

FLEISCHER, Holger/THATEN, Marlen — *Kapitalmarktrechtlicher Anlegerschutz versus aktienrechtliche Kapitalerhaltung — wie entscheidet der EuGH?*, NZG 2012, 801-809.

FOELSCH, Martin Eberhard — ver HOLZBORN, Timo.

FÖHR, Linus — ver ZETZSCHE, Dirk A.

FONSECA, Tiago Soares da — *O penhor de acções*, Coimbra, 2005.

— *O direito de exoneração do sócio no Código das Sociedades Comerciais*, Coimbra, 2008.

FORRESTER, Christopher/FERBER, Celeste S. — *Fiduciary duties and other responsibilities of corporate directors and officers*, 5ª ed., Chicago, 2012.

FOX, Merritt B. — *Required disclosure and corporate governance*, Law and Contemporary Problems, vol. 62, n.º 3, 1999, 113-127.

— *Retaining mandatory securities disclosure: why issuer choice is not investor empowerment*, Virginia Law Review, vol. 85, n.º 7, out. 1999, 1335-1419.

— *Understanding Dura*, Business Lawyer, vol. 60, august 2005, 1547-1576, disponível em https://ssrn.com/abstract=764432.

— *Demystifying causation in fraud-on-the-market actions*, The Business Lawyer, vol. 60, February 2005, 507-532, disponível em https://www.americanbar.org/content/dam/aba/publications/business_lawyer/2005/60_2/article-demystifying-causation-200502.authcheckdam.pdf.

— *Civil liability and mandatory disclosure*, Columbia Law Review, vol. 109, 2009, 1-83, disponível em http://papers.ssrn.com/sol3/papers.cfm?abstract_id=1115361.

FRADA, Manuel Carneiro da — *Contrato e deveres de protecção*, Coimbra, 1994.

— *Uma terceira via no direito da responsabilidade civil? O problema da imputação dos danos causados a terceiros por auditores de sociedades*, Coimbra, 1997.

— *A responsabilidade objectiva por facto de outrem face à distinção entre responsabilidade obrigacional e aquiliana*, Sep. Direito e Justiça vol. XII, 1998, tomo 1.

— *O problema e os limites da responsabilidade dos auditores*, Direito e Justiça vol. XVI, 2002, tomo 1, 159-169.

— *Teoria da confiança e responsabilidade civil*, Coimbra, 2004.

— *Sobre a responsabilidade das concessionárias por acidentes ocorridos em auto-estradas*, ROA 65 (2005), vol. II, 407-433.

— *Direito civil. Responsabilidade civil. O método do caso*, Coimbra, 2006.

— *A business judgement rule no quadro dos deveres gerais dos administradores,* ROA, 67 (2007), vol. I, 159-205.

— *Relativismo, valores, direito,* RFDUL LI (2010), 141-192.

— *O dever de legalidade: um novo (e não escrito) dever fundamental dos administradores,* DSR, ano 4 (2012), vol. 8, 65-74.

— *A responsabilidade pela confiança nos 35 anos do Código Civil: balanço e perspectivas,* em *Comemorações dos 35 anos do código civil e dos 25 anos da reforma de 1977,* vol. III, Coimbra, 2017, 285-307.

— *A responsabilidade dos intermediários financeiros por informação deficitária ou falta de adequação dos instrumentos financeiros,* em *O novo direito dos valores mobiliários — I Congresso sobre valores mobiliários e mercados financeiros,* Coimbra, 2017, 401-409.

— *A responsabilidade civil das agências de notação do risco* (rating). *Ensaio de construção dogmático-crítica,* Coimbra, 2018.

— *Autonomia privada e justiça contratual. Duas questões, nos 50 anos do Código Civil,* em *Forjar o Direito,* 2.ª ed., Coimbra, 2019, 13-29.

Frada, Manuel Carneiro da/Gonçalves, Diogo Costa — *Perda da qualidade de sociedade aberta* (delisting *de ações) e tutela dos acionistas minoritários,* CadMVM, *Ensaios em Homenagem a Amadeu Ferreira,* n.º 51, vol. I, agosto de 2015, 23-44.

— *Diligência e prova do cumprimento das obrigações da concessionária em acidentes de viação ocorridos em auto-estradas,* em *Responsabilidade civil. Cinquenta anos em Portugal, quinze anos no Brasil,* Coimbra, 2017, 155-202.

Frada, Manuel Carneiro da/Tomé, Maria João Vaz — *Danos económicos puros. Ilustração de uma problemática,* em *Estudos em Homenagem ao Professor Doutor Marcello Caetano no centenário do seu nascimento,* Coimbra, 2006, 151-176.

Freire, Mário — ver Marques, Mafalda Gouveia.

Fried, Jesse M. — *Firms gone dark,* The University of Chicago Law Review, vol. 76, n.º 1, 2009, 135-160.

Frowein, Georg A. — *§ 10. Pflicht zur Veröffentlichung von Insiderinformationen (§ 15 WpHG)* em Mathias Habersack/Peter O. Mülbert/Michael Schlitt, *Handbuch der Kapitalmarktinformation,* 2ª ed., München, 2013, 226-276.

Fuchs, Andreas/Dühn, Matthias — *Deliktische Schadensersatzhaftung für falsche Ad-hoc-Mitteilungen Zugleich Besprechung des Urteils des OLG München, BKR 2002 — in diesem Heft,* BKR 2002, 1063-1071.

Funke, Sabine — *Minderheitenschutz im Aktienrecht beim "kalten" Delisting,* Berlin, 2005.

Furtado, Jorge Pinto — *Curso de Direito das Sociedades,* 5.ª ed., Coimbra, 2004.

Gairifo, Ricardo/Borges, Maria Rosa — *Rendibilidades anormais nas vésperas dos anúncios de ofertas públicas de aquisição: aplicação ao mercado Euronext,* CadMVM, n.º 36, ag. 2010, 49-73.

Galletti, Danilo — Leveraged buy out *ed interessi tutelati: appunti per la ricognizione della fatispecie,* Giurisprudenza Commerciale, 35.3, mai.-jun. 2008, 433-447.

Gargantini, Matteo — ver Noia, Carmine di.

Garrido, José M./Rojo, Angel — *Institutional investors and corporate governance: solution or problem?,* em Klaus Hopt/Eddy Wymeersch (org.), *Capital markets and company law,* Oxford, 2003, 418-458.

Geczy, Christopher C. — ver Christoffersen, Susan E. K.

GEGLER, Felix — *Die Neuregelung des Delistings-Angemessener Aktionärsschutz oder „Dolchstoß"?*, BKR 2016, 273-279.

GEIGER, Caroline — *Kollektiver Rechtsschutz im Zivilprozess. Die Gruppenklage zur Durchsetzung von Massenschäden und ihre Auswirkungen*, Tübingen, 2015.

GELBACH, Jonah B. — ver FISCH, Jill E.

GELBACH, Jonah B./ELLAND, Eric/KLICK, Jonathan — *Valid inference in single-firm, single-event studies*, American Law and Economics Review, vol. 15, n.º 2, 2013, 495-541.

GERALDES, Luís Roquette/ALBUQUERQUE, Mariana Solá de/SILVA, João Lima da — *ICOs: security tokens vs. utility tokens*, em ANTÓNIO MENEZES CORDEIRO/ANA PERESTRELO DE OLIVEIRA/DIOGO PEREIRA DUARTE (org.), *FinTech II. Novos estudos sobre tecnologia financeira*, Coimbra, 2019, 327-361.

GERKE, Wolfgang/BANK, MATTHIAS/STEIGER, Max — *The changing role of institutional investors — A German perspective*, em KLAUS HOPT/EDDY WYMEERSCH (org.), *Capital markets and company law*, Oxford, 2003, 357-385.

GESSLER, Ernst — *Einberufung und ungeschriebene Hauptversammlungszuständigkeiten*, em *Festschrift für Walter Stimpel zum 68. Geburtstag am 29. November 1985*, Germany, 1985, 771-790.

GEVURTZ, Franklin A. — *Corporation law*, St. Paul, Minn., 2000.

GIACOMANTONIO, Alberto — *La responsabilità da prospetto informativo*, Diritto e Fiscalità dell'assicurazione, 2001, n.º 4, 1104 ss., disponível em www.iusexplorer.it.

GIÃO, João Sousa — *Conflitos de interesses entre administradores e os accionistas na sociedade anónima: os negócios com a sociedade e a remuneração dos administradores*, em *Conflitos de interesses no direito societário e financeiro. Um balanço a partir da crise*, Coimbra, 2010, 215-291.

GIBSON, George — *The stock exchanges of London, Paris and New York: a comparison*, New York, 1889.

GIEDINGHAGEN, Jan — *Arbeitnehmerbeteiligungen im Lichte des Wertpapierprospektgesetzes*, BKR 6/2007, 233-238.

GIUDICI, Paolo — *Capitolo III. L'appello al pubblico risparmio e i contratti degli emittenti: IPO; contrato di collocamento; prospetto*, em VICENZO ROPPO/ALBERTO M. BENEDETTI, *Trattato dei contratti*, Milano, 2014, 965-989.

— *Capitolo IV. Le offerte degli emittenti: determinazione dei prezzi e altre clausole contrattuali. I contrati con i gatekeepers*, em VICENZO ROPPO/ALBERTO M. BENEDETTI, *Trattato dei contratti*, Milano, 2014, 991-1018.

— ver FERRARINI, Guido.

GIUDICI, Paolo/LOMBARDO, Stefano — *La tutela degli investitori nelle IPO con prezzo di vendita aperto*, Rivista delle società, 5/2012, 907-942.

GOETZ, Jeff — *A dissent dampened by timing: how the stock market exception systematically deprives public*, Fordham Journal of Corporate & Financial Law, vol. 15, n.º 3, 2009, 771-806.

GÖCKELER, Stephan — *§ 28. Delisting und Going Private*, em WELF MÜLLER/THOMAS RÖDDER (org.), *Beck'sches Handbuch der AG*, 2.ª ed., München, 2009, Rn. 1-62.

GOKTAN, Sinan/KIESCHNICK, Robert L./MOUSSAWI, Rabih — *The effects of corporate governance on the likelihood of a corporation being acquired, going private, or going bankrupt* (mar. 2009), 3, disponível em http://ssrn.com/abstract=1360456.

GOLDBERG, John/SEBOK, Anthony/ZIPURSKY, Benjamin — *The place of reliance in fraud*, Arizona Law Review, vol. 48, 2006, 1001-1026, disponível em https://ssrn.com/abstract=957590.

GOLDBERG, John/ZIPURSKY, Benjamin — *The fraud-on-the-market tort*, Vanderbilt Law Review, 2013, vol. 66, n.º 6, 1755-1805, disponível em https://www.ssrn.com/abstract=2346315.

GOMES, Fátima — *Insider trading*, Valadares: APDMC — Associação Portuguesa para o Desenvolvimento do Mercado de Capitais, 1996.

— *Obrigações convertíveis em acções*, Lisboa, 1999.

— *Dividendo de lealdade*, em *II Congresso de direito das sociedades em revista*, Coimbra, 2012, 401-418.

GOMES, José Ferreira — *A responsabilidade civil dos auditores*, em *Código das Sociedades Comerciais e governo das sociedades*, Coimbra, 2008, 343-424.

— *Os deveres de informação sobre negócios com partes relacionadas e os recentes Decretos-Lei n.ᵒˢ 158/2009 e 185/2009*, RDS I (2009), 3, 587-633.

— *Conflitos de interesses entre accionistas nos negócios celebrados entre a sociedade anónima e o seu acionista controlador*, em *Conflitos de interesses no direito societário e financeiro. Um balanço a partir da crise*, Coimbra, 2010, 78-213.

— *Da administração à fiscalização de sociedades*, Coimbra, 2015.

— *A discricionariedade empresarial, a business judgment rule e a celebração de contratos de swap (e outros derivados)*, CadMVM, *Ensaios de Homenagem a Amadeu Ferreira*, vol. II, 2015, 57-98.

— *Responsabilidade civil pelo prospeto: a delimitação dos responsáveis perante o art. 149.º/1 CVM*, RDS VIII (2016), 4, 813-852.

— Reliance: *Exclusão da responsabilidade civil dos membros dos órgãos sociais com base na confiança depositada na informação recebida*, RDS VIII (2016), 1, 49-81.

— *§3. O papel da informação no direito dos valores mobiliários*, em JOSÉ FERREIRA GOMES/DIOGO COSTA GONÇALVES, *Manual de sociedades abertas e de sociedades cotadas*, vol. I, Lisboa, 2018.

— *Capítulo IV — Oferta pública de distribuição e admissão à negociação em mercado regulamentado. § 14. Oferta pública de distribuição*, em JOSÉ FERREIRA GOMES/DIOGO COSTA GONÇALVES, *Manual de sociedades abertas e de sociedades cotadas*, volume I, Lisboa, 2018, 147-190.

— *§ 16. Responsabilidade civil pelo prospeto*, em JOSÉ FERREIRA GOMES/DIOGO COSTA GONÇALVES, *Manual de sociedades abertas e de sociedades cotadas*, volume I, Lisboa, 2018, 201-235.

— *Responsabilidade civil dos funcionários e administradores das instituições de crédito perante o art. 304.º/5 CVM*, DSR, ano 10 (2019), vol. 19, 99-130.

— *Imputação de conhecimento e direito dos valores mobiliários: caso prático — intermediação financeira e fragmentação da informação*, em *O novo direito dos valores mobiliários — vol. 2. II Congresso sobre valores mobiliários e mercados financeiros*, Coimbra, 2019, 199-222.

GOMES, José Ferreira/GONÇALVES, Diogo Costa — *A imputação de conhecimento às sociedades comerciais*, Coimbra, 2017.

§ 2. O direito das sociedades cotadas como Direito europeu, em JOSÉ FERREIRA GOMES/DIOGO COSTA GONÇALVES, *Manual de sociedades abertas e de sociedades cotadas*, volume I, Lisboa, 2018, 37-54.

§ 8. Transparência, em JOSÉ FERREIRA GOMES/DIOGO COSTA GONÇALVES, *Manual de sociedades abertas e de sociedades cotadas*, volume I, Lisboa, 2018, 107-114.

GOMES, José Ferreira/REIS, Nádia — *O Decreto-Lei n.º 20/2016 e a desblindagem dos estatutos das instituições de crédito: um diploma à prova de bala?*, RDS IX (2017), 2, 323-356.

GOMES, Júlio — *Custo das reparações, valor venal ou valor de substituição? Anotação ao acórdão do STJ de 27.7.2003*, CDP 3, 2003, 55-62

GONÇALVES, Diogo Costa — *Direitos especiais e o direito de exoneração em sede de fusão*, O Direito 138.º (2006), II, 313-362.

— *Fusão, cisão e transformação de sociedades comerciais*, Coimbra, 2009.

— *Anot. ao artigo 86.º*, em ANTÓNIO MENEZES CORDEIRO (org.), *Código das sociedades comerciais anotado*, 2.ª ed., Coimbra, 2011, 306-308.

— *Anot. aos artigos 97.º-129.º*, em ANTÓNIO MENEZES CORDEIRO (org.), *Código das Sociedades Comerciais anotado*, 2.ª ed., Coimbra, 2011, 332-500.

— *Pessoa coletiva e sociedades comerciais — dimensão problemática e coordenadas sistemáticas da personificação jurídico-privada*, Coimbra, 2015.

— *Dogmáticas de transição e o seu lugar na evolução dos sistemas*, RDC I (2016), 1, 153-181.

— *§ 4. Going public*, em JOSÉ FERREIRA GOMES/DIOGO COSTA GONÇALVES, *Manual de sociedades abertas e de sociedades cotadas*, Lisboa, 2018, 75-82.

— *§ 5. Aquisição de qualidade de sociedade aberta*, em JOSÉ FERREIRA GOMES/DIOGO COSTA GONÇALVES, *Manual de sociedades abertas e de sociedades cotadas*, Lisboa, 2018, 83-104.

— ver ALBUQUERQUE, Pedro de.

— ver FRADA, Manuel Carneiro da.

— ver GOMES, José Ferreira.

GORDON, Jeffrey N. — ver ARMOUR, John.

GOSHEN, Zohar/HABBES, Sharon — *The death of corporate law* (May 2018), ECGI — Law Working Paper N° 402/2018, disponível em https://law.yale.edu/system/files/area/workshop/leo/leo18_goshen.pdf.

GOSHEN, Zohar/PARCHOMOVSKY, Gideon — *The essential role of securities regulation*, Duke Law Journal, vol. 55, n.º 4, fev. 2006, 711-782, disponível em https://scholarship.law.duke.edu/dlj/vol55/iss4/1.

GÖTZ, Jürgen — ver CAHN, Andreas.

GÖTZE, Cornelius/WUNDERLICH, Nils-Christian — *§ 11. Järliches Dokument nach § 10 WpPG*, em MATHIAS HABERSACK/PETER MÜLBERT/MICHAEL SCHLITT (org.), *Handbuch der Kapitalmarktinformation*, 2.ª ed., München, 2013, 276-277.

GREENE, Edward/SCHMID, Olivia — *Duty-free insider trading?*, Columbia Business Law Review, vol. 2013, n.º 2, 369-428.

GREGER, Reinhard — *Beweis und Wahrscheinlichkeit. Das Beweiskriterium im Allgemeinen und bei den sogenannten Beweiserleichterungen*, Köln, Berlin, Bonn, München, 1978.

GRIGOLEIT, Hans Christoph — *Vorvertragliche Informationshaftung. Vorsatzdogma, Rechtsfolgen, Schranken*, München, 1997.

— *Neuere Tendenzen zur schadensrechtlichen Vertragsaufhebung*, NJW 13/1999, 900-904.

GROMB, Denis — ver BURKART, Mike.

GROSS, Wolfgang — *Rechtsprobleme des Delisting*, ZHR 165 (2001), 141-166.

— *Haftung für fehlerhafte oder fehlende Regel- oder ad-hoc-Publizität*, WM 10/2002, 477-486.

— *Delisting. Art. 14 GG, §§ 38 Abs. 4 Satz 1, 53 Abs. 2 BörsG, §§ 58, 67, 73, 82 BörsenO Frankfurter Wertpapierbörse*, em WILHELM HAPP *et alii* (org.), *Aktienrecht*, II, 4.ª ed., Köln-Berlin-München, 2015, 2181-2192.

— *BörsG § 39*, em *Kapitalmarktrecht*, 6.ª ed., München, 2016.

— *Kapitalmarktrecht. Kommentar zum Börsengesetz, zur Börsenzulassungs-Verordnung und zum Wertpapierprospektgesetz*, 6.ª ed., München, 2016.

GROTHEER, Marc — ver ZIMMER, Daniel.

GRUPP, Alexander — *Börseneintritt und Börsenaustritt. Individuelle und Institutionelle Interessen*, Berlin, 1995.

GRUPP, Kerstin — *Going Private Transaktionen aus Sicht eines Finanzinvestors. Spannungsfeld zwischen gesamtwirtschaftlichen Nutzen und Minderheitenschutz*, Augsburg, 2006.

GUEDES, Agostinho Cardoso — *A responsabilidade do banco por informações à luz do art. 485.º do Código Civil*, RDE 14 (1988), 135-165.

GUINÉ, Orlando Vogler — *Da conduta (defensiva) da administração "opada"*, Coimbra, 2009.

— *O novo regulamento europeu sobre prospetos*, em *O novo direito dos valores mobiliários — I Congresso sobre valores mobiliários e mercados financeiros*, Coimbra, 2017, 51-62.

GULLIFER, Louise/PAYNE, Jennifer — *Corporate finance law: principles and policy*, Oxford-Portland, 2015.

GUZMAN, Andrew T. — ver CHOI, Stephen J.

HAARMANN, Christian — *Die Prospekthaftung am grauen Kapitalmarkt*, Hamburg, 2009.

HABBES, Sharon — ver GOSHEN, Zohar

HABERSACK, Mathias — *Mitwirkungsrechte der Aktionäre nach Macrotron und Gelatine*, AG 2005, 137.

— *"Macrotron" — was bleibt?*, ZHR 176 (2012), 463-469.

— *§ 29. Haftung für fehlerhafte Kapitalmarktinformation* em MATHIAS HABERSACK/PETER MÜLBERT/MICHAEL SCHLITT, *Handbuch der Kapitalmarktinformation*, 2.ª ed., München, 2013, 731-763.

— *§ 40. Delisting*, em MATHIAS HABERSACK/PETER O. MÜLBERT/MICHAEL SCHLITT, *Unternehmensfinanzierung am Kapitalmarkt*, 4.ª ed., Köln, 2019, 1333-1354.

HAIL, LUZI — ver CHRISTENSEN, HANS B.

HANAU, Hans — ver ZÖLLNER, Wolfgang.

HANTEN, Mathias/REINHOLZ, Petra — *Das Vermögensanlagengesetz*, ZBB/JBB 1/12, 36-49.

HARNOS, Rafael — ver KOCH, Jens.

HEALY, Paul M./PALEPU, Krishna G. — *A review of the empirical disclosure literature*. Prepared for the 2000 JAE Conference, (December 2000). JAE Rochester Conference April 2000, disponível em https://ssrn.com/abstract=258514.

HEIDELBACH, Anna — *§ 1 WpPG*, em EBERHARD SCHWARK/DANIEL ZIMMER, *Kapitalmarktrechts-Kommentar*, 4.ª ed., München, 2010, 493-517.

HEIDELBACH, Anna/PREUSSE, Thomas — *Einzelfragen in der praktischen Arbeit mit dem neuen Wertpapierprospektregime*, BKR 8/2006, 316-323.

HEIDER, Karsten — *§ 12*, em *Münchener Kommentar zum Aktiengesetz*, vol. 1, 5.ª ed., München, 2019.

HEINEMANN, Andreas — ver FIKENTSCHER, Wolfgang.

HEINSIUS, Theodor — *Organzuständigkeit bei Bildung, Erweiterung und Umorganisation des Konzerns*, ZGR 1/1984, 383-411.

HEISE, Michael, *Die Finanzkrise — Ursachen und mögliche Lösungen*, em *Festschrift zum 65. Geburtstag von Bernd Rudolph, Risikomanagement und Kapitalmarktorientierte*, Frankfurt, 2009, 44-50.

HELLGARDT, Alexander — *Kapitalmarktdeliktsrecht*, Tübingen, 2008.

— *Europäisches Kapitalmarktrecht und corporate governance. Unternehmensüberwachung als Ziel der Europäischen Kapitalmarktregulierung*, em HARALD BAUM *et alii* (org.), *Perspektiven des Wirtschaftsrechts. Deutsches, europäisches und internationales Handels-, Gesellschafts- und Kapitalmarktrecht. Beiträge für Klaus Hopt aus Anlass seiner Emeritierung*, Berlin, 2008, 408-422.

— *Praxis- und Grundsatzprobleme der BGH-Rechtsprechung zur Kapitalmarktinformationshaftung*, DB 2012, 673-678.

— *Von der bürgerlich-rechtlichen Prospekthaftung zur Informationshaftung zur Informationshaftung beim Vertrieb von Vermögensanlagen*, ZBB/JBB 2/12, 73-88.

— *Europarechtliche Vorgaben für die Kapitalmarktinformationshaftung*, AG 5/2012, 154-168.

HELLWIG, Hans-Jürgen/BORMANN, Michael — *Die Abfindungsregeln beim Going Private — Der Gesetzgeber ist gefordert!*, ZGR 3/2002, 465-496.

HENZE, Hartwig — *Vermögensbindungsprinzip und Anlegerschutz*, NZG 2005, 115-121.

HESS, Ines — *Wagniskapital*, em JÜRGEN PAUL BIRLE (org.), *Beck'sches Steuer- und Bilanzrechtslexikon*, 4.ª ed., München, 2015.

HILGENDORF, Eric/KUSCHE, Carsten — *Artikel 7 MAR. Insiderinformationen*, em TIDO PARK (org.), *Kapitalmarktstrafrecht*, 4.ª ed., Baden-Baden, 2017.

HOEPNER, Olaf — ver BULTMANN, Friedrich.

HOFFMANN, Jochen — *Der Verbraucherbegriff des BGB nach Umsetzung der Finanz-Fernabsatzrichtlinie*, WM 12/2006, 560-567.

HOFFMAN-BECKING, Michael — *"Holzmüller", "Gelatine" und die These von der Mediatisierung der Aktionärsrechte*, ZHR 172 (2008), 231-238.

— *§ 1. Geschichte der Aktiengesellschaft und des Aktiengesetz*, em MICHAEL HOFFMANN-BECKING (org.), *Münchener Handbuch des Gesellschaftsrechts*, vol. 4, 4.ª ed., München, 2015, 1-7.

HOHLBEIN, Carmen — *Sanierung insolventer Unternehmen durch Private Equity. Eine rechtspolitische Untersuchung auf empirischen Grundlagen mit rechtspolitischen Empfehlung*, München, 2010.

HÖLTERS, Wolfgang — *Aktiengesellschaften und Unternehmensakquisition*. Teil X, em HÖLTERS (org.), *Handbuch Unternehmenskauf*, 7.ª ed., Köln, 2010.

HOLZAPFEL, Hans-Joachim/PÖLLATH, Reinhard — *Unternehmenskauf in Recht und Praxis*, 14.ª ed., Köln, 2010.

HOLZBORN, Timo/FOELSCH, Martin Eberhard — *Schadensersatzpflichten von Aktiengesellschaften und deren Management bei Anlegerverlusten — Ein Überblick*, NJW 13/2003, 932-940.

HOLZBORN, Timo/MAYSTON, Christopher — *§ 3 WpPG*, em TIMO HOLZBORN (org.), *WpPG. Wertpapierprospektgesetz mit EU-Prospektverordnung und weiterführenden Vorschriften Kommentar*, 2.ª ed., Berlin, 2014, 135-149.

HOPT, Klaus — *Insider regulation and timely disclosure*, Forum International, n.º 21, jan. 1996.

— *Die Haftung für Kapitalmarktinformationen — Rechtsvergleichende, rechtsdogmatische und rechtspolitische Überlegungen*, WM 3/2013, 101-112.

HOPT, Klaus J./KUMPAN, Christoph — *§ 107. Insider- und Ad-hoc-Publizitätsprobleme*, em HERBERT SCHIMANSKY/HERMANN-JOSEF BUNTE/HANS-JÜRGEN LWOWSKI (org.), *Bankrechts-Handbuch*, 5.ª ed., 2017.

HOPT, Klaus/VOIGT, Hans-Christoph — *Prospekt-und Kapitalmarktinformationshaftung — Recht und Reform in der Europäischen Union, der Schweiz und den USA*, WM 37/2004, 1801-1804.

— *Grundsatz- und Reformprobleme der Prospekt- und kapitalmarktinformationshaftung*, em Hopt/Voigt (org.), *Prospekt-und Kapitalmarktinformationshaftung. Recht und Reform in der Europäischen Union, der Schweiz und den USA*, Tübingen, 2005, 9-160.

Horbach, Matthias — *§ 69 Prospekthaftung*, em *Münchener Handbuch des Gesellschaftsrechts*, vol. 2, 5.ª ed., München, 2019.

Hornung, Christian/Westermann, Benjamin — *Vereinbarkeit der Delisting-Neuregelung mit der europarechtlichen Kapitalverkehrsfreiheit*, BKR 2017, 409-412.

Hostak, Peter/Karaoglu, Emre/Lys, Thomas Z./Yang, Yong George — *An examination of the impact of the Sarbanes-Oxley Act on the attractiveness of US Capital Markets for Foreign Firms* (30 out. 2009), Review of Accounting Studies, 1, disponível em http://ssrn.con/abstract=956020.

Hu, Henry T.C./Black, Bernard — *Empty voting and hidden (morphable) ownership: Taxonomy, implications, and reforms*, Business Lawyer, Vol. 61, 1011-1070, 2006; European Corporate Governance Institute – Law Research Paper No. 64/2006; University of Texas Law, Law and Economics Research Paper No. 70, disponível em https://ssrn.com/abstract=887183.

— *Debt, equity, and hybrid decoupling: governance and systemic risk implications*, European Financial Management Journal, vol. 14, 2008, disponível em https://ssrn.com/abstract=1084075.

— *Equity and debt decoupling and empty voting II: importance and extensions*, University of Pennsylvania Law Review 156, 2008, 625-739, disponível em https://ssrn.com/abstract=1030721.

Hüffer, Uwe — *Zur Holzmüller-Problematik: Reduktion des Vorstandsermessens oder Grundlagenkompetenz der Hauptversammlung*, em *Festschrift für Peter Ulmer zum 70. Geburtstag am 2. Januar 2003*, Berlin, 2003, 279-303.

Hutter, Stephan — *EM.TV und die Haftung für fehlerhafte Ad-hoc-Mitteilungen*, NJW 34/2005, 2428-2431.

— *§ 17. High Yield Anleihen*, em Mathias Habersack/Peter O. Mülbert/Michael Schlitt, *Unternehmensfinanzierung am Kapitalmarkt*, 4.ª ed., Köln, 2019, 609-649.

— ver Baums, Theodor.

Hutter, Stephan/Leppert, Michael — *Das 4. Finanzmarktförderungsgesetz aus Unternehmenssicht*, NZG 14/2002, 649-696.

Ihrig, Hans-Christoph — *Wissenszurechnung im Kapitalmarktrecht — untersucht anhand der Pflicht zur Ad-hoc-Publizität gemäß Art. 17 MAR*, ZHR 2017, 381-416.

Imhoff, Julian von — ver Zimmer, Lutz.

Isaac, Brad — ver Black, Duncan.

Iuliis, Carmelo Massimo de — *Principi di diritto del mercato finanziario. Breve introduzione ai servizi e alle attività di investimento*, Torino, 2008.

Jackson, Howell E./Roe, Mark J. — *Public and private enforcement of securities laws: resource-based evidence* (March 16, 2009). Journal of Financial Economics (JFE), Vol. 93, 2009; Harvard Public Law Working Paper No. 0-28, 34 ss.; Harvard Law and Economics Discussion Paper No. 638, disponível em https://ssrn.com/abstract=1000086.

Jarell, Greg A. — *The economic effects of federal regulation of the market for new security issues*, The Journal of Law and Economics, vol. 24, n.º 3, dez. 1981, 613-675.

Jensen, Michael C. — *The performance of mutual funds in the period 1945-64*, Journal of Finance, vol. 23, n.º 2, 1968, 389-416, disponível em https://www.ssrn.com/abstract=244153.

— *Eclipse of the public corporation.* Harvard Business Review (Sept.-Oct. 1989), revised 1997, disponível em http://ssrn.com/abstract=146149.

JENSEN, Michael C./MECKLING, William H. — *Theory of the firm: managerial behavior, agency costs and ownership structure,* Journal of Financial Economics, Vol. 3, No. 4, 1976, 1-76, disponível em http://ssrn.com/abstract=94043.

JORGE, Fernando Pessoa — *Direito das obrigações,* Lisboa, 1975-76.

— *Ensaio sobre os pressupostos da responsabilidade civil,* Coimbra, 1995 (reimpr. de 1968).

— *Parecer de direito,* em *A privatização da sociedade financeira portuguesa,* Lisboa, 1995, 161-180.

JOST, Fritz — *Vertragslose Auskunfts- und Beratungshaftung,* Baden-Baden, 1991.

JOVANOVIC, Franck/ANDREADAKIS, Stelios/SCHINCKUS, Christophe — *Efficient market hypothesis and fraud on the market theory. A new perspective for class actions,* Research in International Business and Finance 38 (2016):177-190, disponível em https://www.researchgate.net/publication/301757281_Efficient_market_hypothesis_and_fraud_on_the_market_theory_a_new_perspective_for_class_actions.

JÚDICE, José Miguel — ver MONTEIRO, António Pedro Pinto.

JÚNIOR, Eduardo Santos — *"Mitigation of damages", redução de danos pela parte lesada e "culpa do lesado",* em *Prof. Doutor Inocêncio Galvão Telles: 90 anos: homenagem da Faculdade de Direito de Lisboa,* Coimbra, 2007, 349-367.

— *Direito das obrigações I. Sinopse explicativa e ilustrativa,* 3.ª ed., Lisboa, 2014.

KAHAN, Marcel/ROCK, Edward — *Hedge funds in corporate governance & corporate control,* 155 U. Pa. L. Rev. 1021 (2007).

KALSS, Susanne — ver FLEISCHER, Holger.

KÄMMERER, Jörn Axel — *Selbstregulierung am Beispiel des Kapitalmarktrechts. Eine normativ-institutionelle Positionsbestimmung,* em KLAUS HOPT/RÜDIGER VEIL/JÖRN AXEL KÄMMERER (org.), *Kapitalmarktgesetzgebung im Europäischen Binnenmarkt,* Tübingen, 2008, 145-163.

KARAOGLU, Emre — ver HOSTAK, Peter.

KARPOFF, Jonathan/LEE, Scott/MARTIN, Gerald — *The cost to firms of cooking the books,* Journal of Financial and Quantitative Analysis, 43, September 2008, 581-612.

KASTL, Stephanie — ver MÖLLERS, Thomas M. J.

KAUFAMNN, Christian — *Die Prospektpflicht nach dem WpPG. Die Entwicklung des Prospektrechts infolge der Vorgaben durch EU-Prospektrichtlinie und EU-Prospektverordnung,* Baden-Baden, 2015.

KEYNES, John Maynard — *The general theory of employment, interest and money,* United Kingdom, 1936.

KIESCHNICK, Robert L. — ver GOKTAN, Sinan.

KIM, Thomas — ver FERRARA, Ralph C.

KINDLER, Peter — *Gesellschaftsrechtliche Grenzen der Emittentenhaftung am Kapitalmarkt — Eine Nachlese zum Fall "EM.TV" vor dem Hintergrund zwischenzeitlicher Entwicklungen,* em *Festschrift für Uwe Hüffer zum 70. Geburtstag,* München, 2010, 417-429.

KIRCHER, Tobias — *Kompensationsleistungen für erzwungene Rechtsverluste der Minderheitsaktionäre im deutschen und französischen Recht. Eine rechtsvergleichende Analyse unter besonderer Berücksichtigung des Spruchverfahrens und der Beschwerde zur Cour d'Appel de Paris,* vol. 52, Baden-Baden, 2007.

KLEPPE, Martin — *Anlegerschutz beim Rückzug eines Unternehmens von der Börse,* Köln, 2002.

KLICK, Jonathan — ver FISCH, Jill E.
— ver GELBACH, Jonah B.
KLIE, Marcus — ver MENSE, Christian.
KLINK, Bart van/TAEKEMA, SANNE — *A dynamic model of interdisciplinarity. Limits and possibilities of interdisciplinary research into law,* (June 9, 2008). Tilburg University Legal Studies Working Paper No. 010/2008; Tilburg Working Paper Series on Jurisprudence and Legal History No. 08-02, 19, disponível em https://ssrn.com/abstract=1142847.
KLÖHN, Lars — *Kapitalmarkt, Spekulation und* Behavioral Finance. *Eine interdisziplinäre und vergleichende Analyse zum Fluch und Segen der Spekulation und ihrer Regulierung durch Recht und Markt,* Berlin, 2006.
— *The European Insider Trading Regulation after the ECJ's Spector Photo Group Decision,* European Company and Financial Law Review 2/2010, 1-21.
— *Delisting — Zehn Jahre später,* NZG 2012, 1041-1046.
— *Die Haftung wegen fehlerhafter Ad-hoc-Publizität gem. §§37b, 37c WpHG nach dem IKB-Urteil des BGH,* AG 2012, 345-358.
— *Grund und Grenzen der Haftung wegen unterlassener Prospektveröffentlichung gem. § 24 WpPG, § 21 VermAnlG,* DB 33/2012, 1854-1860.
— *§ 15* em HERIBERT HIRTE/THOMAS M. J. MÖLLERS, *Kölner Kommentar zum WpHG,* 2.ª ed., Köln, 2014.
— *Nach 26 Jahren: US Supreme Court verfeinert die fraud-on-the-market theory,* AG 2014, 807-813.
— *Marktbetrug (Fraud on the Market). Voraussetzungen und Beweis der haftungsbegründenden Kausalität beim Anspruch auf Ersatz des Differenzschadens wegen fehlerhafter Information des Sekundarmarkts,* ZHR 178 (2015), 671-714.
— *Ad-hoc-Publizität und Insiderverbot nach "Lafonta",* NZG 2015, 809-817.
— *Kollateralschaden und Haftung wegen fehlerhafter Ad-hoc-Publizität,* ZIP 2/2015, 53-59.
— *Kapitalmarktinformationshaftung für Corporate-Governance-Mängel?,* ZIP 2015, 1145-1156.
— *Ad-hoc-Publizität und Insiderverbot im neuen Marktmissbrauchsrecht,* AG 2016, 423-434.
— *"Überholende Kausalverläufe" und Haftung wegen fehlerhafter Ad-hoc-Publizität,* em *Festschrift für Johannes Köndgen zum 70. Geburtstag,* München, 2016, 311-328.
— *Wann ist eine Information öffentlich bekannt i.S.v. Art. 7 MAR?,* ZHR 180 (2016), 707-732.
— *Die (Ir-)Relevanz der Wissenszurechnung im neuen Recht der Ad-hoc-Publizität und des Insiderhandelsverbot,* NZG 2017, 1285-1292.
— *Der Aufschub der Ad-hoc-Publizität zum Schutz der Finanzstabilität (Art. 17 Abs. 5 MAR),* ZHR 181 (2017), 746-779.
— *Erfüllte Versprechen? Die Regulierung des Crowdinvesting-Marktes zum Ende der 18. Legislaturperiode,* ZIP 45/2017, 2125-2133.
KLÖHN, Lars/PARHOFER, Nicolas/RESAS, Daniel — *Initial Coin Offerings (ICOs),* ZBB/JBB 2/18, 89-106.
— *Initial Coin Offerings (ICOs): economics and regulation,* nov.-2018, 1-42, disponível em https://ssrn.com/abstract=3290882.
KLÖHN, Lars/ROTHERMUND, Marius — *Haftung wegen fehlerhafter Ad-hoc-Publizität — Die Tücken der Rückwärtsinduktion bei der Schadensberechnung in sechs Fallgruppen,* ZBB/JBB 2/15, 73-83.

KLÖHN, Lars/SCHMOLKE, Klaus Ulrich — *Der Aufschub der Ad-hoc-Publizität nach Art. 17 Abs. 4 MAR zum Schutz der Unternehmensreputation,* ZGR 2016, 866-896.

KLUMPP, Hans-Hermann — ver BEISEL, Daniel.

KOCH, Jens — *Beschlusserfordernis und rechtmäßiges Alternativerhalten bei der Selbstfreiung nach § 15 Abs. 3 WpHG,* em *Festschrift für Johannes Köndgen,* München, 2016, 329-351.

— §78 *Vertretung,* em UWE HÜFFER/JENS KOCH (org.), *Aktiengesetz,* 13.ª ed., 2018.

KOCH, Jens/HARNOS, Rafael — *Die Neuregelung des Delistings zwischen Anleger- und Aktionärsschutz,* NZG 2015, 729-737.

KOCH, Peer — *Die Haftung des Anlagevermittlers beim Vertrieb von geschlossenen Fonds und anderen Finanzanlagen des Nebenkapitalmarktes,* Frankfurt am Main, 2003.

KOCH, Philipp — *Die Ad-hoc-Publizität nach dem Komissions-entwurf einer Marktmissbrauchsverordnung,* BB 2012, 1365-1369.

KÖNDGEN, Johannes — *Selbstbindung ohne Vertrag. Zur Haftung aus geschäftsbezogenem Handeln,* Tübingen, 1981.

— *Zur Theorie der Prospekthaftung (I),* AG 5/1983, 85-99.

— *Zur Theorie der Prospekthaftung (II),* AG 5/1983, 120-132.

KOPP-COLOMB, Wolf von/MOLLNER, Jana — *§ 3 WpPG* em HEINZ-DIETER ASSMANN/MICHAEL SCHLITT/WOLF VON KOPP-COLOMB, *Wertpapierprospektgesetz Vermögensanlagengesetz Kommentar,* 3.ª ed., Köln, 2017, 133-162.

KORT, Michael — *Anlegerschutz und Kapitalerhaltungsgrundsatz,* NZG 2005, 708-710.

KORTH, Charlotte — *Die Prospekthaftung am Grauen Kapitalmarkt nach dem Anlegerschutzverbesserungsgesetz,* Frankfurt am Main, 2008.

KRÄMER, Lutz/GILLESSEN, Benedikt/KIEFNER, Alexander — *Das "Telekom III"-Urteil des BGH — Risiko-zuweisungen an der Schnittstelle von Aktien- und Kapitalmarktrecht,* CFL 7/2011, 328-345.

KRÄMER, Lutz/TEIGELACK, Lars — *Marktmissbrauch im Fokus der EU-Komission. Vorschläge aus Brüssel bedeuten Revision des Wertpapierhandelsgesetzes — Trend zur direkten Rechtssetzung,* Börsen-Zeitung 9.11.2011, n.º 216.

KRÄMER, Lutz/THEISS, Simone — *Delisting nach der Macrotron-Entscheidung des BGH,* AG 2003, 225-242.

KREBS, Peter — *Geschäftsführungshaftung bei der GmbH & Co. KG und das Prinzip der Haftung für Sorgfaltswidrige Leitung,* Baden-Baden, 1991.

— *Sonderverbindung und außerdeliktische Schutzpflichten,* München, 2000.

— *§ 241. Pflichten aus dem Schuldverhältnis,* em DAUNER-LIEB/LANGEN, *BGB-Schuldrecht,* vol. 2/1, 3.ª ed., Baden-Baden, 2016.

KRIEGER, Gerd — *§ 70. Abhängige Unternehmen und faktische Konzerne* em MICHAEL HOFFMANN-BECKING (org.), *Münchener Handbuch des Gesellschaftsrechts,* vol. 4, 4.ª ed., München, 2015, 1551-1630.

KROEZE, Irma — *Legal research methodology and the dream of interdisciplinarity* (August 29, 2013). Potchefstroom Electronic Law Journal, Vol. 16, No. 3, 2013, 16 ss., disponível em https://ssrn.com/abstract=2334070.

KROLOP, Kaspar — *Der Rückzug vom organisierten Kapitalmarkt (Delisting). Zugleich eine Untersuchung des kapitalmarktrechtlichen Anlegerschutzes im Verhältnis zum gesellschaftsrechtliche Aktionärsschutz anhand der Auslegung von § 38 IV BörsG,* Berlin, 2005.

KROOP, Jordan A. — ver SALERNO, Thomas J.
KRUSE, Tobias — *Das "kalte" Delisting börsennotierter Aktiengesellschaften*, Frankfurt am Main, 2003.
KUBIS, Dietmar — *§ 119*, em *Münchener Kommentar zum Aktiengesetz*, vol. 3, 4.ª ed., München, 2018.
KUMPAN, Christoph — *Ad-hoc-Publizität nach der Marktmissbrauchsverordnung — Untersuchung wesentlicher Neuerungen und deren Auswirkungen auf Emittenten*, DB 2016, 2039-2046.
— *BörsG § 39*, em BAUMBACH/HOPT (org.), *Handelsgesetzbuch*, 38.ª ed., 2018.
— ver HOPT, Klaus J.
KÜMPEL, Siegried — *Verbraucherschutz im Bank- und Kapitalmarktrecht*, WM 1/2005, 1-8.
KUNOLD, Uta/SCHLITT, Michael — *Die neue EU-Prospektrichtlinie. Inhalt und Auswirkungen auf das deutsche Kapitalmarktrecht*, BB 10/2004, 501-512.
KUSCHE, Carsten — ver HILGENDORF, Eric.
LA CORTE, Nicola — ver SCHÄFER, Susanne.
LA PORTA, Rafael/LOPEZ DE SILANES, Florencio/SHLEIFER, Andrei — *What works in securities laws?* (July 16, 2003). Tuck School of Business Working Paper No. 03-22; AFA 2005 Philadelphia Meeting, disponível em https://ssrn.com/abstract=425880.
LA PORTA, Rafael/LOPEZ-DE-SILANES, Florencio/SCHLEIFER, Andrei/VISHNY, Robert — *Law and Finance*, Journal of Political Economy, Vol. 106, No. 6, December 1998, 33, disponível em https://ssrn.com/abstract=139134.
— *Investor protection and corporate valuation* (October 1999). NBER Working Paper No. w7403, 1147, disponível em https://ssrn.com/abstract=227583.
LABAREDA, João — *Sobre os direitos de participação e de voto nas assembleias gerais de sociedades cotadas*, DSR, ano 3 (2011), vol. 5, 89-127.
LAMEGO, José — *O essencial sobre a filosofia do direito do idealismo alemão*, Coimbra, 2011.
LAMPERT, Stephen/WEICHEL, Mario — *Wegfall der "Macrotron-Trias" — Folgen für Umstrukturierungskonstellationen in Konfliktlagen des Aktien- und Kapitalmarktrechts*, WM 22/2014, 1024-1030.
LAN, Yingcong *et alii* — *Investor protection and investment*, disponível em https://www.researchgate.net/publication/228576990_Investor_protection_and_investment.
LANGENBUCHER, Katja — *Kapitalerhaltung und Kapitalmarkthaftung*, ZIP 2005, 239-245.
— *Kausalitätsbeziehungen bei der Einschaltung von Finanzintermediären — Zur Haftung für fehlerhafte Kapitalmarktinformation*, em *Festschrift für Karsten Schmidt zum 70. Geburtstag*, Köln, 2009, 1053-1063.
— *Zum Begriff der Insiderinformation nach dem Entwurf für eine Marktmissbrauchverordnung*, NZG 2013, 1401-1406.
— *Anlegerschutz durch Haftung nach deutschem und europäischem Kapitalmarktrecht*, em EGON LORENZ (org.), *Karlsruher Forum 2014: Anlegerschutz durch Haftung nach deutschem und europäischem Kapitalmarktrecht*, Karlsruhe, 2014, 5-41
— *Aktien- und Kapitalmarktrecht*, 4.ª ed., München, 2018.
LARENZ, Karl — *Die Methode der Auslegung des Rechtsgeschäfts: zugleich ein Beitrag zur Theorie der Willenserklärung*, Frankfurt am Main,1966.
— *Lehrbuch des Schuldrechts*, Band I, 14.ª ed., München, 1987

— *Metodologia da ciência do direito*, 3.ª ed., Lisboa, 1997.

LEE, Pei Ling — *Going private transactions: announcement effects on stock price and characteristics of acquired firms in Malaysia*, (jan.-2009), 3-12, disponível em http://ssrn.com/abstract=1331295.

— ver KARPOFF, Jonathan.

LEISCH, Franz Clemens, *Vorstandshaftung für falsche Ad-hoc-Mitteilungen — ein höchstrichterlicher Beitrag zur Stärkung des Finanzplatzes Deutschland*, ZIP 34/2004, 1573-1580.

— ver MÖLLERS, Thomas.

LEITÃO, Adelaide Menezes — *"Revogação unilateral" do mandato, pós-eficácia e responsabilidade pela confiança*, em *Estudos em Homenagem ao Prof. Doutor Inocêncio Galvão Telles*, vol. I, Coimbra, 2002, 305-346.

— *Os danos puramente económicos nos sistemas da* common law *— I*, em *Estudos em Homenagem à Professora Doutora Isabel de Magalhães Collaço*, vol. II, Coimbra, 2002, 197-218.

— *Os danos puramente económicos nos sistemas da* common law *— II. Jurisprudência norte-americana*, em *Ars ivdicandi. Estudos em Homenagem ao Prof. Doutor António Castanheira Neves*, vol. II, Coimbra, 2008, 367-388.

— *Responsabilidade dos administradores para com a sociedade e os credores sociais por violação de normas de proteção*, RDS I (2009), 3, 647-679.

— *Normas de proteção e danos puramente patrimoniais*, Coimbra, 2009.

— *Comércio electrónico e direito do consumo*, em *Liber amicorum Mário Frota. A causa dos direitos dos consumidores*, Coimbra, 2012, 31-39.

— *A responsabilidade civil por violação de normas de proteção no âmbito do Código dos Valores Mobiliários*, em MAFALDA MIRANDA BARBOSA/FRANCISCO MUNIZ (org.), *Responsabilidade civil. Cinquenta anos em Portugal, quinze anos no Brasil*, vol. II, Coimbra, 2018, 7-25, disponível em https://www.uc.pt/fduc/ij/publicacoes/pdfs/coloquios/RC_Vol2.pdf.

— *Concessão de crédito, normas de proteção e responsabilidade bancária*, em ANTÓNIO MENEZES CORDEIRO/JANUÁRIO DA COSTA GOMES/MIGUEL BRITO BASTOS/ANA ALVES LEAL (org.), *Estudos de direito bancário I*, Coimbra, 2018, 229-248.

— *Cinco décadas de normas de proteção em Portugal: evolução jurídico-científica*, em *Código Civil. Livro do cinquentenário*, vol. I, Coimbra, 2019, 49-80.

LEITÃO, Luís Menezes — *Pressupostos da exclusão de sócio nas sociedades comerciais*, Lisboa, 1989.

— *Actividades de intermediação e responsabilidade dos intermediários financeiros*, em *Direito dos valores mobiliários*, vol. II, Coimbra, 2000, 129-156.

— *Direito do consumo: autonomização e configuração dogmática*, em MENEZES LEITÃO (org.), *Estudos do Instituto de Direito do Consumo*, vol. I, Coimbra, 2002, 11-30.

— *Informação bancária e responsabilidade*, em *Estudos em Homenagem ao Prof. Doutor Inocêncio Galvão Telles*, vol. II, Coimbra, 2002, 225-244.

— *A responsabilidade civil no âmbito da O.P.A.*, em *Estudos em Homenagem ao Prof. Doutor Raúl Ventura*, Lisboa, 2003, 181-193.

— *A responsabilidade do gestor perante o dono do negócio no direito civil português*, Coimbra, 2005.

— *A responsabilidade civil do auditor de uma sociedade cotada*, em *Direito dos valores mobiliários*, vol. VI, Coimbra, 2006, 229-239.

— *As medidas defensivas contra uma oferta pública de aquisição hostil*, em *Direito dos valores mobiliários*, vol. VII, Coimbra, 2007, 57-76.

— *A responsabilidade civil das entidades reguladoras,* em *Estudos em Homenagem ao Prof. Doutor Sérvulo Correia,* vol. III, Coimbra, 2010, 113-122.

— *Direito das obrigações,* vol. I, reimpr. da 15.ª ed., Coimbra, 2018.

Leite, Inês Pinto — *Da proibição de assistência financeira. O caso particular dos* Leveraged Buy-Outs, DSR ano 3 (2011), vol. 5, 129-179.

Lemma, Valerio — *"Mezzanine finance": nuova generazione di prestito subordinato?,* Banca Borsa Titoli di Credito, 2007, 1, 93-106.

Leppert, Michael — ver Hutter, Stephan.

Lerch, Marcus P. — ver Veil, Rüdiger.

Leuschner, Lars — *Zum Kausalitätserfordernis des § 826 BGB bei der unrichtigen Ad-hoc-Mitteilungen,* ZIP 23/2008, 1050-1059.

Leuz, Christian — ver Christensen, Hans B.

Leyens, Patrick C. — *Unabhängigkeit der Informationsintermediäre zwischen Vertrag und Markt. Zur Dogmatik der Unabhängigkeit von Abschlussprüfern, Finanzanalysten und Rating-Agenturen,* em Harald Baum *et alii, Perspektiven des Wirtschaftsrechts. Deutsches, europäisches und internationales Handels-, Gesellschafts- und Kapitalmarkrecht. Beiträge für Klaus Hopt aus Anlass seiner Emeritierung,* Berlin, 2008, 423-452.

— *Informationsintermediäre des Kapitalmarkts,* Tübingen, 2017.

Liebschner, Thomas — *Ungeschriebene Hauptversammlungszuständigkeiten im Lichte von Holzmüller, Macrotron und Gelatine,* ZGR 2005, 1, 1-33.

Lima, Fernando Pires de — *A reforma do direito privado português. Oração de sapiência proferida na Universidade de Coimbra,* BMJ 110 (1961), 3-57.

Lima, Pedro Baptista — *Causalidade virtual e comportamento lícito alternativo na responsabilidade civil aquiliana — uma perspetiva integrada,* RDC II (2017), 4, 955-1019.

Lima, Fernando Pires de — *A reforma do direito privado português. Oração de sapiência proferida na Universidade de Coimbra,* BMJ 110 (1961), 3-57.

Lima, Fernando Pires de/Varela, João de Matos Antunes — *Código Civil anotado,* I, 4.ª ed., Coimbra, 1987.

Lo, Andrew — ver Campbell, John.

Löbbe, Mark — *Corporate groups: competences of the shareholders' meeting and minority protection — the German Federal Court of Justice's recent* Gelatine *and* Macrotron *cases redefine the* Holzmüller *doctrine,* German Law Journal, vol. 5, n.º 9, 1056-1079.

Lombardo, Stefano — ver Giudici, Paolo.

Long, J. Bradford de — ver Barsky, Robert. B.

Lopez de Silanes, Florencio — ver La Porta, Rafael.

Lorenz, Christina — *Die Zuständigkeit der Hauptversammlung im deutschen und US- amerikanischen Gesellschaftsrecht,* Hamburg, 2005.

Lorenz, Manuel/Schönemann, Frank/Wolf, Christoph — *Geplante Neuregelung zur Prospekthaftung — Verjährung, Anspruchskonkurrenz und Prospektzusammenfassung,* CFL 7/2011, 346-351.

Lorenz, Stephan — *Vertragsaufhebung wegen culpa in contrahendo: Schutz der Entscheidungsfreiheit oder des Vermögens?,* ZIP 25/1998, 1053-1057.

— Ver Medicus, Dieter.

LORENZ, Werner — *Das Problem der Haftung für primäre Vermögensschäden bei der Erteilung einer unrichtigen Auskunft*, em *Festschrift für Karl Larenz zum 70. Geburtstag*, München, 1973, 575-620.

LORIE, James H. — *Insider trading: rule 10b-5, disclosure and corporate privacy: a comment*, The Journal of Legal Studies, vol. 9, n.º 4, The Law and Economics of Privacy, dez. 1980, 819-822, disponível em https://www.jstor.org/stable/724182.

LOVELLS, Hogan — *Wall crossing and insider dealing — Financial Services Authority levies the second highest ever fine against Greenlight Capital hedge fund trader David Einhorn*, Lexology, publicado a 1-fev.-2012, disponível em www.lexology.com.

LUCAS, Robert — *Asset prices in an Exchange economy*, Econometrica, 1978, 1429-1445.

LUTTER, Marcus — *Zur Treupflicht des Großaktionärs*, JZ 1976, n.º 8, 225-233.

— *Anmerkung zu BGH, urt. v. 25.11.2002 — "Macrotron"*, JZ 2003, 684-687.

— *§ 36. Transparenz-RL*, em MARCUS LUTTER/WALTER BAYER/JESSICA SCHMIDT, *Europäisches Unternehmens- und Kapitalmarktrecht. Grundlagen, Stand und Entwicklung nebst Texten und Materialien*, 6.ª ed., Berlin, 2017, 1448-1472.

LUTTER, Marcus/BAYER, Walter/SCHMIDT, Jessica — *§ 14. Kapitalmarktrecht in der EU*, em *Europäisches Unternehmens- und Kapitalmarktrecht. Stand und Entwicklung nebst Texten und Materialien*, 6.ª ed., Berlin-Boston, 2018, 228-304.

— *§ 32 Markets in Financial Instruments Directive II (MiFID II) und Markets in Financial Instruments Regulation (MiFIR)*, em *Europäisches Unternehmens- und Kapitalmarktrecht. Stand und Entwicklung nebst Texten und Materialien*, 6.ª ed., Berlin-Boston, 2018, 1308-1365.

LYS, Thomas Z. — ver HOSTAK, Peter.

MACEY, Jonathan R./O'HARA, Maureen/POMPILIO, David — *Down and out in the stock market: the law and finance of the delisting process*, (abr. 2005), 24, disponível em http://ssrn.com/abstract=583401.

MACHADO, João Baptista — *Introdução ao direito e ao discurso legitimador*, Coimbra, 1987.

— *Pressupostos da resolução por incumprimento*, Obra dispersa, vol. I, Braga, 1991, 125-193.

— *A cláusula do razoável*, Obra dispersa, I, Braga, 1991, 457-621.

MACKINLAY, A. Craig — ver CAMPBELL, John-

MAGGINI, Paolo — *L´estensione delle norme sugli abusi di mercato agli strumenti finanziari negoziati nei sistemi multilaterale di negoziazione*, Giurisprudenza Commerciale, 40.5, set.-out. 2013, 1014-1025

MAHONEY, Paul G. — *Mandatory disclosure as a solution to agency problems*, The University of Chicago Law Review, vol. 62, n.º 3, 1995, 1047-1112.

MAIA, Pedro — *Função e funcionamento do conselho de administração da sociedade anónima*, Coimbra, 2002.

— *Tipos de sociedades comerciais*, em COUTINHO DE ABREU (coord.), *Estudos de Direito das Sociedades*, 12.ª ed., Coimbra, 2015, 13-39.

— *Contrato de sociedade e risco no exercício de actividade económica*, em *O contrato na gestão do risco e na garantia da equidade*, Coimbra, 2015, 257-291.

— *Voto e corporate governance. Um novo paradigma para a sociedade anónima*, Coimbra, 2019.

MAIER-REIMER, Georg/WEBERING, Anabel — *Ad hoc-Publizität und Schadensersatzhaftung. Die neuen Haftungsvorschriften des Wertpapierhandelsgesetzes*, WM 37/2002, 1857-1904.

MALAQUIAS, Pedro Ferreira/ALMEIDA, Tiago Simões de — *Exercício de direitos de voto por entidades gestoras de fundos de investimento,* Actualidad Jurídica, Uría Menéndez, n.º 30 (2011), 135-138.

MALKIEL, Burton G. — *Efficient Market Hypothesis,* The New Palgrave: Finance, London, 1994 (reimpr.).

— *Returns from investing in equity mutual funds 1971 to 1991,* Journal of Finance, 50, 1995, 549-572.

— *The efficient market hypothesis and its critics,* CEPS working paper n.º 91, abr. 2003.

MANNING, Bayless — *The shareholders's appraisal remedy: an essay for Frank Coker,* The Yale Law Journal, vol. 72, n.º 2, dez. 1962, 223-265.

MARCELO, Paulo Lopes — *A blindagem da empresa plurissocietária,* Coimbra, 2002.

MARCHETTI, Piergaetano — COLOMBO, Giovanni E.

MARQUES, Mafalda Gouveia/FREIRE, Mário — *A informação no mercado de capitais,* CadMVM, n.º 3, 1998, 111-123.

MARSCH-BARNER, Reinhard — *Zur "Holzmüller"-Doktrin nach "Gelatine",* em STEFAN GRUNDMANN/ HANS-PETER SCWINTOWSKI/REINHARD SINGER/MARTIN WEBER (org.), *Anleger- und Funktionsschutz durch Kapitalmarktrecht. Symposium und Seminar zum 65. Geburtstag von Eberhard Schwark,* Berlin, 2006, 105-120.

MARTIN, Gerald — ver KARPOFF, Jonathan.

MARTINEZ, Isabelle/ SERVE, Stéphanie — *The delist ng decision: the case of buyout offers with squeeze-out (BOSO),* International Review of Law and Economics, Vol. 31, 2011, 228-239, disponível em http://ssrn.com/abstract=1717018.

MARTINEZ, Pedro Romano — *Responsabilidade civil por acto ou omissão do médico. Responsabilidade civil médica e seguro de responsabilidade civil profissional,* em *Estudos em Homenagem ao Professor Doutor Carlos Ferreira de Almeida,* vol. II, Coimbra, 2011, 459-486.

— *Cumprimento defeituoso. Em especial na compra e venda e na empreitada,* Coimbra, 2015.

— *Da cessação do contrato,* 3.ª ed., Coimbra, 2017.

— *Direito das obrigações (Parte especial), Contratos (Compra e venda, locação, empreitada),* reimpr. da 2.ª ed. de mai. 2000, Coimbra, 2017.

— *Direito das obrigações. Programa 2017/2018. Apontamentos,* 5.ª ed., Lisboa, 2017.

MARTINS, Alexandre Soveral — *Valores mobiliários [acções],* Coimbra, 2003.

— *Transmissão de participações de controlo e cláusulas de revisão de preço,* em *I Congresso de direito das sociedades em revista,* Coimbra, 2011, 41-52.

— *DGFIA,* hedge funds *e governação das sociedades anónimas,* DSR, ano 9 (2017), vol. 18, 121-154.

— *A transmissão de ações em mercado regulamentado, a DMIF II e o RMIF: primeiros apontamentos,* RLJ 147 (2017), 70-86.

— ver ABREU, Jorge Coutinho de.

MARTINS, João Marques — *Presunções judiciais na responsabilidade civil extracontratual,* Cascais, 2017.

MARTINS, José Pedro Fazenda — *Deveres dos intermediários financeiros, em especial, os deveres para com os clientes e o mercado,* CadMVM, n.º 7, abr. 2000, 330-350.

— *Intervenção sobre produtos financeiros,* em *O novo direito dos valores mobiliários — I Congresso sobre valores mobiliários e mercados financeiros,* Coimbra, 2017, 251-255.

MATIAS, Tiago dos Santos — Product intervention *na DMIF II: nótulas sobre o último poder (ou o poder último) conferido às autoridades de supervisão,* em *O novo direito dos valores mobiliários — I Congresso sobre valores mobiliários e mercados financeiros,* Coimbra, 2017, 257-278.

MATHEWS, Richmond D. — ver BRAV, Alon.

MATOS, Inês Serrano de — *Os mecanismos de tutela coletiva dos investidores em sociedades anónimas cotadas na bolsa de valores — da ação popular,* DSR, ano 4 (2012), vol. 8, 151-179.

MAURER, Raimond — ver ALBRECHT, Pete.

MAVIGLIA, ROBERTO — *Commento all'art. 131,* em *Il testo unico della intermediazione finanziaria. Commento* a cura di C. RABITTI BEDOGNI, Milano, 1998.

MAYER, Colin — ver ARMOUR, John.

MAYSTON, Christopher — ver HOLZBORN, Timo.

MCGUINNESS, Michael J./REHBOCK, Timo, *Going-private transactions: A practitioner's guide.* Delaware Journal of Corporate Law, Vol. 30, Issue 2, 437-476, 2005, disponível em http://ssrn.com/abstract=736523.

MECKLING, William H. — ver JENSEN, Michael C.

MEDICUS, Dieter — *Aufklärungsrichtiges Verhalten,* em *Festschrift für Eduard Picker am 3. November 2010,* Tübingen, 2010, 619-627.

MEDICUS, Dieter/LORENZ, Stephan — *Schuldrecht I,* 21.ª ed., München, 2015.

MELLO, Alberto de Sá e — *Critérios de apreciação da culpa na responsabilidade civil: breve anotação ao regime do código,* ROA 49 (1989), vol. II, 519-542.

MENDES, Paulo Sousa — *Como lidar com os casos de abuso de mercado transnacional? O caso Citigroup,* em PAULO SOUSA MENDES *et alii* (org.), *Direito sancionatório das autoridades reguladoras,* Coimbra, 2009, 355-363.

— *A adaptação do direito português à Diretiva sobre o Abuso de Mercado,* em *Estudos em Homenagem ao Professor Doutor Paulo de Pitta e Cunha,* vol. 1, Coimbra, 2010, 1129-1138.

— *Causalidade complexa e prova penal,* Coimbra, 2018.

MENDES, Victor — *O investidor particular português em valores mobiliários,* em *Direito dos valores mobiliários,* vol. IV, Coimbra, 2003, 69-84.

MENSE, Christian/KLIE, Marcus — *Deutliche Erleichterung beim Delisting — Aufgabe der "Macrotron"-Rechtsprechung durch den BGH,* GWR 2013, 505-508.

— *Neues zum Going Private — Praxisfragen zur aktuellen Rechtslage zum Delisting,* DStR 2015, 2782-2786.

MEYER, Andreas H. — *§ 35. Verpflichtung zur Veröffentlichung und zur Abgabe eines Angebots,* em STEPHEN GEIBEL/RAINER SÜSSMANN (org.), *Wertpapiererwerbs- und Übernahmegesetz Kommentar,* 2.ª ed., München, 2008, 630-656.

— *§ 36. Wertpapierprospekt,* em MATHIAS HABERSACK/PETER MÜLBERT/MICHAEL SCHLITT, *Unternehmensfinanzierung am Kapitalmarkt,* 4.ª ed., Köln, 2019, 1151-1209.

MERTON, Robert — *The intertemporal capital asset pricing model,* Econometrica, 1973, 867-887.

MESQUITA, Manuel Henrique — *Oferta pública de venda de acções e violação do dever de informar: o caso da privatização da sociedade financeira portuguesa — hoje Banco Mello,* sep. RLJ (1996).

MICHELS, Jeremy — ver BUSHEE, Brian.

MILLER, Geoffrey P. — *Essential papers on the economics of securities law,* (2016). New York University Law and Economics Working Papers. 424, disponível em https://lsr.nellco.org/nyu_lewp/424.

— ver FERRARINI, Guido-

MÖLLERS, Thomas M. J. — *Anlegerschutz im System des Kapitalmarktrechts. Rechtsgrundlagen und Ausblicke,* em *Festschrift für Klaus J. Hopt zum 70. Geburtstag am 24. August 2010. Unternehmen, Markt und Verantwortung,* Berlin, 2010, 2247-2264.

— *Investor protection in the system of capital markets Law: Legal foundations and outlook* (November 16, 2010). North Carolina Journal of International Law and Commercial Regulation, Vol. 36, 2010/11, disponível em https://ssrn.com/abstract=1709852.

Möllers, Thomas M. J./Kastl, Stephanie — *Das Kleinanlegerschutzgesetz*, NZG 2015, 849-855.

Möllers, Thomas/Leisch, Franz Clemens — *Schadensersatzansprüche wegen fehlerhafter Ad-hoc--Mitteilungen*, BKR 2/2001, 78-83.

— *Haftung von Vorständen gegenüber Anlegern wegen fehlerhafter Ad-hoc-Meldungen nach § 826 BGB*, WM 35/2001, 1648-1662.

— *Schaden und Kausalität im Rahmen der neu geschaffenen §§ 37b und 37c WpHG*, BKR 2002, 1071-1079.

— *Die unterlassene Ad-hoc-Mitteilung als sittenwidrige Schädigung gem. § 826 BGB*, WM 50/2003, 2393-2398.

— *§§ 37b, 37c*, em Heribert Hirte/Thomas Möllers (org.), *Kölner Kommentar zum WpHG*, 2.ª ed., Köln, 2014, 2864-3064.

Mollner, Jana — ver Kopp-Colomb, Wolf von.

Moloney, Niamh, *The current Framework (Lamfalussy) on the European securities regulation — the Lamfalussy process and recent evidence on its operation: an examination of level 2 and level 3 and the role of the committee of European securities regulators*, em *Direito dos valores mobiliários*, vol. VIII, Coimbra, 2008, 213-263.

Mommsen, Friedrich, *Zur Lehre von dem Interesse*, Braunschweig, 1855.

Montalenti, Paolo — *Tutela dell'investitore e del mercato: false informazioni da prospetto e autorità di vigilanza*, La Nuova Giurisprudenza Civile Commentata, 2002, n.º 3, 449-455

— *Le operazioni con parti correlate*, Giurisprudenza Commerciale, 38.3, mai.-jun. 2011, 319-341.

Monteiro, António Pedro Pinto/Júdice, José Miguel — *Class actions & arbitration in the European Union – Portugal*, em *Estudos em Homenagem a Miguel Galvão Teles*, vol. II, Coimbra, 2012, 189-205.

Monteiro, António Pinto — *Cláusula penal e indemnização*, Coimbra, 1999.

— *Responsabilidade civil em debate*, Boletim da Ordem dos Advogados, Lisboa, n.º 23 (nov.-dez. 2002), 26-28.

— *Erro e vinculação negocial (a propósito da aplicação do bem a fim diferente do declarado)*, Coimbra, 2002.

— *A responsabilidade civil no direito contemporâneo*, em *O direito contemporâneo em Portugal e no Brasil*, Coimbra, 2003, 321-327.

— *Negócio jurídico e contrato de sociedade comercial*, em *Nos 20 anos do Código das Sociedades Comerciais: Homenagem aos Profs. Doutores A. Ferrer Correia, Orlando de Carvalho e Vasco Lobo Xavier*, vol. I, Coimbra, 2007, 91-114.

— *Cláusulas limitativas e de exclusão de responsabilidade civil*, Coimbra, 2011.

— *A indemnização por danos não patrimoniais em debate: também na responsabilidade contratual? Também a favor das pessoas jurídicas?*, Revista Brasileira de Direito Comparado n.º 46 (2014), 13-33.

Monteiro, António Pinto/Pinto, Paulo Mota — *Compra e venda de empresa. A venda de participações sociais como venda de empresa (share deal)*, em *Estudos em Homenagem ao Prof. Doutor Jorge de Figueiredo Dias*, vol. IV, Coimbra, 2010, 685-728

Einflüsse der deutschen Rechtswissenschaft auf die portugiesische Privatrechtsdogmatik in den letzten 50 Jahren, em *Privatrechtsdogmatik im 21. Jahrhundert. Festschrift für Claus-Wilhelm Canaris zum 80. Geburtstag*, Berlin, 2017, 1137-1158

Monteiro, Jorge Sinde — *Responsabilidade por conselhos, recomendações ou informações,* Coimbra, 1989.

— *Aspectos particulares da responsabilidade médica,* Direito da Saúde e Bioética, Lisboa, 1991, 135-152.

— *Rudimentos da responsabilidade civil,* Revista FDUP, ano II, 2005, 349-390.

Mora, Andrea — *Brevi note in tema di responsabilità civile della Consob,* Responsabilità civile e previdenza, 2011, n.º 11, 2181 ss., disponível em https://www.iusexplorer.it.

Moreira, Rodrigo — ver Trigo, Maria da Graça.

Morgan, Gregory — ver Cornell, Bradford.

Mourato, Helder M. — *O contrato de swap de taxa de juro,* Coimbra, 2014.

Moussawi, Rabih — ver Goktan, Sinan.

Mucciarelli, Francesco — *L'informazione societaria: destinatari e limiti posti dalla normativa in materia di* insider trading, Banca Borsa Titoli di Credito, 1999, 1, 745- 782.

Mülbert, Peter — *Rechtsprobleme des Delisting,* ZHR 165 (2001), 104-140.

— *Außengesellschaften — manchmal ein Verbraucher?,* WM 19/2004, 905-915.

Mülbert, Peter/Steup Steffen — *§ 41. Haftung für fehlerhafte Kapitalmarktinformation,* em Mathias Habersack/Peter Mülbert/Michael Schlitt (org.), *Unternehmensfinanzierung am Kapitalmarkt,* 4.ª ed., Köln, 2019, 1355-1466.

Mülbert, Peter/Wilhelm, Alexander — *Haftungsübernahme als Einlagenrückgewähr — Überlegungen zu § 57 AktG im Nachgang zu Telekom III,* em *Festschrift für Peter Hommelhoff zum 70. Geburtstag,* Köln, 2012, 747-776.

Murdock, Charles W. — Halliburton, Basic, *and fraud on the market: the need for a new paradigm,* Villanova Law Review, vol 60, 203-250, disponível em https://digitalcommons.law.villanova.edu/cgi/viewcontent.cgi?referer=https://www.google.com/&httpsredir=1&article=3270&context=vlr.

Múrias, Pedro — *A responsabilidade por actos de auxiliares e o entendimento dualista da responsabilidade civil,* RFDUL XXXVII (1996) 171-217.

— *Por uma distribuição fundamentada do ónus da prova,* Lisboa, 2000.

Musto, David K. — ver Christoffersen, Susan E. K.

Nagy, Donna M — ver Ferrara, Ralph C.

Neves, António Castanheira — *Metodologia jurídica. Problemas fundamentais,* Studia Juridica 1, BFDUC, Coimbra, 1993.

Nietsch, Michael — *Schadensersatzhaftung wegen Verstoßes gegen Ad-hoc-publizitätspflichten nach dem Anlegerschutzverbesserungsgesetz,* BB 2005, 785-790.

Nolan, Richard C. — ver Armour, John.

Nyffenegger, Remo/Schär, Fabian — *Token sales: Eine Analyse des Blockchain-basierten Unternehmensfinanzierungsinstruments,* Corporate Finance, n.º 5-6 (2018), 121-125.

Noack, Max — *Das Spruchverfahren nach dem Spruchverfahrensgesetz. Unzulänglichkeiten und Lösungswege,* Berlin, 2014.

Noia, Carmine di/Gargantini, Matteo — *The market abuse directive disclosure regime in practice: some margins for future actions,* Rivista delle Società, ano 54, jul.-ag. de 2009, 782-835.

North, Gillian — *Listed company disclosure and financial market transparency: is this a battle worth fighting or merely policy and regulatory mantra?,* Journal of Business Law, 6, 484-511, disponível em https://ssrn.com/abstract=2848646.

NOTARI, Mario — *Contratto e regolamentazione nella quotazione in borsa*, Rivista di diritto privato, 2003, vol 8, III, 493-507.

— *Il recesso per esclusione dalla quotazione nel nuovo art. 2437-quinquies C.C.*, Rivista del Diritto Commerciale e del Diritto Generale delle Obbligazioni, 2004, 529-547.

NUNES, António J. Avelãs — *O direito de exclusão de sócios nas sociedades comerciais* (reimpr. da ed. de 1968), Coimbra, 2002.

NUNES, Arlindo Monteiro — *Alegações de direito do Banco Mello, S.A. proferidas pelo seu advogado na audiência de julgamento realizada em 1 de fevereiro de 1933*, em *A privatização da sociedade financeira portuguesa*, Lisboa, 1995, 13-32.

NUNES, Fernando Conceição — *Os intermediários financeiros*, em *Direito dos valores mobiliários*, vol. II, Coimbra, 2000, 91-128.

NUNES, João Andrade — *Os deveres de informação no mercado de valores mobiliários: o prospeto*, C&R, ano VI, n.º 23-24, jul.-dez. 2015, 179-235.

NUNES, Pedro Caetano — *Dever de gestão dos administradores de sociedades anónimas*, Coimbra, 2002.

O'HARA, Maureen — ver MACEY, Jonathan R.

OLAZÀBAL, Ann Morales — *Loss causation in fraud-on-the-market cases post-Dura Pharmaceuticals*, Berkeley Business Law Journal, vol. 3, n.º 2, 2006, 337-380, disponível em: https://scholarship.law.berkeley.edu/cgi/viewcontent.cgi?referer=https://www.google.com/&httpsredir=1&article=1039&context=bblj.

OLIVEIRA, Ana Perestrelo de — *Causalidade e imputação na responsabilidade civil ambiental*, Coimbra, 2007.

— *Os credores e o governo societário: deveres de lealdade para os credores controladores?*, RDS I (2009), 1, 95-133.

— *Grupos de sociedades e deveres de lealdade. Por um critério unitário de solução do "conflito do grupo"*, Coimbra, 2012.

— *OPA obrigatória e controlo indireto*, RDS IV (2012), 3, 593-661.

— *Manual de Corporate Finance*, 2.ª ed., Coimbra, 2015.

— *Anot. ao artigo* 490.º, em ANTÓNIO MENEZES CORDEIRO (org.), *Código das Sociedades Comerciais anotado*, 3.ª ed., Coimbra, 2016.

— *Informação nos grupos de sociedades*, Coimbra, 2018.

— *O papel das* startups *na FinTech e o ciclo de financiamento de* startups, em ANTÓNIO MENEZES CORDEIRO/ANA PERESTRELO DE OLIVEIRA/DIOGO PEREIRA DUARTE, *FinTech. Desafios da tecnologia financeira*, 2.ª ed., Coimbra, 2019, 255-263.

OLIVEIRA, Ana Perestrelo de/OLIVEIRA, Madalena Perestrelo de — *Derivados financeiros e governo societário: a propósito da nova regulação mobiliária europeia e da consulta pública da ESMA sobre* empty voting, RDS IV (2012), 1, 49-109.

— *Incumprimento resolutório: uma introdução*, Coimbra, 2019.

OLIVEIRA, Fernando Faria de — *A DMIF II e a dinamização do mercado de capitais*, em *O novo direito dos valores mobiliários — vol. 2. II Congresso sobre valores mobiliários e mercados financeiros*, Coimbra, 2019, 57-60.

OLIVEIRA, Madalena Perestrelo de — *Conflitos de princípios na repartição da competência material dos tribunais: os casos* aut-aut *e* et-et, O Direito 142.º, (2010), III, 593-615.

— *Limites da autonomia dos credores na recuperação da empresa insolvente*, Coimbra, 2013.

— *A "inexigibilidade" na relação contratual: interpretação do contrato e heteronomia,* Direito, 145.º (2013), III, 523-551.

— *Instrumentos financeiros com fins de garantia e exercício de direitos sociais,* RDS IV (2013), 3, 537-602.

— Going dark*: deliberação da assembleia geral e direito de exoneração,* RDS VI (2014), 3/4, 589-616.

— *Direitos de voto nas sociedades cotadas: da admissibilidade de categorias de ações com direito de voto plural às L-Shares,* RDS VII (2015), 2, 435-470.

— *Transparência no mercado de capitais:* information overload*, eficiência ou tutela dos investidores?,* RDS VIII (2016), 4, 787-809.

— *As recentes tendências da FinTech: disruptivas e colaborativas,* em António Menezes Cordeiro/Ana Perestrelo de Oliveira/Diogo Pereira Duarte (org.), *FinTech. Desafios da tecnologia financeira,* 2.ª ed., Coimbra, 2019, 71-81.

— *Os desafios na regulação dos* tokens *e dos* tokenized securities, em *O novo direito dos valores mobiliários — vol. 2. II Congresso sobre valores mobiliários e mercados financeiros,* Coimbra, 2019, 185-196.

— *Algumas notas em torno da "relação especial" e o reposicionamento das fronteiras da responsabilidade civil obrigacional,* em *Código Civil. Livro do cinquentenário,* vol. II, Coimbra, 2019, 329-346.

— ver Cordeiro, António Menezes.

— ver Oliveira, Ana Perestrelo de.

Oliveira, Nuno Manuel Pinto — *Inexigibilidade judicial do cumprimento de deveres acessórios de conduta?,* SI, tomo LI, maio-agosto 2002, 295-303.

— *Deveres de protecção em relações obrigacionais,* SI, Tomo LII, setembro-dezembro 2003, 495-523.

— *Os deveres acessórios 50 anos depois,* RDC II (2017), 2, 239-256.

Oliveira, Teresa Mira — *High-frequency trading — o novo paradigma da negociação automatizada,* RDS X (2018), 2, 319-361.

Oppen, Matthias von/Richers, Dominik — *Anleiherestrukturierung — Ausgewählte kapitalmarktrechtliche Besonderheiten bei Debt-to-Equity-Swaps,* CFL 4/2015, 94-101.

Osório, José Diogo Horta — *Da tomada do controlo de sociedades (takeovers) por Leveraged Buy-Out e sua harmonização com o direito português,* Coimbra, 2001.

Otero, Paulo — *Alguns problemas do direito administrativo do mercado dos valores mobiliários,* em *Direito dos valores mobiliários,* vol. I, Coimbra, 1999, 253-283.

Ott, Nicolas — *Der Rückzug von der Börse. Gesellschafts- und kapitalmarktrechtliche Fragen des Delisting unter Berücksichtigung der Macrotron-Entscheidung des BGH,* Frankfurt am Main, 2005.

Oulds, Mark — *Prospekthaftung,* em Siegfried Kümpel/Arne Wittig (org.), *Bank- und Kapitalmarktrecht,* 4.ª ed., Köln, 2011, 1969-1999.

Padfield, Stefan J. — *Who should do the math? Materiality issues in disclosures that require investors to calculate the bottom line,* Pepperdine Law Review, vol. 34:4 (2007), 927-949, disponível em http://digitalcommons.pepperdine.edu/plr/vol34/iss4/9.

Paefgen, Walter G. — ver Westermann, Harm Peter.

Pagan, Adrian R./Sossounov, Kirill A. — *A simple framework for analysing bull and bear markets,* Journal of applied econometrics 18, 2003, 23-46.

Palepu, Krishna G. — ver Healy, Paul M.

Palma, Maria Fernanda — *Dolo eventual e culpa em direito penal,* em *Problemas fundamentais de direito penal. Homenagem a Claus Roxin,* Lisboa, 2002, 47-67.

PANANIS, Panos — *Insidertatsache und Primärinsider, Eine Untersuchung zu den Zentralbegriffen des §13 Abs. 1 WpHG,* Baden-Baden, 1998.

PANUNZI, Fausto — ver BURKART, Mike.

PARALUPI, Alessandro — *Responsabilità civile da prospetto: informazione e danno ingiusto,* Rivista del diritto commerciale e del diritto generale delle Obbligazioni, 2001, 9-12, 565-611.

PARCHOMOVSKY, Gideon — ver GOSHEN, Zohar.s

PAREDES, Troy — *Blinded by the light: information overload and its consequences for securities regulation* (June 1, 2003). Washington University Law Quarterly, Forthcoming, disponível em https://ssrn.com/abstract=413180.

PARHOFER, Nicolas — ver KLÖHN, Lars.

PAYNE, Jennifer — ver GULLIFER, Louise.

— ver ARMOUR, John.

PENTZ, Andreas — *§ 31,* em *Münchener Kommentar zum Aktiengesetz,* vol. 1, 5.ª ed., München, 2019.

PEREIRA, Jorge Brito, *O decreto-lei n.º 20/2016, de 20 de abril,* em *O novo direito dos valores mobiliários — I Congresso sobre valores mobiliários e mercados financeiros,* Coimbra, 2017, 161-170.

PEREIRA, José Nunes — *O novo Código dos Valores Mobiliários e a protecção dos investidores,* CadMVM, n.º 7, abr. 2000, 76-88.

— *Quinze anos de codificação mobiliária em Portugal,* em *Direito dos valores mobiliários,* vol. VIII, Coimbra, 2008, 265-317.

PEREIRA, Maria de Lurdes — *Os estados subjectivos na representação voluntária. Em especial o conhecimento ou desconhecimento juridicamente relevante,* RFDUL XXXIX (1998), 135-192.

— *A indemnização de despesas inutilizadas na responsabilidade obrigacional,* Coimbra, 2020.

— ver ALBUQUERQUE, Pedro de.

PEREIRA, Rui Soares — *O nexo de causalidade na responsabilidade delitual. Fundamento e limites do juízo de condicionalidade,* Coimbra, 2017.

— *Pressupostos filosóficos e científicos do nexo de causalidade,* Lisboa, 2017.

PERES, Ana Catarina Mendonça — *Responsabilidade do emitente pelo conteúdo do prospecto,* CadMVM, n.º 5, 1999, 53-95.

PICOT, Christopher M. — *Die Rechte der Aktionäre beim Delisting börsennotierter Gesellschaften,* Köln, 2009.

PIEKENBROCK, Andreas — *Der Kausalitätsbeweis im Kapitalanlegerprozess: ein Beitrag zur Dogmatik der "ungesetzlichen" tatsächlichen Vermutungen,* WM 10/2012, 429-440.

PIERCE, Sean — *LBOs: time to revisit typical U.S. bank bridge terms?,* Journal of International Banking, 1998, 14(1), 1-4.

PINA, Carlos Costa — *Dever de informação e responsabilidade pelo prospecto no mercado primário de valores mobiliários,* Coimbra, 1999.

— *Publicidade, promoção e prospecção nos serviços financeiros,* em *Direito dos valores mobiliários,* vol. IV, Coimbra, 2003, 249-307.

— *Instituições e mercados financeiros,* Coimbra, 2005.

PINARDI, Marco — *La responsabilità per danni da informazione nel mercato finanziario,* La Nuova Giurisprudenza Civile Commentata, 4, jul.-ag. 2002, 349-366.

PINHEIRO, Luís de Lima — *Direito aplicável às operações sobre instrumentos financeiros,* em *Direito dos valores mobiliários,* vol. IX, Coimbra, 2009, 141-192.

PINHO, Catarina Romão — *Os fundos de investimento mobiliário no Direito português: natureza jurídica e exercício do direito de voto pela entidade gestora,* RDS IV (2012), 1, 111-145.

PINTO, Carlos Mota — *Cessão da posição contratual,* Coimbra, 1970.

PINTO, Frederico da Costa — *O novo regime dos crimes e contra-ordenações no código dos valores mobiliários,* Coimbra, 2000.

— *Crimes económicos e mercados financeiros,* Revista Brasileira de Ciências Criminais, ano 10, n.º 39, jul.-set.- 2002, 28-62.

— *Falsificação de informação financeira nas sociedades abertas,* em *Direito penal económico e europeu: textos doutrinários,* vol. III, Coimbra, 2009, 617-659.

— *Erro e consciência da ilicitude em infracções contra o mercado de valores mobiliários,* em *Direito penal económico e europeu: textos doutrinários,* vol. III, Coimbra, 2009, 661-678.

— *O novo regime europeu do abuso de mercado e a adaptação do sistema sancionatório nacional,* em *O novo direito dos valores mobiliários — I Congresso sobre valores mobiliários e mercados financeiros,* Coimbra, 2017, 33-42.

PINTO, Inês — ver DUQUE, João.

PINTO, Paulo Mota, *Declaração tácita e comportamento concludente no negócio jurídico,* Coimbra, 1995.

— *Sobre condição e causa na responsabilidade civil: nota a propósito do problema de causalidade da causa virtual,* em *Ars ivdicandi. Estudos em Homenagem ao Prof. Doutor António Castanheira Neves,* vol. III, Coimbra, 2008, 929-967.

— *Interesse contratual negativo e interesse contratual positivo,* vols. I e II, Coimbra, 2009.

— *Contrato de swap de taxas de juro, jogo e aposta e alteração das circunstâncias que fundaram a decisão de contratar,* RLJ 143 (2014), 391-413.

— ver MONTEIRO, António Pinto.

PIRES, Catarina Monteiro — *Algumas considerações críticas sobre a responsabilidade civil dos administradores perante os accionistas no ordenamento jurídico português,* O Direito 137.º (2005), I, 81-135.

— *Entre um* modelo corretivo *e um* modelo informacional *no direito bancário e financeiro,* CDP 44, out.-dez. 2013, 3-22.

— *Impossibilidade da prestação,* Coimbra, 2017.

— *Aquisição de empresas e de participações acionistas. Problemas e litígios,* Coimbra, 2018.

PLASSMEIER, Heiko — *Brauchen wir ein Kapitalanleger-Musterverfahren? — Eine Inventur des KapMuG,* NZG 15/2005, 609-616.

POELZIG, Dörte — *Insider-und Marktmanipulationsverbot im neuen Marktmissbrauchsrecht,* NZG 2016, 528-538.

— *Die Neuregelung der Offenlegungsvorschriften durch die Marktmissbrauchsverordnung,* NZG 2016, 761-773.

— *Kapitalmarktrecht,* München, 2018.

— *Erleichterungen der Prospektpflicht zur Anpassung an die EU-Prospektverordnung,* BKR 9/2018, 357-366.

PÖLLATH, Reinhard — ver HOLZAPFEL, Hans-Joachim.

POMELLI, Alessandro — *Delisting di società quotata tra interesse dell'azionista di controllo e tutela degli azionisti di minoranza,* Rivista delle Società, ano 54, 2009 (mar.-jun.), 407-497.

POMPILIO, David — ver MACEY, Jonathan R.

PONZANELLI, Giulio — ver BELLINI, Elisabetta.

Pospiech, Lutz — ver Rubner, Daniel.

Presti, Gaetano/Rescgino, Matteo — *Corso di diritto commerciale*, Torino, 2017.

Preusse, Thomas — ver Heidelbach, Anna.

Procaccia, Uriel/Segal, Uzi — *Thou shalt not sow thy vineyard with divers seeds? The case against the harmonization of private law*, em Klaus Hopt/Eddy Wymeersch (org.), *Capital markets and company law*, Oxford, 2003, 639-659.

Proença, José Carlos Brandão — *A conduta do lesado como pressuposto e critério de imputação do dano extracontratual*, Coimbra, 1997.

— *Lições de cumprimento e não cumprimento das obrigações*, 2.ª ed., Coimbra, 2017.

— *Estudos de Direito das Obrigações. Contrato-promessa. Responsabilidade civil. Da proporcionalidade obrigacional*, Porto, 2018.

Prütting, Hanns — *Gegenwartsprobleme der Beweislast*, München, 1983.

Quimby, Alexander — *Addressing corporate short-termism through loyalty shares*, Florida State University Law Review, vol. 40, n.º 2 (2013), 389-413.

Ragni, Elisa — *Primi segnali di un'inversione di tendenza nell'esperienza applicativa del reato di* insider trading, Banca Borsa Titoli di Credito, 2003, 6, 732-751.

Ramalho, Maria do Rosário Palma — *Sobre a dissolução das sociedades anónimas*, Lisboa, 1989.

Ramos, José Luís — *O ónus da prova nas acções de responsabilidade civil do produtor*, Revista Jurídica AAFDL, n.º 22 (mar.-1998), 413-449.

Ramos, Maria Elisabete — *Insolvência da sociedade e efectivação da responsabilidade civil dos administradores*, BFDUC, vol. LXXXIII, Coimbra, 2007, 449-489.

— ver Costa, José de Faria.

Reden, Hans von — *Regulation of securities products post the financial crisis*, UCL Journal of Law and Jurisprudence 2013, 2(1), 11-140, disponível em https://www.researchgate.net/publication/294734341_Regulation_of_Securitised_Products_post_the_Financial_Crisis.

Reed, Adam V. — ver Christoffersen, Susan E. K.

Rehbock, Timo — ver McGuinness, Michael J.

Reichert, Jochem — *Mitwirkungsrechte und Rechtsschutz der Aktionäre nach Macrotron und Gelatine*, AG 2005 (vol. 50), 150-159.

Reichert, Jochem/Weller, Marc-Philippe — *Haftung von Kontrollorganen. Die Reform der aktienrechtlichen und kapitalmarktrechtlichen Haftung*, ZRP 2002, 49-56.

Reinholz, Petra — ver Hanten, Mathias.

Reis, Nádia — *Responsabilidade civil aquiliana do intermediário financeiro — mito ou realidade?*, RDS IX (2017), 4, 781-799.

— ver Gomes, José Ferreira.

Reis, Nuno Trigo dos — *Os deveres de lealdade dos administradores de sociedades comerciais*, em *Temas de direito comercial*, Cadernos O Direito 4 (2009), 279-419.

— ver Silva, Paula Costa e.

Renneboog, Luc — ver Simons, Tomas.

Resas, Daniel — ver Klöhn, Lars.

Resende, João Mattamouros — *A imputação de direitos de voto no mercado de capitais*, Lisboa, 2010.

Rescgino, Matteo — ver Presti, Gaetano.

RESTREPO, Fernan — *Do freezeouts affect the performance of the controlling shareholder? An empirical analysis* (1-abr.-2014), Rock Center for Corporate Governance at Stanford University Working Paper n.º 184, disponível em http://ssrn.com/abstract=2418846.

RIBEIRO, Maria de Fátima — *Sociedades abertas, valores mobiliários e intermediação financeira*, em *Jornadas sociedades abertas, valores mobiliários e intermediação financeira*, Coimbra, 2007, 11-29.

— *A desconsideração da personalidade jurídica: as realidades brasileira e portuguesa*, DSR, ano 8 (2015), vol. 15, 29-57.

RIBSTEIN, Larry Edward — *Market vs. regulatory responses to corporate fraud: A critique of the Sarbanes-Oxley Act of 2002*, Journal of Corporation Law, Vol. 28, No. 1, disponível em https://ssrn.com/abstract=332681.

RICHERS, Dominik — ver OPPEN, Matthias von.

RICHTER, Mario Stella — *I troppi problemi del dividendo maggiorato*, Rivista del diritto commerciale e del diritto generale delle obbligazioni, 2011, n.º 1, 89-106.

RIECKERS, Oliver — *Haftung des Vorstands für fehlerhafte Ad-hoc-Meldungen de lege lata und de lege ferenda*, BB 24/2002, 1213-1221.

RIMINI, Emanuele — *Il prestito mezzanino tra clausole di subordinazione,* equity kickers *e* restrictive covenants, Giurisprudenza Commerciale, 35.6, nov.-dez. 2008, 1065-1094.

RIPSTEIN, Arthur — *Reasonable persons in private law*, em GIORGIO BONGIOVANNI *et alii* (org.), *Reasonableness and law*, Heidelberg, London, New York, 2009.

ROCK, Edward — ver KAHAN, Marcel.

ROCHA, Diogo Leónidas — *A nova lei de desblindagem dos bancos*, em *O novo direito dos valores mobiliários — I Congresso sobre valores mobiliários e mercados financeiros*, Coimbra, 2017, 171-196.

RÖCKRATH, Luidger — *Germany*, em PAUL G. KARLSGODT (org.), *World class actions: a guide to group and representative actions around the globe*, Oxford, 2012, 241-251.

RODEWALD, Jörg — *Haftung für die "frohe Botschaft" — Rechtsfolgen falscher Ad-hoc-Mitteilungen*, BB 48/2001, 2437-2440.

RODRIGUES, Ana Maria/DIAS, Rui Pereira — *Código das Sociedades Comerciais em comentário*, vol. VII, Coimbra, 2014.

RODRIGUES, Anabela Miranda — *O direito penal europeu à luz do princípio da necessidade: o caso do abuso de mercado*, Católica Law Review, vol. 1, n.º 3, nov. 2017, 11-41.

RODRIGUES, José Melo/FERREIRA, Juliano — *Responsabilidade pelo conteúdo do prospeto. O caso específico do revisor oficial de contas*, CadMVM, n.º 55, dez. 2016, 167-183.

RODRIGUES, Sofia Nascimento — *A protecção dos investidores em valores mobiliários*, Coimbra, 2001.

— *A protecção dos investidores na sociedade da informação*, em *Direito dos valores mobiliários*, vol. V, Coimbra, 2004, 241-272.

A protecção dos investidores nos contratos sobre valores mobiliários, em *Jornadas sociedades abertas, valores mobiliários e intermediação financeira*, Coimbra, 2007, 145-159.

Cabimento da figura dos "mercados não regulamentados" no âmbito da DMIF e na consequente revisão do Cód.VM, em *Direito dos valores mobiliários*, vol. VIII, Coimbra, 2008, 319-335.

RODRIGUES, Usha — *Corporate governance in an age of separation of ownership from ownership*, 95 Minn. L. Rev., 2011, 1822-1866.

— *Securities Law's dirty little secret* (January 9, 2013). Fordham Law Review, Forthcoming; UGA Legal Studies Research Paper No. 2013-01, disponível em https://ssrn.com/abstract=2198356.

ROE, Mark J. — *Delaware's Competition* (2003), Harvard Law Review, Vol. 117, 588, 2003, disponível em http://ssrn.com/abstract=354783.

— *Legal origins, politics and modern stock markets*, Harvard Law Review, Vol. 120, No. 2 (dez. 2006), 460-527, disponível em https://www.jstor.org/stable/40042609 473.

— ver JACKSON, Howell E.

ROJO, Angel — ver GARRIDO, José M.

ROLO, António Garcia — *As criptomoedas como meio de financiamento e a qualificação dos* tokens *de investimento emitidos em ofertas públicas de moeda (ICO) como valores mobiliários*, em ANTÓNIO MENEZES CORDEIRO/ ANA PERESTRELO DE OLIVEIRA/DIOGO PEREIRA DUARTE (org.), *FinTech II. Novos estudos sobre tecnologia financeira*, Coimbra, 2019, 249-297.

— *Challenges in the legal qualification of Decentralised Autonomous Organisations (DAOs): the rise of the crypto-partnership?*, 1 RDTec (2019), 33-87.

ROMANO, Roberta — *Empowering investors: a market approach to securities regulation*, 107 Yale Law Journal, 1998, 2359-2430, disponível em http://digitalcommons.law.yale.edu/fss_papers/1914.

— ver BHAGAT, Sanjai.

ROOSENBOOM, Peter — ver FIDRMUC, Jana P.

ROPPO, Vincenzo — *La tutela del risparmiatore fra nullità, risoluzione e risarcimento*, em FRANCESCO GALGANO/GIOVANNA VISINTINI (org.), *Mercato finanziario e tutela del risparmio*, Milano, 2006, 133-148.

ROSE, Amanda M. — *The "reasonable investor" of Federal Securities Law: insights from tort law's "reasonable person" & suggested reforms*, Vanderbilt Law School Public Law and Legal Theory Working Paper n.º 16-41, 1-64, disponível em https://ssrn.com/abstract=2840993.

RÖSSNER, Michael-Christian/BOLKART, Johannes — *Schadensersatz bei Verstoßes gegen Ad-hoc--Publizitätspflichten nach dem4. Finanzmarktförderungsgesetz*, ZIP 33/2002, 1471-1477.

ROTHER, Werner — *Die Begriffe Kausalität, Rechtswidrigkeit und Verschulden in ihrer Beziehung zueinander*, em *Festschrift für Karl Larenz zum 80. Geburtstag am 23. April 1983*, München, 1983, 537-557.

ROTHLEY, Oliver — *Aufgabe der Macrotron-Grundsätze*, GWR 2013, 493-494.

RUBNER, Daniel/POSPIECH, Lutz — *EU-Marktmissbrauchsverordnung — das Ende des Freiverkehrs?*, NJW-Spezial 2015, 591-592.

— *Rückzug von der Börse — Neue Regeln für Delisting und Downgrading*, NJW-Spezial 2016, 207-208.

RUDOLPH, Bernd — *Unternehmensfinanzierung und Kapitalmarkt*, Tübingen, 2006.

RULLI, Edoardo — *La responsabilità civile della Consob per omesso o carente esercizio dei poteri di vigilanza*, Banca Borsa Titoli di Credito, 2013, 1, 11 ss., disponível em www.iusexplorer.it.

RÜTZEL, Stefan — *Der aktuelle Stand der Rechtsprechung zur Haftung bei Ad-hoc-Mitteilungen*, AG 2003, 69-79.

RÜX, Johannes — *Zum Anliegen der Rechtswissenschaft*, Rechtswissenschaft 1 (2010), 3-10.

SÁ, Almeno de — ver CORREIA, A. Ferrer

Säcker, Franz Jürgen — *Objektiver Schaden und hypothetische Schadensminderung. Die Erfassung von Reserveursache und rechtmäßigem Alternativverhalten im modernen Schadensersatzrecht,* em *Festschrift für Ulrich Immenga zum 70. Geburtstag. Wirtschafts- und Privatrecht im Spannungsfeld von Privatautonomie, Wettbewerb und Regulierung,* München, 2004, 679-687.

Sagasser, Bernd, *§27 — Die Besteuerung von Kapitalanlagevermögen,* em Heinz-Dieter Assmann/Rolf A. Schütze, *Handbuch des Kapitalanlagerechts,* 4.ª ed., München, 2015.

Saha, Atanu — ver Ferrell, Allen.

Sajnovits, Alexander — *Ad-hoc-Publizität und Wissenszurechnung,* WM 2016, 17, 765-774.

Salanitro, Niccolö — ver Auletta, Giuseppe.

Salerno, Thomas J./Kroop, Jordan A. — *Bankruptcy litigation and practice: a practitioner's guide,* 4.ª ed., s/l, 2008.

Salgueiro, Ana Cláudia — *Abuso de informação privilegiada — o especial caso dos instrumentos de remuneração dos administradores,* CadMVM, n.º 53, abr. 2016, 1-20.

Samama, Frederic — ver Bolton, Patrick.

Samuelson, Paul A. — *Proof that properly anticipated prices fluctuate randomly,* Industrial Management Review, 6:2 (1965), 41-49.

Sanders, Carl C. H. — *Anlegerschutz bei Delisting zwischen Kapitalmarkt- und Gesellschaftsrecht,* Berlin, 2017.

Sandrelli, Giulio — *Insider trading nel contesto di ristrutturazioni societarie: la pronuncia di un tribunale fallimentare americano,* Rivista delle società, ano 56, nov.-dez. 2011, 6, 1347-1350.

Sangiovanni, Valerio — *L'attuazione della direttiva sull'*insider trading *nel diritto tedesco,* Banca Borsa Titoli di Credito, 2000, 4, 540-569.

— *La nuova responsabilità da prospetto nell'art. 94 TUF,* Giurisprudenza di Merito, 03-2010, XLII, marzo 2010, 880-894.

Santo, João Espírito — *Exoneração do sócio no direito societário-mercantil português,* Coimbra, 2014.

Santos, Filipe Matias — *O carácter preciso da informação privilegiada (anotação ao acórdão do Tribunal da Relação de Lisboa, 3.ª secção, processo n.º 3945/06.OTFLSB),* CadMVM, n.º 32, abr. 2009, 148-170.

— *Divulgação de informação privilegiada. O dever de divulgação de informação privilegiada no mercado de valores mobiliários,* Coimbra, 2011.

Santos, Gonçalo Castilho dos — *O direito de informação sobre factos relevantes pela sociedade cotada,* Lisboa, 1998.

— *O dever dos emitentes de valores mobiliários admitidos à negociação em bolsa de informar sobre factos relevantes,* em *Direito dos valores mobiliários,* vol. V, Coimbra, 2004, 273-307.

— *A responsabilidade civil do intermediário financeiro perante o cliente,* Coimbra, 2008.

Santos, Hugo Moredo dos — *Aquisição tendente ao domínio total de sociedades abertas,* em *Direito dos valores mobiliários,* vol. VII, Coimbra, 2007, 275-403.

— *Um governo para os fundos de investimento,* em *O governo das organizações — a vocação universal do* corporate governance, Coimbra, 2011, 371-414

— *Transparência, OPA obrigatória e imputação de direitos de voto,* Coimbra, 2011.

Santos, Hugo Moredo/Cardoso, Sandra — *A revisão da Diretiva dos direitos dos acionistas,* em *O novo direito dos valores mobiliários — vol. 2. II Congresso sobre valores mobiliários e mercados financeiros,* Coimbra, 2019, 29-54.

SANTOS, Hugo Moredo dos/GUINÉ, Orlando Vogler — *Emissões de obrigações: antes, agora e depois,* DSR ano 5 (2013), vol. 9, 135-186.

SANTOS, João Vieira dos — *Ações de lealdade. A primazia dos interesses de estabilidade a longo prazo das sociedades anónimas,* RDS VI (2014), 2, 445-480.

— *Desafios jurídicos das Initial Coin Offerings,* 2018, 1-22, em *Estudos do IVM*, 2018, 1-22, disponível em www.institutodosvaloresmobiliários.pt.

— *Desafios jurídicos e regulatórios das* Initial Coin Offerings, em ANTÓNIO MENEZES CORDEIRO/ANA PERESTRELO DE OLIVEIRA/DIOGO PEREIRA DUARTE (org.), *FinTech II. Novos estudos sobre tecnologia financeira,* Coimbra, 2019, 299-325.

SANTOS, Rute Martins dos — *Estabilização de preços e manipulação de mercado — o síndroma da ilha,* em *Direito dos valores mobiliários,* vol. IV, Coimbra, 2003, 395-435.

SARAIVA, Rute — *Direito dos mercados financeiros,* 2.ª ed., Lisboa, 2015.

SARTOR, Giovanni — *A sufficientist approach to reasonableness in legal decison-making and judicial review,* em GIORGIO BONGIOVANNI *et alii* (org.), *Reasonableness and law,* Heidelberg, London, New York, 2009.

SCHAAL, Hans Jürgen — *§12 AktG,* em GEORG ERBS/MAX KOHLHAAS/FRIEDRICH AMS *et alii, Strafrechtliche Nebengesetze,* München, 2015.

SCHÄFER, Carsten — *Der täuschungsbedingte Beitritt zur (Personen-)Gesellschaft und die Lehre vom fehlerhaften Verband — Vorrang von Schadensersatzansprüchen?,* ZHR 170 (2006), 373-397.

SCHÄFER, Carsten/WEBER, Martin/WOLF, Peter — *Berechnung und Pauschalierung des Kursdifferenzschadens bei fehlerhafter Kapitalmarktinformation,* ZIP 5/2008, 197-204.

SCHÄFER, Frank — *Stand und Entwicklungstendenzen der spezialgesetzlichen Prospekthaftung,* ZGR 1/2006, 40-78.

SCHÄFER, Susanne — ver SCHLITT, Michael.

SCHÄFER, Susanne/LA CORTE, Nicola — *§ 14. Freiwillige Publizität bei Sekundärmarkttransaktionen,* em MATHIAS HABERSACK/PETER MÜLBERT/MICHAEL SCHLITT, *Handbuch der Kapitalmarktinformation,* 2.ª ed., München, 2013, 349-354.

SCHAMLZ, Dieter — *Methodenlehre für das juristische Studium,* Deutschland, 1998.

SCHÄR, Fabian — ver NYFFENEGGER, Remo.

SCHIEL, Alexander — *Aktionärsschutz zwischen Aktienrecht und Kapitalmarkt,* Berlin, 2009.

SCHIEMANN, Gottfried — *§ 249,* em *J. von Staudingers Kommentar zum Bürgerlichen Geseztbuch,* II, Berlin, 2017.

SCHINCKUS, Christophe — ver JOVANOVIC, Franck.

SCHLITT, Michael — *§ 38. Kapitalmarktrechtliche Folgepflichten eines börsennotierten Unternehmens,* em MATHIAS HABERSACK/PETER O. MÜLBERT/MICHAEL SCHLITT, *Unternehmensfinanzierung am Kapitalmarkt,* 4.ª ed., Köln, 2019, 1236-1294.

— ver KUNOLD, Uta.

SCHLITT, Michael/WILCZEK, Ann-Katrin — *§ 4. Prospektpflicht für Wertpapier,* em MATHIAS HABERSACK/PETER MÜLBERT/MICHAEL SCHLITT, *Handbuch der Kapitalmarktinformation,* 2.ª ed., München, 2013, 87-103.

— *Gestaltung des Prospekts für Wertpapiere,* em MATHIAS HABERSACK/PETER MÜLBERT/MICHAEL SCHLITT, *Handbuch der Kapitalmarktinformation,* 2.ª ed., München, 2013, 103-137.

SCHLITT, Michael/SINGHOF, Bernd/SCHÄFER, Susanne — *Aktuelle Rechtsfragen und neue Entwicklungen im Zusammenhang mit* Börsengängen, BKR 2005, 251-264.

SCHMID, Olivia — ver GREENE, Edward.

SCHMIDT, Karsten — *Macrotron oder weitere Ausdifferenzierung des Aktionärsschutzes durch den BGH,* NZG 2003, 601.

SCHMITT, Christian — *Die Haftung wegen fehlerhafter oder pflichtwidrig unterlassener Kapitalmarktinformationen,* Baden-Baden, 2010.

SCHMITZ, Bernd-Wilhelm — *§ 33. Der Kapitalmarktinformationshaftungsprozess,* em MATHIAS HABERSACK/PETER MÜLBERT/MICHAEL SCHLITT, *Handbuch der Kapitalmarktinformation,* 2.ª ed., München, 2013, 901-1009.

SCHMOLKE, Klaus Ulrich — *Organwalterhaftung für Eigenschäden von Kapitalgesellschaften,* Köln, 2004.

— *Die Haftung für fehlerhafte Sekundärmarktinformation nach dem „IKB"-Urteil des BGH,* ZBB/JBB 3/12, 165-178.

— ver KLÖHN, Lars.

SCHNEIDER, Burkhard — *Auf dem Weg zu Securities Class Actions in Deutschland? — Auswirkungen des KapMuG auf die Praxis kapitalmarktrechtlicher Streitigkeiten,* BB 42/2005, 2249-2258.

SCHNEIDER, Jörg — *Kollektive Investitionsentscheidungen als öffentliches Angebot i.S.d. § 2 Nr. 4 WpPG,* AG 10/2016, 341-351.

SCHNORBUS, York — *§ 3 WpPG,* em CARSTEN BERRAR/ANDREAS MEYER/CORDULA MÜLLER/YORK SCHNORBUS/BERND SINGHOF/CHRISTOPH WOLF, *Frankfurter Kommentar. WpPG und EU-ProspektVO,* 2.ª ed., Nordstrand, 2017, 100-127.

SCHOBEL, Thomas — *Analagestimmung und Kausalitätsbeweis. Probleme der Transaktionskausalität bei Anlegerschäden wegen fehlerhafter Kapitalmarktinformation,* em *Festschrift für Helmut Koziol zum 70. Geburtstag,* Wien, 2010, 1111-1124.

SCHOLZ, Philipp — *Ad-hoc-Publizität und Freiverkehr,* NZG 2016, 1286-1291.

SCHÖNEMANN, Frank — ver LORENZ, Manuel.

SCHWARK, Eberhard — *Zur Haftung der Emissionsbank bei Aktienemissionen — börsen-, bilanz- und gesellschaftsrechtliche Aspekte,* ZGR 2/1983, 162-188.

— *Gesellschaftsrecht und Kapitalmarktrecht,* em *Festschrift für Walter Stimpel zum 68. Geburtstag,* Berlin, New York, 1985, 1087-1111.

— *Wertpapier- Verkaufsprospektgesetz und Freiverkehr,* em *Bankrecht — Schwerpunkte und Perspektiven, Festschrift für Herbert Schimansky,* Köln, 1999, 739-760.

— *The harmonization of the securities law in Europe,* em *Direito dos valores mobiliários,* vol. VII, Coimbra, 2007, 443-464

— *§§ 44, 45 BörsG,* em EBERHARD SCHWARK/DANIEL ZIMMER, *Kapitalmarktrechts-Kommentar,* 4.ª ed., München, 2010, 414-449.

SCHWARCZ, Steven L. — *Rethinking the disclosure paradigm in a world of complexity.* University of Illinois Law Review, 2004, No. 1; Duke Law School, 6, disponível em https://www.ssrn.com/abstract=336685.

— *Compensating market value losses: rethinking the theory of damages in a market economy,* Florida Law Review, vol. 63, set. 2011, 1053-1076, disponível em http://ssrn.com/abstract=1678469.

SCLAR, Lee J. — *The securities acts amendments of 1964: selected provisions and legislative deficiencies,* California Law Review, vol. 53, 1965, 1494-1519.

SEBOK, Anthony — ver GOLDBERG, John.

SEILER, Oliver/SINGHOF, Bernd — *Vor. §§ 21 ff.* em CARSTEN BERRAR/ANDREAS MEYER/ CORDULA MÜLLER/YORK SCHNORBUS/BERND SINGHOF/CHRISTOPH WOLF, *Frankfurter Kommentar. WpPG und EU-ProspektVO*, 2.ª ed., Nordstrand, 2017, 579-590.

SEITZ, Jochen — *§ 6 WpPG. Basisprospekt*, em HEINZ-DIETER ASSMANN/MICHAEL SCHLITT/ WOLF VON KOPP-COLOMB, *Wertpapierprospektgesetz Vermögensanlagengesetz Kommentar*, 3.ª ed., Köln, 2017, 211-257.

SEMINARA, Sergio — *Il reato di* insider trading *tra obbligo di astensione e divieto di utilizzazione in borsa di informazioni riservate. Considerazioni su riforme ordite, abortite e partorite*, Banca Borsa e Titoli di Credito, 1998, 322-343.

— *Disclose or abstain? La nozione di informazione privilegiata tra obblighi di comunicazione al pubblico e divieti di insider trading: riflessioni sulla determinatezza delle fattispecie sanzionatorie*, Banca, Borsa Titolo do Credito, 2008, 3, 331-368.

SEMLER, Franz-Jörg — *§ 39. Stimmrecht*, em MICHAEL HOFFMANN-BECKING, *Münchener Handbuch des Gesellschaftsrechts*, vol. 4, 4.ª ed., München, 2015, 813-828.

SEQUEIRA, Elsa Vaz de/CORREIA, Carolina Martins — *Anot. ao artigo 485.º*, em *Comentário ao Código Civil. Direito das obrigações*, Lisboa, 2018, 290-293.

SERRA, Adriano Vaz — *Culpa do devedor ou do agente*, Lisboa, 1957.

— *Responsabilidade contratual e responsabilidade extracontratual*, BMJ 85 (1959), 115-241.

— *Prescrição do direito de indemnização*, BMJ 87 (1959), 23-67.

— *Conculpabilidade do prejudicado*, BMJ 86 (1959), 131-173.

— *Obrigação de indemnização (Colocação. Fontes. Conceito e espécies de dano. Nexo causal. Extensão do dever de indemnizar. Espécies de indemnização). Direito de abstenção e de remoção*, BMJ 84 (1959), 5-301.

— *Prescrição extintiva e caducidade*, Lisboa, 1961.

— *Provas (direito probatório material)*, BMJ 110 (1961), 61-256.

SERVE, Stéphanie — ver MARTINEZ, Isabelle.

SHILLER, Robert — *Irrational exuberance*, 3.ª ed., New Jersey, 2015.

— *From efficient market theory to behavioral finance*, The Journal of Economic Perspective, vol. 17, n.º 1, 83-104.

SHLEIFER, Andrei — ver LA PORTA, Rafael.

SIEMS, MATHIAS M. — *Der Preis ist heiß — zur Angemessenheit der Gegenleistung bei Übernahmeangeboten*, ZIP 21/2002, 926 ss.

— *The foundations of securities law* (set. 2008), 8 ss., disponível em https://ssrn.com/abstract=1089747.

— *What does not work in comparing securities laws: a critique on La Porta et al's methodology* (set. 2008). International Company and Commercial Law Review, 300-305, 2005; CPC-RPS No. 0009, disponível em https://ssrn.com/abstract=608644.

SILVA, Eva Sónia Moreira da — *Da responsabilidade pré-contratual por violação dos deveres de informação*, Coimbra, 2006 (reimpr. da ed. 2003).

SILVA, Helena Marques da — *O* warrant *no âmbito do mercado de valores mobiliários*, em *Direito dos valores mobiliários*, vol. II, Coimbra, 2000, 351-398.

SILVA, João Calvão da — *Responsabilidade civil do produtor*, Coimbra, 1990.

— *A responsabilidade civil do produtor*, RPDC, janeiro de 1995, n.º 1, 31-39.

— *Parecer de direito*, em *A privatização da sociedade financeira portuguesa*, Lisboa, 1995, 205-222.

— *Suspensão do dever de lançamento de OPA*, em *Estudos jurídicos (pareceres)*, Coimbra, 2001, 7-38.

— *Fusão de sociedade, acordo de voto e obrigatoriedade de OPA*, em *Estudos jurídicos (pareceres)*, Coimbra, 2001, 37-59.

— *OPA convencional obrigatória*, em *Estudos jurídicos (pareceres)*, Coimbra, 2001, 83-103.

— *OPA abusiva*, em *Estudos jurídicos (pareceres)*, Coimbra, 2001, 61-81.

— *Concorrência entre risco do veículo e facto do lesado: o virar de página?*, RLJ 137 (2007), 49-64.

— *Consignação em depósito e aquisição tendente ao domínio total*, RLJ 138 (2009), 350-383.

— *Banca, Bolsa e Seguros*, 5.ª ed., Coimbra, 2017.

SILVA, João Soares da — *EURONEXT — Alguns aspectos de enquadramento e estrutura jurídica*, em *Direito dos valores mobiliários*, vol. IV, Coimbra, 2003, 347-384.

— *Voting caps em sociedades cotadas*, em *O novo direito dos valores mobiliários — I Congresso sobre valores mobiliários e mercados financeiros*, Coimbra, 2017, 91-104.

SILVA, Manuel Botelho da — *Os sistemas alternativos de negociação ou a bolsa como instrumento do princípio da igualdade*, em *Direito dos valores mobiliários*, vol. V, Coimbra, 2004, 309-323.

SILVA, Manuel Gomes da — *O dever de prestar e o dever de indemnizar*, Lisboa, 1944.

SILVA, Manuel Gomes da/CABRAL, Rita Amaral — *Parecer de direito*, em *A privatização da sociedade financeira portuguesa*, Lisboa, 1995, 305-325.

SILVA, Paula Costa e — *Compra e venda e troca de valores mobiliários*, em *Direito dos valores mobiliários*, Lisboa, 1997, 243-265.

— *A transmissão de valores mobiliários fora de mercado secundário*, em *Direito dos valores mobiliários*, vol. I, Coimbra, 1999, 217-252.

— *Domínio de sociedade aberta e respectivos efeitos*, em *Direito dos valores mobiliários*, vol. V, Coimbra, 2004, 325-342.

— *Direito dos valores mobiliários. Relatório*, Lisboa, 2005.

— *Sociedades abertas*, em *Direito dos valores mobiliários*, vol. VI, Coimbra, 2006, 9-49.

— *Sociedade aberta, domínio e influência dominante*, RFDUL XLVIII (2007), 39-66.

— *A dissolução e a liquidação das sociedades comerciais: nótula*, em *Jornadas em homenagem ao Professor Doutor Raúl Ventura. A reforma do Código das Sociedades Comerciais*, Coimbra, 2007, 289-293.

— *O conceito de accionista e o sistema de* record date, em *Direito dos valores mobiliários*, VIII, 2008, 447-460.

— *As operações de venda a descoberto de valores mobiliários*, Coimbra, 2009.

SILVA, Paula Costa e/REIS, Nuno Trigo dos — *Estabilidade e caso julgado no direito da obrigação de indemnizar*, em *Estudos em Homenagem a Miguel Galvão Teles*, vol. II, Coimbra, 2012, 287-325.

— *A perda da qualidade de "sociedade aberta" em consequência de Oferta Pública de Aquisição. O modelo de concordância prática de interesses no direito mobiliário português*, CadMVM, *Ensaios em Homenagem a Amadeu Ferreira*, n.º 51, vol. I, ag. 2015, 41-80.

SIMON, Stefan — *Die neue Ad-hoc-Publizität*, Der Konzern 2005, 13-22.

SIMONS, Cornelius — *§1 SpruchG*, em WOLFGANG HÖLTERS (Hrsg.), *Aktiengesetz*, 2.ª ed., München, 2014.

SIMONS, Tomas — ver WRIGHT, Mike.

SIMONS, Tomas/RENNEBOOG, Luc — *Public-to-Private Transactions: LBOs, MBOs, MBIs and IBOs* (ag. 2005), CentER Discussion Paper No. 2005-98, disponível em http://ssrn.com/abstract=796047.

SINGHOF, Bernd — ver SCHLITT, Michael.

SITTMANN, Jörg W. — *Die Prospekthaftung nach dem Dritten Finanzmarktförderungsgesetz,* NZG 13/1998, 490-496.

SMITH, Adam — *An inquiry into the nature and causes of the wealth of nations,* Oxford, 1976.

SMITH, Robert — *Junk bond issues mull delistings,* IFR, ag.-set. 2016.

SMITS, Jan — *Law and interdisciplinarity: on the inevitable normativity of legal studies* (March 17, 2014). Critical Analysis of Law 1:1 (2014), 75-86, disponível em https://ssrn.com/abstract= 2410518.

SOARES, António — *Negociação, liquidação e compensação de operações sobre valores mobiliários,* em *Direito dos valores mobiliários,* Lisboa, 1997, 311-331.

— *Mercados regulamentados e mercados não regulamentados,* CadMVM, n.º 7, abr. 2000, 272-287.

SOLOMON, Steven — ver BERGER, David.

SORENSEN, Karsten Engsig — *Disclosure in EU corporate governance — a remedy in need of adjustment?,* European Business Organization Law Review 2009, 10(2), 255-283.

SOSSOUNOV, Kirill A. — ver PAGAN, Adrian R.

SOUSA, Marcelo Rebelo de — *Parecer de direito,* em *A privatização da sociedade financeira portuguesa,* Lisboa, 1995, 225-253.

SOUSA, Miguel Teixeira de — *A livre apreciação da prova em processo civil,* SI, tomo XXXIII, jan.-abr. 1984, 115-146.

— *Concurso de títulos de aquisição de prestação — Estudo sobre a dogmática da pretensão e do concurso de pretensões,* Coimbra, 1988.

— *Da crítica da dogmática à dogmática crítica,* O Direito 121.º (1989), IV, 729-739.

— *As partes, o objecto e a prova na acção declarativa,* Lisboa, 1995.

— *Sobre o ónus da prova nas acções de responsabilidade civil médica,* em *Direito da Saúde e Bioética,* Lisboa, 1996, 121-144.

— *O cumprimento defeituoso e venda de coisas defeituosas,* em *Ab uno ad omnes — 75 anos da Coimbra Editora,* Coimbra, 1998, 567-585.

— *A legitimidade popular na tutela dos interesses difusos,* Lisboa, 2003.

— *Introdução ao Direito,* Coimbra, 2012.

SOUSA, Simão Mendes de — *Contrato de swap de taxa de juro: dever de informação e efeitos da violação do dever,* Lisboa, 2017.

SPADA, Paolo — *Tipologia delle società e società per azioni quotata,* Rivista diritto civile, 2000, vol. 46, II, 211-221.

SPECHT-JONEN, Katharina/WUNTKE, Marcus — *Delisting (Going Private),* em GÜNTER HENN/ JÜRGEN FRODERMANN/DIRK JANNOTT, *Handbuch des Aktienrechts,* Heidelberg, 2009, 820-827.

SPICKHOFF, Andreas — *Gesetzesverstoß und Haftung,* Köln, Berlin, Bonn, München, 1998.

SPINDLER, Gerald — *Haftung für fehlerhafte und unterlassene Kapitalmarktinformationen — ein (weiterer) Meilenstein,* NZG 2012, 575-579.

SPOLIDORO, Marco Saverio — *Legalismo e tutela dei diritti:* leveraged buy out *e* leveraged cash out *nel nuovo diritto delle società,* Rivista delle società, set.-out. 2008, n.º 5, 1035-1047.

STACKMANN, Nikolaus — *Kein Kindergeburtstag — Fünf Jahre Kapitalanleger-Musterverfahrensgesetz,* NJW, 2010, 3185-3189.

STAMM, Hans/RIE, Stefan — *§ 24. Bankenunabhängige Mezzanine-Finanzierung*, em MATHIAS HABERSACK/PETER O. MÜLBERT/MICHAEL SCHLITT, *Unternehmensfinanzierung am Kapitalmarkt*, 3.ª ed., Köln, 2013, 817- 843 (o texto foi eliminado na edição de 2019).

STEIGER, Max — ver GERKE, Wolfgang.

STEIN, Philip — *Fundamentalanalyse und Börsenkurs als Grundlage richterlicher Schätzung bei der Ermittlung aktienrechtlicher Barabfindungen*, Hamburg, 2014.

STEINRÜCK, Philipp — *Das Interesse des Kapitalmarkts am Aufschub der Ad-hoc-Publizität. Eine Studie zu Art. 17 Abs. 4 MAR*, Tübingen, 2018.

STEPHAN, Klaus-Dieter — *Prospektaktualisierung*, AG, 2002, 3-14.

STEUP Steffen — ver MÜLBERT, Peter.

STOKES, Miguel — *Prohibition of insider dealing in the EU: na effective tool to protect the integrity of the financial markets*, CadMVM, n.º 56, abr. 2017, 8-30.

STOLL, Hans — *Vertrauensschutz bei einseitigen Leistungsversprechen*, em *Festschrift Flume zum 70. Geburtstag*, Köln, 1978, 741-773.

STORM, Philipp — *Alternative Freiverkehrssegmente im Kapitalmarktrecht. Zugleich ein Beitrag zur rechtsökonomischen Analyse emittentenbezogener Regulierung durch einen Marktveranstalter und zum System der Segmentierung*, Frankfurt am Main, 2010.

STOUT, LYNN A. — *The investor confidence game*, UCLA School of Law, Research Paper No. 02-18, disponível em https://ssrn.com/abstract=322301

STREIT, Georg — *Anmerkung zum BGH-Urteil vom 25.11.2002*, ZIP 9/2003, 392-395.

SUTSCHET, Holger — *§ 242. Leistung nach Treu und Glauben*, em BAMBERGER/ROTH/HAU/POSECK, *Bürgerliches Gesetzbuch*, 50.ª ed., München, 2019, Rn. 14-15.

TAEKEMA, SANNE — ver KLINK, Bart van.

TAFFLER, Richard — ver TUCKETT, David.

TAR, Aldo — *Rastrellamento di azioni*, delisting *ed il fantasma dell'insider di se stesso*, Banca Borsa Titoli di Credito, 2014, 1, 99-122.

TAVARES, Carlos — *O Código dos Valores Mobiliários após a transposição da Diretiva dos Mercados de Instrumentos Financeiros (DMIF)*, em *Direito dos valores mobiliários*, vol. IX, Coimbra, 2009, 209-219.

TEIGELACK, Lars — *Insiderhandel und Marktmanipulation im Komissionsentwurf einer Marktmissbrauchsverordnung*, BB 2012, 1361-1365.

TELLES, Inocêncio Galvão — *Contrato entre a sociedade anónima e o seu director*, O Direito 87.º (1955), n.º 1, 12-28.

— *Acções privilegiadas*, O Direito 87.º (1955), 301-311.

— *Parecer de Direito*, em *A privatização da sociedade financeira portuguesa*, Lisboa, 1995, 183-201.

— *Direito das obrigações*, 7.ª ed., Coimbra, 1997.

THAETER, Ralf/ABBAS, Raya — *§ 31. Gegenleistung*, em *Wertpapiererwerbs- und Übernahmegesetz (WpÜG)*, Baden-Baden, 2012.

THALER, Richard — *Misbehaving: the making of behavioral economics*, New York, 2015.

THEISS, Simone — ver KRÄMER, Lutz.

THOLE, Christoph — *Der Debt Equity Swap bei der Restrukturierung von Anleihen*, ZIP 49/2014, 2365-2374.

THÖLKE, Ulrich — ver BINGE, Christoph.

THOMALE, CHRIS — *Minderheitenschutz gegen Delisting — die Macrotron-Rechtsprechung zwischen Eigentumsgewähr und richterlicher Rechtsfortbildung,* ZGR 2013, 686-723.

THOMAS, Herbert— ver FERRARA, Ralph C.

THOMAS, Gunther — *Delisting und Aktienrecht,* Berlin, 2009.

THOMSEN, Steen/VITEN, Frederik — *Delistings in Europe and the costs of governance* (abr. 2007), 5, disponível em http://ssrn.com/abstract=986603.

THÜMMEL, Roderich C. — *Haftung für geschönte Ad-hoc-Meldungen: Neues Risikofeld für Vorstände oder ergebnisorientierte Einzelfallrechtsprechung?,* DB, 44/2002, 2331-2334.

TILP, Andreas — *Anmerkung zu der Infomatec Entscheidung,* ZIP 38/2002, 1729-1730.

TOMÉ, Maria João Vaz — ver FRADA, Manuel Carneiro da.

TORCHIO, Frank — *Proper event study analysis in securities litigation,* The Journal of Corporation Law, vol. 35:1, 2009, 159-168, disponível em http://lesliecaton.com/wordpress/wp-content/uploads/2012/01/A7-Torchio.pdf.

TOUNTOPOULOS, Vassilios D. — *Anlegerschutz bei unterlassenem Pflichtangebot nach europäischem Kapitalmarktrecht,* WM 7/2014, 337-346.

TRAPP, Christoph — *§ 37. Börsenzulassungsverfahren,* em MATHIAS HABERSACK/PETER O. MÜLBERT/MICHAEL SCHLITT, *Unternehmensfinanzierung am Kapitalmarkt,* 4.ª ed., Köln, 2019, 1210-1235.

TRIGACHEIRO, Catarina — *Comitologia,* CadMVM, n.º 29, abr. 2008, 31-37.

TRIGO, Maria da Graça/MOREIRA, Rodrigo — *Anot. ao artigo 799.º,* em *Comentário ao Código Civil. Direito das obrigações,* Lisboa, 2018, 1106-1111.

TRIMARCHI, Pietro — *La responsabilità civile: atti illeciti, rischio, danno,* Milano, 2017.

TRINDADE, Cláudia — *A prova de estados subjetivos no processo civil. Presunções judiciais e regras de experiência,* Coimbra, 2016.

TRIUNFANTE, Armando Manuel — *A tutela das minorias nas sociedades anónimas. Direitos de minoria qualificada abuso de direito,* Coimbra, 2004.

TUCKETT, David/TAFFLER, Richard — *Phantastic objects and the financial market's sense of reality: a psychoanalytic contribution to the understanding of stock market instability,* Int. J. Psychoanalysis (2008) 89:389-412, disponível https://doi.org/10.1111/j.1745-8315.2008.00040.x.

UEDING, Stephan — *Prospektpflicht und Prospekthaftung im Grauen Kapitalmarkt nach deutschem und italienischem Recht,* Frankfurt am Main, 2009.

VANDENDRIESSCHE, Elke — *Investor losses. A comparative legal analysis of causation and assessment of damages in investor litigation,* Cambridge, Antwerp, Portland, 2015.

VARELA, João Antunes de Matos — *Do projecto ao Código Civil,* BMJ 161 (1966), 5-85.

— *Anotação* a *Tribunal Arbitral. Acórdão de 31 de Março de 1993,* RLJ 126 (1993), 180-192.

— *Anotação* a *Tribunal Arbitral. Acórdão de 31 de Março de 1993,* RLJ 126 (1993), 311-320.

— *Anotação* a *Tribunal Arbitral. Acórdão de 31 de Março de 1993,* RLJ 126 (1993), 347-352.

— *Das obrigações em geral,* I, (7.ª reimpr. da 10.ª ed. de 2000), Coimbra, 2010.

— Ver Lima, Fernando Pires de.

VASCONCELOS, Pedro Pais de — *Direitos destacáveis — o problema da unidade e pluralidade do direito social como direito subjectivo,* em *Direito dos valores mobiliários,* vol. I, Coimbra, 1999, 167-176.

— *A participação social nas sociedades comerciais,* 2.ª ed., Coimbra, 2006.

— D&O insurance: *o seguro de responsabilidade civil dos administradores e outros dirigentes da sociedade anónima*, em *Homenagem da Faculdade de Direito de Lisboa ao Professor Doutor Inocêncio Galvão Telles. 90 anos*, Coimbra, 2007, 1153-1182.

— *As obrigações no financiamento da empresa*, em *Problemas do Direito das Sociedades*, (2.ª reimpr.), Coimbra, 2008, 321-329.

— *Concertação de acionistas, exoneração e OPA obrigatória em sociedades abertas*, DSR, ano 2 (2010), vol. 3, 11-48.

— *Vinculação dos sócios às deliberações das assembleias gerais*, em *I Congresso de direito das sociedades em revista*, Coimbra, 2011, 189-205.

— *Teoria Geral do Direito Civil*, 8.ª ed., Coimbra, 2015.

— *Responsabilidade civil e prescrição*, Revista de Direito da Responsabilidade ano 1 (2019), 1-21, disponível em www.revistadireitoeresponsabilidade.pt.

Vaz, João Cunha — *A OPA e o controlo societário*, Coimbra, 2013.

Veiga, Alexandre Brandão da — *Direitos destacados e warrants autónomos*, em *Direito dos valores mobiliários*, vol. III, Coimbra, 2001, 85-120.

Veil, Rüdiger — *Die Ad-hoc-Publizitätshaftung im System kapitalmarktrechtlicher Informationshaftung*, ZHR 167 (2003), 365-402.

— *Kapitalmarktzugang für Wachstumsunternehmen. Reformen aus rechtsvergleichender und rechtsdogmatischer Perspektive*, Tübingen, 2016.

— *§ 7. Capital Markets*, em Rüdiger Veil, *European Capital Markets Law*, Portland, 2017, 103-113.

— *§ 9. Market Participants*, em Rüdiger Veil, *European Capital Markets Law*, Portland, 2017, 121-127.

— *§ 17. Prospectus disclosure*, em Rüdiger Veil, *European Capital Markets Law*, Portland, 2017, 281-309.

— *Aufsichtskonvergenz durch "Questions and Answers" der ESMA*, ZBB/JBB 3/18, 151-166.

Veil, Rüdiger/Lerch, Marcus P. — *Auf dem Weg zu einem Europäischen Finanzmarktrecht: die Vorschläge der Kommission zur Neuregelung der Märkte für Finanzinstrumente. Teil I*, WM 33/2012, 1557-1565.

— *Auf dem Weg zu einem Europäischen Finanzmarktrecht: die Vorschläge der Kommission zur Neuregelung der Märkte für Finanzinstrumente. Teil II*, WM 34/2012, 1605-1613.

Ventura, Raúl — *Grupos de sociedades: uma introdução comparativa a propósito de um projeto preliminar de diretiva da C.E.E.*, ROA 41 (1981), 305-362.

— *Direitos especiais dos sócios*, O Direito 121.º (1989), I, 207-222 (215).

— *Artigo 243.º*, em *Sociedade por quotas*, vol. II, *Comentário ao Código das Sociedades Comerciais*, 3.ª reimpr. da 1.ª ed. de 1989, Coimbra, 2005.

Vicente, Dário Moura — *Da responsabilidade pré-contratual em direito internacional privado*, Coimbra, 2001.

— *Culpa na formação dos contratos*, em *Comemorações dos 35 anos do Código Civil e dos 25 anos da reforma de 1977*, vol. III, Coimbra, 2007, 265-284.

— *Direito Comparado*, vol. II. Obrigações, Coimbra, 2017.

Vieira, Pedro Siza — *Reformas legislativas no mercado de capitais nacional*, em *O novo direito dos valores mobiliários — vol. 2. II Congresso sobre valores mobiliários e mercados financeiros*, Coimbra, 2019, 223-228.

VIOLA, Francesco — *Ragionevolezza, cooperazione e regola d'oro*, em *Anuario di ermeneutica giuridica, Ragionevolezza e interpretazione*, Milano, 2002, 109-129.

VISHNY, Robert— ver LA PORTA, Rafael.

VITEN, Frederik — ver THOMSEN, Steen.

VOIGT, Hans-Christoph — ver HOPT, Klaus.

WACHTER, Michael L. — ver BRATTON, William W.

WACKERBARTH, Ulrich — *§ 21-23 WpPG. Prospekthaftung*, em TIMO HOLZBORN, *WpPG. Wertpapierprospektgesetz mit EU-Prospektverordnung und weiterführenden Vorschriften Kommentar*, 2.ª ed., Berlin, 2014, 1217-1286.

WAGNER, Gerhard — *Verhandlungen des 66. Deutschen Juristentages Stuttgart 2006 Band I: Gutachten/Teil A: Neue Perspektiven im Schadensersatzrecht — Kommerzialisierung, Strafschadensersatz, Kollektivschaden*, München, 2006.

— *Schadensberechnung im Kapitalmarktrecht*, ZGR 2008, 495-532.

— *Rechtsdurchsetzung im Kapitalmarktrecht: Public versus Private Enforcement*, em *Festschrift für Johannes Köndgen zum 70. Geburtstag*, München, 2016, 649-676.

WAGNER, Klaus-R. — *Sind Kapitalanleger Verbraucher? Zum Verhältnis von Kapitalanlagerecht zum Verbraucherschutzrecht*, BKR 16/2003, 649-656.

— *Prospekthaftung bei fehlerhaften Prognosen?*, NZG 2010, 857-858.

WALCH, Angela — *The bitcoin blockchain as financial market infrastructure: a consideration of operational risk* (16-mar.-2015), 18 NYU Journal of Legislation and Public Policy 837-893 (2015), disponível em https://ssrn.com/abstract=2579482.

WANG, Neng — ver LAN, Yingcong.

WANG, Xue — ver ENGEL, Ellen.

WATSON, Susan — ver CHEN, Jenny.

WEBER, Helmut — *Der Kausalitätsbeweis im Zivilprozess*, Tübingen, 1997.

WEBER, Martin — ver SCHÄFER, Carsten

WEBERING, Anabel — ver MAIER-REIMER, Georg

WEICHERT, Tilman, *Der Anlegerschaden bei fehlerhafter Kapitalmarktpublizität*, Baden-Baden, 2008.

WEICHEL, Mario — ver LAMPERT, Stephen.

WEISSHAUPT, Frank — *Der "eigentliche" Holzmüller-Beschluss Über Dogmatik und Anforderungen eines Instruments aktienrechtlicher Zuständigkeitsordnung*, NZG 1999, 804-811.

WELLER, Marc-Philippe — *Fehlerhafte Kapitalmarktinformation zwischen Freiheit und Haftung*, em *Festschrift für Michael Hoffmann-Becking zum 70. Geburtstag*, München, 2013, 1341-1362.

— ver REICHERT, Jochem.

WERTHEIMER, Barry M. — *The shareholders'appraisal remedy and how courts determine fair value*, Duke Law Journal, vol. 47, n.º 4, fev.-1998, 613-716.

WESSEL, Rhea — *In Europe, entry closes on start-ups with their foot in the door*, notícia do The New York Times, 10-mai.-2012, disponível em https://dealbook.nytimes.com/2012/05/10/in-europe-entry-closes-on-start-ups-with-their-foot-in-the-door/.

WESTERMANN, Benjamin — ver HORNUNG, Christian.

WESTERMANN, Harm Peter — *Organzuständigkeit bei Bildung, Erweiterung und Umorganisation des Konzerns*, ZGR 3/1984, 352-382.

WESTERMANN, Harm Peter/PAEFGEN, Walter G. — *Kritische Überlegungen zum Telekom III-Urteil des BGH und seinen Folgen*, em *Festschrift für Michael Hoffmann-Becking zum 70. Geburtstag*, München, 2013, 1363-1386.

WICHMANN, Richard — *Haftung am Sekundärmarkt für fehlinformationsbedingte Anlegerschäden. Ein Beitrag de lege lata zur Stärkung des Kapitalmarktstandortes Deutschland Rechtsvergleichende und ökonomische Analyse*, Tübingen, 2017.

WIEDEMANN, Herbert — *Gesellschaftsrecht*, vol. 1, München, 1980.

WIENEKE, Laurenz — *Aktien- und kapitalmarktrechtlicher Schutz beim Delisting nach dem Frosta-Beschluss des BGH*, NZG 2014, 22-26.

WILCZEK, Ann-Katrin — ver SCHLITT, Michael.

WILHELM, Alexander — ver MÜLBERT, Peter.

WINNEFELD, Robert — *Bilanz-Handbuch*, München, 5.ª ed.

WIRTH, Gerhard/ARNOLD, Michael — *Anlegerschutz beim Delisting von Aktiengesellschaften*, ZIP, 2000, 111-117.

WITTKOWSKI, Bernd — *Die Entwicklung am Kapitalmarkt, insbesondere am Neuen Markt*, ZGR 167 (2003), 130-138.

WOLF, Christoph — ver LORENZ, Manuel.

WOLLASTON, Andrew — *The growing importance of debt in European corporate transactions*, em *Insolvency Intelligence*, 2005, 18(10), 145-149.

WOOLFSON, Beverly — *Information overload: when Information becomes hazardous to your health*, Legal Information Management 2012, 12(1), 39-43.

WRIGHT, Mike/SIMONS, Tomas/RENNEBOOG, Luc — *Why do public firms go private in the UK?* (jan.-2006), 1-43, disponível em http://ssrn.com/abstract=873673.

WUNDERLICH, Nils-Christian — ver GÖTZE, Cornelius.

WUNTKE, Marcus — ver SPECHT-JONEN, Katharina.

YAN, Xuemin/ZHANG, Zhe — *Institutional investors and equity returns: are short-term institutions better informed?*, 22 Rev. Fin. Stud. (2009).

YANG, Yong George — ver HOSTAK, Peter.

ZANNOTTI, Roberto — *Il falso in prospetto (art. 2623)*, em ANGELO GIARDA/SERGIO SEMINARA, *I nuovi reati societari: diritto e processo*, Padova, 2002, 325-342.

— *Il nuovo diritto penale dell'economia, Reati societari e reati in materia di mercato finanziario*, 2.º ed., Milano, 2008.

ZETZSCHE, Dirk — *Going dark under German law. Towards an efficient regime for regular delisting*, (January 29, 2014). Center for Business and Corporate Law Research Paper Series (CBC--RPS) - Heinrich-Heine-University Düsseldorf; IFS - Propter Homines Chair Working Paper Series - University of Liechtenstein, disponível em https://ssrn.com/abstract=2387712.

ZETZSCHE, Dirk A./BUCKLEY, Ross P./ARNER, Douglas W. — *The distributed liability of distributed ledgers: legal risks of blockchain*, EBI Working Paper Series 2017, n.º 14, 1-43

ZETZSCHE, Dirk/BUCKLEY, Ross P./ARNER, Douglas W./FÖHR, Linus — *The ICO Gold Rush: it's a scam, it's a bubble, it's a super challenge for regulators*, University of New South Wales Law Research Series 83, EBI Working Paper Series 2018 n.º 18, 1-42, disponível em https://papers.ssrn.com/sol3/papers.cfm?abstract_id=3072298.

ZHANG, Zhe — ver YAN, Xuemin.

ZIMMER, Daniel — *Verschärfung der Haftung für fehlerhafte Kapitalmarktinformation — Ein Alternativkonzept*, WM1/2004, 9-21.

ZIMMER, Daniel/GROTHEER, Marc — *§37b, §37c WpHG*, em EBERHARD SCHWARK/DANIEL ZIMMER (org.), *Kapitalmarktrechts-Kommentar*, 4.ª ed., 2010, 1852-1918.

ZIMMER, Lutz/IMHOFF, Julian von — *Die Neuregelung des Delisting in § 39 BörsG*, NZG 2016, 1056-1062.

ZIMMERMANN, Reinhard — *The Law of obligations: roman foundations of the civilian tradition*, Oxford, 1996.

ZINGALES, Luigi — *The future of securities regulation*, disponível em https://ssrn.com/abstract=1378290.

ZIPURSKY, Benjamin — ver GOLDBERG, John.

ZOLLER, Michael — *Die Haftung bei Kapitalanlagen. Die wichtigsten Entscheidungen zu Anlageberatung Vermögensverwaltung und Prospekthaftung*, 3.ª ed., München, 2016.

ZÖLLNER, Wolfgang — *Die Stellung des Arbeitnehmers in Betrieb und Unternehmen*, em *Festschrift 25 Jahre Bundesarbeitsgericht*, München, 1979, 745-771.

ZÖLLNER, Wolfgang/HANAU, Hans — *Die Verfassungsrechtlichen Grenzen der Beseitigung von Mehrstimmrechten bei Aktiengesellschaften*, AG, 1997, 206-219.

ÍNDICE IDEOGRÁFICO

As remissões são feitas para as páginas e, quando indicado, para as notas de rodapé

ÍNDICE